国家预防腐败局年鉴

（2010—2011）卷

（内部发行）

国家预防腐败局办公室　编

中国方正出版社

编 辑 委 员 会

《国家预防腐败局年鉴》（2010—2011）卷编辑人员

主　　编： 崔海容

副 主 编： 古越仁　于柯超　李　洋
郭松江　韩平满　梅智超

编　　辑：（按姓氏笔画为序）

马占菊　马　崭　马　建　王宇鹏　王忠国
王野峰　刘永伟　刘汝鹏　李天红　李美玉
李　静　杨　洋　张　越　张蓓蓓　严　炼
何琪琦　时　扬　陈功安　沈寅飞　欧阳柏青
贺清龙　贾　鸾　钱杨静　徐景锋　赵国利
金学星　高德道　曹春霞　程　刚　谭　彦
魏岱余　戴　晖

责任编辑： 李　洋　王忠国　徐景锋　马　建　张蓓蓓

2011年1月10日，中共中央总书记胡锦涛在中国共产党第十七届中央纪律检查委员会第六次全体会议上发表重要讲话。

2011年3月25日，国务院总理温家宝在国务院第四次廉政工作会议上发表重要讲话。

2011年1月9日，中共中央政治局常委、中央纪委书记贺国强出席中国共产党第十七届中央纪律检查委员会第六次全体会议并作工作报告。

2011年8月30日，中共中央政治局常委、中央纪委书记贺国强出席全国加强廉政风险防控规范权力运行现场会并讲话。

2011年8月30日，中共中央政治局常委、中央纪委书记贺国强，中共中央政治局委员、北京市委书记刘淇，中共中央书记处书记、中央纪委副书记何勇等领导同志参观北京市廉政风险防范展览。

2010年6月29日，中共中央书记处书记、中央纪委副书记何勇在出席全国深化政务公开推进政务服务经验交流会期间考察呼和浩特市政务服务中心。

2011年3月31日，中共中央书记处书记、中央纪委副书记何勇出席全国政务公开领导小组第十一次会议并讲话。

2011年7月15日，中共中央书记处书记、中央纪委副书记何勇会见第四届发展中国家预防腐败研讨班全体代表和有关国家驻华使节。

2010年10月19日，中央纪委副书记张惠新在中央纪委监察部机关会议上传达党的十七届五中全会精神。

2010年8月26日至27日，中央纪委副书记、监察部部长兼国家预防腐败局局长马驭出席“财政预算公开与防治腐败”三地研讨会并讲话。

2011年7月22日，中央纪委副书记、监察部部长兼国家预防腐败局局长马驭会见第四届发展中国家预防腐败研讨班代表。

2011年9月16日，中央纪委副书记、监察部部长兼国家预防腐败局局长马驭为宁夏回族自治区预防腐败局揭牌。

2011年10月10日，中央纪委副书记、监察部部长兼国家预防腐败局局长马驭会见印度中央防治腐败委员会代表团。

2011年10月24日，中央纪委副书记、监察部部长兼国家预防腐败局局长马驭出席反腐败：防止利益冲突的理论与实践专题研讨会暨第四届西湖·廉政论坛。

2011年11月3日，中央纪委副书记、监察部部长兼国家预防腐败局局长马驭出席北京市预防腐败局揭牌仪式并讲话。

2011年1月6日，中央纪委副书记干以胜出席纪检监察机关2010年查办案件工作情况新闻通气会。

2011年3月31日，中央纪委副书记黄树贤在上海就“廉洁办世博”有关情况进行调研。

2010年7月6日，中央纪委副书记李玉赋出席治理商业贿赂专项工作座谈会并讲话。

2010年6月18日，时任中央纪委常委、秘书长吴玉良（现任中央纪委副书记）出席全国市级纪委书记培训班开班式。

2010年1月14日，中央纪委常委、监察部副部长王伟参观新闻出版总署廉政文化出版物展示馆。

2010年6月22日，中央纪委常委、监察部副部长兼国家预防腐败局副局长屈万祥会见约旦防治腐败委员会代表团。

2010年10月20日，中央纪委常委、监察部副部长兼国家预防腐败局副局长屈万祥出席第二次全国制止公款出国（境）旅游专项工作电视电话会议并讲话。

2011年7月15日，中央纪委常委、监察部副部长兼国家预防腐败局副局长屈万祥出席第四届发展中国家预防腐败研讨班开幕式。

2011年6月8日，监察部副部长姚增科接待秘鲁代表团来访。

2011年11月14日至15日，监察部副部长郝明金出席全国工程建设领域项目信息公开和诚信体系建设工作推进会。

2011年10月26日，国家预防腐败局副局长崔海容在《联合国反腐败公约》第四届缔约国大会上发言。

2011年12月，国家预防腐败局副局长崔海容视察云南瑞丽姐告国门社区为民服务站。

2011年12月29日，国家预防腐败局副局长崔海容出席安徽省预防腐败局揭牌仪式。

2011年7月15日，中央纪委秘书长崔少鹏参加会见第四届发展中国家预防腐败研讨班代表及有关国家驻华使节。

编 辑 说 明

一、本年鉴由国家预防腐败局组织，国家预防腐败局办公室编辑，全面、客观、系统地记载了2010年1月至2011年12月国家预防腐败局的工作情况。

二、本年鉴采用分类编排法，共分七个部分。分别为：1. 特载；2. 党和国家领导人有关预防腐败工作的重要讲话；3. 中共中央、国务院、中央纪委、监察部、国家预防腐败局有关预防腐败工作的文件；4. 中央纪委、监察部、国家预防腐败局以及有关单位领导讲话；5. 国家预防腐败局工作综述；6. 组织机构；7. 大事记。每部分下设分目，分别按照时间顺序编排。

三、本年鉴在编辑过程中得到了中央国家机关、地方各级纪检监察机关和预防腐败机构、中央纪委监察部机关各有关单位的大力支持和帮助，在此一并谨致谢意。

四、由于编辑时间短和经验不足，本年鉴难免存在疏漏、错讹之处，敬请指正。

《国家预防腐败局年鉴》编辑部

2012年4月

☆国家预防腐败局年鉴（2010—2011）卷☆

目　　录

第一部分　特　　载

第二部分　党和国家领导人有关预防腐败工作的重要讲话

第三部分　中共中央、国务院、中央纪委、监察部、国家预防腐败局有关预防腐败工作的文件

第四部分 中央纪委、监察部、国家预防腐败局以及有关单位领导讲话

第五部分 国家预防腐败局工作综述

第六部分　组织机构

第七部分　大事记

第六部分 组织机构

第七部分 大事记

第一部分

特载

中华人民共和国行政监察法

（1997 年 5 月 9 日第八届全国人民代表大会常务委员会第二十五次会议通过 根据2010 年 6 月 25 日第十一届全国人民代表大会常务委员会第十五次会议《关于修改〈中华人民共和国行政监察法〉的决定》修正）

第一章　总　　则

第一条　为了加强监察工作，保证政令畅通，维护行政纪律，促进廉政建设，改善行政管理，提高行政效能，根据宪法，制定本法。

第二条　监察机关是人民政府行使监察职能的机关，依照本法对国家行政机关及其公务员和国家行政机关任命的其他人员实施监察。

第三条　监察机关依法行使职权，不受其他行政部门、社会团体和个人的干涉。

第四条　监察工作必须坚持实事求是，重证据、重调查研究，在适用法律和行政纪律上人人平等。

第五条　监察工作应当实行教育与惩处相结合、监督检查与制度建设相结合。

第六条　监察工作应当依靠群众。监察机关建立举报制度，公民、法人或者其他组织对于任何国家行政机关及其公务员和国家行政机关任命的其他人员的违反行政纪律行为，有权向监察机关提出控告或者检举。监察机关应当受理举报并依法调查处理；对实名举报的，应当将处理结果等情况予以回复。

监察机关应当对举报事项、举报受理情况以及与举报人相关的信息予以保密，保护举报人的合法权益，具体办法由国务院规定。

第二章　监察机关和监察人员

第七条　国务院监察机关主管全国的监察工作。

县级以上地方各级人民政府监察机关负责本行政区域内的监察工作，对本级人民政府和上一级监察机关负责并报告工作，监察业务以上级监察机关领导为主。

第八条　县级以上各级人民政府监察机关根据工作需要，经本级人民政府批准，可以向政府所属部门派出监察机构或者监察人员。

监察机关派出的监察机构或者监察人员，对监察机关负责并报告工作。监察机关对派出的监察机构和监察人员实行统一管理，对派出的监察人员实行交流制度。

第九条　监察人员必须遵纪守法，忠于职守，秉公执法，清正廉洁，保守秘密。

第十条　监察人员必须熟悉监察业务，具备相应的文化水平和专业知识。

第十一条　县级以上地方各级人民政府监察机关正职、副职领导人员的任命或者免职，在提请决定前，必须经上一级监察机关同意。

第十二条　监察机关对监察人员执行职务和遵守纪律实行监督的制度。

第十三条　监察人员依法执行职务，受法律保护。

任何组织和个人不得拒绝、阻碍监察人

员依法执行职务，不得打击报复监察人员。

第十四条 监察人员办理的监察事项与本人或者其近亲属有利害关系的，应当回避。

第三章 监察机关的职责

第十五条 国务院监察机关对下列机关和人员实施监察：

（一）国务院各部门及其公务员；

（二）国务院及国务院各部门任命的其他人员；

（三）省、自治区、直辖市人民政府及其领导人员。

第十六条 县级以上地方各级人民政府监察机关对下列机关和人员实施监察：

（一）本级人民政府各部门及其公务员；

（二）本级人民政府及本级人民政府各部门任命的其他人员；

（三）下一级人民政府及其领导人员。

县、自治县、不设区的市、市辖区人民政府监察机关还对本辖区所属的乡、民族乡、镇人民政府的公务员以及乡、民族乡、镇人民政府任命的其他人员实施监察。

第十七条 上级监察机关可以办理下一级监察机关管辖范围内的监察事项；必要时也可以办理所辖各级监察机关管辖范围内的监察事项。

监察机关之间对管辖范围有争议的，由其共同的上级监察机关确定。

第十八条 监察机关对监察对象执法、廉政、效能情况进行监察，履行下列职责：

（一）检查国家行政机关在遵守和执行法律、法规和人民政府的决定、命令中的问题；

（二）受理对国家行政机关及其公务员和国家行政机关任命的其他人员违反行政纪律行为的控告、检举；

（三）调查处理国家行政机关及其公务员和国家行政机关任命的其他人员违反行政纪律的行为；

（四）受理国家行政机关公务员和国家行政机关任命的其他人员不服主管行政机关给予处分决定的申诉，以及法律、行政法规规定的其他由监察机关受理的申诉；

（五）法律、行政法规规定由监察机关履行的其他职责。

监察机关按照国务院的规定，组织协调、检查指导政务公开工作和纠正损害群众利益的不正之风工作。

第四章 监察机关的权限

第十九条 监察机关履行职责，有权采取下列措施：

（一）要求被监察的部门和人员提供与监察事项有关的文件、资料、财务帐目及其他有关的材料，进行查阅或者予以复制；

（二）要求被监察的部门和人员就监察事项涉及的问题作出解释和说明；

（三）责令被监察的部门和人员停止违反法律、法规和行政纪律的行为。

第二十条 监察机关在调查违反行政纪律行为时，可以根据实际情况和需要采取下列措施：

（一）暂予扣留、封存可以证明违反行政纪律行为的文件、资料、财务帐目及其他有关的材料；

（二）责令案件涉嫌单位和涉嫌人员在调查期间不得变卖、转移与案件有关的财物；

（三）责令有违反行政纪律嫌疑的人员在指定的时间、地点就调查事项涉及的问题作出解释和说明，但是不得对其实行拘禁或者变相拘禁；

（四）建议有关机关暂停有严重违反行政纪律嫌疑的人员执行职务。

第二十一条 监察机关在调查贪污、贿赂、挪用公款等违反行政纪律的行为时，经县级以上监察机关领导人员批准，可以查询案件涉嫌单位和涉嫌人员在银行或者其他金融机构的存款；必要时，可以提请人民法院采取保全措施，依法冻结涉嫌人员在银行或者其他金融机构的存款。

第二十二条 监察机关在办理违反行政纪律案件中，可以提请有关行政部门、机构予以协助。

被提请协助的行政部门、机构应当根据监察机关提请协助办理的事项和要求，在职权范围内予以协助。

第二十三条 监察机关根据检查、调查结果，遇有下列情形之一的，可以提出监察建议：

（一）拒不执行法律、法规或者违反法律、法规以及人民政府的决定、命令，应当予以纠正的；

（二）本级人民政府所属部门和下级人民政府作出的决定、命令、指示违反法律、法规或者国家政策，应当予以纠正或者撤销的；

（三）给国家利益、集体利益和公民合法权益造成损害，需要采取补救措施的；

（四）录用、任免、奖惩决定明显不适当，应当予以纠正的；

（五）依照有关法律、法规的规定，应当给予行政处罚的；

（六）需要给予责令公开道歉、停职检查、引咎辞职、责令辞职、免职等问责处理的；

（七）需要完善廉政、勤政制度的；

（八）其他需要提出监察建议的。

第二十四条 监察机关根据检查、调查结果，遇有下列情形之一的，可以作出监察决定或者提出监察建议：

（一）违反行政纪律，依法应当给予警告、记过、记大过、降级、撤职、开除处分的；

（二）违反行政纪律取得的财物，依法应当没收、追缴或者责令退赔的。

对前款第（一）项所列情形作出监察决定或者提出监察建议的，应当按照国家有关人事管理权限和处理程序的规定办理。

第二十五条 监察机关依法作出的监察决定，有关部门和人员应当执行。监察机关依法提出的监察建议，有关部门无正当理由的，应当采纳。

第二十六条 监察机关对监察事项涉及的单位和个人有权进行查询。

第二十七条 监察机关应当依法公开监察工作信息。

第二十八条 监察机关的领导人员可以列席本级人民政府的有关会议，监察人员可以列席被监察部门的与监察事项有关的会议。

第二十九条 监察机关对控告、检举重大违法违纪行为的有功人员，可以依照有关规定给予奖励。

第五章 监察程序

第三十条 监察机关按照下列程序进行检查：

（一）对需要检查的事项予以立项；

（二）制定检查方案并组织实施；

（三）向本级人民政府或者上级监察机关提出检查情况报告；

（四）根据检查结果，作出监察决定或者提出监察建议。

重要检查事项的立项，应当报本级人民政府和上一级监察机关备案。

第三十一条 监察机关按照下列程序对违反行政纪律的行为进行调查处理：

（一）对需要调查处理的事项进行初步审查；认为有违反行政纪律的事实，需要追究行政纪律责任的，予以立案；

（二）组织实施调查，收集有关证据；

（三）有证据证明违反行政纪律，需要给予处分或者作出其他处理的，进行审理；

（四）作出监察决定或者提出监察建议。

重要、复杂案件的立案，应当报本级人民政府和上一级监察机关备案。

第三十二条 监察机关对于立案调查的案件，经调查认定不存在违反行政纪律事实的，或者不需要追究行政纪律责任的，应当予以撤销，并告知被调查单位及其上级部门或者被调查人员及其所在单位。

重要、复杂案件的撤销，应当报本级人民政府和上一级监察机关备案。

第三十三条 监察机关立案调查的案件，应当自立案之日起六个月内结案；因特殊原因需要延长办案期限的，可以适当延长，但是最长不得超过一年，并应当报上一级监察机关备案。

第三十四条 监察机关在检查、调查中应当听取被监察的部门和人员的陈述和申辩。

第三十五条 监察机关作出的重要监察决定和提出的重要监察建议，应当报经本级人民政府和上一级监察机关同意。国务院监察机关作出的重要监察决定和提出的重要监察建议，应当报经国务院同意。

第三十六条 监察决定、监察建议应当以书面形式送达有关单位、人员。

监察机关对违反行政纪律的人员作出给予处分的监察决定，由人民政府人事部门或者有关部门按照人事管理权限执行。

人民政府人事部门或者有关部门应当将监察机关作出的给予处分的监察决定及其执行的有关材料归入受处分人员的档案。

第三十七条 有关单位和人员应当自收到监察决定或者监察建议之日起三十日内将执行监察决定或者采纳监察建议的情况通报监察机关。

第三十八条 国家行政机关公务员和国家行政机关任命的其他人员对主管行政机关作出的处分决定不服的，可以自收到处分决定之日起三十日内向监察机关提出申诉，监察机关应当自收到申诉之日起三十日内作出复查决定；对复查决定仍不服的，可以自收到复查决定之日起三十日内向上一级监察机关申请复核，上一级监察机关应当自收到复核申请之日起六十日内作出复核决定。

复查、复核期间，不停止原决定的执行。

第三十九条 监察机关对受理的不服主管行政机关处分决定的申诉，经复查认为原决定不适当的，可以建议原决定机关予以变更或者撤销；监察机关在职权范围内，也可以直接作出变更或者撤销的决定。

法律、行政法规规定由监察机关受理的其他申诉，依照有关法律、行政法规的规定办理。

第四十条 对监察决定不服的，可以自收到监察决定之日起三十日内向作出决定的监察机关申请复审，监察机关应当自收到复审申请之日起三十日内作出复审决定；对复审决定仍不服的，可以自收到复审决定之日起三十日内向上一级监察机关申请复核，上一级监察机关应当自收到复核申请之日起六十日内作出复核决定。

复审、复核期间，不停止原决定的执行。

第四十一条 上一级监察机关认为下一级监察机关的监察决定不适当的，可以责成下一级监察机关予以变更或者撤销，必要时也可以直接作出变更或者撤销的决定。

第四十二条 上一级监察机关的复核决定和国务院监察机关的复查决定或者复审决定为最终决定。

第四十三条 对监察建议有异议的，可以自收到监察建议之日起三十日内向作出监察建议的监察机关提出，监察机关应当自收到异议之日起三十日内回复；对回复仍有异议的，由监察机关提请本级人民政府或者上一级监察机关裁决。

第四十四条 监察机关在办理监察事项中，发现所调查的事项不属于监察机关职责范围内的，应当移送有处理权的单位处理；涉嫌犯罪的，应当移送司法机关依法处理。

接受移送的单位或者机关应当将处理结果告知监察机关。

第六章 法律责任

第四十五条 被监察的部门和人员违反本法规定，有下列行为之一的，由主管机关或者监察机关责令改正，对部门给予通报批评；对负有直接责任的主管人员和其他直接责任人员依法给予处分：

（一）隐瞒事实真相、出具伪证或者隐匿、转移、篡改、毁灭证据的；

（二）故意拖延或者拒绝提供与监察事项有关的文件、资料、财务帐目及其他有关材料和其他必要情况的；

（三）在调查期间变卖、转移涉嫌财物的；

（四）拒绝就监察机关所提问题作出解释和说明的；

（五）拒不执行监察决定或者无正当理由拒不采纳监察建议的；

（六）有其他违反本法规定的行为，情节严重的。

第四十六条 泄露举报事项、举报受理情况以及与举报人相关的信息的，依法给予处分；构成犯罪的，依法追究刑事责任。

第四十七条 对申诉人、控告人、检举人或者监察人员进行报复陷害的，依法给予处分；构成犯罪的，依法追究刑事责任。

第四十八条 监察人员滥用职权、徇私舞弊、玩忽职守、泄露秘密的，依法给予处分；构成犯罪的，依法追究刑事责任。

第四十九条 监察机关和监察人员违法行使职权，侵犯公民、法人和其他组织的合法权益，造成损害的，应当依法赔偿。

第七章 附 则

第五十条 监察机关对法律、法规授权的具有公共事务管理职能的组织及其从事公务的人员和国家行政机关依法委托从事公共事务管理活动的组织及其从事公务的人员实施监察，适用本法。

第五十一条 本法自公布之日起施行。1990 年 12 月 9 日国务院发布的《中华人民共和国行政监察条例》同时废止。

中国的反腐败和廉政建设

中华人民共和国国务院新闻办公室

前 言

腐败是一种社会历史现象，是一个世界性的痼疾，也是社会公众十分关注的问题。反对腐败，加强廉政建设，是中国共产党和中国政府的坚定立场。

1949 年 10 月 1 日中华人民共和国成立后，中国共产党和中国政府始终以坚决的态度反对腐败，加强廉政建设。改革开放特别是进入 21 世纪以来，中国的社会生产力快速发展，综合国力大幅提升，人民生活明显改善，国际地位和影响力显著提高，社会主义经济建设、政治建设、文化建设、社会建设以及生态文明建设取得重大成就。在反腐败和廉政建设方面，中国坚持标本兼治、综合治理、惩防并举、注重预防的方针，建立健全惩治和预防腐败体系，在坚决惩治腐败的同时，更加注重治本，更加注重预防，更加注重制度建设，拓展从源头上防治腐败工作领域，逐步形成拒腐防变教育长效机制、反腐倡廉制度体系、权力运行监控机制，走出了一条适合中国国情、具有中国特色的反腐倡廉道路。

当前，中国的反腐败和廉政建设已经取得明显成效，呈现出系统治理、整体推进的良好态势。通过深入开展反腐败和廉政建设，国家利益、公共利益和公民个人利益得到有效维护，改革发展稳定的局面不断巩固，建设富强民主文明和谐的社会主义现代化国家迈出重要步伐。

由于中国的经济体制、社会结构、利益格局和人们的思想观念正在发生深刻变化，各种社会矛盾凸显，各方面体制机制还不完善，一些领域的腐败现象仍然易发多发，有的案件涉案金额巨大，违法违纪行为趋于隐蔽化、智能化、复杂化。反腐败的形势依然严峻，任务依然繁重。

中国共产党和中国政府对反腐败和廉政建设的长期性、复杂性、艰巨性始终保持着清醒的认识，并将继续按照建立健全惩治和预防腐败体系的总体部署，以更加坚定的决心和更加有力的举措，坚决惩治腐败，有效预防腐败，以反腐败和廉政建设的实际成效取信于民。

一、坚定不移地推进反腐败和廉政建设

反腐败和廉政建设关系国家发展全局、关系最广大人民根本利益、关系社会公平正义与和谐稳定。坚决惩治腐败和有效预防腐败，大力加强廉政建设，是中国共产党和中国政府的一贯主张。

新中国成立之初，先后设立国家检察机关、政府监察机关和中国共产党的纪律检查机关，颁布了《中华人民共和国宪法》、《中华人民共和国惩治贪污条例》等法律法规，反腐败和廉政建设体制机制初步建立。为保持新生人民政权的纯洁性，中国开展了反贪污、反浪费、反官僚主义的“三反”运动和反对行贿、反对偷税漏税、反对盗骗国家财产、反对偷工减料和反对盗窃经济情报的“五反”运动。通过这些措施，坚决打击贪污腐败行为，惩处一批腐败分子，形成了风清气正、蓬勃向上的良好局面。

20世纪70年代末，中国开始实行改革开放政策。改革开放是一个从高度集中的计划经济体制到充满活力的社会主义市场经济体制、从封闭半封闭到全方位开放的社会大变革的过程，极大地解放了生产力，激发了社会活力。同时，在这个过程中也出现了一些消极腐败现象。面对新的考验和挑战，中国坚持一手抓发展经济，一手抓惩治腐败，开展以打击走私、套汇、贪污受贿等严重经济犯罪活动为重点的专项斗争，设立审计机关，制定《中华人民共和国刑法》、《中华人民共和国刑事诉讼法》等一批法律法规，进一步完善反腐败和廉政建设制度，探索在改革开放新形势下依法有序开展反腐败的途径和办法。

20世纪90年代，中国开始建立社会主义市场经济体制。面对新旧体制转换过程中腐败现象滋生蔓延的情况，中国作出加大反腐败斗争力度的决策，确立领导干部廉洁自律、查办违法违纪案件、纠正部门和行业不正之风的反腐败三项工作格局。明确提出坚持标本兼治，教育是基础，法制是保证，监督是关键；通过深化改革，不断铲除腐败现象滋生蔓延的土壤。制定了一系列加强反腐败和廉政建设的法律法规，不断完善反腐败制度体系。在检察机关设立反贪污贿赂部门、反渎职侵权部门和职务犯罪预防部门。作出军队、武警部队、政法机关一律不得经商等重大决策。推进行政审批、财政管理、干部人事等体制机制制度改革，实行政务公开、厂务公开和村务公开等制度。反腐败和廉政建设走上标本兼治、综合治理、逐步加大治本力度的轨道。

进入21世纪，中国把反腐败和廉政建设放在更加突出的位置，确立标本兼治、综合治理、惩防并举、注重预防的方针，制定

建立健全惩治和预防腐败体系这一反腐败国家战略，整体推进反腐败和廉政建设。在工作部署上，强调要严肃查处违法违纪案件，认真解决涉及领导干部廉洁自律的突出问题，坚决纠正损害群众利益的不正之风，制定完善反腐败和廉政建设法规制度，扎实推进重点领域和关键环节的改革。成立国家预防腐败局，统筹各方面的预防腐败工作。加强公民道德建设和廉政文化建设，推动社会公众树立崇尚廉洁的价值理念。推进农村、企业、学校、公用事业单位和城市社区廉政建设，推行廉政风险防控机制建设。中国的反腐败和廉政建设方向更加明确、思路更加清晰、措施更加有力，总体呈现出良好发展的态势。

经过坚持不懈的探索，中国在反腐败和廉政建设上认识不断深化，实践不断发展，积累了丰富经验，促进了经济较快发展和社会稳定。中国国家统计局的民意调查结果显示，2003 年至 2010 年，中国公众对反腐败和廉政建设成效的满意度平稳上升，从 51.9%提高到 70.6%；公众认为消极腐败现象得到不同程度遏制的比例，从 68.1%上升到 83.8%。国际社会也给予积极评价。

二、反腐败和廉政建设领导体制与工作机制

中国的反腐败和廉政建设领导体制与工作机制，是由中国的国体和政体决定的。在反腐败和廉政建设实践中，中国探索形成了党委统一领导、党政齐抓共管、纪委组织协调、部门各负其责、依靠群众支持和参与的具有中国特色的反腐败领导体制和工作机制。

中国共产党是执政党，中国的反腐败和廉政建设在中国共产党领导下进行。中国共产党坚持科学执政、民主执政、依法执政，在宪法和法律的范围内活动。

中国共产党在革命、建设、改革的历史进程中，始终高度自觉地把反腐败和廉政建设摆在十分重要的位置。特别是改革开放以来，中共中央制定了一系列反腐败和廉政建设工作战略、方针和政策。自 1993 年以来，中共中央每年通过中央纪委全会向全党全国部署反腐倡廉工作。国务院每年都召开廉政工作会议，对政府系统的反腐败和廉政建设作出部署。中共中央、国务院还先后颁布和修订了《关于实行党风廉政建设责任制的规定》，明确要求各级领导班子和领导干部按照“谁主管、谁负责”的原则，在抓好业务工作的同时，抓好职责范围内的反腐败和廉政建设，对违反规定的，进行责任追究。全国各地区各部门按照中央要求，把反腐败和廉政建设纳入经济社会发展总体规划、寓于各项改革和重要政策措施之中，同改革发展工作一起部署、一起落实、一起检查、一起考核，保证了反腐败和廉政建设扎实有效地向前推进。

人民群众的支持和参与是反腐败和廉政建设取得成功的重要基础。各社会团体、新闻媒体和广大人民群众，在建言献策、参与监督、揭露腐败等方面发挥着重要作用。

在中国，反腐败和廉政建设的职能机构，主要有中国共产党纪律检查机关、国家司法机关、政府监察机关和审计机关以及国家预防腐败局。

中国共产党的各级纪律检查委员会是依据《中国共产党章程》设立的党内监督的专门机关，由同级党的代表大会选举产生，是开展反腐败和廉政建设的重要机构。其主要任务是：维护党的章程和其他党内法规，检查党的路线、方针、政策和决议的执行情况，协助党的委员会加强党风建设和组织协调反腐败工作；其经常性工作是：对党员进行遵守纪律的教育，对党员领导干部行使权力进行监督，查处违犯党纪的案件，受理党员的控告和申诉，保障党员的权利。党的中央纪律检查委员会在党的中央委员会领导下进行工作。地方各级纪律检查委员会和基层纪律检查委员会在同级党的委员会和上级纪律检查委员会双重领导下进行工作。

人民法院和人民检察院是依据中国宪法设立的司法机关，分别依法独立行使审判权和检察权，不受行政机关、社会团体和个人的干涉。人民法院是国家的审判机关，依法承担包括贪污贿赂渎职等腐败犯罪在内的各类刑事案件的审判工作，及时、公正地对检察机关提起公诉的贪污贿赂渎职等案件作出判决，依法惩治腐败犯罪。人民检察院是国家的法律监督机关，担负着依法追究刑事犯罪、侦查国家工作人员贪污贿赂和渎职侵权等职务犯罪、预防职务犯罪、代表国家向人民法院提起公诉等职能。最高人民法院、最高人民检察院还通过司法解释等方式，对贪污贿赂渎职等腐败案件的审判、检察工作进行指导。人民检察院、人民法院对侦查、审判案件过程中发现引发职务犯罪的重要问题，及时向有关部门和单位提出检察建议和司法建议。

政府监察机关是依据中国宪法设立的行使监察职能的机关，依法对国家行政机关及其公务员和国家行政机关任命的其他人员，对法律、法规授权的具有公共事务管理职能的组织及其从事公务的人员，对国家行政机关依法委托从事公共事务管理活动的组织及其从事公务的人员执法、廉政、效能情况进行监察。

审计机关是依据中国宪法设立的审计监督机构，依法对国务院各部门和地方各级人民政府及其各部门的财政收支、国有金融机构和国有企业事业单位的财务收支等进行审计监督。中国还建立了经济责任审计制度，对国家机关和依法属于审计对象的其他单位主要负责人进行审计监督。

国家预防腐败局是中国政府为统筹预防腐败工作而专门设置的机构。其主要职责是：负责全国预防腐败工作的组织协调、综合规划、政策制定、检查指导，协调指导企业、事业单位、社会团体、中介机构和其他社会组织的防治腐败工作，负责预防腐败的国际合作和技术援助。

公安、金融等其他有关部门和机构，也在自身职责范围内依法承担反腐败和廉政建设的相关工作。

上述具有不同职能的机构，在反腐倡廉各项工作中既相对独立、各司其职，又相互协调、密切配合。中国共产党的纪律检查机关在掌握党员违纪线索之后，经调查认定为违犯党纪的，对其作出相应的党纪处分；对其中涉嫌犯罪的，移送司法机关处理。政府监察机关对于违反政纪的监察对象，作出相应政纪处分；涉嫌犯罪的，移送司法机关处理。公安、审计、行政执法机关在履行职责过程中发现有违法违纪行为的，根据具体情况分别移送司法机关或党的纪律检查机关、政府监察机关处理。人民法院、人民检察院在履行职责过程中发现犯罪嫌疑人涉嫌违犯党纪或政纪的，将有关证据材料移送党的纪律检查机关或政府监察机关处理。

中国从事反腐败工作的机构承担着开展反腐败和廉政建设、维护社会公平正义的重大责任。近年来，这些机构采取一系列措施，对执法执纪干部队伍严格要求、严格教育、严格管理、严格监督，切实加强自身建设。通过加强内部管理和制度建设，完善制约监督机制，督促执法执纪人员秉公用权、严格自律；通过推行权力公开透明运行、廉政监督员等制度，督促执法执纪人员牢固树立接受监督意识、自觉接受各方面监督，不断提高执法执纪能力和水平，为中国的反腐败和廉政建设提供组织保证。

三、反腐败和廉政建设法律法规制度体系

中国坚持依法治国基本方略，重视发挥法律法规制度的规范和保障作用，不断推进反腐败和廉政建设法制化、规范化。以中国宪法为依据，制定了一系列反腐倡廉法律法规；以中国共产党章程为依据，制定了一系列中国共产党党内制度规定，逐步形成内容科学、程序严密、配套完备、有效管用的反腐败和廉政建设法律法规制度体系。

为规范领导干部廉洁从政行为，中国共产党制定了一系列党员领导干部廉洁从政的行为准则和道德规范，建立健全防止利益冲突制度。1997 年开始试行、2010 年修订实施的《中国共产党党员领导干部廉洁从政若干准则》，明确提出严禁党员领导干部违反规定私自从事营利性活动、利用职权和职务上的影响谋取不正当利益等，比较全面地规范了社会主义市场经济条件下党员领导干部的廉洁从政行为，成为规范党员领导干部从政行为的基础性党内法规。针对权钱交易案件中出现的新情况新问题，2007 年颁布《中共中央纪委关于严格禁止利用职务上的便利谋取不正当利益的若干规定》，明确了对党员干部在经济和社会交往中可能出现以权谋私等 8 种行为的处理办法；2009 年颁布《国有企业领导人员廉洁从业若干规定》，明确提出严禁国有企业领导人员利用职权为本人或特定关系人谋取利益以及损害企业权益等行为。为规范领导干部廉洁从政行为，颁布了《关于对党和国家机关工作人员在国内交往中收受礼品实行登记制度的规定》，明确要求党和国家机关工作人员不得收受可能影响公正执行公务的礼品馈赠；制定了《关于领导干部报告个人有关事项的规定》，要求领导干部如实报告本人收入，本人及配偶、共同生活的子女房产、投资，以及配偶子女从业等情况；制定了《关于对配偶子女均已移居国（境）外的国家工作人员加强管理的暂行规定》。这些规定，对维护国家利益、依法依纪加强对党员和国家工作人员的管理，提高领导干部廉洁从政意识，具有重要作用。

为确保公共权力的正确行使，中国制定了一系列法律法规制度，以加强对领导干部行使权力的制约和监督。2007 年施行的《中华人民共和国各级人民代表大会常务委员会监督法》，以法律形式对各级人民代表大会常务委员会加强对同级人民政府、人民法院和人民检察院行政权、审判权、检察权的监督作出规定。还制定了《中华人民共和国行政监察法》、《中华人民共和国审计法》、《中华人民共和国行政复议法》、《中华人民共和国行政诉讼法》等法律，建立了行政监察、审计监督、行政复议和行政诉讼制度，加强对行政机关及其工作人员的监督。中共中央制定《中国共产党党内监督条例（试行）》及《中国共产党巡视工作条例（试行）》、《关于对党员领导干部进行诫勉谈话和函询的暂行办法》、《关于党员领导干部述职述廉的暂行规定》等一系列规定，对党内监督的各项具体工作进行规范和完善。

为依法依纪惩治腐败，中国制定并不断完善包括刑事处罚、党纪处分和政纪处分在内的惩处违法违纪行为的实体性法律法规。在刑事处罚方面，通过制定和修订《中华人民共和国刑法》，规定了贪污罪、受贿罪、行贿罪、失职渎职罪、巨额财产来源不明罪等腐败犯罪的刑事责任，最高人民法院、最高人民检察院发布了相关司法解释，使之成为惩治腐败犯罪的重要法律依据。在党纪处分方面，中国共产党颁布《中国共产党纪律处分条例》及其配套规定，具体规定党员违反廉洁自律规定行为、贪污贿赂行为、违反财经纪律行为等违犯党纪行为及其量纪标准，明确警告、严重警告、撤销党内职务、留党察看和开除党籍 5 种党纪处分。在政纪处分方面，国家颁布《行政机关公务员处分条例》，具体规定政纪处分原则、权限以及各类违纪行为及其量纪标准，明确警告、记过、记大过、降级、撤职、开除 6 种政纪处分。

为保证以上实体性法律法规的执行，中国注重程序性法律法规建设。国家立法机关、司法机关和有关部门制定了《中华人民共和国刑事诉讼法》、《人民检察院刑事诉讼规则》、《监察机关调查处理政纪案件办法》等法律法规，中国共产党颁布《中国共产党纪律检查机关案件检查工作条例》

等规定，对违法案件和违纪案件的受理、调查、审理和申诉工作予以规范，并建立证人和举报人保护制度、案件移送和协调配合制度以及被告人和受处分人权利保障制度。

中国还制定了一批与预防腐败密切相关的法律法规。制定《中华人民共和国行政许可法》，规范行政许可的设定和实施，保障和监督行政机关有效实施行政管理。制定《中华人民共和国公务员法》，规范公务员的管理，加强对公务员的监督，促进勤政廉政。制定《中华人民共和国政府采购法》、《中华人民共和国反垄断法》、《中华人民共和国招标投标法》，规范行政自由裁量权，发挥市场在资源配置中的基础性作用，有效防止腐败行为的发生。制定《中华人民共和国法官法》、《中华人民共和国检察官法》、《中华人民共和国人民警察法》，明确规定司法工作人员的任职条件、管理方式和监督措施，强化了廉洁司法的要求。中国各地区各部门也依据宪法和国家法律，制定了与反腐败相关的地方性法规、地方政府规章和部门规章，完善了中国的反腐败和廉政建设法律法规制度体系。

中国今后将更加注重法律法规制度的贯彻实施，并根据形势发展的需要继续制定新的、修订原有的反腐败和廉政建设法律法规制度，使之不断发展和完善。

四、权力制约和监督体系

中国按照结构合理、配置科学、程序严密、制约有效的原则，逐步建立健全决策权、执行权、监督权既相互制约又相互协调的权力结构和运行机制，推进权力运行程序化和公开透明，加强对权力的制约和监督。目前，已形成了由中国共产党党内监督、人大监督、政府内部监督、政协民主监督、司法监督、公民监督和舆论监督组成的具有中国特色的监督体系。各监督主体既相对独立，又密切配合，形成了整体合力。

中国共产党党内监督是党的各级组织和广大党员依据党章和其他党内法规以及国家法律，重点对党的各级领导机关和领导干部特别是各级领导班子主要负责人进行的监督。中国共产党不断探索加强党内监督的措施和办法，进一步完善集体领导和分工负责、重要情况通报和报告、民主生活会、询问和质询等党内监督10项制度。中共中央和省级党委都建立巡视机构，对下级党组织领导班子及其成员贯彻执行党的路线方针政策和决议、决定，执行党风廉政建设责任制和自身廉政勤政等情况进行巡视监督。党的纪律检查机关对派驻机构实行统一管理，加强对驻在部门领导班子特别是主要领导干部的监督。大力发展党内民主，为加强党内监督创造有利条件。健全和完善党的代表大会制度，发挥党的委员会全体会议对重大问题的决策作用，推行和完善党委常委会向全委会定期报告工作并接受监督制度。改革和完善党内选举制度，规定差额推荐和差额选举的范围和比例，逐步扩大基层党组织领导班子成员直接选举范围。颁布实施《中国共产党党员权利保障条例》，明确党员行使权利的程序和参与党内监督的各项权利。

人大监督是国家权力机关代表国家和人民对国家行政机关、司法机关和国家法律实施情况进行的监督。中国宪法规定，国家的一切权力属于人民。人民代表大会是人民行使国家权力的机关，国家行政机关、审判机关、检察机关都由它产生，对它负责，受它监督。人民代表大会行使法律赋予的各种监督职权，通过询问、质询、执法检查、听取和审议有关部门工作报告以及预算审查等手段，加强对政府、法院、检察院及其工作人员的监督，促进依法行政、公正司法，预防和制止各种腐败现象。

政府内部监督包括层级监督和监察、审计等专门机关的监督。各级政府、政府各部门的上级对下级、政府对部门、行政首长对工作人员的行政行为进行层级监督。监察机关全面履行法定职责，开展执法监察、廉政监察和效能监察，依法对监察对象行使职权、履行职责、勤政廉政等情况实施监督。审计机关依法对政府的预算执行情况和决算以及其他财政财务收支情况进行监督。这些监督形式对于规范行政执法、促进依法行政、建设法治政府，发挥了重要作用。

政协民主监督是具有中国特色的监督形式。中国人民政治协商会议是中国共产党领导的多党合作和政治协商的重要机构。人民政协主要通过召开会议、提交提案、组织委员视察、开展民主评议等形式，对宪法和法律法规的实施、重大方针政策的贯彻执行、国家机关和国家工作人员履行职责和遵纪守法等方面的情况进行监督。中国共产党各级委员会和中国各级人民政府在作出重大决策、出台重要规定前，都要征求同级人民政协和各民主党派的意见和建议。

司法监督包括人民法院的监督和人民检察院的监督。人民法院的监督是指上级法院对下级法院、最高人民法院对全国法院审判工作是否合法、公正的监督。人民法院还通过审理行政案件，对政府具体行政行为的合法性进行审查。人民检察院的监督，包括依法对诉讼活动的法律监督和对国家工作人员职务犯罪行为的监督。人民检察院通过对立案、侦查、审判、刑罚执行和监管活动的监督，实施对诉讼活动全过程的监督；通过查办贪污贿赂、渎职侵权等职务犯罪案件，对国家工作人员职务行为进行监督。

公民对国家机关和国家工作人员提出批评、建议、申诉、控告或者检举，是宪法赋予公民的监督权利。在中国，公民通过检举、控告参与反腐败的渠道是畅通的。中国政府设有专门的信访机构，受理公民提出的检举控告和意见建议。中国共产党各级纪律检查机关、国家检察机关、政府监察机关和审计机关等都建立了举报制度，开通了举报电话，设立了举报网站，受理公民的检举和控告。对受理的举报线索，相关部门依法依纪进行调查或转送有关部门处理。在鼓励公民举报腐败案件的同时，国家重视维护举报人的合法权益。中国的刑法、刑事诉讼法、行政监察法等法律法规和中国共产党党内法规都对保护举报人作了明确规定，对举报人的有关情况予以保密，严禁泄露举报人身份或者将举报材料、举报人情况透露给被举报单位、被举报人，对打击报复举报人的行为进行惩处。

中国重视发挥舆论监督的作用。依法保护报刊、电视、广播等新闻媒体的采访权和舆论监督权，支持新闻媒体披露各种不正之风和党政机关及其工作人员中的违法违纪问题。政府有关部门高度关注新闻媒体反映的问题，积极回应社会关切，及时提出解决办法，改进工作。近年来，随着互联网的快速发展和广泛普及，网络监督日益成为一种反应快、影响大、参与面广的新兴舆论监督方式。中国高度重视互联网在加强监督方面的积极作用，切实加强反腐倡廉舆情网络信息收集、研判和处置工作，完善举报网站法规制度建设，健全举报网站受理机制及线索运用和反馈制度，为公民利用网络行使监督权利提供便捷畅通的渠道。与此同时，加强舆论监督的管理、引导和规范，维护舆论监督的正常秩序，使舆论监督在法制轨道上运行。

阳光是最好的防腐剂，公开是对权力最好的监督。从20世纪80年代开始，中国政府积极推行政务公开、厂务公开、村务公开和公共企事业单位办事公开等制度。颁布《中华人民共和国政府信息公开条例》等重要法规文件，规定按照公开是原则、不公开是例外的要求，及时、准确地公开除涉及国家秘密、商业秘密和个人隐私以外的政府信息，依法保障公民的知情权、参与权、表达权和监督权。中央和国家机关、各省（自治区、直辖市）普遍建立了新闻发布和新闻发言人制度，绝大多数县级以上政府建立了政府网站。国家司法机关推进审判公开、检务公开、警务公开、狱务公开等司法公开制度，为加强对司法活动的监督提供了有力保证。中国共产党积极推进党务公开，发布实施《关于党的基层组织实行党务公开的意见》，健全党内情况通报制度，及时公布党内事务特别是党组织重大决策、干部选拔任用、党员领导干部执行廉洁自律规定等情况，拓宽党员了解党内事务和表达个人意见的渠道。

五、通过体制改革和制度创新防治腐败

改革开放特别是进入21世纪以来，中国坚持用发展的思路和改革的办法预防和治理腐败。针对容易滋生腐败的重点领域和关键环节，大力推进体制改革和制度创新，建立适合时代发展要求的新体制新机制，努力从源头上防治腐败。

深化行政审批制度改革。中国政府全面推行行政审批制度改革，加快推进政企分开、政资分开、政事分开、政府与市场中介组织分开，促进政府转变职能。在全面清理审核的基础上，国家对行政审批事项进行了大幅度削减和调整。2001年推行行政审批制度改革以来，国务院各部门共取消和调整行政审批项目2000多项，地方各级政府取消和调整77000多项，占原有项目总数的一半以上。对于保留的行政审批项目，通过广泛设立行政服务中心公开审批，建立行政审批电子监察系统及时监控，完善行政审批责任追究制度和信息反馈机制，提高工作效率，减少权力寻租的机会。

推进干部人事制度改革。中国坚持民主、公开、竞争、择优，建立健全科学的干部选拔任用和管理监督机制，提高选人用人公信度，从源头上防治用人腐败。中国共产党先后发布《深化干部人事制度改革纲要》、《党政领导干部选拔任用工作条例》、《党政领导干部选拔任用工作监督检查办法（试行）》、《党政领导干部选拔任用工作责任追究办法（试行）》等，对干部人事制度改革进行全面规划，对干部选拔任用的基本原则、标准、程序、方法等作出严密规定，对干部选拔任用工作加强监督。坚持德才兼备、以德为先的用人标准，全面推行民主推荐、民主测评、民意调查、考察预告、任前公示，以及干部交流、任职回避等制度，大力推进公开选拔和竞争上岗，推行和完善地方党委任用重要干部票决制。

深化司法体制和工作机制改革。中国坚持以维护司法公正为目标，按照科学配置侦查权、检察权、审判权和执行权的原则，建立公正高效权威的社会主义司法制度。建立警务督察制度，推行人民陪审员、人民监督员制度，扩大司法民主，推进司法公开。加强对司法活动的监督，规范司法人员对自由裁量权的行使。健全执法过错、违法违纪责任追究制度，保证司法公正。

推进财政管理体制改革。1998年以来，中国政府提出建立公共财政的目标，积极推进财政管理体制改革，深化部门预算公开、国库集中支付、“收支两条线”管理、政府采购、规范转移支付等改革。目前已将行政事业性收费、政府性基金、国有资源有偿使用收入、国有资本经营收益等纳入预算或“收支两条线”管理的范围，并将逐步实现全部缴入国库的目标。国家已初步建立起适合中国国情的部门预算基本框架，初步实现预算内外资金统筹使用、“一个部门一本预算”的改革目标。推进公务用车、公务接待等职务消费制度改革，规范党政领导干部职务消费行为。这些措施规范了政府理财行为，增强了财政管理的透明度，有效抑制了财政资金管理和使用中的腐败行为。

加快投资体制改革。为防止投资领域腐败现象的产生，中国政府着力建立市场引导投资、企业自主决策、银行独立审贷、融资方式多样、中介服务规范、宏观调控有效的新型投资体制，减少行政干预。2004年，国务院发布《关于投资体制改革的决定》，对深化投资体制改革作出全面部署。经过改革，企业投资主体地位逐步确立。国家不断建立和完善政府投资监管体系，完善政府重大投资项目公示制和责任追究制，加强对投资中介机构的监管。对中央预算内投资项目实行代建制试点，目前已有2/3以上的省级政府开展代建工作。

推动金融体制改革。中国实行中央银行与商业银行分离、政策性金融与商业性金融分离、银行与证券及保险业分业经营。不断加强和改进金融宏观调控，建立和完善银行业、证券业、保险业分业金融监管体制，加强金融监管，金融市场秩序逐步规范。建立并完善信息披露、信用评级制度，推动金融市场快速健康发展。推进国有商业银行股份制改革、证券公司重组、保险公司注资改制等一系列重大金融体制改革，进一步完善法人治理结构，全面清理和处置历史积累的金融风险，初步建立投资者保护制度。积极推动支付体系建设，推广使用非现金支付工具，完善金融账户实名制，有效防止和严厉惩处利用银行账户、证券市场和资本运作等手段进行腐败活动。建立覆盖全国的企业和个人信用信息基础数据库，加快建设金融业统一征信平台。建立金融机构的客户识别、大额和可疑交易报告、记录保存等制度，加强反洗钱监管。这些改革措施促进了金融业的规范健康发展，也有利于防范金融风险和金融腐败。

建立市场配置资源制度。中国政府注重完善制度，强化监管，防止在公共资源配置、公共资产交易、公共产品生产领域出现腐败问题。在工程建设方面，加快建立统一规范的有形市场，完善招标投标法律制度，规范招标投标活动。在土地使用权出让方面，实施公开竞争出让建设用地使用权制度，对经营性用地通过招标、拍卖、挂牌的方式出让。2001年至2009年，招标拍卖挂牌出让国有土地面积占总出让面积比例由7.3%上升到85.3%。在产权交易方面，规定必须遵循等价有偿和公开、公平、公正、竞争的原则。在政府采购方面，实行以公开招标为主要方式的采购运行机制，2002年至2009年累计节约财政资金3000多亿元。在矿产资源开发方面，严格执行探矿权、采矿权招标拍卖挂牌出让规定，严肃查处矿产资源开发中的违法违纪行为。

六、依法依纪查处腐败案件

依法依纪查处腐败案件，是惩治腐败最直接最有效的手段。中国共产党和中国政府坚持在法律和纪律面前人人平等，严肃查处党员干部和国家工作人员中的腐败行为，保持惩治腐败的强劲势头。

中国针对不同时期腐败现象发生的特点，确定查办案件的重点。20世纪80年代，重点打击严重经济犯罪活动和利用价格“双轨制”非法倒买倒卖行为。20世纪90年代，以查办党政领导机关、行政执法机关、司法机关、经济管理部门和县（处）级以上领导干部的违法违纪案件为重点，着重查处贪污贿赂、挪用公款、失职渎职、贪赃枉法、腐化堕落等方面的案件，加大对金融、房地产、工程建设等领域案件的查处力度。进入21世纪，在继续坚持查处以上重点案件的同时，着重查办领导干部利用人事权、司法权、行政审批权、行政执法权等搞官商勾结、权钱交易、索贿受贿的案件，为黑恶势力充当“保护伞”的案件，严重侵害群众利益的案件，群体性事件和重大责任事故背后的腐败案件。

中国共产党纪律检查机关和政府监察机关始终坚持依法依纪查办腐败案件，做到事实清楚、证据确凿、定性准确、处理恰当、手续完备、程序合法。严格规范举报、受理、初核、立案、调查、审理、处分、执行、案件监督管理等各个环节，坚持文明规范办案，保障被调查人员的人身权、财产权、申辩权、申诉权和知情权等合法权益。

人民检察院依法对贪污贿赂、渎职侵权等国家工作人员职务犯罪直接立案侦查，并代表国家向人民法院提起公诉。检察机关接受贪污贿赂、渎职侵权犯罪的举报和有关部门移送的案件后，及时对举报线索和案件材料进行审查和初步调查，有犯罪事实并需要追究刑事责任的，依照程序对案件立案侦查，依法查明犯罪嫌疑人的犯罪事实。案件侦查终结后，根据查明的事实和证据，依法作出处理，其中对犯罪事实已经查清，证据确实、充分，依法应当追究刑事责任的，由人民检察院反贪污贿赂、反渎职侵权部门移送公诉部门审查后向人民法院提起公诉。2003年至2009年，各级人民检察院共立案侦查贪污贿赂、渎职侵权案件24万多件。在惩治受贿犯罪的同时，中国完善行贿犯罪档案查询系统，加大惩治和预防行贿犯罪力度。2009年，对3194名行贿人依法追究了刑事责任。

人民法院作为国家审判机关，依法独立行使审判权。在中国，未经人民法院依法判决，对任何人都不得确定有罪。对于检察机关依法提起公诉的贪污贿赂渎职等腐败犯罪案件，人民法院依法进行审理，按照罪刑法定、法律面前人人平等、罪责刑相适应的原则定罪量刑。除涉及国家秘密、商业秘密、个人隐私和未成年人犯罪外，人民法院审判案件一律公开进行，并保障诉讼参与人依法享有诉讼权利，保证被告人充分行使辩护权。在审判腐败犯罪案件的过程中，人民法院坚持对任何人犯罪在适用法律上一律平等的原则，不论腐败分子现任或曾任职务多高，只要构成犯罪就依法定罪处罚，既不允许其有超越法律的特权，也不因为其特殊身份和社会压力就加重处罚。

为准确适用法律、统一司法尺度，最高人民法院和最高人民检察院在总结贪污贿赂渎职等腐败犯罪案件审判和公诉经验的基础上，依法适时制定相关的司法解释，及时解决审判和公诉工作中出现的新问题，对指导各级人民法院和人民检察院正确审理、公诉案件，起到了重要作用。

中国集中开展治理商业贿赂专项工作。近年来，重点查处工程建设、土地使用权和探矿采矿权出让、产权交易、医药购销、政府采购、资源开发和经销等6大领域以及银行信贷、证券期货、商业保险、出版发行、体育、电信、电力、质检和环保等方面的商业贿赂行为，依法依纪打击跨国（境）商业贿赂行为。自2005年集中开展治理商业贿赂工作以来至2009年，全国共查处商业贿赂案件69200多件，涉案金额165.9亿元。

中国政府把纠正损害群众利益的不正之风作为反腐败的重要内容。针对一些地方和部门存在的乱涨价、乱收费、乱罚款、乱摊派等损害群众利益的行为，采取了专项治理措施。针对农村土地征收、城镇房屋拆迁、国有企业重组改制、医药购销和医疗服务中出现的损害群众利益，以及拖欠农民工工资等突出问题，采取专项检查等措施予以纠正。国家加快改革步伐，相继取消农业税和义务教育阶段收费，推行教育、医药卫生体制改革等一系列改革措施，为纠正损害群众利益的不正之风创造了条件。

中国政府逐步加大以行政首长为重点的行政问责力度，纠正执法不公、违法行政和有令不行、有禁不止、行政不作为乱作为等行为，对给国家利益、公共利益和公民合法权益造成严重损害的，依法依纪严肃追究责任。2009年发布《关于实行党政领导干部问责的暂行规定》，明确规定有决策严重失误、工作失职、管理监督不力等造成重大损失或恶劣影响的7种行为的，必须进行问责。2009年，共对7036名领导干部进行了问责。

七、廉政教育和廉政文化建设

教育是反腐败和廉政建设的一项基础性工作。多年来，中国坚持不懈地在国家工作人员中开展廉洁从政教育，在全社会加强廉政文化建设，促使国家工作人员增强廉洁自律意识，推动全社会形成崇尚廉洁的良好风尚。

中国把对党员和国家工作人员进行国家法律法规和党纪政纪教育作为廉洁从政教育的一项经常性工作。中共中央政治局经常组织有关法制的集体学习，对推动全社会特别是党员和国家工作人员提高法律意识起到良好的带动作用。目前，中国共产党的各级组织和国家机关集体学习已形成制度。中国政府积极开展全民普法教育，从 1986 年起，在全体公民特别是国家工作人员中连续实施了 5 个五年普及法律知识教育，共有 8 亿多人次接受了各种形式的法制教育，增强了公众的法治观念和对国家机关、国家工作人员廉洁从政的监督意识。

中国重视对国家工作人员的廉政教育培训，筑牢拒腐防变的思想道德防线。制定《干部教育培训工作条例（试行）》和全国干部教育培训规划，把廉洁从政教育作为干部教育培训的重要内容。中国共产党的各级党校、政府的各级行政学院和其他干部培训机构，把廉洁从政教育纳入教学计划，作为各级领导干部的必修课程。建立 50 个全国廉政教育基地，编写廉洁从政教育读本，有针对性地开展岗位廉政教育和培训。对于新任领导干部和新录用的国家工作人员，进行任职和上岗前的廉政培训，建立廉政培训档案。一些省（自治区、直辖市）在领导干部选拔前进行廉政法律法规考试，并将考试合格作为重要的任职条件。在领导干部任职前进行廉政谈话，做到防范在先。

中国注重开展示范教育和警示教育。通过新闻媒体报道、召开先进事迹报告会、拍摄影视作品等形式，宣传党员干部和国家工作人员中的先进典型和他们的事迹。通过编写典型案例教材、拍摄警示教育片、建设警示教育基地、举办警示教育展览以及涉案人员现身说法等灵活多样的形式，教育广大党员干部和国家工作人员引以为戒，发挥典型案件的教育作用，达到惩处一个、教育一片的目的。

中国大力开展廉政文化建设，弘扬以廉为荣、以贪为耻的社会风尚。制定《关于加强廉政文化建设的意见》，推动廉政文化进机关、社区、家庭、学校、企业和农村。注重继承和发扬中华优秀传统中的廉政文化精华，以文学艺术、影视作品、书画展览和公益广告等形式表现廉政文化的丰富内涵，推出一批主题昂扬向上、时代特色鲜明、体现人文关怀的优秀廉政作品。通过这些内容丰富、形式多样、喜闻乐见的廉政文化活动，歌颂了中华民族崇尚廉洁的优良传统，展示了廉政建设的丰硕成果，推进了廉政文化建设深入开展。

中国重视对青少年进行廉洁教育。许多小学、中学和大学专门开设廉洁教育课程，编写相关教材，有的还配备专门师资力量。同时，充分利用中小学生的夏令营、冬令营，以及大学生社会实践和校园文化建设等课外活动开展廉洁教育，培养青少年廉洁、诚信、守法的良好道德意识和法治观念。

八、反腐败国际交流与合作

随着经济全球化的快速发展，腐败行为呈现出有组织、跨国境的趋势。加强反腐败国际交流与合作成为世界各国、各地区的共识。中国重视反腐败领域的国际交流与合作，主张在尊重主权、平等互利、尊重差异、注重实效的原则下，与世界各国、各地区和有关国际组织加强合作，互相借鉴，共同打击腐败行为。

中国加强同世界各国、各地区及有关国际组织的反腐败交流与合作，已经成为国际反腐败的重要力量。截至目前，中国已与 68 个国家和地区签订了 106 项各类司法协助条约。与美国建立了中美执法合作联合联络小组，并设立反腐败专家组；与加拿大建立了司法和执法合作磋商机制。中共中央纪律检查委员会和中华人民共和国监察部同 80 多个国家和地区的反腐败机构开展了友好交往，与俄罗斯等 8 个国家的相关机构签署了合作协议；与联合国、欧盟、世界银行、亚洲开发银行、经合组织等国际组织开展了多领域的交流与合作，积极参与二十国集团、亚太经合组织等框架内的反腐败合作机制。最高人民检察院先后与 80 多个国家和地区的相关机构签署了检察合作协议。公安部与44个国家和地区的相关机构建立了65条24小时联络热线，同59个国家和地区的内政警察部门签署了213份合作文件。

为推动反腐败国际交流与合作，中国于2005年批准加入了《联合国反腐败公约》。为履行公约规定的各项义务，中国成立了由24个机关和部门组成的部际协调小组，具体承担国内履约的组织协调工作，做好有关国内法与公约的衔接工作。2006年颁布《中华人民共和国反洗钱法》，以预防、遏制洗钱犯罪及相关犯罪。先后批准加入4个与反洗钱相关的国际公约，并成为金融行动特别工作组、欧亚反洗钱和反恐融资组织、亚太反洗钱组织的成员。2007年成立国家预防腐败局，开展预防腐败的国际合作和技术援助。

中国还积极加入相关反腐败国际组织，参加和举办反腐败国际会议。1996年中国和巴基斯坦等国发起成立亚洲监察专员协会。2003年批准加入《联合国打击跨国有组织犯罪公约》，这是第一个针对跨国有组织犯罪的全球性公约。2005年加入亚太经合组织反腐败与提高透明度工作组、亚洲开发银行经合组织亚太地区反腐败行动计划。2006年中国最高人民检察院发起成立国际反贪局联合会，这是世界上首个以各国、各地区反贪机构为成员的国际组织。近年来，中国还成功举办第七届国际反贪污大会、亚洲监察专员协会第七次会议、第五次亚太地区反腐败会议、国际反贪局联合会首届年会、亚太经合组织反腐败研讨会等国际会议，多次参加全球反腐倡廉论坛、政府改革全球论坛、国际反贪污大会等国际性反腐败会议。

引渡和遣返外逃腐败犯罪嫌疑人是反腐败国际合作的重要内容。1984年，中国加入国际刑警组织，加强了抓捕外逃腐败犯罪嫌疑人方面的国际合作。2000年颁布了《中华人民共和国引渡法》，为中国与外国加强引渡合作提供了法律基础。目前，中国已与35个国家缔结了双边引渡条约，加入含有司法协助、引渡等内容的28项多边公约。中国还可以依据联合国反腐败公约、联合国打击跨国有组织犯罪公约等国际公约，与世界100多个国家开展包括引渡在内的国际司法合作。

结束语

为反对腐败，加强廉政建设，中国共产党和中国政府作出了巨大努力，取得了明显成效。几十年来的实践证明，中国特色反腐倡廉道路是符合中国社会主义初级阶段基本国情的，是符合中国各族人民意愿的，是符合反腐败和廉政建设规律的。我们坚信，随着中国社会主义市场经济体制的不断完善，社会主义民主政治的不断发展和法律制度体系的逐步完备，以及社会、文化等各方面事业的不断进步，中国共产党和中国政府完全能够依靠自身力量和广大人民群众的支持，把腐败现象减少到最低程度。中国反腐败和廉政建设的前景是光明的。

反对腐败、建设廉洁政治是全人类的共同愿望，也是世界各国政府和政党面临的共同课题。加强反腐败国际交流与合作是中国政府的既定政策。中国将在国际和地区性反腐败交流与合作中发挥积极作用，与世界各国一道，为建设一个公正廉洁、和谐美好的世界而努力奋斗。

中华人民共和国刑法修正案（七）

（2009年2月28日第十一届全国人民代表大会常务委员会第七次会议通过）

一、将刑法第一百五十一条第三款修改为："走私珍稀植物及其制品等国家禁止进出口的其他货物、物品的，处五年以下有期徒刑或者拘役，并处或者单处罚金；情节严重的，处五年以上有期徒刑，并处罚金。"

二、将刑法第一百八十条第一款修改为："证券、期货交易内幕信息的知情人员或者非法获取证券、期货交易内幕信息的人员，在涉及证券的发行，证券、期货交易或者其他对证券、期货交易价格有重大影响的信息尚未公开前，买入或者卖出该证券，或者从事与该内幕信息有关的期货交易，或者泄露该信息，或者明示、暗示他人从事上述交易活动，情节严重的，处五年以下有期徒刑或者拘役，并处或者单处违法所得一倍以上五倍以下罚金；情节特别严重的，处五年以上十年以下有期徒刑，并处违法所得一倍以上五倍以下罚金。"

增加一款作为第四款："证券交易所、期货交易所、证券公司、期货经纪公司、基金管理公司、商业银行、保险公司等金融机构的从业人员以及有关监管部门或者行业协会的工作人员，利用因职务便利获取的内幕信息以外的其他未公开的信息，违反规定，从事与该信息相关的证券、期货交易活动，或者明示、暗示他人从事相关交易活动，情节严重的，依照第一款的规定处罚。"

三、将刑法第二百零一条修改为："纳税人采取欺骗、隐瞒手段进行虚假纳税申报或者不申报，逃避缴纳税款数额较大并且占应纳税额百分之十以上的，处三年以下有期徒刑或者拘役，并处罚金；数额巨大并且占应纳税额百分之三十以上的，处三年以上七年以下有期徒刑，并处罚金。

"扣缴义务人采取前款所列手段，不缴或者少缴已扣、已收税款，数额较大的，依照前款的规定处罚。

"对多次实施前两款行为，未经处理的，按照累计数额计算。

"有第一款行为，经税务机关依法下达追缴通知后，补缴应纳税款，缴纳滞纳金，已受行政处罚的，不予追究刑事责任；但是，五年内因逃避缴纳税款受过刑事处罚或者被税务机关给予二次以上行政处罚的除外。"

四、在刑法第二百二十四条后增加一条，作为第二百二十四条之一："组织、领导以推销商品、提供服务等经营活动为名，要求参加者以缴纳费用或者购买商品、服务等方式获得加入资格，并按照一定顺序组成层级，直接或者间接以发展人员的数量作为计酬或者返利依据，引诱、胁迫参加者继续发展他人参加，骗取财物，扰乱经济社会秩序的传销活动的，处五年以下有期徒刑或者拘役，并处罚金；情节严重的，处五年以上有期徒刑，并处罚金。"

五、将刑法第二百二十五条第三项修改为："未经国家有关主管部门批准非法经营证券、期货、保险业务的，或者非法从事资金支付结算业务的。"

六、将刑法第二百三十九条修改为："以勒索财物为目的绑架他人的，或者绑架他人作为人质的，处十年以上有期徒刑或者无期徒刑，并处罚金或者没收财产；情节较轻的，处五年以上十年以下有期徒刑，并处罚金。

“犯前款罪，致使被绑架人死亡或者杀害被绑架人的，处死刑，并处没收财产。

“以勒索财物为目的偷盗婴幼儿的，依照前两款的规定处罚。”

七、在刑法第二百五十三条后增加一条，作为第二百五十三条之一：“国家机关或者金融、电信、交通、教育、医疗等单位的工作人员，违反国家规定，将本单位在履行职责或者提供服务过程中获得的公民个人信息，出售或者非法提供给他人，情节严重的，处三年以下有期徒刑或者拘役，并处或者单处罚金。

“窃取或者以其他方法非法获取上述信息，情节严重的，依照前款的规定处罚。

“单位犯前两款罪的，对单位判处罚金，并对其直接负责的主管人员和其他直接责任人员，依照各该款的规定处罚。”

八、在刑法第二百六十二条之一后增加一条，作为第二百六十二条之二：“组织未成年人进行盗窃、诈骗、抢夺、敲诈勒索等违反治安管理活动的，处三年以下有期徒刑或者拘役，并处罚金；情节严重的，处三年以上七年以下有期徒刑，并处罚金。”

九、在刑法第二百八十五条中增加两款作为第二款、第三款：“违反国家规定，侵入前款规定以外的计算机信息系统或者采用其他技术手段，获取该计算机信息系统中存储、处理或者传输的数据，或者对该计算机信息系统实施非法控制，情节严重的，处三年以下有期徒刑或者拘役，并处或者单处罚金；情节特别严重的，处三年以上七年以下有期徒刑，并处罚金。

“提供专门用于侵入、非法控制计算机信息系统的程序、工具，或者明知他人实施侵入、非法控制计算机信息系统的违法犯罪行为而为其提供程序、工具，情节严重的，依照前款的规定处罚。”

十、在刑法第三百一十二条中增加一款作为第二款：“单位犯前款罪的，对单位判处罚金，并对其直接负责的主管人员和其他直接责任人员，依照前款的规定处罚。”

十一、将刑法第三百三十七条第一款修改为：“违反有关动植物防疫、检疫的国家规定，引起重大动植物疫情的，或者有引起重大动植物疫情危险，情节严重的，处三年以下有期徒刑或者拘役，并处或者单处罚金。”

十二、将刑法第三百七十五条第二款修改为：“非法生产、买卖武装部队制式服装，情节严重的，处三年以下有期徒刑、拘役或者管制，并处或者单处罚金。”增加一款作为第三款：“伪造、盗窃、买卖或者非法提供、使用武装部队车辆号牌等专用标志，情节严重的，处三年以下有期徒刑、拘役或者管制，并处或者单处罚金；情节特别严重的，处三年以上七年以下有期徒刑，并处罚金。”

原第三款作为第四款，修改为：“单位犯第二款、第三款罪的，对单位判处罚金，并对其直接负责的主管人员和其他直接责任人员，依照各该款的规定处罚。”

十三、在刑法第三百八十八条后增加一条作为第三百八十八条之一：“国家工作人员的近亲属或者其他与该国家工作人员关系密切的人，通过该国家工作人员职务上的行为，或者利用该国家工作人员职权或者地位形成的便利条件，通过其他国家工作人员职务上的行为，为请托人谋取不正当利益，索取请托人财物或者收受请托人财物，数额较大或者有其他较重情节的，处三年以下有期徒刑或者拘役，并处罚金；数额巨大或者有其他严重情节的，处三年以上七年以下有期徒刑，并处罚金；数额特别巨大或者有其他特别严重情节的，处七年以上有期徒刑，并处罚金或者没收财产。

“离职的国家工作人员或者其近亲属以

及其他与其关系密切的人，利用该离职的国家工作人员原职权或者地位形成的便利条件实施前款行为的，依照前款的规定定罪处罚。”

十四、将刑法第三百九十五条第一款修改为：“国家工作人员的财产、支出明显超过合法收入，差额巨大的，可以责令该国家工作人员说明来源，不能说明来源的，差额部分以非法所得论，处五年以下有期徒刑或者拘役；差额特别巨大的，处五年以上十年以下有期徒刑。财产的差额部分予以追缴。”

十五、本修正案自公布之日起施行。

中华人民共和国刑法修正案（八）

（2011年2月25日第十一届全国人民代表大会常务委员会第十九次会议通过）

一、在刑法第十七条后增加一条，作为第十七条之一：“已满七十五周岁的人故意犯罪的，可以从轻或者减轻处罚；过失犯罪的，应当从轻或者减轻处罚。”

二、在刑法第三十八条中增加一款作为第二款：“判处管制，可以根据犯罪情况，同时禁止犯罪分子在执行期间从事特定活动，进入特定区域、场所，接触特定的人。”

原第二款作为第三款，修改为：“对判处管制的犯罪分子，依法实行社区矫正。”

增加一款作为第四款：“违反第二款规定的禁止令的，由公安机关依照《中华人民共和国治安管理处罚法》的规定处罚。”

三、在刑法第四十九条中增加一款作为第二款：“审判的时候已满七十五周岁的人，不适用死刑，但以特别残忍手段致人死亡的除外。”

四、将刑法第五十条修改为：“判处死刑缓期执行的，在死刑缓期执行期间，如果没有故意犯罪，二年期满以后，减为无期徒刑；如果确有重大立功表现，二年期满以后，减为二十五年有期徒刑；如果故意犯罪，查证属实的，由最高人民法院核准，执行死刑。

“对被判处死刑缓期执行的累犯以及因故意杀人、强奸、抢劫、绑架、放火、爆炸、投放危险物质或者有组织的暴力性犯罪被判处死刑缓期执行的犯罪分子，人民法院根据犯罪情节等情况可以同时决定对其限制减刑。”

五、将刑法第六十三条第一款修改为：“犯罪分子具有本法规定的减轻处罚情节的，应当在法定刑以下判处刑罚；本法规定有数个量刑幅度的，应当在法定量刑幅度的下一个量刑幅度内判处刑罚。”

六、将刑法第六十五条第一款修改为：“被判处有期徒刑以上刑罚的犯罪分子，刑罚执行完毕或者赦免以后，在五年以内再犯应当判处有期徒刑以上刑罚之罪的，是累犯，应当从重处罚，但是过失犯罪和不满十八周岁的人犯罪的除外。”

七、将刑法第六十六条修改为：“危害国家安全犯罪、恐怖活动犯罪、黑社会性质的组织犯罪的犯罪分子，在刑罚执行完毕或者赦免以后，在任何时候再犯上述任一类罪的，都以累犯论处。”

八、在刑法第六十七条中增加一款作为第三款：“犯罪嫌疑人虽不具有前两款规定的自首情节，但是如实供述自己罪行的，可以从轻处罚；因其如实供述自己罪行，避免特别严重后果发生的，可以减轻处罚。”

九、删去刑法第六十八条第二款。

十、将刑法第六十九条修改为：“判决宣告以前一人犯数罪的，除判处死刑和无期徒刑的以外，应当在总和刑期以下、数刑中最高刑期以上，酌情决定执行的刑期，但是管制最高不能超过三年，拘役最高不能超过一年，有期徒刑总和刑期不满三十五年的，最高不能超过二十年，总和刑期在三十五年以上的，最高不能超过二十五年。

“数罪中有判处附加刑的，附加刑仍须执行，其中附加刑种类相同的，合并执行，种类不同的，分别执行。”

十一、将刑法第七十二条修改为：“对于被判处拘役、三年以下有期徒刑的犯罪分子，同时符合下列条件的，可以宣告缓刑，对其中不满十八周岁的人、怀孕的妇女和已满七十五周岁的人，应当宣告缓刑：

“（一）犯罪情节较轻；

“（二）有悔罪表现；

“（三）没有再犯罪的危险；

“（四）宣告缓刑对所居住社区没有重大不良影响。

“宣告缓刑，可以根据犯罪情况，同时禁止犯罪分子在缓刑考验期限内从事特定活动，进入特定区域、场所，接触特定的人。

“被宣告缓刑的犯罪分子，如果被判处附加刑，附加刑仍须执行。”

十二、将刑法第七十四条修改为：“对于累犯和犯罪集团的首要分子，不适用缓刑。”

十三、将刑法第七十六条修改为：“对宣告缓刑的犯罪分子，在缓刑考验期限内，依法实行社区矫正，如果没有本法第七十七条规定的情形，缓刑考验期满，原判的刑罚就不再执行，并公开予以宣告。”

十四、将刑法第七十七条第二款修改为：“被宣告缓刑的犯罪分子，在缓刑考验期限内，违反法律、行政法规或者国务院有关部门关于缓刑的监督管理规定，或者违反人民法院判决中的禁止令，情节严重的，应当撤销缓刑，执行原判刑罚。”

十五、将刑法第七十八条第二款修改为：“减刑以后实际执行的刑期不能少于下列期限：

“（一）判处管制、拘役、有期徒刑的，不能少于原判刑期的二分之一；

“（二）判处无期徒刑的，不能少于十三年；

“（三）人民法院依照本法第五十条第二款规定限制减刑的死刑缓期执行的犯罪分子，缓期执行期满后依法减为无期徒刑的，不能少于二十五年，缓期执行期满后依法减为二十五年有期徒刑的，不能少于二十年。”

十六、将刑法第八十一条修改为：“被判处有期徒刑的犯罪分子，执行原判刑期二分之一以上，被判处无期徒刑的犯罪分子，实际执行十三年以上，如果认真遵守监规，接受教育改造，确有悔改表现，没有再犯罪的危险的，可以假释。如果有特殊情况，经最高人民法院核准，可以不受上述执行刑期的限制。

“对累犯以及因故意杀人、强奸、抢劫、绑架、放火、爆炸、投放危险物质或者有组织的暴力性犯罪被判处十年以上有期徒刑、无期徒刑的犯罪分子，不得假释。

“对犯罪分子决定假释时，应当考虑其假释后对所居住社区的影响。”

十七、将刑法第八十五条修改为：“对假释的犯罪分子，在假释考验期限内，依法实行社区矫正，如果没有本法第八十六条规定的情形，假释考验期满，就认为原判刑罚已经执行完毕，并公开予以宣告。”

十八、将刑法第八十六条第三款修改为：“被假释的犯罪分子，在假释考验期限内，有违反法律、行政法规或者国务院有关部门关于假释的监督管理规定的行为，尚未构成新的犯罪的，应当依照法定程序撤销假释，收监执行未执行完毕的刑罚。”

十九、在刑法第一百条中增加一款作为第二款：“犯罪的时候不满十八周岁被判处五年有期徒刑以下刑罚的人，免除前款规定的报告义务。”

二十、将刑法第一百零七条修改为：“境内外机构、组织或者个人资助实施本章第一百零二条、第一百零三条、第一百零四条、第一百零五条规定之罪的，对直接责任人员，处五年以下有期徒刑、拘役、管制或者剥夺政治权利；情节严重的，处五年以上有期徒刑。”

二十一、将刑法第一百零九条修改为：“国家机关工作人员在履行公务期间，擅离岗位，叛逃境外或者在境外叛逃的，处五年以下有期徒刑、拘役、管制或者剥夺政治权利；情节严重的，处五年以上十年以下有期徒刑。

“掌握国家秘密的国家工作人员叛逃境外或者在境外叛逃的，依照前款的规定从重处罚。”

二十二、在刑法第一百三十三条后增加一条，作为第一百三十三条之一：“在道路上驾驶机动车追逐竞驶，情节恶劣的，或者在道路上醉酒驾驶机动车的，处拘役，并处罚金。

“有前款行为，同时构成其他犯罪的，依照处罚较重的规定定罪处罚。”

二十三、将刑法第一百四十一条第一款修改为：“生产、销售假药的，处三年以下有期徒刑或者拘役，并处罚金；对人体健康造成严重危害或者有其他严重情节的，处三年以上十年以下有期徒刑，并处罚金；致人死亡或者有其他特别严重情节的，处十年以上有期徒刑、无期徒刑或者死刑，并处罚金或者没收财产。”

二十四、将刑法第一百四十三条修改为：“生产、销售不符合食品安全标准的食品，足以造成严重食物中毒事故或者其他严重食源性疾病的，处三年以下有期徒刑或者拘役，并处罚金；对人体健康造成严重危害或者有其他严重情节的，处三年以上七年以下有期徒刑，并处罚金；后果特别严重的，处七年以上有期徒刑或者无期徒刑，并处罚金或者没收财产。”

二十五、将刑法第一百四十四条修改为：“在生产、销售的食品中掺入有毒、有害的非食品原料的，或者销售明知掺有有毒、有害的非食品原料的食品的，处五年以下有期徒刑，并处罚金；对人体健康造成严重危害或者有其他严重情节的，处五年以上十年以下有期徒刑，并处罚金；致人死亡或者有其他特别严重情节的，依照本法第一百四十一条的规定处罚。”

二十六、将刑法第一百五十一条修改为：“走私武器、弹药、核材料或者伪造的货币的，处七年以上有期徒刑，并处罚金或者没收财产；情节特别严重的，处无期徒刑或者死刑，并处没收财产；情节较轻的，处三年以上七年以下有期徒刑，并处罚金。

“走私国家禁止出口的文物、黄金、白银和其他贵重金属或者国家禁止进出口的珍贵动物及其制品的，处五年以上十年以下有期徒刑，并处罚金；情节特别严重的，处十年以上有期徒刑或者无期徒刑，并处没收财产；情节较轻的，处五年以下有期徒刑，并处罚金。

“走私珍稀植物及其制品等国家禁止进出口的其他货物、物品的，处五年以下有期徒刑或者拘役，并处或者单处罚金；情节严重的，处五年以上有期徒刑，并处罚金。

“单位犯本条规定之罪的，对单位判处罚金，并对其直接负责的主管人员和其他直接责任人员，依照本条各款的规定处罚。”

二十七、将刑法第一百五十三条第一款修改为：“走私本法第一百五十一条、第一百五十二条、第三百四十七条规定以外的货物、物品的，根据情节轻重，分别依照下列规定处罚：

“（一）走私货物、物品偷逃应缴税额较大或者一年内曾因走私被给予二次行政处罚后又走私的，处三年以下有期徒刑或者拘役，并处偷逃应缴税额一倍以上五倍以下罚金。

“（二）走私货物、物品偷逃应缴税额巨大或者有其他严重情节的，处三年以上十年以下有期徒刑，并处偷逃应缴税额一倍以上五倍以下罚金。

“（三）走私货物、物品偷逃应缴税额特别巨大或者有其他特别严重情节的，处十年以上有期徒刑或者无期徒刑，并处偷逃应缴税额一倍以上五倍以下罚金或者没收财产。”

二十八、将刑法第一百五十七条第一款修改为：“武装掩护走私的，依照本法第一百五十一条第一款的规定从重处罚。”

二十九、将刑法第一百六十四条修改为：“为谋取不正当利益，给予公司、企业或者其他单位的工作人员以财物，数额较大的，处三年以下有期徒刑或者拘役；数额巨大的，处三年以上十年以下有期徒刑，并处罚金。

“为谋取不正当商业利益，给予外国公职人员或者国际公共组织官员以财物的，依照前款的规定处罚。

“单位犯前两款罪的，对单位判处罚金，并对其直接负责的主管人员和其他直接责任人员，依照第一款的规定处罚。

“行贿人在被追诉前主动交待行贿行为的，可以减轻处罚或者免除处罚。”

三十、将刑法第一百九十九条修改为：“犯本节第一百九十二条规定之罪，数额特别巨大并且给国家和人民利益造成特别重大损失的，处无期徒刑或者死刑，并处没收财产。”

三十一、将刑法第二百条修改为：“单位犯本节第一百九十二条、第一百九十四条、第一百九十五条规定之罪的，对单位判处罚金，并对其直接负责的主管人员和其他直接责任人员，处五年以下有期徒刑或者拘役，可以并处罚金；数额巨大或者有其他严重情节的，处五年以上十年以下有期徒刑，并处罚金；数额特别巨大或者有其他特别严重情节的，处十年以上有期徒刑或者无期徒刑，并处罚金。”

三十二、删去刑法第二百零五条第二款。

三十三、在刑法第二百零五条后增加一条，作为第二百零五条之一：“虚开本法第二百零五条规定以外的其他发票，情节严重的，处二年以下有期徒刑、拘役或者管制，并处罚金；情节特别严重的，处二年以上七年以下有期徒刑，并处罚金。

“单位犯前款罪的，对单位判处罚金，并对其直接负责的主管人员和其他直接责任人员，依照前款的规定处罚。”

三十四、删去刑法第二百零六条第二款。

三十五、在刑法第二百一十条后增加一条，作为第二百一十条之一：“明知是伪造的发票而持有，数量较大的，处二年以下有期徒刑、拘役或者管制，并处罚金；数量巨大的，处二年以上七年以下有期徒刑，并处罚金。

“单位犯前款罪的，对单位判处罚金，并对其直接负责的主管人员和其他直接责任人员，依照前款的规定处罚。”

三十六、将刑法第二百二十六条修改为：“以暴力、威胁手段，实施下列行为之一，情节严重的，处三年以下有期徒刑或者拘役，并处或者单处罚金；情节特别严重的，处三年以上七年以下有期徒刑，并处罚金：

“（一）强买强卖商品的；

“（二）强迫他人提供或者接受服务的；

“（三）强迫他人参与或者退出投标、拍卖的；

“（四）强迫他人转让或者收购公司、企业的股份、债券或者其他资产的；

“（五）强迫他人参与或者退出特定的经营活动的。”

三十七、在刑法第二百三十四条后增加一条，作为第二百三十四条之一：“组织他人出卖人体器官的，处五年以下有期徒刑，并处罚金；情节严重的，处五年以上有期徒刑，并处罚金或者没收财产。

“未经本人同意摘取其器官，或者摘取不满十八周岁的人的器官，或者强迫、欺骗他人捐献器官的，依照本法第二百三十四条、第二百三十二条的规定定罪处罚。

“违背本人生前意愿摘取其尸体器官，或者本人生前未表示同意，违反国家规定，违背其近亲属意愿摘取其尸体器官的，依照本法第三百零二条的规定定罪处罚。”

三十八、将刑法第二百四十四条修改为：“以暴力、威胁或者限制人身自由的方法强迫他人劳动的，处三年以下有期徒刑或者拘役，并处罚金；情节严重的，处三年以上十年以下有期徒刑，并处罚金。

“明知他人实施前款行为，为其招募、运送人员或者有其他协助强迫他人劳动行为的，依照前款的规定处罚。

“单位犯前两款罪的，对单位判处罚金，并对其直接负责的主管人员和其他直接责任人员，依照第一款的规定处罚。”

三十九、将刑法第二百六十四条修改为：“盗窃公私财物，数额较大的，或者多次盗窃、入户盗窃、携带凶器盗窃、扒窃的，处三年以下有期徒刑、拘役或者管制，并处或者单处罚金；数额巨大或者有其他严重情节的，处三年以上十年以下有期徒刑，并处罚金；数额特别巨大或者有其他特别严重情节的，处十年以上有期徒刑或者无期徒刑，并处罚金或者没收财产。”

四十、将刑法第二百七十四条修改为：“敲诈勒索公私财物，数额较大或者多次敲诈勒索的，处三年以下有期徒刑、拘役或者管制，并处或者单处罚金；数额巨大或者有其他严重情节的，处三年以上十年以下有期徒刑，并处罚金；数额特别巨大或者有其他特别严重情节的，处十年以上有期徒刑，并处罚金。”

四十一、在刑法第二百七十六条后增加一条，作为第二百七十六条之一：“以转移财产、逃匿等方法逃避支付劳动者的劳动报酬或者有能力支付而不支付劳动者的劳动报酬，数额较大，经政府有关部门责令支付仍不支付的，处三年以下有期徒刑或者拘役，并处或者单处罚金；造成严重后果的，处三年以上七年以下有期徒刑，并处罚金。

“单位犯前款罪的，对单位判处罚金，并对其直接负责的主管人员和其他直接责任人员，依照前款的规定处罚。

“有前两款行为，尚未造成严重后果，在提起公诉前支付劳动者的劳动报酬，并依法承担相应赔偿责任的，可以减轻或者免除处罚。”

四十二、将刑法第二百九十三条修改为：“有下列寻衅滋事行为之一，破坏社会秩序的，处五年以下有期徒刑、拘役或者管制：

“（一）随意殴打他人，情节恶劣的；

“（二）追逐、拦截、辱骂、恐吓他人，情节恶劣的；

“（三）强拿硬要或者任意损毁、占用公私财物，情节严重的；

“（四）在公共场所起哄闹事，造成公共场所秩序严重混乱的。

“纠集他人多次实施前款行为，严重破坏社会秩序的，处五年以上十年以下有期徒刑，可以并处罚金。”

四十三、将刑法第二百九十四条修改为：“组织、领导黑社会性质的组织的，处七年以上有期徒刑，并处没收财产；积极参加的，处三年以上七年以下有期徒刑，可以并处罚金或者没收财产；其他参加的，处三年以下有期徒刑、拘役、管制或者剥夺政治权利，可以并处罚金。

“境外的黑社会组织的人员到中华人民共和国境内发展组织成员的，处三年以上十年以下有期徒刑。

“国家机关工作人员包庇黑社会性质的组织，或者纵容黑社会性质的组织进行违法犯罪活动的，处五年以下有期徒刑；情节严重的，处五年以上有期徒刑。

“犯前三款罪又有其他犯罪行为的，依照数罪并罚的规定处罚。

“黑社会性质的组织应当同时具备以下特征：

“（一）形成较稳定的犯罪组织，人数较多，有明确的组织者、领导者，骨干成员基本固定；

“（二）有组织地通过违法犯罪活动或者其他手段获取经济利益，具有一定的经济实力，以支持该组织的活动；

“（三）以暴力、威胁或者其他手段，有组织地多次进行违法犯罪活动，为非作恶，欺压、残害群众；

“（四）通过实施违法犯罪活动，或者利用国家工作人员的包庇或者纵容，称霸一方，在一定区域或者行业内，形成非法控制或者重大影响，严重破坏经济、社会生活秩序。”

四十四、将刑法第二百九十五条修改为：“传授犯罪方法的，处五年以下有期徒刑、拘役或者管制；情节严重的，处五年以上十年以下有期徒刑；情节特别严重的，处十年以上有期徒刑或者无期徒刑。”

四十五、将刑法第三百二十八条第一款修改为：“盗掘具有历史、艺术、科学价值的古文化遗址、古墓葬的，处三年以上十年以下有期徒刑，并处罚金；情节较轻的，处三年以下有期徒刑、拘役或者管制，并处罚金；有下列情形之一的，处十年以上有期徒刑或者无期徒刑，并处罚金或者没收财产：

“（一）盗掘确定为全国重点文物保护单位和省级文物保护单位的古文化遗址、古墓葬的；

“（二）盗掘古文化遗址、古墓葬集团的首要分子；

“（三）多次盗掘古文化遗址、古墓葬的；

“（四）盗掘古文化遗址、古墓葬，并盗窃珍贵文物或者造成珍贵文物严重破坏的。”

四十六、将刑法第三百三十八条修改为：“违反国家规定，排放、倾倒或者处置有放射性的废物、含传染病病原体的废物、有毒物质或者其他有害物质，严重污染环境的，处三年以下有期徒刑或者拘役，并处或者单处罚金；后果特别严重的，处三年以上七年以下有期徒刑，并处罚金。”

四十七、将刑法第三百四十三条第一款修改为：“违反矿产资源法的规定，未取得采矿许可证擅自采矿，擅自进入国家规划矿区、对国民经济具有重要价值的矿区和他人矿区范围采矿，或者擅自开采国家规定实行保护性开采的特定矿种，情节严重的，处三年以下有期徒刑、拘役或者管制，并处或者单处罚金；情节特别严重的，处三年以上七年以下有期徒刑，并处罚金。”

四十八、将刑法第三百五十八条第三款修改为：“为组织卖淫的人招募、运送人员或者有其他协助组织他人卖淫行为的，处五年以下有期徒刑，并处罚金；情节严重的，处五年以上十年以下有期徒刑，并处罚金。”

四十九、在刑法第四百零八条后增加一条，作为第四百零八条之一：“负有食品安全监督管理职责的国家机关工作人员，滥用职权或者玩忽职守，导致发生重大食品安全事故或者造成其他严重后果的，处五年以下有期徒刑或者拘役；造成特别严重后果的，处五年以上十年以下有期徒刑。

“徇私舞弊犯前款罪的，从重处罚。”

五十、本修正案自 2011 年 5 月 1 日起施行。

中华人民共和国主席令（第五十一号）

《全国人民代表大会常务委员会关于修改〈中华人民共和国居民身份证法〉的决定》已由中华人民共和国第十一届全国人民代表大会常务委员会第二十三次会议于2011年10月29日通过，现予公布，自2012年1月1日起施行。

中华人民共和国主席　胡锦涛

2011年10月29日

全国人民代表大会常务委员会关于修改《中华人民共和国居民身份证法》的决定

（2011年10月29日第十一届全国人民代表大会常务委员会第二十三次会议通过　2011年10月29日中华人民共和国主席令第51号公布　自2012年1月1日起施行）

第十一届全国人民代表大会常务委员会第二十三次会议决定对《中华人民共和国居民身份证法》作如下修改：

一、将第三条第一款修改为："居民身份证登记的项目包括：姓名、性别、民族、出生日期、常住户口所在地住址、公民身份号码、本人相片、指纹信息、证件的有效期和签发机关。"

第三条增加一款，作为第三款："公民申请领取、换领、补领居民身份证，应当登记指纹信息。"

二、将第十一条第一款修改为："国家决定换发新一代居民身份证、居民身份证有效期满、公民姓名变更或者证件严重损坏不能辨认的，公民应当换领新证；居民身份证登记项目出现错误的，公安机关应当及时更正，换发新证；领取新证时，必须交回原证。居民身份证丢失的，应当申请补领。"

三、第十三条增加一款，作为第二款："有关单位及其工作人员对履行职责或者提供服务过程中获得的居民身份证记载的公民个人信息，应当予以保密。"

四、第十五条第一款增加一项，作为第四项："（四）在火车站、长途汽车站、港口、码头、机场或者在重大活动期间设区的市级人民政府规定的场所，需要查明有关人员身份的。"

五、增加一条，作为第十九条："国家机关或者金融、电信、交通、教育、医疗等单位的工作人员泄露在履行职责或者提供服务过程中获得的居民身份证记载的公民个人信息，构成犯罪的，依法追究刑事责任；尚不构成犯罪的，由公安机关处十日以上十五日以下拘留，并处五千元罚款，有违法所得的，没收违法所得。

“单位有前款行为，构成犯罪的，依法追究刑事责任；尚不构成犯罪的，由公安机关对其直接负责的主管人员和其他直接责任人员，处十日以上十五日以下拘留，并处十万元以上五十万元以下罚款，有违法所得的，没收违法所得。

“有前两款行为，对他人造成损害的，依法承担民事责任。”

六、将第二十二条改为第二十三条，第二款修改为：“依照《中华人民共和国居民身份证条例》领取的居民身份证，自2013年1月1日起停止使用。依照本法在2012年1月1日以前领取的居民身份证，在其有效期内，继续有效。”

增加一款，作为第三款：“国家决定换发新一代居民身份证后，原居民身份证的停止使用日期由国务院决定。”

本决定自2012年1月1日起施行。

《中华人民共和国居民身份证法》根据本决定作相应修改，重新公布。

中华人民共和国居民身份证法

（2003年6月28日第十届全国人民代表大会常务委员会第三次会议通过　2003年6月28日中华人民共和国主席令第四号公布　根据2011年10月29日第十一届全国人民代表大会常务委员会第二十三次会议《关于修改〈中华人民共和国居民身份证法〉的决定》修正）

第一章　总　则

第一条　为了证明居住在中华人民共和国境内的公民的身份，保障公民的合法权益，便利公民进行社会活动，维护社会秩序，制定本法。

第二条　居住在中华人民共和国境内的年满十六周岁的中国公民，应当依照本法的规定申请领取居民身份证；未满十六周岁的中国公民，可以依照本法的规定申请领取居民身份证。

第三条　居民身份证登记的项目包括：姓名、性别、民族、出生日期、常住户口所在地住址、公民身份号码、本人相片、指纹信息、证件的有效期和签发机关。

公民身份号码是每个公民唯一的、终身不变的身份代码，由公安机关按照公民身份号码国家标准编制。

公民申请领取、换领、补领居民身份证，应当登记指纹信息。

第四条　居民身份证使用规范汉字和符合国家标准的数字符号填写。

民族自治地方的自治机关根据本地区的实际情况，对居民身份证用汉字登记的内容，可以决定同时使用实行区域自治的民族的文字或者选用一种当地通用的文字。

第五条　十六周岁以上公民的居民身份证的有效期为十年、二十年、长期。十六周岁至二十五周岁的，发给有效期十年的居民身份证；二十六周岁至四十五周岁的，发给有效期二十年的居民身份证；四十六周岁以上的，发给长期有效的居民身份证。

未满十六周岁的公民，自愿申请领取居民身份证的，发给有效期五年的居民身份证。

第六条 居民身份证式样由国务院公安部门制定。居民身份证由公安机关统一制作、发放。

居民身份证具备视读与机读两种功能，视读、机读的内容限于本法第三条第一款规定的项目。

公安机关及其人民警察对因制作、发放、查验、扣押居民身份证而知悉的公民的个人信息，应当予以保密。

第二章 申领和发放

第七条 公民应当自年满十六周岁之日起三个月内，向常住户口所在地的公安机关申请领取居民身份证。

未满十六周岁的公民，由监护人代为申请领取居民身份证。

第八条 居民身份证由居民常住户口所在地的县级人民政府公安机关签发。

第九条 香港同胞、澳门同胞、台湾同胞迁入内地定居的，华侨回国定居的，以及外国人、无国籍人在中华人民共和国境内定居并被批准加入或者恢复中华人民共和国国籍的，在办理常住户口登记时，应当依照本法规定申请领取居民身份证。

第十条 申请领取居民身份证，应当填写《居民身份证申领登记表》，交验居民户口簿。

第十一条 国家决定换发新一代居民身份证、居民身份证有效期满、公民姓名变更或者证件严重损坏不能辨认的，公民应当换领新证；居民身份证登记项目出现错误的，公安机关应当及时更正，换发新证；领取新证时，必须交回原证。居民身份证丢失的，应当申请补领。

未满十六周岁公民的居民身份证有前款情形的，可以申请换领、换发或者补领新证。

公民办理常住户口迁移手续时，公安机关应当在居民身份证的机读项目中记载公民常住户口所在地住址变动的情况，并告知本人。

第十二条 公民申请领取、换领、补领居民身份证，公安机关应当按照规定及时予以办理。公安机关应当自公民提交《居民身份证申领登记表》之日起六十日内发放居民身份证；交通不便的地区，办理时间可以适当延长，但延长的时间不得超过三十日。

公民在申请领取、换领、补领居民身份证期间，急需使用居民身份证的，可以申请领取临时居民身份证，公安机关应当按照规定及时予以办理。具体办法由国务院公安部门规定。

第三章 使用和查验

第十三条 公民从事有关活动，需要证明身份的，有权使用居民身份证证明身份，有关单位及其工作人员不得拒绝。

有关单位及其工作人员对履行职责或者提供服务过程中获得的居民身份证记载的公民个人信息，应当予以保密。

第十四条 有下列情形之一的，公民应当出示居民身份证证明身份：

（一）常住户口登记项目变更；

（二）兵役登记；

（三）婚姻登记、收养登记；

（四）申请办理出境手续；

（五）法律、行政法规规定需要用居民身份证证明身份的其他情形。

依照本法规定未取得居民身份证的公民，从事前款规定的有关活动，可以使用符合国家规定的其他证明方式证明身份。

第十五条 人民警察依法执行职务，遇有下列情形之一的，经出示执法证件，可以查验居民身份证：

（一）对有违法犯罪嫌疑的人员，需要查明身份的；

（二）依法实施现场管制时，需要查明有关人员身份的；

（三）发生严重危害社会治安突发事件时，需要查明现场有关人员身份的；

（四）在火车站、长途汽车站、港口、码头、机场或者在重大活动期间设区的市级人民政府规定的场所，需要查明有关人员身份的；

（五）法律规定需要查明身份的其他情形。

有前款所列情形之一，拒绝人民警察查验居民身份证的，依照有关法律规定，分别不同情形，采取措施予以处理。

任何组织或者个人不得扣押居民身份证。但是，公安机关依照《中华人民共和国刑事诉讼法》执行监视居住强制措施的情形除外。

第四章　法律责任

第十六条　有下列行为之一的，由公安机关给予警告，并处二百元以下罚款，有违法所得的，没收违法所得：

（一）使用虚假证明材料骗领居民身份证的；

（二）出租、出借、转让居民身份证的；

（三）非法扣押他人居民身份证的。

第十七条　有下列行为之一的，由公安机关处二百元以上一千元以下罚款，或者处十日以下拘留，有违法所得的，没收违法所得：

（一）冒用他人居民身份证或者使用骗领的居民身份证的；

（二）购买、出售、使用伪造、变造的居民身份证的。

伪造、变造的居民身份证和骗领的居民身份证，由公安机关予以收缴。

第十八条　伪造、变造居民身份证的，依法追究刑事责任。

有本法第十六条、第十七条所列行为之一，从事犯罪活动的，依法追究刑事责任。

第十九条　国家机关或者金融、电信、交通、教育、医疗等单位的工作人员泄露在履行职责或者提供服务过程中获得的居民身份证记载的公民个人信息，构成犯罪的，依法追究刑事责任；尚不构成犯罪的，由公安机关处十日以上十五日以下拘留，并处五千元罚款，有违法所得的，没收违法所得。

单位有前款行为，构成犯罪的，依法追究刑事责任；尚不构成犯罪的，由公安机关对其直接负责的主管人员和其他直接责任人员，处十日以上十五日以下拘留，并处十万元以上五十万元以下罚款，有违法所得的，没收违法所得。

有前两款行为，对他人造成损害的，依法承担民事责任。

第二十条　人民警察有下列行为之一的，根据情节轻重，依法给予行政处分；构成犯罪的，依法追究刑事责任：

（一）利用制作、发放、查验居民身份证的便利，收受他人财物或者谋取其他利益的；

（二）非法变更公民身份号码，或者在居民身份证上登载本法第三条第一款规定项目以外的信息或者故意登载虚假信息的；

（三）无正当理由不在法定期限内发放居民身份证的；

（四）违反规定查验、扣押居民身份证，侵害公民合法权益的；

（五）泄露因制作、发放、查验、扣押居民身份证而知悉的公民个人信息，侵害公民合法权益的。

第五章　附　　则

第二十一条　公民申请领取、换领、补领居民身份证，应当缴纳证件工本费。居民身份证工本费标准，由国务院价格主管部门会同国务院财政部门核定。

对城市中领取最低生活保障金的居民、农村中有特殊生活困难的居民，在其初次申请领取和换领居民身份证时，免收工本费。对其他生活确有困难的居民，在其初次申请领取和换领居民身份证时，可以减收工本费。免收和减收工本费的具体办法，由国务院财政部门会同国务院价格主管部门规定。

公安机关收取的居民身份证工本费，全部上缴国库。

第二十二条 现役的人民解放军军人、人民武装警察申请领取和发放居民身份证的具体办法，由国务院和中央军事委员会另行规定。

第二十三条 本法自2004年1月1日起施行，《中华人民共和国居民身份证条例》同时废止。

依照《中华人民共和国居民身份证条例》领取的居民身份证，自2013年1月1日起停止使用。依照本法在2012年1月1日以前领取的居民身份证，在其有效期内，继续有效。

国家决定换发新一代居民身份证后，原居民身份证的停止使用日期由国务院决定。

第二部分

党和国家领导人有关预防腐败工作的重要讲话

2010年

贺国强同志在中国共产党第十七届中央纪律检查委员会第五次全体会议上的工作报告

（2010年1月11日）

我代表中央纪律检查委员会常务委员会向第五次全体会议报告工作，请予审议。

这次会议的主要任务是：**深入贯彻党的十七大和十七届四中全会精神，回顾总结2009年的党风廉政建设和反腐败工作，研究部署2010年的任务**。党中央对这次会议十分重视，中央政治局和中央政治局常委会专门审议了这个报告，在京中央政治局、中央书记处的同志将出席会议，胡锦涛同志将发表重要讲话，我们要认真学习领会，坚决贯彻落实。

一、2009年党风廉政建设和反腐败工作的回顾

2009年是不平凡的一年。面对严峻复杂的国内外环境，以胡锦涛同志为总书记的党中央高举中国特色社会主义伟大旗帜，统筹国内国际两个大局，团结带领全党全国各族人民，有效应对国际金融危机冲击，胜利召开党的十七届四中全会，隆重庆祝新中国成立60周年，继续保持了经济平稳较快发展，进一步巩固了安定团结的大好局面，党和国家各项事业取得了新的伟大成就。党中央、国务院高度重视党风廉政建设和反腐败工作。中央政治局、中央政治局常委会多次研究反腐倡廉工作。胡锦涛同志在第十七届中央纪委第三次全会上就加强领导干部党性修养、树立和弘扬良好作风发表了重要讲话，并多次对党风廉政建设和反腐败工作作出重要指示。国务院召开第二次廉政工作会议，温家宝同志对政府系统反腐倡廉建设作出明确部署。党的十七届四中全会对加强党的作风建设和反腐倡廉建设提出了新的更高的要求。在党中央、国务院坚强领导下，各级党委、政府和纪检监察机关认真贯彻落实党的十七大和十七届三中、四中全会精神，以开展深入学习实践科学发展观活动为契机，坚持标本兼治、综合治理、惩防并举、注重预防的方针，全面推进反腐倡廉建设，党风廉政建设和反腐败斗争方向更加明确、思路更加清晰、措施更加有力，取得新的明显成效，为改革发展稳定提供了有力保证。

*（一）以党的十七大和十七届三中、四中全会精神为指导，不断推进惩治和预防腐败体系建设。*各级党组织和纪检监察机关认真学习、深刻领会党的十七大以来中央关于反腐倡廉的重大决策部署，按照全年的工作

安排，认真抓好落实。党的十七届四中全会闭幕后，中央纪委随即召开了第四次全会，就学习贯彻党的十七届四中全会精神、深入推进党风廉政建设和反腐败斗争及时作出部署。广大党员干部通过学习、理解执政党建设的基本经验，以及加强和改进新形势下党的建设的总体要求、目标任务和重要举措，进一步增强了深入推进党风廉政建设和反腐败工作的责任感和使命感。各级党委、政府和纪检监察机关按照中央统一部署，全面落实《建立健全惩治和预防腐败体系2008—2012年工作规划》，明确年度工作目标、任务，落实责任制，建立检查工作机制，整体推进反腐倡廉教育、制度、监督、改革、纠风、惩治等各项工作，惩治和预防腐败体系建设取得新的进展。

（二）加大监督检查力度，促进中央关于科学发展等重大决策部署的贯彻落实。紧紧围绕中央保增长、保民生、保稳定等一系列决策部署的贯彻落实，深入开展监督检查工作。24个中央检查组分3轮深入各省（自治区、直辖市）、新疆生产建设兵团及部分行业和企业，重点对2008年新增1000亿元和2009年新增2800亿元中央投资落实情况进行监督检查，及时纠正检查中发现的问题，严肃查处一批违纪违法案件，有力促进了中央投资项目的顺利实施。各级纪检监察机关会同有关部门开展对耕地保护和节约用地、资源节约和环境保护等政策措施落实情况的监督检查，查处土地违法违规案件33643件、环保违法违规案件10489件。加强对汶川地震灾后恢复重建资金物资管理使用情况的监督检查，保证灾后恢复重建工作顺利推进。加强对中央关于维护民族团结和社会稳定决策部署贯彻落实情况的监督检查，有力维护社会和谐稳定。

（三）大力加强领导干部党性修养和作风建设。把加强领导干部党性修养、树立和弘扬良好作风作为一项重大政治任务来抓，制定并认真落实关于加强领导干部作风建设的具体措施，解决领导干部作风方面存在的一些突出问题，促进了党的作风建设的加强，带动了政风、民风的进一步好转。比如，认真落实中央关于党政机关厉行节约、坚决制止公款出国（境）旅游、改进公务接待等文件精神，取得显著成效。各地区各部门通过财政预算压缩出国（境）、车辆购置及运行、公务接待等3项经费158.06亿元；全国党政干部因公出国（境）团组数、人次数和经费数与近3年平均数相比分别下降了49.0%、45.5%和37.6%。

（四）严肃查处了一批违纪违法案件。2009年，全国纪检监察机关共立案134504件，结案132808件，给予党纪政纪处分138708人。涉嫌犯罪被移送司法机关处理5366人。严肃查处了陈绍基、王华元、黄松有、王益等一批大案要案，震慑了腐败分子，增强了干部群众对反腐败斗争的信心。深入开展治理商业贿赂专项工作，共查办商业贿赂案件15548件，涉案金额39.1亿元。扎实开展工程建设领域突出问题专项治理工作，以政府投资和使用国有资金的项目为重点，对2008年以来立项、在建和竣工的项目展开排查，查处了一批工程建设领域的违纪违法案件。加强案件审理和监督管理工作，坚持依纪依法、安全文明办案。统一开通全国纪检监察举报网站，进一步拓宽信访举报渠道。加强案件剖析，完善制度，加强管理，查办案件的治本功能进一步发挥。

（五）认真解决一批涉及领导干部廉洁自律的突出问题。深入开展党性党风党纪教育，进一步增强了广大党员干部特别是领导干部的廉洁自律意识。认真治理领导干部违反规定收送现金、有价证券、支付凭证和收受干股等问题，全国共有27343名干部主动上缴收受的礼金、有价证券、支付凭证。落实领导干部配偶和子女从业、投资入股、到国（境）外定居等规定和有关事项报告制度，及时发现并纠正存在的问题。严肃处理领导干部利用和操纵招商引资、资产重组项目等为本人或特定关系人谋取私利问题。大力加强反腐倡廉宣传，开展“扬正气，促和谐”全国优秀廉政公益广告展播等活动，廉政文化建设深入推进。

（六）坚决纠正一批损害群众利益的不正之风。会同有关部门加强对强农惠农政策落实情况的监督检查，纠正农村土地承包、流转和征收征用中损害农民利益的问题，治理涉农乱收费、乱罚款和集资摊派问题，减轻农民负担6.7亿元。继续深入治理教育收费中的突出问题。30个省（自治区、直辖市）开展了以政府为主导的网上药品集中采购，食品药品安全专项整治工作取得进展。对社保基金、住房公积金、扶贫资金和救灾救济资金的监管力度进一步加大。开展成品油价格和税费改革涉及的收费项目清理规范工作，全国已有13个省全部取消政府还贷二级公路收费。规范行业协会、市场中介组织服务和收费行为专项治理工作不断深化。清理规范评比达标表彰工作成效明显。民主评议政风行风工作继续深化。治理房地产开发、土地管理和矿产资源开发等领域突出问题取得积极进展。依法查处生产安全事故，责任追究力度不断加大。

（七）研究制定了一批反腐倡廉法规制度。大力加强反腐倡廉基础性法规和制度建设，制定《中国共产党巡视工作条例（试行）》、《关于实行党政领导干部问责的暂行规定》、《国有企业领导人员廉洁从业若干规定》；研究修订《行政监察法》、《中国共产党党员领导干部廉洁从政若干准则（试行）》、《关于实行党风廉政建设责任制的规定》等法规文件。积极推动纪检监察工作制度化建设，研究起草纪律检查机关案件监督管理工作条例、申诉工作条例等法规制度。召开全国纪委书记座谈会，就抓好法规制度落实、推进法规制度建设作出部署。各地区各部门结合实际开展调研，制定实施了一大批制度和措施，反腐倡廉法规制度建设不断向前推进。

（八）扎实推进了一批改革措施。会同有关部门加大从源头上防治腐败的力度，重点领域和关键环节改革取得新突破。行政审批制度改革继续推进，清理和审核国务院部门现有行政审批事项2057项。各省（自治区、直辖市）共取消行政审批事项1925项，下放行政审批和其他管理事项2116项。促进科学发展的干部考核评价机制不断完善，司法体制机制改革取得成效。财税、投资、金融和国有资产管理体制改革继续深化，现代市场体系建设及相关改革逐步推开。“小金库”专项治理工作取得阶段性成果，发现“小金库”22884个，涉及金额101.58亿元。国家预防腐败机构的作用进一步发挥，预防腐败工作扎实推进，反腐败国际交流与合作得到加强。

（九）加强监督制约，促进了权力的规范运行。认真贯彻党内监督条例，加强对党员领导干部的监督。会同有关部门认真落实地方党委委员、纪委委员开展党内询问和质询的制度，积极开展地方党委委员、纪委委员提出罢免或撤换要求处理办法试点工作。党政领导干部和国有企业领导人员经济责任审计工作深入推进。中央巡视组对12个省（自治区、直辖市）、8家中央金融机构和企业开展了巡视，各省（自治区、直辖市）和部分中央国家机关、中央企业也开展了巡视。建立健全巡视成果运用和督办等制度，巡视工作取得新的成效。各省（自治区、直辖市）认真开展了党务公开工作，县委权力公开透明运行试点工作顺利开展。政务公开、厂务公开、村务公开和公共企业事业单位办事公开制度进一步完善。执法监察、廉政监察、效能监察力度不断加大，政府系统廉政勤政建设进一步加强。严格执行党政领导干部问责有关规定，对7036名领导干部进行了问责。

（十）纪检监察机关自身建设取得新成效。坚持把加强纪检监察机关自身建设作为一项基础工程来抓。在深入学习实践科学发展观活动中，突出实践特色，深入开展“做党的忠诚卫士、当群众的贴心人”主题实践活动，促进了纪检监察干部队伍整体素质和工作水平的提高。开展向王瑛同志等优秀纪检监察干部学习活动。推进纪检监察干部工作的改革创新，健全内部监督机制，加强对干部的管理和监督。加大干部教育培训力度，对全国近2000名县纪委书记进行集中培训。会同有关部门制定和贯彻《关于加强地方县级纪检监察机关建设的若干意见》。纪检监察机关派驻机构统一管理工作得到加强，对非派驻单位纪检监察机构的工作加强指导。中央纪委常委会高度重视自身建设，严格执行民主集中制，进一步发展了求真务实、开拓创新、团结和谐的良好局面。

一年来，按照落实“两项重点任务”、推进“五个一批”工作、夯实“一项基础工程”的工作部署，反腐倡廉建设突出重点、整体推进，取得新的进展。各级纪检监察机关坚持党委统一领导，始终把纪检监察工作放在党和国家工作大局中谋划和部署，对中央重大决策部署及时跟进，加强监督检查，保证政令畅通，有效防范腐败问题的发生；注重用系统的思维、统筹的观念、科学的方法研究和部署工作，在坚决查处违纪违法案件的同时，加大教育、监督、改革、制度创新力度，整体推进惩治和预防腐败体系建设；坚持以人为本，积极回应社会关切，加强对舆情的收集和研判，着力解决人民群众反映的突出问题；密切关注反腐败斗争中的新趋势、新动向，注重以改革的精神和创新的思路推动工作深入开展；高度重视纪检监察干部队伍建设，坚持对干部严格要求、严格教育、严格管理、严格监督，不断提高干部综合素质和业务能力。

在充分肯定成绩的同时，必须清醒地看到，当前党风廉政建设和反腐败斗争仍存在不少问题，特别是面临许多新情况新问题，反腐倡廉形势依然严峻、任务依然艰巨。一些领导干部理想信念动摇，宗旨意识淡薄，脱离群众，作风飘浮，奢侈浪费，享乐主义严重；一些领导干部利用职权或职务影响谋取非法利益问题突出，尤其是高级干部腐败案件时有发生，社会影响恶劣；一些领域腐败现象易发多发，大案要案频发，窝案、串案、案中案增多；一些损害群众利益的问题和群众反映强烈的不正之风还没有得到有效解决；有的反腐倡廉法规制度和政策措施落实不够。纪检监察工作还存在着薄弱环节。我们一定要按照中央的要求和人民的期望，增强忧患意识，坚定信心和决心，切实履行职责，加大工作力度，提高工作水平，努力开创党风廉政建设和反腐败斗争新局面。

二、2010年的主要工作任务

2010年是保持经济平稳较快发展、确保“十一五”规划顺利完成的关键一年，也是全面贯彻党的十七届四中全会精神、加强和改进新形势下党的建设的重要一年。在新的一年，把反腐倡廉建设放在更加突出的位置，切实做好党风廉政建设和反腐败斗争的各项工作，对于保证党和国家事业发展具有重大意义。今年工作总的要求是：**全面贯彻党的十七大和十七届三中、四中全会精神，高举中国特色社会主义伟大旗帜，以邓小平理论和“三个代表”重要思想为指导，深入贯彻落实科学发展观，坚持标本兼治、综合治理、惩防并举、注重预防的方针，加强以保持党同人民群众血肉联系为重点的作风建设，加强以完善惩治和预防腐败体系为重点的反腐倡廉建设，抓紧解决反腐倡廉建设中人民群众反映强烈的突出问题，着力推进反腐倡廉制度建设，围绕中心、服务大局，开拓创新、狠抓落实，不断取得党风廉政建设和反腐败斗争新成效。**

（一）深入学习贯彻党的十七届四中全会精神，保证中央重大决策部署的贯彻落实

认真学习贯彻党的十七届四中全会精神是当前和今后一个时期全党的一项重要政治

任务。各级党组织要切实加强领导，组织党员干部深入学习四中全会文件，深刻领会精神实质，进一步明确任务要求。要认真执行《中共中央关于加强和改进新形势下党的建设若干重大问题的决定》和中央关于《决定》重要举措分工方案，抓好分工方案确定的各项任务的落实。有关部门和单位要切实负起责任，对于牵头抓的工作，要认真开展调查研究，抓紧制定贯彻落实方案，建立相关制度，出台具体措施，抓好工作落实；对于协助抓的工作，要切实加强沟通和配合，积极主动地完成承担的任务。各级纪检监察机关要认真履行监督检查职责，促进《决定》部署任务的落实。

加强对中央关于推动科学发展重大决策部署执行情况的监督检查是纪检监察机关的一项重要职责。要按照党的十七届四中全会和中央经济工作会议精神，紧紧围绕加快经济发展方式转变、保持经济平稳较快发展，会同有关部门加强对中央关于宏观调控、结构调整、自主创新、"三农"工作、保障和改善民生、节能减排和环境保护、规范和节约用地等政策措施落实情况的监督检查。继续搞好汶川地震灾后恢复重建工作的监督检查。总结借鉴"廉洁奥运"的成功经验，加强对中央关于"廉洁办世博"、"廉洁办亚运"要求落实情况的监督检查。加强对中央关于维护民族团结和社会稳定决策部署贯彻落实情况的监督检查。要整合监督资源，突出工作重点，通过发现问题和督促整改，增强实效，不断提高监督检查的针对性和有效性。健全对中央重大决策部署执行情况定期检查和专项督查制度以及纪律保障机制，严肃查处违规违纪行为，坚决纠正有令不行、有禁不止行为，确保中央政令畅通。

严明党的纪律特别是政治纪律，教育引导党员干部坚定中国特色社会主义信念，自觉做到坚持党的基本理论、基本路线、基本纲领、基本经验不动摇，在思想上、政治上、行动上同以胡锦涛同志为总书记的党中央保持高度一致。认真执行政治纪律，严禁公开发表或散布同中央的决定和党的路线方针政策相违背的言论，严肃查处违反政治纪律的行为，坚决维护党的集中统一。

（二）抓紧解决反腐倡廉建设中人民群众反映强烈的突出问题，以党风廉政建设的新成效取信于民

认真贯彻党的十七届四中全会提出的反腐倡廉建设新要求新举措，既要整体推进，又要着力解决存在的突出问题，尤其是群众反映强烈的问题，积极回应社会关切。当前，要着重抓好以下工作。

1. 坚决查处违纪违法案件，严厉惩处腐败分子和整治消极腐败现象。贯彻党要管党、从严治党方针，进一步加大查办案件工作力度，决不让任何腐败分子逃脱党纪国法惩处。严肃查办发生在领导机关和领导干部中滥用职权、贪污贿赂、腐化堕落、失职渎职案件，严厉惩处利用人事权、司法权、行政执法权、行政审批权谋取非法利益的行为。深入开展商业贿赂专项治理，严肃查办商业贿赂案件，在坚决惩处受贿行为的同时，加大对行贿行为的查处力度，对有行贿记录的单位和个人，在市场准入、经营资质、贷款审批、投标资格等方面加以严格限制；依法查处中资企业在国（境）外的商业贿赂行为以及国（境）外经济组织在我国内地的商业贿赂行为。严肃查办严重侵害群众利益案件、群体性事件和重大责任事故背后的腐败案件，对造成人民群众生命财产重大损失的地方和单位要严肃追究有关人员的责任。严肃查办工程建设、房地产开发、土地管理和矿产资源开发等腐败现象易发多发领域的案件。严肃查办严重违反政治纪律和组织人事纪律的案件，为黑恶势力充当"保护伞"的案件。完善反腐败协调工作机制。健全纪检监察机关办案工作内部制约监督机制。严格执行有关依纪依法办案和安全文明办案的规定。正确运用政策和策略，努力取得良好的政治效果、社会效果和法纪效

果。完善举报人和证人保护制度。进一步发挥查办案件惩戒和治本功能。

2. 认真落实并抓紧完善党员领导干部报告个人有关事项制度。领导干部报告个人有关事项，是加强对领导干部管理和监督的重要举措，反映了群众的热切期望。要修订完善《关于党员领导干部报告个人有关事项的规定》，把住房、投资、配偶子女从业等情况列入报告内容。领导干部要按规定报告个人有关事项。要加强监督检查，对隐瞒不报、弄虚作假的，要严肃处理。健全相关制度规定，加强对配偶子女均已移居国（境）外的公职人员管理。

3. 坚持勤俭节约，反对铺张浪费，整治奢靡之风。各级党政机关要严格执行中央的有关文件精神，着力抓好以下工作：（1）继续严格控制因公出国（境）团组数、人次数和经费支出，完善因公出国（境）管理制度。巩固制止公款出国（境）旅游专项工作成效，研究建立禁止公款出国（境）旅游的长效机制。（2）加强公务用车使用管理，严禁违反规定为领导干部配置用车，积极稳妥推进公务用车制度改革。（3）进一步规范和改革公务接待制度，严禁用公款大吃大喝，不得以参加会议、学习、培训、联谊活动等名义用公款请客送礼。（4）从严控制楼堂馆所建设，严禁违反规定购建、装修办公用房。（5）认真解决各种庆典、研讨会、论坛过多过滥的问题。对铺张浪费、奢靡享乐、挥霍公款的，必须严肃处理。事业单位、国有企业、金融机构也要按照以上要求，制定相关制度，认真抓好落实。

4. 深入开展工程建设领域突出问题和“小金库”等专项治理工作。要会同有关部门认真落实《关于开展工程建设领域突出问题专项治理工作的意见》，全面排查工程建设领域重点部位和关键环节存在的突出问题，严肃查处建设领域违纪违法问题，对典型的案件集中公布。深入治理领导干部违规插手干预工程建设以及在工程建设招标投标中围标串标，房地产开发中违规变更规划、调整容积率等问题。完善工程建设招标投标、物资采购以及土地使用权、探矿权采矿权招标拍卖挂牌出让等制度。建立健全重大工程监督机制。加大党政机关和事业单位“小金库”专项治理工作力度，并向社会团体和国有企业延伸，坚决切断“小金库”的资金来源，完善治理工作的长效机制。加强国有资产管理、金融、司法等领域专项治理工作。

5. 积极推进党务公开工作。推行党务公开，增强党组织工作的透明度，是发展党内民主、保障党员主体地位和民主权利的基本要求。要制定《关于党的基层组织实行党务公开的意见》，在党的基层组织全面推行党务公开。健全党内情况通报制度，及时公布党内信息，畅通党内信息上下互通渠道，落实党员的知情权、参与权、选举权、监督权。加强党务公开工作联系点建设，进一步完善工作机制，建立健全监督检查、考核评价、激励惩处、责任追究等配套制度，提高党务公开工作的制度化、规范化水平。加强县委权力公开透明运行试点工作。逐步推进党的地方组织党务公开。

6. 拓宽群众参与反腐倡廉工作渠道，加强反腐倡廉舆情网络信息的收集、研判和处置。互联网是反映社情民意的重要窗口，是群众参与反腐倡廉建设的重要渠道。要落实和完善人民群众参与反腐倡廉建设的有关规定，健全网络举报和受理机制，发挥群众在惩治和预防腐败中的积极作用。要注重对反腐倡廉舆情网络信息的收集、分析和研判，健全相关工作机制，对网络舆论热点问题及时作出回应，对重大案件适时公布信息。加强正面引导，积极探索利用互联网等传播手段开展反腐倡廉宣传的新途径，努力营造良好的社会舆论氛围。

这些工作是落实党的十七届四中全会《决定》的重要内容，也是人民群众对反腐倡廉建设的迫切愿望。各地区各部门各单位要结合实际，进一步加大工作力度，下大气力抓紧抓好，抓出成效。

（三）切实加强作风建设，进一步密切党同人民群众的血肉联系

大力弘扬党的优良作风，着力解决党员干部在思想作风、学风、工作作风、领导作风和生活作风方面存在的突出问题，以领导机关和领导干部作风的改进，促进党风、政风和社会风气的好转。

切实加强领导机关和领导干部作风建设。大兴密切联系群众之风、求真务实之风、艰苦奋斗之风、批评和自我批评之风，加大对党政机关和领导干部作风方面突出问题的整顿力度。坚决纠正脱离群众的不良风气，坚持领导干部定期接访、定期下访、及时阅处群众来信，对群众反映的问题要及时反馈、限时办结。大力整治文风会风，严格控制发文数量和范围，严格控制会议数量、经费、规模。坚决纠正违背求真务实精神的现象，健全促进科学发展的领导班子和领导干部考核评价机制，加大治懒治庸力度，坚决制止搞劳民伤财的"形象工程"和沽名钓誉的"政绩工程"；对作风飘浮、敷衍塞责引发重大事件或造成重大损失的，对弄虚作假、虚报浮夸的，必须严肃追究责任。坚持和完善民主生活会制度，把党性分析作为民主生活会的重要内容，认真开展批评和自我批评，坚决反对上下级和干部之间逢迎讨好、相互吹捧的庸俗作风，不断增强党内生活的原则性和实效性。各级纪委要加强对作风建设情况的监督检查，引导领导干部保持高尚情操和良好作风，及时发现和纠正少数领导干部在社会交往、休闲娱乐、生活作风方面存在的突出问题。

坚决纠正损害群众利益的不正之风。会同有关部门认真解决群众反映强烈的征地拆迁、食品药品安全、环境保护、安全生产、专项基金和专项资金监管等方面的突出问题，健全党和政府主导的维护群众权益机制。加强对征地拆迁行为的监管，督促落实被征地农民补偿费用和安置措施，完善相关社会保障机制。严厉打击制售假药劣药行为，严格落实食品药品安全责任。集中整治危害群众健康的环境问题，严肃查处环境保护方面的违纪违法行为。加强对安全生产法律法规和安全生产责任制落实情况的监督检查，加大生产安全事故责任追究力度。进一步加强对社保基金、住房公积金、扶贫和救灾救济资金以及政府专项资金管理使用情况的监督检查，加强对大额资金的实时监控。继续治理教育乱收费，纠正医药购销和医疗服务中的不正之风。治理各种加重企业负担的问题。加强行业自律和社会诚信建设，规范行业协会、市场中介组织、公共服务行业的服务和收费行为，巩固清理规范评比达标表彰工作的成果。

扎实推进基层党风廉政建设。要高度重视国有企业党风建设和反腐倡廉工作，认真执行《国有企业领导人员廉洁从业若干规定》，落实国有企业负责人薪酬管理规定，规范职务消费；制定落实"三重一大"决策制度实施办法，完善国有企业权力运行制衡约束机制；加强对企业重要经营领域和关键管理环节的监督，不断深化企业效能监察工作。加强农村党风廉政建设，加大对强农惠农政策落实情况的监督检查力度，切实解决虚报浮夸、与民争利等问题，加强对农村集体资金、资产、资源的管理。加强高等学校、公用事业单位、城市社区党风廉政建设。积极探索非公有制经济组织和新社会组织开展反腐倡廉建设的途径和方法。

（四）强化教育和监督，促进领导干部廉洁自律

以党性党风党纪教育为重点，加强对党员干部特别是领导干部的理想信念教育和廉洁从政教育，促使党员干部树立正确的世界观、人生观、价值观和权力观、地位观、利益观。深入开展岗位廉政教育、警示教育，加强对廉政勤政先进典型的宣传，增强反腐倡廉教育的针对性和实效性。制定关于加强

领导干部反腐倡廉教育的意见，认真落实《关于加强廉政文化建设的意见》。

建立健全决策权、执行权、监督权既相互制约又相互协调的权力结构和运行机制。认真贯彻党内监督条例，加强对党政主要领导干部的监督。凡属重大决策、重要干部任免、重大项目安排和大额度资金使用等重要问题，必须经集体讨论决定。严格实行党政领导干部问责制，抓紧完善配套制度。认真贯彻《中国共产党巡视工作条例（试行）》，进一步规范和加强巡视工作。中央巡视组要在开展对省（自治区、直辖市）巡视的同时，继续有选择有重点地对中央金融单位和国有重要骨干企业进行巡视；各省（自治区、直辖市）党委巡视组要继续把市（地、州、盟）和县（市、区、旗）作为巡视重点，有选择地开展对省（自治区、直辖市）直属机关、国有企业和高等学校的巡视。健全巡视工作领导机制，选好配强巡视干部，加强巡视成果运用。继续加强对省部级主要领导干部的经济责任审计，加强对财政资金和重大投资项目审计。严格执行领导干部述职述廉、诫勉谈话、函询、质询、罢免或撤换等制度。认真执行地方党委常委会向全委会报告廉政勤政、选人用人等方面工作情况的规定。深化政务公开，加强对政府信息公开条例贯彻落实情况的督促检查；深化厂务公开、村务公开和公共企业事业单位办事公开，进一步畅通公开渠道。加强执法监察、廉政监察和效能监察，推行行政执法责任制，建立健全岗位责任制、首问负责制、限时办结制、绩效管理制等制度，促进廉政勤政和依法行政。坚持党内监督与党外监督、专门机关监督与群众监督相结合，发挥好新闻舆论监督作用，增强监督合力。

认真执行中共中央即将颁布的《中国共产党党员领导干部廉洁从政若干准则》及其他相关规定，严肃查处领导干部利用职权和职务上的影响为本人或特定关系人谋取不正当利益等问题，促进领导干部廉洁从政。严禁领导干部违反规定为配偶、子女及其他特定关系人在就业、投资入股、经商办企业等方面谋取不正当利益，严禁违反规定私自从事营利性活动，严禁违反规定收送礼金、有价证券、支付凭证，严禁大操大办婚丧喜庆事宜或借机敛财，严禁用公款或接受与行使职权有关系的单位和个人邀请进行高消费娱乐、健身活动。督促有关部门完善领导干部住房管理的有关规定，切实纠正党政机关和领导干部在集资建房、低价购房、多占住房等方面的违规违纪行为。进一步规范领导干部离职或退休后的从业行为，不得违反规定在企业和各类学会、协会、基金会等单位领取报酬。规范各类学会、协会、基金会准入制度，加强对其资金管理。

（五）深入推进改革和制度创新，进一步做好治本抓源头工作

制度更带有根本性、全局性、稳定性和长期性。要坚持用制度管权、管事、管人，通过深化体制机制改革和制度创新，努力在重要领域和关键环节上取得新突破，最大限度地减少腐败现象滋生的土壤和条件。

配合有关部门深化行政管理体制、干部人事制度、司法体制和工作机制改革。进一步减少和规范行政审批，对新设涉及重大公共利益的审批事项开展听证。贯彻落实《2010—2020年深化干部人事制度改革规划纲要》，规范干部选拔任用提名制度，建立健全干部选拔任用监督机制、违规用人问题立项督促检查制度和干部选拔任用工作责任追究制度；严格执行党政领导干部选拔任用工作有关规定，匡正选人用人风气，防止和纠正“带病上岗”、“带病提拔”等问题，严厉整治跑官要官、买官卖官、拉票贿选等问题，严肃查处违规违纪用人行为。积极推进司法公开和公正廉洁执法，强化对司法活动的监督，规范司法人员自由裁量权行使，健全执法过错、违纪违法责任追究等制度，严肃查处执法、司法人员贪赃枉法、徇私舞弊的行为。深化财税管理体制、投资体制、

金融体制和国有资产管理体制改革。加强财政资金监管，完善和规范财政转移支付制度，严格执行“收支两条线”规定。抓紧出台政府投资条例，试行政府重大投资项目公示制。完善金融账户实名制，推进反洗钱和征信体系建设。完善国有资本收益管理制度。建立健全防止利益冲突制度，深化公共资源交易制度改革，完善公共资源领域统一规范的交易市场，加强对国有产权交易的监管，完善政府采购法律制度体系。继续做好规范公务员津贴补贴工作。加强行政权力运行监控机制建设，注重廉政风险防范，充分发挥国家预防腐败机构的作用。继续加强反腐败国际交流与合作。

制度建设是惩治和预防腐败体系建设的重要任务，是推动反腐倡廉工作任务落到实处的重要保证。要以落实党的十七届四中全会《决定》和《建立健全惩治和预防腐败体系2008—2012年工作规划》为重点，加强以党章为核心的党内法规制度建设，加强反腐倡廉立法工作，加强反腐倡廉长效机制建设，逐步建成内容科学、程序严密、配套完备、有效管用的反腐倡廉制度体系。对现有法规制度要及时清理，过时的要废止，有缺陷的要适时修订完善，需要细化的要尽快制定实施细则，需要制定配套制度的要抓紧制定。认真总结基层创造的经验，推广一批群众关注、切实可行的制度。要采取有力措施，扎实抓好法规制度的贯彻落实，完善执纪执法保障机制，加强对制度执行情况的监督检查，严肃处理违反制度的行为，提高制度执行力，维护制度权威性。

三、以奋发进取精神和求真务实作风，切实抓好反腐倡廉各项任务的落实

今年的党风廉政建设和反腐败工作任务艰巨繁重，各级党委、政府和纪检监察机关要以高度的政治责任感，周密部署、精心组织，锐意进取、真抓实干，确保各项任务顺利完成。

（一）保持良好精神状态，努力把反腐倡廉工作提高到一个新水平。适应新形势新任务要求，切实增强政治意识、大局意识、创新意识，扎实推进各项工作。要认清形势、把握大局，进一步增强反腐倡廉工作的责任感和紧迫感。准确把握世情、国情、党情的新变化，正确认识党风廉政建设和反腐败斗争形势，既充分看到反腐倡廉建设已经取得的显著成效，振奋精神、坚定信心，又清醒看到当前反腐败斗争的严峻形势，深刻认识反腐败斗争的长期性、复杂性、艰巨性，激励斗志、坚定决心，以更加坚决的态度、更加有力的措施、更加扎实的工作，坚定不移地把党风廉政建设和反腐败工作推向前进。要深入调研、把握规律，进一步增强反腐倡廉工作的科学性和有效性。深入基层，注重实践，认真研究反腐倡廉建设深层次问题，及时总结、推广基层创造的新鲜经验和有效做法，不断深化对反腐倡廉建设特点规律的认识，使反腐倡廉工作更加符合实际、更加富有成效。要解放思想、开拓创新，推动反腐倡廉工作向深度和广度发展。坚持科学理论指导，切实提高战略思维、创新思维、辩证思维能力，不断推进反腐倡廉工作理念思路、方式方法和体制机制制度创新，不断提高反腐倡廉科学化、制度化、规范化水平。紧密结合现代化建设和改革开放的实践，积极探索运用管理学、组织学、心理学等现代科学方法和信息网络等现代科技手段，推动反腐倡廉工作不断取得新的成效。

（二）进一步落实党风廉政建设责任制，切实形成推进反腐倡廉建设的整体合力。各级党委和政府要高度重视并自觉承担起推进反腐倡廉建设的政治责任和领导责任，党委和政府主要负责同志要认真履行第一责任人的职责，加强组织领导，协调各方力量，推动工作落实。要适时召开专题工作会议，及时掌握和全面分析管辖范围内的党风廉政建设责任制落实情况，切实解决存在的突出问题。坚持责任制报告制度，将执行责任制情况定期向上级党委、纪委报告。党委和政府各工作部门要共同配合搞好反腐倡廉工作，紧密结合业务工作，抓好所承担的反腐倡廉任务的落实，抓好本部门本系统的党风廉政建设和反腐败工作。建立健全反腐败协调机制和相关工作联席会议制度，部门之间经常通报情况、交换意见，做到密切配合、优势互补。各级纪检监察机关要在党委和政府领导下充分发挥参谋助手作用，加强对工作部署特别是重点工作落实情况的监督检查，保证工作顺利开展。

（三）切实加强纪检监察机关自身建设，为完成全年各项任务提供组织保证。各级纪检监察机关要认真学习领会党的十七届四中全会精神，巩固和拓展深入学习实践科学发展观活动成果，认真总结开展“做党的忠诚卫士、当群众的贴心人”主题实践活动的成效和经验，建立加强自身建设的长效机制，努力建设一支政治坚强、公正清廉、纪律严明、业务精通、作风优良的纪检监察干部队伍。要切实加强思想政治建设和能力建设。着眼建设学习型纪检监察机关，把思想理论建设放在首位，坚持用中国特色社会主义理论体系武装头脑，模范践行社会主义核心价值体系；建立健全学习制度，拓宽学习领域，发扬理论联系实际的学风，切实增强学习效果；强化实践锻炼，努力掌握和运用纪检监察工作所需要的新思想、新知识、新经验，不断提高干部队伍的思想政治素质和业务工作水平。要切实加强领导班子和干部队伍建设。进一步优化领导班子配备，注重从基层选拔优秀干部充实领导班子，增强班子整体功能和合力；完善领导班子工作机制、议事规则和决策程序，提高运用民主方法形成共识、开展工作的本领；建立健全领导班子定期务虚制度，加强对纪检监察重大问题调查研究。深化纪检监察机关干部人事制度改革，进一步完善干部选拔任用机制，继续加大轮岗、挂职、交流力度，加强干部教育培训，不断提高纪检监察专业化水平。完善纪检监察机关派驻机构统一管理，加强非派驻单位纪检监察机构建设；进一步加强地方县级纪检监察机关建设，探索充分发挥乡镇纪律检查职能作用的有效办法；加强国有企业和金融机构纪检监察组织建设。要切实加强干部作风建设。各级纪检监察机关和纪检监察干部，要认真解决自身作风方面存在的突出问题，努力在加强党性修养、树立和弘扬良好作风方面发挥表率作用。坚持从严管干部、从严带队伍，强化政治纪律、工作纪律和保密纪律，进一步加强内部管理和制度建设，完善监督制约机制，督促干部秉公用权、严格自律。对存在的苗头性问题要早发现、早提醒、早纠正，对不适合在纪检监察机关工作的要坚决调离，对违纪违法的要严肃查处。广大纪检监察干部要牢固树立接受监督意识，主动接受党组织和党员的监督，接受人民群众和新闻舆论的监督，秉公执纪，勤奋工作，树立纪检监察干部可亲、可信、可敬的良好形象。

做好党风廉政建设和反腐败工作，使命光荣，责任重大。我们要更加紧密地团结在以胡锦涛同志为总书记的党中央周围，恪尽职守、清正廉洁，求真务实、开拓进取，深入推进党风廉政建设和反腐败斗争，为夺取全面建设小康社会新胜利、开创中国特色社会主义事业新局面作出新的更大贡献。

胡锦涛同志在中国共产党第十七届中央纪律检查委员会第五次全体会议上发表重要讲话

（2010 年 1 月 12 日）

中共中央总书记胡锦涛 1 月 12 日在中国共产党第十七届中央纪律检查委员会第五次全体会议上发表重要讲话。他强调，全党必须正确认识党风廉政建设和反腐败斗争形势，既充分看到反腐倡廉建设已经取得的显著成效，又深刻认识反腐败斗争的长期性、复杂性、艰巨性，以更加坚定的信心、更加坚决的态度、更加有力的措施、更加扎实的工作，坚定不移把党风廉政建设和反腐败斗争推向前进。

中共中央政治局常委吴邦国、温家宝、贾庆林、李长春、习近平、李克强、周永康出席会议，中共中央政治局常委、中央纪律检查委员会书记贺国强主持会议。

胡锦涛在讲话中指出，2009 年，各级党委、政府和纪检监察机关全面推进反腐倡廉建设，加强对中央保增长、保民生、保稳定等一系列决策部署贯彻落实情况的监督检查，严肃查处一批违纪违法案件，坚决纠正损害群众利益的不正之风，扎实推进一批改革措施，党风廉政建设和反腐败斗争方向更加明确、思路更加清晰、措施更加有力，为改革发展稳定提供了有力保证。

胡锦涛强调，在新的一年里，我们必须全面贯彻党的十七大和十七届三中、四中全会精神，高举中国特色社会主义伟大旗帜，以邓小平理论和“三个代表”重要思想为指导，深入贯彻落实科学发展观，坚持标本兼治、综合治理、惩防并举、注重预防的方针，加强以保持党同人民群众血肉联系为重点的作风建设，加强以完善惩治和预防腐败体系为重点的反腐倡廉建设，抓紧解决反腐倡廉建设中人民群众反映强烈的突出问题，着力推进反腐倡廉制度建设，围绕中心、服务大局，开拓创新、狠抓落实，不断取得党风廉政建设和反腐败斗争新成效。

胡锦涛指出，当前，要重点抓好以下几方面工作。第一，加强对中央关于推动科学发展重大决策部署执行情况的监督检查，及时发现问题、督促整改。第二，加强对领导干部的教育监督，以党性党风党纪教育为重点，加强对党员干部特别是领导干部的理想信念教育和廉洁从政教育，大力弘扬党的优良作风，继续引导领导干部讲党性、重品行、作表率。第三，认真解决损害群众利益的问题和群众反映强烈的突出问题，严肃查处严重侵害群众利益案件，促进社会和谐稳定。第四，坚决查处违纪违法案件，严肃查处发生在领导机关和领导干部中滥用职权、贪污贿赂、腐化堕落、失职渎职案件，决不让任何腐败分子逃脱党纪国法惩处。

胡锦涛强调，反腐倡廉制度建设是惩治和预防腐败体系建设的重要内容，是加强反腐倡廉建设的紧迫任务。要以建立健全惩治和预防腐败体系各项制度为重点，以制约和监督权力为核心，以提高制度执行力为抓手，加强整体规划，抓紧重点突破，逐步建成内容科学、程序严密、配套完备、有效管用的反腐倡廉制度体系，切实提高制度执行力、增强制度实效。

胡锦涛指出，要突出抓好以下4个方面工作。一是要进一步加强反腐倡廉教育制度建设，加强和改进教育培训工作，加强和改进反腐倡廉宣传教育工作，提高反腐倡廉教育的科学性、规范性、有效性。二是要进一步加强监督制度建设，认真执行和不断完善各项监督制度，改革和完善党内监督体制，健全权力运行监控机制，拓宽监督渠道，增强监督合力，加大监督制度创新力度，建立健全决策权、执行权、监督权既相互制约又相互协调的权力结构和运行机制。三是要进一步加强预防制度建设，推进廉政风险防控机制建设，建立健全预防腐败信息系统，建立健全防止利益冲突制度，形成有效预防腐败的长效机制。四是要进一步加强惩治制度建设，建立健全腐败案件及时揭露、发现、查处机制，建立腐败现象易发多发领域调查分析和专项治理制度，健全党风廉政建设责任制及其配套制度。

胡锦涛强调，形势在发展，实践在深入，人民群众对反腐倡廉提出了新要求新期待，这些都要求我们及时研究新情况、解决新问题、总结新经验，推进反腐倡廉制度建设创新。要深入研究反腐倡廉建设的突出问题，按照与改革开放伟大实践相适应、重大举措相配套的要求，配合深化行政管理体制改革、干部人事制度改革、司法体制和工作机制改革来进行。

胡锦涛指出，切实抓好反腐倡廉制度建设，必须不断提高制度执行力。各级党委、政府和纪检监察机关要切实加强制度执行的组织领导，保证反腐倡廉各项制度得到切实执行。要切实加强制度宣传教育，增强全党制度意识，筑牢遵纪守法思想基础，把制度转化为党员、干部的行为准则、自觉行动。要切实加强制度执行情况监督检查，切实查处违反制度的行为，着力在领导干部特别是高中级干部中树立法律面前人人平等、制度面前没有特权、制度约束没有例外的意识，教育引导领导干部带头学习制度、严格执行制度、自觉维护制度。

胡锦涛强调，纪检监察干部要注重加强思想政治建设和能力建设，增强政治意识、表率意识、法治意识、创新意识、宗旨意识，忠诚于党和人民事业，坚持党性原则，忠实履行职责，带头遵守和维护党纪政纪国法，对腐败分子和消极腐败现象进行坚决斗争。各级党委和政府要高度重视并自觉承担起推进反腐倡廉建设的政治责任和领导责任，加强对纪检监察工作的指导，支持纪检监察机关履行职责、开展工作，帮助解决纪检监察机关遇到的实际困难和问题，推动落实反腐倡廉各项任务。

贺国强在主持会议时指出，胡锦涛总书记的重要讲话，从党和国家事业发展全局和战略的高度，全面、科学地分析了当前的反腐倡廉形势，明确提出了今年党风廉政建设和反腐败工作的总体要求和主要任务，着重阐述了加强反腐倡廉制度建设的重要性、紧迫性和基本要求，对于进一步统一思想认识，坚定工作信心，深入开展党风廉政建设和反腐败斗争，加强和改进新形势下党的建设，具有重大而深远的意义。我们一定要认真学习领会，坚决贯彻落实，以党风廉政建设和反腐败斗争新成效，为推动科学发展、促进社会和谐、开创新形势下党的建设新局面提供坚强有力保证。

王刚、王兆国、王岐山、回良玉、刘淇、刘云山、刘延东、李源潮、张德江、徐才厚、何勇、令计划、王沪宁、李建国、梁光烈、马凯、孟建柱、戴秉国、王胜俊、曹建明、钱运录等出席了会议。中央军委委员陈炳德、李继耐、廖锡龙、靖志远、吴胜利和中央纪律检查委员会委员，中直机关、中央国家机关各部门主要负责同志，解放军驻京各大单位及武警部队负责同志，在京中央骨干企业、金融机构主要负责同志，列席中国共产党第十七届中央纪律检查委员会第五次全体会议的代表，出席全军纪律检查工作会议的全体同志参加了会议。

中国共产党第十七届中央纪律检查委员会第五次全体会议于1月11日在北京开幕。中央纪律检查委员会常务委员会主持了会议。贺国强代表中央纪律检查委员会常务委员会作了题为《全面贯彻党的十七届四中全会精神，深入推进党风廉政建设和反腐败斗争》的工作报告。中央纪律检查委员会委员123人出席了会议。

温家宝总理在国务院第三次廉政工作会议上的讲话

（2010年3月23日）

这次国务院廉政工作会议的主要任务，是贯彻落实十七届中央纪委第五次全会和胡锦涛总书记在会上的重要讲话精神，总结2009年、部署2010年政府系统反腐倡廉工作。

2009年是新世纪以来我国经济发展最为困难的一年。在党中央的坚强领导下，全国各族人民同心同德、共克时艰，应对国际金融危机取得明显成效，经济社会保持平稳较快发展，改革开放继续深化，人民生活进一步改善，社会保持和谐稳定。一年来，各级政府认真贯彻落实中央关于反腐倡廉的部署和要求，紧紧围绕保增长、保民生、保稳定这条主线，全面推进反腐倡廉建设，取得了新成效。*一是保障中央重大决策部署的贯彻落实*。对政府投资项目、灾后重建项目、“三农”补贴等实施全程监管，加强对“家电下乡”、“汽车摩托车下乡”等政策落实的监督检查，严肃查处非法批地、低价出让土地获取利益的案件。*二是加强立法和制度建设*。中办、国办下发了《关于实行党政领导干部问责的暂行规定》和《国有企业领导人员廉洁从业若干规定》等文件。*三是认真解决损害群众利益的突出问题*。查处教育、医疗等行业乱收费工作力度继续加大。治理公路乱收费取得新进展。全国共取消评比达标表彰项目7万余项，占项目总量的97.5%。*四是大力压缩行政开支*。年初确定的压缩行政经费指标基本完成，因公出国出境团组、人次和经费数与近3年平均数相比都下降30%以上。在全国范围内深入开展的“小金库”治理，取得了阶段性成果。*五是严肃查处了一批影响恶劣的大案要案，严厉惩处了腐败分子*。扎实开展治理商业贿赂和工程建设领域突出问题专项工作。在推进政务公开、行政问责和重点领域改革等方面也取得新的进展。

但是我们也要清醒地看到，反腐倡廉形势依然严峻。土地审批出让、矿产资源开发、公共工程建设、企业重组改制、金融等领域腐败现象仍然易发多发，教育、医疗、社保、环保等社会事业和民生领域腐败案件增多，少数中央企业的腐败案件影响恶劣，执法不公、行政不作为乱作为等问题比较突出，形式主义、官僚主义严重，奢侈浪费之风屡禁不止。产生这些问题的深层次原因，是权力过于集中又得不到有效约束，关键是有些制度不够完善，有些制度落实得不好。加强反腐倡廉建设，健全制度很重要，提高制度执行力和约束力更为重要。

今年我国改革发展稳定任务繁重。加强反腐倡廉建设，是完成各项任务的重要保证，也是人民群众的深切期盼。各级政府要坚持以邓小平理论和“三个代表”重要思想为指导，深入贯彻落实科学发展观，认真落实中央关于反腐倡廉的各项部署，标本兼治、综合治理、惩防并举、注重预防，以重点领域和关键环节为突破口，加强制度建设，强化对行政权力运行的监督和制约，推动反腐倡廉取得新成效。重点抓好以下几方面工作：

一、强化政府投资项目和公共资金监管

今年我们将继续实施积极的财政政策和适度宽松的货币政策，一批重大在建工程需要继续投入，一些薄弱环节要进一步加强，保障和改善民生等重点支出大幅度增加。政府投资数额大、项目多，社会高度关注。这些资金一分一厘都来自于民，必须管好用好，防止发生损失浪费和腐败问题。

一是继续加强公共工程项目监管。对铁路、公路、机场、城建项目和地震灾后恢复重建等重点领域，要实施全过程监管，及时发现和纠正问题。要进一步健全政府投资的社会监督机制，及时向社会公开有关信息，主动接受社会各界监督，使每项公共工程都成为阳光工程、廉洁工程和安全工程。

二是加强民生和社会事业领域公共资金监管。今年财政性社会保障支出大幅度提高，保障性安居工程建设规模扩大，医药卫生体制改革近期五项重点工作全面推进，教育改革与发展中长期规划发布实施。这些方面财政投入数额都很大，必须加强监管，确保把好事办好，让人民群众真正得到实惠。要加强对政府保障性住房建设、管理和分配的监督检查，督促落实资金和土地供应，保证建设项目顺利实施。要强化对社保基金、住房公积金、扶贫和救灾资金以及政府其他专项资金的财政和审计监督，规范资金管理和运行，确保资金安全，决不能出现任何差错。要继续加强对“三农”资金监管，确保中央强农惠农政策落实到位。坚决纠正向农民乱收费、乱罚款和乱摊派行为。要规范教育资金使用，规范学校收费行为，严格落实阳光招生制度。公立医疗卫生机构要全面实行药品网上集中招标采购，进一步规范医疗服务收费，坚决查处各种乱加价、乱收费和开单提成等行为。

三是推进公共资源配置领域的制度建设。国有土地使用权和矿业权出让，是公共资源配置最重要的两个领域，也是腐败易发高发领域。要完善土地使用权市场公开交易制度，经营性用地和工业用地都必须依法采取公开招标、拍卖、挂牌等方式出让。对于各类公益性用地，要完善相关制度和监管办法，严禁随意变更土地用途。加快推进探矿权、采矿权等矿业权出让市场化进程。

四是深入开展工程建设领域专项治理。去年7月，中央决定用两年左右时间，集中开展工程建设领域突出问题专项治理。今年要以政府投资和使用国有资金的项目为重点，加强制度建设和监督管理，着力解决违规审批、未批先建以及决策失误造成重大损失等问题，解决招投标过程中存在的突出问题，解决工程建设中的违规征地拆迁、截留克扣补偿金等问题。

二、完善财政预算制度，推进预算公开透明

财政资金管理和使用是反腐倡廉建设的一个重点领域，也是社会各界和人民群众关注的焦点。今年要继续推进财政体制改革，重点抓好以下工作：

一要把政府所有收支全部纳入预算管理。建立健全政府公共预算、政府性基金预算、国有资本经营预算和社会保险预算制度，形成覆盖政府所有收支的预算体系。加强预算审核，严格预算调整，防止超预算支出。提高预算编制的科学化水平，使预算更加详细、明确、具体，让广大群众能看得懂，了解政府资金的来源和使用情况。

二要推进财政预算公开。这是政府预算接受社会监督的前提条件。为此，要完善预算管理制度，做到：政府公共支出、基本建设支出、行政经费支出预算和执行情况等都要公开。任何一项行政费用都要纳入预算，做到公开透明，让老百姓清清楚楚地知道政府花了多少钱、办了什么事，能够有效监督政府。全国人大审议通过的政府性基金收支预算、中央国有资本经营预算等，也要全部向社会公开。

三要继续开展“小金库”治理工作。重点加强对中央单位、中央垂直管理单位和行政收费、罚款比较集中部门的监督检查。同时，要深化国库集中收付制度改革，严格执行“收支两条线”制度，健全财政资金监管制度，强化账目和现金管理，坚决切断“小金库”的资金来源，并形成长效机制。

三、加强国有企业和国有金融机构反腐倡廉建设

国有企业和国有金融机构在我国国民经济中发挥着重要作用，也是占有和使用公共资源、垄断资源较多的部门。近年来国有企业和国有金融机构腐败案件时有发生，一些垄断行业薪酬过高，与其他行业职工收入差距过大。对此，必须采取有效措施切实加以规范和治理。一要落实国有企业负责人薪酬管理相关规定，合理确定国有企业负责人和高层管理人员基本年薪，使其收入与本企业职工收入保持合理比例；合理确定垄断行业职工收入，使其与其他行业职工收入保持合理比例。进一步规范企业负责人补充保险和职务消费。对企业负责人经营业绩进行全面科学的考核，避免绩效年薪不合理增长。要建立健全国有企业、国有金融机构领导人员和高层管理人员收入公开制度。二要严格执行中办、国办2009年印发的《国有企业领导人员廉洁从业若干规定》，进一步完善国有企业和国有金融机构领导人员报告个人有关事项等制度。三要加强对国有企业和国有金融机构主要负责人的监督管理，强化经济责任审计。充分发挥国有资产监管部门、纪检监察机关和审计部门、职工代表大会等方面的作用，形成监督合力。

国有企业和国有金融机构要带头执行中央的方针政策，集中精力搞好主业，收缩一般竞争性领域投资，加大战略性新兴产业研发投入，努力占领经济科技发展的制高点。有关部门要深入研究、完善政策，规范国有企业在房地产领域的投资行为。

加强国有企业和国有金融机构反腐倡廉建设，还要进一步健全国有资产监管体系，完善国有资本经营预算、企业业绩考核、境外国有资产监管、资产损失责任追究等制度，加强对重要经营领域和关键管理环节的监督。坚持重大事项集体决策制度。加强对企业兼并重组过程的监督，依法规范操作，防止国有资产流失，维护职工合法权益。

四、加强行政程序的制度建设

按法定程序办事，是依法行政的重要内容，也是依法行政的重要保障。当前征地拆迁、行政执法等领域侵犯群众利益的突出问题，许多都是不按程序办事或程序不规范造成的。依法规范政府行为，既要规范做什么，也要规范怎么做。没有程序公正，就很难保证实体公正和结果公正。

今年，各级政府要把建立和完善行政程序，作为推进依法行政和政府立法的重点任务。行政立法、决策、执法、监督都要有规范的程序。推进科学民主立法和决策，关键是完善立法和决策程序，把公众参与、专家咨询、合法性审查、集体讨论决定作为必经程序加以规范。行政执法更要注重程序。只有将执法的每一个环节、实施步骤程序化，才能让执法人员有所遵循，才能避免执法的随意性。要进一步完善行政监督程序，让人民群众知道怎么监督政府，拓宽人民群众向政府提出意见和建议的渠道。没有程序的民主，就没有实质的民主。各类行政程序都要向社会公开，所有行政行为都要接受社会监督，让行政权力按规范的程序在有效监督下运行。各级政府及工作人员特别是领导干部，必须树立程序意识，严格按程序办事。对违反行政程序损害群众利益或造成严重后果的行为，要加大查处力度，依纪依法追究责任。

五、加强政风建设

政风建设是政府反腐倡廉建设十分重要的方面。要从以下几个方面入手，促使各级政府机关和领导干部的工作作风有一个明显的改进。

一是大力精简会议和文件。这个问题讲了多年，抓了多年，但不断反复。会议多、文件多、讲话多，不仅造成很大浪费，也耗费了各级政府和领导干部大量时间和精力。必须下决心解决这个问题。这里我重申几点要求：今后，国务院领导同志原则上不参加部门的会议。从严控制以国务院名义及各部门召开的全国性会议。各类会议经费支出要全部纳入预算管理。要开短会、讲短话、发短文。尽量开电视电话会议，能用发文和通知形式解决问题的就不要开会。今后国务院要充分利用政府网站发文，通过媒体公开发布的文件，不再下发纸质文件。要全面清理有关规定，抓紧研究形成一个制度，由国务院颁布执行。

二是严格控制庆典、论坛等活动。国务院及各部门领导同志，原则上不参加企业和社会上举办的庆典、论坛活动，不为这类活动题词，不发贺信、贺电。确实需要的，要按程序报批。对政府部门和国有企事业单位举办、参与和赞助举办庆典、论坛、商业演出等活动，要从严控制，严格管理和规范。

三是从严控制“三公”消费。今年要继续对公务接待、公车使用、因公出国出境经费实行量化指标控制。中央部门公用经费统一压缩5%，项目支出原则上按零增长控制，出国出境、车辆购置及运行、公务接待经费，都要有所减少。要严格执行公务接待的有关规定，加大监督检查力度，包括接受群众和社会舆论监督。严格控制楼堂馆所建设，禁止高档装修办公楼。在严格规范公务用车配备使用的同时，加快推进公务用车配备使用制度改革。现在乘用车社会化服务不断完善，家用轿车日益普及，已经具备了改革的条件。近年来一些地方进行了不同形式的探索，要鼓励各地从当地实际出发推进这项改革。中央机关也要抓紧研究改革方案，争取尽早推出。

同时，要继续纠正损害群众利益的不正之风。认真解决征地拆迁、环境保护、安全生产、食品药品安全、企业重组改制、劳动争议、涉法涉诉等领域损害群众利益的突出问题。严肃查处重大责任事故、群体性事件以及各类损害群众利益问题背后存在的干部徇私枉法、失职渎职、提供“保护伞”等违纪违法行为。

六、加强领导干部廉洁自律

防治腐败首先要从领导干部抓起。今年1月，针对领导干部廉洁自律方面的新情况新问题，中央颁布了重新修订的《中国共产党党员领导干部廉洁从政若干准则》，完善了党员领导干部廉洁从政行为规范。党的十七届四中全会明确要求把住房、投资、配偶子女从业等情况列入党员领导干部报告个人有关事项的内容。党中央、国务院将于近期作出专门规定，要认真抓好落实。

中央颁布的《廉政准则》以及领导干部报告个人有关事项规定，是规范领导干部从政行为、加强对领导干部管理和监督的重要制度。国务院和地方各级政府要全面贯彻执行。各级领导干部特别是主要领导干部要带头执行并接受监督。今年要在政府系统进行一次《廉政准则》学习教育活动，认真查找领导干部廉洁从政方面的薄弱环节和问题，采取有效措施加以解决。要加强对《廉政准则》和领导干部报告个人有关事项制度执行情况的监督检查，严格管理措施，不能流于形式；对违反规定的，要及时纠正并严肃处理。

七、坚决查办违纪违法案件

严肃查处违纪违法案件，是惩治腐败最直接最有力的手段，这一手任何时候都不能放松。一要进一步拓宽发现腐败案件线索的渠道。高度重视人民群众来信来访工作，完善举报人和证人保护制度，健全网络举报和受理机制，发挥群众在惩治和预防腐败中的积极作用。注重从巡视、审计等渠道发现线索，对各类媒体反映的有价值线索要认真调查处理。二要突出重点查办大案要案。特别要严肃查办发生在领导机关和领导干部中的官商勾结、权钱交易案件，利用职权插手和干预城乡规划、建设项目审批、土地审批和出让、矿产资源开发、招标投标等谋取非法利益案件，重大安全生产事故、食品药品安全事件背后的失职渎职和腐败案件。深入查办重点领域的商业贿赂案件。要始终保持惩治腐败的高压态势，严厉惩处腐败分子。加大追逃和赃款赃物追缴力度，决不让腐败分子逍遥法外，决不让他们得到任何不法之财。

中央对反腐倡廉建设提出了新的更高要求，各地区、各部门、各单位要切实加强领导，狠抓工作落实。认真执行党风廉政建设责任制，各级政府和部门的主要领导干部要履行好第一责任人的政治责任，领导班子其他成员要抓好职责范围内的反腐倡廉工作。要加强对反腐倡廉各项制度落实情况的监督检查。监察、审计部门要充分发挥职能作用，严格执纪执法。

反腐倡廉责任重大，任务艰巨。我们要在以胡锦涛同志为总书记的党中央领导下，高举中国特色社会主义伟大旗帜，加强领导，狠抓落实，开拓创新，不断推进政府系统廉政建设和反腐败斗争取得新成效。

何勇同志在全国政务公开领导小组第十次会议上的讲话

（2010 年 3 月 26 日）

全国政务公开领导小组召开这次会议，主要是回顾总结 2009 年的工作，研究部署 2010 年的任务。

一、2009 年全国政务公开工作取得新的成效

2009 年，在党中央、国务院的坚强领导下，各地区各部门紧紧围绕中央关于推动科学发展重大决策部署的贯彻落实，着力发挥政务公开从源头上防治腐败的作用，不断提高政务公开服务人民群众的实效，政务公开工作有了新的发展，取得新的成绩。

一是促进了中央重大决策部署的贯彻落实。2009 年，面对严峻复杂的国内外环境，以胡锦涛同志为总书记的党中央审时度势，把保持经济平稳较快发展作为经济工作的首要任务，出台了一揽子计划和政策措施。各地区各部门认真贯彻落实中央提出的“保增长、保民生、保稳定”方针，通过电视、报纸、网站等多种新闻媒介，加大对政策措施的宣传力度，使社会各界充分了解中央的措施，看到中央的决心，对于增强信心、共渡难关发挥了重要作用。坚持把公开透明原则贯穿于扩内需、保增长政策执行的全过程，加强对投资和项目的监管监控，发挥社会监督作用，保证各项资金用在应对危机最关键的地方，用在经济社会发展的薄弱环节。适时公开地震灾区恢复重建项目资金管理使用情况，公开教育、就业、社保、住房、医疗卫生等领域政策落实情况，切实维护人民群众的利益。加强舆论引导，畅通群众表达利益诉求渠道，主动发布权威信息，及时回应社会关切，积极化解社会矛盾，促进了社会和谐稳定。比如，人力资源社会保障部及时公开就业创业扶持政策、岗位需求、技能培训等方面的信息，扩大就业规模，保持了就业局势稳定。

二是行政权力公开透明运行不断深化。2006年以来，各地区各部门积极探索、大胆实践，上下联动、条块结合，决策公开程序更加规范，内部公开制度更加完善，权力运行更加有序，对行政权力的监督制约切实加强，行政权力公开透明运行工作取得明显成效。大多数省（区、市）不同程度地开展对行政权力的梳理，编制详细的职权目录，绘制权力运行流程图，并向社会公开。有的依托电子政务网络载体，建设行政权力网上公开透明运行公共平台，做到权力行使全程留痕、有迹可查；有的制定行政权力自由裁量的基准，对行政执法、行政处罚等群众反映较多的自由裁量权进行规范和消减，最大限度地减少权力行使的随意性；有的结合建设电子监察系统，查找权力运行的廉政风险点，对权力行使进行全方位的监督；有的注重建章立制，规范行政权力公开透明运作。许多地方和部门在处理涉及群众切身利益事项时，坚持专家论证、听证等制度，充分听取意见。中央国家机关按照“公开是原则、不公开是例外”的要求，主动公开涉及经济、政治、文化、社会等诸多领域信息。国务院办公厅利用中国政府网、国务院公报、中央主要媒体等渠道及时公开国务院重大决策和相关政策，公开行政法规和规范性文件，公布国民经济和社会发展规划（计划）及财政预决算报告、重大工作部署，及时为公众提供准确权威的政府信息。财政部、农业部、卫生部、工商总局等部门对行政权力进行梳理规范，进一步加强了对行政审批等权力行使的监督制约。

三是政府信息公开工作全面推进。各地区各部门认真贯彻落实《政府信息公开条例》，建立保密审查、考核评价、责任追究、发布协调等制度，修订和完善信息公开目录。在主动公开方面，仅北京等12个省（区、市）就公开400多万条政府信息，实现群众的知情权，方便群众生产生活；财政部及时公开中央本级财政预算情况，积极探索预算公开的方式方法。在依申请公开方面，国务院办公厅加强工作指导，及时研究制定《关于做好政府信息依申请公开工作的意见》等指导性文件，保证依申请公开工作有序开展。总的来看，政务公开已成为各地区各部门的常态性工作，重点领域和关键环节的公开力度不断加大，办事公开的范围不断拓展，财政预算等热点问题的公开取得突破。

四是政务公开综合效应进一步显现。各地区各部门紧紧抓住群众普遍关心的问题，围绕决策、执行、监督的工作程序、方法、结果等事项，不断拓展公开领域，创新公开形式和载体。一些地方及时公开涉及群众切身利益的事项，促进民生问题的解决；多数地方在充分利用政务公开栏、政府公报、公开指南等传统形式的同时，大力推行社会听证、专家咨询、新闻发布、点题公开等方式，着力抓好政府门户网站和行政服务中心建设，较好地保障了群众的知情权、参与权、表达权和监督权；还有一些地方和部门把政务公开与公共服务相结合，取得了良好社会效益。中央组织部、全国总工会、民政部把政务公开与党务公开、厂务公开、村务公开有机结合起来，统筹考虑、协调推进；工业和信息化部主办经验交流会，总结推广依托电子政务平台、推进基层政务公开与公共服务的经验，促进了电子政务和基层公共服务的协调发展。

实践表明，推进政务公开，有利于提高政府办事效率，规范权力运行，营造良好的经济发展环境；有利于健全民主制度，扩大群众有序政治参与，实现人民当家作主；有利于正确反映和处理人民内部矛盾和其他社会矛盾，促进社会公平正义；有利于提高政府工作透明度和公信力，加快行政管理体制改革，促进服务型政府建设。

在充分肯定成绩的同时，我们也要清醒地看到，政务公开工作任务还很繁重，面临一些新情况新问题。有的部门和单位对政务公开的重要性认识不足，主动性不强；有的制度不完善，工作无章可依；有的虽有制度，但可操作性不强；有的工作不扎实不规范，重形式轻内容，重部署轻落实；有的对人民群众反映强烈的问题没有及时回应。对这些问题，我们要高度重视，下大气力加以解决。

二、紧紧围绕党和国家工作大局，深入推进2010年政务公开工作

2010年是实施“十一五”规划的最后一年，保持经济平稳较快发展、维护社会和谐稳定的任务十分繁重。做好新形势下的政务公开工作尤为重要。我们要认真贯彻党的十七届四中全会和全国“两会”精神，以邓小平理论和“三个代表”重要思想为指导，深入贯彻落实科学发展观，按照十七届中央纪委第五次全会和国务院第三次廉政工作会议的部署，以促进阳光施政、有效预防腐败为目标，以监督行政权力、服务人民群众为主线，以推进行政权力公开透明和运行程序化为重点，加强制度建设，狠抓工作落实，切实提高政务公开的社会效益，为推动经济社会又好又快发展服务。

*第一，进一步做好中央重大决策部署落实情况的公开工作。*今年要继续实施积极的财政政策和适度宽松的货币政策，保持政策的连续性和稳定性，巩固经济回升向好势头，推动经济发展方式转变取得实质性进展，中央新增投资和去年大致相当。要围绕中央重大决策部署，加强宏观调控、结构调整、“三农”工作、保障和改善民生、节能减排和环境保护、规范和节约用地等政策措施落实情况的公开。要积极推进工程建设领域信息公开，抓紧编制工程建设领域项目信息公开基本指导目录，把公开透明原则贯穿于工程建设项目规划、审批、核准、实施、监管以及资金管理使用的各项业务流程，融入到制度执行的各个环节，促进工程建设项目高效、安全、廉洁运行。

*第二，着力推进行政权力公开透明和运行程序化。*党的十七届四中全会提出，以加强领导干部特别是主要领导干部监督为重点，建立健全决策权、执行权、监督权既相互制约又相互协调的权力结构和运行机制，推进权力运行程序化和公开透明。温家宝总理在国务院第三次廉政工作会议上指出，按法定程序办事，是依法行政的重要内容，也是依法行政的重要保障；今年，各级政府要把建立和完善行政程序作为推进依法行政和政府立法的重点任务。我们要采取有力措施，认真贯彻落实。一是大力推进行政权力运行程序化。行政立法、决策、执法、监督都要有规范的程序。各类行政程序都要向社会公开，所有行政行为都要接受社会监督，让行政权力按规范的程序在有效监督下运行。各级政府及工作人员特别是领导干部，必须树立程序意识，严格按程序办事。对违反行政程序造成严重后果的行为，要加大查处力度，依纪依法追究责任。二是不断深化行政权力公开透明运行。要按照权力的取得要有据、配置要科学、运行要公开、行使要依法、监督要到位的要求，把公开透明要求融入权力运行的全过程，保证公开内容真实可信、过程有据可查、结果公平公正。要继续加大清权确权力度，对行政职权的底数实行动态管理。对没有法律依据的行政权力，要坚决停止行使。要逐步推进行政权力网上公开透明运行，加强对重点领域、重点部门、关键环节权力运行的监控，积极探索完善各级政府部门内部权力监督制约机制。要摸清和界定部门职权来源和范围，出台行政权力公开透明运行规定，建立健全公开透明的权力运行机制，强化对决策和执行等环节的监督。

第三，重点公开涉及人民群众切身利益的事项。党的十七届四中全会提出，凡涉及群众切身利益的重大决策都要向社会公开，接受群众监督。我们要以解决群众反映强烈的问题为突破口，不断完善同群众利益密切相关的重大决策、重大事项、重要法律法规向社会公开的制度，推动政务公开工作取得新成效。一是大力推进财政预算公开。温家宝总理指出，要积极推进预算公开制度改革。这是政府信息公开的一项重要内容，关系群众的切身利益，社会关注度高。要重点公开政府公共支出、基本建设支出、行政经费支出预算和执行情况，以及“三农”、教育、医疗、保障性住房等涉及民生的重大财政专项支出情况。要总结实践经验，借鉴国外有益做法，结合我国实际，逐步建立和完善规章制度，积极稳妥地推进这项工作。制止公款出国（境）旅游专项工作开展以来，因公出国（境）的人数、团组数和经费都有明显下降。要加强与专项工作办公室的沟通，积极探索因公出国（境）经费预算等情况的公开办法。二是着力公开涉及民生问题的信息。要及时公开群众广泛关注的强农惠农政策措施落实情况，财政收支、各类专项资金管理使用情况，征地补偿、救灾救助资金管理使用等情况，教育、医疗、住房、电信、旅游、金融、食品、药品、环保等情况，丰富公开内容，提高公开质量。要善于运用信息公开手段，着力解决影响发展和稳定的信访难题，提高政府公信力，取得群众的理解和支持。

第四，进一步增强政务公开服务群众的功能。推行政务公开很重要的目的，就是为群众服务。要继续完善公共服务平台，畅通双向沟通渠道，扩大群众有序参与，最大限度地激发群众参与热情。要建立和完善群众评价体系，提高公共服务水平，让群众有话语权。要坚持行为规范、公正透明、优质高效、便民利民的原则，把推行办事公开制度作为服务社会、提升形象、发展事业的大事来抓，重点公开服务承诺、收费项目、岗位职责、工作规范、办事纪律等内容，进一步完善政务（行政）服务中心、办事大厅、政府网站等公共服务设施，更好地满足人民群众对公共产品和公共服务的需求。在广大的小城镇、农村地区，政府信息不仅要在政府网站、广播电视上公开，还要在政务公开栏、社区服务中心等群众聚集的地方公开，便于群众知情和监督。

三、加强制度建设，建立健全政务公开工作长效机制

在十七届中央纪委第五次全会上，胡锦涛总书记深刻阐述了加强反腐倡廉制度建设的重要性和紧迫性，对抓好制度建设提出了明确要求。这些年来，党中央、国务院高度重视政务公开制度建设，先后以中办、国办文件印发了《关于在全国乡镇政权机关全面推行政务公开制度的通知》、《关于进一步推行政务公开的意见》，有力地指导了全国政务公开工作的开展。2007 年 4 月，国务院颁布《中华人民共和国政府信息公开条例》，标志着政务公开逐步走上法制化轨道。各地区各部门大力加强制度建设，截至 2009 年 12 月，60 多个中央国家机关先后制定 400 多项推行政务公开的制度规定，16 个省（区、市）公布了地方性法规或规章，明确了公开的内容、形式、程序、标准和考核、评价、责任追究等具体要求，形成了相对完整的制度体系，提高了政务公开工作的科学化、制度化、规范化水平。同时也要看到，政务公开制度建设还存在不少缺陷和不足。在量化考核、科学评价、有效监督等方面的制度还不完善，有的方面还有空白；实施《政府信息公开条例》面临不少新情况新问题，配套制度有待完善；有的虽然有制度，但监督执行不够好。我们要认真落实胡锦涛总书记重要讲话精神，进一步完善政务公开各项制度，努力形成政务公开工作长效机制。

一是要建立健全齐抓共管的领导体制和

工作机制。要把政务公开摆到更加重要的位置，纳入改革发展的总体规划，与业务工作统筹考虑、统一部署、同步推进。要继续完善责任明确、运转协调、配合密切的工作机制，充分调动各方面积极性、主动性、创造性，形成工作合力。各部门各单位行政首长作为第一责任人，要整体把握政务公开的进展情况，研究解决工作中遇到的困难和问题；分管领导要亲自抓督促、抓协调、抓落实。要加强调查研究，及时掌握群众关注的热点、难点问题，制定切实可行的对策措施，努力增强工作的预见性、针对性、实效性。

二是要建立健全科学严密的政务公开制度体系。对经过实践检验确属比较成熟的做法和经验，要在总结完善的基础上及时转化为法规制度。加快推进《政府信息公开条例》配套制度建设，进一步规范政务公开各个环节的工作。完善监督保障制度，明确责任追究主体、责任追究内容、责任追究程序等。完善公共企事业单位办事公开制度，建立机关单位内部公开制度。

三是要切实提高政务公开制度执行力。加大制度宣传教育力度，提高自觉遵守制度、严格执行制度的意识。加强制度执行情况的监督检查，维护制度的权威。对违反《政府信息公开条例》规定的行为，要严肃处理。对由于不公开引起行政诉讼、造成严重后果的，除追究行政机关及其工作人员责任外，还要按照《关于实行党政领导干部问责的暂行规定》，严肃追究有关领导人员的责任，切实提高制度执行力，推动政务公开工作健康有序深入开展。

贺国强同志在全国反腐倡廉建设创新经验交流会上的讲话

（2010 年 5 月 18 日）

这次全国反腐倡廉建设创新经验交流会是今年纪检监察系统召开的一次重要会议，主要目的是深入学习贯彻党的十七大和十七届四中全会以及十七届中央纪委第五次全会精神，总结推广基层反腐倡廉建设创新成果和经验，研究部署当前和今后一个时期的反腐倡廉建设创新工作。这次会议在江苏召开，可以说既是交流全国的经验，也是现场学习江苏的经验。今天上午和下午，共有13个单位作了交流发言。此外，还有50个单位提交了书面交流材料，这些材料我在会前已经阅看了。这些经验主题集中、内容丰富、联系实际、简明扼要，创新性、可行性都比较强，使我们很受启发和鼓舞。下面，我根据中央精神，结合各单位的经验，就进一步推进反腐倡廉建设创新讲 2 点意见。

一、认真总结推广基层反腐倡廉建设创新成果和经验

我们党是一个善于创造经验、总结经验、运用经验的马克思主义政党。根据党在不同历史时期面临的形势和任务，及时总结、大力推广基层创造的新鲜经验，不断推进党的理论创新和实践创新，是我们党取得革命、建设、改革事业胜利的一条宝贵经验。党的十六大以来，以胡锦涛同志为总书记的党中央团结带领全党全国各族人民，高举中国特色社会主义伟大旗帜，坚持以邓小平理论和“三个代表”重要思想为指导，

深入贯彻落实科学发展观，坚持标本兼治、综合治理、惩防并举、注重预防的方针，大力推进惩治和预防腐败体系建设，在坚决惩治腐败的同时，加大从源头上防治腐败工作力度，大力推进反腐倡廉建设创新，党风廉政建设和反腐败斗争方向更加明确、思路更加清晰、措施更加有力，总体呈现出良好发展态势。各级党委、政府和纪检监察机关认真贯彻落实中央决策部署，以改革创新精神推进工作，形成了一大批体现时代性、把握规律性、富于创造性的反腐倡廉建设成果和经验。

为总结推广基层创造的新鲜经验、深入推进反腐倡廉建设，按照十七届中央纪委第五次全会要求，年初中央纪委书记办公会议决定召开这次全国反腐倡廉建设创新经验交流会。各级纪检监察机关认真总结经验，积极报送材料，共推荐、报送经验材料376篇。中央纪委监察部组织专门力量，对所有推荐材料进行了认真评审，从中选出63篇作为会议书面交流材料，又从63篇中选出13篇作为这次会议发言材料。这些经验材料内容丰富、各具特色，从不同领域和角度反映了近年来全国反腐倡廉建设的创新成果。

从今天会上发言的13个单位的经验和做法来看：

江苏省介绍的主要是整体推进惩治和预防腐败体系建设的经验。他们坚持把惩防体系建设纳入经济社会发展总体部署，着力构建以制约监督权力运行为核心、以反腐倡廉制度建设为载体、以科技成果运用为保障的惩治和预防腐败体系基本框架，连续5年开展了制度建设年、推进年、提高年、规范执行年和惩防体系基本框架形成年活动，有效提高了惩防体系建设的质量和水平。

北京市介绍的主要是加强廉政风险防范机制建设的经验。他们在总结有关单位试点经验的基础上，在全市范围开展了廉政风险防范管理工作，通过组织发动党员干部全面查找思想道德、岗位职责、业务流程、制度机制、外部环境等5类风险，有针对性地加强廉政风险防控，建立健全监督检查、考核评估和整改纠错机制，着力构建前期预防、中期监控、后期管理“三道”防线，取得了较好成效。特别是把廉政风险防范管理引入北京奥运会筹办监督工作中，保证了“廉洁奥运”目标的实现。

上海市介绍的主要是运用“制度+科技”方式加强权力运行制约监督的经验。他们通过建立统一规范透明的土地交易市场、政府采购电子平台、公共权力运行电子监察系统，以及利用信息技术提升有形市场监管水平等，努力避免权力运行中的人为因素，有效提升预防腐败效能，为促进经济社会发展以及“廉洁办世博”提供了有力保证。

福建省介绍的主要是规范发展市场中介组织的经验。他们通过开展专项治理、脱钩改制，实现了中介组织与政府部门在工作、组织、经济、场所4个方面彻底分开，同时，通过加强制度建设强化政府监管、推动行业自律、促进诚信管理，促进了中介组织的规范发展。

云南省介绍的主要是以制度创新促进政府自身建设的经验。他们坚持以制度创新为突破、以自身建设为重点，自2007年以来每年确立一个政风建设主题，先后制定并实施了建设法治政府、责任政府、阳光政府和效能政府的16项制度，进一步规范了政府行政行为、促进了机关作风转变、提升了政府工作效能。

陕西省介绍的主要是加强农村民主监督的经验。他们全面推行村民监督委员会制度，通过完善民主选举、明确职责权限、规范监督程序、强化内部管理，健全村级权力结构合理配置制度框架，较好地破解了对村干部缺乏有效监督的难题，促进了农村党风廉政建设和改革发展稳定。

河北省介绍的主要是推进行政权力运行监控机制建设的经验。他们通过建立行政权力廉政风险评估防范、运行程序化和公开透明、绩效考核和责任追究机制，有力促进了反腐倡廉各项工作。

河南省介绍的主要是加强和改进查办案件工作的经验。他们按照“加大力度、突出重点、依法办事、规范程序”的思路，着力加强包括组织协调、激励约束、考核评价、监督管理、队伍建设等内容的办案机制建设，提高了突破大案要案能力和依纪依法、安全文明办案水平。

湖北省介绍的主要是规范招标投标市场秩序的经验。他们以构建综合监管体制为着力点，全面推进招标投标管理机制创新，在全省形成了统一综合监管机构、统一交易平台、统一管理制度、统一评标专家库、统一行业自律组织的“五统一”综合监管模式，促进了公共资源交易领域反腐倡廉工作。

山东省青岛市介绍的主要是运用现代网络技术预防腐败的经验。他们依托全市统一的电子政务平台和部门业务应用系统，全方位打造科技防腐平台，对外建设行政权力运行综合电子监察系统，对内建设纪检监察业务网络系统，促进了权力运行的规范化、公开化、刚性化、可控化。

浙江省杭州市介绍的主要是加强岗位廉政教育的经验。他们坚持因人因岗施教，初步探索出以岗位为单元、以廉政风险防范为核心、以行为规范和岗位职责为基础的岗位廉政教育新模式，增强了反腐倡廉教育的针对性和实效性。

财政部介绍的主要是加强对财政权力运行制约和监督的经验。他们按照“权力梳理、监督定位、流程规范”的思路，创新财政廉政风险防范机制，促进了财政权力运行的程序化和公开透明。

中国工商银行介绍的主要是防控金融和廉政风险的经验。他们坚持以科技创新引领业务和管理创新，在率先实现全行数据集中、建立全行统一信息处理平台基础上，通过开发运用资产、财务、业务、廉政管理和监督检查系统，有效提升了防控金融和廉政风险能力。

以上13家发言单位和其他书面交流单位的经验，既具有鲜明的个性特点，又具有普遍的借鉴意义，其中许多经验已经比较成熟、具备在面上推广的条件。这些经验概括起来，主要有以下9个方面特点和启示：一是注重发挥惩治和预防腐败体系建设的龙头带动作用。天津、山西等地的经验表明，推进反腐倡廉建设必须紧紧抓住完善惩治和预防腐败体系这个重点，以重点工作的成效带动全局工作的发展、以关键环节的突破带动整体建设的推进，不断增强惩治和预防腐败体系建设的综合效能。二是注重发挥反腐倡廉教育的先导作用。甘肃等地的经验表明，反腐倡廉，教育为先。要坚持以党性党风党纪教育为工作重点、以岗位廉政教育为重要载体、以示范教育和警示教育为重要形式、以廉政文化建设为重要内容，把廉洁从政教育融入各项制度规范之中，贯穿于干部培养、选拔、管理、使用全过程，不断丰富教育内容、改进教育方式、拓宽教育领域、扩大教育覆盖面，增强反腐倡廉教育的科学性、有效性和说服力、感染力。三是注重发挥制度建设的基础作用。海南省、湖南省长沙市、青海省海北藏族自治州等地的经验表明，反腐倡廉，制度建设是治本之策。要以建立健全惩治和预防腐败体系各项制度为重点、以制约和监督权力运行为核心、以提高制度执行力为抓手，加强总体规划，抓紧重点突破，加大制度建设和创新力度，着力构建内容科学、程序严密、配套完备、有效管用的反腐倡廉制度体系，不断提高反腐倡廉建设科学化、制度化、规范化水平。四是注重发挥对权力运行制约和监督的关键作用。辽宁省、广东省广州市、中国建设银行等单位的经验表明，加强对权力运行的制约和监督是有效预防腐败的关键环节。要建立健全决策权、执行权、监督权既相互制约又相互协调的权力结构和运行机制，切实加强对重点人员、重点岗位、重要职能、重要事项的全方位监督，前移监督关口、拓宽监督渠道、增强监督合力、提高监督实效。五是注重发挥重点领域和关键环节改革的推动作用。江西省、广东省、宁夏回族自治区、安徽省合肥市、农业部等单位的经验表明，改革是反腐倡廉建设的重要动力。要坚持用改革的思路和办法解决反腐倡廉建设中的深层次矛盾和问题，深入推进重点领域和关键环节改革，最大限度地减少腐败现象滋生蔓延的土壤和条件。六是注重发挥纠风工作的整治作用。黑龙江省、山东省、新疆生产建设兵团、辽宁省大连市、新疆维吾尔自治区木垒哈萨克自治县等地的经验表明，纠风整治是加强党风廉政建设、密切党同人民群众血肉联系的重要措施。要坚持纠建并举，积极开展专项治理，着力解决群众反映强烈的突出问题，坚决纠正损害群众利益的不正之风，健全党和政府主导的维护群众权益机制。七是注重发挥惩治的惩戒作用和治本功能。重庆市、贵州省、西藏自治区等地的经验表明，查办案件工作是反腐倡廉的重要手段。要深入研究新形势下腐败案件发生的特点和规律，积极探索及时揭露、发现和查处违纪违法案件的新途径新办法，进一步规范完善办案程序，加强案件管理和监督，不断提高依纪依法、安全文明办案水平。八是注重发挥科技的支撑作用。广西壮族自治区、浙江省宁波市、中国人民银行等单位的经验表明，加强反腐倡廉建设必须积极推进方式方法创新。要充分发挥现代科学技术尤其是信息技术的作用，把科技手段融入反腐倡廉制度设计和各项工作流程之中，不断增强惩治和预防腐败的有效性。九是注重发挥自身建设的保障作用。内蒙古自治区、吉林省长春市、四川省广安市等地的经验表明，推进反腐倡廉建设必须把加强纪检监察机关自身建设作为一项基础工程来抓。要针对自身建设中存在的问题，通过开展主题实践活动、加强组织建设、整合监督资源、深化干部人事制度改革、建立健全相关制度，不断提高纪检监察干部队伍的整体素质和工作水平。

总之，我们要在前一阶段工作基础上，进一步认真总结基层反腐倡廉建设创新成果和经验，对具备全面推广条件的要及时加以推广，需要上升为制度的要经过研究论证上升为制度，需要在实践中进一步探索的要积极开展试点，切实把这些经验总结好、运用好、发展好。

二、坚持以改革创新精神推进反腐倡廉建设

改革创新是社会发展进步的时代潮流，是事业兴旺发达的不竭动力。改革开放30多年来，我们党和国家之所以能够取得举世瞩目的伟大成就、发生翻天覆地的历史性变化，最根本的就是始终坚持马克思主义的思想路线，解放思想、实事求是、与时俱进，不断探索和回答什么是社会主义、怎样建设社会主义，建设什么样的党、怎样建设党，实现什么样的发展、怎样发展等重大理论和实际问题，不断推进马克思主义中国化，开辟了中国特色社会主义道路，形成了中国特色社会主义理论体系。对于改革创新，邓小平同志曾经讲过一系列振聋发聩的话："一个党，一个国家，一个民族，如果一切从本本出发，思想僵化，迷信盛行，那它就不能前进，它的生机就停止了，就要亡党亡国。""没有一点闯的精神，没有一点'冒'的精神，没有一股气呀、劲呀，就走不出一条好路，走不出一条新路，就干不出新的事业。"党的十七大报告明确指出，解放思想是发展中国特色社会主义的一大法宝，改革开放是发展中国特色社会主义的强大动力。对此，我们必须始终牢记，坚定贯彻。

*关于以改革创新精神推进党的建设。*改革开放以来，我们党在推进中国特色社会主义伟大事业的同时，不断以改革创新精神推进党的建设新的伟大工程。邓小平同志指出，为了坚持党的领导，必须努力改善党的领导，包括改善党的组织状况、思想状况、

作风状况和领导方法等等。江泽民同志指出，要坚持从新的实际出发，以改革的精神研究和解决党的建设面临的重大理论和现实问题，使党始终保持先进性和纯洁性，充满创造力、凝聚力和战斗力。胡锦涛同志指出，我们党是马克思主义政党，党的性质、宗旨和历史使命决定了党既要敢于和善于在自己所领导的伟大事业中不断改革创新，又要敢于和善于在自身建设中不断改革创新；全党同志一定要紧密联系新的时代条件下加强和改进党的建设的实际，以改革创新的精神状态、改革创新的思想作风、改革创新的工作方法全面加强和改进党的各方面建设。党的十七大明确提出了以改革创新精神全面推进党的建设新的伟大工程的战略任务。党的十七届四中全会对以改革创新精神加强和改进新形势下党的建设作出了战略部署，强调要努力在以科学理论指导党的建设、以科学制度保障党的建设、以科学方法推进党的建设上见到成效，不断提高党的建设科学化水平。

关于以改革创新精神推进反腐倡廉建设。反腐倡廉建设作为党的建设总体布局的重要组成部分，同样必须坚持以改革创新精神来推进。江泽民同志在十五届中央纪委第七次全会上明确要求纪律检查工作的思想方法和思想观念、工作方式和工作方法、人员素质和工作作风都要与时俱进，强调全党同志都要认真思考和研究这个大问题，党的各级纪律检查机关和广大纪检监察干部更是责无旁贷。党的十六大以来，胡锦涛同志在历次中央纪委全会上发表的一系列重要讲话中几乎每次都强调改革创新问题。比如，在十六届中央纪委第三次全会上，胡锦涛同志指出，在建立健全教育、制度、监督并重的惩治和预防腐败体系的过程中，我们既要坚持多年来反腐倡廉工作中行之有效的成功经验，保持工作的连续性、稳定性，又要不断总结各地区各部门创造的新鲜经验，借鉴国外反腐败的有益做法，研究新情况、解决新问题，不断进行创新，使教育、制度、监督相互配套、相互促进、共同发挥作用。在十七届中央纪委第二次全会上，胡锦涛同志指出，加强反腐倡廉建设要注意把握和体现改革创新等基本要求，以改革精神推进制度建设，以创新思路寻求治本办法。在十七届中央纪委第五次全会上，胡锦涛同志指出，要以改革的精神、创新的思路、发展的办法解决滋生腐败的深层次矛盾和问题，认真总结推广行之有效的好做法好经验，推进反腐倡廉制度创新，深化重要领域和关键环节改革，提高反腐倡廉建设科学化水平；要深入研究社会主义市场经济条件下共产党执政规律和反腐倡廉建设规律，深入研究反腐倡廉重大理论和实践问题，实现反腐倡廉实践创新、理论创新、制度创新有机统一。

改革开放30多年来，我们党坚持从不同时期经济社会发展和反腐败斗争的实际出发，不断推动反腐倡廉建设理念思路、工作内容、方式方法、体制机制创新，党风廉政建设和反腐败工作经历了从拨乱反正、处理历史遗留问题到刹风整纪、解决改革开放后出现的新问题，从着力治标、侧重遏制到坚持标本兼治、综合治理、惩防并举、注重预防，从注重开展专项工作到以完善惩治和预防腐败体系为重点整体推进反腐倡廉建设这样一个认识上不断深化、实践上不断发展的过程，逐步形成了符合我国国情的反腐倡廉指导思想、基本原则、工作方针、工作格局、领导体制和工作机制以及法规制度体系基本框架，走出了一条中国特色反腐倡廉道路，为推进党的建设新的伟大工程和发展中国特色社会主义伟大事业提供了有力保证。关于这方面情况，我们在纪念党的纪律检查机关恢复重建30周年暨反腐倡廉建设理论研讨会上已作了全面总结，这里就不展开讲了。

当前，随着党和国家事业的发展以及反腐倡廉建设的推进，反腐倡廉建设面临许多新情况新问题新矛盾。一方面，反腐败工作力度不断加大，取得明显成效；另一方面，腐败现象在得到有效遏制的同时也出现了许多新特点，改革的深化和现代化建设的推进使得一些体制机制漏洞和弊端逐渐暴露出来，违纪违法行为日趋复杂化、隐蔽化、智能化，新兴经济领域案件和运用高新技术手段作案不断增加，等等。这些都要求我们继续坚持以改革创新精神推进反腐倡廉建设，不断研究新情况、解决新问题，积极探索有效惩治和预防腐败的新思路新途径新办法，不断提高反腐倡廉建设水平。

*第一，以改革创新精神推进反腐倡廉建设，必须坚持以中国特色社会主义理论体系为指导。*中国特色社会主义理论体系是改革开放实践经验的根本归结，是马克思主义中国化的最新成果，是新时期全党全国各族人民团结奋斗的共同思想基础。科学发展观是中国特色社会主义理论体系的重要内容和最新发展，是我国经济社会发展的重要指导方针，是发展中国特色社会主义必须坚持和贯彻的重大战略思想。以改革创新精神推进反腐倡廉建设，必须坚持以中国特色社会主义理论体系为指导，深入贯彻落实科学发展观，切实做到武装头脑、指导实践、推动工作。要坚定正确政治方向，坚持党的基本理论、基本路线、基本纲领、基本经验不动摇，自觉在政治上、思想上、行动上同以胡锦涛同志为总书记的党中央保持高度一致，坚决贯彻执行中央反腐倡廉决策部署，确保反腐倡廉建设创新始终沿着正确方向推进；要坚持以科学发展观指导反腐倡廉建设，深刻领会、全面把握科学发展观的科学内涵、精神实质和根本要求，自觉转变不适应不符合科学发展观要求的思想观念、方式方法、体制机制，切实把发展这个第一要义、以人为本这个核心、全面协调可持续这个基本要求、统筹兼顾这个根本方法贯穿于反腐倡廉建设的全过程和各方面，以改革创新的实际成效推动科学发展观的贯彻落实；要按照科学发展观要求加强纪检监察机关自身建设，深入学习贯彻胡锦涛总书记在全党深入学习实践科学发展观活动总结大会上的重要讲话精神，认真抓好全国纪检监察系统主题实践活动总结暨加强自身建设电视电话会议精神的贯彻落实，进一步巩固和扩大学习实践活动和主题实践活动成果，大力加强纪检监察机关自身建设，以创新的思路和方法解决自身建设中存在的突出问题，不断提高纪检监察干部队伍的综合素质和工作能力。

*第二，以改革创新精神推进反腐倡廉建设，必须坚持围绕中心、服务大局。*围绕党和国家的中心任务和大局来开展工作，是纪检监察机关的职责所在，也是对纪检监察工作的基本要求。推进反腐倡廉建设创新，同样也要按照这一要求来进行。要增强大局意识和全局观念，注意了解和掌握国际形势的发展变化以及中央作出的科学判断，注重了解和掌握国内形势的发展变化以及中央关于经济社会发展和党的建设的方针政策和决策部署，全面了解和掌握反腐倡廉建设形势和中央关于推进党风廉政建设和反腐败斗争的决策部署，坚持把反腐倡廉建设放在党和国家工作大局中来思考、谋划和部署，找准创新工作的切入点和突破口，发挥好纪检监察机关的职能作用，更好地服从服务大局。要把维护党的政治纪律放在工作首位，坚持对中央重大决策部署、重要工作、重大活动及时跟进、积极参与，各项服务、监督、保障工作抓早抓紧抓实，切实加强对党的路线方针政策和中央重大决策部署贯彻落实情况的监督检查，进一步健全对中央重大决策部署执行情况的定期检查和专项督查制度以及纪律保障机制，坚决纠正有令不行、有禁不止和“上有政策、下有对策”的行为，确保中央政令畅通。要重视反腐倡廉建设创新对大局的影响，既立足纪检监察工作，又不局限于纪检监察工作本身“就事论事”。“不谋全局者不足以谋一域”，要着眼党和国家中心任务和工作大局的影响，自觉维护党的形象和团结统一，坚定不移、积极推进，审时度势、周密安排，确保各项工作不出现偏

差和失误，保障和促进经济发展和社会稳定，取得良好的政治效果、法纪效果和社会效果。

*第三，以改革创新精神推进反腐倡廉建设，必须抓住完善惩治和预防腐败体系这个工作重点。*完善惩治和预防腐败体系，是党的十六大以来反腐倡廉建设的重要理论和实践成果，也是今后推进反腐倡廉建设创新的重点任务。要认真落实《建立健全惩治和预防腐败体系2008—2012年工作规划》，立足当前、着眼长远，整体推进、突出重点，确保惩治和预防腐败体系建设取得实质性进展。要全面贯彻反腐倡廉战略方针，切实做到两手抓、两手都要硬，坚持标本兼治，既要通过抓紧治标清除已经暴露出来的腐败现象，有效抑制腐败行为，又要更加注重治本，更加注重制度建设，逐步消除腐败现象滋生蔓延的土壤和条件，努力从源头上防治腐败；坚持惩防并举，既要依纪依法严惩腐败分子，以达到警示、诫勉、震慑的作用，又要实行防范在先、关口前移，及时预判腐败现象发展变化的趋势和规律，有针对性地加大预防腐败工作力度，切实做到惩治于已然、防患于未然；坚持堵疏结合，既要对党员干部严格要求、严格教育、严格管理、严格监督，切实筑牢堤坝、堵塞漏洞，又要正视改革开放和社会主义市场经济条件下党员干部的合理需求，因势利导、趋利避害，更加积极、主动、有效地引导党员干部消除心理失衡、自觉遵纪守法。要整体推进反腐倡廉各项工作创新，不断深化和拓展“五个一批”工作，整体推进惩治和预防腐败体系建设，努力把教育的说服力、制度的约束力、监督的制衡力、改革的推动力、惩治的威慑力充分发挥并紧密结合起来，使各项工作相互渗透、相互促进，形成整体合力，不断提高反腐倡廉建设的整体性、系统性、针对性和实效性。

*第四，以改革创新精神推进反腐倡廉建设，必须重视方式方法创新。*科学的方式方法是实现目标的有效手段。要坚持用系统的思维、统筹的观念、科学的方法来推进反腐倡廉建设，在坚持和完善以往行之有效方式方法的同时，积极探索新办法、掌握新手段、开辟新途径。一是要运用科学方法。要学习掌握辩证唯物主义和历史唯物主义的基本立场、观点和方法，学习掌握系统论、控制论、信息论和现代管理学、心理学、组织学等理论和知识，积极运用心理分析、数据统计等方法推进反腐倡廉各项工作。二是要采用科技手段。要大力推进电子政务建设，把行政审批、政府采购、公共资源交易、服务群众窗口等重点领域和关键环节纳入电子监察范围，建立完善信访举报、投诉处理、政风行风评议、案件监督管理、预防腐败信息共享等系统，积极推进廉政风险防控机制建设，不断提高反腐倡廉工作的科技含量。三是要加强协调配合。要加强纪检监察机关与检察、审判机关以及公安、审计、组织人事等部门的协调配合，推进纪检监察机关内部管理体制改革，加强对派驻纪检监察机构的统一管理，充分发挥非派驻单位纪检监察机构的职能作用，不断增强反腐倡廉的整体合力。四是要强化舆论宣传。要加大对反腐倡廉方针政策、成效经验、先进典型等的正面宣传力度，及时披露重大案件信息和群众关注的反腐倡廉热点信息，加强反腐倡廉舆情的收集、分析和研判，及时监控、科学分析、妥善应对、审慎处理重要涉腐舆情，牢牢掌握工作主动权和主导权，努力为反腐倡廉建设营造良好舆论氛围。

*第五，以改革创新精神推进反腐倡廉建设，必须大力加强反腐倡廉理论创新。*思想是行动的先导，理论是实践的指南。要适应新形势新任务新要求，不断推进反腐倡廉理论创新，为党风廉政建设和反腐败斗争提供理论支撑。要加强对马克思主义反腐倡廉理论的研究，认真学习毛泽东、邓小平、江泽民反腐倡廉思想和以胡锦涛同志为总书记的党中央关于反腐倡廉建设的一系列重要论

述，从共产党执政规律、中国特色社会主义建设规律、人类社会发展规律的高度进一步深入研究新形势下反腐倡廉建设的特点和规律，不断拓展中国特色反腐倡廉道路的内涵、丰富马克思主义反腐倡廉理论宝库，增强反腐倡廉理论的科学性和指导性。要加强反腐倡廉建设重大战略和现实问题的研究，着眼于世情、国情、党情的新变化，加强对反腐倡廉建设战略性、全局性、前瞻性问题的研究，加强对反腐倡廉建设中人民群众反映强烈突出问题的研究，加强对反腐倡廉建设重点领域和关键环节问题的研究，不断提出新思想、新观点、新论断，增强反腐倡廉理论研究的系统性和预见性。要加强反腐倡廉建设政策措施的研究，立足于反腐倡廉建设新的实践和发展，深入实际、深入基层、深入群众开展调查研究，在总结基层经验、深入研究论证、广泛征求意见的基础上，不断提出惩治和预防腐败的新思路、新办法、新举措，增强反腐倡廉建设的针对性和实效性。

*第六，以改革创新精神推进反腐倡廉建设，必须尊重基层和群众的首创精神。*坚持人民群众是历史创造者的历史唯物主义基本观点，尊重人民群众的首创精神，努力从人民群众的伟大实践中汲取智慧、营养和动力，是我们党推进改革开放伟大事业和以改革创新精神加强党的建设的一条重要经验，我们要始终坚持。要以解决反腐倡廉建设中人民群众反映强烈的突出问题作为创新工作的着力点，把人民群众拥护不拥护、赞成不赞成、高兴不高兴、答应不答应作为制定政策措施的出发点和检验工作成效的落脚点；要大力提倡、鼓励、支持基层和人民群众的创新活动，引导基层和群众把中央关于反腐倡廉建设的决策部署同本地区本部门本单位实际结合起来创造性地开展工作；要及时总结推广基层和群众在实践中创造的有益做法和新鲜经验，形成规律性认识，作出理论概括，指导面上工作，不断从人民群众的丰富实践和发展要求中获得改革创新的动力源泉。这次会议发言交流的13篇材料、书面交流的50篇材料和其他报送的300多篇经验材料，就是对基层反腐倡廉建设创新成果的全面展示。事实上，各地区各部门各单位在反腐倡廉实践中创造了大量成功做法和经验，关键在于总结和推广。

各级党委（党组）、政府和纪检监察机关特别是各级领导干部要增强创新意识，坚持解放思想、实事求是、与时俱进，把创新热情与科学态度有机结合起来，保持昂扬向上、奋发有为、开拓进取的精神状态，坚持求真务实、尊重科学、按客观规律办事，努力作反腐倡廉建设创新的实践者、推动者；要加强组织领导，认真落实党风廉政建设责任制，把反腐倡廉建设创新纳入经济社会发展整体规划和党的建设总体部署，使之与经济社会各项工作紧密结合、相互促进，与党的建设各方面工作有机统一、良性互动；要整合资源力量，充分发挥专门研究机构、有关职能部门、各级党组织以及专家、学者的作用，不断拓宽人民群众参与反腐倡廉建设的渠道，切实形成纪检监察机关、党政部门、高等学校和科研院所以及各方面社会力量广泛参与、共同推进反腐倡廉建设创新的工作格局；要营造创新环境，通过深化改革，健全和完善有利于反腐倡廉建设创新的体制机制，努力形成崇尚创新精神、支持创新活动、奖励创新成果、宽容创新失误的政策导向、利益机制和社会氛围，特别是对各地区各部门各单位在实践中探索形成的创新经验和做法，要热情鼓励、积极借鉴，并结合实际不断加以完善。

实践永不停步，创新永无止境。让我们更加紧密地团结在以胡锦涛同志为总书记的党中央周围，认真贯彻落实中央的要求和部署，解放思想、开拓创新，求真务实、真抓实干，不断取得反腐倡廉建设创新新成效，开创党风廉政建设和反腐败斗争新局面，为推动科学发展、促进社会和谐作出新贡献！

何勇同志在全国深化政务公开推进政务服务经验交流会上的讲话

（2010年6月29日）

这次会议，是经中央领导同志批准召开的一次十分重要的会议，对于深化政务公开，总结各地政务服务建设经验，大力推进服务型政府建设，具有十分重要的意义。刚才，天津市、四川省、江西省、呼和浩特市、苏州市、大连市、登封市等单位就加强政务服务建设作了大会发言，北京市、吉林省等单位提供了书面材料。这些做法和经验内容丰富、各具特色，各地区各部门要认真学习借鉴。

下面，我讲几点意见。

一、全国政务服务建设取得重要进展，积累了宝贵经验

改革开放以来，在党中央、国务院的坚强领导下，各地区各部门不断探索加强政府自身建设、推进管理创新的新途径。20世纪80年代末，为使群众了解政府工作，加强对政府机关工作人员的监督，一些地方开展了多种形式的政务公开试点。为适应社会主义市场经济的需要，优化经济发展环境，90年代中后期，随着行政审批制度改革的推进，一些地区特别是经济比较发达的地区创建了政务（行政）服务中心，对审批事项实行集中办理。2004年《中华人民共和国行政许可法》实施，进一步促进了政务服务建设的发展。

总的来看，在社会主义市场经济体制建立和完善过程中，各地区各部门以加强政务服务中心建设为抓手，大力改革行政权力运行机制，深入推进政务公开，不断转变政府职能，努力建设服务型政府，取得了明显成效。一是行政审批制度改革不断推进。截至目前，国务院对行政审批项目开展了五轮清理审核，取消和调整审批项目2183项，占总数的60.6%。2009年，各省（区、市）取消行政审批事项1925项、下放行政审批等管理事项2116项。二是政务（行政）服务中心发展迅速。据统计，31个省（区、市）共设立政务（行政）服务中心2842个，其中，省级中心10个，市级356个，县级2476个。2009年，受理行政审批事项1.66亿余件，按时办结率95.2%。三是政务服务载体日渐多样。各地区以政务（行政）服务中心为主要载体，不断拓宽政务服务渠道，提升政务服务质量。政府网站、服务热线、电子政务、电子监察发展态势良好，在线办事和服务功能不断完善，实体和虚拟大厅相互促进。同时，政务服务逐步向农村、社区延伸，服务功能下沉。全国有24849个乡镇（街道）建立了便民服务中心，占总数的57.5%。四是政务公开制度更加完善。以《政府信息公开条例》、《关于进一步推行政务公开的意见》等为基本规范的制度体系逐步建立，政府信息公开、行政权力公开透明运行全方位推行，政务公开成为各级政府施政的一项基本制度。

实践证明，推进政务公开、加强政务服务，进一步促进了政府职能转变和管理创新，规范了行政行为，强化了对行政权力的监督制约，保障了人民群众的民主权利，有力地推动了服务型政府建设。在长期工作实践中，各地区各部门勇于创新，积累了很多宝贵经验。

——坚持围绕中心，服务经济社会发展大局。为经济社会发展服务，是政务服务建设最重要的原则。必须与社会主义市场经济建设的进程相适应，与行政管理体制改革相协调，精简行政审批事项，减少对微观经济的干预，建立完善的服务体系，提高办事效率，为各类市场主体创造公平的发展环境，为人民群众提供良好的公共服务。

——坚持转变职能，推进服务型政府建设。服务型政府建设的核心是转变政府职能。坚持取消和调整审批项目，将政府管理从不该管、管不了、管不好的事务中解脱出来，把更多精力放在抓社会管理和公共服务、解决社会发展和民生问题上，更好地履行经济调节、市场监管、社会管理和公共服务职能，更大程度地发挥市场在资源配置中的基础性作用，实现政府由管理型向服务型的转变。

——坚持以人为本，维护人民群众的合法权益。政务服务建设的根本目的，是实现好、维护好、发展好最广大人民的根本利益，让人民群众共享改革发展的成果。必须坚持以人为本，以解决人民群众最关心、最直接、最现实的利益问题为突破口，提高政府工作透明度，转变施政方式和工作作风，促进依法行政，消除一些地方和部门长期以来存在的“门难进、脸难看、事难办”的不良现象，让人民群众更好地监督政府，更多地参与经济社会事务管理。

——坚持统筹推进，提升政务服务的综合效应。加强政务服务建设是一项政治性、政策性、技术性都很强的系统工程，内容涉及政府机关的各个层级、涵盖社会生活的方方面面，对人民群众的生产生活具有重要影响。必须坚持将政务服务建设纳入本地区本部门经济社会发展的总体规划，与行政管理体制改革、惩治和预防腐败体系建设结合起来，统筹考虑，同步推进，发挥综合效应。

——坚持改革创新，增强政务服务的活力。政务服务建设涉及政府部门职能权力的定位与调整，涉及管理理念和服务方式的更新与变革，需要对现有权力格局及运行机制进行完善，不断推进体制改革和机制创新。必须主动适应市场经济发展的新要求，进一步改进思想观念、思维方式和工作方法，积极探索，大胆实践，勇于变革。

在充分肯定成绩的同时，也要看到，政务服务建设与经济社会发展水平、与人民群众的要求相比，还存在较大差距。一些地方和部门对政务公开工作重视不够，认识不到位，推进缓慢；少数地方和部门审批事项过多，改革不到位，向政务（行政）服务中心授权不够充分；政务服务建设体系还不完备，政务（行政）服务中心运行缺乏统一规范；政务（行政）服务中心信息化程度参差不齐，等等。这些问题，必须引起我们高度重视，切实加以解决。

二、突出工作重点，以改革创新精神推动政务服务建设不断深入

胡锦涛同志在党的十七大报告中明确提出，要加快行政管理体制改革，建设服务型政府。温家宝同志在今年的政府工作报告中指出，要以转变职能为核心，深化行政管理体制改革，大力推进服务型政府建设，努力为各类市场主体创造公平的发展环境，为人民群众提供良好的公共服务，维护社会公平正义。这为我们做好新形势下政务服务工作指明了方向。当前和今后一个时期，我们要认真贯彻党的十七大和十七届二中、三中、四中全会精神，坚持以邓小平理论和“三个代表”重要思想为指导，深入贯彻落实科学发展观，以深化行政管理体制改革、建设服务型政府为目标，以推进政务公开和行政审批制度改革为切入点，以改革创新为动力，大力加强以政务（行政）服务中心为主要载体的政务服务体系建设，力争在优化市场经济环境上取得新突破，在解决群众关心的问题上取得新进展，在促进政府自身建设和管理创新上取得新成效。

(一) 继续抓好行政审批制度改革。行政审批制度改革是行政管理体制改革的重要突破口，也是加强政务服务建设的核心内容。2001 年 9 月国务院全面推进行政审批制度改革工作以来，各地区各部门按照中央的要求，精心组织，大胆实践，行政审批项目大幅削减，行政审批行为日益规范，取得了明显成效。与此同时，一些地方和部门审批事项过多过滥、程序繁琐、责权脱节、监管不力的问题尚未根本解决，重权力轻服务、重审批轻监管现象仍然存在。进一步改革行政审批管理制度，精简和下放行政审批事项，规范行政审批行为，减少政府对微观经济的直接干预，有利于健全政府宏观调控体系，促进经济发展方式转变和经济结构调整，有利于政府工作人员转变工作作风，提高服务效率和水平，也有利于减少权力滥用，从源头上预防和治理腐败。下一步，行政审批制度改革要重点抓好以下四个方面工作。

一是要继续清理现有审批事项。对不符合政企、政事、政府和中介组织分开原则，通过市场机制可以解决的事项，通过加强监管可以达到管理目的的事项，多个部门或环节重复交叉审批增加行政成本和管理相对人负担的事项等，坚决取消，切实做到应减必减。

二是要规范行政审批行为。针对一些地方和部门审批过程中的自由裁量权过大，办事透明度低，程序繁琐，时限过长，工作效率低下，不能为基层和群众提供优质高效的服务等现象，要通过加强审批流程管理、创新审批运行机制、健全审批实施制度等，推动行政审批事项的规范运转。

三是要加强对行政审批权力行使的监控。对行政审批权力缺乏有效的监督制约，是当前滋生腐败的一个重要原因。要进一步建立健全行政审批权力行使的监督体系，完善行政审批电子监控机制，切实加强对行政审批权力行使的监控，防止行政审批过程中的腐败行为。

四是要加强改革探索。从了解的情况看，很多地区和部门在审批制度管理改革方面进行了有益的尝试。比如，有的将行政审批事项集中到一个内设机构并整建制向服务中心集中，有的探索审管分离的模式，等等。这些都为我们进一步推进行政审批制度改革积累了经验。条件成熟的地区，要继续推进行政审批权相对集中改革，特别是已建立政务（行政）服务中心的地区，要严格实行“审批职能集中、审批事项集中、审批人员集中”。要进一步理顺政府审批职能部门与进驻中心窗口、中心与窗口的关系。

(二) 巩固和深化政务公开。公开透明是服务型政府建设的重要目标。深化政务公开，提高政府工作透明度，有利于人民群众加强对政府行政行为的监督，促进政务服务建设。从现实情况看，各级政府掌握着大量有关经济社会发展的信息，这些信息与人民群众的生产生活息息相关。对这些信息进行公开，能够创造一个相对公平的市场环境，便于公民、法人和其他社会组织及时了解和掌握，作出正确判断，推动经济社会发展。从这个意义上说，公开就是服务。当前和今后一个时期，要重点抓好以下三项工作。

一是要大力推进决策公开。只有充分发扬民主，广泛集中民智，才能保证决策的科学性，避免决策失误。要进一步完善公众参与、专家咨询、合法性审查、集体讨论决定的决策机制，逐步推进决策过程公开。凡涉及群众利益的重大决策要实行预公开制度，广泛听取意见，并及时向社会公布意见征集、采纳情况。要进一步落实和规范听证制度，坚决防止走过场、搞形式主义等不良现象。

二是要着力推进行政权力运行公开透明

和程序化。各类行政程序都要向社会公开，接受群众监督。各级政府及工作人员特别是领导干部，必须树立法律意识、程序意识，严格依法办事、按程序办事。对违反行政程序造成严重后果的行为，要依纪依法追究责任。要按照权力的取得要有据、配置要科学、运行要公开、行使要依法、监督要到位的要求，把公开透明要求融入权力运行的全过程，保证公开内容真实可信、过程有据可查、结果公平公正。要继续加大清权确权力度，对行政职权的底数实行动态管理。要逐步推进行政权力网上公开透明运行，加强对重点领域、重点部门、关键环节的监控，积极探索完善政府部门内部权力监督制约机制。

三是要积极推进《政府信息公开条例》的落实。《条例》的贯彻实施，对于有效保障人民群众的知情权、参与权、表达权和监督权，从源头上预防腐败，形成行为规范、运转协调、公开透明、廉洁高效的行政管理体制，具有重要意义。各地区各部门要以对国家和人民高度负责的精神，把贯彻执行《条例》作为一项重大而长期的任务，始终抓紧抓好。各级监察机关和政府信息公开工作主管部门要认真履行《条例》赋予的职责，研究制定贯彻执行《条例》的监督保障措施，建立健全监督检查、责任追究制度，保障《条例》顺利施行。

（三）加强政务（行政）服务中心建设和管理。政务（行政）服务中心是地方政府深化行政审批制度改革、推进管理创新的重要举措，也是履行政府公共服务职能、建设政务服务体系的重要载体。各地普遍反映，政务（行政）服务中心成立以来，在规范行政审批、提升服务效率、方便企业和群众办事、加强对行政审批行为的监督方面，发挥了积极作用，显示出蓬勃发展的良好势头。但是，政务（行政）服务中心建设也存在着发展不平衡、不规范、随意性较大、与行政管理体制改革不协调不适应等问题。进一步发挥政务（行政）服务中心的作用，必须从以下三个方面努力。

一是要进一步明确政务（行政）服务中心的职能定位。按照中央领导同志指示，国家预防腐败局在积极调查研究的基础上，起草了《关于深化政务公开加强政务服务的指导意见》（征求意见稿），其中对中心机构职能、管理制度、运行模式、人员配备、服务内容等都作了规定。这个文件已提交这次会议讨论，希望大家充分发表意见，把这个文件修改好，报国务院同意后下发。

二是要加强政务（行政）服务中心制度建设。要完善并落实首问负责制、限时办结制、考核评议制、追究问责制等制度，确保中心办理的各项工作在制度规范内运行。要加强中心各项工作的标准化建设，加强中心内部管理，建立健全管理、监督、评价和责任追究机制，确保中心工作运转有序、管理规范、公开透明、高效廉洁。

三是要完善政务（行政）服务中心运行机制。要在对审批事项全面清理的基础上，扩大进驻政务（行政）服务中心办理事项的范围并充分授权，为群众提供优质高效服务。要逐步探索加强各级政务（行政）服务中心体系建设，做到上下联动、有效衔接。对建立全国统一的政务服务网络平台进行论证，重点整合省级、副省级城市、省会城市政务（行政）服务中心现有网站。

三、采取有效措施，把政务服务建设的各项任务落到实处

政务服务建设是加强政府建设、推进管理创新的重要内容。各地区各部门要进一步提高认识，锐意进取，扎实工作，推动政务服务建设深入开展。

第一，要高度重视政务服务建设。加强政务服务建设是提高党的执政能力、推进社会主义民主政治建设的重要内容，是深入贯彻落实科学发展观、构建社会主义和谐社会的客观要求，是深化行政管理体制改革、建设服务型政府的有效途径，也是加强行政权力监督制约、从源头上预防腐败的重要举措。特别是在当前我国继续应对国际金融危机、保持经济平稳较快发展、加快转变经济发展方式的关键时期，面临复杂的国际国内环境，抓好政务服务建设，对于营造良好的经济社会发展环境、促进社会和谐尤为重要。各地区各部门一定要站在全局和战略的高度，充分认识做好政务服务工作的重要性，切实增强责任感和紧迫感，采取更加扎实有效的措施，把政务服务工作推向深入。

第二，要切实加强组织领导。政务服务建设是一项综合性、系统性很强的工作。各地区各部门要把加强政务服务建设摆上重要议事日程，加强领导，落实责任，健全机制，狠抓落实。要进一步整合资源，把行政审批制度改革、政务公开、电子政务等各项工作结合起来，统筹安排，协调推进。各级政务公开工作领导机构，要进一步发挥组织协调作用，把政务公开作为推进政务服务建设的重要内容来抓，加强对政务（行政）服务中心建设的政策指导。要针对政务服务建设中容易发生问题的重点部位、重点环节以及群众反映强烈的问题加强监督检查，对发现的问题要坚决纠正；对问题严重的，要按照规定严肃追究有关人员责任。各有关部门要加强配合，密切协作，形成政务服务建设的合力，确保各项措施落到实处。

这里，需要指出的是，加强政务（行政）服务中心建设，一定要从当地实际出发，坚持积极稳妥的原则，稳步推进。既要重视推进中心建设，坚持应进必进，避免“体外循环”，又不能脱离实际，搞“一刀切”，尤其不能贪大求全，盲目扩建中心办公场所，搞“形象工程”，搞“花架子”。

第三，要充分发挥信息技术的支撑作用。电子政务是创新政府管理方式、提高政务服务效率的有效手段。要积极推进电子政务建设，利用现代信息技术改进管理和组织，及时把政府决策程序、服务程序、办事方法、结果等向社会公开，更好地接受人民群众的监督。要充分发挥政府门户网站作用，搞好政府信息公开。要完善网上办事功能，积极推行网上受理、网上办理、网上审批和网上监管等方式，推进行政权力网上公开透明运行。要进一步完善电子监察系统，加强对行政行为的监督。在推进信息化建设的过程中，要搞好统筹规划，防止各自为政、重复建设，造成不必要的资源浪费。

第四，要深入开展调查研究。在实际工作中，各地区各部门对政务服务建设的做法各有不同。随着工作的逐步深入，一些新情况、新问题还会不断出现，需要进一步加强研究。要坚持边实践、边探索、边完善、边发展，对工作中遇到的带有普遍性、倾向性的问题，进行认真总结，从中找出规律，加强工作指导；对各地的好做法、好经验，要及时总结推广。这次会议，就总结推广了一些地方的做法和经验，对这些经验，还要继续加以完善，在实践中发挥更大的作用。要加强理论探索，特别是加强对政务（行政）服务中心的地位、作用和发展方向的研究，并运用理论研究的成果，指导工作实践。

同志们，深化政务公开，推进政务服务建设，责任重大，意义深远。让我们更加紧密地团结在以胡锦涛同志为总书记的党中央周围，深入贯彻落实科学发展观，认真扎实抓好政务服务各项工作，为推动服务型政府建设、推动经济社会又好又快发展作出新的贡献！

温家宝总理在全国依法行政工作会议上的讲话

（2010年8月27日）

这次全国依法行政工作会议的主要任务，是总结2004年国务院发布《全面推进依法行政实施纲要》以来的工作，分析依法行政工作面临的新情况新问题，加快推进法治政府建设。

一、充分认识加快建设法治政府的重要性和紧迫性

依法行政是现代政治文明的重要标志。一个政党取得政权后，应当把党的意志通过法定程序变为宪法和法律，依照宪法和法律治理国家，这是党在夺取政权与执政时期的最大区别。贯彻依法治国基本方略，推进依法行政，建设法治政府，是我们党治国理政从理念到方式的革命性变化，是我国政治体制改革迈出的重要一步，具有划时代的重要意义。

《全面推进依法行政实施纲要》是新时期加快建设法治政府的指导性文件。建设法治政府的核心是依法行政。纲要实施6年来，我们始终把依法行政放在政府自身建设的重要位置，强调政府各项工作都要依法办事，推动法治政府建设取得了重要进展。一是建立健全工作规则。国务院两次修订《国务院工作规则》。2003年提出“实行科学民主决策、坚持依法行政、加强行政监督”三项准则，2008年增加了“推进政务公开、加强廉政建设”两项准则。各级政府也都建立健全了政府工作规则，加快了依法行政的步伐。二是加快推进法制建设。国务院向全国人大及其常委会提出法律议案47件，制定行政法规167件，各部门和地方政府制定规章5208件。我们特别加强了政府自身建设的立法，提交全国人大常委会审议通过了行政许可法、公务员法，制定了政府信息公开条例、行政机关公务员处分条例等。这些法律法规对规范政府行为、推进依法行政发挥了重要作用。三是加强科学民主决策。各级政府不断完善重大事项调查研究和集体决策制度，重大决策专家咨询制度、公示制度、公开征求意见和社情民意反映制度，决策跟踪反馈和责任追究制度，进一步健全科学民主决策程序。近年来，国务院的重大决策特别是涉及人民群众切身利益的重要事项，都以适当方式听取人民群众、民主党派、专家学者和社会各界的意见。四是切实规范行政行为。广大公务员依法行政的自觉性和能力进一步提高。2004年开始实施的行政许可法，是一部规范政府行为的重要法律。我们以贯彻实施这部法律为契机，大力推进行政审批制度改革，并以此为着力点，推动政府职能转变，解决权力过于集中又得不到有效监督的问题。几年来中央一级取消和调整审批项目2176项，地方各级政府取消和调整77629项。在行政执法方面，进一步加强了对执法行为的监督管理。改进执法方式，推行综合执法，要求向社会公开特别是向当事人告知执法依据、执法程序和执法结果。有效遏制了乱处罚、乱收费、乱摊派和多头执法、重复执法等问题。五是进一步加强行政监督。我国实行人民代

表大会制度，各级政府都由同级人民代表大会产生，对它负责，受它监督。同时政府还要接受人民政协的民主监督。近年来，国务院除一年一度向全国人民代表大会报告政府工作外，还选择若干事关改革发展稳定大局、群众切身利益和社会普遍关心的热点问题，向全国人大常委会专题报告，每年将上年度财政预算执行情况和其他财政收支情况的审计报告提请全国人大常委会审议，接受询问和监督。在政府内部，加强了层级监督和监察、审计等专门监督。近年来，我们加大了行政问责制度的实施力度，加强了对滥用职权、失职渎职、决策失误、行政违法等问题的责任追究，得到人民群众的支持和拥护。我们还大力推进政务公开，创造条件保障人民群众对政府工作的知情权，让人民群众直接监督政府。2007 年国务院公布《中华人民共和国政府信息公开条例》，要求所有政府信息，除受法律保护的国家秘密、商业秘密和个人隐私外，都要向社会和人民群众公开。这个条例的实施，是政府自身建设的一个重大进展，必将发挥越来越重要的作用。

同时，我们也清醒地看到，虽然依法行政工作取得较大进展，但存在的问题还很多，还不能适应形势和任务的要求。当前，我国经济社会发展进入新阶段。国内外环境更为复杂，挑战增多。转变经济发展方式和调整经济结构的任务更加紧迫和艰巨；城乡之间、地区之间发展不平衡，收入分配不公平和差距扩大，社会结构和利益格局深刻调整，部分地区和一些领域社会矛盾有所增加，群体性事件时有发生。要解决经济社会发展中出现的新问题，必须深化改革，同时也要求加快推进依法行政，建设法治政府。

*加快建设法治政府是发展社会主义市场经济的必然要求。*市场经济应当是法治经济，必须运用法律法规调整政府、市场、企业之间的关系。目前政府职能转变仍不到位，对经济主体的干预过多，有的甚至侵犯企业和投资者的合法权益，造成市场扭曲。市场经济条件下政府履行职责，无论是经济调节、市场监管，还是社会管理和公共服务，都必须依法办事。对各类市场主体，要依法管理、依法提供服务，依法维护他们的合法权利，为他们创造公平竞争的良好环境。

*加快建设法治政府是促进社会公平正义的基本保证。*保护宪法和法律赋予公民的各种权利，是政府义不容辞的职责。当前我国经济社会各个领域的改革都已进入攻坚阶段，引发利益冲突的风险增大。我们必须正确把握改革、发展、稳定的关系，依法调节社会利益关系，维护公民合法权益，加快建立健全法律法规，完善各项政策，为人民群众提供更好的基本生活保障和发展条件，保证全体人民共享改革发展成果。

*加快建设法治政府是深化政治体制改革的重要方面。*我国的改革是全面改革，各方面的改革必须协调推进。没有政治体制改革，经济体制和其他领域的改革乃至整个现代化建设就不可能成功。深化政治体制改革，要以保证人民当家作主为根本，坚定不移地发展社会主义民主政治，建设社会主义法治国家。确保人民依法享有广泛的权利和自由，依法享有平等参与、平等发展的权利。建设法治政府，政府严格依法行政，依法管理经济和社会事务，这是保障公民各方面权益的基本要求，是推进政治体制改革的一个重要方面。

*加快建设法治政府是政府建设和反腐败的重要举措。*我们必须认识到，在和平建设时期，执政党的最大危险是腐败。而孳生腐败的根本原因是权力得不到有效监督和制约。这个问题解决不好，政权的性质就会改变，就会“人亡政息”，这是我们面临的一个极为严峻的重大考验。建设法治政府，严格依法行政，不断推进政府工作制度化、规范化、程序化，这不仅是政府自身建设的重要目标，也是反腐倡廉的重要保障。

二、加强政府立法和制度建设

依法行政首先要解决有法可依的问题。要按照有利于调动人民群众积极性创造性、激发社会活力和竞争力、解放和发展生产力、维护公平正义、规范权力运行的要求，加强和改进政府立法和制度建设。

*一是着眼于服务经济社会发展大局，加强重点领域的立法工作。*下一阶段立法工作重点要在解决经济社会发展中的深层次矛盾，推动科学发展、促进社会和谐方面取得更大进展。在经济体制方面，完善财税、环保、土地等方面的法律法规。在改善民生和发展社会事业方面，完善收入分配、就业、社会保障、教育、医疗等方面的法律法规，加强应对突发事件、预防化解社会矛盾纠纷等方面的制度建设。在政府自身建设方面，进一步加强规范政府行为方面的立法，完善行政权力运行规则，坚持用制度管权、管事、管人，强化民主监督机制，切实提高行政效能。

*二是健全立法机制，提高立法质量。*要坚持依法立法，政府立法工作要符合法定的权限和程序。在我国，全国人大及其常委会行使国家立法权，负责制定法律，但法律草案可由国务院提出。国务院根据宪法和法律制定行政法规，部门根据法律和行政法规制定规章。省级人大及其常委会可以制定地方性法规。要坚决克服立法过程中的部门利益化倾向，坚决克服借立法之机谋取私利、损害公民和市场主体合法权益的行为。要坚持科学立法，正确认识和把握经济社会发展的规律，顺应时代变迁和形势变化的要求，增强法律制度的科学性、合理性和可操作性。立“新法”与改“旧法”要并重，对出台时间早且长期没有修改、社会反映强烈的法律法规及时进行分析评估，对确实不符合经济社会发展要求的，要及时修改或者废止。要坚持民主立法，立法的过程应当有人民群众广泛参与，保证人民群众的意见和建议得到充分表达，合理的诉求、合法的利益得到充分体现。近些年来，我们在“开门立法”方面进行了积极探索，许多直接涉及群众切身利益的法律法规草案都向全社会公开征求意见，取得了比较好的效果。这些好做法要继续坚持和完善。

*三是坚决维护法制统一，确保政令畅通。*国家的法律制度和中央的重大决策，体现的是全体人民的意志和国家经济社会发展的全局性部署。要正确处理好局部与全局的关系，防止政出多门、政令不一和各行其是。现在，有的地方和部门出台的一些规章制度和政策性文件，违法增设许可项目、处罚种类和强制措施，违法规定地区封锁和部门垄断条件，违背市场经济的基本原则，损害了国家法制的统一性和权威性，损害了人民群众的合法权益，严重影响了党和政府的形象。今后，各级行政机关要严格遵守宪法和立法法的规定，按照法定权限及程序立法和出台规范性文件，加强合法性审查，做到下位法与上位法不矛盾、不抵触，政策之间“不打架”。各地方和部门都要顾全大局，维护国家整体利益，自觉执行中央决策和国家法律，做到有法必依、执法必严、违法必究。要加强对规章和规范性文件的备案审查，发现问题坚决纠正，该修改的修改，该废止的废止。要及时受理和处理人民群众提出的审查有关规章和规范性文件的建议。同时要注意保持法律制度和政策的连续性、稳定性。

三、坚持科学民主决策

决策是行政行为的起点。近些年来，我们逐步形成了一套科学民主决策的制度和工作机制。也还存在一些比较突出的问题，主要是决策权力过分集中于“一把手”，一些政府部门集决策权、执行权、监督权于一身，监督机制和责任机制不健全，听取群众意见和专家咨询论证流于形式、走过场。深入推进科学民主决策，要从三个方面入手。

*一要依法决策。*合法是决策的第一要件。要坚决防止越权决策、违法决策。各级政府及其工作人员要全面正确履行职责，依

法行使决策权。对于重大决策，必须进行合法性审查，超出法定权限或与法律法规抵触的，不得作出决策。

二要健全决策程序。科学严密的程序是正确决策的重要前提。各级行政机关要进一步建立健全重大决策的规则，把公众参与、专家咨询、风险评估、合法性审查和集体讨论决定，作为决策的必经程序。要进一步加强对主要领导干部决策权力的监督，防止个人独断专行。需要注意的是，听证会、专家咨询参加人员要有广泛的代表性，特别是要有各个利益相关方参加。这样更有利于协调各方面利益关系，才能得到广大人民群众的理解和拥护，也有利于执行和落实。

三要强化决策责任。要建立健全重大决策跟踪反馈和评估制度，实现决策权和决策责任相统一。在决策执行过程中，要定期通过多种途径了解决策实施情况，全面评估决策执行效果。根据评估结果，适时调整和完善有关决策，及时采取补救措施或停止执行错误决策，最大限度地减少损失。对违反科学民主决策规定、出现重大决策失误、给国家和人民造成重大损失的，要按照谁决策、谁负责的要求追究责任。

四、严格依法办事

政府能做什么，不能做什么，要由法律来确定。政府只能行使法律赋予的权力，所有行政行为都要于法有据、程序正当。各项法律法规一旦公布实施，就必须得到有效贯彻执行，做到令行禁止，提高制度的执行力和公信力。

政府要依法履行各项职能。没有法律、法规、规章的规定，行政机关不得作出影响公民、企业、其他社会组织权益和增加他们义务的决定。政府不仅要按照法定权限办事，还要按照法定程序办事。没有程序的民主，就没有实质的民主；没有程序的公正，就很难保证实体公正和结果公正。当前重权限、轻程序的问题比较突出，许多损害、侵犯群众利益的突出问题，往往是不按程序办事或程序不规范造成的。要把建立和完善行政程序，作为推进依法行政的一项重要任务。各级政府及工作人员特别是领导干部，都要树立程序意识，严格按程序办事。对违反行政程序损害群众利益、造成严重后果的，要依纪依法追究责任。

要进一步规范行政执法。行政执法是政府大量的、日常性行政活动，与企业和人民群众的切身利益密切相关。这些年来，行政执法总体上有了很大改善，但乱执法、粗暴执法、执法谋私等问题依然突出，人民群众反映强烈。要按照规范执法、公正执法、文明执法的要求，进一步加强和改善行政执法。要规范执法主体，界定执法权限，减少执法层级，整合执法资源，推进综合执法。要进一步完善行政执法程序，规范工作流程，依法细化、量化自由裁量权。要改进执法方式，不得粗暴对待当事人，不得侵害执法对象的人身权利和人格尊严。要进一步完善执法经费保障机制，行政执法经费由财政保障，不与罚没收入挂钩。要严格执行执法人员资格制度，狠抓执法纪律和职业道德教育，全面提高执法人员素质。严格落实执法责任制，对违法者要严肃追究责任。

这里再强调一下市县政府依法行政问题。市县级政府处在政府工作的第一线，直接面向广大人民群众，处理各种社会矛盾，头绪繁多，工作压力大。提高市县政府依法行政能力，是全面推进依法行政、建设法治政府的重要任务，对于促进经济社会协调发展，特别是减少社会矛盾、把矛盾有效化解在基层、解决在当地具有重要作用。国务院于2008年下发了《关于加强市县政府依法行政的决定》，对这项工作进行了全面部署，要继续抓好贯彻落实，确保各项制度严格执行。

五、全面推进政务公开

公开透明、让权力在阳光下运行，是现代政府的重要特征。通过这些年的实践，我们深刻地认识到，无论是规范权力运行、方便群众监督、有效防治腐败，还是提供高效便民服务，政务公开都是十分有效的措施。人民政府的根本宗旨就是全心全意为人民服务，政府的绝大多数政务信息都与人民群众的利益密切相关。进一步推进政务公开，就是要让人民群众更好地了解政府运行、更广泛地参与政府管理、更直接地监督政府行为。我们要使公开透明成为政府依法行政的一项基本制度。

一要加大政府信息公开力度。《中华人民共和国政府信息公开条例》实施以来，各地各部门政府信息公开范围不断扩大，公开方式不断创新，迈出了新步伐。要坚持以公开为原则、不公开为例外，凡是不涉及国家秘密、商业秘密和个人隐私的政府信息，都要向社会公开。要重点推进财政预算、公共资源配置、重大建设项目批准和实施、社会公益事业建设等领域的信息公开。政府财政资金管理和使用是人民群众和社会各界关注的一个热点。今年我们开始推行财政预算公开，要求把政府所有收支全部纳入预算管理，所有公共支出、基本建设支出、行政经费支出预算和执行情况都公开透明，让老百姓清清楚楚地知道政府花了多少钱、办了什么事；此外，政府性基金收支预算、中央国有资本经营预算等，也要全部向社会公开。今年初国务院一些部门在网上公开了去年的部门预算和执行情况，带了个好头。社会各方面总的反映比较好，同时也提出一些意见和建议。我们要认真总结经验，把这项工作做得更好。今后所有政府信息公开，都要做到及时、准确、全面、具体，让老百姓看得懂、用得上。对人民群众申请公开政府信息的，要依法在时限内予以答复，并做好相应的服务工作。要建立健全政府信息公开的监督和保障机制，定期对政府信息公开工作进行评议考核。同时也要注意处理好信息公开与保守秘密的关系，对依法应当保密的信息，切实做好保密工作。

*二要深入推进办事公开。*这是政务公开的重要方面，与人民群众的关系最为密切。所有面向社会服务的政府部门以及医院、学校、公交、公用等公共事业领域，都要全面推进办事公开制度，提供高效便民服务。进一步拓宽办事公开领域，依法公开办事的依据、流程和结果，利用公共媒体、互联网、公告栏、电话咨询等各种方式，实现办事项目有关信息的充分告知，便于群众知情、参与和监督。

*三要创新政务公开方式。*进一步加强电子政务建设，充分利用现代信息技术，建设好互联网信息服务平台和便民服务网络平台，方便人民群众通过互联网办事。要把政务公开与行政审批制度改革结合起来，开展网上电子审批、一个窗口集中办理和“一站式”服务等。规范和发展各级各类行政服务中心，对与企业、社会和人民群众密切相关的行政管理事项，要尽可能纳入行政服务中心办理，优化工作流程，改善服务质量，提高服务效率，降低行政成本。

六、健全行政监督体系和问责制度

规范权力运行，要靠法制和监督。在长期实践中，我们已经形成了一套比较完善的监督体系，包括人大及其常委会的监督、政协的民主监督，人民法院依法实施的监督，政府系统内部的层级监督和专门监督，以及新闻舆论监督、人民群众监督等社会监督，这些都很重要。这里，我着重强调三个方面。

*一是更加重视群众和舆论监督。*人民群众直接监督政府具有特殊重要的意义。人民满意不满意，是评价政府一切行为的最高标准。要完善群众举报投诉制度，拓宽群众监督渠道，依法保障人民群众监督政府的权利。要支持新闻媒体对违法或者不当行政行为进行曝光。对人民群众检举、新闻媒体反映的问题，行政机关要认真调查、核实，及时依法作出处理，并将结果向社会公布。加强行政复议，依法纠正违法或不当的行政行为。要正确对待和认真做好行政应诉工作。

行政诉讼是人民群众监督政府的一种重要形式。在行政诉讼中，政府和原告是平等的法律主体。各级政府和工作人员特别是领导干部，一定要摆正位置，尊重法律、尊重当事人、尊重并自觉履行人民法院的判决和裁定。积极引导人民群众通过法定渠道反映诉求、解决纠纷。

二是进一步加强审计、监察工作。审计、监察等部门依法独立行使专门监督，是法律赋予的权力。近年来，有关部门认真履行职责，开展了富有成效的工作，社会反响很好。各级政府要支持审计、监察部门依法独立行使监督权。审计部门要着力加强财政专项资金和预算执行审计、重大投资项目审计、金融审计、国有企业领导人员经济责任审计等工作，加强社会保障基金、住房公积金、扶贫救灾等公共资金的审计工作。监察部门要全面履行法定职责，进一步加强执法监察，积极推进行政问责和绩效管理监察，严肃查处有令不行、有禁不止和失职渎职等行为。

三是严格行政问责。任何形式的监督，只有与责任追究结合起来，才能取得实效。近年来我们加大了这方面的工作力度，但有些重大责任事故仍然没有及时处理，有的甚至不了了之。2009 年 7 月中央在总结近年来问责实践基础上，制定了《关于实行党政领导干部问责的暂行规定》。有了制度就要严格按制度办事并长期坚持，不使行政问责因人、因时、因地而变化。对有令不行、有禁不止、行政不作为、失职渎职、违法行政等行为，导致一个地区、一个部门发生重大责任事故或严重违法行政案件的，要严肃追究有关领导直至行政首长的责任，督促和约束政府机关和工作人员依法行使职权、履行职责。同时要研究行政问责立法相关问题，推进这项工作法制化。

国务院各部门、地方各级政府，要着力提高公务员依法行政的意识和能力。所有政府工作人员都要树立宪法和法律观念，带头学法、守法、用法，自觉接受监督。坚持依法处理经济社会事务和解决各种矛盾，不能以权代法、以权压法、以权废法。要作遵法守法的表率。要带头遵守各项法律法规和法定程序，带头依法办事，在全社会营造良好的法治环境。

全面推进依法行政，加快建设法治政府，任务艰巨，责任重大。我们要在以胡锦涛同志为总书记的党中央领导下，以邓小平理论和“三个代表”重要思想为指导，深入贯彻落实科学发展观，锐意进取，扎实工作，不断取得法治政府建设的新成效。

何勇同志在全国厂务公开民主管理工作经验交流暨先进单位表彰电视电话会议上的讲话

（2010年11月4日）

同志们：

这次全国厂务公开民主管理工作经验交流暨先进单位表彰会议，主要是学习贯彻党的十七届五中全会精神，总结交流开展厂务公开民主管理的做法和经验，表彰先进单位，研究部署今后工作。刚才，郝明金同志宣读了《关于表彰全国厂务公开民主管理工作先进单位的决定》，会上为全国厂务公开民主管理先进单位和全国推动厂务公开民主管理工作先进单位代表发了奖，江苏省厂务公开协调小组、天津市南开区厂务公开民主管理工作领导小组、郑州铁路局、山东山推工程机械股份有限公司、保力马科技（上海）有限公司、浙江新光控股集团有限公司等单位作了经验介绍。这些经验，既有地方和部门推行厂务公开民主管理的成功做法，也有国有企业、公司制企业、外商投资企业、民营企业实行厂务公开民主管理的有益实践，值得学习和借鉴。在此，我们向受到表彰的先进单位表示热烈的祝贺！向从事厂务公开民主管理工作的同志们表示亲切的慰问！

下面，我就做好当前和今后一个时期厂务公开民主管理工作讲几点意见。

一、认清形势、提高认识，切实增强做好厂务公开民主管理工作的责任感和自觉性

党中央对发展基层民主高度重视，先后作出一系列重要决策部署。党的十七大把基层群众自治制度纳入中国特色社会主义政治制度范畴，要求全心全意依靠工人阶级，完善以职工代表大会为基本形式的企事业单位民主管理制度，推进厂务公开，支持职工参与管理，维护职工合法权益。党的十七届四中全会提出，要扩大党内基层民主，发挥党的基层组织在保障党员民主权利方面的作用。在前不久召开的党的十七届五中全会上，胡锦涛总书记强调，要坚持一切为了群众、一切依靠群众，坚持从群众中来、到群众中去，想问题、作决策、做工作都要从群众利益出发，坚持问政于民、问需于民、问计于民。

近年来，各级厂务公开协调领导机构按照中央的要求，紧紧围绕关于“保增长、保民生、保稳定”的决策部署，积极指导企事业单位克服国际金融危机带来的严重困难，充分发挥厂务公开民主管理在凝聚人心、树立信心、群策群力、攻坚克难方面的独特优势，通过召开厂情通报会、专题职代会等形式，及时公开企业生产经营状况、应对国际金融危机措施以及经济性裁员、调整职工薪酬等涉及职工切身利益的重要事项，把职代会开成经营形势的分析会、鼓舞干劲的动员会、献计献策的群英会，帮助企业保岗位、稳薪酬、谋发展，调动了广大职工群众的积极性和创造性。经过各方面的共同努力，厂务公开、职代会建制率稳步提高，覆盖面不断扩大，体制机制制度更加完善。截至2009年9月底，全国已建工会的企事业单位实行厂务公开制度的有175.2万家，比上年增加27.6万家，增长18.7%；全国已建工会的企事业单位建立职代会制度的有183.9万家，比上年增加27.1万家，增长17.3%。总的看，建立健全厂务公开民主管理制度，对于保障职工民主权利、维护职工合法权益、促进劳动关系和谐稳定，加强权力运行监督、促进反腐倡廉建设，推动企事业单位改革发展和经济平稳较快发展，起到了十分重要的作用。

同时我们要看到，随着形势的发展变化，厂务公开民主管理工作还面临不少新情况新问题。从经济社会发展看，当前各地区各部门正在深入贯彻落实科学发展观，积极推进经济发展方式转变，国民经济继续朝着宏观调控的预期方向发展。随着经济结构和产业结构的调整，一些落后产能将被淘汰，一些改制兼并重组企业劳动关系将发生变化，对职工劳动经济权益、民主政治权利的实现产生直接而深刻的影响。特别是在我国经济社会加快发展、不断推进工业化和城镇化的过程中，社会转型、体制转轨、利益调整使社会矛盾包括劳动关系矛盾增多。今年以来，一些地方的部分企业劳动关系矛盾凸显，引发集体停工和罢工等职工群体性事件，引起社会各方面的关注。这就要求我们充分发挥厂务公开民主管理工作协调关系、化解矛盾、促进和谐的重要作用，切实维护职工群众合法权益，为企业发展创造良好的环境。从工作自身看，当前一些企业经营管理者对厂务公开民主管理工作重视不够，认识不到位；全国厂务公开民主管理工作发展还不平衡，一些地区非公有制企业的建制率比较低；一些国有企业在改制重组过程中，没有坚持和充分履行民主程序，引发企业和社会的不稳定；一些公司制企业的厂务公开民主管理工作需要在实践中不断规范；区域（行业）职代会制度建设方面亟须加强，等等。这些问题需要我们在今后工作中认真加以解决。

面对新的形势和任务，我们一定要增强政治意识、大局意识、责任意识、创新意识，充分认识厂务公开民主管理工作的重要意义，不断增强做好工作的责任感和自觉性，真抓实干、务求实效，坚定不移把厂务公开民主管理工作推向前进。

二、突出重点、开拓创新，深入推进厂务公开民主管理工作

当前和今后一个时期，要全面贯彻党的十七大和十七届三中、四中、五中全会精神，以邓小平理论和“三个代表”重要思想为指导，深入贯彻落实科学发展观，着眼于推动企业健康有序发展，着眼于加强基层民主政治建设，着眼于解决职工群众最关心最直接最现实的利益问题，突出重点、整体推进，求真务实、开拓创新，扎实抓好厂务公开民主管理工作，切实保障职工的民主权利，为促进劳动关系和谐与社会大局稳定、保持经济平稳较快发展提供有力保证。

（一）切实加强国有企业改制重组过程中的厂务公开民主管理工作。国有企业是我国国民经济的支柱和我们党执政的重要经济基础，在我国现阶段加快转变经济发展方式和调整经济结构中发挥着主导作用。2009年，中央企业资产总额达21万亿元，销售收入12.6万亿元，上缴税金11474.81亿元，实现利润8151.2亿元。中央国有企业现有职工1158万名、党员442.7万名，党的基层组织22.8万个。国有企业职工是深化国有企业改革、推进国有企业改制重组、建立现代企业制度的依靠力量。国有企业要坚持党的全心全意依靠工人阶级方针，将改制重组方案提交职代会或职工大会审议，职工的裁减和安置方案等涉及职工切身利益的重要问题提交职代会审议，让职工群众更多地了解相关政策，保证改制重组顺利进行。各级厂务公开协调领导机构要加强对企业改制重组关闭破产过程中厂务公开民主管理工作的指导，对企业改制重组关闭破产中履行民主程序提出明确要求，通过职代会和厂务公开制度，落实职工群众在企业改革中的知情权、参与权、表达权和监督权，妥善处理企业改革过程中的矛盾和问题，防止一些企业在改制重组中侵害出资人和职工合法权益。要把深化国有企业改革与维护职工合法权益有机结合起来，使广大职工共享企业改革发展成果。

（二）扎实推进非公有制企业的厂务公开民主管理工作。非公有制企业是我国国民经济和社会发展的重要力量。目前，我国各类企业超过1055万家，其中非公有制企业799万家，占企业总数近80%。非公有制企业经济总量约占全国国内生产总值的50%以上。扎实推进非公有制企业厂务公开民主管理工作，是构建和谐劳动关系、提高企业管理水平、促进非公有制企业健康发展、保持国民经济平稳较快发展的必然要求。要坚持把职代会作为非公有制企业实行厂务公开民主管理的基本形式，切实保障非公有制企业职工的民主权利和劳动经济权益。要提高职工群众参与管理的能力，支持企业依法经营、科学管理，使职代会充分发挥维护劳动关系和谐稳定、促进企业发展的作用。要结合劳动合同、集体合同的签订履行，通过符合企业实际、灵活多样的公开方式，及时公开涉及职工群众切身利益的重要事项。要针对当前一些企业集体劳动争议频发的情况，引导职工通过厂务公开民主管理，正确认识和对待改革发展过程中利益关系和利益格局的调整，依法表达合理诉求，自觉维护社会和谐稳定。要建立职工工资随企业效益增长稳步增加的机制，改善职工工作生活条件，及时足额缴纳各种社会保险，自觉保障职工合法权益。要通过推行区域（行业）职代会、开展厂务公开民主管理示范单位活动等方式，推动中小企业普遍建立职代会制度。要适应非公有制经济迅速发展的形势，依据不同企业规模和类型，实施分类指导，推进非公有制企业厂务公开民主管理工作深入开展。

（三）不断规范公司制企业的厂务公开民主管理工作。目前，我国公司制企业数量不断增加，公司制企业法人治理结构不断完善，各项制度建设不断健全。在中央企业及其子企业中，公司制企业占全部登记企业的69.43%，其中122户央企中公司制企业为27户，占22.13%。把厂务公开发展融入现代企业制度框架，把厂务公开的要求体现到企业各项业务管理制度、规范的法人治理结构中，是提高企业管理规范化、公开化水平的必然要求。要按照《公司法》等相关法律法规规定，推动公司制企业实行厂务公开、职代会等民主管理制度，依法建立和规范职工董事、职工监事制度，着力构建与公司制企业组织特点和发展水平相适应、充满活力、富有效率、有利于科学发展的厂务公开民主管理体制机制，使之与企业的决策、执行、监督机构和运行机制相互协调、相互配合，与公司制企业特别是国有控股企业的法人治理结构协调运转。国有公司制企业要带头将厂务公开民主管理作为企业管理的基本制度，通过厂务公开、职代会、职工董事、职工监事等制度，探索公司制企业职工群众参与企业管理的新形式新途径，使之成为企业文化的有机组成部分，转化为企业领导人员的自觉行动。

（四）进一步完善学校、医院等事业单位的办事公开制度。截至2009年9月底，在全国已建工会的事业单位中，有35.7万家建立了办事公开制度，39.4万家建立了职代会制度。进一步完善学校、医院等事业单位的办事公开制度，充分发挥广大职工积极性、主动性、创造性，对于推动事业单位改革顺利进行具有十分重要的意义。要丰富公开形式，完善公开内容，重点公开领导人员廉洁自律情况，内部财务收支情况，干部职工交流、考核、奖惩情况以及涉及干部职工切身利益的其他重要事项。要把事业单位的内部事务公开与社会事务公开结合起来，使之相互协调、相互促进。各级厂务公开协调领导机构要针对教育、医疗卫生等事业单位实行劳动合同制度和绩效工资改革，以及民间资本参与发展教育事业、医疗事业的新情况，认真研究相关政策和实施中的问题，促进学校、医院等事业单位的办事公开工作。

三、加强领导、完善制度，不断开创厂务公开民主管理工作新局面

推进厂务公开民主管理工作需要各方面的共同努力。各地区各有关部门要坚持以改革的精神、创新的思路、发展的办法，进一步加强组织领导，整体协调推进，把厂务公开民主管理工作提高到新水平。

*一是要进一步健全完善厂务公开民主管理工作的领导体制和工作格局。*要继续坚持多年来形成的党委统一领导、党政共同负责、有关方面齐抓共管、职工群众广泛参与的领导体制和工作格局，把厂务公开民主管理工作作为加强基层民主政治建设的一项基础性工程加以推进。各级党委和政府要把厂务公开民主管理工作摆上重要日程，纳入地方经济社会发展的总体规划、年度工作目标任务和检查考核之中，统筹安排、综合施策。纪检监察机关要将企事业单位党风建设和反腐倡廉工作与厂务公开民主管理紧密结合，扎实推进基层党风廉政建设。党委组织部门要积极推动职代会民主评议企业领导人员工作的深入开展，把组织部门考核与职工群众的民主评议有机结合起来。国有资产监管部门要把推进现代企业制度与加强职代会建设、完善职工董事和职工监事制度结合起来，支持职工参与企业监督和管理。工商联要在非公有制企业大力推行职工代表大会和厂务公开制度，畅通职工民主渠道，引导企业切实维护职工的合法权益，构建以人为本、和谐共处、共谋发展、共享成果的新型社会主义劳动关系。工会要认真做好厂务公开协调领导机构办公室的工作，积极引导和组织职工规范有序参与厂务公开民主管理，切实维护职工群众合法权益。协调小组各成员单位要把厂务公开民主管理与业务工作有机结合起来，使厂务公开民主管理与其他工作互相促进、共同提高，形成衔接配套、优势互补的工作格局。

*二是要把厂务公开民主管理与企业党风建设和反腐倡廉工作紧密结合起来。*厂务公开民主管理是企业党风建设和反腐倡廉工作的重要组成部分。要认真贯彻落实《中国共产党党员领导干部廉洁从政若干准则》、《国有企业领导人员廉洁从业若干规定》、《中央企业领导人员管理暂行规定》、《关于进一步推进国有企业贯彻落实“三重一大”决策制度的意见》等规定，坚持党内监督与党外监督、专门机关监督与群众监督相结合，发挥好厂务公开民主管理的监督作用。要高度重视国有企业反腐倡廉建设，抓住国有资产管理体制改革和企业生产经营的重要领域和关键环节，加强对企业产权交易、资本运营以及工程建设、物资采购、招标投标、供销代理、财务管理和人力资源管理等方面的监督。要规范国有企业领导人员的收入，加强对国有企业领导人员薪酬管理、职务消费、股权激励等情况的监督检查。要把创先争优活动与推动厂务公开民主管理工作相结合，加强党组织对厂务公开工作的领导，完善企业领导人员向职代会述职述廉制度，加强职代会民主评议企业领导人员工作。要把民主评议与上级考核有机结合起来，将评议结果作为企业领导人员奖惩任免的重要依据。

这里，我还要强调的是，今年6月5日，中共中央办公厅、国务院办公厅印发了《关于进一步推进国有企业贯彻落实“三重一大”决策制度的意见》，这是加强党内监督、加强国有企业反腐倡廉建设、促进国有企业领导人员廉洁从业的重要举措。各地区各部门和各国有企业要紧密结合实际，依据《意见》制定具体实施办法，明确企业决策事项的基本范围和量化标准，细化“三重一大”决策制度的具体程序和操作流程。要将《意见》的要求融入企业的日常管理之中，在具体业务工作制度的设计中注重防范决策风险。国有企业领导班子成员特别是主要负责人要认真学习和落实《意见》的各项要求，带头执行“三重一大”决策制度。各级纪检监察机关、组织人事部门、国有资产监管及相关部门要认真履行职责，加强对有关人员的教育、管理和监督，加大对制度执行情况的监督检查和责任追究力度，保证《意见》各项规定落到实处。

三是要切实加强厂务公开民主管理工作的指导。各级厂务公开协调领导机构要结合开展第六次全国厂务公开民主管理调研检查，把开展调研检查作为提高认识、总结经验、查找问题、改进工作的有效手段，深入了解和掌握基层实际情况，及时发现和总结基层创新做法和鲜活经验，认真查找和整改工作中存在的问题，不断巩固和提高工作质量。要注意研究新形势下厂务公开民主管理工作的特点、规律和发展趋势，增强工作的前瞻性、主动性和创造性。要开阔工作思路，创新工作举措，丰富形式载体，不断完善厂务公开民主管理制度。

四是要积极推进厂务公开民主管理制度化法制化。对经过实践检验证明比较成熟的做法和经验，要在总结完善的基础上及时转化为工作指导意见和规章制度，更好地推动面上的工作。全国厂务公开协调小组各成员单位要相互支持、积极配合，努力推进企业民主管理条例尽早制定出台。各级厂务公开协调领导机构要推动制定和完善厂务公开、职代会、职工董事和职工监事等企业民主管理地方性法规和实施办法，为厂务公开民主管理工作提供制度保障，努力形成中国特色的厂务公开民主管理法规制度体系。

同志们，厂务公开民主管理工作任务繁重、使命光荣。让我们更加紧密地团结在以胡锦涛同志为总书记的党中央周围，以邓小平理论和“三个代表”重要思想为指导，深入贯彻落实科学发展观，锐意进取、扎实工作，不断开创厂务公开民主管理工作新局面，为促进经济平稳较快发展、夺取全面建设小康社会新胜利而努力奋斗！

2011 年

贺国强同志在中国共产党第十七届中央纪律检查委员会第六次全体会议上的工作报告

（2011 年 1 月 9 日）

我代表中央纪律检查委员会常务委员会向第六次全体会议报告工作，请予审议。

这次全会的主要任务是：**深入贯彻党的十七大和十七届三中、四中、五中全会精神，回顾总结 2010 年党风廉政建设和反腐败工作，研究部署 2011 年任务**。党中央对这次会议十分重视，中央政治局和中央政治局常委会专门审议了这个报告，在京中央政治局、中央书记处的同志将出席会议，胡锦涛同志将发表重要讲话，我们要认真学习领会，坚决贯彻落实。

一、2010 年党风廉政建设和反腐败工作回顾

2010 年，面对国际国内形势的深刻变化，以胡锦涛同志为总书记的党中央团结带领全党全国各族人民，有效实施应对国际金融危机冲击的一揽子计划，加快转变经济发展方式，保持经济平稳较快发展，着力保障和改善民生，深化改革开放，有力应对青海玉树强烈地震、甘肃舟曲特大山洪泥石流等严重自然灾害，大力推进西藏、新疆跨越式发展和长治久安工作，成功举办上海世博会、广州亚运会，顺利完成全党深入学习实践科学发展观活动，胜利召开党的十七届五中全会，党和国家各项事业取得新的显著进展。党中央、国务院高度重视党风廉政建设和反腐败工作。胡锦涛同志在第十七届中央纪委第五次全会上发表重要讲话，对党风廉政建设和反腐败工作提出明确要求，着重阐述了加强反腐倡廉制度建设的重要性及基本要求；在党的十七届五中全会上，要求全党清醒认识反腐倡廉形势，深入开展党风廉政建设，坚决惩治和有效预防腐败。国务院召开第三次廉政工作会议，温家宝同志对政府系统反腐倡廉工作作出部署。各级党委、政府和纪检监察机关围绕贯彻落实党的十七届四中全会精神这条主线，着力解决反腐倡廉建设中人民群众反映强烈的突出问题，切实加强作风建设，强化对领导干部的教育和监督，推进反腐倡廉制度建设，进一步落实《建立健全惩治和预防腐败体系 2008—2012 年工作规划》，党风廉政建设和反腐败工作取得新成效，为全面做好党和国家各方面工作发挥了重要保障和促进作用。

（一）认真学习贯彻党的十七届四中、五中全会精神，加大监督检查力度，促进中央重大决策部署的贯彻落实。党的十七届四中、五中全会召开后，各级纪检监察机关深入学习全会精神，迅速作出部署，认真履行职责，严明党的纪律特别是政治纪律，努力抓好全会精神的贯彻落实。按照党中央、国务院的决策部署，继续加强对中央扩大内需促进经济增长政策落实情况的监督检查，24个中央检查组分两轮深入各省（区、市）、新疆生产建设兵团以及有关行业和中央企业进行检查，实地检查项目2399个，发现问题3589个，提出整改建议3394条，有力促进了中央重大决策部署的顺利实施。围绕加快转变经济发展方式，重点就经济结构调整、节能减排和环境保护、规范和节约用地、房地产市场调控等政策落实情况开展监督检查。在继续抓好汶川地震恢复重建监督检查的同时，开展对玉树强烈地震、舟曲特大山洪泥石流及部分地方严重旱灾、洪涝灾害救灾和灾后重建工作的监督检查。对中央关于西藏、新疆工作重大决策部署落实情况进行监督检查，坚决维护民族团结和社会稳定。总结推广廉洁奥运经验，廉洁办世博、廉洁办亚运工作取得明显成效。

（二）坚决查处违纪违法案件，惩治腐败力度进一步加大。2010年，全国纪检监察机关共接受信访举报1427186件（次），立案139621件，结案139482件，给予党纪政纪处分146517人，涉嫌犯罪被移送司法机关处理5373人，立案、结案件数和党纪政纪处分人数同比都有所增长。严肃查处了康日新、黄瑶、宋勇、许宗衡等一批大案要案。治理商业贿赂专项工作扎实推进，全国共查办商业贿赂案件1.59万件，涉案金额42.66亿元。坚持依纪依法、安全文明办案，制定下发加强办案安全工作的意见，案件审理和监督管理工作得到加强，办案质量和水平进一步提高。开展案件剖析和警示教育，惩治和预防腐败的综合效应更加显现。

（三）加大专项治理工作力度，解决反腐倡廉建设中人民群众反映强烈的突出问题取得明显成效。颁布《关于领导干部报告个人有关事项的规定》和《关于对配偶子女均已移居国（境）外的国家工作人员加强管理的暂行规定》，加强学习教育和舆论宣传，确定联系点先行先试，为在全国全面施行作了工作准备。进一步落实党政机关厉行节约各项要求，在地厅级以上党政机关全部实行公款出国（境）经费先行审核制度，制止奢侈浪费工作成果进一步巩固。2010年，全国因公出国（境）、公务用车购置及运行、公务接待等3项经费的财政预算，在2009年已缩减的基础上又压缩了57.51亿元；全国党政干部因公出国（境）团组数、人次数和经费数与2006—2008年平均数相比分别下降47.1%、43.9%和32.6%。工程建设领域突出问题专项治理扎实推进，全国共排查工程建设项目36.7万个，整改问题15.87万个，查办违纪违法案件1.56万件。“小金库”专项治理工作深入开展，全国党政机关和事业单位共清理出“小金库”25738个，涉及金额127.86亿元。出台《关于党的基层组织实行党务公开的意见》和《关于开展县委权力公开透明运行试点工作的意见》，党务公开工作稳步推进。反腐倡廉网络舆情收集、研判、处置和引导机制逐步完善，人民群众参与反腐倡廉建设的渠道更加顺畅。

（四）落实“四个大兴”的要求，党的作风建设深入推进。按照大兴密切联系群众之风、求真务实之风、艰苦奋斗之风、批评和自我批评之风的要求，加大对党政机关和领导干部作风方面突出问题的整顿力度。颁布实施《党政领导干部选拔任用工作责任追究办法（试行）》等4项监督制度，严厉整治选人用人上的不正之风。清理规范评比达标表彰工作成果进一步巩固。各地区各部门结合实际，开展了领导干部集中下访和定期接访、治庸治懒等作风建设活动。完善国有企业“三重一大”决策制度，规范农村集体资金、资产、资源管理，推进高等学校反腐倡廉建设，基层党风廉政建设得到加强。

（五）坚持以人为本，纠正损害群众利益不正之风取得新成效。针对重大自然灾害较多和国家抗灾救灾及灾后重建投入增多的实际，强化对各类救灾救济、扶贫资金的监管，开展强农惠农资金专项清理和检查，进一步完善征地补偿机制，切实维护人民群众利益。加大打击制售假冒伪劣食品药品力度。全国50%以上的政府办基层医疗卫生机构实施了基本药物制度，药品价格有所下降。教育收费行为进一步规范。公路基本无“三乱”成果得到有效巩固。依法开展对安全生产法律法规执行情况的监督检查，严肃查处生产安全责任事故。对社保基金、住房公积金的监管力度加大。民主评议政风行风工作进一步深化。

（六）认真贯彻新修订的《中国共产党党员领导干部廉洁从政若干准则》，反腐倡廉宣传教育和监督工作得到加强。首次发布《中国的反腐败和廉政建设》白皮书，大力开展反腐倡廉宣传工作。深入开展廉政准则的学习宣传，加强示范教育、警示教育和岗位廉政教育，廉政文化创建活动扎实开展。督促各地区各部门严格执行廉政准则，召开了专题民主生活会，解决了一批领导干部廉洁自律方面的突出问题。据不完全统计，全国共有39045名干部主动上缴礼金、有价证券合计金额3.8亿元。一些领导干部违反规定私自从事营利性活动的行为受到查处。诫勉谈话、述职述廉、函询等党内监督制度进一步落实。中央巡视组完成对12个省（区、市）、8家中央金融机构和国有重要骨干企业的巡视，各省（区、市）认真开展对市（地、州、盟）、县（市、区、旗）和有关单位的巡视，部分中央和国家机关以及金融机构和国有重要骨干企业积极开展对所属单位的巡视，巡视工作领导体制、工作机制和配套制度日益完善，对领导班子和领导干部的监督得到加强。政府信息公开全方位推行，政务公开、厂务公开、村（居）务公开和公共事业单位办事公开广泛实行。绩效管理和行政效能监察工作逐步开展。

（七）推进反腐倡廉制度建设和改革创新，从源头上防治腐败工作深入开展。认真贯彻胡锦涛同志在第十七届中央纪委第五次全会上的重要讲话精神，加大反腐倡廉制度建设力度，将任务逐项分解到中央和国家机关有关部门及单位，制定或修订了一批反腐倡廉法规制度。开展惩治和预防腐败体系建设检查，反腐倡廉制度执行力得到提高。行政审批制度改革继续推进，截至目前，国务院已分五批取消和调整了2183项行政审批项目，占原有项目总数的60.6%。贯彻《2010—2020年深化干部人事制度改革规划纲要》，重点改革项目取得明显成效。政法机关执法监督、执法过错责任追究等制度逐步健全。预算公开大力推进，财税管理体制改革进一步深入。政府重大投资项目公示试点和项目后评价工作继续深化，国有产权交易市场更加规范，金融体制改革和风险控制取得初步成效。各地区各部门坚持改革创新，在公共资源交易制度改革、廉政风险防控等方面进行了积极探索，形成了许多反腐倡廉创新成果。中央纪委召开全国反腐倡廉建设创新经验交流会，总结推广了一批基层创造的成功经验。

（八）巩固学习实践活动和主题实践活动成果，纪检监察机关自身建设取得新进展。全面总结纪检监察系统学习实践活动和“做党的忠诚卫士、当群众的贴心人”主题实践活动，制定下发《关于进一步加强和改进纪检监察干部队伍建设的若干意见》，特别是提出“五严守、五禁止”的纪律规定，要求纪检监察干部进一步树立监督者更要接受监督的理念。全面推进地方县级纪检监察机关建设，加强和改进中央企业和中央金融机构纪检监察组织建设。积极开展创先争优活动，深入宣传王瑛等纪检监察战线先进典型。集中培训全国市级纪委书记和市辖区纪委书记。中国纪检监察学院一期建成并开展培训。

在推进党风廉政建设和反腐败斗争实践中，中央纪委常委会高度重视自身建设，始终强调要坚持正确的政治立场和政治方向，按照党要管党、从严治党的要求，坚决贯彻中央的决策部署，自觉同以胡锦涛同志为总书记的党中央保持高度一致；坚持围绕中心、服务大局，自觉把纪检监察工作放在党和国家工作大局中谋划部署，加强监督检查，严肃政治纪律，确保中央政令畅通；坚持加强思想政治建设，用中国特色社会主义理论体系武装头脑、指导实践、推进工作，努力建设学习型领导班子，不断提高常委会组成人员的政治素质和履职能力；坚持以改革创新精神推动工作，及时总结基层创造的新鲜经验，不断推进反腐倡廉理念思路、工作内容、方式方法和体制机制创新；坚持认真贯彻民主集中制，建立和完善领导班子定期务虚制度，依靠集体智慧，实行科学决策；坚持严格执行廉洁自律各项规定，自觉接受监督；坚持加强纪检监察干部队伍建设，努力提高纪检监察干部的综合素质。中央纪委各位委员和各级纪检监察机关认真履行职责，积极完成工作任务，并对我们的工作给予了真诚帮助和大力支持，这里我代表中央纪委常委会向大家表示衷心感谢。我们在工作中还存在一些问题和不足，希望同志们提出意见和建议，帮助我们把工作做得更好。

在党中央、国务院的坚强领导下，经过全党全社会的共同努力，党风廉政建设和反腐败斗争取得了新的明显成效，总体呈现出良好发展态势。但我们必须清醒地看到，当前我国正处于体制转轨时期，各方面政策法规、体制机制还不完善，滋生腐败的土壤仍然存在，党风廉政建设仍面临不少新情况新问题，反腐败斗争形势依然严峻，任务依然艰巨。少数领导干部违纪违法问题仍然比较严重，一些重点领域中和关键岗位上的干部违纪违法问题突出，腐败现象在一些领域仍然易发多发；领导干部作风和廉洁从政方面仍然存在诸多问题；一些单位党组织和党员干部纪律观念淡薄、执行纪律不严；一些群众反映强烈的突出问题仍然没有得到有效解决；一些反腐倡廉制度执行还不够有力，建设科学严密、完备管用的反腐倡廉制度体系还任重道远，等等。我们必须深刻认识反腐败斗争的长期性、复杂性、艰巨性，既要看到反腐败斗争形势依然严峻复杂，居安思危，增强忧患意识，又要看到反腐败斗争取得的明显成效，充分认识深入推进反腐倡廉建设的有利条件，增强机遇意识，以更加坚定的信心、更加坚决的态度、更加有力的措施，推进反腐倡廉各项工作，不断取得党风廉政建设和反腐败斗争的新成效。

二、2011 年党风廉政建设和反腐败工作主要任务

2011 年是深入贯彻落实党的十七届五中全会精神、全面实施“十二五”规划的开局之年，是中国共产党成立 90 周年，也是全面落实《建立健全惩治和预防腐败体系 2008—2012 年工作规划》的关键一年。党和国家各方面工作任务十分繁重，纪检监察工作责任重大。今年工作总的要求是：**全面贯彻党的十七大和十七届三中、四中、五中全会精神，高举中国特色社会主义伟大旗帜，以邓小平理论和“三个代表”重要思想为指导，深入贯彻落实科学发展观，坚持标本兼治、综合治理、惩防并举、注重预防的方针，认真执行党风廉政建设责任制，加强以保持党同人民群众血肉联系为重点的作风建设，加强以完善惩治和预防腐败体系为重点的反腐倡廉建设，着力解决反腐倡廉建设中人民群众反映强烈的突出问题，围绕中心、服务大局，突出重点、整体推进，改革创新、狠抓落实，不断提高反腐倡廉建设科学化水平，为顺利实施“十二五”规划、促进经济社会又好又快发展提供有力保证，以党风廉政建设和反腐败斗争的新成效迎接**

中国共产党成立90周年。

各级纪检监察机关要全面履行党章和行政监察法赋予的职责，既要统筹兼顾，整体推进党风廉政建设和反腐败斗争各项长期性、基础性工作，又要适应发展变化的新形势，顺应人民群众的新期待，抓住热点、破解难点，集中力量解决反腐倡廉建设中人民群众反映强烈的突出问题。

关于党风廉政建设和反腐败斗争的长期性、基础性工作，要着力抓好以下3个方面：

（一）严明党的政治纪律，加强监督检查，保证党的十七届五中全会精神和中央重大决策部署的贯彻落实

认真学习贯彻党的十七届五中全会精神是当前和今后一个时期全党的首要政治任务。各级纪检监察机关要准确把握“十二五”规划建议的指导思想、总体思路、目标任务和重大举措，全面贯彻中央关于加强党的作风建设和反腐倡廉建设的新部署新要求，加强对落实党的十七届五中全会精神情况的监督检查，为把全会提出的任务和措施落到实处提供保证。

按照“十二五”规划建议和中央经济工作会议要求，紧紧围绕科学发展这个主题和加快转变经济发展方式这条主线，会同有关部门对中央关于加强和改善宏观调控、做好“三农”工作、推进经济结构战略性调整以及市场价格调控、房地产调控、规范和节约用地、资源节约和环境保护、保障和改善民生等重大决策部署执行情况开展监督检查，继续抓好对玉树、舟曲灾后恢复重建政策落实情况的监督检查，加强对中央第五次西藏工作座谈会和中央新疆工作座谈会精神以及维护民族团结和社会稳定决策部署贯彻落实情况的监督检查，及时发现和解决存在的问题，严肃处理违纪违法行为，坚决纠正有令不行、有禁不止的现象，保证中央政令畅通，维护中央权威。认真总结对扩大内需促进经济增长、抗震救灾和灾后恢复重建以及廉洁办世博、廉洁办亚运等重大活动开展监督检查的经验，完善监督检查体制机制，健全对中央重大决策部署执行情况监督检查制度，建立纪律保障机制，不断提高监督检查的科学化、制度化、规范化水平。

坚持把维护党的政治纪律摆在首位，坚决维护党的集中统一。党的各级组织要深入开展政治纪律教育，引导广大党员干部增强党的意识、宗旨意识、执政意识、大局意识、责任意识，坚定政治立场，增强政治敏锐性和政治鉴别力，毫不动摇地坚持党的领导，毫不动摇地坚持中国特色社会主义道路，毫不动摇地坚持党的基本路线，在思想上、政治上、行动上自觉同以胡锦涛同志为总书记的党中央保持高度一致。严禁散布违背党的理论和路线方针政策的意见，严禁公开发表同中央精神相违背的言论，严禁编造、传播政治谣言，严禁以任何形式泄露党和国家秘密，严禁参与各种非法组织和非法活动。各级纪委要加强对政治纪律执行情况的监督检查，对违反党的政治纪律的，视情节轻重给予批评教育或组织处理；对造成严重后果的，依纪依法予以惩处。

（二）以保持党同人民群众血肉联系为重点，扎实推进党的作风建设

胡锦涛同志在党的十七届五中全会上深刻阐述了密切党同人民群众血肉联系的极端重要性，对加强和改进新形势下群众工作提出了明确要求。要认真学习贯彻胡锦涛同志重要讲话精神，切实加强新形势下党的作风建设。要坚持以人为本、执政为民，坚持和发扬党的优良传统，大力弘扬理论联系实际、密切联系群众、批评和自我批评的作风，及时发现和纠正党员干部在思想作风、学风、工作作风、领导作风和生活作风方面存在的突出问题，以优良的党风政风凝聚党心民心，形成推进中国特色社会主义事业的强大力量。

大力弘扬密切联系群众的优良作风。进一步加强群众观点和群众立场教育，增强广

大党员干部贯彻执行党的群众路线的自觉性和坚定性，提高群众工作本领。认真落实中央关于加强和改进群众工作的各项要求，改进群众工作方式方法，建立健全服务群众、联系群众和保障群众权益制度。加强对党的群众路线执行情况的监督检查，督促领导干部带头做好群众工作，认真执行领导干部定期接访、下访等规定，坚决纠正脱离群众的不良风气。要会同有关部门健全党和政府主导的维护群众权益和化解社会矛盾机制，做好群体性事件的防范和处置工作，进一步密切党群干群关系。

大力弘扬求真务实和艰苦奋斗的优良作风。认真落实关于促进科学发展的党政领导班子和领导干部考核评价规定，坚决纠正不切实际、不顾民力、急功近利的决策和乱铺摊子、乱上项目、劳民伤财的行为，坚决克服官僚主义、形式主义、弄虚作假、铺张浪费等问题。对搞“形象工程”和“政绩工程”引发重大事件或造成重大损失的，要严肃追究责任。督促各级领导干部认真落实中央有关厉行节约的规定，严格执行财经制度和经济工作纪律。

大力弘扬批评和自我批评的优良作风。广大党员干部要加强党性修养，坚持党性原则，敢于揭露和纠正缺点错误，敢于同消极腐败现象和损害人民群众利益的行为作斗争。坚决反对上下级和干部之间逢迎讨好、互相吹捧等庸俗作风，自觉克服好人主义，始终保持共产党人的蓬勃朝气、昂扬锐气、浩然正气。

扎实推进农村、企业、高等学校、城市社区党风廉政建设。认真落实农村基层干部廉洁履行职责的有关规定。研究制定加强农村集体资金、资产、资源管理的规范性文件，认真开展清产核资工作。加强对国有企业“三重一大”决策制度执行情况的监督检查。严格执行《国有企业领导人员廉洁从业若干规定》，加强对国有企业关键岗位管理人员的监督，坚决查处和纠正企业领导人员通过同业经营或关联交易为本人或特定关系人谋取非法利益等行为。严格执行国有企业领导人员经济责任审计规定。进一步落实《关于加强高等学校反腐倡廉建设的意见》。加强对城市社区公共资源营业性收入、公共建设投入等资金使用情况的监督检查。积极探索非公有制经济组织和新社会组织开展反腐倡廉建设的途径和方法。

（三）以完善惩治和预防腐败体系为重点，整体推进反腐倡廉各项工作

按照建立健全惩治和预防腐败体系实施纲要的部署，抓紧落实《建立健全惩治和预防腐败体系2008—2012年工作规划》确定的各项任务，扎实推进教育、制度、监督、改革、纠风、惩治等工作。同时，加强调查研究，理清工作思路，启动惩治和预防腐败体系2013—2017年工作规划的起草工作，不断取得体系建设阶段性成果。

加强对领导干部的教育和监督。认真贯彻落实关于加强领导干部反腐倡廉教育的相关文件，以理想信念教育和党性党风党纪教育为重点，深入开展示范教育、警示教育和岗位廉政教育，引导党员干部讲党性、重品行、作表率。推进廉政文化建设，增强反腐倡廉教育的针对性和实效性。认真贯彻执行党内监督条例。严格执行领导干部述职述廉、诫勉谈话、函询、罢免或撤换等制度。加强对民主集中制执行情况的监督检查，提高民主生活会质量。认真落实党政主要领导干部经济责任审计规定。继续做好对省（区、市）、中央金融机构和国有重要骨干企业的巡视工作。各省（区、市）要加大对市（地、州、盟）和县（市、区、旗）的巡视力度。中央和国家机关、中央金融机构、国有重要骨干企业可根据实际需要，开展对所属单位的巡视。强化巡视成果运用，加强对整改落实情况的监督检查。坚持党内监督与党外监督、专门机关监督与群众监督相结合，重视发挥新闻舆论的监督作用。全面推行廉政风险防控管理及行政权力、公共

服务公开透明运行，认真开展制度廉洁性评估，积极推广“制度+科技”等预防腐败经验。认真总结纪检监察派驻机构履行职责、开展工作的情况，积极探索对驻在部门领导班子及其成员加强监督的有效途径和措施，支持和指导派驻机构加强办案工作。

加大查办违纪违法案件工作力度。始终保持查办案件的强劲势头，对腐败分子要一查到底，决不姑息，决不让任何腐败分子逃脱党纪国法的惩处。要严肃查办发生在领导机关和领导干部中贪污贿赂、失职渎职案件，重点领域和关键环节中的违纪违法案件，严重违反政治纪律和组织人事纪律的案件，重大责任事故和群体性事件涉及的失职渎职及背后的腐败案件；严肃查办商业贿赂案件，依法查处跨国（境）商业贿赂行为，加大对行贿行为的处罚力度；严肃查办发生在基层政权组织和重点岗位以权谋私、滥用职权的案件；严肃查办以案谋私、贪赃枉法和为黑恶势力充当“保护伞”等案件。认真贯彻落实《关于加大惩治和预防渎职侵权违法犯罪工作力度的若干意见》。建立健全查办案件工作组织协调机制，加强跨地区、跨部门、跨行业案件查处的协作配合。健全防范腐败分子外逃机制。改进信访举报、案件审理和案件监督管理工作，建立健全腐败案件及时揭露、发现、查处机制，严格依纪依法、安全文明办案，进一步发挥查办案件的治本功能。

坚决纠正损害群众利益的不正之风。会同有关部门重点解决征地拆迁、住房保障、食品药品安全、环境保护、安全生产等方面损害群众利益的突出问题。加快建立科学完善的征地补偿机制，坚决制止违法违规强制征地拆迁行为。强化对保障性住房建设、住房资金使用、工程质量和分配使用的监管。完善食品药品安全监管体制机制和责任体系。严肃查处环境违法行为。加强对安全生产法律法规执行情况的监督检查，加大生产安全责任事故追究力度。加强对社保基金、住房公积金和扶贫、救灾救济资金以及其他涉及民生的政府专项资金的管理和监督。加大对强农惠农政策落实和资金使用情况的监督检查力度，切实解决在农村土地承包、流转、占补平衡等环节损害农民利益的问题。清理公路超期收费等不合理收费问题，巩固治理公路“三乱”成果。继续治理中小学校教育乱收费、医药购销和医疗服务中的不正之风。

深入推进改革和制度创新。配合和督促有关部门深化行政管理体制、干部人事制度、司法体制和工作机制改革。进一步精减和调整行政审批事项，积极推行绩效管理和行政问责。稳步推行差额选拔干部等制度，积极稳妥地推进干部人事工作中的民主。完善对司法权运行的制约监督机制，健全司法公开、司法回避、司法问责等制度规范，确保司法机关公正廉洁执法。深化财税管理体制、投资体制、金融体制和国有资产管理体制改革。逐步取消预算外收入，完善企业投资核准制和政府投资项目公示制度，加强金融企业外部监管和内控机制建设，建立健全公司法人治理结构。完善反洗钱合作机制。加强社会现金流通管理，推动使用银行卡消费。建立健全防止利益冲突制度。深化资源性产品价格和要素市场改革，推进公共资源交易统一规范管理。整治行业协会、市场中介组织违规违法问题，研究制定社会领域防治腐败工作指导意见，努力形成各方面积极参与、共同推进反腐倡廉建设的社会氛围。

关于认真解决反腐倡廉建设中人民群众反映强烈的突出问题，要着重在以下4个方面下功夫：

*（一）深入推进专项治理工作，努力遏制消极腐败现象和不正之风在一些领域易发多发的势头。*专项治理是防治腐败的有力手段。要坚持惩处和规范相结合，以重点带全面，不断巩固和扩大专项治理成果。一是深化工程建设领域突出问题专项治理。继续加大治理工作力度。认真贯彻《关于解决当

前政府投资工程建设中带有普遍性问题的意见》，配合有关部门抓好排查整改工作，严肃查处违规项目审批、规划调整以及规避招标、虚假招标、转包、违法分包等问题。深化对国有建设用地使用权和矿业权出让制度执行情况的清理，严肃查办在土地矿产资源审批、项目实施、工程质量、资金使用、政府采购及执纪执法中的案件。大力推进工程建设、土地使用权、矿业权市场体系建设和信息公开、诚信体系建设。二是深化“小金库”专项治理。巩固治理成果，加强整改落实，推动完善防治“小金库”长效机制。社会团体、国有及国有控股（金融）企业要加大治理力度，努力取得成效。三是深入开展庆典、研讨会、论坛过多过滥问题专项治理。要严格审批程序，加强经费监管，规范领导干部行为。未经批准，各级党政机关一律不得举办或参与举办庆典、研讨会、论坛等活动；经批准举办的，要纳入财政预算，接受审计监督；各级领导干部未经批准不得出席此类活动。四是认真开展公务用车问题专项治理。认真落实新发布的党政机关和领导干部公务用车配备使用管理办法。会同有关部门集中开展党政机关公务用车专项治理，重点纠正超编制超标准配备公务用车和违规换车、借车、摊派款项购车、豪华装饰及公车私用等问题。积极推进公务用车制度改革。各级党政机关所属事业单位，以及国有企业、金融机构也要结合实际，制定相关规定，规范公车管理。各地区各部门还要根据实际情况，对群众反映强烈的其他突出问题开展专项治理。

（二）认真落实廉政准则，着力解决党员领导干部在廉洁自律方面存在的突出问题。要加大落实廉政准则的力度，严格执行领导干部廉洁从政的各项规定，重点解决以下问题。一是认真落实领导干部报告个人有关事项等两项制度。全面落实《关于领导干部报告个人有关事项的规定》和《关于对配偶子女均已移居国（境）外的国家工作人员加强管理的暂行规定》。领导干部要按照规定，主动、如实报告有关内容。各级纪检监察机关（机构）、组织（人事）部门要认真负责地组织好相关工作。要加强调查研究，针对普遍存在的问题，完善配套制度，强化工作措施。要认真执行纪律，注意把握政策，严肃查处违规违纪行为。二是坚决整治领导干部违规收受礼金问题。严禁领导干部以各种名义接受管理和服务对象以及其他与行使职权有关系的单位或者个人的礼金和各种有价证券、支付凭证。对违反规定构成违纪的，严肃追究党纪政纪责任；涉嫌犯罪的，移送司法机关处理。三是巩固党政机关厉行节约、制止奢侈浪费工作成果。完善因公出国（境）管理制度，建立健全禁止公款出国（境）旅游长效机制。认真执行关于党政机关国内公务接待的管理规定，严格公务接待经费预算管理，逐步推进公务卡制度。继续严格控制党政机关办公楼等楼堂馆所建设。在抓好上述3个方面工作的同时，要继续认真治理违反规定多占住房、买卖经济适用房或租赁廉租住房等保障性住房，利用职务之便接受可能影响公正执行公务的宴请以及旅游、健身、娱乐等活动安排，利用职权以委托理财等形式谋取不正当利益，利用内幕信息谋取利益等问题。推进规范公务员津贴补贴工作。落实中央关于领导干部离职或退休后从业的有关规定。今年，将适时组织开展一次对廉政准则执行情况的专项检查。

（三）严肃组织人事工作纪律，确保地方党委换届工作健康顺利进行。严格执行党政领导干部选拔任用工作有关规定，规范和强化对拟提拔干部的廉政考察。加强对《党政领导干部选拔任用工作责任追究办法（试行）》等4项监督制度落实情况的监督检查，防止和纠正“带病上岗”、“带病提拔”等问题，严肃查处违反组织人事纪律的行为，匡正选人用人风气。今年，地方各级党委开始集中换届。要教育引导领导干部增强党性观念，从大局出发，正确对待进退留转。要进一步严明换届纪律，加强对选人用人情况的监督检查，坚决惩治跑官要官、买官卖官、拉票贿选和突击提拔干部等行为，确保地方党委换届工作风清气正、健康顺利进行。

（四）*加强基层党风廉政建设，着力解决发生在群众身边的腐败问题。*基层干部处在改革开放和现代化建设的第一线，直接面对人民群众，担负着重要职责。加强基层党风廉政建设，促使基层干部廉洁奉公、勤政为民，对于密切党群干群关系、巩固党的执政基础至关重要。一是深入推进基层事务公开和透明。以落实群众知情权为重点，大力实施各项公开制度，认真倾听群众意见，接受群众监督，维护群众利益。深入落实《关于党的基层组织实行党务公开的意见》，积极探索党的地方组织党务公开工作，继续抓好县委权力公开透明运行试点工作。加大政务公开、司法公开、厂务公开、村（居）务公开和公共事业单位办事公开力度，将各种公开形式有机结合起来，统筹协调，形成合力。二是加强对基层干部的教育、管理和监督。巩固先进性教育和学习实践活动成果，结合创先争优活动，教育和引导基层党员干部牢固树立遵纪守法、服务群众的意识，切实把人民利益放在首位。依照党纪条规和监察法规加强对基层干部的监督。注意解决基层干部在征地拆迁、涉法涉诉等方面存在的问题，严肃查处少数基层干部滥用职权、涉黑涉恶、侵吞国家和集体财产等行为。深入开展民主评议基层站所、评议部门和行业风气等工作。三是加大对损害群众利益行为的问责力度。建立健全并严格执行问责制的各项规定，认真落实岗位责任制、首问负责制、限时办结制、绩效管理制等制度。围绕群众最关心最直接最现实的利益问题开展监督检查，坚决纠正对群众疾苦漠不关心、对群众呼声置若罔闻、对群众利益麻木不仁，甚至与民争利、以权谋私的行为。对因不履行或不正确履行职责严重侵害群众利益的，要追究有关人员的责任。四是畅通群众反映问题、表达合理诉求的渠道。做好群众来信来访工作，畅通社情民意反映渠道，关注群众特别是困难群众的实际问题和利益诉求，维护他们的合法权益。加强对反腐倡廉舆情特别是网络信息的收集、研判和处置，切实做好信息发布和澄清是非、释疑解惑工作，注意核查新闻媒体和网络舆情反映的案件线索，充分发挥广大群众的监督作用。

三、切实抓好反腐倡廉各项任务的落实

各级党委、政府和纪检监察机关要按照党的十七届五中全会的部署和要求，进一步增强责任感和紧迫感，认真履行职责，抓任务落实、抓巩固提高、抓改革创新，确保反腐倡廉各项任务落到实处。

（一）*认真落实党风廉政建设责任制，进一步形成全党动手抓党风廉政建设和反腐败工作的合力。*各级党委、政府要以贯彻落实新修订的《关于实行党风廉政建设责任制的规定》为契机，坚持和完善反腐败领导体制和工作机制，巩固党政齐抓共管、群众支持参与的良好局面。领导班子要对职责范围内的党风廉政建设负全面领导责任，主要负责人要率先垂范、严格自律，同时要管好班子、带好队伍，认真履行第一责任人的职责，做到重要工作亲自部署、重大问题亲自过问、重点环节亲自协调、重要案件亲自督办；其他成员也要根据分工，对职责范围内的党风廉政建设负主要领导责任。各级纪检监察机关要认真履行组织协调职责，积极协助党委、政府搞好责任分解和检查考核，并把检查考核结果作为对领导班子总体评价和领导干部业绩评定、奖励惩处、选拔任用的重要依据。要进一步加大责任追究力度，发现有对党风廉政建设工作领导不力以致职责范围内明令禁止的不正之风得不到有效治理、造成不良影响的，对本地区本部门本系统发现的严重违纪违法行为隐瞒不报、压案

不查或处理失之于宽、失之于软的，对因疏于监督管理致使领导班子成员或者直接管辖的下属发生严重违纪违法问题的，要严格追究有关领导班子和领导干部的责任。

（二）全面履行纪检监察两项职能，注重发挥行政监察的职能作用。各级纪律检查机关要切实维护党的章程和其他党内法规，认真检查党的路线方针政策和决议的执行情况，积极协助党委加强党风建设和组织协调反腐败工作。在加强党的纪律检查工作的同时，要严格执行新修改的行政监察法，充分发挥行政监察职能作用。进一步加强和改进执法监察工作，强化对国家行政机关遵守和执行法律、法规和政府的决定、命令情况的检查，防止和纠正行政不作为、乱作为行为；进一步加强和改进廉政监察工作，以强化对权力的制约和监督为重点，严肃行政纪律，坚决查处以权谋私、严重损害国家和人民利益的行为；进一步加强和改进效能监察工作，积极推行绩效管理，开展对行政机关及其公务员的绩效考核和绩效评估，切实解决机关工作中存在的推诿扯皮、效率低下、资源浪费等问题。要按照新修改的行政监察法要求，加强对政务公开和纠正损害群众利益不正之风工作的组织协调和检查指导，加强对具有公共事务管理职能的组织及其人员的监察，加强对受委托从事公务的组织及其人员的监察。

（三）加大改革创新力度，努力提高反腐倡廉建设科学化水平。各级纪检监察机关要积极适应新形势新任务的需要，特别是要围绕实施“十二五”规划、加快转变经济发展方式的新要求，坚持解放思想、实事求是、与时俱进，及时总结推广各地区各部门各单位创造的新鲜经验，借鉴国（境）外反腐败的有益做法，大力推进反腐倡廉理念思路、工作内容、方式方法和体制机制创新。要自觉把科学发展观的要求贯穿于反腐倡廉建设的全过程和各个方面，牢固树立服务大局、以人为本、统筹兼顾的理念，正确处理治标和治本、惩治和预防的关系。要坚持以改革的精神、创新的思路、发展的办法解决滋生腐败的深层次矛盾和问题，不断深化重点领域和关键环节改革，最大限度地减少体制障碍和制度漏洞。要切实转变纪检监察工作方式方法，坚持用系统的思维、统筹的观念、科学的方法推进反腐倡廉建设，不断增强惩治和预防腐败的有效性。要大兴调查研究之风，加强理论研究和政策研究，认真总结我们党成立90年来特别是改革开放以来反腐倡廉历史经验，深化对新形势下反腐倡廉工作特点和规律的认识，使反腐倡廉建设不断体现时代性、把握规律性、富于创造性。

（四）加强纪检监察机关自身建设，为落实反腐倡廉各项任务提供组织保证。要巩固学习实践活动和主题实践活动成果，认真贯彻落实《关于进一步加强和改进纪检监察干部队伍建设的若干意见》，深入开展创先争优活动，努力建设一支政治坚强、公正清廉、纪律严明、业务精通、作风优良的纪检监察干部队伍。要努力建设学习型纪检监察机关，组织广大纪检监察干部认真学习中国特色社会主义理论体系，深入钻研纪检监察业务，广泛了解和掌握各方面知识，着力提高服务、保障和促进科学发展的能力，着力提高做好群众工作和维护社会和谐稳定的能力，着力提高有效防治腐败的能力。要结合地方各级党委换届，积极做好地方各级纪委的换届工作，切实把那些党性好、作风正、能力强、威信高的干部选拔到各级纪检监察机关领导班子中来。严格把好“进人关”，选调和录用一批熟悉经济、法律、审计等业务的干部，优化纪检监察干部队伍结构。深入推进干部人事制度改革，扩大干部公开选拔和竞争上岗范围，加大干部轮岗、挂职、交流力度，增强干部队伍的综合素质和生机活力。做好5年一次的全国纪检监察系统评比表彰活动。完善纪检监察机关派驻（出）机构统一管理，规范未派驻（出）部门和单位纪检监察机构建设，继续加强县级纪检监察机关建设，积极探索改革乡镇纪律检查机构、充分发挥其职能作用的有效途径和办法，加强国有企业、金融机构和高等学校纪检监察组织建设，夯实工作基础。要严明纪律，切实加强对纪检监察干部队伍的教育、管理和监督，督促纪检监察干部严格遵守政治纪律、工作纪律、办案纪律、保密纪律和廉政纪律。对出现的苗头性、倾向性问题要早打招呼早提醒，对不适合在纪检监察机关工作的要坚决调离，对违纪违法的要严肃处理。广大纪检监察干部要自觉接受党组织和人民群众的监督，接受社会各界和新闻媒体的监督，秉公执纪、依法办事，维护纪检监察干部可亲、可信、可敬的良好形象。

坚决惩治和有效预防腐败，关系人心向背和党的生死存亡，是党必须始终抓好的重大政治任务。各级纪检监察机关和广大纪检监察干部一定要以奋发有为的精神和求真务实的作风，脚踏实地，埋头苦干，尽心尽力地履行好肩负的职责，认真抓好反腐倡廉各项任务的落实。要统一思想、振奋精神，深刻理解和准确把握当前党和国家的大政方针与决策部署，切实把思想和行动统一到中央关于党风廉政建设的部署和要求上来，认清形势，把握规律，坚定不移地推进反腐倡廉各项工作。要兢兢业业、尽职尽责，坚持立党为公、执纪为民，一身正气、无私无畏，坚决同一切违纪违法行为作斗争，做忠于党、忠于人民的坚强卫士，为党分忧、为国尽责、为民奉献。要真抓实干、务求实效，大力弘扬求真务实作风，把心思放在抓工作上，把功夫下到求实效上，坚持抓重点带一般、攻难点求突破，一个环节一个环节地落实，一个问题一个问题地解决，努力创造出无愧于党和人民的业绩。

让我们更加紧密地团结在以胡锦涛同志为总书记的党中央周围，开拓进取，狠抓落实，不断取得党风廉政建设和反腐败斗争新成效，为深入贯彻落实党的十七届五中全会精神、顺利实施“十二五”规划、夺取全面建设小康社会新胜利作出应有的贡献！

胡锦涛同志在中国共产党第十七届中央纪律检查委员会第六次全体会议上发表重要讲话

（2011 年 1 月 10 日）

中共中央总书记胡锦涛 1 月 10 日在中国共产党第十七届中央纪律检查委员会第六次全体会议上发表重要讲话。他强调，党风廉政建设和反腐败斗争贯彻以人为本、执政为民，要以邓小平理论和“三个代表”重要思想为指导，深入贯彻落实科学发展观，把实现好、维护好、发展好最广大人民根本利益作为一切工作的出发点和落脚点，认真解决损害群众利益的突出问题和反腐倡廉建设中群众反映强烈的突出问题，切实维护社会公平正义；大力加强干部队伍作风建设，保持党同人民群众的血肉联系；紧紧依靠人民群众支持和参与，充分发挥人民群众在党风廉政建设和反腐败斗争中的积极作用；坚决反对腐败、严厉惩治腐败分子，以党风廉政建设和反腐败斗争的实际成效取信于民。

中共中央政治局常委吴邦国、温家宝、贾庆林、李长春、习近平、周永康出席会议，中共中央政治局常委、中央纪律检查委员会书记贺国强主持会议。

胡锦涛强调，2010 年，各级党委、政府和纪检监察机关坚持标本兼治、综合治理、惩防并举、注重预防的方针，加快推进惩治和预防腐败体系建设，深化对反腐倡廉建设规律的认识，党风廉政建设和反腐败斗争取得了新成效、积累了新经验。在工作中更加注重围绕中心、服务大局，更加注重标本兼治、惩防并举，更加注重完善制度、规范权力，更加注重维护民利、保障民生，更加注重整体推进、突出重点，更加注重深化改革、开拓创新。

胡锦涛指出，必须清醒地看到，党风廉政建设和反腐败斗争仍然面临一些突出问题，反腐败斗争形势依然严峻、任务依然艰巨。我们既要看到反腐倡廉建设取得的明显成效，又要看到反腐败斗争的长期性、复杂性、艰巨性，以更加坚定的决心和更加有力的举措坚决惩治腐败、有效预防腐败，进一步提高反腐倡廉建设科学化水平。

胡锦涛强调，当前要重点抓好以下工作。第一，加强对中央重大决策部署执行情况的监督检查，按照党的十七届五中全会的部署和要求，促进全会提出的任务和措施落到实处。要严明党的政治纪律，坚决维护党的集中统一，坚定不移走中国特色社会主义道路。第二，加强惩治和预防腐败体系建设，在统筹推进教育、制度、监督、改革、纠风、惩治等各项工作的基础上，突出重点、突破难点，努力推进重点领域和关键环节改革，不断提高预防腐败能力和水平。第三，加强领导干部廉洁自律工作，继续抓好领导干部廉洁自律各项规定贯彻落实。第四，加大查办违纪违法案件工作力度，始终保持查办案件强劲势头，严肃查处重点领域和关键岗位发生的腐败案件，坚决遏制腐败现象易发多发势头。第五，加强对群众反映强烈的突出问题的治理，深化专项治理工作，加强基层党风廉政建设，着力解决发生在群众身边的腐败问题。第六，加强对地方换届工作的纪律保障，加强对干部选拔任用全过程的监督，防止和纠正选人用人上的不正之风。

胡锦涛指出，面对复杂多变的国内外环境，面对艰巨繁重的改革发展稳定任务，我们要继续抓住和用好我国发展的重要战略机遇期，有效应对各种风险和挑战，完成“十二五”时期经济社会发展目标任务，必须紧紧依靠人民群众，团结带领人民群众共同奋斗。我们必须进一步把以人为本、执政为民贯彻落实到党和国家全部工作中，不断实现好、维护好、发展好最广大人民根本利益，始终保持同人民群众的血肉联系。全党同志必须坚持全心全意为人民服务，做到权为民所用、情为民所系、利为民所谋，使我们的工作获得最广泛、最可靠、最牢固的群众基础和力量源泉，使我们的事业经得起任何风浪、任何风险的考验。

胡锦涛强调，党风廉政建设和反腐败斗争贯彻落实以人为本、执政为民，一是要着力加强以人为本、执政为民教育，加强党的性质和宗旨教育，引导党员干部牢固树立群众观点、坚持党的群众路线，自觉站在人民群众的立场上，坚持思想上尊重群众、感情上贴近群众、工作上依靠群众，始终与人民群众同呼吸、共命运、心连心。二是要着力建立健全体现以人为本、执政为民要求的决策机制，作决策、定政策必须充分考虑群众利益、充分尊重群众意愿，统筹协调各方面利益关系，坚持问政于民、问需于民、问计于民，坚持科学决策、民主决策、依法决策。三是要着力按照法律法规和政策开展工作，大力增强法治观念和依法办事意识，大力推行依法行使权力，大力提高依法办事能力，大力实施各项公开制度，保证权力在阳光下运行。四是要着力维护人民群众权益，保障人民群众的经济、政治、文化、社会等各项权益，切实把改善人民生活作为正确处理改革发展稳定关系的结合点，切实解决损害群众利益的突出问题，切实健全党和政府主导的维护群众权益机制，完善中央惠民政策落实保障机制。五是要着力查处损害群众切身利益的案件，维护群众利益。六是要着力加强基层干部队伍作风建设，教育引导基层干部加强党性修养，继承和发扬党的优良传统和作风，帮助基层干部掌握新知识、新技能、新本领。要理解基层工作的困难、体谅基层干部的艰辛，真正重视、真情关怀、真心爱护基层干部，使他们不断为党和人民作出新的工作业绩。

胡锦涛强调，各级纪检监察机关和广大纪检监察干部要带头坚持以人为本、执政为民，坚持把以人为本、执政为民贯彻到纪检监察工作指导原则、工作部署、队伍建设中去，以更高的标准、更严的要求切实履行党和人民赋予的职责，努力在实践根本宗旨、坚持群众路线、做好群众工作上作出表率、取得成效。各级党委要以贯彻落实《关于实行党风廉政建设责任制的规定》为契机，坚持和完善反腐败领导体制和工作机制，切实担负起全面领导党风廉政建设和反腐败工作的政治责任，加强对纪检监察工作的领导，保证纪检监察机关充分履行工作职责。

贺国强在主持会议时指出，胡锦涛总书记的重要讲话，从党和国家事业发展全局和战略的高度，全面总结了党风廉政建设和反腐败斗争取得的成效和经验，科学分析了当前的反腐倡廉形势，明确提出了今年党风廉政建设和反腐败工作的主要任务，深刻阐述了切实把以人为本、执政为民贯彻落实到党风廉政建设和反腐败斗争之中的重要性、紧迫性以及总体要求、工作重点，对于深入推进党的作风建设和反腐倡廉建设，推动全面做好党和国家各项工作、顺利完成“十二五”时期经济社会发展目标任务具有重大而深远的意义。我们一定要认真学习领会，坚决贯彻落实，以党风廉政建设和反腐败斗争的实际成效取信于民。

王刚、王乐泉、王兆国、王岐山、刘淇、刘云山、刘延东、李源潮、张德江、徐才厚、郭伯雄、何勇、令计划、王沪宁、李建国、马凯、孟建柱、戴秉国、王胜俊、曹建明、李金华等出席了会议。中央军委委员陈炳德、李继耐、廖锡龙、常万全、靖志远、吴胜利、许其亮和中央纪律检查委员会委员，中直机关、中央国家机关各部门的主要负责同志，解放军驻京各大单位及武警部队、在京中央骨干企业的负责同志，列席中国共产党第十七届中央纪律检查委员会第六次全体会议的代表，出席全军纪律检查工作会议的全体同志参加了会议。

中国共产党第十七届中央纪律检查委员会第六次全体会议于1月9日在北京开幕。中央纪律检查委员会常务委员会主持了会议。贺国强代表中央纪律检查委员会常务委员会作了题为《坚持改革创新，狠抓工作落实，努力取得党风廉政建设和反腐败斗争新成效》的工作报告。中央纪律检查委员会委员118人出席了会议。

温家宝总理在国务院第四次廉政工作会议上的讲话

（2011 年 3 月 25 日）

一、2010 年反腐倡廉工作取得新进展

2010 年，各级政府全面贯彻中央关于反腐倡廉建设的决策和部署，重点围绕查办违纪违法案件、加强制度建设、解决损害群众利益的突出问题，着力推进廉政建设和反腐败工作，取得了新的进展。

一是坚决查办大案要案。加大领导干部违纪违法案件的查处力度，严肃查处了康日新、李堂堂、许宗衡、张春江等一批重大案件，目前正在调查刘志军涉嫌严重违纪的问题。全年共立案 13.96 万件，给予党纪政纪处分 14.6 万人，其中涉嫌犯罪移送司法机关处理的 5373 人。

二是深入推进反腐倡廉制度建设。下发《关于领导干部报告个人有关事项的规定》和《关于对配偶子女均已移居国（境）外的国家工作人员加强管理的暂行规定》，出台《国务院关于加强法治政府建设的意见》，完善规范权力行使和加强监督方面的制度，取消和下放管理层级 184 项行政审批事项。推进财税体制改革，中央和地方政府性基金全面纳入预算管理，加大财政预算公开力度。深入开展工程建设领域突出问题、商业贿赂、“小金库”等专项治理工作。

三是加强中央重大决策部署贯彻落实情况的监督检查和资金审计。开展对汶川特大地震、玉树强烈地震、舟曲特大山洪泥石流抗灾救灾及灾后恢复重建资金和项目的监察、审计。加强对中央扩大内需、调整结构、节能减排、规范和节约用地、房地产调控等重大政策措施实施情况的监督检查。通过审计，促进上缴财政、减少财政拨款，为国家增收节支 2099 亿元，移送案件线索 3092 件。对 56 个中央部门预算执行情况和其他 483 个单位进行了审计，发现一些部门及所属单位违规问题涉及资金 599.4 亿元，查处并移送重大案件线索 131 件。督促有关单位全面制定整改措施，认真进行整改，截至 2010 年底，纠正问题涉及资金 551.5 亿元。

四是着力解决损害群众利益的突出问题。认真治理安全生产、环境保护、食品药品安全等方面的突出问题。强化行政问责，对 16 起安全生产重特大事故和事件涉及的 197 名责任人员给予纪律处分。严肃查处了河北、山西等 7 个省的问题奶粉案件，对负有责任的政府和监管部门领导追究了责任。加强价格监管，纠正教育医疗等民生领域各种乱收费、乱加价问题。

五是大力压缩行政开支。继续控制和压缩因公出国出境、公务用车购置及运行、公务接待三项经费支出。全国在 2009 年压缩 15.1% 的基础上，2010 年又压缩 5.8%。印发《国务院办公厅关于加强和规范各地政府驻北京办事机构管理的意见》，组织开展清理整顿工作，撤销地方政府职能部门和县级人民政府驻京办事机构 625 个。从严控制一般性行政开支，初步遏制了行政经费逐年过快攀升的势头。

但是，我们必须清醒地看到，目前反腐倡廉工作与人民群众的期望还有较大差距。腐败现象在一些领域仍呈易发多发之势，一

些案件触目惊心，影响极为恶劣；贪污腐化、形式主义、奢侈浪费的问题屡禁不止。发生这些问题的原因，根本在于制度不完善，机制不健全，已有的制度执行不力，监督不到位和力度不够，导致对权力缺乏有力约束。这些情况表明，反腐倡廉形势依然严峻，任务十分艰巨。

二、2011年政府反腐倡廉建设的重点任务

今年是中国共产党成立90周年，也是“十二五”开局之年，政府各项工作任务艰巨繁重。当前，我国发展面临的形势依然极其复杂，经济社会发展中一些长期问题和短期问题相互交织，尤其是一些社会矛盾比较突出，再加上腐败问题，如果处理不好，产生叠加效应，就会影响改革发展和社会稳定。各级政府和领导干部一定要从政治和全局的高度，充分认识做好反腐倡廉工作的重要性和紧迫性，全面落实中央关于加强反腐倡廉建设的各项部署，采取坚决有力的措施，务求取得新的成效。

今年在全面推进反腐倡廉各项工作的基础上，针对存在的突出问题，重点抓好以下三方面工作。

（一）认真治理领导干部以权谋私和渎职侵权问题。

以权谋私和渎职侵权问题长期没有得到有效解决，在一些地方和部门越来越突出。近年来，发生在国家机关和国有企业的违纪违法案件增多，特别是“一把手”违纪违法案件增多。产生这些问题的重要根源是权力过于集中而又得不到有效制约和监督。各种腐败现象背后都有权力的支撑。哪里权力集中，哪里产生腐败的风险就大；哪里权力不受制约，哪里腐败现象就严重。解决这些问题，根本在于推进经济体制改革和政治体制改革，对那些屡禁不止甚至还在加重的问题，要从重点领域和关键环节入手，加快制度建设，完善体制机制，有针对性地加强治理。

一是着力解决招投标方面的突出问题。当前公共工程建设、土地使用权出让、矿产资源开发利用、政府采购等领域，是以权谋私、腐败问题易发多发的重灾区。许多违法违纪问题集中表现在招投标环节。不少招投标流于形式，表面上按程序公开进行，实际上“暗箱操作”，特别是一些领导干部违规插手干预招投标，一些掌握资金和项目审批权的部门或领导干部直接或变相推荐施工企业或供货商，背后往往都存在权钱交易等腐败问题。

解决招投标方面的突出问题要有具体措施，这里我强调几点：首先，要严格禁止权力介入。政府机关干部、特别是领导干部及其家属和身边工作人员，国有企业、国有金融机构、高等院校负责人不许以任何形式干预、操纵招投标活动。这要成为一条“高压线”，谁碰就依法处理谁。第二，加快建立健全统一规范的招投标有形市场。打破部门、地区、行业封锁和垄断，促进有序竞争，保证招投标公开、透明。第三，加强招投标的监督管理。重点是建立健全社会招投标和招标项目执行情况的监督机制。招标结束后需要修改原定招标条件的，要重新招标，防止有关领导干部和部门与企业串通，弄虚作假。建立健全招投标信息、投标单位及从业人员信用信息公开制度，认真落实招投标违法行为及处理情况记录在案并公开的制度。对借用资质投标和出借资质收取费用、违法违规转包分包等突出问题进行专项治理。

二是依法治理土地和房屋征收征用中侵害群众权益问题。这是侵害群众切身利益比较严重的领域，也是当前社会矛盾中的一个焦点。一些地方不顾群众利益，有的领导干部利用手中的权力同开发商搞权钱交易，强制征地拆迁，引发极端事件，严重影响社会稳定，损害了党和政府的形象。

最近，国务院出台了《国有土地上房屋征收与补偿条例》。这个条例是根据全国人大常委会关于修改《中华人民共和国城市房地产管理法》的决定起草的，历时几年，先后两次公开向社会征求意见，整个过程贯彻了依法立法、科学立法、民主立法的要求。有了这样一个条例，就为城市房屋征收拆迁提供了制度规范，也为人民群众维护自身合法权益、监督政府行为提供了依据，各级政府要认真贯彻执行。

今后城市国有土地上的房屋征收、拆迁、补偿都要严格按照这个条例的规定办事。对征收房屋、搬迁、临时安置、停产停业的补偿，都要切实保护群众和市场主体的合法权益。房屋征收与补偿活动必须由政府组织实施，禁止建设单位参与，不得以营利为目的。不允许行政强制拆迁，任何单位和个人都不得采取暴力和威胁等手段强迫搬迁。房屋征收补偿方案要征求公众意见，扩大公众的参与程度。

要抓紧研究修改《中华人民共和国土地管理法》有关集体土地征收和补偿的规定，国务院将尽快向全国人大常委会提出议案。

三是深化行政体制改革，推进政府职能转变和管理创新。现在一些部门权力过大且过于集中，权力结构不合理，监督制约机制不健全。必须通过制度和体制的改革加以解决。首先，要进一步减少一些政府部门过于集中的权力。继续推进行政审批制度改革，减少行政审批事项。这项工作近些年取得了很大成效，但行政审批项目仍然较多，要继续深入推进。要进一步提高一般性转移支付的比重，清理和压缩专项转移支付项目，减少直至杜绝财政资金分配中的“跑部钱进”现象。有关部门对以上问题要尽快研究，提出办法，争取今明两年取得较大进展。第二，加快建立决策、执行、监督相互协调又相互制约的运行机制。现在一些政府部门及其内设机构，同时承担决策、执行、监督、评价职能。这样的职能配置和权力结构，极易滋生腐败。要进一步完善政府部门内部机构设置，决策、执行、监督职能要相对分离、相互制约。这也是进一步深化政府机构改革的要求。第三，加强对“一把手”权力行使的监督制约。无论是行政机关还是国有企业，凡属重大决策、重要人事任免、重大项目安排、大额资金使用，都要集体研究决定，依法、科学、民主决策，加大决策过程和结果公开力度，防止个人独断专行。要完善民主程序，没有程序的民主就没有实质的民主。进一步健全和加强决策责任制度和问责制度，使权力和责任匹配，做到权责一致。

（二）切实加强领导干部廉洁自律。

加强反腐倡廉工作，领导干部是重点。领导干部自身权力大、岗位责任重、社会关注度高，一旦出问题，造成的影响和损失也大，而且还会带坏队伍和风气，损害党和政府形象。针对当前的突出问题，要重点抓好《中国共产党党员领导干部廉洁从政若干准则》和《关于领导干部报告个人有关事项的规定》的贯彻落实。

一是认真落实领导干部个人事项报告制度。各级领导干部必须按要求如实报告本人收入、住房、投资、配偶子女从业等事项和配偶子女移居国外境外的情况。加强对制度执行情况的督促检查，对不按时报告、不如实报告的，要严肃处理，真正使这项制度在反腐倡廉、干部作风建设和干部考核使用方面发挥重要作用。

二是坚决整治收送礼金问题。要坚决查处领导干部以各种名义收送礼金、有价证券、支付凭证、商业预付卡的行为。当前社会上收送礼金的名目繁多，特别是收送各类商业预付卡即购物卡的风气愈演愈烈。一些单位集中购买商业预付卡，开假发票报销，用这些卡来送礼行贿。对这一腐败现象，必须坚决治理。对收送各类有价证券、支付凭证和商业预付卡的，以收送同等数额的现金处理。有关部门要尽快研究提出治理措施，进一步完善管理制度，从源头上有效防止利用商业预付卡行贿受贿。

三是加强国有企业负责人廉洁自律。要严格规范国有企业负责人职务消费行为。近年来，社会上对国有企业的一些负责人职务消费不规范和奢侈消费问题反映较多。有关部门要尽快研究制定监督管理办法，坚决制止与企业经营管理无关的职务消费行为和奢侈消费风气。禁止国有企业负责人通过同业经营或关联交易为本人、亲属或特定关系人谋取不正当利益。对这类问题，要发现一起，查处一起。要合理确定国有企业负责人薪酬，包括基本年薪、绩效年薪、股权激励和各类补充保险，建立健全激励约束机制，接受公众监督。

（三）坚决遏制奢侈浪费和形式主义。

这件事我们抓了多年，一直在大力压缩行政经费，取得了一定成效，但还没有从根本上解决问题。奢侈浪费和形式主义不仅浪费钱财，更重要的是销蚀奋斗精神，败坏社会风气，同样是一种腐败行为，同样能导致人亡政息。看一下中国历代封建王朝由盛转衰，几乎都是从骄奢淫逸、好大喜功、大兴土木开始的。“历览前贤国与家，成由勤俭败由奢”，这是警世名言！我们所花的每一分钱，都来自人民，都是人民用汗水换来的，必须用来为人民办好事、办实事，绝不允许挥霍浪费。

一要继续严格控制和压缩行政经费。今年各级财政预算安排的“三公”支出在去年的基础上进一步削减。因公出国出境团组数和人数也要减少。开展公务用车专项治理，严格执行《党政机关公务用车配备使用管理办法》，各级领导干部要带头遵守。抓紧研究推进中央国家机关公车管理使用改革，今年要拿出改革方案，在一些部门试行。公务接待要严格控制经费，严格执行标准，严禁赠送礼品，一律吃工作餐。外事接待也要执行标准，控制规模，举办国宴要坚持“三菜一汤”。要制定具体办法，狠抓落实，加强监督检查，不能走过场。

二要进一步减少会议和文件。从国务院到地方各级政府，政府领导同志原则上不要参加部门的会议，确有必要参加的须报经主要领导同意，自上而下形成制度，国务院领导要作表率。会议经费预算要单列，并严加控制。未经批准，不得以政府或部门名义和使用财政资金举办各类论坛、研讨会；经批准举办的，要纳入财政预算，接受财政监督。进一步清理压缩各类节庆活动和表彰活动。严格控制以政府或部门名义举办或参与举办国际会议。要大力减少发文数量。今后，凡是不涉密的文件，都要通过政府门户网站公开发布，不再另行发文。

另外，要合理控制举办大型综合性体育赛事的节奏和规模。各申办城市要充分考虑客观条件，不要超出自身能力申办；符合条件的主办城市，要充分利用现有场馆设施，必须新建的场馆，要与学校体育场馆建设统筹安排，避免过度建设，造成资源闲置浪费。要继续严格控制楼堂馆所建设，决不能放松。

三要继续深化行政经费管理改革。全面推进国库集中收付和“公务卡”改革，进一步扩大改革范围，两年内将这两项改革覆盖到各级政府及所属预算单位，做到部门行政经费由部门财务审批记账，国库集中支付和动态监控。要进一步清理部门银行账户，部门开设银行账户由财政部门严格审批，使部门所有账户都受到监控。任何部门不得让下属单位代存代管资金，否则按违反财经纪律处理。我们治理“小金库”，搞了多年，也下了很大功夫，收到了一定成效，但始终没有彻底解决，一个重要原因就是部门的“私房钱”有地方存，能随意花。如果把部门所有账户都管起来，这个问题就会得到有效遏制。

四要大力推进财政预算决算公开。把政府所有收支全部纳入预算管理。各级政府财政总预算和总决算、部门预算和决算，以及政府性基金、国有资本经营等方面的预算和决算，都要向社会公开。公开的内容要详细全面，逐步细化到“项”级科目。特别是各部门的行政经费，包括出国出境、出差、公务接待、公务用车、会议等支出，都要详细公开。各类预算执行和决算的审计报告也要向社会公开，让人民群众更方便地了解和监督政府工作。财政部门要尽快研究提出实施各类预算、决算公开的时间表，今年就要部署相关工作，首先要将各级政府“三公”支出的预算和决算向社会公开。

这里我再强调一点，抓好以上三个方面的重点工作，必须进一步加强监督。政府工作人员是人民的公仆。除了全心全意为人民服务，没有任何特权。政府的工作必须接受人民的监督，这是一条重要的政治原则。各级政府及工作人员特别是领导干部，要自觉接受人大依法监督，自觉接受人民政协的民主监督。加强行政监察和审计监督。要进一步畅通人民群众和市场主体直接监督政府工作的渠道。他们是政府工作最直接的利益相关方，而来自利益相关方的监督往往是最有力的监督。要高度重视人民群众来信来访和投诉举报。建立健全保护和奖励举报人的制度。对各类投诉举报特别是实名、联名投诉举报的问题，都要认真核查。要更好地发挥社会舆论的监督作用，鼓励新闻媒体监督政府工作。

三、加强领导抓好落实

各级政府要按照中央关于反腐倡廉建设的总体要求，将反腐倡廉建设列入政府工作的重要议程，加强领导，强化责任，今明两年，要加快推进惩治和预防腐败体系建设，采取切实可行的措施，务求取得明显成效。

落实党风廉政建设责任制。各级政府及部门主要领导作为第一责任人，要对职责范围内的反腐倡廉工作负总责，敢抓敢管，分管领导对分管领域廉政建设也要负起责任。要强化问责，对廉政建设工作领导不力、疏于监督管理，致使本地区本部门发生重大违纪问题和腐败案件的，要追究领导责任。

狠抓工作落实和督查。这次部署的各项工作，国务院办公厅要会同有关部门尽快细化分解，落实责任，明确工作进度，切实做到有部署、有督查、有验收。各部门要按照职能和分工抓好落实。各地方也要按照中央统一部署，抓好本地区的反腐倡廉建设。

加大查办违纪违法案件的力度。查办案件是惩治腐败最直接、最有力的手段。要始终保持查办案件的工作力度，严肃查办发生在领导机关和领导干部中贪污贿赂、失职渎职案件，重点领域和关键环节中的违纪违法案件，重大责任事故和群体性事件涉及的失职渎职及背后的腐败案件。继续查办商业贿赂案件，严厉打击受贿行贿等违法行为。要集中力量查办大案要案，只要违纪违法，不论职务高低，都要一查到底、严惩不贷，绝不姑息迁就。

反腐倡廉工作任务十分艰巨。让我们在以胡锦涛同志为总书记的党中央领导下，高举中国特色社会主义伟大旗帜，以邓小平理论和“三个代表”重要思想为指导，深入贯彻落实科学发展观，以更加坚决的态度和更加有力的措施，扎实推进政府系统反腐倡廉建设，为经济社会健康发展提供有力保障。

何勇同志在全国政务公开领导小组第十一次会议上的讲话

（2011 年 3 月 31 日）

全国政务公开领导小组召开这次会议，主要是贯彻落实十七届中央纪委第六次全会和国务院第四次廉政工作会议精神，回顾总结 2010 年的政务公开工作，研究部署 2011 年的任务。刚才，汪永清同志代表全国政务公开领导小组对 2010 年的工作进行了总结，屈万祥同志宣读了 2011 年政务公开工作要点，杨学山同志宣读了《关于开展依托电子政务平台加强县级政府政务公开和政务服务试点工作的通知》。大家对这 3 个文件进行了审议，提出了很好的意见和建议。会后，领导小组办公室要认真修改、尽快印发。

2010 年，在党中央、国务院的正确领导下，经过各方面的共同努力，政务公开工作取得了新的明显成效，《政府信息公开条例》得到较好贯彻，行政权力公开透明运行不断深化，以政务（行政）服务中心为主体的政务服务体系建设稳步推进，对于保障人民群众民主权利、加强权力行使监督、推动经济社会又好又快发展起到了重要作用。突出表现在以下 4 个方面。

*一是紧紧围绕中央重大决策部署、重要工作、重大活动做好公开工作，服务大局作用进一步发挥。*2010 年，我们国家大事多、喜事多、难事多。政务公开工作坚持导向正确、及时准确、公开透明、有序开放、有效管理，主动发布权威信息，赢得了主动权。围绕加快转变经济发展方式，重点公开经济结构调整、节能减排和环境保护、规范和节约用地、房地产市场调控等政策措施及落实情况，保障了人民群众的知情权和监督权。把公开透明原则贯穿于中央扩大内需政策落实、项目实施和资金管理使用全过程，增强了监管工作公信度和社会参与度，促进了投资项目优质、高效、廉洁实施。切实加强抗灾救灾和灾后恢复重建政策、项目、资金公开，积极推进上海世博会、广州亚运会举办活动事项公开，加大群体性事件公开力度，及时发布事实真相，消除不实或歪曲报道的影响，取得了良好效果。

*二是积极推动社会热点难点问题公开，赢得了人民群众、社会各界的理解和支持。*针对当前人民内部矛盾多发、社会热点难点问题增多的情况，积极回应人民群众关切，对就业、分配、教育、社保、医疗、安全稳定等关系群众切身利益的问题，有关主管部门采取新闻发布会、接受媒体专访、答复电话问询等多种形式，阐释政策措施，化解困惑疑虑。稳步推进财政预算公开，公开范围不断扩大，公开内容进一步细化。截至去年底，75 个中央部门公开了部门预算，实现了中央部门预算首次向社会公开；18 个省（区、市）公开了公共财政预算和政府性基金预算，12 个省（区、市）按月或季度公开了预算执行情况。编制和发布工程建设项目信息公开和信用信息目录，开展项目信息公开和诚信体系建设试点，对市场主体信用情况的监督进一步加强。加大违规违纪问题曝光力度，及时发布工程建设、“小金库”、

公款出国（境）旅游、公务接待、食品药品安全等专项治理情况，促进了治理工作的开展。

三是建立健全政务服务体系，服务群众功能更加突出。召开全国深化政务公开推进政务服务建设经验交流会，借鉴呼和浩特市等地的政务服务建设经验，大力推进政务（行政）服务中心建设，省、市、县、乡、村联动的政务服务体系初步形成。目前，31个省（区、市）共设立政务（行政）服务中心2842个，24849个乡镇（街道）建立了便民服务中心。大力开展行政审批项目清理审核，中央一级累计取消和调整审批项目2183项，地方各级政府也取消和调整了一批审批项目，促进了政府职能转变。大力发展政府网站、服务热线、电子政务，在线办事和服务功能不断完善。积极推进政务服务标准化建设，一些省（区、市）建立了工作规范、标准统一、上下联动的政务服务平台，方便了企业和群众办事。

四是更加注重建章立制，制度化、规范化水平不断提高。新修改的行政监察法确立了政务公开工作的地位，政务公开工作组织领导、监督保障、检查考核、责任追究机制制度更加健全，初步形成了覆盖各个环节的制度体系。中央办公厅印发《关于建立党委新闻发言人制度的意见》，国务院印发《关于加强法治政府建设的意见》，对加大党委和政府信息公开力度、推进办事公开、创新公开方式提出明确要求。国务院办公厅印发《关于做好政府信息依申请公开工作的意见》、《关于进一步做好政府信息公开保密审查工作的通知》，对政府信息公开的申请程序、保密审查等事项进行了规范。各地区各部门积极开展行政权力清理，查找廉政风险点，推进电子监察系统建设，对行政权力运行的监督切实加强。一些地方还制定考核办法和群众评议制度，加强对工作的考核评议。

在2010年政务公开工作中，全国政务公开领导小组各成员单位付出了辛勤努力，做了大量卓有成效的工作。国务院办公厅印发政府信息公开条例相关配套文件，切实负起推进、指导、协调、监督的责任。中央编办积极开展政务服务调研活动，做好相关机构编制管理工作。民政部、全国总工会认真履行牵头职责，全面推进村务公开、厂务公开。人力资源社会保障部积极推动基层便民服务事项延伸。工业和信息化部大力推进国家电子政务建设，不断提高电子政务发展水平。财政部印发《关于进一步做好预算信息公开工作的指导意见》，带头推进财政预算公开。国务院法制办坚持科学民主立法，在制定行政法规过程中向社会公开征求意见，体现了对国家和人民高度负责的态度。

总的来看，政务公开工作领域不断拓展，工作内涵不断深化，与党务公开、厂务公开、村务公开有机结合、协调推进，在经济社会发展中的作用越来越突出，对民主政治建设的影响越来越深远，与人民群众生产生活的联系越来越紧密，得到了社会各界的普遍认可。在充分肯定成绩的同时，我们也要清醒地看到，政务公开工作还存在一些问题和不足，与中央的要求和人民群众的期望还有不小差距。有的行政机关及其工作人员对政务公开重要性认识不足，工作不够积极主动；有的单位公开内容不全面甚至失实失真，公开也不及时；有的单位公开制度还不健全，有的虽有制度，但执行不力；有的公开标准不明确，工作主观随意，缺乏刚性约束。对这些问题，必须下大气力，认真加以解决。

2011年是中国共产党成立90周年，也是“十二五”时期开局之年。做好今年政务公开工作，具有十分重要的意义。胡锦涛总书记、温家宝总理等中央领导同志在中央经济工作会议、十七届中央纪委第六次全会、省部级主要领导干部社会管理及其创新专题研讨班、国务院第四次廉政工作会议上，都要求抓好政务公开工作。胡锦涛总书记强调，“要发挥群众参与社会管理的基础作用，扩大基层民主，扩大公民有序政治参与，深化政务公开，完善司法公开、厂务公开、村（居）务公开、公共企事业单位办事公开等制度”。“保障人民的知情权、参与权、表达权、监督权，加强对党和国家机关及其工作人员履行职责行为的有效监督，保证权力在阳光下运行，防止违法行为发生，防止群众利益受损”。温家宝总理强调，“要着力深化政务公开，扩大公开范围和层次，凡涉及群众切身利益的重大事项都要向社会公开”。“要加快实行财政预算公开，让人民知道政府花了多少钱，办了什么事”。我们要按照党中央、国务院的要求，坚持围绕中心、服务大局，以人为本、执政为民，突出重点、务求实效，着力保障人民群众知情权，着力推进行政权力公开透明运行，着力加强政务服务建设，切实提高政务公开和政务服务水平，为推动经济社会又好又快发展服务。

第一，着力推进决策公开。胡锦涛总书记明确指出，我们作决策、定政策必须充分考虑群众利益、充分尊重群众意愿，统筹协调各方面利益关系，最大限度防止因决策不当带来损害群众利益问题。这就需要我们大力推进决策公开，增强决策透明度和公众参与度。要完善重大事项决策机制，建立健全公众参与、专家咨询、风险评估、合法性审查和集体讨论决定的决策程序，实行科学决策、民主决策和依法决策。对涉及经济社会发展全局的重大事项，要广泛征询意见，充分协商和协调。对专业性、技术性较强的重大事项，要认真进行专家论证、技术咨询、决策评估。对同群众利益密切相关的重大事项，要实行公示、听证等制度，建立畅通无阻、运转协调、规范有效的民意反映机制，让群众更多参与到决策过程中来。

第二，着力公开群众关心关注的问题。这是政务公开贯彻以人为本、执政为民的具体体现。我们要深入到群众中去，了解群众对公开工作的意见和需求，认真解决问题，切实改进工作。要重点抓好中央关于加强和改善宏观调控、做好“三农”工作、市场价格调控、房地产市场调控、规范和节约用地、保障和改善民生等重大决策部署执行情况的公开，促进各项政策措施落实。要做好股市楼市、就业社保、教育卫生、安全生产等热点问题的信息公开，释疑解惑、理顺情绪、化解矛盾。要积极稳妥地做好重大突发事件和自然灾害等信息的公开，第一时间发布权威信息，正确引导舆论。要建立健全诉求表达、矛盾调处机制，采取公开听证会商、信访民主评议、邀请群众参与等方式，公开办理过程、处理结果，提高处理问题的透明度和公信力。要结合开展工程建设领域突出问题、“小金库”治理，开展庆典、研讨会、论坛过多过滥和公务用车问题治理，做好公开工作，增强工作实效。

第三，着力推进政府预算决算公开。温家宝总理在国务院第四次廉政工作会议上，把推进政府预算决算公开作为今年政府廉政建设和反腐倡廉工作的一项重要任务进行了部署。我们要认真贯彻落实。要建立实时、全面、准确的政府收支统计报告制度，及时向社会公布财政收支统计数据，以及经人大审议通过的政府预决算、部门预决算和转移支付安排情况，主动公开财政规范性文件以及有关财政政策、发展规划等。各级政府财政总预算和总决算、部门预算和决算，以及政府性基金、国有资本经营、基本建设支出、转移支付支出等方面的预算和决算，都要向社会公开。公开的内容要详细全面，逐步细化到“项”级科目。特别是各部门的行政经费，包括出国（境）、出差、接待、用车、会议等支出，都要详细公开。各类预算执行和决算的审计报告也要向社会公开，让人民群众更方便地了解和监督政府工作。财政部门要尽快研究提出实施各类预算、决算公开的时间表，首先要将各级政府“三公”支出的预算和决算向社会公开。

第四，着力推进基层政务公开。基层政权机关直接与群众打交道，其工作成效直接影响群众对政府工作的评价。当前，有些地方在落实中央惠民政策措施的过程中不公开、不透明，存在违规操作现象，有的甚至出现了扶贫救灾资金被贪污、挪用的问题，损害了群众利益。我们要把基层政务公开作为一项惠民工程来抓，真正把好事办好、实事办实。要加大土地管理制度改革、集体林权制度改革、农村综合改革措施的公开力度，加大农业和农村公共事业投入、集体资产资源处置以及征地补偿、涉农补贴、扶贫救灾资金管理使用情况的公开力度。要发挥群众参与社会管理的基础作用，扩大基层民主，拓宽群众参与渠道，为群众参与社会管理创造条件。要全面推进教育、医疗、供水、供电、供气、电信等公共企业事业单位办事公开制度，创新公开方式，方便群众办事，便于群众知情、参与和监督。

第五，着力推进政务服务体系建设。去年，领导小组办公室研究起草了《关于深化政务公开加强政务服务的意见》，各成员单位提出了很好的修改意见，中央纪委书记办公会议进行了审议，现已报送中央办公厅、国务院办公厅。《意见》是继《关于进一步推行政务公开的意见》、《政府信息公开条例》后的又一个规范性文件，对于当前和今后一个时期深化政务公开、加强政务服务具有十分重要的指导作用。今年要围绕贯彻落实《意见》，加强宣传和培训，全面领会基本精神和主要内容，确保《意见》各项要求落到实处。要以落实《意见》为契机，规范和发展各级各类政务（行政）服务中心，改善服务质量，提高服务效率，降低行政成本。

第六，着力做好政务公开基础性工作。重点做好 4 项工作。一是继续抓好《政府信息公开条例》的贯彻落实。从了解的情况看，《条例》规定需要公开的信息，还有相当一部分没有落实到位。要加大主动公开力度，凡不涉及国家秘密、商业秘密和个人隐私的政府信息，都应当向社会公开。公开要及时、准确、全面、具体，让群众看得懂、用得上。公民、法人申请公开的政府信息，往往与其利益直接相关，要依法在时限内予以答复。要正确处理政府信息公开与保守国家秘密的关系，依法该公开的要及时充分公开，依法该保密的要防止泄密。二是大力推进行政权力运行程序化和公开透明。继续依法清理审核行政权力，编制职权目录，绘制行政职权流程图，并向社会公布，确保权力的行使于法有据、程序正当。今年下半年，全国政务公开领导小组将召开经验交流会议，总结各地区各部门加强廉政风险防控管理的做法和经验，对下一步工作提出要求。三是大力推进县级政务公开和政务服务试点工作。今年，全国政务公开领导小组办公室将在 100 个县级单位开展试点，争取用一年半时间，使政务公开和政务服务基本指导目录中的大部分内容能够利用电子政务平台办理。要通过发展电子政务，推动重要政务信息系统互联互通、信息共享和业务协同，建设和完善网络行政审批、信息公开、网上信访、电子监察和审计体系。四是完善政务公开制度。要认真查找制度建设中的漏洞和薄弱环节，做好制度的评估、完善、清理工作，加强对制度执行情况的监督检查，提高制度的执行力。要研究起草加强廉政风险防控指导意见、政务公开工作检查评估暂行办法，制定政务公开举报受理制度和政纪处分规定，建立健全工作考核、社会评议和责任追究制度。

全国政务公开领导小组自 2003 年 6 月成立以来，各成员单位认真履行职责，付出了大量心血，做了大量工作，发挥了重要作用。今年工作要点部署了 13 个方面任务，工作量相当大。希望大家及时沟通情况，搞好协作配合，共同把工作做好。领导小组办公室要注意了解工作进展情况，加强与各成员单位的联系，搞好协调和服务。

贺国强同志在全国纪检监察系统纪念中国共产党成立90周年表彰大会暨反腐倡廉建设理论研讨会上的讲话

（2011年6月26日）

中国共产党走过的90年，是极不平凡的90年，也是光辉灿烂的90年。90年来，中国共产党团结带领全国各族人民英勇奋斗、励精图治、顽强拼搏，完成了新民主主义革命，开展了社会主义革命和建设，进行了改革开放新的伟大革命。社会主义经济建设、政治建设、文化建设、社会建设以及生态文明建设都取得了举世瞩目的成就，我国的综合国力和国际地位空前提高，中华民族伟大复兴展现出光明的前景。

在波澜壮阔的革命、建设和改革伟大实践中，我们党始终高度重视党的自身建设，坚持不懈地开展党风廉政建设和反腐败斗争，保持和发展了党的先进性和纯洁性，增强了党的创造力、凝聚力和战斗力，为完成党和国家不同历史时期的各项任务提供了坚强的政治保证。

一、回顾光辉历程，总结历史经验，坚定不移地沿着中国特色反腐倡廉道路前进

中国共产党是中国工人阶级的先锋队，同时是中国人民和中华民族的先锋队。全心全意为人民服务是党的根本宗旨。这就决定了我们党同各种消极腐败现象是水火不相容的。

新民主主义革命时期，为了推翻帝国主义、封建主义、官僚资本主义的反动统治，实现民族独立和人民解放，以毛泽东同志为核心的党的第一代中央领导集体，从党肩负的伟大历史使命出发，十分注重加强党的思想作风建设和纪律建设。党的第一个纲领就明确规定“地方委员会的财务、活动和政策，应受中央执行委员会的监督”，强调党的组织和党员要遵守纪律和接受监督。1947年，毛泽东同志明确提出，要“废除蒋介石统治的腐败制度，肃清贪官污吏，建立廉洁政治”。这一时期，我们党把党的建设同统一战线、武装斗争一起确立为中国革命的三大法宝，制定了“三大纪律、八项注意”，树立和弘扬了理论联系实际、密切联系群众、批评和自我批评的优良作风，依靠党内整风和思想教育来抵制非无产阶级思想的侵蚀，赢得了人民的拥护和支持，为新民主主义革命的胜利提供了有力保证。在新中国成立前夕召开的党的七届二中全会上，针对党内出现的贪图享乐等倾向，毛泽东同志郑重指出，中国革命胜利后的路程更长，工作更伟大、更艰苦，务必使同志们继续地保持谦虚、谨慎、不骄、不躁的作风，务必使同志们继续地保持艰苦奋斗的作风，向全党敲响了拒腐防变的警钟，为我们党在全国执政后防止和反对腐败，奠定了重要的思想和理论基础。

社会主义革命和建设时期，我们党对在全国执政条件下滋生的腐化变质问题保持高度警惕。新中国成立后，党内居功自傲情绪和贪污腐化现象有所抬头，有的党员干部走上了违法犯罪的道路。针对这些问题，我们相继开展了“三反”、“五反”运动和整党整风运动，坚决清除贪污腐化现象，严厉惩处了刘青山、张子善等一批腐化堕落分子，严肃了党纪国法，教育了广大党员干部。我们及时设立党的纪律检查机关、行政监察机关和国家检察机关，加强对党员干部的监督。颁布了《中华人民共和国惩治贪污条例》等法规，为打击贪污腐败提供了重要的法律依据。这些重大举措的实施，巩固了新生的人民政权，保证了社会主义革命和建设的顺利推进，进一步形成了风清气正、蓬勃向上的良好局面。

党的十一届三中全会以后，经过拨乱反正，党和国家工作中心转移到了经济建设上来，实行改革开放政策，极大地解放和发展了社会生产力，激发了社会活力，我国的经济、政治、文化、社会生活都发生了深刻的变化。在这个过程中也出现了一些消极腐败现象。以邓小平同志为核心的党的第二代中央领导集体告诫全党，执政党的党风问题是有关党的生死存亡的问题，要抓紧搞、永远搞；我们要反对腐败，搞廉洁政治；对干部和共产党员来说廉政建设要作为大事来抓，在整个改革开放过程中都要反对腐败。我们坚持一手抓发展经济，一手抓惩治腐败，恢复重建了党的纪律检查机关，重新设立行政监察机关和国家检察机关，开展了以打击走私、套汇、贪污受贿等严重经济犯罪活动为重点的专项斗争，制定实施了《关于党内政治生活的若干准则》和《中华人民共和国刑法》、《中华人民共和国刑事诉讼法》等一系列党内法规和国家法律，维护了党的基本路线的贯彻执行，保证了改革开放和社会主义现代化建设的顺利进行。

党的十三届四中全会以后，针对建立社会主义市场经济体制过程中腐败现象在一些领域滋生蔓延的态势，以江泽民同志为核心的党的第三代中央领导集体把提高拒腐防变和抵御风险能力作为党必须解决好的两大历史性课题之一，提出治国必先治党、治党务必从严，作出开展反腐败斗争的重大决策，确立领导干部廉洁自律、查办违纪违法案件、纠正部门和行业不正之风的反腐败三项工作格局；坚持标本兼治，以教育为基础、法制为保证、监督为关键，通过深化改革不断铲除腐败现象滋生蔓延的土壤；党的纪检机关和行政监察机关合署办公。集中开展以“讲学习、讲政治、讲正气”为主要内容的党性党风教育和“三个代表”重要思想学习教育活动，明确提出按照“八个坚持、八个反对”的要求加强和改进党的作风建设，作出军队、武警部队、政法机关一律不再从事经商活动等重大决策，积极推进体制机制制度改革，努力从源头上防治腐败，有力地维护了改革发展稳定大局。

党的十六大以来，我国进入改革发展的新阶段，经济社会发生深刻变化，以胡锦涛同志为总书记的党中央提出，坚决惩治腐败是我们党执政能力的重要体现，有效预防腐败更是我们党执政能力的重要标志，把党的作风建设和反腐倡廉建设作为党的建设的重要组成部分，放在更加突出的位置，确立了标本兼治、综合治理、惩防并举、注重预防的战略方针，建立健全惩治和预防腐败体系，拓展从源头上防治腐败工作领域，整体推进反腐倡廉建设。在全党开展保持共产党员先进性教育活动和深入学习实践科学发展观活动，制定和修订了党内监督条例、纪律处分条例、党员权利保障条例和党员领导干部廉洁从政若干准则等党内法规制度，认真开展巡视工作，加强对领导班子和领导干部特别是主要领导干部的监督。深入推进行政审批、干部人事、司法体制以及财税、金融、投资等体制改革和制度创新，成立国家预防腐败局，进一步加大从源头上防治腐败力度。党风廉政建设和反腐败斗争的深入开展，为全面推进党的建设新的伟大工程和发展中国特色社会主义伟大事业提供了有力保证。

90年的历程表明，我们党为完成不同历史时期的目标和任务，把党的自身建设放在重要位置，对反腐败斗争的认识是清醒的，态度是坚决的，工作是得力的，取得的成效是显著的。特别是改革开放以来，我们党逐步探索形成了符合中国国情的反腐倡廉指导思想、基本原则、工作方针、工作格局、领导体制和工作机制以及法规制度体系，走出了一条中国特色反腐倡廉道路。

（一）坚持以发展着的马克思主义为指导，保证反腐倡廉建设的正确方向。思想是行动的先导，理论是实践的指南。只有坚持以发展着的马克思主义为指导，才能正确判断党风廉政建设和反腐败斗争形势，明确不同历史时期反腐倡廉的主要任务，更好地从政治上观察和处理各种问题，使党风廉政建设和反腐败斗争始终沿着正确的方向健康发展。必须深刻理解、牢牢把握毛泽东思想和中国特色社会主义理论体系中关于反腐倡廉建设的重要内容，坚持用马克思主义立场、观点、方法分析形势、解决问题。深入研究新形势下反腐倡廉建设的特点和规律，不断拓展中国特色反腐倡廉道路的内涵，丰富马克思主义反腐倡廉理论宝库，增强反腐倡廉理论的科学性和指导性。

（二）坚持党的基本路线，把反腐倡廉建设放在党和国家工作全局中来开展。党的建设历来都是同党的基本路线联系在一起的。反腐倡廉建设作为党的建设重要组成部分，必须紧紧围绕党的基本路线来开展、来推进，与经济社会发展和党的建设其他方面工作良性互动、协调发展，努力取得良好的法纪效果和政治效果、社会效果。必须从加强党的领导、实现党的使命的战略高度出发，把反腐倡廉建设纳入中国特色社会主义事业总体布局之中，认真解决党风政风方面妨碍改革发展稳定的突出问题，保证党和国家各项事业顺利发展。把防治腐败寓于改革开放和各项建设的重要决策和举措之中，统一谋划、整体推进，在服务党和国家工作大局中找准切入点和突破口，通过反腐倡廉建设为党和国家事业发展提供有力保证，通过党和国家事业发展为推进反腐倡廉建设创造良好条件。

（三）坚持解放思想、实事求是、与时俱进，不断完善和发展反腐倡廉战略方针和工作部署。解放思想、实事求是、与时俱进，是党的思想路线的根本要求。只有适应世情、国情、党情发生的深刻变化，不断完善和发展反腐倡廉战略方针和工作部署，才能提高反腐倡廉建设的针对性和实效性。必须全面贯彻标本兼治、综合治理、惩防并举、注重预防的反腐倡廉战略方针，加快推进惩治和预防腐败体系建设，在坚决惩治腐败的同时，更加注重治本，更加注重预防，更加注重制度建设，拓展从源头上防治腐败工作领域。根据形势的发展变化，不断探索符合我国基本国情的反腐倡廉新思路新办法新举措，使反腐倡廉建设适应时代要求、顺应人民期待、体现科学精神。

（四）坚持党要管党、从严治党，把反腐倡廉建设放在更加突出的位置来抓。党要管党、从严治党，是我们党的一贯要求和优良传统。历史和现实都表明，党执政的时间越长，越要抓紧自身建设，越要从严要求党员和干部。随着形势的新变化和任务的新发展，落实党要管党、从严治党的任务比过去任何时候都更为繁重、更为紧迫，反腐倡廉建设也面临许多新课题和新要求。必须把党要管党、从严治党贯穿于党风廉政建设和反腐败斗争的全过程，严明党的纪律，切实加强对各级党组织和广大党员干部的教育、管理和监督。把反腐败作为一场严肃的政治斗争来抓，坚决查办违纪违法案件，始终保持惩治腐败的强劲势头，决不让任何腐败分子逃脱党纪国法的惩处。

（五）坚持党的根本宗旨，把实现好、维护好、发展好最广大人民的根本利益作为反腐倡廉建设的出发点和落脚点。我们党是代表最广大人民根本利益的政党，我们的政府是全心全意为人民服务的政府，实现、维护和发展人民的根本利益是我们的天职。必须大力弘扬密切联系群众的优良作风，认真对待人民群众合法合理的利益诉求，下大气力解决群众关心的热点难点问题和发生在群众身边的腐败问题，坚决纠正损害群众利益的不正之风，建立健全维护群众利益的长效机制，进一步密切党群干群关系。紧紧依靠人民群众的支持和参与，充分发挥人民群众在反腐倡廉建设中的积极作用，不断以党风廉政建设和反腐败斗争的实际成效取信于民，使反腐倡廉建设始终赢得最全面、最广泛、最可靠、最有力的支持。

（六）坚持重视和加强法规制度建设，保证党风廉政建设和反腐败斗争依纪依法有序开展。制度更带有根本性、全局性、稳定性和长期性。反腐倡廉法规制度建设既是党和国家制度建设的重要方面，又是反腐倡廉建设的重要保障。必须按照依法治国和依法执政的要求，切实加强以党章为核心的党内法规制度体系建设，加强国家廉政立法，逐步形成内容科学、程序严密、配套完备、有效管用的反腐倡廉法规制度体系。切实提高反腐倡廉法规制度执行力，建立健全保障机制，加强监督检查，认真查处违反法规制度的行为，维护法规制度的严肃性和权威性。

（七）坚持党的领导、发挥社会主义制度的优越性，形成推进反腐倡廉建设的强大合力。中国共产党的领导是我国各项事业取得成功的根本政治保证，社会主义制度是区别于历史上任何剥削制度的崭新社会制度，具有无可比拟的优越性和强大的生命力。必须进一步加强党对反腐倡廉建设的领导，坚持把党风廉政建设和反腐败工作纳入各级党委、政府的总体工作规划，与经济社会发展和党的建设工作一起部署、一起检查、一起落实、一起考核。坚持和完善具有中国特色的反腐败领导体制和工作机制，认真落实党风廉政建设责任制，进一步强化各级领导班子和领导干部抓党风廉政建设和反腐败工作的政治责任。充分发挥我国社会主义制度的政治优势，有效整合各方面力量和资源，发挥纪委的组织协调作用，加强执纪执法机关之间的协调配合，切实调动各方面的积极性和主动性，形成全党全社会共同推动党风廉政建设和反腐败工作的良好局面。

以上7个方面，是我们党开展党风廉政建设和反腐败斗争的主要经验，是中国特色反腐倡廉道路的主要内容，也是当前和今后一个时期深入推进反腐倡廉建设必须遵循的重要原则。我们要十分珍惜和正确运用这些经验和原则，并在新的实践中不断丰富、完善和发展。

二、认清形势任务，坚持改革创新，努力提高反腐倡廉建设科学化水平

改革创新是社会发展进步的时代潮流，科学发展是事业兴旺发达的根本途径。我们要认真贯彻落实中央关于反腐倡廉的决策部署，坚持和运用90年来特别是改革开放以来反腐倡廉建设积累的宝贵经验，认清形势、明确任务，科学谋划、狠抓落实，以改革创新精神推进反腐倡廉建设，进一步提高反腐倡廉建设科学化水平，为全面建设小康社会、加快推进社会主义现代化提供有力保证。

（一）科学分析和准确把握反腐倡廉形势

科学分析和准确把握反腐倡廉形势，是统一思想和制定政策的前提，也是进一步提高反腐倡廉建设科学化水平的基础。胡锦涛总书记在十七届中央纪委第六次全会上的重要讲话中，从党和国家事业发展全局和战略的高度，全面、系统、深入地分析了当前的反腐倡廉形势，并深刻指出，当前党风廉政建设和反腐败斗争的总体态势是，成效明显和问题突出并存，防治力度加大和腐败现象易发多发并存，群众对反腐败期望值不断上升和腐败现象短期内难以根治并存，反腐败斗争形势依然严峻、任务依然艰巨。这充分体现了我们党对当前党风廉政建设和反腐败斗争形势的科学判断和深刻把握。

要充分认识反腐倡廉建设取得的显著成效。改革开放以来特别是党的十六大以来，

在党中央的坚强领导下，经过全党全社会的共同努力，党风廉政建设和反腐败斗争方向更加明确、思路更加清晰、措施更加有力、成效更加显著。我们注重发挥教育的基础作用，广泛深入开展党性党风党纪教育，大力加强领导干部党性修养和作风建设，广大党员干部廉洁从政、拒腐防变的思想基础更加巩固；注重发挥惩治的惩戒作用，加大查办违纪违法案件的工作力度，始终保持惩治腐败的强劲势头，有力震慑了腐败分子，彰显了我们党反对腐败的鲜明态度和坚强决心；注重发挥纠风的矫正作用，深入开展纠风专项治理、政风行风民主评议等工作，认真解决反腐倡廉建设中人民群众反映强烈的突出问题，有力维护了人民群众合法权益；注重发挥制度的保障作用，制定和修改了一批反腐倡廉法律法规制度，切实提高制度执行力，反腐倡廉建设制度化、规范化水平进一步提高；注重发挥监督的关键作用，着力完善监督机制，拓宽监督渠道，加大监督力度，前移监督关口，有效预防了一些腐败问题的发生；注重发挥改革的推动作用，大力推进重点领域和关键环节改革，不断完善社会主义市场经济体制，拓展从源头上防治腐败的工作领域。通过这些工作，有力地保证了党和国家事业的顺利发展，维护了改革发展稳定大局，得到人民群众的充分肯定，国际社会也给予积极评价。

要清醒认识当前消极腐败现象的严重性。在充分肯定反腐倡廉建设取得明显成效的同时，我们必须看到，我国正处于经济体制、社会结构、利益格局、思想观念深刻变化的历史时期，各种社会矛盾凸显，许多领域体制机制还不完善，一些党员干部理想信念动摇，我们对反腐倡廉建设规律的认识和把握有一个逐步深化的过程，工作方式方法也有一些需要不断改进的地方。当前，党风廉政建设和反腐败斗争面临不少新情况新问题，消极腐败现象仍然比较严重。主要表现在：腐败行为在一些领域仍然易发多发，党员领导干部违纪违法现象依然严重，一些腐败案件涉案金额巨大、社会影响恶劣，违纪违法行为日趋复杂化、隐蔽化、智能化，新兴经济领域案件和利用高新技术手段作案有所增加，党员干部作风方面仍然存在不少问题，损害群众利益的突出问题和不正之风仍然比较严重，等等。我们必须居安思危，增强忧患意识，坚持拒腐防变常抓不懈，时刻做到警钟长鸣。

要坚定抓好党风廉政建设和反腐败斗争的信心。经过多年来艰苦努力，党风廉政建设和反腐败斗争积累了不少宝贵经验，有效防治腐败具备了许多有利条件。党中央的高度重视和坚强领导，为深入推进党风廉政建设和反腐败斗争提供了重要政治和领导保证；我国社会主义制度的政治优势，为从根本上消除腐败奠定了制度基础；经过新中国成立以来特别是改革开放30多年来的发展，我国综合国力极大增强，中国特色社会主义法律体系已经形成，为深入推进党风廉政建设和反腐败斗争提供了坚实的物质基础和法制保障；我们有一支优秀的党员干部队伍，在推进反腐倡廉建设中发挥了先锋模范作用和表率带头作用；我们有人民群众的大力支持和广泛参与，为深入推进党风廉政建设和反腐败斗争提供了不竭的力量源泉；我们党在实践中探索形成了符合我国国情的反腐倡廉道路，为深入推进党风廉政建设和反腐败工作奠定了坚实基础。随着我国社会主义市场经济体制的不断完善、社会主义民主政治的不断发展和法律制度体系的进一步完善，以及社会、文化等各方面事业的不断进步，特别是惩治和预防腐败体系积极作用的日益发挥，腐败现象必将得到有效治理。对此，我们充满信心。

（二）坚持以科学发展的理念和思路谋划反腐倡廉建设

理念决定方向，思路决定出路。以科学的理念和思路谋划反腐倡廉建设，最根本的是要深入贯彻落实科学发展观，用科学发展观所体现的马克思主义立场、观点、方法来谋划、部署和推进反腐倡廉各项工作。在当前和今后一个时期的反腐倡廉建设实践中，要着重把握和体现以下理念和思路。

——围绕中心、服务大局。围绕党和国家的中心任务和大局来开展工作，是推进反腐倡廉建设的根本要求。要紧紧围绕发展这个党执政兴国的第一要务，自觉把反腐倡廉建设放在党和国家工作全局中来思考、谋划和部署，始终贯穿于社会主义经济、政治、文化、社会以及生态文明建设各个领域，体现在党的建设各个方面，更好地为推动科学发展、促进社会和谐提供有效服务和有力保证。要加强监督检查，对中央重大决策、重要工作、重大活动及时跟进、积极参与、推动落实，完善体制机制制度，不断提高监督检查科学化、制度化、规范化水平，确保中央政令畅通。

——以人为本、执政为民。以人为本、执政为民是马克思主义政党的生命根基和本质要求，是我们党的性质和宗旨的集中体现，也是检验我们党一切工作的根本标准。要进一步加强和改进新形势下的群众工作，坚持群众路线，增强群众观念，加强和创新社会管理，认真解决损害群众利益的突出问题，切实保障群众合法权益、维护社会公平正义。要坚持把加大惩治腐败力度与依纪依法、安全文明办案结合起来，把处理人与教育人、挽救人结合起来，把加强对干部的监督同信任干部、激励干部结合起来，切实做到既严惩腐败分子，又保护党员干部的合法权益和干事创业的积极性。

——标本兼治、惩防并举。反腐倡廉，必须坚持两手抓、两手都要硬。要标本兼治，既抓紧治标，严惩各种腐败行为，有效抑制腐败现象在一些领域易发多发的势头，又着力治本，从源头上不断铲除腐败滋生蔓延的土壤，不断巩固和发展反腐败取得的成果，从根本上解决腐败问题。要惩防并举，既依纪依法严惩腐败分子，以起到警示、诫勉、震慑的作用，又实行防范在先、关口前移，及时预判腐败现象发展变化的趋势和规律，有针对性地加大预防腐败工作力度，切实做到惩治于已然、防患于未然。要堵疏结合，既对党员干部严格要求、严格教育、严格管理、严格监督，切实筑牢堤坝、堵塞漏洞，又因势利导、趋利避害，更加积极、主动、有效地引导党员干部正确认识改革开放和社会主义市场经济条件下自身的职责和使命，消除心理失衡、自觉遵纪守法。

——与时俱进、改革创新。要适应时代发展和实践需要，及时研究新情况、解决新问题、总结新经验。要大力推进反腐倡廉理论创新，加强对重大理论、重大政策和重大现实问题的研究，增强反腐倡廉理论的指导性、针对性和实效性。要大力推进反腐倡廉体制机制制度创新，进一步健全和完善反腐败领导体制和工作机制，既抓制度完善更抓制度落实，真正做到用制度管权管事管人。要大力推进反腐倡廉工作方式方法创新，在坚持和完善以往行之有效方式方法的同时，积极探索新办法、掌握新手段、开辟新途径，特别是注意运用现代科技手段，不断增强惩治和预防腐败的有效性。

——统筹兼顾、注重建设。统筹兼顾、注重建设是新形势下提高反腐倡廉建设科学化水平的有效方法和途径。要把反腐倡廉建设与党的思想建设、组织建设、作风建设、制度建设有机统一起来，纳入经济社会发展和党的建设的全局之中，寓于各项改革和重要政策措施之中，不断增强反腐倡廉建设的整体性、协调性、系统性。要不断认识和把握反腐倡廉建设规律，以建设性的思路、举措和方法推进工作，多做打基础管长远的工作，充分发挥教育、制度、监督的基础性作用，不断形成有利于反腐倡廉建设的思想观念、文化氛围、体制条件、法制保证。要树立世界眼光，加强战略思维，结合我国实际，借鉴国（境）外有益做法，加强反腐败国际合作，更加科学有效地防治腐败。

（三）科学安排、整体推进党风廉政建设和反腐败各项工作

整体推进党风廉政建设和反腐败各项工作，是提高反腐倡廉建设科学化水平的必然要求。我们要善于把握时代发展的趋势，适应形势发展的变化，不断研究新情况、提出新对策、解决新问题，科学安排，周密部署，切实抓好反腐倡廉各项任务的落实。

一是要严明党的政治纪律，加强对中央重大决策部署贯彻落实情况的监督检查。我们要把维护党的政治纪律放在首位，加强对党员遵守政治纪律的教育和监督，严肃查处违反政治纪律的行为，坚决维护党的集中统一，坚决维护中央权威。要紧紧围绕科学发展这个主题和加快转变经济发展方式这条主线，对中央关于加强和改善宏观调控、推进经济结构战略性调整、保障和改善民生、加强和创新社会管理等重大决策部署执行情况开展监督检查，确保国家“十二五”规划纲要关于经济社会发展各项任务落到实处。要加强对职能部门履行职责情况的监督检查，督促其主动履行职责，自觉依法行政，对检查中发现的问题要督促其认真整改，对违纪违法案件要严肃处理。要健全对中央重大决策部署执行情况定期检查和专项督查制度、纪律保障机制，坚决纠正有令不行、有禁不止行为。

二是要坚持以保持党同人民群众的血肉联系为重点，加强和改进党的作风建设。良好的作风是凝聚党心民心的巨大力量。要大兴密切联系群众之风、求真务实之风、艰苦奋斗之风、批评和自我批评之风，督促广大党员干部加强党性修养，自觉弘扬党的优良传统和作风，充分发挥领导干部的表率作用。要认真贯彻落实《中国共产党党员领导干部廉洁从政若干准则》，加强教育、完善制度、强化监督，从具体事情做起、从突出问题抓起，加大对作风建设和领导干部廉洁自律方面突出问题的整治力度。要扎实推进农村、企业、学校和城市社区党风廉政建设，切实改进基层干部工作作风。要匡正选人用人风气，严格执行中央关于党政领导干部选拔任用工作的有关规定，加强对干部选拔任用工作全过程的监督检查，严肃查处违反组织人事纪律的行为。

三是要坚持以完善惩治和预防腐败体系为重点，整体推进反腐倡廉建设。建立健全惩治和预防腐败体系是改革开放特别是党的十六大以来我们党推进党风廉政建设和反腐败斗争经验的科学总结，也是当前和今后一个时期推进反腐倡廉建设的重点任务。要全面贯彻反腐倡廉战略方针，切实做到惩治和预防两手抓、两手都要硬。要始终保持惩治腐败的高压态势，对任何腐败分子和消极腐败现象都要坚决查处、决不姑息。要把教育、制度、监督、改革、纠风、惩治有机结合起来，使各项工作相互渗透、相互促进。反腐倡廉建设的一项关键任务是制约和监督权力，要按照决策权、执行权、监督权既相互制约又相互协调的原则，划清权力边界，明确责任主体，推进权力运行的程序化和公开透明，规范权力运行，切实加强对领导干部的监督。要抓紧落实《建立健全惩治和预防腐败体系2008—2012年工作规划》，做好2013—2017年工作规划的调研和起草工作，保证惩治和预防腐败体系建设各项任务如期完成。

四是要积极回应社会关切，着力解决反腐倡廉建设中人民群众反映强烈的突出问题。对反腐倡廉建设中存在的突出问题，人民群众看得最清、感受最深，也最有发言权。要认真倾听群众的意见和呼声，回应社会和群众关切，从人民群众反映最强烈的问题抓起，从人民群众最不满意的地方改起，从人民群众最盼望的事情做起，严肃查处严重损害群众经济权益、政治权益、人身权利的案件。要深入剖析当前存在的一些突出问题产生的原因，采取得力措施集中加以整治，努力遏制消极腐败现象和不正之风在一些领域易发多发的势头。要深入推进党务公

开，加大政务、司法、厂务、村务公开和公共企事业单位办事公开力度，凡是涉及群众切身利益的决策和事项都要向社会公开，接受群众监督。

五是要适应形势和任务的需要，大力加强纪检监察机关自身建设。近年来，在党中央、国务院的坚强领导下，各级纪检监察机关和广大纪检监察干部全面履行纪律检查和行政监察两项职责，严肃党纪政纪，弘扬新风正气，为党和国家各项事业发展作出了积极贡献。新形势、新任务，对纪检监察干部提出了新的更高的要求。“打铁还得自身硬”。加强纪检监察机关自身建设，是一个永恒的主题。要巩固和拓展保持共产党员先进性教育活动、深入学习实践科学发展观活动和“做党的忠诚卫士、当群众的贴心人”主题实践活动成果，结合正在开展的创先争优活动，坚持不懈地抓好纪检监察机关自身建设。在反腐倡廉建设实践中，涌现出一大批勤奋敬业、无私奉献，坚持原则、秉公执纪，奋发有为、成绩卓著的先进集体和先进个人。在他们身上，集中体现和充分展示了纪检监察干部对党和国家无限忠诚，顾全大局、恪尽职守的政治品质；对腐败分子和消极腐败现象坚决斗争，敢于碰硬、无私无畏的精神境界；对广大干部和群众关心爱护，以人为本、执政为民的公仆情怀；对自己和亲属严格要求，一身正气、清廉自守的高尚情操。各级纪检监察机关要以学习先进典型为契机，努力建设一支忠诚可靠、服务人民、秉公执纪的纪检监察干部队伍，维护纪检监察干部可亲、可信、可敬的良好形象，为深入推进反腐倡廉建设提供坚强的组织保证。

反对消极腐败、建设廉洁政治，是马克思主义政党同一切剥削阶级政党的本质区别之一，也是我们共产党人孜孜以求的奋斗目标。我们要坚持以毛泽东思想和中国特色社会主义理论体系为指导，坚持党的领导、人民当家作主和依法治国的有机统一，把廉洁政治放到社会主义政治建设的大局中去谋划，放到经济社会发展的全局中去体现，放到党风廉政建设和反腐败斗争的实践中去落实，努力做到干部清廉、政府廉洁、政治清明，把反腐倡廉建设进一步推向深入。

胡锦涛同志在庆祝中国共产党成立90周年大会上的讲话

（2011年7月1日）

同志们，朋友们：

今天，我们在这里隆重集会，同全党全国各族人民一道，庆祝中国共产党成立90周年，回顾中国发展进步的伟大历程，瞻望中国发展繁荣的光明前景。

90年前的今天，中国共产党成立了。这是中华民族发展史上开天辟地的大事变。从此，中国人民踏上了争取民族独立、人民解放的光明道路，开启了实现国家富强、人民富裕的壮丽征程。

90年来，中国共产党人和全国各族人民前赴后继、顽强奋斗，不断夺取革命、建设、改革的重大胜利。今天，一个生机盎然的社会主义中国已经巍然屹立在世界东方，13亿中国人民正在中国特色社会主义伟大旗帜指引下满怀信心走向中华民族伟大复兴。

同志们、朋友们！

1840年鸦片战争以来中国170多年的历史，概括地说就是，我们伟大的祖国经历了刻骨铭心的磨难，我们伟大的民族进行了感天动地的奋斗，我们伟大的人民创造了彪炳史册的伟业。

鸦片战争以后，中国逐步成为半殖民地半封建社会，列强对中国的侵略步步进逼，封建统治日益腐败，祖国山河破碎、战乱不已，人民饥寒交迫、备受奴役。救亡图存的民族使命迫在眉睫。争取民族独立、人民解放，实现国家富强、人民富裕，成为中国人民必须完成的历史任务。

在那个风雨如晦的年代，为改变中华民族的命运，中国人民和无数仁人志士进行了千辛万苦的探索和不屈不挠的斗争。太平天国运动，戊戌变法，义和团运动，不甘屈服的中国人民一次次抗争，但又一次次失败。孙中山先生领导的辛亥革命，结束了统治中国几千年的君主专制制度，对推动中国社会进步具有重大意义，但也未能改变中国半殖民地半封建的社会性质和中国人民的悲惨命运。

事实说明，不触动封建根基的自强运动和改良主义，旧式的农民战争，资产阶级革命派领导的革命，照搬西方资本主义的其他种种方案，都不能完成中华民族救亡图存的民族使命和反帝反封建的历史任务。要解放中国发展进步问题，必须找到能够指导中国人民进行反帝反封建革命的先进理论，必须找到能够领导中国社会变革的先进社会力量。

1921年，在马克思列宁主义同中国工人运动相结合的进程中，中国共产党应运而生。中国共产党的诞生，是近现代中国历史发展的必然产物，是中国人民在救亡图存斗争中顽强求索的必然产物。从此，中国革命有了正确前进方向，中国人民有了强大精神力量，中国命运有了光明发展前景。

90年来，我们党团结带领人民在中国这片古老的土地上，书写了人类发展史上惊天地、泣鬼神的壮丽史诗，集中体现为完成和推进了三件大事。

第一件大事，我们党紧紧依靠人民完成了新民主主义革命，实现了民族独立、人民解放。经过北伐战争、土地革命战争、抗日战争、解放战争，党和人民进行28年浴血奋战，打败日本帝国主义侵略，推翻国民党反动统治，建立了中华人民共和国。新中国的成立，使人民成为国家、社会和自己命运的主人，实现了中国从几千年封建专制制度向人民民主制度的伟大跨越，实现了中国高度统一和各民族空前团结，彻底结束了旧中国半殖民地半封建社会的历史，彻底结束了旧中国一盘散沙的局面，彻底废除了列强强加给中国的不平等条约和帝国主义在中国的一切特权。中国人从此站立起来了，中华民族发展进步从此开启了新的历史纪元。

第二件大事，我们党紧紧依靠人民完成了社会主义革命，确立了社会主义基本制度。我们创造性地实现由新民主主义到社会主义的转变，使占世界人口四分之一的东方大国进入社会主义社会，实现了中国历史上最广泛最深刻的社会变革。我们建立起独立的比较完整的工业体系和国民经济体系，积累了在中国这样一个社会生产力水平十分落后的东方大国进行社会主义建设的重要经验。

第三件大事，我们党紧紧依靠人民进行了改革开放新的伟大革命，开创、坚持、发展了中国特色社会主义。党的十一届三中全会以来，我们总结我国社会主义建设经验，同时借鉴国际经验，以巨大的政治勇气、理论勇气、实践勇气实行改革开放，经过艰辛探索，形成了党在社会主义初级阶段的基本理论、基本路线、基本纲领、基本经验，建立和完善社会主义市场经济体制，坚持全方位对外开放，推动社会主义现代化建设取得举世瞩目的伟大成就。

这三件大事，从根本上改变了中国人民和中华民族的前途命运，不可逆转地结束了近代以后中国内忧外患、积贫积弱的悲惨命运，不可逆转地开启了中华民族不断发展壮大、走向伟大复兴的历史进军，使具有5000多年文明历史的中国面貌焕然一新，中华民族伟大复兴展现出前所未有的光明前景。

90年来，中国社会发生的变革，中国人民命运发生的变化，其广度和深度，其政治影响和社会意义，在人类发展史上都是十分罕见的。

事实充分证明，在近代以来中国社会发展进步的壮阔进程中，历史和人民选择了中国共产党，选择了马克思主义，选择了社会主义道路，选择了改革开放。

事实充分证明，中国共产党不愧为伟大、光荣、正确的马克思主义政党，不愧为领导中国人民不断开创事业发展新局面的核心力量。

同志们、朋友们！

90年来，我们取得的一切成就，是一代一代中国共产党人同人民一道顽强拼搏、接续奋斗的结果。以毛泽东同志为核心的党的第一代中央领导集体团结带领全党全国各族人民，夺取了新民主主义革命的伟大胜利，确立了社会主义基本制度，为当代中国一切发展进步奠定了根本政治前提和制度基础。以邓小平同志为核心的党的第二代中央领导集体团结带领全党全国各族人民，开启了改革开放的伟大历程，吹响了建设中国特色社会主义的时代号角，开辟了社会主义事业发展新时期。以江泽民同志为核心的党的第三代中央领导集体团结带领全党全国各族人民，坚持改革开放、与时俱进，引领改革开放的航船沿着正确方向破浪前进，成功把中国特色社会主义伟大事业推向21世纪。党的十六大以来，党中央团结带领全党全国各族人民，以邓小平理论和“三个代表”重要思想为指导，深入贯彻落实科学发展观，着力推动科学发展、促进社会和谐，继续在全面建设小康社会实践中推进中国特色社会主义伟大事业。

在庆祝中国共产党成立90周年的时刻，我们深切怀念为中国革命、建设、改革，为中国共产党建立、巩固、发展作出重大贡献的毛泽东、周恩来、刘少奇、朱德、邓小平、陈云等老一辈无产阶级革命家，深切怀念为创立、捍卫、建设新中国而英勇牺牲的革命先烈，深切怀念近代以来为中华民族独立和解放而顽强奋斗的所有先驱。他们为祖国和民族建立的丰功伟绩永垂史册！

在这里，我代表中共中央，向全国广大工人、农民、知识分子，向各民主党派、各人民团体、各界爱国人士，向中国人民解放军、武警部队、公安民警，致以崇高的敬意！向香港特别行政区同胞、澳门特别行政区同胞和台湾同胞以及广大侨胞，致以诚挚的问候！向一切同中国人民友好相处，关心和支持中国革命、建设、改革事业的各国人民和朋友，表示衷心的谢意！

同志们、朋友们！

经过90年的奋斗、创造、积累，党和人民必须倍加珍惜、长期坚持、不断发展的成就是：开辟了中国特色社会主义道路，形成了中国特色社会主义理论体系，确立了中国特色社会主义制度。

中国特色社会主义道路，是实现社会主义现代化的必由之路，是创造人民美好生活的必由之路。中国特色社会主义道路，就是在中国共产党领导下，立足基本国情，以经济建设为中心，坚持四项基本原则，坚持改革开放，解放和发展社会生产力，巩固和完善社会主义制度，建设社会主义市场经济、社会主义民主政治、社会主义先进文化、社会主义和谐社会，建设富强民主文明和谐的

社会主义现代化国家。

中国特色社会主义理论体系，是指导党和人民沿着中国特色社会主义道路实现中华民族伟大复兴的正确理论。我们党坚持把马克思主义基本原理同中国具体实际结合起来，在推进马克思主义中国化的历史进程中产生了两大理论成果。一大理论成果是毛泽东思想。毛泽东思想是马克思列宁主义在中国的运用和发展，系统回答了在一个半殖民地半封建的东方大国，如何实现新民主主义革命和社会主义革命的问题，并对建设什么样的社会主义、怎样建设社会主义进行了艰辛探索，以创造性的内容为马克思主义宝库增添了新的财富。另一大理论成果是中国特色社会主义理论体系。中国特色社会主义理论体系是包括邓小平理论、“三个代表”重要思想以及科学发展观等重大战略思想在内的科学理论体系，系统回答了在中国这样一个十几亿人口的发展中大国建设什么样的社会主义、怎样建设社会主义，建设什么样的党、怎样建设党，实现什么样的发展、怎样发展等一系列重大问题，是对毛泽东思想的继承和发展。

中国特色社会主义制度，是当代中国发展进步的根本制度保障，集中体现了中国特色社会主义的特点和优势。我们推进社会主义制度自我完善和发展，在经济、政治、文化、社会等各个领域形成一整套相互衔接、相互联系的制度体系。人民代表大会制度这一根本政治制度，中国共产党领导的多党合作和政治协商制度、民族区域自治制度以及基层群众自治制度等构成的基本政治制度，中国特色社会主义法律体系，公有制为主体、多种所有制经济共同发展的基本经济制度，以及建立在根本政治制度、基本政治制度、基本经济制度基础上的经济体制、政治体制、文化体制、社会体制等各项具体制度，符合我国国情，顺应时代潮流，有利于保持党和国家活力、调动广大人民群众和社会各方面的积极性、主动性、创造性，有利于解放和发展社会生产力、推动经济社会全面发展，有利于维护和促进社会公平正义、实现全体人民共同富裕，有利于集中力量办大事、有效应对前进道路上的各种风险挑战，有利于维护民族团结、社会稳定、国家统一。

面对风云变幻的国际形势，面对艰巨繁重的国内改革发展稳定任务，我们党要团结带领人民继续前进，开创工作新局面，赢得事业新胜利，最根本的就是要高举中国特色社会主义伟大旗帜，坚持和拓展中国特色社会主义道路，坚持和丰富中国特色社会主义理论体系，坚持和完善中国特色社会主义制度。

同志们、朋友们!

回顾 90 年中国的发展进步，可以得出一个基本结论：办好中国的事情，关键在党。

总结 90 年的发展历程，我们党保持和发展马克思主义政党先进性的根本点是：坚持解放思想、实事求是、与时俱进，以科学态度对待马克思主义，用发展着的马克思主义指导新的实践，坚持真理、修正错误，坚定不移走自己的路，始终保持党开拓前进的精神动力；坚持为了人民、依靠人民，诚心诚意为人民谋利益，从人民群众中汲取智慧和力量，始终保持党同人民群众的血肉联系；坚持任人唯贤、广纳人才，以事业感召、培养、造就人才，不断增加新鲜血液，始终保持党的蓬勃活力；坚持党要管党、从严治党，正视并及时解决党内存在的突出问题，始终保持党的肌体健康。

全党必须清醒地看到，在世情、国情、党情发生深刻变化的新形势下，提高党的领导水平和执政水平、提高拒腐防变和抵御风险能力，加强党的执政能力建设和先进性建设，面临许多前所未有的新情况新问题新挑战，执政考验、改革开放考验、市场经济考验、外部环境考验是长期的、复杂的、严峻的。精神懈怠的危险，能力不足的危险，脱离群众的危险，消极腐败的危险，更加尖锐地摆在全党面前，落实党要管党、从严治党的任务比以往任何时候都更为繁重、更为紧迫。

我们必须从新的实际出发，坚持以科学理论指导党的建设，以改革创新精神研究和解决党的建设面临的重大理论和实际问题，着眼于全面建设小康社会、加快推进社会主义现代化，全面认识和自觉运用马克思主义执政党建设规律，全面推进党的建设新的伟大工程，不断提高党的建设科学化水平。

在新的历史条件下提高党的建设科学化水平，必须坚持解放思想、实事求是、与时俱进，大力推进马克思主义中国化时代化大众化，提高全党思想政治水平。

90年来党的发展历程告诉我们，理论上的成熟是政治上坚定的基础，理论上的与时俱进是行动上锐意进取的前提，思想上的统一是全党步调一致的重要保证。中国共产党人坚信马克思主义基本原理是颠扑不破的科学真理，坚信马克思主义必须随着实践发展而不断丰富和发展，从来不把马克思主义看成是空洞、僵硬、刻板的教条。马克思主义，理论源泉是实践，发展依据是实践，检验标准也是实践。任何固守本本、漠视实践、超越或落后于实际生活的做法都不会得到成功。在历史上的一些时期，我们曾经犯过错误甚至遇到严重挫折，根本原因就在于当时的指导思想脱离了中国实际。我们党能够依靠自己和人民的力量纠正错误，在挫折中奋起，继续胜利前进，根本原因就在于重新恢复和坚持贯彻了实事求是。这方面的经验教训，我们党在《关于若干历史问题的决议》和《关于建国以来党的若干历史问题的决议》中进行了系统总结，我们必须牢牢记取。

实践发展永无止境，认识真理永无止境，理论创新永无止境。党和人民的实践是不断前进的，指导这种实践的理论也要不断前进。中国特色社会主义道路必将在党和人民的创造性实践中不断拓展，中国特色社会主义制度必将在深化改革、扩大开放中不断完善。这一过程必将为理论创新开辟广阔前景。在新的历史条件下坚持马克思主义，关键是要及时回答实践提出的新课题，为实践提供科学指导。我们要准确把握世界发展大势，准确把握社会主义初级阶段基本国情，深入研究我国发展的阶段性特征，及时总结党领导人民创造的新鲜经验，重点抓住经济社会发展重大问题，作出新的理论概括，永葆科学理论的旺盛生命力。

理论创新每前进一步，理论武装就跟进一步，这是我们党加强自身建设的一条重要经验。我们必须按照建设马克思主义学习型政党的要求，抓紧学习人类社会创造的一切科学的新思想新知识。全体党员、干部都要把学习作为一种精神追求，深入学习和掌握马克思列宁主义、毛泽东思想，深入学习和掌握中国特色社会主义理论体系，牢固树立辩证唯物主义和历史唯物主义世界观和方法论，真正做到学以立德、学以增智、学以创业。全党同志特别是党的各级领导干部都要不断提高思想政治水平，坚定理想信念，增强为党和人民事业不懈奋斗的自觉性和坚定性，咬定青山不放松，真正做到坚定不移、矢志不渝。

在新的历史条件下提高党的建设科学化水平，必须坚持五湖四海、任人唯贤，坚持德才兼备、以德为先用人标准，把各方面优秀人才集聚到党和国家事业中来。

90年来党的发展历程告诉我们，政治路线确定之后干部就是决定因素。坚持五湖四海、任人唯贤，是我们党性质和宗旨的必然要求。我们党除了人民利益，没有自己的特殊利益。我们党坚持这个崇高原则，为一切忠于人民、扎根人民、奉献人民的人们提供了施展才华的宽广舞台。中国特色社会主义道路能不能越走越宽广，中华民族能不能实现伟大复兴，要看能不能不断培养造就大批优秀人才，更要看能不能让各方面优秀人

才脱颖而出、施展才华。

我们要以更宽的视野、更高的境界、更大的气魄，广开进贤之路，把各方面优秀干部及时发现出来、合理使用起来。要坚持把干部的德放在首要位置，选拔任用那些政治坚定、有真才实学、实绩突出、群众公认的干部，形成以德修身、以德服众、以德领才、以德润才、德才兼备的用人导向。要坚持凭实绩使用干部，让能干事者有机会、干成事者有舞台，不让老实人吃亏，不让投机钻营者得利，让所有优秀干部都能为党和人民贡献力量。

源源不断培养造就大批优秀年轻干部，是关系党和人民事业继往开来、薪火相传的根本大计。年轻干部要承担起事业重任，必须牢固树立正确的世界观、权力观、事业观，做到忠诚党的事业、心系人民群众、专心做好工作、不断完善自己。广大年轻干部要自觉到艰苦地区、复杂环境、关键岗位砥砺品质、锤炼作风、增长才干。经过艰苦复杂环境磨练、重大斗争考验、实践证明优秀、有培养前途的大批年轻干部能够不断涌现出来，党和人民事业就大有希望。

人才是第一资源，是国家发展的战略资源。全党同志和全社会都要坚持尊重劳动、尊重知识、尊重人才、尊重创造的重大方针，牢固树立人人皆可成才的观念，敢为事业用人才，让各类人才都拥有广阔的创业平台、发展空间，使每个人都成为对祖国、对人民、对民族的有用之才，特别是要抓紧培养造就青年英才，形成人才辈出、人尽其才、才尽其用的生动局面。

在新的历史条件下提高党的建设科学化水平，必须坚持以人为本、执政为民理念，牢固树立马克思主义群众观点、自觉贯彻党的群众路线，始终保持党同人民群众的血肉联系。

90年来党的发展历程告诉我们，来自人民、植根人民、服务人民，是我们党永远立于不败之地的根本。以人为本、执政为民是我们党的性质和全心全意为人民服务根本宗旨的集中体现，是指引、评价、检验我们党一切执政活动的最高标准。全党同志必须牢记，密切联系群众是我们党的最大政治优势，脱离群众是我们党执政后的最大危险。我们必须始终把人民利益放在第一位，把实现好、维护好、发展好最广大人民根本利益作为一切工作的出发点和落脚点，做到权为民所用、情为民所系、利为民所谋，使我们的工作获得最广泛最可靠最牢固的群众基础和力量源泉。

每一个共产党员都要把人民放在心中最高位置，尊重人民主体地位，尊重人民首创精神，拜人民为师，把政治智慧的增长、执政本领的增强深深扎根于人民的创造性实践之中。要高度重视并切实做好新形势下群众工作，坚持问政于民、问需于民、问计于民，真诚倾听群众呼声，真实反映群众愿望，真情关心群众疾苦，依法保障人民群众经济、政治、文化、社会等各项权益。只有我们把群众放在心上，群众才会把我们放在心上；只有我们把群众当亲人，群众才会把我们当亲人。各级党政机关和干部要坚持工作重心下移，经常深入实际、深入基层、深入群众，做到知民情、解民忧、暖民心。要把基层一线作为培养锻炼干部的基础阵地，引导干部在同群众朝夕相处中增进对群众的思想感情、增强服务群众本领。要把服务群众、做群众工作作为基层党组织的核心任务和基层干部的基本职责，使基层党组织成为推动发展、服务群众、凝聚人心、促进和谐的坚强战斗堡垒。

在新的历史条件下提高党的建设科学化水平，必须坚持标本兼治、综合治理、惩防并举、注重预防的方针，深入开展党风廉政建设和反腐败斗争，始终保持马克思主义政党的先进性和纯洁性。

90年来党的发展历程告诉我们，坚决惩治和有效预防腐败，关系人心向背和党的生死存亡，是党必须始终抓好的重大政治任务。我们党对长期执政条件下滋生腐败的严重性和危险性，对改革开放和社会主义现代化建设全过程都要反对腐败，认识是清醒的。我们党旗帜鲜明、一以贯之反对腐败，反腐倡廉建设不断取得新的明显进展，为推进改革开放和社会主义现代化建设提供了重要保障。同时，反腐败斗争形势依然严峻、任务依然艰巨。如果腐败得不到有效惩治，党就会丧失人民信任和支持。全党必须警钟长鸣，充分认识反腐败斗争的长期性、复杂性、艰巨性，把反腐倡廉建设摆在更加突出的位置，以更加坚定的信心、更加坚决的态度、更加有力的举措推进惩治和预防腐败体系建设，坚定不移把反腐败斗争进行到底。

各级领导干部都要牢记，我们手中的权力是人民赋予的，只能用来为人民谋利益。行使权力就必须为人民服务、对人民负责并自觉接受人民监督，决不能把权力变成牟取个人或少数人私利的工具。各级干部都要自重、自省、自警、自励，讲党性、重品行、作表率，做到立身不忘做人之本、为政不移公仆之心、用权不谋一己之私，永葆共产党人政治本色。

在新的历史条件下提高党的建设科学化水平，必须坚持用制度管权管事管人，健全民主集中制，不断推进党的建设制度化、规范化、程序化。

90年来党的发展历程告诉我们，建设好、管理好一个有几千万党员的大党，制度更带有根本性、全局性、稳定性、长期性。必须始终把制度建设贯穿党的思想建设、组织建设、作风建设和反腐倡廉建设之中，坚持突出重点、整体推进，继承传统、大胆创新，构建内容协调、程序严密、配套完备、有效管用的制度体系。

推进党的制度建设，要坚持以党章为根本、以民主集中制为核心，坚持和完善党的领导制度，改革和完善党的领导方式和执政方式，发展党内民主，积极稳妥推进党务公开，保障党员主体地位和民主权利，完善党代表大会制度和党内选举制度，完善党内民主决策机制，保障党的团结统一，增强党的创造活力，坚决克服违反民主集中制原则的个人独断专行和软弱涣散现象。全党同志都要牢固树立法律面前人人平等、制度面前没有特权、制度约束没有例外的观念，认真学习制度，严格执行制度，自觉维护制度。

总之，只要全党同志常怀忧党之心、恪尽兴党之责，以更加奋发有为的精神状态推进党的建设，我们党就一定能够更好把握历史大势、勇立时代潮头、引领社会进步。

同志们、朋友们！

中国共产党自诞生之日起就勇敢担当起团结带领人民实现中华民族伟大复兴的历史使命。继续推动中华民族伟大复兴进程，必须始终坚持党的基本路线不动摇，继续解放思想，坚持改革开放，推动科学发展，促进社会和谐，在新的历史起点上把中国特色社会主义伟大事业全面推向前进。

面向未来，全党同志必须牢记，我国过去30多年的快速发展靠的是改革开放，我国未来发展也必须坚定不移依靠改革开放。新时期最鲜明的特点是改革开放。改革开放是党在新的历史条件下领导人民进行的新的伟大革命，是决定当代中国命运的关键抉择，是坚持和发展中国特色社会主义、实现中华民族伟大复兴的必由之路。只有改革开放才能发展中国、发展社会主义、发展马克思主义。当前，世情、国情、党情继续发生深刻变化，我国发展中不平衡、不协调、不可持续问题突出，制约科学发展的体制机制障碍躲不开、绕不过，必须通过深化改革加以解决。我们一定要坚定不移坚持党的十一届三中全会以来的路线方针政策，坚定信心、砥砺勇气，坚持不懈把改革创新精神贯彻到治国理政各个环节，奋力把改革开放推向前进。要坚持社会主义市场经济的改革方向，提高改革决策的科学性，增强改革措施的协调性，找准深化改革开放的突破口，明确深化改革开放的重点，不失时机地推进重要领域和关键环节改革，继续推进经济体制、政治体制、文化体制、社会体制改革创新，继续解放和发展社会生产力，继续推动我国社会主义制度自我完善和发展，坚决破除一切妨碍科学发展的思想观念和体制机制弊端，为推进中国特色社会主义事业注入强大动力。

在前进道路上，我们要继续牢牢扭住经济建设这个中心不动摇，坚定不移走科学发展道路。

以经济建设为中心是兴国之要，是我们党、我们国家兴旺发达、长治久安的根本要求。只有推动经济又好又快发展，才能筑牢国家发展繁荣的强大物质基础，才能筑牢全国各族人民幸福安康的强大物质基础，才能筑牢中华民族伟大复兴的强大物质基础。改革开放30多年来，我们坚持以经济建设为中心，推动社会生产力以前所未有的速度发展起来，这是我国综合国力、人民生活水平、国际地位大幅度提升的根本原因。今后，我们必须继续牢牢坚持发展是硬道理的战略思想，牢牢扭住经济建设这个中心，决不能有丝毫动摇。

生产力是人类社会发展的根本动力。我们党是以中国先进生产力的代表登上历史舞台的。党的一切奋斗，归根到底都是为了解放和发展社会生产力，不断改善人民生活。我们已经取得了举世瞩目的伟大成就，但我国仍处于并将长期处于社会主义初级阶段的基本国情没有变，人民日益增长的物质文化需要同落后的社会生产之间的矛盾这一社会主要矛盾没有变，我国是世界上最大的发展中国家的国际地位没有变。发展仍然是解决我国所有问题的关键。牢牢抓住和用好我国发展的重要战略机遇期，是我们赢得主动、赢得优势、赢得未来的关键所在，是对我们党执政能力的重大考验，也是对我们民族自强能力的重大考验。我们必须继续聚精会神搞建设、一心一意谋发展，不断夯实坚持和发展中国特色社会主义的物质基础。

在当代中国，坚持发展是硬道理的本质要求就是坚持科学发展。我们要以科学发展为主题，以加快转变经济发展方式为主线，更加注重以人为本，更加注重全面协调可持续发展，更加注重统筹兼顾，更加注重改革开放，更加注重保障和改善民生，加快经济结构战略性调整，加快科技进步和创新，加快建设资源节约型、环境友好型社会，促进社会公平正义，促进经济长期平稳较快发展和社会和谐稳定，不断在生产发展、生活富裕、生态良好的文明发展道路上取得新的更大的成绩，不断为全面建成小康社会、实现中华民族伟大复兴打下更为坚实的基础。

在前进道路上，我们要继续大力推进社会主义民主政治建设，坚定不移走中国特色社会主义政治发展道路。

人民民主是中国共产党始终高扬的光辉旗帜。改革开放以来，我们党总结发展社会主义民主的正反两方面经验，明确提出没有民主就没有社会主义，就没有社会主义现代化，人民当家作主是社会主义民主政治的本质和核心。我们坚持推进政治体制改革，在发展社会主义民主政治方面取得了重大进展。我们废除了实际上存在的领导干部职务终身制，确保了国家政权机关和领导人员有序更替。我们不断扩大人民有序政治参与，人民实现了内容广泛的当家作主。我们坚持和完善中国共产党领导的多党合作，深入开展政治协商、民主监督、参政议政，发展最广泛的爱国统一战线。我们建立健全深入了解民情、充分反映民意、广泛集中民智、切实珍惜民力的决策机制，保证决策符合人民利益和愿望。我们建立健全广纳群贤、人尽其才、能上能下、充满活力的用人机制，为各方面优秀人才建功立业开辟了广阔渠道。我们形成了中国特色社会主义法律体系，我们党自觉在宪法和法律范围内活动，支持人大、政府、政协、司法机关等依照法律和各自章程独立负责、协调一致开展工作。我们建立健全权力运行制约和监督体系，保证党和国家机关按照法定权限和程序行使权力。事实充分证明，我国社会主义民主政治具有强大生命力，中国特色社会主义政治发展道路是保证人民当家作主的正确道路。

同时，我们也要看到，我国社会主义民主法制建设与扩大人民民主和促进经济社会发展的要求还不完全适应，社会主义民主政治的具体制度方面还存在不完善的地方，在保障人民民主权利、发挥人民创造精神方面还存在不足。随着中国特色社会主义事业持续推进，我国社会主义民主政治建设需要也必然会继续向前推进。

发展社会主义民主政治，必须坚持中国特色社会主义政治发展道路，关键是要坚持党的领导、人民当家作主、依法治国有机统一。我们要积极稳妥推进政治体制改革，以保证人民当家作主为根本，以增强党和国家活力、调动人民积极性为目标，扩大社会主义民主，建设社会主义法治国家，发展社会主义政治文明。要坚持发挥党总揽全局、协调各方的领导核心作用，提高党科学执政、民主执政、依法执政水平，保证党领导人民有效治理国家。要坚持国家一切权力属于人民，健全民主制度，丰富民主形式，拓宽民主渠道，保证人民依法实行民主选举、民主决策、民主管理、民主监督。要全面落实依法治国基本方略，在全社会大力弘扬社会主义法治精神，不断推进科学立法、严格执法、公正司法、全民守法进程，实现国家各项工作法治化。总之，我们要不断推进社会主义民主政治制度化、规范化、程序化，进一步把我国社会主义政治制度的优越性发挥出来，为党和国家兴旺发达、长治久安提供更加完善的制度保障。

在前进道路上，我们要继续大力推动社会主义文化大发展大繁荣，坚定不移发展社会主义先进文化。

社会主义先进文化是马克思主义政党思想精神上的旗帜。面对当今文化越来越成为综合国力竞争重要因素的新形势，我们必须以高度的文化自觉和文化自信，着眼于提高民族素质和塑造高尚人格，以更大力度推进文化改革发展，在中国特色社会主义伟大实践中进行文化创造，让人民共享文化发展成果。

要坚持发展面向现代化、面向世界、面向未来的，民族的科学的大众的社会主义文化，推动社会主义先进文化更加深入人心，推动社会主义精神文明和物质文明全面发展，不断开创全民族文化创造活力持续迸发、社会文化生活更加丰富多彩、人民基本文化权益得到更好保障、人民思想道德素质和科学文化素质全面提高的新局面，建设中华民族共有精神家园。

发展社会主义先进文化，必须把社会主义核心价值体系建设融入国民教育、精神文明建设和党的建设全过程。要坚持用马克思主义中国化最新成果武装全党、教育人民，引导广大干部群众深刻领会党的理论创新成果，坚定理想信念。要在全体人民中大力弘扬以爱国主义为核心的民族精神和以改革创新为核心的时代精神，增强民族自尊心、自信心、自豪感，激励全党全国各族人民为实现中华民族伟大复兴而团结奋斗。要坚持用社会主义荣辱观引领社会风尚，深入推进社会公德、职业道德、家庭美德、个人品德建设，加强对青少年的德育培养，在全社会形成积极向上的精神追求和健康文明的生活方式。要加快文化体制改革，加快构建公共文化服务体系，加快发展文化事业和文化产业。要着眼于推动中华文化走向世界，形成与我国国际地位相对称的文化软实力，提高中华文化国际影响力。中华民族创造了源远流长、博大精深的中华文化，中华民族也一定能够在弘扬中华优秀传统文化的基础上创造出中华文化新的辉煌。

在前进道路上，我们要继续大力保障和改善民生，坚定不移推进社会主义和谐社会建设。

保障和改善民生，促进社会和谐，是实

现全面建设小康社会宏伟目标的必然要求。我们必须从维护最广大人民根本利益和实现国家长治久安的战略高度抓好社会建设，推动社会建设与经济建设、政治建设、文化建设协调发展。

推进社会建设，要以保障和改善民生为重点，着力解决好人民最关心最直接最现实的利益问题。要坚持发展为了人民、发展依靠人民、发展成果由人民共享，完善保障和改善民生的制度安排，把促进就业放在经济社会发展优先位置，加快发展教育、社会保障、医药卫生、保障性住房等各项社会事业，推进基本公共服务均等化，加大收入分配调节力度，坚定不移走共同富裕道路，努力使全体人民学有所教、劳有所得、病有所医、老有所养、住有所居。

正确处理改革发展稳定关系，实现改革发展稳定的统一，是关系我国社会主义现代化建设全局的重要指导方针。发展是硬道理，稳定是硬任务；没有稳定，什么事情也办不成，已经取得的成果也会失去。这个道理，不仅全党同志要牢记在心，还要引导全体人民牢记在心。

当代中国正经历着空前广泛的社会变革。这种变革在给我国发展进步带来巨大活力的同时，也必然带来这样那样的矛盾和问题。社会矛盾运动是推动社会发展的基本力量。我们要遵循社会发展规律，主动正视矛盾，妥善处理人民内部矛盾和其他社会矛盾，不断为减少和化解矛盾培植物质基础、增强精神力量、完善政策措施、强化制度保障，最大限度激发社会活力，最大限度增加和谐因素，最大限度减少不和谐因素。要加强和创新社会管理，完善党委领导、政府负责、社会协同、公众参与的社会管理格局，建设中国特色社会主义社会管理体系，全面提高社会管理科学化水平，确保人民安居乐业、社会和谐稳定。

巩固的国防和强大的军队，是国家主权、安全、领土完整的坚强后盾。我们必须统筹经济建设和国防建设，走中国特色军民融合式发展路子，在全面建设小康社会进程中实现富国和强军的统一。要着眼全面履行新世纪新阶段军队历史使命，以推动国防和军队科学发展为主题，以加快转变战斗力生成模式为主线，全面加强军队革命化、现代化、正规化建设，坚持党对军队绝对领导的根本原则和人民军队的根本宗旨，培育当代革命军人核心价值观，拓展和深化军事斗争准备，积极开展信息化条件下军事训练，提高国防科技和武器装备自主创新能力，加快全面建设现代后勤步伐，抓紧培养高素质新型军事人才，积极稳妥推进国防和军队改革，坚持依法治军、从严治军，全面提高以打赢信息化条件下局部战争能力为核心的完成多样化军事任务能力。要加快建设现代化武装警察力量。要深化全民国防教育，加强国防动员和后备力量建设，巩固和发展军政军民团结。

我们要一如既往坚持“一国两制”、“港人治港”、“澳人治澳”、高度自治的方针，全力支持香港特别行政区政府、澳门特别行政区政府依法施政、发展经济、改善民生，推进香港、澳门同内地的交流合作，团结一切爱国爱港、爱国爱澳力量，保持香港、澳门长期繁荣稳定。我们要牢牢把握两岸关系和平发展主题，全面深化两岸交流合作，扩大两岸各界往来，共同反对和遏制“台独”分裂活动，为两岸同胞谋幸福，为中华民族创未来。

同志们、朋友们！

环顾全球，和平、发展、合作的时代潮流没有变，但世界和平与发展面临诸多挑战。共同分享发展机遇，共同应对各种风险，推动建设持久和平、共同繁荣的和谐世界，是各国人民的共同愿望。

中国共产党和中国人民历来是促进世界和平与发展的积极力量。为人类作出应有贡献，是中国共产党和中国人民早就作出的庄严承诺。我们将坚持不懈为人类和平与发展的崇高事业作出自己的努力，争取对人类作出新的更大的贡献。

中国外交政策的宗旨是维护世界和平、促进共同发展。我们将继续坚持独立自主的和平外交政策，始终不渝走和平发展道路，始终不渝奉行互利共赢的开放战略，在和平共处五项原则的基础上同所有国家发展友好合作，维护发展中国家正当要求和共同利益，积极参与多边事务，推动国际政治经济秩序朝着更加公正合理的方向发展。我们将坚定不移实行对外开放的基本国策，完善开放型经济体系，全面提高开放型经济水平，加强同世界各国的互利合作，继续以自己的和平发展促进各国共同发展。

中国共产党将在独立自主、完全平等、相互尊重、互不干涉内部事务原则的基础上，同各国各地区政党和政治组织发展交流合作，相互学习借鉴治国理政经验，促进国家关系发展。

同志们、朋友们！

回顾我们党90年的发展历程，我们有一个共同的感觉，这就是，我们党从成立之日起，就始终代表广大青年、赢得广大青年、依靠广大青年。我们党的创始人之一李大钊说过，为世界进文明，为人类造幸福，以青春之我，创建青春之人类。我们党的创始人，一代又一代中国共产党人，大多数都是从青年时代就满腔热血参加了党，决心为党和人民奋斗终身。我们党的队伍里始终活跃着怀抱崇高理想、充满奋斗激情的青年人，这是我们党历经90年风雨而依然保持蓬勃生机的一个重要保证。青年是祖国的未来、民族的希望，也是我们党的未来和希望。全党都要关注青年、关心青年、关爱青年，倾听青年心声，鼓励青年成长，支持青年创业。党对青年寄予厚望，人民对青年寄予厚望。全国广大青年一定要深刻了解近代以来中国人民和中华民族不懈奋斗的光荣历史和伟大历程，永远热爱我们伟大的祖国，永远热爱我们伟大的人民，永远热爱我们伟大的中华民族，坚定理想信念，增长知识本领，锤炼品德意志，矢志奋斗拼搏，在人生的广阔舞台上充分发挥聪明才智、尽情展现人生价值，让青春在为党和人民建功立业中焕发出绚丽光彩。

同志们、朋友们！

90年前，中国共产党只有几十个成员，国家贫穷落后，人民苦不聊生。今天，中国共产党已经拥有8000多万党员，国家繁荣昌盛，人民幸福安康。90年来，我们党取得的所有成就都是依靠人民共同奋斗的结果，人民是真正的英雄，这一点我们永远不能忘记。

我们完全有理由为党和人民取得的一切成就而自豪，但我们没有丝毫理由因此而自满，我们决不能也决不会躺在过去的功劳簿上。

在本世纪上半叶，我们党要团结带领人民完成两个宏伟目标，这就是到中国共产党成立100年时建成惠及十几亿人口的更高水平的小康社会，到新中国成立100年时建成富强民主文明和谐的社会主义现代化国家。我们肩膀上的担子重、责任大。全党同志要牢记历史使命，永远保持谦虚、谨慎、不骄、不躁的作风，永远保持艰苦奋斗的作风，勇于变革、勇于创新，永不僵化、永不停滞，不动摇、不懈怠、不折腾，不为任何风险所惧，不被任何干扰所惑，坚定不移沿着中国特色社会主义道路奋勇前进，更加奋发有为地团结带领全国各族人民创造自己的幸福生活和中华民族的美好未来！

何勇同志在会见第四届发展中国家预防腐败研讨班代表及相关国家驻华使馆官员时的讲话要点

（2011 年 7 月 15 日）

尊敬的出席研讨班的各位代表、各位驻华使节，女士们、先生们：

下午好！很高兴和出席第四届发展中国家预防腐败研讨班的各位代表、各位使节见面。我谨代表中国共产党中央纪律检查委员会和中华人民共和国监察部对你们的到来表示热烈的欢迎！

中国国家预防腐败局举办发展中国家预防腐败研讨班，是中国政府履行《联合国反腐败公约》、促进反腐败国际交流与合作的重要举措。研讨班自 2008 年以来已连续举办了三届，在国际社会特别是发展中国家、有关国际组织产生了良好的反响。今年我们在这里举办第四届研讨班，共有 25 个国家、3 个国际组织共 52 名代表参加，规模层次均超过前三届，充分体现了中国与广大发展中国家和国际组织良好的合作交流。

1978 年以来，中国坚定不移地实行改革开放政策，大力解放和发展社会生产力，经济社会发展取得了巨大成就。从 1978 年到 2010 年，经济总量由 3645 亿元增加到 39.8 万亿元，年均增长 9.9%；人口平均预期寿命从 68 岁增加到 73.5 岁。中国综合国力大幅增强，人民生活显著改善，国际地位和影响空前提高。但是，中国仍是世界上最大的发展中国家，经济发展中不平衡、不协调、不可持续问题突出，改善民生和维护社会稳定任务艰巨。从今年起，中国开始实施国民经济和社会发展第十二个五年规划。这个规划以科学发展为主题、以加快转变经济发展方式为主线，明确了今后五年中国经济社会发展的指导思想、总体思路、目标任务和重大举措。全面完成这些重大任务，必将为实现中国经济社会长远发展和全面建设小康社会奋斗目标打下坚实基础。

前不久，我们刚刚庆祝中国共产党成立 90 周年。中共中央总书记胡锦涛同志在庆祝大会上发表重要讲话，深刻总结了我们党在各个历史时期取得的伟大成就和宝贵经验，明确提出了继续以改革创新精神全面加强和改进党的建设、推进中国特色社会主义伟大事业的历史任务。加强和改进党的建设，很重要的一个方面就是加强反腐倡廉建设。中国共产党和中国政府旗帜鲜明、一以贯之反对腐败，坚持一手抓经济建设，一手抓惩治腐败，反腐倡廉建设不断取得新的明显进展。我们将继续坚持标本兼治、综合治理、惩防并举、注重预防的方针，加强以保持党同人民群众血肉联系为重点的作风建设，加强以完善惩治和预防腐败体系为重点的反腐倡廉建设，不断取得反腐败斗争的新成效。

腐败是国际社会面临的共同课题。中国高度重视反腐败国际交流与合作，始终主张在尊重主权、平等互利、尊重差异、注重实效的原则下，与世界各国、各地区和有关国际组织加强合作，互相借鉴，取长补短，共同防治腐败。我们注意到，许多发展中国家在防治腐败方面积累了宝贵的经验，对中国做好反腐败工作有着重要的借鉴意义。我们愿意继续加强与发展中国家防治腐败机构和有关国际组织的友好关系，加深了解、深化合作，为建设廉洁高效政府，维护社会公平正义，增进与各国人民的友谊作出新的贡献。

最后，预祝第四届发展中国家预防腐败研讨班圆满成功！祝各位朋友在华期间生活愉快、身体健康！

贺国强同志在全国加强廉政风险防控规范权力运行现场会上的讲话

（2011年8月30日）

今天，我们在北京市召开这次全国加强廉政风险防控规范权力运行现场会，主要目的是深入贯彻落实党的十七大和十七届四中、五中全会以及十七届中央纪委第六次全会精神，总结推广部分地区、部门和单位加强廉政风险防控、规范权力运行的经验，切实做好从源头上防治腐败工作，推动惩治和预防腐败体系建设深入发展。今天上午，大家现场观摩了北京市一些单位开展廉政风险防控的做法；刚才，中央政治局委员、北京市委书记刘淇同志发表了热情洋溢的致辞，7个单位的同志作了交流发言；此外，还有36个单位提交了书面交流材料。这些经验材料，内容丰富、特色鲜明、联系实际，从不同角度展示了近年来廉政风险防控工作的成果，具有重要的示范和借鉴意义。下面，我根据中央精神，结合各单位的经验，就进一步加强廉政风险防控、规范权力运行工作讲3点意见。

一、认真总结加强廉政风险防控、规范权力运行工作的实践经验

加强廉政风险防控，作为推进权力公开透明运行、健全权力运行制约和监督机制的一项重要实践和探索，是由北京市原崇文区较早提出和实施的，后来得到了北京市委、市政府、市纪委的高度重视和大力推广。这也是我们这个现场会放在北京市召开的重要原因。我和刘淇、何勇同志以及中央纪委监察部、北京市其他领导同志也一直关注着这项工作的进展情况，多次作出批示、开展调研、听取汇报，要求认真跟踪了解和总结推广北京市在廉政风险防控方面的经验做法。国家预防腐败局等单位也进行了大量专题调研和政策研究，积极推进这项工作。特别是去年5月中央纪委监察部在南京召开的全国反腐倡廉建设创新经验交流会介绍了一些地方开展廉政风险防控工作的经验后，这项工作发展很快。据统计，目前31个省（区、市）开始部署这项工作的有21个、试点的有10个；55个中央纪委、监察部派驻机构驻在部门中，在机关开始部署的有15个、试点的有12个，在系统开始部署的有17个、试点的有8个；同时，部分国有企业、金融机构、高校等企事业单位也启动了廉洁从业风险防控工作。总的看，廉政风险防控工作呈现出内容不断深化、领域不断拓展、覆盖面逐步扩大、成效逐步显现的良好发展态势。

从今天上午现场观摩的有关单位的经验和做法来看：

北京市东城区（包括原东城区和原崇文区）把现代管理科学的风险管理理论和全面质量管理方法引入反腐倡廉建设中，在全国率先探索开展廉政风险防范管理工作，通过查找思想道德、岗位职责、单位职能、制度机制4类风险，评定高、中、低风险3个等级，建立前期预防、中期监控、后期处置3道防线，抓好计划、执行、考核、修正4个环节，逐步形成了以“查找廉政风险、建立防控体系、实施质量管理”为主要内容的廉政风险防范管理工作机制，初步走出了一条有效预防腐败的路子，推动东城区反腐倡廉建设和经济社会发展上了一个新台阶。

北京市住房城乡建设委认真总结推广廉洁奥运经验，把廉政风险防范管理融入保障性住房建设管理全过程，强化制度防控、体制机制防控、科技防控“三位一体”防控体系，通过严把招投标管理关、建材采购关和工程质量关保证了建设质量，通过严格执行“三级审核、二次公示”管理制度保证了房源分配阳光透明，通过监察、审计部门全程监管和跟踪审计保证了资金使用安全高效，推动城市建设和房屋管理事业不断取得新的发展和进步。

大家还通过观看专题片和图片展览，了解了北京市其他一些单位的经验和做法：

顺义区精心打造“一把手”廉政风险防范工程，突出权力结构合理配置，牢牢锁定“三重一大”事项，明确决策范围，规范决策程序，取得了积极成效。

北京市发展改革委通过建立政府投资项目管理与监控信息系统，逐层、逐级、逐项、逐环节查风险、抓落实，较好地防范了政府投资风险、确保了重点工程建设。

北京市委教工委、市教委围绕高校“人、财、物”管理监督重点，确定民主决策、基建工程、财务管理、干部人事、教育收费、物资采购、资产管理、招生工作、科研经费管理和规范学术活动十大重点防控领域，查找风险点，制定防控措施，完善制度体系，促进了高校党风建设和反腐败工作。

京东方集团建立起以完善管理体制为先导、规范流程制度为核心、培训教育宣传为基础、跟踪检查督导为保障的廉政风险防范管理体系，实现了廉政建设与项目管理的有机融合和良性互动。

从刚才发言的7个单位的经验和做法来看：

北京市介绍的主要是以规范制约权力为核心深入推进廉政风险防控机制建设的经验。他们在总结试点经验的基础上，把廉政风险防控向农村、国有企业、高校、社区等基层重要岗位延伸，实行重点领域专项防控，合理压缩自由裁量权，严密规范管理流程，积极推进权力公开透明运行，着力构建廉政风险防控机制，为实现廉洁奥运目标和促进经济社会又好又快发展提供了有力保证。

上海市介绍的主要是运用“制度＋科技”加强工程建设领域廉政风险防控的经验。他们充分运用信息技术手段，通过建立全市统一的建筑建材业信息监管平台、加快招投标电子化、实施合同备案制度、强化工地现场监管等，促进了建筑市场监管公开透明，有效减少了工程建设领域暗箱操作、虚假招标、违法分包、监管缺位等廉政风险，促进了廉洁办世博和全市经济社会发展。

河北省介绍的主要是以开展行政权力运行监控机制建设为抓手提高廉政风险防控管理水平的经验。他们在全面排查廉政风险基础上，抓住行政权力运行监控机制建设这条主线，搭建监控平台，突出防控重点，完善防控制度，强化风险管理，着力构建覆盖权力运行全过程的完整监控链条，促进了行政权力规范运行。

浙江省介绍的主要是推进廉政风险防控机制建设全覆盖的经验。他们坚持以管理事项和业务工作流程为载体，突出党政领导班子和领导干部这个重点，通过查找廉政风险、核定权力清单、合理配置权力、推行利益冲突回避制度和阳光政务、强化监督制约、加强风险预警、开展风险教育等，着力推进全员排查、全程防控，促进了廉政风险防控的全面化和动态化。

海关总署介绍的主要是运用信息化系统防控廉政风险的经验。他们结合海关执法工作的特点，全面推广应用海关执法廉政风险预警处置系统，把制度规定转化为控制节点，推动反腐倡廉与业务建设深度融合、执法风险与廉政风险同步防控、制度建设与科技手段有机结合，提升了执法监督和廉政监督的整体效能。

湖北省鄂州市介绍的主要是突出重点推进廉政风险防控机制建设的经验。他们围绕保证“项目建设安全、资金使用安全、权力行使安全、干部成长安全”的目标，在扎实做好廉政风险防控各项基础性工作的同时，坚持全员防控中突出领导干部、全域覆盖中突出重点领域、全程监督中突出关键环节，增强了廉政风险防控机制建设实效。

安徽省芜湖市介绍的主要是加强权力内控机制建设的经验。他们围绕“用人、用钱、用地、用权”等重点领域和关键环节，通过深入排查廉政风险、加强制度建设，努力构建前期预防、中期监控、后期处置的廉政风险防控机制，有效规范了行政行为，为经济社会发展创造了良好环境。

以上现场观摩单位、7家发言单位和其他书面交流单位的经验，既具有鲜明个性特点，又具有普遍借鉴意义，对于加强廉政风险防控、规范权力运行工作有重要启示。从有关地区、部门和单位这段时间的实践探索看，加强廉政风险防控、规范权力运行工作取得了初步成效：一是增强了广大党员干部廉洁从政的意识；二是提升了有效预防腐败的能力；三是推进了惩治和预防腐败体系建设；四是形成了反腐倡廉建设的整体合力；五是提高了反腐倡廉建设科学化水平；六是拓宽了纪检监察机关全面履行职责的领域。我们要在前一阶段工作基础上，以这次会议为契机，进一步认真总结借鉴这些成果和经验，对具备全面推广条件的要及时加以推广，需要上升为制度的要经过研究论证上升为制度，需要在实践中进一步探索的要积极开展试点，切实把这些经验总结好、运用好、发展好。

二、进一步提高对加强廉政风险防控、规范权力运行重要意义的认识

党的十七大从发展社会主义民主政治的高度提出，要完善制约和监督机制，保证人民赋予的权力始终用来为人民谋利益。党的十七届四中全会《决定》提出，要健全权力运行制约和监督机制，以加强领导干部特别是主要领导干部监督为重点，建立健全决策权、执行权、监督权既相互制约又相互协调的权力结构和运行机制，推进权力运行程序化和公开透明。胡锦涛总书记在十七届中央纪委第五次全会上强调，要推进廉政风险防控机制建设，从重点领域、重点部门、重点环节入手，排查廉政风险，健全内控机制，构筑制度防线，形成以积极防范为核心、以强化管理为手段的科学防控机制。近年来的中央纪委全会都对加强廉政风险防控、规范权力运行作出了部署。加强廉政风险防控由最初的基层实践探索不断丰富、完善和发展，如今已经成为一项重要的机制建设。我们要深入学习贯彻中央精神，认真总结实践经验，进一步提高对加强廉政风险防控、规范权力运行重要意义的认识，切实增强推进这项工作的责任感和紧迫感。

*第一，加强廉政风险防控、规范权力运行，是完善制约和监督机制、促进社会主义民主政治建设的必然要求。*完善公共权力运行制约和监督机制，是坚持党的领导、人民当家作主、依法治国有机统一的关键环节，也是发展社会主义民主政治的重要保障。加强廉政风险防控、规范权力运行，有利于建立健全决策权、执行权、监督权既相互制约

又相互协调的权力结构和运行机制，促进党的领导方式、执政方式的改进和领导水平、执政水平的提高；有利于促进决策科学化、民主化，完善各类公开办事制度，推进权力公开透明运行，提高政府工作的透明度和公信力，保障人民的知情权、参与权、表达权、监督权；有利于健全民主法制和程序规则，促使各级党政机关及广大干部增强法治意识、树立法治理念，坚持依法执政、依法行政，按照法定权限和程序行使权力、履行职责，更好地落实依法治国基本方略，不断推进社会主义民主政治制度化、规范化、程序化。

第二，加强廉政风险防控、规范权力运行，是完善惩治和预防腐败体系、从源头上防治腐败的重大举措。完善惩治和预防腐败体系，是改革开放30多年来党风廉政建设和反腐败斗争实践经验的科学总结，是新形势下加强反腐倡廉建设的重点任务。《建立健全惩治和预防腐败体系2008—2012年工作规划》提出，要完善监督制约机制，切实把防治腐败的要求落实到权力结构和运行机制的各个环节，最大程度地减少权力“寻租”的机会，并明确要求建立预防腐败信息共享机制和腐败风险预警机制。加强廉政风险防控、规范权力运行，有利于加大治本力度，通过排查廉政风险、制定防控措施和深化相关改革，逐步消除腐败现象滋生的土壤和条件，努力从源头上防治腐败；有利于加大预防力度，通过防范在先、关口前移，有效防止权力滥用、以权谋私等腐败风险，最大限度地减少腐败现象发生的概率、降低腐败行为带来的危害；有利于加大制度建设力度，促进形成内容科学、程序严密、配套完备、有效管用的反腐倡廉制度体系，提高制度执行力、增强制度权威性，切实做到用制度管权、按制度办事、靠制度管人；有利于把反腐倡廉的要求落实到每个部门、每个单位、每个岗位，把反腐倡廉各项工作有机结合起来，充分发挥惩治和预防腐败体系的综合效能。

第三，加强廉政风险防控、规范权力运行，是加强领导班子和干部队伍作风建设、推动经济社会又好又快发展的重要保证。完成“十二五”规划的各项任务，实现全面建设小康社会的奋斗目标，关键在于各级领导班子和领导干部坚决贯彻执行党的路线方针政策，认真履行岗位职责，以良好的精神状态和工作作风带领人民群众团结奋斗、开拓前进。加强廉政风险防控、规范权力运行，有利于把风险管理的理念融入各级领导班子和领导干部的日常工作中，及时发现和纠正在政策执行、决策制定、工作推进中的失误和偏差，保证中央重大决策部署的有效贯彻执行；有利于查找党员干部在理想信念、工作作风、职业操守等方面存在的思想道德风险，通过加强教育、强化监督、有效惩戒，督促广大党员干部增强党性、提高本领、改进作风，更好地完成改革发展稳定各项任务；有利于厘清和明晰各部门、各单位以及各个工作岗位的权责界限，明确职责任务，落实工作责任，充分调动广大干部推动科学发展、促进社会和谐的内在动力和工作热情。

三、扎实推进加强廉政风险防控、规范权力运行工作

加强廉政风险防控、规范权力运行，既是一项重要而紧迫的机制建设，也是一项长期而艰巨的工作任务。中央纪委监察部、国家预防腐败局在深入调查研究、分析论证、征求意见的基础上，组织起草了《关于加强廉政风险防控的指导意见》，根据这次会议上大家提出的意见和建议作进一步修改后，将很快下发。各地区各部门各单位要按照《指导意见》的要求，借鉴一些地方和单位开展这项工作的经验做法，结合自身实际，周密部署、精心组织，确保这项工作有力有序有效地向前推进。

第一，要把握工作原则。加强廉政风险防控、规范权力运行，总的来讲，要坚持以邓小平理论和“三个代表”重要思想为指导，深入贯彻落实科学发展观，坚持以规范权力运行为核心、以加强制度建设为重点、以现代信息技术为支撑，把长远目标与阶段性任务结合起来，着力构建前期预防、中期监控、后期处置的廉政风险防控机制，不断提高预防腐败工作科学化、制度化和规范化水平。具体来讲，要坚持围绕中心，把加强廉政风险防控、规范权力运行工作与经济社会发展、党的建设特别是反腐倡廉建设结合起来，融入各地区各部门各单位的职责任务、业务工作和管理流程之中，实现廉政风险防控与中心工作协调推进、良性互动，为改革发展稳定提供有效服务和有力保证；要坚持系统治理，贯彻标本兼治、综合治理、惩防并举、注重预防的方针，注重用系统的思维、统筹的观念、科学的方法推进工作，在坚决惩治腐败的同时，更加注重治本，更加注重预防，更加注重制度建设，拓展从源头上防治腐败工作领域；要坚持改革创新，尊重基层和群众的首创精神，解放思想，勇于实践，大胆探索，不断深化对加强廉政风险防控、规范权力运行工作规律的认识，提出惩治和预防腐败的新思路、新办法、新途径；要坚持因地制宜，一切从实际出发，针对不同地区、不同部门、不同岗位特点，合理确定工作的目标、任务、方法、步骤，加强分类指导，实行分类管理，确保稳妥推进、取得应有成效。

第二，要抓住关键环节。加强廉政风险防控、规范权力运行工作范围广、头绪多、任务重，必须突出重点、抓住关键，以重点工作的成效和关键环节的突破带动整体工作的推进。一是摸清权力底数。按照职权法定、权责一致的要求，全面清理和确定对管理和服务对象行使的各类职权，科学编制“职权目录”，并对每一项职权编制“权力运行流程图”，做到责权明确、程序规范。二是找准权力运行风险点。认真查找每个部门、单位、岗位在权力行使、制度机制、思想道德等方面存在的廉政风险点，并依据权力的重要性、权力行使的频率、腐败现象发生的概率及危害程度等，对查找出的廉政风险点评定风险等级，实行风险等级管理。三是有针对性地分类制定风险防控措施。属于权力行使方面的，要通过建立健全权力制衡机制，优化权力结构，规范行政裁量权，确保权力正确行使；属于制度机制方面的，要通过查漏补缺、建章立制，进一步完善相关制度；属于思想道德方面的，要通过加强党性党风党纪教育、警示教育、岗位廉政教育等，增强党员干部的风险意识和廉洁从政的自觉性。四是推进权力公开透明运行。通过政府网站、公报、公开栏、新闻媒体等途径，主动向社会公开不涉及国家秘密、商业机密、个人隐私以及不危害国家安全、公共安全、经济安全和社会稳定的职权目录、“权力运行流程图”和行政裁量权基准等，自觉接受社会监督，切实使权力在阳光下运行。

第三，要突出防控重点。加强廉政风险防控工作，必须在“全面防控”的同时，加强“重点防控”。一是要突出重点对象，把领导干部特别是掌握人事权、执法权、司法权、审批权、监管权等权力的领导干部作为重点对象，同时要加强对人、财、物管理等关键岗位的防控，切实规范领导干部的用权行为。二是要突出重点领域，着力抓好工程建设、土地出让、产权交易等腐败现象易发多发领域以及征地拆迁、教育医疗、社会保障、食品药品安全、环境保护、安全生产等涉及民生领域的廉政风险防控工作，以预防腐败工作的实际成效取信于民。三是要突出重点环节，着力按照结构合理、配置科学、程序严密、制约有效的要求，探索科学分解和配置权力的有效方法，加强权力运行的制约和监督。比如，政府投资项目要实行投资、建设、监管、使用分离，公共资源交易要实行主管、办理、评审、监督分离，政府采购要实行管采的机构、职能、财务、人员分离，行政处罚、强制事项要实行调查、决定和执行分离，财政专项资金要实行评审、决定和绩效评估分离，专家评审事项要实行审裁分离及对专家管用分离，重大、复杂、敏感的行权事项要实行集体决策等，有效化解权力行使中的风险。四是要突出重点任务，权力行使前着重查找廉政风险点，制定和落实风险防控措施；权力行使中着重进行实时动态监控，及时发现各种苗头性、倾向性问题；权力行使后着重通过警示提醒、诫勉纠错和责令整改等手段，及时纠正偏差和失误，避免廉政风险演化为腐败行为。

第四，要运用科技手段。针对当前违纪违法行为日趋复杂化、隐蔽化、智能化和运用高新技术手段作案不断增加的新情况新特点，要在坚持运用过去行之有效方式方法的同时，充分运用现代科学技术尤其是信息技术手段，把科技手段融入廉政风险防控、规范权力运行的制度设计和管理流程之中，不断提高有效预防腐败的能力。要大力推进电子政务建设，建立完善权力网上公开运行和电子监察系统，把廉政风险点和公共资源配置、公共资金使用情况等纳入电子监察范围，实现网上实时动态监控；要积极推进科技平台和资源整合，建立健全信访举报、投诉处理、政风行风评议、风险等级管理、预防腐败信息共享等系统，构建权力运行综合监控网络平台，推动各部门、各系统廉政风险监控网络有序连接、资源共享；要加快预防腐败信息分析和预警系统研发，运用系统论、控制论、信息论和现代管理学等最新研究成果，加强廉政风险信息采集、分析、反馈、处理，准确判断和妥善处置廉政风险。

第五，要健全长效机制。加强廉政风险防控、规范权力运行工作，既要抓紧解决存在的突出问题，更要通过深化改革和完善制度，建立健全长效机制。一是要继续深化行政审批制度、干部人事制度、司法体制以及财税、投资、金融、国有资产管理体制等重点领域和关键环节改革，推进公共资源交易统一规范管理，消除导致腐败行为发生的体制机制因素；二是要加快完善规范权力运行的制度体系，督促各部门各单位针对日常管理中存在的漏洞和薄弱环节，及时完善相关制度，切实做到用制度管权管事管人；三是要加快完善廉政风险防控工作机制，建立预警处置、动态管理和检查评估等机制，通过对存在苗头性、倾向性问题或具有轻微违纪行为的单位和公职人员及时予以警示和处置，并结合实际及时调整完善廉政风险内容、等级和防控措施，确保廉政风险防控措施落到实处。

第六，要加强组织领导。加强廉政风险防控、规范权力运行，是一项政治性、政策性、专业性很强的工作，必须加强领导、落实责任，统筹协调、扎实推进。一是要强化领导责任。各级党委、政府要把加强廉政风险防控工作作为一项重要任务，列入议事日程，精心制定方案，认真组织实施；各级党政领导班子及其成员要按照党风廉政建设责任制的要求，切实履行“一岗双责”，认真抓好自身和管辖范围内的廉政风险防控。各级纪检监察机关要担负起组织协调责任，积极协助党委、政府制定工作方案，建立健全领导体制和工作机制，及时研究解决工作中的重要问题，推动廉政风险防控、规范权力运行工作深入开展。二是要加强统筹协调。要指导和督促各地区各部门各单位把廉政风险防控与优化业务流程、规范权力运行结合起来，与深化办事公开、提高办事透明度结合起来，与完善行政审批制度、推进行政管理体制改革结合起来，与健全市场机制、优化公共资源配置结合起来，与深化廉政教育、加强制度建设结合起来，统筹安排，协调推进。三是要加强宣传教育。要把加强廉政风险防控工作纳入反腐倡廉宣传教育工作的总体部署，开展专题培训，加大宣传力度，教育和引导广大党员干部全面掌握开展廉政风险防控工作的重要意义、基本要求、主要内容和政策措施，积极支持和主动参与这项工作，为推进廉政风险防控工作营造良好社会氛围。四是要加强调查研究。既要深化理论研究，搞好分析论证，加强顶层设计，完善总体方案，增强廉政风险防控工作系统性和科学性；又要及时总结和推广基层创造的新鲜经验和有益做法，增强工作针对性和实效性。

加强廉政风险防控、规范权力运行，意义重大，任务艰巨。让我们更加紧密地团结在以胡锦涛同志为总书记的党中央周围，坚决贯彻中央的要求和部署，扎实开展廉政风险防控、规范权力运行工作，以深入推进惩治和预防腐败体系建设的实际成效，为推动科学发展、促进社会和谐、加强和改进新形势下党的建设提供有力保证！

刘淇同志在全国加强廉政风险防控规范权力运行现场会上的致辞

（2011 年 8 月 30 日）

尊敬的贺国强同志，
尊敬的何勇同志，
各位领导、同志们：

今天，中央纪委、监察部在北京召开全国加强廉政风险防控规范权力运行现场会，这是贯彻党的十七大和十七届四中、五中全会及中央纪委五次、六次全会精神，进一步加强党风廉政建设的重要会议，必将进一步推动惩治和预防腐败体系建设。首先，我代表市委、市政府向各位领导和同志们表示热烈的欢迎！向中央纪委、监察部以及各位领导和同志们多年来对北京工作的关心和支持表示衷心的感谢！

开展廉政风险防控，是党中央、中央纪委、监察部在基层工作经验的基础上提炼升华的规范权力运行的重要举措，也是运用科学方法加强反腐倡廉建设的重要基础性工程。近年来，北京市委、市政府和全市各级纪检监察机关认真落实中央纪委、监察部的工作部署，在认真总结原崇文区试行廉政风险防范管理工作的基础上，积极在市区县、机关、企事业单位，全面开展廉政风险防范管理工作。各单位紧紧围绕着加快转变经济发展方式，全面实施人文北京、科技北京、绿色北京战略，着力推动首都科学发展的任务，积极探索运用风险管理理念和现代管理方法，排查权力运行中的风险，堵塞廉政风险漏洞，减少制度执行的自由裁量空间，增强各项制度的严密性和科学性，加强对权力运行的制约监督，把廉政风险控制在最低程度，并形成了廉政风险预警和整改纠错机制，以标准化、流程化的形式，进一步完善了惩防体系建设，提高了工作的科学化、制度化、规范化水平。实践证明，这项工作创新对权力运行的制约监督是行之有效的。

胡锦涛总书记在“七一”讲话中强调，面向未来，开创未来，赢得未来，要不断增强忧患意识，告诫我们经受住“四个考验”，防止“四个风险”，要深入开展党风廉政建设和反腐败斗争，坚持用制度管权管事管人，始终保持党的先进性和纯洁性。我们在实践中深深感到，落实胡锦涛总书记

"七一"讲话精神，进一步抓好新形势下党风廉政建设和反腐败斗争，要切实增强责任感、紧迫感，进一步深化廉政风险防控工作，不断提高党的建设科学化水平。中央纪委、监察部在北京召开这次现场会，是对北京工作的重要检验，衷心地希望各位领导和同志们对北京市开展廉政风险防控工作以及其他方面工作提出宝贵意见，帮助我们改进工作。同时，这次现场会也为我们提供了一次难得的学习机会。我们将以这次会议为契机，认真学习中央国家机关和各兄弟省区市的好经验、好做法，结合北京工作实际，不断加强和改进廉政风险防控工作，不断提高规范权力运行水平，运用科学的方法和手段，加大有效预防腐败工作力度，深入推进党风廉政建设和反腐败斗争，不断开创首都改革开放和现代化建设的新局面。

最后，衷心祝愿会议取得圆满成功！祝各位领导和同志们工作顺利，幸福安康！

谢谢！

何勇同志在全国加强廉政风险防控规范权力运行现场会上的主持词

（2011 年 8 月 30 日）

同志们：

今天我们召开全国加强廉政风险防控规范权力运行现场会，主要是深入贯彻落实党的十七大和十七届四中、五中全会以及十七届中央纪委第六次全会精神，总结推广加强廉政风险防控、规范权力运行的经验，研究部署当前和今后一个时期加强廉政风险防控、规范权力运行工作，切实做好从源头上防治腐败工作，推动惩治和预防腐败体系建设深入发展。

出席今天会议的有：中央政治局常委、中央纪委书记贺国强同志，中央政治局委员、北京市委书记刘淇同志，北京市委副书记、市长郭金龙同志以及中央纪委监察部领导同志。参加会议的有：各省（区、市）和新疆生产建设兵团纪委分管副书记、相关室主任，部分省（区、市）预防腐败局负责同志，副省级城市纪委书记或监察局局长，中央纪委派驻纪检组组长、中央和国家机关党组纪检组组长（纪委书记），部分中央管理的国有重要骨干企业党组纪检组组长（纪委书记），中央纪委监察部各单位主要负责同志、中办调研室五组负责同志，北京市纪检监察系统有关负责同志。

今天上午，我们现场观摩了北京市一些单位开展廉政风险防控的做法。下午的会议有三项议程，一是请中央政治局委员、北京市委书记刘淇同志致辞。二是请 7 个单位的同志介绍推行廉政风险防控的做法和经验。三是请中央政治局常委、中央纪委书记贺国强同志作重要讲话。

首先，请中央政治局委员、北京市委书记刘淇同志致辞。

下面进行大会发言，请北京市委常委、纪委书记叶青纯同志发言。

请上海市委常委、纪委书记董君舒同志发言。

请河北省委常委、纪委书记臧胜业同志

发言。

请浙江省委常委、纪委书记任泽民同志发言。

请驻海关总署纪检组组长胡玉敏同志发言。

请湖北省鄂州市委副书记、市长韩进同志发言。

请安徽省芜湖市委书记陈树隆同志发言。

现在，请中央政治局常委、中央纪委书记贺国强同志作重要讲话。

同志们，国强同志的重要讲话，全面贯彻党的十七大和十七届四中、五中全会精神，以邓小平理论和“三个代表”重要思想为指导，深入贯彻落实科学发展观，认真总结了加强廉政风险防控、规范权力运行工作的实践经验，深刻阐述了加强廉政风险防控、规范权力运行的重要意义，要求把握工作原则、抓住关键环节、突出防控重点、运用科技手段、健全长效机制、加强组织领导，扎实推进加强廉政风险防控、规范权力运行工作。国强同志的讲话，主题突出，内涵丰富，思想深刻，具有很强的现实针对性和可操作性，对于推进廉政风险防控工作具有十分重要的指导意义。我们要认真学习领会，抓好贯彻落实。

一是要认真学习领会这次会议精神特别是国强同志重要讲话精神，进一步统一思想认识。同志们回去后，要及时向党委（党组）汇报这次会议精神，特别是国强同志的重要讲话精神，切实抓好学习贯彻。要从政治和全局的高度，充分认识加强廉政风险防控、规范权力运行是完善制约和监督机制、促进社会主义民主政治建设的必然要求，是完善惩治和预防腐败体系建设、从源头上防治腐败的重大举措，是加强领导班子和干部队伍建设、推动经济社会又好又快发展的重要保证，切实把思想和行动统一到中央要求上来，以高度的政治责任感，下大气力抓好加强廉政风险防控、规范权力运行工作。

二是要按照国强同志重要讲话的要求，认真学习借鉴加强廉政风险防控、规范权力运行工作的实践经验。今天上午大家现场观摩了北京市一些单位开展廉政风险防控的做法，刚才叶青纯等7位同志的发言，以及印发的36个单位书面交流材料，介绍了本地区本部门开展廉政风险防控的好做法好经验，各具特色，体现了领导高度重视、紧密结合业务工作、运用现代信息技术、注重统筹协调、用制度规范管理等特点，具有很好的示范和借鉴意义。各地区各部门要在前一阶段工作基础上，切实总结好、运用好这些成果和经验，深入推进加强廉政风险防控、规范权力运行工作。

三是要按照国强同志重要讲话的要求，抓好加强廉政风险防控、规范权力运行工作任务的落实。各级党委、政府要把加强廉政风险防控工作作为一项重要任务，列入议事日程，研究工作思路，明确工作要求，推动工作落实。各级党政领导班子及其成员要按照党风廉政建设责任制要求，认真抓好职责范围内的廉政风险防控。各级纪检监察机关要把廉政风险防控作为推进惩治和预防腐败体系建设的重要内容，积极协助党委、政府建立健全领导体制和工作机制，抓好任务分解、落实工作责任、加强组织协调、强化监督检查，确保各项工作取得实效。各地区各部门要按照即将下发的《关于加强廉政风险防控的指导意见》要求，坚持围绕中心、系统治理、改革创新、因地制宜，紧紧抓住清权确权、风险查找、防控措施等重点环节，在“全面防控”的同时加强“重点防控”，把科技手段融入廉政风险防控、规范权力运行的制度设计和管理流程之中，不断健全长效机制，推动廉政风险防控、规范权力运行工作深入开展。

会议到此结束，谢谢大家，散会。

何勇同志在全国深化创新厂务公开民主管理工作会议上的讲话

（2011年8月31日）

胡锦涛总书记在庆祝中国共产党成立90周年大会上的重要讲话中指出，要“继续大力推进社会主义民主政治建设，坚定不移走中国特色社会主义政治发展道路”，“坚持国家一切权力属于人民，健全民主制度，丰富民主形式，拓宽民主渠道，保证人民依法实行民主选举、民主决策、民主管理、民主监督”，“不断推进社会主义民主政治制度化、规范化、程序化，进一步把我国社会主义政治制度的优越性发挥出来，为党和国家兴旺发达、长治久安提供更加完善的制度保障”。厂务公开民主管理是加强基层民主建设、发展社会主义民主政治的基础性工作。深化创新厂务公开民主管理工作，对于提高企业民主决策、科学决策水平，加强基层民主政治建设、密切党与职工群众的血肉联系，健全企业内部权力运行监督机制、促进企业党风建设和反腐倡廉工作，具有十分重要的作用。我们要认真学习领会胡锦涛总书记的重要讲话精神，充分认识厂务公开民主管理工作的重要意义，以更高的标准、更好的精神状态、更大的工作热情，深入推进厂务公开民主管理工作。

一、深刻认识厂务公开民主管理工作面临的新形势新任务

这些年来，各地区各部门各单位认真贯彻中央的决策部署，以职工代表大会为基础，健全民主制度，丰富民主形式，拓宽民主渠道，厂务公开民主管理从无到有、由点到面，从最初侧重关注职工切身利益问题向企业经营决策的重大问题、专业管理的深层次问题拓展，覆盖面不断扩大，厂务公开和职代会建制率稳步提高。截至2010年9月，全国已建工会的企事业单位建立厂务公开制度的有211.3万家，建立职工代表大会制度的有224.9万家，已建工会的公司制企业建立职工董事制度的有8.14万家，建立职工监事制度的有8.08万家。同时我们也要看到，当前厂务公开民主管理工作中还存在一些问题和不足，厂务公开民主管理工作也面临许多新情况新问题，迫切要求我们准确把握新形势，主动适应新要求，切实增强做好工作的责任感和紧迫感，把厂务公开民主管理工作不断推向深入。

（一）推动科学发展、加快转变经济发展方式、实现“十二五”时期发展的目标任务，对厂务公开民主管理工作在团结动员广大职工建功立业方面提出了更高要求。改革开放以来，在党中央、国务院的正确领导下，社会主义市场经济深入发展，企业活力和市场竞争力进一步增强，规模和效益不断提升，为满足人民群众日益增长的物质文化需要奠定了重要物质基础。同时也要看到，我国企业改革发展面临着许多新情况新问题，影响企业改革发展的一些深层次矛盾和问题还没有得到根本解决，加快转变经济发展方式刻不容缓。以科学发展为主题，以加快转变经济发展方式为主线，实现“十二五”时期发展的目标任务，企业是主战场，广大职工是主力军。这就需要我们进一步发挥厂务公开民主管理在凝聚人心、树立信心、群策群力、攻坚克难方面的独特优势和积极作用，加强形势教育，深入开展创先争优建功立业劳动竞赛活动，引导职工群众积极投身于全面建设小康社会的伟大实践。

（二）大力推进社会主义民主政治建设、坚定不移走中国特色社会主义政治发展道路，对厂务公开民主管理工作在加强基层民主政治建设方面提出了更高要求。人民当家作主是社会主义民主政治的本质和核心。以职工代表大会为基本形式的企事业单位民主管理制度，既是经济民主、管理民主的内在要求，也是基层民主政治建设的重要组成部分。这些年一些企业出现这样那样的问题，大多与企业领导人员民主意识不强，违规决策、滥用职权有关。实行厂务公开民主管理有利于扩大职工群众有序政治参与，对企业领导人员实行民主监督，对于坚持和巩固人民当家作主的政治地位、加强基层民主政治建设具有重要作用。积极适应职工群众民主意识不断增强、民主素质不断提高的新形势，深化创新厂务公开民主管理工作，有利于发挥职工群众的智慧和力量，切实提高企业民主决策、科学决策水平，推动企业又好又快发展。

（三）加强和创新社会管理、构建社会主义和谐社会，对厂务公开民主管理工作在做好新形势下群众工作、构建和谐劳动关系方面提出了更高要求。劳动关系是现代社会最基本的社会关系，没有劳动关系的和谐就没有社会的和谐。当前，我国经济体制深刻变革，社会结构深刻变动，利益格局深刻调整，思想观念深刻变化，各种人民内部矛盾和社会矛盾会经常性地大量地表现出来，劳动关系中的深层次矛盾日益显现。实行厂务公开民主管理是加强和创新社会管理的重要内容，是构建和谐劳动关系的现实途径。充分发挥厂务公开民主管理在协调劳动关系中的“润滑剂”和“稳定阀”作用，着力解决职工群众最关心最直接最现实的利益问题，有利于减少劳动关系中的矛盾和不和谐因素，实现企业与职工群众、企业与社会的和谐发展。

（四）全面推进党的建设新的伟大工程、提高党的建设科学化水平，对厂务公开民主管理工作在加强企业党风建设和反腐倡廉工作方面提出了更高要求。反腐倡廉建设是党的建设的重要组成部分。在新的历史条件下提高党的建设科学化水平，必须把反腐倡廉建设摆在更加突出的位置。当前，企业党风建设和反腐倡廉工作还存在不少亟待解决的问题，一些企业基层党组织战斗堡垒作用不强，部分党员党员意识淡化、先锋模范作用发挥不明显，少数企业领导人员违反廉洁从业有关规定，甚至贪污贿赂、失职渎职，走上了违纪违法道路。这些问题的发生大都与权力运行不公开、缺乏有效监督制约有关。厂务公开民主管理是防止暗箱操作、权力滥用的“防火墙”。深化创新厂务公开民主管理工作，对于完善党委会、工会、职工代表大会与股东大会、董事会、监事会各负其责、协调运转、有效制衡的符合现代企业制度要求的公司治理结构，进一步健全企业内部权力运行监督机制和廉洁风险防控机制，加快推进企业惩治和预防腐败体系建设，为企业科学发展提供坚强保证，具有十分重要的作用。

二、以改革创新精神推动厂务公开民主管理工作深入发展

当前和今后一个时期，要坚持以邓小平理论和“三个代表”重要思想为指导，深入贯彻落实科学发展观，以促进企业科学发展为目标，以实现好维护好发展好职工群众根本利益为出发点和落脚点，以改革创新为动力，坚持围绕中心、服务大局，着力推进理论创新、制度创新、工作创新，不断提高厂务公开民主管理科学化水平。

（一）解放思想，不断推进厂务公开民主管理理论创新。理论要随着实践的发展不断创新。要进一步加强调查研究，不断推进理论创新，积极探索厂务公开民主管理工作的特点和规律。一是要加强基础性、战略性、前瞻性问题研究。要从社会主义初级阶段基本国情出发，从厂务公开民主管理工作实际出发，从解决企业改革发展和职工利益实现中遇到的主要矛盾和突出问题出发，加强厂务公开民主管理重大理论和现实问题的研究，形成规律性认识，作出理论概括，指导面上工作。二是要继承和发扬经过实践检验的理论成果。要运用党的全心全意依靠工人阶级理论，深入阐述实行厂务公开是职工实行民主管理的具体体现，是依靠职工办企业的重要形式；运用加强基层民主政治建设理论，深入阐述实行厂务公开民主管理是发展基层民主、扩大公民有序政治参与、保障人民依法直接行使民主权利的重要途径；借鉴生产要素理论，深入阐述实行厂务公开民主管理是健全资本、管理、技术、劳动等生产要素参与分配制度，实现劳资共建、共享、共赢的客观要求。三是要结合新的社会实践丰富理论内容。要深入研究企业管理的特点和规律，将企业民主管理融入市场化企业管理制度之中，推动建立和完善中国特色企业民主管理制度；深入研究现代企业法人治理结构和原理，完善董事会决策、监事会监督、经理层执行的公开透明、决策民主、监督制约机制，与职工代表大会、职工董事职工监事制度相互促进、协调发展；深入研究构建社会主义和谐社会的理论和实践，探寻厂务公开民主管理与发展和谐劳动关系、实现企业与职工和谐共赢的内在联系。

（二）积极探索，不断推进厂务公开民主管理制度创新。制度创新是厂务公开民主管理工作不断发展的重要保证。要认真总结这些年来制度建设的经验，积极推进厂务公开民主管理制度创新，切实增强制度建设的科学性、系统性和实效性。一是要着力推进制度化建设。职工代表大会制度是宪法明确规定、具有中国特色、深为企业和职工群众认可的企业民主管理基本制度，必须继续坚持和完善，在所有企事业单位中大力推行。要及时总结推广基层和职工群众创造的有益做法和新鲜经验，将经过实践检验的成功经验上升为制度。要使厂务公开民主管理各种制度有效衔接，逐步形成中国特色企业民主管理制度体系，又要使厂务公开民主管理制度和企业管理制度有效对接，使之成为现代企业管理制度的重要组成部分。二是要着力推进规范化建设。推行厂务公开民主管理不仅要有政策、法规、制度等原则性规定，还要有可行的操作办法和考核评价标准。今年，全国厂务公开协调小组在全国开展创建厂务公开民主管理示范单位活动，是推进厂务公开民主管理制度化、规范化建设的一个很好载体。各地要根据创建活动要求，结合实际，制订具体方案，细化创建标准，规范工作程序，确保创建活动成为推进厂务公开民主管理制度化、规范化的有效抓手。三是要着力推进法制化建设。从形势发展和工作需要看，制定一部系统的企业民主管理法律或法规很有必要。要认真总结这些年来各地开展厂务公开民主管理立法工作的好做法好经验，争取早日出台全国统一的企业民主管理专项法律或法规，为深化创新厂务公开民主管理工作提供法律保障。

（三）勇于实践，不断推进厂务公开民主管理工作创新。当前我国企业改革发展正处在关键时期。越是在这样的时候，越要以改革创新精神推进厂务公开民主管理工作，不断增强工作的针对性和实效性。一是要拓展工作领域。针对我国非公有制企业数量不断增多，公司制成为企业重要组织形式的情况，在继续加大公有制企业工作力度的同时，扩大非公有制企业厂务公开民主管理的覆盖面，提高厂务公开、职工代表大会和公司制企业职工董事职工监事的建制率。针对农民工群体成为我国产业工人重要组成部分以及一些企业使用劳务派遣方式用工的实际情况，采取有效措施保障农民工、劳务派遣工的民主权利。二是要丰富工作内容。要进一步落实职工代表大会职权，企业重大决策必须通过厂务公开听取职工意见，并提交职工代表大会审议，未经职工代表大会审议的不应实施；涉及职工切身利益的重大事项，要向职工公开，既未公开又未经职工代表大会审议的有关决定视为无效；经职工代表大会民主评议和民主测评，对大多数职工不拥护的国有企业领导人员，其上级管理部门应采取相应的组织措施。要围绕企业改革发展难点问题，进一步拓展公开内容，由注重企业一般性经营管理活动向提高企业管理能力和水平、促进企业可持续发展延伸，由维护职工劳动经济权益向保障职工民主政治权利、精神文化需求、实现职工全面发展延伸，由民主评议企业领导人员经营管理能力向监督企业领导人员廉洁从业情况、加强党风建设和领导班子建设延伸，不断提高厂务公开民主管理的质量和水平。要认真落实今年中共中央、国务院印发的《关于分类推进事业单位改革的指导意见》和国务院办公厅印发的《关于在全国范围内开展厂办大集体改革工作的指导意见》，通过厂务公开、职工代表大会等民主形式，将改革的政策、目的和意义向职工群众讲清楚，争取职工群众的理解和支持，确保改革顺利进行。三是要创新工作方式。要在中小型非公有制企业集中的乡镇街道、开发区、工业园区大力推行区域（行业）职工代表大会制度，实现厂务公开民主管理对中小型非公有制企业的有效覆盖。要把职工代表大会作为厂务公开民主管理的主要载体，同时发挥好职工民主管理委员会、民主议事会、民主协商会、劳资恳谈会等形式的公开作用，利用好厂务公开栏、厂情发布会和广播电视、网络等形式，把该公开的内容及时、准确地向职工群众公开。四是要完善工作机制。要完善厂务公开民主管理工作考核评价机制，明确目标任务，落实工作责任，细化考核评价标准，及时跟进检查和通报各地工作开展情况。要完善厂务公开民主管理工作激励机制，将厂务公开民主管理工作情况作为评选先进单位和先进个人的重要内容。要完善责任追究制度，对违反民主管理程序和厂务公开有关规定导致发生重大群体性事件、造成严重后果的，严肃追究有关企业领导人员的责任。

推动厂务公开民主管理工作深入开展，需要各方面的共同努力。要继续坚持和完善党委统一领导、党政共同负责、有关方面齐抓共管、职工群众广泛参与的领导体制和工作格局。各级党委、政府要把厂务公开民主管理工作纳入本地区经济社会发展的总体规划，摆上重要议事日程。各级厂务公开协调领导机构要加强工作指导，探索工作规律，推动厂务公开民主管理工作创新发展。各有关部门要认真履行职责，加强协调配合，形成整体合力，确保厂务公开民主管理工作落到实处。

温家宝总理在深入推进行政审批制度改革工作电视电话会议上的讲话

（2011 年 11 月 14 日）

这次会议的主要任务是，总结十年来行政审批制度改革进展情况，部署下一步改革工作，推进政府职能转变和管理创新。我讲几点意见。

一、行政审批制度改革取得明显成效

十年来，按照建立社会主义市场经济体制的要求，我们不断深化行政管理体制改革，着力转变政府职能、创新管理方式、规范权力运行、提高行政效能。我们两次修订国务院工作规则，规定要全面履行职能、实行科学民主决策、坚持依法行政、推进政务公开、加强行政监督。根据这些要求，我们努力健全法制，完善制度，建立运行机制，狠抓工作落实，推动行政管理体制改革取得重要进展。行政审批制度改革是行政管理体制改革的重要内容，也是民主政治建设的重要内容。党中央、国务院对这项改革高度重视，各部门和各级政府认真贯彻落实中央的部署和要求，做了大量工作。十年来，国务院分五批共取消和调整行政审批事项 2183 项，占原有总数的 60.6%，各地区取消和调整的行政审批事项占原有总数的一半以上，改革取得明显成效。

一是加快转变政府职能。我们坚持把转变政府职能作为深化行政管理体制改革的中心环节，明确提出在社会主义市场经济条件下，政府的主要职能是经济调节、市场监管、社会管理和公共服务。通过深化行政审批制度改革，清理、取消和调整行政审批事项，把政府不该管的交给企业、社会和市场，逐步理顺政府与市场、政府与社会的关系，市场配置资源的基础性作用进一步增强，权力过分集中的现象有所改变，社会主义市场经济体制不断完善。各级政府在加强和改善宏观调控、强化市场监管的同时，更加注重履行社会管理和公共服务职能，促进经济社会协调发展。

二是全面推进依法行政。我们贯彻依法治国基本方略，把依法行政作为深化行政管理体制改革的基本要求，更加重视法制建设和依法规范政府行为。2004 年国务院发布《全面推进依法行政实施纲要》，要求各级政府严格按照法定权限和程序行使职权、履行职能，明确提出建设法治政府的目标。国务院提请全国人大常委会审议通过的《行政许可法》同年 7 月正式实施，标志着我国行政审批制度改革和行政审批工作走上法制化、规范化轨道。各地各部门按照国务院统一部署，全面清理、废止和修订与法律相违背和不一致的行政法规、规章、规范性文件，新制定了一系列有关行政审批的法规、规章和制度，依法规范政府的权限和履行职能的程序。各级政府及其工作人员依法行政的意识和能力明显增强，建设法治国家迈出重要步伐。

三是加强政府管理创新。我们坚持把推进政府管理创新作为深化行政管理体制改革的重要内容，作为政治体制改革的重要组成部分，更加注重提高行政效能，为人民群众提供方便快捷的服务。我们提出，要公开透明，让权力在阳光下运行。2007年，国务院在全面总结政务公开工作基础上，制定了《政府信息公开条例》。行政审批的所有环节，凡不涉及国家秘密、商业秘密和个人隐私的，一律向社会公开，实行“阳光审批”。各地在改革中还积极探索，建立了行政审批相对集中办理的政务中心或政务大厅，实行一个窗口对外，“一站式”服务；发展电子政务，实行网上申报、网上审批等。这些做法对于减少政府工作流程、优化政府组织结构、提高行政效能，建设服务型政府，都发挥了重要作用。

四是大力加强廉政建设。我们坚持把反腐倡廉的要求贯穿于行政管理体制改革的全过程，更加注重从源头上预防和治理腐败的机制和制度建设。反腐倡廉的关键是有效制约权力。行政审批是行政权力最为集中的领域。建立健全有效规范行政权力运行的监督制约机制，是行政管理体制改革的重要任务，也是行政审批制度改革的重要内容。通过深化行政审批制度改革，进一步健全了行政职责体系和问责制度，完善了政府系统预防和治理腐败的体制机制，遏制了滥用权力、以权谋私等违纪违法和腐败现象蔓延，推动了政府反腐倡廉建设。

在充分肯定改革成效的同时，我们也要清醒地看到，包括行政审批制度在内的行政管理体制改革还滞后于经济社会发展，不适应发展社会主义市场经济的要求，依然是经济体制和政治体制改革的一项重要任务。突出的问题：一是职能转变不到位，不该管的事没有完全放开，该管的事没有认真管好，特别是公共产品和服务提供不足。政府还集中了过多的公共资源和社会资源，权力部门化、利益化的问题依然存在，造成行政审批事项仍然较多，清理不彻底，特别是在投资和社会发展领域，许多审批事项还没有有效清理。一些应该取消的审批事项被合并或调整为审核、事前备案等，虽然改变了形式，但没有改变审批的实质。一些审批事项程序繁琐、时限长、办事效率低下。二是对行政审批设定管理不严。特别是对非行政许可审批项目，管理不规范，随意性大。一些部门和地区利用“红头文件”、规章等，以登记、备案、年检、监制、认定、审定以及准销证、准运证等形式，变相设置审批事项。三是对行政权力的监督机制还不健全。一些部门权力过于集中，同时承担审批、执行、监督、评价职能，权力滥用、权钱交易、官商勾结等腐败现象屡有发生。深化行政审批制度改革，要在总结经验的基础上，增强针对性，着力解决这些突出问题，以更坚决的态度、更务实的作风、更有力的措施，坚定不移地把改革继续推向深入。

二、深化行政审批制度改革的主要任务

“十二五”时期是我国全面建设小康社会的关键时期，是深化改革开放、加快转变经济发展方式的攻坚时期。要推动我国走上科学发展的轨道，全面建设小康社会，必须继续深化改革，进一步破除制约经济社会发展的体制机制障碍，激发全社会的活力和创造力。行政审批制度改革涉及经济社会管理的许多方面，是深化经济体制和政治体制改革的关键环节，我们一定要坚定不移地继续推进，推动政府职能转变取得实质性进展，推动行政管理体制及各方面改革取得实质性进展，下一步要重点做好以下工作。

（一）进一步清理、减少和调整行政审批事项，推进政府职能转变。在社会主义市场经济条件下，政府管理总的方向是减少审批事项，减少对微观经济活动的直接干预，强化经济调节、市场监管、社会管理和公共服务职能，营造更加公平的市场和社会环境。要组织有关部门和专家，邀请人大、政协参与，对各地各部门现有的管理职能和审批事项逐一进行审查评议。总的要求是：坚持市场优先和社会自治原则，凡市场机制能够有效调节的，公民、法人及其他组织能够自主决定的，行业组织能够自律管理的，政府就不要设定行政审批；凡可以采用事后监

管和间接管理方式的，就不要再搞前置审批。审查评议的依据、过程和结果，凡不涉及国家秘密的，要向社会公开，听取公众意见，接受公众监督。清理、减少和调整行政审批事项，要突出三个重点领域：一是投资领域。要进一步深化投资体制改革，按照谁投资、谁决策、谁受益、谁承担风险的原则，真正确立企业和公民个人的投资主体地位。国家只批准或核准政府投资项目和关系经济安全、涉及整体布局和影响资源环境的项目，其他原则上由投资者自主决策、自担风险、自负盈亏。二是社会事业领域。要加大对教育、医疗卫生、文化等社会事业和公共服务领域行政审批事项的清理、精减和调整力度，放宽社会和私人资本进入的限制，打破垄断，扩大开放，公平准入，鼓励竞争。三是非行政许可审批领域。要认真清理一些部门和地方利用"红头文件"、规章等对公民、企业和其他社会组织提出的限制性规定，对那些没有法律法规依据、不按法定程序设定的登记、年检、监制、认定、审定以及准销证、准运证等管理措施，要一律取消。力争明年公布第六批取消和调整的行政审批事项，为深入推进机构改革打好基础。

（二）严格依法设定和实施审批事项，推进法治政府建设。行政机关设定行政审批事项、履行审批职能，必须严格依法办事。设定任何审批事项都要于法有据，严格遵循法定程序，进行合法性、必要性、合理性审查论证；涉及人民群众切身利益的，要通过公布草案、公开听证等方式广泛听取意见。没有法律法规依据，任何行政机关不得设定或变相设定行政审批事项，尤其不得以"红头文件"等形式，增加公民、企业和其他社会组织的责任和义务。要进一步优化政府部门职能配置，一件事情原则上由一个部门负责。职能重复或相近的机构，应当整合归并；确需多个部门管理的，要明确牵头部门，建立协调配合机制，防止多重审批和推诿扯皮。要合理划分中央和地方政府的事权，中央政府重点加强对经济社会事务宏观管理，把更多精力转到制定战略规划、政策法规和标准规范上；市场监管、公共服务和社会管理等直接面向公民、法人和其他社会组织的具体管理服务事项，要更多地交给地方政府。

（三）创新行政审批服务方式，推进服务型政府建设。行政审批既是政府对经济社会实施管理的重要手段，也是政府为公众、企业和社会提供公共服务的重要形式。确需保留的审批事项，要按照公开透明、便民高效的要求，依法进一步简化和规范审批程序，创新服务方式，优化流程，提高效能。第一，加强政务中心建设。各部门把大部分接待、受理、咨询、办复等工作转移到政务中心集中办理，这可以节省大量人力物力，有利于精简机构和提高效能。要认真总结各地经验，逐步加以规范。原则上实行一个部门、一级地方政府一个窗口对外。不管谁来办事、办什么事，都在一个窗口受理、咨询和办复。把涉及各部门的审批过程，变成政府内部工作，解决一项审批跑多个部门、在一个部门跑多个司局处室的问题。第二，加强电子政务建设。大力推行和规范网上审批。进一步推进行政审批公开。把审批事项、审批程序、申报条件、办事方法、办结时限、服务承诺等在网上公布，实行网上公开申报、受理、咨询和办复，为群众办事提供更多便利。第三，推行服务质量公开承诺制和亲切服务。这对于规范政府及公务员服务行为、建设服务型政府和构建和谐社会，都具有重要意义。各级政府承担的包括行政审批在内的各类公共服务，涉及方方面面，许多工作都十分具体，不可能完全做到由法律法规详细规范。各地各部门要根据每一项行政审批的特点提出详细的服务规范和标准，征求公众意见，获得认可后向社会作出公开承诺。要把规范服务、便利服务、亲切服务作为公开承诺的重要内容，确定可操作和便于评估的标准。我们不仅要在行政审批领域推行服务质量公开承诺制和亲切服务，还要把这个要求推行到所有公共服务领域。

（四）加强对行政审批权力运行的监督制约，推进反腐倡廉建设。行政审批权过于集中又缺乏有效监督的问题仍然十分突出。要加快建立健全决策、执行、监督相对分离、相互制约的行政运行机制。按照权责一致的要求，建立健全行政审批责任制度，切实做到有权必有责、用权受监督、侵权要赔偿。完善行政审批事项动态管理制度，强化行政审批的全过程监控。进一步推进行政审批规范化建设。凡自然资源开发利用、工程建设、土地使用权出让、产权转让等涉及市场准入和竞争性事项，要依法公开招标或拍卖；凡涉及公共利益的事项，要向社会公告，并按法定程序公开举行听证。建立健全相关制度，保障行政审批设定和实施利益相关方的知情权、陈述权、申辩权、监督权。对违法设定和实施行政审批事项侵害当事人合法权益的，要依法追究责任，并给予当事人合理赔偿。加强行政审批绩效管理，严格落实问责制度。对不按法定程序办事、滥用权力、以权谋私、损害人民群众和当事人合法权益的行为，发现一起，严肃查处一起，绝不姑息迁就。

三、切实把改革的要求和措施落到实处

深化行政审批制度改革是一项全局性、政策性很强的工作，也是一项涉及各级政府和多部门的系统工程。要常抓不懈，措施到位，落到实处。

一要加强组织领导。各级政府要把行政审批制度改革作为一项重要任务，摆在突出位置，克服困难和阻力，坚持不懈地加以推进。各部门和各级政府主要领导同志要高度重视，切实负起责任。要建立健全有利于推进改革的领导体制和工作机制，加强协调配合，形成工作合力。

二要突出改革重点。各地各部门要围绕转变政府职能和服务经济社会发展大局，以经济社会发展和民生建设领域审批事项为重点，主动清理和规范现有审批项目，提出取消和调整建议。对下放、转移的审批项目，要做好工作衔接，防止出现管理真空。

三要强化监督考评。加强对行政审批制度改革工作的监督检查，坚决纠正有法不依、有令不行、有禁不止的现象，严肃处理违法违规审批等问题。特别是对新设行政审批项目要严格审查，防止政府机关不适当增加审批事项。要把这项改革工作纳入各级政府履行职责和廉政建设责任制，加强考评，落实奖惩措施。

四要加强调查研究。围绕行政管理体制改革和政府自身建设，针对改革中的重点难点问题，深入开展调查研究和理论探索，增强改革的前瞻性、系统性和科学性。国务院各部门要定期听取地方政府和专家学者的意见，定期对改革的成效进行评估，不断推进体制机制创新。

做好新形势下的行政审批制度改革工作责任重大，任务艰巨。我们要在以胡锦涛同志为总书记的党中央领导下，高举中国特色社会主义伟大旗帜，以邓小平理论和“三个代表”重要思想为指导，深入贯彻落实科学发展观，扎实工作，锐意进取，推进政府管理创新，不断提高行政能力，努力建设法治政府和服务型政府。

第三部分

中共中央、国务院、中央纪委、监察部、国家预防腐败局有关预防腐败工作的文件

第三部分

中共中央、国务院、中央纪委、监察部、国家预防腐败局有关预防腐败工作的文件

2010 年

中国共产党党员领导干部廉洁从政若干准则

（中发〔2010〕3 号　2010 年 1 月 18 日）

为进一步促进党员领导干部廉洁从政，根据《中国共产党章程》，结合党员领导干部廉洁自律工作实际，制定本准则。

总　则

执政党的党风关系党的生死存亡。坚决惩治和有效预防腐败，是党必须始终抓好的重大政治任务。党员领导干部廉洁从政是坚持以邓小平理论和“三个代表”重要思想为指导，深入贯彻落实科学发展观，全面贯彻党的路线方针政策的重要保障；是新时期从严治党，不断加强党的执政能力建设和先进性建设的重要内容；是推进改革开放和社会主义现代化建设的基本要求；是正确行使权力、履行职责的重要基础。

党员领导干部必须具有共产主义远大理想和中国特色社会主义坚定信念，践行社会主义核心价值体系；必须坚持全心全意为人民服务的宗旨，立党为公、执政为民；必须在党员和人民群众中发挥表率作用，自重、自省、自警、自励；必须模范遵守党纪国法，清正廉洁，忠于职守，正确行使权力，始终保持职务行为的廉洁性；必须弘扬党的优良作风，求真务实，艰苦奋斗，密切联系群众。

促进党员领导干部廉洁从政，必须坚持标本兼治、综合治理、惩防并举、注重预防的方针，按照建立健全惩治和预防腐败体系的要求，加强教育，健全制度，强化监督，深化改革，严肃纪律，坚持自律和他律相结合。

第一章　廉洁从政行为规范

第一条　禁止利用职权和职务上的影响谋取不正当利益。不准有下列行为：

（一）索取、接受或者以借为名占用管理和服务对象以及其他与行使职权有关系的单位或者个人的财物；

（二）接受可能影响公正执行公务的礼品、宴请以及旅游、健身、娱乐等活动安排；

（三）在公务活动中接受礼金和各种有价证券、支付凭证；

（四）以交易、委托理财等形式谋取不正当利益；

（五）利用知悉或者掌握的内幕信息谋取利益；

（六）违反规定多占住房，或者违反规定买卖经济适用房、廉租住房等保障性住房。

第二条 禁止私自从事营利性活动。不准有下列行为：

（一）个人或者借他人名义经商、办企业；

（二）违反规定拥有非上市公司（企业）的股份或者证券；

（三）违反规定买卖股票或者进行其他证券投资；

（四）个人在国（境）外注册公司或者投资入股；

（五）违反规定在经济实体、社会团体等单位中兼职或者兼职取酬，以及从事有偿中介活动；

（六）离职或者退休后三年内，接受原任职务管辖的地区和业务范围内的民营企业、外商投资企业和中介机构的聘任，或者个人从事与原任职务管辖业务相关的营利性活动。

第三条 禁止违反公共财物管理和使用的规定，假公济私、化公为私。不准有下列行为：

（一）用公款报销或者支付应由个人负担的费用；

（二）违反规定借用公款、公物或者将公款、公物借给他人；

（三）私存私放公款；

（四）用公款旅游或者变相用公款旅游；

（五）用公款参与高消费娱乐、健身活动和获取各种形式的俱乐部会员资格；

（六）违反规定用公款购买商业保险，缴纳住房公积金，滥发津贴、补贴、奖金等；

（七）非法占有公共财物，或者以象征性地支付钱款等方式非法占有公共财物；

（八）挪用或者拆借社会保障基金、住房公积金等公共资金或者其他财政资金。

第四条 禁止违反规定选拔任用干部。不准有下列行为：

（一）采取不正当手段为本人或者他人谋取职位；

（二）不按照规定程序推荐、考察、酝酿、讨论决定任免干部；

（三）私自泄露民主推荐、民主测评、考察、酝酿、讨论决定干部等有关情况；

（四）在干部考察工作中隐瞒或者歪曲事实真相；

（五）在民主推荐、民主测评、组织考察和选举中搞拉票等非组织活动；

（六）利用职务便利私自干预下级或者原任职地区、单位干部选拔任用工作；

（七）在工作调动、机构变动时，突击提拔、调整干部；

（八）在干部选拔任用工作中封官许愿，任人唯亲，营私舞弊。

第五条 禁止利用职权和职务上的影响为亲属及身边工作人员谋取利益。不准有下列行为：

（一）要求或者指使提拔配偶、子女及其配偶、其他亲属以及身边工作人员；

（二）用公款支付配偶、子女及其配偶以及其他亲属学习、培训、旅游等费用，为配偶、子女及其配偶以及其他亲属出国（境）定居、留学、探亲等向个人或者机构索取资助；

（三）妨碍涉及配偶、子女及其配偶、其他亲属以及身边工作人员案件的调查处理；

（四）利用职务之便，为他人谋取利益，其父母、配偶、子女及其配偶以及其他特定关系人收受对方财物；

（五）默许、纵容、授意配偶、子女及其配偶、其他亲属以及身边工作人员以本人名义谋取私利；

（六）为配偶、子女及其配偶以及其他亲属经商、办企业提供便利条件，或者党员领导干部之间利用职权相互为对方配偶、子女及其配偶以及其他亲属经商、办企业提供便利条件；

（七）允许、纵容配偶、子女及其配

偶，在本人管辖的地区和业务范围内个人从事可能与公共利益发生冲突的经商、办企业、社会中介服务等活动，在本人管辖的地区和业务范围内的外商独资企业或者中外合资企业担任由外方委派、聘任的高级职务；

（八）允许、纵容配偶、子女及其配偶在异地工商注册登记后，到本人管辖的地区和业务范围内从事可能与公共利益发生冲突的经商、办企业活动。

第六条　禁止讲排场、比阔气、挥霍公款、铺张浪费。不准有下列行为：

（一）在公务活动中提供或者接受超过规定标准的接待，或者超过规定标准报销招待费、差旅费等相关费用；

（二）违反规定决定或者批准兴建、装修办公楼、培训中心等楼堂馆所，超标准配备、使用办公用房和办公用品；

（三）擅自用公款包租、占用客房供个人使用；

（四）违反规定配备、购买、更换、装饰或者使用小汽车；

（五）违反规定决定或者批准用公款或者通过摊派方式举办各类庆典活动。

第七条　禁止违反规定干预和插手市场经济活动，谋取私利。不准有下列行为：

（一）干预和插手建设工程项目承发包、土地使用权出让、政府采购、房地产开发与经营、矿产资源开发利用、中介机构服务等市场经济活动；

（二）干预和插手国有企业重组改制、兼并、破产、产权交易、清产核资、资产评估、资产转让、重大项目投资以及其他重大经营活动等事项；

（三）干预和插手批办各类行政许可和资金借贷等事项；

（四）干预和插手经济纠纷；

（五）干预和插手农村集体资金、资产和资源的使用、分配、承包、租赁等事项。

第八条　禁止脱离实际，弄虚作假，损害群众利益和党群干群关系。不准有下列行为：

（一）搞劳民伤财的“形象工程”和沽名钓誉的“政绩工程”；

（二）虚报工作业绩；

（三）大办婚丧喜庆事宜，造成不良影响，或者借机敛财；

（四）在社会保障、政策扶持、救灾救济款物分配等事项中优亲厚友、显失公平；

（五）以不正当手段获取荣誉、职称、学历学位等利益；

（六）从事有悖社会公德、职业道德、家庭美德的活动。

第二章　实施与监督

第九条　各级党委（党组）负责本准则的贯彻实施。主要负责同志要以身作则，模范遵守本准则，同时抓好本地区本部门本单位的贯彻实施。

党的纪律检查机关协助同级党委（党组）抓好本准则的落实，并负责对实施情况进行监督检查。

第十条　各级党委（党组）要加强对党员领导干部廉洁从政方面的教育，将本准则列为党员领导干部教育培训的重要内容。

第十一条　各级党委（党组）要认真落实党内监督的各项制度，通过贯彻实施民主生活会、重要情况通报和报告、巡视、谈话和诫勉、述职述廉、报告个人有关事项以及考察考核等监督制度，加强对党员领导干部执行本准则情况的监督检查。

党员领导干部参加民主生活会和述职述廉，要对照本准则进行检查，认真开展批评和自我批评。

党员领导干部应当向党组织如实报告个人有关事项，自觉接受监督。

第十二条　党员领导干部组织实施和执行本准则的情况，应列入党风廉政建设责任制和干部考核的重要内容，考核结果作为对其任免、奖惩的重要依据。

第十三条　党员领导干部违反本准则

的，依照有关规定给予批评教育、组织处理或者纪律处分，涉嫌违法犯罪的，依法追究其法律责任。

第十四条　贯彻实施本准则，要坚持党内监督与党外监督相结合，发挥民主党派、人民团体、人民群众和新闻舆论的监督作用。

第三章　附　　则

第十五条　本准则适用于党的机关、人大机关、行政机关、政协机关、审判机关、检察机关中县（处）级以上党员领导干部；人民团体、事业单位中相当于县（处）级以上党员领导干部。

国有和国有控股企业（含国有和国有控股金融企业）及其分支机构领导人员中的党员；县（市、区、旗）直属机关、审判机关、检察机关的科级党员负责人，乡镇（街道）党员负责人，基层站所的党员负责人参照执行本准则。

第十六条　各省、自治区、直辖市党委，新疆生产建设兵团党委，中央直属机关工委、中央国家机关工委，国务院国有资产监督管理委员会党委，中国银行业监督管理委员会、中国证券监督管理委员会、中国保险监督管理委员会党委，可以依据本准则，结合各自工作的实际情况，制定具体规定，报中共中央纪律检查委员会备案。

中央军委可以根据本准则，结合中国人民解放军和中国人民武装警察部队的实际情况，制定具体规定。

第十七条　本准则由中共中央纪律检查委员会负责解释。

第十八条　本准则自发布之日起施行。1997年3月发布的《中国共产党党员领导干部廉洁从政若干准则（试行）》同时废止。

关于印发《国家预防腐败局2010年工作要点》的通知

（监发〔2010〕2号　2010年2月10日）

各省、自治区、直辖市监察厅（局），有关省、直辖市预防腐败局，新疆生产建设兵团监察局，监察部各派驻监察局、监察专员办公室：

现将《国家预防腐败局2010年工作要点》印发给你们，请结合实际，安排做好工作。

监　察　部

国家预防腐败局

二〇一〇年二月十日

国家预防腐败局2010年工作要点

国家预防腐败局2010年工作的总体要求是：贯彻党的十七大和十七届四中全会精神，落实《建立健全惩治和预防腐败体系2008—2012年工作规划》，按照第十七届中央纪委第五次全会的部署，进一步加强预防腐败体制、机制和制度建设，拓展预防腐败工作领域，深化预防腐败国际合作。要以防止权力滥用、规范权力运行和防止利益冲突为重点，着力探索预防腐败的措施和办法，努力实现有效预防腐败的工作目标。

一、充分发挥预防腐败工作联席会议的组织协调和议事决策作用

1. 进一步加强与联席会议成员单位的沟通协调。发挥成员单位在预防腐败方面的职能优势，支持各单位抓好职责范围内的预防腐败工作，协调成员单位研究提出联席会议议题，建立与各成员单位的日常沟通机制。

2. 继续通过联席会议研究并协调解决预防腐败工作中涉及改革和制度建设等方面的重要问题。

3. 抓好联席会议议决事项的督促落实，提出督促议决事项落实的具体办法。

二、开展廉政风险防范管理，推进权力运行监控机制建设

总结推广北京、河北、上海、江苏等地在开展廉政风险防范管理、行政权力运行监控机制建设等方面的成熟经验。制定出台开展廉政风险防范管理、建立权力运行监控机制的意见。

三、深化政务公开、厂务公开、村务公开

1. 组织召开全国政务公开领导小组第十次会议，研究部署2010年全国政务公开工作。

2. 召开全国政务服务建设经验交流会，总结推广政务服务的先进做法。

3. 依托电子政务平台，对行政审批、执法等权力实行网上公开，推进行政权力公开透明运行。认真落实《政府信息公开条例》，积极推进财政预算、决算公开和工程建设领域的信息公开。加大群众关心热点问题的信息公开力度。会同有关部门对《政府信息公开条例》实施情况进行监督检查。

4. 协调有关部门继续推进厂务公开、村务公开。充分发挥厂务公开对加强企业民主管理、促进企业健康发展的作用。深入开展村务公开和民主管理“难点村”治理工作。

四、积极开展社会领域防治腐败工作

1. 组织开展政府与行业协会、市场中介组织分开专项工作。研究提出关于加强行业协会、市场中介组织反腐倡廉建设的意见。研究制定规范各类学会、协会、基金会准入等相关制度。开展律师行业、注册会计师行业防治腐败试点工作。

2. 探索研究非公有制经济组织和新社会组织开展反腐倡廉建设的途径和办法。

五、探索建立预防腐败信息系统和开展对相关制度的廉政风险评估

1. 继续抓好预防腐败信息系统建设试点工作。完善湖南、上海、杭州等地信息系统建设的相关工作，探索建立信息共享机制和腐败预警机制，提高工作预见性和主动性。

2. 组织一些地方对有关制度和改革措施进行廉政风险评估。对四川、海南、深圳开展廉政风险评估试点情况进行总结，研究论证廉政风险评估的方式方法，提出推广意见。

3. 商请国务院法制办，由其向相关法律、行政法规草案的起草部门，从有效预防腐败的角度提出要求，努力从源头上预防腐败。

六、继续开展制止公款出国旅游专项工作

2010年制止公款出国旅游专项工作要坚持巩固成果、调整结构、有保有压、完善管理的指导思想。重点做好：

1. 按照分类管理、区别对待、有保有压、确保重点的原则，继续严格控制和适度压缩因公出国人次数和经费。继续压缩地（市）以下党政机关因公出国人次数。省部级干部因公出国人次数实行总量控制。严格控制招商引资、文体交流等大型团组中的党政干部比例。加强对前往国外友好城市考察访问活动的管理。

2. 狠抓因公出国管理制度的执行。配合有关部门督促落实因公出国任务审批、经费先行审核等制度。加强对因公出国经费预算、预算执行、经费核销等方面的监督。

3. 继续完善因公出国管理制度。抓紧制定《公款出国（境）旅游行为适用〈中国共产党纪律处分条例〉若干问题的解释》和《公款出国（境）旅游行为政纪处分规定》。建立因公出国团组信息公示制度。加快因公出国综合管理信息系统的研发推广。

4. 加强对双跨团组的管理。组织对党政机关所属（含挂靠）的中心、协会、学会双跨组团情况进行检查。

5. 严肃查处公款出国旅游案件。重点查处顶风违纪案件，对典型案件的处理情况予以通报。

6. 会同有关部门研究改进党政干部因私出国管理制度。

七、开展预防腐败重要问题对策研究

1. 研究加强对配偶子女均已移居国（境）外的公职人员管理相关规定的具体落实办法。

2. 组织开展案件剖析工作。针对一些部门、领域发生的重大典型案件，剖析工作程序、制度、管理等方面存在的问题，提出对策建议。

3. 配合财政部等进一步研究完善政府采购法律制度，探索建立全国一体化政府采购管理信息平台，建立评审专家、供应商和代理机构“黑名单”制度。

4. 推动有关部门研究以公民身份号码为基础，逐步完善征信体系，实现对公民信贷、纳税、社会保障、经营交易等方面信息的采集和共享。

5. 研究关于完善公共资源交易制度、运用现代科技手段预防腐败和健全国有企业内控机制等方面的对策。

6. 推动地方和有关中央国家机关、部分大型国有企业围绕预防腐败重要问题进行试点，支持条件成熟的省（区、市）成立预防腐败机构。

八、加强预防腐败国际合作与援助

1. 根据《联合国反腐败公约》第三次缔约国大会要求，会同有关部门共同研究履约审议应对措施，研究做好《联合国反腐败公约》有关预防腐败措施在我国的实施工作。

2. 开展预防腐败国际援助，举办第三届发展中国家预防腐败研讨班。

3. 积极开展预防腐败对外交流与合作。做好有关接待和出访工作，适时与蒙古等国家签署双边合作协议。

九、加大预防腐败宣传教育力度

1. 发挥国家预防腐败局网站的宣传窗口作用。大力宣传党和国家预防腐败的方针政策，推广预防腐败的典型经验和成效。进一步加强与网民的互动，及时收集分析网民关于预防腐败的意见建议。做好预防腐败网络信息的收集、研判和处置，加强对网上舆论的正面引导。

2. 积极推进廉洁文化建设。认真落实

《关于加强廉政文化建设的意见》。依靠各方力量，探索加强廉洁文化建设的途径和办法。面向社会领域开展廉洁文化教育，逐步培育公正廉洁、诚实守信的社会文化，增强全社会大力支持、有序参与反腐倡廉的责任意识，推进公民社会良好社会风气的形成。

3. 加强预防腐败对外宣传。创新外宣方式，丰富外宣产品，通过制作影视节目、举办论坛等多种形式，进一步扩大我国在国际预防腐败领域的影响。

面对新一年的繁重任务，国家预防腐败局要进一步加强自身的思想政治建设、能力建设和作风建设，增强干部的政治意识、宗旨意识、创新意识、表率意识和遵纪守法意识，提高运用科学理论指导工作的能力和预防腐败的专业化水平，不辱使命，奋发进取，推动预防腐败工作不断深入发展。

党政领导干部选拔任用工作责任追究办法（试行）

（中办发〔2010〕9号　2010年3月7日）

第一条　为保证党的干部路线方针政策的贯彻执行，防止用人失察失误，严肃处理干部选拔任用工作中的违规违纪行为，根据《党政领导干部选拔任用工作条例》、《中国共产党纪律处分条例》、《关于实行党政领导干部问责的暂行规定》等党内法规和《中华人民共和国公务员法》等国家法律法规，制定本办法。

第二条　对党政领导干部选拔任用工作实行责任追究，坚持党委领导、分级负责，实事求是、客观公正，权责一致、惩教结合，严格要求、违规必究的原则。

第三条　党委（党组）及纪检监察机关、组织人事部门按照职责权限负责对党政领导干部选拔任用工作实行责任追究。

第四条　在党政领导干部选拔任用工作中，有下列情形之一的，追究党委（党组）主要领导干部或者有关领导干部的责任：

（一）违反干部任免程序和规定，个人指定提拔、调整人选的；

（二）临时动议决定干部任免的；

（三）不按照规定召开党委（党组）会议讨论决定干部任免的；

（四）个人决定干部任免或者个人改变党委（党组）会议集体作出的干部任免决定的；

（五）突击提拔、调整干部的；

（六）违反规定超职数配备领导干部或者提高干部职级待遇的；

（七）授意、指使、强令组织人事部门违反规定选拔任用干部，或者阻挠、制止纪检监察机关和组织人事部门对选人用人问题进行调查核实以及按照有关规定作出处理的；

（八）违反干部选拔任用工作规定，导致用人失察失误，造成恶劣影响的；

（九）本地区本部门用人上不正之风严重，干部群众反映强烈以及对违反组织人事纪律的行为查处不力的；

（十）有其他违反干部选拔任用工作规定行为的。

在发生突发重大自然灾害、群体性事件及

其他紧急情况下，经上一级党组织批准的用人行为，不列入责任追究范围，但事后应当履行有关干部任免程序，并在一定范围内通报。

第五条　在党政领导干部选拔任用工作中，有下列情形之一的，追究组织人事部门主要领导干部和有关人员的责任：

（一）不按照规定的基本条件、任职资格、方式、程序和范围进行民主推荐、民主测评的；

（二）不如实向党委（党组）报告民主推荐、民主测评、考察等情况的；

（三）不按照规定征求纪检监察机关对拟任人选的意见，或者不如实向党委（党组）报告纪检监察机关意见建议的；

（四）不按照规定向上级组织人事部门报告干部选拔任用工作有关事项的；

（五）对反映的线索清楚、内容具体的违反规定选拔任用干部问题不进行调查核实以及核实后不按照有关规定作出处理的；

（六）对本地区本部门领导成员违反干部选拔任用工作规定的行为不提出反对意见的；

（七）不按照有关规定对干部选拔任用工作进行监督检查，整治用人上不正之风工作不力，干部群众反映强烈的；

（八）有其他违反干部选拔任用工作规定行为的。

第六条　在党政领导干部选拔任用工作中，有下列情形之一的，追究干部考察组负责人和有关人员的责任：

（一）更改、伪造民主推荐、民主测评结果的；

（二）不按照规定的程序和范围进行考察的；

（三）对反映考察对象问题的线索清楚、内容具体的举报不进行调查核实或者不如实报告的；

（四）隐瞒、歪曲、泄露考察情况的；

（五）接受考察对象或者考察对象请托人的礼品、礼金、有价证券或者支付凭证等财物，参加考察对象或者考察对象请托人安排的消费活动，以及接受考察对象所在单位特殊接待的；

（六）不认真审核干部档案，导致干部信息不准确，造成严重后果的；

（七）按照规定应当回避而不回避的；

（八）有其他违反干部选拔任用工作规定行为的。

第七条　在党政领导干部选拔任用工作中，有下列情形之一的，追究纪检监察机关有关领导干部和人员的责任：

（一）不如实向组织人事部门回复掌握的有关拟任人选遵守党纪政纪情况的；

（二）不按照有关规定对干部选拔任用工作进行监督检查的；

（三）对发现的干部选拔任用工作中的违规违纪行为不进行调查处理的；

（四）对反映拟任人选问题的性质严重、线索清楚、内容具体的举报不按照有关规定进行调查核实的。

第八条　在党政领导干部选拔任用工作中，有下列情形之一的，追究有关领导干部和人员的责任：

（一）在个别谈话推荐和考察中故意提供虚假情况的；

（二）在干部选拔任用工作中营私舞弊，收受或者给予他人财物，安排或者接受他人安排的消费活动的；

（三）利用职务便利违反规定干预下级或者原任职地区、单位干部选拔任用工作的；

（四）要求提拔本人近亲属，或者指令提拔秘书等身边工作人员的；

（五）在民主推荐、民主测评、组织考察或者选举中搞拉票贿选等非组织活动的；

（六）泄露民主推荐、民主测评、考察、酝酿、讨论决定等有关情况的；

（七）故意向干部选拔任用问题调查部门提供虚假信息或者不实材料的；

（八）有其他违反干部选拔任用工作规

定行为的。

第九条　在党政领导干部选拔任用工作民主评议、民意调查中，本地区本部门群众满意度明显偏低、选人用人方面问题突出、干部群众反映强烈的，经组织考核认定，应当追究负有责任的党委（党组）和组织人事部门主要领导干部的责任。

第十条　有本办法所列应当追究责任的情形，情节较轻的，给予批评教育或者责令作出书面检查；情节较重或者群众反映强烈、造成恶劣影响的，给予组织处理。组织处理的方式包括调离岗位、引咎辞职、责令辞职、免职、降职等。组织处理的情况，应当在一定范围内通报。

有本办法第八条第（五）项所列情形，已列为考察对象或者提拔人选的，应当首先将其排除出考察对象或者取消其提拔资格，再按照本条前款规定作出处理。

第十一条　有本办法所列应当追究责任的情形，应当给予党纪处分的，依照《中国共产党纪律处分条例》及有关规定给予党纪处分；应当追究政纪责任的，建议有关机关依照有关规定给予相应的政纪处分；涉嫌犯罪的，依法移送司法机关处理。

第十二条　组织处理和纪律处分可以单独使用，也可以同时使用。

第十三条　组织人事部门对工作中发现、群众举报或者新闻媒体反映的线索清楚、内容具体的违反干部选拔任用工作规定的问题必须进行调查处理，也可会同纪检监察机关进行调查处理。

纪检监察机关在受理举报、查办案件等工作中发现的违反干部选拔任用工作规定的问题，应当按照有关规定进行调查处理。处理情况应当向组织人事部门通报。需要给予组织处理的，与组织人事部门共同研究提出处理建议方案，按照干部管理权限报批。

作出责任追究决定后，由组织人事部门、纪检监察机关办理责任追究相关事宜。

第十四条　领导干部因违纪违法受到撤销党内职务或者行政职务以上处分且在其提拔任职前就有违纪违法行为的，组织人事部门必须对其选拔任用过程进行调查。其中，对本级党委（党组）管理的下一级党政正职领导干部的选拔任用过程，由上一级组织人事部门直接进行调查。经调查核实，确实存在违反规定选拔任用干部问题的，追究有关责任人的责任。

第十五条　受到责任追究的人员对责任追究决定不服的，可以向作出责任追究决定的机关提出书面申诉。作出责任追究决定的机关应当依据有关规定受理并作出处理。

申诉期间，不停止责任追究决定的执行。

第十六条　受到调离岗位处理的，一年内不得提拔；引咎辞职和受到责令辞职、免职处理的，一年内不得重新担任与其原任职务相当的领导职务，两年内不得提拔；受到降职处理的，两年内不得提拔；同时受到纪律处分的，按照影响期长的规定执行。

引咎辞职和受到责令辞职、免职、降职处理的党政领导干部，应当综合考虑其一贯表现、资历、特长等因素，合理安排工作岗位或者相应工作任务，并同时确定相应的职级待遇。受到组织处理或者纪律处分，影响期满后拟重新任用的，在作出决定前应当征得上一级组织人事部门同意。

第十七条　实行党政领导干部选拔任用工作记实制度。有关部门应当如实记录选拔任用干部过程中推荐提名、考察、酝酿、讨论决定等情况，为实施党政领导干部选拔任用工作责任追究提供依据。

第十八条　县级以上党委、政府直属事业单位和工会、共青团、妇联等人民团体领导干部选拔任用工作的责任追究，参照本办法执行。

第十九条　本办法由中共中央纪律检查委员会、中共中央组织部负责解释。

第二十条　本办法自发布之日起施行。

关于印发《2010年全国政务公开工作要点》的通知

（中纪办发〔2010〕8号 2010年4月6日）

全国政务公开领导小组成员单位、各省、自治区、直辖市和新疆生产建设兵团纪委、监察厅（局）、政务公开领导小组，中央国家机关各部委纪检组（纪委）、监察局、政务公开领导小组，中央纪委各派驻纪检组，监察部各派驻监察局、监察专员办公室，中央直属机关纪工委，中央国家机关纪工委，军委纪委：

《2010年全国政务公开工作要点》已经全国政务公开领导小组第十次会议审议通过。现印发给你们，请结合实际，认真贯彻落实。

中共中央纪委办公厅

国家预防腐败局办公室

全国政务公开领导小组办公室

二〇一〇年四月六日

2010年全国政务公开工作要点

2010年全国政务公开工作的总体要求是：以邓小平理论和“三个代表”重要思想为指导，深入贯彻落实科学发展观，按照十七届中央纪委第五次全会和国务院第三次廉政工作会议的部署，以促进阳光施政、有效预防腐败为目标，以监督行政权力、服务人民群众为主线，以推进行政权力运行程序化和公开透明为重点，加强制度建设，狠抓工作落实，切实提高政务公开的社会效益，为推动经济社会又好又快发展服务。

一、以公开促进中央重大决策部署的落实

（一）努力做好促增长调结构中的政务公开工作。要认真贯彻十七届四中全会和中央经济工作会议精神，紧紧围绕加快经济发展方式转变、保持经济平稳较快发展，加强中央关于宏观调控、结构调整、“三农”工作、保障和改善民生、节能减排和环境保护、规范和节约用地等政策措施落实情况的公开，为中央决策部署的贯彻落实提供有力保证。要加强对公开中央决策部署贯彻执行情况的监督检查，纠正“暗箱操作”行为。

（二）积极推进工程建设领域信息公开。认真落实中央《关于开展工程建设领域突出问题专项治理工作的意见》，切实把公开透明原则贯穿于工程建设和资金管理使用全过程。要通过多种形式，主动公开项目审批、规划及用地管理、招标投标活动、工程质量管理、资金管理使用等情况，严防个人或少数人决定大额资金使用和重大项目安排。要建立健全项目信息公开目录，制定相关标准和程序，完善考核评估和监督机制，着重解决好工程建设信息不透明、公开不规范等问题。

二、深入推进行政权力公开透明运行

（三）大力推进决策公开。进一步完善公众参与、专家咨询、合法性审查、集体讨论决定的决策机制，逐步推进决策过程公开。凡涉及群众利益的重大决策要实行预公开制度，广泛听取意见，并及时向社会公布意见征集、采纳情况。进一步落实和规范听证制度，坚决防止“假听证”、“走过场”等形式主义。

（四）推进行政权力运行程序化。还未完成清权确权工作的地区和部门，要加快依法清理审核行政权力，编制职权目录，绘制行政职权流程图，力争在2010年底完成清理工作，并向社会公布；已经完成的，要依托电子政务平台，把行政权力运行过程设定为计算机程序，逐步推进行政权力网上公开透明运行。总结开展廉政风险防范管理的经验，加强对重点领域、重点部门、关键环节权力运行的监控，防止权力滥用。进一步完善行政执法和行政监督程序，完善电子监察系统。

（五）压缩规范行政自由裁量权。严格设定自由裁量权行使程序，合理设定裁量幅度，细化标准，压缩自由裁量空间。加强对执行情况的监督检查，并向社会公开。要研究制定规范行政自由裁量权的具体办法，深化工作制度建设。

（六）加大行政审批公开力度。推进行政审批相对集中改革，进一步规范和减少行政审批事项，推动简政放权。对确需保留的行政审批事项，要规范审批程序、方式，明确各个审批环节的标准、条件、时限和责任，及时向社会公布。大力推行网上审批，实现政府“轻型化”。

（七）积极推进内部公开。积极探索机关干部职工参与机关建设和管理的有效途径，建立科学合理、便于操作的监控制约机制，加强内部监督，防止少数人或个人滥用权力。要加大干部选拔任用、机关预决算、政府采购、基建工程、资产状况等公开力度，既要公开结果，也要公开过程。

三、全面贯彻《政府信息公开条例》

（八）加大主动公开力度。强化主动公开意识，健全政府网站体系，优化各种载体，扩大公开信息量。拓宽社情民意表达渠道，建立社会热点跟踪机制，及时回应社会关切，提高群众满意度。建立虚假或者不完整信息澄清制度，确保信息发布的时效性、准确性。各级政府工作报告要适时在政府门户网站公开，鼓励和引导群众对政府工作报告进行评议和监督。

（九）妥善处理依申请公开。认真贯彻《关于做好政府信息依申请公开工作的意见》（国办发〔2010〕5号），加强对依申请公开工作的指导，完善政府信息公开申请的受理、答复机制。对申请涉及多个政府部门或者同一政府部门多个内设机构的，要建立沟通协调机制，明确答复责任。探索建立公共利益评估机制，对申请人申请事项进行科学合理评估。要依法妥善处理涉及敏感问题的申请，提高回复质量。

（十）完善监督保障机制。把政府信息公开纳入政府绩效（目标管理）考核的重要内容，研究建立评估指标体系和激励机制，促进政府信息公开及时、全面、真实。建立和完善责任追究制度，加强监督检查，认真受理群众举报、投诉，坚决纠正违反《政府信息公开条例》的行为。

四、推进财政预算公开透明

（十一）建立健全预算公开制度。推进预算制度改革，完善预算管理制度，做到任何一项行政费用都纳入预算，夯实预算公开基础。加强预算公开制度建设，重点公开政府公共支出、基本建设支出、行政经费支出预算和执行情况，以及“三农”、教育、医疗、保障性住房等涉及民生的重大财政专项支出情况，做到公开透明，创造条件让群众有效监督政府，让权力在阳光下运行。

（十二）加大预算信息公开力度。有关主管部门要进一步研究确定预算公开的具体内容，指导各地区各部门抓好落实。还没有向社会主动公开预算信息的地区和部门，要按照完整、真实、细化的原则，及时公开经同级人大审议批准的预算、决算。逐步扩大中央预算公开的范围，增加预算公开内容，积极推动部门预算公开。

五、深化基层政务公开

（十三）推进公共企事业单位和社会组织办事公开。深化住房、电信、旅游、金融、食品、药品、农资、环保、捐赠等热点问题的办事公开，推进基金会、公益类社会团体、行业协会、民办非企业单位等社会组织经费使用情况公开。教育、卫生等部门要围绕招生录取、基建项目、医药购销等容易出现问题的重点环节，认真推进办事公开。推动办事公开向农村、社区延伸，为广大群众提供优质公共服务。

（十四）强化乡镇（街道）政务公开。推进乡镇政务公开与村务公开有机衔接，提高基层服务质量。重点公开中央关于“三农”工作决策部署、强农惠农政策措施在基层落实情况，财政收支、各类专项资金管理使用情况，征地补偿、涉农补贴、救灾救助资金管理使用情况。推进城市街道和社区政务公开工作，构建和完善县（市、区）、乡镇（街道）、村（社区）三级政务服务体系。

（十五）提高基层政务公开与公共服务信息化水平。规范基层政务公开与公共服务内容，逐步依托电子政务平台进行公开。研究起草依托电子政务平台加强基层政务公开与公共服务的意见。

六、加强政务（行政）服务中心建设

（十六）充分发挥政务（行政）服务中心作用。进一步扩大进驻政务（行政）服务中心办理事项的范围，政府部门对进驻事项要充分授权，为群众提供优质高效服务。加强政务（行政）服务中心内部管理，做到所有进驻事项全部公开，所有进驻事项的办理要件、办事程序、办结时限及收费依据和标准全部公开。推动政务（行政）服务中心之间的工作交流，研究论证建立全国政务服务网络平台的可行性。

（十七）总结推广政务服务经验。深入开展政务（行政）服务中心调查研究，加强工作指导。年中将组织召开全国政务（行政）服务中心建设经验交流会，总结推广一批政务服务典型经验。会同有关部门研究起草进一步规范政务（行政）服务中心建设的指导意见。

七、加强监督检查和学习培训

（十八）开展政务公开督促检查。各地区各部门要组织开展自查和督查，认真查找存在问题，切实改进工作，保证政务公开各项任务的落实。下半年，全国政务公开领导小组将组织开展专项督查，重点检查《政府信息公开条例》落实情况、行政权力公开透明运行工作推进情况、公共企事业单位办事公开和基层政务公开等情况。

（十九）组织政务公开培训。把政务公开纳入公务员培训计划，借助党校、行政学院等各方面力量，组织对各级行政机关工作人员进行培训。通过举办培训班、专题讲座、组织学习交流等，加强对从事政务公开工作人员的培训。7月份，全国政务公开领导小组办公室将举办政务公开培训研讨班。

（二十）加强政务公开理论研究。针对政务公开目前存在的问题，积极开展理论探索和实践创新，适时组织召开政务公开专题研讨会。充分发挥政务公开示范点和先进单位的辐射带动作用，继续开展学习交流活动。

关于领导干部报告个人有关事项的规定

（中办发〔2010〕16号　2010年5月26日）

第一条　为加强对领导干部的管理和监督，促进领导干部廉洁从政，根据《中国共产党章程》、党内有关规定和国家有关法律法规，制定本规定。

第二条　本规定所称领导干部包括：

（一）各级党的机关、人大机关、行政机关、政协机关、审判机关、检察机关、民主党派机关中县处级副职以上（含县处级副职，下同）的干部；

（二）人民团体、事业单位中相当于县处级副职以上的干部；

（三）大型、特大型国有独资企业、国有控股企业（含国有独资金融企业和国有控股金融企业）的中层以上领导人员和中型国有独资企业、国有控股企业（含国有独资金融企业和国有控股金融企业）的领导班子成员。

副调研员以上非领导职务的干部和已退出现职、但尚未办理退（离）休手续的干部报告个人有关事项，适用本规定。

第三条　领导干部应当报告下列本人婚姻变化和配偶、子女移居国（境）外、从业等事项：

（一）本人的婚姻变化情况；

（二）本人持有因私出国（境）证件的情况；

（三）本人因私出国（境）的情况；

（四）子女与外国人、无国籍人通婚的情况；

（五）子女与港澳以及台湾居民通婚的情况；

（六）配偶、子女移居国（境）外的情况；

（七）配偶、子女从业情况，包括配偶、子女在国（境）外从业的情况和职务情况；

（八）配偶、子女被司法机关追究刑事责任的情况。

第四条　领导干部应当报告下列收入、房产、投资等事项：

（一）本人的工资及各类奖金、津贴、补贴等；

（二）本人从事讲学、写作、咨询、审稿、书画等劳务所得；

（三）本人、配偶、共同生活的子女的房产情况；

（四）本人、配偶、共同生活的子女投资或者以其他方式持有有价证券、股票（包括股权激励）、期货、基金、投资型保险以及其他金融理财产品的情况；

（五）配偶、共同生活的子女投资非上市公司、企业的情况；

（六）配偶、共同生活的子女注册个体工商户、个人独资企业或者合伙企业的情况。

第五条　领导干部应当于每年1月31日前集中报告一次上一年度本规定第三条、第四条所列事项。

第六条　领导干部发生本规定第三条所列事项的，应当在事后30日内填写《领导干部个人有关事项报告表（一）》，并按照规定报告。因特殊原因不能按时报告的，特殊原因消除后应当及时补报，并说明原因。

第七条 新任领导干部应当在符合报告条件后30日内按照本规定报告个人有关事项。

领导干部辞去公职的，在提出辞职申请时，应当一并报告个人有关事项。

第八条 领导干部报告个人有关事项，按照干部管理权限由相应的组织（人事）部门负责受理：

（一）中央管理的领导干部向中共中央组织部报告，报告材料由该领导干部所在单位主要负责人审签后，交所在党委（党组）的组织（人事）部门转交。

（二）属于本单位管理的领导干部，向本单位的组织（人事）部门报告；不属于本单位管理的领导干部，向上一级党委（党组）的组织（人事）部门报告，报告材料由该领导干部所在单位主要负责人审签后，交所在党委（党组）的组织（人事）部门转交。

领导干部因发生职务变动而导致受理机构发生变化的，原受理机构应当及时将该领导干部的报告材料按照干部管理权限转交新的受理机构。

第九条 领导干部在执行本规定过程中，认为有需要请示的事项，可以向受理报告的组织（人事）部门请示。

请示事项属于具体执行中的问题，受理报告的组织（人事）部门应当认真研究，及时答复报告人；属于本规定的解释问题，受理报告的组织（人事）部门应当按照规定向中共中央纪律检查委员会、中共中央组织部、监察部请示，并按照中共中央纪律检查委员会、中共中央组织部、监察部的意见答复报告人。报告人应当按照组织答复意见办理。

第十条 报告人未按时报告的，有关组织（人事）部门应当督促其报告。

第十一条 组织（人事）部门、纪检监察机关（机构）根据工作需要，可以对报告情况进行汇总综合，对存在的普遍性问题进行专项治理。

第十二条 组织（人事）部门在干部监督工作和干部选拔任用工作中，按照干部管理权限，经本机关、本单位主要负责人批准，可以查阅有关领导干部报告个人有关事项的材料。

纪检监察机关（机构）在履行职责时，按照干部管理权限，经本机关主要负责人批准，可以查阅有关领导干部报告个人有关事项的材料。

检察机关在查办职务犯罪案件时，经本机关主要负责人批准，可以查阅案件涉及的领导干部报告个人有关事项的材料。

第十三条 纪检监察机关（机构）、组织（人事）部门接到有关举报，或者在干部考核考察、巡视等工作中群众对领导干部涉及个人有关事项的问题反映突出的，按照干部管理权限，经纪检监察机关（机构）、组织（人事）部门主要负责人批准，可以对有关领导干部报告个人有关事项的材料进行调查核实。

第十四条 受理报告的组织（人事）部门对报告人的报告材料，应当设专人妥善保管。

第十五条 纪检监察机关（机构）和组织（人事）部门要加强对本规定执行情况的监督检查。

第十六条 领导干部应当按照本规定如实报告个人有关事项，自觉接受监督。

第十七条 领导干部有下列情形之一的，根据情节轻重，给予批评教育、限期改正、责令作出检查、诫勉谈话、通报批评或者调整工作岗位、免职等处理；构成违纪的，依照有关规定给予纪律处分：

（一）无正当理由不按时报告的；

（二）不如实报告的；

（三）隐瞒不报的；

（四）不按照组织答复意见办理的。

不按照规定报告个人有关事项，同时该

事项构成另一违纪行为的，依照有关规定进行合并处理。

第十八条　本规定第三条第（六）项所称“移居国（境）外”，是指领导干部的配偶、子女获得外国国籍，或者获得国（境）外永久居留权、长期居留许可。

本规定第四条所称“共同生活的子女”，是指领导干部的未成年子女和由其抚养的不能独立生活的成年子女。

本规定第四条第（三）项所称“房产”，是指领导干部本人、配偶、共同生活的子女为所有权人或者共有人的房屋。

第十九条　中共中央纪律检查委员会、中共中央组织部、监察部可以结合工作实际，制定实施细则。

第二十条　中央军委可以根据本规定，结合中国人民解放军和中国人民武装警察部队的实际，制定有关规定。

第二十一条　各省、自治区、直辖市党委和政府，需要扩大报告主体范围或者细化执行程序的，可以根据本规定，结合各自工作实际，制定具体实施办法，报中共中央纪律检查委员会、中共中央组织部、监察部备案。

第二十二条　本规定由中共中央纪律检查委员会、中共中央组织部、监察部负责解释。

第二十三条　本规定自发布之日起施行。1995年发布的《关于党政机关县（处）级以上领导干部收入申报的规定》、2006年发布的《关于党员领导干部报告个人有关事项的规定》同时废止。

附件：一、领导干部个人有关事项报告表（一）（略）

二、领导干部个人有关事项报告表（二）（略）

用公款出国（境）旅游及相关违纪行为适用《中国共产党纪律处分条例》若干问题的解释

（中纪发〔2010〕27号　2010年6月9日）

为明确相关政策界限，惩处用公款出国（境）旅游及相关违纪行为，现就用公款出国（境）旅游及相关违纪行为适用《中国共产党纪律处分条例》若干问题解释如下。

一、本解释所称用公款出国（境）旅游行为，是指无出国（境）公务，组织或者参加用公款支付全部或者部分费用，到国（境）外进行参观、游览等活动的行为；其中包括无实质性公务，以考察、学习、培训、研讨、招商、参展、参加会议等名义，变相用公款出国（境）旅游的行为。

二、用公款出国（境）旅游的，依照《中国共产党纪律处分条例》第七十八条的规定处理；其中，对于组织者，给予撤销党内职务或者留党察看处分，情节严重的，给予开除党籍处分。

三、以不正当方式谋求本人或者他人用公款出国（境），有下列行为之一的，依照《中国共产党纪律处分条例》第六十八条的规定处理：

（一）虚报出国（境）公务骗取批准的；

（二）购买、伪造邀请函或者编造虚假日程骗取批准的；

（三）采取伪造个人身份、资料等形式，安排与出国（境）公务无关人员出国（境）的；

（四）避开主管部门委托非主管部门办理因公出国（境）审核审批手续的；

（五）违反因公出国（境）管理规定，将一个团组拆分为若干团组报批或者审核审批的；

（六）其他以不正当方式谋求本人或者他人用公款出国（境）的。

四、组织以营利为目的的跨地区、跨部门团组用公款出国（境）的，依照《中国共产党纪律处分条例》第七十七条的规定处理。

五、擅自批准或者同意延长在国（境）外停留时间，绕道安排行程，或者到未经批准进行公务活动的国家（地区）、城市，造成不良影响或者经济损失的，依照《中国共产党纪律处分条例》第六十九条的规定处理。

六、因公出国（境）派出单位和审核审批管理部门滥用职权或者玩忽职守，致使发生用公款出国（境）旅游行为，造成较大损失的，依照《中国共产党纪律处分条例》第一百二十七条的规定处理；虽未造成较大损失，但给本地区、本单位造成严重不良影响的，依照《中国共产党纪律处分条例》第一百三十九条的规定处理。

七、对本地区、本部门、本系统、本单位发生的用公款出国（境）旅游行为不制止、不查处，造成较大损失的，依照《中国共产党纪律处分条例》第一百二十七条的规定处理；虽未造成较大损失，但给本地区、本部门、本系统、本单位造成严重不良影响的，依照《中国共产党纪律处分条例》第一百三十九条的规定处理。

党组织负责人有前款所列行为的，依照《中国共产党纪律处分条例》第一百二十八条的规定处理。

八、用公款出国（境）旅游的，依照《中国共产党纪律处分条例》第四十一条的规定，应当责令其退赔用公款支付的各项费用。

《中国共产党纪律处分条例》相关规定：

第四十一条 对于违纪行为所获得的经济利益，应当收缴或者责令退赔。

对于违纪行为所获得的职务、职称、学历、学位、奖励、资格等其他利益，应当由承办案件的纪检机关或者由其上级纪检机关建议有关组织、部门、单位按规定予以纠正。

对于依照本条例第三十六条、第三十七条规定处理的党员，经调查确属其实施违纪行为获得的利益，依照本条规定处理。

第六十八条 以不正当方式谋求本人或者其他人用公款出国（境），情节较轻的，给予警告处分；情节较重的，给予严重警告处分；情节严重的，给予撤销党内职务处分。

第六十九条 临时出国（境）团（组）或者人员中的党员，擅自延长在国（境）外期限，或者擅自变更路线，造成不良影响或者经济损失的，对主要责任者，给予警告或者严重警告处分；情节严重的，给予撤销党内职务处分。

第七十七条 违反有关规定从事营利活动，有下列行为之一，情节较轻的，给予警告或者严重警告处分；情节较重的，给予撤销党内职务或者留党察看处分；情节严重的，给予开除党籍处分：

（一）经商办企业的；

（二）个人违反规定买卖股票或者进行其他证券投资的；

（三）从事有偿中介活动的；

（四）在国（境）外注册公司或者投资入股的；

（五）有其他违反有关规定从事营利活动行为的。

利用职务上的便利，为其亲友的经营活动谋取利益的，依照前款规定处理。

违反有关规定兼职或者兼职取酬的，依照第一款规定处理。

第七十八条　挥霍浪费公共财产，有下列行为之一，情节较轻的，给予警告或者严重警告处分；情节较重的，给予撤销党内职务或者留党察看处分；情节严重的，给予开除党籍处分：

（一）用公款旅游或者以考察、学习、培训、研讨、招商、参展等名义用公款出国（境）旅游的；

（二）违反规定参与用公款支付的高消费娱乐、健身活动的；

（三）购买、更换超过规定标准的小轿车或者对所乘坐的小轿车进行豪华装修的；

（四）有其他挥霍浪费公共财产行为的。

第一百二十七条　党和国家工作人员或者其他从事公务的人员，在工作中不履行或者不正确履行职责，给党、国家和人民利益以及公共财产造成较大损失的，给予警告或者严重警告处分；造成重大损失的，给予撤销党内职务、留党察看或者开除党籍处分。本条例另有规定的，依照规定。

前款所列人员，在工作中滥用职权或者玩忽职守，给党、国家和人民利益以及公共财产造成较大损失的，给予严重警告处分；造成重大损失的，给予撤销党内职务、留党察看或者开除党籍处分。在工作中徇私舞弊的，从重或者加重处分。本条例另有规定的，依照规定。

第一百二十八条　党组织负责人在工作中违反有关规定或者不负责任，有下列情形之一，给党、国家和人民利益以及公共财产造成较大损失的，对负有直接责任者，给予警告或者严重警告处分。造成重大损失的，对负有直接责任者，给予撤销党内职务、留党察看或者开除党籍处分；负有主要领导责任者，给予严重警告、撤销党内职务或者留党察看处分；负有重要领导责任者，给予警告、严重警告或者撤销党内职务处分：

（一）不传达贯彻、不检查督促落实党和国家的方针政策，或者作出违背党和国家方针政策的错误决策的；

（二）本地区、本部门、本系统和本单位发生公开反对党的基本理论、基本路线、基本纲领、基本经验或者党和国家方针政策行为的；

（三）不制止、不查处本地区、本部门、本系统和本单位发生的严重违纪违法行为的；

（四）在党的思想、组织、作风建设以及党风廉政建设方面有其他违反有关规定或者不负责任行为的。

有上述情形之一，造成巨大损失或者恶劣影响的，对有关责任者，依照前款规定加重处分。

第一百三十九条　对因工作失职、渎职，所造成的后果虽不够较大损失的标准，但给本地区、本单位造成严重不良影响的直接责任者，以及所造成的后果虽不够重大损失的标准，但给本地区、本单位造成严重不良影响的主要领导责任者，根据损失的数额及影响程度，给予警告、严重警告或者撤销党内职务处分。

印发《关于开展制度廉洁性评估试点工作的指导意见》及扩大试点范围的通知

（中纪办〔2010〕152号　2010年7月5日）

河北、吉林、上海、福建、河南、湖北、湖南、广东、海南、四川省（市）纪委、监察厅（局）、预防腐败局，广东省深圳市纪委、监察局：

为进一步落实十七届中央纪委第五次全会关于加强预防腐败制度建设的要求，中央纪委预防腐败室在对海南、四川、深圳3个制度廉洁性评估（审查）专项试点单位的做法和经验进行调研的基础上，起草了《关于开展制度廉洁性评估试点工作的指导意见》（以下简称《指导意见》）。经中央纪委监察部、国家预防腐败局领导同意，决定增加已成立省级预防腐败机构的河北、上海、福建、河南、湖北、湖南，以及吉林、广东等8个省（市）为该项工作的试点单位，并将《指导意见》和海南、四川、深圳3个试点单位的经验材料印发各试点单位参考。现将有关事项通知如下。

一、总体要求

1. 统一思想，提高认识。开展制度廉洁性评估试点工作是加强预防腐败制度建设的一项新举措；是贯彻落实中央纪委第五次全会精神的一项重要内容；是及时发现制度漏洞，加大从源头治理腐败力度，提高制度执行力的一项有效措施；也是我国落实《联合国反腐败公约》的履约要求。各试点单位要充分认识开展试点工作的重要意义，按照《指导意见》的要求，切实加强组织领导，以高度负责的态度组织实施，确保试点工作的顺利开展。

2. 落实责任，务求实效。制度廉洁性评估工作政策性强、要求高。各试点单位要按照《指导意见》，根据当地的实际情况制订具体实施方案，明确工作任务、工作目标、工作责任和实施步骤，认真组织实施。各级纪委要会同人大、政府的法制工作机构及时了解掌握各有关部门开展工作的情况，并加强督促指导，务求取得实际效果。

3. 积极探索，总结提高。开展制度廉洁性评估试点工作是一项全新的开创性工作。各试点单位要在试点工作中认真学习，深入研究，加强交流，大胆探索，勇于创新，不断总结，及时研究解决试点工作中遇到的困难和问题，不断巩固和提高开展制度廉洁性评估工作的能力和水平。

二、工作目标

利用1年左右时间，通过在3个原有试点单位和8个新增试点单位开展制度廉洁性评估试点工作，探索建立适合我国国情的廉洁性评估工作制度、工作模式和运行机制，为研究建立和推广制度廉洁性评估长效机制积累经验并提供依据。

三、进度安排

请各新增加的试点单位参照《指导意见》并结合当地的实际情况，于2010年9月底前，制订试点工作方案报中央纪委预防腐败室后，组织开展本省（市）的试点工作。

请各试点单位将试点工作中的新方法、新经验，以及出现的新情况、新问题，及时报中央纪委预防腐败室。

联系人：贺清龙

联系电话：（010）59598848

附件：1. 关于开展制度廉洁性评估试点工作的指导意见

2. 四川、海南、深圳三地经验材料

中央纪委办公厅
国家预防腐败局办公室
2010年7月5日

附件1

关于开展制度廉洁性评估试点工作的指导意见

为深入贯彻十七届中央纪委第五次全会精神，进一步加强预防腐败制度建设，将预防腐败的要求贯穿于各项制度建设之中，积极探索有效预防腐败的途径和推动预防腐败法制化，现就开展制度廉洁性评估试点工作提出以下指导意见。

一、指导思想

坚持以邓小平理论和“三个代表”重要思想为指导，按照十七届中央纪委第五次全会关于必须着力探索预防腐败的措施和办法，努力形成一套有效预防腐败的制度，坚持权力配置科学、界限明确、行使依法、运行公开，把预防腐败的要求落实到权力结构和运行机制各个环节，以规范权力运行和防止利益冲突为重点，围绕制度建设开展廉政风险评估工作，进一步从制度层面铲除腐败滋生蔓延的土壤和条件，形成有效预防腐败的长效机制。

二、评估主体

各级纪检监察机关负责牵头组织开展制度廉洁性评估工作。已成立预防腐败机构的省（市）由预防腐败机构具体负责，未成立预防腐败机构的省（市）由纪检监察机关有关部门负责。纪检监察机关应根据实际情况，协调同级人大常委会法工委、政府法制办等相关部门共同开展这项工作。要充分发挥法规制度建设涉及的相关业务部门在制度廉洁性评估工作中的积极作用。有条件的，应研究探索形成党委统一领导，纪检监察机关牵头负责，人大和政府法制工作部门配合协作，各职能部门和社会积极参与的制度廉洁性评估工作机制。

三、评估对象

主要是对起草制定中的地方性法规、政府规章和其他规范性文件进行评估；有条件的，可以各种方式对已公布实施的地方性法规、政府规章和其他规范性文件进行评估。

评估对象中涉及行政审批权、行政执法权、行政处罚权、人事权、司法权等权力相对集中的，要作为评估重点；涉及腐败现象易发多发的重点领域、关键环节，在查处违法违纪案件中发现制度存在缺陷和问题的，以及与人财物管理使用改革措施有关的，也要作为评估重点。

四、评估内容

一是评估廉洁性。是否符合中央关于反腐倡廉各项工作部署的要求，是否落实了将预防腐败贯穿于制度建设之中的精神，是否遵循了公开、公平、公正的原则。二是评估合法性。主要评估是否存在违法违规扩张权力、减免责任，增减公民、法人和其他组织权利义务的情况，相关内容是否存在不符合国家法律法规或者缺乏政策法规依据等情况。三是评估利益冲突。是否存在谋取不正当利益，或者与公共利益或不同利益群体之间发生冲突的情况，设置的自由裁量事项是否合理和必要，自由裁量幅度是否适当等。四是评估科学性。主要评估权力的配置是否合理，监督制约措施是否有效，相关程序的设计是否科学规范、公开透明、便民高效，涉及群众利益的重大事项是否经过必备的论证和听取意见，责任追究的机制是否健全等。

五、评估的方式及程序

评估的方式可根据具体情况，采取组织专门机构会审、组织专家论证、开展社会听证、公开征集意见、走访群众及有关单位等一两种或多种方式进行。

评估的一般程序：一是确定评估事项，制定评估方案。评估主体要认真履行职责，对于重大决策事项，按照“不评估不决策的原则”，合理制定评估方案，认真组织好评估工作。二是广泛研究论证，认真查找风险。评估主体要根据实际情况，采取多种评估方式广泛听取专家、基层群众和社会各界的意见和建议，全面了解各方面对于评估事项的反映和评价，认真查找评估事项中的廉政风险点和不符合廉洁性要求的有关问题；对于争议较大、专业性较强的评估事项，要组织有关专家和群众代表进行听证和论证。三是形成评估报告，提出评估建议。在充分论证和查找廉政风险点的基础上，承办单位就评估的事项、廉洁性风险分析、评估的结论、相关的意见和建议等提出评估报告。四是认真组织落实，及时跟踪反馈。对于评估的意见和建议，评估对象的制定和实施部门，必须认真研究，提出对应的陈述说明。认为评估的意见和建议正确的，要及时落实到立法方案之中；对于意见分歧较大的，必须将各方意见一并上报上级主管或审议部门研究决定。上级主管或审议部门按照有关规定认真研究作出决定后，应及时向有关单位通报有关情况。

六、评估成果的运用

一要边评边改，重在运用。要充分运用评估成果促进和提高法规制度建设的质量，评估成果的转化和运用，要与有关制度的制定、修改、废止相结合。评估中，对于群众欢迎、条件成熟、评估认为廉洁性风险较低的，要加快推进实施；对于群众欢迎但存有疑义，评估认为有一定廉洁性风险的，要认真研究修订，待条件成熟后启动实施；对于意见分歧较大，评估认为廉洁性风险较高的，应暂缓推出，待时机成熟时再启动，避免因决策不当而引发腐败问题。

对已公布实施的评估对象进行评估，认为其廉洁性风险较高的，要及时按照法定程序予以立、改、废，并以适当方式向社会公布。

二要形成长效机制，巩固成果。要把对制度的廉洁性评估，延伸到对使用权力的评估和清理，针对关键部位与薄弱环节，认真查找廉政风险点，有针对性地加强监督管理，推动权力正确行使。要把制度廉洁性评估与制度的改革创新有机结合起来，针对体制机制中存在的缺陷和问题，及时加以分析，通过深化行政审批体制改革，创新优化权力运行流程，压缩腐败存在空间，减少腐败的发生几率。要注意在制度廉洁性评估工作中发现规律，巩固成果，逐步建立起制度廉洁性评估的长效机制。

附件 2 之一

开展制度审查　着力源头防腐

四川省纪委　监察厅

2007 年以来，四川省在中央纪委、监察部、国家预防腐败局的坚强领导和精心指导下，把制度审查作为预防腐败工作的一项重要内容，由省纪委牵头，以省国土资源厅、住房城乡建设厅为试点单位，在省人大常委会法工委、省政府法制办的配合下，深入开展了预防腐败制度审查试点工作。2 年多来，共对 1870 件制度性文件进行严格审查，明文废止或失效 1185 件，修改完善 166 件，继续执行 519 件。试点单位通过制度审查，有效提高了制度建设科学化、权力运行规范化、监督检查制度化、政府服务高效化水平，增强了从源头上防治腐败的能力。

一、深化认识，切实增强做好制度审查工作的自觉性

开展制度审查之前，我们首先强化对制度审查重要性和必要性的认识，理清工作思路，制定工作方案，夯实工作基础。

（一）深入调研，强化对制度审查工作的认识。确定试点后，我们一方面深入基层调研，掌握各地各部门制定、执行制度存在的问题；另一方面对典型案件进行深入剖析，查找腐败案件背后的制度性根源，有针对性地开展制度审查。通过调研，我们发现，80% 的腐败案件背后都存在制度依据不足、设置不当、监督程序缺失或执行不力等问题，有的部门通过制定和解释制度，为其“滥权”及“免责”提供合法性依据，使部门利益制度化，不当利益合法化，与简单的钱权交易相比，其隐蔽性更强，危害性更大。通过调研，我们认为，开展制度审查既是制度建设的内在要求，也是从源头上预防腐败的重要举措，不仅十分必要，而且相当紧迫。针对调研发现的问题，我们确定制度审查的目标是：开展制度审查，加强制度建设，逐步建成内容科学、程序严密、配套完备、有效管用的预防腐败制度体系，促进行政权力科学、民主、依法运行，从而有效预防腐败。

（二）理清思路，科学设置制度审查路径。我省开展制度审查的思路是：在全面清理的基础上，对发现的一般性问题，通过“废”（废止）、“改”（修改）、“立”（重新制定）的办法予以解决；对发现的一些深层次问题，则通过专项治理、改革创新的办法进行解决，做到清理求实、审查求深、治理求本、工作求效。开展制度审查的原则是：坚持“四个结合”工作原则，一是坚持预防腐败制度审查与科学制定制度、全面落实制度相结合，构建法治政府；二是坚持预防腐败制度审查与规范权力运行相结合，构建阳光政府；三是坚持预防腐败制度审查与进一步转变政府职能相结合，构建服务政府；四是坚持预防腐败制度审查与提高机关行政效能建设相结合，构建效能政府。

围绕上述思路和原则，省纪委在反复征求试点、配合单位意见的基础上，于 2007 年 12 月制订下发《制度审查工作方案》，正式开展制度审查试点工作。

二、务求实效，扎实推进制度审查各项工作

制度审查是一项系统工程，涉及面广，专业性强。我省采取纪检监察机关牵头、试点单位实施、有关部门配合的工作模式，突出重点、把握关键，全面清理、严格审查各项法规制度，分类处理制度审查中出现的各种问题，审查工作进展顺利。

（一）全面清理。我省对试点领域的现行制度分3个层次进行清理：省人大常委会法工委侧重对相关地方性法规进行清理，省政府法制办侧重对相关政府规章及规范性文件进行清理，试点单位侧重对本部门制定出台的制度进行清理。对所有规范性文件和制度性文件的出台时间、背景依据、规范事项、运行情况、执行中存在的问题等进行全面、系统、准确的梳理、把握，并由清理单位提出执行、修改、废止、新建4个方面的初步建议意见。省政府法制办清理了2007年底前省政府发布的规章203件、规范性文件690件；省国土资源厅清理了涉及矿产、地质等6个方面的制度性文件586个；省住房城乡建设厅清理了1985年以来的制度性文件210个，规范性文件718个。在此基础上，2009年4月，省政府决定在全省范围内，对2008年5月1日前制定的所有规范性文件进行全面清理，目前正在有序推进。

（二）严格审查。我们坚持把握标准、突出重点、严格程序、明确责任，确保审查质量。一是把握“五个是否”明确审查标准。主要审查现行制度是否适应经济社会发展和改革的需要，是否包含廉政规范的要求，是否对自由裁量权做到充分限制和合理监督，是否存在程序设计上可能导致腐败问题发生的漏洞，是否有以制度形式谋取小团体利益等。二是突出“四个强化”明确审查重点。把审查工作重点放在权力相对集中的重点领域、关键环节，强化对行使人事权、财经权、决策权相关制度的审查，强化对相关制度规定的自由裁量权幅度的审查，强化对相关行政审批事项规定的审查，强化对相关制度相对人权利义务保障规定的审查。省国土资源厅将审查重点放在土地矿产资源交易、土地矿产资源评估、开发项目管理、专项资金管理等8个方面；省住房城乡建设厅将审查重点放在项目招标、城乡规划、房地产开发、住房公积金管理等5个方面，这些都是权力相对集中、腐败易发多发、群众反应较多的领域。三是严格“四道关口”明确审查程序。首先由各单位相关处（室）自我审查，提出废止、修改、执行、完善的建议意见和政策法规依据；其次是专门机构审查，由部门制度审查领导小组组织监察室、法规室、相关处（室）等进行集体会审，形成审查意见；再次是社会审查，对经过集体会审的制度性文件，在部门门户网站公示审查结果及依据，公开征求意见；最后，按照组织程序由领导班子集体进行再次审查，形成研究决定意见并发布实施。四是根据职能职责明确审查责任。明确由起草制度性文件的处（室、局）及法规处（室）负责审查制度设计的合法性和必要性，部门办公室负责审查制度的公开透明度和行政效能，部门纪检监察室负责审查制度的廉政性。坚持事前、事中、事后全程监督，对在制度制定和审查过程中不负责任、把关不严，出现问题不及时纠正的将追究相关负责人的责任。通过严格审查，省政府决定对清理的690件规范性文件废止143件，宣布失效126件，修改完善48件，继续执行373件。省国土资源厅发现问题文件450件，废止327件，宣布失效118件，修改完善5件，继续执行136件。省住房城乡建设厅边审查边修改，共废止制度性文件471件，修改完善113件。

（三）专项治理。在审查过程中，针对一些制度缺失严重、问题突出、社会反响较大的问题，深入开展专项治理，在治理过程中总结经验，反思不足，完善与新建相关制度，规范权力运行，堵塞制度腐败漏洞。省

国土资源厅针对矿产勘查项目和探矿权设立、采矿权取得方式较为混乱的问题，开展了矿业秩序整顿专项行动，制定出台《四川省重点规划勘察区优选矿产勘察专家审查及确定工作细则》、《四川省重点规划勘察区优选矿产项目审查纪律规定》、《严守纪律，加快推进市场化配置资源的通知》等新制度，积极推进市场化配置资源工作，规范了矿产资源的勘探和开采秩序，促进了党风廉政建设。省住房城乡建设厅针对建筑容积率变更容易导致腐败的问题，开展“建筑容积率专项治理年”活动，制定出台《违反城乡规划法律法规纪律处分规定》等4项制度，完善了相关制度体系。

（四）改革创新。对于一些深层次的制度性问题，敢于“出重拳”，“下猛药”，敢于打破现有利益格局，用改革的办法推动制度创新和体制机制重建。一是通过减少行政审批事项，减少腐败空间。省政府根据制度审查建议，依据《行政许可法》，将原1112个行政审批项目，取消64项，下放49项，转变为公共服务257项，整合保留486项。对保留的行政审批事项，实施流程优化、环节精减、网上审批、电子监察，促进了审批工作公开透明、高效廉洁。二是推进行政审批“两集中两到位”改革，促进政府职能转变。以省委省政府名义制定实施了首问负责制、限时办结制、责任追究制3项制度，改善工作作风，提高行政效能。全省各级政府建立政务服务中心，各级各部门设立行政审批处（科、股）。强力推进行政审批“两集中两到位”改革，即：各部门行政审批事项向行政审批处（科、股）集中，各部门行政审批处（科、股）向本级政府政务服务中心集中；各部门将行政审批权向驻政务中心窗口授权到位，各行政审批事项在政务服务中心办理到位。目前实现了90%的行政审批项目进入政务服务中心办理，90%的行政审批人员进入政务服务中心集中办公，现场办结率达99.6%，按时办结率达99.9%。行政审批工作受到了本部门各业务处（科、股）内部监督、办事群众社会监督、监察部门专业监督三方立体监督。三是建立公共资源交易中心，用市场的办法解决腐败问题。我省的眉山市、成都市新都区、新津县等探索建立了公共资源交易中心，将土地（矿权）交易、国有资产转让、工程建设项目招标投标、政府采购等原分属多个部门的业务进行整合，打破原有利益格局，归口到机制制度更加健全完善的公共资源交易中心，借助市场的力量解决腐败问题。

（五）建章立制。制度审查是一个长期的动态过程，为保证制度审查工作长期坚持、扎实推进，我们从不同层面、不同角度建立完善了确保制度审查实效的长效机制。一是落实了工作机构。建立了由省纪委牵头，省人大常委会法工委、省政府法制办、各试点单位各司其职、各负其责的工作推进机制，省纪委确定了具体承办室，明确了分管领导。各试点单位成立了预防腐败制度审查试点工作领导小组和办公室，明确了任务，落实了责任，确保专人专责专抓。二是制定了审查制度。省纪委制订了《制度审查工作方案》，省国土资源厅制定了《预防腐败制度审查办法（试行）》，规定凡是省国土资源厅出台的制度性、规范性文件必须经过预防腐败制度审查。成都市武侯区、温江区等地出台刚性规定，把对各单位的规范性文件审查纳入派出纪检监察机构的重要工作内容，明确要求对未经纪检监察机构审查的制度不得执行或执行无效。三是建立了保障机制。我们将制度审查工作纳入党风廉政责任制、惩防体系建设年度考核内容，重点检查、专项考核，确保制度审查收到实效。

总的看，我省制度审查工作进展顺利，取得了一定成效，对减少和遏制腐败发挥了积极作用。但回顾我们的工作，也还存在一些问题和不足：有的部门对制度防腐的重要性认识不到位，内动力不足，怕制度审查损伤了既得利益；普遍存在重制定、轻审查的问题；工作协调力度不够，有的问题（比如对中介机构的监管）需要中央一级才能协调解决；专业人才缺乏，审查力量不足等。对于这些问题，我们将在下一步工作中努力加以解决。

三、总结提升，努力推进制度审查工作再上新台阶

制度具有全局性、根本性、稳定性、长期性。搞好制度审查，要不断总结经验，把握规律，突出重点，与时俱进，不断在制度审查实践中取得新成效。

（一）开展制度审查的几点体会。一是要始终围绕减少制度建设上的廉政风险来开展审查。要始终立足于纪检监察机关的职能，紧紧围绕惩防体系建设，从预防腐败的角度，抓住“廉政风险审查”这个关键点，从制度本身的必要性、依据的合法性、内容的科学性、程序的规范性、监督的可行性等方面入手，认真查找、系统检视制度漏洞和缺陷，规范权力运行，防止腐败发生。二是要始终注重发挥职能部门的主体作用来开展审查。工作中我们感到，需要审查的法规制度的量非常大，必须充分发挥职能部门的主导作用，同时调动相关配合单位、制度服务对象、人民群众等的积极性，合理分工，明确责任，科学审查，确保制度审查工作顺利推进。三是要始终坚持用改革创新的方法来深化审查。对于在制度上存在的一些深层次矛盾和问题，要敢于动“大手术”，改革旧的体制，打破和调整不合理的利益格局，建立健全新的体制机制制度，真正从源头上寻找解决问题的治本良方。

（二）下一步工作打算。在今后的工作中，我们将按照中央纪委、监察部、国家预防腐败局的要求，总结经验、巩固成果，开拓创新、扎实工作，切实推动制度审查和预防腐败工作深入开展。重点做好以下工作：一是认真总结预防腐败制度审查试点工作的经验做法，深入研究制度审查的特点和规律，进一步完善制度审查的措施办法。二是在继续搞好全省范围内制度清理工作的基础上，扩大审查试点范围，提出新的标准和要求，力争取得更大成效。三是建立制度审查联席会议制度，加大制度审查调研力度，及时研究解决制度审查中遇到的困难和问题，提高制度审查的效果。四是加强对制度执行情况的检查，切实增强制度的执行力。五是加强制度审查力量建设，建立制度审查人才库，充分发挥部门职能作用和社会专门人才的作用。聘请行业专家学者、制度服务主体、人大政协委员等组成工作组，有选择性地对部分权力相对集中、腐败易发多发、群众反应强烈的关键领域、重点环节的制度进行重点审查，以点带面，推动全局。

附件2之二

积极探索开展制度廉洁性审查
努力提高反腐倡廉制度建设科学化水平

海南省纪委　监察厅

海南省委、省纪委始终高度重视反腐倡廉制度建设，从2009年初开始，在全省范围内探索开展了制度廉洁性审查（以下简称“制度廉审”），要求全省各级国家机关严格按照中央和省委关于加强反腐倡廉建设的精神和廉政规范要求，对现行地方性法规、地方政府规章和其他规范性文件逐件进行审查，查摆并消除制度中可能滋生腐败的漏洞和缺陷。截至今年3月31日，全省共审查清理地方性法规、政府规章和其他规范性文件11613件，决定废止93件、修改378件、新建124件，较好地解决了反腐倡廉制度建设存在的突出问题，进一步提高了反腐倡廉制度建设科学化水平。

一、高度重视、周密部署，从全省反腐倡廉工作大局来谋划推进

探索开展制度廉审工作，我们有一个逐步认识、逐步深化的过程。党的十七大以来，中央高度重视反腐倡廉制度建设，把制度建设列为惩治和预防腐败体系建设的重要内容。我们也紧紧围绕构建惩防体系，抓住那些容易产生腐败现象的环节和部门，着力推进制度创新，促进中央关于反腐倡廉新精神新要求的落实。但从反腐倡廉实践看，一些腐败案件和损害群众利益的突出问题之所以时有发生，其原因并不是不执行、不落实制度，而恰恰是制度本身出了问题。我们经过调查发现：一些地区和部门制定的制度往往夹带着大量的“私货”，存在着自由裁量权过多过大、扩大职权、减免责任、监督制约缺失等现象。比如海口市地税和规划系统发生的腐败窝案，一个重要的原因就是制度有漏洞、有缺陷、有“后门”。这也提示我们，如果制度本身不健全、不严密、不廉洁，不仅达不到规范权力、预防腐败的目的，反而会助纣为虐、给腐败披上合法的“外衣”，产生“制度腐败”。必须采取创新治本之策，在完善反腐倡廉制度的同时，全面清理“带病上岗”、“超期服役”甚至与上位法“撞车”、“顶牛”的制度，坚决剥去一些部门利用制度扩张职权、谋取小团体利益的“合法外衣”，对违法、违纪、违规行为及权力的“错位”、“越位”等进行限制和制约，从源头上防止和杜绝以权谋私的腐败现象。为此，海南省委在制定《关于贯彻落实〈建立健全惩治和预防腐败体系2008—2012年工作规划〉实施办法》时，创新性地把对全省地方性法规、地方政府规章和规范性文件进行廉洁性审查作为加强反腐倡廉制度建设的重要举措，列为省委2009年的重点工作任务之一，并以省委办公厅名义发出通知作出部署，要求全省各级人大、政府法制工作机构和纪检监察机关必须严格履行制度审查职责，切实维护中央和省委的权威，确保政令畅通。这一举措，使制度廉审由单一性业务工作上升为省委、省政府的一项全局性工作，站位更高、权威性更强、力度更大、辐射面更广，有利于解决制度建设中的一些深层次问题，更有利于发挥制度在科学预防腐败工作中的保障作用。

二、采取措施、稳步推进，确保制度廉审扎实有效

制度廉审工作创新性、政策性、专业性比较强，没有现成的经验可借鉴。为防止出现偏差，确保制度廉审工作顺利开展，我们坚持边摸索边实践、边总结边提高，不断完善措施、改进方法，扎实稳步推进。

（一）组织试点，摸索经验。我们选择省公安厅和海口市、三亚市、澄迈县等具有代表性的单位和地方进行试点，指导他们对照中央和省关于加强反腐倡廉建设的精神和廉政规范要求，对其现行制度逐件进行严格审查。通过试点，总结摸索出较为成熟的工作方案，主要从3个方面明确了制度廉审的基本路数。一是界定了廉审范围，即：重点审查涉及权力相对集中、腐败现象易发多发的重点领域、关键环节和人、财、物管理使用等方面的地方性法规、政府规章和其他规范性文件。二是规范了廉审内容，即：坚持反腐倡廉战略方针，贯彻执行廉政规范，体现预防腐败要求等情况；是否存在违法违规扩张权力、减免责任，增减公民、法人和其他组织的权利义务，谋取小团体利益等情形；设置的自由裁量事项是否必要合理，自由裁量幅度是否适当；办事流程设计是否科学规范、公开透明、高效便民；权力配置是否合理，监督制约措施是否有效，责任追究机制是否健全等。三是统一了廉审方式方法，即：可根据具体情况，采取开展社会听证、组织专家论证、指定机构审核、公开征集意见、走访群众及有关单位等方式进行审查，分别从执行、修改、废止、重建等4个方面提出清理意见。

（二）全面部署，自查自纠。制度廉审涉及面广，需要清理的制度比较多，而且不可避免地要触及一些部门利益，甚至要断少数人的“财路”，一些单位、一些人员可能会不同程度地存有抵触情绪，甚至不理解、不支持、不配合。为了使制度廉审工作顺利启动、全面推进、取得实效，我们首先把工作着力点放在自我教育、自我检查和自我整改上。一是注意搞好反腐倡廉宣传教育，强化各级各部门的法制观念和廉政意识，切实增强开展制度廉审工作的责任感，把制度廉审的过程变为增强党员干部的制度意识、廉政意识和教育引导各级领导干部严格执行制度、自觉维护制度的过程，使支持、配合制度廉审工作成为广大党员干部的自觉行动。如我们把学习贯彻中央“四个重要反腐倡廉文件”和《中国共产党党员领导干部廉洁从政若干准则》等作为开展制度廉审的重要内容，加大学习宣传力度，督促各级领导干部更加自觉地把“廉”融于制度建设之中。二是认真对照上位法和中央、省委有关反腐倡廉要求，对2002年以来制定实施的地方性法规、政府规章和其他规范性文件，一件一件地查、一项一项地对，详细列出“不规范、不相符、不适应、不配套”的文件或文件条款，做到应审尽审，不缺一件、不漏一项。如省高级法院逐件审查清理该院的108项制度，对有漏洞、有缺陷的及时予以修订或废止，使现行制度更加符合廉政规范要求。三是对查摆出来的“不规范、不相符、不适应、不配套”的制度和文件，按照“谁制定，谁负责”的原则，提出“废、改、立”的建议。属于地方性法规的，分别转交省或海口市人大常委会研究处理；属于政府规章的，提请省或海口市政府按照法定程序进行修改完善；属于其他规范性文件的，由各职能部门及时清理。通过开展自查自纠，不仅较好地解决了不同层面、不同制度中存在的突出问题，也有效强化了各级各部门的法制观念和廉政意识，为深入推进制度廉审奠定了扎实的基础。

（三）加强指导，务求实效。为了保证制度廉审工作顺利开展、有序推进、取得实效，我们一是成立了由省纪委监察厅牵头，省人大常委会法工委、省政府法制办的负责同志和有关专家参加的省制度廉审指导小组，加强对各地各部门制度廉审工作的检查指导。对自查自纠不积极、不彻底、不全面的，及时提出整改意见和责任追究建议，并督促整改落实；督促对“不规范、不相符、不适应、不配套”的制度，提出切实可行的修订完善建议；对廉审过程中遇到的疑难问题进行集体研究，及时解疑释难。二是提供操作范例，引领工作落实。针对一些单位部门方法措施不多、政策把握不准、工作推进缓慢等问题，我们及时“解剖麻雀”，分别选择一个有代表性的市县和省直部门进行廉审操作示范，指导他们对现行制度逐件进行廉审，形成比较规范的廉审工作程序，摸索出直观可行的方法措施，为各单位各部门开展制度廉审提供了具体可行的操作范例和有益经验。三是把督促整改落实贯穿于廉审工作全过程，坚持边审查边整改，对发现的问题及时向有关部门提出整改建议，并督促研究落实，切实解决制度建设中存在的问题。比如省建设厅出台的关于对援建汶川灾区表现突出企业免予一个工程项目招标的奖励措施，直接违反了《招标投标法》有关规定，我们发现后及时跟踪、查明原因、提出整改要求，督促尽快撤销。四是积极将制度廉审融入中心工作和各项建设之中。特别是针对海南国际旅游岛建设已上升为国家战略层面这一实际，要求各地各部门在制度廉审过程中，充分考虑推进海南国际旅游岛建设带来的新情况新变化新要求，既把反腐倡廉的要求寓于海南国际旅游岛建设的各项政策措施之中，有效整改制度建设中存在的突出问题，又在服务、保障和促进海南国际旅游岛建设上进行深入研究和探索，努力建立健全科学、规范、廉洁、有效的制度，为海南国际旅游岛建设创造良好的“软环境”。如省发展改革委负责起草的《海南省旅游发展规划》中，特别重视加强对落实、对接国家赋予海南的优惠政策的各项举措和开发用地、项目规划等审批权力的监督制约，为推动海南国际旅游岛建设提供了有力的制度保障。

三、注重治本、建章立制，积极探索制度廉审长效机制

制度廉审既要坚持治标、集中解决现行制度中存在的突出问题，更要注重治本、搞好建章立制。我们在总结提升制度廉审经验做法的基础上，着力研究制定制度建设的保障机制，努力使制度廉审走上规范化、法制化、常态化的轨道。

（一）建立制度廉审领导机构，协调各方齐抓共管。在制度廉审工作推进过程中，我们切身感受到，制度廉审涉及领域广、部门多、时间长，情况复杂、工作难度大，必须建立健全组织领导机制，即党委统一领导、纪检监察机关牵头负责、人大和政府法制工作部门配合协作、各职能部门和社会积极参与，才能有序有效推进。为此，经同级党委同意，各级纪委均牵头成立制度廉审指导小组，专门负责组织协调和督促检查制度廉审工作，并按照“谁制定、谁负责”的原则，注意发挥各职能部门的专业优势和工作力量，调动各方面的积极因素。这样，不仅使制度廉审工作由集中突击式转为常态化，也使纪检监察机关在推进制度廉审中，能够摆正位置、找准定位，做到牵头不包揽，不唱“独角戏”、不搞“一竿子插到底”，避免出现包打天下甚至越俎代庖的现象。

（二）明确制度廉审职责，建立严格审查程序。鉴于人大、政府法制工作部门负有对制度进行前置备案审查的职责，我们按照“各司其职、协调配合”的要求，合理划分廉审职责，不断规范和完善制度廉审工作机制。要求起草部门重点围绕防止利益冲突、合理配置权力、有效监督制约等进行自我审查和专题审查；人大、政府法制工作部门对制度进行备案审查时，既审查制度的合法性、合理性，也审查制度的廉洁性；制度廉审指导小组抽查部分涉及行政审批权、行政执法权、人事权、财政管理等方面的制度草案，进行廉政风险评估，并根据不同的风险等级，有针对性地从预防腐败、规范权力运行的角度提出切实可行的修改完善建议。

（三）完善检查纠错和责任追究机制，保证制度廉审扎实有效。为了搞好制度廉审结果的运用，提高建章立制的质量和水平，有效防止新的违规违法文件出台，我们进一步完善了检查纠错和责任追究机制。一方面对在备案审查和重点抽查中发现存在廉政风险的制度，及时提出修改建议或整改意见，并督促落实。比如针对工商行政管理系统自由裁量权过大过多等问题，我们督促省工商管理局先后组织开展“排查防控岗位廉政风险活动”和“规范自由裁量权活动”，研究修订相关规定，细化处罚标准，进一步健全了监督制约机制。另一方面定期不定期地对各级各部门制度建设情况进行全面检查，并将检查结果列为党风廉政建设责任制考核和部门年度考核的重要内容，作为干部奖惩任免的重要依据，促使各级领导班子和领导干部始终自觉地把反腐倡廉制度建设摆到重要位置。比如在海南省2009年度党风廉政建设责任制考核暨惩治和预防腐败体系建设情况检查中，我们发现东方市制度廉审工作推进迟缓、措施不力，就责令市委重新组织自查自纠，有力地推动了该市制度廉审工作的深入开展。

四、总结经验、改进措施，不断把制度廉洁性审查引向深入

我们的制度廉审工作虽然取得一定的成效，但也存在一些问题和不足，主要是一些单位和部门的领导思想认识上有偏差，重视程度不够，工作推进不力；有的单位和部门为了维护既得利益，不配合甚至有抵触情绪，导致自查自纠不力，成效不明显；一些单位和部门对如何进行“废、改、立”和搞好新旧制度的相互衔接等，深入研究不够，缺乏制度建设方面的“专业人才”，影响了制度廉审的质量和水平。我们将认真研究，不断总结经验，积极学习其他省市的好经验好做法，进一步加强工作指导，着力在深化制度廉审效果、构建长效机制上下功夫，不断把制度廉审引向深入。下一步重点在4个方面加大工作力度：一是进一步加强教育引导，切实提高各级各部门和有关领导的思想认识，增强加强反腐倡廉制度建设的责任感、紧迫感，自觉把制度廉审作为深入推进反腐倡廉建设的关键环节来抓，形成良好的制度建设氛围。二是在深化细化上下功夫，重点加强对部门内部工作规范、操作流程、监督制约措施等进行廉审，完善与执行程序相适应相配套的制度措施，建立健全决策权、执行权、监督权相互制约又相互协调的权力结构和运行机制，建立健全严格的纠错机制和责任追究机制。三是积极探索建立制度廉审的长效机制，研究起草制定制度廉洁性审查的具体办法和措施，明确制度廉审的主体、对象、范围内容、方法程序、操作流程和原则要求等，切实将制度廉审工作推向制度化、规范化、常态化的轨道。四是重视加强各单位各部门法规工作队伍建设，增加编制，配齐配强人员，不断提高制度廉审工作水平，为建设法制国家、推进依法行政提供可靠的组织保障。

附件2之三

制度审查是源头治腐的重要举措

广东省深圳市纪委

胡锦涛总书记在十七届中央纪委第五次全会上强调，要以建立健全惩治和预防腐败体系各项制度为重点，以制约和监督权力为核心，以提高制度执行力为抓手，加强反腐倡廉制度建设，为新时期加强反腐倡廉建设，进一步提高反腐倡廉建设科学化水平，指明了方向。近年来，深圳市积极探索开展制度审查工作，不断推进反腐倡廉体制机制和制度创新，取得了一定成效。

一、深圳市制度审查机制的建立

经过多年的反腐倡廉实践，深圳逐步认识到，制度不科学、落实不到位，是影响和制约反腐败斗争成效的一项重要因素瓶颈。而通过制度审查的方式，及时废止隐藏部门利益、存在廉政风险、可操作性不强的制度，探索建立科学、管用的体制机制和制度，严格监督制度的执行情况，不仅有利于从源头上铲除腐败滋生的土壤，而且有利于提升反腐倡廉建设的科学化水平。因此，我市较早探索开展制度审查工作，并建立了相关工作机制。一是创新开展制度审查的组织体制。早在1998年，我市就创新派驻纪检监察机构管理体制，对所有派驻机构实行垂直管理，在“三定”规定中明确规定，将审查、监督驻在单位的制度运作情况纳入其日常工作职责范围。2002年，市纪委成立预防研究室这一专门内设机构，其中的一项重要职责，就是对查办的大案要案进行研究，通过查找漏洞、分析原因，向有关部门提出建章立制的建议；同时研究制定全市反腐败工作方面的法规和制度。二是明确开展制度审查的工作路径。作为廉政风险防控的重要载体和手段，制度审查有广义和狭义之分。狭义的制度审查，主要是指纪检监察机关针对查办案件过程中发现的制度漏洞，通过案件剖析、整改建议等方式，推进相关部门和单位进一步完善制度、堵塞漏洞。广义上的制度审查，是指纪检监察机关、立法部门和各职能单位，对制度的制定和执行过程严格监督，查找、评估可能存在的廉政风险并及时加以完善，确保制度科学、执行到位。广义的制度审查由于主体多元、覆盖面广、过程动态，更有利于增强廉政风险防控的合力，提升反腐倡廉建设科学化水平。因而，早在2002年，我市出台的《反腐保廉预防腐败体系总体思路》，就提出了建立“不想、不敢、不能”腐败体系的具体要求，明确选择了广义制度审查这一工作路径，并将其贯穿于反腐倡廉制度建设的全程。2008年出台的《关于坚持改革开放推动科学发展努力建设中国特色社会主义示范市的若干意见》，进一步提出“借鉴香港廉政公署预防腐败、程序审查的做法”，实施广义制度审查的具体要求。三是积极完成制度审查的试点任务。2009年被国家预防腐败局赋予试点任务后，我市以此为契机，对该项工作进行了系统总结和制度创新。今年先后出台的《市委关于加强和改进新形势下党的建设的实施意见》和《深圳市2010年改革计划》，强调要“建立制度审查制度，从源头上防范腐败”；6 月召开的市第五次党代会，对制度审查试点工作作出了具体部署。至此，我市制度审查机制基本建立。

二、深圳市开展制度审查工作的主要做法

经过十来年实践，我市逐步建立起纪检监察机关、立法和其他职能部门共同参与、紧密协作的多元审查模式，即对制定和执行中制度进行双重审查的机制。主要做法是：

（一）充分发挥纪检监察机关的前置审查作用

“凡事预则立，不预则废。”如果在制度特别是法规的制定、执行过程中缺乏科学、有效的评估审查机制，便可能产生内容不合法、程序不完善、标准不明晰等漏洞，进而产生自由裁量权过大、部门利益法定化等容易滋生腐败的问题。因此，在立法过程中未雨绸缪，祛除其中可能滋生腐败的因子，抢占反腐倡廉建设的制高点，无疑具有事半功倍的意义。近年来，我市纪检监察机关高度重视对立法环节的监督，较好地发挥了前置审查职能。一方面，建立反腐保廉立法协调制度，加大对法规规章的审查力度。2003 年，市纪委联合市人大、政府出台《关于加强反腐保廉立法协调工作的意见》，要求凡市人大、政府及其部门拟出台的重要法规、规章和规范性文件都应征询市纪委反腐倡廉方面的意见。该制度实施 6 年以来，市纪委预防研究室对市人大、政府拟出台的 140 余件法规规章和规范性文件，提出修改建议 500 多条，大多得到采纳，有效地防止了部门利益法定化，发挥了重要的参谋助手作用。进行制度审查试点后，市纪委进一步将预防的关口前移，规定各派驻机构在职能部门起草制度草案时即参与其中，协助起草部门完善制度中的反腐保廉机制，强化了预防的效果。另一方面，加强组织协调，发挥市人大、政府法制部门等机构的审查职能。如针对政府各部门规范性文件满天飞的现象，督促建立规范性文件前置审查制度，将规范性文件备案制度转变为前置审查制度。主要内容是，各部门在规范性文件审议通过前，由市政府法制部门先进行合法性审查、技术性审查和预防腐败审查，确保规范性文件的合法、规范、廉洁。几年来，市政府法制部门共对全市 2000 多件规范性文件进行前置审查，使市政府及各部门发布的规范性文件由以往每年 400 件减少到现在的 300 多件，取得了积极效果。同时，督促建立法制部门集中立法制度。为从源头上解决立法资源分散、公众参与不足、程序缺失滞后、部门利益法制化等弊端，我市努力探索法规规章集中起草制度，实现政府法制部门集中立法，从制度上保障立法草拟工作的相对独立和公正。2009 年，市政府法制办选择了 8 项涉及民生的重大立法项目进行了集中立法尝试，效果较好。

（二）充分发挥纪检监察派驻机构的贴身审查作用

我市自 1998 年建立派驻纪检监察组制度以来，经过不断完善，已经实现向所有市政府组成部门以及法院、检察院派驻纪检监察组。近年来，我市充分发挥派驻机构贴近驻在单位、了解情况的优势，及时发现和完善各单位制度中存在的问题，强化了贴身监督、审查的力度。一是将制度审查作为纪检监察派驻机构的重要职能，实现日常监督的动态化。如何在对驻在单位进行有效监督的同时，避免干扰其正常业务工作，是纪检监察派驻机构面临的重要课题。因而，找准监督的切入点具有重要意义。近年来，我市纪检监察派驻机构以对驻在单位制定中和执行中的制度进行审查，作为履行日常监督职能的重要切入点，投入大量人力物力帮助驻在单位完善各项制度和程序，堵塞制度漏洞，不仅抓住了权力监督的根源，确保了监督的刚性，也有效帮助驻在单位强化了制度建设，提升了工作效率，受到驻在单位的欢迎。2009 年，各纪检监察派驻机构对驻在

单位200多项制定中和执行中的制度实施了审查，促进了驻在单位的制度完善。二是将制度审查与查找岗位风险点结合起来，督促驻在单位从被动接受审查转变为积极主动开展审查。制度漏洞的外在表现是制度运行中各环节、各流程存在的腐败风险。为使制度审查工作更加“有形化”，市纪检监察派驻机构在各驻在单位积极推动查找岗位风险点工作，取得了良好成效。如市交通局通过对重要岗位、重要环节、重要程序，特别是涉及行政审批、交通规费减免、运政执法裁量、工程招标投标等岗位和工作制度、工作流程逐一进行梳理，整理出容易滋生腐败的197处风险点，逐一提出防范措施，进一步规范了非法运营罚款等行政执法自由裁量权，根治了长期存在的出租车企业非法收取茶水费等问题。市地税局通过制度审查，找出腐败风险点266个，制订防范措施328条，针对稽查选案过程可能产生不安排或擅自安排稽查对象和泄露举报内容等问题，制定了相应的整改措施。三是以专题调研推动制度审查，提升制度审查的科学化水平。对于一些改革遇到瓶颈、尚未到位的重要领域，纪检监察派驻机构通过采用专题调研的方式对存在的问题、改革的措施进行深入分析，推动驻在单位不断深化相关领域的改革。仅去年，各派驻机构就撰写调研报告50余篇，对市属国有企业领导人员职务消费、行政执法自由裁量权、产业资助资金、科技研发资金等进行深入调研，提出了规范管理、完善监督的建议，有效促进了我市源头治本工作。

（三）充分发挥各职能部门的日常审查作用

作为制度制定和执行的主体，职能部门最了解其需要什么制度，现有制度存在哪些不足，制度中的哪些环节最容易出问题等，因而，应是制度建设和制度审查的主体。各职能部门如果在拟定制度草案时，便能组织相关人员或专家对廉政风险防控机制进行充分论证，严格把好“第一关”，即是最有效的预防腐败方式。因此，在推行制度审查试点工作过程中，市纪委积极加强与职能部门的沟通交流，采取召开座谈会、个别谈话等形式加强教育引导，帮助职能部门认识到自己才是本部门制度建设和反腐倡廉建设的主体，纪检监察机关不是在“找茬、找事”，而是以一种更加积极和有效的方式帮助其建章立制、完善程序、堵塞漏洞、预防腐败，因此，各职能部门的“主体”作用得到了充分发挥。实践中，纪检监察机关派驻机构虽然参与制度制定，但只是发挥自己的专业优势为职能部门出谋划策，辅助职能部门完善制度设计，而并非越俎代庖；虽然纪检监察机关可以发动制度审查，但更加注重根据查办案件、信访投诉情况，督促各职能部门自行发动制度审查、查找和堵塞腐败漏洞。去年我市大部门管理体制改革以来，经过调整和整合的政府各职能部门，基本上都完成了对重要工作制度的审查和工作流程的梳理，制度审查的积极性和主动性有了明显提高。

（四）借鉴香港廉政公署经验，加大规范化审查力度

通过制度审查来堵塞贪腐漏洞，一直是香港廉政公署预防腐败的最主要举措，如《廉政公署条例》明确规定，廉署具有对公共部门工作常规、工作程序进行防贪审查的权力。目前，廉署防贪处已经基本完成了对所有公共部门的制度审查，其预防腐败的功能和成效获得广泛认可和赞誉。深圳充分发挥毗邻香港、交流方便的优势，多次组织人员到廉政公署对制度审查工作进行了专题考察、学习。通过学习，我们更加深刻地认识到，只有从制度层面确立制度审查的权威地位，构建起制度审查的完善机制，方可确保制度审查在实践中获得成功。在这一思路的指引下，市纪委自2009年4月即开始制度审查试行办法的草拟工作，先后召开了多次专题讨论会，历经近三十次修改，起草的

《深圳市预防腐败制度审查办法（试行）》，已经市纪委常委会原则通过，待修改、完善后，将以市委、市政府的名义正式发布，必将进一步提升我市制度审查的规范化水平。该办法的主要特点是，一方面，建立起对制定中的制度和执行中的制度的双重审查机制。前者致力于在制度设计过程中完善反腐倡廉机制，从设计的源头堵塞可能出现的腐败漏洞；后者则针对执行过程中发现廉政风险漏洞的制度启动审查，堵塞漏洞。另一方面，建立起日常性的全面审查与专项性的重点审查相结合的动态审查机制。对制定中的制度草案的审查，属于一种日常性的、全面的审查，由市纪检监察机关协助制度制定单位以及市人大、市政府法制部门进行审查把关。对现行制度的审查则是在制度执行过程中及时发现问题，根据存在的问题进行有针对性的专题式审查，堵塞制度中存在的容易滋生腐败的漏洞，特别是实现重点领域和关键环节的制度完善。

三、制度审查工作的主要成效及存在问题

制度作为公共权力的行使、运行依据，如果本身存在滋生廉政风险的漏洞，便如同河流的水源受到了污染，难免流出污水。因此，通过制度审查，不仅能够从源头上有效清除滋生腐败的机会，提升反腐倡廉制度建设的科学化水平，而且能够增强制度的执行力，形成按制度办事的良好机制，是构建内容科学、程序严密、配套完备、有效管用的反腐倡廉制度体系的重要内容和基本方法。

（一）进一步规范了权力运行，推动了阳光政府建设。制度审查的过程就是建章立制，重塑制度权威的过程，也是对制度是否适宜执行、得到执行的检核过程。通过制度审查，职能部门更加重视用制度来规范权力的行使，更加重视权力运行的程序化、规范化、透明化，推进了我市阳光政府的建设。如近期，市纪委积极推动相关职能部门针对工程管理中的应急工程、抢险救灾工程等特殊工程发包，土地管理中的改变用地功能、调整容积率、土地置换以及资金管理中政府性基金、专项资金的发放这些最容易诱发腐败的重点领域实施制度审查，对管理办法、审核标准、发放程序等进行详细梳理和评估，针对其中的漏洞和空白进行制度创新和流程再造，实现了管理的法制化、规范化、程序化，杜绝了权力运行中的随意性和自由裁量空间。

（二）进一步划清了事权边界，促进了政府职能转变。制度审查的过程不仅是对制度进行梳理的过程，更是对职能部门的职责、权限、权力行使情况进行梳理的过程。通过制度审查，职能部门将很多不属自身职责范围之内的事务转移给社会和市场，促进政府职能从管理向服务转变。如通过对行政审批事项的梳理和审查，深圳在连续进行4轮行政审批改革和大部制改革的削减之后，于今年3月通过了《深圳市行政服务管理规定》，在全国首创通过立法的方式提升和规范政府公共服务，并发布了《公共服务白皮书专刊》，以列表的形式对公共服务的工作任务、目标及进度、责任部门等进行了明确，推动了政府职能的进一步转变。

（三）进一步深化了重点领域和关键环节的改革，推动了源头治本工作。工程建设、土地管理、资源开发、产权转让、政府采购等重点领域和行政审批、行政执法等关键环节，由于包含大量利益冲突因素，极易成为权力寻租的焦点。因此，通过加强对重点领域和关键环节的制度审查，不仅能够及时发现漏洞，从源头根除腐败滋生的诱因，而且能够推进重点领域和关键环节的制度创新，推动改革深入进行。近年来，市纪委及时跟踪重点领域和关键环节出现的腐败新趋势，以制度审查为依托，有力推动了重点领域和关键环节改革的新突破。如，针对去年深圳个别党政“一把手”落马的问题，市纪委组织力量对“一把手”权力运行的环节、程序进行了制度审查，发现了权力过于集中、通过会议决策逃避、规避责任等潜在风险，制定并出台了《关于加强党政正职监督的暂行规定》，建立了一把手“四个不直接分管”制度，明确了不得提交上级机关或本部门集体决策的具体事项等，在全国率先用刚性的制度对“一把手”的权力行使划定红线，引起了广泛反响。又如，针对工程招标投标出现的由业主腐败转变为评标专家腐败、围标串标等问题，市纪委对招标投标制度进行了认真审查，建立和完善了工程集中交易、电子评标、评标质量反馈、履约担保金、工程变更备案等10项制度，最大限度地减少了腐败机会。据统计，2005至2007年，我市每百亿元政府投资的发案数比前三年下降了67%，近三年又比2005至2007年下降了59%。

实践中我们也体会到，制度审查工作是一个庞大的系统的工程，面临诸多挑战。虽然深圳很早就开始这方面的尝试并取得初步成效，但也存在着以下困难和不足：一是制度审查的法律依据有待进一步明确。制度审查从机构上涉及党委、政府各部门，从范围上涉及公共权力运行各领域，从形式上涉及法规、规章、规范性文件、内部规章、工作程序等各层面的制度，没有明确、具体的法律依据，难以深入开展。二是制度审查的计划性有待进一步加强。囿于人力、物力，深圳目前主要挑选一些重点领域的制度进行审查，随机性较强，计划性不够。三是制度审查的力量有待进一步加强。制度审查不仅工作量大、程序复杂，而且涉及很多专业问题，需要专门的机构和人员来实施。由于纪检监察机关派驻机构、预防法规部门专业人才较为缺乏，制约了制度审查的实际效果。

四、下一步工作计划

深圳市第五次党代会对制度审查工作作出了具体部署，我们将按照要求，着重在以下几方面予以加强：

（一）进一步明确审查标准和程序。拟从实体内容和程序内容2个方面，进一步明确制度审查的具体标准。在实体内容上，针对容易出现的任意新增行政审批、扩大政府性基金规模、设定变相审批、前置审批、自由裁量标准不明确、进行弹性罚款等问题提出具体要求。在程序内容上，明确规定涉及群众利益的重大事项，应当经过听证、公示，设定具体管理事项应同时提交相应的工作程序等，规范权力的运行。将审查程序分为制度制定过程中的审查程序和制度执行过程中的审查程序，前者要经过起草部门自行审查和立法部门审查2个环节，后者将从审查项目的选定、审查项目的启动到审查项目的实施、审查建议的执行等进行详细规定，为制度审查的开展设计出切实可依的程序。

（二）切实加强制度审查的计划性。充分发挥市纪检监察机关的统筹指导和组织协调职能，制定全市制度审查工作长远规划；要求各职能部门每年制订本部门的年度制度审查计划，推动各职能部门有计划地对本部门重要的制度、规范、流程逐一进行评估、梳理、审查，及时堵塞漏洞，提升制度科学化水平。近期，我市将重点结合贯彻实施《中国共产党党员领导干部廉洁从政若干准则》等中央文件，继续强化对土地管理、工程建设、工程招标投标、资金发放等重点领域的制度清理，实现流程再造；推动全市行政审批项目实行集中目录管理，实现行政审批的简约化、规范化、公开化、程序化。

（三）探索建立制度审查专家库。制度监督工作不可避免地涉及到很多专业性问题，仅靠纪检监察机关和各职能部门的力量并不足以完成。深圳市将积极探索建立制度审查专家库，利用“外脑”参与审查。一方面，在启动制度审查工作时，直接邀请专家库相关领域专家参加审查小组，运用专家智慧发现制度漏洞。另一方面，设立专家咨询委员会（下设各具体领域的专家咨询小组），规定所有专项审查报告均必须经专家咨询小组论证，专家咨询小组也由制度审查专家库中的专家组成。

用公款出国（境）旅游及相关违纪行为处分规定

（监察部　人力资源社会保障部令第23号　2010年8月12日）

第一条　为规范因公出国（境）管理秩序，明确相关政策界限，惩处用公款出国（境）旅游及相关违纪行为，根据《中华人民共和国行政监察法》、《中华人民共和国公务员法》和《行政机关公务员处分条例》等有关法律、行政法规，制定本规定。

第二条　本规定适用于下列人员：

（一）行政机关公务员；

（二）法律、法规授权的具有管理公共事务职能的组织以及国家行政机关依法委托的组织中除工勤人员以外的工作人员；

（三）企业、事业单位、社会团体中由行政机关任命的人员。

第三条　本规定所称用公款出国（境）旅游行为，是指无出国（境）公务，组织或者参加用公款支付全部或者部分费用，到国（境）外进行参观、游览等活动的行为；其中包括无实质性公务，以考察、学习、培训、研讨、招商、参展、参加会议等名义，变相用公款出国（境）旅游的行为。

第四条　用公款出国（境）旅游的，给予记过或者记大过处分；情节较重的，给予降级或者撤职处分；情节严重的，给予开除处分。

组织用公款出国（境）旅游的，给予降级或者撤职处分；情节严重的，给予开除处分。

第五条　有下列行为之一的，给予警告或者记过处分；情节较重的，给予记大过或者降级处分；情节严重的，给予撤职处分：

（一）虚报出国（境）公务骗取批准的；

（二）购买、伪造邀请函或者编造虚假日程骗取批准的；

（三）采取伪造个人身份、资料等形式，安排与出国（境）公务无关人员出国（境）的；

（四）避开主管部门委托非主管部门办理因公出国（境）审核审批手续的；

（五）违反因公出国（境）管理规定，将一个团组拆分为若干团组报批或者审核审批的；

（六）其他违反因公出国（境）审核审批管理规定的。

第六条　组织以营利为目的的跨地区、跨部门团组用公款出国（境）的，给予记过或者记大过处分；情节较重的，给予降级或者撤职处分；情节严重的，给予开除处分。

第七条　擅自批准或者同意延长在国（境）外停留时间，绕道安排行程，或者到未经批准进行公务活动的国家（地区）、城市，造成不良影响或者经济损失的，给予警告、记过或者记大过处分；情节较重的，给予降级或者撤职处分；情节严重的，给予开除处分。

第八条　因公出国（境）派出单位和审核审批管理部门玩忽职守、滥用职权，致使发生用公款出国（境）旅游行为，造成不良影响或者经济损失的，给予记过或者记大过处分；情节较重的，给予降级或者撤职处分；情节严重的，给予开除处分。

第九条　对本地区、本部门、本系统、本单位发生的用公款出国（境）旅游行为不制止、不查处，造成不良影响或者经济损失的，给予记过或者记大过处分；情节较重的，给予降级或者撤职处分；情节严重的，给予开除处分。

第十条　用公款出国（境）旅游的，应当责令其退赔用公款支付的各项费用。

第十一条　处分的程序和不服处分的申诉，依照《中华人民共和国行政监察法》、《中华人民共和国公务员法》、《行政机关公务员处分条例》等有关法律法规的规定办理。

第十二条　有公款出国（境）旅游及相关违纪行为，应当给予党纪处分的，移送党的纪律检查机关处理；涉嫌犯罪的，移送司法机关处理。

第十三条　本规定由监察部、人力资源社会保障部负责解释。

第十四条　本规定自公布之日起施行。

国务院关于加强法治政府建设的意见

（国发〔2010〕33号　2010年10月10日）

各省、自治区、直辖市人民政府，国务院各部委、各直属机构：

2004年3月，国务院发布《全面推进依法行政实施纲要》（以下简称《纲要》），明确提出建设法治政府的奋斗目标。为在新形势下深入贯彻落实依法治国基本方略，全面推进依法行政，进一步加强法治政府建设，现提出以下意见。

一、加强法治政府建设的重要性紧迫性和总体要求

1. 加强法治政府建设的重要性紧迫性。贯彻依法治国基本方略，推进依法行政，建设法治政府，是我们党治国理政从理念到方式的革命性变化，具有划时代的重要意义。《纲要》实施6年来，各级人民政府对依法行政工作高度重视，加强领导、狠抓落实，法治政府建设取得了重要进展。当前，我国经济社会发展进入新阶段，国内外环境更为复杂，挑战增多。转变经济发展方式和调整经济结构的任务更加紧迫和艰巨，城乡之间、地区之间发展不平衡，收入分配不公平和差距扩大，社会结构和利益格局深刻调整，部分地区和一些领域社会矛盾有所增加，群体性事件时有发生，一些领域腐败现象仍然易发多发，执法不公、行政不作为乱作为等问题比较突出。解决这些突出问题，要求进一步深化改革，加强制度建设，强化对行政权力运行的监督和制约，推进依法行政，建设法治政府。各级行政机关及其领导干部一定要正确看待我国经济社会环境的新变化，准确把握改革发展稳定的新形势，及时回应人民群众的新期待，切实增强建设法治政府的使命感、紧迫感和责任感。

2. 加强法治政府建设的总体要求。当前和今后一个时期，要深入贯彻科学发展观，认真落实依法治国基本方略，进一步加大《纲要》实施力度，以建设法治政府为奋斗目标，以事关依法行政全局的体制机制创新为突破口，以增强领导干部依法行政的意识和能力、提高制度建设质量、规范行政权力运行、保证法律法规严格执行为着力点，全面推进依法行政，不断提高政府公信力和执行力，为保障经济又好又快发展和社会和谐稳定发挥更大的作用。

二、提高行政机关工作人员特别是领导干部依法行政的意识和能力

3. 高度重视行政机关工作人员依法行政意识与能力的培养。行政机关工作人员特别是领导干部要带头学法、尊法、守法、用法，牢固树立以依法治国、执法为民、公平正义、服务大局、党的领导为基本内容的社会主义法治理念，自觉养成依法办事的习惯，切实提高运用法治思维和法律手段解决经济社会发展中突出矛盾和问题的能力。要重视提拔使用依法行政意识强，善于用法律手段解决问题、推动发展的优秀干部。

4. 推行依法行政情况考察和法律知识测试制度。拟任地方人民政府及其部门领导职务的干部，任职前要考察其掌握相关法律知识和依法行政情况。公务员录用考试要注重对法律知识的测试，对拟从事行政执法、政府法制等工作的人员，还要组织专门的法律知识考试。

5. 建立法律知识学习培训长效机制。完善各级行政机关领导干部学法制度。要通过政府常务会议会前学法、法制讲座等形式，组织学习宪法、通用法律知识和与履行职责相关的专门法律知识。县级以上地方各级人民政府每年至少要举办2期领导干部依法行政专题研讨班。各级行政学院和公务员培训机构举办的行政机关公务员培训班，要把依法行政知识纳入教学内容。定期组织行政执法人员参加通用法律知识培训、专门法律知识轮训和新法律法规专题培训，并把培训情况、学习成绩作为考核内容和任职晋升的依据之一。

三、加强和改进制度建设

6. 突出政府立法重点。要按照有利于调动人民群众积极性和创造性、激发社会活力和竞争力、解放和发展生产力、维护公平正义、规范权力运行的要求，加强和改进政府立法与制度建设。重点加强有关完善经济体制、改善民生和发展社会事业以及政府自身建设方面的立法。对社会高度关注、实践急需、条件相对成熟的立法项目，要作为重中之重，集中力量攻关，尽早出台。

7. 提高制度建设质量。政府立法要符合经济社会发展规律，充分反映人民意愿，着力解决经济社会发展中的普遍性问题和深层次矛盾，切实增强法律制度的科学性和可操作性。严格遵守法定权限和程序，完善公众参与政府立法的制度和机制，保证人民群众的意见得到充分表达、合理诉求和合法利益得到充分体现。除依法需要保密的外，行政法规和规章草案要向社会公开征求意见，并以适当方式反馈意见采纳情况。建立健全专家咨询论证制度，充分发挥专家学者在政府立法中的作用。法律法规规章草案涉及其他部门职责的，要充分听取相关部门的意见；相关部门要认真研究，按要求及时回复意见。加强政府法制机构在政府立法中的主导和协调作用，涉及重大意见分歧、达不成一致意见的，要及时报请本级人民政府决定。坚决克服政府立法过程中的部门利益和地方保护倾向。积极探索开展政府立法成本效益分析、社会风险评估、实施情况后评估工作。加强行政法规、规章解释工作。

8. 加强对行政法规、规章和规范性文件的清理。坚持立“新法”与改“旧法”并重。对不符合经济社会发展要求，与上位法相抵触、不一致，或者相互之间不协调的行政法规、规章和规范性文件，要及时修改或者废止。建立规章和规范性文件定期清理制度，对规章一般每隔5年、规范性文件一般每隔2年清理一次，清理结果要向社会公布。

9. 健全规范性文件制定程序。地方各级行政机关和国务院各部门要严格依法制定规范性文件。各类规范性文件不得设定行政许可、行政处罚、行政强制等事项，不得违法增加公民、法人和其他组织的义务。制定对公民、法人或者其他组织的权利义务产生直接影响的规范性文件，要公开征求意见，由法制机构进行合法性审查，并经政府常务会议或者部门领导班子会议集体讨论决定；未经公开征求意见、合法性审查、集体讨论的，不得发布施行。县级以上地方人民政府对本级政府及其部门的规范性文件，要逐步实行统一登记、统一编号、统一发布。探索建立规范性文件有效期制度。

10. 强化规章和规范性文件备案审查。严格执行法规规章备案条例和有关规范性文件备案的规定，加强备案审查工作，做到有件必备、有错必纠，切实维护法制统一和政令畅通。要重点加强对违法增加公民、法人和其他组织义务或者影响其合法权益，搞地方或行业保护等内容的规章和规范性文件的备案审查工作。建立规范性文件备案登记、公布、情况通报和监督检查制度，加强备案工作信息化建设。对公民、法人和其他组织提出的审查建议，要按照有关规定认真研究办理。对违法的规章和规范性文件，要及时报请有权机关依法予以撤销并向社会公布。备案监督机构要定期向社会公布通过备案审查的规章和规范性文件目录。

四、坚持依法科学民主决策

11. 规范行政决策程序。加强行政决策程序建设，健全重大行政决策规则，推进行政决策的科学化、民主化、法治化。要坚持一切从实际出发，系统全面地掌握实际情况，深入分析决策对各方面的影响，认真权衡利弊得失。要把公众参与、专家论证、风险评估、合法性审查和集体讨论决定作为重大决策的必经程序。作出重大决策前，要广泛听取、充分吸收各方面意见，意见采纳情况及其理由要以适当形式反馈或者公布。完善重大决策听证制度，扩大听证范围，规范听证程序，听证参加人要有广泛的代表性，听证意见要作为决策的重要参考。重大决策要经政府常务会议或者部门领导班子会议集体讨论决定。重大决策事项应当在会前交由法制机构进行合法性审查，未经合法性审查或者经审查不合法的，不能提交会议讨论、作出决策。

12. 完善行政决策风险评估机制。凡是有关经济社会发展和人民群众切身利益的重大政策、重大项目等决策事项，都要进行合法性、合理性、可行性和可控性评估，重点是进行社会稳定、环境、经济等方面的风险评估。建立完善部门论证、专家咨询、公众参与、专业机构测评相结合的风险评估工作机制，通过舆情跟踪、抽样调查、重点走访、会商分析等方式，对决策可能引发的各种风险进行科学预测、综合研判，确定风险等级并制定相应的化解处置预案。要把风险评估结果作为决策的重要依据，未经风险评估的，一律不得作出决策。

13. 加强重大决策跟踪反馈和责任追究。在重大决策执行过程中，决策机关要跟踪决策的实施情况，通过多种途径了解利益相关方和社会公众对决策实施的意见和建议，全面评估决策执行效果，并根据评估结果决定是否对决策予以调整或者停止执行。对违反决策规定、出现重大决策失误、造成重大损失的，要按照谁决策、谁负责的原则严格追究责任。

五、严格规范公正文明执法

14. 严格依法履行职责。各级行政机关要自觉在宪法和法律范围内活动，严格依照法定权限和程序行使权力、履行职责。要全面履行政府职能，更加重视社会管理和公共服务，着力保障和改善民生，切实解决就业、教育、医疗、社会保障、保障性住房等方面人民群众最关心的问题。加大行政执法力度，严厉查处危害安全生产、食品药品安全、自然资源和环境保护、社会治安等方面的违法案件，维护公共利益和经济社会秩序。认真执行行政许可法，深化行政审批制度改革，进一步规范和减少行政审批，推进政府职能转变和管理方式创新。着力提高政府公信力，没有法律、法规、规章依据，行政机关不得作出影响公民、法人和其他组织权益或者增加其义务的决定；行政机关参与民事活动，要依法行使权利、履行义务、承担责任。

15. 完善行政执法体制和机制。继续推进行政执法体制改革，合理界定执法权限，明确执法责任，推进综合执法，减少执法层级，提高基层执法能力，切实解决多头执法、多层执法和不执法、乱执法问题。改进和创新执法方式，坚持管理与服务并重、处置与疏导结合，实现法律效果与社会效果的统一。加强行政执法信息化建设，推行执法流程网上管理，提高执法效率和规范化水平。县级以上人民政府要建立相关机制，促进行政执法部门信息交流和资源共享。完善执法经费由财政保障的机制，切实解决执法经费与罚没收入挂钩问题。

16. 规范行政执法行为。各级行政机关都要强化程序意识，严格按程序执法。加强程序制度建设，细化执法流程，明确执法环节和步骤，保障程序公正。要平等对待行政相对人，同样情形同等处理。行政执法机关处理违法行为的手段和措施要适当适度，尽力避免或者减少对当事人权益的损害。建立行政裁量权基准制度，科学合理细化、量化行政裁量权，完善适用规则，严格规范裁量权行使，避免执法的随意性。健全行政执法调查规则，规范取证活动。坚持文明执法，不得粗暴对待当事人，不得侵害执法对象的人格尊严。加强行政执法队伍建设，严格执法人员持证上岗和资格管理制度，狠抓执法纪律和职业道德教育，全面提高执法人员素质。根据法律法规规章立、改、废情况及时调整、梳理行政执法依据，明确执法职权、机构、岗位、人员和责任，并向社会公布。充分利用信息化手段开展执法案卷评查、质量考核、满意度测评等工作，加强执法评议考核，评议考核结果要作为执法人员奖励惩处、晋职晋级的重要依据。严格落实行政执法责任制。

六、全面推进政务公开

17. 加大政府信息公开力度。认真贯彻实施政府信息公开条例，坚持以公开为原则、不公开为例外，凡是不涉及国家秘密、商业秘密和个人隐私的政府信息，都要向社会公开。加大主动公开力度，重点推进财政预算、公共资源配置、重大建设项目批准和实施、社会公益事业建设等领域的政府信息公开。政府全部收支都要纳入预算管理，所有公共支出、基本建设支出、行政经费支出的预算和执行情况，以及政府性基金收支预算和中央国有资本经营预算等情况都要公开透明。政府信息公开要及时、准确、具体。对人民群众申请公开政府信息的，要依法在规定时限内予以答复，并做好相应服务工作。建立健全政府信息公开的监督和保障机制，定期对政府信息公开工作进行评议考核。依法妥善处理好信息公开与保守秘密的关系，对依法应当保密的，要切实做好保密工作。

18. 推进办事公开。要把公开透明作为政府工作的基本制度，拓宽办事公开领域。所有面向社会服务的政府部门都要全面推进办事公开制度，依法公开办事依据、条件、要求、过程和结果，充分告知办事项目有关信息。要规范和监督医院、学校、公交、公用等公共企事业单位的办事公开工作，重点公开岗位职责、服务承诺、收费项目、工作规范、办事纪律、监督渠道等内容，为人民群众生产生活提供优质、高效、便利的服务。

19. 创新政务公开方式。进一步加强电子政务建设，充分利用现代信息技术，建设好互联网信息服务平台和便民服务网络平台，方便人民群众通过互联网办事。要把政务公开与行政审批制度改革结合起来，推行网上电子审批、“一个窗口对外”和“一站式”服务。规范和发展各级各类行政服务中心，对与企业和人民群众密切相关的行政管理事项，要尽可能纳入行政服务中心办理，改善服务质量，提高服务效率，降低行政成本。

七、强化行政监督和问责

20. 自觉接受监督。各级人民政府和政

府部门要自觉接受人大及其常委会的监督、政协的民主监督和人民法院依法实施的监督。对事关改革发展稳定大局、人民群众切身利益和社会普遍关心的热点问题，县级以上人民政府要主动向同级人大常委会专题报告。拓宽群众监督渠道，依法保障人民群众监督政府的权利。完善群众举报投诉制度。高度重视舆论监督，支持新闻媒体对违法或者不当的行政行为进行曝光。对群众举报投诉、新闻媒体反映的问题，有关行政机关要认真调查核实，及时依法作出处理，并将处理结果向社会公布。

21. 加强政府内部层级监督和专门监督。上级行政机关要切实加强对下级行政机关的监督，及时纠正违法或者不当的行政行为。保障和支持审计、监察等部门依法独立行使监督权。审计部门要着力加强财政专项资金和预算执行审计、重大投资项目审计、金融审计、国有企业领导人员经济责任审计等工作，加强社会保障基金、住房公积金、扶贫救灾资金等公共资金的专项审计。监察部门要全面履行法定职责，积极推进行政问责和政府绩效管理监察，严肃追究违法违纪人员的责任，促进行政机关廉政勤政建设。

22. 严格行政问责。严格执行行政监察法、公务员法、行政机关公务员处分条例和关于实行党政领导干部问责的暂行规定，坚持有错必纠、有责必问。对因有令不行、有禁不止、行政不作为、失职渎职、违法行政等行为，导致一个地区、一个部门发生重大责任事故、事件或者严重违法行政案件的，要依法依纪严肃追究有关领导直至行政首长的责任，督促和约束行政机关及其工作人员严格依法行使权力、履行职责。

八、依法化解社会矛盾纠纷

23. 健全社会矛盾纠纷调解机制。要把行政调解作为地方各级人民政府和有关部门的重要职责，建立由地方各级人民政府负总责、政府法制机构牵头、各职能部门为主体的行政调解工作体制，充分发挥行政机关在化解行政争议和民事纠纷中的作用。完善行政调解制度，科学界定调解范围，规范调解程序。对资源开发、环境污染、公共安全事故等方面的民事纠纷，以及涉及人数较多、影响较大、可能影响社会稳定的纠纷，要主动进行调解。认真实施人民调解法，积极指导、支持和保障居民委员会、村民委员会等基层组织开展人民调解工作。推动建立行政调解与人民调解、司法调解相衔接的大调解联动机制，实现各类调解主体的有效互动，形成调解工作合力。

24. 加强行政复议工作。充分发挥行政复议在解决矛盾纠纷中的作用，努力将行政争议化解在初发阶段和行政程序中。畅通复议申请渠道，简化申请手续，方便当事人提出申请。对依法不属于复议范围的事项，要认真做好解释、告知工作。加强对复议受理活动的监督，坚决纠正无正当理由不受理复议申请的行为。办理复议案件要深入调查，充分听取各方意见，查明事实、分清是非。注重运用调解、和解方式解决纠纷，调解、和解达不成协议的，要及时依法公正作出复议决定，对违法或者不当的行政行为，该撤销的撤销，该变更的变更，该确认违法的确认违法。行政机关要严格履行行政复议决定，对拒不履行或者无正当理由拖延履行复议决定的，要依法严肃追究有关人员的责任。探索开展相对集中行政复议审理工作，进行行政复议委员会试点。健全行政复议机构，确保复议案件依法由 2 名以上复议人员办理。建立健全适应复议工作特点的激励机制和经费装备保障机制。完善行政复议与信访的衔接机制。

25. 做好行政应诉工作。完善行政应诉制度，积极配合人民法院的行政审判活动，支持人民法院依法独立行使审判权。对人民法院受理的行政案件，行政机关要依法积极应诉，按规定向人民法院提交作出具体行政行为的依据、证据和其他相关材料。对重大行政诉讼案件，行政机关负责人要主动出庭应诉。尊重并自觉履行人民法院的生效判决、裁定，认真对待人民法院的司法建议。

九、加强组织领导和督促检查

26. 健全推进依法行政的领导体制和机制。地方各级人民政府和政府部门都要建立由主要负责人牵头的依法行政领导协调机制，统一领导本地区、本部门推进依法行政工作。县级以上地方人民政府常务会议每年至少听取2次依法行政工作汇报，及时解决本地区依法行政中存在的突出问题，研究部署全面推进依法行政、加强法治政府建设的具体任务和措施。加强对推进依法行政工作的督促指导、监督检查和舆论宣传，对成绩突出的单位和个人按照国家有关规定给予表彰奖励，对工作不力的予以通报批评。加强依法行政工作考核，科学设定考核指标并纳入地方各级人民政府目标考核、绩效考核评价体系，将考核结果作为对政府领导班子和领导干部综合考核评价的重要内容。

27. 强化行政首长作为推进依法行政第一责任人的责任。各级人民政府及其部门要把全面推进依法行政、加强法治政府建设摆在更加突出的位置。行政首长要对本地区、本部门依法行政工作负总责，切实承担起领导责任，将依法行政任务与改革发展稳定任务一起部署、一起落实、一起考核。县级以上地方人民政府每年要向同级党委、人大常委会和上一级人民政府报告推进依法行政情况，政府部门每年要向本级人民政府和上一级人民政府有关部门报告推进依法行政情况。

28. 加强法制机构和队伍建设。县级以上各级人民政府及其部门要充分发挥法制机构在推进依法行政、建设法治政府方面的组织协调和督促指导作用。进一步加强法制机构建设，使法制机构的规格、编制与其承担的职责和任务相适应。要加大对法制干部的培养、使用和交流力度，重视提拔政治素质高、法律素养好、工作能力强的法制干部。政府法制机构及其工作人员要努力提高新形势下做好政府法制工作的能力和水平，努力当好政府或者部门领导在依法行政方面的参谋、助手和顾问。

29. 营造学法尊法守法的良好社会氛围。各级人民政府及其部门要采取各种有效形式深入开展法治宣传教育，精心组织实施普法活动，特别要加强与人民群众生产生活密切相关的法律法规宣传，大力弘扬社会主义法治精神，切实增强公民依法维护权利、自觉履行义务的意识，努力推进法治社会建设。

各地区、各部门要把贯彻落实本意见与深入贯彻《纲要》和《国务院关于加强市县政府依法行政的决定》（国发〔2008〕17号）紧密结合起来，根据实际情况制定今后一个时期加强法治政府建设的工作规划，明确工作任务、具体措施、完成时限和责任主体，确定年度工作重点，扎扎实实地推进依法行政工作，务求法治政府建设不断取得新成效，实现新突破。

国 务 院

二〇一〇年十月十日

党政主要领导干部和国有企业领导人员经济责任审计规定

（中办发〔2010〕32号　2010年10月12日）

第一章　总　则

第一条　为健全和完善经济责任审计制度，加强对党政主要领导干部和国有企业领导人员（以下简称领导干部）的管理监督，推进党风廉政建设，根据《中华人民共和国审计法》和其他有关法律法规，以及干部管理监督的有关规定，制定本规定。

第二条　党政主要领导干部经济责任审计的对象包括：

（一）地方各级党委、政府、审判机关、检察机关的正职领导干部或者主持工作一年以上的副职领导干部；

（二）中央和地方各级党政工作部门、事业单位和人民团体等单位的正职领导干部或者主持工作一年以上的副职领导干部；上级领导干部兼任部门、单位的正职领导干部，且不实际履行经济责任时，实际负责本部门、本单位常务工作的副职领导干部。

第三条　国有企业领导人员经济责任审计的对象包括国有和国有控股企业（含国有和国有控股金融企业）的法定代表人。

第四条　本规定所称经济责任，是指领导干部在任职期间因其所任职务，依法对本地区、本部门（系统）、本单位的财政收支、财务收支以及有关经济活动应当履行的职责、义务。

第五条　领导干部履行经济责任的情况，应当依法接受审计监督。

根据干部管理监督的需要，可以在领导干部任职期间进行任中经济责任审计，也可以在领导干部不再担任所任职务时进行离任经济责任审计。

第六条　领导干部的经济责任审计依照干部管理权限确定。

地方审计机关主要领导干部的经济责任审计，由本级党委与上一级审计机关协商后，由上一级审计机关组织实施。

审计署审计长的经济责任审计，报请国务院总理批准后实施。

第七条　审计机关依法独立实施经济责任审计，任何组织和个人不得拒绝、阻碍、干涉，不得打击报复审计人员。

第八条　审计机关和审计人员对经济责任审计工作中知悉的国家秘密、商业秘密，负有保密义务。

第九条　各级党委和政府应当保证审计机关履行经济责任审计职责所必需的机构、人员和经费。

第二章　组织协调

第十条　各级党委和政府应当加强对经济责任审计工作的领导，建立经济责任审计工作联席会议（以下简称联席会议）制度。联席会议由纪检、组织、审计、监察、人力资源社会保障和国有资产监督管理等部门组成。

联席会议下设办公室，与同级审计机关内设的经济责任审计机构合署办公，负责日常工作。联席会议办公室主任为同级审计机关的副职领导或者同职级领导。

第十一条 联席会议的主要职责是研究制定有关经济责任审计的政策和制度，监督检查、交流通报经济责任审计工作开展情况，协调解决工作中出现的问题。

第十二条 联席会议办公室的主要职责是研究起草有关经济责任审计的法规、制度和文件，研究提出年度经济责任审计计划草案，总结推广经济责任审计工作经验，督促落实联席会议决定的有关事项。

第十三条 经济责任审计应当有计划地进行。组织部门每年提出下一年度经济责任审计委托建议，经联席会议办公室研究后提出经济责任审计计划草案，由审计机关报请本级政府行政首长审定后，纳入审计机关年度审计工作计划并组织实施。

第三章 审计内容

第十四条 经济责任审计应当以促进领导干部推动本地区、本部门（系统）、本单位科学发展为目标，以领导干部守法、守纪、守规、尽责情况为重点，以领导干部任职期间本地区、本部门（系统）、本单位财政收支、财务收支以及有关经济活动的真实、合法和效益为基础，严格依法界定审计内容。

第十五条 地方各级党委和政府主要领导干部经济责任审计的主要内容是：本地区财政收支的真实、合法和效益情况；国有资产的管理和使用情况；政府债务的举借、管理和使用情况；政府投资和以政府投资为主的重要项目的建设和管理情况；对直接分管部门预算执行和其他财政收支、财务收支以及有关经济活动的管理和监督情况。

第十六条 党政工作部门、审判机关、检察机关、事业单位和人民团体等单位主要领导干部经济责任审计的主要内容是：本部门（系统）、本单位预算执行和其他财政收支、财务收支的真实、合法和效益情况；重要投资项目的建设和管理情况；重要经济事项管理制度的建立和执行情况；对下属单位财政收支、财务收支以及有关经济活动的管理和监督情况。

第十七条 国有企业领导人员经济责任审计的主要内容是：本企业财务收支的真实、合法和效益情况；有关内部控制制度的建立和执行情况；履行国有资产出资人经济管理和监督职责情况。

第十八条 在审计以上主要内容时，应当关注领导干部在履行经济责任过程中的下列情况：贯彻落实科学发展观，推动经济社会科学发展情况；遵守有关经济法律法规、贯彻执行党和国家有关经济工作的方针政策和决策部署情况；制定和执行重大经济决策情况；与领导干部履行经济责任有关的管理、决策等活动的经济效益、社会效益和环境效益情况；遵守有关廉洁从政（从业）规定情况等。

第十九条 有关部门和单位、地方党委和政府的主要领导干部由上级领导干部兼任，且实际履行经济责任的，对其进行经济责任审计时，审计内容仅限于该领导干部所兼任职务应当履行的经济责任。

第四章 审计实施

第二十条 审计机关应当根据年度经济责任审计计划，组成审计组并实施审计。

第二十一条 审计机关应当在实施经济责任审计3日前，向被审计领导干部及其所在单位或者原任职单位（以下简称所在单位）送达审计通知书。遇有特殊情况，经本级政府批准，审计机关可以直接持审计通知书实施经济责任审计。

第二十二条 审计机关实施经济责任审计时，应当召开有审计组主要成员、被审计领导干部及其所在单位有关人员参加的会议，安排审计工作有关事项。联席会议有关成员单位根据工作需要可以派人参加。

审计机关实施经济责任审计，应当进行审计公示。

第二十三条　审计机关在经济责任审计过程中，应当听取本级党委、政府和被审计领导干部所在单位有关领导同志，以及本级联席会议有关成员单位的意见。

第二十四条　审计机关在进行经济责任审计时，被审计领导干部及其所在单位，以及其他有关单位应当提供与被审计领导干部履行经济责任有关的下列资料：

（一）财政收支、财务收支相关资料；

（二）工作计划、工作总结、会议记录、会议纪要、经济合同、考核检查结果、业务档案等资料；

（三）被审计领导干部履行经济责任情况的述职报告；

（四）其他有关资料。

第二十五条　被审计领导干部及其所在单位应当对所提供资料的真实性、完整性负责，并作出书面承诺。

第二十六条　审计机关履行经济责任审计职责时，可以依法提请有关部门和单位予以协助，有关部门和单位应当予以配合。

第二十七条　审计组实施审计后，应当将审计组的审计报告书面征求被审计领导干部及其所在单位的意见。根据工作需要可以征求本级党委、政府有关领导同志，以及本级联席会议有关成员单位的意见。

被审计领导干部及其所在单位应当自接到审计组的审计报告之日起10日内提出书面意见；10日内未提出书面意见的，视同无异议。

第二十八条　审计机关按照《中华人民共和国审计法》及相关法律法规规定的程序，对审计组的审计报告进行审议，出具审计机关的经济责任审计报告和审计结果报告。

第二十九条　审计机关应当将经济责任审计报告送达被审计领导干部及其所在单位。

第三十条　审计机关应当将经济责任审计结果报告等结论性文书报送本级政府行政首长，必要时报送本级党委主要负责同志；提交委托审计的组织部门；抄送联席会议有关成员单位。

第三十一条　被审计领导干部所在单位存在违反国家规定的财政收支、财务收支行为，依法应当给予处理、处罚的，由审计机关在法定职权范围内作出审计决定。

审计机关在经济责任审计中发现的应当由其他部门处理的问题，依法移送有关部门处理。

第三十二条　被审计领导干部对审计机关出具的经济责任审计报告有异议的，可以自收到审计报告之日起30日内向出具审计报告的审计机关申诉，审计机关应当自收到申诉之日起30日内作出复查决定；被审计领导干部对复查决定仍有异议的，可以自收到复查决定之日起30日内向上一级审计机关申请复核，上一级审计机关应当自收到复核申请之日起60日内作出复核决定。

上一级审计机关的复核决定和审计署的复查决定为审计机关的最终决定。

第五章　审计评价与结果运用

第三十三条　审计机关应当根据审计查证或者认定的事实，依照法律法规、国家有关规定和政策，以及责任制考核目标和行业标准等，在法定职权范围内，对被审计领导干部履行经济责任情况作出客观公正、实事求是的评价。审计评价应当与审计内容相统一，评价结论应当有充分的审计证据支持。

第三十四条　审计机关对被审计领导干部履行经济责任过程中存在问题所应当承担的直接责任、主管责任、领导责任，应当区别不同情况作出界定。

第三十五条　本规定所称直接责任，是指领导干部对履行经济责任过程中的下列行为应当承担的责任：

（一）直接违反法律法规、国家有关规定和单位内部管理规定的行为；

（二）授意、指使、强令、纵容、包庇

下属人员违反法律法规、国家有关规定和单位内部管理规定的行为；

（三）未经民主决策、相关会议讨论而直接决定、批准、组织实施重大经济事项，并造成重大经济损失浪费、国有资产（资金、资源）流失等严重后果的行为；

（四）主持相关会议讨论或者以其他方式研究，但是在多数人不同意的情况下直接决定、批准、组织实施重大经济事项，由于决策不当或者决策失误造成重大经济损失浪费、国有资产（资金、资源）流失等严重后果的行为；

（五）其他应当承担直接责任的行为。

第三十六条 本规定所称主管责任，是指领导干部对履行经济责任过程中的下列行为应当承担的责任：

（一）除直接责任外，领导干部对其直接分管的工作不履行或者不正确履行经济责任的行为；

（二）主持相关会议讨论或者以其他方式研究，并且在多数人同意的情况下决定、批准、组织实施重大经济事项，由于决策不当或者决策失误造成重大经济损失浪费、国有资产（资金、资源）流失等严重后果的行为。

第三十七条 本规定所称领导责任，是指除直接责任和主管责任外，领导干部对其不履行或者不正确履行经济责任的其他行为应当承担的责任。

第三十八条 各级党委和政府应当建立健全经济责任审计情况通报、审计整改以及责任追究等结果运用制度，逐步探索和推行经济责任审计结果公告制度。

第三十九条 有关部门和单位应当根据干部管理监督的相关要求运用经济责任审计结果，将其作为考核、任免、奖惩被审计领导干部的重要依据，并以适当方式将审计结果运用情况反馈审计机关。

经济责任审计结果报告应当归入被审计领导干部本人档案。

第六章　附　则

第四十条 审计机关和审计人员、被审计领导干部及其所在单位，以及其他有关单位和个人在经济责任审计中的职责、权限、法律责任等，本规定未作规定的，依照《中华人民共和国审计法》、《中华人民共和国审计法实施条例》和其他法律法规的有关规定执行。

第四十一条 审计机关开展领导干部经济责任审计适用本规定。有关机构依法履行国有资产监督管理职责时，按照干部管理权限开展的经济责任审计，参照本规定组织实施。部门和单位可以根据本规定，制定内部管理领导干部经济责任审计的规定。

第四十二条 中央经济责任审计工作联席会议应当根据本规定，制定实施细则或者贯彻实施意见。

第四十三条 本规定由审计署负责解释。

第四十四条 本规定自印发之日起施行。1999年5月中共中央办公厅、国务院办公厅印发的《县级以下党政领导干部任期经济责任审计暂行规定》和《国有企业及国有控股企业领导人员任期经济责任审计暂行规定》（中办发〔1999〕20号）同时废止。

关于实行党风廉政建设责任制的规定

（中发〔2010〕19号　2010年11月10日）

第一章　总　则

第一条　为了加强党风廉政建设，明确领导班子、领导干部在党风廉政建设中的责任，推动科学发展，促进社会和谐，提高党的执政能力，保持和发展党的先进性，根据《中华人民共和国宪法》和《中国共产党章程》，制定本规定。

第二条　本规定适用于各级党的机关、人大机关、行政机关、政协机关、审判机关、检察机关的领导班子、领导干部。

人民团体、国有和国有控股企业（含国有和国有控股金融企业）、事业单位的领导班子、领导干部参照执行本规定。

第三条　实行党风廉政建设责任制，要以邓小平理论和“三个代表”重要思想为指导，深入贯彻落实科学发展观，坚持党要管党、从严治党，坚持标本兼治、综合治理、惩防并举、注重预防，扎实推进惩治和预防腐败体系建设，保证党中央、国务院关于党风廉政建设的决策和部署的贯彻落实。

第四条　实行党风廉政建设责任制，要坚持党委统一领导，党政齐抓共管，纪委组织协调，部门各负其责，依靠群众的支持和参与。要把党风廉政建设作为党的建设和政权建设的重要内容，纳入领导班子、领导干部目标管理，与经济建设、政治建设、文化建设、社会建设以及生态文明建设和业务工作紧密结合，一起部署，一起落实，一起检查，一起考核。

第五条　实行党风廉政建设责任制，要坚持集体领导与个人分工负责相结合，谁主管、谁负责，一级抓一级、层层抓落实。

第二章　责任内容

第六条　领导班子对职责范围内的党风廉政建设负全面领导责任。

领导班子主要负责人是职责范围内的党风廉政建设第一责任人，应当重要工作亲自部署、重大问题亲自过问、重点环节亲自协调、重要案件亲自督办。

领导班子其他成员根据工作分工，对职责范围内的党风廉政建设负主要领导责任。

第七条　领导班子、领导干部在党风廉政建设中承担以下领导责任：

（一）贯彻落实党中央、国务院以及上级党委（党组）、政府和纪检监察机关关于党风廉政建设的部署和要求，结合实际研究制定党风廉政建设工作计划、目标要求和具体措施，每年召开专题研究党风廉政建设的党委常委会议（党组会议）和政府廉政建设工作会议，对党风廉政建设工作任务进行责任分解，明确领导班子、领导干部在党风廉政建设中的职责和任务分工，并按照计划推动落实；

（二）开展党性党风党纪和廉洁从政教育，组织党员、干部学习党风廉政建设理论和法规制度，加强廉政文化建设；

（三）贯彻落实党风廉政法规制度，推进制度创新，深化体制机制改革，从源头上预防和治理腐败；

（四）强化权力制约和监督，建立健全

决策权、执行权、监督权既相互制约又相互协调的权力结构和运行机制，推进权力运行程序化和公开透明；

（五）监督检查本地区、本部门、本系统的党风廉政建设情况和下级领导班子、领导干部廉洁从政情况；

（六）严格按照规定选拔任用干部，防止和纠正选人用人上的不正之风；

（七）加强作风建设，纠正损害群众利益的不正之风，切实解决党风政风方面存在的突出问题；

（八）领导、组织并支持执纪执法机关依纪依法履行职责，及时听取工作汇报，切实解决重大问题。

第三章 检查考核与监督

第八条 党委（党组）应当建立党风廉政建设责任制的检查考核制度，建立健全检查考核机制，制定检查考核的评价标准、指标体系，明确检查考核的内容、方法、程序。

第九条 党委（党组）应当建立健全党风廉政建设责任制领导小组，负责对下一级领导班子、领导干部党风廉政建设责任制执行情况的检查考核。

第十条 检查考核工作每年进行一次。检查考核可以与领导班子、领导干部工作目标考核、年度考核、惩治和预防腐败体系建设检查工作等结合进行，也可以组织专门检查考核。

检查考核情况应当及时向同级党委（党组）报告。

第十一条 党委（党组）应当将检查考核情况在适当范围内通报。对检查考核中发现的问题，要及时研究解决，督促整改落实。

第十二条 党委（党组）应当建立和完善检查考核结果运用制度。检查考核结果作为对领导班子总体评价和领导干部业绩评定、奖励惩处、选拔任用的重要依据。

第十三条 纪检监察机关（机构）、组织人事部门协助同级党委（党组）开展对党风廉政建设责任制执行情况的检查考核，或者根据职责开展检查工作。

第十四条 党委常委会应当将执行党风廉政建设责任制的情况，作为向同级党的委员会全体会议报告工作的一项重要内容。

第十五条 领导干部执行党风廉政建设责任制的情况，应当列为民主生活会和述职述廉的重要内容，并在本单位、本部门进行评议。

第十六条 党委（党组）应当将贯彻落实党风廉政建设责任制的情况，每年专题报告上一级党委（党组）和纪委。

第十七条 中央和省、自治区、直辖市党委巡视组应当依照巡视工作的有关规定，加强对有关党组织领导班子及其成员执行党风廉政建设责任制情况的巡视监督。

第十八条 党委（党组）应当结合本地区、本部门、本系统实际，建立走访座谈、社会问卷调查等党风廉政建设社会评价机制，动员和组织党员、群众有序参与，广泛接受监督。

第四章 责任追究

第十九条 领导班子、领导干部违反或者未能正确履行本规定第七条规定的职责，有下列情形之一的，应当追究责任：

（一）对党风廉政建设工作领导不力，以致职责范围内明令禁止的不正之风得不到有效治理，造成不良影响的；

（二）对上级领导机关交办的党风廉政建设责任范围内的事项不传达贯彻、不安排部署、不督促落实，或者拒不办理的；

（三）对本地区、本部门、本系统发现的严重违纪违法行为隐瞒不报、压案不查的；

（四）疏于监督管理，致使领导班子成员或者直接管辖的下属发生严重违纪违法问题的；

（五）违反规定选拔任用干部，或者用人失察、失误造成恶劣影响的；

（六）放任、包庇、纵容下属人员违反财政、金融、税务、审计、统计等法律法规，弄虚作假的；

（七）有其他违反党风廉政建设责任制行为的。

第二十条　领导班子有本规定第十九条所列情形，情节较轻的，责令作出书面检查；情节较重的，给予通报批评；情节严重的，进行调整处理。

第二十一条　领导干部有本规定第十九条所列情形，情节较轻的，给予批评教育、诫勉谈话、责令作出书面检查；情节较重的，给予通报批评；情节严重的，给予党纪政纪处分，或者给予调整职务、责令辞职、免职和降职等组织处理。涉嫌犯罪的，移送司法机关依法处理。

以上责任追究方式可以单独使用，也可以合并使用。

第二十二条　领导班子、领导干部具有本规定第十九条所列情形，并具有下列情节之一的，应当从重追究责任：

（一）对职责范围内发生的问题进行掩盖、袒护的；

（二）干扰、阻碍责任追究调查处理的。

第二十三条　领导班子、领导干部具有本规定第十九条所列情形，并具有下列情节之一的，可以从轻或者减轻追究责任：

（一）对职责范围内发生的问题及时如实报告并主动查处和纠正，有效避免损失或者挽回影响的；

（二）认真整改，成效明显的。

第二十四条　领导班子、领导干部违反本规定，需要查明事实、追究责任的，由有关机关或者部门按照职责和权限调查处理。其中需要追究党纪政纪责任的，由纪检监察机关按照党纪政纪案件的调查处理程序办理；需要给予组织处理的，由组织人事部门或者由负责调查的纪检监察机关会同组织人事部门，按照有关权限和程序办理。

第二十五条　实施责任追究，要实事求是，分清集体责任和个人责任、主要领导责任和重要领导责任。

追究集体责任时，领导班子主要负责人和直接主管的领导班子成员承担主要领导责任，参与决策的班子其他成员承担重要领导责任。对错误决策提出明确反对意见而没有被采纳的，不承担领导责任。

错误决策由领导干部个人决定或者批准的，追究该领导干部个人的责任。

第二十六条　实施责任追究不因领导干部工作岗位或者职务的变动而免予追究。已退休但按照本规定应当追究责任的，仍须进行相应的责任追究。

第二十七条　受到责任追究的领导班子、领导干部，取消当年年度考核评优和评选各类先进的资格。

单独受到责令辞职、免职处理的领导干部，一年内不得重新担任与其原任职务相当的领导职务；受到降职处理的，两年内不得提升职务。同时受到党纪政纪处分和组织处理的，按影响期较长的执行。

第二十八条　各级纪检监察机关应当加强对下级党委（党组）、政府实施责任追究情况的监督检查，发现有应当追究而未追究或者责任追究处理决定不落实等问题的，应当及时督促下级党委（党组）、政府予以纠正。

第五章　附　则

第二十九条　各省、自治区、直辖市，中央和国家机关各部委可以根据本规定制定实施办法。

第三十条　中央军委可以根据本规定，结合中国人民解放军和中国人民武装警察部队的实际情况，制定具体规定。

第三十一条　本规定由中央纪委、监察部负责解释。

第三十二条 本规定自发布之日起施行。1998 年 11 月发布的《关于实行党风廉政建设责任制的规定》同时废止。

国务院办公厅转发证监会等部门关于依法打击和防控资本市场内幕交易意见的通知

（国办发〔2010〕55 号 2010 年 11 月 16 日）

各省、自治区、直辖市人民政府，国务院各部委、各直属机构：

证监会、公安部、监察部、国资委、预防腐败局《关于依法打击和防控资本市场内幕交易的意见》已经国务院同意，现转发给你们，请认真贯彻执行。

国务院办公厅

二〇一〇年十一月十六日

关于依法打击和防控资本市场内幕交易的意见

证监会 公安部 监察部 国资委 预防腐败局

为维护市场秩序，保护投资者合法权益，促进我国资本市场稳定健康发展，现就依法打击和防控资本市场内幕交易提出以下意见：

一、统一思想，提高认识

内幕交易，是指上市公司高管人员、控股股东、实际控制人和行政审批部门等方面的知情人员，利用工作之便，在公司并购、业绩增长等重大信息公布之前，泄露信息或者利用内幕信息买卖证券谋取私利的行为。这种行为严重违反了法律法规，损害投资者和上市公司合法权益。证券法第五条规定，“禁止欺诈、内幕交易和操纵证券市场的行为”，第七十三条规定，“禁止证券交易内幕信息的知情人和非法获取内幕信息的人利用内幕信息从事证券交易活动”。刑法第一百八十条、第一百八十二条对内幕交易、利用信息优势操纵证券交易价格等行为的量刑和处罚作出了明确规定。

当前，打击和防控资本市场内幕交易面临的形势较为严峻。一些案件参与主体复杂，交易方式多样，操作手段隐蔽，查处工作难度很大。随着股指期货的推出，内幕交易更具隐蔽性、复杂性。各地区、各相关部门要充分认识内幕交易的危害性，统一思想，高度重视，根据刑法和证券法等法律法规规定，按照齐抓共管、打防结合、综合防治的原则，采取针对性措施，切实做好有关工作。

打击和防控资本市场内幕交易工作涉及面广，社会关注度高，需要动员各方面力量，促进全社会参与。要通过法制宣传、教育培训等多种形式，普及刑法、证券法等法律知识，帮助相关人员和社会公众提高对内幕交易危害性的认识，增强遵纪守法意识。要坚持正确的舆论导向，增强舆论引导的针对性和实效性，充分发挥社会舆论监督作用，形成依法打击和防控资本市场内幕交易的社会氛围。

二、完善制度，有效防控

内幕信息，是指上市公司经营、财务、分配、投融资、并购重组、重要人事变动等对证券价格有重大影响但尚未正式公开的信息。加强内幕信息管理是防控内幕交易的重要环节，对从源头上遏制内幕交易具有重要意义。各地区、各相关部门要建立完善内幕信息登记管理制度，提高防控工作的制度化、规范化水平。

一是抓紧制定涉及上市公司内幕信息的保密制度，包括国家工作人员接触内幕信息管理办法，明确内幕信息范围、流转程序、保密措施和责任追究要求，并指定负责内幕信息管理的机构和人员。二是尽快建立内幕信息知情人登记制度，要求内幕信息知情人按规定实施登记，落实相关人员的保密责任和义务。三是完善上市公司信息披露和停复牌等相关制度，督促上市公司等信息披露义务人严格依照法律法规，真实、准确、完整、及时地披露信息。四是健全考核评价制度，将内幕交易防控工作纳入企业业绩考核评价体系，明确考核的原则、内容、标准、程序和方式。五是细化、充实依法打击和防控内幕交易的规定，完善内幕交易行为认定和举证规则，积极探索内幕交易举报奖励制度。

所有涉及上市公司重大事项的决策程序，都要符合保密制度要求，简化决策流程，缩短决策时限，尽可能缩小内幕信息知情人范围。研究论证上市公司重大事项，原则上应在相关证券停牌后或非交易时间进行。

三、明确职责，重点打击

证券监督管理部门要切实负起监管责任，对涉嫌内幕交易的行为，要及时立案稽查，从快作出行政处罚；对涉嫌犯罪的，要移送司法机关依法追究刑事责任，做到有法必依，执法必严，违法必究；对已立案稽查的上市公司，要暂停其再融资、并购重组等行政许可；对负有直接责任的中介机构及相关人员，要依法依规采取行政措施，暂停或取消其业务资格。公安机关在接到依法移送的案件后，要及时立案侦查。各级监察机关、各国有资产监督管理部门要依据职责分工，对泄露内幕信息或从事内幕交易的国家工作人员、国有（控股）企业工作人员进行严肃处理。

各地区要按照依法打击和防控资本市场内幕交易工作的部署和要求，加强组织领导，落实责任主体，进一步细化和落实各项制度，完善配套措施和办法，强化监督，严格问责，积极支持和配合有关方面做好相关工作。

各地区、各相关部门要认真按照法律法规规定，各司其职，协同配合，建立和完善案件移送、执法合作、信息管理、情况沟通等工作机制，形成上下联动、部门联动、地区联动的综合防治体系和强大打击合力。证监会要会同公安部、监察部、国资委、预防腐败局等部门抓紧开展一次依法打击和防控内幕交易专项检查，查办一批典型案件并公开曝光，震慑犯罪分子。

2011 年

关于印发《国家预防腐败局2011年工作要点》的通知

（国预发〔2011〕1号　2011年1月19日）

河北省、上海市、福建省、河南省、湖北省、湖南省、四川省、甘肃省预防腐败局：

现将《国家预防腐败局2011年工作要点》印发给你们，请结合实际贯彻落实。

国家预防腐败局

二○一一年一月十九日

国家预防腐败局2011年工作要点

国家预防腐败局2011年工作的总体要求是：贯彻党的十七大和十七届四中、五中全会精神，按照第十七届中央纪委第六次全会和国务院第四次廉政工作会议的部署，切实将以人为本、执政为民落实到预防腐败工作之中，立足组织协调、宏观指导，推进预防腐败制度建设和改革创新，强化对权力运行的制约和监督，探索社会领域防治腐败的有效措施，做好应对《联合国反腐败公约》履约审议机制工作，努力取得预防腐败新成效，促进廉洁政府和廉洁社会建设。

一、着力推进预防腐败制度建设

1. 加强预防腐败基础制度建设。研究论证防止利益冲突法、行政程序法、预防腐败法等预防腐败基础性法规制度。推动建立社会信用代码制度和社会信用信息共享机制。扩大和深化廉政评估指标体系试点。加快建立预防腐败信息系统和腐败预警机制。

2. 认真开展制度廉洁性评估。开展中央国家机关制度廉洁性评估试点。在全面总结试点经验的基础上，在全国推开制度廉洁性评估工作。建立健全制度廉洁性评估工作机制，明确工作任务、工作目标和工作责任，规范评估的内容、方法和程序，注重评估实效和成果运用，研究制定规范性文件。

3. 深入推进相关改革和制度创新。配

合有关部门加强金融企业外部监管和内控机制建设，完善反洗钱合作机制，深入开展内幕交易综合防控工作。加强社会现金流通和商业预付卡管理。完善公共资源配置、公共资产交易、公共产品生产领域的市场运行机制，推进公共资源交易统一规范管理。进一步完善政府采购制度。会同有关部门积极推广“制度+科技”等预防腐败经验。

4. 建立健全禁止公款出国（境）旅游长效机制。制定党政干部因公出国（境）信息公开规定和国家工作人员因私出国（境）审批管理规定，探索党政干部因公出国（境）任务核查方法。会同有关部门完善因公出国（境）管理制度，细化经费预算管理，完善审批程序，建设全国因公出国（境）管理综合信息系统。

二、全面推行廉政风险防控管理和行政权力运行监控机制建设

5. 面向全国部署推行。全面总结各地区各部门廉政风险防控管理和行政权力运行监控机制建设的经验做法，在全国统一部署。研究制定关于推行廉政风险防控管理和行政权力运行监控机制建设的指导意见。加强检查指导，督促各地区各部门抓好指导意见的贯彻落实，推动工作深入开展。

6. 拓展廉政风险防控管理的领域。推动有条件的地方在高校、国有企业、医院、农村等非行政领域拓展廉政风险防控管理工作。

三、加大政务公开、厂务公开、村务公开和公共企事业单位办事公开力度

7. 深化政务公开。推行行政决策公开，扩大行政决策公开的领域和范围。推进行政权力公开透明运行，优化权力运行流程，提升权力运行监控水平。督促各地区各部门以财政预决算、公共资源配置、政府投资项目公开为重点，全面落实《政府信息公开条例》。加强基层政务公开，开展依托电子政务平台加强县级政府政务公开试点工作，研究制定依托电子政务平台加强政务公开的基本指导目录。

8. 加强政务服务。着重解决当前政务服务工作中存在的突出问题，促进各地区各部门进一步转变政府职能，特别是规范政务（行政）服务中心的职能定位、人员编制、工作机制、服务内容等，提高政务服务水平。依托电子政务平台，推进政务服务网络化，逐步建立全国统一的政务服务网络平台。

9. 协调推进各项公开。将政务公开、司法公开、厂务公开和村务公开等公开形式有机结合起来，探索村务公开与基层政务公开、厂务公开与公用事业单位办事公开联动的办法，形成工作合力。

10. 加大检查指导力度。起草政务公开工作检查评估暂行办法，组织开展专项督查和重点抽查。制定政务公开举报受理制度和政纪处分规定。着手研究确定第二批全国政务公开示范点。督促有关部门加强对公共企事业单位办事公开的指导和监管。

四、深入开展社会领域防治腐败工作

11. 研究制定社会领域防治腐败工作指导意见。明确社会领域防治腐败的指导思想、基本原则、主要任务、工作目标，加强对企业、事业单位、社会组织、市场中介组织、基层群众自治组织等不同行业领域开展防治腐败工作的指导。

12. 整治行业协会、市场中介组织违规违法问题。会同有关部门进一步理顺政府与行业协会、市场中介组织的关系，推动政府部门与行业协会、市场中介组织在组织人员、工作职能、财务资产、办公场所方面彻底分开。建立健全政府监管、资质审查、市场准入、违法行为查处等制度，完善扶持行业协会、市场中介组织发展的配套措施。严肃查处行业协会、市场中介组织违规违法行为。

13. 开展非公有制经济组织防治腐败试点工作。协助非公有制经济组织完善企业自律机制，加强市场诚信体系建设。协调有关方面为非公有制经济组织发展营造公平竞争的政策、法律和社会环境。

14. 引导社会力量有序参与防治腐败工作。充分发挥高等院校、研究机构、专家学者在防治腐败决策咨询、舆论宣传等方面的作用，拓宽人民群众参与预防腐败工作的渠道，加强社会监督。

五、做好应对《联合国反腐败公约》履约审议机制和预防腐败国际合作与援助

15. 开展应对履约审议机制工作。会同外交部等部门研究履约审议应对措施。积极参加《公约》第四次缔约国大会和有关工作组会议，对《公约》规则细化过程施加有效影响，维护我国主权和利益。

16. 深化预防腐败国际合作与援助。积极推进双边和多边交流与合作，借鉴国（境）外预防腐败的有益做法。举办第四届发展中国家预防腐败研讨班，积极探索技术援助的新途径、新方式，提高预防腐败技术援助实效。

六、积极开展预防腐败宣传教育

17. 抓好国家预防腐败局网站建设。大力宣传党和国家预防腐败的政策法规和各地区各部门预防腐败的经验成效。加强对网络信息的收集、研判和处置，进一步收集民意、集中民智、疏导民情。

18. 推动社会廉洁文化建设。组织创作一批预防腐败公益广告。推动企业、学校、社区廉洁文化建设，鼓励和引导民间组织开展廉洁文化建设活动，努力营造廉洁社会氛围。

19. 加大预防腐败外宣工作力度。丰富外宣产品，拓宽外宣渠道，积极向国际社会推介我国反腐倡廉建设的做法和经验，不断扩大我国在国际预防腐败领域的影响。

七、加强工作机制和干部队伍建设

20. 完善组织领导机制。充分发挥预防腐败工作联席会议、政务公开领导小组等机制的作用，加强组织协调，形成工作合力，推动解决预防腐败方面的重要问题。加强对全国预防腐败试点工作的指导，研究制定试点工作评估标准和试点成果应用办法。

21. 加强省级预防腐败机构建设。加强对已成立省级预防腐败机构的工作指导，充分发挥其职能作用。本着积极稳妥的原则，推进条件成熟的省（区、市）成立预防腐败机构。

22. 加强干部队伍建设。进一步加强思想建设、能力建设和作风建设，增强政治意识、宗旨意识、大局意识和责任意识，增强调查研究、组织协调、开拓创新能力，提高预防腐败专业化水平。以奋发有为的精神和求真务实的作风，埋头苦干，攻坚克难，推动各项工作深入发展。

《中国共产党党员领导干部廉洁从政若干准则》实施办法

（中纪发〔2011〕19号　2011年3月22日）

第一章　总　　则

第一条　为贯彻实施《中国共产党党员领导干部廉洁从政若干准则》（以下简称《廉政准则》），正确处理违反《廉政准则》的行为，制定本实施办法。

第二条　有违反《廉政准则》行为的党员领导干部，应当主动检查纠正。能够主动检查纠正，情节较轻的，可以不予处分或者免予处分，但应当给予批评教育；情节较重的，可以从轻或者减轻处分，必要时可以给予相应的组织处理。不主动检查纠正的，依照本实施办法处理。

第三条　已到退休年龄尚未办理退休手续，以及已办理退休手续但返聘后又担任相应领导职务的党员领导干部，适用《廉政准则》。

国有和国有控股企业（含国有和国有控股金融企业）及其分支机构领导人员中的党员执行《国有企业领导人员廉洁从业若干规定》（中办发〔2009〕26号）的有关规定，对于《国有企业领导人员廉洁从业若干规定》没有具体规定的，参照《廉政准则》执行。

第二章　廉洁从政行为规范

第一节　禁止利用职权和职务上的影响谋取不正当利益

第四条　《廉政准则》第一条第一项所称"以借为名占用"，是指利用职权和职务上的影响，以借用的名义占有或者使用管理和服务对象以及其他与行使职权有关系的单位和个人的财物超过六个月。

索取管理和服务对象以及其他与行使职权有关系的单位或者个人的财物的，依照《中国共产党纪律处分条例》（以下简称《党纪处分条例》）第八十五条的规定处理。

接受管理和服务对象以及其他与行使职权有关系的单位或者个人财物的，依照《党纪处分条例》第七十四条的规定处理；为他人谋取利益的，依照《党纪处分条例》第八十五条的规定处理。

以借为名占用管理和服务对象以及其他与行使职权有关系的单位或者个人财物的，依照《党纪处分条例》第七十二条的规定处理。

第五条　《廉政准则》第一条第二项所称"可能影响公正执行公务"，是指与执行公务相关联或者与履行职责相冲突。

接受可能影响公正执行公务的礼品的，依照《党纪处分条例》第七十四条的规定处理。

接受可能影响公正执行公务的宴请的，依照《党纪处分条例》第八十条的规定处理。

接受可能影响公正执行公务的旅游、健身、娱乐等活动安排的，依照《党纪处分条例》第八十二条的规定处理。

第六条　《廉政准则》第一条第三项所称"礼金和各种有价证券、支付凭证"，包括现金和代币购物券、储蓄单、债券、股票及其他有价证券，支票、本票、汇票及各种有价识别卡、提货凭证等支付凭证。

在公务活动中接受礼金和各种有价证券、支付凭证而不交公的，依照《党纪处分条例》第七十四条第三款的规定处理。

第七条　《廉政准则》第一条第四项所称以交易形式谋取不正当利益，包括以明显低于市场的价格购买房屋、汽车等物品；以明显高于市场的价格出售房屋、汽车等物品；以其他交易形式谋取不正当利益。以委托理财形式谋取不正当利益，包括以委托他人投资证券、期货或者其他委托理财的名义，未实际出资而获取收益，或者虽然实际出资，但获取收益明显高于出资应得收益。

以交易、委托理财等形式为本人谋取不正当利益的，依照《党纪处分条例》第七十四条的规定处理；为交易对方、受委托方等谋取利益的，依照《党纪处分条例》第八十五条的规定处理。

第八条　《廉政准则》第一条第五项所称"内幕信息"，是指利用职务便利获取的政府或者其他公共机构没有披露或者尚未公开的公共设施建设、商品价格调整、税率调整、银行利率调整、企业重组、签订重大交易合同、投资重点工程项目、招标投标活动等各种信息，证券、期货交易活动中涉及公司的经营、财务或者对该公司证券的市场价格有重大影响的信息以及其他会造成重大影响的信息。

利用内幕信息谋取利益的，依照《党纪处分条例》第一百一十一条的规定处理。

第九条 《廉政准则》第一条第六项所称“多占住房”，是指一户家庭违反规定占有两处及两处以上福利性质住房或者住房面积超过规定标准。“经济适用房”，是指政府提供政策优惠，限定套型面积和销售价格，按照合理标准建设，面向城市低收入住房困难家庭供应，具有保障性质的政策性住房。“廉租住房”，是指政府以租金补贴或者实物配租的方式，向符合条件的城市低收入住房困难家庭提供社会保障性质的住房。

《廉政准则》第一条第六项所称“违反规定”，是指违反《经济适用住房管理办法》（建住房〔2007〕258号）、《中华人民共和国住房和城乡建设部关于加强经济适用住房管理有关问题的通知》（建保〔2010〕59号）等有关住房管理的规定。

违反规定多占住房，或者违反规定买卖经济适用房、廉租住房等保障性住房的，依照《党纪处分条例》第七十九条的规定处理。相关房产依照有关规定处理。

第二节 禁止私自从事营利性活动

第十条 《廉政准则》第二条第一项所称“个人或者借他人名义经商、办企业”，是指个人独资或者与他人合资、合股经办商业或者其他企业，以个人或者他人名义入股的形式经办企业，私自以承包、租赁、受聘等方式从事商业和其他经营活动。

个人或者借他人名义经商、办企业的，依照《党纪处分条例》第七十七条的规定处理。

第十一条 《廉政准则》第二条第二项所称“违反规定”，是指违反《中华人民共和国公务员法》，《行政机关公务员处分条例》，中共中央办公厅、国务院办公厅《关于党政机关工作人员个人证券投资行为若干规定》（中办发〔2001〕10号）等有关党员领导干部拥有非上市公司（企业）的股份或者证券的法律法规和其他规定。

违反规定拥有非上市公司（企业）的股份或者证券的，依照《党纪处分条例》第七十七条的规定处理。所持有的股份或者证券应当在本实施办法发布后6个月内予以处理，不得继续持有。

第十二条 《廉政准则》第二条第三项所称“违反规定”，是指违反《中华人民共和国证券法》，中共中央办公厅、国务院办公厅《关于党政机关工作人员个人证券投资行为若干规定》（中办发〔2001〕10号）等有关证券投资的法律法规和其他规定。

违反规定买卖股票或者违反规定进行其他证券投资的，依照《党纪处分条例》第七十七条的规定处理。所购买的股票或者其他证券依照本实施办法第十一条第二款的规定处理。

第十三条 《廉政准则》第二条第四项所称“个人在国（境）外注册公司”，是指个人或者与他人合伙在国（境）外经办商业或者其他企业、从事商业和其他经营活动等行为。“个人在国（境）外投资入股”，是指在国（境）外以个人入股的形式经办企业、从事商业和其他经营活动等行为。

个人在国（境）外注册公司或者投资入股的，依照《党纪处分条例》第七十七条的规定处理。

第十四条 《廉政准则》第二条第五项所称“经济实体”，是指各种类型的企业（公司）、个体经济组织以及营利性的事业单位和民办非企业单位。“有偿中介活动”，是指通过为市场各类主体提供信息、介绍业务、开展咨询等而收取钱财的活动。

《廉政准则》第二条第五项所称“违反规定”，是指违反《中共中央办公厅、国务院办公厅关于党政机关领导干部不兼任社会团体领导职务的通知》（中办发〔1998〕17号），中共中央纪委、中共中央组织部《关于退出现职、接近或者达到退休年龄的党政领导干部在企业兼职、任职有关问题的意见》（中组发〔2008〕11号）等有关党员领导干部兼职或者兼职取酬、从事有偿中介活动的规定。

违反规定在经济实体、社会团体等单位中兼职或者兼职取酬的，依照《党纪处分条例》第七十七条的规定处理。兼职的领导干部，应当辞去本职或者兼任的职务。所收取的报酬（包括各种经济利益）应当收缴。

从事有偿中介活动的，依照《党纪处分条例》第七十七条的规定处理。所收取的报酬（包括各种经济利益）应当收缴。

第十五条 《廉政准则》第二条第六项所称“离职”，是指以退休之外的方式离开公职，包括辞去公职、被辞退、被开除等情形。“原任职务”，是指离职或者退休前最后担（兼）任的职务。

在离职或者退休后三年内，接受原任职务管辖的地区和业务范围内的民营企业、外商投资企业和中介机构的聘任，或者个人从事与原任职务管辖业务相关的营利性活动的，依照《党纪处分条例》第八十二条的规定处理。

第三节 禁止违反公共财物管理和使用的规定，假公济私、化公为私

第十六条 《廉政准则》第三条所称“违反公共财物管理和使用的规定”，是指违反《中央国家机关国有资产处置管理办法》（国管财〔2004〕196号）等党中央、国务院以及各地区、各部门、各单位发布的关于公共财物管理的各项规定。

第十七条 利用自己主管、管理、经手公共财物的权力以及管理、经手公共财物的便利，用公款报销或者支付应由个人负担的费用的，以贪污论，依照《党纪处分条例》第八十三条的规定处理。

利用职务上的便利，为他人谋取利益，由他人用公款报销或者支付应由个人负担的费用的，以受贿论，依照《党纪处分条例》第八十五条的规定处理。

除前两款所列情形之外，利用职务或者工作上的便利，用公款报销或者支付应由个人负担的费用的，依照《党纪处分条例》第七十二条的规定处理。

第十八条 借用公款逾期不还，情节严重的，依照《党纪处分条例》第一百一十六条第一款的规定处理。所欠公款予以追还。

违反规定借用公款，进行营利活动或者非法活动的，依照《党纪处分条例》第一百一十六条第二款的规定处理。所借用的公款应当退还，并且按银行同期贷款利率付息，所获利润或者非法所得予以追缴。

违反规定将公款借给他人的，依照《党纪处分条例》第一百一十六条第三款的规定处理。

违反规定借用公物或者将公物借给他人，进行营利活动或者非法活动的，依照《党纪处分条例》第七十三条的规定处理。

第十九条 私存私放公款的，依照《党纪处分条例》第一百一十七条和《设立“小金库”和使用“小金库”款项违纪行为适用〈中国共产党纪律处分条例〉若干问题的解释》（中纪发〔2009〕20号）的规定处理。

第二十条 用公款旅游或者变相用公款旅游的，依照《党纪处分条例》第七十八条和《用公款出国（境）旅游及相关违纪行为适用〈中国共产党纪律处分条例〉若干问题的解释》（中纪发〔2010〕27号）的规定处理。

第二十一条 用公款参与高消费娱乐活动、健身活动和获取各种形式的俱乐部会员资格的，依照《党纪处分条例》第七十八条的规定处理。

第二十二条 《廉政准则》第三条第六项所称“违反规定”，是指违反《住房公积金管理条例》（1999年4月3日国务院令第262号颁布，2002年3月24日国务院令第350号修订）、《中共中央办公厅、国务院办公厅转发〈中央纪委、中央组织部、监察部、财政部、人事部、审计署关于严肃纪律、加强公务员工资管理的通知〉的通知》（厅字〔2005〕10号）等有关财务管理的规定。

违反规定用公款购买商业保险，缴纳住房公积金，滥发津贴、补贴、奖金的，依照《党纪处分条例》第八十四条的规定处理。

第二十三条 《廉政准则》第三条第七项所称“以象征性地支付钱款等方式”，是指以支付明显低于市场价格的钱款等方式。

非法占有非本人经管的公共财物，或者以象征性地支付钱款等方式非法占有公共财物的，依照《党纪处分条例》第七十二条的规定处理。

利用职务上的便利，非法占有本人经管的公共财物的，以贪污论，依照《党纪处分条例》第八十三条的规定处理。

第二十四条 《廉政准则》第三条第八项所称“社会保障基金”，是指政府部门管理的和社会团体受政府部门委托管理的社会保障基金，包括社会保险、社会救济、社会福利、优抚安置等资金。

挪用或者拆借社会保障基金、住房公积金等公共资金或者其他财政资金的，依照《党纪处分条例》第九十四条的规定处理。

第四节 禁止违反规定选拔任用干部

第二十五条 《廉政准则》第四条所称“违反规定”，是指违反《党政领导干部选拔任用工作条例》（中发〔2002〕7号）、《党政领导干部选拔任用工作责任追究办法（试行）》（中办发〔2010〕9号）（以下简称《追究办法》）等规定以及各地区、各部门、各单位关于选拔任用干部的规定。

第二十六条 《廉政准则》第四条第一项所称“不正当手段”，是指利用亲属、同乡、同学、同事、朋友、战友等各种关系采用请客送礼、行贿受贿、弄虚作假、打招呼等手段。

采取不正当手段，为本人或者他人谋取职位的，依照《党纪处分条例》第六十四条和《追究办法》第六条、第八条的规定处理。

第二十七条 不按照规定程序推荐、考察、酝酿、讨论决定任免干部的，依照《党纪处分条例》第六十四条和《追究办法》第四条、第五条、第六条的规定处理。

第二十八条 私自泄露民主推荐、民主测评、考察、酝酿、讨论决定干部等有关情况的，依照《党纪处分条例》第六十四条和《追究办法》第六条、第八条的规定处理。

第二十九条 在干部考察中隐瞒或者歪曲事实真相的，依照《党纪处分条例》第六十四条和《追究办法》第六条的规定处理。

第三十条 在民主推荐、民主测评、组织考察和选举中搞拉票等非组织活动的，依照《党纪处分条例》第六十四条和《追究办法》第八条的规定处理。

第三十一条 利用职务便利私自干预下级或者原任职地区、单位干部选拔任用工作的，依照《党纪处分条例》第六十四条和《追究办法》第八条的规定处理。

第三十二条 在工作调动、机构变动时，突击提拔、调整干部的，依照《党纪处分条例》第六十四条和《追究办法》第四条的规定处理。

第三十三条 在干部选拔任用工作中封官许愿、任人唯亲、营私舞弊的，依照《党纪处分条例》第六十四条和《追究办法》第八条的规定处理。

第五节 禁止利用职权和职务上的影响为亲属及身边工作人员谋取利益

第三十四条 要求或者指使提拔任用配

偶、子女及其配偶、其他亲属以及身边工作人员的，依照《党纪处分条例》第六十四条和《追究办法》第八条的规定处理。

第三十五条　用公款支付配偶、子女及其配偶以及其他亲属的学习、培训、旅游等费用，属于利用职务上的便利用非本人经手、管理的公款支付的，依照《党纪处分条例》第七十二条的规定处理；属于利用本人主管、管理、经手公共财物的权力及其便利条件用公款支付的，依照《党纪处分条例》第八十三条的规定处理。

利用职权和职务上的影响，将配偶、子女及其配偶以及其他亲属的学习、培训、旅游等费用，由下属单位或者其他单位支付、报销的，依照《党纪处分条例》第七十二条的规定处理。

利用职权和职务上的便利，将配偶、子女及其配偶以及其他亲属应当由个人支付的出国（境）留学费用，由他人支付、报销的，依照前款规定处理。

利用职权和职务上的影响，为配偶、子女及其配偶以及其他亲属出国（境）定居、留学、探亲等向个人或者机构索取资助的，依照《党纪处分条例》第八十五条的规定处理。

第三十六条　妨碍涉及配偶、子女及其配偶、其他亲属以及身边工作人员案件调查处理的，依照《党纪处分条例》第一百六十三条的规定处理。

第三十七条　利用职务上的便利，为他人谋取利益，父母、配偶、子女及其配偶以及其他特定关系人收受请托人财物的，依照《党纪处分条例》第七十五条第一款的规定处理；知道或者授意父母、配偶、子女及其配偶以及其他特定关系人收受请托人财物的，依照《党纪处分条例》第八十五条的规定处理。

第三十八条　默许、纵容、授意配偶、子女及其配偶、其他亲属以及身边工作人员以党员领导干部本人名义谋取私利的，依照《党纪处分条例》第八十二条的规定处理。

第三十九条　利用职权和职务上的影响，为配偶、子女及其配偶以及其他亲属经商、办企业提供便利和优惠条件的，依照《党纪处分条例》第七十七条第二款的规定处理。

党员领导干部之间利用职权相互为对方配偶、子女及其配偶以及其他亲属经商、办企业提供便利条件的，依照前款规定处理。

第四十条　允许、纵容配偶、子女及其配偶，在本人管辖的地区和业务范围内个人从事可能与公共利益发生冲突的经商、办企业、社会中介服务等活动，在本人管辖的地区和业务范围内的外商独资企业或者中外合资企业担任由外方委派、聘任的高级职务的，责令该领导干部予以纠正；拒不纠正的，责令其本人辞去现任职务或者由组织予以调整职务；不辞去现任职务或者不服从组织调整职务的，依照《党纪处分条例》第七十六条的规定给予撤销党内职务处分。

第四十一条　允许、纵容配偶、子女及其配偶在异地工商注册登记后，到该党员领导干部管辖的地区和业务范围内从事可能与公共利益发生冲突的经商、办企业活动的，依照本实施办法第三十八条的规定处理。

第六节　禁止讲排场、比阔气、挥霍公款、铺张浪费

第四十二条　在公务活动中提供或者接受超过规定标准的接待，或者超过规定标准报销招待费、差旅费等相关费用，情节严重的，依照《党纪处分条例》第七十八条的规定处理。

第四十三条　《廉政准则》第六条第二项所称“违反规定”，是指违反《党政机关办公用房建设标准》（计投资〔1999〕2250号），《中共中央办公厅、国务院办公厅关于进一步严格控制党政机关办公楼等楼堂馆所建设问题的通知》（中办发〔2007〕11号），中共中央纪委、国家发展改革委、监察部、

财政部、国土资源部、建设部、审计署《关于做好清理整改工作、建立控制党政机关办公楼等楼堂馆所建设长效机制的通知》（发改投资〔2008〕490号）等有关楼堂馆所建设、配备使用办公用房和办公用品的规定。

违反规定决定或者批准兴建、装修办公楼、培训中心等楼堂馆所，超标准配备、使用办公用房和办公用品的，依照《党纪处分条例》第七十八条的规定处理。

第四十四条 擅自用公款包租、占用客房归个人使用的，依照《党纪处分条例》第七十八条的规定处理。

第四十五条 《廉政准则》第六条第四项所称“违反规定”，是指违反《中共中央办公厅、国务院办公厅关于党政机关汽车配备和使用管理的规定》（中办发〔1994〕14号），《中共中央办公厅、国务院办公厅关于调整党政机关汽车配备使用标准的通知》（厅字〔1999〕5号），中共中央办公厅、国务院办公厅印发的《党政机关公务用车配备使用管理办法》、《省部级干部公务用车配备使用管理办法》等有关配备、购买、更换、装饰或者使用小汽车的规定。

违反规定配备、购买、更换、装饰或者使用小汽车的，依照《党纪处分条例》第七十八条的规定处理。

第四十六条 《廉政准则》第六条第五项所称“违反规定”，是指违反《中共中央、国务院关于党政机关厉行节约制止奢侈浪费行为的若干规定》（中发〔1997〕13号）、《国务院办公厅关于严格控制举办城市周年庆典活动的通知》（国办发〔2003〕91号）、《中共中央办公厅、国务院办公厅关于党政机关厉行节约若干问题的通知》（中办发〔2009〕11号）等有关规定。

违反规定决定或者批准用公款举办各类庆典活动的，依照《党纪处分条例》第七十八条的规定处理。所浪费的公款应当从该地区或单位年度财政预算中逐年扣除。

向企事业单位、下属单位或者群众摊派、变相摊派举办庆典活动费用的，依照《党纪处分条例》第一百三十五条的规定处理。摊派的费用应当退还。

第七节 禁止违反规定干预和插手市场经济活动，谋取私利

第四十七条 《廉政准则》第七条所称“违反规定”，是指违反《中华人民共和国政府采购法》、《党员领导干部违反规定插手干预工程建设领域行为适用〈中国共产党纪律处分条例〉若干问题的解释》（中纪发〔2010〕23号）等规范市场经济活动的法律法规和其他规定。

第四十八条 违反规定干预和插手市场经济活动，未谋取私利的，依照《党纪处分条例》第一百二十七条、第一百三十九条和《党员领导干部违反规定插手干预工程建设领域行为适用〈中国共产党纪律处分条例〉若干问题的解释》（中纪发〔2010〕23号）等有关规定处理。

第四十九条 违反规定干预和插手市场经济活动，本人从中收受、变相收受财物的，依照《党纪处分条例》第八十五条的规定处理；其父母、配偶、子女及其配偶以及其他共同生活的家庭成员收受财物的，依照《党纪处分条例》第七十五条第一款的规定处理，查实本人知道的，依照《党纪处分条例》第七十五条第三款的规定处理；授意其他第三人从中收受财物的，依照《党纪处分条例》第七十五条第二款的规定处理。

第五十条 利用职权或者职务上的影响，干扰、妨碍有关部门对建设工程招标投标、经营性土地使用权出让、房地产开发与经营等市场经济活动进行正常监管和案件查处的，依照《党纪处分条例》第一百六十三条的规定处理。

第八节 禁止脱离实际，弄虚作假，损害群众利益和党群干群关系

第五十一条 搞劳民伤财的“形象工

程”和沽名钓誉的“政绩工程”的，依照《关于对党员领导干部进行诫勉谈话和函询的暂行办法》（中办发〔2005〕30号）的规定，给予诫勉谈话，造成严重后果的，依照《党纪处分条例》第一百二十七条的规定处理。

第五十二条　虚报工作业绩的，依照《党纪处分条例》第一百四十九条的规定处理。

第五十三条　大办婚丧喜庆事宜，造成不良影响，或者借机敛财的，依照《党纪处分条例》第八十一条的规定处理。

第五十四条　在社会保障、政策扶持、救灾救济款物分配等事项中优亲厚友、显失公平的，依照《党纪处分条例》第八十二条和《抗震救灾款物管理使用违法违纪行为处分规定》（中纪发〔2008〕15号）等规定处理；收受或者索取他人财物的，依照《党纪处分条例》第八十五条的规定处理。

第五十五条　《廉政准则》第八条第五项所称“不正当手段”，是指做假账、谎报业绩，报喜不报忧、掩盖工作中的错误和失误，以及编造虚假事迹、假学历、假资历、假学术成果、假评选条件等手段。

以不正当手段获取荣誉、职称、学历、学位等利益的，依照《党纪处分条例》第一百四十九条的规定处理。

第五十六条　从事有悖社会公德、职业道德、家庭美德活动的，《党纪处分条例》有条文明确规定的，依照该规定处理；没有条文明确规定的，依照《党纪处分条例》第一百五十四条的规定处理。

第三章　附　　则

第五十七条　本实施办法由中共中央纪律检查委员会负责解释。

第五十八条　本实施办法自发布之日起施行。1997年9月发布的《〈中国共产党党员领导干部廉洁从政若干准则（试行）〉实施办法》同时废止。

关于在部分省市开展防止利益冲突试点工作的通知

（中纪办〔2011〕65号　2011年4月13日）

北京、浙江、湖北、湖南、广东、四川、甘肃省（市）纪委、监察厅（局）、预防腐败局：

为进一步落实十七届中央纪委第六次全会关于建立健全防止利益冲突制度的要求，经中央纪委领导同志同意，决定在北京、浙江、湖北、湖南、广东、四川、甘肃等七省（市）开展防止利益冲突试点工作。现将《在部分省市开展防止利益冲突试点工作的方案》印发给你们，请认真贯彻执行。

联系人：张越、曹春霞

联系电话：010－59598840、59598839

中共中央纪委办公厅
监察部办公厅
国家预防腐败局办公室
2011年4月13日

在部分省市开展防止利益冲突试点工作的方案

根据中央关于建立健全防止利益冲突制度的要求，决定在北京、浙江、湖北、湖南、广东、四川、甘肃等七个省市开展防止利益冲突试点工作。方案如下。

一、总体要求

1. 统一思想，提高认识。防止利益冲突是有效预防腐败的一项重要举措，是贯彻落实中央纪委第六次全会精神的一项重要内容，是我国深化反腐倡廉建设的客观要求，也是各国规范公职人员行为的普遍做法。各试点单位要充分认识开展防止利益冲突试点工作的重要意义，按照试点要求，切实加强组织指导，以高度负责的态度组织实施，确保试点工作顺利进行。

2. 明确重点，务求实效。按照防止利益冲突的五项措施分为五个课题，请每个省（市）承担一到两个课题：北京以“回避”和“离职后行为限制”，浙江和湖北以“财产申报”，湖南以“回避”和“从业限制”，广东以“资产处理”，四川以“离职后行为限制”，甘肃以“从业限制”和“离职后行为限制”为各自重点，开展试点工作。各试点单位要在全面梳理现有党内法规、行政规章的基础上，进一步完善防止利益冲突的相关制度，建立健全防止利益冲突的监督机制和惩戒机制，提高制度的可操作性和执行力。

3. 积极探索，开拓创新。防止利益冲突试点工作是一项开创性的工作，政策性强、要求高。各试点单位要深入研究，加强交流，大胆探索，勇于创新，及时研究解决试点工作中遇到的困难和问题，不断提高开展防止利益冲突试点工作的能力和水平。

二、工作目标

深入贯彻落实党的十七届四中全会、十七届中央纪委第五次、第六次全会关于建立健全防止利益冲突制度的精神，按照先政策后法规、先地方后全国、先试点后推广的思路，通过试点单位制定出台地方性法规、地方政府规章以及地方党委文件等多种形式，建立健全防止利益冲突相关规定，推动防止利益冲突的制度建设和立法进程。

三、试点内容

1. 开展防止利益冲突制度建设的相关内容研究。全面梳理现有规定，查缺补漏、弥补空白，进一步修改完善防止利益冲突的相关制度。

2. 开展防止利益冲突制度建设的可操作性研究。针对一些已有规定可操作性不强，运行程序不够明确的问题，有针对性地开展深入研究，切实提高制度的可操作性和执行力。

3. 开展防止利益冲突制度的刚性和处罚研究。鼓励以地方性法规、地方政府规章以及地方党委文件等多种形式出台防止利益冲突规定，并进行制度刚性的对比研究，加强防止利益冲突的监督机制和惩戒机制研究。

4. 适时开展制定防止利益冲突立法草案研究。在上述研究的基础上，把党中央关于建立健全防止利益冲突制度的要求，与修改完善现有党内法规、行政规章等有机结合起来，研究探索以法律法规的形式，建立健全防止利益冲突的长效机制。

四、进度安排

1. 2011 年 5 月底前，请各试点单位结合实际研究制订工作方案报中央纪委预防腐败室。

2. 2011 年 6—10 月，请各试点单位围绕各自重点开展专题调研和相关工作，制定防止利益冲突的相关规定。

3. 2011 年 11 月—2012 年 6 月，请各试点单位实证检验相关规定的科学性、有效性。

4. 2012 年 7 月—2012 年 12 月，总结交流试点经验，撰写试点报告，向有关部门提出立法等相关建议。

关于印发《2011 年全国政务公开工作要点》的通知

（中纪办发〔2011〕12 号　2011 年 4 月 26 日）

全国政务公开领导小组各成员单位，各省、自治区、直辖市和新疆生产建设兵团纪委、监察厅（局）、政务公开领导小组，中央国家机关各部委纪检组（纪委）、监察局、政务公开领导小组，中央纪委各派驻纪检组，监察部各派驻监察局、监察专员办公室，中央直属机关纪工委，中央国家机关纪工委，军委纪委：

《2011 年全国政务公开工作要点》已经全国政务公开领导小组第十一次会议审议通过。现印发给你们，请结合实际，认真贯彻落实。

中共中央纪委办公厅
国家预防腐败局办公室
全国政务公开领导小组办公室
2011 年 4 月 26 日

2011 年全国政务公开工作要点

2011 年全国政务公开工作的总体要求是：以邓小平理论和“三个代表”重要思想为指导，深入贯彻落实科学发展观，按照十七届中央纪委第六次全会和国务院第四次廉政工作会议的部署，坚持以人为本、执政为民，坚持围绕中心、服务大局，坚持突出重点、务求实效，着力保障人民群众知情权，着力推进行政权力公开透明运行，着力加强政务服务建设，切实提高政务公开和政务服务水平，为推动经济社会又好又快发展服务。

（一）做好加快转变经济发展方式政策措施落实过程中的政务公开工作。各地区各部门要围绕贯彻中央关于加强和改善宏观调控、做好“三农”工作、推进经济结构战略性调整以及市场价格调控、房地产调控、节能减排、控制和节约用地等重大决策部署，及时向社会公开落实措施及执行情况。抓好工程建设领域信息公开，加强项目规划、立项、审批、招标等公开。严格落实政府投资项目公示制度，确保政府投资项目实施和资金管理使用公开透明。建立健全招标投标信息、投标单位及从业人员信用信息公开制度，认真落实招标投标违法行为及处理情况记录在案并公开的制度。

（二）加大发展社会事业和改善民生政策措施落实情况的公开力度。公开教育事业发展、医药卫生体制改革、完善社会保障体系、促进就业、基本养老保险、失业保险、医疗保险及城乡社会救助、社会福利、优抚安置等各项政策措施，让群众及时了解关心关注的信息。推进校务公开，招生、收费等要公开透明。推进医院院务公开，坚持药品价格和医疗收费公示制度，及时公开事关食品药品安全的信息。畅通群众表达诉求渠道，及时回应社会关切，提高处理问题透明度，稳妥化解社会矛盾。

（三）推进行政决策公开。坚持依法科学民主决策，建立健全体现以人为本、执政为民要求的决策机制，扩大行政决策公开的领域和范围，推进行政决策过程和结果公开。涉及群众切身利益的重要改革方案、重大政策措施、重点工程项目等，在决策中要广泛听取、合理吸收各方面意见，并反馈或者公布意见采纳、决策执行情况，最大限度防止因决策不当带来损害群众利益问题。各地区各部门要积极探索建立重大决策程序化机制，完善公众参与、专家咨询、风险评估、合法性审查和集体讨论决定制度，增强公共政策制定透明度和公众参与度。

（四）增强行政权力运行透明度。各地区各部门要按照职权法定、权责一致要求，全面推进清权确权工作，编制行政职权目录，绘制行政职权流程图，及时向社会公布。加强对行政执法过程中自由裁量权的清理，科学分档设限，细化量化自由裁量空间，公开裁量标准。在清权确权基础上，查找可能引发不廉洁、不作为、乱作为等行为的廉政风险点并在内部公开，把外部监督与内部防控结合起来，制定行之有效的防范措施，推进廉政风险防控管理。全国政务公开领导小组将在下半年组织召开加强廉政风险防控管理经验交流会。

（五）加大政府信息公开力度。督促各地区各部门及时更新政府信息公开目录和指南，充实信息公开内容，完善主动公开和依申请公开制度，保障人民群众知情权。完善政府公报、政府网站、新闻发布会等主动公开方式，发挥政府信息公开查阅场所的便民服务功能。凡是不涉密的文件，都要通过政府门户网站公开发布，不再另行发文。做好涉及政府信息公开的行政复议和行政诉讼工作，认真受理群众举报、投诉。

（六）积极稳妥推进财政预算决算公开。各级政府财政总预算和总决算，部门预算和决算，以及政府性基金、国有资本经营、基本建设支出、转移支付支出等方面的预算和决算以及各类预算执行和决算的审计报告，都要向社会公开。公开的内容要详细全面，逐步细化到“项”级科目。特别是各部门的出国出境、出差、接待、用车、会议等行政经费支出，都要详细公开。明确基层财政专项支出公开的范围和内容，切实落实基层财政专项支出预算公开的各项要求。研究制定实施各类预算、决算公开的时间表，2011年将各级政府“三公”支出的预算和决算向社会公开。加大政府采购信息公开力度。

（七）规范政务（行政）服务中心运行。各省（区、市）要在本行政区域内规范各级各类政务（行政）服务中心的名称、场所标识、机构性质、进驻部门、办理事项和运行模式，推进服务中心标准化建设。有条件的地方，可因地制宜设立省级服务中心。凡与企业、社会和人民群众密切相关的行政许可事项，应全部纳入服务中心办理，非许可行政审批事项要尽可能纳入服务中心办理。没有建立服务中心的地区，要积极创造条件，探索通过网上政务大厅等多种方式，为群众提供高效便捷服务。

（八）整合政务服务资源。加强统筹规划，以政务（行政）服务中心为主体，整合各级各类政务服务平台，形成上下联动、层级清晰、覆盖城乡的政务服务体系。探索在乡镇（街道）开展便民服务的有效形式，有条件的地方要依托城乡综合服务设施设立便民服务中心或便民代办点，逐步将便民服务向基层延伸。

（九）开展依托电子政务平台加强县级政府政务公开和政务服务试点工作。选择100个县级单位开展试点工作，争取用一年半时间，基本实现利用电子政务平台办理政务公开和政务服务事项，为全面推广积累经验。全国政务公开领导小组办公室将编制县级政府政务公开和政务服务基本指导目录，研究建立和完善电子政务平台的实施指南，加强工作协调指导。

（十）加强制度建设。出台深化政务公开加强政务服务的意见，着重解决当前政务公开和政务服务工作中存在的突出问题。研究起草加强廉政风险防控的指导意见、政务公开工作检查评估暂行办法，制定政务公开举报受理制度和政纪处分规定。建立健全工作考核、社会评议和责任追究制度。

（十一）开展专项督查。完善监督检查和考核评估的方式方法，加强督促检查工作，推动政务公开各项任务的落实。全国政务公开领导小组将在第四季度对部分地区和部门政务公开工作落实情况进行抽查。

（十二）加强数据统计。各地区各部门要加强政务公开基础数据统计研究工作，通过对数据统计、分析，及时掌握工作进展，为领导决策提供参考。全国政务公开领导小组办公室将研制政务公开工作统计表。

（十三）加强组织领导。各地区各部门要进一步完善领导体制，落实工作机构和人员，加强工作指导和宣传培训，加大监督检查力度。要加强统筹规划，将党务公开、政务公开、司法公开、厂务公开和村务公开等有机结合起来，探索联动办法，形成工作合力。中央国家机关在推进办事公开的同时，要加强对系统和行业的指导。

国务院办公厅转发人民银行监察部等部门关于规范商业预付卡管理意见的通知

（国办发〔2011〕25号　2011年5月23日）

各省、自治区、直辖市人民政府，国务院各部委、各直属机构：

人民银行、监察部、财政部、商务部、税务总局、工商总局、预防腐败局《关于规范商业预付卡管理的意见》已经国务院同意，现转发给你们，请认真贯彻执行。

国务院办公厅

二〇一一年五月二十三日

关于规范商业预付卡管理的意见

人民银行　监察部　财政部　商务部
税务总局　工商总局　预防腐败局

近年来，适应信息技术发展和小额支付服务市场创新的客观需要，商业预付卡市场发展迅速。商业预付卡以预付和非金融主体发行为典型特征，按发卡人不同可划分为两类：一类是专营发卡机构发行，可跨地区、跨行业、跨法人使用的多用途预付卡；另一类是商业企业发行，只在本企业或同一品牌连锁商业企业购买商品、服务的单用途预付卡。总体看，商业预付卡在减少现钞使用、便利公众支付、刺激消费等方面发挥了一定作用。同时，商业预付卡市场也存在监管不严、违反财务纪律、缺乏风险防范机制、公款消费和收卡受贿等突出问题，严重扰乱了税收和财务管理秩序，助长了腐败行为。为规范商业预付卡管理、严肃财经纪律、防范金融风险、促进反腐倡廉，现提出如下意见：

一、明确职责，加强管理

强化对商业预付卡发卡人的管理，是规范商业预付卡管理的首要环节，必须进一步明确部门职责，落实分类监管。人民银行要严格按照《非金融机构支付服务管理办法》（中国人民银行令〔2010〕第2号）的规定，加强对多用途预付卡发卡人的监督检查，完善业务管理规章，维护支付体系安全稳定运行。未经人民银行批准，任何非金融机构不得发行多用途预付卡，一经发现，按非法从事支付结算业务予以查处。对商业企业发行的单用途预付卡，商务部门要强化管理，抓紧制定行业标准，适时出台管理办法。金融机构未经批准，不得发行预付卡。

二、健全制度，规范行为

规范商业预付卡的发行和购买，是防范利用商业预付卡洗钱、套现、偷逃税款以及行贿受贿的有效途径，必须进一步建立健全规章制度，加大执法力度。一是建立商业预付卡购卡实名登记制度。对于购买记名商业预付卡和一次性购买1万元（含）以上不记名商业预付卡的单位或个人，由发卡人进行实名登记。二是实施商业预付卡非现金购卡制度。单位一次性购卡金额达5000元（含）以上或个人一次性购卡金额达5万元（含）以上的，通过银行转账方式购买，不得使用现金；使用转账方式购卡的，发卡人要对转出、转入账户名称、账号、金额等进行逐笔登记。三是实行商业预付卡限额发行制度。不记名商业预付卡面值不超过1000元，记名商业预付卡面值不超过5000元。

严格发票和财务管理。发卡人必须严格按照《中华人民共和国发票管理办法》有关规定开具发票。税务部门要加强发票管理和税收稽查，坚决依法查处发卡人在售卡环节出具虚假发票、购卡单位在税前扣除与生产经营无关支出等行为。财政部门要加强财务管理，严厉查处挪用预算资金、利用购卡进行公款消费等行为。

三、坚决治理，防贿促廉

治理收卡受贿等违纪违法行为，是加强反腐倡廉工作的迫切要求和重要环节，必须进一步狠抓落实，加大查处力度。按照

《中国共产党党员领导干部廉洁从政若干准则》和《中共中央办公厅国务院办公厅关于严禁党政机关及其工作人员在公务活动中接受和赠送礼金、有价证券的通知》（中办发〔1993〕5号）的规定，严禁国家工作人员特别是领导干部在公务活动中收受任何形式的商业预付卡。凡收受商业预付卡又不按规定及时上交的，以收受同等数额的现金论处。对涉嫌受贿的，依法严肃查处。

四、防范风险，维护权益

加强预付资金管理，维护持卡人合法权益，是防范金融风险的重要手段，必须引起足够重视，进一步完善工作机制。多用途预付卡发卡人接受的、客户用于未来支付需要的预付资金，不属于发卡人的自有财产，发卡人不得挪用、挤占。多用途预付卡发卡人必须在商业银行开立备付金专用存款账户存放预付资金，并与银行签订存管协议，接受银行对备付金使用情况的监督。人民银行要加强对多用途预付卡备付金专用存款账户开立和使用的监管。商务部门要采取有效措施，加强对单用途预付卡预付资金的监管，防范资金风险。

人民银行、商务部要继续健全商业预付卡收费、投诉、保密、赎回、清退等业务管理制度，全面维护持卡人合法权益。为防止发卡人无偿占有卡内残值，方便持卡人使用，记名商业预付卡不设有效期，不记名商业预付卡有效期不得少于3年。对于超过有效期尚有资金余额的，发卡人应提供激活、换卡等配套服务。工商部门要进一步加强监督检查，加大消费维权工作力度，严厉打击侵犯消费者权益的不法行为，及时开展相关消费提示，营造良好的消费环境。

商业预付卡管理涉及部门众多，情况复杂，规范整顿的任务十分艰巨。各有关部门要各负其责，建立对商业预付卡的联合监督检查机制，进一步加强协调配合，齐抓共管，形成合力。2011年年底前，人民银行、商务部等有关部门要联合开展一次商业预付卡市场专项检查，以检查促整改，促进商业预付卡市场规范发展。

农村基层干部廉洁履行职责若干规定（试行）

（中办发〔2011〕21号　2011年5月23日）

为进一步加强农村党风廉政建设，促进农村基层干部廉洁履行职责，维护农村集体和农民群众利益，推动农村科学发展，促进农村社会和谐，依据《中国共产党章程》和其他有关党内法规、国家法律法规，制定本规定。

总　　则

农村党风廉政建设关系党的执政基础。农村基层干部廉洁履行职责，是坚持以邓小平理论和“三个代表”重要思想为指导，深入贯彻落实科学发展观，全面贯彻落实党的路线方针政策，加快推进社会主义新农村建设的重要保障；是新形势下加强党的执政能力建设和先进性建设，造就高素质农村基层干部队伍的重要内容；是保证农村基层干部正确行使权力，发展基层民主，保障农民权益，促进农村和谐稳定的重要基础；是加强和创新社会管理，做好新形势下群众工作，密切党群干群关系的必然要求。

农村基层干部应当坚定理想信念，牢记和践行全心全意为人民服务的宗旨，恪尽职守、为民奉献；应当发扬党的优良传统和作风，求真务实、艰苦奋斗；应当遵守党的纪律和国家法律，知法守法、依法办事；应当正确履行职责和自觉接受监督，清正廉洁、公道正派；应当倡导健康文明的社会风尚，崇尚科学、移风易俗。

第一章　乡镇领导班子成员和基层站所负责人廉洁履行职责行为规范

第一条　禁止滥用职权，侵害群众合法权益。不准有下列行为：

（一）非法征占、侵占、“以租代征”转用、买卖农村土地和森林、山岭、草原、荒地、滩涂、水面等资源；

（二）违反乡镇土地利用总体规划、村镇建设规划和基本农田保护规定进行审批和建设；

（三）侵占、截留、挪用、挥霍或者违反规定借用农村集体财产或者各项强农惠农资金、物资以及征地补偿费等；

（四）违反规定干预、插手农村村级组织选举或者农村集体资金、资产、资源的使用、分配、承包、租赁以及农村工程建设等事项；

（五）违反规定扣押、收缴群众款物或者处罚群众；

（六）对发现的严重侵害群众合法权益的违纪违法行为隐瞒不报、压案不查；

（七）其他滥用职权，侵害群众合法权益的行为。

第二条　禁止利用职务之便，谋取不正当利益。不准有下列行为：

（一）索取、收受或者以借为名占用管理、服务对象财物，或者吃拿卡要；

（二）在管理、服务活动中违反规定收取费用或者谋取私利；

（三）用公款或者由村级组织、乡镇企业、私营企业报销、支付应当由个人负担的费用；

（四）设立“小金库”，侵吞、截留、挪用、坐支公款；

（五）利用职权和职务上的影响为亲属谋取利益；

（六）其他利用职务之便，为本人或者他人谋取不正当利益的行为。

第三条　禁止搞不正之风，损害党群干群关系。不准有下列行为：

（一）违反规定选拔任用干部，或者在乡镇党委和政府换届选举中拉票贿选，败坏选人用人风气；

（二）弄虚作假，骗取荣誉和其他利益；

（三）在社会保障、政策扶持、救灾救济款物分配等事项中违规办事、显失公平；

（四）漠视群众正当诉求，或者对待群众态度恶劣，故意刁难群众；

（五）大吃大喝，公款旅游，或者违反规定配备、使用小汽车；

（六）大操大办婚丧喜庆事宜，或者借机敛财。

第二章　村党组织领导班子成员和村民委员会成员廉洁履行职责行为规范

第四条　禁止在村级组织选举中拉票贿选、破坏选举。不准有下列行为：

（一）违反法定程序组织、参与选举，或者伪造选票、虚报选举票数、篡改选举结果；

（二）采取暴力、威胁、欺骗、贿赂等不正当手段参选或者妨害村民依法行使选举权、被选举权；

（三）利用宗教、宗族、家族势力或者黑恶势力干扰、操纵、破坏选举。

第五条　禁止在村级事务决策中独断专行、以权谋私。不准有下列行为：

（一）违反规定处置集体资金、资产、资源，或者擅自用集体财产为他人提供担保，损害集体利益；

（二）违法违规发包集体土地、调整收回农民承包土地、强迫或者阻碍农民流转土地承包经营权，非法转让、出租集体土地，或者违反规定强制调整农民宅基地；

（三）在政府拨付和接受社会捐赠的各类救灾救助、补贴补助资金、物资以及退耕还林退牧还草款物、征地补偿费使用分配发放等方面违规操作、挪用、侵占，或者弄虚作假、优亲厚友；

（四）在集体资金使用、集体经济项目和工程建设项目立项及承包、宅基地使用安排以及耕地、山林等集体资源承包、租赁、流转等经营活动中暗箱操作，为本人或者他人谋取私利；

（五）违背村民意愿超范围、超标准向村民筹资筹劳，加重村民负担，或者向村民乱集资、乱摊派、乱收费。

第六条　禁止在村级事务管理中滥用职权、损公肥私。不准有下列行为：

（一）采取侵占、截留、挪用、私分、骗取等手段非法占有集体资金、资产、资源或者其他公共财物；

（二）在计划生育、落户、殡葬等各项管理、服务工作中或者受委托从事公务活动时，吃拿卡要、故意刁难群众或者收受、索取财物；

（三）违反规定无据收（付）款，不按审批程序报销发票，或者设立“小金库”，隐瞒、截留、坐支集体收入；

（四）以虚报、冒领等手段套取、骗取或者截留、私分国家对集体土地的补偿、补助费以及各项强农惠农补助资金、项目扶持资金；

（五）未经批准擅自借用集体款物或者经批准借用集体款物但逾期不还，或者违反规定用集体资金、公物操办个人婚丧喜庆事宜；

（六）以办理村务为名，请客送礼、大吃大喝，挥霍浪费集体资金，或者滥发奖金、补贴，用集体资金支付应当由个人负担的费用。

第七条　禁止在村级事务监督中弄虚作假、逃避监督。不准有下列行为：

（一）不按照规定实行民主理财，或者伪造、变造、隐匿、销毁财务会计资料；

（二）阻挠、干扰村民依法行使询问质询权、罢免权等监督权利；

（三）阻挠、干扰经济责任审计以及其他重大事项的审计；

（四）阻挠、干扰有关机关、部门依法进行的监督检查或者案件查处。

第八条　禁止妨害和扰乱社会管理秩序。不准有下列行为：

（一）参与、纵容、支持黑恶势力活动；

（二）组织、参与宗族宗派纷争或者聚众闹事；

（三）参与色情、赌博、吸毒、迷信、邪教等活动或者为其提供便利条件；

（四）违反计划生育政策或者纵容、支持他人违反计划生育政策。

第三章　实施与监督

第九条　各级党委和政府负责本规定的贯彻实施。开展教育培训，完善考评激励，落实待遇保障，加强监督检查，促进农村基层干部自觉贯彻执行本规定。

第十条　各级党委和政府应当结合本规定的贯彻实施建立健全农村基层党务公开、政务公开、村务公开和办事公开制度以及农村基层干部经济责任审计制度，推进农村基层权力运行公开透明。

第十一条　县（市、区、旗）党委和政府每年应当对乡镇领导班子成员执行本规定的情况进行一次检查考核。

县（市、区、旗）有关主管部门每年应当按照干部管理权限对基层站所负责人执行本规定的情况进行一次检查考核。检查考核时应当充分听取基层站所所在地的乡镇党委和政府的意见，并将考核结果通报乡镇党委和政府。

乡镇党委和政府每年应当对村党组织领导班子成员和村民委员会成员执行本规定的情况进行一次检查考核。

第十二条 纪检监察机关协助同级党委和政府或者根据职责开展对本规定贯彻实施情况的监督检查，依纪依法查处农村基层干部违反本规定的行为。

第十三条 村党组织和村民委员会应当依据本规定完善村规民约，建立廉政承诺制度，健全监督制约机制，保证本规定的贯彻执行。

第十四条 村党组织和村民委员会应当结合贯彻执行本规定健全党组织领导的村级民主自治机制。对村级重大事务实行村党组织提议、村党组织和村民委员会商议、党员大会审议、村民会议或者村民代表会议决议，决议内容和实施结果应当公开。

第十五条 村党组织和村民委员会应当结合贯彻执行本规定建立健全党务公开、村务公开和财务公开制度。

第十六条 村党组织领导班子成员和村民委员会成员应当将贯彻执行本规定的情况作为民主生活会对照检查、年度述职述廉和民主评议的重要内容，接受党员和村民的监督。

第十七条 村务监督委员会或者其他形式的村务监督机构应当依法履行监督职责，对村民委员会成员执行本规定的情况进行监督。

第十八条 村民代表可以对村民委员会成员执行本规定的情况进行询问和质询。

第十九条 农村基层干部遵守本规定的情况应当作为对其奖励惩处、考核评价、选拔任用、考录的重要依据。

第四章 违反规定行为的处理

第二十条 乡镇领导班子成员和基层站所负责人有违反本规定第一章所列行为的，视情节轻重，由有关机关、部门依照职责权限给予诫勉谈话、通报批评、调离岗位、责令辞职、免职、降职等处理。

应当追究党纪政纪责任的，依照《中国共产党纪律处分条例》、《行政机关公务员处分条例》等有关规定给予相应的党纪政纪处分。

乡镇党委和政府领导班子成员因工作失职，应当进行问责的，依照《关于实行党政领导干部问责的暂行规定》处理。

涉嫌犯罪的，移送司法机关依法处理。

第二十一条 村党组织领导班子成员有违反本规定第二章所列行为的，视情节轻重，由有关机关、部门依照职责权限给予警示谈话、责令公开检讨、通报批评、停职检查、责令辞职、免职等处理。

应当追究党纪责任的，依照《中国共产党纪律处分条例》给予相应的党纪处分。

涉嫌犯罪的，移送司法机关依法处理。

第二十二条 村民委员会成员有违反本规定第二章所列行为的，视情节轻重，由有关机关、部门依照职责权限给予警示谈话、责令公开检讨、通报批评、取消当选资格等处理或者责令其辞职，拒不辞职的，依照《中华人民共和国村民委员会组织法》的规定予以罢免。

对其中的党员，应当追究党纪责任的，依照《中国共产党纪律处分条例》给予相应的党纪处分。

涉嫌犯罪的，移送司法机关依法处理。

第二十三条 农村基层干部违反本规定获取的不正当经济利益，应当依法予以没收、追缴或者责令退赔；给国家、集体或者村民造成损失的，应当依照有关规定承担赔偿责任。

第二十四条　村党组织领导班子成员和村民委员会成员受到本规定第二十一条、第二十二条处理的，由县（市、区、旗）或者乡镇党委和政府按照规定减发或者扣发绩效补贴（工资）、奖金。

第二十五条　村党组织领导班子成员和村民委员会成员中的党员因违反本规定受到撤销党内职务处分的，或者受到留党察看处分恢复党员权利后，两年内不得担任村党组织领导班子成员；被责令辞职、免职的，一年内不得担任村党组织领导班子成员。

第五章　附　　则

第二十六条　本规定适用于乡镇党委和政府领导班子成员、人大主席团负责人、基层站所负责人，村（社区）党组织（含党委、总支、支部）领导班子成员、村（居）民委员会成员。

乡镇其他干部、基层站所其他工作人员，农村集体经济组织中的党组织（含党委、总支、支部）领导班子成员、农村集体经济组织负责人，村民小组负责人，参照执行本规定。

第二十七条　各省、自治区、直辖市党委和政府可以根据本规定，结合实际情况制定具体实施办法，并报中央纪委、监察部备案。

第二十八条　本规定由中央纪委、监察部负责解释。

第二十九条　本规定自发布之日起施行。

中共中央办公厅　国务院办公厅印发《关于深化政务公开加强政务服务的意见》的通知

（中办发〔2011〕22号　2011年6月8日）

为深入贯彻落实党的十七大和十七届三中、四中、五中全会精神，促进服务政府、责任政府、法治政府、廉洁政府建设，提高依法行政和政务服务水平，现就深化政务公开、加强政务服务提出如下意见。

一、深化政务公开、加强政务服务的重要性和总体要求

1. 深化政务公开、加强政务服务的重要性。深化政务公开、加强政务服务，对于推进行政体制改革、加强对行政权力监督制约、从源头上防治腐败和提供高效便民服务，都具有重要意义。党的十六大以来，在党中央、国务院坚强领导下，政务公开不断深化，政府信息公开、行政权力公开透明运行、公共企事业单位办事公开全方位推进，政务（行政）服务中心（以下简称服务中心）发展迅速，服务群众功能不断完善。但是，工作中也还存在一些问题，主要是：政务公开方面，有的存在重形式轻内容现象，有的公开内容不全面、程序不规范，有的不能妥善处理信息公开与保守秘密的关系，政府信息共享机制不够健全；政务服务方面，服务体系建设不够完善，服务中心运行缺乏明确规范，公开办理的行政审批和服务事项不能满足群众需求等。各地区各部门要高度重视解决这些问题，坚持保障人民群众的知情权和监督权，加大推进政务公开力度，把公开透明的要求贯穿于政务服务各个环节，以公开促进政务服务水平的提高，创造条件保障人民群众更好地了解和监督政府工作。

2. 深化政务公开、加强政务服务的总体要求。要以邓小平理论和“三个代表”重要思想为指导，深入贯彻落实科学发展观，坚持以人为本、执政为民，坚持围绕中心、服务大局，按照深化行政体制改革的要求，转变政府职能，推进行政权力运行程序化和公开透明；按照公开为原则、不公开为例外的要求，及时、准确、全面公开群众普遍关心、涉及群众切身利益的政府信息；按照便民利民的要求，进一步改进政务服务，提高行政效能，推进政务服务体系建设，为人民群众提供优质便捷高效服务。

二、以改革创新精神深化政务公开工作

3. 创新政务公开方式方法。坚持方便群众知情、便于群众监督的原则，拓宽工作领域，深化公开内容，丰富公开形式，促进政府自身建设和管理创新。坚持区别情况、分类指导，提高政务公开的针对性和有效性。坚持创新载体、完善制度，实现政务公开的规范化、标准化。坚持问政于民、问需于民、问计于民，依靠群众积极支持和广泛参与，畅通政府和群众互动渠道，切实提高政务公开的社会效益。

4. 推行行政决策公开。坚持依法科学民主决策，建立健全体现以人为本、执政为民要求的决策机制，逐步扩大行政决策公开的领域和范围，推进行政决策过程和结果公开。凡涉及群众切身利益的重要改革方案、重大政策措施、重点工程项目，在决策前要广泛征求群众意见，并以适当方式反馈或者公布意见采纳情况。完善重大行政决策程序规则，把公众参与、专家论证、风险评估、合法性审查和集体讨论决定作为必经程序加以规范，增强公共政策制定透明度和公众参与度。

5. 推进行政权力公开透明运行。坚持依法行使权力，积极推进行政权力运行程序化和公开透明，确保行政机关和公务员严格依照法律规定的权限履职尽责。按照职权法定、程序合法的要求，依法梳理审核行政职权，编制行政职权目录，明确行使权力的主体、依据、运行程序和监督措施等，并向社会公布。严格规范行政裁量权行使，细化、量化裁量基准，公开裁量范围、种类和幅度。重点公开行政机关在实施行政许可、行政处罚、行政收费、行政征收等执法活动中履行职责情况，积极探索执法投诉和执法结果公开制度。

6. 加大行政审批公开力度。公布本地区本部门不涉及国家秘密、商业秘密和个人隐私的行政审批项目目录，继续清理、调整和减少行政审批事项。没有法律法规依据，行政机关不得设置或变相设置行政许可事项和非行政许可审批事项。进一步减少审批事项，优化工作流程，公开办理程序，强化过程监控，建立行政审批事项的动态管理制度。逐步依法将审批职能和审批事项集中到服务中心公开办理，建立健全决策、执行、监督相互协调又相互制约的运行机制。

7. 深入实施政府信息公开条例。各级行政机关要严格执行政府信息公开条例，主动、及时、准确公开财政预算决算、重大建设项目批准和实施、社会公益事业建设等领域的政府信息。各级政府财政总预算和总决算，部门预算和决算，以及政府性基金、国有资本经营等方面的预算和决算，都要向社会公开。公开的内容要详细全面，逐步细化到“项”级科目。各部门要逐步公开出国出境、出差、公务接待、公务用车、会议等经费支出。抓好重大突发事件和群众关注热点问题的公开，客观公布事件进展、政府举措、公众防范措施和调查处理结果，及时回应社会关切，正确引导社会舆论。进一步完善政府信息依申请公开、保密审查和监督保障等措施，认真做好涉及政府信息公开的举报投诉、行政复议、行政诉讼等工作。妥善处理好信息公开与保守秘密的关系，对依法应当保密的，要切实做好保密工作。

8. 着力深化基层政务公开。总结推广基层政务公开的成熟做法，大力推进乡镇（街道）政务公开，及时公开城乡社区居民关心的事项。健全农村集体资金、资产、资源管理制度，为深入推进村务公开打好基础。健全公共企事业单位办事公开制度，所有面向基层服务的医院、学校、公交等公共企事业单位，都要全面推行办事公开，主动接受群众监督。要编制办事公开目录，重点公开岗位职责、服务承诺、收费项目、工作规范、办事纪律、监督渠道等。主管部门要切实承担起对公共企事业单位办事公开的组织协调、监督指导职责。

9. 加强行政机关内部事务公开。加大干部工作、机关财务预决算、政府采购、基建工程等信息的公开力度，加强权力运行监控。开展廉政风险防控管理，梳理行政机关内部职权依据和运行流程，查找廉政风险点，制定防控措施，并及时在内部公开，加强对关键岗位和重点环节权力运行的制约和监督，防止权力滥用。

三、统筹推进政务服务体系建设

10. 逐步建立健全政务服务体系。按照建设服务型政府的要求，将政府及其部门的政务服务体系建设纳入基本公共服务体系建设的范畴，完善相关政策规定和管理措施，整合政务服务资源，健全政务服务平台，促进政务服务的均等化、规范化、高效化，提供让群众满意的高质量政务服务。

11. 充分发挥服务中心作用。服务中心是实施政务公开、加强政务服务的重要平台。各地要因地制宜规范和发展各级各类服务中心。凡与企业和人民群众密切相关的行政管理事项，包括行政许可、非行政许可审批和公共服务事项均应纳入服务中心办理。因涉密、场地限制等特殊情况不进入服务中心办理的，由本级政府决定。双重管理和垂直管理部门的行政许可、非行政许可审批和公共服务事项，按照便于工作、加强服务的原则，适合依托服务中心的可纳入当地服务中心办理。

12. 明确服务中心职能。各省（自治区、直辖市）要在本行政区域内规范省、市、县三级服务中心的名称、场所标识、进驻部门、办理事项和运行模式，推进政务服务规范化建设。服务中心管理机构负责对政府各部门进驻、委托事项办理的组织协调、监督管理和指导服务，对进驻窗口工作人员进行管理培训和日常考核，承担本级政府赋予的其他职责。服务中心管理机构作为行政机构，应使用行政编制，配备少而精的工作人员；已使用事业编制的，应在行政编制总额内调剂出一部分进行替换。在调整、配备服务中心编制中，要结合当地政府机构改革，注重优化整体编制结构，坚持增减平衡。服务中心管理机构规格由本级政府决定，其运行经费和人员办公经费列入本级财政预算。经本级政府同意确需由部门单独设立的办事大厅，应当接受服务中心的指导和监督。

13. 规范服务中心运行。以提高服务质量和效率为重点规范服务中心运行，着力为群众解决实际问题。进驻服务中心的政府部门要对其服务窗口办理事项充分授权，使不需要现场勘察、集体讨论、专家论证、听证的一般性审批事项能在窗口受理后直接办结。逐步实行“一个窗口受理、一站式审批、一条龙服务、一个窗口收费”的运行模式。对同一个行政审批事项涉及两个以上部门的，逐步实行联合办理或并联审批。凡进驻服务中心办理的事项都要公开办理主体、办理依据、办理条件、办理程序、办理时限、办事结果、收费依据、收费标准和监督渠道。建立健全首问负责、限时办结、责任追究、效能评估等制度，提高服务水平。服务中心应设置专门的政府信息公开查阅场所。

14. 推进基层便民服务。坚持把方便基

层群众办事作为政务服务的出发点和落脚点。探索在乡镇（街道）开展便民服务的有效形式，有条件的地方要依托城乡社区综合服务设施设立便民服务中心，将劳动就业、社会保险、社会救助、社会福利、计划生育、农用地审批、新型农村合作医疗及涉农补贴等纳入其中公开规范办理；在城乡社区（村）设立便民代办点，将便民服务向城乡社区（村）延伸。推行便民服务免费代办制度。

15. 建立统一规范的公共资源交易平台。完善公共资源配置、公共资产交易、公共产品生产领域的市场运行机制，推进公共资源交易统一集中管理，逐步拓展公共资源市场化配置的实施范围，确保公共资源交易公开、公平、公正。为公共资源交易搭建平台、提供服务，逐步推进省、市、县、乡四级公共资源交易网络建设。有条件的地方可探索公共资源交易平台与服务中心合并的一体化管理模式。

16. 加强信息化建设。推广电信网、广电网、互联网等现代科技手段在政务服务中的应用，提高政务服务信息化水平。将服务中心信息化纳入当地电子政务建设总体规划，充分利用现有电子政务资源，逐步实现网上办理审批、缴费、咨询、办证、监督以及联网核查等事项。规范技术标准，推动不同层级服务中心之间实现网络互联互通、信息共享和业务协同。重视和加强政府网站建设，完善门户网站功能，扩大网上办事范围，及时充实和更新信息发布内容，凡是不涉密的文件要通过政府门户网站公开发布。

17. 整合政务服务资源。进一步加强各项载体建设，发挥好政府公报、政务公开栏、公开办事指南等在政务服务中的作用，完善新闻发言人制度，创新政务服务方式，畅通政务服务渠道。进一步加强统一规划和资源整合，充分发挥现有场所和信息化资源功能，切实避免重复建设和投资浪费。要以服务中心为主体，逐步实现各级各类政务服务平台的联接与融合，形成上下联动、层级清晰、覆盖城乡的政务服务体系。

四、强化监督保障措施

18. 加强组织领导。各级党委和政府要高度重视政务公开和政务服务工作，将其列入重要议事日程，统一研究部署，及时解决工作中的重大问题。坚持从实际出发，研究提出改进和加强政务公开和政务服务工作的措施，循序渐进，务求实效。行政首长要作为第一责任人，分管领导要亲自抓督促、抓协调、抓落实。落实政府部门工作责任，进一步加强财政、编制等方面的支持保障，加强宣传教育，加大培训力度，形成工作合力。切实加强服务中心党的建设，深入开展创先争优活动。政务公开工作领导机构要协助党委和政府抓好统筹安排，指导、协调政务公开和政务服务各项工作。各级监察机关要认真履行行政监察法赋予的职责，加强对政务公开工作的组织协调和检查指导。

19. 加强制度建设。建立和完善规范行政裁量权、加强廉政风险防控、完善政务公开程序、规范服务中心运行、评议政务服务质量等方面的制度，为深化政务公开、加强政务服务提供制度保障。建立健全政府信息公开条例配套制度，制定政府信息公开的评估标准和程序，逐步实现政府信息公开的系统化和标准化。研究建立党务公开、政务公开、司法公开、厂务公开、村务公开和公共企事业单位办事公开有机结合的制度规范，使之相互促进、协调运转。

20. 加强监督考核。各地区各部门要把政务公开和政务服务工作纳入党风廉政建设责任制考核、行政机关绩效考核和民主评议范围，细化考核评估标准。建立健全电子监察系统，对行政许可、非行政许可审批和公共服务事项实现全过程监察。加强党的基层组织和党代会代表的监督，充分发挥人大代表、政协委员、民主党派、人民团体和新闻媒体的监督作用，强化社会监督。高度重视人民群众监督，认真解决群众投诉反映的问题。研究改进和加强监督的方式方法，切实提高监督实效。建立健全激励和问责机制，对工作落实到位、社会满意度高的地区和部门要予以奖励；对工作落实不力的，要进行诫勉谈话，限期整改；对损害群众合法权益、造成严重后果的，要严格追究责任，坚决避免政务公开和政务服务流于形式，确保各项工作落到实处。

关于在部分省区市开展廉政评估指标体系试点工作的通知

（中纪预〔2011〕19号　2011年8月15日）

上海、福建、湖北、广西省（区、市）纪委、监察厅（局）、预防腐败局：

为深入贯彻落实十七届中央纪委第六次全会精神，研究建立反映腐败现状的指标体系，对腐败状况进行测量和评估，经研究并报中央纪委监察部、国家预防腐败局领导同志批准，确定你省（区、市）为“廉政评估指标体系”工作试点单位，就“廉政评估指标体系”开展调查研究和试点工作。

请根据本通知的要求，结合各自实际情况开展试点工作。建立评估队伍、培训工作人员、开展问卷调查、采集相关单位数据，进行数据汇总和计算，开展实证检验。同时，对评估结果进行分析和运用。请将试点工作中遇到的问题以及工作进展情况及时报告我室。

联系人：曹春霞（010）59598839，13683500866

附件：1.“廉政评价指标体系”省级试点方案

2.廉政评价指标体系（地市及以上）

3.廉政评估指标体系（县市）

中央纪委预防腐败室

（国家预防腐败局办公室）

2011年8月15日

附件1

“廉政评价指标体系”省级试点方案

根据《国家预防腐败局2011年工作要点》和预防腐败室2011年工作任务分工安排，决定在部分省区市开展“廉政评估指标体系”建设试点工作。工作方案如下：

一、指导思想

为深入贯彻落实十七届中央纪委第六次

全会精神，不断提高反腐倡廉科学化水平，根据“研究推动腐败预警机制的建立，分析识别腐败高风险的领域和部位，研究建立反映腐败现状的指标体系”的职责要求，以“廉政评估指标体系”为样本进行省级单位试点，为在全国推开“廉政评估指标体系”奠定基础。

二、工作要求

1. 精心组织、认真实施。建立廉政评估指标体系是一项具有开创意义的工作，政策性强、要求高，各试点单位要切实加强组织领导，明确工作任务、目标、责任和方法步骤，精心组织、统筹安排、认真实施，确保试点工作顺利进行。

2. 目标明确，务求实效。开展廉政评估工作是为了客观了解实际情况，促进防治腐败的各项工作。各试点单位可视具体情况，对指标体系进行调整，评估工作要尽量与各有关单位和部门的现有工作、现有数据有机结合，工作安排要合理适当、量力而行。在工作中一定要做到实事求是、数据真实可靠。

3. 及时总结，注重研究。要通过评估工作发现和推广行之有效的预防腐败方法，并深入分析腐败现象存在的原因并提出改进建议。对于试点工作中的新方法、新经验，工作进展情况，以及所遇到的问题和困难等，请及时报中央纪委预防腐败室。

三、进度安排

1. 2011 年 9 月初。请各试点单位结合实际，研究制订工作方案报中央纪委预防腐败室，并抓紧组织落实。

2. 2011 年 9 月—2012 年 1 月。各试点单位自行安排，抓紧对指标体系进行实证检验，撰写试点工作报告。

3. 2012 年 2—4 月。对各试点单位的试点工作效果组织评估验收，进一步调整完善指标体系设计方案，为下一步在全国范围内进行推广积累经验。

附件 2

廉政评价指标体系（地市及以上）

序号	指标名称	指标说明	权重%	计算公式	数据来源部门
A1	党委政府重视程度	公众对本地区和单位党政领导是否重视反腐倡廉工作的评价	3		统计部门
A2	腐败现象遏制程度	公众对本地区党政机关和干部队伍中腐败现象遏制程度的评价	3		统计部门
A3	反腐败工作满意度	公众对本地区反腐倡廉工作绩效的满意程度	4		统计部门
A4	反腐败工作信心度	公众对遏制和克服腐败现象的信心度	2		统计部门
A5	群众举报意愿	公众如果掌握党员干部违纪违法线索是否自觉举报	2		统计部门
A6	惩治腐败力度评价	公众对本地区查处领导干部违纪违法案件力度的评价	2		统计部门
A7	领导干部廉洁程度	公众对领导干部廉洁程度的评价	2		统计部门

续表

序号	指标名称	指标说明	权重%	计算公式	数据来源部门
A8	机关办事便民评价	公众对党政机关办事便民程度的评价	2		统计部门
A9	信息公开透明评价	公众对有关机关和单位办事透明度的评价	2		统计部门
A10	惠民政策落实评价	公众对本地区惠民政策是否落实的评价	2		统计部门
A11	纠风工作满意度	公众对本地区纠正部门和行业不正之风工作成效的评价	2		统计部门
A12	廉政教育效果评价	公众对本地区廉政教育效果的评价	2		统计部门
A13	制度执行效果评价	公众对本地区廉政制度执行效果的评价	2		统计部门
A14	权力监督效果评价	公众对本地区领导干部行使权力的监督效果的评价	2		统计部门
A15	干部任用满意度	公众对本地区任用干部情况的评价	2		省委组织部
B1	案件查处情况	本地区纪检监察机关查处案件数量	3		省纪委
		本地区纪检监察机关查处案件增长率	2		省纪委
B2	党员被举报比率	本地区被举报党员数与党员总数之比	3	本地区被举报党员数/本地区党员总数	省纪委
B3	党员处分比率	本地区受党纪处分的党员数与党员总数之比	5	本地区受党纪处分的党员数/本地区党员总数	省纪委
B4	“一把手”案件比率	本地区查处党政机关、事业单位和国有企业“一把手”违纪违法案件数与查处案件总数之比	4	本地区查处的“一把手”违纪违法案件数/本地区查处案件总数	省纪委
B5	重大案件比率	本地区涉案金额1万元以上贪污贿赂类案件数与贪污贿赂类案件总数之比	3	本地区涉案金额达1万元以上贪污贿赂类案件数/本地区贪污贿赂类案件总数	省纪委
		本地区涉案金额10万元以上贪污贿赂类案件数与贪污贿赂类案件总数之比	3	本地区涉案金额达10万元以上贪污贿赂类案件数/本地区贪污贿赂类案件总数	
B6	案件分类比率	本地区贪污贿赂类案件数与案件总数之比	3	本地区贪污贿赂类案件数/本地区案件总数	省纪委
		本地区失职渎职类案件数与案件总数之比	1	本地区失职渎职类案件数/本地区案件总数	
		本地区违反廉洁自律类案件数与案件总数之比	1	本地区违反廉洁自律类案件数/本地区案件总数	

续表

序号	指标名称	指标说明	权重%	计算公式	数据来源部门
B7	移送率	本地区纪检监察机关移送司法机关的案件数与查处案件总数之比	3	本地区纪检监察机关移送司法机关的案件数/本地区查处案件总数	省纪委
C1	行政审批“三集中”率	本级行政审批“三集中”事项数与审批事项总数之比	6	本级行政审批“三集中”事项数/本级审批事项总数	省监察厅
C2	政务服务中心办事效率	本级政务服务中心在规定时间内办结的服务事项数与政务服务中心受理办件总数之比	5	本级政务服务中心在规定时间内办结的服务事项数/本级政务服务中心受理办件总数	省监察厅
C3	政府采购公开招标率	本地区公开招标的政府采购金额与政府采购总金额之比	5	本地区公开招标的政府采购金额/本地区政府采购总金额	省财政厅
C4	土地公开出让率	本地区国有土地使用权公开“招标、拍卖、挂牌”出让面积与国有土地供应总面积之比	5	本地区国有土地使用权公开“招标、拍卖、挂牌”出让面积/本地区国有土地供应总面积	省国土资源厅
C5	进场交易项目公开招标率	本地区公共资源进场交易公开招标的项目数与进场交易项目总数之比	5	本地区公共资源进场交易公开招标的项目数/本地区进场交易项目总数	省招投标办
C6	电子监察覆盖率	本地区纳入电子监察系统的行政审批事项数与行政审批事项总数之比	5	本地区纳入电子监察系统的行政审批事项数/本地区行政审批事项总数	省监察厅
D1	GDP 影响	本地区人均 GDP	1		统计部门
		本地区 GDP 增长率	1		
D2	城乡居民收入增长率	本地区城镇居民可支配收入增长率	1		统计部门
		本地区农民人均纯收入增长率	1		

（一）廉政评估指标体系指标说明

一、党委政府重视程度：公众对本地区和单位党政领导是否重视反腐倡廉工作的评价。本地区和单位党政领导对反腐倡廉工作越重视，本地区反腐倡廉建设形势越好。

二、腐败现象遏制程度：公众对本地区党政机关和干部队伍中腐败现象遏制程度的评价。如果党政机关和干部队伍中腐败现象得到遏制，干部都向廉洁从政方向发展，反腐倡廉建设形势越好。

三、反腐败工作满意度：公众对本地区反腐倡廉工作绩效的满意程度。群众对反腐败工作的满意程度是判断反腐败成效的重要标准，群众满意度越高，反腐倡廉建设形势越好。

四、反腐败工作信心度：公众对遏制和克服腐败现象的信心度。群众对遏制和克服腐败现象越有信心，反腐倡廉建设形势越好。

五、群众举报意愿：公众如果掌握党员

干部违纪违法线索是否自觉举报。群众参与度越高，腐败分子越无处藏身，反腐倡廉建设形势越好。

六、惩治腐败力度评价：公众对本地区查处领导干部违纪违法案件力度的评价。惩治力度越大，越能对腐败分子及想腐败的人产生震慑，越能减少腐败行为发生。

七、领导干部廉洁程度：公众对领导干部廉洁程度的评价。领导干部廉洁度越高，本地区反腐倡廉建设形势越好。

八、机关办事便民评价：公众对党政机关办事便民程度的评价。群众办事越方便，说明党委政府办事效率越高，腐败风险越低。

九、信息公开透明评价：公众对有关机关和单位办事透明度的评价。办事越公开透明，权力寻租的机会越少，腐败风险越低。

十、惠民政策落实评价：公众对本地区惠民政策（各种补贴、最低生活保障、经济适用房、廉租房、免费义务教育、医疗保险、家电下乡等）是否落实的评价。惠民政策落实越好，反腐倡廉建设形势越好。

十一、纠风工作满意度：公众对本地区纠正部门和行业不正之风工作成效的评价。满意度越高，反腐倡廉建设形势越好。

十二、廉政教育效果评价：公众对本地区廉政教育效果的评价。廉政教育是预防腐败的重要环节，廉政教育越有效果，反腐倡廉建设形势越好。

十三、制度执行效果评价：公众对本地区廉政制度执行效果的评价。完善并落实廉政制度是推动反腐倡廉建设科学化，最终消除腐败的治本之策。廉政制度落实越好，越有利于预防腐败，反腐倡廉建设形势越好。

十四、权力监督效果评价：公众对本地区领导干部行使权力的监督效果的评价。对权力进行有效监督，能减少腐败行为发生。

十五、干部任用满意度：公众对本地区任用干部情况的评价。满意度越高，反腐倡廉建设形势越好。

十六、案件查处情况：本地区纪检监察机关查处案件数量、增长率。在当前腐败案件高发易发的情况下，查处的案件越多，表明惩治力度越大，越有利于遏制腐败现象。

十七、党员被举报比率：本地区被举报党员数与本地区党员总数之比。党员被举报比率越高，该地区党员违纪违法案件就可能越多，反腐倡廉建设形势越严峻。

十八、党员处分比率：本地区受党纪处分的党员数与本地区党员总数之比。在当前腐败案件高发易发的情况下，查处的党员越多，表明惩治力度越大，越有利于遏制腐败现象。

十九、“一把手”案件比率：本地区查处党政机关、事业单位和国有企业“一把手”违纪违法案件数与本地区查处案件总数之比。“一把手”违纪违法案件容易形成性质严重的串案、窝案，查处的“一把手”案件比率越高，反腐败力度越大。

二十、重大案件比率：本地区查处的涉案金额1万元、10万元以上贪污贿赂类案件数与本地区贪污贿赂类案件总数之比。查处的贪污贿赂类大案要案越多，说明反腐败的决心和力度越大。

二十一、案件分类比率：本地区贪污贿赂、失职渎职、违反廉洁自律类案件数与本地区案件总数之比。查处的贪污贿赂、失职渎职、违反廉洁自律类案件越多，说明反腐败的力度越大。

二十二、移送率：本地区纪检监察机关移送司法机关的案件数与本地区查处案件总数之比。移送率越高，说明查处大案要案的力度越大。

二十三、行政审批“三集中”率：本级行政审批“三集中”事项数与审批事项总数之比。行政审批越规范，腐败机会越少。

二十四、政务服务中心办事效率：本级政务服务中心在规定时间内办结的服务事项数与政务服务中心受理办件总数之比。该指标通过对政务服务事项在规定时间内办结情况的测算，来测评政府办事效率的高低。

二十五、政府采购公开招标率：本地区公开招标的政府采购金额与政府采购总金额之比。公开招标有利于防止政府采购中的腐败行为，比率越高，腐败风险越低。

二十六、土地公开出让率：本地区国有土地使用权公开“招标、拍卖、挂牌”出让面积与国有土地供应总面积之比。公开出让有利于减少公共权力对土地出让的干预，比率越高，腐败风险越低。

二十七、进场交易项目公开招标率：本地区政府投资的建设工程、国有资金采购的货物和服务、矿产资源的开采等公共资源进场交易公开招标的项目数与进场交易项目总数之比。公共资源交易项目的各个环节容易滋生腐败，公开招标率越高，腐败风险越低。

二十八、电子监察覆盖率：本地区纳入电子监察系统的行政审批事项数与行政审批事项总数之比。比率越高，对部门的监督力度越大，腐败风险越低。

二十九、GDP 影响：腐败程度与经济发展的关系程度。GDP 增长越快，说明反腐倡廉建设形势越好。

三十、城乡居民收入增长率：本地区反腐倡廉建设与民生问题的关系。城乡居民收入增长越快，说明反腐倡廉建设形势越好。

（二）量化方法及指数计算

廉政评价指标体系的量化采用 10 分制，最高分为 10 分，最低分为 0 分。民意指标和客观指标采取不同的方法量化。

一、选项赋分法。即每个问题有 A、B、C、D、E、F 等选项，每个选项赋予不同的分值。根据选项内容不同，采取不同的赋值标准；选不了解（或不关心）选项的，不予计算。每道题各个选项选中份数与对应分值的乘积的代数和，除以调查问卷的有效回收份数与选不了解（或不关心）选项数之差，就等于每道题的分值（可称为原始分值）。计算示例：某次调查收回有效问卷 100 份，第 1 题选 A 项 35 份、选 B 项 40 份、选 C 项 5 份、选 D 项 5 份、选 E 项 5 份、选 F 项 10 份（F 项的答案是“不了解”）。第 1 题的赋分标准为：选 A 记 10 分、选 B 记 7 分、选 C 记 4 分、选 D 记 0 分、选 E 记 −3 分、选 F 不计算。则第 1 题的原始分值＝

$$\frac{35\times10+40\times7+5\times4+5\times0+5\times(-3)}{100-10}=7.06$$

二、百分比赋分法。即将百分比划分成不同区间，分别赋予不同的分值，指标数据落在哪个区间就获得该区间的分值。如政府采购公开招标率，＜50% 记 0 分、50%—55% 记 1 分、55%—60% 记 2 分、60%—66% 记 3 分、66%—68% 记 4 分、68%—70% 记 5 分、70%—72% 记 6 分、72%—74% 记 7 分、74%—80% 记 8 分、80%—95% 记 9 分、≥95% 记 10 分。

三、直接赋分法。如人均 GDP，＜8000 元记 0 分、8000—9000 元记 1 分、9000—10000 元记 2 分、10000—13000 元记 3 分、13000—16000 元记 4 分、16000—19000 元记 5 分、19000—22000 元记 6 分、22000—25000 元记 7 分、25000—30000 元记 8 分、30000—40000 元记 9 分、≥40000 元记 10 分。分值区间划分和分值标准详见下表。

指标评估标准表

序号	指标名称	权重%	赋值标准（按10分制计算）	指标性质
A1	党委政府重视程度	3	A=10分、B=7分、C=4分、D=0分、E=-3分、F=不予计算	民意指标
A2	腐败现象遏制程度	3	A=10分、B=5分、C=0分、D=不予计算	民意指标
A3	反腐败工作满意度	4	A=10分、B=7分、C=4分、D=0分、E=-3分、F=不予计算	民意指标
A4	反腐败工作信心度	2	A=10分、B=7分、C=4分、D=0分、E=不予计算	民意指标
A5	群众举报意愿	2	A=10分、B=7分、C=4分、D=0分、E=-3分、F=不予计算	民意指标
A6	惩治腐败力度评价	2	A=10分、B=7分、C=4分、D=0分、E=不予计算	民意指标
A7	领导干部廉洁程度	2	A=10分、B=5分、C=0分、D=不予计算	民意指标
A8	机关办事便民评价	2	A=10分、B=7分、C=4分、D=0分、E=不予计算	民意指标
A9	信息公开透明评价	2	A=10分、B=7分、C=4分、D=0分、E=不予计算	民意指标
A10	惠民政策落实评价	2	A=10分、B=7分、C=4分、D=0分、E=不予计算	民意指标
A11	纠风工作满意度	2	A=10分、B=7分、C=4分、D=0分、E=-3分、F=不予计算	民意指标
A12	廉政教育效果评价	2	A=10分、B=7分、C=4分、D=0分、E=-3分、F=不予计算	民意指标
A13	制度执行效果评价	2	A=10分、B=7分、C=4分、D=0分、E=-3分、F=不予计算	民意指标
A14	权力监督效果评价	2	A=10分、B=7分、C=4分、D=0分、E=不予计算	民意指标
A15	干部任用满意度	2	<55%记0分、55%—58%记1分、58%—60%记2分、60%—62%记3分、62%—64%记4分、64%—66%记5分、66%—68%记6分、68%—70%记7分、70%—72%记8分、72%—75%记9分、≥75%记10分	民意指标

续表

<table>
<tr><th>序号</th><th colspan="2">指标名称</th><th>权重%</th><th colspan="2">赋值标准（按10分制计算）</th><th>指标性质</th></tr>
<tr><td rowspan="6">B1</td><td rowspan="6">案件查处情况</td><td rowspan="5">本地区纪检监察机关查处案件数量</td><td rowspan="5">3</td><td>党员<1万人</td><td>0件记0分、1件记1分、2件记2分、3件记3分、4件记4分、5件记5分、6件记6分、7—9件记7分、9—12件记8分、12—15件记9分、≥15件记10分</td><td></td></tr>
<tr><td>党员1—10万人</td><td><50件记0分、50—60件记1分、60—70件记2分、70—80件记3分、80—90件记4分、90—100件记5分、100—110件记6分、110—130件记7分、130—150件记8分、150—180件记9分、≥180件记10分</td><td rowspan="5">客观指标</td></tr>
<tr><td>党员10—20万人</td><td><100件记0分、100—120件记1分、120—140件记2分、140—160件记3分、160—180件记4分、180—200件记5分、200—220件记6分、220—260件记7分、260—300件记8分、300—350件记9分、≥350件记10分</td></tr>
<tr><td>党员20—30万人</td><td><150件记0分、150—180件记1分、180—210件记2分、210—240件记3分、240—270件记4分、270—300件记5分、300—330件记6分、330—390件记7分、390—450件记8分、450—500件记9分、≥500件记10分</td></tr>
<tr><td>党员≥30万人</td><td><200件记0分、200—240件记1分、240—270件记2分、270—300件记3分、300—350件记4分、350—400件记5分、400—450件记6分、450—500件记7分、500—550件记8分、550—600件记9分、≥600件记10分</td></tr>
<tr><td>本地区纪检监察机关查处案件增长率</td><td>2</td><td colspan="2"><0%记0分、0%—1%记1分、1%—2%记2分、2%—3%记3分、3%—4%记4分、4%—5%记5分、5%—6%记6分、6%—7%记7分、7%—8%记8分、8%—10%记9分、≥10%记10分</td></tr>
</table>

续表

<table>
<tr><th>序号</th><th colspan="2">指标名称</th><th>权重%</th><th>赋值标准（按10分制计算）</th><th>指标性质</th></tr>
<tr><td>B2</td><td colspan="2">党员被举报比率</td><td>3</td><td><0.5%记10分、0.5%—0.9%记9分、0.9%—1.3%记8分、1.3%—1.7%记7分、1.7%—2.1%记6分、2.1%—2.5%记5分、2.5%—2.9%记4分、2.9%—3.3%记3分、3.3%—3.7%记2分、3.7%—4.0%记1分、≥4.0%记0分</td><td>客观指标</td></tr>
<tr><td>B3</td><td colspan="2">党员处分比率</td><td>5</td><td>0%记0分、大于0%小于0.03%记1分、0.03%—0.04%记2分、0.04%—0.05%记3分、0.05%—0.06%记4分、0.06%—0.07%记5分、0.07%—0.12%记6分、0.12%—0.15%记7分、0.15%—0.16%记8分、0.16%—0.2%记9分、≥0.2%记10分</td><td>客观指标</td></tr>
<tr><td>B4</td><td colspan="2">“一把手”案件比率</td><td>4</td><td>0%记0分、大于0%小于2%记1分、2%—3%记2分、3%—4%记3分、4%—5%记4分、5%—6%记5分、6%—7%记6分、7%—9%记7分、9%—12%记8分、12%—15%记9分、≥15%记10分</td><td>客观指标</td></tr>
<tr><td rowspan="2">B5</td><td rowspan="2">重大案件比率</td><td>1万元以上</td><td>3</td><td>0%记0分、大于0%小于20%记1分、20%—40%记2分、40%—45%记3分、45%—50%记4分、50%—60%记5分、60%—70%记6分、70%—80%记7分、80%—90%记8分、90%—95%记9分、≥95%记10分</td><td rowspan="2">观指标</td></tr>
<tr><td>10万元以上</td><td>3</td><td>0%记0分、大于0%小于5%记1分、5%—10%记2分、10%—15%记3分、15%—20%记4分、20%—24%记5分、24%—28%记6分、28%—32%记7分、32%—36%记8分、36%—40%记9分、≥40%记10分</td></tr>
<tr><td rowspan="3">B6</td><td rowspan="3">案件分类比率</td><td>贪污贿赂类案件比率</td><td>3</td><td>0%记0分、大于0%小于5%记1分、5%—10%记2分、10%—13%记3分、13%—16%记4分、16%—19%记5分、19%—22%记6分、22%—25%记7分、25%—30%记8分、30%—40%记9分、≥40%记10分</td><td rowspan="3">观指标</td></tr>
<tr><td>失职渎职类案件比率</td><td>1</td><td>0%记0分、大于0%小于12%记1分、12%—14%记2分、14%—16%记3分、16%—18%记4分、18%—20%记5分、20%—22%记6分、22%—26%记7分、26%—30%记8分、30%—35%记9分、≥35%记10分</td></tr>
<tr><td>违反廉洁自律类案件比率</td><td>1</td><td>0%记0分、大于0%小于1.2%记1分、1.2%—1.4%记2分、1.4%—1.6%记3分、1.6%—2.0%记4分、2.0%—2.5%记5分、2.5%—3.0记6分、3.0—3.5%记7分、3.5%—4.5%记8分、4.5%—6%记9分、≥6%记10分</td></tr>
<tr><td>B7</td><td colspan="2">移送率</td><td>3</td><td>0%记0分、大于0%小于1.5%记1分、1.5%—2%记2分、2%—2.5%记3分、2.5%—3%记4分、3%—5%记5分、5%—7%记6分、7%—10%记7分、10%—13%记8分、13%—18%记9分、≥18%记10分</td><td>客观指标</td></tr>
</table>

续表

序号	指标名称		权重%	赋值标准（按10分制计算）	指标性质
C1	行政审批“三集中”率		6	<50%记0分、50%—54%记1分、54%—57%记2分、57%—60%记3分、60%—65%记4分、65%—70%记5分、70%—80%记6分、80%—90%记7分、90%—92%记8分、92%—95%记9分、≥95%记10分	客观指标
C2	政务服务中心办事效率		5	<80%记0分、80%—85%记1分、85%—87%记2分、87%—88%记3分、88%—89%记4分、89%—90%记5分、90%—94%记6分、94%—96%记7分、96%—98%记8分、98%—99%记9分、≥99%记10分	客观指标
C3	政府采购公开招标率		5	<50%记0分、50%—55%记1分、55%—60%记2分、60%—66%记3分、66%—68%记4分、68%—70%记5分、70%—72%记6分、72%—74%记7分、74%—80%记8分、80%—95%记9分、≥95%记10分	客观指标
C4	土地公开出让率		5	<50%记0分、50%—54%记1分、54%—56%记2分、56%—58%记3分、58%—60%记4分、60%—62%记5分、62%—65%记6分、65%—70%记7分、70%—85%记8分、85%—95%记9分、≥95%记10分	客观指标
C5	进场交易项目公开招标率		5	<50%记0分、50%—52%记1分、52%—54%记2分、54%—56%记3分、56%—58%记4分、58%—60%记5分、60%—70%记6分、70%—80%记7分、80%—90%记8分、90%—95%记9分、≥95%记10分	客观指标
C6	电子监察覆盖率		5	<50%记0分、50%—54%记1分、54%—56%记2分、56%—58%记3分、58%—60%记4分、60%—65%记5分、65%—75%记6分、75%—85%记7分、85%—90%记8分、90%—98%记9分、≥98%记10分	客观指标
D1	GDP影响	人均GDP	1	<8000元记0分、8000—9000元记1分、9000—10000元记2分、10000—13000元记3分、13000—16000元记4分、16000—19000元记5分、19000—22000元记6分、22000—25000元记7分、25000—30000元记8分、30000—40000元记9分、≥40000元记10分	客观指标
		GDP增长率	1	<8%记0分、8%—9%记1分、9%—10%记2分、10%—11%记3分、11%—12%记4分、12%—13%记5分、13%—14%记6分、14%—15%记7分、15%—16%记8分、16%—18%记9分、≥18%记10分	

续表

序号	指标名称		权重%	赋值标准（按10分制计算）	指标性质
D2	城乡居民收入增长率	城镇居民可支配收入增长率	1	＜5%记0分、5%—6%记1分、6%—7%记2分、7%—8%记3分、8%—9%记4分、9%—10%记5分、10%—11%记6分、11%—12%记7分、12%—13%记8分、13%—15%记9分、≥15%记10分	客观指标
		农民纯收入增长率	1	＜5%记0分、5%—6%记2分、6%—7%记2分、7%—9%记3分、9%—11%记4分、11%—13%记5分、13%—14%记6分、14%—15%记7分、15%—16%记8分、16%—18%记9分、≥18%记10分	

（说明：如数值同时处于两个区间，则取后一区间。如66%处于"65%—66%记1分、66%—67%记2分"，则记2分）

（三）问卷调查表

1. 党委政府重视程度（问卷内容：您所在的地区和单位党政领导对党风廉政建设和反腐败斗争是否重视？□A. 重视　□B. 较重视　□C. 一般　□D. 不太重视　□E. 不重视　□F. 不了解）；

2. 腐败现象遏制程度（问卷内容：您认为通过多年的反腐败斗争，本地区党政机关和干部队伍中的消极腐败现象是否得到遏制？□A. 得到有效遏制　□B. 在一定范围内得到遏制　□C. 没有遏制住　□D. 不了解）；

3. 反腐败工作满意度（问卷内容：您对近年来本地区党委和政府开展的党风廉政建设和反腐败斗争所取得的成效是否满意？□A. 满意　□B. 较满意　□C. 一般　□D. 不太满意　□E. 不满意　□F. 不了解）；

4. 反腐败工作信心度（问卷内容：您对通过开展反腐败斗争逐步遏制和克服腐败现象是否有信心？□A. 有信心　□B. 较有信心　□C. 信心不大　□D. 没有信心　□E. 不了解）；

5. 群众举报意愿（问卷内容：假如您了解掌握一些腐败问题线索，您将如何去做？□A. 积极举报　□B. 涉及自己利益才举报　□C. 有好处才举报　□D. 怕打击报复不敢举报　□E. 无论什么情况都不举报　□F. 不关心）；

6. 惩治腐败力度评价（问卷内容：您认为本地区党委和政府查处领导干部违纪违法案件是否有力度？□A. 很有力度　□B. 力度较大　□C. 力度较小　□D. 没有力度　□E. 不了解）；

7. 领导干部廉洁程度（问卷内容：您接触的领导干部是否廉洁？□A. 大部分廉洁　□B. 少数廉洁　□C. 极个别廉洁　□D. 不了解）；

8. 机关办事便民评价（问卷内容：您去党政机关办事的情况怎样？□A. 非常方便　□B. 比较方便　□C. 不太方便　□D. 非常困难　□E. 不了解）；

9. 信息公开透明评价（问卷内容：涉及您关心的问题时，有关机关和单位的办事依据、流程、结果是否向您公开，让您清楚？□A. 很清楚　□B. 较清楚　□C. 不太清楚　□D. 不清楚　□E. 不了解）；

10. 惠民政策落实评价〔问卷内容：您认为本地区惠民政策（各种补贴、最低生活保障、经济适用房、廉租房、免费义务教育、医疗保险、家电下乡等）落实情况如何？□A. 非常好　□B. 较好　□C. 一般　□D. 较差　□E. 不了解〕；

11. 纠风工作满意度（问卷内容：您对

近年来本地区纠正部门和行业不正之风所取得的成效是否满意？□A. 满意 □B. 较满意 □C. 一般 □D. 不太满意 □E. 不满意 □F. 不了解）；

12. 廉政教育效果评价（问卷内容：您认为本地区对党员干部进行廉政教育的效果怎么样？□A. 非常有效 □B. 比较有效 □C. 效果一般 □D. 效果较差 □E. 没有效果 □F. 不了解）；

13. 制度执行效果评价（您认为本地区廉政制度执行效果怎么样？□A. 非常好 □B. 比较好 □C. 一般 □D. 较差 □E. 很差 □F. 不了解）；

14. 权力监督效果评价（问卷内容：您认为本地区当前对领导干部行使权力的监督效果怎么样？□A. 非常有效 □B. 比较有效 □C. 效果较差 □D. 没有效果 □E. 不了解）；

15. 干部任用满意度（问卷内容：您对近年来本地区干部任用是否满意？□A. 满意 □B. 较满意 □C. 一般 □D. 不太满意 □E. 不满意 □F. 不了解）。

附件3

廉政评估指标体系（县市）

序号	指标名称	权重%	指标计算	评估方式方法	占指标分值比例
1	服务事项及时办结率	1.5	办结率＝及时办结的事项数/受理事项总数 指标得分＝1.5×办结率	应该进驻中心而没有进驻的，以及对中心窗口授权不到位的	该项指标为0
				乡镇社区便民服务中心年度考核结果和部门基层服务窗口设“廉政评估信息采集箱”，统计分析评定	20%
				召开评议会议，对评议结果进行量化	60%（没设窗口的评议结果按80%计算指标分值）
				采取随机问卷，专项评议等方式，对结果进行量化	20%
2	重大事项公开率	1.5	公开率＝已经公开的重大事项/应公开重大事项 指标得分＝1.5×公开率	乡镇社区便民服务中心年度考核结果和部门基层服务窗口设“廉政评估信息采集箱”，统计分析评定	20%
				召开评议会议，对评议结果进行量化	40%（没设窗口的，这次测评按该指标60%权重计算）
				不定期抽查反腐倡廉制度建设执行情况和党务政务事务公开等基础建设情况，量化检查结果	20%
				采取随机问卷，专项评议等方式，对结果进行量化	20%

续表

序号	指标名称	权重%	指标计算	评估方式方法	占指标分值比例
3	投诉处理率	1	处理率＝投诉案件的处理数/总投诉案件数 指标得分＝1.0×处理率	因对投诉案件不处理，导致集体访、越级访等矛盾激化问题，甚至给群众财产或人身安全带来威胁，造成严重社会影响和后果的	该项指标为0
				不定期抽查反腐倡廉制度建设执行情况和党务政务事务公开等基础建设情况，量化检查结果	40%
					按60%计算指标分值
4	实名举报率	0.5	举报率＝实名举报数/举报总数 指标得分＝0.5×举报率	纪委监察局、公检法、审计财政等部门，每季度报送一次廉情信息，对廉情数据进行统计量化	直接计算指标分值
5	公职人员受处分率	0.5	受处分率＝受处分的公职人员数/公职人员总数 指标得分＝0.5×(1－受处分率)		
6	班子成员违纪违法率	0.5	案件率＝班子成员违纪违法案件数/班子成员总数 指标得分＝0.5×（1－案件率）	班子主要领导发生违纪违法案件的	该项指标为0
				纪委监察局、公检法、审计财政等部门，每季度报送一次廉情信息，对廉情数据进行统计量化	直接计算指标分值
7	大要案发案变化率	0.5	大要案率＝大要案数量/案件总数 大要案发案变化率＝当年大要案率/前三年平均大要案率 指标得分＝0.5×（1－变化率）	当年没发生大要案的	得满分
				有大要案的，变化率持平或上升	该项指标为0
				纪委监督局、公检法、审计财政等部门，每季度报送一次廉情信息，对廉情数据进行统计量化，变化率下降的	直接计算指标分值
8	服务环境满意率	1.5	满意率＝（很满意票数×10＋较满意 票数×7.5＋一般票数×5＋较不满意票数×2.5）/总票数×10 指标得分＝1.5×满意率	乡镇社区便民服务中心年度考核结果和部门基层服务窗口设“廉政评估信息采集箱”，统计分析评定	20%
				定期对服务环境、行政执法、民情在线、党风廉政建设责任制等开展专项检查，量化检查评定结果	20%
				年末，纪委统一组织召开环境监督员和社会各界代表大会，对执法监督类、综合管理类、社会服务类部门进行服务环境满意情况测评，量化测评结果	60%（没设窗口的，这次测评按该指标80%权重计算）

续表

序号	指标名称	权重%	指标计算	评估方式方法	占指标分值比例
9	廉洁状况满意率	1.5	满意率＝（很满意票数×10＋较满意票数×7.5＋一般票数×5＋较不满意票数×2.5）/总票数×10 指标得分＝1.5×满意率	乡镇社区便民服务中心年度考核结果和部门基层服务窗口设“廉政评估信息采集箱”，统计分析评定	20%
				年末，召开各单位干部职工大会，集中进行廉政测评和考察，量化测评和考察结果	80%（没设窗口的，以这次测评结果为准直接计算）
10	人大建议和政协提案办理满意率	1	满意率＝（人大建议办理情况满意件数＋政协提案办理情况满意件数）/（人大建议总数＋政协提案总数） 指标得分＝1.0×满意率	人大、政协每季度报送一次人大建议和政协提案办理情况，纪委统一对廉情数据进行统计量化	直接计算指标分值
合计		10	满分为10分		

国务院办公厅转发全国政务公开领导小组关于开展依托电子政务平台加强县级政府政务公开和政务服务试点工作意见的通知

（国办函〔2011〕99号 2011年9月13日）

各省、自治区、直辖市人民政府，国务院各部委、各直属机构：

全国政务公开领导小组《关于开展依托电子政务平台加强县级政府政务公开和政务服务试点工作的意见》已经国务院同意，现转发给你们，请认真贯彻执行。

国务院办公厅

二〇一一年九月十三日

关于开展依托电子政务平台加强县级政府政务公开和政务服务试点工作的意见

全国政务公开领导小组

为贯彻落实党中央、国务院关于深化政务公开和加强政务服务的要求，进一步提高县级政府政务公开和政务服务水平，现就开展依托电子政务平台加强县级政府政务公开和政务服务试点工作提出以下意见。

一、开展试点工作的重要性和必要性

（一）开展试点工作是深化政务公开、加强政务服务的有效举措。深化政务公开、加强政务服务，对于推进行政体制改革、加强对行政权力监督制约、从源头上防治腐败和建设服务型政府，都具有重要意义。县级政府在我国政权体系中具有十分重要的地位，是国家法律法规和政策的重要执行者。实际工作中，直接涉及人民群众具体利益的行政行为大多数由县级政府作出，直接面向群众的政务服务大多数由县级政府提供，县级政府能否切实做好政务公开和政务服务工作，很大程度上决定着政府政务公开和政务服务的整体水平。利用信息化手段推进县级政府政务公开和政务服务，是加强政府自身建设和管理的有效举措，有利于保证政务公开各项任务落实到基层，更好地为群众提供高效、便捷的政务服务，促进县级政府依法行政、阳光施政。

（二）开展试点工作是深化政务公开、加强政务服务的现实需要。近年来，县级政府结合实际，勇于探索，不断加强电子政务应用，大力推进政务公开，强化政务服务，得到人民群众的普遍认可。但是，这项工作离党中央、国务院的要求和人民群众的期望仍有差距，突出表现在政务公开内容不够全面，政务服务水平不高，利用电子政务平台开展有关工作的项目和标准不统一、运行不够规范，实际效果不能满足各方面需要，迫切需要进一步加强和规范。深化政务公开、加强政务服务的重点在基层，难点在基层，县级政府依托电子政务平台开展有关工作，涉及面广，情况复杂，工作难度大，需要通过试点积累经验，逐步规范，循序渐进地推开。各地区、各有关部门要充分认识这项工作的重要意义，扎实开展试点工作，不断推动政务公开和政务服务取得新成效。

二、指导思想、基本原则和目标任务

（三）指导思想。以邓小平理论和“三个代表”重要思想为指导，深入贯彻落实科学发展观，以统一的电子政务平台为载体，推进行政权力公开透明运行，逐步实现政务服务均等化，全面提高县级政府政务公开和政务服务水平。

（四）基本原则。强化为群众服务意识，寓管理于服务之中，突出政务公开和政务服务实际效果；加强电子政务平台建设的统筹协调，实现资源整合和信息共享；针对不同区域和城乡特点，加强分类指导，有计划、分步骤予以推进。

（五）目标任务。在全国选择100个县（市、区）开展试点工作，用一年左右时间，建立和完善统一的电子政务平台，充分利用平台全面、准确发布政府信息公开事项，实时、规范办理主要行政职权和便民服务事项，并实现电子监察全覆盖，为在全国全面推行奠定基础、积累经验。

三、实施步骤

（六）确定试点县（市、区）。各省（区、市）政务公开领导小组会同政府信息公开和政府网站主管部门、工业和信息化等相关部门协商确定试点县（市、区）（名额分配见附件1），并于2011年10月底前报全国政务公开领导小组办公室备案。所选试点县（市、区）要具有代表性，具备一定电子政务工作基础，政务公开和政务服务工作开展较好。各省（区、市）可结合实际扩大试点范围。

（七）规范政务公开和政务服务事项。试点县（市、区）要全面梳理、清理并严格规范政府信息公开、行政职权和便民服务事项，编制政务公开和政务服务目录，报市（地）和省（区、市）两级政务公开领导小组审核确认后，于2012年2月底前向社会公布。编制、公布的目录必须包括《县级政府依托电子政务平台开展政务公开和政务服务事项基本目录》（见附件2，以下简称《基本目录》）中所列事项，并针对每类事项的不同特点相应明确每个事项包含的具体内容。

清理、规范行政职权要按照职权法定、权责一致的要求进行。要摸清对管理和服务对象行使的行政职权底数，对没有合法依据的行政职权予以取消。将依法确定并审核确认的行政职权编入政务公开和政务服务目录，明确每项行政职权的名称、内容、办理主体、依据、条件、期限和监督渠道。在优化运行流程基础上，针对每项行政职权编制"权力运行流程图"，在办理主体内部明确办理的岗位、权限、程序和时限等，为在电子政务平台上运行、开展电子监察打好基础。行政职权中的行政处罚事项暂不纳入电子政务平台办理，但要进行清理、规范，细化、量化裁量基准，明确裁量范围、种类和幅度，列入目录并予以公布。

发布政府信息公开事项要遵循政府信息公开相关规定，并结合实际细化相关内容，切实增强公开的全面性和实效性。便民服务事项要做到依据充分、主体明确、流程清晰，试点县（市、区）可根据实际情况，充分考虑群众需求，在《基本目录》所列事项基础上进一步扩充。

（八）建立和完善统一的电子政务平台。试点县（市、区）要建立、使用统一的电子政务平台，平台由电子政务网络、政府网站、业务管理系统、应用及数据服务中心和信息安全保障体系等组成。要加强规划设计，整合信息化建设资源，充分利用现有政府网站和政务（行政）服务中心基础设施，结合集约化社区服务信息网络平台建设，对现有电子政务平台进行调整、升级和改造，满足政务公开和政务服务应用需要。没有统一电子政务平台的县（市、区），要统一规划、统一建设。电子政务平台的功能和性能要通过国家专业评测机构的技术评测。监察部、工业和信息化部、国家预防腐败局要联合编制依托电子政务平台加强县级政府政务公开和政务服务实施指南，加强对电子政务平台建设的指导。

（九）加强电子政务平台的应用。试点县（市、区）政务公开和政务服务目录要在电子政务平台的政府网站上公布，同时通过其他多种方式进行公布，使全社会广泛知晓。要在平台上全面、准确发布目录中的政府信息公开事项，将目录所列行政职权纳入平台的业务系统办理，通过平台的乡镇（街道）窗口终端办理便民服务事项，并使电子监察覆盖行政职权和便民服务事项办理流程的各个环节。要加强对平台使用情况的监督检查，防止规避平台，确保平台充分使用。鼓励逐步将行政处罚事项纳入电子政务平台进行监控。

（十）总结评估试点工作效果。各地区要针对试点工作中的薄弱环节，及时提出改进意见和措施，不断完善政务公开和政务服务的工作机制、平台建设和制度规定。要加强电子政务平台运行和办事效能的评估，及时总结经验。全国政务公开领导小组将于2012年8月前后对试点工作进行评估总结，提出下一步在全国全面推行的意见。

四、有关要求

（十一）加强组织领导。试点工作政策性强、涉及面广，各地区要把这项工作作为一项重要任务，纳入议事日程，精心组织部署，加强督促检查，及时研究解决试点工作遇到的问题。各试点县（市、区）人民政府要编制工作计划和实施方案，明确责任单位和任务分工，认真组织实施，确保按时完成试点任务。要加强培训，全面提高行政机关和公务员的政务公开意识、政务服务水平和电子政务应用能力。

（十二）明确工作责任。各有关部门要认真指导试点地区梳理、规范本系统政务公开和政务服务事项，编制、财政和法制等部门要加强相关工作指导和项目审核，工业和信息化主管部门要指导协调做好电子政务平台的应用设计、平台构建、运行维护和技术保障。要加强资金保障，全国政务公开领导小组将对中西部地区试点县（市、区）给予补助。

（十三）加强统筹协调。全国政务公开领导小组负责试点工作的组织实施，地方各级政务公开领导小组、监察机关、预防腐败机构要加强统筹协调和检查评估，及时报告工作进展情况。要将试点工作与加强业务建设和廉政风险防控有机结合起来，做到相互促进。

附件：1. 试点县（市、区）名额分配表

2. 县级政府依托电子政务平台开展政务公开和政务服务事项基本目录

附件1：

试点县（市、区）名额分配表

序号	省（区、市）	名额	序号	省（区、市）	名额
1	北京市	3	14	江西省	4
2	天津市	3	15	山东省	4
3	河北省	4	16	河南省	4
4	山西省	3	17	湖北省	4
5	内蒙古自治区	3	18	湖南省	4
6	辽宁省	4	19	广东省	4
7	吉林省	3	20	广西壮族自治区	4
8	黑龙江省	3	21	海南省	3
9	上海市	3	22	重庆市	3
10	江苏省	4	23	四川省	4
11	浙江省	4	24	贵州省	2
12	安徽省	4	25	云南省	3
13	福建省	4	26	西藏自治区	2

续表

序号	省（区、市）	名额	序号	省（区、市）	名额
27	陕西省	2	30	宁夏回族自治区	2
28	甘肃省	2	31	新疆维吾尔自治区	2
29	青海省	2	合计		100

附件2：

县级政府依托电子政务平台开展政务公开和政务服务事项基本目录

（共385项）

第一类　政府信息公开事项（65项）

政府信息公开条例规定事项

1. 行政法规、规章和规范性文件；

2. 国民经济和社会发展规划、专项规划、区域规划及相关政策；

3. 国民经济和社会发展统计信息；

4. 财政预算、决算报告；

5. 行政事业性收费的项目、依据、标准；

6. 政府集中采购项目的目录、标准及实施情况；

7. 行政许可的事项、依据、条件、数量、程序、期限以及申请行政许可需要提交的全部材料目录及办理情况；

8. 重大建设项目的批准和实施情况；

9. 扶贫、教育、医疗、社会保障、促进就业等方面的政策、措施及其实施情况；

10. 突发公共事件的应急预案、预警信息及应对情况；

11. 环境保护、公共卫生、安全生产、食品药品、产品质量的监督检查情况；

12. 城乡建设和管理的重大事项；

13. 社会公益事业建设情况；

14. 征收或者征用土地、房屋拆迁及其补偿、补助费用的发放、使用情况；

15. 抢险救灾、优抚、社会捐助、彩票公益金等款物的管理、使用和分配情况；

16. 贯彻落实国家关于农村工作政策情况；

17. 乡（镇）土地利用总体规划、宅基地使用的审核情况；

18. 乡（镇）的债权债务、筹资筹劳情况；

19. 乡（镇）集体企业及其他乡镇经济实体承包、租赁、拍卖等情况；

20. 执行计划生育政策的情况；

财政专项资金管理和使用情况

21. 村级公益事业建设一事一议财政奖补资金管理和使用情况；

22. 农村义务教育经费保障机制改革经费管理和使用情况；

23. 城市义务教育经费管理和使用情况；

24. 国家助学金、国家奖学金、国家助学贷款贴息管理和使用情况；

25. 中等职业学校免学费补助资金管理和使用情况；

26. 科普惠农兴村计划专项资金管理和

使用情况；

27. 农业技术推广经费管理和使用情况；

28. 农村劳动力转移培训经费管理和使用情况；

29. 农村部分计划生育家庭奖励扶助制度专项资金管理和使用情况；

30. 西部地区“少生快富”工程专项资金管理和使用情况；

31. 计划生育家庭特别扶助制度专项资金管理和使用情况；

32. 国家免费孕前优生健康检查项目专项资金管理和使用情况；

33. 农民专业合作经济组织补助资金管理和使用情况；

34. 农村饮水安全资金管理和使用情况；

35. 农村沼气推广补助资金管理和使用情况；

36. 小型农田水利设施建设补助资金管理和使用情况；

37. 测土配方施肥补助资金管理和使用情况；

38. 粮食直补管理和使用情况；

39. 农资综合补贴管理和使用情况；

40. 农机购置补贴管理和使用情况；

41. 农作物良种补贴管理和使用情况；

42. 畜牧良种补贴管理和使用情况；

43. 退耕还林（草）现金补助资金管理和使用情况；

44. 退耕还林（草）粮食补助经费管理和使用情况；

45. 新型农村合作医疗补助资金管理和使用情况；

46. 农村医疗救助补助资金管理和使用情况；

47. 新型农村社会养老保险补助资金管理和使用情况；

48. 城市医疗救助补助资金管理和使用情况；

49. 城镇居民基本医疗保险补助资金管理和使用情况；

50. 农村最低生活保障补助资金管理和使用情况；

51. 城市居民最低生活保障补助资金管理和使用情况；

52. 公共卫生服务体系建设补助资金管理和使用情况；

53. 抚恤补助资金管理和使用情况；

54. 财政扶贫资金管理和使用情况；

55. 农业综合开发资金管理和使用情况；

56. 农业生产救灾资金管理和使用情况；

57. 林业生产救灾资金管理和使用情况；

58. 中央自然灾害生活补助资金管理和使用情况；

59. 家电下乡资金管理和使用情况；

60. 汽车摩托车下乡资金管理和使用情况；

61. 廉租房保障专项补助资金管理和使用情况；

62. 城市棚户区改造专项补助资金管理和使用情况；

63. 公共租赁房专项补助资金管理和使用情况；

64. 农村危房改造补助资金管理和使用情况；

65. 就业补助资金管理和使用情况。

第二类　行政职权事项（295 项）

发展改革工作

1. 依法划定的电力设施保护区内进行可能危及电力设施安全作业许可；

2. 依法由县级政府办理的企业投资项目核准；

3. 依法由县级政府办理的外商投资项目（工业类）核准；

4. 依法由县级政府办理的政府投资项目审批；

5. 企业投资项目备案；

教育工作

6. 实施义务教育阶段学历教育、学前

教育及其他文化教育的民办学校设立、变更、终止审批；

7. 幼儿园、小学和初级中学教师资格的认定，高级中学、中等职业学校教师和中等职业学校实习指导教师资格审查；

8. 转学、休学手续办理；

9. 职业培训以外实施非学历教育的民办学校的招生简章和广告备案；

10. 职业培训以外实施非学历教育的民办学校修改章程备案；

公安工作

11. 互联网上网服务营业场所信息网络安全审核；

12. 旅馆业特种行业许可证核发；

13. 公章刻制业特种行业许可证核发；

14. 建设工程消防设计审核和消防验收；

15. 公众聚集场所投入使用、营业前消防安全检查；

16. 建设工程消防设计和竣工验收备案；

17. 申领、换领、补领居民身份证办理；

18. 临时身份证办理；

19. 公民户口的分户登记、立户登记；

20. 建立集体户口登记；

21. 依法服兵役、出国定居、死亡、失踪等人员户口注销；

22. 回收生产性废旧金属的再生资源回收企业和回收非生产性废旧金属的再生资源回收经营者备案；

23. 户口迁移登记；

24. 刻制公章备案；

25. 娱乐场所备案；

26. 旅馆变更登记备案；

27. 互联网上网服务营业场所经营变更备案；

28. 互联网服务、使用单位备案；

29. 治安保卫重点单位中的治安保卫机构设置和人员配备情况备案；

30. 机动车驾驶证核发；

31. 机动车驾驶证审验；

32. 机动车登记；

33. 机动车所有权转移、抵押登记；

民政工作

34. 社会团体成立（备案）、变更、注销登记；

35. 民办非企业单位成立（备案）、变更、注销登记；

36. 建设殡仪服务站、骨灰堂审批；

37. 农村为村民设置公益性墓地审批；

38. 收养登记；

39. 城乡居民最低生活保障待遇核定；

40. 城乡医疗救助待遇核定；

41. 老年（优待）证核发；

42. 农村五保供养待遇核定；

43. 临时救助待遇核定；

司法行政工作

44. 公证机构变更（初审）；

45. 律师事务所年度检查考核（初审）；

46. 公证员任免（初审）；

47. 基层法律服务工作者执业登记（初审）；

48. 法律援助条件审查；

49. 法律援助机构执业机构确定；

财政工作

50. 除会计师事务所以外的代理记账机构设立许可；

51. 会计从业资格证书核发；

52. 外商投资企业财政登记；

人力资源社会保障工作

53. 对企业实行综合计算工时工作制和不定时工作制的审批；

54. 职业介绍机构资格认定；

55. 参保人员因病或非因工死亡待遇审核；

56. 职工养老保险养老金核定；

57. 工伤保险待遇核定；

58. 用人单位工伤保险缴费费率审定；

59. 生育保险待遇核定；

60. 劳动用工书面审查；

61. 劳动集体合同审查；

62. 医疗保险定点医疗机构审批；
63. 医疗保险定点零售药店审批；
64. 失业保险待遇核定；
65. 下岗失业人员再就业小额担保贷款、贴息审核；
66. 劳动保障事务代理服务；
67. 社会保险登记；
68. 社会保险变更、注销登记；
69. 社会保险缴费基数核定；
70. 社会保险费征收；
71. 企业职工在职转退休办理；
72. 企业年金备案；
73. 实施以职业技能为主的职业资格培训、职业技能培训的民办学校的设立、变更、终止审批；

国土资源工作

74. 农村村民宅基地审批；
75. 宅基地使用权初始登记；
76. 乡镇企业、乡（镇）村公共设施、公益事业建设用地审批；
77. 县级登记颁证的采矿权审批；
78. 耕地开垦费收取；
79. 国有土地有偿使用费收取；
80. 土地复垦费征收；
81. 土地闲置费征收；
82. 建设项目用地预审；
83. 具体建设项目需要占用土地利用总体规划确定的国有未利用地的审批；
84. 土地登记；
85. 土地使用权抵押登记；

环境保护工作

86. 建设项目环境影响报告书（表）、环境影响登记表审批；
87. 建设项目环境保护设施竣工验收；
88. 建筑工程夜间施工许可；
89. 污染物排放许可；
90. 污染治理设施拆除或闲置许可；
91. 排污费的征收；
92. 危险废物收集经营许可证审批；

住房城乡建设工作

93. 房屋建筑和市政基础设施工程安全施工措施备案；
94. 建筑工程施工许可证核发；
95. 商品房预售许可证核发；
96. 建设用地规划许可；
97. 建设工程规划许可；
98. 乡村建设工程规划许可；
99. 临时占用和挖掘城市道路审批；
100. 依附于城市道路建设各种管线、杆线等设施审批；
101. 因工程建设确需改装、拆除或者移动城市公共供水设施审批；
102. 因工程施工、设备维修等确需停止供水审批；
103. 城市桥梁上架设各类市政管线审批；
104. 改变绿化规划、绿化用地的使用性质审批；
105. 临时占用城市绿地审批；
106. 修剪、砍伐城市树木审批；
107. 古树名木迁移审查；
108. 风景名胜区内修建缆车、索道等重大建设工程项目选址方案审核；
109. 城市排水许可证核发；
110. 按照国家规定需要批准或者核准并以划拨方式提供国有土地使用权的建设项目选址审批；
111. 利用城市地形图有偿服务费收取；
112. 经济适用住房申请的审核登记；
113. 廉租住房申请的审核登记；
114. 市政公用事业特许经营项目批准；
115. 在规定期限内因特殊情况挖掘城市道路批准；
116. 廉租住房保障复核；
117. 国有土地范围内房屋所有权登记；
118. 国有土地范围内房屋抵押权登记；
119. 国有土地范围内房屋预告登记；
120. 国有土地范围内房屋更正、异议登记；
121. 集体土地范围内房屋登记；
122. 组织编制重要地块的修建性详细规划；

123. 建设工程档案认可；

124. 建设工程档案专项验收；

125. 房屋建筑和市政基础设施工程质量监督手续办理；

126. 房屋建筑和市政基础设施工程竣工验收备案；

127. 房地产开发企业资质备案；

128. 商品房现售前备案；

129. 房地产开发项目手册备案；

130. 拆除工程施工备案；

131. 城市绿化工程竣工验收备案；

132. 建筑劳务分包企业资质备案；

133. 从事城市生活垃圾经营性清扫、收集、运输、处理服务审批；

134. 城市建筑垃圾处置核准；

135. 拆除环境卫生设施许可；

136. 对关闭、闲置、拆除生活垃圾处置设施、场所的核准；

交通运输工作

137. 道路旅客运输经营许可；

138. 从事道路旅客运输站（场）经营许可；

139. 道路货物运输经营许可；

140. 从事道路货物运输站（场）经营许可；

141. 机动车维修经营许可；

142. 机动车驾驶员培训业务审批；

143. 公路建设项目施工审批；

144. 建设工程需要占用、挖掘公路或者使公路改线审批；

145. 公路护路林更新砍伐许可；

146. 出租汽车经营资格证、车辆运营证和驾驶员客运资格证核发；

147. 铁轮车、履带车、超限车辆和其他可能损害公路路面的机具或者车辆公路行驶审批；

水利工作

148. 对直接从江河、湖泊或者地下取用水资源的单位和个人的取水许可；

149. 河道管理范围内有关活动审批；

150. 占用农业灌溉水源、灌排工程设施审批及开发补偿费征收；

151. 水利基建项目初步设计文件审批；

152. 水利工程开工审批；

153. 开发建设项目水土保持方案审批；

154. 水土保持设施验收；

155. 水土保持补偿费征收；

156. 水利工程水费征收；

157. 水资源费征收；

158. 入河排污口新建、改建或者扩建审核；

159. 组建公益性水利工程建设项目法人审批；

160. 建设项目水资源论证报告审批；

农林工作

161. 林木采伐许可；

162. 林木种子生产许可证核发；

163. 林木种子经营许可证核发；

164. 农作物种子生产许可证核发；

165. 农作物种子经营许可证核发；

166. 临时占用林地审批；

167. 森林、林木、林地权属登记及证书核发；

168. 森林植被恢复费征收；

169. 育林基金征收；

170. 植物检疫行政许可；

171. 木材运输行政许可；

172. 木材经营（加工）行政许可（初审）；

173. 动物防疫条件审核；

174. 动物和动物产品的检疫费征收；

175. 种畜禽生产经营许可；

176. 执业兽医注册；

177. 执业助理兽医师备案；

178. 乡村兽医登记；

179. 兽药经营许可；

180. 动物诊疗许可；

181. 动物和动物产品检疫；

182. 农业机械维修技术合格证书核发；

183. 拖拉机注册登记、号牌、行驶证核发；

184. 拖拉机驾驶证核发；

185. 联合收割机注册登记、号牌、行驶证以及联合收割机驾驶证核发；

186. 一事一议筹资筹劳方案审批；

187. 农村土地承包调整审批；

188. 农村土地承包经营权、集体林权流转管理；

189. 危及人身财产安全的农业机械安全检验；

190. 农村土地承包经营权证核发；

商务工作

191. 依法由县级政府办理的对外劳务合作经营资格核准；

192. 依法由县级政府办理的三资企业设立、合并、分立、变更审批；

193. 依法由县级政府办理的三资企业解散、清算审批；

194. 外商投资企业联合年检；

文化工作

195. 内资娱乐场所设立及变更许可；

196. 文艺表演团体设立及变更许可，内资演出场所经营单位、个体演员、个体演出经纪人备案；

197. 国内营业性演出活动审批；

198. 互联网上网服务营业场所经营单位设立及变更许可；

199. 出版物零售经营许可；

200. 依法由县级政府办理的文物保护单位建设控制地带内工程设计方案审批；

201. 依法由县级政府办理的文物保护单位保护范围内建设工程或者爆破、钻探、挖掘等作业审批；

202. 核定为县级文物保护单位的国有纪念建筑物或古建筑改变用途审批；

203. 依法由县级政府办理的印刷企业设立；

204. 依法由县级政府办理的文物保护单位修缮审批；

205. 未核定为文物保护单位的不可移动文物修缮审批；

206. 县级文物保护单位核定；

207. 美术品经营单位备案；

卫生工作

208. 公共场所卫生许可证核发；

209. 供水单位卫生许可证核发；

210. 母婴保健技术服务执业许可；

211. 母婴保健技术考核合格证核发；

212. 医疗、保健机构从事计划生育技术服务审批；

213. 计划生育技术服务人员执业证书核发；

214. 执业医师注册；

215. 护士执业许可（初审）；

216. 医疗广告审查（初审）；

217. 传统医学师承和确有专长人员审核；

218. 医疗机构执业许可证核发；

人口和计划生育工作

219. 再生育（服务）审批；

220. 社会抚养费征收；

221. 《独生子女父母光荣证》核发；

222. 农村部分计划生育家庭奖励扶助对象确认；

223. 西部地区“少生快富”工程对象确认；

224. 计划生育家庭特别扶助对象确认；

税务工作

225. 增值税防伪税控系统最高开票限额审批；

226. 增值税征收；

227. 消费税征收；

228. 企业所得税征收；

229. 车辆购置税征收；

230. 对储蓄存款利息所得征收个人所得税；

231. 增值税专用发票工本费收取；

232. 税收保全；

233. 减税、免税；

234. 出口退（免）税；

235. 税务登记设立、变更、注销；

236. 印花税票代售许可；

237. 营业税征收；

238. 企业所得税征收；

239. 个人所得税征收；

240. 城市维护建设税征收；

241. 印花税征收；

242. 资源税征收；

243. 土地使用税征收；

244. 土地增值税征收；

245. 房产税征收；

246. 车船税征收；

247. 教育费附加、地方教育费附加征收；

248. 社会保险费征收；

249. 契税征收；

250. 耕地占用税征收；

251. 减税、免税；

252. 退税；

253. 税务登记设立、变更、注销；

工商行政管理工作

254. 企业名称预先核准；

255. 企业登记；

256. 集团登记；

257. 企业年检；

258. 公司股权出质登记；

259. 农民专业合作社登记；

260. 个体工商户登记；

261. 户外广告登记；

262. 动产抵押登记；

263. 个体工商户验照；

质量监督检验检疫工作

264. 特种设备作业人员考核；

265. 组织机构代码证书的核发、换发及年度验证；

广播电影电视工作

266. 设置卫星电视广播地面接收设施审核（初审）；

267. 广播电视节目制作经营许可（初审）；

268. 乡镇、机关、部队、团体、企业事业单位设立有线广播电视站审核（初审）；

269. 广播电视节目传送业务经营许可（初审）；

270. 迁建无线广播电视设施审批（初审）；

271. 电影放映单位设立及变更许可；

体育工作

272. 对公共文化体育设施的名称、地址、服务项目等内容备案；

273. 经营高危险性体育项目审批；

安全生产监督管理工作

274. 烟花爆竹经营（零售）许可证核发；

275. 依法由县级政府办理的危险化学品经营（不包括有储存设施的）许可证核发；

276. 第三类非药品类易制毒化学品经营备案；

277. 矿山建设项目和用于生产、储存危险物品的建设项目安全设施设计审查；

278. 矿山建设项目和用于生产、储存危险物品的建设项目安全设施竣工验收；

279. 职业病危害严重的建设项目职业病防护设施设计审查；

280. 建设项目职业病防护设施竣工验收；

281. 生产经营单位安全生产事故应急救援预案备案；

282. 用人单位职业病危害项目申报；

283. 重大危险源备案；

284. 职业病危害预评价报告审核；

统计工作

285. 统计从业资格认定（初审）；

档案工作

286. 对出卖、转让、赠送集体所有、个人所有以及其他不属于国家所有的对国家和社会具有保存价值的或者应当保密的档案的审批；

粮食工作

287. 粮食收购资格许可；

288. 跨地区粮食收购活动备案；

烟草专卖工作

289. 烟草专卖零售许可证核发；

食品药品监管工作

290. 餐饮服务许可证核发；

291. 药品零售企业药品经营许可证核发；

人民防空工作

292. 人民防空工程竣工验收备案；

城市管理工作

293. 户外广告（标牌、标识）设置许可；

294. 在城市建筑物、设施上张挂、张贴宣传品许可；

295. 在街道两侧和公共场地临时堆放物料，搭建建筑物、构筑物或者其他临时设施许可。

第三类　便民服务事项（25 项）

1. 人口计生、土地、民政等法律、法规、政策咨询；
2. 一孩生育服务证办理；
3. 避孕节育和生殖保健服务卡发放；
4. 流动人口婚育证明发放；
5. 建设业务咨询、投诉；
6. 资产评估代办；
7. 会计报表审计代办；
8. 有线电视开户办理；
9. 有线电视收视费收取；
10. 规定范围的广告内容审查；
11. 职工基本医疗保险人员参保、续保手续办理；
12. 城镇居民医疗保险参保、续保手续办理；
13. 就业登记和失业登记；
14. 劳动争议调解受理；
15. 技能人员职业资格证书查询；
16. 社会保障卡办理；
17. 公民收养子女证明审核；
18. 新型农村合作医疗政策咨询；
19. 企业设立业务咨询；
20. 农业保险理赔；
21. 文化经营许可证年检协办；
22. 村居民建房临时用电办理；
23. 村居民建房电器安装办理；
24. 农业技术产前、产中、产后服务咨询；
25. 民间纠纷调解受理。

注：本附件所列项目的分类不作为划分部门职能分工的依据。

工业和信息化部　监察部　国家预防腐败局关于印发《依托电子政务平台加强县级政府政务公开和政务服务实施指南》的通知

（工信部联信〔2011〕455 号　2011 年 9 月 30 日）

各省、自治区、直辖市工业和信息化主管部门，监察厅（局），相关省（市）预防腐败局：

《依托电子政务平台加强县级政府政务公开和政务服务实施指南》已经全国政务公开领导小组同意，现印发给你们，请结合实际认真贯彻执行。

二〇一一年九月三十日

依托电子政务平台加强县级政府政务公开和政务服务实施指南

为贯彻落实《中共中央办公厅　国务院办公厅印发〈关于深化政务公开加强政务服务的意见〉的通知》（中办发〔2011〕22号）精神，按照《国务院办公厅转发全国政务公开领导小组关于开展依托电子政务平台加强县级政府政务公开和政务服务试点工作意见的通知》（国办函〔2011〕99号）要求，加强对县级政府统一电子政务平台建设的指导，制定本实施指南。

一、总体框架

县级政府统一电子政务平台（以下简称“县级平台”）由基础设施、信息资源、应用系统、服务窗口和政府网站等五部分组成，总体框架示意如下：

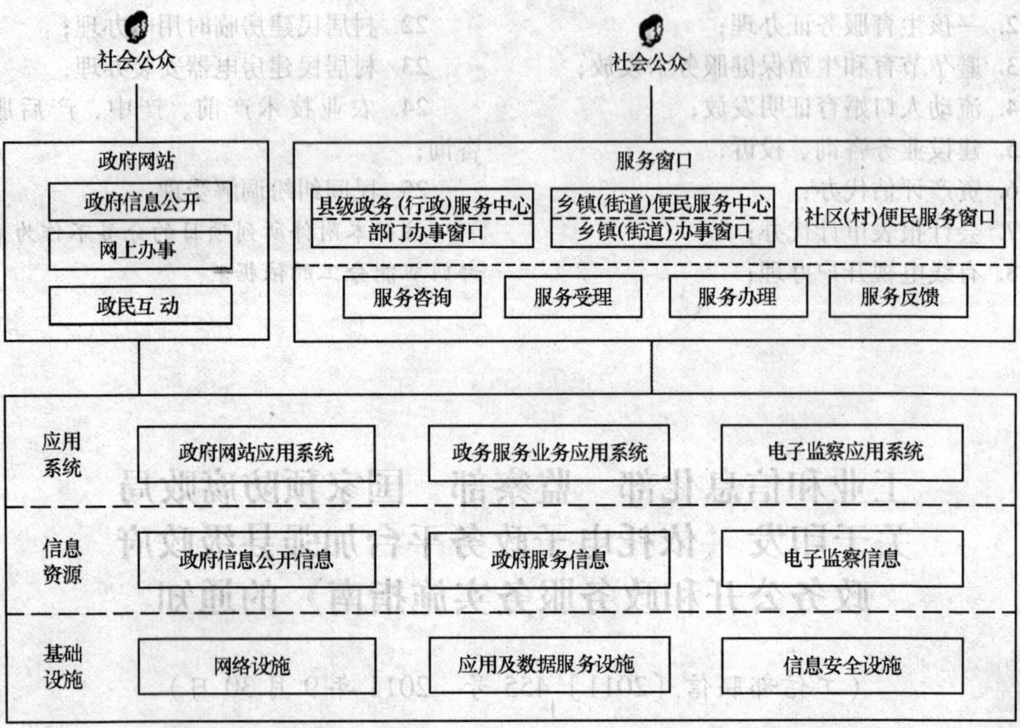

（一）基础设施是支撑政务公开和政务服务等应用的技术设施，由网络设施、应用及数据服务设施、信息安全设施等组成。信息资源包括政府信息公开、政务服务、电子监察等信息内容，应用系统包括政府网站应用系统、政务服务业务应用系统、电子监察应用系统等。

（二）服务窗口由县级政务（行政）服务中心、部门办事窗口和乡镇（街道）便民服务中心（办事窗口）、社区（村）便民服务窗口组成，面向社会公众提供咨询、受理、办理和反馈等政务服务。政府网站面向社会公众提供政府信息公开、网上办事和政民互动等服务。

二、组织实施

县级政府要加强组织领导，编制工作计划和实施方案，明确责任单位和任务分工，确定工作进度和工作步骤，开展各项应用培训，建立健全政务公开和政务服务相关制度，充分利用各方面的条件认真开展试点工作。

（一）县级政务公开领导机构负责具体组织实施，编制县级政府政务公开和政务服务目录，加强统筹协调和检查评估，及时报告试点工作进展情况。

（二）县级政府部门依据职能梳理、清理并严格规范政府信息公开、行政职权和便民服务事项，依托县级平台向社会公众公开信息、提供服务。

（三）县级政府编制和法制部门负责对各部门政府信息公开、行政职权和便民服务事项的具体内容进行初步审核。

（四）工业和信息化部门负责指导协调做好县级平台的应用设计、平台构建、运行维护、技术保障、技术培训和评测等工作。

（五）监察部门负责制定监察规则，充分利用电子监察应用系统，对行政职权和便民服务事项的办理进行全过程监察。

（六）县级政府部门会同乡镇（街道）负责确定通过乡镇（街道）服务窗口办理的便民服务事项及内容，依托县级平台向社会公众提供便民服务。有条件的地方要将便民服务向社区（村）延伸。

三、编制实施方案

（一）明确工作目标。按照试点工作要求，明确编制政务公开和政务服务目录、构建统一电子政务平台的目标进度，确定依托县级平台提供的政府信息公开、行政职权和便民服务事项数量，确定县级部门、乡镇（街道）和社区（村）接入平台的数量。

（二）明确工作任务。根据工作目标，明确政务公开和政务服务目录所列事项梳理、应用设计、平台构建、应用服务上线、基层延伸部署、服务窗口建设等工作任务内容。

（三）确定实施步骤。根据工作任务，明确落实各项工作任务的责任单位、责任分工、时间安排、工作方法和要求。

（四）提出保障措施。结合本地实际，提出组织领导、资金投入、制度规范、技术保障、人员培训等措施。

四、规范政务公开和政务服务事项

（一）清理规范行政职权。摸清对管理和服务对象行使的职权底数，对没有合法依据的予以取消。将依法确定并审核确认的行政职权编入政务公开和政务服务目录。明确每项行政职权的名称、内容、办理主体、依据、条件、期限和监督渠道等（参照附录1）。工业和信息化部门根据审核结果对行政职权进行统一编码（参照附录2）。

（二）明确办理流程。在优化运行流程基础上，针对每项行政职权编制“权力运行流程图”（参照附录1），在办理主体内部明确办理的岗位、权限、程序和时限等，将流程转换为计算机程序，为在县级平台上运行、开展电子监察打好基础。

（三）规范政府信息公开事项。遵循政府信息公开相关规定，并结合实际细化相关内容，切实增强公开的全面性和时效性。

（四）确定便民服务事项。按照依据充分、主体明确、流程清晰的要求，结合本地实际，充分考虑群众需求，确定各项便民服务事项和具体内容。

（五）制定监察规则。监察部门要对政务公开内容的完整性、时效性等制定电子监察规则；对行政职权和便民服务事项办理的时效性、流程合法性、内容完整性和收费合规性等制定电子监察规则（参照附录3）；对行政职权行使方面的廉政风险点进行梳理确定，明确风险点名称、类型、内容描述和防控措施等内容，通过电子监察系统进行重点监控。

五、应用设计

（一）政务服务事项分类。根据行政职

权和便民服务事项梳理结果和办理流程，按办件类型及流程差异分为即办件、承诺件、补办件、上报件和联办件。

（二）应用流程设计。根据行政职权和便民服务事项的办理流程，结合“权力运行流程图”，按照部门内部业务分工和工作程序，确定运行流程及所有流程分支，细化每个办理环节，确定流转关系，确定事项流转电子表单的内容及格式，并划分读写权限。

（三）角色权限划分。根据应用流程设计要求，按照事项办理流程中每个环节的办理岗位及职责，划分相应角色、设置角色权限。

（四）办理期限设定。依据法定期限与承诺期限，确定每个环节的办理期限，听证、招标、拍卖、检验、检测、检疫、鉴定、专家评审等依法不计入期限的环节，应予以说明。

（五）电子材料编制。明确管理和服务对象需提供的材料清单及每份材料的格式、载体、报送方式和存储要求；明确每个文书的生成环节、生成方式和格式。

（六）监察预警设置。在行政职权和便民服务事项办理流程中设定时效、内容、流程、收费等监察监控点的自动判断条件，并对确定的廉政风险点进行重点标识；依据制定的监察规则和廉政风险防控措施，确定各类异常或疑似异常情况自动预警的内容和方式。

（七）督办流程设计。确定督办的发起、审核、签收、反馈等环节的办理岗位，设定角色权限，明确各环节的处理方式和处理结果；确定电子督办单的内容及格式，并划分读写权限。

六、信息资源管理设计

信息资源主要包括政府信息公开、政务服务、电子监察三类信息。通过建立政务服务事项信息库、办理过程信息库、办理结果信息库、监察规则信息库、监察业务信息库等五个信息库，实现政务服务和电子监察信息资源管理。

（一）政府信息公开信息项。由政府部门依据职能基于互联网通过政府网站发布、维护和管理，向社会公众提供政府信息公开服务。政府信息公开信息项应包括索引号、信息标题、发布日期、发布部门等。

（二）政务服务公开信息项。由政府部门依据职能基于互联网通过政府网站，公开政务公开和政务服务目录及行政职权和便民服务事项的办事指南，办事指南包括事项名称、内容、办理主体、依据、条件、期限和监督渠道等信息项。提供网上咨询、表格下载、网上申请、结果反馈等在线服务，网上咨询包括咨询对象、咨询标题、咨询内容等信息项；表格下载包括表格名称、表格描述、填写说明等信息项；网上申请包括申请人、申请事项、申请材料等信息项；结果反馈包括办件名称、办结时间、办理结果等信息项。

（三）政务服务事项信息库及信息项。由政府部门依据职能基于县级平台通过政务服务业务应用系统，形成政务服务事项信息库，储存政务服务事项信息，由工业和信息化部门维护和管理。政务服务事项信息项包括事项编码、事项名称、办理部门、行使依据、受理条件、收费依据和标准、法定期限、承诺期限、办理地点、联系电话、权力运行流程图、服务表格、常见问题解答、监督电话等。

（四）办理过程信息库及信息项。由政府部门依据职能基于县级平台通过政务服务业务应用系统，形成政务服务事项办理过程信息库，储存政务服务事项办理过程信息，由工业和信息化部门或有关职能部门维护和管理。办理过程信息项包括办理部门、岗位（环节）名称、事项编码、办理业务处室（科室）、办理人员工号、办理人员姓名、岗位（环节）状态、办件名称、办件摘要、办件申请方式、办件申请表格、办件申请提交材料、办件申请时间、申请者名称、申请者证件类型、申请者证件号码、联系人/代理人姓名、联系人/代理人证件类型、联系人/代理人证件号码、办件承诺期限、承诺期限单位、风险点类别、风险点描述、风险内控的手段、处理意见、办理附件、处理时间等。

（五）办理结果信息库及信息项。由政府部门依据职能基于县级平台通过政务服务业务应用系统，形成政务服务事项办理结果信息库，储存政务服务事项办理结果信息，由工业和信息化部门或相关部门维护和管理。办理结果信息项包括办理部门、事项编码、办结状态、办结意见、办理附件、办结时间等。

（六）监察规则信息库及信息项。由监察部门依据职能基于县级平台通过电子监察应用系统，形成监察规则信息库，储存监察规则信息，由监察部门对规则内容进行维护和管理。监察规则信息项包括监察规则类型、监察规则描述、监察监控参数等。

（七）监察业务信息库及信息项。由监察部门依据职能基于县级平台通过电子监察应用系统，形成监察业务信息库，储存监察部门在电子监察工作中形成的过程信息和结果信息，由工业和信息化部门维护和管理。监察业务信息项包括监察部门、被督办单位、事项名称、事项编码、监察监控人员、督办发起时间、督办结束时间、督办状态、督办结果等。

七、县级平台构建

充分利用已有的网络设施、应用及数据服务设施和信息安全设施等电子政务基础设施，构建满足县级政府政务公开和政务服务需要的县级平台，避免重复建设和投资浪费。

（一）基本技术要求

1. 采用B/S架构，兼容主流浏览器。

2. 构建统一的信息安全保障系统，提供标准的身份认证接口，通过权限管理、日志管理等多种技术手段保障系统安全运行。

3. 提供可视化应用配置界面，对各系统的运行进行管理，并对系统进行监控，记录运行日志。

4. 提供统一的工作流、电子表单和内容管理等基础应用，支持各系统应用通过可视化配置的方式，实现服务事项办理业务应用运行。

5. 实现县级平台各类应用统一的单点登录，登录的信息在各系统间完全一致，并同步变化。

6. 构建平台应采用符合国家要求自主可控的软硬件设备，系统应用满足快速部署、简便灵活和便于扩展的要求。

（二）政府信息公开专栏要求。基于互联网在县级政府网站上开设政府信息公开专栏，按照有关规定向社会公众提供政府信息公开服务。

（三）政务服务专栏要求。基于互联网在县级政府网站上开设政务服务专栏，与已设立的各类网上办事专栏相结合，避免办事服务信息分散，统一向社会公众提供政务服务，专栏应符合以下基本要求：

1. 在政府网站首页上设置专栏，专栏的名称为“政务服务专栏”。

2. “专栏”首页顶部为标题区，标题内容用“行政区域名称+政务服务专栏”表示。

3. 在专栏页面提供政务服务分类导航和多级目录显示，点击分类节点显示该分类节点下的条目列表。

4. 政务服务条目列表采用分页浏览方式，条目内容包括事项编码、事项名称、办理部门等，点击条目进入该事项详细信息页面。

5. 专栏中每个事项的详细信息页面都要设置办事指南、网上咨询、表格下载、网上申请、结果反馈等五项服务子栏目，实现网站办事全流程服务。

6. 办事指南子栏目提供事项的公开信息，显示的内容包括事项编码、事项名称、办理部门、行使依据、受理条件、收费依据和标准、法定期限、承诺期限、办理地点、联系电话、监督电话等信息。

7. 表格下载子栏目以列表方式提供申请该事项需要填写的所有表格，列表条目内容包括表格编号、表格名称和简要说明，提供表格下载。

8. 网上咨询子栏目提供行政职权和便民服务事项的咨询服务，由相关部门依据职能负责咨询内容的答复。

9. 网上申请子栏目支持社会公众在线提交申请材料，以申请编号作为申请人查询办事状态的依据。

10. 结果反馈子栏目支持申请人通过办件编号和证件号码查询办件的反馈详细信息，详细信息内容包括办件编号、办件名称、受理时间、办理时间、办理部门、办理状态等；行政许可等依法应公示结果的事项，以列表方式显示该事项所有办件的办理结果，列表条目内容包括办件编号、办件名称、办理结果、办结时间。

11. 在专栏内设信息检索栏，对专栏内公开的信息提供检索服务。

（四）政务服务业务应用系统功能要求。政务服务业务应用系统在县级平台上运行，实现所有行政职权和便民服务事项的信息管理和运行管理。

1. 实现事项新增、取消、变更和行使依据管理等功能。

2. 提供事项信息在线审阅、历史版本比对、数据完整性校验等辅助功能。

3. 提供对每个事项设定独立内部流程的配置功能。

4. 实现事项办理流程的自动控制，包括流程合法性检查、材料完整性审查、办理时限提醒、疑似异常操作控制和提醒等。

5. 提供事项办理过程中可能发生的补正、暂停、退回等业务操作功能。

6. 提供事项办理在线审阅材料、填写意见、制作文书、作出决定等业务辅助功能。

7. 提供对各岗位办理过程信息进行记录，保留操作痕迹的功能。

（五）电子监察应用系统功能要求。电子监察应用系统在县级平台上运行，实现对所有行政职权和便民服务事项办理全流程、全业务、全覆盖监察监控。

1. 提供对所有事项办理过程的完整还原功能。

2. 实现对异常情况、办理时限等情形的实时监察监控，对违反规定的异常情况进行预警和报警。

3. 提供对电话、现场及网上投诉件的处理、跟踪、反馈等功能。

4. 实现对事项办理过程中的异常或疑似异常情况的督查督办处理、跟踪及反馈。

5. 实现对各部门、各岗位的行政效能以及事项不同环节、不同时段的工作绩效进行统计分析和绩效评估。

6. 提供电子监察规则的设定和管理功能。

（六）系统对接要求。县级政府部门尚未建立业务应用系统的，应依托县级平台实现行政职权和便民服务事项的办理。已建业务应用系统且符合县级平台技术和功能要求的，应与县级平台实现对接；不符合要求的，应进行改造。部门业务应用系统通过县级平台提供的标准 Web Service 服务接口实现对接，将事项办理运行的过程和结果数据主动推送至县级平台，实现政务服务统一管理和电子监察。

八、应用服务上线

（一）功能上线。基于县级平台，部署政务服务业务应用系统和电子监察应用系统，设置各项应用功能；完善政府网站政府信息公开、网上办事和政民互动的服务功能。实现政务服务各项应用功能的初始化，设定组织机构、用户和角色，配置单点登录和功能模块权限。

（二）信息上线。县级政府部门、乡镇（街道）根据政府信息公开和政务服务的相关要求，通过政府网站的政府信息公开、政务服务和政民互动等相关栏目，面向社会公众提供政府信息公开和政务服务。

（三）事项上线。县级政府部门、乡镇（街道）按照先易后难、效果优先、分类分批的原则配置每个事项的电子流程，设定流程节点、角色权限、电子表单、流转的电子文档、风险环节和监察规则。

（四）窗口上线。充分利用已有设施，配备办理行政职权和便民服务事项所需的窗口终端、配套设备（电子屏幕、扫描仪、打印机等）和自助终端，并通过网络接入应用系统。提供适合社会公众需要的手机短信、语音电话、电子邮件等多种服务方式。

（五）服务上线。服务上线可分为试运行和正式运行两个阶段，在试运行期间，发现分析存在的问题和不足，解决完善后，所有行政职权和便民服务事项全面上线正式运行。

九、基层延伸部署

（一）服务延伸。乡镇（街道）和社区（村）受县级政府部门委托代收代办的、属于职责范围的和自行提供的行政职权和便民服务事项，应在县级平台上设定事项流程、设置账号和角色权限，开通服务。

（二）网络延伸。充分利用现有基础设施，构建基于互联网符合国家相关标准的网络环境，实现网络向乡镇（街道）、社区（村）服务窗口的延伸，接入窗口服务终端和相关设备。有条件的地方可采用移动通信网络方式实现网络延伸。

（三）窗口延伸。乡镇（街道）和社区（村）负责落实服务场所，充分利用已有的便民服务场所和各类服务设施，建立服务窗口，配备办理行政职权和便民服务所需的窗口终端、配套设备（扫描仪、打印机等）和自助终端，提供服务。

十、技术保障服务

（一）确定技术保障服务方式。结合本地实际，采用自行承担或服务外包的方式，为县、乡镇（街道）和社区（村）三级提供技术保障服务。

（二）明确技术保障服务承诺。明确业务运行支撑和平台运行保障方面的承诺内容，包括远程问题诊断、现场软硬件系统问题诊断、产品升级服务和定期巡检服务等，并制定服务质量承诺。

（三）明确技术保障方式。提供 7×24 小时热线电话和远程维护，设立统一热线电话作为服务受理渠道，并提供电子邮件和即时消息等远程维护及现场支援等技术保障方式。

（四）建立运行报告制度。技术保障服务机构定期向县级政府部门、乡镇（街道）和社区（村）报送运行情况报告，主要内容包括系统使用情况、业务量统计、故障处理情况和服务请求响应情况等。

（五）建立故障分级响应机制。根据故障严重程度将系统故障划分为 A、B、C 三个等级。A 级故障为特大故障，对系统运行有严重影响，导致系统无法运行；B 级故障为重大故障，限制了部分系统运行；C 级故障为一般故障，对系统运行产生轻微影响，大部分系统仍可运行。根据不同故障等级，分别设定响应机制。

（六）建立服务质量考核机制。明确服务质量考核指标和评估方法，从服务满意度、平均响应时间和投诉发生率等方面对服务质量进行评估，并根据评估结果对技术保障服务机构和服务人员进行奖惩。

十一、验收评估

（一）平台评测验收。县级平台构建完成后，要通过国家专业评测机构的技术评测，对县级平台功能和性能进行验收。

（二）应用上线验收。在应用上线及延伸部署完成后，通过技术测评和在线操作等方法，对规范政务公开和政务服务事项、应用设计等内容进行验收。

（三）服务评估。在服务正式上线后，通过网上测评、抽样检查和效能评估等方法，对县级平台运行情况和办件效能等内容进行定期评估。

附录1：

政务服务事项梳理规范表式及范例

一、文档格式要求

填报的表格用 WORD 文档制作，小四号仿宋 GB2312 填写。报送书面材料的同时提供电子文档。

二、政务服务事项内容目录梳理表式说明

县级政府部门、乡镇（街道）需梳理规范本单位的所有行政职权和便民服务事项，使用的表式如下：

××县××局政务服务事项内容目录

共　项；其中行政许可　项；行政征收　项；非行政许可的行政审批　项；行政确认　项；代理事项　项；其他项；便民服务事项　项

序号	事项名称	事项类型	办理主体	行使依据	法定期限	收费标准与依据
各类别事项的序号分别从1开始	各事项的名称，应尽可能使用法定名称或法定词汇组成的简称，无法定名称的，使用相应的规定词汇组成简称	事项所属类型，按照表格上方统计分类的次序排列	事项的办理主体及其性质，主体性质分为法定机关、授权组织和受委托单位三种，当性质为受委托单位时，还需填写委托单位名称	事项的法定依据，应写明具体条款及内容。对于同一事项有不同位阶依据的，从高到低依次列举	事项的法定办理期限	说明事项是否涉及收费，收费的事项进一步写明准予收费的依据及标准

三、政务服务事项信息梳理表式说明

县级政府部门、乡镇（街道）根据政务服务事项内容目录，梳理办理流程和服务规范，形成政务服务事项内容信息表，编制权力运行流程图。

（一）政务服务事项内容信息表

针对政务服务事项内容目录中的每个事项填写政务服务事项内容信息表，使用的表式如下：

A1 表：政务服务事项内容信息表

事项编码	所有行政职权和便民服务事项审核确认后，由工业和信息化部门统一编码，编码规则参见附录 2
事项分类	行政职权（行政许可/行政审批/行政征收/行政确认/代理事项、其他）、便民服务
事项名称	事项的名称，应使用法定名称或法定词汇组成的简称，无法定名称的，使用相应的规定词汇组成简称
行使依据	事项行使的依据，应写明具体条款及内容。对于同一事项有不同位阶依据的，从高到低依次列举
办理主体	事项的办理主体及其性质，主体性质分为法定机关、授权组织和受委托单位三种，当性质为受委托单位时，还需填写委托单位名称
受理条件	申请办理该事项的必备条件
收费依据和标准	说明事项是否涉及收费，收费的事项进一步写明准予收费的依据及收费标准
法定期限	政务服务事项法定的办理期限
承诺期限	政务服务事项对外承诺的办理期限（有法定期限的政务服务事项，其承诺期限不得超过法定期限）
办理部门	办理主体单位具体办理该事项的部门，应明确到具体业务科室
办理地点	政务服务事项对外的办理地点
联系电话	政务服务事项办理部门对外的联系电话
权力运行流程图	绘制 A2 表
服务表格	服务表格是事项申请材料的电子化表格，公众与企事业单位可在政府网站下载，可以列出多个
常见问题解答	社会公众在该事项办理过程中经常碰到的问题以及解答内容
监督电话	对外公布的监督电话
在线办理链接	政务服务事项网上在线办理的链接，点击链接可以直接链接到具体的办理页面

（二）权力运行流程图

权力运行流程图按照各单位业务工作程序制定，细化到本单位内部的具体办理人员，定岗、定人、定责、定时间。

A2 表：××行政许可事项流程图（示例）

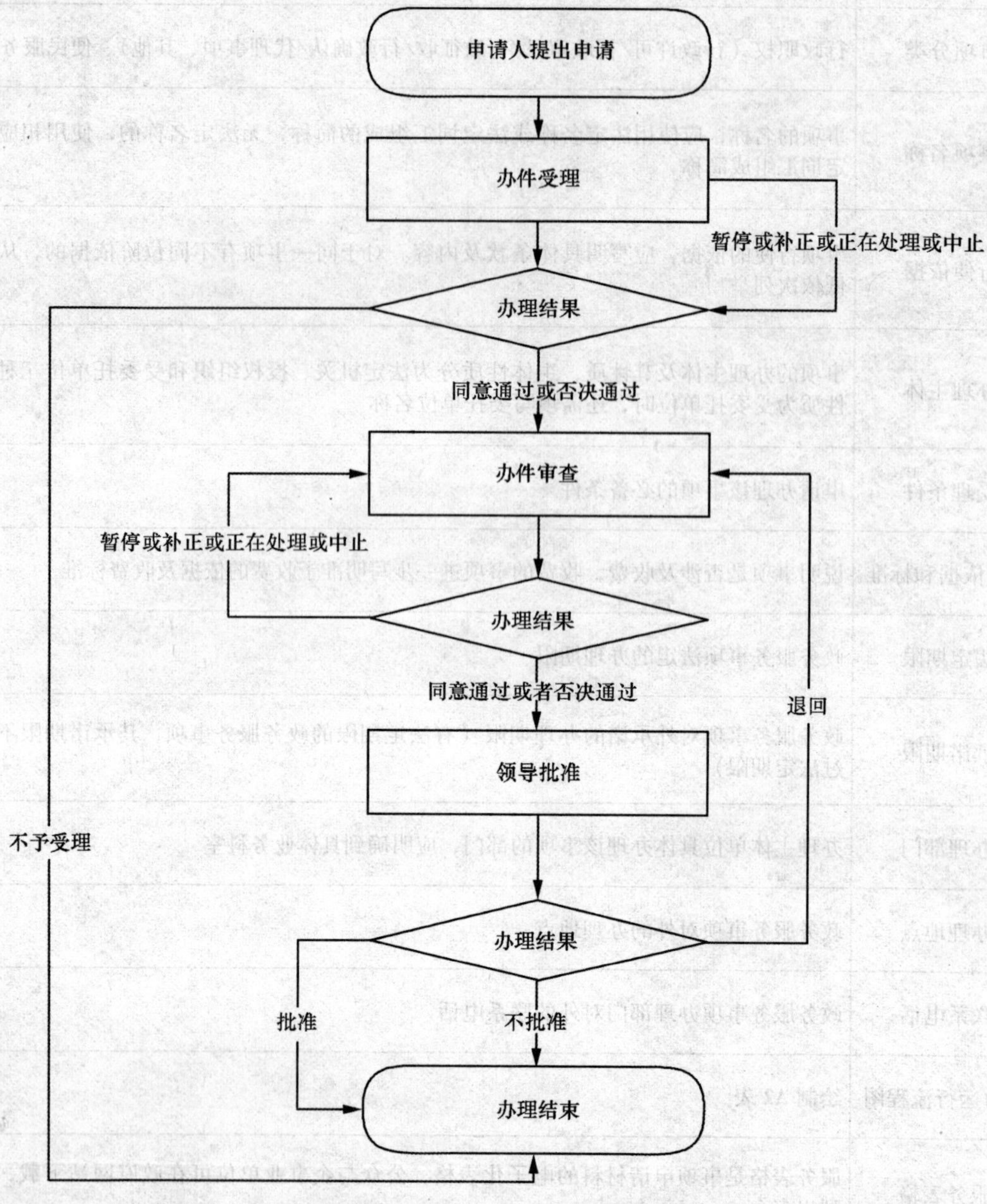

注：（1）流程图采用简单规范的符号，要求有开始和结束的标示。

（2）流程图符号说明：椭圆形表示开始结束；方框表示一个处理步骤；菱形框表示一个逻辑条件；箭头表示控制流向。

四、范例

（一）政务服务事项信息梳理范例

事项编码	32118200MZ－XK－0001
事项名称	社会团体成立登记
行使依据	《社会团体登记管理条例》第六条第一款："登记管理机关应当自收到完成筹备工作的社会团体的登记申请书及有关文件之日起30日内完成审查工作。对没有本条例第十三条所列情形，且筹备工作符合要求、章程内容完备的社会团体，准予登记，发给《社会团体法人登记证书》。"
办理主体	扬中市民政局（法定）
受理条件	申请人应出具《民间组织党建工作登记表》、《社会团体法人登记表》及其他申请材料。

续表

法定期限	30工作日
承诺期限	27工作日
收费依据和标准	不收费
办理部门	扬中市民政局民间组织管理科
办理地点	扬中市扬子中路182号行政服务中心民政局窗口
联系电话	0511－88334937
权力运行流程图	见附件
服务表格	《民间组织党建工作登记表》 《社会团体法人登记表》 （样表略）
常见问题解答	略
监督电话	0511－88366866
在线办理链接	略

（二）权力运行流程图范例

1. 流程图

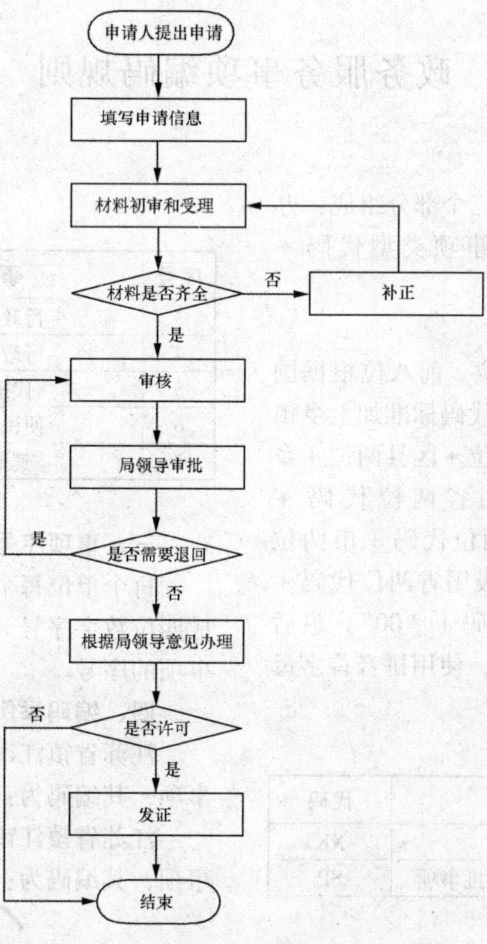

2. 岗位说明

序号	岗位名称	岗位职能	办理人员	承诺期限
1	受理岗	审查申请材料完整性、准确性，根据行政许可受理程序的相关规定，作出受理决定	×××	
2	审核岗	审查申请材料的合理性，提出是否准予许可的意见	×××	15工作日
3	审批岗	决定是否准予许可	×××	10工作日
4	制证岗	登记许可结果，并根据结果制作证书，送达申请人	×××	2工作日

附录2：

政务服务事项编码规则

政务服务事项编码由三个部分组成：办理主体编码＋“－”＋事项类型代码＋“－”＋事项序号。

一、办理主体编码

办理主体编码共10位。前八位根据国家有关部门最新行政区划代码标准加上乡镇街道编码，省两位＋市两位＋区县两位＋乡镇街道两位，省本级用省两位代码＋“000000”，市本级用省两位代码＋市两位代码＋“0000”，区县本级用省两位代码＋市两位代码＋区县两位代码＋“00”；最后两位为各部门的业务代码，使用拼音首字母缩写组成。

二、事项类型代码

序号	事项类型	代码
1	行政许可事项	XK
2	非行政许可的行政审批事项	SP
3	行政征收事项	ZS
4	行政确认事项	QR
5	代理类事项	DL
6	便民服务事项	FW
7	其他类事项	QT

三、事项序号

每个单位每个类型下的事项，排列后形成四位数字序号（不足四位前补零），作为事项的序号。

四、编码举例

江苏省镇江市扬中市安监局第三项许可事项，其编码为：32118200AJ－XK－0003；

江苏省镇江市扬中市工商局第一项代理事项，其编码为：32118200GS－DL－0001。

附录3：

监察规则制定参考

一、监察规则

监察规则是指通过设置预警条件及规则对事项办理过程中的时效、流程等监察监控内容进行实时监察监控，自动发现事项运行过程中异常或疑似异常的既定条件。

二、监察规则库

（一）政务公开电子监察规则

监察点	规则描述
内容监察	公开信息的详细内容不完整的
	未按公开要求将所有事项信息完全公开的
时效监察	公开信息未按要求及时公开的
	公开信息已废止或失效，但仍处于公开状态的
即时监察	未依相对人申请公开的履行情况予以公开的

（二）行政职权和便民服务电子监察规则

监察点	规则描述
时效监察	行政职权和便民服务事项办结时间超过承诺期限的
	对于有法定期限的事项在设置时间内进行预警提醒，默认为应办结时间前一日

续表

监察点	规则描述
流程监察	办件在办理过程中处于中止状态的
	办件在办理过程中处于暂停状态的
	办件登记后不予受理的
	行政许可办件受理后，审批的结果为不予许可的
内容监察	事项编码不在政务公开和政务服务目录中的
	事项已取消，但仍在使用的
	事项办理的要件材料不完整的
	事项办结内容不完整的
	当事人基本信息填报不完整的
	申请人基本信息填报不完整的
收费监察	擅自收费、未按法定项目和标准收费等违法违规收费的

印发《关于加强廉政风险防控的指导意见》的通知

（中纪发〔2011〕42号 2011年12月21日）

各省、自治区、直辖市纪委、监察厅（局），中央和国家机关各部委纪检组（纪委）、监察局（室），中央纪委各派驻纪检组，监察部各派驻监察局、监察专员办公室，各中央金融机构和中央企业纪检组（纪委）、监察局（室），中央直属机关纪工委，中央国家机关纪工委，军委纪委：

现将《关于加强廉政风险防控的指导意见》印发给你们，请结合实际认真贯彻执行。

中共中央纪委
监　察　部
2011年12月21日
（此件发至县团级）

关于加强廉政风险防控的指导意见

近年来，各地区各部门按照党中央、国务院的部署和要求，在开展廉政风险防控方面大胆探索，取得了积极进展，积累了有益经验。实践表明，将风险管理理论和现代质量管理方法引入反腐倡廉建设，加强廉政风险防控，是构建惩治和预防腐败体系的重要举措，是规范权力运行、建设法治政府的客观要求，是促进干部队伍作风建设的现实需要，是推进预防腐败工作的有力抓手。为进一步规范和深化廉政风险防控工作，现提出如下指导意见。

一、指导思想、工作原则和目标要求

1. 指导思想。以邓小平理论和“三个代表”重要思想为指导，深入贯彻落实科学发展观，按照“在坚决惩治腐败的同时，更加注重治本、更加注重预防、更加注重制度建设”的要求，以制约和监督权力运行为核心，以岗位风险防控为基础，以加强制度建设为重点，以现代信息技术为支撑，构建权责清晰、流程规范、风险明确、措施有力、制度管用、预警及时的廉政风险防控机制，不断提高预防腐败工作科学化、制度化和规范化水平。

2. 工作原则。坚持围绕中心，把加强廉政风险防控与经济社会发展、党的建设特别是反腐倡廉建设结合起来，融入业务工作和管理流程之中，实现廉政风险防控与各项工作相互促进、协调发展；坚持系统治理，用系统的思维、统筹的观念、科学的方法推进工作，拓展从源头上防治腐败工作领域；坚持改革创新，尊重基层和群众的首创精神，勇于实践，探索惩治和预防腐败的新思

路、新办法、新途径；坚持因地制宜，针对不同地区、不同部门、不同岗位特点，合理确定工作目标、任务、方法、步骤，加强分类指导，实行分类管理，循序渐进，积极稳妥。

3. 目标要求。以腐败易发多发的领域和部位为重点，逐步建立覆盖党的机关、行政机关和国有企业、事业单位的廉政风险防控机制；在充分实践的基础上，使廉政风险防控机制运行顺畅，制度配套完善、执行有力，预防腐败成效明显提高，在惩治和预防腐败体系建设中发挥重要作用。

二、方法步骤和主要内容

4. 依法规范职权。根据法定职责，按照权责一致的要求，全面清理和明确对管理和服务对象行使的各类职权，对依法确定的职权进行分项梳理，摸清职权底数，编制“职权目录”，明确职权名称、内容、行使主体和法律依据等。在此基础上，针对每一项职权，优化运行流程，绘制“权力运行流程图”，明确办理主体、条件、程序、期限和监督方式等。同时，对单位内部的人、财、物管理等职权进行清理、规范，明确内部职权行使的岗位、权限、程序和时限等。

5. 查找廉政风险。通过自己查找、群众评议、专家建议、案例分析和组织审定等方式，重点查找权力行使、制度机制和思想道德等方面存在的廉政风险。权力行使方面，重点查找由于权力过于集中、运行程序不规范和自由裁量幅度过大，可能造成权力滥用的风险；制度机制方面，重点查找由于规章制度不健全、监督制约机制不完善，可能导致权力失控的风险；思想道德方面，重点查找由于理想信念不坚定、工作作风不扎实和职业道德不牢固，以及外部环境对正确行使权力的影响，可能诱发行为失范的风险。

6. 评定风险等级。根据权力的重要程度、自由裁量权的大小、腐败现象发生的概率及危害程度等因素，按照“高”、“中”、“低”三个等级进行评定，并经单位领导班子集体审定。对不同等级的廉政风险实行分级管理、分级负责、责任到人。

7. 制定防控措施。针对廉政风险和风险等级，依据法律法规、政策规定、廉政要求、工作职责、工作标准，制定有针对性、可操作性、具体管用和切实可行的防控措施，特别要突出对高等级风险的防控。属于权力行使方面的，要建立健全权力运行程序规定，探索完善分权、控权的有效办法，规范权力行使；属于制度机制方面的，按照建立健全惩治和预防腐败体系的要求，建立健全相关制度并抓好落实；属于思想道德方面的，通过开展专题党课、示范教育、警示教育、岗位廉政教育等形式，增强党员干部风险防范意识，提高廉洁从政的自觉性。

8. 优化权力结构。坚持市场优先和社会自治原则，对权力进行科学分解和配置，重点在行政审批、行政处罚、行政给付、政府投资项目、公共资源交易、财政专项资金管理使用等领域，建立健全决策权、执行权、监督权既相互制约又相互协调的权力结构和运行机制。围绕重大决策、重要干部任免、重大项目安排和大额度资金的使用，健全议事规则和工作规则，规范领导班子及其主要负责人的决策权限、决策内容及决策程序，完善“三重一大”决策事项的风险防控措施。

9. 规范行政裁量权。建立健全行政处罚、行政许可、非行政许可审批、行政强制、行政征收等领域的裁量权基准制度，综合考评法定裁量和酌定裁量因素，科学合理划分裁量阶次，完善适用规则，避免执法的随意性。重点抓好行政处罚裁量权的规范，对行政处罚权进行全面梳理，逐项提出行使条件，对处罚种类、处罚幅度、处罚实施等，制定具体裁量标准和实施细则。

10. 推进权力公开透明运行。深入推进党务公开、政务公开、司法公开、厂务公开、村（居）务公开和公共企事业单位办事公开。通过政府网站、公报、公开栏、办事指南和新闻媒体等途径，依法向社会公开“职权目录”、“权力运行流程图”和裁量权基准，接受社会监督。通过单位内部网络、内部公开栏等途径，公开内部职权行使情况、廉政风险及防控措施，特别是对干部任用、行政支出预决算、财务报销、政府采购、工程建设、资产管理等，加大公开力度。

11. 加强科技防控。加强统一规划和资源整合，充分利用电子政务设施，依托科技手段防控廉政风险。建立完善权力网上公开运行和在线电子监察系统，依据“权力运行流程图”，将业务流程程序化、标准化和规范化，并逐步将廉政风险和公共资源配置、专项资金管理使用等情况纳入电子监察系统监控范围，实现网上实时动态监控。探索运用信息化手段，加强单位内部人、财、物管理等方面的廉政风险防控。

12. 实施预警处置。针对腐败现象易发多发的重点领域和关键环节，通过巡视、审计、干部考察、述职述廉、舆论监督、电子监察、效能监察、执法监察、纠风治理、信访举报和案件分析等，全面收集廉政风险信息，加快预防腐败信息分析和预警系统研发，定期进行分析、研判和评估，对可能引发腐败的苗头性、倾向性问题进行风险预警，综合运用风险提示、诫勉谈话、责令纠错等处置措施，做到早发现、早提醒、早纠正，及时化解廉政风险。

13. 坚持动态管理。以年度为周期或依托项目管理，结合经济社会发展、行政职能转变和预防腐败新要求，根据法律法规和规章制度的调整、上级机关和主管部门有关职责权限的变更、防控措施落实的效果以及反腐倡廉实际需要，及时调整、完善廉政风险内容、等级和防控措施，加强对廉政风险的动态监控。

三、工作要求

14. 加强领导，落实责任。各地区各部门要把推行廉政风险防控工作作为落实党风廉政建设责任制、加强惩治和预防腐败体系建设的一项重要任务，列入领导班子重要议事日程，认真组织落实；各级党政领导班子及其成员要以身作则，率先垂范，带头抓好自身和管辖范围内的廉政风险防控。各级纪检监察机关、承担预防腐败工作的职能部门要认真履行职责，加强监督检查，推动廉政风险防控工作的落实。

15. 突出重点，统筹推进。各地区各部门要围绕重点领域、重点对象和权力运行的关键部位，着力防范工程建设、土地出让、产权交易、政府采购、资源开发和交易、食品药品安全、环境保护、安全生产、金融运行以及选人用人等方面的廉政风险。要把加强廉政风险防控融入业务工作流程，与加强廉政教育、规范权力运行、深化各种形式公开、完善行政审批制度、实现公共资源市场化配置有机结合起来，统筹安排，协调推进，整体提高反腐倡廉建设科学化水平。

16. 注重检查，务求实效。各地区各部门要结合实际，在规范权力运行、健全廉政风险防控机制上务求实效，坚决避免和克服形式主义。要将廉政风险防控纳入党风廉政建设责任制检查考核、领导班子和领导干部工作目标考核、惩治和预防腐败体系建设检查之中，并将检查考核结果作为干部评价和任免的重要依据。要研究制定检查评估标准，探索建立廉政风险防控的社会评价办法，采取定期自查、年度检查、社会评议等方式，提高检查评估的针对性和有效性，确保廉政风险防控扎实推进、取得实效。

第四部分

中央纪委、监察部、国家预防腐败局以及有关单位领导讲话

2010 年

崔海容同志在制止公款出国（境）旅游专项工作部际联席会议第三次会议上的讲话

（2010 年 2 月 9 日）

尊敬的国增副部长、宏伟副部长、建华组长、大胜副署长，同志们：

这次会议是非常重要的会议，对 2009 年的工作作了很好的总结，对下一步工作作了非常具体地部署，并且还研究探讨了制止公款出国（境）旅游长效机制建设的问题。大家都本着高度负责的精神，畅所欲言，献计献策，提出了很多很好的建议和意见。可以说，今天的会议开得很成功，效率很高，收获很大。下面，我受制止公款出国（境）旅游专项工作部际联席会议召集人屈万祥同志的委托，讲三点意见。

一、要提高认识，继续把专项工作摆上重要位置

党中央、国务院对制止公款出国（境）旅游工作高度重视。认识问题我想讲三句话。

第一句话，经过两年的治理，成效显著。团组、人数、经费在近 3 年平均数基础上分别下降 49%、45.5%、37.6%，节约支出 16.31 亿元。得到党和国家领导人及人民群众的充分肯定，成果来之不易。

第二句话，反弹的形势依然存在，甚至严峻。等待观望的心态，不仅存在于期望用公款出国（境）旅游、或者借机旅游的干部身上，而且相当一些基层监管部门也存期待心理。甚至有些微词，比如说左啦，比如说处理重啦等等。我们说抓的是公款出国（境）旅游，这在任何一个国家都是被禁止的。

第三句话，领导与民众在充分肯定专项工作成效，更寄予厚望。此项工作启动于中央纪委三次全会，总书记讲话，要抓实的，抓老百姓能看得见的腐败问题。在两年多的工作中，贺国强同志作过 7 次批示，何勇、马驭同志更是具体指示。各成员单位领导高度重视，亲自指导，亲自检查。一定要认识到这是党和国家治国理政的民心工程，认识专项工作的重要性。现在说得太多，老百姓不看你怎么说，关键看你怎么做。比如公款吃喝、公车、多占住房等问题，切实需要从根子上予以治理。各成员单位，尤其各监管部门，一定要充分认识有效制止公款出国（境）旅游的工作难度，研究具体抓好此项工作的方法。

二、要继续加大专项工作力度

关于2010 年的专项工作要点，刚才育

明同志向大家进行了宣读。大家都提出了很好的意见建议。通过讨论，我们的工作思路更清晰了。总的来说，对今年的工作，指导思想明确，重点突出，措施具体，可操作性强。下一步我们要在落实上狠下功夫，突出抓好三项工作。其一是要实行分类指导、总量控制。要在确保外交、国际合作、商贸、文体交流、高层次干部人才培训等因公出国活动的前提下，继续严格控制因公出国经费和人数，进一步压缩地（市）以下各级党政机关因公出国人数。继续总量控制省部级干部因公出国人数，继续严格控制招商引资、文体交流等大型团组中的党政干部比例。我个人认为空间仍然很大，尤其是地市以下领导。其二是要狠抓因公出国管理制度的执行。严格审批制度，将出访任务是否明确、必要，出访行程是否合理，邀请函是否真实，出访人员职务是否与出访任务一致等要素作为任务审核审批重点，切实提高审批质量。严格经费管理，坚决执行《加强党政干部因公出国（境）经费管理暂行办法》（财行〔2008〕230 号），将因公出国经费全部纳入预算管理，督促各地区各部门要根据本地区本部门实际情况，制定落实经费先行审核制度的具体措施，严格经费核销，加强对经费使用情况的监督。严格遵守外事纪律，对擅自更改行程，增加出访国家、地区和城市，延长境外停留时间等违纪行为要坚决查处。其三是要严肃查处公款出国旅游案件。要增强查办公款出国旅游案件的主动性，拓宽案件线索来源渠道，严肃查处顶风违纪案件，克服失之于软、失之于宽的问题。公开曝光典型案件，发挥案件的警示教育功能。

三、要建立健全禁止公款出国旅游长效机制

我跟领导和具体工作的同志说，一定要研究制定 5 年不反弹的相关规定。领导说 5 年怎么行，要长远。领导站位很高，制度设定应该据有永久性。因此围绕这个目标。我想：

（一）在有限的工作时间里，一定要从建立长效机制入手，研究实施有效制止公款出国（境）旅游切实可行的办法。避免轰轰烈烈一阵子，放下手来就反弹。工作定位在不是纠风、纠偏，而是有效制止。一是要区分不同地区和部门社会经济发展需要、不同出访任务性质、不同人员层次等多方面实际情况，科学合理安排因公出国活动，严格审核审批出国（境）任务，保证重要因公出国团组，控制因公出国团组人数年度总量。二是进一步明确团组派出单位、任务审核审批部门、财政财务部门、审计部门，出访团组等相关责任主体的责任，细化审批内容，提高审批门槛。如增加对组团单位对外公务交往、团组国外活动情况的核查，以及对团组出访成果、成效的核查等相关内容。三是加强对双跨和培训团组的管理，规范招商、展览、培训类双跨团组的审批及在外活动情况核查。四是建立因公出国信息公开共享制度，加强群众监督，严肃查处违纪违规案件。这项工作要立足实际，做细做实，要管用、管长远。

（二）反思、梳理、审查原有制度设定的优劣，取优弃劣，整合规范。31 个文件管不住一种现象，除违纪行为的挑战能力外，原有制度设定的科学性确实值得认真研究。比如对省部级干部原则二年出国一次的问题，是不是带有福利的性质等都值得研究。

（三）强化制度制定的实用性和可操作性。制度设定要考虑管用，管得住，管长远，而且一定要有罚则，要重罚重处。

（四）作为政务工作，在方式上要公开进行。除涉及密访、商业密级重的事项，原则上都要公开进行，利用政府网站或其他媒介形式，进行晒。你的公务是为百姓谋福利的，心地无私天地宽，你怕什么。只有纳税人对自己所纳的税使用，有知情、参与、表达和监督权了，事情才能做得更好。

同志们：按照中央领导要求，制止公款出国旅游专项工作由监督部门牵头治理的时间还不到10个月，任务很重。希望部际联席会议各成员单位充分发挥各自的职能作用，进一步加强合作，把今年的各项任务落实好，完成好。特别是在建立健全长效机制方面力争取得明显成效。

春节快到了。我代表中央纪委、监察部和国家预防腐败局，向各位同志、同仁拜个早年，祝大家新春快乐，万事如意！

崔海容同志在中国社会科学院2010年反腐倡廉建设工作会议上的讲话

（2010年3月25日）

同志们，朋友们：

今天，我能参加中国社科院2010年反腐倡廉建设工作会议，特别是能与社科院的专家学者们一起研讨交流预防腐败工作，感到十分高兴。刚才听了王伟光院长代表党组所作的工作报告和李秋芳同志的讲话，很受教育和启发。下面，我谈几点想法，与大家共勉。

一、2009年中国社科院反腐倡廉建设成绩显著

2009年是全党深入学习贯彻十七大和十七届四中全会精神，扎实推进惩治和预防腐败体系建设的重要一年。一年来，社科院党组和驻院纪检组坚决贯彻党中央、国务院和中央纪委的决策部署，始终高度重视反腐倡廉工作，紧密结合社科院的科研和管理实际，全面加强反腐倡廉建设，把惩治和预防腐败体系与社会科学创新体系紧密结合、协同构建，把反腐倡廉建设与学科建设、队伍建设整体部署、共同推进，各项工作都取得了实实在在的成效。突出表现为：坚持正确的政治方向，切实维护政治纪律；加强学风建设，促进转变作风；推进源头治理，实行“管理强院”；加大对领导干部廉洁自律、重大事项决策、基建工程、财务收支等方面的监督力度，创新监督方式；加大信访和案件核查力度，持续发挥惩治功能。

2009年中国社科院充分发挥学术优势，积极开展廉政研究工作，取得了丰硕成果。如成立中国廉政研究中心，举办第四届廉政研究论坛。拓展廉政研究领域，组织立项廉政研究课题23项，产生了一批高质量的研究成果，为反腐倡廉工作的深入开展提供了理论支持和决策参考，有效服务了党和国家反腐倡廉工作大局，思想库、智囊团的作用更加凸显。特别值得欣喜的是，去年中国社科院在预防腐败理论研究方面也是硕果累累。如《社会中介组织的腐败状况与治理对策研究》报告，得到中央领导同志的批示，推动了社会领域防治腐败工作的开展。社科院还与甘肃省纪委监察厅预防腐败局合作，启动了“预防腐败创新工程”研究项目。甘肃省是国家预防腐败局的预防腐败试点省份，而社科院是国内权威的哲学社会科学研究机构，这一合作模式为深入推进预防腐败工作提供了一个成功范例。

二、2010年中国社科院的预防腐败“三大行动”意义深刻

2010年，中国社科院反腐倡廉建设将在巩固“六项格局”的基础上，着力实施预防腐败“三大行动”，开创预防腐败工作新局面。我认为这一工作思路具有很强的针对性和深刻的意义。

首先，这是贯彻落实党中央关于反腐倡廉战略方针的重要体现。党的十七大提出“更加注重治本、更加注重预防、更加注重制度建设”，十七届四中全会提出“更有效地预防腐败”，这是我们党深刻总结反腐倡廉历史经验，适应形势发展和时代要求作出的重大战略决策。当前，我们惩治腐败的力度不断加大，但一些领域的腐败案件仍然易发多发，主要是由于滋生腐败的土壤和条件没有得到根治。经常反复发生的问题，必须从体制机制上找原因，通过深化改革、创新制度来解决问题，这样才能从根本上遏制腐败。

其次，这是对深入推进预防腐败工作的有益探索。预防腐败工作涉及政治、经济、文化、社会诸多领域，具有很强的创新性和探索性，是一项艰巨、复杂的系统工程。中央纪委、监察部、国家预防腐败局积极鼓励各地区各部门在预防腐败方面大胆实践和试点，研究工作规律，探索思路办法。“三大行动”紧紧围绕中国社科院反腐倡廉工作实际，为开展预防腐败工作找到了载体和抓手，体现了预防腐败工作的思想观念创新、体制机制创新和方式方法创新，对其他部门具有很好的借鉴作用。

第三，这是中国社科院自身有效预防腐败的重要举措。“三大行动”定位于实施优良学风建设行动、领导干部廉洁自律示范行动和管理决策规范行动，从思想观念、体制机制和方式方法三方面入手，将预防腐败的理念和措施融入到科研和管理工作的各个方面，使廉洁自律行为自觉内化为干部和学者的道德追求和基本价值观，推动学风、作风的改善，实现重点领域、关键环节的廉政风险防控，最大限度地降低违纪违法行为发生几率，从而达到有效预防腐败的目标。

三、当前预防腐败的几项重要课题

当前，我国反腐倡廉建设面临着许多新情况和新问题，人民群众对反腐倡廉建设充满着新期待和新要求。胡锦涛总书记在中央纪委五次全会讲话中，专章论述了“进一步加强预防腐败制度建设”，指出预防是治本之策，并提出7项具体工作。为落实总书记的要求，切实加强预防腐败体制、机制和制度建设，实现有效预防腐败的工作目标，现在国家预防腐败局的重点工作：

一是加强对权力运行的公开与监控。今年“两会”温家宝总理在《政府工作报告》中提出：“要创造条件让人民批评、监督政府。”如何创造条件让人民批评、监督政府？落实群众的知情权是必要前提，让权力在阳光下运行是重要保证。为此，国家预防腐败局今年将进一步深化政务公开，推进权力公开透明运行，重点开展廉政风险防范管理，推进权力运行监控机制建设，通过依法清权确权、排查风险、流程管理和考核问责，努力实现对权力运行全过程的监督。二是加强政务服务建设。近年来，基层政务服务中心建设迅速发展，基本建立了上下联动、层级清晰、覆盖城乡的政务服务体系，创造了一大批经验。温家宝、习近平、贺国强同志最近多次作出批示，要求我们总结推广。这项工作是政府转变职能、深化信息公开的具体实践，需要从理论和实践两个方面加以总结和概括，推进深化工作。三是加强对配偶子女均已移居国（境）外的国家工作人员管理。这是国家预防腐败局今年的一项重要工作，也是群众关心的热点问题之一。解决这个问题，要继续落实并抓紧完善党员领导干部报告个人有关事项制度，加强出国（境）证件的审批管理，加强资金监控，加大国际合作力度。这个问题的政策性很强，也比较敏感。下一步，我们将就如何加强管理、制定配套措施、把握舆论导向等问题进行研究。四是建立公款出国（境）旅游长效管控机制。2009年全国因公出国经费、团组、人次与前三年平均数相比分别下降37.6%、45.5%和49%，节约16.31

亿元。2010年将继续严格控制和适度压缩因公出国人数和经费，并推动出台《关于违反因公出国（境）工作纪律适用〈中国共产党纪律处分条例〉若干问题的解释》、《关于违反因公出国（境）工作纪律处分暂行规定》，研究建立因公出国（境）信息公开制度、因公出国（境）团组境外检查评估机制、因公出访成果共享制度等，完善党政干部因私出国（境）相关管理规定，形成一套用制度管权、按制度办事、靠制度管人的长效机制。五是加强预防腐败国际合作与国际援助。根据《联合国反腐败公约》第三次缔约国大会要求，与有关部门共同研究履约审查应对措施。研究做好《联合国反腐败公约》有关预防腐败措施在我国的落地实施工作。积极开展预防腐败国际援助、培训和双边交流与合作。六是推进社会领域防治腐败工作。今年，我们将研究提出关于加强行业协会、市场中介组织反腐倡廉建设的意见，扩大试点工作；研究探索非公有制经济组织和新社会组织开展反腐倡廉建设的途径和办法，面向全社会开展廉洁文化建设。这些都是全新的工作，需要社会各界特别是社科研究机构的大力支持。

四、两点希望

一是，目前，一些高等院校、科研院所发生在基建工程、设备采购、人事调动、学术评奖等方面的典型案例，集中暴露了内部监督缺位、权力缺少制衡、资金使用不透明等问题。社科院是中国哲学社会科学的最高学术机构和综合研究中心，高知人才云集，希望能够借实施预防腐败“三大行动”之机，着重要在制度设计的监督与制衡上下功夫，加大学院重大问题决策、执行的公开力度，提高预防腐败制度的执行力和监督的有效性，在干部廉洁自律和严谨治学等方面为高等院校和科研院所树立榜样，带头遏制腐败。

二是，党的十七届四中全会明确提出，要完善党内民主决策机制，发挥咨询机构、专家学者、社会听证在决策中的作用。国家预防腐败局成立以来，十分重视发挥专家学者的作用。通过联合或委托开展课题调研的方式，邀请和组织专家学者，就一些重大理论和实践问题进行深入研究，听取意见和建议。许多专家学者的研究成果成为推进预防腐败工作的决策依据，有的已经转化为具体的政策措施，付诸实践。希望中国社科院继续充分发挥廉政研究的优势，为有效预防腐败提供智力支持，一如既往地关心和支持我们的工作，积极参与课题研究，提供咨询意见，欢迎更多专家撰写理论文章，引导网上舆论，为预防腐败工作多谋长远之计，多作务实之功，多提管用之策。国家预防腐败局要与中国社科院相互支持，相互配合，优势互补，资源共享，努力形成预防腐败理论研究的工作合力，为预防腐败和反腐倡廉建设作出更大贡献。

最后，在结束与各位领导、专家交流前，我想用苏格拉底“德性就是知识”这句话结束发言。我们现在都在强调制度建设和执行，可制度设定的科学性和执行力，是非常重要的。苏格拉底公元前399年，被慢神罪和诱导青年罪，送上了由501人组成的审判法庭，结果以281票对220票判处死刑，结束了69岁的生命。临行时当一个女人问他：“你什么罪也没犯，为什么要判你死啊？”苏格拉底回答：“难道你希望我真正犯了罪而被判处死刑吗？”这位伟大的科学家死于他一身追求的“遵道德、重公义、法律至宝、法制为贵”的制度设定中。亚里士多德的《政治学》记载：当时的陪审员产生由公民抓阄从十族中选出的，任期1年，每个公民一生可担任两次陪审员。这里给我们留下了两个非常值得思考的问题，一是制度设定的合理性（民主的正义观念指向了数量而非个体的能力）？二是执行制度的人是否具备应有的知力德性？

谢谢大家！

屈万祥同志在预防腐败工作联席会议第四次会议上的通报

（2010 年 6 月 8 日）

同志们：

根据联席会议的安排，我先向大家通报一下国家预防腐败局近期主要工作，以及预防腐败工作第三次联席会议研究决定有关事项的落实情况。

一、国家预防腐败局近期主要工作情况

按照中央纪委第五次全会和国务院第三次廉政工作会议的部署，国家预防腐败局认真履行中央赋予的职责，制定印发了《国家预防腐败局2010 年工作要点》，近期重点开展了以下工作：

（一）不断深化政务公开工作

3 月底，组织召开了全国政务公开领导小组第十次会议，何勇同志作了重要讲话，会后，印发了《2010 年全国政务公开工作要点》等三个文件，对今年全国政务公开工作作出全面部署。根据习近平、何勇等领导同志批示精神，对全国政务（行政）服务中心基本情况进行了摸底调查和汇总分析，形成了《关于总结政务服务经验进一步加强政务服务建设的报告》，所提建议得到习近平同志肯定。对内蒙、天津、湖南、江西、广东、江苏、吉林、四川等地政务服务、政务公开情况进行专题调研，为下半年召开“全国政务服务建设经验交流会”做准备。按照贺国强同志批示，对北京、河北、江苏、上海等试点省市开展廉政风险防范管理、行政权力运行监控机制建设情况进行深入调研，呈报了《关于依托全国政务公开领导小组在全国开展廉政风险防范管理建立权力运行监控机制的请示》，并向贺国强、何勇同志作了专门汇报。

（二）制止公款出国（境）旅游取得明显成效

2009 年，在中央的领导下，制止公款出国（境）旅游专项工作取得了很大成绩，公款出国（境）旅游不正之风得到有效遏制。2009 年全国党政干部因公出国（境）团组 33507 个、123553 人次，经费支出 27 亿元，团组数、人次数和经费数与近 3 年平均数相比分别下降了 49%、45. 5% 和 37. 6%，党政干部因公出国（境）经费比近 3 年平均支出节约 16. 31 亿元。

今年制止公款出国（境）旅游专项工作，重点是巩固成果，建立禁止公款出国旅游长效机制。年初，我们印发了《2010 年制止公款出国旅游专项工作要点》，对全国继续开展制止公款出国旅游专项工作进行了部署。会同外交部等部门起草并提交专项工作部际联席会议讨论通过了《关于建立禁止公款出国旅游长效机制的意见》；草拟了《关于违反因公出国（境）工作纪律适用〈中国共产党纪律处分条例〉若干问题的解释》、《关于违反因公出国（境）工作纪律处分暂行规定》，最近拟提交中央纪委书记办公会审议；协调有关部门研究改进党政干部因私出国（境）管理相关规定。为发挥案件的警示教育作用，利用中央电视台《焦点访谈》、国家预防腐败局网站等媒体曝光了几起公款出国旅游典型案件。

（三）推动条件成熟的省（区、市）成立省级预防腐败机构

根据贺国强同志“推动条件成熟的省（区、市）成立预防腐败机构”的指示，按照“从实际出发，成熟一个，设立一个，稳步推进”的原则，积极会同中央编办研究设立省级预防腐败机构的政策问题。制定了《在省（区、市）设立预防腐败机构工作方案》，明确了推进方法和步骤。加强与有关省（市）纪委监察厅（局）沟通，积极做好组织协调工作。截至目前，甘肃、上海、湖南、河南、湖北、河北、福建、四川等8个省市成立了省（市）预防腐败局。北京、广东等省（市）正在研究设立预防腐败机构的有关政策，拟于近期启动该项工作。

（四）积极探索政府与行业协会、市场中介组织分开工作

配合国家发改委开展清理行业协会、市场中介组织涉企收费工作。在清理规范涉企收费措施的意见中提出：“分阶段开展政府与行业协会、市场中介组织分开专项工作，通过集中治理，实现政府与行业协会、市场中介组织在组织机构、工作职能、经济利益、办公场所等方面彻底分开”，温家宝、李克强等中央领导同志已批示同意。根据贺国强同志关于就市场中介组织的监管和反腐倡廉建设问题“先组织开展调查研究，然后制定出工作意见”的指示，在全国范围做了大量调研，并与加拿大政府开展行业协会、市场中介组织防治腐败合作项目研究。在充分调研和反复征求意见的基础上，形成了《政府与行业协会、市场中介组织分开试点工作方案》。日前，监察部部长办公会议对行业协会、市场中介组织防治腐败问题进行了专门研究，初步决定拟在部分省（区、市）和中央国家机关开展政府与行业协会、市场中介组织分开试点工作。

（五）认真做好与《联合国反腐败公约》相关的工作

组织参加了缔约国大会和履约审议、技术援助等政府间工作组的历次谈判和磋商。深度参与《公约》规则细化工作，第三届缔约国大会通过的履约审议机制决议，充分体现了我国的原则立场及重大关切。为积极应对《公约》履约审议工作，起草了应对履约审议机制的工作方案，从工作机制、任务分工等方面提出了意见建议。按照《公约》的要求，开展预防腐败对外技术援助。2009年10月，举办了第二届发展中国家预防腐败研讨班，来自哈萨克斯坦、博茨瓦纳等18个发展中国家的34名代表参加了研讨，其中14位是部级干部。积极开展预防腐败双边交流与合作，先后接待了蒙古、泰国、巴西、尼日利亚等国家和地区防治腐败机构代表团来访。

此外，我们在深化预防腐败试点工作、建立预防腐败信息系统、开展对制度的廉政风险评估等方面也做了大量工作。

下半年，国家预防腐败局将按照中央纪委的统一部署，深入推进预防腐败工作，主要做好以下十项工作：一是充分发挥预防腐败工作联席会议的组织协调和议事决策作用，抓好联席会议议决事项的督促落实；二是继续就开展廉政风险防范管理、建立权力运行监控机制进行调研论证，进一步扩大试点、总结经验，适时在全国启动该项工作；三是深入推进政务公开，加强行政权力公开透明运行，规范全国政务（行政）服务中心建设，全面贯彻《政府信息公开条例》，加大财政预算公开力度；四是继续严格控制因公出国人数和经费，开展因公出国（境）管理情况督促检查，继续组织查处公款出国旅游案件，推动有关部门完善制度规定，建立禁止公款出国旅游长效机制；五是扎实开展政府与行业协会、市场中介组织分开试点工作，探索总结分开的经验做法；六是加强对省（市）预防腐败局的工作指导，积极稳妥地推动尚未成立机构的省（区、市）成立预防腐败机构；七是探索建立预防腐败信息系统、信息共享机制和腐败预警机制，

组织对有关制度进行廉政风险评估；八是配合人民银行等部门研究建立以公民身份证号码和组织机构代码为基础的社会信用代码制度和社会信用信息共享机制，推进社会信用体系建设；九是选择部分省市开展试点，探索加强对配偶子女均已移居国（境）外公职人员管理的办法；十是会同有关部门做好《联合国反腐败公约》履约审议工作，举办好第三届发展中国家预防腐败研讨班，适时与蒙古、越南等国家签署双边合作协议。

二、预防腐败工作第三次联席会议研究决定有关事项的落实情况

在第三次联席会议上，最高人民检察院提出，积极运用行贿犯罪档案查询系统，进一步发挥该系统作用；民政部、国家预防腐败局、国务院纠风办提出，推动解决行业协会规范发展与防治腐败的有关问题。会后，各成员单位对研究决定的事项高度重视，对牵头抓的工作，积极组织落实；对协助抓的工作，积极支持配合，各项工作有序开展，取得了一些进展和成效。主要情况如下：

（一）行贿犯罪档案查询系统作用进一步发挥

最高人民检察院下发了《关于行贿犯罪档案查询工作规定》，将行贿犯罪查询范围由原来5个领域扩大到所有领域，并将非罪行贿行为信息和受贿信息一并录入；开发了具备行贿行为信息录入、管理和内部查询功能的新版软件，在全国推广；正在筹建行贿犯罪档案查询管理中心，对全国行贿犯罪档案查询工作实行统一管理和协调指导。华东六省一市启动行贿犯罪“黑名单”查询系统，实现区域互联互通。国务院国资委在工程建设、物资采购等领域探索建立投标人“黑名单”制度，对有行贿不良记录的投标人在投标过程中实施资格限制。2009年有73家中央企业建立了有行贿等不良行为的供应商或客户的“黑名单”制度，共清理违规供应商或客户4754家。国务院法制办和财政部在修改《政府采购法实施条例（送审稿）》时，明确规定“被各级司法机关在刑事判决中认定为涉案单位和个人”的，属于政府采购法所称的重大违法记录。据此，凡在行贿犯罪档案查询系统中有行贿犯罪记录的供应商，将不允许参加政府采购活动。中央组织部与最高人民检察院建立了信息定期沟通机制，发挥行贿犯罪档案查询系统在干部选拔任用工作中的作用，并将利用该系统推动整治用人不正之风。

（二）行业协会规范发展与防治腐败有关问题得到有力推动

中央组织部对关于领导干部兼任行业协会领导职务问题的现有政策文件做了分类梳理。对广东、广西及北京大学等33所高校的有关兼职情况进行了调研。进一步扩大党组织对行业协会的覆盖面，加强对行业协会党员的管理，目前，律师事务所、会计师事务所党组织应建已建率均达到100%，其他社会组织党组织应建已建率达到89.8%。中央编办对国务院部门向行业协会转移职能情况进行了督促检查。财政部修订了《政府委托行业协会工作经费管理暂行办法》，印发了《中央部门购买行业协会等中介组织服务专项资金管理暂行办法》（财建〔2009〕553号），细化完善了购买服务内容、资金支持重点及资金申报和审批程序，明确了专项资金付费标准等内容。财政部、国家税务总局联合印发了《关于非营利组织企业所得税免税收入问题的通知》（财税〔2009〕122号）和《关于非营利组织免税资格认定管理有关问题的通知》（财税〔2009〕123号），明确了享受免税资格的非营利组织应符合的条件、非营利组织免税资格管理、免税收入范围等问题。国务院法制办将《行业协会商会法》列为2010年国务院立法计划的二档项目，正会同国务院国资委、发改委、商务部、民政部等部门抓紧研究起草。民政部进一步完善了年检、评估等监管制度，下发了《关于开展全国性行业协会商会、基金会和民办非企业单位评估工作的通知》，正在研究起草《社会团体年度检查办法》；拟于10月份召开“全国行业协会改革发展经验交流会”，总结各地促进行业协会改革发展的经验，研究探讨促进行业协会民间化、市场化发展和积极发挥作用的政策措施。国家预防腐败局研究起草了《政府与行业协会、市场中介组织分开试点工作方案》，拟提交今天的联席会议进行研究审议。

我就通报这些情况，谢谢大家。

马驭同志在预防腐败工作联席会议第四次会议上的讲话

（2010年6月8日）

同志们：

今天的会议开得很好。刚才，屈万祥同志通报了预防腐败工作联席会议第三次会议研究决定有关事项的落实情况和国家预防腐败局近期主要工作，崔海容、杜金富同志分别宣读了《政府与行业协会、市场中介组织分开试点工作方案》和《关于提请协调有关部门落实金融账户实名制，建立社会信用代码制度，推进社会信用体系建设的报告》。出席会议的各单位负责同志对两个议题进行了充分讨论，发表了很好的意见，听了以后很受启发。借此机会，我讲三点意见，供大家参考。

一、预防腐败工作联席会议的作用得到较好发挥

预防腐败工作联席会议制度建立以来，得到中央纪委主要领导和联席会议各成员单位的高度重视。贺国强、何勇同志多次听取专门汇报，一再强调预防腐败是一项全局性的工作，是全党全社会的共同责任，不是哪一个部门或几个部门就能完成的，要充分发挥预防腐败工作联席会议组织协调的重要作用，努力开创预防腐败工作新局面。各成员单位能够站在全局的高度，加强协调配合，充分履行职责，合力推进惩治和预防腐败体系建设。总的看来，通过两年多的积极探索，预防腐败工作联席会议的定位日渐清晰，作用日益显现。主要表现在三个方面：

*一是研究了一批重要问题。*预防腐败工作政策性、综合性、专业性强，事关重点领域、重要环节源头治理等基础性工作，难度很大。联席会议成立以来，先后研究讨论了修改完善《现金管理条例》、构建防范腐败分子外逃工作机制、发挥行贿犯罪档案查询系统作用、行业协会和市场中介组织防治腐败，以及落实金融账户实名制、建立社会信用代码制度等问题。这些问题都涉及预防腐败的基础制度建设，社会广泛关注，情况复杂，需要方方面面的协调配合和共同努力。预防腐败工作联席会议为研究讨论和推动解决这些问题提供了一个很好的平台，发挥了独特的作用。

*二是整体推进了预防腐败工作。*联席会议成员单位在预防腐败方面都承担着重要职责。两年多来，各成员单位按照《建立健全惩治和预防腐败体系2008－2012年工作规划》的部署，紧密结合本单位的业务实际，协调配合抓好预防腐败的一些综合性工作，预防腐败工作得到整体推进。各成员单位和相关部门对联席会议研究的问题高度重

视，相互支持配合，积极组织落实，有的问题得到比较好的解决，有的正在进展之中。如第三次联席会议研究讨论进一步发挥行贿犯罪档案查询系统作用的议题之后，最高人民检察院作为牵头单位，将行贿犯罪查询范围由原来5个领域扩大到所有领域，并将非罪行贿行为信息和受贿信息一并录入，开发了具备行贿行为信息录入、管理和内部查询功能的新版软件，工作非常扎实深入。财政部、国务院法制办在修改《政府采购法实施条例（送审稿）》时，明确规定被各级司法机关在刑事判决中认定为涉案单位和个人的，属于《政府采购法》所称的重大违法记录，据此，凡在行贿犯罪档案查询系统中有行贿犯罪记录的供应商，将不允许参加政府采购活动。国务院国资委在工程建设、物资采购等领域探索建立投标人“黑名单”制度，对有行贿不良记录的投标人实施资格限制。中央组织部与最高人民检察院建立了信息定期沟通机制，发挥行贿犯罪档案查询系统在干部选拔任用工作中的作用，并将利用该系统推动整治用人不正之风。

*三是初步摸索出一些工作方法。*预防腐败工作联席会议涉及部门比较多，研究问题范围比较广。为此，每次联席会议召开之前，都要就议题充分调查研究，广泛征求意见，做到集思广益。对需要协调配合的重大复杂问题，由几个成员单位联合提出议题。在研究一些专业性较强的问题时，注意邀请相关的重要职能部门参与。会议之后，通过会议纪要的形式，将议决事项和工作分工予以明确，加强对议决事项落实情况的跟踪了解，对工作进展中遇到的困难和问题，及时协调有关部门采取措施加以解决，效果较好。

在肯定成绩的同时，也要清醒地看到，预防腐败工作联席会议制度建立时间不长，各项工作机制还不够完善，工作水平还有待提高。联席会议研究讨论的问题都非常复杂，推进起来难度很大，需要下很大的功夫，经过长时间的努力才能取得成效。各成员单位和相关部门要紧密结合部门职责，坚持不懈地抓好议决事项的落实，做到逐项推动，一抓到底，切实抓出成效，绝不能知难而退。国家预防腐败局要抓好统筹协调和综合服务工作，充分发挥各个成员单位和相关部门的积极性，不断探索完善工作机制，提高工作质量和水平。

二、充分认识这次联席会议两个议题的重大意义

这次联席会议重点研究了开展政府与行业协会、市场中介组织分开试点工作，以及落实金融账户实名制、建立社会信用代码制度、推进社会信用体系建设两个议题。这两个议题对于推动我国经济建设和社会建设健康发展，完善社会主义市场经济体制和防治腐败工作都具有非常重要的意义。

规范发展行业协会、市场中介组织，加快推进政企分开、政资分开、政事分开、政府与市场中介组织分开，是党的十五大以来，特别是十七大以来中央多次提出的要求。中央领导对这项工作也有非常明确的指示。2009年7月，贺国强同志批示，要求就市场中介组织的监管和反腐倡廉建设问题“先组织开展调查研究，然后制定出工作意见”。今年3月，温家宝、李克强、张德江、马凯同志批准了国办督查室提交的报告，同意由国家预防腐败局牵头，分阶段开展政府与行业协会、市场中介组织分开专项工作。我们一定要充分认识开展这项工作的重要性和紧迫性。应该看到，改革开放以来，我国行业协会、市场中介组织发展较快，在承接政府职能、促进经济发展和完善公共服务等方面发挥了重要作用，但也存在一些亟待解决的问题：有的行业协会滥用主管部门的行政管理职能和垄断地位谋取不正当利益，特别是乱收费加重企业负担的现象比较严重；有的违背行业协会的非营利宗旨，违规变相从事营利性经营活动；有的财务制度不完善，违规设立小金库、乱收乱支；有的市场中介组织“中介不中”，执业秩序混乱，相互恶意竞争，违背职业道德，缺乏商业诚信，商业贿赂严重，等等。行业协会、市场中介组织存在的这些问题，主要是在市场经济体制不健全的背景下产生的，具有经济社会转型中的过渡性特征，突出表现在对政府依赖性过强，自我发展能力不足等方面，影响了其作用的发挥，也干扰了正常的社会经济秩序。开展政府与行业协会、市场中介组织分开工作，是建立完善社会主义市场经济体制的一项基础工程，对于转变政府职能，从源头上预防和治理腐败，促进行业协会和市场中介组织自身健康发展，都具有重要而紧迫的意义。

政府与行业协会、市场中介组织分开工作涉及面广，工作范围大，牵涉人员的安排和相关配套政策措施的制定完善，需要慎重考虑，深入研究，循序渐进，稳步实施。考虑到此项工作的复杂性，国家预防腐败局在充分调研和听取意见的基础上，决定先选取部分地方和部门进行试点，待取得经验后再逐步推开。这个试点工作方案已经征得了拟试点单位同意，今天又充分听取了在座各个单位的意见。会后，国家预防腐败局办公室要抓紧修改方案，进一步征求有关部门意见后，呈报中央纪委主要领导同志，提请中央纪委书记办公会议研究。

落实金融账户实名制，建立社会信用代码制度，推进社会信用体系建设，是社会主义市场经济体制中的重要制度安排。落实金融账户实名制和建立统一的信用代码制度，有利于采集和共享真实的信用信息，对于深化金融体制改革、促进市场经济健康发展，对于推进政府更好地履行经济调节、市场监管、社会管理和公共服务的职能，对于阻止腐败分子利用假名匿名账户隐瞒、转移腐败所得，增加腐败的成本和风险，有效打击和预防腐败犯罪，具有十分重要的意义，同时，也是探索建立公职人员财产申报制度的重要配套措施。

近年来，中央关于《建立健全教育、制度、监督并重的惩治和预防腐败体系实施纲要》、《建立健全惩治和预防腐败体系2008—2012年工作规划》等重要文件都对依法落实金融账户实名制，健全社会信用体系提出明确要求，特别是《反洗钱法》出台以后，金融账户实名制工作不断深化，假名匿名账户大幅减少，人民银行、公安部等部门积极推动建立健全企业和个人信用信息基础数据库，取得了一定成效。但是必须看到，我国目前金融账户实名制的实施效果不理想，存在假名匿名开户、多头开户、监管不严等现象，没有建立统一的社会信用代码制度，各类信用信息共享程度还不高，社会信用体系建设尚不健全，与我国社会主义市场经济发展进程和反腐倡廉形势还不相适应。中国人民银行和国家预防腐败局经过共同调研，向联席会议提交这个议题，抓住了预防腐败一个重要的基础性问题。下一步，我们要通过联席会议协调各方面力量，积极推进这项工作的落实。相关部门在金融实名制的监管、行业信息公开、信用信息共享等方面，要加强协同配合，主动打破壁垒，积极开展工作，加快以社会信用代码为基础的社会信用体系建设的步伐。

三、扎实做好当前预防腐败工作

关于今年的预防腐败工作，中央纪委第五次全会和国务院第三次廉政工作会议作出了明确部署。在此，我再强调几点：

（一）紧紧围绕贯彻落实中央关于推动科学发展重大决策部署，加强预防腐败工作。为了加快经济发展方式转变、保持经济平稳较快发展，今年中央出台了一系列关于宏观调控、结构调整、自主创新、“三农”工作、保障和改善民生、节能减排和环境保护、规范和节约用地、汶川地震和玉树地震灾后恢复重建以及援助新疆等方面的政策措施。政府投资数额大、项目多，社会高度关注。这些资金一分一厘都来自于民，必须管好用好，防止发生损失浪费和腐败问题。要继续加强公共工程项目监管，进一步健全政府投资的社会监督机制，及时向社会公开有关信息，主动接受社会各界监督。要加强民生和社会事业领域公共资金监管，对于保障性安居工程建设、医药卫生体制改革、教育改革与发展等方面的财政投入，必须加强监管，确保把好事办好，让人民群众真正得到实惠。要将监督关口前移，全程跟进，有效防范项目审批实施和资金分配使用中的索贿受贿、贪污私分、截留克扣、挪用挤占等行为，确保中央各项政策措施的顺利实施。

（二）着力加强预防腐败制度建设。胡锦涛总书记在中央纪委第五次全会上发表重要讲话指出，要以建立健全惩治和预防腐败体系各项制度为重点，以制约和监督权力为核心，以提高制度执行力为抓手，加强整体规划，抓紧重点突破，逐步建成内容科学、程序严密、配套完备、有效管用的反腐倡廉制度体系，切实提高制度执行力，增强制度实效。制度建设是惩治和预防腐败体系建设的重要内容，是加强反腐倡廉建设的紧迫任务，是从源头上防治腐败的根本途径。中央国家机关各部门要着力探索预防腐败的措施和办法，努力形成一整套有效的预防腐败制度。要坚持权力配置科学、界限明确、行使依法、运行公开，把预防腐败的要求落实到权力结构和运行机制各个环节，结合业务工作和管理流程完善各项制度和程序。要大力推进廉政风险防控机制建设，从重点领域、重点部门、重点环节入手，排查廉政风险，健全内控机制，构筑制度防线，形成以积极防范为核心、以强化管理为手段的科学防控机制。要加强预防腐败工作中的信息共享，逐步形成信息共享机制和腐败预警机制。要研究制定规范行业协会、市场中介组织等社会领域预防腐败制度，规范各类学会、协会、基金会准入制度。

（三）突出抓好几项重点工作。一是加大政务公开力度，推进行政权力公开透明运行。政务公开是预防腐败的一项基础性工作，中央国家机关要发挥表率和示范作用。要以促进阳光施政、有效预防腐败为目标，以监督行政权力、服务人民群众为主线，推进行政权力运行程序化和公开透明。各类行政程序都要向社会公开，所有行政行为都要接受社会监督，让行政权力按规范的程序在有效监督下运行。要继续加大清权确权力度，逐步推进行政权力网上公开透明运行。要认真贯彻国务院第三次廉政工作会议精神，着力推进财政预算公开透明，创造条件让群众监督政府。二是要进一步加强对配偶子女均已移居国（境）外的国家工作人员的管理。这是今年反腐倡廉建设的一项重点工作，也是广大群众关心的热点问题之一。这项工作政策性很强，比较敏感。4月23日，中央政治局召开会议，审议了关于对配偶子女均已移居国（境）外的国家工作人员加强管理的暂行规定，文件现已正式下发。文件规定出台后，干部管理是以中央组织部为主，国家预防腐败局等相关部门也要研究如何贯彻落实，跟进配套措施。三是要认真做好《联合国反腐败公约》履约审议工作。根据《联合国反腐败公约》第三次缔约国大会关于公约履约审议的决议，从今年开始，将审议公约第三章“定罪执法”和第四章“国际合作”的相关内容。这项工作事关国家利益，政治性、政策性强，任务艰巨复杂，涉及多个部门和单位，需要我们高度重视，团结协作，精心组织，妥善应对。我们一定要在党中央、国务院领导下，按照公约协调小组的统一部署和要求，抓紧落实各项工作任务，特别是要优先落实根据公约强制性条款规定应承担的义务，尽早完善国内相关法律法规，积极做好接受审议和参与审议的各项准备工作，树立我国在反腐倡廉方面负责任大国的良好形象。

我就讲这些，谢谢大家！

马驭同志在全国深化政务公开推进政务服务经验交流会上的总结讲话

（2010 年 6 月 30 日）

在领导的高度重视和大家的共同努力下，这次经验交流会就要结束了。昨天上午是“听”，听何勇同志的重要讲话和大会经验介绍，下午是“看”，现场观摩学习呼和浩特市的典型经验，今年上午是“说”，学习讨论何勇同志的重要讲话和《关于深化政务公开加强政务服务的指导意见》（征求意见稿）。我参加了省部级干部小组的讨论。从各组讨论的情况看，可以概括为三个方面。一是认为会议召开得非常及时。经过多年实践，召开这样一个会议，有利于推动政务公开的深化和政务服务建设的发展，特别是何勇同志的重要讲话，指导性、针对性和可操作性都很强，对做好政务公开工作具有重要指导意义。二是目前全国已建立了 2842 个政务（行政）服务中心，出台一个指导意见很有必要。三是大家对指导意见提出了很好的意见建议。全国政务公开领导小组办公室要认真梳理这些意见建议，进一步把文件修改好，争取尽快印发。

总的看，这次会议时间短、规模大、层次高，领导重视，主题鲜明，内容丰富，任务明确，安排紧凑，达到了统一思想、提高认识、总结经验、推动工作的目的。

（一）进一步提高了认识。大家感到，深化政务公开加强政务服务，关系党的执政能力建设和国家的政权建设，关系经济社会发展和人民群众的根本利益，是惩治和预防腐败体系建设的重要内容，对于建设服务政府、责任政府、法治政府、廉洁政府具有重大意义。今年是继续应对国际金融危机、保持经济平衡较快发展、加快转变经济发展方式的关键一年，各种积极变化和不利影响此消彼长，短期问题和长期矛盾相互交织，经济社会发展中“两难”问题增多。特别是最近一段时间以来，一些地方因利益问题、民生问题、环境问题等引发的社会矛盾比较突出，个别地方甚至出现了一些恶性事件。解决这些矛盾的根本出路在于科学发展。这就要求我们要进一步转变政府职能，转变工作方式，提高各级政府及其工作人员的服务意识，规范政府的各种行政行为，更好地履行经济调节、市场监管、社会管理和公共服务职能，努力营造良好的经济发展环境和和谐稳定的社会环境，为老百姓和企业提供优质高效的服务。各地区各部门要切实增强责任感和紧迫感，以只争朝夕的精神，扎实有效地推进政务服务建设，把各项工作提高到一个新的水平。

（二）进一步交流了经验。何勇同志在讲话中从五个方面归纳入深化政务公开加强政务服务的经验，这既是对各地区各部门经验做法的系统总结，又是对多年来开展实践创新的高度概括，也是今后一个时期深化政务公开加强政务服务必须遵循的基本原则，需要我们在工作中认真坚持，并不断发展完善。从大会发言和书面交流的经验看，有几个共同特点。一是领导重视。深化政务公开加强政务服务这项工作，涉及权力运行机制的改变和利益格局的调整，离不开领导的高度重视和坚强决心。比如，为了推进行政审批相对集中改革，呼和浩特市成立专门领导小组，在审批事项能否全部进驻大厅的问题上，表明了“不进大厅就换人”的坚定态度，强力推动将保留的审批事项100%集中到中心办理，从根本上改变了“体外循环”的现象。吉林省委、省政府要求“行政审批项目进厅要坚定不移，行政审批权相对集中改革的方向要坚定不移”，进一步破除了改革阻力。二是注重服务。深化政务公开加强政务服务的核心，就是要通过公开规范政府权力的运行来提升政府的服务水平。所以，这次会议特别突出服务型政府的建设。实践中，一些地区和部门围绕满足群众的不同需求，积极创新服务理念。一些单位提出“宁可自己麻烦千次，也不让群众麻烦一次”、“进一门办百事”，“把小事做成精品，把细节做到极致”等，创造了良好的氛围。湖北省在乡镇、村开展全程代办服务，群众办事基本实现了“小事不出村，大事不出乡”。福建省推进全省联动式网上审批，审批的程序和内容全部通过网络完成，使办事群众足不出户就能获得政府的审批服务。三是勇于创新。改革创新是深化政务公开加强政务服务的不竭动力。这次大会发言和书面交流，都有一些创新的做法。比如，杭州市坚持“以民主促民生”，创新政府行政治理方式，实施“开放式决策”，扩大了公民有序政治参与。成都市武侯区成立了全国首家行政审批局，对审管分离、审批权力相互制衡进行了有益尝试。

（三）进一步明确了要求。何勇同志在讲话中深刻阐明了深化政务公开加强政务服务的总体要求。在指导思想上，要坚持以邓小平理论和“三个代表”重要思想为指导，深入贯彻落实科学发展观，服从服务于党和国家工作大局。在目标任务上，要以深化行政管理体制改革、建设服务型政府为目标，力争“三新”，就是在优化市场经济环境上取得新突破，在解决群众关心的问题上取得新进展，在促进政府自身建设和管理创新上取得新成效。在方式方法上，要以政务公开和行政审批制度改革为切入点，以改革创新为动力，加强以政务（行政）服务中心为主要载体的政务服务体系建设。在组织保障上，要进一步加强领导，明确责任，推进电子政务建设，充分发挥信息技术的支撑作用。这些要求思路清晰，任务明确，部署具体，具有很强的指导意义。我们要进一步学习领会，结合工作实际，抓好贯彻落实。

为抓好会议精神的贯彻落实，我再讲三点意见。

一、认真学习贯彻会议精神特别是何勇同志讲话精神

这次会议，既总结了前期工作积累的经验，也部署了今后一段时期的工作任务。会后，各地区各部门要认真抓好学习贯彻，并及时把贯彻落实会议的情况报全国政务公开领导小组办公室。贯彻好这次会议精神，要注意把握两点：

一要认真领会会议提出的新举措。这次会议提出了许多新的思路和措施。比如，会议第一次提出以政务（行政）服务中心建设为主要载体的政务服务体系建设，要求把行政审批制度改革、政务公开、政务（行政）服务中心建设、电子政务、行政投诉等多项工作统筹起来，整合行政资源，提高服务水平。会议提出要对政务（行政）服务中心的职能进行科学定位，促进其健康发展。会议第一次安排省级和副省级城市政务（行政）服务中心的负责同志参加会议，为政务（行政）服务中心建设建言献策，等等。正确理解和把握会议提出的这些新举措新要求，对于我们学习贯彻会议精神特别是何勇同志的重要讲话精神，具有十分重要的作用。

二要认真借鉴会议交流的经验。这次会议交流的经验，是在各地区各部门推荐的基础上，经过实地考察筛选出来的。既有经济发达地区的好经验好做法，也有经济欠发达地区一些创新模式，既考虑了材料的代表性，也兼顾了经验的可借鉴性，还考虑了各个层次的经验。各地区各部门要结合实际，按需取舍，认真借鉴适合本地区本部门发展的经验，在实践中加以运用，不断提高政务公开和政务服务水平。

二、真抓实干，不断取得政务公开和政务服务工作新成效

深化政务公开加强政务服务，既是一项长期的战略任务，也是当前必须着手抓紧抓好的一项重要工作。

*一要进一步理清工作思路。*目前，政务公开和政务服务工作取得了很多积极成果，但也存在一些亟待解决的问题，需要进一步抓规范、抓提高、抓完善。各地区各部门要以贯彻落实这次会议精神为契机，加强调查研究，全面分析本地区本部门政务服务建设的基本情况、存在问题，提出改进工作的思路和措施，使贯彻落实会议的过程成为理清思路、研究对策的过程，成为明确工作方向、提高工作质量的过程。

工作中，要注重把握好几个关系。一是处理好服务速度和质量的关系，既要提供方便快捷的服务，又要提供让群众满意的高质量的服务，不能只强调速度而忽视质量。服务质量是第一位的。二是规范化和多样化的关系。政务服务的基本原则和要求是规范、统一，但服务方式和手段可以是多样化的，不强求模式的统一。三是处理好重点和一般的关系。既要推动面上的工作，又要抓住权力行使的重点领域和关键环节。比如在扩大内需工作中，项目审批就是一个重点，要加强联审联动，充分发挥政务公开和服务的成效，避免互设前置，推诿扯皮。四是条块关系。政务公开工作要以地方政府为主导来推进，条条可以加强对本系统的指导，要主动把权力下沉。五是公开和保密的关系。公开和保密是辩证的关系。只有把该公开的全部公开了，才能集中精力把那些该保密的保住密。

*二要进一步抓住工作重点。*要按照何勇同志的要求，认真抓好行政审批制度改革、巩固和深化政务公开、加强政务（行政）服务中心建设和管理等三项重点工作，争取有新突破。在行政审批制度改革上，要突出一个“减”字。随着市场经济的完善和发展，要继续简政放权，减少行政审批事项，让市场来有效地配置资源；同时，要减少审批环节，做到应减必减、能减必减，科学设置权力运行流程，规范权力行使的程序。在政务公开上，要突出一个“深”字。要坚持“公开是原则，不公开是例外”，在深化公开内容上下功夫，把社会关心、群众想要的政府信息及时、全面地予以公开，不能是“公开的群众不想看、看不懂，群众想要想看的不公开”。在主动公开方面，要科学编制公开目录，合理设定公开范围，使主动公开有章可循；在依申请公开方面，要积极回应，不能消极回避。另外，对社会敏感事件的处置，要及时公开真实信息，使群众了解真相，引导社会舆论。对于一些片面的网络信息，不能靠删除的做法，要积极正面引导。在政务（行政）服务中心建设上，要突出一个“实”字。首先，在场所建设上，要充分利用现有资源，防止贪大求全，铺摊子，盖大楼，搞成“政绩工程”、“形象工程”；在机构设置和人员配备上，要利用现有资源，防止另起炉灶，另搞一套人马。其次，要充实办理事项的类别和内容，要充分授权，真正让政务（行政）服务中心名实相符。再次，在处理一些复杂的审批事项上，要建立快速高效的内部协调机制。

这三项工作，都是行政管理体制改革的重要内容，彼此之间具有很强的关联性。比如，在行政审批制度改革与政务（行政）服务中心建设的关系上，行政审批是政务（行政）服务中心工作的核心内容，政务（行政）服务中心是审批制度改革的重要平台。在行政审批与政务公开的关系上，审批权力的公开运行，是深化政务公开的关键环节，其结果直接关系政务公开质量的高低，同时，公开也有助于促进审批权力运行的规范。在政务公开与政务（行政）服务中心建设的关系上，公开透明是中心建设必须遵循的基本原则。要把握好这三者的关系，统筹考虑、协调推进。

三要进一步加强基础建设。基础建设是做好政务服务的重要保障。一方面要搞好“硬件”建设，比如因地制宜加强政务（行政）服务中心的场所建设，加强人员队伍建设，加强电子政务建设，财政资金要给予必要的支持。另一方面，要搞好“软件”建设。要建立健全内部管理机制，解决规章制度出台多、落实难、落实不了的问题。要加强对服务中心窗口人员的管理，对那些取得成绩的人员，要予以重用。此外，无论是硬件建设还是软件建设，都要充分利用现有资源，做到集约高效，防止资源浪费。

三、加强组织协调和监督检查，确保各项任务落实

深化政务公开、加强政务服务能不能取得实效，一个重要的方面就在于监督检查搞得是否扎实深入。各级纪检监察机关要配合政府有关部门，认真推进政务公开和政务服务各项工作，加强监督检查。从惩防体系建设来看，政务公开和政务服务是制度、监督、纠风、改革等各项工作的一个重要结合点，是一个重要抓手。因此，推进政务公开和政务服务工作，要和惩防体系建设结合起来，把经常性的检查和专项检查结合起来，加强对那些容易发生问题的重点部位和环节以及群众反映强烈的问题的监督检查。对检查中发现的问题，要有针对性地提出解决的办法；对在工作中弄虚作假，搞形式主义的，要严肃追究有关人员的责任。要把政务服务质量作为政府机关及其工作人员绩效考核的一个重要内容。

前不久，十一届全国人大常委会第十五次会议表决通过了《行政监察法》修正案，增加了监察机关两项职能，其中一项就是按照国务院的规定，组织协调、检查指导政务公开工作。这是监察机关的一项法定职责。各级监察机关一定要认真学习研究，进一步提高认识。我再强调一点政务公开和政务服务，是政府的一项重要工作，实施主体是政府部门，监督主体是纪检监察机关，既不能把两者混为一谈，也不能截然分开。要把二者很好地结合起来，通过监督检查来推动工作实施。

全国政务公开领导小组办公室要加强调查研究，适时对这次会议的贯彻落实情况进行检查，总结经验，查找问题，检查结果要通过一定形式予以通报。

屈万祥同志在中国海洋石油总公司预防腐败试点工作动员会上的讲话

（2010年8月13日）

同志们：

大家下午好！

中国海油是第一家预防腐败企业试点。这次会议，是中国海油预防腐败试点工作中一次重要会议。会议的目的是，总结前一阶段的工作，并对今后如何开展这项工作进行动员部署。刚才中海油总经理、党组书记傅成玉同志介绍了中国海油前一段的工作，对中国海油预防腐败工作提出明确要求。中国海油党组成员、纪检组组长武广齐同志、中国海油天津分公司纪委书记、副总经理郭太现同志对试点方案作了具体部署，国务院国资委党委委员、纪委书记贾福兴同志对如何开展企业试点工作讲了很好的指导性意见和要求，听了很受启发，确实感到很有收获。借此机会，我讲几点意见，供大家参考。

一、前一阶段的工作进展顺利，坚定了推进试点工作的信心

去年7月，我受马驭同志委托，到中国海油就开展预防腐败试点工作进行调研，确定在中国海油开展预防腐败试点。此后，中国海油总公司、天津分公司和国家预防腐败局、国务院国资委纪委用一年的时间认真调查研究，熟悉情况，反复协调沟通，共同研究制定了工作方案。从一年的工作情况看，中国海油预防腐败试点工作有以下三个突出特点：

一是领导班子思想站位高，始终从为国有企业的改革发展提供有力保障的高度来看待和推动这项工作。中国海油领导班子非常重视预防腐败试点工作，在去年调研座谈会后，迅速成立以党组书记傅成玉同志任组长，党组成员为领导小组成员的中国海油预防腐败试点工作领导小组。领导小组及时召开会议对预防腐败试点工作进行动员、部署。特别是傅成玉同志对预防腐败试点工作多次提出明确要求，并亲自带领有关人员研究试点方案，提出试点工作总体思路。这充分体现了中国海油对预防腐败试点工作的深刻认识和高度重视，也为下一步工作奠定了坚实的基础。

二是试点工作扎实深入地推进。一年来，中国海油积极开展调查研究，认真梳理当前预防腐败工作中存在的三个方面八项重点问题，并通过召开专题研讨会等形式，广泛征求国务院国资委纪委及本企业各部门的意见，使各方面在预防腐败试点工作所涉及的重要问题上取得了共识。

三是试点方案体现了中国海油的特色。比如，在2007年全面启动的为期三年的“优化内控体系、推进全面风险管理”项目的基础上，将强化内控和风险防范制度建设作为试点工作的重点项目，就符合中国海油是风险密集、资金密集、技术密集型高风险、高投入行业的定位。

总的看，中国海油试点工作进展是顺利的，并且初步摸索和积累了一些经验，使我们更加坚定了推进试点工作的信心。

二、突出重点，深入推进试点工作

近年来，中国海油按照党中央、国务

院、中央纪委部署，大力加强惩治和预防腐败体系建设，将反腐倡廉建设与企业经营管理紧密结合，在预防腐败工作方面做了大量、有益的探索。这次制定的《中国海洋石油公司预防腐败试点工作方案》目标明确，重点突出，方法措施和时间安排比较合理，是一个针对性、可行性都比较强的工作方案，下一步要按照方案的安排，扎实推进工作。这里我再强调试点中几个需要认真研究解决的问题。

第一，领导人员要切实履行“一岗双责”，带头廉洁从业。国有企业占有着大量经济资源，享有许多垄断性权力，也是容易滋生腐败现象的特殊领域。作为企业老总要肩挑两副担子，一个是搞好国有企业保值增值向前健康发展的担子，另一个是党风廉政建设的担子，这两副担子是相辅相成、相互促进的关系。企业要发展壮大，党风廉政建设不能出问题。实践证明，如果企业在廉洁方面存在问题，企业是得不到发展的。企业领导人员腐败的后果，不仅仅是领导人员个人锒铛入狱，重要的是将会造成巨额国有资产流失，导致企业由此一蹶不振，更可能使成千上万企业员工下岗、失业，其恶果不是几年、十几年可以消除的。一个典型的例子就是安徽古井集团高管人员腐败窝案。古井集团生产的“古井贡酒”早在1963年就被评为全国“八大名酒”，四次蝉联全国白酒评比金奖。1997年，该集团经济效益达到高峰，资产总额26.3亿元，是1987年的56倍，利润总额3.1亿元，上缴税金2.6亿元，约占当时亳州市本级财政收入的50%。1998年后，因王效金等高管人员的严重腐败，加之经营管理混乱，效益逐年下滑，2006年利润总额降为3648万元，生产经营发展步入低谷。一个具有良好经济效益的知名企业为何会陷入经营管理混乱、经济效益大幅下滑的境地，重要原因就是集团原董事长兼总裁王效金及集团一些副职、各业务板块主要负责人共计10余人大肆收受贿赂，最终造成国有资产大量流失。从1987年到2007年20年中，有关涉案人员在原料采购、酒类销售、工程基建、企业收购、财务管理等环节利用职权收受巨额贿赂，仅王效金一人受贿总金额就高达上千万元。企业领导人员如此腐败，企业怎么能够发展?

党风廉政建设责任制是推进反腐倡廉建设的一项带有全局性的根本制度，是落实反腐败领导体制和工作机制的重要制度保证，对于督促企业各级领导班子和领导人员切实担负起反腐倡廉建设的领导责任，具有非常重要的作用。2004年10月，中央印发《关于加强和改进中央企业党建工作的意见》，明确要求中央企业建立健全企业党风建设责任制，严格责任追究制度。现在，许多企业把坚持和完善党风廉政建设责任制作为推进企业党风建设和反腐倡廉工作的总抓手，与企业经营管理制度相融合，把党风建设和反腐倡廉各项工作任务同企业的生产经营的目标责任一同下达，实行“一岗双责”，一级抓一级，层层签订责任书，推动了国有企业反腐倡廉建设的深入开展。但同时，也还存在一些企业领导人员对自身肩负的反腐倡廉的政治责任认识不清，将党风廉政建设责任制规定的各项任务视为软指标，没有认真贯彻执行的问题。试点工作中要认真分析相关问题的原因，通过制定符合企业特点的实施办法等配套制度，进一步明确责任内容，规范责任分解，量化责任考核，严格责任追究。同时将企业领导人员工作业绩、经济效益与党风廉政建设责任履行情况挂钩，促使领导人员充分认识肩负的经济责任、政治责任、社会责任，切实履行“一岗双责”的责任，防范腐败风险、失职渎职风险，确保国有企业反腐倡廉建设常抓不懈、抓出实效。

在贯彻好党风廉政建设责任制中，企业领导人员带头廉洁从业尤为重要。企业领导人员担负着企业决策和经营管理的重任，人权、事权、财权集于一身，容易出现腐败问题。去年7月，中共中央办公厅、国务院办公厅颁布的《国有企业领导人员廉洁从业若干规定》，是一部比较系统、全面规范国有企业领导人员廉洁从业行为的基础性法规。试点工作中要把贯彻落实《若干规定》作为一项重要任务抓紧抓实。国有企业领导人员一定要在切实履行“一岗双责”的同时，以身作则，带头认真学习和模范遵守《若干规定》，坚决杜绝不廉洁行为发生。

第二，进一步完善公司法人治理结构，科学配置企业决策权、执行权和监督权。简单讲，腐败就是以权谋私。预防腐败就是要按照权力与利益脱钩、与责任挂钩的要求，防止权力滥用、防止谋取非法利益。对国有企业来说，建立规范的法人治理结构，有效发挥股东会、董事会、监事会、经理层的作用，形成决策权、执行权、监督权既相互制约又相互协调的权力运行机制，是从源头上防止腐败的根本措施。这其中，关键是要建立规范的董事会。在所有权和经营权分开、实行委托——代理的情况下，企业能否持续发展，企业的利益相关者包括投资者、经营者、职工以及政府、社区等多方面的关系能否协调，关键取决于董事会。董事会试点企业的实践也证明，建立规范的董事会，有利于解决“内部人控制”问题，有利于解决企业“一把手”在决策、用钱、用人等方面权力过大的问题。中国海油积极推进所属企业股份制改造，其中5家上市公司，已经按照股东会、董事会、监事会和经理层权力分配的模式，建立了规范的公司治理结构。试点工作方案中提出要在总公司层面建立董事会制度，这是一项非常重要、非常有意义的工作。对于国务院国资委董事会试点工作中有益的做法和经验，比如，引入外部董事制度等，在预防腐败试点工作中都可以借鉴、尝试，要通过制度创新让董事会真正地发挥作用。同时，要进一步探索党组织参与重大问题决策与董事会依法决策结合，确保党组织政治核心作用的现代国有企业制度，充分发挥党的领导和公司治理结构的权力制衡机制在预防腐败中的保障作用。

第三，完善“三重一大”集体决策制度，规范企业领导人员用权行为。重大决策、重要干部任免、重要建设项目安排和大额资金使用，集中体现了国有企业经营管理权。违反决策原则和程序决定企业生产经营的“三重一大”事项，是当前企业领导人员违纪违法的主要形式和手段。大家都知道，李培英案、陈同海案都存在违反“三重一大”决策程序，个人决定重大事项的问题。比如，李培英的主要犯罪行为之一，是从委托有关单位投资理财资金中转出8250万元，由个人使用。他如何能个人控制这些资金，就是因为他能完全不顾“三重一大”决策制度，绕开董事会和经理层，直接操纵财务部经理从银行贷款，然后委托他人理财。由此可见，完善“三重一大”集体决策制度，对于规范国有企业领导人员的用权行为，提高风险防范能力预防腐败，促进企业又好又快发展具有多么重要的作用。中国海油将完善“三重一大”决策制度作为试点项目，非常必要。最近，为切实加强国有企业反腐倡廉建设，规范决策行为，提高决策水平，防范决策风险，保证国有企业科学发展，中共中央办公厅、国务院办公厅印发了《关于进一步推进国有企业贯彻落实“三重一大”决策制度的意见》。中国海油在管理委员会、投资和预算审查、金融业务决策委员会实行“双向票决制”，实行“有约束条件的总经理负责制”等“三重一大”集体决策制度，很有特色。在试点中要认真贯彻落实两办意见，进一步完善决策制度。一是要认真分析和研究公司现行“三重一大”集体决策制度存在的不足，根据意见，进一步规范“三重一大”的决策主体、决策范围、决策方式、决策流程，避免出现在一些企业存在的决策权限不清，决策方式不明，决策责任不实等问题，杜绝个人或者少数人随意决定“三重一大”事项。二是要加强对“三重一大”集体决策制度执行情况的监督检查，避免出现有制度不执行的问题。

在这里要特别强调一下企业重要干部任免的问题。为什么要强调这个问题，是因为用什么样的人，有一个导向作用，对于企业的经营发展十分重要。可以说，没有一支政治素质好、经营业绩好、团结协作好、作风形象好，致力于为国有企业建功立业、得到职工群众衷心拥护的企业领导班子，国有企业根本就不可能发展。试点中要对如何建立健全将党管干部、党管人才原则与现代企业制度要求相结合的选人用人新机制进行探索。企业各级党委（党组）对在管理权限范围内的干部任免，都由该党委（党组）作出决定或提名推荐，需履行法律或章程程序的，必须依法依章办理。同时要规范公司股东会、董事会、监事会和经营管理者的权责，完善公司领导人员聘任制度，逐步建立把党管干部和董事会依法选择经营管理者以及经营管理者依法行使用人权相结合的选人用人新机制。

第四，完善企业监督制约机制，充分发挥纪检监察机构的职能作用。加强对权力的监督和制约、确保权力正确行使，是预防腐败的关键。国企改革过程中，企业管理架构深刻变化，新旧监督体制并存，监督部门众多，内部监督缺乏相对独立性且监督资源分散，纪检监察和审计、监事会、职代会等缺乏统一协调机制，对领导人员特别是“一把手”难以形成有效的监督制约。试点工作中要努力探索建立充分发挥监事会、职代会、内部审计、纪检监察等各监督主体作用，与现代企业制度相适应、与企业内部控制和风险管理相结合的新型监督体系。在领导体制上，要充分发挥企业党组织的政治核心作用，实现党委（党组）与董事会的交叉任职，保证党组织参与、监督企业重大决策；在工作机制上，充分发挥纪委组织协调作用，探索由纪委统一协调企业各项监督工作，形成纪检、监察、审计、监事四位一体监督格局的机制。在具体方法上，注重惩防体系建设与内控体系建设相结合，探索以流程监督为载体，运用信息化管理手段，强化对重要岗位和关键环节的管控，加强对经营管理的全程监控和动态监督，实现相关程序授权和权力透明运行，增加监督的针对性和有效性。在组织保障上，要认真贯彻落实《关于加强和改进中央企业和中央金融机构纪检监察组织建设的若干意见》，科学合理地设置编制，配齐配强纪检监察干部。积极探索建立符合纪检监察工作的特点，不同于其他部门的业绩考核标准、考核办法和激励机制，加强对纪检监察干部的培养、交流、轮岗、选拔和使用，为他们的健康成长创造良好条件。同时，要不断完善内部监督制约机制，加强对纪检监察干部的教育、管理和监督。

三、采取有力措施，确保试点工作真正取得实效

做好预防腐败试点工作，政策性强、持续时间长，难度大，我们必须充分认识试点工作肩负的重要责任，以良好的精神状态和扎实的工作作风，切实把试点工作抓紧抓好。

一是要加强领导，落实责任。企业党政主要领导是企业反腐倡廉建设的责任主体，担负着全面领导企业反腐倡廉建设的重大责任。试点企业党政主要领导一定要切实负起总责，自觉把落实试点工作列入重要议事日程，同企业的发展战略、生产经营等工作统筹考虑，一起落实、一起检查。各级主要领导要及时掌握工作情况，研究解决重点难点问题，带头做好预防腐败试点工作。要完善预防腐败领导小组的工作机制，充分发挥领导小组总体部署、工作指导、督促落实的作用，重点研究解决需要公司多个部门共同研究解决的事项。纪检监察部门作为试点工作办公室要协助公司试点领导小组对相关工作进行安排部署，做好组织协调工作，定期向领导小组汇报情况，对发现的问题，要积极研究治理对策，提出意见建议，为试点工作领导小组当好参谋。试点的省、市公司以及总部各相关专业管理部门要积极协同配合，认真完成牵头和协办的各项任务。

二是要齐抓共建，形成合力。国有企业预防腐败试点工作是国家预防腐败局、国务院国资委纪委和试点企业共同的任务。现在国家预防腐败局、国务院国资委纪委和试点企业建立了联系人会议制度，指定专人负责定期沟通情况、协调解决试点工作中出现的问题，发挥了很好的作用。下一步，要进一步完善工作机制，在更高层次上建立协调机制，加强沟通，及时了解情况，共同研究工作思路、具体措施，形成工作合力。

三是要加强督促检查，保证制度执行。制度的生命力在于执行，再好的制度如果不付诸实践，其作用也等于零。预防试点工作既要在制度创新方面做大量工作，也要切实做好制度贯彻执行。制度执行得不够好，或者得不到执行，是腐败现象发生的一个重要原因。试点工作中必须加强监督检查，及时纠正违反制度的行为，切实维护制度的严肃性，让已经制定的规则、制度成为实在之法，而不是停留在纸面上。

同志们，中央纪委监察部、国家预防腐败局对中国海油预防腐败试点工作寄予厚望。中国海油以往的生产经营和党风建设搞得很好，我相信，在同志们的努力下，在公司全体职工的支持下，预防腐败试点工作一定也能够取得可喜的成果。

马驭同志在“财政预算公开与防治腐败”三地研讨会开幕式上的致辞

（2010 年 8 月 26 日）

各位朋友，女士们、先生们：

今天，“财政预算公开与防治腐败”三地研讨会开幕了。在此我代表监察部和国家预防腐败局，对专程前来出席会议的香港特别行政区廉政公署汤显明专员，澳门特别行政区廉政公署冯文庄专员，以及各位来宾表示热烈的欢迎和诚挚的问候！

财政资金管理是反腐倡廉建设的一个重点领域，财政预算公开是社会各界和人民群众关注的焦点，是政务公开的重要内容。这次研讨会以“财政预算公开与防治腐败”为主题，对于推进预算公开的有效实施，深入开展防治腐败工作，必将发挥重要作用。希望各位代表畅所欲言，广泛交流，共同探讨，集思广益，为进一步推进预算公开工作建言献策。

借此机会，我讲三点意见：

一、推进预算公开是建设人民满意政府的必然选择

预算公开是政府财政管理一项重要的改革，对于推动政府职能转变、促进经济社会发展，具有重要意义。

第一，推进预算公开是建设服务政府的需要。建设服务政府要有完备的公共财政体系以支撑公共服务、满足公众需求。公开预算信息，可以为预算编制、预算执行分析和宏观经济调控提供可靠的依据，也有利于通过外部监督促使政府管好“钱袋子”，在财政资源投入、分配、使用等方面做到公开、公平、公正，促进基本公共服务均等化，为人民群众提供优质公共服务。

第二，推进预算公开是建设责任政府的需要。我国宪法第3条规定：“人民依照法律规定，通过各种途径和形式，管理国家事务，管理经济和文化事业，管理社会事务。”我们的政府是人民政府，国家财政是人民财政，必须对人民负责。推进预算公开，有利于促进政府按照人民群众的意愿来筹集和使用财政资金，取众人之财，办众人之事，保障宪法赋予人民群众的民主权利。

第三，推进预算公开是建设法治政府的需要。建设法治政府，要求全面推进依法行政，做到有法必依、执法必严、违法必究。2008年5月1日起施行的《政府信息公开条例》，将“财政预算、决算报告”和“财政收支、各类专项资金的管理和使用情况”列为重点公开的政府信息，公开预算信息已成为各级政府及其部门的法定义务。同时，提高财政预算透明度，有利于和国际社会接轨，树立我国现代法治政府的形象。

第四，推进预算公开是建设廉洁政府的需要。阳光是最好的防腐剂，公开是有效防治腐败的治本之策。如果预算不公开、不透明，就可能给官员寻租行为搭建安全屏障。而公开预算信息，有利于拓宽人民群众的监督渠道，增强预算的透明度和刚性约束，从源头上管好用好财政资金，有效遏制腐败。

二、统一思想，坚定不移地推进预算公开

近年来，各地区各部门采取有力措施，在预算公开方面取得了积极进展：公开的范围逐步扩大，内容不断细化，形式丰富多样，制度建设明显加强，群众参与程度有所提高。2010年，全国人大审议通过的中央政府预算12张表格全部向社会公开，国土资源部、财政部、国家地震局等66个中央部门首次公开部门预算，31个省市区公开了财政预算报告。但也要看到，由于内地预算公开起步较晚，一些地方和部门推进预算公开的主动性不强，存在畏难情绪。我们一定要克服这种不良倾向，坚定推进预算公开的信心。现阶段推进预算公开的时机已比较成熟，具备许多有利条件：

其一，党中央、国务院明确要求。党的十七大和十七届二中、三中、四中全会，以及第十七届中央纪委历次全会，都要求推进政务公开，保障人民群众的知情权、参与权、表达权和监督权。温家宝总理今年在国务院第三次廉政工作会议上强调，要完善财政预算制度，推进预算公开，让老百姓清清楚楚地知道政府花了多少钱、办了什么事；今年7月，温家宝总理在国务院常务会议上再次强调，要加大预算编制和执行等方面的公开力度，切实增强预算的透明度。

其二，人民群众强力支持。随着社会主义市场经济的发展完善，人民群众的民主参与意识日益增强，对预算公开的关注热情日渐高涨。公开预算信息是人民群众的呼声，我们必须顺应民意，坚持不懈地加以推进。

其三，预算公开的制度基础基本建立。目前，政务公开已成为各级政府施政的一项基本制度，推动了预算公开不断向前发展。《政府信息公开条例》为预算公开提供了明确的法律依据。正在修订的《预算法》，也将预算公开的原则写进了草案。财政部2008年、2010年印发了两个文件，加强对预算信息公开工作的指导。推进预算公开已具备了较为完备的制度基础。

其四，各地区各部门积累了一定的实践经验。近年来，在财政部、审计署等职能部门的大力推动下，预算公开工作在全国范围内呈现出良好的发展态势。一些地区和部门大胆实践，勇于创新，在预算公开方面探索了各具特色的做法。如上海市的“运用科技落实预算公开”，江苏省无锡市和浙江省温岭市的“参与式预算”，焦作市的“复式预算管理”等等，都为全面推进预算公开提供了很好的借鉴。

三、推进预算公开需要把握的几个问题

推进预算公开是中央的要求、群众的期望，是防治腐败的一项重要措施。推进过程中应注意把握以下五个方面：

一是要与社会主义民主进程的目标相一致，坚定信心，努力推进。人民当家做主的一个重要方面，就是民主理财。民主理财的重要前提和基础，就是预算公开。保障人民群众依法参与民主决策、民主管理和民主监督的权力，就要坚定不移地推进预算公开。

二是要与我国经济社会发展水平相适应，循序渐进，稳步发展。预算公开关注度高、业务性强，其深入发展需要一个过程，公开的范围、深度和公民的参与程度，应与当前的经济发展水平、法制环境、社会氛围等相适应，立足国情、稳步推进。

三是要与财政管理体制改革相结合，步调协同，夯实基础。要建立健全现代公共财政体系，完善财政管理制度，深化预算改革，细化预算编制，推进财政管理科学化、精细化，为预算公开奠定良好基础。确保预算公开的质量和效益，提高人民群众满意度。

四是要在推动深化上多下功夫，多措并举，完善机制。要加强教育培训，提高公务员的公开意识和责任意识。加强制度建设，提高预算公开的权威性和有效性。完善监督考核机制，充分发挥人大监督、政协监督、群众监督和舆论监督作用，保证预算公开全面真实、及时准确。加强调查研究，学习借鉴港澳地区以及国际通行的有益做法。

五是要纳入惩治和预防腐败体系建设，加强督查，严明纪律。要把预算公开作为深化政务公开的重要内容来抓，在惩治和预防腐败体系建设中统筹安排、协调推进。监察、财政、审计等专门机关要加大监督检查力度，坚决纠正违规违法行为，推进预算公开依法依纪进行。

同志们，朋友们！香港、澳门回归祖国以来，在“一国两制”方针的指引下，内地与港澳的联系越来越紧密，交流越来越广泛。在防治腐败领域开展交流与合作是三地交往的重要组成部分。2008年以来，三地已成功举办了三次研讨会，分享了彼此在相关领域的成功经验和做法，取得了丰硕成果。通过三年的探索与实践，三地研讨会已经成为三地加强防治腐败交流与合作的重要窗口和有效平台。今后，要充分利用这个平台，进一步深化交流与合作，共同研究探讨防治腐败领域的重要问题，不断取得实质性成果，为内地和港澳的经济繁荣与社会稳定提供有力保障。

最后，预祝此次会议取得圆满成功！谢谢。

崔海容同志在“财政预算公开与防治腐败”三地研讨会闭幕式上的致辞

（2010年8月27日）

各位代表：

大家上午好！

为期一天半的“财政预算公开与防治腐败”三地研讨会，经过大家的共同努力，已经顺利完成各项预定议程，今天就要闭幕了。受中央纪委副书记、监察部部长兼国家预防腐败局局长马驭同志的委托，我谨代表内地主办单位，对这次会议取得圆满成功表示热烈祝贺！对各位代表、各位朋友特别是香港、澳门各位同仁的热诚支持与合作表示衷心的感谢！

监察部、国家预防腐败局对这次会议高度重视。会前，马驭同志和中央纪委常委、监察部副部长兼国家预防腐败局副局长屈万祥同志多次对会议筹备提出要求，进行具体指导，并指示抽调精干力量专门成立会议筹备工作小组。马驭同志出席开幕式，发表了热情洋溢而又坦率诚挚的致辞。万祥同志认真听取大家发表的意见建议。各位参会代表会前也按照要求进行了充分准备，全部向会议提交了发言材料，为这次研讨会的成功召开奠定了坚实基础。

会议期间，各位代表围绕“财政预算公开与防治腐败”这一主题及其三个专题进行了深入的交流和研讨，分享各方成功的经验和做法，研究解决问题的思路和对策，在以下诸多方面达成了共识。

第一，推进预算公开具有重大现实意义。集中体现在两个方面：一方面，推进预算公开，落实公民知情权，是保障公民民主权利的必然要求。一个现代政府，有责任向公民讲清楚财政资金如何收取，用在什么地方，办了什么事，并且让公民参与决策过程。这样，才能增加政府透明度，增强公民对政府的信任，取得公民对政府的支持。另一方面，推进预算公开，是有效预防腐败的重要措施。阳光是最好的防腐剂。将财政资金管理使用情况置于阳光之下，接受社会公众监督，可以有效防止资金滥用，避免将公共资金挥霍浪费。

第二，推进预算公开要有坚实法律基础。尽管三地法律制度不同，但依法行政是现代政府的基本准则，预算公开需要有严格的法律制度来保障，这已成为这次会议的广泛共识。因此，要逐步建立完善预算公开的法规制度，在预算编制、执行、监督等各个环节明确公开的内容、方式和程序，并与公共财政体制的相关法律衔接配套。要特别注重提高预算公开法律制度的执行力，并根据经济社会的发展，不断对其进行完善。

第三，预算公开的内容要全面、形式要多样。在公开的内容方面，要涵盖预算政策、预算制度、预算管理程序、预算资金分配过程和结果、预算收支等信息，程度上尽可能细化预算分类并让人看得懂，做到全面完整，客观真实，并引导公民有序参与。在公开的形式方面，要畅通书面文件、广播电视、网络媒体等公开渠道，运用政府公报、预算公告、新闻发布会等方式及时公开信息；要善于利用现代信息技术快捷的优势，为社会公众提供优质服务。

第四，推进预算公开要多措并举，加强监督问责。推进预算公开是社会公众的期盼，关注度高、业务性强，要从加强教育、改革制度、强化监督等方面多管齐下，才能取得实效。要对公职人员特别是领导干部加强教育培训，提高他们的公开意识和责任意识。要改革完善财政管理制度，逐步建立健全现代公共财政体系，为预算公开奠定良好基础。要加强监督问责，充分发挥人大、政协监督、公众监督和舆论监督作用；监察、财政、审计等专门机关要加大监督检查力度，纠正违规违法行为，促进预算公开不断深化。

第五，推进预算公开是一个循序渐进的过程。推进预算公开是建设服务政府、责任政府、法治政府、廉洁政府的现实需要，也已成为各地政府坚定不移的目标。但预算公开的深入发展需要一个过程，公开的范围、深度和公民的参与程度，应与各地的经济发展水平、社会氛围等相适应。特别是当前内地正处在经济体制深刻变革、社会结构深刻变动、利益格局深刻调整、思想观念深刻变化的历史时期，政府职能转变尚未完全到位，开展公共财政体制改革的时间也比较短，仍有许多非常具体的基础性工作要加强和完善，推进预算公开更需积极稳妥地向前。

会议期间，各位代表进行了广泛接触，加深了理解，增进了友谊，推动了合作。大家普遍认为，此次研讨会主题鲜明、交流充分、组织周密、气氛热烈，达到了预期效果。三地要继续利用好专题研讨会这一交流平台，进一步拓宽合作领域，深化合作内容，探索合作形式，完善合作机制，注重合作实效，在有效防治腐败方面取得更加丰硕的成果。

女士们，先生们！

推进预算公开，是各地区、各部门面临的一项长期任务，是反腐败机构的重要职责。让我们携起手来，以更加开放的姿态、更加务实的精神、更加扎实的措施，推动预算公开不断深入，为建设一个廉洁高效、和谐稳定、人民满意的政府而共同努力！

黑龙江省委、省政府，省纪委、监察厅，省财政厅为这次会议的召开做了大量准备工作，在各方面为会议提供了优质服务，让我们以热烈的掌声向他们表示诚挚的感谢！

最后，祝各位朋友身体健康、返程平安！谢谢！

崔海容同志在第三届发展中国家预防腐败研讨班开幕式上的致辞

（2010 年 9 月 11 日）

尊敬的各位代表，

女士们、先生们、朋友们：

九月的北京，秋高气爽、风轻云淡，在这个收获的季节里，第三届发展中国家预防腐败研讨班今天隆重开幕了。在此，我代表中华人民共和国国家预防腐败局，对研讨班的召开表示衷心的祝贺，向参加研讨班的各位代表表示热烈的欢迎和诚挚的问候！

本届研讨班是国家预防腐败局与商务部、国家行政学院合作举办的第三个国际性研讨班，是中国在《联合国反腐败公约》框架下积极开展预防腐败国际交流与合作的又一重要举措。研讨班将围绕预防腐败制度建设这一主题，从廉政风险防控机制建设、完善公共资源市场化配置机制、《联合国反腐败公约》与预防腐败三个方面进行深入研讨。此外，我们还为各位代表安排了内容丰富、形式多样的参观考察活动。我希望大家充分利用这次研讨机会，广泛交流，相互借鉴，加深友谊，凝聚共识，携手推动发展中国家在预防腐败领域的交流与合作，促进各国防治腐败工作不断取得新成效。

腐败是人类社会共同的敌人。有效预防和治理腐败，保持公务人员的廉洁，确保政府机关高效透明运行，是各国的共同任务和目标。中国政府在积极发展经济和推进改革开放的同时，始终把反腐倡廉工作摆在十分重要的位置。经过建国60多年来的实践，特别是改革开放30年来的探索，走出了一条中国特色的反腐倡廉道路。近年来，中国政府确立了标本兼治、综合治理、惩防并举、注重预防的反腐倡廉战略方针，制定了《建立健全惩治和预防腐败体系2008—2012年工作规划》。我们一方面坚决惩治腐败，对腐败分子，无论职务多高都坚决予以查处，确保法律面前人人平等；一方面有效预防腐败，从教育、制度、监督等方面强化权力制约，抓住重要领域和关键环节深化改革和创新体制，不断拓展从源头上防治腐败工作领域，消除滋生腐败的土壤和条件，以反腐倡廉的新成效取信于民，为全面建设小康社会提供有力政治保证。

女士们，先生们：

在经济全球化的背景下，中国的发展已经与世界紧密地联系在了一起，在反腐倡廉领域也是如此。中国政府高度重视并积极推动防治腐败国际合作。中国国家预防腐败局成立以来，在代表中国政府积极履行《联合国反腐败公约》义务方面发挥了重要作用，多次参加《公约》缔约国大会及履约审议、资产追回和技术援助政府间工作组的磋商，积极参与《公约》规则的细化工作，努力开展预防腐败对外交流和技术援助工作。我们高兴地看到，通过两年来的探索与实践，发展中国家预防腐败研讨班已逐步成为中国与广大发展中国家相互学习借鉴防治腐败经验、沟通交流彼此工作情况的重要窗口和有效平台，为促进预防腐败国际交流与合作发挥了重要作用。今后，中国国家预防腐败局愿意与各国防治腐败机构不断加强合作，努力开展多方位、多层次、多渠道交流合作，共同打击、预防腐败犯罪，携手创造廉洁公正的社会环境，为促进各国经济社会的全面发展和进步作出积极贡献。

最后，预祝研讨班取得圆满成功！

谢谢！

马驭同志在第三届发展中国家预防腐败研讨班晚宴上的祝酒辞

（2010年9月13日）

各位代表，

女士们、先生们、朋友们：

今晚，我们在庄重典雅、古朴大方的钓鱼台国宾馆设宴款待远道而来的各位朋友，我谨代表中华人民共和国监察部、国家预防腐败局，对大家来到北京参加研讨班表示热烈的欢迎！

中国是最大的发展中国家，巩固和发展同发展中国家的合作是中国独立自主和平外交政策的重要基石。中国与发展中国家防治腐败机构之间的交流与合作是中国与各国友好交往的重要组成部分。中国国家预防腐败局成立以来，已成功举办了两届发展中国家预防腐败研讨班，分享了彼此在预防腐败领域的成功经验和有效做法，取得了一系列丰硕成果。通过两年来的探索与实践，研讨班已经成为中国与各发展中国家加强防治腐败交流与合作的重要窗口和有效平台，为推动各国反腐倡廉建设发挥了重要的积极作用。

本届研讨班开幕已经第三天了，来自13个国家的25名代表齐聚一堂，交流各自在预防腐败方面的有益经验，探讨加强防治腐败国际合作的有效途径，围绕预防腐败制度建设这一主题达成了广泛的共识，进一步加深了彼此的理解和友谊。特别是我们从各国代表的发言中获益匪浅，对我们进一步做好预防腐败工作必将发挥积极作用。

各位代表，

中国共产党和中国政府在致力于改革开放和发展经济的同时，始终高度重视防治腐败工作，经过多年实践，走出了一条中国特色反腐倡廉道路。特别是党的十六大以来，我们确立了“标本兼治、综合治理、惩防并举、注重预防”的反腐倡廉方针，提出了建立健全惩治和预防腐败体系。在坚决惩治腐败的同时，加大教育、监督、改革和制度创新力度，更有效地预防腐败。通过不懈努力，反腐倡廉方向更加明确、思路更加清晰、措施更加有力，总体呈现出良好的发展态势，在促进经济社会健康发展、维护社会公平正义、保障人民群众合法权益等方面发挥了重要作用，人民群众对防治腐败工作满意度逐年上升。

各位代表，

打击和预防腐败是人类社会共同的责任。为了有效防治腐败，促进经济发展与社会和谐，中国愿同发展中各国进一步加强交流与合作，不断拓宽合作领域，深化合作内容，为消除腐败、创造清廉环境，促进亚非地区乃至世界的繁荣与和谐作出新的更大贡献。

现在，我提议，大家共同举杯，

为在座各位的身体健康，为这次研讨会的圆满成功，

干杯！

屈万祥同志在第三届发展中国家预防腐败研讨班结业典礼上的讲话

（2010年9月16日）

尊敬的各位代表，

女士们、先生们、朋友们：

在大家的共同努力下，为期一周的第三届发展中国家预防腐败研讨班已经顺利完成各项议程，即将结业。受中华人民共和国监察部部长、国家预防腐败局局长马驭的委托，我谨代表中华人民共和国监察部、国家预防腐败局、商务部和国家行政学院等中方主办单位，对研讨班取得圆满成功表示热烈祝贺，对各位代表的积极参与表示感谢，对上海市政府、市纪委为举办本次结业典礼所付出的辛勤劳动表示由衷的谢意。

中国政府对这次研讨班高度重视。研讨班期间，监察部部长兼国家预防腐败局局长马驭会见并宴请了各位代表，向大家介绍了当前中国经济社会发展的基本状况及反腐倡廉工作基本情况，表达了中国愿与各发展中国家加强预防腐败交流与合作的真诚愿望。此外，为确保研讨班取得成功，中国国家预防腐败局、商务部、国家行政学院精心策划组织，紧密协调配合，尽心尽力做好各项筹备工作，付出了辛苦的努力。

本次研讨班以预防腐败制度建设为主题，各位代表围绕廉政风险防控机制建设、完善公共资源市场化配置机制以及《联合国反腐败公约》与预防腐败三个专题进行了深入的交流研讨，分享彼此的成功经验和做法，共商预防腐败的思路和对策，大家相互学习、相互借鉴，加深了友谊，促进了合作，并在以下方面达成了重要共识：

第一，要切实加强廉政风险防控机制建设，从源头上铲除腐败滋生的土壤和条件。加强廉政风险防控机制建设，是深入开展反腐倡廉工作的重要内容。要增强预防在先的理念，从重点领域、重点部门和重点环节入手，全面排查，科学评估，找准查实廉政风险，化解消除腐败隐患，查找填补制度漏洞，为实现预防腐败工作目标提供有力的制度保障。

第二，要扎实推进公共资源市场化配置，让权力在阳光下运行。公共资源市场化配置，有利于消除腐败机会，抑制腐败动机，克服以行政手段配置公共资源存在的弊端，增加行政权力运行的透明度，进而从源头上有效防止腐败。要从建立健全规章制度、加强监督管理等方面入手，不断优化公共资源配置，维护社会公平正义，切实保障群众利益。

第三，要坚持深化《联合国反腐败公约》框架下的国际合作，形成共同打击和预防腐败的合力。《公约》汇聚了世界各国防治腐败的有益经验和先进理念，是开展防治腐败国际合作的重要法律基础。一方面，要以实施《公约》为契机，抓紧推动各国国内法律制度与公约相衔接，提高自身防治腐败能力；另一方面，要充分利用《公约》平台，积极开展预防腐败技术援助，相互借鉴好的经验做法，不断加强在司法协助、引渡等方面的国际合作。

女士们，先生们，

反腐倡廉是我们共同面对的一项长期战略任务，也是我们共同担负的重要职责和光荣使命。中国国家预防腐败局成立以来，与各发展中国家防治腐败机构的交流与合作不断深化。今后，我们愿意继续本着相互尊重、平等协商、注重实效的原则，在《联合国反腐败公约》的倡导下，继续加强交流，增进合作，共同努力遏制腐败，创造一个清正廉洁的环境，为促进各国经济繁荣和社会发展作出新的更大贡献！

"海内存知己，天涯若比邻。"祝各位代表身体健康、返程平安！

谢谢！

屈万祥同志在防止因公出国（境）规模反弹紧急会议上的讲话

（2010 年 10 月 14 日）

同志们：

2010 年 10 月 6 日，我国驻瑞典大使馆电报《海内外华人网站关注内蒙古乌海市市长侯风歧团在瑞被盗案事》反映，今年 9 月，内蒙古乌海市市长侯风歧率十多个煤老板到丹麦哥本哈根、瑞典斯德哥尔摩等地疯狂消费。该团在斯德哥尔摩用餐时遭当地犯罪团伙盗窃，损失高达 130 万克朗（约合人民币 162 万元）。此案发生后，海内外各媒体纷纷报道，产生很大负面影响。经大使馆核实，侯风歧一行被盗确有其事，当地警方也已介入调查。电报中还说，据当地导游反映，自今年 7 月以来，国内各种名目赴瑞典的公款旅游团组激增，数量远超过去年同期，接待已排满到 11 月上旬。中央和中央纪委领导对此事高度重视，贺国强同志在电报上作出重要批示，要求相关部门"**速将此事查清，并按有关规定严处，同时会同有关方面做好有关善后和舆论引导工作**"。马驭同志作出批示，"**请预防室密切关注此案查处，并做好控制公费团组激增和制止公费旅游的相关工作。**"我们召开今天的紧急会议，就是为了落实中央和中央纪委领导的重要批示精神，充分认识当前党政干部因公出国（境）规模激增的严峻形势，采取有效措施，坚决制止公款出国（境）旅游，防止因公出国（境）规模在今年出现反弹，确保专项工作任务圆满完成。

一、今年以来专项工作情况

（一）召开制止公款出国（境）旅游专项工作部际联席会议第三次和第四次会议，部署今年的专项工作。2010 年 2 月 9 日，制止公款出国（境）旅游专项工作部际联席会议第三次会议召开。会议总结了 2009 年的专项工作，审议通过了《2010 年制止公款出国旅游专项工作要点》，研究了《关于建立禁止公款出国旅游长效机制的意见》。会后向各地区各部门下发了《2010 年制止公款出国旅游专项工作要点》，要求各地区各部门结合实际，认真抓好落实。

（二）继续完善因公出国（境）管理各项制度。中央纪委出台了《用公款出国（境）旅游及违纪行为问题的解释》。监察部、人力资源和社会保障部出台了《用公款出国（境）旅游及相关违纪行为处分规定》。专项工作办公室正在起草关于因公出国（境）团组信息公开、团组境外活动情况核查、因私出国（境）管理、进一步加强任务审批管理的办法。中组部起草了《关于因公出国人员审批的规定》，正在征求有关部门的意见。

（三）严肃查处公款出国（境）旅游案件。今年以来，中央纪委会同有关地区和部门纪检监察机关，对安徽省安庆市人大副主任康正和、方川林团组公款出国旅游等案件进行了调查，有关处理工作正在进行中。此外，还对一批公款出国（境）旅游案件线索进行了转办督办。为发挥案件的警示教育作用，在中央电视台《焦点访谈》栏目曝光了吉林省原煤炭工业局组织干部大规模公款出国旅游案件，收到了良好的社会效果。随后，在国家预防腐败局网站上通报4起公款出国（境）旅游典型案件；在《中纪委通报》、《制止公款出国（境）旅游专项工作简报》上通报了8起典型案件。

（四）做好数据统计工作。依托去年建立的全国党政干部因公出国（境）数据统计报送机制，目前专项工作办公室已完成2010年上半年全国党政干部因公出国（境）数据统计分析，正在对第三季度因公出国（境）情况进行统计。

（五）推广因公出国管理综合信息系统。外交部整合因公出国任务审批、护照收缴、统计分析、监督管理等各项功能，开发了因公出国（境）管理信息系统，并将该系统纳入到外交部“因公电子护照系统”中。目前，该系统已在部分地区试运行。

此外，专项工作办公室编发简报34期，推广了一些地区和部门好的经验和做法。在国家预防腐败局网站开展了制止公款出国（境）旅游专项工作问卷调查，对公款出国旅游问题进行研究分析。

二、制止公款出国（境）旅游形势依然严峻

2010年上半年全国党政干部因公出国（境）数据统计结果反映，今年上半年全国党政干部因公出国（境）共有13842个团组，51452人次，虽然与2006年—2008年同期平均数相比分别下降57.9%和54.6%，但是与2009年同期相比却分别增长5.6%和15.1%。特别是今年二季度全国党政干部因公出国（境）团组数和人次数分别比一季度增长了60.1%和59.8%。其中，全国有59个地区和部门二季度因公出国（境）团人次数比一季度增长100%以上。我们通过公款出国（境）旅游专项工作问卷调查等信息渠道也了解到，今年二季度以来，因公出国（境）规模有所上升，地（市）以下各级党政机关团组数、人次数增长尤为显著。

此外，公款出国（境）旅游案件在一些地区和部门仍然时有发生。今年以来，中央纪委会同有关地区和部门纪检监察机关查处的典型案件有：

（一）安徽省安庆市外办通过中介机构购买邀请函，编制虚假日程骗取批准，安排安庆市人大常委会副主任方川林、康正和等人公款出国旅游。近年来，安庆市政府和市外办曲解中办发〔2008〕9号文件关于省部级人员“1个任期内出国（境）不超过2次或2年内出国（境）不超过1次”的规定，每2年安排市级领导出访1次。2009年，市外办为安排市人大常委会原副主任方川林团组出国，通过中介机构购买外方邀请函，编造虚假出访任务，杜撰报批日程，骗取批准。该团组在外停留10天，在外期间仅有2次座谈（每次约2小时），其余所有时间均为观光游览，没有执行报批任务，没有取得任何出访成果。2009年，安庆市外办为安排人大常委会常务副主任康正和公款出国，通过中介机构购买外方邀请函，巧立名目，编造了存在大量虚构内容的报批日程，

骗取批准。该团组在外停留10天，在外期间仅进行了两次座谈（每次半天），其余所有时间均为观光游览，没有进行报批日程中列及的大部分公务活动。

目前，安徽省纪委、监察厅已对以上案件立案调查。现已免去安庆市外办主任訾（音“资”）忠平市外办主任职务，并拟给予訾忠平撤销党内职务、行政撤职处分；给予安庆市外办副主任张英党内警告、行政记过处分；给予安庆市人大常委会原副主任方川林党内严重警告处分；给予安庆市人大常委会常务副主任康正和党内警告处分。

（二）江苏省总工会违规组织劳模、先进工作者通过因私渠道出国（境）旅游。2002年至2009年间，江苏省省总工会以奖励劳模和先进工作者出国（境）考察交流为名，下发组团通知，分配名额，绕过因公出国（境）审批程序，通过因私渠道组织5000余人出国（境）旅游，其下属事业单位江苏职工国际旅行社借机从中牟利。仅2008年、2009年两年，就组织了60批、1559人出国（境），费用支出共计1272万。参团人员由最初的省、市级以上劳模、先进工作者扩大到县、区、厂级劳模、先进工作者和优秀公务员等，并有部分不具有劳模、先进工作者身份的人员参团旅游。

目前，江苏省纪委、监察厅已对此案立案调查。拟给予省总工会副主席王兆喜党内警告处分；对省总工会原党组书记、副主席李晓布进行诫勉谈话；对省总工会副主席胡同军进行诫勉谈话；给予省总工会经济技术部部长赵克忠党内严重警告、行政记大过处分；给予省职工国际旅行社总经理祝玉雪党内严重警告处分；给予省职工国际旅行社原总经理简中禄党内严重警告处分。

（三）卫生部国际交流与合作中心利用出国培训之机组织公款旅游。2009年，卫生部国际交流与合作中心为牟取利益，通过编造含有部分虚假内容的培训任务，杜撰报批日程，骗取卫生部国际司批准，组织卫生系统工作人员17人赴澳大利亚进行血液安全与管理培训。该团组在外停留21天，大部分时间用于旅游。除在墨尔本、悉尼观光游览外，还专程前往布里斯班、黄金海岸等没有任何培训内容的6个城市观光游览。卫生部医政司主任科员贾丹丹的费用由该团组16人分摊。

目前，驻卫生部纪检组已对此案立案调查，拟给予卫生部国际司司长任明辉党内警告处分；给予卫生部交流中心副主任邢高岩党内警告处分；责成卫生部交流中心解除该中心出国境服务与培训部副处长张晓燕的聘任职务；并对其他相关责任人进行诫勉谈话。

三、扎实开展第四季度专项工作，防止因公出国（境）规模反弹

自2008年在全国范围内专项工作开展了以来，在各地区各部门的共同努力下，取得了阶段性成果。但是我们也应看到，公款出国（境）旅游问题由来已久，已在部分党政干部中形成了一股比较顽固的不正之风，因公出国（境）管理还存在一些薄弱环节，一些地区和部门对因公国（境）管理各项制度执行不利，有的纪检监察机关对查处公款出国（境）旅游案件问题重视不够，对公款出国（境）旅游案件的处理失之于宽，失之于软。因此，公款出国（境）旅游出现反弹的动机和条件还存在。此外，一些地区和部门认为专项工作已近尾声，出现一些松懈情绪。

面对制止公款出国（境）旅游的严峻形势和客观存在的问题，我们要进一步增强政治意识和大局观念，从保持经济平稳较快发展、加强党风廉政建设、增强党的凝聚力和战斗力的高度，充分认识专项工作的重要意义。充分认识制止公款出国（境）旅游的复杂性、艰巨性，警惕盲目乐观和松懈情绪。以更加坚决的态度、更加有力的措施、更加扎实的工作，确保公款出国（境）旅游现象在今年第四季度不反弹，以实际成效取信于民。下一步，我们要重点抓好以下几项工作：

（一）加大工作力度，确保完成今年因公出国（境）的控制指标。第四季度，各地区各部门的制止公款出国（境）旅游专项工作机构和外事管理部门，要切实负起责任，严格控制因公出国（境）规模，确保完成今年的因公出国（境）压缩任务。要按照《2010年制止公款出国（境）旅游专项工作要点》的部署，对因公出国（境）实行总量控制，对没有完成今年压缩任务的要以一定的方式予以通报。拟于近期召开全国制止公款出国（境）旅游专项工作会议，对第四季度的专项工作进行部署，提出明确要求，防止因公出国（境）规模发生反弹。

（二）加强因公出国（境）管理，从严审核审批。从严审批新申报的因公出国（境）团组，并重新审核已审批的拟于第四季度出国（境）的团组。要严格核查拟派出团组是否符合年度计划控制要求、出访任务是否明确、邀请函是否真实、出访人员职务是否与出访任务有关、费用是否符合预算等情况。审批把关不严造成恶劣影响的，要严格追究相关人员的责任。

从严控制非紧急公务团组任务审批，除外交、国际合作、应履约的商贸团组、应履约的文体交流团组和应履约的友好省市交流团组等紧急公务团组之外，尽量取消一般性考察等其他任务类别团组。文体交流、商贸团组中党政干部比例不得超过三分之一。坚决禁止无实质任务团组，严禁曲解中办发〔2008〕9号文件有关量化管理规定，不得在没有实质任务的情况下安排出国（境），将量化管理畸变成福利待遇互相攀比。从严控制双跨团组，非特殊情况一般不批准。从严控制培训团组，以及前往热点地区团组。地（市）以下各级党政机关因公出国人数，要按照今年专项工作要点的要求，在2009年的基础上压缩10%。

（三）加强监督检查。对因公出国（境）团组数和人次数出现反弹的地区和部门进行督查，对发现的问题及时制止。重点检查以营利为目的、巧立名目组织公款出国（境）旅游；无外事审批权滥发组团通知；违规组织和参与双跨团组；人数和天数超出文件规定；弄虚作假，购买邀请函或伪造邀请函；中介机构帮助组团单位编造境外公务活动日程、骗取任务批件等情况。

对一些地方和部门的外事审核审批工作进行检查，研究解决有外事审批权的单位过多但履行审批职责不力的问题。发现履行审批责任不到位，滥用、乱用外事审批权或违规审批的要坚决予以查处和纠正，必要时暂停直至取消有关审批权限。

（四）继续严肃查处公款出国（境）旅游案件。重点查处违规使用企业、事业单位资金或其他公共资金出国（境）旅游的案件，查实后要从严处理。严肃查处虚报出国（境）任务，通过购买邀请函骗取批准的案件；以及擅自延长国（境）外停留时间，增加出访国家和地区的案件。为发挥案件的警示教育作用，专项工作办公室拟于近期曝光一批典型案件。

同志们，专项工作责任重大，任务依然艰巨，我们一定要坚定信心，狠抓各项工作的落实，确保工作任务的完成，不辜负党中央、国务院和广大人民群众对我们的期望。

屈万祥同志在第二次全国制止公款出国（境）旅游专项工作电视电话会议上的讲话

（2010 年 10 月 20 日）

同志们：

根据中央纪委领导同志的批示精神和制止公款出国（境）旅游专项工作部际联席会议第四次会议的安排，我们今天召开第二次全国制止公款出国（境）旅游专项工作电视电话会议。主要任务是，对第四季度制止公款出国（境）旅游专项工作进行部署，防止因公出国（境）规模出现反弹，确保专项工作任务圆满完成。

近日，海内外媒体纷纷报道，我国某市市长率领的因公出国团组，在瑞典斯德哥尔摩被盗，损失高达 130 万克朗（约合人民币 162 万元），在国际上造成很大的负面影响。据我国驻瑞典大使馆报告，该市长一行在瑞典被盗确有其事，当地警方已介入调查。报告中还说，据当地导游反映，自今年 7 月以来，国内以各种名目赴瑞典的公款旅游团组激增，数量远远超过去年同期，接待安排已经排满到 11 月上旬。中央及中央纪委领导对此事高度重视，作出重要批示，要求加大制止公款出国（境）旅游专项工作力度，严格控制第四季度因公出国（境）规模，防止出现反弹。

根据中央纪委领导的批示精神，制止公款出国（境）旅游专项工作部际联席会议于 10 月 14 日召开了第四次会议。会议传达了中央及中央纪委领导的批示精神，分析了当前制止公款出国（境）旅游专项工作的形势，研究了防止因公出国（境）规模反弹的具体措施，对第四季度专项工作提出了明确要求。下面我讲 3 个问题：

一、今年以来专项工作进展情况

今年以来，在制止公款出国（境）旅游专项工作部际联席会议的组织协调下，在各地区各部门专项工作机构的共同努力下，制止公款出国（境）旅游专项工作扎实推进，又取得了新的进展。

（一）充分发挥制止公款出国（境）旅游专项工作部际联席会议的作用。今年 2 月，召开了制止公款出国（境）旅游专项工作部际联席会议第三次会议。会议总结了 2009 年的专项工作，审议通过了《2010 年制止公款出国旅游专项工作要点》，研究了关于建立禁止公款出国旅游长效机制的问题。会后向各地区各部门下发了《2010 年制止公款出国旅游专项工作要点》，对今年的专项工作进行了部署。近日又召开了专项工作部际联席会议第四次会议，对今年第四季度的专项工作作出了安排。

（二）继续完善因公出国（境）管理制度。今年中央纪委出台了《用公款出国（境）旅游及相关违纪行为适用〈中国共产党纪律处分条例〉若干问题的解释》。监察部、人力资源和社会保障部联合出台了《用公款出国（境）旅游及相关违纪行为处分规定》。中组部起草了《关于因公出国人员审批的规定》，国家外国专家局起草了《关于加强因公出国（境）培训管理的实施办法》，专项工作办公室起草了《国家工作人员因私出国（境）审批管理暂行规定》，正在征求有关部门的意见。专项工作办公室还正在研究起草关于进一步加强因公出国（境）任务审批管理、因公出国（境）团组信息公开、因公出国（境）团组境外活动情况核查办法等规定。

（三）严肃查处公款出国（境）旅游案件。今年以来，中央纪委会同有关地区和部门纪检监察机关，对安徽省安庆市外办违规安排市人大常委会副主任方川林、康正和等人公款出国旅游等案件进行了查处，并对一批公款出国（境）旅游案件线索进行了转办督办。为发挥案件的警示教育作用，在中央电视台《焦点访谈》栏目曝光了吉林省原煤炭工业局组织干部大规模公款出国旅游案件。在国家预防腐败局网站上曝光了一批公款出国（境）旅游典型案件；在《中纪委通报》上通报了一批公款出国（境）旅游典型案件。

（四）推广因公出国管理综合信息系统。外交部整合了因公出国（境）任务审批、统计分析、监督管理等功能，开发了因公出国（境）管理综合信息系统，并将该系统纳入到外交部"因公电子护照系统"中。目前，该系统已在部分地区试运行。

（五）做好数据统计分析等综合工作。依托去年建立的全国党政干部因公出国（境）数据统计报送机制，日前专项工作办公室已完成2010年上半年全国党政干部因公出国（境）数据统计工作，正在对第三季度因公出国（境）情况进行统计和分析。专项工作办公室编发简报34期，推广了一些地区和部门好的经验和做法。在国家预防腐败局网站开展了制止公款出国（境）旅游专项工作问卷调查，对公款出国旅游问题进行研究分析。

二、制止公款出国（境）旅游形势依然严峻

据统计，2010年上半年全国党政干部因公出国（境）共计13842个团组、51452人次，虽然与2006至2008年同期平均数相比分别下降52.9%和46.2%，但是与2009年同期相比却分别增长5.6%和15.1%。特别是今年第二季度全国党政干部因公出国（境）团组数和人次数比第一季度有较大增长。专项工作问卷调查等信息渠道也反映，今年第二季度以来，因公出国（境）规模有所上升，地（市）以下各级党政机关团组数和人次数增长尤为明显。

此外，公款出国（境）旅游案件在一些地区和部门仍然时有发生。例如：安徽省安庆市外办通过中介机构购买邀请函、编制虚假日程骗取批准，安排市人大常委会副主任方川林、康正和分别带领两个团组公款出国旅游。近年来，安庆市政府和市外办曲解中办发〔2008〕9号文件精神，将省部级人员"1个任期内出国（境）不超过2次或2年内出国（境）不超过1次"的量化控制标准视为福利待遇，形成每2年必须安排市级领导出访1次的错误惯例。

2009年6月，市外办按照这个错误惯例，在没有实际出访任务的情况下，安排市人大常委会副主任方川林率团出国。为达到出国的目的，市外办违规通过澳大利亚澳中经济技术交流中心北京代表处购买了英国纽汉市议会、德国布劳恩费尔斯市市政厅的邀请函，并编造虚假出访任务，杜撰了囊括12项公务活动的报批日程，骗取安徽省外办批准。该团组在外停留10天，出国前报批的任务一项也没有执行。实际仅有2次所谓的座谈（每次约2小时），其余时间均在英国的伦敦、温莎、曼城、爱丁堡、约克、哈罗盖特、剑桥，以及德国的科隆、波恩、布劳恩费尔斯、吕德斯海姆、法兰克福等城市观光游览，没有取得任何出访成果。

2009年12月，安庆市外办又按照每2年必须安排市级领导出访1次的错误惯例，安排人大常委会常务副主任康正和率团出国。为达到出国的目的，市外办违规通过安徽阳光文化发展有限公司购买丹麦塔斯塔普市商贸厅的邀请函，并巧立名目，编造存在大量虚构内容的公务活动日程，骗取安徽省外办批准。该团组在外停留 10 天，实际仅进行了 2 次座谈（每次半天），其余时间在瑞典的斯德哥尔摩、哥德堡，丹麦的哥本哈根，以及未经报批国家挪威的奥斯陆、利勒哈默尔等城市观光游览，报批日程中列及的大部分公务活动都没有进行。

安庆市外办主任訾（音“资”）忠平、副主任张英作为外事审批部门领导，不仅没有严格审核把关，反而违反外事管理制度，弄虚作假，谎报出国任务，购买邀请函，直接组织方川林团组、康正和团组公款出国旅游，对此事负有直接责任。日前，安徽省纪委、监察厅已对此案作出处理，给予安庆市外办主任訾忠平撤销党内职务、行政撤职处分，给予市外办副主任张英党内警告、行政记过处分；拟给予团组负责人市人大常委会原副主任方川林党内严重警告处分，拟给予团组负责人市人大常委会常务副主任康正和党内警告处分；追缴团组成员公款出国旅游费用。

三、扎实开展第四季度专项工作，防止因公出国（境）规模反弹

自 2008 年开展制止公款出国（境）旅游专项工作以来，在各地区各部门的共同努力下，已经取得了阶段性成果。但是我们也应看到，公款出国（境）旅游问题由来已久，已在部分党政干部中形成了一股比较顽固的不正之风；因公出国（境）管理还存在一些薄弱环节，一些地区和部门对因公国（境）管理制度执行不力，有章不循；有的纪检监察机关对查处公款出国（境）旅游案件重视不够，对公款出国（境）旅游案件的处理失之于宽、失之于软。因此，公款出国（境）旅游出现反弹的动机和条件还存在。此外，一些地区和部门认为专项工作已近尾声，也出现了一些松懈情绪。因此，我们要进一步增强政治意识和大局观念，从保持经济平稳较快发展，厉行节约、制止奢侈浪费，加强党风廉政建设、增强党的凝聚力和战斗力的高度，充分认识制止公款出国（境）旅游专项工作的重要意义，充分认识其艰巨性和复杂性，警惕盲目乐观和松懈情绪。以更加坚决的态度、更加有力的措施、更加扎实的工作，坚决制止公款出国（境）旅游，确保因公出国（境）规模第四季度不反弹，以实际成效取信于民。当前，我们要重点抓好以下几项工作：

（一）加大工作力度，确保完成今年因公出国（境）的指标控制任务。第四季度，各地区各部门的制止公款出国（境）旅游专项工作机构和外事管理部门，要切实负起责任，严格控制因公出国（境）规模，确保完成今年的因公出国（境）压缩任务。要按照《2010 年制止公款出国（境）旅游专项工作要点》的部署，对因公出国（境）实行总量控制，对没有完成今年压缩任务的要以一定的方式予以通报。

（二）加强因公出国（境）管理，从严审核审批。从严审批新申报的因公出国（境）团组，并重新审核已批准的拟于第四季度出国（境）的团组。要严格核查拟派出团组是否符合年度计划控制要求、出访任务是否必须、邀请函是否真实、出访人员职务是否与出访任务相符、费用是否符合预算并已经财政部门审核同意等情况。审核审批把关不严造成恶劣影响的，要严肃追究相关人员的责任。

从严控制非紧急公务团组任务的审批，除外交、国际合作、应履约的商贸团组、应履约的文体交流团组和应履约的友好省市交流团组等紧急公务团组之外，从严控制其他任务类别团组，杜绝一般性考察团组。文体交流、商贸团组中党政干部比例不得超过三分之一。坚决禁止无实质任务团组，严禁曲解中办发〔2008〕9 号文件有关量化管理规定，将 2 年内出国（境）不超过 1 次等最高限制，视为必须2年出国1次的待遇，并互相攀比。从严控制双跨团组，从严控制党政干部培训团组，以及前往热点国家和地区的团组。地（市）以下各级党政机关因公出国人数，要按照今年专项工作要点的要求，在2009年的基础上压缩10%。

（三）加强监督检查。各地区各部门的制止公款出国（境）旅游专项工作机构和外事管理部门要对今年因公出国（境）情况进行一次检查。专项工作办公室要组织对因公出国（境）团组数和人次数出现反弹的地区和部门进行重点检查。除检查因公出国（境）团组擅自更改行程，前往未经批准的国家和地区，增加在外停留时间等问题之外，还要着重检查购买、伪造邀请函，虚报出国任务、编造虚假日程骗取批准，以营利为目的违规组织双跨团组等问题；着重检查审核审批部门不履行经费由财政部门先行审核的程序，违规批准超天数超人数团组等问题。对于检查中发现的问题要及时研究解决、责令认真整改，必要时暂停直至取消有关单位组团或外事审批资格。情节严重的，要追究有关人员的纪律责任。

（四）继续严肃查处公款出国（境）旅游案件。重点查处巧立名目、弄虚作假，通过购买、伪造邀请函，虚报出国任务公款出国（境）旅游的案件；违规使用企业、事业单位资金或其他公共资金出国（境）旅游的案件；擅自延长国（境）外停留时间，绕道旅游的案件。除追究公款出国（境）旅游团组负责人的责任外，还要追究出国团组派出单位和审核审批部门的责任。对情节恶劣、影响较大的案件，除严肃追究相关责任人党政纪责任外，还要予以公开曝光。

同志们，制止公款出国（境）旅游专项工作在大家的共同努力下，已经取得了很大成绩，但任务依然艰巨，人民群众对这项工作还充满期待，我们一定要坚定信心，狠抓工作的落实，确保制止公款出国（境）旅游专项工作任务圆满完成，不辜负党中央、国务院和广大人民群众对我们的期望。

吕国增同志在第二次全国制止公款出国（境）旅游专项工作电视电话会议上的讲话

（2010年10月20日）

同志们：

刚才，屈万祥同志传达了中央及中央纪委领导关于继续抓好制止公款出国（境）旅游专项工作，严格控制因公出国（境）规模的指示，通报了今年以来专项工作情况和面临的因公出国（境）团组激增的严峻形势，以及近期查处的公款出国（境）旅游违规违纪典型案例，并就下一阶段工作提出了具体要求，进行了全面部署。中央纪委领导指示和屈万祥同志的讲话非常及时，十分重要，对于我们完成下一阶段专项工作和建立健全禁止公款出国（境）旅游长效机制具有重要指导意义，各地区各部门外事管理工作的主管领导和有关人员要认真学习领会，统一思想，提高认识，切实负起责任，坚决贯彻执行。

三年来，在制止公款出国（境）旅游专项工作部际联席会议各部门的协同努力与各地区各部门党委和政府及外事部门积极配合下，在规范因公出国（境）管理，严控因公出国（境）规模，严查公款出国（境）旅游案件等方面取得了明显成效，得到中央领导的充分肯定，在广大干部群众中产生了积极的反响。但是，正如屈万祥同志所指出的，今年上半年，由于一些单位把关不严，执行政策不到位，全国因公出国（境）团组数和人次数与去年同期相比出现了较大幅度增长，其中地（市）以下各级党政机关团组数、人次数增长尤为突出。制止公款出国（境）旅游专项工作面临十分严峻的反弹趋势。个别地区和部门的问题较突出：有的把关不严，不敢得罪人，想方设法突破量化管理；有的未合理统筹安排全年出访任务，导致指标用完，只得又以工作需要为名超计划出访；也有无论是否必要，年底前突击出国；考察访问类和招商展览团组增长幅度过大；一些地方主管部门违规购买邀请函，编制虚假日程骗取批准；部分地方领导干部仍然顶风违纪，弄虚作假，带头公款出国旅游，个别案件甚至引起媒体广泛关注并造成了很坏的社会影响。这些现象说明，公款出国（境）旅游现象有一定的顽固性，需要我们持续不断的作出努力。

同志们，制止公款出国（境）旅游是中央加强党风廉政建设和巩固党的执政地位的重要举措，事关党和政府在人民群众心目中的形象，事关国家改革、发展与稳定大局。各地区各部门外事部门要认真贯彻落实中央和中央纪委领导关于坚决制止公款出国（境）旅游的指示精神，以对党、国家和人民高度负责的态度，切实负起责任，严格执行“两办文件”和专项工作要求，进一步加大工作力度，严格把好审批审核关，坚决控制第四季度因公出国（境）团组数和人次数，防止因公出国（境）规模反弹，确保今年专项工作确定目标的完成。为此，我们应认真落实好今天电视电话会议精神：

一要统一思想认识，坚决完成党中央赋予我们制止公款出国（境）旅游的重要任务。各地区各部门外事部门要从加强党风廉政建设，巩固党的执政地位的战略高度，把思想统一到中央的要求上来，充分认识落实好专项工作的紧迫性、复杂性和重要意义，充分认识公款出国（境）旅游现象对党和国家造成的严重危害，充分认识我们所承担的历史责任，根据屈万祥同志讲话中提出的各项要求，采取切实措施，把中央关于制止公款出国（境）旅游工作的指示落实到位，责任到人，抓实抓好。

二要继续严格总量控制，确保今年专项工作任务的顺利完成。各地区各部门外事部门要按照2010年专项工作要点要求和本地区本部门年度计划指标，严格总量控制，压缩出访规模，特别是要对因公出国（境）团组数和人次数出现较大反弹的地区和部门以及地市级以下团组进行严格控制；无特殊工作需要的计划外团组一律不予报批；对已审批的拟于第四季度出国（境）的团组进行重新审核，坚决禁止无实质任务的团组；从严控制非紧急公务团组任务审批，坚决压缩一般性考察等类别团组；继续从严控制双跨、培训及赴热点地区团组。

三要切实负起责任，严格把好审批审核关。各地区各部门外事部门要在党委和政府领导下，认真行使好外事审批权，牢固树立服务外交全局和国内改革、发展、稳定大局的思想，严格把好因公出访团组审核审批关，严格按照规定，审核出访任务是否有实质内容、确有必要、能否取得实效，邀请单位是否业务对口，团组人数、在外天数、出访国家及经费来源等因素是否符合有关规定。严防通过中介机构联系或出具虚假邀请函，骗取批准，严禁拆分团组或组织“团外团”。要加强统筹协调，与财政、纪检、组织、审计等部门密切配合，实现联动审核审批。我还想强调一点，《关于进一步加强因公出国（境）管理的若干规定》（中办发〔2008〕9号文件）对领导干部出访次数的量化规定是不得突破的上限，并非需要完成的指标，更不是必须享受或用来攀比的待遇。如果没有工作上的实际需要，就不能照顾安排出访。

四要加大监督检查力度，严厉查处顶风违纪行为。各级外事部门和任务审核审批单位要严格出国（境）证照管理，密切配合财政、纪检监察等部门加强对因公出国（境）团组的事后核查，重点检查在外活动项目和日程安排、停留时间、人数、路线等是否符合报批内容，经费使用是否合理，出访报告是否实事求是、符合要求，发现问题及时报告和处理。要坚持及时、准确、完整地按季度统计上报因公出国（境）情况，进一步加强对有外事审批权单位履行审批职责情况的检查，对滥用、乱用外事审批权或违规审批的要坚决查处和纠正。要积极配合纪检监察部门严肃查处公款出国（境）旅游案件和涉案人员，并作为典型案例予以内部通报或曝光，发挥案件的警示教育作用，坚决禁止公款出国（境）旅游。

同志们，近三年制止公款出国（境）旅游专项工作成绩来之不易，是各部门密切协作，认真贯彻中央指示精神的成果。希望大家再接再厉，认真履行责任，按照屈万祥同志讲话中所作的部署，严格控制住第四季度因公出国（境）规模，防止反弹；与此同时，积极开动脑筋，就建立一套行之有效长效机制提出建议，努力从根本上刹住公款出国（境）旅游歪风，向党和人民交出一份满意的答卷。

谢谢大家。

崔海容同志在海关执法廉政风险预警处置系统推广应用现场交流会上的讲话

（2010年10月22日）

很高兴参加海关总署召开的海关执法廉政风险预警处置系统推广应用现场交流会，在此我谨代表国家预防腐败局，对会议的成功召开和海关征收关税突破万亿大关表示衷心的祝贺！

海关承担着监管进出境物品、征缴关税、查缉走私等重要职责，其工作性质和特点，决定了海关始终面临着较高的执法风险和廉政风险，同步防控“两大风险”、加强对权力运行的制约监督，是海关自身建设的长期任务和永恒主题，也是海关反腐倡廉建设的重点所在，更是完成国家税收的重要环节。为适应新形势下的监管与监督工作，海关总署按照执法风险和廉政风险同步防控的总体要求，自2001年以来，积极推进科技强关战略，利用信息化手段，统一执法标准，减少执法随意性；合理配置权力，防止权力运行失控；增强执法透明度，防止暗箱操作；建设执法廉政风险预警处置系统，及时纠正执法异常；强化全程监督，实现了业务建设和廉政建设的深度融合与协调发展，探索出了一条制度加科技有效预防腐败的新路子。

昨天，我听取了组局负责同志、司负责同志关于系统应用、成效及下一步工作安排的介绍，之后又听取了一些直属海关和隶属海关的同志结合各自业务特点运用系统的情况介绍，上海海关同志也进行了现场演示，深受教育和启发。对HL2008系统设计的针对性、实操性和科学性有了全面的了解。

借此机会，我讲三点学习体会。

一、海关执法廉政风险预警处置系统设计科学、效果明显

我个人认为系统有3个显著特点：其一具有以海关业务执法规范化、业务处理信息化和廉政风险点模型化为研发基础，以同步防控执法风险和廉政风险为研发思路，从预警处置执法风险入手，降低、化解由此引发的廉政风险，防止执法风险向廉政风险演变的前瞻性。其二按照“由事及人”的原则，以岗位、关员为风险预警处置的主线，风险提示、风险监控、风险处置环环相扣，形成具有行政执法机关特色的，治本和治标有机结合的内部控制机制的可操作性。其三在实时逻辑比对、分析、甄别和筛选执法数据、执法流程以及执法痕迹的基础上，对执法关员执行操作规程、办事时效规定、廉政纪律等方面的风险进行了全方位、全过程、分层级、实时性地预警、监控和处置，为基层自控、职能监控和专门监督提供了完整的信息化平台。

根据昨天介绍，预警处置系统推广应用以来，海关违纪违法现象得到有效遏制，行业风气明显改善，依法行政能力不断增强，海关业务建设和廉政建设取得新的明显成效。一是纠正了违规操作、执法不规范和效率低下等方面的问题；推动建立或完善了一系列规章制度；增强了职能监控、行政监察和审计监督的针对性和有效性；提升了掌控业务执法和队伍管理的能力。二是查处了多起违纪违法案件；对一批执法关员采取了诫勉谈话、通报批评、组织处理等措施；教育、保护了干部，提升了反腐倡廉和依法行政能力。三是促进了税收打私等海关中心工作，避免漏征大量税款，发现并纠正了多起滞缴税款、拖延入库的情况，发现并移交了多宗走私违规线索，提升了把关服务能力。

二、海关执法廉政风险预警处置系统建设是有效预防腐败的有益探索

胡锦涛总书记在十七届中央纪委五次全会上提出，要进一步加强预防腐败制度建设，加强权力监控，从重点领域、重点部门、重点环节入手，排查廉政风险，健全内控机制，构筑制度防线，形成以积极防范为核心、以强化管理为手段的廉政风险防控机制，要建立健全预防腐败信息系统，逐步形成信息共享和腐败预警机制。海关总署研发应用执法廉政风险预警处置系统是落实中央要求、加强预防腐败工作的有益探索，既具风险管控理论基础，也具科学性，值得党政机关特别是行政执法部门借鉴。对反腐倡廉建设的意义突出表现在三个方面：

一是制度建设得到很好的落实。制度设计既要科学合理，又要切实可行。预警处置系统根据国家政策法规和海关规章制度以及统一的执法标准，健全各项管理规章制度，尤其是注重完善行政执法工作流程和程序，使得制度设计实体与程序并重，更加科学合理，提高了制度的可操作性。信息技术的运用，固化了业务流程，强化了实时监控，减少了人为因素的干扰，提升了制度的执行力。

二是行政执法权行使得到有效监督。海关腐败主要发生在监管执法领域，只有切实加强对行政执法各项权力运行的监控，才能扎实有效地预防腐败。这个系统合理配置执法权力，规范权力行使流程，各项业务操作在系统内按照预先设定的程序、流程和权限运转，使岗位间相互制约、相互监督，并同步开展基层自控和职能监控，同步开展执法监督和廉政监督，使廉政监督、执法监督工作融入业务管理过程，为业务职能部门加强监控、专门监督部门强化监督以及查办案件提供了操作平台，形成了一个闭合完整、循环往复、反应敏捷的管理信息链和监督制约链，拓宽了监督的覆盖面，提升了监督的针对性、及时性和有效性。

三是党风廉政建设责任制得到切实执行。党风廉政建设责任制是推进反腐倡廉建设的一项带有全局性的根本制度，是落实防治腐败领导体制和工作机制的重要制度保证，对于督促各级领导干部切实担负起反腐倡廉建设的领导责任，具有非常重要的作用。预警处置系统的主要用户是各级海关领导干部。用户分总署、直属海关、隶属海关三层级在授权范围内使用，系统对每一个级别和每一个岗位的关员都有严格的操作权限限制，实行分级授权，上级可随时调阅下级相关信息，掌握有关情况，自动预警风险，并提示有关人员及时处置。关员执法必须持IC卡上机，通过身份认证后才可以进入信息系统根据授权范围进行操作。操作全过程实行电子签名，计算机自动跟踪记录，留下操作痕迹。应用这个系统，便于分清各管理层级的管理和监督责任，便于开展责任考核检查和分析追究，便于各级领导班子、领导干部抓管理、带队伍，从而为各级海关领导班子、领导干部同步落实党风廉政建设责任制、履行“一岗双责”提供有效抓手。

三、进一步加大运用现代信息技术、规范行政权力运行工作力度

腐败与权力滥用有关，有效预防腐败的一个重要方面就是防止权力滥用，规范权力运行。国家预防腐败局成立三年来，在马驭同志领导下，认真总结各地各部门实践经验，积极探索规范权力运行的有效办法。下一步，我们考虑，按照第十七届中央纪委第五次全会要求，着力构建廉政风险防控机制和权力运行监控机制。要在开展清权确权的基础上，对梳理出的权力事项查找廉政风险点，进行流程优化和再造，运用信息技术推进权力网上运行，并通过电子监察系统对权力运行过程进行实时监控，逐步形成配置科学、结构合理、程序严密、制约有效的权力结构和运行机制。海关系统运用信息技术规范行政执法权的探索走在了国家机关的前面，为我们提供了有益的启示。

同志们，充分利用现代信息技术规范行政权力运行，是有效预防腐败的必由之路。应该看到这是一项复杂的系统工程，需要领导重视、统筹规划、各方协调、有序推进，也需要信息技术研发单位的持续支持。中央纪委监察部、国家预防腐败局对海关执法廉政风险预警处置系统从研发到推广应用一直予以高度关注，曾多次派人前往调研，并鼓励和支持一些地方和部门前来学习。我们将认真总结并适时推广此项成果。希望你们一方面按照海关总署完善内控机制、建设大监管体系的要求，抓好系统的升级改造，不断拓展系统功能，另一方面在实践中深化系统应用，提高防控效果，为海关反腐倡廉建设提供更好的支撑，为海关事业健康发展提供更有力的保证，也为其他行政执法部门创造更多更好的经验。

崔海容同志在湖南省“预防腐败制度之路”理论与实践成果交流会上的讲话

（2010 年 10 月 25 日）

很高兴到湖南来参加湖南省预防腐败研究基地和中南大学预防腐败法制研究中心成立揭牌仪式。首先，请允许我代表国家预防腐败局对湖南省预防腐败研究基地和中南大学预防腐败法制研究中心的成立表示热烈的祝贺！我相信，湖南省预防腐败研究基地和中南大学预防腐败法制研究中心的诞生，对我们深化预防腐败规律性的认识，推动预防腐败工作的深入开展，将产生积极而深远的影响。刚才，云昭书记作了很重要讲话，介绍了近年来湖南省开展预防腐败制度建设的有关情况，对加强预防腐败的理论研究和实践探索提出了新的要求，听后很受鼓舞、很受启发。接下来，部分省市和湖南有关省直部门、市州的同志与高校和研究机构的专家学者还要做交流发言，相信会给大家带来更多的收获和启示。借此机会，就有效预防腐败制度建设，讲三点个人意见，与大家交流。

一、充分认识制度建设在预防腐败中的重要作用

党的十七大提出：“在坚决惩治腐败的同时，更加注重治本，更加注重预防，更加注重制度建设”。2010 年 1 月，胡锦涛总书记在第十七届中央纪委第五次全会上着重阐述了加强反腐倡廉制度建设的重要性、紧迫性和基本要求，并辟专章阐述加强预防腐败制度建设的重要性，我们要认真学习、深刻领会，把制度建设摆在更重要的位置。

当前腐败形势依然十分严峻，防治腐败制度建设还存在一些亟待解决的问题：一是缺少一部统揽全局的防治腐败法。我国防治腐败的各种规章制度已有 1200 多个，总体上缺少一部纲领性的防治腐败法规，一些重要领域和关键环节还存在制度上空白。二是一些制度设定针对性和操作性不强，形同虚设。主要表现为一些制度内容过于原则宽泛，缺乏程序性规定，缺乏责任主体，在实践中难以落实。三是一些制度缺乏系统性和配套性，不能有效发挥作用。如一些制度重实体、轻程序，一些制度虽有实体、程序，但缺少保障性规定，导致作用难以发挥。四是一些制度缺乏权威性和刚性，禁止性要求多，刚性罚则少。导致制度执行难。

有效预防腐败要多管齐下，必须综合运用教育、制度、监督、科技等手段，把教育的说服力、制度的约束力、监督的制衡力、惩治的威慑力结合起来。加强教育，筑牢思想道德防线，解决不想腐败的问题；完善制度，在严密的制度约束下，解决不能腐败问题；强化监督，审慎用权，解决不敢腐败问题。此外，还要着力改善公职人员廉洁从政的外部环境，积极开展社会领域的预防腐败工作。

在有效预防腐败的多种措施中，制度建设更带有根本性、全局性和长远性。教育要靠制度来保证，监督要靠制度来落实，惩治要靠制度来规范。对制度建设重要性，小平同志指出：好的制度，可以使坏人无法任意横行。制度不好，可以使好人无法做事，甚至会走向反面。因此，只有紧紧抓住制度建设这个根本，形成用制度管权、按制度办事、靠制度管人的体制机制，才能有效防止决策失误、权力失控、行为失范，才能最终达到有效预防腐败的目的。

二、准确把握防治腐败制度建设的基本要求

胡锦涛总书记指出，要以建立健全惩治和预防腐败体系各项制度为重点，以制约和监督权力为核心，以提高制度执行力为抓手，加强整体规划，抓紧重点突破，逐步建成内容科学、程序严密、配套完备、有效管用的反腐倡廉制度体系，切实提高制度执行力、增强制度实效。按照这一总体要求，推进制度建设要着力把握好以下六个方面内容：

第一，制度设计要注重科学性

胡锦涛总书记在第十七届中央纪委第五次全会上指出“建章立制是一件非常严肃慎重的大事，要经过调研、立项、试点、起草、修改、论证、发布试行、修订、再发布等环节，保证制度行得通、管得住、用得好。”这为制度建设提供了科学方法和具体途径。

制度设定的科学性主要体现在以下三个方面：一是预防腐败制度设计必须围绕中心、服务大局，为深化改革、促进发展、维护稳定服务。要把反腐倡廉建设同全面加强党的建设，提高党的执政能力有机结合起来。要把制度建设同一系列改革的政策和措施有机结合起来，做到同步设计、同步制定、同步实施。要让制度建设深入经济社会各个领域，解决妨碍改革和发展的突出问题，优化发展环境。要围绕规范公权力运行、完善市场经济体制、防止利益冲突、维护群众权益等重点领域和关键环节加大制度设定力度。二是预防腐败制度设计过程应充分发扬民主。制度正式出台前，要经过广泛深入调研，征集民意，真实反映群众愿望，提高群众参与制度建设的广度和深度。要充分发挥地方和基层在制度建设中的创新精神，把经过实践检验的好做法提升到制度层面，必要时可在一些地方先试点后推行。三是制度建设要体现与时俱进。制度设定的过程就是将人的行为准则、价值观念、道德标准等通过适当的程序，上升为规章制度，反过来再利用规章制度来规范约束人的行为。随着社会生活不断发展变化，随着遵守制度与违反制度的反复博弈，制度有可能滞后。这就需要我们对已有的法律法规定期进行评估、清理，对滞后的制度规定及时废止或修订。

第二，制度设计要突出前瞻性

制度建设不仅要解当前的燃眉之急，更应防患于未然。首先，制度设计要有战略眼光和超前意识，针对目前改革不断深入，利益深刻调整，腐败手段不断变化的新特点，加强对反腐倡廉全过程的研究，把握其规律和特点，作出正确的判断，规范可能出现的问题。其次，制度设计既要有阶段性任务，又要制定长远目标。这就要求在制度的设计中，特别是在一些重要制度和政策的制定中，及时探知社会经济发展变化情况，进而在设计上渗透和体现解决预期问题的内涵，科学规划，稳步推进。再次，制度设计时要充分考虑社会发展变化的趋势，在一些规则的内容和程序上留有余地，鼓励探索和实践，保证制度的阶段性发展和逐步完善。

第三，制度设计构架要体现系统性

制度建设是一个综合性的系统工程，要针对各个领域、各个行业、各个系统，形成一个严密的、少缺失、少漏洞的制度体系。各项制度间存在相互联系，可能是积极的，起到相互配套、相互补充的作用，也可能是消极的，存在不协调、不衔接的问题。这就要求党纪党规与宪法、法律和国家行政法规配合好，地方性规章与中央的制度法规配套好，下位法与上位法相协调，一般法与特别法不冲突，国内现行的反腐败法律法规与《联合国反腐败公约》衔接好。另外，健全制度体系，还要重视基本制度和具体制度、实体制度和程序制度的配套。实践中，我们规定了多种监督方式，但每一种监督方式都不够完善，各种方式之间也没有很好衔接，以至形成条块脱节、上下分离现象，留下监督“真空”。为避免“制度空转”，需要众多“子制度”，例如实施条例、实施细则、适用性规例的配套完善。

第四，制度设定要突出刚性原则

科学的制度一定是有权威性和威慑力的。一是制度本身应具有足够的强制性，使约束对象按制度行事。制度的刚性就要把人的行为准则、价值观念、道德标准通过适当的程序，上升为法律制度，反过来运用法律的强制要求规范人的行为。不能把制度建立在依靠个人理性自觉和思想素质基础上。列宁曾说过：“依靠信念、忠诚和其他优秀的精神品质，这在政治上是完全不严肃的”。二是制度要成熟可持续，避免漏洞百出和朝令夕改。成熟制度的出台必须具备有利的社会经济条件、广大人民群众和社会心理倾向和支持，以及巩固党的执政地位的作用。

第五，制度建设要着力提高执行力

制度的生命力在于有效执行。目前，我国制度执行不力，有章不循的问题突出，危害比没有规章制度还要大。这一问题直接破坏制度的严肃性和权威性，所以提高制度执行力尤为重要。一是要加强制度执行的组织领导，各级领导要做执行制度的表率。二是在制度制定过程中，还应注重其惩戒性与激励性相配套，条文内容与配套制度相衔接，以增加执行制度时的可操作性。三是要加强制度执行情况的监督检查，完善制度执行的监督和追责机制，拓宽监督渠道，对有章不循、破坏制度的行为要严肃处理，切实提高制度的权威性。

第六，制度设计要充分运用科技手段

要积极探索新学科、新技术、新知识与制度建设有机结合的途径和手段，高度重视现代科学技术尤其是信息技术的作用，把科技手段融入制度设计之中，用无情的电脑代替有情的人脑，破解潜规则，不断提高制度执行力。

三、切实加强预防腐败制度建设

加强预防腐败制度建设，既要切实遵循以上防治腐败制度建设的一般性原则要求，还要深入研究有效预防腐败制度建设自身的特点和规律。

胡锦涛总书记在第十七届中央纪委第五次全会上提出，要着力探索预防腐败的措施和办法，努力形成一整套有效的预防腐败制度。其一要大力推进廉政风险防范管理，把预防腐败的要求落实到权力结构和运行机制各个环节，形成廉政风险防控和权力运行监控机制，强势推进权力在“阳光”下运行；其二大力推进市场化建设，充分发挥市场在资源配置中的基础性作用，完善公共资源配置、公共资产交易、公共产品生产领域市场运行机制，增设权力寻租的壁垒，防止利益冲突；其三研究制定社会领域预防腐败整体规划，把预防腐败的要求拓展到经济、政治、文化、社会等各个领域，形成有效预防腐败的长效机制；其四建立健全预防腐败信息系统，逐步形成信息共享和腐败预警机制。这四个方面既有防控滥用权力、防止利益冲突方面内容，又有社会领域预防腐败的内容，还有运用信息技术科学分析预防腐败形势的内容。

借此机会，我简要介绍一下国家预防腐败局成立三年来加强预防腐败制度建设的一些情况。

（一）推进廉政风险防控机制和权力运行监控机制建设

近年来，围绕廉政风险防控机制和行政权力运行监控机制建设，国家预防腐败局在一些省市开展了探索加强权力制约监督的办法的试点，取得了一批有价值的成果。例如，河北省的权力运行监控机制建设；湖南省出台的《湖南省行政程序规定》；上海的制度加科技预防腐败等都在规范权力方面，形成富有特色的理论、实践和制度成果。此外，北京、福建、黑龙江、吉林、江苏、浙江、湖北、宁夏等地和财政部、卫生部、交通运输部、农业部、海关总署、国务院国资委、工商总局、税务总局、质检总局等部门在这方面也进行了积极探索。同时，我们大力推进"阳光"工程建设，今年在呼市召开了政务公开工作，正在起草《深化政务公开加强政务服务指导意见》，下个月还将召开"村务"和"厂务"公开工作会议。今后我们将继续总结各地区、各部门经验，在全国开展廉政风险防范管理和行政权力运行监控机制建设，并在此基础上，逐步推动行政实体法和行政程序法的出台。

（二）探索社会领域防治腐败的基础性建设

廉洁的政府需要廉洁的社会支撑，《联合国反腐败公约》第二章预防措施中第十二条"防止涉及私营部门的腐败"和第十三条"社会参与"都要求我国将防治腐败工作拓展到社会各个领域。但目前我国社会领域防治腐败工作仍然存在一些问题：如社会领域防治腐败宏观上还没有一个思路清晰、可操作性强的综合规划；对社会各领域的防治腐败问题研究还不透，有效对策还不多；一些地方和部门对这项工作的重要性和紧迫性认识不足，还没有摆上议事日程等。国家预防腐败局成立以后，中央和国务院将协调指导企业、事业单位、社会团体、中介机构和其他社会组织防治腐败的职责赋予国家预防腐败局，下一步，我们一是在深入调研的基础上，制定出台社会领域预防腐败工作的指导意见，以便全面推动社会领域预防腐败工作；二是对社会领域腐败突出的重点问题开展专项治理；三是开展私营经济领域预防腐败试点，重点推进市场诚信体系建设，完善现代企业制度和企业自律机制，加强企业廉洁文化建设，同时，为私营企业营造公平竞争的体制和制度环境。推动在防治腐败领域政府与社会的良性互动，逐步形成有效遏制腐败的社会环境。

（三）开展制度廉洁性评估工作

制度廉洁性评估，是及时发现制度漏洞，加大源头治理力度，提高制度执行力的一项有效措施，可以有效防止部门利益制度化，不当利益合法化的政策与法律俘获问题，从制度层面消除产生腐败的土壤和条件。今年以来，国家预防腐败局正式介入了相关部门10余部法规的廉洁性审核，并参与了《制止证券内部交易》的调研与制定；印发了《关于开展制度廉洁性评估试点工作的指导意见》，在四川、海南、深圳等11个省市进行试点，积极探索制度廉洁性评估的工作制度、工作模式和运行机制。今后将重点指导11家试点单位对地方性法规、政府规章和其他规范性文件进行廉洁性评估，逐步推动此项工作常态化。

（四）建立预防腐败信息共享机制

加快建立预防腐败信息系统，积极推进预防腐败信息共享机制建设，已成为共识。如，湖南省以"三库一网一平台"为依托的信用信息系统，最高人民检察院建立的行贿犯罪档案查询系统等。目前，国家预防腐败局在湖南、上海、广东、杭州等地开展的预防腐败信息系统建设试点，已初步形成预防腐败信息系统设计方案，正转入软件开发和安装试用阶段。另外，国家预防腐败局针对我国目前信用信息不能共享的现状，正在与人民银行、公安部、国务院法办等部门一起研究建立以公民身份号码和组织机构代码为基础的公民、社会信用代码制度和社会信用信息共享机制。

（五）做好《联合国反腐败公约》的履约工作

2009年11月《联合国反腐败公约》第三届缔约国大会决定正式建立履约审议机

制，今年6月“履约情况审议组”第一次会议确定中国将于2013年接受审议，审议内容包括《公约》第三章“定罪与执法”和第四章“国际合作”。在国际合作方面，至今年我们成功举办了三期发展国家部级干部培训研讨班。“定罪与执法”国内法律法规与《公约》衔接工作也取得积极进展。全国人大常委会修订了行政监察法，进一步完善了保护举报人的规定；监察部、司法部大力推动《刑事司法协助法》立法进程，已向全国人大外事委进行了专题汇报；财政部积极推进《政府采购法实施条例》的立法工作，已提交国务院审议。下一步，国家预防腐败局将在实施《公约》协调小组的领导下，会同外交部努力做好《公约》与国内法律法规衔接，积极应对履约审议工作。

同志们，回顾改革开放以来我们党反腐倡廉工作，大体经历了从标本兼治、侧重遏制，到标本兼治、综合治理、逐步加大治本力度，再到标本兼治、综合治理、惩防并举、注重预防这样一个实践上不断发展、认识上不断深化的过程。全党上下对加强预防腐败工作的认识高度一致。在这一过程中，我国预防腐败也呈现出由对个别腐败现象进行专门预防到以推进行政审批制度、财政管理制度、干部人事制度改革为主要内容的重点预防，再到以建立健全惩治和预防腐败体系为标志的全面预防的发展态势。应该看到，我们目前尽管做了很多探索，但还不系统，对预防腐败的规律性认识有待深化，有效的办法还不多。切实加强预防腐败的理论研究和实践探索很有必要，非常及时。湖南省预防腐败研究基地和中南大学预防腐败法制研究中心成立的意义就在于此。让我们共同努力，深入研究预防腐败的规律，不断推动预防腐败工作上水平、上台阶。

崔海容同志在中加政策选择项目总结会上的讲话

（2010年11月24日）

尊敬的各位朋友，女士们，先生们：

今天，中国国家预防腐败局与加拿大国际发展署合作的政策选择项目总结会在北京隆重举行。在此，我代表中国国家预防腐败局，对这次会议的召开表示衷心的祝贺，对专程前来出席会议的加拿大驻华使馆法米达女士，加拿大国际开发署李德来先生，加拿大项目合作伙伴托宾先生，中国商务部国际司刘祥先生，以及来自部分地方和中央国家机关的各位同行表示热烈的欢迎和诚挚的问候！

中加两国建交40年来，双边关系发展顺利，在政治、经贸、人文等领域的合作取得了丰硕成果。1994年，两国政府签署了指导双边合作的“国别发展政策框架”，进一步拓展了两国交流合作的领域。此次中加市场中介组织监管与防治腐败政策选择项目的执行，是推动双方在政府管理、市场监管领域交流合作的重要行动，对于中加双方深入了解各自国家市场中介组织监管与防治腐败的体制机制，相互交流有效防治腐败的经验和做法，增进相关职能部门和人员的友谊，具有重要的意义。

改革开放以来，中国的市场中介组织获得了长足发展。目前，我国工商机关共登记市场中介组织66万多家，主要分布在审计、评估、鉴证、代理、经纪、咨询、监理、培训、介绍、担保等行业，业务范围基本涵盖了市场交易活动的所有领域，在承接政府职能、促进经济发展和完善公共服务等方面发挥了重要作用。但总体来说，中国市场中介组织仍处于发展起步阶段，监管规范的任务十分艰巨。

国家预防腐败局成立以来，在履行对全国预防腐败工作组织协调、综合规划、政策制定、检查指导职责的过程中，一直致力于开展包括市场中介组织在内的社会领域防治腐败工作。借此机会，我谈三点意见，与大家交流。

一、中国政府高度重视市场中介组织监管和防治腐败工作

中国政府历来高度重视市场中介组织的监管和防治腐败工作。近年来开展的主要工作有：

一是集中开展对市场中介组织的清理整顿。如，湖北省、福建省在省、市、县三级分别成立市场中介组织专项治理工作领导小组，集中一段时间对市场中介组织进行了清理整顿。又如，国家工商总局近年来积极配合有关行业主管部门，开展了针对市场中介组织的一系列专项整治行动。

二是推进市场中介组织与政府部门的脱钩改制。其核心是要求市场中介组织在工作、组织、经济、场所等方面与政府部门彻底分开。如，财政部、国土资源部、住房和城乡建设部等都对各自主管的注册会计、资产评估、土地、房地产估价机构作出在人员、财务、职能、名称等方面与主管部门彻底脱钩的决定。

三是严厉查处市场中介组织违规违法的典型案件。如，上海市集中整治会计师事务所和企业登记代理机构违法为企业登记提供注册资金、出具虚假验资报告的行为，近年来立案查处了90多起公司出资行为犯罪案件。

四是制定规范市场中介组织发展的法规制度。如，近年来湖北省、浙江省、福建省等纷纷出台法规制度，完善对市场中介组织的监管制度体系，并建立信息化监管平台，提高制度执行力。

二、市场中介组织监管和防治腐败中存在的主要问题

（一）市场中介组织与政府部门脱钩改制不彻底

中国市场中介组织产生和发展的路径与发达市场经济国家有很大区别。大部分市场中介组织的职能是从政府部门逐步剥离出来的，政府部门与市场中介组织管办不分的情况一直比较突出。主要表现为：市场中介组织与行业主管部门明脱暗不脱，一些市场中介组织依靠行政权力来运转。

（二）市场中介组织的管理体制没有理顺

目前，一些领域的行业协会虽然具有一定自律管理功能，但政府依然承担重要管理职能。在这种管理体制之下，行业主管部门对市场中介组织的直接干预比较多，既不利于中介组织健康发展，也容易形成行业垄断、区域封锁和市场分割，加剧市场的无序竞争。

（三）市场中介组织执业环境有待完善

一些政府部门滥用行政权力干预市场中介组织执业行为、各类市场主体滥用委托权对市场中介组织服务提出不正当要求的现象仍比较普遍，市场中介组织难以保持中立。此外，市场诚信体系尚不完善，政府对违法违规的市场中介组织缺乏有效的约束和惩罚机制。

（四）市场中介组织监管法律不够健全

改革开放以来，中国先后出台了十几部与市场中介组织监管相关的法律法规，对市场中介组织的规范和发展起到了积极作用。但是我们也注意到，这些法律法规存在强调

政府的监管职责，忽视行业自律管理；缺乏细化配套规定，实践中难以操作等问题。

（五）行业自律组织发展比较滞后

中国市场中介组织是在社会主义计划经济向社会主义市场经济转型过程中逐步恢复和建立起来的，其自身发展水平和行业自律组织覆盖面都比较低。

三、加强市场中介组织监管和防治腐败的主要任务

（一）理顺政府与市场中介组织的关系

第一，加快推进政府与市场中介组织分开。按照减少政府对微观经济运行干预的要求，把政府不该管、管不了也管不好的事情交给企业和市场，交给社会组织和市场中介组织。第二，大力培育和扶持市场中介组织的发展。切实规范政府权力，健全市场机制，给市场中介组织创造良好的执业和生存环境。促进一批有实力、信誉好的市场中介组织健康成长，使之更好地服务市场经济建设，参与国际竞争。

（二）对市场中介组织进行分类监管

针对各类市场中介组织的不同行业特点和地位作用，明确政府监管与行业自律管理的相应权重，进一步发挥行业协会的管理作用。第一，一般性的中介服务行业如介绍、咨询、培训、代理等，可以交给行业组织依章程自律管理，政府侧重搞好公共服务和执法监督。第二，社会公信力较强的公证、司法鉴定、质量检测以及专业性较强的注册会计师、资产评估师、建筑工程师等行业，专业行业协会应承担会员的资质审批、执业标准、教育培训和执业检查等主要职责，政府可以协助做好违规调查和处罚惩戒等监督保障工作。第三，涉及到经济安全和社会稳定的金融、证券、期货、投资托管等行业的中介组织，应明确由政府承担主要监管职责。

（三）加强市场中介组织监管的法制建设

加强法制建设，关键是转变立法理念，提高立法质量。第一，尽可能避免立法部门化，法律应明确政府部门、市场中介组织、行业自律组织、社会公众的权利义务关系。第二，跳出管得越多越好的传统思维，对尚在发展当中、一时还看不准的事，应留出探索的空间。第三，充分考虑各地经济社会发展的实际差异，国家可以统一行业标准和监管原则，执行层面应调动和鼓励地方立法的积极性。

（四）建立市场中介组织信用信息监管平台

建立市场中介组织信用信息监管平台，是统一开放的现代市场体系建设的必然要求。第一，建立对市场中介组织从业人员定期、持续、强制的教育培训机制，提高其诚信操守和专业素养。第二，加强重点行业市场中介组织的内部管理与外部审计监督，通过一定渠道公开其财务信息和资产管理使用状况，建立相应的公众举报和受理机制，接受社会的查询与监督。第三，积极推动建立信用等级评估、信用监管、失信惩戒和行业退出机制，鼓励各地区加大信用信息电子平台建设，国家适时整合资源统一规划，逐步建立全国统一的电子监管平台。

女士们、先生们，

随着经济全球化和区域经济一体化的发展，跨国（境）腐败问题日益突出，反腐败已成为世界各国面临的共同课题，加强反腐败的国际合作与交流是大势所趋。中国政府高度重视反腐败的国际合作，我们希望以这次政策选择项目的成功实施为契机，继续在相互尊重、平等协商、注重实效的基础上，不断深化与加拿大在社会领域防治腐败方面的交流与合作，为建设廉洁高效政府，维护社会公平正义，增进与加拿大人民的友谊作出积极贡献。

最后，预祝此次会议取得圆满成功。谢谢！

马驭同志在部分省（区、市）预防腐败局局长工作座谈会上的讲话

（2010 年 11 月 25 日）

同志们：

今天，我们在这里召开部分省（区、市）预防腐败局局长工作座谈会，主要是回顾总结省级预防腐败机构成立以来开展工作的情况，进一步明确省级预防腐败机构的职能定位，研究探讨下一步工作。上午，八个省级预防腐败局和广西区监察厅的负责同志介绍了工作。下午，屈万祥同志，中央编办副主任吴知论作了很好的发言，听了很受启发，也很受鼓舞。下面，我讲两点意见。

一、省级预防腐败机构建设稳步推进，工作逐步走上正轨

成立省级预防腐败机构，是贯彻党中央、国务院关于加大预防腐败力度重大决策，推动反腐倡廉建设向纵深发展的必然要求，是推进惩治和预防腐败体系建设的客观需要。2009 年 2 月，按照贺国强同志关于“推动条件成熟的省区市成立预防腐败机构”的指示精神，启动了省级预防腐败机构建设工作。在中央编办和有关省（区、市）党委、政府的大力支持下，机构建设进展顺利。截至目前，甘肃、上海、湖南、湖北、河南、河北、福建、四川八个省（市）先后成立了省级预防腐败机构，其中，甘肃、上海、湖北、湖南、河北、河南正式挂牌对外办公。广西壮族自治区预防腐败局待报中央编办批复。

现已成立的省级预防腐败机构，从机构设置看，大部分是参照国家预防腐败局模式，在省（市）监察厅（局）加挂预防腐败局的牌子，由厅（局）长兼任预防腐败局局长，下设办公室，同时又是省（市）纪委的内设预防腐败室；甘肃、河南省采用了预防腐败局与纪委、监察厅合署办公模式，将承担预防腐败职能的一些内设室同时作为预防腐败局的内设机构。从职责定位看，主要是负责省（市）预防腐败工作的组织协调、综合规划、政策制定、检查指导，协调指导企事业单位、社会团体、中介机构和其他社会组织的防治腐败工作，一些地方把组织协调惩防体系建设的职责也划归预防腐败局。从职数和编制配备看，都严格按照编制部门的有关规定办理，所有编制都从所在省行政编制总额内调剂解决，其中大部分从省纪委、监察厅机关内部调剂。

省级预防腐败机构成立以后，紧紧围绕预防腐败的重要问题和关键领域，加强理论研究，积极开展试点，加大源头治本和制度建设的力度，有力推进了工作：

一是建立健全预防腐败工作领导体制和工作机制。各地普遍建立了高规格的预防腐败联席会议机制。甘肃建立了由省委书记任组长，省委副书记、省长和省委专职副书记任副组长，省纪委书记任常务副组长的预防腐败联席会议制度，十多个职能部门参加，有效整合了工作力量。

二是初步摸索出廉政风险防控机制和权力运行监控机制建设的经验。围绕对权力监督制约这一核心问题，各地大胆探索，创造

了很多经验。河北全面开展行政权力运行监控机制建设，紧紧抓住行政权力行使前、行使中、行使后三个关键环节，建立行政权力廉政风险评估防范、权力运行程序化和公开透明、绩效考核和责任追究机制，形成了完整监控链条。在取得初步成效后，又在高校、国有企业、医院、农村推开。目前，廉政风险防控机制和权力运行监控机制建设正逐步在全国各地和有关部门推开。

三是推动公共资源、公共资产、公共产品的市场化配置。积极探索建立健全市场机制，减少权力对微观经济的干预。湖北大力推进招投标体制机制创新，建立统一的综合监管机构、统一的招投标中心、统一的管理制度、统一的评标专家库和统一的行业自律组织，形成招投标综合监管模式，目前全省建筑工程、交通、水利等建设项目以及医药和政府采购活动全部进入集中交易场所公开交易，招投标违纪违法案件呈明显下降趋势。

四是社会领域防治腐败工作取得进展。重点开展行业协会、市场中介组织与政府部门脱钩工作。福建全部完成市场中介组织与政府部门的脱钩任务，建立了比较严密的制度监管体系，初步形成了集法律规范、行业自律、政府监管为一体的市场化发展格局。

五是不断深化政务公开、厂务公开、村务公开。坚持以公开原则促进扩大内需中央重大决策部署的落实和灾后恢复重建等项目的顺利实施。积极推进行政权力公开透明运行，河南、湖南出台规范行政处罚自由裁量权的具体办法。推动《政府信息公开条例》的落实。加强政务服务中心建设，将行政审批项目和公共服务事项纳入政务（行政）服务中心集中办理，实行办事公开、电子监察和"一站式"服务。

六是开展制度廉洁性评估工作。四川等地在全面清理所有规范性文件的基础上，扎实开展制度廉洁性审查，查找制度漏洞，有效防范系统性风险，取得较好效果。国家预防腐败局在总结地方经验的基础上，印发了《关于开展制度廉洁性评估试点工作的指导意见》。省级预防腐败机构正在全面推进这项工作，探索制度廉洁性评估的工作模式和运行机制。

七是探索建立预防腐败信息系统。开展预防腐败信息系统建设试点。湖南将金融、工商、公安等部门的信息资源进行整合，搭建了以"三库一网一平台"为依托的信用信息系统，在有效遏制商业贿赂方面发挥了较好作用。上海已形成"防腐预警子系统"初步建设方案，将尽快转入软件开发和安装试用阶段。

八是积极协助国家预防腐败局开展预防腐败国际合作和援助。通过积极参与接待来访、承办发展中国家预防腐败研讨班、实施中外政府间预防腐败合作项目等，向世界展示了中国各地富有特色的做法，宣传了我国反腐倡廉建设取得的实际成效。

总之，从省级预防腐败局开展工作的实际情况看，中央赋予国家预防腐败局的职责是明确的，省级预防腐败局据此确立的职能定位也是准确的。在省一级设立预防腐败机构，有利于全面贯彻落实中央提出的反腐倡廉建设"更加注重治本、更加注重预防、更加注重制度建设"的要求，有利于各省（区、市）对预防腐败工作进行统筹规划、综合协调，有利于提高预防腐败工作的专业化水平。

二、进一步理清思路，扎实有效地开展预防腐败工作

省级预防腐败机构成立时间都不长，如何全面履行职责，有效开展工作，没有现成的经验可循。我们一定要按照党的十七大及十七届四中、五中全会精神和中央纪委的部署，以科学发展观为指导，坚持实事求是、开拓创新，不断深化对预防腐败工作规律的认识，探索有效预防腐败的思路和办法。

（一）坚持围绕中心、服务大局

预防腐败工作必须始终放在全局中谋

划。预防腐败机构一定要牢固树立政治意识、大局意识和服务意识，紧紧围绕贯彻落实中央关于推动科学发展的重大决策来开展工作，把确保加快转变经济发展方式，保障和改善民生各项政策措施的顺利实施作为首要任务，做到监督关口前移、全程跟进，有效防范违纪违法行为和腐败现象的发生。要拓宽思路，深入经济社会各个领域，切实从源头上解决党风政风方面妨碍改革和发展的突出问题。要关心群众诉求，注重解决社会建设和民生发展等领域人民群众反映强烈的突出问题。

（二）善于整合资源，形成合力

预防腐败涉及经济、政治、文化、社会等各个领域，是一个复杂的系统工程，也是一项长期的战略任务，必须按照中央关于惩防体系建设的总体部署，依靠全党全社会的共同努力，形成齐抓共管的局面和氛围。

首先要积极争取党委和政府的大力支持。预防腐败一些重大措施涉及到权力结构和利益关系的调整，涉及重大的体制机制改革，需要党委和政府作出决策。没有党委和政府的支持，这些措施难以出台和落实。其次要充分发挥各职能部门的作用，善于把防止权力滥用、防止利益冲突的要求有机融入到各部门的业务工作中去。第三要积极依靠人民群众的参与，共同推进预防腐败工作。预防腐败工作从党政机关拓展到社会各个领域是现阶段反腐倡廉建设深入发展的必然要求，也是中央赋予预防腐败机构的主要职责之一。我们不仅要抓好党政机关的预防腐败，还要抓好社会领域的防治腐败，营造廉洁的社会环境。

（三）加强宏观指导，形成协调机制

当前，预防腐败工作已经进入全面部署、整体推进、协调发展的新阶段，客观上需要专门的预防腐败机构来承担宏观指导和组织协调的职责。预防腐败工作体现在方方面面，党和国家机关的各个机构和部门都承担着预防腐败的职责，纪检监察机关内部也有不少部门在抓预防腐败工作。成立预防腐败机构，不是要取代现有各部门预防腐败的职能，也不能把所有预防腐败工作都包揽起来，而是要充分发挥对预防腐败的综合协调、宏观指导职能。

预防腐败机构在工作中要注意处理好宏观与微观的关系。在微观层面上可以从具体工作入手，在一些地区和部门先行先试，通过实践积累经验后，再逐步在面上推开，从而为宏观决策提供依据。要善于组织协调，建立健全相应的工作机制。贺国强同志在第一次预防腐败工作联席会议上明确要求，发挥预防腐败局的作用要建立健全外部协调机制和内部协调机制。通过外部协调机制，加强与各部门各单位的联系与合作，既推动有关职能部门深入开展预防腐败工作，又推动研究解决一些需要多个部门协调配合的重要改革和制度建设方面的问题。通过内部协调机制，进一步理顺省级预防腐败局及其办公室与纪委、监察厅（局）机关内设机构的工作关系，做到互相支持，优势互补。

（四）明确工作重点，搞好综合规划

中央颁布的《建立健全惩治和预防腐败体系2008—2012年工作规划》，全面部署了惩防体系建设的任务，对预防腐败提出了明确要求。胡锦涛同志在中央纪委第五次全会上对预防腐败制度建设提出了新的要求。我们要抓住对权力监督制约这一预防腐败的核心问题，对今后一个时期本地区如何开展预防腐败工作进行整体谋划，在重点问题上向前推进。当前，要做好以下几个方面工作：一是围绕防止利益冲突和权力滥用，开展廉政风险防控机制和权力运行监控机制建设；二是按照建设服务政府、责任政府、法治政府、廉洁政府的要求，进一步深化政务公开，加强政务服务，规范行政服务中心建设；三是抓好工程建设领域突出问题专项治理中的治本抓源头工作，逐步建立规范公共资源和产权交易的长效机制；四是围绕建立廉洁的社会环境，以行业协会、市场中介组织以及私营企业为抓手，积极探索社会领域防治腐败的有效措施；五是继续推进预防腐败信息系统建设和社会诚信体系建设，探索制度廉洁性评估的工作模式和运行机制。国家预防腐败局要研究提出准备《联合国反腐败公约》履约审查相关工作的预案。对上述各项工作，要研究提出工作意见，明确工作目标、任务和措施。

（五）抓好工作落实，务求取得实效

预防腐败要取得实效，重在工作落实。预防腐败机构要充分运用内、外协调机制两个平台，搞好预防腐败工作任务的分解，提出具体落实意见，明确牵头单位和协办单位。要继续推进试点工作，根据各地实际，突出地方特色，一个项目一个项目地实施，一个阶段一个阶段地推进。要加强对工作落实情况的监督检查和综合评估，加强对下级机关开展预防腐败工作的指导，及时帮助解决困难和问题。国家预防腐败局要正确处理与省级预防腐败局之间的工作关系，既指导省级预防腐败局开展工作，又不要硬性要求上下机构一致、职能一致、工作项目一致，要给省级预防腐败机构保留足够的空间，充分发挥省级预防腐败局的主动性和创造性，促使其不断创新工作理念和工作方法，激发生机和活力。

（六）加强制度建设，注重理论研究

加强制度建设是从源头上规范权力运行、预防腐败的根本举措。胡锦涛同志要求，进一步加强预防腐败制度建设，着力探索预防腐败的措施和办法，努力形成一整套有效的预防腐败制度。我们要始终把制度建设贯穿于预防腐败各项工作之中，及时将实践中行之有效的经验做法研究上升为理论、政策和制度。推进防治腐败的立法研究，力争尽早出台规范公职人员从政道德、防止利益冲突等方面的法律，提高预防腐败工作的科学化、规范化、法制化水平。坚持把理论研究作为开展预防腐败工作的重要依托，组织力量加强对预防腐败基础性、综合性、前瞻性问题的研究，为深入推进预防腐败工作提供理论支撑和智力支持。

（七）加强组织建设，提高干部素质

在成立省级预防腐败机构方面，要坚持实事求是、注重实效，支持条件成熟的省（区、市）成立预防腐败机构。已成立的省级预防腐败局，要加强领导力量，选好用好干部。严格执行编办关于领导职数和编制的规定。要不断增强组织协调和开拓创新能力，发扬求真务实和艰苦奋斗的作风，稳扎稳打，攻坚克难，积小胜为大胜，推动各项工作不断向纵深发展。

2011 年

马驭同志在制止公款出国（境）旅游专项工作部际联席会议第五次会议上的讲话

（2011 年 3 月 2 日）

同志们：

这次部际联席会议，回顾总结了三年制止公款出国（境）旅游专项工作，研究部署了下一步工作，开得很好。下面，我讲几点意见：

一、充分肯定成绩，认真总结制止公款出国（境）旅游专项工作经验

近年来，一些党政干部以公务为名，巧立名目公款出国（境）旅游，耗费了国家大量资财，严重影响了党和政府的形象。党中央、国务院对制止公款出国（境）旅游态度十分坚决。胡锦涛、温家宝同志多次作出批示，要求采取有效措施制止此项人民群众反映强烈的突出问题。中央纪委将其作为反腐倡廉建设的一项重要任务，在全会上进行部署。2008 年以来，中央纪委、外交部牵头，会同有关部门，在全国开展制止公款出国（境）旅游专项工作（以下简称“专项工作”）。三年来，在各地区、各部门共同努力下，专项工作坚持统筹兼顾，在服从服务于对外开放大局的同时节约了行政成本；坚持标本兼治，在有效遏制公款出国（境）旅游的同时规范了管理制度；坚持惩防并举，在严肃查处公款出国（境）旅游案件的同时提高防范意识；坚持齐抓共管，在发挥各部门职能优势的同时形成了工作合力，取得了明显成效：因公出国（境）管理制度进一步完善，禁止公款出国（境）旅游的观念深入人心，一批公款出国（境）旅游案件得到严肃查处，公款出国（境）旅游现象得到有效遏制，党政干部因公出国（境）规模大幅下降，得到了中央领导和社会各界的积极评价。2011 年 2 月，中央纪委、监察部、国家预防腐败局向中央上报了《关于制止公款出国（境）旅游专项工作进展情况的报告》，胡锦涛总书记、贺国强同志对报告给予充分肯定，温家宝总理 2 月 12 日在报告上批示：**制止公款出国（境）旅游集中整治和建章立制等专项工作任务已基本完成。这项工作转入常态后，要进一步完善管理制度，特别要细化经费预算管理，严格审批（核）和监督，坚决查处违规案件，实行信息公开。**

二、正视存在的问题，充分认识禁止公款出国（境）旅游的艰巨性和复杂性

在治理成效明显的同时，我们也要清醒

地看到，公款出国（境）旅游问题由来已久，虽经专项治理，有些问题仍然存在：一是一些领导干部对公款出国（境）旅游问题认识不够，仍将2年内出访不超过1次等最高限制，曲解为必须2年出国（境）1次的待遇；二是一些地区和部门有章不循，通过虚报出国（境）任务、购买邀请函等手段，巧立名目公款出国（境）旅游的现象仍然存在，一般性考察和重复考察团组比例较高；三是审核审批制度还不够完善，致使一些审核审批部门对因公出国（境）团组任务的必要性、报批材料的真实性、行程安排的合理性难以有效把关；四是因公出国（境）经费管理制度尚有漏洞，经费预算、核销等还过于粗放；五是一些纪检监察机关对查处公款出国（境）旅游案件重视不够，处理上失之于宽、失之于软的问题依然存在。此外，一些地区和部门认为专项工作即将结束，也出现了一些松懈情绪。从统计数据看，2010年全国党政干部因公出国（境）团组数、人次数、经费数虽与2006—2008年平均数相比分别下降47.1%、43.9%和32.6%，但与2009年相比分别增长3.7%、2.8%和8%，呈现一定的反弹趋势。

因此，巩固专项工作成果，防止反弹仍需做艰苦的努力，禁止公款出国（境）旅游的任务依然艰巨。我们要进一步增强政治意识和大局观念，从推动经济社会发展，实践以人为本、执政为民，加强党风廉政建设、增强党的凝聚力和战斗力的高度，充分认识禁止公款出国（境）旅游的重要意义，始终保持清醒头脑，警惕盲目乐观和松懈情绪，继续加大工作力度，务求彻底禁止公款出国（境）旅游。

三、抓住重点环节，坚持不懈地开展禁止公款出国（境）旅游工作

通过三年的集中治理和建章立制，专项工作将于2011年3月底结束，并转为由中央外办、外交部等职能部门进行常态化管理。下一步，有关职能部门要按照温家宝总理批示的重点环节，细化、实化管理制度和办法。

（一）从严审核审批和监督，继续狠抓因公出国（境）管理制度的执行。审核审批部门要本着“控制总量、突出重点、保压结合、服务发展”的原则严格把关。在做好日常审核审批和监管的同时，着力细化审批内容，完善审批程序。继续严格核查拟派出团组是否符合年度计划控制要求、出访任务是否必须、邀请函是否真实、出访人员职务是否与出访任务相符、费用是否符合预算并已经财政部门审核同意等情况。坚决制止任务不明确、无对口单位的因公出国（境）活动。省部级团组因公出国（境）要严格执行驻外机构确认制度。省部级以下团组申请因公出国（境）任务时，除提供外方对口单位邀请函外，还要提供相关交往记录。申请因公出国（境）任务时，应明确必须前往执行任务和必须经停的国家和城市，不得前往没有公务活动的城市。加强双跨团组管理，规范因公出国（境）双跨团组审批，杜绝组织牟利性双跨团组。严格执行因公出国（境）培训各项规定，坚决禁止通过培训渠道进行一般性考察。加大对招商、展览、演出、体育比赛等大型团组的管理力度，严格控制党政干部比例。

（二）进一步完善因公出国（境）管理制度，建立健全禁止公款出国（境）旅游长效机制。专项工作期间，我们颁布了《加强党政干部因公出国（境）经费管理暂行办法》、《用公款出国（境）旅游及相关违纪行为适用〈中国共产党纪律处分条例〉若干问题的解释》等一系列重要文件，为建立系统的禁止公款出国（境）旅游长效机制打下了良好的基础。下一步，要继续完善各项制度，最大限度地减少体制障碍和制度漏洞，不断提高防止公款出国（境）旅游的能力和水平。

一要尽快推行因公出国（境）团组信息公开和团组活动情况核查评估。一个单位有没有公款出国（境）旅游问题，群众最清楚。我们要充分利用公示公开、核查评估等监督手段，发挥群众监督、社会监督和舆论监督的作用，有力促进因公出国（境）管理各项制度的执行和遵守，有效防止公款出国（境）旅游反弹。刚才会议对两个文件进行了审议，大家提出了许多很好的意见和建议，会后要认真归纳整理、修改完善，争取尽快颁布实施。

二要坚持党政干部因公出国（境）数据统计制度。专项工作办公室首次建立的这项统计制度，有效解决了党政干部因公出国（境）规模底数不清的问题，全面真实地掌握了全国党政干部因公出国（境）团组数、人次数、经费支出等第一手数据。外事管理部门要坚持这项制度，同时抓紧建设全国因公出国（境）管理综合信息系统，确保数据准确、统计高效、监督便利，促进因公出国（境）管理网络化、规范化。

三要细化经费预算管理，加强经费监督。从我们查办的案件看，出国（境）费用项目往往缺乏明细，出国（境）服务机构出具的票据名目五花八门，容易导致违规使用预算外资金支付费用和虚报费用。因此，要尽快制定相关规定，完善核销制度，禁止以“会议费”、“培训费”、“宣教费”等名目支付因公出国（境）费用。核销出国（境）费用时要认真查验并留存原始票据，不得违反规定核销应由个人支付的费用。要进一步细化经费先行审核制度，确保因公出国（境）经费全部纳入预算管理。审计部门要加强对因公出国经费预算执行、经费使用、费用核销的经常性审计，对发现的违法违纪问题要严肃查处。

四要尽快出台《国家工作人员因私出国（境）审批管理规定》。坚持堵疏结合，在保障国家安全和利益的前提下畅通国家工作人员因私出国（境）渠道，同时加强对因私出国（境）的管理。

（三）坚决查处因公出国（境）违纪案件，继续加大对制止公款出国（境）旅游行为的惩治力度。专项工作期间，我们一直将案件查办作为推动工作的有力手段。一批公款出国（境）旅游案件得到严肃查处，发挥了很好的震慑作用。纪检监察机关要继续认真履行监督检查职责，增强工作主动性，严肃查处违反规定组织和参与公款出国（境）旅游的案件。重点查处巧立名目，通过购买、伪造邀请函，虚报出国任务等公款出国（境）旅游案件；违规使用企业、事业单位资金或其他公共资金出国（境）旅游的案件；以党政机关名义派发名额，违规组织双跨团组牟利的案件；擅自延长国（境）外停留时间，绕道旅游的案件。除追究公款出国（境）旅游团组负责人的责任外，还要追究团组派出单位和审核审批部门的责任。对情节恶劣、影响较大的案件，除严肃追究相关责任人党政纪责任外，还要公开曝光。

同志们，2011 年是深入贯彻落实党的十七届五中全会精神、全面实施“十二五”规划的开局之年，是中国共产党成立 90 周年，也是全面落实《建立健全惩治和预防腐败体系 2008—2012 年工作规划》的关键一年。解决公款出国（境）旅游问题还需要花大力气。我们要认真落实中央领导同志的批示精神，继续密切配合，再接再厉，争取以新的更大成效取信于民。

崔海容同志在中央国家机关2011年政府集中采购工作会议上的讲话

（2011年3月11日）

同志们：

今天，国管局在这里召开中央国家机关政府集中采购工作会议，总结工作，交流经验，部署任务，这对于推动中央国家机关政府集中采购工作深入发展具有积极意义，我很高兴参加这次会议。刚才，陈建明主任作了工作报告，我完全赞同。下面，我讲几点意见，供大家参考。

一、充分认识政府采购制度改革的重要性和紧迫性

我国政府采购制度改革如今已走过了15年的发展历程，15年来，在各方面共同努力下，政府采购制度改革取得了显著成效，主要表现在：一是采购规模和范围不断扩大，目前已覆盖所有中央部门和省、市、县级政府采购单位，许多乡镇政府也都实行了政府采购。据统计，“十一五”时期，全国政府采购规模由2005年的2927亿元增加到2009年的7413.2亿元，年平均增长26.1%，资金节约率约11%左右。二是管理体制和采购行为逐步规范，采购资金的使用效率明显提高，从中央到地方省、市级政府基本上完成了管采分离工作，公开招标采购、集中采购已经成为政府采购的主要方式。三是采购法规制度建设逐步完善，各地区、各部门制定的政府采购制度办法达9万多个，以《政府采购法》为核心的法律制度框架初步形成。四是在防治腐败方面发挥了重要作用。政府采购制度的核心内容之一是引入竞争机制，按照公开、公平、公正的原则，通过“阳光交易”，防治“暗箱操作”和“权力寻租”，在实践中收到了预防腐败的效果，促进了廉政建设。

事实证明，政府采购制度既是加强财政支出管理的一项有效制度，又是发挥财政宏观调控作用的重要方式，也是从源头上防治腐败的重要举措，在促进我国经济社会发展中发挥了重要作用。但我们也要看到，当前政府采购也面临一些新情况新问题，我认为主要表现在三个方面：一是政府采购制度改革如何深化，以进一步发挥在宏观调控中的作用，促进国家政策目标的实现。二是随着我国加入WTO《政府采购协议》（GPA）谈判的展开，政府采购国际化、一体化的进程不断加快，我国政府采购如何应对发达国家的挑战。三是如何解决政府采购自身存在的一些问题，比如，一些地方和部门规避政府采购，采购制度规定执行不到位，采购预算编制不完善等问题，以及在政府采购领域出现的质次价高、效率低下等问题。这些都是需要我们研究解决的重大课题，有关部门要认真履行职责，密切协作配合，采取有效措施，推动政府采购制度不断完善、不断深化。

二、进一步推进政府采购制度改革

当前，我国市场经济体制不断完善，政府采购制度改革进程也必须与之相适应、协调发展。为全面深化政府采购制度改革，经国务院同意，国务院办公厅印发了《关于进一步加强政府采购管理工作的意见》（国办发〔2009〕35号），这是当前和今后一个时期加强政府采购管理工作的重要指导性文件，中央国家机关各单位要带头贯彻执行，确保《意见》各项要求落到实处。要重点做好以下工作：

第一，进一步完善政府采购制度体系。《政府采购法》自2003年实施以来，《政府采购法实施条例》等相关配套法规没有及时跟进，存在一些法律盲区，影响了《政府采购法》的实施和法规体系整体效能的发挥。今后，要继续完善政府采购法规体系，力推《政府采购法实施条例》尽快出台。同时，规范非公开招标的政府采购方式实施程序，加强和改进集中采购管理，切实解决政府采购执行中操作不具体等实际问题。

第二，进一步完善动态监控体系。解决政府采购方面存在的问题，必须建立完善有效的外部监督机制，拓宽社会监督渠道，发挥新闻媒体和社会公众的监督作用。要围绕着政府采购操作执行环节和重点岗位以及社会关注的热点问题，积极改进和创新监管模式，建立健全事前、事中和事后的监督体系。要充分发挥财政、审计、监察的职能作用和各自优势，建立协作机制，逐步形成以财政监督为主，监察监督、审计监督、司法监督、社会监督相结合的政府采购监督机制。

第三，进一步加强政府采购信息化建设。建设电子化政府采购平台，是深化政府采购制度改革的重要内容。要利用现代化信息技术，通过建立由采购人、集中采购机构、社会代理机构、评审专家、供应商和监督管理部门组成的全国一体化政府采购管理信息平台，实现政府采购业务全流程电子化操作、全过程监督管理。规范政府采购工作流程，增强政府透明度，让政府采购在阳光下运行，彻底铲除滋生腐败的土壤。

第四，加大监督检查力度。要采取多种方式加强对政府采购活动的监督检查，建立健全抓工作、抓落实的责任机制，了解和掌握工作的落实情况和薄弱环节，以及存在问题的症结和原因，有针对性地提出改进措施，推动工作的落实。要充分发挥查办案件的综合效应，加大对违反政府采购制度行为的查处力度，严肃追究相关人员的责任。尤其对领导干部违反规定干预和插手政府采购活动，以权谋私的，发现一起，查处一起。要坚持查办案件与警示教育相结合，选取典型案例，有针对性地开展警示教育活动，筑牢拒腐防变的思想道德防线。

第五，加强协调配合。政府采购工作涉及面广，政策性强，工作难度大，需要各有关方面协同行动、相互支持。我们将与财政、审计等部门保持经常性的联系和沟通，及时交流工作信息，建立良好的合作关系和有效的协调机制，形成工作的整体合力。适时联合开展调研检查，一方面发现工作中的先进经验，总结推广规范政府采购行为的经验；另一方面，发挥各自职能优势，在更大范围内有效打击政府采购活动中的各种违法乱纪行为。

同志们，中央国家机关在推行政府采购制度方面担负着重要责任，做好这项工作能起到示范和表率作用。希望各单位全面把握新时期、新形势下政府采购制度改革的新要求，认真落实政府采购各项制度，努力取得政府采购工作新的更加明显的成效。

崔海容同志在农业部廉政风险防控管理汇报交流会上的讲话

（2011年6月28日）

同志们：

很高兴参加今天这个会议。刚才，观摩学习了各单位《廉政风险防控手册》，听取了8个单位的经验做法，保成同志回顾了前一段工作，部署了下一步的重点任务，听了后很受启发。

近年来，农业部紧紧围绕党的“三农”工作决策和中央强农惠农政策的部署，认真贯彻中央反腐倡廉决策有关工作要求，以落实《建立健全惩治和预防腐败体系2008—2012年工作规划》为重点，积极采取有效措施，认真抓好各项任务落实，整个系统惩防体系建设取得明显成效，初步建立了惩防体系基本框架。特别是在推进廉政风险防控、加强预防腐败工作等方面，认识高、行动快，措施实、效果好。韩长赋、危朝安、陈晓华、朱保成等领导同志等多次对推行廉政风险防控管理工作作出具体指示。各单位领导班子也很重视这项工作。仅用半年时间，部系统20个司局和46个直属单位共梳理绘制重点权力运行和业务流程图586份，排查出廉政风险点8215个，有针对性地制定防控措施11965条，并编制了《廉政风险防控手册》。通过这些工作，廉政教育的针对性增强了，反腐倡廉制度完善了，履行岗位职责的程序规范了，广大党员干部廉洁从政的意识提高了。这项工作在中央国家机关走在了前列，创造了很好的经验。

党中央、国务院高度廉政风险防控工作。胡锦涛总书记在十七届中央纪委第五次全会上指出，要推进廉政风险防控机制建设，形成有效预防腐败的长效机制。中央纪委把廉政风险防控作为推进惩防体系建设的重要抓手，在十七届中央纪委第四次、五次、六次全会上专门就推进廉政风险防控管理作出部署。贺国强书记先后5次作出重要批示，要求把这项工作抓好。这些都给我们抓好廉政风险防控提出了明确的要求。希望同志们充分认识这项工作的重要性和必要性，把思想认识统一到党中央、中央纪委的决策部署上来，以坚定的态度、得力的措施、务实的作风，扎扎实实地推进廉政风险防控管理工作。

近年来，一些地方和部门围绕开展廉政风险防控管理、加强预防腐败工作，结合自身实际，积极开展了实践探索。全国31个省（区、市）中，已全面推行这项工作的21个，开展试点的10个。55个中央纪委、监察部派驻机构所在单位中，在部委机关全面推行的15个，开展试点的12个；在系统内部全面推行的17个，开展试点的8个。可以说，这项工作已取得了初步成效。为进一步推进这项工作，国家预防腐败局已经起草了《关于加强廉政风险防控管理的指导意见（征求意见稿）》，正在全国范围内征求意见。下半年，我们还将在北京市组织召开“全国推进廉政风险防控规范权力运行工作会议”，在全国范围内对这项工作进行部署，贺国强、何勇同志将出席会议并作重要讲话。

制度廉洁性评估和防止利益冲突工作，是十七届中央纪委第五次、第六次全会部署的新任务，也是预防腐败需要重点抓好的前沿性工作，对源头上防治腐败具有重要作用。国家预防腐败局成立以来，一直高度重视这两项工作。去年下半年以来，我们在海南、四川、深圳等地专项试点的基础上，在地方增加了河北、上海等8个省市，在中央国家机关增加了农业部、卫生部、国家知识产权局等三个单位，进一步扩大了试点范围，希望利用1年左右的时间，探索建立适合实际情况的廉洁性评估工作制度、工作模式和运行机制。今年4月份，我们又在北京、浙江等7个省市开展了防止利益冲突的试点，试着从防止利益冲突的五项具体措施上寻求突破。各个试点单位都在有序地向前推进这两项工作。农业部作为中央纪委监察部、国家预防腐败局的试点单位，今天又专门部署了开展清理防止利益冲突相关法规和规范性文件工作，启动了制度廉洁性评估试点。这充分表明我们对这两项工作的认识，必将进一步推动这两项工作深入开展。目前，国家预防腐败局正按年初的工作部署，与国务院法制办加强联合调研，着手起草制度廉评的规范性文件。

下面，我就做好这几项工作，再提三点建议，供参考。

（一）在廉政风险防控管理方面，要抓住对权力运行的有效监督制约，深入推进廉政风险防控管理工作。防控廉政风险的关键，是要紧紧抓住对权力运行的有效监督，加强权力相互制约，防止权力滥用，从而预防腐败问题的发生。要认真落实已经制订的制度措施，确保执行到位，在查得实、查得准的基础上，能够把风险防住。这其中，领导干部是关键。只有领导干部认识到位了，带头分析查找存在的廉政风险及原因，带头制定和落实防控措施，带头抓好自身和管辖范围内的廉政风险防控管理工作，才能真正推动工作，把风险防住。

（二）在防止利益冲突方面，要认真抓住制度建设这个重点，全面梳理现有规定，查缺补漏、弥补空白，进一步修改完善防止利益冲突的相关制度。要针对一些已有规定可操作性不强，运行程序不够规范的问题，有针对性地开展研究，切实提高制度的可操作性和执行力。

（三）在制度廉洁性评估方面，要抓住廉洁性、合法性、利益冲突和科学性进行评估，努力形成一套有效预防腐败的制度。特别是涉及行政审批权、行政执法权、行政处罚权、人事权等权力相对集中的，涉及腐败现象易发多发的重点领域和关键环节，要重点进行评估。同时，要对以往制定的法律法规、部门规章及其他规范性文件进行清理，对他们的廉洁性进行评估，凡不合乎廉洁性要求的，要视情况予以修订或者废止。

同志们，推进廉政风险防控管理、防止利益冲突、制度廉洁性评估，是反腐倡廉建设的一项创新性、基础性工作，意义重大，任务艰巨。在下一步工作中，希望同志们结合实际，积极探索，敢于创新，为全国创造出更多、更好、更鲜活的经验。

谢谢大家！

屈万祥同志在第四届发展中国家预防腐败研讨班开班典礼上的致辞

（2011 年 7 月 15 日）

尊敬的出席研讨班的各位代表、
各位驻华使节，
女士们、先生们、朋友们：

七月的北京，艳阳高照、风轻云淡，在这个充满激情的季节里，第四届发展中国家预防腐败研讨班今天隆重开幕了。在此，我代表中华人民共和国国家预防腐败局，对研讨班的召开表示衷心的祝贺，向参加研讨班的各位代表表示热烈的欢迎和诚挚的问候！向参加开班典礼的各国驻华使节表示热烈的欢迎和真诚的感谢！

本届研讨班是国家预防腐败局与商务部、国家行政学院合作举办的第四届发展中国家预防腐败研讨班，也是中国政府积极开展预防腐败领域国际交流与合作的又一有力举措，必将对全球范围内的预防和治理腐败产生重要意义。本届研讨班将围绕廉政宣传教育和政务信息公开两个方面进行深入研讨。同时，我们还为各位代表安排了内容丰富、形式多样的参观考察活动，进一步增进各位代表对中华文明和中国文化的认识了解。希望大家充分利用这次研讨机会，广泛交流，相互借鉴，加深友谊，凝聚共识，努力促进各国防治腐败工作不断取得新成效。

腐败是危害人类社会的严重痼疾，有效预防和治理腐败，保持公务人员的廉洁，确保政府机关高效透明运行，是各国的共同任务和目标。中国政府在积极发展经济和扩大改革开放的同时，坚持党要管党、从严治党，始终把反腐倡廉工作摆在十分重要的位置。今年是中国共产党成立 90 周年，也是中国《国民经济和社会发展第十二个五年规划纲要》的开局之年。面对复杂多变的国内外环境，面对艰巨繁重的改革发展稳定任务，加强反腐倡廉工作意义尤为重大。改革开放 30 多年来，反腐倡廉工作顺应时代潮流，在继承中发展、在改革中创新，逐步探索出了一条中国特色的反腐倡廉道路。回顾 90 年来特别是改革开放 30 多年来反腐倡廉建设的光辉历程，主要有以下认识和体会：一是坚持用中国特色社会主义理论体系指导反腐倡廉建设；二是坚持把反腐倡廉建设置于党和国家工作大局中来开展；三是坚持以改革创新精神推进反腐倡廉建设；四是坚持标本兼治、综合治理、惩防并举、注重预防的方针；五是切实维护好广大人民的根本利益；六是坚持重视和加强反腐倡廉法规制度建设；七是坚持建立和完善反腐败领导体制和工作机制。这些既是我们开展反腐倡廉 30 多年来积累的宝贵经验，也是今后推进反腐倡廉建设必须遵循的重要原则。

女士们，先生们：

近年来，中国政府在反腐败领域的对外交往渠道稳步拓展，国际合作交流扎实推进。目前，中央纪委、监察部、国家预防腐败局已与五大洲 90 多个国家和地区反腐败机构开展了友好交往，与 10 个国家的相关机构签署了交流合作协议。中国先后加入了联合国反腐败公约、亚太经合组织反腐败组、亚太地区反腐败行动计划等合作机制，并承办了APEC反腐败研讨会等重要国际会议，开展了多个国际性项目合作，取得了丰硕的工作成果和很好的社会效益。发展中国家预防腐败研讨班为中国与广大发展中国家相互学习、互通有无、取长补短和沟通交流创造了条件和平台。交流凝聚友谊，合作共铸辉煌。今后，中国国家预防腐败局愿意与各国防治腐败机构不断加强合作，不断拓展新的合作领域和空间，扩大和深化同各方利益的汇合点，共同打击、预防腐败犯罪，携手创造廉洁公正的社会环境，为促进各国经济社会的全面发展和进步作出积极贡献！

最后，预祝研讨班取得圆满成功！

谢谢！

马驭同志在第四届发展中国家预防腐败研讨班闭幕式上的总结讲话

（2011年7月22日）

尊敬的出席研讨班的各位代表、

各位驻华使节，

女士们、先生们、朋友们：

在大家的共同努力下，为期一周的第四届发展中国家预防腐败研讨班已经顺利完成各项议程，即将结业。我谨代表中国国家预防腐败局、商务部和国家行政学院等中方主办单位，对研讨班取得圆满成功表示热烈祝贺，对各位代表积极参与研讨表示真诚的感谢，对各位代表及各国驻华使节长期以来给予中国防治腐败工作的大力支持表示真诚的感谢！

中国政府对这次研讨班高度重视。研讨班期间，中共中央书记处书记、中央纪委副书记何勇会见了研讨班的全体代表及各国驻华使节，向大家介绍了中国反腐倡廉建设的战略方针、重要举措和取得的成效，表达了中国愿与各发展中国家加强预防腐败交流与合作的真诚愿望。我与各位代表和各国家驻华使节进行了充分的沟通交流，增进了友谊，加深了了解。此外，为确保研讨班取得成功，中国国家预防腐败局、商务部、国家行政学院精心策划组织，紧密协调配合，尽心尽力做好各项筹备工作，付出了辛苦的努力。

本次研讨班以防治腐败教育和信息公开为主题，各位代表围绕国家公职人员廉政教育、青少年廉洁教育、政府信息公开法规制度建设、电子政务与政府信息公开、政务服务体系五个专题进行了深入的交流研讨，分享彼此的成功经验和做法，共商预防腐败的对策，大家相互学习、相互借鉴，取长补短，互通有无，并在以下方面达成了重要共识：

第一，要切实加强反腐廉政教育，不断增强公职人员廉洁从政意识。加强反腐倡廉宣传教育，是有效预防腐败的重要措施。要把反腐倡廉教育作为防治腐败的基础工作常抓不懈，重点加强对国家公职人员的教育，教育引导国家公职人员树立正确的价值观、权力观，自觉做到为民、务实、清廉。要不断创新教育的形式，扩大教育覆盖面，坚持因人施教，分层次分类别开展，增强教育的针对性和有效性。

第二，要积极推进政务信息公开，加强社会各界对行政权力的监督。政务信息公开透明是建设服务型政府的重要措施。深化政务公开，提高政府工作透明度，有利于加强人民群众对政府行政行为的监督，创造一个相对公平公正的公共服务环境。要把公开透明要求融入权力运行的全过程，加强对重点领域、重点部门、关键环节行政权力的监控，积极探索完善政府部门权力监督制约的有效机制，促进行政权力正确行使，维护社会公平正义，保障群众切身利益。

第三，要加强政务服务体系建设，不断提高政府行政效能质量和水平。加强政务服务体系建设，是推进政府行政管理创新的重要举措，是政府履行公共服务职能的重要载体。要发挥现代网络技术的优势，积极推进政务服务中心建设，不断规范行政许可行为，提高服务效能，方便企业和群众办事。要加强政务服务制度建设，建立完善管理、监督、评价和责任追究机制，确保政务服务工作规范有序、高效廉洁。

女士们，先生们，

反腐倡廉是我们共同面对的一项长期而艰巨的战略任务，也是我们共同担负的重要职责和光荣使命。中国国家预防腐败局成立以来，与各发展中国家防治腐败机构的交流与合作不断深化。今后，我们将在《联合国反腐败公约》的倡导下，不断拓展新的合作领域和空间，扩大和深化各方利益的汇合点，与广大发展中国家和相关国际组织共同努力，创造清正廉洁、高效务实的政府环境，为促进各国经济繁荣和社会发展作出新的更大贡献！

中国古语说得好“海内存知己，天涯若比邻”，愿我们友谊长存，常来常往！

祝各位代表身体健康、返程平安！

谢谢！

屈万祥同志在全国预防腐败工作培训班结业式上的讲话

（2011 年 8 月 8 日）

同志们：

全国预防腐败工作培训班今天就要结业了。在各方面的共同努力下，培训班达到了预期目的，取得了圆满成功。此次培训班有以下几个特点：一是领导重视，组织严密。中央纪委副书记、监察部部长兼国家预防腐败局局长马驭多次就培训内容、方式等提出明确要求，国家预防腐败局副局长崔海容专程赶来为大家授课。国家预防腐败局办公室和中央纪委监察部北戴河培训中心对授课人员、课程设置等都作了精心筹划和细致安排。二是主题突出，内容丰富。培训班紧紧围绕提升预防腐败能力水平这一主题，采取专题讲座、理论研讨等方式，学习了预防腐败业务、信息科技、国际形势、经济发展等内容，学员们集中了解预防腐败业务知识，开阔了视野。三是联系实际，探讨深入。参训学员结合本地区本部门的工作实际，围绕社会领域防治腐败、廉政风险防控和工程建设领域预防腐败三个课题深入讨论，增进了工作交流，启发了工作思路。学员们普遍反映，这期培训班举办得很及时很必要，对做好当前预防腐败工作很有意义。大家通过培训进一步认清了预防腐败形势，明确了工作任务，提高了做好预防腐败工作的能力和水平。

借此机会，我讲三点意见，供大家参考。

一、认真总结近年来预防腐败工作的做法和经验

党的十七大以来，以胡锦涛同志为总书记的党中央着眼于提高党的执政能力、保持和发展党的先进性，高度重视和大力加强预防腐败工作，提出坚决惩治腐败是我们党执政能力的重要体现，有效预防腐败更是我们党执政能力的重要标志等一系列重要论断。始终坚持标本兼治、综合治理、惩防并举、注重预防的方针，在坚决惩治腐败的同时，更加注重治本、更加注重预防、更加注重制度建设，不断拓展从源头上防治腐败领域。颁布了惩防体系《工作规划》，对预防腐败工作提出了明确要求。各地区各部门按照三个“更加注重”的要求，认真落实惩防体系《工作规划》，努力探索有效预防腐败的措施和办法，取得了明显成效，积累了一些经验。

（一）坚持围绕中心、服务大局，把预防腐败工作放在党和国家工作全局中来开展。为党和国家的工作大局服务，促进经济发展，维护社会稳定，是预防腐败的重要原则。近年来，各级纪检监察机关和预防腐败机构始终把预防腐败放在经济社会发展全局中谋划，围绕发展这个党执政兴国的第一要务来开展，寓于改革开放和各项建设的重要决策和举措之中来推进，努力为党和国家事业发展提供坚强保证。开展中央扩大内需促进经济增长政策落实情况监督检查，实地检查项目6091个，发现问题6462个，提出整改建议5378条，有效防范了腐败行为的发生，有力推动了中央投资项目的顺利实施，得到中央领导的充分肯定和社会的高度评价。对党和国家其他重大决策、重大活动、重要工作开展监督检查，也取得明显成效，促进了中央重大政策措施的贯彻落实。实践证明，只有始终坚持围绕中心、服务大局，预防腐败才能找准突破口和切入点，增强工作实效，更好地为深化改革、促进发展、维护稳定服务。

（二）坚持以人为本、执政为民，切实维护人民群众的根本利益。以人为本是党的性质和宗旨的集中体现，也是预防腐败工作的根本要求。近年来，我们始终把实现好、维护好、发展好人民群众的根本利益作为预防腐败工作的出发点和落脚点，解决了一批人民群众反映强烈的突出问题。2008 年开展制止公款出国（境）旅游专项治理，全国因公出国（境）人数首次出现大幅下降，2009 年、2010 年因公出国（境）团组数和人次数与2006—2008 年 3 年平均数相比均下降40%以上，节约经费约40亿元，公款出国（境）旅游现象得到有效遏制。大力推进财政预算公开，今年已有88 个中央部门和27个省（区、市）公开了预算，90%以上的中央部门和北京、上海等地公开了“三公”经费，积极回应群众呼声，有效保障群众的民主监督权利。针对社会反映强烈的商业预付卡管理问题，今年5月会同有关部门起草并由国办转发了《关于加强商业预付卡管理的意见》，创建了购买商业预付卡实名登记、非现金购卡等多项制度，社会各界给予积极评价。实践证明，只有坚持以人为本，切实解决人民群众反映强烈的突出问题，维护群众的根本利益，才能使预防腐败赢得最全面、最广泛、最可靠、最有力的群众支持。

（三）坚持整体推进、突出重点，以点带面推动预防腐败工作全面发展。预防腐败是一项复杂的系统工程，是长期的战略任务，既要统筹兼顾、系统推进，又要突出重点、抓住热点、破解难点。近年来，我们加强整体规划，抓紧重点突破，把预防腐败任务转化为一个个重点项目，采取项目管理的方式，在一些地区和部门先行先试，积累经验，条件成熟后逐步在面上推开。先后在21个省（区、市）、2个中央国家机关和2个中央企业开展试点，取得了一批有价值的成果，北京、河北、江苏、上海、福建的做法在全国反腐倡廉创新经验交流会上推介。目前已初步形成了以试点经验促进工作全面推开、以重点工作成效带动全局工作发展、以关键环节突破带动整体建设推进的良好局面。实践证明，只有把整体规划与重点突破有机结合起来，预防腐败才能不断积小胜为大胜，最终实现有效预防腐败的目标。

（四）坚持深化改革、创新制度，从源头上铲除滋生腐败的土壤和条件。改革和制度建设是有效预防腐败的重中之重。近年来，我们大力推进重点领域和关键环节改革，着力构建预防腐败制度体系，取得了明显成效。推动21个省（区、市）和37个中央国家机关开展廉政风险防控机制建设，在有效防控腐败风险、规范权力运行方面积累了经验；在11个省市开展防止利益冲突试点，浙江已出台了《党员领导干部防止利益冲突暂行办法》；在8个省市开展预防腐败信息系统、廉政指标体系和腐败预警机制建设试点，湖北已建立了反腐倡廉形势评估指标体系，上海等地已初步形成了腐败预警机制；在11个省市开展制度廉洁性评估试点，先行试点的海南、四川、深圳共审查清理法规规章和其他规范性文件2万余件，废止或失效1322件、修改825件、新建278件。实践证明，只有深入推进改革和制度创新，才能从根本上消除体制机制方面的缺陷和漏洞，从源头上解决腐败问题。

（五）坚持统筹协调、齐抓共管，形成推进预防腐败工作的强大合力。预防腐败涉及经济社会发展、党的建设和惩防体系建设的各个方面，必须依靠全党全社会的共同努力，形成齐抓共管的局面和氛围。中央批准成立国家预防腐败局，就是要加强对全国预防腐败工作的组织协调。近年来，我们建立健全预防腐败工作联席会议、全国政务公开工作领导小组、制止公款出国（境）旅游专项工作部际联席会议、《联合国反腐败公约》履约审议事务办公室等组织领导机制，推动福建、四川等9个省（市）成立了省级预防腐败机构，甘肃、江苏等8个省（市）建立了高规格的预防腐败领导小组或联席会议机制，浙江、安徽、广西等省（自治区）向中央编办提交了成立省级预防腐败机构的申请。实践证明，只有加强组织协调、形成工作合力，才能为有效预防腐败提供有力的组织和领导保障。

在总结经验和成绩的同时，也要清醒地看到，我国仍处于并将长期处于社会主义初级阶段，处于经济体制、社会结构、利益格局、思想观念深刻变化和各种社会矛盾凸显的历史时期，各方面体制机制还不完善，滋生腐败的土壤和条件依然存在，消极腐败现象仍然严重。同时，预防腐败工作发展还不平衡，一些地区和部门思想上不够重视；在宏观层面，工作缺少法律依据，对预防腐败形势、腐败易发多发的领域环节部位等缺乏科学的分析判断，有效预防腐败的战略定位、工作思路还需要进一步理清和明确；有的预防腐败工作缺少评价和考核标准，有的预防腐败制度刚性不够、执行不力，影响了预防效果。

二、突出抓好预防腐败的几项重点工作

今年“两会”审议通过的“十二五”规划纲要，对今后五年我国经济社会发展作出了全面部署，要求“以更大决心和勇气全面推进各领域改革”，“在重要领域和关键环节取得突破性进展”，这些部署和要求为深入推进预防腐败工作提供了重要依据和推动力。当前正值“十二五”规划的开局阶段和落实《工作规划》的关键时期，各级纪检监察机关和预防腐败机构要准确把握形势发展提出的新要求，看到预防腐败工作新的实践基础和有利条件，按照党中央、国

务院和中央纪委的部署，以制约监督权力为核心，着力推进预防腐败制度建设和改革创新，实施社会领域防治腐败战略，促进廉洁政府和廉洁社会建设。当前要重点抓好以下几项工作。

（一）严明党的政治纪律，加强对中央重大决策部署贯彻落实情况的监督检查。重点要开展加快转变经济发展方式监督检查，确保“十二五”规划落到实处。通过监督检查，要教育和督促广大党员干部认真履行职责，正确行使权力，以良好的作风保证中央关于加快转变经济发展方式决策部署的贯彻落实；要前移监督关口，超前实施防控，及时发现和纠正出现的苗头性、倾向性问题，有效防止小问题发展成大问题、个别问题蔓延成普遍问题；要督促各地区各部门各单位强化监管、堵塞漏洞、深化改革、健全制度，围绕政策措施落实过程中容易滋生腐败的部位和环节制定预防措施，有效防止和减少腐败问题的发生，促进中央关于加快转变经济发展方式各项措施的顺利实施。

（二）深入推进制度建设，构筑有效预防腐败的制度防线。制度建设是反腐倡廉的治本之策，是预防腐败的核心内容。各地区各部门要切实加强预防腐败制度建设，加快构建预防腐败制度体系，最大限度减少滋生腐败的体制机制障碍和制度漏洞。一是要注重预防腐败制度的顶层设计和总体规划。各级纪检监察机关和预防腐败机构对本地区本系统腐败状况最了解，要切实承担起本地区本系统预防腐败制度顶层设计的重要责任，以制约和监督权力为核心，加强对预防腐败制度的整体规划，明确制度建设的优先顺序和重点任务，完善配套制度，逐步建成内容科学、程序严密、配套完备、有效管用的制度体系。二是要加强预防腐败基础制度建设。研究论证防止利益冲突法、行政程序法等预防腐败基础性法规。建立健全公民和社会信用代码制度、社会信用信息共享机制和社会信用管理制度，完善企业“黑名单”制度。加快建立预防腐败信息系统、廉政评估指标体系和腐败预警机制，及时准确判断腐败现象易发多发的重点领域、重点部位、重点环节以及廉政风险。三是要深入推进重点领域改革和制度创新。配合有关部门加强金融企业外部监管和内控机制建设，完善反洗钱合作机制，深入开展内幕交易综合防控工作。加强现金流通管理，认真落实《关于加强商业预付卡管理的意见》。完善公共资源配置、公共资产交易、公共产品生产领域的市场运行机制，推进公共资源交易统一规范管理。四是要全面开展制度廉洁性评估工作。对法律法规制度进行廉洁性、合法性、利益冲突和科学性评估，防止部门利益法制化、不当利益合法化。要建立健全制度廉洁性评估工作机制，明确工作任务、工作目标和工作责任，规范评估的内容、方法和程序，注重评估实效和成果运用，尽快研究制定规范性文件。

（三）深化政务公开，提高政府工作的透明度和公信力。公开是对权力进行监督的前提和基础，是从源头上预防腐败的重要措施。各地区各部门要认真落实《关于深化政务公开加强政务服务的意见》，深入推进政务公开工作。一是要推行行政决策公开。凡涉及群众切身利益的重大决策都要广泛征求群众意见。把公众参与、专家论证、风险评估、合法性审查和集体讨论决定作为重大行政决策的必经程序，增强公共政策制定的透明度和公众参与度。二是要推进行政权力公开透明运行。重点公开行政机关在执法活动中履行职责情况，探索执法投诉和执法结果公开制度。加大行政审批公开力度，方便群众办事和监督。三是要深入实施政府信息公开条例。在推进公共资源配置、政府投资项目等信息公开的同时，着力抓好财政预决算公开，公开的内容要详细全面，逐渐细化到“项”级科目，让群众清楚知道政府花了哪些钱、办了哪些事。四是要着力深化基层政务公开。大力推进乡镇（街道）政务公开，及时公开城乡社区居民关心的事项。健全公共企事业单位办事公开制度，所有面向基层服务的医院、学校、公交等公共企事业单位，都要实行办事公开。五是要加强政务公开制度建设。制定政务公开工作检查评估办法、举报受理制度和政纪处分规定等制度。研究建立党务公开、政务公开、司法公开、厂务公开、村务公开和公共企事业单位办事公开有机结合的制度规范，使之相互促进、协调运转。

（四）强化权力运行监控，积极推进廉政风险防控管理。加强廉政风险防控，是规范权力运行、有效预防腐败的创新举措。国家预防腐败局正在起草《关于加强廉政风险防控的指导意见》，将于近期召开全国性会议进行部署。会后，各地区各部门要认真落实会议精神，进一步规范和深化廉政风险防控工作。一是要抓好清权确权、排查廉政风险。按照职权法定、权责一致的要求，全面清理和确定对管理和服务对象行使的各类职权，摸清权力底数，编制“职权目录”和“权力运行流程图”。深入查找权力行使、制度机制、思想道德等方面存在的廉政风险，评定风险等级。二是要抓好防控措施制定落实。注重防控措施的针对性。建立权力分解和制衡机制，对行政审批、行政处罚、政府投资项目、公共资源交易领域的权力进行科学分解和配置。明确行政裁量权的标准和条件，最大限度地压缩弹性空间，防止随意性和利用自由裁量权寻租。充分利用电子政务设施，运用科技手段优化权力运行、防控廉政风险。三是要抓好廉政风险防控长效机制建设。建立预警处置、考核评估、动态管理等制度机制，实施廉政风险防控常态化，不断提高风险防控的质量和水平。

（五）拓展工作领域，深入开展社会领域防治腐败工作。在企事业单位、社会团体、中介机构和其他社会组织开展防治腐败工作，有利于增强反腐倡廉建设的整体效果。由于社会领域范围广泛，情况复杂，各行业腐败程度轻重不一，应坚持分类指导、稳步推进。当前要重点抓好以下几项工作：一是要抓紧研究制定社会领域防治腐败工作指导意见。明确社会领域防治腐败的指导思想、基本原则、主要任务、工作目标，强化对不同行业领域防治腐败工作的针对性指导。二是要集中整治行业协会、市场中介组织违规违法问题。突出工作重点，明确政策界限，完善相关制度。就行业协会和中介组织与政府部门分开问题继续深入调研，适时向中央提出工作建议，稳步推进此项工作。三是要探索开展非公有制企业防治腐败工作。重点推进非公企业执业标准、程序性制度建设和诚信褒奖、失信惩戒机制，建立非公企业会计和审计制度，推动有关部门严厉打击非公企业的不法行为。四是要大力推进社会廉洁文化建设。注重培育廉洁价值理念，完善廉洁行为规范，开展廉洁文化创建活动，推动廉洁文化产品创作和传播，努力形成以廉为荣、以贪为耻的良好社会风尚。五是要引导社会力量有序参与防治腐败工作。发挥高等院校、研究机构、专家学者在防治腐败决策咨询、舆论宣传等方面的作用，进一步拓宽人民群众参与预防腐败工作的渠道，加强舆论监督和群众监督。

（六）加强国际交流合作，积极应对《联合国反腐败公约》履约审议。《公约》第三届缔约国大会决定正式建立履约审议机制，我国将于 2013 年接受第一轮审议。2010 年 12 月，我国研究实施《联合国反腐败公约》工作协调小组第五次会议决定，国家预防腐败局牵头负责应对《公约》履约审议工作。履约审议涉及我国主权和利益，政治性很强，各地区各部门要从维护国家主权和对外开放大局的高度抓好此项工作。工作中要把握以下几个原则：一是要坚持以我为主、为我所用，防止西方国家利用《公约》履约审议机制干涉我内政；二是要坚持认真负责、严谨细致，深入研究履约审议机制规则，掌握主动权；三是要坚持积极稳妥、有序开展，明确应对履约审议工作的总体目标和阶段性任务，把握好各项工作的推进时机、力度和节奏；四是要坚持统一领导、分工协作，在研究实施《联合国反腐败公约》工作协调小组的统一领导下，积极发挥国家预防腐败局的牵头作用，加强各单位的协调配合，形成应对履约审议工作的整体合力。国家预防腐败局已经制定下发了应对《公约》履约审议工作方案，各地区各部门要结合实际，抓好工作落实。

三、不断提高预防腐败工作的能力和水平

工作的能力和水平决定着预防腐败事业的兴衰成败，我们要把能力建设作为永恒的主题抓紧抓好。

（一）增强调查研究能力，提高科学决策的水平。调查研究是谋划工作、科学决策的重要依据，是马克思主义认识论的基本要求，也是我们党在长期革命、建设和改革中积累的宝贵经验。预防腐败需要解决深层次问题，从源头上提出治本之策，对调查研究能力要求很高。从这些年的实践看，调查研究是预防腐败的一个薄弱环节。做好调研工作，一是要秉持“深入田间地头”和“甘当小学生”的态度，深入基层和一线，放下架子，虚心求教，真正做到了解真实情况，发现深层问题，总结有效经验。二是要讲究方式方法，善于抓住主要矛盾和矛盾的主要方面，突出重点，深入研究；善于将理论与实践相结合，着眼长远与立足当前相结合，对调研课题进行多角度、多层面的研究论证；善于把座谈讨论、查阅资料、实地察看等传统方法与问卷调查、网络调查、统计分析等现代调研手段相结合，既注重定性描述，又加强量化分析，使调研结果更符合客观实际。三是要努力形成高质量、高水平的调研成果，提出具有全局性、前瞻性、针对性和实效性的思路和对策，为更加科学有效地推进预防腐败工作提供支持和参考。

（二）增强组织协调能力，提高整合资源的水平。一是要善于争取党委政府的大力支持。预防腐败一些重大措施涉及到权力结构和利益关系的调整，涉及大的体制机制改革，没有党委和政府的支持，这些措施难以出台和落实。二是要善于调动各职能部门的积极性。完善协调机制，搞好任务分解，提出落实意见，明确牵头单位和协办单位，加强沟通协商，把预防腐败的要求有机融入到各部门的业务工作中去。三是要善于依靠人民群众的积极参与。既要努力为群众参与创造条件、提供便利，充分调动人民群众参与预防腐败工作的积极性；又要注意把握方向，因势利导，保证群众参与有序进行。此外，纪检监察机关和预防腐败机构内部也要加强协调配合，一方面要进一步理顺省（区、市）预防腐败局及其办公室与纪委、监察厅（局）机关内设机构的工作关系，做到互相支持，优势互补，减少交叉，形成合力；另一方面要充分发挥地方纪检监察机关和预防腐败机构沟通上下的桥梁作用，做好上通下达，保证信息畅通。

（三）增强检查指导能力，提高落实工作的水平。预防腐败关键在落实，落实的关键在检查指导。要充分发挥检查指导的导向、促进和保证作用，检查中应注重把握好以下几个问题：一是要明确考核标准，建立科学的检查评估指标体系，保证检查指导目标明确、导向清晰、易于操作。二是要注重问题整改，及时向被检查地方和单位反馈意见，针对存在问题提出整改意见建议，督促指导他们制定整改措施并抓好落实。三是要注重成果运用，善于通过检查指导，总结成功经验，分析存在问题及原因，作出科学评估和准确判断，为决策提供参考。四是要建立长效机制，建立健全对预防腐败决策部署执行情况定期检查、专项督查制度和纪律保障机制，增强检查指导的制度化、规范化水平。

（四）增强开拓创新能力，提高应对新情况新问题的水平。改革创新是社会发展进

步和事业兴旺发达的不竭动力。我们要从我国实际出发，及时依据形势的变化和事业的发展，创新工作思路，完善工作机制，破解工作难题，更加科学有效地预防腐败。一是要善于运用科学方法。学习掌握辩证唯物主义和历史唯物主义的基本立场、观点和方法，学习掌握系统论、控制论、信息论和管理学、组织学、法学等理论和知识，积极运用数据统计、现代管理等方法推进预防腐败各项工作。二是要善于采用科技手段。充分发挥现代科学技术尤其是信息技术的作用，把科技手段融入预防腐败制度设计和各项工作流程之中，不断增强预防腐败的有效性和科技水平。三是要善于推进预防腐败理论创新。要着眼于世情、国情、党情的新变化，加强预防腐败重大战略、重大政策和重大现实问题的研究，增强预防腐败理论的指导性、针对性和时效性，为预防腐败提供理论支撑。

同志们，预防腐败责任重大，使命光荣，是功在当代、利在千秋的伟大事业。我们要高举中国特色社会主义伟大旗帜，以邓小平理论和“三个代表”重要思想为指导，深入贯彻落实科学发展观，以更加坚定的信心、更加坚强的决心、更加饱满的热情和更加有力的举措，扎实推进预防腐败各项工作，不断取得预防腐败新成效，为推动我国经济社会全面健康发展、顺利实现“十二五”期间奋斗目标作出应有贡献。

马驭同志在“反腐败：防止利益冲突的理论与实践”专题研讨会上的讲话

（2011 年 10 月 24 日）

同志们：

这次会议的主要目的是按照党中央和中央纪委的要求，围绕防止利益冲突这一防治腐败的关键问题进行深入研讨，总结交流近年来我国各地区各部门的做法和经验，介绍国外的相关做法和情况，从而进一步研究探讨以防止利益冲突为切入点，有效防治腐败的理念、对策和措施。浙江是第一个率先颁行《党员领导干部防止利益冲突暂行办法》的省份，省委、省政府对这次研讨会予以高度重视，省委书记赵洪祝同志在百忙之中亲自到会并发表热情洋溢的致辞，我们深表感谢。由浙江省纪委、监察厅主办，杭州市纪委、监察局承办的这次研讨会，为我们搭建了一个很好的交流和研讨的平台，已成立省级预防腐败局的 13 个省区市，以及中央纪委预防腐败室确定的防止利益冲突试点单位的领导同志出席了这次会议。长期关注支持反腐倡廉建设，对防止利益冲突研究深有造诣的 22 名专家学者拨冗出席研讨会。在此，我代表中央纪委、监察部、国家预防腐败局向会议的召开表示热烈祝贺，向全体与会同志表示热烈的欢迎和衷心的感谢！

刚才，听了 8 位同志大会发言，我很受启发。今天下午和明天上午还要分 6 个专题进行深入讨论，此外还有一些书面交流材料。这些材料选题广泛，内容丰富，思想深刻，体现了反腐倡廉理论研究和实践探索的最新进展，是近年来防止利益冲突理论与实践成果的一次集中展示。下面，我谈三点认识和体会，与大家交流。

一、建立健全防止利益冲突制度意义重大

防止利益冲突，从根本上说，就是防止公权与私利的冲突，从而避免出现以权谋私等腐败行为。马克思曾经深刻指出：“人们奋斗所争取的一切，都同他们的利益有关。”中国共产党人是历史唯物论者，从不讳言利益，也从不否认社会成员包括党员干部有个人利益和个人追求。但是，我们党的性质和宗旨，决定了党绝不允许党员干部的个人利益与公共利益发生冲突，决不允许党员干部利用公权谋取个人私利。党的十七届四中全会通过的《关于加强和改进新形势下党的建设若干重大问题的决定》明确提出，要“建立健全防止利益冲突制度，完善公共资源配置、公共资产交易、公共产品生产领域市场运行机制”。胡锦涛总书记在十七届中央纪委第五次全会上强调，要“建立健全防止利益冲突制度，形成有效预防腐败的长效机制”。我们要深入贯彻中央精神，认真总结实践经验，进一步提高对建立健全防止利益冲突制度重大意义的认识，切实增强推进这项工作的责任感和紧迫感。

（一）建立健全防止利益冲突制度是促进社会主义市场经济健康发展的客观要求

以经济建设为中心是兴国之要，是我们国家兴旺发达、长治久安的根本保证。胡锦涛总书记在今年“七一”重要讲话中指出：“只有推动经济又好又快发展，才能筑牢国家发展繁荣的强大物质基础，才能筑牢全国各族人民幸福安康的强大物质基础，才能筑牢中华民族伟大复兴的强大物质基础。”当代中国在经济和社会转型的发展进程中，呈现出利益主体多元化、利益格局多样化、利益矛盾复杂化的鲜明特点。在市场经济条件下，各种利益主体都追求自身利益最大化，对掌握公权的各级干部施加各种影响，再加上现阶段各方面体制机制还不完善，存在不少缺陷和漏洞，在经济社会等领域产生了大量的利益冲突问题。比如，有的利用职权抬高或降低准入门槛以照顾特定关系人，破坏了公开、平等的市场准入机制，损害了市场竞争的公平原则；有的利用职权干预微观经济活动，以行政指令决定资源分配，扰乱了市场经济秩序；有的利用权力关系低价买进或高价卖出，扭曲市场价格形成机制，致使产生“劣币驱逐良币”效应，抑制了市场主体守法经营、诚信交易的积极性，等等。这些利益冲突问题的存在，使微观经济活动受到不正当的干预，对市场经济健康发展造成不良影响。因此，我们要维护社会主义市场经济秩序，促进经济又好又快发展，保证“十二五”规划的各项任务的完成，必须尽快建立健全防止利益冲突制度。

（二）建立健全防止利益冲突制度是维护社会公平正义的客观要求

公平正义，是社会主义的本质特征之一，是社会主义国家制度的核心价值，是推进社会主义和谐社会建设的关键。一个国家、一个社会，如果放任公职人员或权力部门的个别利益与公共利益发生冲突，必然会导致公共利益分配向少数群体倾斜，损害人民群众在接受教育、就业等方面的权利公平，在参与竞争、实现发展等方面的机会公平，在协调利益、处理矛盾等方面的规则公平，在获得保障、享受福利等方面的分配公平，从而给社会稳定带来隐患。当前，各种利益冲突问题的存在，严重违背了我们所倡导的机会均等、公平竞争等原则，破坏了公共政策和行政行为的公正性、客观性，损害了政府公信力。只有建立健全防止利益冲突制度，才能更加有效地从源头上预防和解决利益冲突问题的发生，才能进一步密切党群干群关系、巩固党的执政基础，切实维护社会公平正义、实现社会和谐稳定。

（三）建立健全防止利益冲突制度是推进反腐倡廉建设的客观要求

坚决惩治和有效预防腐败，关系人心向背和党的生死存亡，是党必须始终抓好的重

大政治任务。胡锦涛总书记在“七一”讲话中，着眼于世情、国情、党情发生深刻变化的新形势，清醒指出了我们党面临的“四种考验”和“四种危险”，要求我们充分认识反腐败斗争的长期性、复杂性、艰巨性，把反腐倡廉建设摆在更加突出的位置，以更加坚定的信心、更加坚决的态度、更加有力的举措推进惩治和预防腐败体系建设，坚定不移把反腐败斗争进行到底。腐败的实质，就是国家公职人员利用公共权力谋取个人私利，致使个人利益与公共利益发生严重冲突。从近年来查办的违纪违法案件可以看出，利益冲突问题表现出一些新形势、新特点。比如，有的领导干部利用职务便利，为亲属在公务员录用、职务晋升和经济利益等方面给予额外关照；有的领导干部违规参与营利性活动，利用职权影响入股投资经营企业；某些特殊岗位、行业的公职人员，利用知晓“内幕消息”和政策制定的权力谋取私利等。因此，通过建立健全防止利益冲突制度，防范在先、关口前移，就抓住了有效预防腐败的关键，就能够最大限度地防止权力滥用，降低腐败行为带来的危害。这是惩治和预防腐败体系建设的重要着力点。

（四）建立健全防止利益冲突制度是加强反腐败国际交流与合作的客观要求

反腐败是人类社会面临的一项共同任务。防止利益冲突是当今世界各国治理腐败、加强廉政建设的共识和通行做法。《联合国反腐败公约》规定：“各缔约国均应当根据本国法律的基本原则，努力采用、维持和加强促进透明度和防止利益冲突的制度。”作为《联合国反腐败公约》的缔约国，2009 年 10 月，中美两国共同在北京举办了亚太经合组织反腐败研讨会，会议的主题就是“APEC 廉政准则——防止利益冲突”。实践证明，建立健全防止利益冲突制度，既是履行《联合国反腐败公约》的法定义务，也有利于我国在更高层次、更广领域与国际组织和相关国家积极稳妥地开展反腐败交流与合作，有利于向国际社会展现我国政府治理腐败的坚定信念和工作成效、增强我国在国际舞台上的话语权，也有利于进一步维护我国经济社会发展的国际环境。

二、认真总结防止利益冲突的理论与实践成果

防止利益冲突是现代廉政立法的基础，是加强领导干部从政道德建设、从源头上防治腐败的重要举措。改革开放 30 多年来，我们党始终高度重视解决利益冲突问题，不断探索建立健全防止利益冲突制度，形成了一批重要的理论成果、实践成果和制度成果，走过了一个认识上不断深化、实践上不断发展的历程。

（一）对防止利益冲突的认识不断深化

党的十一届三中全会以后，随着改革开放的推进，公职人员收受礼品、经商办企业、倒买倒卖商品等利益冲突行为逐渐增多。1980 年，邓小平同志强调，“要防止只顾本位利益、个人利益而损害国家利益、人民利益的破坏性的自发倾向”。随后，党中央、国务院出台了关于制止商品流通中不正之风、禁止领导干部配偶子女经商等一系列以整顿党风和机关作风为主要指向的法规制度，把防止利益冲突问题作为反对特权和不正之风来处理解决，有力地维护了改革开放的顺利进行。

党的十四大以后，在建立社会主义市场经济体制过程中，利益冲突问题变得越来越突出，引起了党和政府的更大关注。1993 年 8 月，十四届中央纪委召开第二次全会，把党员领导干部廉洁自律确定为反腐败三项工作格局之一，这表明我们党把防止利益冲突工作摆在了更加重要的位置。同年 10 月，中共中央、国务院作出了《关于反腐败斗争近期抓好几项工作的决定》，明确规定公务员不准经商办企业、不准从事有偿中介活动、不准利用职权为配偶子女和其他亲友经商办企业提供任何优惠条件等领导干部廉洁自律方面的“五条规定”。这些“不准”几乎都属于防止利益冲突的范畴。十四届中央纪委第八次全会进一步指出："一些领导干部的配偶、子女和亲友凭借领导干部的权力和影响力经商办企业并从中牟取暴利，这是一个突出的腐败问题，危害极大，群众对此反映强烈。"把防止利益冲突与防治腐败紧密联系起来，标志着我们对利益冲突问题的认识进一步深化。

进入新世纪新阶段，随着工业化、信息化、城镇化、市场化、国际化深入发展，利益冲突现象以新的形式出现在政治、经济、金融、教育等领域，利益冲突问题越来越引起党中央的高度重视，防止利益冲突问题开始在党的文件中出现。2000 年 1 月，十五届中央纪委第四次全会明确提出，"省(部)、地（厅）级领导干部的配偶、子女，不准在该领导干部管辖的业务范围内个人从事与公共利益发生冲突的经商办企业活动"。这是在中央纪委全会文件中首次使用"利益冲突"概念。此后，各地区各部门逐步形成共识。2009 年 9 月党的十七届四中全会明确提出要"建立健全防止利益冲突制度"，十七届中央纪委第五次、六次全会都对建立健全防止利益冲突制度进行了部署。由此可见，防止利益冲突已经成为反腐倡廉建设的重要内容，建立健全防止利益冲突制度也成为反腐倡廉建设的一项重要任务。

（二）建立了一批防止利益冲突法规制度

改革开放 30 多年来，我国先后颁布了数十项针对利益冲突问题的法规政策。影响较大的有：1984 年出台的《关于严禁党政机关和党政干部经商、办企业的决定》，1997 年印发的《关于领导干部报告个人重大事项的规定》，1998 年印发的《关于中央党政机关与所办经济实体和管理的直属企业脱钩有关问题的通知》等。2005 年 1 月，党中央颁布了《建立健全教育、制度、监督并重的惩治和预防腐败体系实施纲要》，对完善领导干部重大事项报告和收入申报制度等防止利益冲突措施进行了总体规划，并明确指出，要完善和规范国家工作人员从政行为的制度，加快廉政立法进程，探索制定公务员从政道德方面的法律法规。

根据中央要求和实践需要，近几年，中央纪委先后制定了一系列党员领导干部廉洁从政的行为准则和道德规范，出台或修订了多部党内法规，不断建立健全防止利益冲突制度。2007 年 5 月，制定下发了《关于严格禁止利用职务上的便利谋取不正当利益的若干规定》，提出了以防止利益冲突为主要内容的 8 条禁令。2009 年 7 月颁布的《国有企业领导人员廉洁从业若干规定》，明确提出，"国有企业领导人员应当以国家和企业利益为重，正确行使经营管理权，对本人及亲属有可能损害企业利益的行为，应当主动回避，防止可能出现的利益冲突"。去年 2 月修订颁布的《中国共产党党员领导干部廉洁从政若干准则》，提出的 52 个"不准"中，有 18 项是防止利益冲突的禁止性条款，比较全面地规范了社会主义市场经济条件下党员领导干部的廉洁从政行为。去年，还组织制定或修订了《关于领导干部报告个人有关事项的规定》、《关于对配偶子女均已移居国（境）外的国家工作人员加强管理的暂行规定》等制度，将领导干部的住房、投资、配偶子女从业情况列入报告内容，加强了对配偶子女均已移居国（境）外的公职人员管理。

从国家法律层面看，在《中华人民共和国法官法》、《中华人民共和国审计法》、《中华人民共和国证券法》、《中华人民共和国行政监察法》等许多涉及党政机关和公务员从政行为规范的法律法规中，都有防止利益冲突的相关规定。2005 年颁布的《中华人民共和国公务员法》，明确规定了公务员的回避等制度。2009 年通过的《中华人民共和国刑法修正案（七）》，还明确了国家工作人员的近亲属、离职的国家工作人员受贿的刑罚问题。以上法律法规、行政规章以及其他规范性文件，从回避、有关事项报告、从业限制、离职后行为限制等方面作出了防止利益冲突的法律规定，为处理利益冲突问题提供了法律依据。

（三）各地区各部门对防止利益冲突进行了有益的理论和实践探索

近年来，一些地方和部门在推进惩防体系建设中，立足实际，大胆创新，先行先试，进行了防止利益冲突的有益实践。他们以现有制度规范为基础，注重继承、挖掘和发扬好做法好经验，将分散在党和国家方针政策、党内法规制度、国家法律法规以及行政规章等规范性文件中同属于利益冲突问题的相关条文，进行梳理整合、查漏补缺，形成了一些系统性和可操作性强的制度规范，在执行中取得了较好的实践效果。比如，浙江省去年12月制定下发了《党员领导干部防止利益冲突暂行办法》，对党员领导干部在7个方面可能出现的利益冲突行为进行了限制。杭州市去年出台了《关于防止国家工作人员在公共资源交易、公共产品采购、公共资产管理中发生利益冲突的若干规定（试行）》。江西省近几年以加强公共资源交易市场体系建设为切入点，加大了公共资源交易领域防止利益冲突工作力度。北京市西城区立足区域内公共资源丰富、公共资产交易涉及金额巨大等实际情况，狠抓利益冲突重点领域的制度建设。最高人民法院今年2月颁布了《关于对配偶子女从事律师职业的法院领导干部和审判执行岗位法官实行任职回避的规定》，在法官私人利益与社会公共利益最容易发生冲突的关键部位打造了一道“廉政隔离墙”。实践证明，这些地区和部门坚持改革创新、敢为人先，防止利益冲突工作进展良好、效果明显。

与此同时，各地区各部门以及一些大专院校、科研院所针对防止利益冲突问题开展了一系列有意义的探索，对中外防止利益冲突制度进行了深入的比较研究，对推进这项工作提出了不少建议，形成了一批有价值的学术成果，为建立健全防止利益冲突制度提供了重要的理论基础。这次专题研讨会上大家提交的这些论文，就是近年来深入研究和思考防止利益冲突理论与实践的结晶。

我们也要看到，由于我国正处于经济体制、社会结构、利益格局、思想观念深刻变化的历史时期，诱发利益冲突的因素日趋多样化、复杂化；我们对防止利益冲突问题的认识和把握也有一个逐步深化的过程。当前，建立健全防止利益冲突制度建设主要存在以下问题：一是缺乏总则性规定，制度系统性、整体性不强，各类制度规定散见在效力层次、适用范围不同的法律法规中；二是制度规定的约束对象各不相同，原则、尺度不够统一，一些规定之间存在内容重复、操作不一甚至相互抵触等问题，给执行带来困难；三是在一些重要领域和关键环节上还存在制度缺失，官员财产申报、个人投资处理等方面的制度需要尽快建立和完善；四是大多数制度规定程序性和惩罚性条款较少，在实践中可操作性较差，影响了执行的效力；五是制度执行不力，一些规定没有得到很好的落实，削弱了制度的权威性和公信力；等等。这些问题需要我们在今后的工作中认真加以解决。

三、进一步建立健全防止利益冲突制度的思考

建立健全防止利益冲突制度是反腐倡廉制度建设的重要内容，也是一项政策性、综合性、系统性很强的工作。我们要坚持标本兼治、综合治理、惩防并举、注重预防的反腐倡廉方针，抓住重点领域和关键环节，全面整合和进一步研究论证预防腐败各项制度，建立内容科学、程序严密、配套完备、有效管用的防止利益冲突制度体系，切实增强制度执行力，不断推进反腐倡廉建设向纵深发展。当前，要把握以下四个方面。

第一，要把建立健全防止利益冲突制度放在惩治和预防腐败体系建设全局中来谋划和部署。防止利益冲突制度是综合运用各种力量防止腐败的制度集成，是一项系统工程，涉及面广，难度较大，必须放在惩防体系建设全局中去统一规划、系统安排，与反腐倡廉各项工作有机结合、相互促进。一是要把建立健全防止利益冲突制度与推动公职人员从政道德建设、促进领导干部廉洁自律相结合。要把加强行政伦理教育、防止利益冲突观念融入到党性党风党纪教育和廉政文化建设之中，要求公职人员树立正确的权力观、利益观，深刻认识到手中的权力是人民赋予的，铲除权力不受约束、无所不能的“特权”思想，形成有利于防止利益冲突的思想基础和社会氛围；还要从廉洁自律方面存在的突出问题入手，找准工作重点和突破口，制定明确的行为规范和惩戒尺度，提高防止利益冲突制度建设的针对性和实效性。二是要把建立健全防止利益冲突制度与纠正损害群众利益不正之风、解决群众反映强烈的突出问题相结合。坚持把维护群众根本利益作为防止利益冲突的出发点和立足点，找准部门本位利益与群众利益最容易发生冲突的风险点，及时有效解决与民争利等损害群众利益的突出问题，切实保障群众合法权益、维护社会公平正义。三是要把建立健全防止利益冲突制度与推进惩治和预防腐败体系建设、提高预防腐败工作的科学化水平相结合。既要通过深化改革和制度建设，引入市场竞争机制和公开监督机制，减少利益冲突的生存土壤；又要把防止利益冲突作为预防腐败的重要内容和有效抓手，贯穿于推进惩治和预防腐败体系建设顶层设计中，结合构建廉政风险防控管理机制、开展制度廉洁性评估等工作，发现潜在的利益冲突问题，建立健全防止利益冲突制度，提高惩治和预防腐败体系建设的科学性，切实做到预防于先、关口前移，清除廉政风险、防止腐败发生。

第二，要突出建立健全防止利益冲突制度的工作重点。建立健全防止利益冲突制度，必须突出重点，抓住关键，在一些重点领域、关键环节以及群众反映强烈的突出问题上，抓紧形成并完善一批针对性强、行之有效的制度，以重点工作的突破带动整体工作的推进，以新的工作成效取信于民。

一要进一步完善市场机制，重点解决公共资源配置、公共资产交易、公共产品生产等领域中利益冲突的问题。温家宝总理在国务院第四次廉政工作会议上指出：“当前公共工程建设、土地使用权出让、矿产资源开发利用、政府采购等领域，是以权谋私、腐败问题易发多发的重灾区。”近年来，土地、矿产等公共资源的廉价配置、公共资产交易的暗箱操作等问题，造成了巨大的经济损失和不良的社会影响。要按照形成统一开放竞争有序现代市场体系要求，强化政府培育市场的作用，加快建立公共资源交易中心，把政府投资建设工程招投标，土地、矿产资源出让，国有产权交易，政府采购等均纳入其中，转变政府职能，真正发挥市场配置公共资源的基础性作用。

二要进一步完善民主决策和信息公开制度，重点解决行政决策、行政审批、行政执法等关键环节中存在的突出问题。要完善重大事项决策机制，对涉及经济社会发展全局的重大事项，建立健全公众参与、专家咨询、风险评估、合法性审查和集体讨论决定的决策程序和决策后评估，实行科学决策、民主决策和依法决策。要按照统一、规范、公开的原则深入推进行政审批制度改革，进一步减少和下放投资审批、项目核准和企业前置审批等审批项目；要认真落实《政府信息公开条例》，深化政务公开，推进“阳光审批”，建立畅通无阻、运转协调、规范有效的民意反映机制，让群众更多参与到决策过程中来。

三要进一步完善利益冲突回避制度。认真完善和落实领导干部报告个人有关事项制度，完善报告程序，加强报告结果的运用和违规惩戒力度。要进一步完善公务回避、任职回避、地域回避制度，明确具体政策界限，加大执行的力度。

四要进一步完善公职人员行为限制制度。如对公职人员收受礼金、参股投资、兼职取酬等行为，一些离退休领导干部违反规定到企业、学会、基金会任职取酬，甚至搞“期权腐败”行为，某些公职人员利用职权、影响力甚至内幕信息谋取私利的行为等，要严格限制。

总之，要在调查研究的基础上，抓紧研究制定防止利益冲突的相关法律，积极推进反腐倡廉的国家立法，稳步推进《联合国反腐败公约》与我国法律制度相衔接工作，以更好地防止利益冲突，预防腐败行为的发生。

第三，要坚持防止利益冲突制度的制定和执行并重。制度的效用取决于制度执行力。建立健全防止利益冲突制度，必须坚持制度的制定和执行并重，在制度的落实上下功夫，使防止利益冲突制度真正发挥规范权力行使、维护公共利益的积极作用。要切实抓好现有制度的完善和落实，深入研究现有党内制度规定、国家法律法规与利益冲突制度的衔接问题，对现有制度作进一步完善，该整合的整合，该修改的修改，该废止的废止。同时，要继续抓好现有制度执行，切实取得贯彻落实的实际成效，为进一步建立健全防止利益冲突制度奠定良好的实践基础。

第四，要以改革创新精神着力推进防止利益冲突工作。要进一步加大改革创新力度，加强防止利益冲突理论研究，及时总结实践成果，积极借鉴国际经验，努力把握防止利益冲突的特点和规律。一要加强对重点、难点问题的调查研究，认真分析经济社会发展过程中利益冲突问题在利益主体、利益范围、冲突方式等方面的变化趋势，提高防止利益冲突制度建设的科学性。二要推动防止利益冲突实践创新。按照工作部署，目前，北京、浙江、湖北、湖南、广东、四川、甘肃等七省（市）针对不同课题，正在组织开展防止利益冲突试点工作。各试点单位要按照《关于在部分省市开展防止利益冲突试点工作的通知》的要求，将试点工作与本地实际有机结合，精心组织、大胆探索，为防止利益冲突工作探索积累宝贵经验。要发挥专家学者和纪检监察干部两个积极性，把理论研究和实践创新紧密结合起来，优势互补，形成合力。三要加强国际交流与合作，深入研究国（境）外防止利益冲突的有益做法和经验，结合我国国情加以借鉴和吸收。只要是反映反腐败共同规律、体现人类文明发展的优秀成果，只要是有利于反腐倡廉建设的先进管理方法和技术手段，我们都要学习和借鉴，为我所用。

同志们，建立健全防止利益冲突制度，是有效预防腐败的根本途径，也是当前必须深入研究和认真做好的一项重要任务。这次研讨会将为建立健全防止利益冲突制度建设提供丰富的实践经验和宝贵的智力支持，让我们共同努力，为进一步提高反腐倡廉建设科学化水平作出新的贡献！

谢谢大家！

崔海容同志在《联合国反腐败公约》第四届缔约国会议上的发言要点

（2011年10月26日）

尊敬的主席先生、各国代表：

很高兴有机会在此介绍一下中国在推动公约条款特别是第二章预防措施实施方面的主要举措和进展情况。

主席先生，女士们，先生们：

中国共产党和中国政府在致力于促进经济和社会全面发展的进程中，秉持在坚决打击腐败的同时，更加注重预防的方略，稳步推进法治政府建设，从源头上防治腐败。截至今年7月，除宪法及4个宪法修正案外，中国已颁布实施的有效法律239部，行政法规706部，地方性法规8025部及部门规章11135部。实现了有法可依的制度架构，探索出了一条适合中国国情、具有中国特色的廉洁教育、制度防控、法规惩戒的防治腐败之路。中国国家统计局的民意调查结果显示，2003年至2010年，中国公众对防治腐败成效的满意度平稳上升，从51.9%提高到70.6%；公众认为消极腐败现象得到不同程度遏制的比例，从68.1%上升到83.8%。国际社会也给予积极评价。

主席先生：

《联合国反腐败公约》是唯一具有全球意义，得到普遍适用的反腐败国际公约。中国对《公约》高度重视，2006年批准生效后，为积极履行公约规定的各项义务，中国成立了由25个中央部门组成的研究实施《公约》与中国法律制度相衔接的工作协调小组，推动《公约》在中国的稳健实施。

近3年来，中国履约主要取得以下3个方面成效。一是立法方面。中国立法机关依据《公约》规定，通过《中华人民共和国刑法修正案（七）》，增加了“影响力交易罪”，修订了“巨额财产来源不明罪”；通过《中华人民共和国刑法修正案（八）》，增加了“为谋取不正当商业利益，给予外国公职人员或者国际公共组织官员以财务”的贿赂罪。今年8月，全国人大常委会第22次会议审议的《中华人民共和国刑事诉讼法修正案（草案）》建议增加“违法所得没收程序”的规定，为腐败分子外逃后财产追缴提供了法律保障。同时，中国立法机关还通过了《行政监察法修正案》、《审计法实施条例》、《预算法》和《反不正当竞争法》等一批重要法规，推动法律法规与《公约》相关条款的有效衔接。二是行政方面。中国政府2001年至今，国务院各部门共取消和调整行政审批事项2000多个，地方各级政府取消和调整行政审批事项77000多个，占原审批项目的60%。对于保留的行政审批事项，按照《政府信息公开条例》的规定，实施政务公开，全国县级以上政府共设立公开办事大厅2842个，占总数的80%。三是执法和司法方面。中国执法和司法机关对贪污腐败实行“零容忍”，2010年，中国纪检监察机关共受理信访举报1427186件（次），立案139621件，结案139482件，给予纪律处分的146517人，涉嫌犯罪移送司法机关处理的5373人。近年，中国集中开展依法打击跨国（境）商业贿赂行为，仅2010年即查办商业贿赂案件15900件，涉案金额42.66亿元。近期中国商务部正联合相关部门制订中国境外企业核心价值建设的规章，以规范和促进中国企业在境外的健康发展。

主席先生：

中国国家预防腐败局是中国政府具体负责开展《公约》框架下协助其他缔约国制订和实施预防腐败措施的中央机关，同时承担着公约履约审议事务的协调工作。自2007年9月成立以来，各项工作均取得了积极进展。我重点介绍今年在促进《公约》第二章预防措施方面开展的3项工作。第一，着力推进和完善预防腐败制度建设。一是专题研究论证防止利益冲突法和行政程序法等预防腐败基础性法规，并分别在七省（市）先行试点，健全完善预防腐败法规制度体系。二是探索开展制度廉洁性审查，协助立法部门对法律法规审核审批中可能存在的腐败因素实施审查，防止部门利益制度化、不当利益合法化。三是推动以公民身份证为基础码的社会信用管理体系建设，推进诚实守信公民社会的进一步完善。第二，全面推行廉政风险防控管理工作。一是按照权力界限明确、行使依法、运行公开的要求，加强对权力的制约和监督，规范权力的行使。截至9月底，全国31个省区市已全面部署廉政风险防控管理工作。二是在提高政府工作透明度，加强政务服务方面，主要从以下三个层面推进：首先，针对政务公开的内容、公开的程序，公开大厅的职能定位、人员编制、工作机制和服务项目不具体明确等问题，制定出台了指导全国深化政务公开、加强政务服务的规范性文件，保障公民对政府工作的知情权、参与权、表达权和监督权。其次，为促进县级政务公开目录化、标准化和规范化，在全国选择100个县先行试点，执行县级政府385项行政职权事项公开。再次，着力推进中央和省级财政预决算公开。今年已有88个中央机关、27个省区市公开了财政预算；90%以上的中央部门和北京、上海等地公开了公款出国（境）、公务接待和公务用车的经费支出。促使《公约》第七条和第十条透明度原则得到有效实施。第三，开展社会领域防治腐败工作。一是正在研究起草全国性社会领域防治腐败工作指导意见。二是开展非公有制经济组织防治腐败试点，探索非公经济组织防治腐败措施。三是引导社会有序参与预防腐败工作。实施与《公约》第十二条和第十三条的有机衔接。

主席先生，女士们，先生们：

中国重视防治腐败领域的国际交流与合作，主张在尊重主权、平等互利、尊重差异、注重实效的原则下，与世界各国、各地区和有关国际组织加强合作，互相借鉴，共同打击腐败。截至目前，中国已与57个国家和地区签订了110项各类司法协助和引渡条约。此外，与美国建立了中美执法合作联合联络小组，并设立反腐败专家组；同80多个国家和地区的反腐败机构开展了友好交往，与俄罗斯等国家的相关机构签署了合作协议；积极参与《联合国反腐败公约》、亚太经合组织、20国集团等框架内的反腐败合作机制。中国国家预防腐败局自2008年起连续举办了4届发展中国家预防腐败研讨班，共有37个国家预防腐败机构的123名官员围绕国家公职人员廉政教育、政府信息公开等专题进行交流研讨、实地考察，共同寻找预防腐败的良策。研讨班已经成为发展中国家预防腐败机构相互交流借鉴、扩大务实合作的平台。

谢谢！

屈万祥同志在预防腐败工作联席会议第五次会议上的通报

（2011 年 11 月 16 日）

同志们：

根据会议安排，我向大家通报第四次联席会议研究决定有关事项的落实情况，以及国家预防腐败局 2011 年主要工作。

一、预防腐败工作第四次联席会议研究决定有关事项的落实情况

在第四次联席会议上，国家预防腐败局提出了《政府与行业协会、市场中介组织分开试点工作方案》；中国人民银行、国家预防腐败局提出，落实金融账户实名制、建立社会信用代码制度、推进社会信用体系建设。会后成立了政府与行业协会、市场中介组织分开试点工作协调小组，以及落实金融账户实名制、建立社会信用代码制度工作协调小组，推动两项工作的落实。协调小组各成员单位对会议研究决定的事项高度重视，牵头单位积极组织落实，配合单位积极支持协作，各项工作有序开展，取得了一些进展和成效。主要情况如下：

（一）政府与行业协会、市场中介组织分开工作稳步推进

按照中央纪委六次全会关于“整治行业协会、市场中介组织违规违法问题”的部署，国家预防腐败局在深入调研基础上，起草了《全国行业协会和市场中介组织违规违法问题专项整治工作方案》，广泛征求了各省区市和有关主管部门意见，已经中央纪委书记办公会议审议。民政部向国务院提交了《社会团体管理条例（修订草案送审稿）》。修订草案规定，改革社团登记的双重管理体制，除法律法规另有规定外，社会团体均实行直接登记；取消了相同相似社团限制登记的规定，为依法管理、坚决取缔非法组织和鼓励竞争、促进社团发展打下基础。工商总局严把市场中介组织的主体准入关，综合运用经济户口管理、市场巡查、企业信用分类管理等措施加强中介组织监管，充分利用全国黑牌企业数据库，建立横向互通、上下联动的监管机制。目前，广东等 7 省市已实现行业协会与主管部门脱钩，福建等 5 省基本完成市场中介组织与政府部门脱钩。下一步，国家预防腐败局将按照中央纪委书记办公会议决定，对行业协会、市场中介组织中存在的突出问题进行整治，并就推进政府部门与行业协会、市场中介组织分开等问题继续深入调研，适时向中央提出专题报告。

（二）落实金融账户实名制、建立社会信用代码制度工作取得重要进展

在建立社会信用代码制度方面，国家预防腐败局会同公安部、全国人大法工委、国务院法制办，大力推进《居民身份证法》修订进程。十一届全国人大常委会第二十三次会议审议通过了《居民身份证法（修正案）》，规定在身份证中加入指纹信息，为落实金融账户实名制、加大对金融实名制的监管力度创造了有利条件；明确一代身份证于 2013 年 1 月 1 日全面停用，为建立公民信用代码奠定了基础。目前，以公民身份证号码作为个人信用代码已成为各部门的共识。人民银行正会同国家预防腐败局、工商总局、质检总局等部门，研究一个具有桥梁作用的代码，将各部门业务代码贯穿起来，逐步建立统一的单位社会信用代码。

在落实金融账户实名制方面，人民银行对联网核查公民身份信息系统运行情况进行了专门调查，会同公安部将系统数据正确率从系统建成之初的78%提高到93%。深入推进假名匿名账户清理工作，计划到2013年年中完成对全国存量个人人民币银行存款账户相关公民身份信息的核实。

在推进相关立法方面，国务院法制办已就《征信管理条例（草案）》第二次公开征求意见，拟于近期提交法制办主任办公会讨论。

二、国家预防腐败局2011年主要工作情况

2011年，国家预防腐败局按照党中央、国务院和中央纪委的统一部署，立足组织协调、宏观指导，扎实推进各项工作，取得积极进展，有的工作已取得阶段性成果。

（一）加强组织协调和宏观指导，形成预防腐败整体合力

一是建立健全组织领导机制。充分发挥预防腐败工作联席会议、全国政务公开领导小组的作用，成立了《联合国反腐败公约》履约审议事务办公室，研究决策预防腐败方面的重要问题。

二是积极稳妥推进省级预防腐败机构建设。目前已推动北京、浙江等14个省区市成立预防腐败局，辽宁、吉林等6省区市正在积极筹建。

三是加强对预防腐败工作的检查指导。加强与已成立预防腐败机构的工作联系，指导15个省区市、3个中央国家机关和2个中央企业开展制度廉洁性审查、防止利益冲突、廉政评估指标体系建设等试点，初步形成了以试点经验促进工作全面推开的工作机制。会同有关部门开展厂务公开、村务公开、商业预付卡管理等专项检查，年底前还将就深化政务公开加强政务服务等问题开展联合检查，及时解决问题，督促工作落实。

（二）加强对权力的监督制约，规范权力运行

一是深化政务公开和政务服务，促进行政权力公开透明运行。制定并以中办文件下发了《关于深化政务公开加强政务服务的意见》，规范了政务公开的内容、程序，政务服务中心的职能定位、人员编制、工作机制和服务内容，标志着政务公开工作发展到一个新的阶段。开展依托电子政务平台加强县级政府政务公开和政务服务试点工作，明确县级政府信息公开、行政职权和便民服务3大类385个项目，促进县级政府依法行政、阳光施政。大力推进财政预算和决算公开，共有96个中央部门和27个省区市公开了预算，99个部门和北京、上海等地公开了“三公”经费，公开的内容更丰富、项目更细化、时间更及时。近期财政部向国务院上报了细化“三公”经费公开的方案，将进一步深化此项工作。

二是全面推行廉政风险防控，开辟了有效规范权力运行的新路径。召开全国加强廉政风险防控规范权力运行现场会，贺国强、何勇同志出席会议并作重要讲话，对该项工作作出全面部署。目前31个省区市和55个派驻机构均已开展了此项工作，通过清权确权、廉政风险管理、优化权力运行流程、权力网上公开运行、电子监察实时监控、考核问责等措施，有效防控腐败风险，防止权力滥用。为加强对这项工作的规范和指导，研究起草了《关于加强廉政风险防控的指导意见》，已经中央纪委书记办公会议审议并原则通过，很快将下发实施。

（三）着力推进基础制度建设，逐步构筑预防腐败制度体系

一是认真开展制度廉洁性审查，防止部门利益法制化、不当利益合法化。此项工作得到了国务院法制办的大力支持，法制办已明确要求国务院各部门在立法工作中落实预

防腐败要求。我们现已对48件法律法规草案进行廉洁性审查，提出141条修改意见。印发了《关于开展制度廉洁性评估试点工作的指导意见》，先行试点的海南、四川、深圳已审查清理法规规章和其他规范性文件2万余件。在总结试点经验的基础上，与国务院法制办就制度廉洁性审查的范围、办理期限、意见采纳情况反馈等问题达成一致，逐步推进制度廉洁性审查的制度化、规范化。

二是专题研究论证防止利益冲突法。一方面，请中南大学、湖南大学等高校组织专门班子进行理论研究；另一方面，结合浙江出台的《党员领导干部防止利益冲突暂行办法》，经贺国强、何勇同志批准，在北京、湖北等7省市开展防止利益冲突试点，重点就防止利益冲突的内容、程序和罚则三个方面进行探索，解决现有规定不健全和缺乏强制性等问题。探索出一批防止利益冲突的理论和实践成果，10月组织召开全国“防止利益冲突的理论与实践”研讨会，进行了充分的交流和推介。

三是加快廉政评估指标体系建设，促进防治腐败工作科学化、标准化。在总结广东深圳、黑龙江肇东和湖北咸宁三地试点经验的基础上，初步形成了“廉政评估指标体系”，包括4大类30个指标，正在上海、福建、湖北和广西进行省级试点。

（四）扎实开展社会领域防治腐败工作，提高社会各界防范和抵制腐败的意识和能力

一是加强整体规划。在大量调研的基础上，起草社会领域防治腐败指导意见，对国有企业、非公企业、事业单位、社会组织、市场中介组织、基层自治组织等六大领域分类提出防治意见，提交此次联席会议讨论。

二是抓好重点推进。对行业协会、市场中介组织中存在的腐败问题率先实施治理。制定非公有制经济组织防治腐败试点工作方案，拟于年底前选择12个省区市进行试点，探索非公经济组织防治腐败的有效措施。

三是引导社会有序参与。积极推进廉洁文化建设，面向全国开展廉政公益广告创意征集活动。充分发挥国家预防腐败局网站沟通民众的桥梁纽带作用，听取民声、吸收民意、汲取民智，今年已收到网民留言8千余条，电子邮件21万封，认真做好对网络信息的收集、研判和处置工作，引导网民有序参与预防腐败工作。

（五）做好应对《联合国反腐败公约》履约审议各项工作，加强预防腐败国际交流与合作

一是下发应对《公约》履约审议工作方案，向香港、澳门特区政府通报履约审议相关工作，与香港、澳门特区政府建立了履约审议事务协调机制。

二是参加《公约》第四届缔约国会议和履约审议、预防腐败和资产追回等工作组会议，参与《公约》规则细化，妥善行使缔约国权利，将我国的价值关切与主张写入《公约》有关文件，维护国家主权利益。

三是积极与《公约》秘书处沟通联系，加强对外宣传。通过秘书处将我国防治腐败的有关材料在联合国网站全文发布，并将我国公务员廉政教育、制度廉洁性审查等经验做法纳入《公约》相关会议文件，与其他国家分享了我国预防腐败工作的重要举措和成效。

四是成功举办第四届发展中国家预防腐败研讨班，来自25个发展中国家和3个国际组织的52位代表参研，其中部级官员19人。研讨班已经成为发展中国家预防腐败机构相互交流借鉴、扩大务实合作的平台，得到国际社会的高度好评。

（六）认真解决人民群众反映强烈的突出问题，积极回应社会关切

一是针对社会反映强烈的商业预付卡管理问题，与人民银行等七部门起草并由国办转发了《关于规范商业预付卡管理的意见》，建立了购卡实名制、非现金购卡、限

额发行等制度，防范金融和廉政风险，社会各界给予了积极评价。人民银行、商务部制定了相应的管理办法，加大监督检查力度。

二是巩固制止公款出国（境）旅游专项工作成果。起草了《国家工作人员因私出国（境）审批管理规定》、《因公出国（境）团组信息公开和核查评估暂行办法》等规定，中组部牵头起草的《关于因公出国人员审批的规定》已经中央党建工作领导小组审议。针对群众反映55个中央部门因公出国（境）经费预算超过去年的问题，将会同有关部门开展专项检查，坚决防止反弹。

下一步，我们将按照中央纪委的统一部署，以权力监督制约为核心，以预防腐败制度建设为重点，深入推进预防腐败工作，主要做好以下几个方面工作：一是建立健全权力制约监督机制，推进权力规范、公开透明运行。认真贯彻贺国强同志在全国加强廉政风险防控规范权力运行现场会上的重要讲话精神，在实施全面防控的同时，突出重点对象、领域、环节和任务，以重点突破带动廉政风险防控整体工作的推进。着力抓好《关于深化政务公开加强政务服务的意见》的贯彻落实，大力推进政务公开和政务服务，让人民群众更好地了解政府运行、参与政府管理、监督政府行为。二是进一步加强预防腐败制度建设。会同全国人大法工委、国务院法制办研究制定制度廉洁性审查的规范性文件，在全国部署推开。进一步扩大廉政指标体系试点和防止利益冲突试点，加快廉政评估指标体系建设，推进防止利益冲突立法进程，促进反腐倡廉建设标准化、规范化、法制化。推动社会信用管理制度建设，探索建立社会诚信信息共享平台、失信惩戒体系和预防腐败信息共享机制。配合财政部加大公务卡改革力度，在各级政府及所属预算单位全面推行公务卡制度。三是认真解决人民群众反映强烈的几个突出问题。配合财政部进一步完善政府采购制度，加大对政府采购违法违纪行为处罚处分力度，着力解决政府采购中存在的质次价高等突出问题。抓紧建立健全禁止公款出国（境）旅游长效机制，巩固制止公款出国（境）旅游专项工作成效。配合人民银行、商务部等部门抓好商业预付卡管理有关规定的落实，完善配套措施，加大检查和处罚力度，防止利用商业预付卡行贿受贿。四是扎实推进社会领域防治腐败工作。抓紧出台《关于推进社会领域防治腐败的指导意见》，对社会领域防治腐败工作进行全面部署。扎实开展行业协会、市场中介组织和非公有制企业防治腐败工作，探索建立社会领域防治腐败制度体系。五是积极做好应对《联合国反腐败公约》履约审议的准备工作。组织应对履约审议工作培训，推动国内法律法规与《公约》相衔接，继续做好预防腐败国际援助和对外宣传，为接受履约审议营造良好国际氛围。

我就通报这些情况，谢谢大家。

马驭同志在预防腐败工作联席会议第五次会议上的讲话

（2011年11月16日）

同志们：

今天的会议开得很好。刚才屈万祥同志通报了第四次联席会议研究决定有关事项的进展情况和国家预防腐败局今年主要工作及明年工作打算。杜金富、王和民同志分别代表人民银行、商务部介绍了商业预付卡管理工作的进展情况。刘建华、崔海容同志分别代表财政部、国家预防腐败局宣读了《关于提请协调加快推进公务卡制度改革问题的报告》和《关于推进社会领域防治腐败的指导意见（征求意见稿）》的说明。与会的成员单位和民政部、铁道部、银监会负责同志都发表了很好的意见和建议，听了以后很受启发。下面我讲几点意见。

一、预防腐败工作联席会议机制作用得到较好发挥

预防腐败工作联席会议工作机制建立三年多来，在中央纪委主要领导和联席会议各成员单位的大力支持下，共召开了五次会议，较好地发挥了组织协调、统筹规划、议事决策等作用，有力促进了预防腐败工作的开展。主要表现在两个方面：

*第一，研究论证、推动解决了一批重要问题。*五次联席会议共研究讨论了修改完善《现金管理条例》，构建防范腐败分子外逃工作机制，进一步发挥行贿犯罪档案查询系统作用，行业协会和市场中介组织防治腐败，落实金融账户实名制、建立社会信用代码制度，推进公务卡制度改革，以及社会领域防治腐败等议题。这些议题事关预防腐败的重要政策和基础制度建设，社会广泛关注，情况复杂，专业性强，需要方方面面的配合。预防腐败工作联席会议工作机制的建立，为研究讨论和推动解决这些问题提供了一个平台。经过各方面的共同努力，联席会议研究决定的事项都列入中央纪委、监察部、国家预防腐败局和各部门反腐倡廉工作部署，有的列入了法制部门的立法计划，一些项目初步形成了制度成果，一些事项取得重要进展。

如最高人民检察院已将行贿犯罪档案录入、查询范围扩大到所有行业和领域，并将于2011年底前实现行贿犯罪档案查询系统全国联网，发改委、财政部、国资委等部门在经济管理活动中，中组部在干部监督管理工作中注意充分发挥行贿犯罪档案查询系统的作用。在防范腐败分子外逃方面，中央纪委不久前启动了省级防逃追逃协调机制试点工作，在10个省（市）开展为期一年的试点，中组部牵头起草的《关于因公出国人员审批的规定》已经中央党建工作领导小组审议，很快就会出台。在社会信用管理体系建设方面，国家预防腐败局、国务院法制办、全国人大法工委、监察部、人民银行等会同公安部等部门，积极推动公民和单位信用代码建设。10月29日，第十一届全国人大常委会第二十三次会议审议通过了《关于修改居民身份证法的决定》，明确规定一代身份证将于2013年1月1日起停止使用，登记项目中增加指纹信息，为加强社会信用体系建设，实行财产申报制、金融实名制和预防腐败信息共享机制等打下了很好的基础。

第二，整体推进了预防腐败工作。联席会议13个成员单位都是在预防腐败方面承担重要职责的部门。各成员单位按照中央关于惩防体系建设的总体要求和预防腐败工作联席会议的分工部署，坚持标本兼治、综合治理、惩防并举、注重预防的方针，加强协调配合，抓好任务落实，在严肃查办违纪违法案件，坚决惩治腐败分子的同时，预防腐败工作也得到整体推进和协调发展。一是深入开展党性党风党纪教育、廉洁从政教育和面向社会的廉洁文化教育，党员领导干部廉洁从政的自觉性进一步提高。二是加强审计监督和法律监督，拓展社会监督和舆论监督领域，全面开展廉政风险防控，积极推进党务公开，深化政务、厂务、村务公开和公共事业单位办事公开，对权力的制约和监督进一步加强。据统计，今年有55个中央国家机关部署开展廉政风险防控工作，部分国有企业、金融机构也启动了廉洁从业风险防控工作；96个中央部门公开了财政预算，99个部门公开了“三公”经费，受到社会各界普遍好评。三是积极推进干部人事制度、司法体制和工作机制、行政管理体制、财税、金融和投资体制、国有企业改革和现代市场体系建设及相关改革，从源头上防治腐败工作进一步深化。四是抓住重点领域的突出问题，按照标本兼治的思路，认真治理工程建设领域突出问题，以及商业贿赂、“小金库”、公款出国（境）旅游、公务用车和庆典、研讨会、论坛过多过滥等问题，取得明显进展。这些成绩的取得，与各单位特别是预防腐败工作联席会议成员单位的协调和推动密不可分。

当然，在肯定联席会议取得成绩的同时，必须看到，联席会议对预防腐败工作的统筹协调作用发挥得还不够充分，在调查研究、任务分解、督促检查等方面的工作机制不够完善，成员单位之间的协同配合需要进一步加强，预防腐败的整体工作水平有待进一步提高。

二、充分认识本次会议两个议题的重要性

这次联席会议研究的两个议题，对于加强政府自身建设，转变政府职能，促进社会管理，拓展从源头上防治腐败领域具有重要的意义。

关于公务卡制度，是财政管理体制改革的一项重要制度设计。公务卡制度是伴随国库集中收付制度改革，为了解决对预算单位大量提取和使用现金行为难以有效监管问题而提出的一种创新性财务管理模式。推行公务卡制度，有利于减少现金流通、促进金融发展，有利于加强行政经费管理、规范公务消费，有利于提高政府支出透明度、有效预防腐败，对于加强公共财政管理、提高财务管理水平、推进惩防体系建设具有重要作用。近年来，财政部、人民银行、银监会等部门和单位积极推动这项改革。2008年1月，财政部、人民银行联合召开全国公务卡改革试点电视电话会议，对加快推进公务卡改革进行动员部署。从刚才刘建华同志的介绍看，目前全国公务卡制度改革进展比较顺利，改革的成效逐步显现，但与此同时，还面临一些困难和问题，主要是市场受理环境尚不完善，代理银行服务水平有待提高，部分地方和部门改革进度相对滞后。对此，我们要有清醒的认识。

今年3月25日，温家宝总理在国务院第四次廉政工作会议上强调：全面推进公务卡制度改革，进一步扩大改革范围，两年内将这项改革覆盖到各级政府及所属预算单位。第十七届中央纪委六次全会也对推进公务卡制度改革作出了部署。我们要认真贯彻落实中央精神，进一步统一思想，加快改革推进步伐。从刚才的发言来看，大家的认识比较一致。现在离中央要求的全面完成时限只剩下一年多了，时间紧、任务重。财政部、人民银行、银监会和铁道部分别牵头负责有关工作，要加强协同配合，主动沟通协调，积极开展工作。下一步，我们将建议中央纪委全会、国务院廉政工作会议对此进一步作出部署和要求，督促各地各部门严格按照中央要求抓好落实，确保改革任务如期顺利完成。

关于社会领域防治腐败，是预防腐败的一个重大课题。从立法上讲，社会领域就是社会法所调整的主体范围。1998 年，九届全国人大常委会立法规划将社会法明确为中国法律体系的一个法律部门，此后全国人大法工委还专门设立了社会法室。我们今天从防治腐败角度来探讨的社会领域，不是一个规范的法律、政治或学术概念，它泛指除党和国家机关以外的一切领域。根据中央“三定”方案赋予国家预防腐败局的职责，我们有一个操作性和列举式的工作概念，即社会领域的范围包括国有企业、非公经济组织、事业单位、社会组织、市场中介组织和基层群众性自治组织。社会领域的显著特点一是主体复杂，二是利益多元，三是发展迅速，四是监管困难。当前社会领域存在一些亟待解决的问题：如一些企业违法经营、商业贿赂现象突出；一些事业单位定位不清、变相与民争利；一些社会组织非法敛财、乱收费现象严重；一些市场中介组织弄虚作假、公信力缺失；一些基层群众性自治组织服务功能低下、甚至侵害群众利益。这些问题阻碍社会主义市场经济发展，破坏社会公平正义，败坏社会风气，迫切需要系统治理。推进社会领域防治腐败既是加强和创新社会管理的重要组成部分，又是创建廉洁社会、巩固反腐败斗争成效的必然要求，还是履行《联合国反腐败公约》的客观需要。对此，我们要从战略和全局的高度，充分认识其重要性和紧迫性。

推进社会领域防治腐败工作涉及面广，比较复杂，单靠国家预防腐败局一家无法完成。如何整合资源、形成合力、有效地推动工作开展，任务十分艰巨。为此，国家预防腐败局在深入开展调查研究、广泛征求相关业务主管部门意见的基础上，起草了《关于推进社会领域防治腐败的指导意见（征求意见稿）》，提交联席会议研究讨论，请大家帮助把关。刚才，大家提了许多好的意见和建议。会后，国家预防腐败局办公室要根据大家意见及时修改完善。下一步，我们还要将指导意见稿呈报中央纪委主要领导同志，提请中央纪委书记办公会议研究，建议中央发文。

三、扎实做好当前预防腐败工作

胡锦涛总书记在党的十七届六中全会讲话中，从 9 个方面充分肯定了一年来党风廉政建设和反腐败工作取得的新成效，并提出了新的要求。当前，我们一定要认真学习贯彻党的十七届六中全会精神，按照中央纪委的部署，扎实有效做好预防腐败各项工作，以预防腐败的新成效迎接党的十八大的召开。在此，我再强调几点：

第一，要紧紧围绕中央重大决策部署，加强预防腐败工作。一是要坚决维护政治纪律。当前，面对复杂多变的国际形势和艰巨繁重的国内改革发展稳定任务，特别是随着党的十八大筹备工作的陆续展开，社会噪音杂音将会明显增多，境内外敌对势力更是唯恐天下不乱，我们要切实提高政治敏锐性和政治鉴别力，切实把维护党的政治纪律作为预防腐败的首要任务抓紧抓好。二是要严防用人上的不正之风。今明两年，全国省市县乡四级党委集中进行换届，人大、政府和政协换届工作也将逐步进行，党的十八大有关人事准备工作也将逐步展开。中央对此高度重视。我们要从制度和源头上研究如何防范违反组织人事工作纪律的行为发生，防止“带病上岗”、“带病提拔”，确保换届工作健康顺利进行。三是有效防范经济社会发展中存在的各种风险。要围绕贯彻实施“十二五”规划、加快转变经济发展方式、保障和改善民生、加强和创新社会管理、维护民族团结和社会稳定等重大决策部署的贯彻落实，做到监督关口前移、全程跟进，有效防范违纪违法行为和腐败现象的发生，化解各种潜在风险，努力实现经济社会又好又快发展。上述工作与各成员单位密切相关，各成员单位要提前谋划，教育在先，防范在先，加强监督检查，确保中央重大决策部署的顺利实施。

第二，要紧紧围绕惩防体系建设《工作规划》的贯彻落实，系统推进预防腐败工作。几年来，经过各地区各部门各单位的共同努力，《工作规划》提出的大部分任务已经落实，但距离全面完成既定目标任务，仍有大量的工作要做，构建惩防体系基本框架所涉及的预防腐败任务仍很艰巨。据统计，我们13个成员单位在贯彻落实《工作规划》的分工方案中，共承担了82项牵头任务，其中大部分与预防腐败有关。各成员单位要按照中央纪委下发的《2012年底前落实〈工作规划〉推进惩治和预防腐败体系建设工作要点》的分工，紧密结合自身职责，抓紧做好与预防腐败有关的各项工作，着力解决预防腐败工作中人民群众反映强烈的热点问题，着力加强预防腐败长效机制建设。要运用系统的思维、科学的方法推进工作，当前要着重抓好以下几项工作：一是要深入开展反腐倡廉教育，推进廉政文化建设。要紧紧围绕践行社会主义核心价值体系，结合反腐倡廉工作实际，坚持用马克思主义中国化最新成果武装全党、教育人民，用中国特色社会主义共同理想凝聚力量，用以爱国主义为核心的民族精神和以改革创新为核心的时代精神鼓舞斗志，用社会主义荣辱观引领风尚，在全社会形成有利于反腐倡廉建设的思想观念和社会环境。二是要不断强化对权力运行的制约和监督。要加大巡视力度，严格执行领导干部述职述廉、诫勉谈话、函询、罢免或撤换等制度，强化经济责任审计。要认真贯彻落实贺国强同志在全国加强廉政风险防控规范权力运行现场会上的讲话精神，全面推行廉政风险防控机制建设，抓好清权确权，排查廉政风险，科学制定防控措施，建立预警处置、考核评估、动态管理等制度机制，有效规范权力运行。要认真抓好《关于深化政务公开加强政务服务的意见》的贯彻落实，进一步加大政府信息公开力度，扩大行政决策公开的领域和范围，推进行政机关审批和执法等活动的公开，抓好公共资源配置、政府投资项目和财政预算决算公开，深化基层政务公开，让人民群众更好地了解政府运行、参与政府管理、监督政府行为。三是要继续深化重点领域和关键环节改革，紧紧抓住我国经济、政治、文化、社会发展的重点和难点，大力推进经济体制和行政体制改革，深化干部人事制度、司法体制和工作机制改革，积极稳妥推进政治体制改革，加快推进社会体制和财税、金融体制改革，深化要素市场改革，最大限度地减少滋生腐败的体制障碍和制度漏洞。

第三，要加强基础制度建设，搞好预防腐败的顶层设计。健全和创新反腐倡廉体制机制制度是党和国家制度建设的重要方面，是惩防体系建设的核心内容。各成员单位要坚持把反腐倡廉体制机制制度建设融入各项改革和政策措施之中，努力形成与社会主义市场经济体制相适应、与中国特色社会主义法律体系相衔接、与党内规章制度相配套的反腐倡廉制度体系。要在科学制定惩治警戒机制的同时，不断健全反腐倡廉教育机制、权力运行监控机制、改革推进机制等，着力探索一整套有效的预防腐败制度。当前要重点深化防止利益冲突试点，推动防止利益冲突立法进程。全面推行制度廉洁性审查，防止部门利益制度化和不当利益合法化。加快推进廉政评估指标体系建设，促进防治腐败工作的规范化、标准化和科学化。推动社会信用管理体系建设，探索建立社会诚信信息共享平台和失信惩戒体系，以及预防腐败信息共享机制和腐败预警机制。要积极适应

《联合国反腐败公约》履约审议的需要，完善相关规章制度，协调推动国内法律法规的调整和修订。

最后，我再强调一下加强协调配合、形成工作合力问题。贺国强同志在第一次联席会议上讲话强调，预防腐败工作是一项艰巨复杂的系统工程，是一项长期的战略任务，必须依靠全党全社会的共同努力。因此，做好预防腐败工作，单靠一个部门、几个单位的力量是远远不够的，要按照科学发展观的要求，必须加大统筹协调的力度，把各个方面的资源和力量整合起来，形成合力。我们要充分发挥联席会议在组织协调、统筹规划中的作用。对于自己主抓的工作，要发挥牵头作用，组织协调有关部门共同完成。对其中涉及多个部门、需要协调配合的重要工作，可以向联席会议提出，通过联席会议达成共识，明确责任分工，共同推动解决。对于其他部门牵头抓的工作，要积极主动地支持配合。

我就讲这些，谢谢大家。

屈万祥同志在部分省（区、市）预防腐败工作座谈会上的讲话

（2011 年 12 月 15 日）

同志们：

今天召开部分省（区、市）预防腐败工作座谈会，主要是听取已成立省级预防腐败机构今年工作情况和明年工作打算，以及对预防腐败全局性工作的意见建议，从而有效推进预防腐败工作深入开展。刚才，14 个省（区、市）预防腐败机构负责同志作了很好的发言，崔海容同志通报了国家预防腐败局 2011 年主要工作和 2012 年工作打算，我听了很受启发。总的来看，这次会议开得很好，达到了提高认识、交流经验、明确任务、推动工作的目的。下面，结合大家的发言，我讲几点意见：

一、省级预防腐败机构工作不断取得新进展

中央领导一直十分关心省级预防腐败机构建设问题。2007 年 5 月，胡锦涛总书记在中央政治局常委会讨论国家预防腐败局筹建议题时，表示同意在时机成熟时成立省级预防腐败机构。2009 年 2 月，贺国强同志要求“推动条件成熟的省（区、市）成立预防腐败机构”。随着预防腐败工作的全面部署和深入开展，为综合协调、整体推进预防腐败工作，省级成立预防腐败机构的重要性日益显现。按照“从实际出发，成熟一个，设立一个，稳步推进”的原则，我们会同中央编办研究设立省级预防腐败机构的政策问题，推动机构建设顺利进展。去年，河北、上海、福建、河南、湖北、湖南、四川、甘肃 8 个省（市）成立了预防腐败机构，今年北京、浙江、安徽、广西、云南、宁夏 6 个省（区、市）也相继成立机构。此外，内蒙、辽宁、吉林、重庆、贵州、新疆、海南等省（区、市）正在筹备成立机构。现已成立的省级预防腐败机构在机构设置和职责定位上，主要是参照国家预防腐败局的模式，部分省（区、市）结合自身实际进行了创新，如北京、河南、甘肃对预防

腐败职责进行了相应整合，为预防腐败机构配备了较多的人员。成立机构的大部分地方都将惩防体系建设的职责划归预防腐败局，以利于预防腐败工作的统筹规划、综合协调。这些都是很好的做法。总体看来，目前省级预防腐败机构建设工作进展顺利，成效明显。

今年以来，已成立的省级预防腐败机构按照国家预防腐败局的部署和要求，认真履行职责，积极开展工作，紧紧围绕预防腐败的重要问题和关键领域，不断探索有效预防腐败的措施和办法，取得了明显成效。主要表现在以下几个方面：

（一）建立健全预防腐败工作领导体制和工作机制。各地以成立预防腐败机构为契机，推动预防腐败工作领导体制和工作机制创新，强化工作的组织保障。外部普遍建立预防腐败工作领导小组或联席会议机制，内部增强与纪检监察机关内设机构的沟通协作。如湖南在充分发挥省预防腐败工作领导小组综合协调作用的基础上，坚持机关预防腐败工作例会制度，加强与纪检监察内设机构的联系、协调，进一步理顺内部运转机制。河北、安徽、湖北、四川、云南、甘肃等省在有条件的地、市成立预防腐败局，形成上下对口的工作机制。各地积极开展预防腐败试点。四川在全省部署了31个试点项目，重点对国有及国有控股企业领导干部绩效廉考核评价体系、中介机构监管、公务卡消费制度改革、推进并联审批、实施公共企事业单位办事公开等7个项目进行跟踪指导、推广总结。

（二）认真落实惩治和预防腐败体系建设的各项任务。各地以贯彻落实惩防体系建设《工作规划》为主线，进一步强化组织协调，加大工作力度，开展监督检查，确保任务落实。河南省惩防体系建设《工作规划》和《实施办法》部署的148项反腐倡廉工作任务，已有132项得到落实和推进，占任务总数的89%。各地还围绕行政审批、资源配置、资金管理等重点领域和关键环节，深入推进体制机制改革，努力拓展从源头上防治腐败的工作领域。湖北省深化行政审批制度改革，大力开展行政审批项目清理，目前已精简到382项，行政审批项目从数量上已成为全国最少的省份之一。

（三）不断推进预防腐败制度建设。各地坚持以理论研究为先导，以制约和监督权力为核心，着力构建预防腐败制度体系。一是加强理论研究。甘肃、湖北、安徽、湖南、云南等地通过与高等院校和科研院所合作、建立预防腐败工作专家库等机制，开展预防腐败理论研究。二是积极开展预防腐败基础性法规的研究论证。浙江出台了《浙江省党员领导干部防止利益冲突暂行办法》，在省一级率先建立了防止利益冲突的基本制度。今年10月在杭州举办了“西湖廉政论坛”，对防止利益冲突的理论与实践问题进行了研讨。三是探索建立预防腐败信息系统及廉政评估指标体系。上海对分属公共权力运行、公共资源交易、公共资金监管三大类平台的行政审批、政府采购、土地和产权交易、因公出国（境）信息、社保基金管理等业务信息系统进行再集成，有序整合了预防腐败信息资源。湖北建立了湖北省反腐倡廉建设形势暨廉政评估指标体系，设定四类30项指标，对本地区廉政状况进行评估。四是深入开展制度廉洁性审查，防止部门利益法制化，不当利益合法化。先行试点的海南、四川、深圳已审查清理法规规章和其他规范性文件2万余件。五是制定加强重点领域监督的规范性文件。湖南出台了《关于突出监督重点有效预防腐败的意见》。云南制定了《关于进一步加强关键岗位和重点环节行政行为监督的工作意见》。

（四）积极推行廉政风险防控工作。中央纪委、监察部、国家预防腐败局于8月30日召开全国加强廉政风险防控规范权力运行现场会进行部署。目前31个省（区、市）开展这项工作的有21个、试点的有10

个。各地结合实际进行了大量探索，积累了很多好的做法和经验。北京市委常委会专题研究加强廉政风险防控管理工作，市委、市政府联合下发了《关于进一步加强廉政风险防控管理的意见》，从优化权力结构、规范权力运行、加强信息化防控等方面入手，深入开展廉政风险防控，并向全市200多个局级单位以及农村、国有企业、高校、社区延伸，在全市开展“回头看”活动，确保廉政风险防控工作取得实效。上海市运用“制度+科技”手段，通过建立全市统一的建筑建材业信息监管平台、加快招投标电子化、实施合同备案制度、强化工地现场监管等，加强工程建设领域廉政风险防控，有效减少了工程建设领域违法违规问题的发生几率，促进了廉洁办世博和全市经济社会发展。

（五）进一步深化政务公开，加强政务服务。各地认真贯彻落实《关于深化政务公开加强政务服务的意见》，创新方法，完善制度，狠抓落实，努力提高政务公开社会效益，进一步提高政府工作的透明度和公信力。一是做好加快转变经济发展方式政策措施落实过程中的政务公开工作。河北省大力推进工程建设项目信息公开和诚信体系建设，省、市、县三级今年年底前将全部建成工程建设项目信息发布平台。二是推行行政决策公开。湖南省出台《重大行政决策程序规则》，建立了邀请人大代表、政协委员和普通市民代表旁听市政府常务会议的制度。三是推动行政权力公开透明运行。福建省三级行政执法机关依法确认行政权力259683项，将165121项行政裁量权细化为428659个等级，减少自由裁量的弹性空间。四是进一步加大政府信息公开力度，积极推进财政预决算、“三公”经费公开工作。北京、上海等地在全国率先公开“三公”经费。五是加强政务服务中心建设，提升政务服务质量。浙江全力推进五级公共服务体系建设。广西率先在全国建立起省、市、县三级联网的政务服务体系，全区共建立政务服务中心478个。

（六）探索开展社会领域防治腐败工作。各地积极开展社会领域防治腐败的调研及相关工作，重点整治行业协会、市场中介组织违法违规问题，推动行业协会、市场中介组织与政府部门分开。北京在社会组织管理体制改革创新方面迈出重要步伐，加快推进政社分开和管办分开，初步构建起“枢纽型”社会组织工作体系。上海积极探索在非公经济组织和社会组织中建立党组织和党的纪检组织，将社会领域防治腐败工作有效纳入反腐倡廉总体格局。福建省今年共立案查处中介组织违法违规行为363起，罚没219.38万元，吊销营业执照207户，全省1739家行业协会与行政主管部门实现了分开。浙江省在全国率先试点和推行“村务监督委员会”，有效缓解了因村级民主监督缺失带来的农村社会矛盾和干群关系紧张问题，完善了村级民主自治，推进了农村防治腐败工作。同时，各地还注重推进社会廉洁文化建设，营造风清气正的良好社会氛围。安徽、宁夏等省通过建立警示教育基地、廉政文化示范点及出版廉政读物、进行文艺汇演等方式，开展廉洁文化创建活动，取得较好效果。

（七）协助国家预防腐败局开展预防腐败国际合作和援助。各地认真做好接待外国代表团来访、承办会议等外事工作。第四届发展中国家预防腐败研讨班赴河南等地进行了实地考察。四川承办了外交部、国家预防腐败局“内地与港澳特区《联合国反腐败公约》履约审议事务协调会”。各地还注意利用外事场合宣传反腐倡廉工作的政策、措施和成效，展示各地经济社会发展的新面貌，为树立我国良好国际形象作出了贡献。

回顾今年的预防腐败工作，有以下几个特点：一是工作领域不断拓展。许多全新的、过去没有涉及的工作，纳入了预防腐败工作范畴。二是工作内容不断深化。对重点领域、重点项目、关键环节突出问题的治理采取了新措施，进一步加强了对权力的监督和制约。三是工作方式不断改进。更加注重科技手段在预防腐败工作中的运用。四是工作能力不断提高。随着省级预防腐败机构的成立，预防腐败工作队伍不断得到充实，专业化水平也逐步提高。

二、统筹推进2012年预防腐败工作

胡锦涛总书记在十七届中央纪委第六次全会上的重要讲话中对目前反腐倡廉总体态势进行了科学判断，指出当前党风廉政建设和反腐败斗争面临不少新情况新问题，形势依然严峻，任务依然艰巨。当前，我国正处在发展的关键期、改革的攻坚期、矛盾的凸显期，前进中面临不少困难和问题，各方面体制机制还不完善，滋生腐败的土壤和条件依然存在。形势在发展，实践在深入，党和人民群众对预防腐败工作提出了新的更高要求，但我们的工作还存在不少问题和不足，与实现有效预防腐败的目标还有不小差距，主要表现在：工作发展不平衡，一些地区和部门对预防腐败的重要性认识不足，重视不够；在宏观层面，工作缺少法律依据，制度设置相对滞后；对预防腐败的特点规律认识不深，新情况、新问题研究不够，有效预防腐败的办法和措施还不多；整合资源、形成工作合力不够，组织机构建设和人力配备尚有不足。对这些问题，必须下大气力，认真加以解决。

2012年是迎接、筹备和召开党的十八大的重要一年，是深入贯彻落实党的十七届五中、六中全会精神、全面实施“十二五”规划的重要一年，也是贯彻落实《工作规划》、推进惩治和预防腐败体系建设的关键一年，党和国家各方面工作任务十分繁重。预防腐败工作要坚持围绕中心，服务大局，牢固树立政治意识、大局意识和服务意识，找准工作突破口和切入点，确保中央重大决策部署的贯彻落实。要坚持系统的思维、统筹的观念、科学的方法，将预防腐败工作纳入惩防体系建设总体格局整体推进，抓好《工作规划》各项预防腐败任务的贯彻落实，争取在重点领域和关键环节实现突破。关于明年的工作，中央纪委即将召开全会进行部署，我想重点强调做好以下几方面工作：

（一）**要强化权力监督制约，推动权力规范、透明运行。**有效预防腐败，必须强化对权力的监督制约。我们要按照十七大的要求，不断完善制约监督机制，重点加强对领导干部特别是主要领导干部、人财物管理使用、关键岗位的监督，进一步在优化权力配置、规范权力运行和拓宽监督渠道上下功夫。当前要突出抓好廉政风险防控建设和深化政务公开工作。推进廉政风险防控机制建设，是完善制约和监督机制、促进社会主义民主政治建设的必然要求，也是推动惩防体系建设、从源头上防治腐败的重大举措。各地要认真贯彻落实贺国强同志在全国加强廉政风险防控规范权力运行现场会上的讲话和《关于加强廉政风险防控的指导意见》，全面推行廉政风险防控工作，通过清权确权、风险管理、优化流程、公开运行、实时监控、考核问责等措施，不断建立健全长效机制，有效防范腐败风险，防止权力滥用。深化政务公开，对于推进行政体制改革、加强对行政权力监督制约、从源头上防治腐败和提供高效便民服务，具有十分重要的意义。各地要按照《关于深化政务公开加强政务服务的意见》的要求，继续大力推进政务公开、厂务公开、村务公开及公共企事业单位办事公开，加大政府信息公开力度，推动行政决策公开，深化基层政务公开，保障人民群众的知情权、参与权、表达权和监督权。廉政风险防控和政务公开是强化权力监督制约、有效预防腐败的重要措施，也是我们明年的工作重中之重，各地一定要高度重视，抓好落实。

（二）**要切实加强制度建设，逐步构筑有效预防腐败的制度防线。**制度建设是反腐

倡廉的治本之策，是预防腐败的关键所在。各地要按照科学合理、切实可行的要求，注重围绕权力运行加强监督制度建设，围绕重点领域、部门和环节加强预防制度建设，逐步建成内容科学、程序严密、配套完备、有效管用的预防腐败制度体系。当前，要重点抓好预防腐败的基础性制度建设，认真开展防止利益冲突试点和制度廉洁性审查工作，研究建立公民和社会信用代码制度，推动预防腐败信息共享机制、廉政评估指标体系和腐败预警机制建设，促进预防腐败工作标准化、规范化。

（三）要深化重点领域和关键环节改革，加大源头上防治腐败工作力度。预防腐败就是要通过一系列体制机制改革，达到减少谋取非法利益动机和机会的目的。要紧紧围绕贯彻落实《工作规划》，继续大力推进经济体制和行政体制改革，深化干部人事制度、司法体制和工作机制改革，加快推进社会体制和财税、金融体制改革，深化要素市场改革，最大限度地减少滋生腐败的体制障碍和制度漏洞。明年要重点健全行政审批实时透明、结果公示和问责制度；强化财政监督，推进预决算公开的制度化、规范化，推进公务卡制度改革，规范公务消费支出；加强金融企业内控机制建设；深入推进现代市场体系建设，建立统一规范的公共资源交易市场，推动政府投资和使用国有资金的工程项目进场交易；完善金融实名制和反洗钱制度，提高腐败分子搞腐败的成本和风险。

（四）要围绕廉洁社会建设，积极开展社会领域防治腐败工作。这是中央赋予预防腐败机构的一项重要职责。当前社会领域防治腐败形势非常严峻，一些企业社会责任感差，违法经营、商业贿赂现象突出；一些事业单位不能满足人民群众的公益服务需求，定位不清、变相与民争利；一些社会组织违背非营利服务宗旨，非法敛财、乱收费现象严重；一些市场中介组织弄虚作假，“中介不中”、公信力缺失；一些基层群众自治组织社会管理服务功能低下，侵害群众利益的案件时有发生。这些问题的存在，阻碍了市场经济发展，破坏了社会公平正义，损害了党群、干群关系，败坏了社会风气，迫切需要系统治理。国家预防腐败局正在研究制定社会领域防治腐败的指导意见，明年在这项工作上要有大的推进。预防腐败机构要对社会领域防治腐败工作进行系统研究，统筹规划，不断积累实践经验，探索各行业领域防治腐败的有效做法。要扎实开展行业协会、市场中介组织违法违规问题专项整治和非公有制企业防治腐败试点工作。要以贯彻落实十七届六中全会为契机，面向全社会大力开展诚信文化、廉洁文化等方面的宣传教育，不断提高社会各界防范和抵制腐败的意识和能力，引导社会有序参与预防腐败工作，努力培育守法、诚信、廉洁的社会风尚。

（五）要做好应对《联合国反腐败公约》履约审议工作。按照《公约》履约审议机制工作组会议抽签结果，我国将于2013—2014年接受履约审议。研究实施《联合国反腐败公约》工作协调小组第五次会议决定，国家预防腐败局牵头负责应对履约审议等工作。这是中央交给我们的重要任务，是加快推进惩防体系建设的必然要求，也是加强反腐败国际合作、提升我国国际形象的重要途径。大家一定要从政治和全局的高度，充分认识这项工作的重要意义，以高度的责任感和使命感做好相关准备工作。要自觉把应对履约审议与贯彻落实惩防体系《工作规划》相结合，以应对履约审议为契机，借鉴《公约》防治腐败的理念、做法、经验，促进《工作规划》的贯彻落实。要积极配合有关部门推动国内法律法规的调整和修订，使之与《联合国反腐败公约》相衔接。要对反腐倡廉建设特别是预防腐败工作的重要举措和积累的经验进行系统总结，加强对外宣传力度，为应对履约审议创造良好的舆论氛围。

（六）要回应社会关切，着力解决群众反映强烈的突出问题。以人为本是党的性质和宗旨的集中体现，也是预防腐败工作的根本要求。对预防腐败工作中存在的突出问题，人民群众看得最清、感受最深，也最有发言权。要认真倾听群众的意见和呼声，围绕群众反映强烈的突出问题，深入开展治理。明年要抓好以下几项工作：一是继续巩固禁止公款出国（境）旅游工作成果，着力在健全长效机制上下功夫；二是进一步完善政府采购制度，加大对政府采购违法违纪行为处罚处分力度，着力解决政府采购中存在的质次价高等突出问题；三是继续抓好商业预付卡管理有关规定的落实，会同有关部门加强监督检查，促进市场规范。

三、采取有效措施确保工作落实

（一）要加强组织协调，形成工作合力。预防腐败是一项艰巨、复杂的系统工程，必须依靠全党全社会共同努力，形成齐抓共管的局面和氛围。预防腐败机构不可能包揽所有的预防腐败工作，而是要进一步整合资源、形成合力，调动各方面的积极性，以取得最大的综合效应，实现有效预防腐败的目标。

一要充分发挥宏观指导作用。要按照党中央、国务院的要求和中央纪委的工作部署，组织协调各地区各部门搞好预防腐败任务分解，推动贯彻落实。要加大对地方和部门预防腐败工作的指导，及时发现和帮助解决问题。要将工作着力点放在协调解决那些综合性强、难度大，一个部门承担不了，需要多个部门协作配合的任务上。要加大对工作落实情况的监督检查和综合评估，利用纪检监察机关执纪执法的优势，以严明的纪律推动预防腐败各项措施的落实。要明确我们是监督机关，不是具体执行部门，不要包揽过多具体业务，即使一些由我们牵头的专项工作，取得成效后也应交给业务部门进行常态化管理。

二要建立健全工作机制。一个是内部协调机制。要进一步理顺省级预防腐败机构及其办公室与省纪委、监察厅（局）机关内设机构的工作关系，充分发挥具有预防腐败职责的内设机构的作用，做到互相支持，优势互补。另一个是外部联系机制。各地普遍建立了预防腐败工作联席会议或领导小组制度，这对于抓好预防腐败组织协调、综合规划、政策制定和检查指导具有重要作用。要充分利用这一平台，加强与有关部门的联系与合作，定期沟通情况、研究问题、协商政策，共同推进预防腐败工作。

（二）要开拓思路，创新方法。预防腐败工作关涉根本的改革和制度建设，没有与时俱进的思想和超前防范的思维是很难做好的。预防腐败机构一定要紧密结合自身实际，积极适应新形势新任务的需要，推进理念思路、工作内容、方式方法的创新，更加科学有效地开展工作。要加强对预防腐败重大理论和实践问题的调查研究，认真总结基层经验，不断深化对预防腐败工作特点和规律的认识，提出具有全局性、前瞻性、针对性和实效性的思路和对策，为预防腐败工作提供智力支持。要充分运用现代科技手段。发挥现代信息技术具有的刚性约束、实时监控、公开透明、严密精细等特点和优势，把预防腐败与现代信息技术有机融合起来，在行政审批、权力公开透明运行、政府采购、公共资源交易、基层政务公开等领域开发一批各具特色的系统软件，提高监督的及时性和有效性。要继续积极稳妥地开展预防腐败试点工作。试点的目的是深化认识、积累经验、探寻规律、逐步推开。试点的项目要选准，参加单位不一定很多，要善于加强对试点工作的指导，及时总结成熟的经验和做法，以试点经验促进工作全面推开。

（三）要加强自身建设，提升队伍素质。在省级预防腐败机构建设方面，要继续坚持积极稳妥的原则，支持条件成熟的省（区、市）成立预防腐败机构。各省级预防腐败机构要加强与国家预防腐败局的工作联系，做好上通下达，保证信息通畅。要积极履行职责，认真落实好国家预防腐败局的各项工作部署，同时注重发挥主动性和创造性，紧贴地方党委和政府的中心工作，积极探索各具特色的预防腐败思路、途径和办法。要针对预防腐败机构刚刚成立、很多同志从事预防腐败工作的时间较短的情况，加强理论学习、业务培训和实践锻炼，尽快提高大家履行职责的能力和素质。

我就讲这些，谢谢大家！

第五部分

国家预防腐败局工作综述

关于国家预防腐败局2010年工作情况的报告

（国预呈字〔2011〕1号　2011年1月7日）

国务院：

2010年国家预防腐败局以邓小平理论和“三个代表”重要思想为指导，深入贯彻落实科学发展观，在党中央、国务院的正确领导下，围绕中心、服务大局，突出重点、整体推进，着力从源头上探索有效预防腐败的措施和办法，取得了新的成效。现将有关情况报告如下。

一、进一步完善工作机制，发挥组织协调和综合指导作用

1. 建立健全组织领导机制。发挥预防腐败工作联席会议、全国政务公开领导小组、制止公款出国（境）旅游专项工作部际联席会议等机制的作用，研究决策预防腐败方面重要问题。推动福建、四川等8个省（市）成立省级预防腐败机构，甘肃、江苏等8个省（市）建立高规格的预防腐败领导小组或联席会议机制。

2. 抓好工作规划和宏观指导。印发《国家预防腐败局2010年工作要点》、《2010年全国政务公开工作要点》和《2010年制止公款出国（境）旅游专项工作要点》。以中央纪委、国务院办公厅、国家预防腐败局等名义向全国下发11个文件。组织召开部分省（区、市）预防腐败局局长工作座谈会等4个全国性会议，以及各类协调会、研讨会等30余个。在21个省（区、市）、2个中央国家机关和2个中央企业开展预防腐败试点工作，取得了一批有价值的成果，北京、河北、江苏、上海、福建的做法在全国反腐倡廉建设创新经验交流会上推介。

二、围绕制约监督行政权力，加强预防腐败制度建设

1. 推进廉政风险防控机制和权力运行监控机制建设。全国15个省（区、市）和15个中央国家机关开展此项工作，通过清权确权、廉政风险管理、优化权力运行流程、权力网上公开运行、电子监察实时监控、考核问责等措施，有效达到了防控腐败风险和防止权力滥用的目的。

2. 开展法规制度廉洁性评估工作。协调推动国务院法制办明确要求国务院各部门在立法工作中落实预防腐败有关要求，一档立法项目需要就有关制度设计征求国家预防腐败局的意见；国务院法制办加强对设立行政许可、行政处罚、行政强制等的审查，在清理法规规章和办理行政复议案件过程中，及时发现法律法规的廉洁性风险并提出处理意见。国家预防腐败局对《现金管理条例》等17件法律法规草案进行廉洁性评估，提出65条修改意见。印发《关于开展制度廉洁性评估试点工作的指导意见》，指导11个省市开展这项工作，取得较好效果。先行试点的海南、四川、深圳三地共审查清理法规规章和其他规范性文件2万余件，决定废止128件、修改628件、新建124件。

3. 加强预防腐败基础制度建设。积极协调有关部门研究建立社会信用代码制度和社会信用信息共享机制；参与起草并由国务院办公厅转发了《关于依法打击和防控资本市场内幕交易的意见》；开展有关防止利益冲突、规范行政程序等预防腐败基础性法律法规的课题研究。对工程建设领域208个典型案件进行深入剖析，编写了《工程建设领域典型案件剖析与预防腐败指引》。推进廉政评估指标体系和预防腐败信息系统建设，组织有关省市进行试点，取得积极进展。

三、深化政务公开，加强政务服务

1. 推进行政权力公开透明运行。稳步推进决策公开，公众参与、专家论证和政府决策相结合的决策机制进一步完善。加大行政审批公开力度，规范审批程序、方式，明确审批标准、条件、时限和责任，并及时向社会公布。北京、山西等地运用现代信息技术，对行政审批、行政执法等权力实行了网上公开。

2. 加强政务服务体系建设。对全国政务服务中心建设情况进行全面调查摸底，目前各省（区、市）共有2842个政务（行政）服务中心。召开全国深化政务公开推进政务服务经验交流会，推广内蒙古、天津、四川等地典型经验，促进政务公开工作深入发展，推动政务服务体系建设。正在会同中央编办等部门起草《关于深化政务公开加强政务服务的意见》，拟对政务（行政）服务中心的职能定位、人员编制、工作机制等进行规范。

3. 着力抓好财政预算公开。督促落实《政府信息公开条例》，财政部、国土资源部等66个部门公开部门预算，31个省（区、市）全部公开财政预算报告，三分之一的省（区、市）开展财政预算公开试点工作。与香港、澳门廉政公署联合举办“财政预算公开与防治腐败”三地研讨会，借鉴港澳经验，推广内地成熟做法。

4. 协调指导有关部门推进厂务公开、村务公开。配合全国总工会、民政部召开全国厂务公开民主管理工作先进单位表彰暨经验交流会、全国村务公开和民主管理“难点村”治理工作会议，开展督察，推动厂务公开、村务公开深入发展。

四、拓展工作领域，探索开展社会领域防治腐败工作

1. 推进政府与行业协会、市场中介组织分开。16个省（区、市）开展行业协会与主管部门脱钩工作，广东等6省（市）已实现脱钩目标。福建、湖北已基本完成市场中介组织与政府部门脱钩工作。在总结地方经验基础上，提出《政府与行业协会、市场中介组织分开试点工作方案》，已经监察部部长办公会和预防腐败工作联席会议审议通过。

2. 加强非公有制经济领域防治腐败调研。经广泛调研，我国私营企业达863万家，个体工商户3406万户，占全国企业总数77%以上，其主要问题是商业贿赂和不正当竞争。针对非公有制经济领域腐败问题的现状和原因，初步明确了工作思路和工作重点。

3. 引导社会有序参与预防腐败工作。借助北京大学、湖南大学、中南大学等高等院校廉政研究机构的力量，开展预防腐败法规制度和对策研究。加强与专家学者的交流，广泛听取各方面意见。充分发挥国家预防腐败局网站收集民意、集中民智、疏导民情的作用，网站共收到网民留言2.3万条，电子邮件4.3万封。对网民留言和来信，及时予以回复；对网民意见和建议，定期整理上报。国家预防腐败局网站在去年获奖的基础上，今年再次被评为“中国互联网最具影响力政府网站”和“中国政府网站领先奖”，“网友互动”栏目被评为“2010年度中央国家机关网站特色栏目”。

五、参与《联合国反腐败公约》履约工作，深化预防腐败国际援助和国际合作

1. 积极做好应对履约审议工作。研究实施《联合国反腐败公约》工作协调小组第五次会议决定，国家预防腐败局牵头负责应对履约审议等工作。先后三次派员参加《公约》相关工作组会议，对《公约》规则细化过程施加有效影响，坚持我价值主张，维护了国家利益。深入研究履约审议机制规则，会同外交部等部门积极做好履约审议的准备工作，确定国内15名政府专家参与审议。及时向国际社会介绍我国履行《公约》情况，为我国接受履约审议营造良好的国际舆论氛围。

2. 深入开展预防腐败领域技术援助工作。与商务部、国家行政学院联合举办第三届发展中国家预防腐败研讨班，12个亚非国家的23名部、局级官员参加培训。研讨班的成功举办，进一步树立了我国在预防腐败领域开放、务实的负责任大国的良好形象。

3. 稳步推进预防腐败双边交流与合作。接待尼日利亚、约旦、博茨瓦纳、肯尼亚4个部级访问团，派出7个代表团赴日本、韩国、蒙古、越南等国访问或参会，与蒙古国家防治腐败局签署《合作谅解备忘录》，与加拿大政府合作完成关于市场中介组织防治腐败的政策选择项目。

六、坚持标本兼治，制止公款出国（境）旅游专项工作取得明显成效

1. 继续压缩因公出国（境）人数和经费。按照分类管理、区别对待、有保有压、确保重点的原则，适度压缩因公出国（境）人数和经费。2010年全国党政干部因公出国（境）团组、人次和经费数与2006—2008三年平均数相比分别下降47.1%、43.9%和32.6%，得到中央领导和社会各界的充分肯定。

2. 进一步完善因公出国（境）管理制度。组织出台了关于违反因公出国（境）工作纪律处分有关规定。在地厅级以上党政机关全部实行公款出国（境）经费先行审核制度。组织起草了因公出国人员审批规定、加强因公出国（境）培训管理的实施办法和国家工作人员因私出国（境）审批管理暂行规定。正在研究起草加强因公出国（境）任务审批管理、因公出国（境）团组信息公开和境外活动情况核查等规定。推动外交部开发了因公出国（境）管理综合信息系统，已在部分地区试运行。

3. 严肃查处公款出国（境）旅游案件。组织查处安徽省安庆市外办违规安排市人大常委会副主任方川林、康正和等人公款出国旅游等一批案件，并通过中央电视台、国家预防腐败局网站等媒体曝光吉林省原煤炭工业局组织干部大规模公款出国旅游等典型案件，起到较好的警示教育作用。

今年工作虽然取得了一些成效，但与党中央、国务院的要求和人民群众的期待，仍然存在一定差距。一是在宏观层面，由于缺少法律依据，有效预防腐败的战略定位、工作思路还需要进一步明确。二是预防腐败制度建设目前虽得到一定程度推进，但还有大量工作要做。三是预防腐败工作涉及一些深层次的改革，需要从国家层面统筹规划，稳步推进。四是因人员不足、省级机构未全部建立，有效预防腐败工作全面展开还有一定困难。

2011年国家预防腐败局要按照中央的部署，紧紧围绕防止权力滥用、防止利益冲突这个核心，加强预防腐败制度建设，推行廉政风险防范管理及行政权力公开透明运行，深化政务公开、厂务公开、村务公开和公共企业事业单位办事公开，探索社会领域防治腐败的有效措施，做好《联合国反腐败公约》履约审议工作，努力取得预防腐败新成效，促进廉洁政府和廉洁社会建设。

特此报告

国家预防腐败局

二〇一一年一月七日

破浪前行风正劲 任重道远意志坚

——党的十七大以来国家预防腐败局工作综述

党的十七大以来，国家预防腐败局在党中央、国务院和中央纪委的正确领导下，按照惩治和预防腐败体系建设的总体要求，立足组织协调、宏观指导，以权力监督制约为核心，扎实推进预防腐败各项工作，预防腐败制度不断完善，措施手段不断系统化，预防腐败工作的专业化水平不断提高，综合效果逐步显现。

加强组织协调 形成预防腐败整体合力

预防腐败涉及经济社会发展、党的建设和惩防体系建设的各个方面，必须依靠全党全社会的共同努力，形成齐抓共管的局面。国家预防腐败局成立以来，按照中央赋权，充分发挥组织协调、综合规划、政策制定、检查指导等作用，建立预防腐败工作联席会议制度，在预防腐败方面承担重要职责的13个中央部门作为成员单位，共同研究讨论了修改完善《现金管理条例》，构建防范腐败分子外逃工作机制，进一步发挥行贿犯罪档案查询系统作用，行业协会和市场中介组织防治腐败，落实金融账户实名制、建立社会信用代码制度，推进公务卡制度改革，以及社会领域防治腐败等预防腐败的重要政策和基础制度问题。推动北京等14个省（区、市）成立省级预防腐败机构，甘肃等10个省（区、市）建立高规格的预防腐败领导小组或联席会议机制，为有效预防腐败提供了坚实的组织基础和领导保障。

全面推行廉政风险防控 有效规范权力运行

加强廉政风险防控，是完善制约和监督机制、有效规范权力运行、从源头上防治腐败的重大举措。党的十七大以来，国家预防腐败局按照权力界限明确、行使依法、运行公开、制约有效的要求，积极推进廉政风险防控工作，开辟了有效规范权力运行的新路径。2011年8月召开全国加强廉政风险防控规范权力运行现场会，贺国强、何勇同志出席会议并作重要讲话，对该项工作作出全面部署。会后，29个地区和部门党政主要领导作出指示和批示，18个地区和部门召开现场会或工作推进会议进行部署和推动。目前，全国31个省（区、市）和70个中央国家机关开展了此项工作，河北、吉林、浙江、河南等10余个省（市）制定了相关指导意见和规定。

深化政务公开 提高政府透明度和公信力

公开是对权力进行监督的前提和基础，是提高政府工作透明度和公信力，从源头上预防腐败的重要措施。党的十七大以来，全国政务公开领导小组进一步加强对政务公开工作的组织协调和政策指导，政务公开不断深化，政府信息公开、行政权力公开透明运行、公共企事业单位办事公开全方位推进，政务公开载体更加丰富，政务公开的制度化、规范化水平进一步提高。2011年，推动全国96个中央部门和27个省（区、市）公开了财政预算，99个部门和北京、上海等地公开了“三公”经费，大大提高了政府信息透明度。在全国选择100个县进行政务公开试点，对县级政府385个行政职权项目实施公开，有力促进了县级政务公开目录化、标准化和规范化。2011年6月，中办下发了《关于深化政务公开加强政务服务的意见》，规范了政务公开的内容、程序，政务服务中心的职能定位、人员编制、工作机制和服务内容等，标志着政务公开工作发展到一个新的阶段。

注重顶层设计　着力推进和完善预防腐败制度建设

制度带有根本性、长期性、全局性、强制性，是预防腐败的重中之重。国家预防腐败局始终注重制度顶层设计，构建预防腐败制度体系，取得了突破性进展。开展制度廉洁性审查，协助立法部门审查和防范法律法规草案中可能存在的腐败因素，防止部门利益制度化、不当利益合法化，已对48件法律法规草案进行审查并提出修改意见。在11个省、市开展制度廉洁性审查试点，先行试点的海南、四川、深圳已审查清理法规规章和其他规范性文件2万余件。推动以公民身份证号码为基础码的社会信用管理体系建设，推进诚实守信公民社会的进一步完善。以公民身份证号码作为个人信用代码已成为各部门的共识。全国人大常委会审议通过《居民身份证法（修正案）》，规定在身份证中加入指纹信息，明确一代身份证于2013年1月1日全面停用，为诚信社会建设奠定了基础。加快廉政评估指标体系建设，对廉政状况、腐败易发多发领域以及防治措施的实际效果等进行测量和评估，促进防治腐败工作科学化、标准化。探索形成由30个主客观指标组成的“廉政评估指标体系（草案）”，正在上海、福建、湖北和广西进行实证检验。专题研究论证防止利益冲突法和行政程序法等预防腐败基础性法规，在浙江等七省（市）先行试点。预防腐败制度进一步完善，预防腐败的科学化、规范化水平不断提高。

坚持以人为本　有效解决一批群众反映强烈的突出问题

以人为本是党的性质和宗旨的集中体现，也是预防腐败工作的根本要求。国家预防腐败局始终把实现好、维护好、发展好人民群众的根本利益作为预防腐败工作的出发点和落脚点，解决了一批人民群众反映强烈的突出问题。2008年开展制止公款出国（境）旅游专项治理，全国因公出国（境）人数首次出现大幅下降，2009年、2010年因公出国（境）团组数和人次数与2006—2008年3年平均数相比均下降40%以上，节约经费约40亿元，公款出国（境）旅游现象得到有效遏制。为了解决政府采购中存在的突出问题，2008年会同有关部门对全国政府采购执行情况进行了专项检查，起草并由国办转发了《关于进一步加强政府采购管理工作的意见》，建立健全财政、监察、审计和预防腐败部门联动加强政府采购监督管理的新机制，有力地推动了政府采购监督管理的制度化、常态化和专业化。针对社会反映强烈的商业预付卡管理问题，2011年5月，会同有关部门起草并由国办转发了《关于加强商业预付卡管理的意见》，创建了购买商业预付卡实名登记、非现金购卡等多项制度，有效防范金融和廉政风险，社会各界给予积极评价。

拓展工作领域　探索开展社会领域防治腐败工作

廉洁的政府需要廉洁的社会作支撑。开展社会领域防治腐败工作，有利于营造廉洁从政的良好环境，促进廉洁政府与廉洁社会共建。国家预防腐败局坚持整体规划与突出重点相结合，调查研究与试点探索相结合，扎实开展社会领域防治腐败工作。召开了近80场座谈会或现场会，委托54个中央国家机关和省（区、市）开展政策研究，向全国征集专题论文近2000篇，在此基础上研究起草了《关于推进社会领域防治腐败的指导意见（征求意见稿）》。对行业协会、市场中介组织和非公有制企业等领域的腐败问题率先实施治理。广东等7省市已实现行业协会与主管部门脱钩，福建等5省基本完成市场中介组织与政府部门脱钩。充分发挥国家预防腐败局网站沟通民众的桥梁纽带作用，听取民声、吸收民意、汲取民智，2009年以来，共收到网民留言4万余条，电子邮件31万余封。网站连续两年被评为“中国互联网最具影响力政府网站”和“中国政府网站领先奖”，“网友互动”栏目被评为“2010年度中央国家机关网站特色栏目”。

拓宽国际视野 加强预防腐败国际交流与合作

在经济社会全球化背景下，预防腐败工作的国际交流合作日益深入。国家预防腐败局成立以来，一直致力于开展《联合国反腐败公约》框架下预防腐败的国际交流与合作，积极协调有关部门做好应对《联合国反腐败公约》履约审议的各项准备工作。参加《公约》缔约国会议和履约审议、预防腐败和资产追回等工作组的历次会议，在《公约》规则细化中融入我国的价值主张。积极开展预防腐败国际援助，成功举办了四届发展中国家预防腐败研讨班，来自亚非拉及东欧37个国家预防腐败机构的123名官员参加研讨，研讨班为发展中国家预防腐败机构相互交流借鉴、扩大务实合作提供了很好的平台，得到国际社会的高度好评。深化国际交流合作和对外宣传。与法国、印度等41个国家的防治腐败机构建立联系，与蒙古国家防治腐败局签署《合作谅解备忘录》。将我国公务员廉政教育、制度廉洁性审查等经验做法纳入《公约》相关会议文件，与其他国家分享我国预防腐败工作的重要举措和成效，为我国接受履约审议营造了良好的国际氛围。

乘风破浪风正劲，任重道远意志坚。国家预防腐败局将在党中央、国务院和中央纪委的正确领导下，以改革创新的精神、奋发有为的状态、求真务实的作风和持之以恒的毅力，全面深化预防腐败工作，谱写预防腐败新篇章。

附录一：预防腐败工作联席会议有关材料

第四次联席会议议题之一：政府与行业协会、市场中介组织分开试点工作方案

为认真贯彻中央关于规范发展行业协会、市场中介组织的有关精神，经监察部部长办公会议研究，拟在部分省（区、市）和中央国家机关开展政府与行业协会、市场中介组织分开试点工作。现制定试点工作方案如下：

一、分开工作的重要性和紧迫性

改革开放以来，我国行业协会、市场中介组织发展迅速，初步形成了门类比较齐全的行业体系，在发挥行业代表、行业自律、行业协调、行业服务功能，促进经济发展和完善公共服务等方面发挥了重要作用。但是，行业协会、市场中介组织在发展过程中还存在政会不分、政企不分等突出问题，影响了其作用的发挥，也干扰了正常的社会经济秩序。开展政府与行业协会、市场中介组织分开工作，是建立和完善市场经济体制的一项基础工程，对于转变政府职能，从源头上预防和治理腐败，促进行业协会、市场中介组织自身健康发展，都具有重要而紧迫的现实意义。

党的十五大以来，中央对行业协会、市场中介组织的改革和发展多次提出要求。特别是党的十七大和十七届二中、四中全会，明确要求“规范发展行业协会、市场中介组织”，“加快推进政企分开、政资分开、政事分开、政府与市场中介组织分开”。2000 年 7 月，国务院办公厅印发了《关于经济鉴证类社会中介机构与政府部门实行脱钩改制的意见》（国办发〔2000〕51 号）。2007 年 5 月，国务院办公厅下发了《关于加快推进行业协会商会改革和发展的意见》(国办发〔2007〕36 号)。2009 年 2 月，贺国强同志批示，要求就市场中介组织的监管和反腐倡廉建设问题“先组织开展调查研究，然后制定出工作意见”。2010 年 1 月，胡锦涛同志在中央纪委第五次全会上指出，要“研究制定规范行业协会、市场中介组织等社会领域预防腐败制度”。2010 年 3 月，温家宝、李克强、张德江、马凯等国务院领导同志批准了国办督查室提交的报告，同意分阶段开展政府与行业协会、市场中介组织分开专项工作。试点地区和部门要充分认识开展政府与行业协会、市场中介组织分开工作的重要性和紧迫性，采取有力措施促进行业协会、市场中介组织健康规范发展，推动以完善惩治和预防腐败体系为重点的反腐倡廉建设深入开展。

二、工作范围和对象

分开脱钩的对象是指在民政部门登记的行业协会，在工商行政管理机关注册的市场中介组织，以及在司法行政管理机关登记的法律服务机构。

试点范围确定为 12 个省（区、市）：内蒙古、辽宁、上海、江苏、浙江、福建、江西、湖北、湖南、广东、重庆、甘肃。3 个中央国家机关：住房和城乡建设部、海关总署、司法部。

三、指导思想、主要任务和基本目标

（一）指导思想

以邓小平理论和“三个代表”重要思想为指导，深入贯彻落实科学发展观，认真贯彻党的十七大、十七届二中、四中全会精神，坚持严格规范与促进发展相结合，加强自律与强化监管相结合，分类指导与整体推进相结合，立足当前与规划长远相结合，着力促进政府职能转变，建立健全与社会主义市场经济相适应的行业协会、市场中介组织管理体制和自律运行机制。

（二）主要任务

挂靠政府部门及其下属单位的行业协会、市场中介组织，在规定期限内必须脱钩改制；已经开展了脱钩工作的，要重点解决好明脱暗不脱问题。未获得资质许可的市场中介组织，符合条件的经申报批准继续执业，不符合条件的依法予以取缔。违法经营、弄虚作假、扰乱社会经济秩序的行业协会、市场中介组织，依法予以查处。坚持市场化发展方向，研究完善监管和扶持行业协会、市场中介组织发展的相关配套措施，促进行业协会、市场中介组织独立自主和规范发展。

（三）基本目标

通过一年半左右的集中治理，在试点地区和部门基本理顺政府与行业协会、市场中介组织的关系，实现政府与行业协会、市场中介组织在组织机构、工作职能、经济利益、办公场所等方面彻底分开的目标。加快制定和完善政府监管、行业协会和市场中介组织资质审查、市场准入及违法查处等制度规范，提高监管工作的规范化、法制化水平。加强引导行业自律，发挥行业协会的自律监督作用，使市场中介组织逐步做到自主经营、自我约束、公平竞争。

四、工作重点和措施

（一）推动实现“四分开”

第一，组织分开。行业协会、市场中介组织与政府部门解除隶属关系。国家公职人员一律不得在行业协会、市场中介组织兼任职务，已兼职的必须在规定期限内辞去行业协会、市场中介组织职务或辞去公职。对离退休干部在行业协会、市场中介组织任职问题进行规范管理。

第二，工作分开。行业协会、市场中介组织不具有任何行政职能。政府有关职能的转移，要以法律、法规、规章为依据，通过法定程序和方式，转移、授权或委托给符合条件的行业协会、市场中介组织承担。

第三，经济分开。行业协会、市场中介组织不得与政府部门会计合账或实行财务集中管理。行业协会、市场中介组织与政府部门财产关系不清晰的，必须在依法审计的基础上，进行资产划分，明晰产权归属。

第四，场所分开。行业协会、市场中介组织应设独立办公场所，不得与政府部门合署办公。合署办公的，应在规定期限内完成机构分设、场地分离。

（二）落实监管和扶持措施

第一，查处违规违法行为。纠正和查处国家公职人员利用行业协会开展违法经营或干预市场中介组织正当执业等行为。集中清理和整治行业协会、市场中介组织服务收费不规范、指定服务等侵害企业利益的问题。严肃查处商业贿赂以及假审计、假评估、假验资、假招标、假鉴证等违法犯罪行为。行业主管部门与执纪执法部门建立情况通报、案件线索移送、案件协查和信息共享机制，形成工作合力。

第二，完善监督管理制度。脱钩改制

后，行业主管部门继续依法承担对行业协会、市场中介组织的政策指导、管理和监督职责。鼓励有条件的地区和部门加大体制机制改革力度，积极探索强化行业协会、市场中介组织监管的新途径。地方可先行出台有关法规，国家层面适时启动立法程序。国家预防腐败局牵头研究制定行业协会、市场中介组织防治腐败的指导意见。

第三，加大政策扶持力度。脱钩后有关行业协会、市场中介组织的事业编制管理、社会保险和福利待遇等，参照国家事业单位分类改革的配套措施和有关法律、法规和政策规定执行。政府委托行业协会、市场中介组织开展业务活动，应给予相应物资经费保障；购买其公共服务，应落实经费来源，严格预算管理。有条件的地方要设立行业协会发展扶持资金，根据税制和行业协会改革进展情况，适时制定税收优惠政策，支持行业协会发展。

（三）促进行业发展和自律管理

第一，优化行业协会、市场中介组织结构布局。对行业范围过大且特征不明显的行业协会，要引导其分立分设；对名称相近相似及业务交叉重叠的行业协会，引导其合并重组。通过统一行业标准、统一监管法制等途径，逐步解决同类市场中介组织资质林立、部门垄断和地区封锁等问题。

第二，建立完善的法人治理结构。推动行业协会建立以章程为核心的法人治理结构，建立和完善内部选举、会员大会、理事会、监事会、财务管理、审计监督、重大活动报告、信息披露、分支机构管理等制度。引导市场中介组织建立产权清晰、权责明确、政企分开、管理科学的现代企业制度。

第三，推进自律管理和诚信建设。通过行业协会的改革发展，进一步发挥其对市场中介组织执业的行业管理作用。积极推广行业协会、市场中介组织信用评价体系建设，推动守法经营和公平竞争。鼓励各地区加大电子信息平台建设，将执法办案管理系统与信用分类监管系统有效衔接起来，逐步建立区域和全国统一的电子监管平台。

五、实施步骤

第一阶段，动员部署（2010 年 6 月）。中央纪委、监察部、国家预防腐败局组织召开会议，对政府与行业协会、市场中介组织分开试点工作进行动员部署。

第二阶段，调查摸底（2010 年 7 月—9 月）。试点地区和部门根据各自职责，对主管的行业协会、市场中介组织的行业、类型、资质、户数、区域分布、与政府部门的分开状况等情况开展全面调查摸底。

第三阶段，依法脱钩（2010 年 10 月—2011 年 6 月）。试点地区和部门与挂靠政府部门的行业协会、市场中介组织依法签订分开协议，落实分开任务。民政、工商及各行业主管部门从资质审查、市场准入、年检审核、信用监管、违规退出等方面，规范行业协会、市场中介组织主体资格和经营行为，净化市场秩序。

第四阶段，检查总结（2011 年 7 月—8 月）。组织若干专门检查组，对试点地区和部门的工作情况进行检查、总结和通报，对好的做法和经验予以推广。

第五阶段，建章立制（2011 年 9 月—12 月）。在政府与行业协会、市场中介组织分开基础上，各试点地区和部门出台一批加强管理和促进发展的规章制度。加强行业协会、市场中介组织诚信建设，加强财务管理和审计监督，初步建立起比较完善的行业自律机制。

六、组织领导

各试点地区和部门要加强对政府与行业协会、市场中介组织分开工作的组织领导，制定具体工作方案，按照“谁主管、谁负责”的原则，认真落实试点工作任务。中央国家机关要认真履行职责，对各自主管的行业协会、市场中介组织严格管理、严格要求，做好政策制定、工作指导、行业监管等工作。各级纪检监察机关要将这项工作作为服务经济建设中心工作的一项重要任务，在党委和政府的领导下，加大组织协调力度。国家预防腐败局承担全国试点工作的组织协调职责，围绕试点工作积极开展调查研究、综合情况、督促检查及日常性工作，将有关重大政策问题及时提交预防腐败工作联席会议和中央纪委书记办公会议审议，抓好议定事项的贯彻落实。

第四次联席会议议题之二：关于提请协调有关部门落实金融账户实名制、建立社会信用代码制度、推进社会信用体系建设的报告

中国人民银行 国家预防腐败局

预防腐败工作联席会议：

《中共中央关于印发〈建立健全教育、制度、监督并重的惩治和预防腐败体系实施纲要〉的通知》（中发〔2005〕3号）要求"建立健全金融账户实名制、现金交易限制及反洗钱制度、征信管理制度"。《中共中央关于印发〈建立健全惩治和预防腐败体系2008—2012年工作规划〉的通知》（中发〔2008〕9号）进一步要求"健全支付监管体系，完善账户管理系统，依法落实金融账户实名制"、"健全社会信用体系"。现将落实相关工作的进展情况，以及需要联席会议研究推动的有关事项报告如下：

一、落实金融账户实名制和征信系统建设的进展情况

2000年4月，国务院颁布了《个人存款账户实名制规定》，正式规定个人开立存款账户时必须出示身份证件，使用实名。2003年，人民银行出台《人民币银行结算账户管理办法》，重申了《个人存款账户实名制规定》的有关内容。2006年，国家制定《反洗钱法》，以国家法律形式确立了银行账户实名制。2007年，人民银行会同公安部建成并在全国推广应用联网核查公民身份信息系统，银行机构可通过该系统方便、快捷地验证客户出示的居民身份证的真实性。2008年，人民银行下发了《关于进一步落实个人人民币银行存款账户实名制的通知》，对金融账户实名制做出了进一步规范。几年来，随着金融账户实名制工作的不断深化，假名匿名账户大幅减少，防范和打击利用假名匿名账户从事违法犯罪活动工作取得明显成效。

2006年，人民银行的企业和个人信用信息基础数据库正式投入运行，目前已形成以单位组织机构代码和公民第二代身份证号码为主要标识的全国统一的基础数据库，采集、整合了全国范围内的企业和个人的身份信息和银行信贷信息。同时也与公安部、住房和城乡建设部、人力资源和社会保障部、工业和信息化部、环境保护部、质量监督检验检疫总局、证监会、国家外汇管理局等部门的相关信用信息数据库进行信息共享，采集非银行信用信息。截至2009年12月底，征信系统为全国1576万户企业和其他组织、6.6亿自然人建立了信用档案，采集的非银行信用信息覆盖16个部门。系统主要为商业银行服务，同时也为其他金融监管部门、

司法机关提供服务。

二、落实金融账户实名制和社会信用体系建设中存在的主要问题

（一）落实金融实名制和推动征信体系建设的配套法律法规还不完备。一是目前的相关法规主要规定了金融机构履行账户实名制的义务、要求及法律责任，而对单位和个人不履行账户实名制缺少明确的法律约束，导致开立假名账户的违法成本很低。二是我国尚无规范信用信息共享的法律法规，缺乏采集非银行信用信息和对外提供金融业信用信息查询的法律依据，制约了信用信息的共享和运用。

（二）金融账户实名制的实施效果不理想，存在假名匿名开户、多头开户、监管不严等现象。目前个人可用以开立存款账户的证件包括：身份证、临时身份证、户口簿、军人和武装警察身份证件、港澳台居民通行证、外国公民护照等。由于证件种类过多，难辨真伪，特别是第一代身份证的防伪性能较差，造假问题突出。有关部门和专家认为，停用第一代身份证需要修改《居民身份证法》。一些金融机构为了揽存，不认真履行查验证件义务，甚至协助客户开立假名匿名账户。

（三）没有建立统一的“社会信用代码”制度。当前，各政府部门正在积极建设、完善各自的信用信息系统，但在推动信用信息共享过程中面临许多困难，其中主体标识标准不统一是主要难点之一。在众多的业务和技术标准中，信息主体（个人和法人组织）的身份标识是最基础的标准。但由于各种历史和客观原因，各部门之间甚至同一部门内部不同的业务系统之间，对同一信息主体都可能采用不同的标识方式。这种各行其是、各自为战的做法严重影响了信息的匹配、整合和共享工作。

（四）各类信用信息共享程度低，处于分散割裂状态。各政府部门落实政府信息公开的工作处于起步阶段，历史形成的信息是一种独占资源的观念还普遍存在，导致既难以直接协调各政府部门推进信用信息共享工作，又难以从公开的政府信息中获取有用信息。各行业部门已建立的行业信用信息数据库标准不一，跨行业、跨地域的信息难以互联互通和共享。各商业银行由于金融账户编码规则各不相同，目前也无法互联互通，实现信息共享和相互查询。

三、需要提请预防腐败工作联席会议协调推动的有关事项

（一）建议提请人民银行牵头，会同国家发改委、公安部、税务总局、工商总局、质量监督检验检疫总局等行政主管部门共同研究，尽快建立以公民身份证号码和组织机构代码为基础的社会信用代码制度。目前，随着我国公民身份号码制度和组织机构代码制度的不断完善，统一标识信用信息主体身份的标准，并以此作为统一社会信用代码的条件已趋向成熟。建立以公民身份证号码和组织机构代码为基础的社会信用代码制度，对于社会信用体系建设和预防腐败，具有不可替代的基础性作用，应尽快研究落实有关工作。

（二）建议提请国务院法制办、公安部、人民银行共同协商，加快以第二代身份证替代第一代身份证，并以身份证作为内地居民开立金融账户的必需证件。请国务院法制办、公安部尽快研究修订《居民身份证法》，明确以第二代身份证全面替代和停止使用第一代身份证的时间。加快对边远及少数民族地区居民、军人武警、中国籍华侨等人群发放第二代身份证工作。与此同步，人民银行应逐步推动内地居民以身份证作为金融交易的必需身份证件。

（三）建议提请人民银行牵头，公安部、工商总局、税务总局、银监会、证监会、保监会等有关部门配合，加大对金融实名制的监管力度。研究完善向金融机构提供联网核查身份证、工商营业执照、税务登记证等信息的技术手段，提高金融机构识别证

件真伪的能力。进一步完善联网核查系统，确保身份信息数据库信息准确和及时更新。明确责任追究制度，加大对个人和单位开立假名匿名账户的惩处力度。建立黑名单制度，依法将相关处罚信息纳入企业和个人征信系统，将其中涉及公务人员的信息通报纪检监察部门。

（四）建议提请人民银行牵头，会同工商、税务、海关、质监等行政主管部门，研究建立以社会信用代码为基础的社会信用信息共享机制。一是在信息共享内容上，结合执行《政府信息公开条例》，加大行业信用信息的公开和共享力度，将行政管理和行政执法过程中形成的企业和个人相关信息，包括各类登记、行政许可和行政处罚等与信用有关的信息，通过更加便捷的查询和公开方式，为征信系统和有关部门提供更加完整、准确的社会信用信息共享内容。人民银行要研究推动信贷征信信息和人民币银行结算账户信息与有关行政部门、执纪执法部门依法实现信息共享，满足有关部门相互查询的需要。二是在信息共享的方式上，通过社会信用体系建设部际联席会议和预防腐败工作联席会议协调推动，要求金融机构和有关行业部门之间的信用信息共享平台、各部门内部的金融业信用信息和行业信用信息系统以及新建系统均应统一使用社会信用代码标识信息主体身份，各金融机构和行业部门现有的业务系统和信息系统应尽快进行必要的升级改造，保障以社会信用代码为基础实现信息整合和共享。

（五）建议提请人民银行牵头，会同国务院法制办等有关部门，加快推动《人民币银行结算账户管理条例》、《征信管理条例》等相关立法工作。争取尽快将建立信用代码制度、信用信息共享制度等相关工作法制化。同时，结合账户实名制执行中出现的新情况新问题，完善账户管理制度，推动出台《人民币银行结算账户管理条例》，明确规定假名账户开户人的法律责任和处理假名匿名账户资金的法律依据，以及统一金融账号的编制标准，等等。

预防腐败工作联席会议第四次会议纪要

（2010 年 8 月 20 日）

2010 年 6 月 8 日，预防腐败工作联席会议第四次会议在国家预防腐败局召开。联席会议召集人马驭主持会议并讲话。中央纪委、中央组织部、全国人大法工委、最高人民法院、最高人民检察院、国家发展改革委、监察部、财政部、中国人民银行、审计署、国资委、国家预防腐败局、国务院法制办等联席会议成员单位以及中央编办、公安部、民政部、司法部、人力资源和社会保障部、住房和城乡建设部、海关总署、工商总局有关负责同志出席会议。

会议通报了第三次联席会议研究决定有关事项的落实情况及国家预防腐败局近期主要工作。会议认为，预防腐败工作联席会议制度建立两年来，初步摸索出一些有效的工作方法，研究决策了一批预防腐败重要问题，整体推进了预防腐败工作，联席会议的定位日渐清晰，作用日益显现。会议强调，各有关部门要按照中央纪委的统一部署，扎实做好预防腐败各项工作。要紧紧围绕贯彻落实中央关于推动科学发展重大决策部署，加强预防腐败工作。继续加强公共工程项目、民生和社会事业领域公共资金监管，将监督关口前移、全程跟进，确保中央各项政策措施的顺利实施。要着力加强预防腐败制度建设，积极探索有效预防腐败的措施和办法。加大政务公开力度，推进行政权力公开透明运行。

会议研究了国家预防腐败局提出的《政府与行业协会、市场中介组织分开试点工作方案》，以及中国人民银行、国家预防腐败局提出的落实金融账户实名制、建立社会信用代码制度、推进社会信用体系建设两个议题。会议认为，这两个议题对于推动我国经济建设和社会建设健康发展，完善社会主义市场经济体制，以及防治腐败工作都具有非常重要的意义。政府与行业协会、市场中介组织分开，是建立和完善市场经济体制的一项基础工作，有利于加快转变政府职能，从源头上预防和治理腐败，促进行业协会、市场中介组织健康发展。落实金融账户实名制，建立社会信用代码制度，推进社会信用体系建设，对于深化金融体制改革、维护正常的社会经济秩序，对于政府更好地履行经济调节、市场监管、社会管理和公共服务的职能，对于阻止腐败分子利用假名匿名账户隐瞒、转移腐败所得，增加腐败的成本和风险，有效打击和预防腐败犯罪，具有十分重要的意义，也是探索建立公职人员财产申报制度的重要配套措施。会议要求有关部门和单位加强协调配合，形成工作合力，积极稳妥地推动这两项工作。

经研究，会议决定以下事项：

一、同意《政府与行业协会、市场中介组织分开试点工作方案》。按照循序渐进、稳步实施的原则，由国家预防腐败局会同民政部、工商总局等部门，在内蒙古、辽宁、上海、江苏、浙江、福建、江西、湖北、湖南、广东、重庆、甘肃等省（区、市）以及住房和城乡建设部、海关总署等中央国家机关开展试点工作，通过两年左右时间，实现政府与行业协会、市场中介组织在组织机构、工作职能、经济利益、办公场所等方面的分开，完善政府监管的制度规范，研究制定相关配套措施，发挥行业协会的自律监督作用。国家预防腐败局根据会议讨论情况，抓紧修改《方案》并进一步征求意见后，呈报中央纪委主要领导同志，提请中央纪委书记办公会议研究。

二、同意中国人民银行、国家预防腐败局关于落实金融账户实名制、建立社会信用代码制度、推进社会信用体系建设的建议。中国人民银行牵头，国家预防腐败局配合，会同国家发展改革委、公安部、税务总局、工商总局、质检总局等行政主管部门共同研究，尽快建立以公民身份号码和组织机构代码为基础的社会信用代码制度；会同公安部、税务总局、工商总局、银监会、证监会、保监会等部门，加大对金融实名制的监管力度，提高金融机构识别证件真伪的能力，完善联网核查系统，建立黑名单制度；会同税务总局、工商总局、海关总署、质检总局等部门，研究建立以社会信用代码为基础的社会信用信息共享机制；会同国务院法制办等部门，加快推动《人民币银行结算账户管理条例》、《征信管理条例》等相关立法工作。国务院法制办、公安部、中国人民银行共同协商，明确以第二代身份证全面替代和停止使用第一代身份证的时间，加快以第二代身份证替代第一代身份证。

三、在预防腐败工作联席会议框架内，吸收有关单位参加，成立政府与行业协会、市场中介组织分开试点工作协调小组，以及落实金融账户实名制、建立社会信用代码制度工作协调小组（名单附后），推动两项工作的落实。

成员单位出席领导：

中央纪委副书记、监察部部长兼国家预防腐败局局长马驭

中央纪委常委、监察部副部长兼国家预防腐败局副局长屈万祥

中央纪委常委、最高人民检察院副检察长邱学强

国家发展改革委副主任彭森

驻财政部纪检组组长刘建华

中国人民银行副行长杜金富

中央纪委常委、审计署副审计长令狐安

国务院国资委副主任金阳

国家预防腐败局副局长崔海容

国务院法制办副主任郜风涛

相关部门出席领导：

中央编办副主任黄文平

驻民政部纪检组组长曲淑辉

司法部副部长赵大程

住房和城乡建设部副部长郭允冲

海关总署副署长王松鹤

国家工商总局副局长刘玉亭

列席：

中央纪委预防腐败室（国家预防腐败局办公室）副主任　于贤成

中央组织部干部监督局副局长张连如

全国人大法工委立法规划室副主任郭庆

最高人民法院刑二庭副庭长苗有水

最高人民检察院职务犯罪预防厅厅长宋寒松

国家发展改革委投资司副司长罗国三

驻财政部监察局局长高建华

中国人民银行反洗钱局副局长刘争鸣

审计署办公厅主任侯凯

国务院国资委党建工作局局长刘汉滨

国务院法制办政法司副司长彭高建

中央编办四司副司长王伟峰

公安部治安管理局副局长高任

民政部民间组织管理局副局长李勇

司法部律师公证工作指导司司长杜国兴

驻司法部监察局局长张祥

财政部经济建设司副司长袁光平

人力资源和社会保障部事业单位人事管理司处长梁江

住房和城乡建设部人事司副司长郭鹏伟

中国人民银行征信管理局巡视员姜维俊

中国人民银行支付结算司处长严芳

国务院国资委研究局副巡视员武爱河

海关总署人事教育司巡视员潘伟平

国家工商总局企业注册局副局长王树燕

中央纪委、监察部有关单位负责同志董仲波、王保国、于柯超、李洋、韩平满、梅智超

附件 1

政府与行业协会、市场中介组织分开工作协调小组名单

组　长

屈万祥　中央纪委常委、监察部副部长兼国家预防腐败局副局长

副组长

曲淑辉　中央纪委驻民政部纪检组组长

刘玉亭　国家工商总局副局长

崔海容　国家预防腐败局副局长

办公室主任

崔海容（兼）　国家预防腐败局副局长

办公室副主任

郭志斌　国家工商总局企业注册局局长
李　勇　民政部民间组织管理局副局长
韩平满　国家预防腐败局办公室副局级专员

办公室成员

邢孔豪　中央组织部干部一局副巡视员
王伟峰　中央编办四司副司长
夏　农　国家发展改革委产业协调司副司长
李方旺　财政部经济建设司副司长
王　瑞　人力资源和社会保障部事业单位人事管理司副司长
郭鹏伟　住房和城乡建设部人事司副司长
武爱河　国资委研究局（行业协会联系办公室）副巡视员
潘伟平　海关总署人事教育司巡视员

附件 2

落实金融账户实名制　建立社会信用代码制度工作协调小组名单

组　长

杜金富　中国人民银行副行长

副组长

黄　明　公安部副部长
崔海容　国家预防腐败局副局长

办公室主任

邵伏军　中国人民银行征信管理局局长

办公室副主任

于柯超　国家预防腐败局办公室副主任

办公室成员

黄太云　全国人大法工委刑法室副主任
冯中圣　国家发展改革委财政金融司副司长
郭　星　公安部治安管理局副巡视员
王　瑞　人力资源和社会保障部事业单位人事管理司副司长
赵福增　国家税务总局征管和科技发展司副司长
刘　琳　国家工商总局企业注册局副局长
顾迎建　国家质检总局全国组织机构代码管理中心主任
刘长春　国务院法制办财金司副司长

第五次联席会议议题之一：关于提请协调加快推进公务卡制度改革问题的报告

预防腐败工作联席会议：

现就加快推进公务卡制度改革的有关问题向预防腐败工作联席会议第五次会议报告如下：

一、公务卡制度改革的内容和重要意义

国库集中收付制度改革后，为解决对预算单位大量提取和使用现金行为难以有效监管问题，2007年我国开始推行公务卡制度改革（以下简称公务卡改革）。公务卡改革以国库单一账户体系为基础，以银行卡为支付结算和管理载体，以全面建立公务卡制度为目标，通过在公务支出领域引入具有"消费留痕"特点的信用卡，逐步取消预算单位现金支付，有利于提高公务支出的透明度，有利于防范利用假发票套取财政资金等违法违规行为的发生，有利于强化财政监督和财务监管，是规范公务消费支出、源头预防和治理腐败的重要制度创新。

二、公务卡改革的进展情况及存在的主要问题

公务卡改革2007年开始试点。2008年，中央纪委、财政部和人民银行联合召开全国公务卡改革试点电视电话会议，在中央和地方推行公务卡制度。目前改革进展比较顺利，改革覆盖面不断扩大，发卡数量大幅增加，改革成效逐步显现。截至2010年底，除国家安全部等少数保密部门外，绝大多数中央部门及所属4000多个中央基层预算单位、35个省（自治区、直辖市、计划单列市）本级，250多个地市，600多个县（区），9万多个地方预算单位推行了改革，全国公务卡发卡数量已累计超过640万张。

但受思想观念、市场环境和体制机制等多方面因素制约，公务卡改革目前仍面临不少困难和问题：

（一）市场受理环境尚不完善。一是中西部地区POS机具布设不足，"有卡难刷"现象比较突出。二是银行卡刷卡手续费较高，商户受理意愿低，有些商户不愿安装POS机具，有的即使安装了也不使用，甚至有的还要求刷卡人额外支付一定比例的手续费。三是中国银联国外刷卡网络建设的广度和深度不够，不能很好地满足工作人员出国刷卡需要。四是购买火车票作为最常见的一项公务支出，尚未在代售点实现刷卡购票。据向铁道部了解，目前在全国256个火车站的车站售票窗口，以及高铁网上售票窗口，已可使用银行卡购票，但预算单位经常购票的各火车票代售点尚不能受理银行卡。银行卡产业具有典型的"双边市场"特征，如果受理环境不能及时跟进，用卡不方便，即使发卡量再大，也不能真正实现减少现金使用的目标。

（二）代理银行服务水平有待提高。一些中央部门反映，部分公务卡代理银行在服务方面仍存在办卡手续比较繁琐、还款期限设定不一致、公务用卡和私人用卡在信用额度方面相互挤占以及刷卡信息反馈较慢等问题。公务卡代理银行服务方面存在的问题降低了预算单位推行公务卡的积极性，影响到改革进程。

（三）部分中央部门和地方的改革进度相对滞后。目前公务卡改革进展总体顺利，但仍有一些中央部门和地方尚未推行改革或改革进度较慢。中央部门如人民银行、人力资源与社会保障部、最高法院、中华全国总工会、中国工程院等尚未推行改革，国家工商总局、环境保护部、教育部等改革进度相对缓慢；地方如福建省尚未启动改革，大连、重庆、吉林等仅在省（市）本级推行了改革。

三、需联席会议协调推动解决的事项及建议

目前，财政部正在研究起草《关于实施中央预算单位公务卡强制结算目录的通知》，并考虑将受理公务卡作为今后确定出差和会议定点饭店的原则性条件，以提高公务卡使用率。为进一步深化公务卡改革，充分发挥公务卡制度从源头上预防和治理腐败的有效作用，提请联席会议协调解决以下事项：

（一）进一步改善公务卡受理环境。一是建议人民银行通过制定行业规则、窗口指导和市场化手段，引导中国银联和各商业银行加大对中西部、市县以及国外地区的 POS 机具布设力度。二是建议人民银行商相关部门研究确定降低银行卡刷卡手续费的解决方案，改进目前银行卡刷卡手续费主要由政府定价的形成机制，促进各银行间竞争，以达到降低刷卡手续费、提高商户受理意愿的目的。三是建议铁道部尽快实现在所有火车票代售点布设 POS 机具，以方便预算单位使用公务卡购买车票。

（二）进一步提高代理银行服务水平。建议财政部、人民银行、银监会等部门按照职责分工，督促公务卡代理银行提高服务水平和质量。一是进一步完善代理银行公务卡支持系统，提高系统运行速度和稳定性，使其既能满足财政财务管理需要和安全性要求，又方便预算单位使用。二是进一步完善跨行发行公务卡业务（即预算单位选择非本单位零余额账户开户银行的其他国库集中支付业务代理银行为发卡银行），解决跨行办理业务中存在的还款不及时等问题。三是健全代理银行与预算单位和持卡人之间的沟通协调机制，确保公务卡还款、额度管理、罚息、信息反馈和维护等问题得到及时处理。

（三）加大公务卡改革推进力度。按照温家宝总理在国务院第四次廉政工作会议讲话中提出的两年内要将公务卡改革覆盖到各级政府及所属预算单位的要求，建议在本次预防腐败联席会议纪要中，以及明年年初召开的第十七届中央纪委七次全会、国务院第五次廉政工作会议等重要会议文件中，将公务卡制度改革作为加强反腐倡廉建设、建立健全惩防体系的重要措施，对中央部门和地方提出明确的改革进度要求：一是尚未推行改革或改革进度相对滞后的中央部门要加快公务卡改革步伐，尽快将改革推进到所属三级预算单位和具备条件的三级以下预算单位，2012 年底前中央所有基层预算单位都要实施公务卡改革。二是地方党委和政府要加大对公务卡改革的重视程度和支持力度，未实施改革的地区要尽快实施改革，已实施改革的要积极扩大改革范围，确保改革任务于 2012 年底前如期完成。

财　政　部

二〇一一年十一月

第五次联席会议议题之二：关于《关于推进社会领域防治腐败的指导意见（征求意见稿）》的说明

按照中央部署，国家预防腐败局组织起草了《关于推进社会领域防治腐败的指导意见（征求意见稿）》。现作说明如下：

一、开展社会领域防治腐败的重要意义

从三个方面加以说明：第一，推进社会领域防治腐败是反腐倡廉建设深化发展的内在要求。随着我们党对反腐倡廉建设规律认识的不断深化，社会领域防治腐败成为从源头上拓展工作领域的重要内容。同时，社会领域防治腐败也是我国履行《联合国反腐败公约》应负的责任。第二，推进社会领域防治腐败是加强和创新社会管理的现实需要。当前，一些企事业单位、市场中介组织等社会领域存在的一些问题，破坏了社会公平正义，败坏了社会风气，需要系统治理，以适应加强和创新社会管理的要求，实施廉洁政府与廉洁社会的共建。第三，推进社会领域防治腐败是加强党和政府自身建设的重要举措。实践证明，深入开展社会领域防治腐败工作，有利于转变政府职能，规范市场秩序，为领导干部营造廉洁从政的良好环境，加强党同人民群众的血肉联系。

二、起草《意见》的主要过程

2007年国家预防腐败局成立后，围绕社会领域防治腐败开展了多方面调研和试点工作，为起草《意见》积累了比较扎实的理论和实践基础。主要做了四个方面工作：

一是组织实地调研。先后在中央和地方召开了近80场有纪检监察机关、行业主管部门、从业人员、专家学者等方面参加的座谈会或现场会，分专题调查研究社会领域腐败问题的现状和原因，听取对开展社会领域防治腐败工作的意见建议，掌握了翔实丰富的第一手资料。

二是做好委托研究。先后委托54个中央国家机关和省（区、市），分别就国有企业、非公经济、市场中介组织、事业单位、社会组织、基层自治组织防治腐败问题开展政策研究，各单位均报送了质量较高的研究报告。委托中国社科院和清华大学分别就事业单位、社会组织防治腐败进行课题研究，形成专题报告和政策建议稿。在全国开展社会领域防治腐败意见建议征集活动，征集专题论文1850余篇。

三是开展国际交流。与加拿大国际发展署合作开展两年项目研究，组织国内相关主管部门和省（市）学习借鉴加拿大市场中介组织监管和防治腐败的经验。与香港廉政公署、澳门廉政公署建立私营领域防治腐败合作交流机制，两次召开了三地私营领域防治腐败研讨会。

四是推动实践探索。制定行业协会、市场中介组织防治腐败工作方案，提交预防腐败工作联席会议和监察部部长办公会议专题研究，提请中央纪委书记办公会议审议。召开全国市场中介组织防治腐败座谈会，总结推广福建等地加强制度改革、推进诚信建设的经验。总结上海、广东等地开展“两新组织”防治腐败的经验。会同民政部指导推进行业协会管理体制改革工作，会同国务院国资委在部分央企开展防治腐败试点，会同各主管部门筹备开展非公有制企业防治腐败试点。

在此基础上，国家预防腐败局经与各主管部门充分沟通，研究起草了社会领域防治腐败指导意见初稿。马驭、万祥同志多次对《意见》的起草工作作出指示，起草组两次与各主管部门逐一座谈，征求意见建议。最近，又征求了预防腐败工作联席会议成员单位意见，汇总修改形成目前的征求意见稿。

三、《意见》的主要内容

在研究起草《意见》过程中，我们认真学习党的十七大报告、“十二五”规划纲要、惩治和预防腐败体系工作规划等重要文件，使《意见》与中央大政方针特别是反腐倡廉建设的要求相一致；注意总结提炼社会领域各行业防治腐败的实践经验，积极借鉴国外防治腐败的有益做法，突出政策措施的可操作性；注重把握行业主管部门的实际工作和改革设想，促进防治腐败和业务监管的有机结合。《意见》内容分为3大板块9个部分，共36条。

第一板块的内容包括第一、第二部分，讲推进社会领域防治腐败的重要性、指导思想、基本原则和目标任务。

社会领域防治腐败的指导思想遵循反腐倡廉战略方针，并根据社会主体区别于党政机关的不同特点和规律，坚持坚决惩治与有效预防、改革创新与完善制度、促进发展与加强监管、整体推进与分类指导有机结合的原则，保证出台的制度措施行得通、管得住、用得好。基本目标是，2012年，对社会领域防治腐败工作进行全面部署；2015

年，社会领域防治腐败的制度体系基本建立，相关配套制度比较完善；2017 年，社会领域腐败现象得到有效遏制，社会风气明显好转。

第三至第八部分是第二板块，分专题讲国有企业、非公经济组织、事业单位、社会组织、市场中介组织、基层自治组织防治腐败的主要任务和措施。

总结近年查案的经验教训，国有企业防治腐败核心是要解决一把手权力过大带来的问题。主要有三个环节：第一，宏观层面应推进以规范董事会建设为主要内容的法人治理结构建设，确保出资人监管职责履行到位；第二，微观层面应结合加强企业内部控制和全面风险管理等工作，大力推进廉洁风险防控，提高企业应对各类风险的能力；第三，对企业资金资产监管、收入分配、职务消费、防止利益冲突等方面存在的突出问题，应予以同步规范或专项治理。

非公经济组织防治腐败主要有三个着力点。一要引导非公企业加强自身建设，推动规模以上非公企业建立现代企业制度，完善内部管理规范，加强廉洁文化建设和诚信体系建设，推动党的组织和纪检组织建设；二要规范行政行为，改善非公企业的生存发展环境，落实在市场准入、融资投资、资源配置等方面的政策待遇；三要打击违法经营和商业贿赂，强化日常综合监管，发挥执纪执法机关和行业自律组织的协同作用。

事业单位防治腐败的主要任务是，保障中央关于分类推进事业单位改革工作部署的顺利实施，推动公益事业单位改革管理体制、完善法人治理结构；围绕保障和改善民生，对教育、医疗、科技、文化、体育等公共事业单位人民群众反映强烈的突出问题进行专项治理。

社会组织防治腐败的核心任务是理顺政社关系，明确社会组织功能定位，确保其非营利的公益属性。一要推进管理体制改革，解决党政干部兼任职等突出问题，切断政府部门与社会组织的利益联系；二要指导社会组织建立规范的内部治理结构，增强其服务社会的能力水平；三要监管与扶持并重，严肃查处社会组织借各种名义非法敛财行为，落实政府购买服务、税费减免等政策措施，为社会组织创造发展空间。

市场中介组织防治腐败，首先要对“中介不中”、弄虚作假、恶性竞争等违规违法问题进行整治，维护市场经济秩序；其次，针对中介组织与政府部门明脱暗不脱以及资质林立、部门垄断等问题，加大体制改革力度，建立科学的管理体制，保证中介组织依法独立自主执业；第三，加强法规制度建设，既要形成对中介组织执业行为的严密监管体系，又要对政府部门和国家工作人员的相关行为进行有效约束。

基层群众性自治组织防治腐败，应该以实施民主选举、民主决策、民主管理、民主监督为重点，保证村（居）委会正确、廉洁履行职责，强化其基层社会管理服务的功能。

第三板块是《意见》的第九部分，讲社会领域防治腐败的工作落实。

社会领域防治腐败涉及主体对象复杂，行业领域广泛，任务十分艰巨。在强调党委统一领导、党政齐抓共管、纪检监察机关和预防腐败机构组织协调这一领导体制和工作机制的同时，要持续加大体制机制改革力度和社会建设资源投入，创造有利于社会领域健康发展的制度环境；要坚决整治社会领域不良风气，惩治违规违法行为；要建立人民群众参与防治腐败的有效机制和正常渠道，提倡和引导社会各行各业廉洁自律，促进形成风清气正的良好社会环境。

四、补充说明的四个问题

（一）关于社会领域的概念和范围

根据中央三定方案赋予国家预防腐败局的职责，关于社会领域，我们经调研论证，并结合国际通行做法，界定为：国有企业、非公经济组织、市场中介组织三大经济类和事业单位、社会组织、基层群众性自治组织三大公益类，六个主体。根据上述界定，党的机关、人大机关、政府机关、政协机关、审判机关、检察机关、民主党派机关，参公管理、不进行社团登记的工青妇等人民团体机关和经国务院批准、免予社团登记的中国文联等群众团体机关，都不属于本指导意见所列的社会领域范畴。

（二）关于社会领域防治腐败的工作内涵

社会领域防治腐败，对我国传统反腐败概念和反腐败工作格局有很大发展。这是中央根据现阶段我国经济社会发展的基本特征，为拓展从源头上防治腐败工作领域、履行《联合国反腐败公约》国际责任作出的战略决策。但在全社会形成共识，客观上还有一个过程。推进社会领域防治腐败，既要解决各行业领域存在的突出问题，又要注重引导和教育，避免造成腐败概念的泛化和滥用。本《意见》指向的社会领域腐败问题主要有三类，即与行业特征和行业职责紧密联系，人民群众反映强烈的不良风气问题、比较突出的违规违纪问题和违法犯罪问题。整治社会不良风气问题主要立足于教育引导、行规约束和失信惩戒机制；违规违纪问题主要立足于强化行政监管和行政执法惩戒；违法犯罪主要立足于严惩。

（三）关于《意见》与现行相关文件的关系

关于社会领域防治腐败的一些单项任务或具体工作，各级纪检监察机关、行业主管部门这些年来做了大量工作，形成了不少有效的法规制度和规范性文件。《意见》主要是从国家层面和防治腐败顶层制度设计的角度，对社会领域防治腐败工作进行统筹规划和整体推进，突出源头防治、推进反腐败要求与行业发展需求的深度整合。因此，它与现有的监管政策和防治腐败相关文件是继承和创新的关系，并不影响其正常执行。

（四）关于《意见》的使用

《意见》经本次联席会议讨论修改之后，我们将再次征求各省（区、市）和中央国家机关的意见，进一步完善后按程序报请中央发文。同时，尽快组织研究制定相关配套文件，以指导社会领域防治腐败工作开展。

附件

关于推进社会领域防治腐败的指导意见

（征求意见稿）

为全面贯彻党的十七大精神，深入推进反腐倡廉建设，构建社会主义廉洁社会，现就推进社会领域防治腐败工作提出如下意见。

一、推进社会领域防治腐败的重要性和紧迫性

1. 推进社会领域防治腐败是深化反腐倡廉建设的迫切需要。社会领域防治腐败是反腐倡廉建设的重要组成部分。在加快推进惩治和预防腐败体系建设中，我们党不断深化对反腐倡廉建设规律的认识，党风廉政建设和反腐败斗争取得了新成效，积累了新经验。但是，当前消极腐败现象仍然比较严重，监管薄弱的社会领域违纪违法问题突出。一些企业违法经营，商业贿赂现象突出；一些事业公益服务弱化，变相与民争利；一些社会组织违背非营利服务宗旨，非法敛财现象严重；一些市场中介组织弄虚作假，公信力缺失。推进社会领域防治腐败，有利于拓展从源头上防治腐败工作领域，把防治腐败的要求拓展到经济、政治、文化、社会等各个方面，形成有效预防腐败的长效机制；有利于做好联合国反腐败公约履约审议工作，在反腐败国际交流与合作中争取主动，树立我良好国际形象。

2. 推进社会领域防治腐败是完善社会主义市场经济体制的迫切需要。国有企业、非公经济组织、市场中介组织等市场主体的健康发展和规范经营，是建立统一、开放、竞争、有序的市场经济体系的必要前提。当前，多元利益主体在我国市场上的竞争日趋激烈，一些不法分子急功近利，拉拢腐蚀公职人员，不正当竞争、以权谋私、权钱交易等消极腐败现象还比较突出。推进社会领域防治腐败，有利于转变政府职能，促进政府更好地履行经济调节和市场监管职责；有利于规范市场主体行为，促进依法诚信经营，营造各种所有制经济依法平等使用生产要素、公平参与市场竞争、同等受到法律保护的市场环境。

3. 推进社会领域防治腐败是加强和创新社会管理的迫切需要。基层群众组织、城乡社区自治组织和企事业单位直接联系群众、服务群众，是党治国理政的重要组织基础，是加强基层社会管理服务的关键执行平台。当前，征地拆迁、教育科研、医疗卫生、社会保障等社会管理领域的腐败案件居高不下，社会管理中存在的问题成为职务犯罪多发易发的基础条件。这些问题损害了群众利益，诱发和激化社会矛盾，破坏了党和政府威信。推进社会领域防治腐败，有利于政府更好履行社会管理和公共服务职责，加快推进以改善民生为重点的社会建设；有利于反映群众诉求，加强党同人民群众的血肉联系，进一步巩固党的执政基础。

二、指导思想、基本原则和总体目标

4. 指导思想。高举中国特色社会主义伟大旗帜，以邓小平理论和“三个代表”重要思想为指导，深入贯彻落实科学发展观，按照标本兼治、综合治理、惩防并举、注重预防的方针，加大案件查处和专项整治工作力度，改革完善管理体制，加强社会主体内部建设，深入推进政企、政事、政社分开，建立健全防止利益冲突制度，全面推进廉洁文化和社会诚信体系建设，为党治国理政营造风清气正的良好社会环境，为全面建设社会主义和谐社会提供坚强政治保障。

5. 基本原则。坚持坚决惩治和有效预防相结合，既要依法严惩社会领域腐败行为，整治社会不良风气，又要从源头上预防腐败，逐步铲除腐败滋生的土壤和条件。坚持改革创新与完善制度相结合，既要实现社会事务管办分离，切断政府部门与社会主体的利益联系，又要将改革成果制度化，强化社会领域防治腐败的体制基础。坚持促进发展与加强监管相结合，既要注重社会主体的发展培育和政策扶持，又要依法加强管理和监督。坚持整体推进与分类指导相结合，既要加强宏观规划，又要区分不同领域不同社会主体的不同情形，实施分类防治或专项整治。

6. 总体目标。围绕建设社会主义廉洁社会的总目标，加大社会领域防治腐败工作力度，增加资源投入，强化制度基础，增强工作实效，把防治腐败的要求融入到经济建设和社会管理各个方面。到2020年，基本建立起社会领域有效防治腐败的长效机制，有效遏制社会领域腐败现象易发多发势头，建立他律和自律相结合的综合监管体系，从制度上更好地发挥市场在资源配置中的基础性作用。

三、推进国有企业防治腐败工作

7. 完善法人治理结构。规范国有企业

董事会建设，明确各级董事会、监事会和经理层的权力和责任，形成职责明确、运转协调、有效制衡的治理机制。围绕“三重一大”事项，完善决策制度和程序，健全决策失误责任追究制度。充分发挥职工群众的监督作用，完善职工董事制度，加强厂务公开民主管理。加强国有企业信访工作。加大巡视和经济责任审计力度，强化结果运用。切实发挥国有企业内部审计作用，强化内外部监督相结合。

8. 加强廉洁风险防控。全面查找风险点风险源，建立企业廉洁风险库。持续开展企业经营管理业务流程梳理，优化流程设计，健全内控机制。运用现代科技手段，提高人力资源、资金活动、采购业务、资产管理、销售业务等环节的信息化水平，增强动态管理和实时监控。围绕投资决策、产权转让和企业改制、收入分配、财务管理及物资采购、选人用人、招投标等关键环节，提出风险防控措施。

9. 完善防止利益冲突制度。建立健全国有企业领导人员利益公开、利益回避和利益处理制度。坚决查处和纠正企业领导人员通过同业经营或关联交易为本人或特定关系人谋取非法利益等行为。建立健全国有企业内幕信息管理规章制度，防控内幕交易行为。进一步规范国有企业领导人员离职或者退休后在关系单位担任职务、投资入股，或从事与原任职企业业务相关的经营活动的行为。规范国有企业领导人员薪酬管理，构建基本年薪、绩效年薪和中长期激励收益相结合的薪酬体系，逐步缩小国有企业决策层、管理层与一线员工的薪酬差距。规范国有企业领导人员兼职取酬行为。规范国有企业职务消费行为，推行职务消费公开，细化职务消费项目、合理确定职务消费标准、严格控制职务消费预算。

10. 加强财务管理工作。加强企业取得和使用财政资金的绩效评价工作。研究建立企业财务管理能力认证体系、企业首席财务官制和财务总监委派制。推行全面预算管理，加强财务预算约束。加强对高风险投资的监管。规范国有企业捐赠赞助行为。继续治理“小金库”以及拆借、担保、采购和招投标中的突出问题。

11. 完善国有资产产权监管。健全国有资本经营预算管理制度，完善国有资产监管法规体系。健全国有资产、国有资源规范流转市场运行机制。制定产权多元情况下国有资产监管办法，落实境外国有资产监管办法和境外产权管理办法。严肃查处企业改制、产权转让、重大资产处置中隐匿、侵吞国有资产、造成国有资产流失等行为。

12. 推进国有金融企业防治腐败。深化国有控股大型金融机构、农村信用社、邮政储蓄银行改革，促进金融资产管理公司商业化转型。稳妥推进金融业综合经营试点，明确监管主体和职权，制定完善监管规则和基础制度，促进金融业综合经营规范发展。加快建立存款保险制度，健全金融安全网。依法督促金融机构切实履行客户身份识别义务，落实存款账户实名制。加强金融监管，改进手段、优化流程，建立重要岗位员工上岗认证、在岗制衡、转岗鉴定、离职审查管理机制。严肃查办违规授信、信息泄露、内幕交易、挪用保险资金、违规核销贷款及金融系统商业贿赂等案件。

四、推进非公经济组织防治腐败工作

13. 加强自身建设。引导规模以上非公经济组织建立健全现代企业制度，明确董事会、监事会和经理层职责权限。引导非公经济组织完善内部风险防控机制，完善会计制度，建立审计控制程序，利用信息技术强化对生产经营活动各个环节的动态管理。加强廉洁文化建设，促进守法、诚信、廉洁经营。推动有条件的非公经济组织建立健全党组织和工会、共青团、妇女组织，鼓励建立党企联合执纪机构。

14. 强化综合监管。发挥工商联和个私协会等行业自律组织作用，及时处理非公经济组织违规问题。加强非公经济组织诚信体系建设，建立统一的企业信用记录平台，实行企业信用分类监管，依法加大对失信主体的从业限制和处罚力度。加强执法监管，加大非公经济组织违规违法案件查办力度。整合公安、税务、工商、司法等资源，健全完善监管机制，建立并执行情况通报、线索移送、案件协查和信息共享机制。

15. 改善发展环境。健全促进非公经济组织健康发展的法规政策，深入落实在市场准入、融资投资、资源配置、人才引进、社会服务和权益保护等方面的扶持政策。创造各种所有制经济依法平等使用生产要素、公平参与市场竞争、同等受到法律保护的体制环境。健全非公经济人士选拔培养机制，完善非公经济组织及其代表人士在评选表彰和政治安排方面的评价机制。建立非公经济组织维权服务工作机制，妥善处理非公经济组织的意见建议和投诉、举报、控告。

五、推进事业单位防治腐败工作

16. 推进事业单位改革。按照政事分开、事企分开和管办分离的要求，深入推进分类改革，明确事业单位职能定位，强化其公益属性。探索建立理事会、董事会、管委会等多种形式的事业单位治理结构，健全决策、执行和监督机制，提高运行效率，确保公益目标实现。

17. 推进教育领域防治腐败。加快推进教育体制改革，落实政府投入责任，促进义务教育资源均衡配置。规范教育收费审批权限，出台学前教育、中等职业教育、研究生教育收费管理办法。完善教育收费决策听证和公示制度，公开收费项目、范围和标准。深入推进招生阳光工程，进一步规范自主招生和特殊类型招生程序。严肃查处招生考试中索贿受贿、徇私舞弊、弄虚作假等问题。推进校务管理公开透明。继续推进廉洁教育进课堂，培育校园廉洁环境。

18. 推进卫生领域防治腐败。深入推进医药卫生体制改革，严格落实政事分开、管办分开、医药分开、公益性和营利性分开。完善公立医院运营成本补偿机制，建立体现医疗服务成本和技术劳务所得的医疗服务分级定价体系。继续治理医药购销领域商业贿赂、医疗领域乱收费、收受和索要“红包”等问题，严肃查处贪污、挪用、骗取医保基金、新农合基金以及医患合谋违规使用医保基金案件。加快建立医药卫生信息系统，建立与终身执业挂钩的医护人员不良记录惩戒制度。加强医德医风建设，倡导救死扶伤的人道主义精神。

19. 推进科技领域防治腐败。完善科研项目管理，建立公平竞争、公开透明的科研项目选拔和立项评估机制，完善评审专家遴选、回避、信用和问责制度。建立分级管理的科研项目管理平台，防止多头立项和重复申报，强化对科研项目立项、实施、验收各环节的有效管理。加强科研经费监管，强化预算管理和成果管理，严格使用标准和程序，执行重大事项报告制度和中期评估制度，加强绩效审计，严肃查处截留、挪用、挤占、贪污科研经费行为，揭露科研成果多头充抵或虚假科研成果的问题。强化学术道德建设，完善学术评价制度，建立学术不端审查和快速联动处置机制，整治学术刊物出租、出卖版面等现象。严肃查处学术腐败行为。

20. 推进文化领域防治腐败。加快推进文化体制改革，做好经营性文化单位转企改制中的资产监管，防止国有资产流失。严肃查处文化基础设施和公共服务网络建设中的腐败案件。稳妥推进电台电视台制播分离，强化播出平台资源监管。深入治理有偿新闻。严厉打击假记者、假记者站、假新闻、假报刊。规范书号刊号管理，严肃查处买卖、盗用书号刊号行为。深入治理虚假广告，严肃查处广告经营中的商业贿赂、贪污侵占行为。加强互联网等新兴媒体监管，防范和打击利用新兴媒体传播不良信息行为，净化网络文化环境。

21. 推进体育领域防治腐败。严厉打击体育赌博和行贿受贿，深入治理竞技体育中"黑哨"、"假球"、使用兴奋剂等弄虚作假行为。健全完善联赛监管、利益协调和纠纷解决机制。加强对体育彩票发行销售、体育资金使用、体育器材装备采购、赛事资源开发等关键环节的监管。

六、推进社会组织防治腐败工作

22. 规范和促进社会组织发展。深化管理体制改革，进一步理顺政社关系。加快社会组织立法进程，健全完善法规政策体系。加强对境外社会组织及其代表机构在境内开展活动的有效监管，严肃查处违规违法案件。抓紧修订完善相关法规，为依法管理社会组织提供法律依据。引导和帮助社会组织健全以章程为核心的法人治理结构，提高社会组织透明度。将社会组织内控机制与防治腐败机制建设相结合，构建有效的风险防控制度体系。建立诚信自律机制，建立服务承诺制度。推动政府部门向社会组织转移职能，加大政府购买社会组织服务力度，制定出台税收优惠、人事管理、社会保障等社会组织发展配套政策，优化社会组织发展环境。

23. 加强对重点社会组织监督管理。加快推进政府与行业协会在职能、机构、财务、人员、办公场所等方面分开，逐步取消党政机关工作人员在行业协会兼职，规范退休后任职行为。完善基金会资金募集使用、财务管理、信息发布等基础制度，加强对基金会运行的经常性监督。及时公告基金会资金募集、使用、投资、结余及重要人事变动等情况。发挥主管部门与民政、价格、税务等部门职能作用，理顺民办非企业单位监管体制。加强对民办非企业单位财务监管，防止抽逃资金或变相牟利。规范民办非企业单位收费管理，改善公益服务质量。

24. 完善社会组织监管体系。构建统一登记、各司其职、协调配合、分级负责、依法监管的社会组织管理体制。完善法律监督、政府监督、社会监督、自我监督相结合的监管体系。完善年检、评估制度，修订民间非营利组织会计制度，确保监管工作常态化、制度化。加强执法监察，依法查处社会组织违法违规行为，取缔非法社会组织。加强社会组织党建工作，把社会组织纳入党委和政府主导的社会管理体系。制定社会组织行为规范和活动准则，提高政府监管效力。健全监督举报机制，发挥社会监督作用。建立社会组织信息公开和综合监管电子平台，完善守信激励、失信惩戒制度，强化社会监管。继续做好社会组织专项治理工作。

七、推进市场中介组织防治腐败工作

25. 整治违规违法问题。纠正和查处国家机关及其工作人员与市场中介组织明脱暗不脱、暗中参股、收取费用、利用职权为市场中介组织招揽、指定业务或干预执业等违规行为。组织专门执法检查，对不具备执业资质、弄虚作假、违法经营的市场中介组织，责令限期整改或予以撤销登记。整治市场中介组织商业贿赂、价格欺诈、不正当竞争以及假审计、假评估、假鉴证、假招标等行为。查办违规违法案件，遏制市场中介组织腐败现象的蔓延。

26. 推进与政府部门分开。国家现职工作人员不得在市场中介组织兼任职务。党员领导干部离职或退休后三年内，不得接受原任职务管辖的地区和业务范围内的市场中介组织聘任，不得从事与原任职务管辖业务相关的营利性中介活动。清理和剥离有关市场中介组织现有的行政职能，保证市场中介组织依法独立自主执业。市场中介组织实行独立的财务核算体系，不得与政府部门有直接或间接的资产关系和经济利益关系。与政府部门财产关系不清晰的，必须明晰产权归属。市场中介组织与政府主管部门办公场所在同一地点的，应在规定期限内完成分离。

27. 完善监管体制。针对各类市场中介组织的不同特点，建立行业自律、行政执法机关依法管理和司法机关依法惩治的综合监管体制。规范市场中介组织服务范围。制定从业人员行为规范，加强职业道德建设。建立市场中介组织信用信息平台和信用等级评估机制，推行行业退出制度。理顺行业管理体制，加快评估行业管理条例等市场中介组织管理法规的出台。

八、推进基层群众性自治组织防治腐败工作

28. 依法进行民主选举。完善民主选举，健全选拔任用机制，规范选举程序。加强对村干部的培养管理，提高廉洁履行职责意识。坚决制止和查处在村委会选举中伪造选举文件、篡改选举结果或者以暴力、胁迫、贿赂、欺骗、利用宗教家族势力干扰、操纵、破坏选举的行为。

29. 完善民主决策机制。坚持村民自治原则，由村民会议制定村民自治章程和村规民约，涉及村民利益的事项须经村民（代表）会议讨论决定，规范一事一议制度。在条件成熟的地方探索实行村级重大事务公决制度。严肃查处村干部在村级事务决策中违规处置集体资产、擅自确定补助分配标准等行为。

30. 推进村委会民主管理。探索建立村务民主管理信息公开平台。加强农村信访工作，认真做好涉农群体性事件的防范和处置工作。健全农村集体资产、资金、资源管理制度，推行“三资”委托代理制度。推进农村集体经济组织产权制度改革，鼓励有条件的地方进行股份制改造。坚决查处村级事务管理中侵占、截留、挪用、挥霍及违规借用农村集体财产或各项强农惠农资金、物资以及征地补偿费等行为。

31. 深化村级事务民主监督。建立村务监督机构，落实民主理财、村务监督等制度。继续深入推进村务公开，确保决策、管理、财务和强农惠农政策落实情况公开。建立村干部任期经济责任审计、村级财务收支审计、村级建设工程审计、村级集体资产绩效审计等制度。建立询问质询制度，加强对村干部的年度考核，对考核不合格的人员采取诫勉谈话、公开检讨、通报批评等措施，必要时启动罢免程序。严肃查处在村级事务监督中弄虚作假、逃避监督的行为。

32. 加强城乡社区社会管理服务。理顺基层政府及其派驻机构与社区组织之间的权责关系，进一步完善居民自治机制。规范社区公共服务，促进社区公共服务的组织化、专业化。开展社区廉洁文化创建活动，发挥社区志愿者的作用，激发居民群众支持和参与的积极性，努力营造社区廉洁氛围。在城镇化进程中，做好村改居工作，防止集体资产流失，维护集体经济组织和群众合法权益。

九、抓好工作落实

33. 加强组织领导。社会领域防治腐败涉及面广，情况复杂，任务艰巨。各地区各部门要高度重视，精心组织，周密部署，狠抓落实。要坚持党委统一领导、党政齐抓共管、纪检监察机关和预防腐败机构组织协调、行业主管部门各负其责、社会主体和人民群众积极参与的领导体制和工作机制。要把这项工作摆在更加突出的位置，加强对社会领域防治腐败重大理论和现实问题的研究，采取有力措施解决工作中遇到的新情况、新问题，不断提高社会领域防治腐败的能力和水平。

34. 落实工作责任。各地区各部门要根据实际，制定本地区本部门的工作规划和实施方案，分类实施社会领域防治腐败工作。各级纪检监察机关和预防腐败机构要抓好任务分工，加强组织协调和检查指导，加大违规违法案件查办力度。各行业主管部门要切实履行监管职责，抓好本行业、本系统的任务落实。要继续深化各行业领域的防治腐败试点，不断总结试点经验，完善相关政策。要建立科学的社会领域防治腐败考核评价指标体系，把社会领域防治腐败工作实绩作为综合考核评价领导班子和领导干部的重要内容。要加财政投入和政策扶持力度，促进以

保障和改善民生为重点的社会建设事业健康发展。

35. 促进社会参与。动员和组织群众依法有序参与社会领域防治腐败，引导完善行业规范、乡规民约和市民公约，形成良好的自律机制。要发挥有关社会组织、研究机构在社会领域防治腐败中的智力支持、反映诉求、规范行为的作用。要创新工作机制，拓宽参与途径，加强和引导舆论监督，妥善处理社会领域投诉、举报、控告，发挥各社会主体和人民群众的监督作用。

第五次联席会议汇报材料之一：关于多用途预付卡管理工作进展情况的报告

中国人民银行

今年以来，在监察部和国家预防腐败局的组织协调和积极推动下，规范商业预付卡工作取得明显进展。人民银行认真贯彻落实《国务院办公厅转发人民银行监察部等部门关于规范商业预付卡管理意见的通知》（国办发〔2011〕25号）以及2011年7月7日马驭部长主持召开座谈会的部署精神，在相关部委的协同配合下，切实加强多用途预付卡业务许可和检查监督，努力促进多用途预付卡市场规范发展。

一、工作进展情况

（一）严格审批多用途预付卡发行

截至2011年9月末，人民银行通过严格的资料审查和现场考察，对符合《非金融机构支付服务管理办法》要求的40家非金融机构颁发了《支付业务许可证》，其中13家涉及预付卡发行与受理业务。

（二）会同有关部委于中秋、国庆期间开展市场检查

会同监察部、财政部、商务部、税务总局、工商总局、国家预防腐败局等六部委，于2011年9月对北京、上海两个多用途预付卡业务规模较大的地区开展了监督检查工作。全面了解了相关机构执行国办发〔2011〕25号文的情况、存在问题，对市场产生了一定的正面引导作用，增加了经营机构按照有关监管要求进行整改、调整的主动性和自觉性。

（三）部署在全国范围内开展专项检查工作

目前，全国各地人民银行分支机构正根据总行的统一部署，会同有关部门于9月10日至11月20日对多用途预付卡市场开展专项检查。对于不符合《非金融机构支付服务管理办法》和国办发〔2011〕25号要求的机构，将根据具体情况，按照法律规定的程序与措施进行清理整顿。

（四）加强制度建设，抓紧完善相关管理办法

制定了预付卡业务管理、备付金存管等相关配套业务管理制度，细化国办发〔2011〕25号的要求，目前已上网征求意见。

二、下一步工作打算

（一）按照规范为主、严格要求的原则加强业务许可工作

将对多用途预付卡申牌机构加大审查力

度，严格审核标准，特别是将国办发〔2011〕25号文中关于客户备付金安全管理规定的落实情况作为前置条件，凡是挪用客户备付金尚未划回或客户备付金已损失未补足的机构，坚决不予许可。同时强化对相关机构落实国办发〔2011〕25号情况的审查力度，敦促申牌机构整改开办业务中的不规范行为，确保管理规范、内控健全、符合规定资质条件以及国办发〔2011〕25号文落实到位的机构获得牌照。

（二）强化检查监督，促进市场规范

认真组织做好多用途预付卡专项检查工作，严格检查，通过检查工作传递有关政策导向和监管要求。对于存在违法违规突出问题以及在检查中存在弄虚作假、漏报、瞒报行为或不按时进行自查整改的业务申请机构，一律取消申请资质并纳入市场清理整顿范围；对于已取得业务许可但存在上述行为的机构，将视情节轻重采取约谈、责令限期整改、通报、罚款、暂停部分或全部业务直至吊销许可证等处罚措施。

（三）尽快发布相关业务管理制度，加强政策宣传

抓紧根据网上征求意见情况修改完善相关业务管理制度，尽快发布，规范支付机构备付金存管和业务经营行为。同时，将加大有关政策培训和宣传力度，促使预付卡机构和从业人员正确理解和执行相关政策规定，控制风险，规范经营。

（四）规范银行发行金融预付卡

落实国务院领导的多次批示精神以及监察部、国家预防腐败局的要求，发布通知，禁止银行发行有可能引发腐败风险的金融预付卡产品。

（五）加强协调，形成合力

在监察部和国家预防腐败局的组织协调下，加强与税务、财政、工商等相关职能部门的协调配合，形成部门联动，确保预付卡治理取得实效。

第五次联席会议汇报材料之二：关于单用途预付卡管理工作进展情况的报告

商务部

《国务院办公厅转发人民银行、监察部等部门关于规范商业预付卡管理意见的通知》（国办发〔2011〕25号）下发后，我部按照职能分工，认真贯彻落实。现将有关情况报告如下：

一、工作进展情况

国办25号文件是贯彻落实国务院第四次廉政工作会议精神、解决商业预付卡市场存在的突出问题的重要举措和制度安排，对规范商业预付卡管理、严肃财经纪律、防范信用风险、促进反腐倡廉具有重要意义。商务部部党组高度重视，陈德铭部长、高虎城副部长、姜增伟副部长、王和民副部长、房爱卿部长助理均作出指示，要求抓紧落实国务院工作部署，全面推进单用途商业预付卡管理工作。自今年7月份以来，我部采取了一系列规范单用途商业预付卡市场的举措，工作取得一定进展。

（一）加快建立管理制度

这项工作在我部涉及的司局较多，为明确职责，我部下发了《商务部办公厅关于印发落实国务院第四次廉政工作会议精神部内分工方案的通知》，确定单用途商业预付卡管理工作由市场秩序司牵头，驻部监察局等五个司局配合。

印发了《商务部办公厅关于贯彻落实规范商业预付卡管理意见的通知》（商办秩函〔2011〕876号），提出了"规范为主、兼顾发展、属地管理、分类监管"的管理原则和业务报告等管理措施。

起草了《单用途商业预付卡管理办法》，确立了以备案登记为基础，以业务报告为手段，以行政处罚为约束的发卡企业动态管理模式，全面落实了国办25号文件所提出的管理要求。一是进一步细化了购卡实名登记、非现金购卡、限额发行等三项制度要求；二是对发卡企业预收资金管理提出了明确的要求；三是建立了单用途商业预付卡收费、投诉、保密、赎回、清退等业务管理制度。目前，管理办法已反复征求意见，充分吸纳有关部委，地方商务主管部门、有关商协会、部分商业企业和业内专家、法律人士的意见，出台条件已较为成熟，下一步将公开征求意见。

起草了《单用途预付卡发行服务规范》，在单用途预付卡发行、受理、服务、交易安全、资金管理等方面设立了统一标准，提出了明确要求，为下一步进行常态化管理搭建制度框架，拟于年底前发布。

开发了单用途商业预付卡业务信息系统，利用现代技术手段，实现对重点发卡企业预付资金风险的监测预警，建立业务数据报告、分析、监测及预警平台。目前，系统已初步开发完毕，正在进行系统测试。

（二）积极推进专项检查

8月份，我部印发了《商务部办公厅关于开展单用途预付卡专项检查工作的通知》（商办秩函〔2011〕909号），部署从8月20日—10月30日在全国范围内开展单用途商业预付卡专项检查，并印发了专项检查工作参考材料。此次检查将以大型商场、超市和大型餐饮、美容、保健、洗浴等生活服务企业，以及同一品牌连锁企业等发行规模大、用卡占比高、消费者数量多的发卡企业为重点检查对象，以发卡企业对实名登记、限额发行及非现金购卡等制度的落实情况为重点检查内容。同时，要求各地了解重点发卡企业的单用途预付卡发行、受理、服务、系统保障、资金管理等方面情况。

各地商务主管部门在接到检查通知后，迅速组织实施，取得了初步成效。截至11月19日，37个地方商务主管部门已全部转发相关文件，19个地区已完成检查并提交总结报告。据不完全统计，19个地区3528家企业的发卡数量达4009万张，发卡金额达1845亿元，结算金额达1675亿元。其中，重点发卡企业3056家。各地商务主管部门对2965家企业进行了现场检查；召开了491场座谈会，开展了773场次各类宣传活动。

（三）形成多方联动工作态势

7月份以来，我部多次组织地方商务主管部门、全国性行业商协会、知名企业、专家和媒体，召开单用途商业预付卡管理工作座谈会，共同研究管理工作思路。召集全国性商协会部署落实国办25号文件，督促百货、连锁经营等商业协会加强行业自律，相关商协会已向会员企业转发了文件。指导商业联合会筹备单用途商业预付卡专业委员会，专门从事相关研究工作，目前民政部已经批复同意。指导商业联合会召开了2011年中国商业预付卡行业峰会，发布了《2011年中国商业预付卡行业报告》，并通过新闻稿、简报等形式，向社会公众和各级商务主管部门广泛开展工作宣传。

总的来看，在国务院的正确领导下，在监察部等相关部门的支持配合下，各级商务主管部门做了大量的工作。经过大家共同努力，我们基本厘清了单用途商业预付卡管理工作的边界，明确了工作思路，建立了工作机制，得到了社会舆论和公众的支持，取得了良好的开局。

二、下一步工作打算

下一步，我们将积极做好以下工作：

一是督促地方抓好专项检查收尾工作，尽快向国务院和监察部上报专项检查报告。二是抓紧出台管理办法，本周将与有关专家进行进一步论证。三是尽快出台行业标准，拟于下月初召开专家研讨会。四是会同相关部门开展一次联合督查，目前督查方案正在制定中。五是于11月底进行单用途商业预付卡业务管理系统上线试运行。六是在管理办法出台后，召开全国单用途商业预付卡管理工作视频会议，部领导亲自部署相关工作。七是在2011年底前召开专业委员会第一次会议。

商业预付卡管理工作是国务院作出的一项重大部署，商务部将密切配合监察部、人民银行，切实履行职能，尽快拿出有效措施，加强对单用途预付卡的管理。

预防腐败工作联席会议第五次会议纪要

（2011年12月19日）

2011年11月16日，预防腐败工作联席会议第五次会议在国家预防腐败局召开。联席会议召集人马驭主持会议并讲话。中央纪委、监察部、国家预防腐败局、中央组织部、全国人大法工委、最高人民法院、最高人民检察院、国家发展改革委、财政部、中国人民银行、审计署、国资委、国务院法制办等联席会议成员单位以及民政部、铁道部、商务部、中国银监会有关负责同志出席会议。

会议通报了第四次联席会议研究决定有关事项的落实情况和国家预防腐败局2011年主要工作，听取了人民银行、商务部关于商业预付卡管理工作进展情况的汇报。会议认为，预防腐败工作联席会议工作机制建立三年多来，较好地发挥了组织协调、统筹规划、议事决策等作用，研究论证、推动解决了一批重要问题，有力促进了预防腐败工作的开展。会议强调，各有关部门要按照中央纪委的部署，扎实有效做好预防腐败各项工作，以预防腐败的新成效迎接党的十八大的召开。要紧紧围绕中央重大决策部署加强预防腐败工作，坚决维护政治纪律，严防用人上的不正之风，有效防范经济社会发展中存在的各种风险。要紧紧围绕惩防体系建设《工作规划》的贯彻落实，系统推进预防腐败工作。深入开展反腐倡廉教育，推进廉政文化建设。不断强化对权力运行的制约和监督，全面推行廉政风险防控机制建设，进一步深化政务公开，加强政务服务，有效规范权力运行。继续深化行政体制、干部人事制度、司法体制和工作机制改革，加快推进社会体制和财税、金融体制等改革，深化要素市场改革，最大限度地减少滋生腐败的体制障碍和制度漏洞。要加强基础制度建设，搞好预防腐败的顶层设计，着力探索建立一整套有效的预防腐败制度，开展防止利益冲突试点，推行制度廉洁性审查，推动社会信用管理体系建设，探索建立预防腐败信息共享和腐败预警机制。

会议研究了财政部提出的关于加快推进公务卡制度改革问题和国家预防腐败局提出的《关于推进社会领域防治腐败的指导意见（征求意见稿）》两个议题。会议认为，这两个议题对于加强政府自身建设，转变政府职能，促进社会管理，拓展从源头上防治腐败领域具有重要的意义。公务卡制度是财政管理体制改革的一项重要制度设计。推行公务卡制度，有利于减少现金流通、促进金融发展，有利于加强行政经费管理、规范公务消费，有利于提高政府支出透明度、有效预防腐败，对于加强公共财政管理、提高财务管理水平、推进惩防体系建设具有重要作用。社会领域防治腐败是预防腐败的一个重大课题。推进社会领域防治腐败既是加强和创新社会管理的重要组成部分，又是创建廉洁社会、巩固反腐败斗争成效的必然要求，也是履行《联合国反腐败公约》应尽的责任和义务。会议要求，有关部门和单位要加强协调配合，形成工作合力，加快推进公务卡制度改革；要高度重视社会领域防治腐败工作，加强组织领导，加大体制机制改革力度，在坚决惩治社会领域违规违法行为的同时，努力创造有利于社会领域健康发展的制度环境，营造风清气正的良好社会环境。

经研究，会议决定以下事项：

一、同意财政部提出的关于加快推进公务卡制度改革问题的建议。财政部商相关部门研究制定公务卡强制结算目录，扩大公务卡使用范围，并就进一步完善公务卡支持系统进行研究；人民银行通过制定行业规则、窗口指导及市场化手段，引导中国银联和各商业银行加大对中西部、市县以及国外地区的POS机布设力度；国家发展改革委、人民银行、银监会商相关部门研究提出银行卡刷卡手续费调整优化方案，提高商户受理意愿；铁道部通过扩大互联网售票覆盖范围、增加车站售票窗口POS机和推进火车票代售点POS机布设工作，方便预算单位使用公务卡购买车票。财政部、人民银行、银监会等部门按照职责分工，督促公务卡代理银行提高服务水平和质量，健全代理银行与预算单位和持卡人之间的沟通协调机制。各地区、各部门要按照温家宝总理在国务院第四次廉政工作会议上的讲话要求，加快公务卡改革步伐，尽快将改革推进到所有预算单位，确保改革任务于2012年底前如期完成。

二、国家预防腐败局根据会议讨论情况，认真修改《关于推进社会领域防治腐败的指导意见》并进一步征求意见后，按程序报批发文。

成员单位出席领导：

中央纪委副书记、监察部部长兼国家预防腐败局局长马驭

中央纪委常委、监察部副部长兼国家预防腐败局副局长屈万祥

国家预防腐败局副局长崔海容

中央纪委常委、中央组织部副部长张纪南

最高人民法院副院长南英

最高人民检察院检察委员会专职委员杨振江

驻国家发展和改革委纪检组组长刘晓滨

驻财政部纪检组组长刘建华

中国人民银行副行长杜金富

驻审计署纪检组组长安国

国务院国资委纪委书记强卫东

国务院法制办副主任郜风涛

相关部门出席领导：

民政部副部长姜力

铁道部副部长胡亚东

驻商务部纪检组组长王和民

中国银监会副主席蔡鄂生

列席：

中央组织部干部监督局副局长伍鸿亮

中央组织部干部监督局调研员宋学平

全国人大法工委立法规划室主任吴高盛

最高人民法院刑二庭副庭长苗有水

最高人民检察院职务犯罪预防厅副厅长陈正云

最高人民检察院职务犯罪预防厅预防处处长赵武安

国家发展和改革委投资司副司长罗国三

驻财政部监察局副局长秘京平

财政部国库支付中心综合处处长李大伟

中国人民银行反洗钱局副局长刘争鸣

中国人民银行支付结算司副司长樊爽文

审计署办公厅副主任丁德明

国务院国资委党建工作局局长刘汉滨

国务院法制办政法司副司长彭高建

民政部民间组织管理局副局长杨岳

驻民政部监察局局长肖登峰

铁道部运输局营运部副主任王培

商务部市场秩序司司长常晓村

商务部市场秩序司处长魏子力

中国银监会业务创新监管协作部副主任尹龙

中央纪委、监察部有关单位负责同志宋大军、董仲波、赵文波、李五四、罗兴平、于春生、于柯超、李洋、梅智超

附录二：预防腐败工作座谈会有关材料

部分省（区、市）预防腐败局局长工作座谈会发言材料

（2010 年 11 月 26 日）

甘肃省预防腐败工作情况汇报

甘肃省预防腐败局

2009 年以来，我省预防腐败工作以试点项目为载体，以制约和监督权力为核心，以改革创新为突破口，以科学设置组织机构为保障，坚持理论研究与实践探索相结合，解决重点难点问题与长远建设相结合，系统谋划，稳步推进，取得了积极进展。

一、整合资源力量，创新领导体制和工作机制

为有效整合资源，形成工作合力，我们通过推进领导体制和工作机制创新，着力强化组织保障。一是创新领导体制。2008 年 9 月，建立了由省委书记任组长，省委副书记、省长和省委专职副书记任副组长，省委常委、省纪委书记任常务副组长的高规格预防腐败联席会议制度，将 10 多个有关职能部门的主要领导列为联席会议成员，主要负责对预防腐败工作的全面领导，研究决定重大决策部署和协调解决重大问题。二是创新工作机制。着眼于形成整体合力，我们从纪检监察系统内部和外部两个方面完善工作机制，保证了预防腐败工作的协调运转。一方面，建立内部协作配合机制。在国家预防腐败局、中央编办和省委省政府的高度重视支持下，2009 年初筹备组建了省预防腐败局，与省纪委、省监察厅合署办公，采取三个机关名称、一套工作机构的“三位一体”模式，在省纪委常委会统一领导下开展工作，合理划分各厅室工作职能，明确新设立的预防综合室负责综合协调并承担惩防体系办职能，省纪委、省监察厅政策法规研究室、监察综合室、宣教室、党风室、纠风室、执法监察室、干部室等业务室同时作为省预防腐败局的内设机构，按职责分工抓具体工作落实，避免了职责不清、业务交叉、推诿扯皮等问题。另一方面，建立外部沟通协调机制。为了加强对预防腐败工作的横向组织协

调，我们在省预防腐败联席会议的基础上，建立了各成员单位协调会议制度，省纪委书记或副书记为召集人，各成员单位纪检组长（纪委书记）参加，主要负责对联席会议决定事项和部署任务落实工作的具体组织协调。三是创新工作制度。我们建立了联席会议议事规则及工作协调、惩防体系建设领导小组会议议事规则及工作协调、牵头与协办单位工作协调配合、省预防腐败局局长办公会议议事规则及内部机构工作协调、预防腐败信息工作等10项制度规定，促进了预防腐败工作的规范化、制度化。

通过健全完善领导体制和工作机制，强化了对预防腐败工作的组织领导，有效协调解决了一些重大问题。比如，开展预防腐败试点工作，我们通过省预防腐败联席会议决策部署，通过协调会议制度分解任务，通过委厅局机关内部协调工作机制督促落实，保证了试点工作的顺利有序推进。再比如，我们充分发挥领导体制和工作机制的作用，协调各有关方面的力量，在全省范围内深入开展了反腐倡廉制度大检查和重点领域制度评估工作。

二、深化理论研究，理清预防腐败工作思路

预防腐败作为一项探索性、创新性工作，必须以科学的理论为指导，以科学的理念来推进。为此，我们与中国社科院、清华大学、省社科院建立了合作研究机制和专家库制度，先后开展了预防腐败创新工程、权力运行监控机制、廉政评价指标体系、工程建设领域治理对策等课题研究，深入分析腐败行为的发生机理，不断认识和把握预防腐败的特点规律，理清了工作思路，即围绕中心、服务大局，在惩防体系建设的总体框架下，以制约和监督权力为核心，以体制机制制度创新为突破口，着眼长远、系统谋划、整体推进，从解决重点领域和关键环节存在的突出问题着手，针对腐败行为发生所依赖的公共权力、腐败动机、腐败机会三个必要条件，着力构建权力、动机、机会“三道防线”，逐步健全完善拒腐防变教育长效机制、反腐倡廉制度体系、权力运行监控机制，努力形成决策权、执行权、监督权既相互制约又相互协调的权力结构和运行机制。

三、积极探索实践，寻求预防腐败有效途径

我们坚持课题研究、试点工作与惩防体系建设“三融合”，紧紧围绕推进惩防体系建设，以理论成果指导工作实践，以工作成效检验和完善理论成果，积极探索构筑“三道防线”的有效途径和办法。

*第一，构筑权力防线。*从制约和监督两方面入手，在微观层面探索建立权力运行监控机制。一方面，通过清权确权，压缩权力空间，规范权力运行，强化权力制约。比如，在张掖市开展规范行政处罚自由裁量权试点，将38个执法部门1351项行政处罚裁量标准细化为5143条，对处罚标准、违法情节、范围幅度划分等级、分档设限，确定相应处罚基准，最大限度压缩自由裁量空间，取得了明显效果。试点部门办结的1536件行政处罚案件，无一起因处罚不当引起行政复议和行政诉讼。目前正在全省有关行政执法系统推广这一做法。在兰州长城电工股份有限公司开展健全企业内部决策机制和监督机制试点，以落实“三重一大”决策制度为重点，实行大额资金和预算外资金支出联签制、重要人事任免无记名票决制、重大合同、担保事项和大宗物资采购会审制、重要决策记名表决制、权力运行流程记录制，积极探索企业决策权、执行权、监督权相互制约、相互协调的权力结构和运行机制。另一方面，通过整合监督力量和推进信息公开，着力破解权力不对称和信息不对称问题，强化权力监督。比如，在省交通运输厅开展连霍高速公路建设工程监管试点中，针对29个环节的45个风险点，通过建立业主、施工、监理和检察院工程廉政联席会议制度、派驻工程项目纪检监察组和聘用

廉政义务监督员制度，推行业主、银行、项目办三方协议的资金监管方法，形成监督合力，增强监督实效。在白银区开展党政领导班子成员向同级纪委全委会述廉试点，从内容确定、程序规范、民主测评、结果运用等方面建立健全制度，在强化纪委对同级党委的监督方面进行积极探索。在张掖市开展领导机关和领导干部勤廉度评价体系建设试点，研发电子系统，运用互联网公开党政机关和领导干部的政务活动，每周更新一次，接受群众监督和测评，并将测评结果作为党风廉政建设责任制考核的重要依据，对测评结果较差的进行通报、诫勉谈话和组织处理，有效促进了廉政勤政。在兰州理工大学开展规范高校物资采购行为试点，建立物资采购管理信息平台，实现采购全过程的公开透明运行和各个环节全覆盖监管。

第二，构筑动机防线。针对不同层面的不同特点，创新教育方法，拓展教育内涵，构建拒腐防变教育长效机制，努力形成对腐败行为的个体内心道德谴责压力和社会舆论谴责氛围。在党员干部层面，充分运用课题研究和案例剖析成果，采取召开全省领导干部警示教育大会和巡讲的形式，对全省1万多名各级领导干部进行集中警示教育，收到良好效果。今年建立了与检察机关、组织部门共同进行案件剖析和开展警示教育的工作机制，对近期查办的几起典型案件进行深入剖析，在全省县委书记培训班上进行了专题教育，并准备在更大范围开展更深层次的教育。同时，我们在白银市开展了拟任领导干部廉洁从政党纪政纪法规知识考试试点，两年内共有12199名党员干部参加考试，108人因成绩不及格被取消考察资格或延期任用，强化了领导干部廉政意识。在社会公众层面，深入挖掘历史文化资源，建成1个国家级廉政教育基地、16个省级“六进”活动示范点，并正在组织评审一批省级廉政教育基地。同时，积极开展廉政文化建设试点，将廉政文化与地方特色文化相结合，通过组织形式多样、群众喜闻乐见的文化活动，努力营造崇廉鄙腐的社会氛围。

第三，构筑机会防线。坚持从宏观着眼、中观着手、微观着力，紧紧抓住制度评估、制度设计和制度执行等环节，探索建立反腐倡廉制度体系。一是开展制度评估。今年我们在全省范围内开展了“反腐倡廉制度大检查”活动，对1300多项反腐倡廉法规制度进行全面清理，并会同人大法工委、政府法制办组织专家对政府采购、国土资源、招标投标、交通建设等重点领域和环节的相关制度进行了系统评估，查找出制度漏洞和缺陷70多个。二是加强制度废改立。根据评估结果，我们制定了反腐倡廉制度建设规划，目前正在分解任务。同时，在试点项目上积极推进制度创新。比如，兰州长城电工股份有限公司按照企业标准化管理模式，对公司原有6类41项管理制度进行清理审查，共废除制度16项、修订制度25项、新建制度118项，建立了覆盖企业71个岗位的143项管理制度体系。定西市农村沼气建设项目监管试点，从项目、资金、物资、质量、后续监管等环节入手，建立物资储运管理、项目明白卡、项目户档案制，市场调查、成本核算、价格监测、台账销号制等15项制度。三是加大制度执行力。在张掖中级人民法院开展强化审判权、执行权监督试点，成立院党组成员、纪检组长为组长、基层法院纪检组长为成员的巡视办公室，对全市法院落实廉政制度情况进行巡视督查，推行廉政监督员制度和当事人评议卡制度，探索建立了执行制度的保障机制。其他各试点单位一手抓制度健全完善，一手抓制度执行，都取得了比较好的效果。

四、几点体会和工作建议

通过两年试点，我们主要有四点体会：一是必须健全机构、整合力量。预防腐败涉及方方面面、各个领域，只有通过建立健全组织机构，才能协调各方面的力量，齐抓共管，提高预防的整体效能。二是必须把握规律、系统预防。预防腐败是一项系统工程，只有遵循其内在规律，多层面、全方位地系统预防，才能实现将腐败遏制在低水平、且低水平可持续的目标。三是必须突出重点、突破难点。当前，应围绕制约和监督权力这个核心，着力解决好科学分解和合理配置权力、增强监督主体的独立性和权威性、构建符合国情实际的权力运行监控机制等三个关键性问题，力求在体制机制制度创新方面取得实效。四是必须创新手段、科学推进。先进的科学技术手段，对于提高工作效率、有效预防具有重要作用。只有积极运用、推广现代科技手段，不断提高预防腐败的科学化、制度化水平，才能有效防范和控制廉政风险，真正建立起预防腐败的长效机制。

建议国家预防腐败局从以下几方面强化宏观指导。一是进一步推进预防腐败机构建设。鉴于目前预防腐败机构横向上仅在部分省份设立，纵向上仅局限于省级层面，不利于预防腐败工作的组织协调和全面推进，建议国家预防腐败局加强与有关部门的协调沟通，从中央层面明确提出各级设立预防腐败机构的要求。二是进一步加强预防腐败工作的系统谋划。鉴于预防腐败涉及面广、工作内容多，必须整体推进、系统预防，才能取得明显实效。建议国家预防腐败局对这项工作进一步搞好整体规划和系统安排，使预防腐败工作有目标、有计划、有步骤地推进。三是进一步加大监督体制改革力度。目前普遍存在的“一把手”监督难、同级监督难等问题，其根源还在于监督体制不完善。鉴于地方推进监督体制改革的难度较大，建议国家预防腐败局进行深入研究，从宏观层面努力推动监督体制改革取得实质性进展。

上海市预防腐败工作情况汇报

上海市预防腐败局

上海市预防腐败局于去年成立，主要负责全市预防腐败工作的组织协调、综合规划、政策制定、检查指导等工作。在中央纪委、监察部、国家预防腐败局和上海市委市政府的领导下，主要推进惩治和预防腐败体系建设，积极推广预防腐败试点经验，大力推介国内外预防腐败的有效做法，取得了积极成效。现将有关工作情况汇报如下：

一、关于工作开展情况

根据党的十七大提出的“在坚决惩治腐败的同时，更加注重治本、更加注重预防、更加注重制度建设”的要求，我们运用“制度加科技”方法，按照“权力在阳光下运行、资源在市场中配置、资金在网络上监管”的工作思路，以制约权力为关键，以制度建设为根本，以信息技术为支撑，大力推进制度和管理创新，着力提升预防腐败效能。主要抓好以下几方面工作。

（一）开展行政审批标准化管理，推进权力在阳光下运行

公共权力过于集中、运行不透明、监督不到位、自由裁量空间过大等是权力寻租的重要根源。为规范权力运行，我们在开展清权确权工作的基础上，对权力进行科学分解和合理配置，对流程进行重新梳理和优化，将权力运行的流程规定固化为计算机程序，加强对同一业务不同岗位、同一流程不同环节的相互制约，最大程度克服行政权力自由

裁量权过大的弊端，保证业务操作的规范和制度执行的刚性。本市在浦东新区建立了具有网上公开、网上办公、网上服务和网上监督四项功能的权力公开透明运行专网，使权力运行状态看得见、百姓意见听得到、社会监督管得着。在长宁区构建了“政府投资项目管理系统”，创新了政府投资项目从决策、执行，到监督的全过程信息化管理。这些探索的基本理念就是将信息技术应用于行政管理之中，使权力运行“大小有界、公开透明、网上留痕、全程受控”。

以行政审批为例，近年来，行政审批管理制度改革取得了阶段性成果，但当前的行政审批仍然存在自由裁量权大、审批环节标准不统一、运作不透明等问题。为解决这些问题，我们探索建立行政审批标准化管理。一是建立行政审批目录管理制度，对行政审批目录进行实时动态管理，凡未进入目录，一律不得列入审批。今年4月，上海市政府正式下发了《上海市行政审批目录管理办法》。二是优化行政审批流程，对行政审批的办理和监管过程进行科学分解和合理配置，对流程进行改造和优化，编制审批业务手册，从而统一审批受理口径、统一审查内容、统一审理时限和统一文档模板，使行政审批工作质量标准化、服务过程规范化、办理方法程序化。三是开展网上审批和电子监察，审批在网上进行，实现审批材料网上审核、网上流转、意见文书网上出具、数据网上共享、过程网上公开，使行政审批运行真正实现“规范、效能、透明、可究”的目标。

（二）积极探索和建立资源交易市场，推进资源在市场中配置

为了充分发挥市场在资源配置中的基础性作用，从体制机制管理上切断权力干预市场的行为。根据公共资源的不同特点，探索和建立了土地交易市场、政府采购市场、产权交易市场和有形建筑市场，对公共资源实行分类交易、统一监管。

以土地交易领域为例，“寸土寸金”真实地反映了在上海土地资源的稀缺程度。在上海市土地交易市场建立之前，上海在土地领域发生了不少的案件，究其原因就是少数人利用土地出让过程权力相对集中、操作相对封闭、交易相对分散、信息不充分公开等弊病，暗箱操作，以权谋私。对此，我们从变区县分散交易为全市集中交易入手，建立了一个全市统一、规范、透明的土地交易市场。一是科学分解权力。对土地交易规则制定、业务办理、监督考核实施“三分离”，突显出“交易集中、权力分散”的特点，从根本上削弱了土地交易过程中权力寻租的基础。二是统一信息发布。严格实行该公开的充分公开，该规避的坚决规避，将地块和流程信息通过媒体、网络等多种渠道及时披露，将竞买人信息采用分散掌握等方式予以保密，确保了竞买人之间的公平竞争，有效地防范了幕后交易。三是统一交易规则和运作监管。将交易业务分为竞买人、专家及主持人、业务管理、配套工作四个模块，对业务流程实行分段管理，通过计算机系统集成数据产生交易结果。这种“以机管人”的约束机制，使任何人都不能单方面操控交易过程和结果，有效避免了人为因素的干扰和交易过程中暗箱操作行为的发生。上海市土地交易市场自2008年3月开业以来，已经完成交易地块逾千幅，没有接到一封信访举报件，没有发现一起违规操作事件。

再以政府采购为例，之前主要经历了两个阶段。在初始阶段，政府采购分散在各个部门，由各单位自行采购，风险点多、监管难，容易发生腐败问题。2003年，国务院颁布《政府采购法》，规定政府采购实行集中采购。在这一阶段，政府采购克服了分散采购的一些不足，但之后又出现了采购周期长、价格高、过程不够透明以及容易产生“集中采购、集中腐败”等问题。对此，我们探索建立了以“全覆盖、全流程、全上网、全透明”为主要特征的全市政府采购电子平台，通俗地讲，就是开设“网上大

卖场”。一是通过公开招投标的方式，确定进入网上大卖场的供应商和通用类商品，将供应商的资质情况和商品价格、供货方式、售后服务等内容在网上公开，实施实时跟踪和诚信考核等制度。二是预算单位采购人员在预算批准后，可直接进入网上大卖场进行选购，还可通过在线议价、反拍、团购等多种竞价手段，降低采购价格。三是监管部门通过系统可对所有交易情况进行全过程动态监管，系统会对采购过程中的违规行为进行自动记录和预警。今年以来，实施电子集市采购的通用类商品种类已扩展至11大类652个品种。平台运行情况表明，实施电子集市采购后，采购周期从以往1个多月缩短到当天，采购平均价格从原来高于市场价降低到低于市场价约10%。

（三）建立对政府资金使用监管信息平台，推进资金在网络上监管

近年来，本市各部门财政资金使用量逐年增大，资金使用的规范和风险必须引起高度重视，特别是直接掌握资金审批权和分配权的部门和人员成为高风险的岗位。为此，我们运用信息化手段，加强对财政资金的监管，建立起对资金流向、流量实时动态监控平台，逐步实现对预算编制、执行及决算和财务管理等信息的全程监控。市政府印发《关于进一步加强本市财政性资金和社会公共资金监管的若干意见》，同时在市食品药品监管局、松江区、浦东新区开展财政性资金监管系统建设试点。

以市食品药品监管局的“公共财政资金安全管理系统”为例，该系统由预算管理、预算执行、资金监控、财务核算、决算管理、报表分析等构成。各部门的预算一经批准就被锁定，不能更改。全局所有核算单位统一开户银行、统一支付方式、统一使用公务卡，不准使用现金支付，由银行转账支付消费，无论哪一个部门使用一分钱，银行就会通过网络即时发送信息告知系统，资金的任何变化都可以在系统平台上即时显现。该系统运行以来，有效提升了预算执行的刚性，保证了财务决算的完整、真实与可靠，行政事业经费使用更加规范透明。

在从严控制“三公”消费方面，以因公出国（境）经费为例，按照监察部、国家预防腐败局的工作要求，我们针对因公出国（境）中存在的经费控制不严、邀请函虚假、绕道超时等问题，将监督融入管理之中，开发了因公出国（境）综合管理信息系统。今年1月4日，该管理系统正式开通运行，从出国经费预审、邀请函验证、出访行程比对等重要环节入手，实现对出国（境）团组从出国（境）报批到归国小结、证照管理各环节的全过程监管。其中，正在探索将市、区（县）两级因公出国（境）经费的财政预决算纳入系统平台，实现因公出国（境）经费量化指标控制。系统开通运行以来，有效控制了因公出国（境）的资金、团组和人次。

二、关于体会和思考

预防腐败涉及面广，工作量大，如何运用有限的人员最大限度发挥好预防腐败机构的作用，一直是我们思考的问题。上海市预防腐败机构设立的时间不长，预防腐败的工作机制、思路、方法等仍在进一步的探索之中，总结前一阶段的工作主要有两点体会。

一是预防腐败工作重在输出理念，树立意识，要将预防腐败工作融入部门管理之中。业务部门中腐败行为的发生，大都源于管理的粗放，权力运行不规范、不透明。预防腐败工作的切入点就是要优化政府部门的管理，将权力进行科学分解，优化权力运行流程，并运用信息技术等手段加以固化。要做到权力配置科学、界限明确、行使依法、运行公开。关键是要使行政管理部门的主要领导树立起在管理中加强监督的意识，把预防腐败的要求落实到权力运行各个环节。作为预防腐败的专门机构要充分发挥协调、指导、推进作用，积极运用典型引领示范效应，推广预防腐败试点经验，推动面上整体

工作开展。

二是预防腐败工作从当前来讲，重点是在腐败现象易发多发重点领域和关键环节加强制度建设，完善监控机制，提升制度执行力；从长远来讲，则要贵在坚持，逐步推动形成自觉遵守制度意识和制度文化。比如工程建设领域，我们开展了大量工作进行专项治理，针对一些长期困扰工程建设领域的突出问题加强长效机制建设，陆续推出了一些制度和措施。但是，项目分包、施工监理、招标投标等环节的问题仍然无法杜绝，工程建设领域“法规制度体系、市场体系和诚信体系”的建立还需要下大功夫，制度意识和制度文化的形成还需要相当长的过程。因此，预防腐败工作必须做好长期的准备。

湖南省预防腐败工作情况汇报

湖南省预防腐败局

近年来，在中央纪委、监察部、国家预防腐败局和省委、省政府的领导下，我们认真贯彻落实中央“三个更加注重”的工作要求，把预防腐败工作摆到了更加突出的位置，取得了一定成效。

一、预防腐败机构建立情况

2009 年 5 月，省里成立了省预防腐败工作领导小组，由省委常委、省纪委书记任组长，省委常委、常务副省长，省高级人民法院院长，省人民检察院检察长，省纪委副书记、省监察厅厅长任副组长，24 个省直单位的主要领导担任成员。2009 年 7 月，我们又创建了省监督工作联席会议制度，由 19 个具有监督职能的省直机关和部门组成联席会议。2009 年 3 月，省委常委会在审议《湖南省政府机构改革方案》时，同意成立湖南省预防腐败局；8 月，中央编办下发《关于湖南省监察厅加挂湖南省预防腐败局牌子的批复》；9 月，省委办公厅、省政府办公厅下发通知，同意省监察厅加挂省预防腐败局的牌子；10 月，省编办印发了《关于省预防腐败局机构编制有关事项的复函》，明确了省预防腐败局办公室的职责和 8 名编制职数；今年 4 月 9 日，举行了省预防腐败局揭牌仪式，国家预防腐败局副局长崔海容以及省委常委、省纪委书记许云昭，省委常委、常务副省长于来山等领导出席了揭牌仪式。湖南成为了全国省一级较早建立预防腐败机构的省份。省预防腐败局局长由省纪委副书记、省监察厅厅长担任，副局长设两名，其中一名由省纪委常委、省监察厅副厅长担任，另设一名副厅长级的专职副局长，主持省预防腐败局的日常工作。省预防腐败局下设办公室，同时作为省纪委内设的预防腐败室，承担省预防腐败局的日常工作并履行综合协调职能。省里明确了省纪委、省监察厅与省预防腐败局“三块牌子、一套人马”的模式，明确省预防腐败局专职副局长为委厅局领导班子成员，列席常委会。在建立局长办公会议制度的同时，建立了委厅局机关预防腐败座谈例会制度，由局长或局长委托的副局长主持召开，机关承担预防腐败职责的内设机构负责同志参加，一般每季度召开一次。明确由预防腐败室承担预防腐败工作领导小组办公室和监督工作联席会议办公室的职责，同时履行预防腐败局办公室对全省预防腐败工作的组织协调、综合规划、政策制定、检查指导职责。在此同时，我们支持有条件的市州成立预防腐败局，现长沙市已批准成立市预防腐败局。

二、探索开展预防腐败特色工作

在我省被确定为全国预防腐败试点省后，2008 年 9 月，我们确定了预防腐败工作 14 个试点项目，确定长沙市为预防腐败综合改革试点市。我们坚持在反腐倡廉建设中推进预防腐败特色工作，在五个方面进行重点探索。

（一）着力在加强对“一把手”的监督上进行探索

一是建立健全对“一把手”分权制权的各项制度。今年 4 月，省委下发了《加强对市州和省直厅局级单位党政正职监督的暂行办法》（湘发〔2010〕8 号）。2009 年，省纪委、省委组织部、省委巡视工作办公室出台了《关于进一步加强对县市区党政正职监督的暂行办法》。在党政正职中全面推行“三个不直接分管”即党政正职不直接分管人事、财务和工程项目，优化了“三重一大”事项决策执行程序，设置了用权行为底线，较好地从制度层面对党政正职的权力进行了规范。二是开展述廉评廉工作。召开了全省领导干部述廉评议工作现场观摩会，开展了地方党委权力公开透明运行试点工作。省市县三级全面实行党政正职向纪委全会公开述廉制度，启动了省直单位党政正职述廉评议试点。三是加强对党政正职的经常性监督。制定了党政领导干部任前廉政谈话、诫勉谈话和函询的规定，对党政正职执行党风廉政建设责任制和廉洁从政情况进行问卷调查，初步建立对党政正职的立体监督网络。

（二）着力在防治公共资源交易领域腐败上进行探索

一是创新公共资源交易制度。规范和完善了建设工程招投标、国有土地使用权招标拍卖挂牌出让、产权交易等制度。召开了防治公共资源交易领域腐败创新工作现场会，大力推行工程建设领域项目法人制，招投标项目库、监委库制度和项目“三审”等制度。二是加快推进全省各级公共资源交易统一平台建设。长沙市、株洲市、益阳市等市建成了统一的招投标平台或管理机构。三是建立健全公共资源交易廉政机制和行业诚信体系。制定了《关于防止和遏制领导干部违反规定插手干预工程项目建设的暂行规定》。在 4 个市州和 10 个省直部门进行了工程建设领域项目信息公开和诚信体系建设试点。以“三库一网一平台”（即企业和个人信用信息数据库、企业信用信息基础数据库、公民信息数据库、湖南信用网和省电子政务外网数据交换平台）为主要内容的社会信用体系建设，在预防商业贿赂中发挥了基础性作用。

（三）着力在防治行政执法领域腐败上进行探索

一是推进行政程序法制建设。在全国率先出台并实施了《湖南省行政程序规定》、《湖南省规范性文件管理办法》、《湖南省规范行政裁量权办法》等规章，被行政法学界称为“湖南模式”。近期还将出台《湖南省政府服务规定》。二是推进行政审批制度改革。全省分 9 批取消和调整行政审批项目 1011 项，取消行政审批收费项目 103 项，取消行政事业性收费项目 59 项。三是推进权力规范运行。召开了全省规范权力运行制度建设现场会议。省直 58 个重点单位按照职权法定的要求，重点抓好职权清理工作，并全部在网上公开。在全省部署开展了“机关效能建设年”活动，从省直 33 个派驻监察机构中选取了 40 个热点难点问题进行专项效能监察。

（四）着力在解决“三公”消费问题上进行探索

一是积极推行公务卡改革。在全省各级普遍推行了公务卡消费改革和试点，改进了现有公务消费制度、财务制度和预算执行制度。二是强化公务用车管理。对省直公务用车实行“总额控制、归口管理、统一标准、统一申报、政府审批、集中采购”。对省直机关的公务车辆实施“定点维修、保险、加油”。三是认真开展制止公款出国（境）旅游专项治理。将此项工作纳入了全省开展的“5＋X”即新增投资项目财政性资金管理使用，制止公款出国（境）旅游，公务用车配备管理使用，禁止领导干部违反规定插手干预工程项目建设，规范领导干部及其配偶子女和特定关系人投资入股经商办企业等五个方面制度执行情况检查活动中。

（五）着力在预防腐败理论研究上进行探索

省纪委、省监察厅、省预防腐败局领导带头搞调研，每年至少完成一项防治腐败方面的课题。注重发挥高等院校、社会团体的研究优势，引导高等院校、社会团体积极开展反腐倡廉理论研究。与中南大学合作建立了湖南省预防腐败研究基地，与湖南大学合作建立了湖南省廉政研究基地，与湖南商学院合作建立了湖南省廉政建设研究基地，支持华夏廉洁文化研究会《清风》杂志创刊和公开发行，支持创办“清风手机报”。10月25日，我们与中南大学等单位共同主办了“预防腐败制度之路”理论与实践成果交流会，国家预防腐败局副局长崔海容和省委常委、省纪委书记许云昭等领导出席会议并讲话，7个兄弟省市预防腐败局的负责同志来我省传经送宝，省直有关单位、各市州纪检监察机关、有关高校的负责同志和专家学者共110多人参加会议。

这些重点探索和试点工作，得到了中央纪委、监察部、国家预防腐败局领导的肯定。中央政治局常委、中央纪委书记贺国强同志作出重要批示：“湖南提出从五个方面探索创新反腐倡廉工作，这五个方面涉及反腐倡廉的几个重要领域，望认真实践、探索、总结。”中央纪委副书记、监察部部长、国家预防腐败局局长马驭同志也作出重要批示：“湖南省委、省政府高度重视，省纪委确定14个项目开展预防腐败试点工作，思路清晰，重点突出。”

我们在预防腐败工作中也还存在一些问题和不足。一是少数单位对预防腐败工作重视不够，有效预防腐败的办法和措施还不多。二是预防腐败工作还有待进一步规范，工作力量还需进一步充实。三是下一级大多还没有预防腐败专门机构，工作任务对口落实的效率还不高。

三、几点建议

一是建议进一步加快预防腐败法制建设步伐，中央早日出台防治腐败的国家性法律。

二是建议进一步加大对各省预防腐败工作的指导，为各省市区之间的横向交流创造更多的条件。

三是建议进一步明确支持有条件的地市一级建立预防腐败专门机构，以便上下对口落实工作。

四是建议进一步加大对预防腐败理论研究的指导，每年确定一批重点课题开展有针对性的研究。

湖北省预防腐败工作情况汇报

湖北省预防腐败局

在中央纪委、监察部、中编办、国家预防腐败局关心支持下，今年1月我省预防腐败局正式挂牌成立，马驭部长亲自揭牌，并要求我省以预防腐败局成立为契机，继续先行先试，积极探索。一年来，我们坚持一手抓机制建设，一手抓工作开展，全面推进预防腐败工作，取得了初步成效。

一、预防腐败工作机制建设情况

我省预防腐败工作近年不断深入发展，特别是年初监察部和省政府签署了武汉城市圈惩防体系建设合作备忘录后，预防腐败工作进入一个新的发展时期。省预防腐败局利用良好机遇，按照国家有关文件要求，积极探索推进预防腐败工作的有效机制，努力提高预防腐败工作水平。

（一）健全组织领导机制

一是整合领导机构。将省委惩防体系建设领导小组办公室、省源头治腐工作领导小组办公室的职能调整到预防腐败局，由预防腐败局具体负责全省预防腐败工作的组织协调、综合规划、政策制定、检查指导。二是统筹牵头工作。以省委省政府文件对预防腐败进行统一部署，对工作任务逐一分解，明确职责、任务和要求。实行牵头部门领导定期汇报工作制度，推动牵头单位完善主抓责任制，调动各方参与预防腐败工作的主动性和创造性。三是落实联席会议制度。定期召开省直牵头单位联席会议，协商解决预防腐败工作中的重要问题，总结交流做法和经验，推动工作开展。今年以来，先后就行政审批制度改革、经济责任审计、科技防腐等重点问题多次召开联席会议，推动相关工作的顺利开展。

（二）建立内部运行机制

我们把建立高效协调运转的内部运行机制，作为保障预防腐败工作顺利开展的重要举措。一是健全工作机制。省预防腐败局在省政府、省纪委常委会领导下开展工作。局长办公会议定期分析预防腐败形势，研究解决重大问题。二是实行明确分工。省预防腐败局下设综合处和监督检查处，分别负责综合规划、政策制定和组织协调、检查指导，努力提高工作的专业化、规范化水平。三是加强协调沟通。充分发挥预防腐败室在教育、制度、监督、改革等预防腐败工作中的组织协调作用，加强机关内部工作机构之间、纪检监察与有关部门之间的沟通与协作，强化工作合力。

（三）完善工作推进机制

在总结近年来实践经验的基础上，创新预防腐败工作的平台和载体，强化预防腐败的工作推进机制。一是开展“十个全覆盖”活动。把腐败预警防控、电子政务和电子监察系统建设、行政服务网络建设等十个方面的工作结合在一起抓，统一部署、统一要求，相互支撑、相互促进，形成了全方位、宽领域、多层次推进预防腐败工作的态势和格局。何勇同志今年在湖北调研时指出，“十个全覆盖”很有创造、很有创新，是一个系统工程，是一个务实工程。二是实行重点工作标准化管理。针对一些地方工作不落实的问题，将源头治腐的要求转化为具体的、可量化考核的工作标准，共32大项88小项，逐项明确评估标准，确定考核分值，开展交叉检查，综合考核评分，努力形成预防腐败工作标准化管理体系。三是建立预防腐败区域协作制度。在武汉城市圈和鄂西生态文化旅游圈就预防腐败重点工作开展区域协作，定期召开纪检监察机关负责人联席会议，加强信息交流、资源共享，实行监督检查跨区域联动。四是建立预防腐败专家咨询制度。为做好制度廉洁性评估工作，从省内大专院校、科研机构、法制部门中聘请专家学者，分类组建财经、法律、环保、规划等13个专家组，为预防腐败工作提供咨询。

二、预防腐败工作开展情况

我省坚持以中央《工作规划》为指导，按照《国家预防腐败局2010年工作要点》的要求，以宣传教育为基础，以规范权力运行为核心，以腐败预警防控为重点，以阳光公开为关键，以改革创新为动力，扎实开展预防腐败工作。

（一）前移预防关口，开展腐败预警防控工作

去年以来，我们按照“六个层次”开展腐败预警防控工作，大力推进具有湖北特色的惩防体系建设，着力构建以情景推理为主要方法的查找分析机制，以分权制权为主要方式的应对防范机制，以流程监管为主要手段的监督控制机制，以迹象管理为主要内容的预警处置机制，以勤政廉政为主要目标的保护激励机制。今年，我们先后召开市县、省直单位腐败预警防控工作现场会，推广省工商局、省地税局和沙洋县腐败迹象管理、科技防腐和“分岗查险、分险设防、分权制衡、分级预警、分层追责”的腐败预警“五分模式”，推动工作开展。截至目前，全省已有30余万名党员干部参与了廉政风险排查活动，省直单位共梳理规范工作流程1875项，各级纪检监察机关（机构）对407名党员干部实施了预警处置。先后出台腐败预警防控制度50多项，其中包括招商引资、项目建设等14个关键环节腐败预警防控办法，国有企业、高校、国土资源等12个领域腐败预警防控指导意见，县委书记、乡镇党委书记、村党支部书记等重要岗位风险防控办法。县委书记岗位风险防控办法得到何勇书记、马驭部长批示。目前，腐败预警防控工作在我省全面展开。

（二）强化源头治理，深化体制机制改革

围绕制权、管钱、用人和公共资源交易等重要部位和关键环节，大力推进体制机制改革。一是深化“五统一”招投标综合监管机制改革。加大统一的综合监管机构、交易平台、管理制度、评标专家库、行业自律组织建设力度。进一步扩大综合监管机制覆盖面，在省市县三级成立政府直属的综合招投标监管机构，建成综合招投标中心或公共资源交易中心83个，基本实现工程、货物、服务类招投标项目进场交易。进一步健全监管制度，在招投标基础法规、规范招投标活动、规范综合监管、违规违纪处理等方面先后颁布出台了20余项管理制度，为招投标活动提供行为规范。进一步加强评标专家管理，开发专家总库管理系统，实现资源共享、电脑随机抽取、语音自动通知。进一步完善综合监管方式，网上招标、网上投标、网上评标、网上监管全面推开，招投标诚信记录公示制度逐步落实，综合监管和行业监管相结合的公共资源交易监管机制逐步形成。二是深化省市县乡村五级行政服务体系建设。狠抓行政服务网络平台建设，省直具有行政审批职能的部门全部建立了行政服务大厅，95%的市、县建立了行政服务中心，79%的乡镇建立了便民服务中心，60%的行政村建立了便民服务室。加强行政服务中心规范管理，全面推进“两集中两到位”。再次对省级行政审批事项进行清理，取消、下放、调整行政审批事项481项。电子监察由行政审批向公众诉求、公共资源交易、专项资金监管拓展，由省市县向乡镇和部门延伸。三是深化财政管理制度改革。针对财政资金运用的重要环节，推进了国库集中收付、开展对财政资金和政府投资建设项目的监督检查、“三资”清理和监管代理等三项重点工作，努力根治“小金库”和账外账现象，防止资金滥用。源头治腐其他各项改革也在稳步推进。

（三）推进权力公开，打造廉政阳光工程

我省把推进权力公开透明运行作为预防腐败工作的重点，不断拓展公开领域、拓宽公开范围，全面推进政务、厂务、村务、公用企事业单位办事和基层党务“五个公开”。一是以示范引路带公开。全省建立省级政务公开示范点19个，市级示范点169个，县级示范点971个，政务公开已覆盖全省所有乡镇（街道）、县及部门。建立基层党务公开联系点1675个，党务公开工作正由点到面逐步推进。二是以标准管理推公开。推行厂务公开民主管理控制程序，将厂

务公开融入企业生产经营机制、监督机制和协调劳动关系机制之中。全省国有、集体及其控股企业职代会和厂务公开制度建制率分别达到99.7%和99.3%。三是以难点突破促公开。在村务公开中，以“难点村”治理为突破口，加强村级组织建设，推进民主管理，全省1023个“难点村”中，190个村已经得到根本治理，833个村正在治理。着力抓好与群众利益密切相关的重大事项社会公示制、服务承诺制、社会听证制度的完善和落实，公共事业单位事务公开面达到98.79%。

（四）加强廉洁教育，构筑拒腐防变思想防线

我们根据权力主体特点，积极拓展廉洁教育新路径，夯实预防腐败的基础。一是创建反腐倡廉六大教育基地。利用湖北的历史、文化、科教资源，建立全省反腐倡廉传统教育、历史教育、警示教育、文化教育和纪检监察干部培训、理论研究基地，开展丰富多彩的宣教培训活动。二是建立领导干部任职廉政谈话“四看三听五活动”套餐模式。“四看”就是参观三个反腐倡廉教育基地和观看警示教育片；“三听”就是听报告讲座、听廉政谈话、听职务犯罪人员现身说法；“五活动”就是重温入党誓词、开展廉政法规知识考试、签订廉政承诺书、填写廉政档案、交流学习体会。目前这一廉政谈话模式在全省普遍推广。三是扎实开展宣传教育月活动。今年我省以“学习《廉政准则》，争做勤廉表率”为主题，深入开展了第十一个党风廉政建设宣传教育月活动，组织党员干部学习《廉政准则》，强化岗位廉政要求。

三、存在的问题及相关建议

我省预防腐败工作尽管取得了一定成绩，呈现出良好的发展势头，但也面临一些困难和问题，需要上下共同解决。

一是思想认识需要进一步深化。少数地方和单位认为预防腐败是专门机关的事，没有把预防腐败的要求融入到自身管理和业务工作中去，工作积极性和主动性不高。建议进一步加大预防腐败宣传力度，引导广大党员干部和纪检监察干部充分认识预防腐败工作的重要性和紧迫性，增强开展预防腐败工作的自觉性和责任感。

二是机构设置需要进一步规范。目前省级预防腐败局机构设置、人员编制、工作职责等缺乏统一规定，各地做法也不尽一致。这对上下工作的衔接、机构建设和工作规范化等有一定的影响。建议在调查研究的基础上，出台专门文件，规范省级预防腐败局的机构设置、人员编制、班子配备、职责定位等，理顺与纪检监察机关内设部门之间的关系，推进机构设置法定化。

三是职责任务需要进一步明确。预防腐败局主要负责预防腐败的组织协调、综合规划、政策制定和检查指导，但预防腐败中教育、制度、监督等具体工作分别由纪检监察机关不同内设机构承担，预防腐败局缺乏具体抓手。建议围绕群众反映强烈、腐败现象易发多发的部位和环节，每年选择几个重点项目进行预防腐败的实践探索，对预防腐败专项工作中的问题要有调查职责，以便更加有针对性地制定预防腐败对策。如招投标中围标串标行为的查处与治理、经济适用房分配中暗箱操作现象的查处与预防等。

四是队伍建设需要进一步加强。目前省级预防腐败机构处于初创阶段，存在着人员编制少、预防腐败技能不强、专业化水平不高等问题。建议国家预防腐败局加强对各地预防腐败机构的业务指导，加大业务培训力度，建立省级预防腐败机构之间的交流平台，加强联系和沟通，促进预防腐败工作协调开展。

河北省预防腐败工作情况汇报

河北省预防腐败局

在省委、省政府的高度重视下，在中央纪委、监察部、国家预防腐败局和中央编办、省编办的大力支持下，今年7月10日，河北省预防腐败局正式挂牌成立。预防腐败局的主要职责和国家预防腐败局基本保持对应，同时还承担惩防体系建设工作。预防腐败局的成立，标志着我省预防腐败工作进入了一个新的发展阶段。

一、把做好预防腐败工作作为一项重大政治任务，举全省之力推进

2007年6月，中央纪委、监察部、国家预防腐败局把我省确定为全国首批预防腐败试点省份。省委、省政府高度重视，以省委名义出台了《关于贯彻胡锦涛总书记重要讲话精神，进一步加大预防腐败力度的工作方案》，召开了全省加大预防腐败工作力度动员部署大会，要求举全省之力推进预防腐败工作。省委书记张云川强调，全省各级党组织要增强政治责任感，切实把预防腐败各项工作做深、做细、做实，努力向中央纪委、国家预防局和人民群众交出一份满意答卷。

一是建立预防腐败协调联系会议，强化组织保证。省委成立预防腐败工作协调联席会议，研究推进全省预防腐败工作重大问题。省委常委、省纪委书记臧胜业担任总召集人，省纪委、省委办公厅、组织部、宣传部、政法委、省政府办公厅常务副职以及财政、人事、审计等政府综合部门一把手担任成员。联席会议下设办公室，由省纪委常务副书记兼任办公室主任，从委厅机关抽调精干力量，集中办公，经费由财政单项列支。全省各级各部门普遍按照省里作法成立领导和办事机构，为深入推入预防腐败工作奠定了坚强有力的组织领导保障。

二是加强预防腐败工作理论研究，提供理论支撑。为切实增强预防腐败工作的针对性和有效性，我们调用省社科院、河北经贸大学等科研机构和高等学校的研究力量，成立三个省级课题组，就预防腐败工作的特点和规律、新形势下腐败问题的趋向和对策、权力运行监控机制建设等重要问题进行理论探讨，形成了一批具有前瞻性和可操作性的理论成果，发挥了较好指导作用。

三是结合惩防体系建设同步推进，形成工作合力。预防腐败是惩防体系建设的重要组成部分。我们在落实中央《工作规划》和省委《实施办法》，扎实推进惩防体系建设中，坚持以体系的思维和视角指导预防腐败工作，以预防腐败成果推进体系基本框架的形成，注重剖析典型案例，发挥办案治本功能。同时，强化对预防腐败的监督检查，连续三年全部由省级干部带队进行检查。廊坊市积极构建市、县、乡、村四级联动机制，以有效预防腐败促进惩防体系建设。

四是切实加大预防腐败舆论宣传，营造良好氛围。预防腐败是全党全社会的共同任务，有效预防腐败必须动员各个方面的力量，特别是人民群众的参与。我们与省内主要媒体合作，在河北日报开办“加大预防腐败力度”专栏，在河北电视台开辟《阳光访谈》专题节目，请设区市市委书记、省直厅局党组书记现场访谈，产生良好社会反响。各级各部门不断探索宣传预防腐败的新途径，邢台市开展的“廉政大讲堂”，从市委书记到各单位一把手全部上台讲廉政，营造了“人人讲廉洁、事事讲廉政”的浓厚氛围。

二、以扎实推进行政权力运行监控机制建设为载体，推动预防腐败工作不断深化

党的十七大明确提出建立权力运行监控机制。中央《工作规划》将其列为形成惩防体系基本框架的一项重要目标。因此，我省在推进预防腐败工作中，紧紧抓住规范权力行使这个关键，着力推进行政权力运行监控机制建设，得到了中央和中央纪委领导同志的高度关注和充分肯定。

推进这项工作经历了一个探索、实践、发展的过程。2008 年开展试点，2009 年全面推开，今年着力深化，明年将进一步规范和完善。

（一）着眼机制，打造完整的行政权力运行监控链条。我们借鉴现代控制论、系统论等观点，遵循和把握行政权力运行规律，提出建立行政权力廉政风险评估防范机制、行政权力运行程序化和公开透明机制、行政权力运行绩效考核和责任追究机制。这“三个机制”分别着眼于行政权力运行的三个主要环节，从行使前、行使中、行使后实施监控措施，形成了覆盖行政权力运行全过程的完整监控链条。

（二）重在建设，探索形成权力运行监控机制的实现途径。我们提出行政权力运行监控机制建设，就是把形成监控机制的过程作为一个建设的过程、一个不断完善的过程，体现主动性、动态性、开放性和创新性，同时给各级各部门的创新发展留出空间。形成“三个机制”是目标任务，在实现途径上，我们提出抓好“四项重点工作”，即做好行政审批事项的削减下放和管理工作、开展行政权力廉政风险评估管理工作、深化行政权力公开透明运行工作、加强行政权力运行情况评议考核工作。四项重点工作体现了削减权力、规范权力、监控制约权力的思路，便于实际操作和执行。

（三）突出实效，加强对腐败现象易发多发重点领域和关键环节权力运行的监控。根据当前贯彻落实国家重大决策部署和反腐倡廉实际需要，我们把三个方面作为监控重点，务求取得实效，即加强对中央和省委扩大内需、促进经济增长一系列重大政策措施落实情况的监控；加强对腐败现象易发多发重点领域和关键环节行政权力运行情况的监控；加强对涉及人民群众切身利益的重要行政权力运行情况的监控。目前，我们着重在住房公积金、社保基金、新农合筹集基金和政府采购、工程项目建设中强力推进监控机制建设。这“三金一购一工程”，都是腐败现象易发多发的重点领域和关键环节，与人民群众生产生活息息相关。我们联合省直相关部门下发专项文件，在全省部署开展，强力推进，得到了广大人民群众的积极支持。

（四）坚持创新，构建“制度+科技”预防腐败模式。制度是形成机制的重要基础，现代信息技术是提高监控水平的重要手段。把两者结合起来，就能够实现“1+1>2”的效果。各地各部门进行了大胆探索，创新了许多有效控措施。如省住房公积金管理中心创新支票管理办法，把过去由人工填写改为计算机自动生成，全程自动留痕，起到了积极的预防腐败作用。秦皇岛市研发建立了专项资金监控系统平台，形成了对专项资金立体化监督体系。省卫生厅充分利用互联网着力构建了实用管用的外网、专网、内网“三网监控”体系，实现了对权力运行的全视角、全过程有效监控。

（五）拓展领域，不断扩大监控机制建设覆盖面。实践证明，开展行政权力运行监控机制建设的思路和措施，起到了有效监督制约权力和预防腐败的作用。因此，我们积极拓展监控机制建设的范围和领域。今年初，以省委惩防体系建设领导小组的名义下发了《关于在国有企业和高等学校开展权力运行监控机制建设的意见》，在这两个领域全面推进。公共企事业单位与人民群众密切相关，今年8月，我们召开了全省公共企事业单位权力运行监控机制建设座谈会，全面部署在这一领域的权力运行监控机制建设。我省权力运行监控机制建设从开展试点、全面展开、着力深化、拓展领域，已经形成了以行政权力运行监控机制建设为龙头，带动国有企业、高等学校、公共企事业单位权力运行监控机制建设“四轮驱动”的发展新格局。明年还将进一步延伸到党群机关和司法部门。

经过几年来的努力，我省行政权力运行监控机制建设取得了较好成效，主要表现在以下几个方面：一是增强了预防腐败意识。通过开展这项工作，使各级干部不仅清楚自己手中有多少项权力，更加明白了在权力行使背后的廉政风险，增强了廉政意识、风险意识和防范意识。最近省直某部门在干部轮岗交流中，出现了一些权力相对集中的处室不再是竞争焦点的现象，一定程度上反映出机关干部对廉政风险的深刻认识。二是提高了依法行政能力。通过依法清理职权，制定和优化行政权力运行流程，为权力行使制定正确的轨道和路径，提高了各级干部依法行政水平和政府的执行力。三是深化了反腐倡廉工作。开展监控机制建设，有力促进了教育、制度、监督、改革、纠风、惩处等工作。四是优化了发展环境。这项工作把中央和省委关于保增长、调结构一系列重大政策措施落实情况作为监控的重要内容，确保了政令畅通，维护了群众利益，提高了行政效能，为推动全省经济社会发展创造了良好环境。

在着力推进行政权力运行监控机制建设的同时，我们积极推动社会领域预防腐败，政务公开，构建包括执纪、执法部门在内的廉情预警网络，启动制度廉洁性评估等项工作。关于领导干部公款出国（境）专项治理工作，11月12日，省政府专门全省电视电话会议，贯彻全国会议精神特别是万祥部长的重要讲话精神，省政府副省长杨崇勇出席会议并对第四季度专项治理工作进行了全面部署，确保全年任务完成。

三、进一步做好预防腐败工作的几点建议

一是进一步理顺同其他职能部门的关系。预防腐败工作涉及到方方面面，很多单位和部门直接或间接参与了预防腐败工作，纪检监察机关不少室处也承担着重要职责。预防腐败局成立后，如何充分发挥组织协调、综合规划、政策制定、检查指导的职能，理清和其他相关部门的工作关系，形成有效预防腐败的强大合力，需要进一步研究。

二是建立有效的预防腐败信息共享机制。新形势下，腐败现象呈现复杂化、多元化、隐蔽化趋势，给预防腐败工作带来新课题。应组织有关部门采集和研究分析腐败状况以及与腐败相关的信息，建立信息共享机制，分析识别腐败高风险的领域和部位，建立反映廉政状况的指标体系。纪检监察机关内部加强同党风、信访、案管等内部室处的信息沟通；外部加强同检察、审计等部门的信息沟通，逐步建立腐败迹象的信息收集、分析评估、预警处置和及时整改制度，有效防范腐败迹象演变成为腐败行为。

三是建立科学的预防腐败工作评价机制。预防相比惩治来讲“见效慢”，但意义更长远。随着各级预防腐败工作机构的逐步建立，对预防腐败工作如何进行评价考核将提上日程，也应进行谋划和考虑。

四是切实加强预防腐败队伍自身建设。预防腐败局刚刚挂牌成立，工作多，任务重。从成立的8省市预防腐败机构来看，普遍存在人员不足的问题，这就对加强自身建设提出了更高的要求。一要加强培训。建议国家预防腐败局适时举办预防腐败工作培训班，开阔工作思路，更新工作方法。二要强化交流。腐败是世界性问题。一方面应多组织不同省市之间的交流，像今天的会议，互相学习，共同提高；另一方面可组织到国外、境外学习，像西欧一些国家、新加坡和我国香港等地预防腐败工作都有很好的经验。三要加强预防腐败专业化建设。预防腐败工作具有鲜明特点和独特属性，必须加强专业化建设，建立和完善预防腐败工作理论、工作模式和工作机制等。

预防腐败是一项崇高的事业。我们将认真学习贯彻马驭部长的重要讲话精神，学习兄弟省市的先进经验，有信心、有决心把预防腐败工作做得更好，努力开创出我省预防腐败工作新局面！

福建省预防腐败工作情况汇报

福建省预防腐败局

近年来，福建省认真贯彻落实中央部署，坚持反腐倡廉方针，以构建惩防体系为目标，在坚决惩治腐败的同时，更加注重从源头上预防腐败，全省预防腐败工作在抓规范、促深化、求拓展中不断推进，氛围日益形成，效应不断显现，逐步形成具有福建特色的预防腐败工作基本格局。现将我省预防腐败工作情况简要汇报如下：

一、基本思路

一是深入调查研究。省纪委监察厅领导班子站位全局、服务中心，把推动福建跨越发展作为预防腐败工作的出发点和落脚点，省委常委、省纪委书记陈文清同志从2007年3月开始，深入各地开展专题调研，经过四个多月的调研和谋划，逐步形成“围绕规范权力运行、健全市场机制、完善中介组织深入推进制度建设”的预防腐败工作总体思路和要求。

二是加强组织领导。省委反腐败协调小组每年初都召开专题会议，研究部署年度预防腐败重点工作；省纪委、监察厅每年11月组织督查，了解掌握预防腐败工作进度，谋划第二年工作思路，根据形势发展变化，及时拓展预防腐败工作内容。各级各部门把预防腐败纳入重要议事日程，抓好规划、细化责任、推动落实。

三是明确任务分工。每年初，分别给各设区市和74家省直单位逐一下达预防腐败任务，并通过电话督查、简报引导、总结推广、座谈汇报、年终检查等形式，跟踪、督促工作进度，确保年度任务落到实处。

四是开展理论研究。充分调动专家学者的积极性和主动性，借助高校科研优势，围绕预防腐败的重点、难点、热点问题开展预防腐败理论研究，每年初确定年度重点课题，并在次年初把重点课题获奖文章结集出版，为开展预防腐败工作提供了智力支持。

二、主要做法

（一）以规范行政自由裁量权为重点，持续规范权力运行

按照“权力取得有据、配置科学、运行公开、行使依法、监督到位”的要求，以规范行政自由裁量权为重点，深入推进规范权力运行。

一是建立“权力清单”，完善权力运行规则。围绕政府职能转变，我省把审批制度改革与执法责任制结合起来，开展了十轮行政审批事项的清理工作，并根据法定职责和

“三定”方案，全面梳理相关法律法规规章，编制职权目录，列出“权力清单”。目前，省级行政执法机关明确行政职权 7018 项，9 个设区市行政执法机关明确行政职权 50923 项。进一步健全权力运行规则，依法采取适用简易程序、一审一核等方式，合并、删减执法程序，绘制权力运行流程图；建立健全执法信息公开、案件调查与审查分离、集体讨论决定等制度，实施案卷评查、责任追究等制度，推进行政法治。

二是规范自由裁量权，建立行政裁量基准。从与群众生产生活密切相关的行政审批、行政处罚等执法领域的自由裁量事项入手，对各项行政权力的行使范围、条件、标准等具有弹性空间的内容进行细化量化、分档设限，明确执行标准。10 个省直试点部门细化量化了 1095 项包含自由裁量幅度的行政职权，并建立了系统、行业的行政裁量基准制度。各设区市在总结试点经验的基础上，逐步向市县两级行政执法部门推开，共对 25130 项包含自由裁量幅度的行政职权进行分级设档，并逐步向行政征收、行政强制、行政裁决等领域拓展。

三是建设运行平台，强化权力运行监控。运用电子信息技术固化行政权力运行程序，强化对权力运行的监控。目前，省级网上审批及电子监察系统正式运行，51 个省直部门 619 项审批事项实现了网上申报和办理。各设区市的网上审批及电子监察系统与省级系统联网，条件成熟的地区还向县（市、区）延伸，实现省、市、县三级联动。组织起草《福建省行政服务中心建设指导意见》，规范行政服务中心运作。全省共建立各级行政服务中心 65 个，部门办事大厅 196 个。各地积极推行设立审批科成建制进驻、并联审批、标准化服务等经验，基本实现了集中管理、规范运作和电子政务。

四是拓展工作领域，全面规范行政行为。规范林业行政行为，探索出以延平区、永安市、屏南县为代表的三种林木采伐指标分配模式，将采伐指标落实到山头地块，林农对这项改革的满意度达到 97.3%。规范海域使用管理，在全国率先出台《进一步提高海域使用审批效率的若干意见》，认真落实《招标拍卖挂牌出让海域使用权办法》，颁布施行《福建省海域使用补偿办法》，确保海域使用公平有序有偿。强化财政强农惠农资金监管，全面摸清资金底数和流向，推行强农惠农政策、项目、资金、程序“四公开”制度。

（二）以市场配置资源为基础，持续健全市场机制

按照“市场主体平等、市场竞争有序、市场配置资源、政府转变职能、司法维护公正”的要求，努力健全市场机制，防止权力“寻租”。

一是制度、科技并重，推进“三公”市场运行机制建设。近三年来，省、市两级出台了近 40 件涉及公共资源配置、公共资产交易、公共产品生产领域市场运行机制建设的制度。积极探索“三公”市场运行机制，逐步形成招标、拍卖、挂牌、密封式报价、选择拍卖机构二次竞价、电子竞价、20 + N连续动态竞价等交易方式。组建全省联网、连接周边省市的海西联合产权交易市场，实现了“联合信息披露，联合组织竞价，异地远程竞价交易”。全省登记造册的“三公”领域项目共 4 大类 68 个科目，涵盖了自然性、公共性、资产性、服务性四大类资源，运行层面从省、市向县、乡、村延伸。

二是开展专项整治，完善招标投标制度。2007 年 6 月以来，在全省开展工程建设领域串通投标违法行为专项整治行动，抓获犯罪嫌疑人 361 人，涉案金额 54 亿多元，已有 114 人受到刑事追究，262 名党员干部受到党政纪处分。深入开展工程建设领域突出问题专项治理，排查出规模以上工程建设项目 7825 个，发现问题 12520 个，已纠正 8311 个，罚没、追缴 14476 万元。针对专

项整治中发现的问题和漏洞，督促和配合有关主管部门出台了11份工程招投标规范性文件；在全国率先出台了《全面推行建设市场法人和自然人违法违规档案制度的意见》，建立“黑名单”制度，目前已公布违法违规档案101件。

三是围绕保值增值，健全国资监管体系。建立健全内部控制管理、财务资金管理、经营责任审计、薪酬管理、职务消费等多项制度，明晰权责定位，建立健全财务动态监测体系，落实任期经营责任制。规范省属企业国有产权转让行为，加强资产评估管理，在全国率先出台省属企业国有资产评估结果公示制度。深化企业效能监察工作，三年来，通过企业效能监察，共建立和完善规章制度1008项，发现案件线索79件，党政纪处分89人，移送司法机关34人。

（三）以推进诚信建设为关键，持续完善中介组织

组织协调工商行政管理等部门按照“法律规范、行业自律、政府监管”的要求，遵循“清理整顿—依法监管—促进发展”的思路，开展专项治理，规范发展市场中介组织。

一是开展清理整顿，切断利益关联。坚持全面分开“官中介”，明确要求中介组织在工作、组织、经济、场所四个方面与政府部门彻底分开，截止2009年6月，全省列入分开范畴的44类19683家中介组织已全部实现“四分开”。坚持依法取缔“假中介”，共注销、撤销中介组织资质证书554家，吊销营业执照528家，并梳理各类市场中介组织的准入条件，对申办标准、程序等作出明确规定，严格实施源头管控。坚持严厉打击“黑中介”，严肃查处1384起中介组织出具虚假报告、商业贿赂案件。

二是健全监管机制，形成监督合力。省政府办公厅批转了《关于进一步完善市场中介组织的工作意见》，各设区市均颁布中介组织管理办法，规范了中介组织的准入、执业、管理、退出。引导中介组织成立行业协会，指导行业协会制定行规公约，开展执业质量检查，维护公平竞争秩序。省注册会计师协会、资产评估协会对违规者视情予以警告、业内通报批评、公开谴责等惩戒。组织协调民政、经贸等部门，推进146家全省性行业协会、557家在市、县（区）登记的行业协会独立、规范运作，更好地发挥行业自律等作用。

三是推进诚信建设，营造良好环境。建成全省市场中介组织信用信息网站，出台《福建省市场中介组织信用信息管理暂行规定》，建立中介组织负面信息披露和守信激励机制，目前已采集44类21355户中介组织的基本注册登记信息和部分信用信息，为社会公众选择中介服务、监督中介执业提供了平台。部分设区市也建立了中介组织信用信息网上平台，实现信息互联共享。

三年来，我省预防腐败工作取得了阶段性成效，从源头上有效防范了权钱交易、以权谋私等腐败行为的发生，促进了依法行政，提高了行政效率，推动了改革创新，化解了社会矛盾，赢得了群众拥护。2007至2009年，我省群众对反腐倡廉工作的认同度提高了11.6个百分点，对反腐倡廉成效的满意度提高了9.3个百分点。

三、几点体会

三年来，我们深深地感到做好预防腐败工作必须做到：

一要深刻领会中央精神。中央提出的“三个更加注重”的加大预防腐败工作力度的思路十分正确，是指导全国各地开展预防腐败工作的指南。我省准确把握、认真贯彻中央的要求和部署，在全国率先召开了全省预防腐败工作会议，提出了围绕规范权力运行、健全市场机制、完善中介组织深入推进制度建设的思路，取得了初步成效。

二要始终加强组织领导。预防腐败工作涉及面宽、情况复杂，政策性强，党委（党组）必须落实主体责任，把预防腐败的

要求寓于重要决策、重大改革措施中，融入到各部门业务工作中。今年初，福建省委书记、省长等省领导亲自带队检查惩防体系建设和责任制落实情况，有力推动了预防腐败工作的深入开展。

三要围绕重点建章立制。加强制度建设，是预防腐败工作的有效途径。当前，政府监管、市场调节、中介组织服务的范围与边界不明晰，造成一些领域腐败现象易发多发。因此，推进预防腐败工作，必须以规范权力运行、健全市场机制、完善中介组织为重点深入推进制度建设，切实增强制度的系统性、科学性和执行力。三年来，福建省、市两级制定了近200项预防腐败制度。

四要紧密结合本地本部门实际。各地各部门对本地本部门存在的问题、症结最清楚，在开展预防腐败工作中，必须紧密结合实际，找准容易发生腐败的重点领域和关键环节，有针对性地提出预防和解决对策。我们针对山林多、海域广的省情，把规范林业行政行为、规范海域使用管理等七项工作确定为当前预防腐败的重点，优化了发展环境。

预防腐败是筑根本、管长远的基础性工程，周期长、难度大、见效缓，我们所做的工作只刚刚破题，还存在着不少问题和薄弱环节。下一步，我们将按照这次会议的部署和要求，认真学习借鉴兄弟省（区、市）的好经验、好做法，进一步探索具有福建特色的有效预防腐败之路。

四川省预防腐败工作情况汇报

四川省预防腐败局

2007年来，我省抓住开展预防腐败综合试点的契机，积极筹建预防腐败专门机构，在中央纪委、国家预防腐败局和中央编办的大力支持下，于今年建立了省预防腐败局，明确了职能职责，落实了工作人员。目前，预防腐败局各项工作已转入常态。

一、我省预防腐败工作的主要做法

按照“一个坚决、三个更加注重”的要求，我们紧紧围绕改革发展工作中心和构建惩防体系的总体目标，扎实开展预防腐败工作，努力推进党风廉政建设和反腐败斗争深入开展。

（一）总体思路

我省开展预防腐败工作的总体思路是：以改革为统揽、以制度为重点、以项目为载体、以构建体系为目标，开拓创新，狠抓落实，确保实效。即：坚持把预防腐败工作纳入惩防体系建设总体格局，把改革创新的精神和要求贯穿于预防腐败工作全过程，以制度建设为切入点和着力点，以具体项目为抓手，按照试点、总结、深化、提高、推广的步骤，逐步抓推进，逐项抓落实，确保取得实际成效。

（二）主要做法

坚持一个总原则。始终坚持在中央纪委、国家预防腐败局和省委的领导下开展工作，坚持以中央建立健全惩治和预防腐败体系《实施纲要》和《工作规划》为指导，认真贯彻中央纪委和国家预防腐败局各项工作部署，加强工作研究，结合四川实际，狠抓预防腐败各项工作落实。

搞好一个总协调。建立健全组织领导机

构，加强对预防腐败工作的组织协调、安排部署和督促检查，始终保持对预防腐败工作的坚强领导。2007 年 7 月，我们成立了“加强预防腐败工作试点办公室”；2009 年 9 月，建立了省预防腐败联席会议制度；今年，建立了省预防腐败局。健全的组织为统筹协调工作奠定了坚实基础。

推行两项基本制度。我省预防腐败工作围绕廉洁教育、干部人事、财政管理、投资体制和行政审批等 7 个方面，先后推出了 32 个具体项目。为确保各个项目有力、有序、有效开展，我们推行了项目负责制、目标管理制两项制度，明确了牵头部门和实施单位，明确了工作目标和完成时限，对牵头部门和实施单位进行目标管理，纳入惩防体系建设年度检查和党风廉政建设责任制年度考核。目前，已有 22 个项目在全省面上推广，建立的相关机制制度在全省实施。

建立四项工作机制。预防腐败工作是一个系统工程，工作范围涉及各级各部门，工作内容寓于纪检监察各项工作，点多面广，高度综合。为确保推出的 32 个项目取得实效，省纪委省监察厅内部建立了委厅领导联系项目、内部室（厅）联系或承办项目、巡视督查、工作月报四项工作机制，加强了对预防腐败工作的动态监管和工作指导，保证了预防腐败工作的扎实推进。

二、我省开展的几项特色工作

（一）扎实推进廉政风险防控机制建设

今年以来，我们在总结一些地方和部门经验的基础上，在全省深入开廉政风险防控机制建设。主要做法：一是对权力进行系统梳理。以重点领域、重点部门的决策权、行政审批权、行政执法权、干部人事权、财物管理权等为重点，逐岗清理权力，逐项明确权力流程。二是深入查找廉政风险点。根据清理出的权力清单，采取自己查、同事找、领导提、社会评、集体定等多种形式，深入查找可能发生腐败问题的风险点。按照风险发生几率和危害程度确定为红、橙、黄三个风险等级，实施分类防控管理。三是建立风险防控机制。针对排查出的风险点及其等级，按照先重后轻，先主后次的顺序，逐一有针对性地制定防范措施。并对风险点、风险等级、权力流程及防控措施予以公示，进一步征求意见。在此基础上，适时总结、升化，形成加强廉政风险防控的机制制度，固化建设成果。目前，全省各单位正在针对查找出的风险点建立健全防控的机制制度。

（二）积极探索预防腐败制度审查工作

针对一些腐败问题发生的制度性根源，我省扎实开展预防腐败制度审查工作。一是建立审查机制。建立了由省纪委牵头，省人大法工委、省政府法制办配合，各试点单位具体实施的工作机制。明确省人大法工委侧重对相关地方性法规进行审查，省政府法制办侧重对省政府、省级部门和市（州）政府的规范性文件进行审查。他们在审查合法性的同时，一并审查廉洁性。省纪委法规室则有选择性地对一些重要制度进行廉洁性审查。与此同时，我们要求各地区各部门纪检监察机构对该地区该部门的规范性文件进行廉洁性审查，有的单位为此还成立了制度审查工作领导小组。开展纪检监察管理体制改革的市（州），明确规定联系部门的规范性文件需经派出纪工委、监察分局审查。二是清理旧制度与审查新制度相结合。目前，我们要求政府系统对 2008 年 5 月以前出台的规范性文件进行全面清理审查，党委系统对 2009 年以前的规范性文件进行全面清理审查。对新制定出台的规范性文件则进行适时审查。审查时对所有规范性文件和制度性规定的出台时间、法规依据、规范事项、执行情况、存在问题等进行系统梳理，提出审查建议意见。三是严格审查要求。确立“五个是否”的标准，即是否适应经济社会发展和改革的需要，是否包含廉政规范的要求，是否限制和合理监督自由裁量权，是否存在程序漏洞，是否存在以制度形式使部门不当利益合法化的问题；突出“四个重点”，即重点对财政决策权、行政处罚权、行政审批权及行政相对人权利保障进行审查；严把“四道关口”，即自我审查关、专门机构审查关、社会审查关、研究决定关。通过对2008年以前规范性文件进行清理，省政府公布废止或失效269件规范性文件，修改完善48件，继续执行373件。通过对2008年以来新制定的1121个规范性文件进行审查，对27个存在问题的文件明确提出了修改意见。国土、建设、环保等系统明文废止或失效955件，修改完善142件，继续执行343件。成都市新成立的派出纪工委、监察分局去年共审查规范性文件112个，提出修改建议意见32条。为扎实推进制度审查工作，省纪委将制度审查纳入党风廉政责任制、惩防体系建设年度目标考核内容，重点检查、专项考核。

（三）深入推进行政审批制度改革

针对行政审批领域容易发生“权力寻租”的问题，2007年以来，我们大力推进行政审批制度改革，减少行政审批环节，缩短行政审批时间，方便办事群众，提高行政效能，减少腐败空间。一是减少行政审批项目，下放审批权力。将原1112个行政审批项目，取消64项，下放49项，转变为公共服务257项，整合保留486项。对保留项目，实施流程再造、网上审批、电子监察。二是实施行政审批“两集中两到位”改革，促进政府职能转变。全省县级以上政府建立政务服务中心，政府具有行政审批职能的部门设立行政审批处（科、股）。各部门行政审批事项向行政审批处（科、股）集中，行政审批处（科、股）向本级政府政务服务中心集中；各部门将行政审批权向驻政务中心窗口授权到位，行政审批事项在政务服务中心办理到位。目前行政审批项目、行政审批人员中心进入率均达90%的以上。三是优化审批程序，实施“并联审批”。在各级政务服务中心建立并联审批窗口，将重大投资项目和涉及两个以上部门的审批项目，实施“一个窗口进、一个窗口出”的一站式并联审批，提高审批速度，强化相互监督。四是建立电子监察系统，提高行政监察效能。全省建成省、市（州）县（市、区）三级联通的行政审批电子监察系统，实现对全省所有的行政审批窗口适时监察，对所有的行政审批项目全程监察，使行政审批工作受到了本部门内部监督、办事群众社会监督、监察部门专业监督三方立体监督。目前，我省行政审批平均提速达75%，现场办结率、按时办结率、群众满意率均达99%。

（四）探索建立公共资源交易中心

针对公共资源交易领域腐败现象易发多发的情况，我省积极探索建立公共资源交易有形市场，采用高科技手段加强监督管理，用市场的办法解决腐败问题。我省眉山市、资阳市、成都市部分县（区），先后建立公共资源交易中心，将土地（矿权）交易、国有资产转让、政府投资工程建设项目招投标、政府采购、户外广告和出租车特许经营权等原分属多个部门的业务进行整合，归口到公共资源交易中心，实行集中交易、统一监管。在公共资源交易中心按照提高效率、强化监督、促进公平、预防腐败的原则，建立健全监督管理机制和制度，推行电子招投标，实施电子监察。到目前为止，建立公共资源交易中心的地区从未发生过有关公共资源交易的投诉。省卫生厅建立药品集中采购监管中心后，去年我省药品零售价与国家零售价相比平均下降29.72%。

（五）建立健全抗震救灾和恢复重建监管长效机制

“5·12”汶川特大地震发生后，为了加强对巨额救灾、重建资金物资的监管，我们及时将对抗震救灾和恢复重建的监管作为预防腐败工作的重要内容。在抗震救灾资金物资发放阶段，我们在重灾区什邡市对救灾资金物资监督管理进行探索，形成了一整套科学管用的措施办法，及时召开现场会在全省推广，确保了救灾资金物资发放没有发生大的问题。重建工作开始后，我们又把恢复重建、扩内需促增长纳入预防腐败工作重点，建立健全了自下而上的监管体系，建立健全了抽调力量驻点督查和巡视机构专门督查、社会力量参与监督、信息公开、与省外援建单位定期通报与联合检查、违规违纪问题责任追究等机制制度，确保了重建工作高效廉洁推进，为实现中央提出的“三年任务两年基本完成”的目标提供了强有力的纪律保障。

三、几点体会及建议

我省预防腐败工作虽然取得了一定成效，但与中央纪委、国家预防腐败局的要求，与兄弟省（市、区）的工作相比，还存在较大差距，我们将在今后的工作中努力加以改进。工作中有以下体会：一是中央纪委、国家预防腐败局的坚强领导、大力支持和精心指导，是我们做好预防腐败工作的根本保障。二是预防腐败工作涉及面广，必须整合各方力量，形成工作合力。三是预防腐败工作专业性强，必须强化专门机构和专业队伍建设。四是预防腐败工作总体要求高，必须走科学化、制度化、科技化之路。五是预防腐败工作是一项长期事业，必须善于在一些关键环节和重要领域取得突破。

为此，我们建议：一是从国家层面进一步明确省预防腐败局的职能职责，便于省纪检监察机构整合内部相关职能，搞好上下工作衔接。二是加强预防腐败理论研究，强化对预防腐败实践的理论指导和工作指导。三是加大预防腐败法规制度建设力度，对各地行之有效的经验和做法认真总结，上升为制度规章，从根本上寻求防治腐败的治本之策。四是在一些重要领域和关键环节，每年组织开展一些预防腐败的规定性专项工作，从国家层面加以推动，努力扩大预防腐败工作成果。

这次会议是一次难得的学习交流机会，我们将认真贯彻落实会议精神、特别是马驭部长的重要讲话精神，把省预防腐败局的成立作为新起点，以更高的要求、更新的思路、更实的措施，全面落实中央纪委、监察部和国家预防腐败局的工作部署，开拓创新，扎实工作，奋力推进我省预防腐败工作迈上新台阶。

广西壮族自治区预防腐败工作情况汇报

广西壮族自治区纪委、监察厅

根据会议的安排，在这里向大家简要汇报广西筹备成立预防腐败局的情况，以及今后的一些工作思路。

一、筹备成立自治区预防腐败局的背景

近年来，广西加强领导，完善机制，成立了由自治区党委书记郭声琨同志任组长，自治区党委副书记陈际瓦和自治区党委常委、纪委书记石生龙同志任副组长的惩防体系建设领导小组及办公室，大力推进惩防体系建设，反腐倡廉建设取得明显成效。但是，在工作中，也存在不容忽视的问题，主要是由于自治区惩防办是临时办事机构，没有专职工作人员，工作的延续性不强，工作的专业化、规范化水平不高，在一定程度上影响了工作质量。

今年3月中旬，中央纪委惩治和预防腐败体系建设检查组对广西重点抽查后，在对广西工作给予充分肯定的同时，明确要求自治区党委研究考虑建立常态工作机制问题，加快组建预防腐败机构。对中央检查组的反馈意见，广西高度重视，自治区党委书记郭声琨批示："按工作建议做好整改工作。"自治区党委常委、纪委书记石生龙亲自抓整改工作的落实。8月19日，自治区党委常委会进行专题研究，大家一致认为，完善惩治和预防腐败体系，加大预防腐败工作力度，是以胡锦涛同志为总书记的党中央科学分析世情国情党情的深刻变化，从全面推进党的建设新的伟大工程、提高党的领导水平和执政水平、提高拒腐防变和抵御风险能力的全局和战略高度作出的重大决策，是新时期加强反腐倡廉建设的工作重点，在党风廉政建设和反腐败工作中具有基础性、全局性、战略性的重要地位。目前，广西正处在加快发展的关键时期，建立完善具有广西特色的惩治和预防腐败体系，加大预防腐败工作力度，为广西发展稳定提供坚强的政治保证，显得尤为迫切和重要，必须尽快建立惩防体系建设常态工作机制，推动广西反腐倡廉工作上一个新台阶。常委会一致研究同意成立自治区预防腐败局。

目前，广西边组建，边工作，边请示，边汇报，预防腐败局筹备工作进展顺利。自治区纪委监察厅指定两位同志负责筹备工作，安排了8间办公室，配齐了办公设备，自治区财政厅下拨了30万元的开办经费。同时，广西积极向中纪委、中编办请示汇报，希望得到上级领导的大力支持。

二、自治区预防腐败局的职责、作用和下一步工作打算

我们考虑，自治区预防腐败局主要有两大项职责：一是组织协调全区惩防体系建设工作。二是推动重点领域和关键环节的改革和制度创新，从源头上预防腐败。

我们认为，自治区预防腐败局应发挥"三地"作用：一是成为反腐倡廉、预防腐败理论建设的高地。要认真研究30年来，全党和广西反腐败的路子，特别是推进惩防体系建设，有效预防腐败的工作思路，立足广西，面向全国，反过来再指导广西的反腐倡廉工作。二是成为反腐倡廉体制、机制，方式、方法创新的基地。要把推动改革，加强制度建设和体制、机制创新放在工作的重中之重，着重从源头上解决腐败产生的深层次问题。要解放思想，敢想敢干，提出有价值、可操作、前导性的工作思路、工作方案。三是成为反腐倡廉成果汇总展示的园地。要认真履行惩防体系建设，预防腐败工作中牵头抓总的职责，着力构建起广西惩防体系建设的基本框架。对于全区惩防体系建设取得的工作成果，要进行理论提升和总结包装，集中展示，形成广西特色，创出广西品牌。

下一步，自治区预防腐败局要抓好四项工作：一是健全完善领导体制、工作机制。进一步调整充实自治区惩防体系建设工作领导小组，建立自治区预防腐败工作联席会议制度，由石生龙书记任召集人，惩防体系建设牵头单位的领导任成员，加大对工作的组织协调力度。二是研究提出广西惩防体系建设的基本框架。明确工作目标任务、方法步骤，落实工作责任，强化组织协调和监督检查。三是研究提出广西推进反腐倡廉体制机制改革的意见。确保工作有抓手、有载体，确保重点领域、关键环节的改革扎实推进。四是组织开展2010年度广西惩防体系建设情况检查，按照中纪委惩防办的要求完成好自查自纠工作。

我们这次参加会议，主要是来学习领会马驭部长等领导的重要讲话精神，以更好地推动广西工作。同时，也是向在座的各位兄弟省老大哥学习的好机会。在这里我有一个建议，建议今后每年举办一次预防腐败工作省际交流会，给大家提供一个学习交流的

平台，由各省轮流做东，请国家预防腐败局和中编办的领导到会指导。如果大家同意，希望明年金秋时节，第一次会议能在广西举行，我们能有幸在美丽的绿城南宁恭迎各位领导的光临。

河南省预防腐败工作情况汇报

河南省预防腐败局

根据会议要求，现将河南省预防腐败工作有关情况简要汇报如下：

一、河南省预防腐败局机构建设情况

在中央编办、国家预防腐败局和省委、省政府的高度重视和大力支持下，经省委常委会研究后，省编委于2010年3月25日批准成立河南省预防腐败局。9月8日，正式挂牌。省预防腐败局是省政府正厅级直属机构，与省纪委、监察厅合署办公，局长由省监察厅厅长兼任，专职副局长2名，内设预防腐败一室、二室、三室、四室，行政编制25名。主要职责是：负责全省预防腐败工作的政策制定、综合规划、组织协调、检查指导等工作；协调指导机关、企事业单位、社会团体、中介机构和其他社会组织的预防腐败工作。

国家预防腐败局成立后，我省即开始认真思考如何更加有效开展预防腐败工作，研究省预防腐败局机构建设。我们深刻认识到，成立专门的预防腐败机构，是贯彻落实反腐倡廉战略方针的重要组织措施，是深入推进惩治和预防腐败体系建设的现实需要。改革开放以来，我们党领导的反腐倡廉经历了从侧重遏制和惩治，到"标本兼治、综合治理"，再到"标本兼治、综合治理、惩防并举、注重预防"的历史进程。党的十七大明确提出"在坚决惩治腐败的同时，更加注重治本，更加注重预防，更加注重制度建设，拓展从源头上防治腐败工作领域"。预防腐败工作在反腐倡廉建设中的地位和作用越来越突出，涉及到党的建设和经济社会发展各个方面，是一项宏大的系统工程，也是一项长期的战略任务，迫切需要设立强有力的相对独立的职能机构专门从事研究和推动。河南是人口大省，反腐倡廉工作任务十分艰巨，近几年每年查处的党员干部人数都占到全国查处人数的1/10左右。腐败现象在一些领域多发、易发、纠而复生，原因固然是多方面的，但是预防腐败工作抓而不紧、抓而不实是其中一个重要因素。国家预防腐败局成立后，不断推动预防腐败理念思路、工作内容、方式方法、体制机制创新，卓有成效地开展工作，更加坚定了我们成立省预防腐败局有效预防腐败的信心和决心。

在成立省预防腐败局时，我们一是将机构定位在与省纪委、监察厅合署办公，统揽全省预防腐败工作的位置，强化其对教育、制度、监督、改革等反腐倡廉工作的组织协调和统筹规划，形成大预防理念，构建大预防工作格局。二是加强内部整合，强化其对具体工作的领导。将省惩治和预防腐败体系建设工作领导小组办公室、政务公开室职能整体转入预防腐败局；将分散在监察综合室、宣传教育室、效能监察室、执法监察室、法规室、党风室、农村基层党风室、纠风室、纪检监察二室、三室等11个内设机构的预防腐败职能，即从源头上防治腐败，组织协调、综合调研、督促检查惩防体系建设，推进党务公开和其他办事公开，完善招标投标、国有土地使用权出让、公共资源交易制度，指导企业、中介机构和社会组织预防腐败等，划入预防腐败局。整合后，预防腐败一室主要承担省预防腐败局办公室和省预防腐败联席会议办公室职能；预防腐败二室主要承担省惩治和预防腐败体系建设工作领导小组办公室及省反腐败抓源头工作领导小组办公室职能；预防腐败三室主要承担省政府政务公开领导小组办公室职能，组织协调党务公开和其他办事公开；预防腐败四室主要负责社会领域预防腐败工作，组织落实国家预防腐败局部署的有关专项治理工作。我们感到，这样做，有利于对预防腐败工作实施集中统一领导，有利于加强统筹规划，拓宽工作领域，整体推进落实，有利于提高预防腐败工作专业化、规范化、制度化水平，是更加有效开展反腐倡廉工作的需要。

二、近年来河南省预防腐败工作开展情况

2007年以来，在国家预防腐败局和省委、省政府的正确领导下，河南省各级党委政府和纪检监察机关坚持以邓小平理论和“三个代表”重要思想为指导，深入贯彻落实科学发展观，坚持反腐倡廉战略方针，把坚决惩治腐败和有效预防腐败有机结合起来，积极构建惩治和预防腐败体系，预防腐败工作取得明显成效。

一是扎实推进反腐倡廉制度建设。突出了制度的系统性、针对性、前瞻性和刚性原则，先后出台了《河南省建立健全惩治和预防腐败体系2008—2012年实施办法》、《2008—2012年深化干部人事制度改革规划》、《河南省贯彻落实〈廉政准则〉实施细则》、《河南省工程建设项目廉洁准入暂行办法》、《关于严格禁止领导干部违反规定干预和插手公共资源交易的若干规定》、《关于进一步规范招标投标活动的意见》等一批规章制度。2009年省市两级新制定制度217项，今年又梳理出9大类160项制度建设任务，正在研究制定。各地各部门将科技手段融入制度设计，注重发挥现代科学技术特别是信息技术在制度建设中的积极作用。在坚持年度检查的基础上，综合运用日常检查、单位自查、问卷调查和考试测评等手段，检查考核制度执行情况，不断提高制度的执行力。

二是深入开展预防腐败专项治理。先后认真开展了工程建设领域突出问题、政府采购执行情况和制止党政干部公款出国（境）旅游等专项工作。2008年10月，国家预防腐败局确定我省为工程建设领域预防腐败试点单位。2009年9月以来，全省共受理涉及工程建设领域的案件线索1551个，立案1028件，党政纪处分897人，其中厅级干部15人，县处级干部94人，组织处理86人，移送司法机关318人。进一步加强政府采购制度体系建设，完善“管采分离”监督管理体制，推广实施电子化政府采购系统。2009年，全省政府采购规模达到363.5亿元，同比上升30.5%，节约率12.6%。今年前三个季度，政府采购188亿元，同比上升9%，节约率13%。配合国家预防腐败局严肃查处了省政协3名厅级干部公款出国（境）旅游案件和许昌市一名副市长出访违规案件，探索长效工作机制建设。2009年，全省出访团组数量压缩25.1%，出访人数压缩26.5%。今年前三个季度，党政干部实际出访人数比去年同期下降23.5%。

三是深化党务公开、政务公开及其他办事公开。我们先后在省工商局和郑州市等8个省政府部门和省辖市进行了“阳光权力”试点，全面清理各项行政权力，编制职权目录，逐项绘制流程图，规范权力运行。认真落实《政府信息公开条例》，2009年全省共主动公开政府信息46.9万多条，受理公开申请8.3万多件。在推行党的基层组织党务公开的同时，在1个省辖市和18个县（市、区）开展党的地方组织党务公开和市、县委权力公开透明运行试点。省市县三级法院裁判文书全部上网，省辖市以上法院全部实现开庭审判网上直播，并向县以下法院延伸。村务、厂务公开和公共服务单位办事公开全面落实。

四是探索开展廉政风险防控机制建设。在省环保厅、省交通运输厅等省直单位和洛阳、濮阳、焦作、商丘等省辖市开展了廉政风险防控机制建设试点工作。各试点单位认真组织党员干部特别是领导干部、处于关键岗位的干部，全面查找思想道德、岗位职责、业务流程、制度机制、外部环境等风险，有针对性地加强防控，建立健全监督检查、考核评估和整改纠错机制，着力构筑前期预防、中期监控、后期管理“三道防线”，有效预防和减少腐败现象的发生。

五是加强廉政文化建设。省委、省政府制定了《关于进一步加强廉政文化建设的意见》，省纪委印发了《河南省廉政文化建设任务分工》。结合全党开展的学习实践科学发展观活动，我省先后组织开展了“讲正气、树新风”主题教育活动、“讲党性修养、树良好作风、促科学发展”教育活动和学习弘扬焦裕禄精神活动，着力解决党性党风党纪方面存在的突出问题，提高党员干部廉洁自律意识和拒腐防变能力。深入开展廉政文化“六进”活动，全省共建立各类廉政教育基地78个，命名“六进”活动省级示范点150多个、市级示范点2600多个。广泛开展群众性廉政文化创建活动，组织“廉政短信、廉政楹联和廉政故事”征集、廉政公益广告创作展播等活动，编辑出版廉政读本30多种，创作了一批反腐倡廉题材的影视剧。

三、近期工作打算

近期我们将按照中央纪委、监察部和国家预防腐败局的要求，做好以下主要工作：一是尽快建立我省预防腐败联席会议制度。拟由省纪委书记和一名副省长担任召集人，省纪委监察厅预防腐败局、省委组织部、省委宣传部、省人大法工委、省检察院、省高级法院、省财政厅、省审计厅、省工业和信息化厅、省政府法制办、河南银监局等具有预防腐败职能的机关和部门为成员单位。二是在郑州市开展省辖市预防腐败局机构建设试点。基本思路是，纪委、监察局、预防腐败局合署办公“三位一体”，对现有内设机构和职能进行整合，建立相对独立的预防腐败机构。适时制定指导性意见，加快机构建设步伐，形成上下贯通的工作体系。三是统筹推进预防腐败工作。加强项目论证和立项工作，每年选择一两个重点项目，在全省范围做出部署；选择若干个项目，在一定范围试点，使各地开展工作有载体、有抓手。加强理论研究和调研，组织开展研讨、交流、培训等活动，指导各地有效开展工作。四是加强预防腐败局自身建设。严把进人关，按照选优配强、宁缺毋滥的原则，充实干部队伍。完善合署办公体制，理顺内部工作关系，建立分工协作机制。

部分省（区、市）预防腐败工作座谈会发言材料

（2011 年 12 月 15 日）

北京市预防腐败工作情况汇报

北京市预防腐败局

近年来，在中央纪委、监察部、国家预防腐败局和市委、市政府的领导下，北京市纪委监察局认真贯彻落实中央关于加强反腐倡廉建设的各项部署，始终坚持标本兼治、综合治理、惩防并举、注重预防的方针，在坚决惩治腐败的同时，更加注重治本、更加注重预防、更加注重制度建设，不断拓展从源头上防治腐败工作领域。下面，我就今年北京市预防腐败工作情况和明年工作的初步打算作一简要汇报。

一、2011 年北京市预防腐败工作情况

2011 年，北京市纪委监察局认真贯彻落实党的十七大和十七届四中、五中全会精神，按照第十七届中央纪委第六次全会和国务院第四次廉政工作会议的部署，围绕市委市政府的中心工作，积极推进预防腐败制度建设和改革创新，强化对权力运行的制约和监督，预防腐败工作取得新进展。

（一）健全预防腐败工作机构，进一步加强预防腐败工作力量

1. 高度重视，积极组建北京市预防腐败局。市委市政府高度重视预防腐败工作，中央政治局委员、市委书记刘淇同志指出，推动首都科学发展，加快转变经济发展方式，必须以更加坚定的决心和更加有力的举措，坚决惩治和有效预防腐败。市委副书记、市长郭金龙同志在市政府廉政工作会上强调，要进一步增强制度的执行力，从源头上预防和治理腐败。在市委市政府的关心和支持下，8 月，经中央编办批复同意，市委办公厅、市政府办公厅下发通知，设立北京市预防腐败局。11 月初，北京市预防腐败局举行了揭牌仪式，中央纪委副书记、监察部部长、国家预防腐败局局长马驭同志，北京市委副书记、市政协主席王安顺同志为市预防腐败局揭牌。马驭同志对北京市的工作给予了充分肯定，并就预防腐败工作提出了希望和要求。

2. 明确职责，健全内部工作制度和工作机制。根据市编办批复，市预防腐败局共设有行政编制 26 名，设局长 1 名（由市监察局局长兼任），副局长 2 名，内设预防腐败一室、预防腐败二室、预防腐败三室，各室同时作为市纪委、市监察局的内设机构。为尽快开展预防腐败工作，制发了《关于市预防腐败局各室工作职责及与市纪委监察局有关室（厅）在开展预防腐败工作中分工协作的意见》，明确了市预防腐败局各室工作职责设置以及与市纪委监察局各室（厅）在开展预防腐败工作中的工作分工协作关系。研究制定《北京市预防腐败局工

作规定（试行）》，建立市预防腐败局局长会、局长碰头会等会议制度。目前，已有17名同志到岗开展工作，各项工作正在逐步推进。

（二）完善预防腐败工作机制，进一步规范行政权力运行

1. 以监督制约权力为核心，深入推进廉政风险防控机制建设。在近几年开展工作的基础上，围绕规范行政权力运行过程，深化行政权力的监督和制约，加强对政策制度落实情况的检查，深入推进廉政风险防控工作。一是深入贯彻全国加强廉政风险防控规范权力运行现场会精神，研究起草北京市《关于进一步加强廉政风险防控管理的意见》，并组织召开全市工作推进会，从优化权力结构、规范权力运行和加强信息化防控三个方面，对全市深入推进廉政风险防控管理工作提出明确要求。二是落实市委市政府《关于加强风险防控完善区县局级领导班子“三重一大”决策制度的意见》，围绕完善区县局级领导班子“三重一大”决策制度，明确“三重一大”事项决策的提出、论证、审议、决定、公布及实施程序，细化工作流程。三是按照北京市《关于推进廉政风险防范管理工作向局级领导班子和领导干部延伸的意见》要求，将廉政风险防控在全市200余个局级单位进行延伸，各单位领导班子和领导干部分别从思想道德、岗位职责、业务流程、制度机制和外部环境等方面，认真梳理并查找自身可能出现不廉洁行为的风险点和薄弱环节，并制定防控措施。四是普遍开展廉政风险防控“回头看”活动。按照“查找风险精准化、防范措施制度化、实时监督科控化、顺应形势常新化”要求，在全市开展“回头看”活动，进一步检查权力结构是否合理，权力运行是否科学，廉政风险点是否查准找全，防控措施是否有针对性和可操作性，保证廉政风险防控工作取得实效。

2. 以现代信息技术为依托，建立全市行政权力预警监督机制。2009年以来，北京市全面开展行政监察现代化工程建设，紧紧围绕防控廉政风险，把“人防”和“技防”有机结合起来，实现风险自动预警、自动处置，逐步构建行政权力运行预警监督机制。一是对行政权力运行过程设置监察点。在廉政风险防控工作的基础上，通过向上、向下延伸风险点，对风险进行定性定量分析，并通过信息系统中设置监察点，对监察点反映的权力运行的关键环节进行实时监控。对监察点进行分级分类，建立由市级监察部门重点监督一级监察点、各派驻监察部门和各区县监察部门重点监督其他等级监察点的监察工作体系。二是通过信息系统实现对权力运行流程的监督。将行政权力运行的全过程以及风险点和防控措施通过计算机语言固化为信息系统，嵌入电子监察平台，实行全程电子化运行，实现对权力运行全方位、全过程的刚性监督。三是构建自动预警体系。以权力运行风险点为预警处置的主线，以审批时限、运行流程、操作标准等为预警处置的切入点，对异常情况实现实时预警监督。通过利用信息技术高度程序化和标准严密的特性，将行政权力运行制度置于计算机程序控制下，在动态中完善管理，在动态中加强监督，全面防控廉政风险点，进一步提高廉政风险防控精细化管理水平，搭建全市行政权力风险预警监督体系。今年，已完成对市级7个试点单位风险点的梳理，共在123个一级风险点上设置了监察点，已与市人力社保局、市住建委、市工商局和市规划委实现了监察点业务数据对接。

3. 以腐败问题多发领域为重点，建立行政权力预警联防机制。针对可能发生腐败的重要领域、重要岗位以及重要环节，采取建立预警机制的办法，早发现，早化险，引导党员干部防患于未然。一是与市检察院联合建立预警联防机制，针对典型职务犯罪案件，定期发布警报。二是与市政府外办等部门建立制止公款出国（境）旅游工作长效

机制，进一步规范公款出国行为。三是加强从巡视、政风行风评议、群众来信来访、执法监察、经济责任审计等方面收集风险信息，开展动态性预警，通过内部监督、组织处理、纪律处分等手段，及时纠正苗头性、倾向性问题。四是积极推进防止利益冲突试点工作，规范商业预付卡管理，非公有制经济防治腐败试点等工作。

（三）加大源头治理和改革创新力度，进一步提升政务公开和政务服务水平

1. 深化行政审批制度改革。继续精简行政审批事项，坚持“加快、简化、下放、取消、协调”工作方针，认真梳理48个市级政府部门的1567项审批事项，其中废止、调整、取消72项。积极推进审批权限下放，在中关村自主创新示范区核心区和亦庄经济开发区行政审批权限下放取得经验的基础上，逐步在各区县推开。积极探索行政许可职能整合，认真总结海淀区“一科制”改革和市文化局行政审批处室改革的做法，通过职能整合和内设机构调整，促使职能部门的行政许可事项向一个处室集中。

2. 积极推进政务公开、公共企事业单位信息公开和办事公开。将政务公开不断向行政权力的核心层次延伸，全面推进预算公开，在全国各省（区、市）中率先公开市级“三公”经费。利用网络平台，在全市各区县开展依托电子政务平台加强政府政务公开和政务服务工作。积极推进立案公开，将刑事、治安案件的受理立案等主要进展情况向案件受害人公开，提供网络查询服务。加强公共企事业单位办事公开，加强对地铁、自来水、燃气等公共服务类国有企业信息公开和办事公开工作的监督检查，推进办事公开向基层拓展延伸。

3. 大力推进行政权力公开透明运行。大力推进行政决策公开，完善重大事项集体决策制度，健全决策的规则和程序，推进行政决策的过程和结果公开。围绕与人民群众利益密切相关的事项，全过程公开权力运行。规范行政执法自由裁量权行使，以市城管执法局和市交管局为试点，规范自由裁量权行使程序，细化、量化自由裁量标准，公开裁量幅度与实施办法。抓好行政审批、行政处罚、行政事业性收费等权力行使的动态公开，探索实行与群众利益密切相关的执法结果公开。

4. 加快推进市级政务服务中心建设。从相关部门抽调人员，成立了市政务服务中心筹备办公室，研究提出政务服务中心建设方案，着力推进政务服务体系指导监督、行政审批、公共资源交易、政府信息公开、电子政务管理、公共与便民服务、效能监察等七个平台建设，切实提高行政机关的办事效率和服务水平。

二、2012年北京市预防腐败局工作初步打算

2012年，北京市预防腐败局将按照中央纪委、监察部、国家预防腐败局和市委市政府的工作部署，以制约监督权力为核心，完善廉政风险防控管理工作机制，加强政务公开和政务服务，积极推进社会领域防治腐败工作，促进廉洁政府和廉洁社会建设。重点做好以下四方面工作：

（一）以构建具有首都特色的廉政风险防控管理机制为目标，深入推进廉政风险防控管理工作。围绕贯彻落实全国加强廉政风险防控现场会议精神，努力在优化权力结构、规范权力运行、提升信息化防控水平等方面实现新突破，为开创北京市廉政风险防控管理工作新局面起好步，开好头。全面开展清权确权和廉政风险防控项目化管理工作，加快建立全市廉政风险评估分析和预防腐败预警处置系统，继续推进廉政风险防范管理工作向局级领导班子和领导干部延伸。

（二）认真贯彻落实《关于深化政务公开加强政务服务的意见》，全面推进政务公开工作。进一步加大政府信息公开力度，积极推进行政决策公开和行政权力公开透明运行，增强公共政策制定的透明度和公众参与

度。积极推进市级行政服务中心建设，规范完善各区县级政务服务中心功能，在全市各区县全面推进依托电子政务平台加强区（县）级政府政务公开和政务服务工作。进一步加大厂务公开、村务公开和公共企事业单位办事公开力度，不断提高政务公开和政府服务工作水平。

（三）按照加强调研、积极探索、分类指导、稳步推进的方法，积极推进社会领域防治腐败工作。加强对社会领域防治腐败工作内容、主体、方式等重要内容的研究。积极开展防止利益冲突和非公有经济防治腐败试点工作，研究论证防止利益冲突的有关法规制度。积极推进对行业协会、市场中介组织违规违法行为的整治工作，规范商业预付卡的管理，全面加强市场诚信体系建设。

（四）进一步加强全市预防腐败工作机制建设，提高预防腐败工作水平。积极推进全市预防腐败工作协调联动机制建设，加强与检察、审计等部门的协调配合力度，积极推进区县预防腐败工作机构的建设。运用现代信息技术，深入开展行政监察现代化工程建设，加快建立全市行政权力运行预警体系，不断创新预防腐败工作方式方法。加强预防腐败干部队伍建设，完善内部制度，进一步增强政治意识、宗旨意识、大局意识和责任意识，不断提高预防腐败工作能力。

三、关于对预防腐败工作的建议

按照会议要求，结合北京市工作实际，对预防腐败工作提出四点建议：一是进一步加强预防腐败工作制度机制建设，尽早出台预防腐败工作条例，明确预防腐败工作机构的职能；二是围绕腐败易发的重要领域和关键环节，运用现代信息技术，进一步增强预防腐败工作的针对性和有效性；三是进一步加强对地方预防腐败工作的指导和协调，加大对预防腐败工作的调查研究力度；四是进一步加强预防腐败干部队伍建设，提高预防腐败工作的专业化水平。

河北省预防腐败工作情况汇报

河北省预防腐败局

按照会议要求，现就我省今年预防腐败工作情况、明年主要打算和建议作一汇报。

一、主要工作

今年以来，在中央纪委、监察部、国家预防腐败局和省委、省政府的正确领导下，我们坚持反腐倡廉战略方针，紧密结合实际，大胆实践创新，深入推进预防腐败各项工作，取得了新的进展和明显成效。

（一）抓住一条主线，加快推进惩治和预防腐败体系建设。把惩防体系建设作为全省反腐倡廉建设的一条主线，强化组织协调，加大工作力度，加快工作进度。一是加强部署调度。省委书记张庆黎主持召开省委常委会，认真传达学习全国惩防体系建设会议精神，提出落实要求。先后两次以省委、省政府名义召开全省电视电话会议，加强调度指导，有力推动了工作开展。二是狠抓任务落实。对 2012 年底前各项任务落实情况进行了梳理盘点，根据新的形势，对一些任务进行了调整补充，并进一步明确了责任单位。强化检查考核，年初由省领导带队对各设区市和省直部门 2010 年度体系建设工作进行检查；年中又组织对省直部门进行了一次全面督导，对20个厅局进行了重点检查，印发了检查情况通报。对尚未完成的工作，采取现场督导、发督办卡、跟踪督办等方式推动落实。认真贯彻中央纪委关于形成惩防体系建设工作合力的意见，经省委主要领导批示同意，专门下发学习贯彻的《通知》，督促各牵头、协办单位建立健全协调配合机制。目前正在制定量化考核办法，积极准备2011年度检查工作。经过各级各部门共同努力，我省2012年底前确定的112项任务，已完成31项，持续性开展50项，占任务总数的72.3%。三是构建基本框架。以省委名义印发《关于进一步加快推进全省惩治和预防腐败体系建设的意见》，从8个方面明确了我省惩防体系基本框架，为深入推进打下了基础。四是深入调研谋划。按照中央纪委部署，深入开展调研活动，形成了《关于“健全权力运行监控机制强化对权力运行的制约监督”的调研报告》，同时积极思考谋划我省下一个五年体系建设主要任务。

（二）突出工作重点，着力提高监控机制建设科学化水平。继续把权力运行监控机制建设作为全省反腐倡廉建设的一项重点工作，采取有效措施，不断深化完善。一是提高监控机制建设科学化水平。印发了《关于进一步提高行政权力运行监控机制建设科学化水平的实施意见》，把科学化的要求融入行政权力廉政风险评估防范、运行程序化和公开透明、绩效考核和责任追究3个机制，突出重点领域，强化监控措施，提高监控实效。二是加强廉政风险防控管理。印发了《河北省行政权力廉政风险防范管理暂行办法》，对廉政风险查找进行“回头看”，对省直部门的廉政风险等级目录进行了逐个点评，进一步修订完善了市、县政府及其部门廉政风险等级目录。三是加大对重点领域的监控。以住房公积金、社保基金、新农合资金、政府采购、政府投资重大工程建设项目为重点，加强对重大决策落实、重点领域、重要权力行使的监控，特别是在国土资源管理、工程建设、绩效管理等方面，探索完善了多项措施。四是“体制机制制度+科技”的模式得到更为广泛运用。积极探索将现代科技手段尤其是信息技术运用于部门业务的途径和措施，不断提高权力监控的科技含量。省卫生厅自主研发并在全省100多家医院启用权力运行监控系统，得到卫生部肯定并在全国卫生系统推广。省地税局将廉政风险防控系统寓于税收执法软件之中，实现了有机结合。邯郸、秦皇岛、衡水、沧州等市在构建廉政风险预警防控系统方面取得了重要进展。另外，代中央纪委办公厅起草了《关于实行廉政风险防控管理制度的规定》（草稿），参与了国家预防腐败局办公室《关于加强廉政风险防控的指导意见》的起草工作。我省的做法在全国加强廉政风险防控规范权力运行现场会上作了介绍，贺国强书记给予充分肯定。

（三）深化政务公开，积极推进政务服务体系建设。认真贯彻中央“两办”《关于深化政务公开加强政务服务的意见》，经省政府常务会议、省纪委常委会讨论，印发了我省《实施意见》。一是积极推进行政服务中心、统一公共资源交易中心建设。对全省行政服务中心建设情况进行了调研，积极参与筹建省本级行政服务中心。目前全省已有10个市、157个县建成了行政服务中心，覆盖率超过90%，省本级服务中心进入装修阶段。对各类工程建设招投标、公共资源交易活动进行整合，推进统一公共资源交易中心建设，实现“监、管、办”三分离和交易场所、信息服务、交易规则、运作程序、专家评委库“五统一”。二是积极推进决策公开。狠抓处（科）务会议纪要、会审会、政府常务会议旁听、乡（镇）议事会等4项制度的落实。截至今年9月，全省市、县两级邀请群众旁听政府常务会议2168次，议定事项6330件；省直各部门形成处务会议纪要5774份，议定事项18815件。三是积极开展依托电子政务平台加强县级政府政务公开和政务服务试点工作。确定了4个国家级试点县（市、区）和8个省级试点县（市），起草了我省试点工作方案，正在筹备试点工作动员部署会议。四是加强制度建设。及时调整充实了省政务公开领导小组，建立政务公开定期报送制度，加强督促检查，保证公开质量。

（四）坚持统筹兼顾，全面推进预防腐败各项工作。正确处理突出重点与整体推进的关系，全面抓好各项任务落实。一是积极开展制度廉洁性评估工作。省政府将制度廉评列为立法工作的必经环节。各级各部门都建立了廉评工作领导小组，印发了廉评方案。今年以来省制度廉评工作指导小组对《河北省政府非税收入管理规定》、《河北省食品安全监督管理规定》等12个政府规章草案进行了重点评估，提出修改意见建议29条，全部被吸收采纳。二是巩固治理公款出国（境）旅游工作成果。按照全国第五次联席会议要求，会同省外办等部门召开全省工作会议，将专项治理转为常态化管理，着力健全长效工作机制。积极发挥监督检查职能，查处了1起违纪案件。三是积极开展规范商业预付卡管理工作。国办发〔2011〕25号文件下发后，会同人民银行石家庄中心支行等部门，起草了我省《关于规范商业预付卡管理的实施意见》。配合有关部门对多用途预付卡进行了专项检查。另外，还开展了社会领域防治腐败征文活动，完成了国家预防腐败局部署的国有企业领域防治腐败调研课题，参加了“反腐败：防止利益冲突的理论与实践”专题研讨会暨第四届西湖·廉政论坛，并作了发言。

二、明年打算

2012年，我们将认真贯彻全国统一部署，结合我省实际，进一步完善思路、创新举措、注重实效，以完善惩治和预防腐败体系建设为主线，以深入推进权力运行监控机制建设为重点，以建立健全“体制机制制度＋科技”预防腐败模式为抓手，努力推动预防腐败各项工作迈上新台阶、取得新成效。

一是抓体系。认真贯彻落实全国和全省惩防体系建设工作会议精神，进一步强化体系意识，积极推动2012年底前各项任务的落实；加强体制机制制度建设，进一步完善具有河北特色的惩防体系基本框架；抓好经验总结和成果运用，积极研究2013—2017年我省惩防体系建设的工作重点和主要任务。

二是抓监控。认真落实全国加强廉政风险防控现场会精神，拓展工作领域，在抓好行政机关、国有企业、高等学校的同时，积极推进党的机关、审判机关、检察机关、事业单位监控机制建设；紧紧抓住腐败现象易发多发的重点领域和关键环节，加快推进统一公共资源交易中心建设，加强对高校债务问题的监管，探索新方法，实现新突破；认真总结基层创造的有效做法和经验，针对不同领域、不同行业，实行模式化推进，进一步提高工作成效；注重现代科学技术尤其是信息技术的运用，加强调研指导，不断提高权力运行监控的科学化水平；强化监督检查，严格责任追究，确保各项要求落到实处。

三是抓公开。认真贯彻中央《关于深化政务公开加强政务服务的意见》和我省《实施意见》，以省本级行政服务中心为龙头，加快建立覆盖省、市、县、乡、村五级政务服务体系，深入开展依托电子政务平台加强县级政府政务公开和政务服务试点工作，积极推动重点领域信息公开，进一步加强和规范公开载体建设，完善公开制度。

另外，积极开展制度廉洁性评估工作，认真落实“不评估、不决策”的要求，努力从源头上堵塞滋生腐败的制度漏洞。积极推进社会领域防治腐败工作，继续强化对公款出国境的集体会审，加强对商业预付卡的规范管理等。

三、几点建议

1. 强化对各地的指导。预防腐败工作涉及面广、难度大，许多工作都是创新性工作，涉及到利益调整，没有现成的经验可以遵循。因此，建议国家预防腐败局通过召开任务部署会、培训研讨班等形式，强化工作指导，加强沟通交流，推动工作落实。

2. 进一步突出重点。在做好预防腐败工作综合规划、调研指导的同时，突出一些重点领域、重点工作，比如廉政风险防控管理、政务公开、制度廉评、行业协会监管等，采取有效措施，强力推进，进一步提高预防效果。

3. 三个方面具体建议。一是尽快下发《关于加强廉政风险防控的指导意见》，指导工作深入开展；二是对11个省（市）制度廉洁性评估试点工作情况进行总结，印发实施意见，将其纳入制度化、规范化轨道；三是制定出台社会领域防治腐败工作指导意见，为全面开展提供依据。

上海市预防腐败工作情况汇报

上海市预防腐败局

现将上海市2011年预防腐败工作情况和2012年工作打算报告如下。

一、2011年工作情况

2011年，上海市预防腐败局按照第十七届中央纪委第六次全会和国务院第四次廉政工作会议的部署，在国家预防腐败局工作指导下，以强化对权力运行的制约和监督为核心，运用“制度加科技”加强廉政风险防控，将预防腐败寓于精细化管理中，寓精细化管理于过程控制中，寓过程控制于网络技术中，促进廉洁政府和廉洁社会建设。重点汇报两方面工作：

（一）围绕权力、资金、资源，运用“制度加科技”加强廉政风险防控

深化行政审批制度改革规范权力运行。近年来，行政审批管理制度改革虽取得了阶段性成果，但当前的行政审批仍然存在自由裁量权大、审批环节标准不统一、运作不透明等问题。为此，我们探索开展行政审批标准化管理，出台《行政审批业务手册编制指引》和《行政审批办事指南编制指引》两项行政审批地方标准，每项行政审批都要求编制业务手册和办事指南，建立标准化的审批流程，并将之置于社会广泛监督之下。同时，建立面向企业与市民的网上公开、网上申报、网上预审的网上办事大厅，行政审批的服务、办理、日常监管等活动实现全部上网。各个部门审批业务系统与市政府网上审批平台实现互联互通，并将基础信息、结果信息等及时交换到网上审批平台，实现数据共享。在网上审批平台对行政审批实行同步监察、预警纠错。

加强乡镇财政性资金管理确保资金安全。上海乡镇的财力相对比较雄厚，很多乡镇每年收入达到几个亿甚至几十亿，管理不善很容易引发消极腐败问题。在审计、巡视以及专项检查中我们发现，目前乡镇财政性资金管理中存在财政扶持政策不符合产业导向、招商平台违规为企业垫资验资、政府部门违规为融资平台公司提供担保以及资金挪

用等突出问题。针对这些问题，我们借鉴有效预防腐败试点工作的经验，将浦东新区金桥镇、松江区车墩镇的财政性资金监督管理信息系统，在本市111个乡镇全面推广运用。督促乡镇政府按照“预算共编、账户统设、集中收付、采购统办、票据统管”的改革要求，严格规范乡镇财政资金管理制度。建立覆盖全市区县乡镇财政性资金监管信息平台，将信息网络技术、自动化办公技术和财政专业监管系统进行合成，实现对乡镇财政性资金预算编制、执行状态及结果的全过程监控，建立完善乡镇财政性资金和公共资金监管长效机制。

加强规划控制实施土地资源精细化管理。在建立土地交易市场的基础上，运用三维立体规划控制盒即城市规划审批信息系统，对土地严格执行规划审批。每一块土地规划审批的报建数据必须与事先储存在城市规划审批信息系统内的容积率、建筑密度、建筑限高、绿地率、退红线距离等规划参数进行三维立体自动比对，由计算机自动对超越参数部分实施否决，规划控制由平面管控转变为立体防控，加强了对规划审批的监管，杜绝了改变规划内容、擅自调整容积率等问题，有效防止了规划审批过程中的廉政风险。

（二）整合权力运行、资源交易、资金监管平台，开展预防腐败信息系统建设

有序整合预防腐败信息资源。根据本市“制度加科技”防治腐败工作实际，整合公共权力运行、公共资源交易、公共资金监管三大类平台，对属于三大类平台的行政审批、政府采购、土地交易、产权交易、因公出国（境）管理、社保基金管理等业务信息系统进行再集成，初步实现信息的采集整合、查询统计功能。

探索建立预防腐败指标体系。在采集整合相关信息数据的基础上，研究建立预防腐败信息系统指标体系和预警分析机制，为廉政风险防控提供客观数据指标，找出风险点，提出预防建议。通过相关信息的存储、分析并就风险发出预警，实现信息研判、预警提示、辅助决策和优化管理的目标。

二、2012年工作打算及建议

2012年是党的十八大召开之年，是“十二五”规划全面实施的重要之年。预防腐败局工作在发挥组织协调、综合规划、政策制定、检查指导作用的同时，要深入推进惩治和预防腐败体系建设，积极推广预防腐败试点经验，大力推介国内外预防腐败的成功做法，进一步加强预防腐败体制、机制和制度建设，着力探索预防腐败的措施和办法，努力实现有效预防腐败的工作目标。

（一）2012年工作的初步打算

一是加快建设惩防体系基本框架。按照《2011—2012年上海市推进惩防体系建设工作安排》，以项目化方式扎实推进31项重点工作项目，针对腐败现象易发多发的重点领域、关键环节和人民群众反映强烈的突出问题，从体制机制层面探索有效解决的途径。按照“一个中心、两个基本点”的工作思路，即以运用“制度加科技”规范权力运行为中心，以加强教育筑牢廉洁从政道德防线、加强惩处提高惩治腐败威慑力为基本点，围绕教育、监督、预防、惩治机制建设，打基础、立结构，到2012年建成惩防体系基本框架。

二是全面开展廉政风险防控。按照中央纪委统一部署，根据本市实际开展廉政风险防控。在全面防控的同时，加强重点防控，着力抓好工程建设、土地出让、产权交易等腐败现象易发多发领域以及征地拆迁、教育医疗、社会保障、食品药品安全、环境保护、安全生产等涉及民生领域的廉政风险防控措施，以预防腐败工作的实际成效取信于民。

三是继续推进行政审批标准化管理。推进市政府部门保留行政审批的业务手册和办事指南编制工作，提高网上审批的实现程度，扩大网上预审范围，全方位实施行政审批信息资源共享。建立市、区（县）两级

行政审批电子监察系统，将已实施标准化的行政审批，全部纳入电子监察。在浦东、徐汇、静安等区探索开展深化政务服务工作。

四是大力深化“制度加科技”防治腐败工作。在巩固和完善土地交易、工程建设、国有产权、政府采购、国资国企等监管信息平台，充分发挥市场在资源配置基础性作用的基础上，积极拓宽“制度加科技”应用领域，推进人事、司法、财税、金融等重点领域体制改革，进一步发挥“制度加科技”防治腐败的综合效能。同时，完善市预防腐败信息系统，逐步纳入公共权力、公共资源、公共资金等领域成熟的监管信息平台，不断提高预防腐败工作的科学性和预见性。

（二）2012年预防腐败工作建议

一是推进电子政务建设。电子政务是权力公开透明运行、规范权力行使的一个有效载体。我国在电子政务建设方面虽已取得了长足进展，但由于缺乏统一规划和统一技术标准，也出现了“信息孤岛”、重复建设等问题。建议预防腐败工作以深化电子政务建设为抓手，自上而下做好顶层设计，各条线应本着“全局规划、协同建设、统一管理、互联互通”的原则，做好整体规划，制定统一标准，逐步实现“一站式”的公共服务平台和不受时空限制的“在线办理”。要依托电子政务网络平台将行政权力运行流程统一固化上网，实行事项办理全部上网、全程上网，每个环节的操作均由计算机进行记录和控制，达到行政权力运行数据电子化、流程标准化、办公网络化、信息公开化，做到全程留痕、实时监控、即时预警纠错。

二是推进社会诚信体系建设。学习国外先进经验，我们有一个深刻的感受，就是这些国家之所以在防治腐败方面能取得理想的效果，很大程度上得益于他们的诚信体系建设比较完善，反腐败的思想意识深入人心，公民比较自觉严格按照法律的规定办事，为防治腐败提供了良好的外部环境。因此，在我国构建全社会共同参与的诚信体系，对于提高预防腐败工作的科学化水平非常重要，也非常必要。建议加快建立健全覆盖全社会的信用系统，整合各方面的信用信息资源，建立综合性数据库，逐步形成信用信息共享机制，健全社会信用体系，充分发挥信用体系对失信行为的监督、约束作用，形成“一处失信、处处制约”的失信惩戒机制，在大力培养社会诚信意识中做好预防腐败工作。

三是推广预防腐败试点经验。随着形势的不断发展，预防腐败涉及的领域越来越广泛。预防腐败机构的工作建议不求多、只求实，每年明确几项重点工作切实抓出成效。建议发挥典型的引领示范效应，及时总结地方上成功的预防腐败试点经验，经过充分论证后，将之上升为国家标准，并推广到全国，从而推动整体面上工作的开展。

浙江省预防腐败工作情况汇报

浙江省预防腐败局

今年以来，我省认真贯彻落实中央、中央纪委的决策部署，按照国家预防腐败局《2011年工作要点》的安排，坚持关口前移、防范在先，在始终保持惩治腐败强劲势头的同时，把预防腐败工作摆上更加突出的位置，深化思想教育，加强日常监管，创新机制制度，拓展工作领域，切实强化对权力运行的制约和监督，从源头上防治腐败工作取得了新的明显成效。

一、持续深化作风建设和廉洁从政教育，夯实预防腐败的思想基础

坚持把作风建设和廉政教育作为预防腐败的基础性工作来抓，持续开展深化作风建设活动，不断加强党员干部廉洁从政教育，筑牢拒腐防变的思想道德防线。以“提升执行力、增强群众观、为民办实事、服务十二五”为主题，以治理“庸、懒、散”问题为重点，精心设计五个方面活动载体，深化全省作风建设工作。出台专项教育实施意见，开展岗位廉政风险防范教育，组织《廉政准则》等党纪条规巡回宣讲，增强党员干部自律意识。积极挖掘先进典型开展示范教育，在全省开展向仙居县官路镇原纪委书记王益群同志先进典型学习活动；深入开展警示教育，组织党员干部到法纪教育基地进行实地体验，剖析违纪违法典型案例，帮助党员干部吸取教训，引以为戒。大力推进廉政文化建设，培育廉政文化教育基地，开展群众喜闻乐见的廉政文化活动。

二、大力推进廉政风险防控机制建设，强化权力运行的监督制约

省委省政府制定下发《关于全面推进廉政风险防控机制建设的意见》，先后两次召开全省性会议，专题部署和推进廉政风险防控工作。全省所有党政机关、国有企事业单位和群团组织，抓住权力行使的重点部位、关键环节，从“查、防、控”三方面入手，排查廉政风险，梳理权力清单，加强动态管理，完善防控措施，全面推进廉政风险防控机制建设。通过全员排查、全程防控，党员干部防控风险的意识和能力不断增强。截至目前，全省已有15743个单位、65万多名党员干部对岗位廉政风险进行了排查，查找出风险点95.3万个，制定廉政风险防控措施94多万条，发出廉政风险预警2万多次。

三、率先制定实施防止利益冲突制度，规范廉洁从政行为

针对浙江民营经济发达、家庭从业行为多样化的实际，积极探索“公权力”与“私权力”相互隔离的有效办法，规范党员干部从政行为。在相继制定任职回避、兼职取酬、离职从业等制度规范的基础上，出台了《浙江省党员领导干部防止利益冲突暂行办法》，在省一级率先建立防止利益冲突的基本制度，对党员领导干部防止利益冲突的行为限制、利益回避的方式和发生利益冲突的处理措施等作出全面规范。举办“西湖·廉政论坛”，开展防止利益冲突的理论与实践研讨活动。通过强化利益回避、利益公开和监督问责，解决了一些可能导致利益冲突的问题。目前，全省已有807名党员领导干部进行了成长地任职回避，近50名党员领导干部因履职方面涉及利益冲突的问题进行了利益回避，并处置和纠正了个别地方“房票门”、公务员户口回迁农村等涉及利益冲突的问题。

四、不断深化行政管理体制改革，提升政务公开政务服务水平

认真贯彻中办、国办《关于深化政务公开加强政务服务的意见》，及时制定我省实施意见，深入推进政务、村务、厂务和公共企事业单位办事公开。全面清理、大幅度削减行政审批事项，经过四轮审改，省级行政审批事项已削减76%；积极推进行政审批职能整合和集中改革，全省70%的市级政府部门、93%的县级政府部门已完成改革任务，市、县两级85%的行政审批项目进驻行政服务中心集中办理。在省级建成政府网上办事大厅和市、县、乡三级普遍建立行政服务中心的基础上，今年推动公共服务网络向农村基层延伸，在27309个村（社区）建立便民服务中心。大力推进行政服务中心规范化建设，改进服务设施，优化服务程序，提高服务质量，实现政务服务的公开、透明、高效，有效减少和防止了暗箱操作、以权谋私等行为。

五、积极完善公共资源交易平台和社会诚信体系，加强公共资源交易统一规范管理

按照“政府引导市场、市场公开交易、交易规范运作、运作统一管理”的模式，建设省、市、县、乡四级公共资源统一交易平台，凡是政府和集体出资的项目和公共资源的配置，全部纳入统一平台公开运作、集中监管，促进了公共资源配置的市场化、公开化，节约了大量公共资金，减少了权钱交易行为。深化工程建设领域突出问题专项治理，对全省2008年以来立项、在建和竣工的建设项目进行重点排查，严肃查处了个别工程项目的违纪违规问题。积极推进工程建设领域信息公开和诚信体系建设，率先建立企业和个人公共联合征信数据两大平台，全面推广工程招投标第三方信用评价，营造廉洁、守信的社会环境。

六、全面建立村务监督委员会，创新基层民主自治、民主监督载体

不断延伸预防腐败工作领域，全省3万多个行政村全部建立村务监督委员会，加强对村级集体资产、资源、资金的监管，有效遏制了农村基层的腐败现象。制定出台《浙江省村务监督委员会工作规程（试行）》、《关于进一步加强村务监督委员会建设的意见》等制度，发放《村务监督委员会工作手册》和《村务监督流程图》，着力推进村务监督委员会的规范化建设。我省全面建立村务监督委员会的做法，为国家完善基层民主政治制度尤其是村民自治机制提供了实践经验，新修订的《村民委员会组织法》吸收了我省的创新成果，新增了“村应当建立村务监督委员会”等条款。

七、稳步推进全省联网的电子监察系统建设，提高预防腐败工作的科技含量

建立省、市、县三级联网的电子监察系统，省级具有行政审批职能的47个部门（涉密部门除外）的721项行政许可事项和101个市、县（市、区）的29122项行政许可事项全部纳入电子监察实行全程管理、实时监控，省监察厅电子监察监控中心能直观展示全省统计数据，同步轮流展示各地各部门统计信息。设立效能评估子系统，对省级部门和11个市的工作绩效进行自动分析和考核。通过全面建成电子监察系统，把科学的计算机程序设计与预防腐败的制度安排有机结合，推动了政府职能转变和工作效能提高，增强了监督实效，促进了权力公开运行和干部廉洁从政。

2012年是顺利完成中央惩防体系《工作规划》和省委《实施办法》的关键一年，也是我省预防腐败局正式挂牌成立后全面开展工作的重要一年。我们将按照中央纪委、国家预防腐败局和省委省政府的部署，以有效预防腐败为目标、巩固思想防线为基础、规范权力运行为重点、创新机制制度为根本、净化社会环境为保障，整合职能、科学谋划、加强协调、强化督查，不断提升预防腐败工作水平。明年重点抓好以下几方面工作：一是着眼于从思想上预防腐败，切实加强廉洁从政教育和作风建设。认真贯彻落实十七届六中全会精神，加强理想信念教育、党史教育、党性党风党纪教育，积极开展岗位廉政风险教育，大力推进廉政文化建设，深化干部作风建设，筑牢拒腐防变的思想道德防线。二是着眼于从规范权力运行上预防腐败，深入推进廉政风险防控机制建设和防止利益冲突制度。认真贯彻落实国家预防腐败局即将出台的《关于加强廉政风险防控的指导意见》，开展廉政风险防控机制建设“巩固提高年”活动，建立长效机制。全面落实《廉政准则》和省委《暂行办法》，完善防止利益冲突的监督机制和问责机制，提高制度的执行力。三是着眼于从体制机制上预防腐败，不断深化重点领域改革。继续深化行政管理体制和行政审批制度改革，进一步削减行政审批项目、推进行政审批职能整合和集中归并。全面开展制度廉洁性评估工作，明确工作任务、工作目标和工作责任，规范评估的内容、方法和程序。四是着眼于从净化社会环境上预防腐败，积极拓展社会领域预防腐败工作空间。大力推进社会廉洁文化建设，努力培育廉荣贪耻的社会氛围。探索开展非公有制企业、中介机构行业协会等社会领域防治腐败工作，探索建立行业自律机制、市场准入和退出机制。继续推进社会诚信系统建设，完善政府、企业和个人三大信用体系以及公共联合征信平台，弘扬廉洁、诚信、守法的社会环境。

八、对今后工作的几点建议

有效预防腐败，是一项长期的、复杂的、艰巨的任务。当前，我国已进入经济转轨、社会转型的关键时期，同时也是腐败现象易发多发期，预防腐败工作面临着前所未有的新情况新问题新挑战。为适应新形势、新任务的要求，进一步提高预防腐败工作水平，我们建议，目前和今后一个时期，预防腐败工作要着重抓好以下几个方面：

第一，注重预防腐败工作的总体规划。建议从国家层面加强对预防腐败工作的整体规划和顶层设计，明确总体布局、重点任务、制度框架、评价体系等，增强预防腐败工作的整体性、系统性和协调性。加强对预防腐败重大理论和现实问题的研究论证，提出有效的思路和对策，为工作谋划提供决策依据。加强预防腐败制度建设，参照国际上一些国家和地区的成功做法，结合《联合国反腐败公约》的要求和我国国情实际，研究制定专门的反腐败法、防止利益冲突法和行政程序法等基础法律制度，切实提高防治腐败的法制化水平。

第二，明确预防腐败机构的职能定位。设立专门的预防腐败机构，是加大预防腐败工作力度的重大举措。从实际情况来看，预防腐败工作是一个复杂的系统工程，纪检、监察、检察、审计等职能部门都有这方面的职能，纪检监察机关内部也是多个处室共同承担这项工作，存在着职能交叉、工作重叠的现象。建议进一步理顺关系，整合力量，明确预防腐败机构职能和职责分工，真正发挥预防腐败机构的组织协调、综合规划、政策制定、检查指导职能。同时，继续推进预防腐败机构建设，支持省、市二级条件成熟时成立预防腐败机构，推动全国预防腐败工作深入开展。

第三，加强预防腐败工作的指导和协调。应该说近年来各地各部门在预防腐败方面积累了不少成功经验和有效做法，但总体看，由专门机构系统组织预防腐败工作，还处于起步阶段。建议国家预防腐败局要加大工作指导力度，加强上下沟通联系，加强省际工作交流。要重视预防腐败机构干部队伍建设，组织全国性业务培训，提高干部的业务水平和工作能力。

安徽省预防腐败工作情况汇报

安徽省预防腐败局

一、开展预防腐败工作情况

（一）机构建设情况

在省委的高度重视下，在中纪委、监察部、国家预防腐败局的有力领导下，今年8月，我省决定成立省预防腐败局。在省委常委、省纪委书记王宾宜同志亲自指导下，省纪委向省编委上报了建议方案：省预防腐败局为正厅级架构，在省监察厅加挂预防腐败局牌子。预防腐败局下设办公室，同时加挂省纪委、监察厅预防腐败室牌子，为省纪委、监察厅内设机构。编制10人，局长由省监察厅厅长兼任，设副局长2名，其中1名由监察厅副厅长兼任，另新确定一名副厅长级领导职数为专职副局长并兼任预防腐败室主任。预防腐败室设正处级副主任2名。其职责是：负责全省预防腐败工作组织协调、综合规划、政策制定、检查指导；负责组织协调全省惩治和预防腐败体系建设工作；负责组织推进全省廉政风险防控管理工作；协调指导企业、事业单位、社会团体、中介机构和其他社会组织防治腐败工作；负责全省预防腐败工作的对外协作与交流。今年9月，中央编办已批准我省设立这一机构。省编委已同意省纪委建议方案，报经省委常委会议批准后实施。拟于近期挂牌，目前正在抓紧筹备中。

（二）预防腐败工作开展情况

近年来，我们在全面推进各项工作的同时，重点抓了以下几项具有安徽特点的预防腐败工作。

1. 大力开展反腐倡廉宣传教育。认真贯彻中共中央《工作规划》、《廉政准则》及中央一系列反腐倡廉决策部署，坚持教育在先，突出抓好反腐倡廉宣传警示教育。在全省范围内先后开展了“落实科学发展观大讨论”、“加强制度建设、坚持廉政勤政、促进科学发展”、“加强党性修养、弘扬优良作风、促进科学发展”、“学习《廉政准则》、规范从政行为、促进科学发展”以及“以人为本、执政为民”等一系列主题教育活动。省和部分市先后建立了反腐倡廉警示教育基地，全省受教育人数达100万人以上，其中市厅级干部1000余人，县处级干部3万余名。制定实施《关于加强廉政文化建设的意见》，大力推进廉政文化“六进”活动，全省设立和命名廉政文化建设示范点308个，合肥包公园和泾县新四军军部旧址被中央纪委、监察部命名为全国廉政教育基地。淮北、马鞍山、六安、亳州等市建成了集办案、廉政宣传、教育培训于一体的廉政警示教育中心和寓休闲及反腐倡廉教育于一体的廉政主题公园，淮北市还编辑出版了图文并茂、雅俗共偿、深受广大党员干部欢迎的“廉政文化六进系列读本”。同时，各地还进行了形式多样的反腐倡廉文艺会演、演讲和书法比赛。精彩纷呈的廉政警示宣传教育，切实增强了广大党员干部廉洁从政廉洁从业的意识和抵御风险的能力。

2. 认真开展制度建设推进年活动。2008至2009年，结合我省实际，在全省范围内开展了“反腐倡廉制度建设推进年”活动。在认真清理的基础上，省本级出台了《关于进一步加强领导干部管理监督工作的若干意见》、《关于建立促进科学发展的党政领导班子和领导干部考核评价机制的实施意见》等制度。各地、各部门按照统一部署也都清理废止一批不合时宜的制度办法，健全创新了一批规范权力运行、有效防止腐败的制度措施，特别是对腐败问题易发多发的组织人事、财政、司法、城乡建设、投融资等重点领域和关键部门，省纪委作为重点进行跟踪指导。同时，各级纪检监察机关加强对新建制度执行情况的监督检查，保证了制度建设推进年活动扎实有效地开展。

3. 全面开展农村集体“三资”清查管理工作。针对我省农村问题实际，在扎实推进农村党风廉政建设、实施“阳光村务工程”建设的基础上，从2009年开始，在全省着力开展了对村级资金、资产、资源（简称“三资”）的清查管理工作，至去年底，全省17313个村（居）及所辖村民小组全部完成“三资”清理工作，清理面达100%，村级集体资产、资源账面总额比清理前分别增加127.2亿元、土地6703.45万亩，经济收益增加7300余万元。为防止前清后乱，更好地利用“三资”，使其发挥最大效益、更多惠及群众，各地均加强了对清理后的“三资”进行了严格管理，全省99%的村（居）实行了委托代理服务，建立和完善了农村集体“三资”委托代理服务机制；以推行村级事务流程化管理为主线，规范和落实了村级民主决策、民主管理机制，并以建立村务监督委员会为重点，探索建立了村级民主监督机制。目前验收工作已经结束。这项工作深受农民的欢迎，较好地解决了长期困扰市、县、乡三级党委、政府的农民因“三资”不清而导致的集体上访问题。中纪委、监察部对这一做法给予了充分肯定。

4. 适时开展廉政风险防控管理试点工作。学习北京等地的有效做法，今年上半年在马鞍山、铜陵、六安三个省辖市和省发改委、财政、国土、城建、水利、地税等八个省直单位开展了廉政风险防控试点工作。以省委、省政府“两办”名义印发了《关于开展廉政风险防控管理工作的意见》，成立了省廉政风险防控领导小组及其办公室，抽调专人办公。各试点单位领导率先垂范，带头查找并公开自身廉政风险。与此同时，各市也结合实际，有选择地开展了廉政风险试点工作。黄山市在32个市直单位试点的基础上，又选择一县一区作为试点，并将县区四大班子全部纳入廉政风险防控管理范围。安徽师范大学结合高校特点，重点对基建工程，招标采购、资产管理、干部人事、财务管理、招生就业等八个部位作为关键环节排查风险，并针对风险制定了相应的防范措施。为确保试点效果，省纪委分别于7月和9月召开了汇报会和推进会。近期还将召开一次工作研讨会，总结经验，查找不足，为明年全面推开探索路子。目前，试点工作正扎实有序地推进。

5. 深入开展工程建设领域突出问题专项治理工作。针对长期以来工程建设领域存在的问题，按照中纪委、监察部部署，结合我省实际，从2009年下半年开始至今年上半年，在全省开展了对工程建设领域突出问题专项治理。省纪委会同和督促省直相关单位制定出台专项治理工作实施方案和9个指导性文件，对近年来查处的工程建设领域8个典型案件进行了通报，组织开展对2008年以来工程项目建设情况进行重点抽查，督促整改发现的问题，健全和完善了一批制度，特别是芜湖市已经探索出一条行之有效的“制度+科技”预防工程建设领域腐败问题发生、保证进度和质量的办法和措施，为全省提供了很好的借鉴。

6. 加强理论研究，不断探索创新。随着经济社会的发展，许多新情况、新问题层出不穷。近年来，我省更加注重理论研究，与中国科技大学、安徽大学等高校协作，就腐败产生的机理、特点、表现形式以及如何防范进行专题研究，提出对策。去年下半年专门召开了全省创新工作会议，收获了一批有价值的研究成果，为省委、省政府开展反腐倡廉提供了很好的决策参考。有计划地开展项目信息公开和诚信体系建设试点工作。总结推广合肥、芜湖等地“统筹、分权、开放、监督”的城市建设领域公共权力监管新模式。认真治理房地产开发、土地管理和矿产资源开发等领域的突出问题，进一步加强对经济运行关键领域的监管，并取得了一定实效。

二、明年工作打算

（一）加快机构建设，选好配强人员。预防腐败局挂牌后，尽快健全领导体制和工作机制。根据工作需要尽快选好配强人员，真正把那些有一定理论基础和实践经验、善于思考、动手动口能力强、综合素质好的优秀年轻同志选进预防腐败队伍。拓宽选人视野，必要时有针对地从市县选调。视情况向省委建议，有条件的市也要设立预防腐败机构。

（二）找准工作定位，理顺工作关系。按照三定方案，确定工作定位。在常委会领导下，调整机关相关厅室工作职能，把带有预防性质的工作调整到预防腐败局来，尽量减少工作交叉。

（三）突出工作重点，抓好工作落实。1. 抓教育。采取多种形式，大力宣传设立预防腐败机构和开展预防腐败工作的重要性和必要性，使广大党员干部和人民群众增强预防腐败的意识，从而积极支持并参与预防腐败工作，在全社会形成崇廉尚洁的氛围。2. 抓制度。进一步健全和完善各类制度，特别是要加大对制度执行情况的督促检查，收到实实在在的成效。3. 抓治权。一是在试点的基础上，在全省开展廉政风险防控工作。二是让权力在阳光下操作，防止滥用权力和公权私用。三是抓追究。对公权私用或弄权勒索造成严重后果的，一定要严肃处理，严格追究。4. 抓创新。加强与省内外高校和科研院所的合作，有针对性地深化理论研究，推进工作创新。在工作对象上，除抓好党政机关外，重视抓好企业和其他非公组织的预防腐败工作，力求不留空白、不留死角。

三、对预防腐败工作的意见和建议

（一）统一规范机构设置。目前省级预防腐败机构设置、人员编制、工作职责等缺乏统一规定，各地做法不尽一致，这对上下工作的衔接、机构建设规范化都有一定影响。建议国家预防腐败局在调查研究的基础上，出台专门文件，规范省级预防腐败局的机构设置、人员编制、班子配备、职责定位等，理顺与纪检监察机关内设部门之间的关系，推进机构设置法定化。特别是应把预防腐败机构延伸到省辖市一级。

（二）进一步明确职责任务。预防腐败局在对预防腐败工作组织协调、综合规划、政策制定、检查指导的同时，每年选择一两个重点项目在全国同时展开，避免没有抓手、无所事事情况的出现。专项工作的开展应从中央部委抓起，力求上下联动，确保工作效果。

（三）切实加强队伍和业务建设。目前省级预防腐败机构处于初创阶段，存在人员编制少，工作技能不强，专业化水平不高等问题。建议国家预防腐败局加强对各地预防腐败机构的业务指导，加大业务培训力度，建立全国预防腐败机构交流平台，加强联系和沟通，促进预防腐败工作协调有序开展。

福建省预防腐败工作情况汇报

福建省预防腐败局

根据会议安排，现将福建省预防腐败工作情况汇报如下。

一、2011年预防腐败工作情况

2011年，福建省坚持标本兼治、综合治理、惩防并举、注重预防的方针，深入贯彻落实十七届中央纪委第六次全会精神，紧紧围绕“规范权力运行、健全市场机制、完善中介组织”深入推进制度建设，进一步明晰政府监管、市场调节、中介服务三者边界，预防腐败工作取得新成效。

（一）全面规范行政权力运行。省、市、县三级行政执法机关全面开展规范行政权力运行工作，突出抓好六个关键环节。一是理出权力清单。根据部门法定职责和“三定”方案，全面梳理法律法规规章，进一步明确各级各部门行政权力设置的依据，编制行政职权目录，列出“权力清单”。目前，三级行政执法机关共依法确认行政职权259683项。二是制定裁量标准。对各项行政权力的行使范围、条件、标准等具有裁量空间的内容进行细化量化、分档设限，明确执行标准，减少弹性空间。一年来，三级行政执法机关共将165121项行政裁量权细化为428659个等级，较好地压缩了行政裁量空间。三是规范运行流程。绘制权力运行流程图，载明行使条件、承办岗位、运行程序、办理时限、监督渠道、相对人权利和投诉举报途径等要素，并把职权明确到各相关处（科）室、各层级工作人员，使权力运行有了固定的“路径”。四是完善执法制度。省政府办公厅出台《关于进一步规范行政裁量权工作的意见》，各级行政执法机关建立健全告知和说明理由、回避和听证等办案制度，以及行政执法的监督检查、考核评估和责任追究制度。五是公开运行全程。各有关部门依法向社会公布本部门的权力清单、执法依据、执法权限、裁量基准、执法程序和执法结果等。省级网上行政执法平台开通试运行，事关经济发展全局和群众生产生活的15家省直单位的行政执法事项上网运行。六是加强评估校正。会同省政府法制办，对40个省直单位、9个设区市和平潭综合实验区规范行政裁量权工作开展专项评估，推动各单位查找薄弱环节，完善裁量工作。

（二）开展依法行政综合监察。创新执法监察方式，出台《关于开展依法行政综合监察工作的指导意见》，明确在综合监察中着力检查行政行为的合法性、行政程序的规范性、行政服务的效率性和行政过程的廉洁性等四项重点内容，提出采取分级监察与上下联动、立足自身与组织协调、全面覆盖与突出重点、书面检查与现场核验相结合等工作方法。在对全省范围内7个单位进行综合监察的基础上，今年对民政、水利系统2009年以来依法履行行政许可、行政处罚、行政强制、行政确认、行政裁决、行政征收、行政复议等法定职责情况进行检查，纠正不依法行政的行为，提出针对性意见和建议，推动长效机制建设。

（三）规范和完善公共资源配置、公共资产交易、公共产品生产领域市场运行机制（下称“三公”）。省里修订“三公”工作目录，把“三公”领域划分为公共资源类、公共资产类、公共产品类等三大类61个科目。强化公共资产交易管理，制定规范省属企业资产租赁、承包管理制度。积极探索多种市场竞争方式，逐步形成招标、拍卖、密封式报价、选择拍卖机构二次竞价、电子竞价等多种交易方式，以及BOT、BT等市场配置方式。全省已有634个乡镇建立镇、村招投标机构。加强区域性产权市场建设，形成覆盖全省、辐射全国、联结海峡两岸的海西联合产权交易市场。加快产权市场信息化建设步伐，构建资源配置电子化交易平台，实现网络异地实时竞价和对交易的实时、动态、全程监控。

（四）全面实施“五要工程”。在全省推行“农村的事农民要知道、要参与、要做主、要监督、要满意”的“五要工程”。深入推进村务公开时间、地点、内容、方式和程序“五统一”制度；制定简便、易行的“五要”工程实施流程图，完善村务决策听证制度，健全民主决策机制；实施农村集体“三资”摸清家底、公开家底、管好家底的“三步工作法”；出台《关于全面推行农村户代表会议制度的意见》和《关于全面建立村务监督委员会的意见》，切实把村务管理情况的评判权交给农民群众。出台《福建省贯彻〈农村基层干部廉洁履行职责若干规定（试行）〉的实施办法》，促进农村基层干部廉洁履职。目前，全省100%的乡镇、97.9%的村推行了“五要工程”，全省农村共用“五要”流程运作村务19329件。

（五）深化工程建设领域突出问题专项治理。全省共排查规模以上工程建设项目8480个，发现问题13936个，已整改13426个，整改率96.34%。受理工程建设领域的举报和案件线索1967件，立案982件，结案907件；给予党纪、政纪处分584人，组织处理42人；依法查处市场违规行为并记入建设市场法人和自然人违法违规档案102个。抓好串通投标违法行为专项整治，全省侦破案件49件，抓获犯罪嫌疑人193人，涉案金额33.6亿元，追究刑事责任109人。下发《福建省工程建设领域项目信息公开和诚信体系建设工作实施方案》，诚信体系建设稳步推进。省级综合性评标专家库、合理造价区间随机抽取中标人办法等在全省得到普遍推广，有形建筑市场逐步统一、规范。

（六）进一步完善中介组织。采集、发布2011年中介组织信用信息，加强中介组织信用监管。继续查处中介组织违法违规行为，今年来全省工商系统共立案查处363起，罚没219.38万元，吊销营业执照207户；省财政厅等部门依法给予9家中介组织和8名执业人员行政处罚或行业告诫。持续规范对行业协会等社会团体的管理，全省1739家行业协会与行政主管部门实现了职能分开、机构分设、财产分置，清理出党政机关干部担任行业协会领导职务1194人。成立省社会组织评估委员会，修订评估体系，对330个省级社会组织开展评估，对在评估中获得4A、5A级的99个社会组织实行简化年检手续、优先享受税前扣除政策等激励措施。

（七）组织开展“三项试点”工作。承担国家预防腐败局下达的制度廉洁性评估、廉政评估指标体系和我省防止利益冲突制度建设三项试点工作。截至目前，共对313件正在起草、制订和5年内已公布实施的地方性法规、政府规章和其他规范性文件开展廉洁性评估，并提出予以废除、修订完善、继续执行、暂缓出台等处理意见；探索形成廉政评估指标体系，将在今年底惩防体系建设检查工作中开展实证检验；制定《关于在机关事业单位录（聘）用人员工作中防止利益冲突暂行办法》等，探索建立防止利益冲突制度。

二、2012年预防腐败初步打算

2012年，福建省将坚持顶层设计与基层探索并行、内涵提升与外延扩展并重、传统方式与现代手段并举，在巩固、提升以往工作成果的基础上，科学、系统、整体地推进预防腐败。突出抓好以下重点工作：

（一）着力规范行政权力运行。围绕加快福建科学发展、跨越发展，保障和改善民生，重点加强对重大决策、重要人事任免、重大项目安排、大额资金使用等权力运行的规范。按照效率、公正、廉洁的要求，进一步完善行政服务中心运作，逐步实现与各级各类政务服务平台的联接与融合；进一步拓展网上行政执法平台，将政府采购、土地转让、产权交易等纳入行政执法平台进行监管，并实现省、市、县三级联网。研究出台规范行政权力运行和规范行政裁量权工作的政府规章，明确指导思想、主要原则等内容，进一步提升规范工作的法律效力。

（二）着力抓好政府绩效管理试点工作。充分把握我省被国务院确定为绩效管理试点省份的时机，围绕海西规划和“十二五”规划确定的经济社会发展目标，及时修订政府及其部门绩效指标体系，督促各级各部门开展绩效管理自评。会同省财政厅、省公务员局等部门，研究制定政府绩效评估结果运用的奖惩办法。建立权力运行的绩效考核和责任追究机制，运用绩效管理手段，强化对权力运行的考核和评议，加强监督检查和行政问责，努力做到有权必有责、用权受监督、违法要追究、侵权要赔偿。

（三）着力完善防止利益冲突制度。分行业、分类别推进防止利益冲突制度建设，有效防止权力随意配置资源和不当介入经济活动。组建省公共资源交易中心，完善市场配置资源机制，建立健全“三公”市场运行机制。修订、出台《关于规范和完善公共资源配置、公共资产交易、公共产品生产领域市场运行机制的若干意见》，营造各种所有制经济依法平等使用生产要素、公平参与市场竞争、同等受到法律保护的体制环境。加强公共资产交易管理，制定规范省直行政事业单位国有资产交易行为、省直部门所属企业国有资产处置的制度。

（四）着力开展办事公开标准化建设。认真贯彻落实《福建省办事公开暂行办法》，统一规范办事公开的组织机构、内容、形式、时间、程序、监督和保障等，按照动员部署、组织实施、验收总结等三个阶段，切实加强组织领导、坚持分类指导、突出改革创新、注重营造氛围，推动全省办事公开水平明显提升，初步形成具有福建特色的办事公开长效工作机制。

（五）着力完善中介组织。坚持一手抓制度建设、一手抓监督检查，抓紧出台《福建省市场中介组织管理办法》，不断完善中介组织信用信息系统，持续改进职能部门对中介组织的监管方式，提升中介组织执业规范化水平，促进中介组织健康发展。严把入口关，继续深化行业协会与行政主管部门脱钩工作成果；全面推进各类社团组织评估指标的设置和修订，完善分类评估指标体系，健全操作规范、运转协调的评估工作机制，不断提升行业协会的公信度。

三、工作建议

建议形成点面结合的预防腐败良好势头。一方面，继续选取部分地区开展预防腐败专项试点，比如，选取若干县（市、区）开展建立健全决策权、执行权、监督权既相互制约又相互协调的权力结构和运行机制试点工作，切实加强对权力的监督和制约，待取得经验后在全国推广。另一方面，要在总结各地各部门先行先试的基础上，在全国范围内统一部署若干项预防腐败重点工作，形成全面推开的态势，使预防腐败理念更加深入人心，氛围更加浓厚，成效更加明显。

河南省预防腐败工作情况汇报

河南省预防腐败局

根据会议要求，现将河南省预防腐败局今年主要工作情况简要汇报如下：

一、今年主要工作情况

今年以来，河南省预防腐败局和各级纪检监察机关认真贯彻落实十七届中央纪委第六次全会和国务院第四次廉政工作会议精神，坚持标本兼治、综合治理、惩防并举、注重预防的方针，按照“突出站位全局、突出执纪为民、突出统筹推进、突出改革创新、突出项目带动、突出绩效求实”的工作思路，在坚决惩治腐败的同时，进一步加大预防腐败工作力度，全省反腐倡廉建设呈现持续深入、健康发展的良好态势。

（一）全面推进惩治和预防腐败体系建设

以制度建设为支撑，省委、省政府印发《关于进一步改进和加强国有及国有控股企业反腐倡廉建设的若干意见》、《关于加强廉政风险防控，规范权力运行机制建设的意见》、《关于开展制度廉洁性评估工作的实施方案》等文件。目前，惩防体系建设《工作规划》和我省《实施办法》部署的148项反腐倡廉工作任务中，已有132项得到有效落实和推进，惩防体系的基本框架初步形成。以深化改革为动力，深入推进行政管理体制、财税管理体制、干部人事制度、投融资体制、国有企业、司法体制和工作机制等改革，推进现代市场体系建设及相关改革，认真实施工程建设招投标、经营性土地使用权出让、产权交易和政府采购等制度，强化对经济社会重点领域和关键环节的监管。认真落实党风廉政建设责任制，由省级领导干部带队，组织开展年度惩治和预防腐败体系建设检查，了解掌握推进惩防体系措施和任务的完成情况，并将考核结果通报全省。

（二）积极服务保障中原经济区建设

围绕中央和省委、省政府重大决策部署，前移监督关口，严明纪律要求，加强监督检查，确保政令畅通。结合加快中原经济区建设的战略部署，省纪委、监察厅、预防腐败局站位全局、主动融入，把服务保障中原经济区建设摆上重要位置，在充分调研论证的基础上，制定并出台了《关于纪检监察工作服务保障中原经济区建设的若干意见》，从5个方面提出16条硬措施，全力服务保障中原经济区建设。健全定期检查和专项监督制度，切实做到服务主动、监督严格、纠错迅速、保障有力。以权力集中、资金密集、资源聚集和监管薄弱等领域为重点，深入开展“两转两提”和服务企业工作，推进行政服务中心和公共资源交易平台建设，构建便民服务网络，为经济发展提供透明、便捷、高效的服务，得到党委、政府和社会各界好评。

（三）认真解决群众反映强烈的突出问题

深入开展工程建设领域突出问题专项治理。全省共集中排查交通运输、铁路、水利、市政建设、国土资源等五个重点领域建设项目4325个，查处工程建设领域违纪违法案件394件，党纪政纪处分388人。大力推进工程建设项目信息公开和诚信体系建设，市、县两级共建立各类有形市场196个，省、市、县三级今年年底前将全部建成工程建设项目信息发布平台。进一步完善因公出国（境）管理制度，今年上半年，全省党政干部实际出访因公出国（境）团组共99批537人次，出访团组数和出访人数同比下降46%和42%。集中开展农村涉财信访举报问题专项治理，共排查出近三年来农村涉财信访举报问题1138件，查实1011件，查实率达到89%，给予违纪者党政纪处分941人，收缴违纪资金1857万元，退还给群众1455万元，解决了一批长期难以解决的信访突出问题，健全了一批农村涉财问题监督管理制度，促进了农村社会和谐稳定。

（四）着力营造反腐倡廉浓厚氛围

今年以来，我们坚持在创新载体、丰富内容、拓展成果上下功夫，在全省形成了反腐倡廉教育强大声势。围绕重要节日，建立廉政谈话提醒制度，由各级党委“一把手”在重大节日前对自己分管范围内的党员领导干部进行廉政谈话。会同省委组织部、省委宣传部，以“清风中原、祥和新春”为主题，集中开展为期一个月的廉政教育活动。围绕纪念建党90周年，开展系列宣传教育活动，精心组织“清风红旗映中原”廉政文艺汇演，成功举办“辉煌历程、浩然正气”——河南省反腐倡廉建设大型展览，精选《七品青莲》等7部大型优秀反腐倡廉戏剧在全省进行双季巡演，着力营造以廉为荣、以贪为耻的良好社会氛围，全省处级以上领导干部4万多人次现场观看。围绕换届工作，对近年来查处的10起违反组织人事纪律案件予以通报，教育全省党员干部自觉筑牢纪律防线，有力保证了全省换届工作的风清气正。

（五）深化党务公开、政务公开等各项公开工作

组织召开全省党务政务公开工作电视电

话会议，对深入推进党务政务公开工作进行了动员部署。省委印发《关于党的基层党组织实行党务公开的实施意见》，建立相关配套制度，全省15万多个基层党组织实行了党务公开，覆盖率85.8%。党的地方组织党务公开和县委权力公开透明运行试点工作取得阶段性成效，17个试点单位全部完成了清权确权、编制目录、绘制流程等工作。积极推进财政预决算、“三公”经费公开，省政府组成部门、直属部门、特设机构、检察院、法院等41家部门预算全部在门户网站上公开。深化政务、厂务、村务和公共事业单位办事公开，对权力的制约和监督进一步加强。全省各项公开工作发展势头良好，领导体制和工作机制进一步健全，相关制度逐步完善，深度公开趋势明显。

（六）努力拓宽预防腐败工作领域

规范权力运行，在省环保厅、省教育厅等11个省直单位和洛阳、焦作、新乡等5个省辖市开展廉政风险防控管理试点，在总结经验、调查研究基础上，近期将以省委、省政府名义召开会议，全面推行。加强法规制度建设，把权力相对集中，腐败现象易发多发的重点领域、关键环节作为重点，积极探索对法规制度开展廉洁性、合法性、利益冲突和科学性评估，初步建立了制度廉洁性评估工作机制。积极探索社会领域防治腐败，组织力量对社会团体、基金会和民办非企业单位等社会组织防治腐败问题进行了调研，会同有关部门研究部署了资本市场内幕交易防控工作，研究制定了河南省《关于进一步规范商业预付卡管理的实施意见》，开展了社会领域防治腐败征文活动。

二、明年工作打算

前不久，我省成功召开省九次党代会，选举产生了新一届省委和省纪委，明确了今后五年经济社会发展和反腐倡廉建设的目标和任务。明年，我们拟重点做好以下工作：一是深入学习贯彻胡锦涛同志在庆祝中国共产党成立90周年大会上重要讲话精神和党的十七届六中全会精神，进一步强化政治意识、大局意识、责任意识、忧患意识、服务意识，以更加有力的举措推进惩治和预防腐败体系建设。二是全面推开廉政风险防控管理，把防止权力滥用、防止利益冲突的要求有机融入到各部门的业务工作中去，逐步建立覆盖省、市、县三级的廉政风险防控管理机制。三是继续抓好制度廉洁性评估，及时总结改进工作，建立长效工作机制。四是进一步加大各项公开工作力度，明确公开标准，规范公开内容，加强检查评估，切实提高公开的针对性和有效性。五是继续探索社会领域防治腐败工作，采取试点先行、集中治理、调查研究、理论探讨等方法，明确社会领域防治腐败的指导思想、基本原则、主要任务、工作目标，强化对不同社会领域防治腐败工作的组织协调和工作指导。六是完善工作机制，加强机关内外部组织协调，提高预防腐败工作制度化、规范化水平。

三、对预防腐败全局性工作的建议

预防腐败涉及到党的建设和经济社会发展各个方面，是一项复杂的系统工程、一项长期的战略任务。从国家层面，建议重点抓好以下五个方面的工作：一是加快推进预防腐败法、防止利益冲突法等重大基础性国家立法，建立健全预防腐败法律法规体系，把预防腐败工作纳入法治化轨道。二是以深化改革统揽预防腐败工作全局，紧紧抓住人、财、权、物等利益密集区，深化重点领域和关键环节改革，最大限度减少腐败现象滋生的体制机制制度漏洞。三是加强廉洁文化、自律机制、诚信体系建设，在全社会形成有利于反腐倡廉建设的思想观念和社会环境，巩固和扩大反腐倡廉的社会基础。四是深化反腐败国际务实合作，打击跨国（境）腐败行为。五是坚持和完善反腐败领导体制、工作机制，加强机构队伍建设，提升队伍专业化、工作科学化水平。

湖北省预防腐败工作情况汇报

湖北省预防腐败局

今年以来，我省认真贯彻落实十七届中央纪委第六次全会精神和反腐倡廉决策部署，按照国家预防腐败局2011年工作要求，扎实推进预防腐败各项工作，在坚决惩治腐败的同时，预防腐败工作力度进一步加大，成效更加明显。

一、突出重点，统筹推进预防腐败各项工作

我省坚持把预防腐败作为惩防体系建设的重要方面，以规范权力运行为主线，以体制机制改革和制度创新为重点，把廉政风险防控作为抓手，把源头治腐“十个全覆盖”作为硬任务，整体推进防治腐败各项工作。

（一）加大制度建设力度，建立制度防腐体系

在全面落实惩防体系制度建设任务基础上，狠抓制度的创新、评估和落实。一是推进权力制约制度建设。以规范重要岗位权力行使为切入点健全制度，制定县委书记岗位廉政风险防控办法，开展县委权力公开透明运行试点，推行“三重一大”事项民主决策、“四个不直接分管”、“末位发言”、任用干部“一报告两评议”等制度，着力规范县委书记决策权、用人权和管理权。以规范重点环节用权行为为关键，健全选人用人、资金管理、项目建设管理制度，在省市县三级全面实行党委全委会推荐提名表决重要干部和推荐提名下一级党政正职制度，制定移民、水利、援疆等资金管理使用廉政风险防控办法，推行政府投资重大项目稽查特派员、后评价制度。同时，在6个市县分类开展领导干部财产申报制度研究试点，全面实行领导干部有关事项报告制度。二是开展制度廉洁性评估。成立领导小组和工作专班，建立专业队伍和评估机制，聘请160多名专家分12大类参与评估工作。目前，已完成对2008年以来出台的省级法规制度的清理，已评估法规和规范性文件855件，提出评估意见1159条，修改完善法规制度219件。三是加强对制度落实情况的监督检查。选择选人用人、公务用车、政府采购、公款出国（境）考察和资金管理等十个方面的制度，就其执行情况进行检查，纠正制度落实中的问题。在招投标管理制度执行情况专项检查中，协调相关部门查办违反招投标制度的案件40余起，对25家违法违规企业、中介机构和22名相关责任人进行公开处理，强力推进制度落实。

（二）加大廉政风险防控工作力度，实现廉政风险教育、排查、防范、预警全覆盖

在近两年试点推开的基础上，今年重点抓规范和深化。一是实现面上全覆盖。对各地各部门开展廉政风险教育、建立廉政风险目录、实施预警处置等情况进行检查考核，推动各地各部门将廉政风险防控与中心工作、业务工作结合起来抓。截至目前，全省近90万名党员干部和国有企事业单位职工，共查找思想道德、岗位职责、制度机制、外部环境等方面的风险点150多万个，制定防范措施80多万项，基本形成全域覆盖、全

员防控的态势。二是分层分类抓规范。围绕服务全省工作大局，抓好武汉城市圈、鄂西生态文化旅游圈、仙洪新农村建设试验区等三个廉政风险防控意见的实施，研究制定湖北大别山革命老区经济社会发展试验区、武陵山少数民族经济社会发展试验区建设廉政风险防控意见，努力构建各具特色的区域廉政风险防控体系。针对反腐倡廉建设中的重点和热点问题，制定工程建设等10个重点领域、交通等15个重要行业、招商引资等重点部位、党委书记等重点岗位廉政风险防控指导意见和实施办法51个，引导、推动、规范行业防控、岗位防控工作。三是强化预警处置求实效。把风险预警处置作为重点环节，建立廉政风险信息收集、分析研判、预警处置机制，通过监督检查、经济责任审计、信访反映、查办案件等渠道广泛收集廉政风险信息，加强对高风险岗位和单位的风险监控。今年以来，各级纪检监察机关采取谈心疏导、批评教育、信访约谈、诫勉谈话等方式，对3120名存在苗头性、倾向性问题或轻微违纪行为的党员干部实施了预警处置，完善了一批防范措施，防止了一批廉政风险演变为腐败问题。

（三）加大体制机制改革创新力度，推进源头治腐工作

认真落实中央惩防体系建设《工作规划》确定的改革任务，围绕行政审批、资源配置、资金管理等重点领域和关键环节，深入推进体制机制改革，努力从源头防治腐败。一是推进行政审批制度改革。在过去清理的基础上，今年组织再清理，并把精简审批事项、规范审批流程、提高行政效能与“治庸问责”工作结合起来推进，目前我省省级行政审批项目已精简到382项，行政审批“三集中”全面推开。二是完善公共资源交易监管机制。制定《湖北省招标投标综合监管工作标准化管理办法》等一批制度规定，不断完善“五统一”综合监管机制，省市县三级综合招投标中心把工程、货物、服务等招投标项目纳入中心公开交易。招投标电子管理平台建设有序推进，网上招标、网上投标、网上评标范围不断扩大，公共资源交易诚信平台逐步实现互联互通。三是推进项目资金管理机制创新。努力探索强农惠农资金整合直通机制，组织力量研究涉农资金归并整合工作，实行“一个漏斗向下”归口管理，资金统一由财政部门下达、集中投放，减少中间环节，降低行政成本，提高资金使用效益。全面推行国库集中收付制度，建立国库动态监控系统，对财政资金支付和重大资金管理使用情况进行全程跟踪和实时监控。

（四）加大权力制约和规范力度，推进权力公开透明运行

坚持将制约和规范权力作为预防腐败的重中之重，着力构建常态化清理、流程化管理、透明化行使、网络化监督的权力规范运行机制。一是全面清理省级行政权力。组织省直部门按照自行清理、审核确认、流程再造、权力公开、网上运行等五个阶段，对行政审批、行政处罚、行政征收等12项权力进行清理和规范，统一编制行政权力库、逐项绘制权力运行流程图，精简权力事项、简化工作流程、细化裁量标准。二是打造五级行政服务体系。制定《湖北省五级政务服务体系建设规范（试行）》，推进省市县乡村五级行政服务体系规范化建设，实现行政服务事项集中到各级行政服务平台统一受理、限时办结。建立湖北省网上行政服务中心，推动省、市、县三级行政服务网上运行。开通省级移动电子政务平台，探索建立通过手机上网查询政务信息、办理相关事项的新渠道。三是推动权力公开运行。全面推进政务、厂务、村务、公用事务和基层党务公开，将权力运行置于群众监督之下。目前我省政务公开已覆盖各级各部门，党务公开正由点到面逐步推进，厂务公开、村务公开、公用事务公开覆盖面均达95%以上。四是加强电子监察系统建设。省级和16个

市、68个县建成电子监察系统，基本实现三级联网、动态监管、季度通报，并纳入全省政府目标管理之中。目前，电子监察正向公众诉求、产权交易、政府采购、社保基金管理等领域拓展。今年省级行政审批电子监察系统发出预警提示1534次，对违规行为及时进行了处理。

（五）加大工作机制建设力度，提升预防腐败能力和水平

在省委省政府的高度重视和大力支持下，积极整合各方资源和力量，不断增强预防腐败工作合力。一是加强机构建设。省政府就市级预防腐败工作机构建设专门下发文件，明确条件成熟的市成立预防腐败局。目前，我省鄂州、荆州等市预防腐败局已成立，黄冈、荆门等市预防腐败局即将挂牌。二是推行标准管理。将预防腐败重点工作整合在一起，实施源头治腐“十个全覆盖”工程。制定“十个全覆盖”工作考核评估标准和细则，细化分解工作任务，逐项明确评分标准和分值，初步建立了源头治腐工作标准化管理指标体系。先后分两批次组成71个检查组，对省直牵头部门和市州、省直其他部门和县（市、区）源头治腐工作进行了交叉考核评估，推动工作落实。三是开展廉政评估。建立湖北省反腐倡廉建设形势暨廉政评估指标体系，设定四类30项指标，其中民意指标15项，客观指标15项。在省社科院成立第三方评价机构——湖北省反腐倡廉建设形势评价中心，对廉政状况进行评估，为预防腐败工作提供形势判断、决策参考和工作评价。

二、着眼工作创新发展，谋划好明年的预防腐败工作

（一）进一步完善廉政风险防控机制。深入贯彻落实全国加强廉政风险防控规范权力运行现场会精神，在全省开展廉政风险防控评查活动和廉政风险防控制度落实年活动，组织各地各部门对查找的廉政风险、制定的防范措施进一步梳理完善，督促落实廉政风险防控各项制度，努力提高风险教育的针对性、风险查找的准确性、防范措施的有效性、预警处置的及时性，形成廉政风险防控长效机制。

（二）进一步健全权力规范运行机制。深入开展行政权力和服务事项清理规范工作，建设省级“一库三平台”，即行政权力库，行政权力和政务服务事项网上运行平台、行政权力网上运行法制监督平台、行政权力和政务服务事项网上运行电子监察平台，并将行政权力和服务事项清理规范工作从省级向市县延伸拓展，推动行政权力和政务服务事项项目设置科学化、运行网络化、流程标准化、结果公开化。

（三）进一步健全源头治腐机制。深入开展源头治腐“十个全覆盖”工作，进一步完善源头治腐标准化管理体系，不断深化公共资源交易、财政管理、干部人事、行政管理等方面的体制机制改革，最大限度减少腐败现象滋生的体制机制漏洞，努力从源头上预防和治理腐败。

（四）探索建立社会领域防治腐败机制。加强对社会领域防治腐败工作内容、主体、方式等重要方面的研究，制定社会领域防治腐败工作意见，出台非公企业和注册会计师、律师等行业廉洁风险防控办法，积极开展社会领域防治腐败工作试点，为全面推进积累经验。

（五）进一步完善科技防腐机制。以廉政风险防控电子管理系统建设为龙头，加快推进电子政务建设，不断拓展电子监察领域；大力完善招投标、政府采购、矿业权交易、产权交易网上平台和监管系统；健全预算信息管理、国库动态监控系统和社保基金、住房公积金、惠农支农等专项资金网上监管系统，努力形成权力运行综合监控网络。

（六）进一步完善预防腐败工作机制。进一步加强省级预防腐败工作协调联动机制建设，大力推动市级预防腐败工作机构建

设，不断强化各级党委政府预防腐败工作责任，积极创新预防腐败工作方式方法，努力提高预防腐败工作能力和水平。

三、着力破解工作难题，推动预防腐败不断深入

结合我省推进预防腐败工作的实践和体会，提出以下几点建议：

一是明确工作职责。目前对于预防腐败工作机构的职能定位比较宏观，一些具体的工作如制度廉洁性评估等缺乏必要的履职依据。今年上半年，国家预防腐败局起草了预防腐败工作条例，建议尽快制定出台，以法规形式明确预防腐败工作机构具体职能，形成更加清晰的工作格局。

二是开展重点治理。建议每年选择一些重点工作开展专项治理，或者就预防腐败的重要制度落实情况进行专项检查，如中介机构清理规范、招投标制度执行情况检查等。既通过专项治理和检查，查找整改问题、推动工作落实，又根据发现的问题有针对性地制定预防对策。

三是注重工作统筹。建议加强对公共资源交易机制改革和科技防腐等工作的顶层设计，统一部署实施，避免标准不统一、信息不畅通、进度不平衡而影响工作整体效果。

湖南省预防腐败工作情况汇报

湖南省预防腐败局

2011 年，在中央纪委、监察部、国家预防腐败局和省委、省政府的领导下，我们发挥预防腐败局在预防腐败方面组织协调、综合规划、政策制定、检查指导的职能，探索有效预防腐败的办法和措施，取得了一定成效。

一、关于 2011 年我省预防腐败工作

（一）从制度建设上预防腐败。一是制定加强重点领域监督的规范性文件。认真总结近年来开展规范行政权力运行制度建设、开展重点岗位专项效能监察和省直单位内设处长及二级机构主要负责人述廉评议工作的实践经验，省纪委、省监察厅、省预防腐败局制定出台了《关于突出监督重点　有效预防腐败的意见》。文件对预防腐败的重点领域、重点环节、重点岗位进行了界定，明确了加强重点领域和关键环节监督的针对性措施，对各级各部门加强廉政风险防控管理、建立健全监督网络提出了明确要求。二是开展制度廉洁性评估工作。牵头成立了制度廉洁性评估试点工作协调指导小组，选择了 5 个省直单位和 2 个市州开展试点。明确要求试点单位的规范性文件在提交政府法制部门审核审议前，必须进行廉洁性评估，否则不能进行备案审查、登记和公布实施。各纪检监察派出（派驻）机构对所在单位出台的规范性文件逐一把关，从制度设计初始排除廉政风险，有效防止制度“带病”和问题文件的出台。制度廉洁性评估指导协调小组加强监督指导，对涉嫌夹带部门利益的制度出台，决不随意放行。今年以来，各试点单位共对 2000 多个规范性文件进行了评估，经制度廉洁性评估指导协调小组备案的规范性文件 80 多个。三是积极推动防止利益冲突试点。牵头成立了防止利益冲突试点工作协调小组，省纪委下发了《关于开展防止利益冲突试点工作的通知》和《关于我省开展利益冲突试点工作的实施方案》，选择了2个市和3个县（市）展开试点工作，对防止利益冲突的实体规定和操作程序进行调研和探索。组织开展了“防止利益冲突”方面的课题研究，对现行法规文件中有关防止利益冲突的制度进行收集和梳理，以加快制定我省国家工作人员利益冲突回避暂行办法，并探索在部分试点单位建立利益冲突回避信息库。四是加强金融外部监管和内控机制建设。会同有关部门，深入开展内幕交易综合防控工作，加强金融安全区建设，对融资性担保公司进行规范整顿。加强对商业预付卡的规范管理，完善和落实购卡实名登记、非现金购卡和限额发行等制度，建立对商业预付卡的联合监督检查机制，促进商业预付卡市场规范发展和反腐倡廉建设。

（二）加强对权力的监督和制约。一是深入开展规范权力运行制度建设工作。按照《湖南省行政程序规定》、《湖南省规范行政裁量权办法》、《湖南省政府服务规定》等创新性地方法规精神，在全省深入开展了规范权力运行制度建设。先后4次召开现场会、工作推进会，对省直69个单位的廉政风险防控规范权力运行制度建设工作进行督导。省本级69个部门（单位）共建立制度3704项，其中行政审批和经济管理权运行制度2067项，机关人财物管理制度1235项，有关配套制度402项。全国加强廉政风险防控规范权力运行现场会后，我们在省地税局召开全省加强廉政风险防控规范机关内部权力运行工作现场会，加强对机关内部权力运行制度及流程图的梳理，进一步推动效能提速和廉政风险点分级管理。二是加强重点领域预防腐败机制建设。在国土资源领域，省纪委、省监察厅、省预防腐败局与省检察院、省国土资源厅联合出台了《关于加快土地开展整理项目预防腐败机制建设的意见》，对全省各级纪检监察、检察机关与国土资源部门构建廉政风险防控共同责任机制作出了安排部署。在水利工程建设领域，按照属地管理原则，推动各级纪检机关和水利、审计等部门建立了水利工程建设领域预防腐败联席会议制度，对水利工程建设的各个环节进行跟踪监控，构建水利工程建设预防腐败联动机制。在交通建设招投标领域，推动交通部门制定出台了合理定价评审两轮抽取法，实行事先不确定标段的招投标，加大对围标、串标的制约力度。三是推动非行政领域廉洁风险防控机制建设。加强对全省企事业单位、社会组织、市场中介组织、基层群众自治组织等不同行业领域开展防治腐败工作的指导，在高校、国有企业、医院、农村等非行政领域试点廉洁风险防控管理工作。探索加强中介机构、民营企业的廉政建设，推动非公有制经济组织开展市场诚信体系建设试点。

（三）推动权力公开透明运行。一是积极稳妥推进财政预算公开工作。成立了省推进财政预算公开工作领导小组，召开了省推进财政预算公开工作电视电话会议，下发了省财政预算公开工作方案，出台了2011年财政预算公开目录，制订了财政预算公开三年行动计划。2011年，全省财政预算公开突出了粮食直补、财政扶贫资金、廉租房保障专项补助资金等50项民生资金，3年内将完成所有重大专项资金的公开。11月7日，召开了省推行部门预算10周年座谈会，从公开的范围、格式、口径和步骤等方面，对省级部门“三公”经费和行政经费向社会公开进行了部署。二是深化政务公开、厂务公开、办事公开、党务公开等工作。各级相继出台《重大行政决策程序规则》，建立了邀请人大代表、政协委员和普通市民代表旁听市政府常务会议的制度。党的基层组织党务公开按类型分三批次得到有序推进。全省60%以上的乡镇、街道建立了政务服务中心，一半以上的村、社区建立了便民服务代办点。国有、集体及控股企业和事业单位普遍建立厂务公开和职工代表大会制度；规模以上非公有制企业推行厂务公开的11700多家，推行面74.2%，建立职代会制度的11400多家，建制率72%。所有面向社会服务、与群众直接利益关系密切的政府部门以及医院、学校、公交、公用等公用事业领域都建立了办事公开制度。三是加快公开载体建设。全省电子政务系统建设目前已完成湖南省网上政务服务虚拟大厅、网上政务服务系统和电子监察系统的全面部署工作，建成了省效能视频监察中心，接入了10个省直单位、13个市州、107个县市区政务服务中心视频信号，基本实现了省市县三级互联互通。11月4日，湖南省网上政务服务和电子监察系统正式开通。

（四）*发挥预防腐败工作机构的职能作用*。一是进一步理顺内部运转机制。坚持机关预防腐败工作例会制度，加强机关内部工作机构之间的沟通与协作，明确预防腐败工作任务和职责分工，明确了议事方法和程序。二是推动上下对口的工作机制形成。支持有条件的市州成立预防腐败局，长沙市在全省第一个成立了市预防腐败局，平江县在全省第一个成立了县预防腐败局。常德、郴州、娄底等市已研究决定建立市预防腐败局。加强对全省预防腐败工作的业务指导，加强在高校的理论研究基地建设，继与湖南大学合作建立省廉政研究基地之后，与中南大学合作建立的省预防腐败研究基地、与湖南商学院合作建立的省廉政建设研究基地相继成功挂牌。三是组织开展预防腐败对策研究。做好国家预防腐败局交给我省有关高校的预防腐败基础性法规制度研究课题的协调联络工作，中南大学、湖南大学分别上报的《预防腐败与〈行政程序法〉立法研究》、《国际视野下防止公职人员利益冲突法律问题研究》成功申报为国家社科基金课题。涌现出一批预防腐败理论研究方面的专家。四是积极开展预防腐败宣传教育。把推动社会矛盾化解、社会管理创新作为预防腐败宣传的重要任务。省纪委、省监察厅、省预防腐败局与省委政法委、省人民检察院共同承办了“法治与责任——惩治和预防渎职侵权犯罪湖南巡展”活动，全省4000多名机关干部参观了展览。

二、关于2012年的工作打算

一是进一步推进预防腐败制度建设。加快完善制度廉洁性评估试点工作机制，并将试点成果推广到全省。认真开展防止利益冲突制度建设试点工作，尽快出台有关制度。按照国家预防腐败局部署，推动社会信用信息共享机制建设。会同有关部门进一步加强金融企业外部监管和内控机制建设，完善公共资源配置、公共资产交易、公共产品生产领域的市场运行机制。

二是进一步推进廉政风险防控管理和规范权力运行工作。重点是监督和制约权力，加强对机关内部权力规范运行制度建设的指导。深化重点领域的预防腐败机制建设。积极在高校、国有企业、医院、农村等非行政领域推进廉洁风险防控管理工作。

三是进一步推进各项公开工作。抓好《湖南省政府服务规定》的落实。督促各地区各部门依托电子政务平台，以财政预决算、公共资源配置、政府投资项目公开为重点，进一步提升政务公开的层次和水平。突出抓好省直部门的“三公”经费和行政经费公开，协调推进厂务公开、村务公开、办事公开和党务公开。

四是创新开展社会领域防治腐败工作。加强社会领域防治腐败的调研，明确社会领域防治腐败的思路，探索开展社会领域防治腐败有关工作。开展非公有制经济组织防治腐败试点工作，加强社会诚信体系建设。

五是进一步加强预防腐败对策研究和对外交流工作。加强在高校的研究基地建设，壮大预防腐败理论研究队伍，提升研究水平，力争多出成果。完成好上级交给的预防腐败对外交流任务。

三、对全局性预防腐败工作的建议

一是把预防腐败工作纳入党和国家政

治、经济、文化体制改革的视野来思考和谋划，融入经济体制改革、行政管理改革、文化体制改革的规划来部署和实施。

二是进一步加快预防腐败法制建设步伐。早日出台防治腐败的国家性专门法律。

三是结合下一个惩防体系建设五年规划的制定工作，明确预防腐败工作今后一段时期的工作任务和阶段性目标。

四是加强对社会领域防治腐败工作的指导，引导社会力量有序参与预防腐败工作。

广西壮族自治区预防腐败工作情况汇报

广西壮族自治区预防腐败局

2011年，在中央纪委、监察部、国家预防腐败局的领导下，广西加大预防腐败工作力度，深入推进惩治和预防腐败体系建设，大力推进重点领域和关键环节的改革，取得良好的社会效果。

一、坚持“四抓四促”，深入推进惩防体系建设

推进惩防体系建设是预防腐败工作的重要抓手。广西坚持“四抓四促”，加大组织协调力度，形成惩防体系建设、预防腐败工作整体有序推进的良好态势。

（一）抓组织领导，促机构健全

2011年2月，调整了自治区惩防体系建设工作领导小组，自治区党委书记郭声琨任组长，惩防体系建设有关牵头单位的负责同志任成员，进一步加强领导。2010年8月，自治区党委常委会研究同意成立自治区预防腐败局，2011年8月，中央编办批复同意。11月28日，举行了隆重热烈的揭牌仪式，马驭部长、屈万祥副部长，郭声琨书记、马飚主席共同揭牌。自治区预防腐败局切实承担起组织协调全区惩防体系建设、预防腐败工作的职责，广西预防腐败工作进入新的阶段。

（二）抓工作部署，促责任明确

2011年初，下发《2011年广西预防腐败工作要点》，明确惩防体系建设、预防腐败工作任务，推进反腐倡廉“四大阳光平台”建设，理清工作思路，突出工作重点，明确工作抓手。中央纪委贯彻落实2012年底前惩防体系建设工作要点电视电话会议后，石生龙书记立即对全区惩防体系建设进行了全面动员部署。全国惩治和预防腐败体系建设工作会议召开后，自治区党委常委会进行专题学习，郭声琨书记对全区惩防体系建设进一步提出明确了要求。

（三）抓监督检查，促工作落实

下发了《关于开展2010年度全区推进惩治和预防腐败体系建设检查工作的通知》，各市、区直各单位全面开展了自查自纠，自治区组织6个检查组进行了重点抽查。郭声琨书记带队到北海市、合浦县进行了重点抽查，推动了全区惩防体系建设深入开展。

（四）抓科技运用，促工作创新

广西运用现代信息技术，研发了“惩防体系建设动态管理系统”，并在玉林市试运行，实现对惩防体系建设工作的精细化、常态化、实时化、动态化监督管理。该系统有两项功能：一是科学划分任务。将惩防体系建设工作任务划分成一级指标、二级指标、三级指标，设定了每一项工作任务的责

任单位、工作质量要求、完成时限等，做到任务细化量化，责任落实到位。二是实现动态管理。系统能够对工作进展情况进行实时监控，对工作滞后的，发出预警；对工作不能按时完成的，提供问责的依据。加强过程监督、细节管理，保证惩防体系各项任务的顺利落实。

二、打造“四大阳光平台”，破解预防腐败“四大难题”

预防腐败关键在权力的监督制约。广西坚持突出重点，紧紧抓住重点领域和关键环节，打造反腐倡廉体制机制改革“四大阳光平台”，着力破解预防腐败“四大难题”。

（一）打造“阳光招投标”平台，破解公共资源交易领域难题

公共资源交易招投标是腐败易发多发的“深水区”。广西把建立“阳光招投标”平台作为预防腐败工作的重中之重，强力推进公共资源交易监管体制改革。1月28日，马驭部长视察自治区公共资源招标投标服务中心，认为广西在推进公共资源交易统一规范管理工作方面下了很大决心，进行了积极探索，广西的做法是一大创新，方向正确，值得大力支持。

一是把握改革总体设计。广西明确提出了集中交易、综合监管、电子招标、源头防腐的改革思路。

二是创新体制机制。成立自治区公共资源招投标监管工作领导小组、自治区招标投标管理局、自治区公共资源招标投标服务中心。形成监管工作领导小组统一领导、行业主管部门业务监管、招标投标管理部门过程监管和综合监管、行政监察机关执法监督和效能监察，共同监管的新机制。从根本上解决了招投标活动中同体监督、多头管理、监督缺位、腐败易发多发的问题。

三是实施科技反腐。研发公共资源交易电子招投标系统，实现了信息发布更公开透明，招标过程更规范科学，评标活动更公正合理的目标，破解了暗箱操作、围标串标、评审不公等老大难问题。目前北海、贺州、来宾、南宁4个市运行电子招投标系统，取得成功。

（二）打造“阳光政务”平台，破解行政管理领域难题

定期举办权力运行廉政监督听政质询会。要求与群众利益关系密切的行政机关、司法机关、县党政“一把手”等公开说明权力运行情况，面对面地让群众“挑刺”，接受群众质询。整合人大、政协、纪检监察、群众、舆论等监督力量，创新监督模式，形成监督合力，防范腐败问题发生。10月17日，举办了民政权力运行廉政监督听政质询会。自治区人大代表、政协委员、特邀监察员、群众代表、新闻媒体代表等200多人，听取了自治区民政厅权力运行情况介绍，并针对民政项目资金监管、救灾物资采购、墓地管理等热点问题进行了质询。广西电视台在黄金时段进行播出，社会反响良好。同时，大力推进政务服务、政务公开、政府信息公开，全区一服务两公开工作步入法制化、规范化轨道。

（三）打造“阳光惠民资金”平台，破解惠民资金监管难题

民生大于天。广西探索推进惠民资金监管体制改革，研发民生资金电子监管系统，将家电下乡补贴、农资综合直补资金、扶贫救灾资金、新农合资金、移民资金、低保资金等纳入电子监察系统，基本能实现对惠民资金的分配、拨付、使用情况全程监控。目前，该系统已经在博白县成功试运行。

（四）打造“阳光审务”平台，破解司法审判难题

司法公正是社会公平正义的底线。下发《关于在全区法院深入推进“阳光司法”的实施意见》，推进“阳光司法”、“阳光审务”。2011年10月，自治区高级人民法院首次召开民事案件审理座谈会，邀请自治区人大、政协、纪检监察、检察院、律师协会、房产管理部门的代表、高校学者、新闻

媒体等参加审理座谈，就个案处理公开征求公众意见，取得了很好的效果。

同时，在自治区本级开展了“廉政评价指标体系”试点工作，制定了工作方案，布置了工作任务，年底前可形成广西的评估报告。认真传达贯彻全国廉政风险防控现场会精神，总结11个区直单位开廉政风险防控试点工作的经验，并在4个市开展调研，提出了明年加强廉政风险防控工作的设想。探索开展社会领域防治腐败工作等等。

三、强化“三项基础”工作，筑牢预防腐败根基

（一）强化廉政文化建设。全区建立廉政教育基地80多个，百色起义纪念馆被命名为全国首批廉政文化教育基地。丰富廉政文化创建活动，通过举办廉政山歌会、制作廉政公益广告等，大力推进企业、社区、学校廉政文化建设，营造廉荣贪耻的良好社会氛围。召开了全区教育系统以案明纪警示教育大会，通报了全区查办教育系统违纪违法案件情况，在全区各类学校开展“以案明纪警示教育活动”，分析查找教育系统廉政风险点，提出有效防控措施。

（二）强化反腐倡廉制度建设。按照中央《工作规划》和自治区《实施意见》的要求，以监督制约权力运行为重点，以创新体制机制为抓手，加反腐倡廉法规制度建设力度。近年来，围绕教育、制度建设、权力监督制约、源头治理、纠风和惩处等六个方面，先后出台《关于在全区项目建设中实施阳光工程的若干规定》、《关于在全区项目建设中实施廉政工程的若干规定》、《广西壮族自治区行政机关首问负责制度限时办结制度责任追究制度》等275项全区性反腐倡廉法规制度，对620件规范性文件进行廉洁性审查，初步构成了具有广西特色的反腐倡廉法规制度体系框架。

（三）强化预防腐败研究、宣传工作。上报《着力解决党员领导干部在廉洁自律方面存在突出问题的有效措施调研报告》、《广西基层群众自治组织防治腐败情况调研报告》，组织30篇有关防止利益冲突的论文参加“西湖论坛”。自治区预防腐败局组织发布新闻或信息120多篇。

四、下一步工作打算

一是深入推进惩防体系建设工作。抓好监督检查，确保完成工作任务。在全区推广惩防体系建设动态管理系统，对工作任务进行全面梳理盘点，纳入动态管理系统，通过建立强有力的监督管理机制，确保全区惩防体系建设任务明确、责任落实、督查到位、成效明显。同时，创新工作思路，开展顶层设计，扎实做好自治区党委贯彻落实中央下一个五年工作规划实施意见的起草工作，建立完善独具广西特色的惩防体系框架。

二是深入推进“四大阳光平台”建设工作。推动“四大阳光平台”建设工作由点向面扩展，并不断深化完善，切实解决重点领域和关键环节的腐败问题，打造广西预防腐败工作的拳头产品。同时，进一步深化干部人事制度改革，财税管理体制改革，投资体制改革和金融体制改革等等。

三是深入推进预防腐败专项工作。下发广西开展廉政风险防控工作的实施方案，召开专题会议，在全区全面开展廉政风险防控工作，进一步规范权力运行。进一步开展“廉政评价指标体系”试点工作。积极探索开展社会领域防治腐败工作。

五、工作建议

一是建议明确预防腐败机构承担组织协调惩防体系建设的职责。推进惩防体系建设是预防腐败工作的重要抓手，预防腐败工作又是惩防体系建设的重要组成部分，两者相辅相成，密不可分。建议明确预防腐败机构承担惩防体系建设牵头抓总的职能作用，加强对惩防体系建设工作的组织协调、监督检查，使惩防体系建设、预防腐败工作统筹协调发展，形成工作合力。

二是建议国家预防腐败局强力推动重点领域关键环节的改革。例如公共资源交易监管体制改革，各地在积极推进，建议国家预防腐败局在国家层面进行设计规范，总结推广，使预防腐败工作的抓手更有力，影响更深远。

四川省预防腐败工作情况汇报

四川省预防腐败局

四川省预防腐败局于2010年11月正式成立，设局长1名，副局长2名，下设的预防腐败室，同为省纪委、省监察厅内设室。根据省委编办批复，我们除参照国家预防腐败局设置主要职能职责外，还结合四川实际增加了负责组织协调全省惩防体系建设工作的职责。一年来，我们认真贯彻落实反腐倡廉工作方针，以创新的理念、发展的思路和改革的办法，不断深化预防腐败各项工作，积极推进惩防体系建设，大力开展惩防体系基本框架构建，取得了积极成效。

一、主要做法

（一）注重组织协调，预防腐败工作不断深化

一是扎实开展预防腐败工作试点。按照“突出重点，扩大亮点，总结深化，全面推广”的思路，扎实推进31个试点项目，重点对国有及国有控股企业领导干部绩效廉考核评价体系、加强中介机构监管、公务卡消费制度改革等7个项目进行了跟踪指导、总结推广。公务卡消费已在439家省级预算单位推行，推广面达95%以上。截至目前，全省面上推广项目达到22个，以省委省政府名义推广10个，正在试点单位深入开展的项目8个。

二是积极推行制度审查工作。针对一些腐败问题发生的制度性根源，坚持清理旧制度与审查新制度相结合，在省国土资源厅、省住建厅开展试点的基础上，已在全省全面推开。目前，已对2008年5月以前出台的规范性文件进行全面清理，共对1870件制度性文件进行严格审查，明文废止或失效1185件，修改完善166件，继续执行519件。适时审查了省政府及省直部门新制定的1121个规范性文件。

三是探索建立公共资源交易中心。着力从源头上预防和治理“三公”领域腐败问题，积极探索建立公共资源交易有形市场，部分市、县（区）探索将土地（矿权）交易、国有资产转让等原分属多个部门的业务进行整合，归口到公共资源交易中心，实行集中交易、统一监管。截至目前，全省已有眉山市、阿坝州等5个市（州）建立了公共资源交易中心。今年9月，省政府决定设立公共资源交易服务中心，负责工程招投标等领域公共资源交易服务工作。

四是着力推动预防腐败科技创新。在一些关键环节和重点领域大力推进信息化建设，积极探索用科技手段防治腐败的新方法。针对工程建设领域腐败易发多发的现实，大力推进电子招投标，启动全省统一的政府采购电子平台建设，以“制度+科技”的方法解决招投标老大难问题；针对行政审批效率不高、过程监控难等问题，建立健全涵盖省、市、县三级的电子监察网络，对全省5.4万多项行政审批及公共服务事项实施全程监察、实时监控；针对群众反映强烈的“看病难”、“药费贵”等问题，建立“药品

集中采购监督管理平台”，实施网上集中采购，全省药品零售价比国家零售价平均下降29.72%。

五是建立健全预防腐败工作机制。参照中央纪委相关规定，拟定了《省纪委关于预防腐败室与有关室（厅、办）在开展惩防体系建设和预防腐败工作中分工协作的意见》；探索建立了领导干部苗头性问题“早发现、早提醒、早纠正”的“三早”预警机制；建立预防腐败工作联席会议制度，建立预防腐败工作联系点、预防腐败工作专家库，确定预防腐败工作信息联络员，分别与四川大学华西医院、四川鼎立律师事务所、四川华信会计师事务所就规范医疗卫生机构接受和使用社会捐助资金物资、从源头上预防和解决司法腐败、通过审计预防腐败等问题进行了研讨。

六是指导各地建立健全预防腐败专门机构。启动了市（州）预防腐败机构建设工作，在省委编办和各市（州）党委、政府的大力支持下，机构建设进展顺利。目前，阿坝州、德阳市、内江市、乐山市、眉山市、泸州市、广元市、雅安市、绵阳市先后成立了预防腐败室，达州市成立了预防腐败局；攀枝花市、广安市、巴中市已向市委编办递交了申请报告；宜宾市南溪区已在全省率先成立县级预防腐败局。

（二）注重结合实际，惩防体系建设不断推进

一是切实抓好惩防体系建设任务落实。前不久，我们召开了全省惩治和预防腐败体系暨廉政风险防控机制建设推进会，深入贯彻落实中央有关会议精神，回顾总结近年来我省有关工作情况，研究部署下一阶段任务。组织力量认真对照中央《工作规划》和省委《实施办法》确定的工作任务及分工方案，逐项盘点梳理各项任务进展情况，切实抓好各项任务落实。目前，我省确定的79大项263小项牵头任务中，111项阶段性任务已完成78项，152项持续开展的任务全部积极推进。总体上看，87.5%的任务已基本完成，明年底能够完成全部任务。

二是积极构建惩防体系基本框架。按照“抓点”、“连线”、“扩面”分类分层立体构建的思路，注重顶层设计，分党政机关、行业系统、城乡基层三个方面，党政机关、行业系统又分为省、市、县三个层级，城乡基层包括农村基层和城市社区两个方面，系统推进，整体构建。在结构上，主要围绕科学发展保障、拒腐防变教育、权力运行监督、源头治本改革、群众利益维护、案件查办惩处和组织保障等7大机制开展构建。截至目前，我省农村惩治和预防腐败体系基本框架已初步建立。开展先期构建工作的6个行业系统、7个市、7个县（市、区）惩防体系基本框架已经建成。

三是扎实推进廉政风险防控机制建设。把廉政风险防控机制建设作为惩防体系建设的重要载体和抓手，围绕排查出的风险抓教育、建制度、强监督、促改革、正风气、查案件，深化反腐倡廉制度创新。在成都、绵阳等19个单位开展试点的基础上，召开了全省廉政风险防控机制建设现场会和全省强化廉洁风险防控加快推进国有企业惩治和预防腐败体系建设现场会。目前，我省21个市（州）均已在市本级开展了廉政风险防控工作；有55个省级部门（单位）、32家省属国有企业、68所省属高校、163个县（市、区）开展了廉政风险防控机制建设工作。

同时，深入各地各部门开展指导工作，对18个市（州）、10余个省级部门及其直属单位、40余个县（市、区）展开密集调研，深入总结了各地各部门创造的新鲜经验。全省形成了“党委（党组）抓全面，纪委抓组织协调，市（州）抓联动，部门抓深入，基层抓延伸”齐抓共管的工作格局，惩治和预防腐败体系建设呈现出科学谋划、统筹安排、系统推进、协调发展的良好局面。

二、明年工作打算

2012年，我省将按照中央、中央纪委部署，紧贴省委高位求进、加快发展的工作基调，结合实际，开拓创新，扎实工作，力争取得预防腐败、惩防体系建设新的更大成绩。

一是总结深化预防腐败试点成果。以项目为载体，继续深化预防腐败各项试点工作。对试点项目进行认真总结，将经实践检验行之有效的经验做法上升为制度规定，并在全省推广。加大组织协调和工作推进力度，加强预防腐败形势、特点和规律研究，结合实际再新推出一批试点项目，努力推进预防腐败工作再上新台阶。

二是积极开展社会领域防治腐败工作。认真总结各地各部门加强中介机构管理的经验作法，深入推进中介机构规范管理工作。探索研究非公有制经济组织和新社会组织开展反腐倡廉建设的新途径新办法。把预防腐败的要求拓展到公共企事业单位、行业组织、非公经济组织等各个方面，以注册会计师事务所、两新组织等为切入点，着力拓展预防腐败工作领域，提高预防腐败工作水平。

三是深化政务公开工作。围绕行政决策、执行、监督各个环节，做到政务公开与深化行政审批制度改革、加快政府职能转变、推进行政管理体制改革、源头上预防和治理腐败相结合，形成政务公开综合效应，进一步提高政府工作的透明度和公信力。

四是加快推进惩防体系基本框架构建工作。我省惩防体系基本框架构建总体上要在2012年6月底前基本完成。在思路上，继续按照分类分层立体构建的思路，系统推进。在结构上，主要围绕科学发展保障机制、拒腐防变教育机制等7大机制开展构建。在内容上，及时把“三公”领域治理、工程建设领域招投标方面探索创新的制度充实到框架中。积极研究探索惩防体系基本框架的构成要素、运行机制、评价标准，确保框架有效管用。

五是深入推进廉政风险防控机制建设。按照全国加强廉政风险防控规范权力运行现场会要求，将廉政风险防控机制建设领域全面拓展到各级党和国家机关、群团组织及其下属单位，各级国有企业、事业单位，广大农村基层、城市社区，鼓励各地探索在民营企业、中介机构、社会组织及其他新经济组织中开展廉洁风险防控工作，健全内控机制，构筑制度防线，形成以积极防范为核心、以强化管理为手段的科学防控机制。

三、对深入推进预防腐败工作的建议

预防腐败是一项政治性、政策性和专业性都很强的工作。工作中我们深深体会到，中央纪委、监察部和国家预防腐败局的坚强领导、大力支持和精心指导，是我们做好预防腐败工作的根本保障。下一步要深入推进预防腐败工作，我们有以下几点建议。

一是研究强化预防腐败专门机构牵头抓总作用的有效途径和办法。建议国家预防腐败局进一步加大推动督促各省（区、市）成立预防腐败专门机构的力度，要求条件成熟的省（区、市）抓好各级预防腐败系统机构向下延伸工作。同时，建立健全外部协调机制和内部协调机制，理顺内外两种关系，增强协调的权威性和有效性，避免相互之间各自为政，条块分割，形不成预防腐败的整体工作合力。

二是尽快发布《预防腐败工作条例》。出台《预防腐败工作条例》是加强和推进预防腐败工作的客观需要，有必要在进一步征求各地各部门意见后，尽快发布《预防腐败工作条例》，为预防腐败工作开展提供法定行权依据。

三是建立健全科学管用的防止利益冲突制度。把利益冲突可能出现的各种情形明确予以界定，对包括个人投资、接受礼品、兼职、“三公”领域行为规范等一切可能影响公务廉洁性的行为都制定明确的禁止性规定，配套建立利益公开、利益回避、不直接分管、离职后行为限制、全程审计和举报奖励等制度。

四是深入推进中介机构突出问题专项治理和诚信体系建设。推进中介机构治理与整顿，对部分省（区、市）规范中介机构监管的做法进行总结，待条件成熟时出台《中介机构管理暂行办法》；大力推进中介机构诚信体系建设，建立中介机构及法人违法违规档案，推行中介机构“黑名单”制度，加大曝光力度，对违法违规中介机构及法人实行2—3年内限制参与市场竞争等处罚。

五是完善监督制约机制深化执行问责制度。在抓好党内监督、纪检监察机关等专门机关监督的同时，推行“多人多眼原则”，强化同事监督。完善举报人保护制度，调动各方面参与预防腐败的积极性。试点建立外部“联系人”制度，减少来自内部的干扰，把外部监督具体化。建立法规制度年度检查工作机制，全面了解、评估贯彻执行情况，对执行不力的严格问责，切实改变“重制定、轻执行”情况。

云南省预防腐败工作情况汇报

云南省预防腐败局

2011年是云南省经济社会发展改革面临重大历史机遇和挑战的关键一年，云南省委、省政府在党中央、国务院的坚强领导下，认真落实中央关于建立健全惩治和预防腐败体系要求，坚持以人为本、执政为民，以改革创新精神扎实推进预防腐败各项工作，为全省“十二五”良好开局、加快桥头堡建设提供了有力保障。

一、主要工作和成效

（一）强化监督检查，促进中央和省重大决策部署的贯彻落实。切实加强对中央和省委关于扩大内需、转变经济发展方式、“十二五”规划和桥头堡建设等重大决策部署执行情况的监督检查。深入推进工程建设领域突出问题的专项治理，对国土、交通、铁路、水利、市政等重点领域和重点工程项目进行集中检查，全省共检查项目5683个，发现问题1511个，纠正整改问题1132个。加强对中央有关维护社会稳定决策部署和中央第五次西藏工作座谈会精神贯彻落实情况的监督检查，巩固了我省民族团结、宗教和睦、边疆安宁、社会稳定的良好局面。

（二）严格教育管理，进一步筑牢领导干部预防腐败的思想防线。以学习贯彻《廉政准则》为重点，深入开展党性党风党纪教育，对去年以来新提拔的79名省管干部进行廉政培训。认真组织开展向杨善洲同志先进事迹学习宣传活动，充分发挥先进典型感染人、教育人、鼓舞人的作用。召开全省廉政文化建设推进会议，创建100个“云南省廉政文化示范点”单位，深入推进廉政文化建设。在省警示教育基地举行“全国廉政教育基地”挂牌仪式，118家单位6981名领导干部到省反腐倡廉建设基地接受教育，以廉为荣、以贪为耻的社会风尚进一步弘扬。严格换届纪律，匡正选人用人风气，以铁的纪律保证了全省1245个乡镇、129个县（市、区）和16个州市党委换届工作风清气正。

（三）规范权力运行，预防腐败制度体

系不断健全完善。围绕我省法治政府、责任政府、阳光政府和效能政府16项制度实施，不断健全完善问责、纠风、执法、巡视以及专项治理、查办案件、信访举报等系列规章制度，初步构建起预防腐败的制度体系。特别围绕去年效能政府行政行为监督制度实施，进一步健全行政行为风险防范监督机制，制定印发《关于进一步加强关键岗位和重点环节行政行为监督的工作意见》，督促各级行政机关进一步梳理关键岗位24949个、重点环节34600个，查找风险主要表现形式57551种，制定监督防范措施65570条，实行廉政风险循环监督管理，促进了行政权力运行更加规范、透明、高效。

（四）深化政务公开，源头防治腐败工作扎实推进。先后在德宏和楚雄召开现场会，对全省深化政务公开加强政务服务进行部署推动。认真落实中央《关于深化政务公开加强政务服务的意见》，及时制定下发实施意见。开通“政务信息岛”，推进“一网一线一屏”政务公开载体建设。截至目前，全省16个州（市）、129个县（市、区）政务服务中心建成运行；省级公共资源交易中心实现全部公共资源交易统一进场，完成交易项目1018个，累计交易金额366.73亿元，有效遏制了公共资源交易领域的腐败势头。进一步巩固和深化治理“小金库”成果，深入开展庆典、研讨会、论坛过多过滥问题专项治理和公务用车等“三公经费”专项检查，推行公务差旅机票集中定点采购，实行公务卡结算，规范公务消费支出。省级行政事业单位经营性国有资产管理改革、第五轮行政审批制度改革稳步推进，干部人事、司法、投融资等领域改革不断深化。

（五）严厉惩治腐败，较好发挥了查办腐败案件的治本功能。今年1至10月，全省纪检监察机关共收到信访举报17673件，立案1596件，给予党政纪处分1469人，其中厅级干部7人，县处级干部77人。查处商业贿赂案件492件，涉及金额7.67亿元。通过严肃查处楚雄州原州委副书记、州长杨红卫，省地税局局长王南昆等一批重大典型案件，深入剖析案情，召开案情通报会，收到了较好的社会警示效果。特别在对姚安县“7.09”地震恢复重建统建房质量问题进行督促整改过程中，建立完善了《科学民主决策制度》、《资金物资管理制度》、《群众民主监督制度》等20余项监督制度和配套措施，推动了工作有效开展。今年，盈江“3.10”地震发生后，灾后重建领导小组积极借鉴上述相关制度措施，切实加强对救灾资金和物资管理使用情况的监督检查，保证了16亿余元救灾款物的安全高效运行。

（六）推动技术创新，有效提升了预防腐败科技含量。今年7月，省纪委成立网络舆情信息处，切实加强对网络舆情信息的分析、研判和处置，网络舆情处成立以来共编发反腐倡廉网络舆情专刊37篇，网络舆情快报7篇，为领导决策、有效应对网络舆情提供了重要参考。同时，依托政务服务中心和公共资源交易中心平台，充分整合信息网络资源，建成集视频、网络、统计监察为一体的电子监察系统门户网站，实现对全省行政机关服务窗口、政务服务中心和公共资源交易的全方位、全过程监控。

二、存在问题和下一步工作打算

在肯定成绩的同时，我们也看到当前我省工作中还存在一些不足：一是我省预防腐败机构尚未成立，工作合力不足，制约了预防腐败工作的整体推进力度；二是对新形势下预防腐败的特点和规律，认识、研究还不够，对一些腐败现象易发多发的重点领域和关键环节进行有效预防的办法还不多，效果还不明显；三是一些反腐倡廉法规制度和政策措施落实不够，群众广泛参与的预防腐败机制、拒腐防变的教育长效机制还需进一步加强等。

下一步，我们将以深入贯彻落实十七届六中全会精神为契机，进一步探索和发展中国特色云南特点反腐倡廉建设新路子，推动全省预防腐败工作不断向纵深发展。一是建立健全组织领导体制和工作机制。尽快成立省一级预防腐败机构，明确机构设置和职责，切实加强对全省预防腐败工作的指导和协调。二是健全监督检查长效机制。提高监督检查工作的科学化、制度化和规范化水平，强化巡视监督和问责，确保中央和省委政令畅通。三是进一步规范和深化廉政风险防控。深入推进政府自身建设，进一步健全决策权、执行权、监督权既相互制约又相互协调的权力结构和运行机制。四是进一步深化政务公开推进政务服务。认真落实中央和省关于深化政务公开加强政务服务要求，加快建立完善五级政务服务体系和四级公共资源交易中心网络体系，促进廉洁政府建设。五是大力推进廉政文化发展和改革创新。深入挖掘传统和民族文化资源，切实扩大廉政文化覆盖面和影响力。六是加快惩治和预防腐败体系建设步伐。认真落实党风廉政建设责任制，扎实推进教育、制度、监督、改革、纠风、惩治等各项工作，确保惩防体系建设各项任务落到实处，研究并制定好下一个五年工作规划。

三、对2012年预防腐败工作的建议

（一）以廉政文化建设为核心，进一步增强反腐倡廉教育的针对性。廉政文化是社会主义核心价值体系的重要组成部分，也是深入推进预防腐败工作的重要举措。要以培育廉政价值观为根本，深入推进廉政文化建设，创新形式、丰富载体，以廉洁文化教育和引导广大党员干部，不断筑牢思想道德防线。

（二）以提高制度执行力为抓手，进一步构建源头防腐的长效机制。依靠制度惩治和预防腐败，是做好反腐倡廉工作的根本途径。近年来，围绕惩防体系建设，各地相继出台了一系列规章制度，有效从制度上防范了违纪违法问题发生。2012年，要进一步健全相关制度及配套措施，使制度贯穿于反腐倡廉各个环节。同时，要切实提高遵守制度的自觉性，加强对制度执行情况的监督检查，确保制度严格执行、落到实处。

（三）以抓住重点领域为关键，进一步加大制约和监督力度。针对腐败易发的重要领域和关键环节，继续加强对干部人事、司法、行政审批、行政执法、公共资源交易等领域监管，进一步推进基层党风廉政建设，深化政务公开，深入推进工程建设领域、“小金库”等专项治理。充分运用现代科技手段，建立健全预防腐败信息系统，加强廉政监测评估，推动源头治理腐败工作不断深入。

（四）以惩治腐败为重要手段，进一步做好风险防范和案件查处。继续加大信访举报排查核实力度，严肃查办领导干部在物资采购、工程建设等活动中以权谋私、权钱交易和严重侵害群众利益的案件，充分发挥查办案件的惩处和治本功能。

（五）以加强队伍建设为重点，进一步加强对地方预防腐败工作的指导和协调。加强组织领导，建立工作机制是预防腐败的组织保证。建议国家预防腐败局进一步加强组织协调，督促地方预防腐败机构切实把建立健全领导和工作机制作为一项重要任务抓紧抓好，尤其要注重加强预防腐败干部队伍建设，提高预防腐败的专业化水平，推动预防腐败工作不断取得成效。

甘肃省预防腐败工作情况汇报

甘肃省预防腐败局

今年以来，我省认真贯彻落实中央纪委、监察部、国家预防腐败局的要求部署，坚持以惩治和预防腐败体系建设为主线，以制约和监督权力为核心，以试点项目为载体，以改革创新为突破口，注重理论研究与实践探索相结合，系统谋划，扎实推进，取得了积极进展。现将有关情况报告如下：

一、完善体制机制，增强工作合力

我们针对预防腐败工作涉及面广、组织协调任务繁重的特点，把健全完善领导体制和工作机制作为有效预防腐败的重要基础和组织保障，努力做好三个方面的工作：

一是强化组织领导。立足省纪委、省监察厅和省预防腐败局“三位一体”的工作模式，坚持落实预防腐败联席会议制度，出台了预防腐败联席会议议事规则。积极发挥联席会议办公室职能，对涉及预防腐败的一些重要问题，及时提交联席会议决策部署。同时对联席会议成员单位作出调整，靠实工作责任，保证了预防腐败领导体制协调有序运转。

二是完善工作机制。一方面，建立内部协作配合机制，合理划分委厅局机关各厅室工作职能，明确由预防综合室负责预防腐败工作的综合协调，建立了内部协作会议制度，理顺了工作关系。另一方面，建立外部沟通协调机制，出台了预防腐败联席会议成员单位协作配合办法，明确了牵头部门和协办单位的工作职责和任务分工，建立了成员单位协调会议制度，形成了预防腐败的工作合力。

三是突出职能定位。为强化预防腐败机构的综合协调和宏观指导职能，我省明确将惩治和预防腐败体系建设领导小组办公室设在省预防腐败局，负责对惩治和预防腐败体系建设日常工作的组织协调和督促落实，使预防腐败局牵头抓总有了平台和保障。今年初，我们组织力量对14个市、州和56个省直部门进行检查考核，并逐一反馈书面意见，在推动惩防体系建设各项任务全面落实的同时，进一步强化了组织协调全省预防腐败的工作职责。

二、加强理论研究，注重系统预防

我们坚持以理论研究为先导，建立健全与高等院校及科研院所合作研究的机制，在近年来预防腐败基本理论研究的基础上，针对腐败现象发生所依赖的公共权力、腐败动机和腐败机会三个必要条件持续不断地开展专题研究，为深入推进预防腐败工作奠定了比较坚实的理论基础，进一步理清了工作思路：即围绕服务保障和促进全省经济社会跨越式发展这个大局，紧扣“一条主线”（惩防体系建设），突出“三个重点”（建立健全拒腐防变教育长效机制、反腐倡廉制度体系、权力运行监控机制），立足当前、着眼长远，突破难点、系统预防，试点先行、逐步推进，着力构建权力、动机、机会“三道防线”。

一是探索构建权力防线。明确设定不同试点的目标任务和突破方向，坚持专项试点和综合试点相结合，着力解决权力制约监督难的问题。专项试点针对的是重点领域和关键环节的突出问题。总结推广兰州长城电工集团的试点经验，在省属国有企业进行深入试点探索，通过对董事会、经理层、监事会权力的重新配置，建立科学、规范、严密的运行机制，促进了决策、执行、监督权的相互制约和相互协调，强化了企业内部权力的制约监督。与省政府法制办联合推广张掖市的试点经验，在全省深入推进规范行政处罚自由裁量权工作，细化标准、分档设限，尽量压缩权力的自由裁量空间，促进了行政执法的规范化，防止权力的滥用。深入推进建立领导机关和领导干部勤廉度评价体系试点，通过互联网对部门政务信息和领导干部每周工作及履职情况全方位公开，接受社会公众的监督和评价，并随机自动显示评价等次和排名，既实现了权力运行的公开透明，有效发挥了民主监督作用，又强化了对领导干部用权行为的约束，促进了廉政勤政。综合试点着眼系统解决权力制约监督的重点难点问题，以中纪委和中组部部署的“县委权力公开透明运行试点”为契机，选择4个县区进行多层面设计、立体式探索。在县委层面重点理清职权边界，努力形成各权力主体之间相互制约、相互协调的关系，并通过电子监督系统刚性推行权力公开透明运行；在乡镇层面重点推进监督管理体制改革，分片区设置由县纪委垂直管理的纪工委，通过横向整合、纵向垂直，努力提高基层纪委的权威性和独立性；在村级层面重点通过增设村务监督委员会，探索构建由村民大会或村民代表大会行使决策权、村委会行使执行权、村务监督委员会行使监督权的权力结构和运行机制，努力实现对基层权力的有效制约和监督。

*二是探索构建动机防线。*我们坚持创新机制、改进方式、拓展内涵，强化廉政教育的基础性作用。一方面，突出重点，着力培育领导干部廉洁从政的价值理念。在加强集中和日常教育的基础上，通过对一批典型案例的剖析，深入挖掘案件中蕴含的教育资源，建立与司法机关、组织部门联合开展警示教育的工作机制，把领导干部定位在既是教育对象又是责任主体上，将教育内涵由过去单一的纪律提醒拓展为严格自律和履行监管职责两个意识并重，召开省市县乡四级视频会议和开展基层巡讲，对16000多名领导干部进行集中教育，收到了良好效果。另一方面，面向社会，着力营造廉洁从政的良好氛围。在全面推进廉政文化“六进”活动的同时，深入挖掘廉政资源，突出理想信念主题，先后在全省建成1个国家级、14个省级、49个市县级廉政文化教育基地。与此同时，将廉政文化与行业文化相结合，在工商系统开展了思想道德风险、制度机制风险和岗位职责风险教育，通过风险提示强化廉政意识；在卫生系统狠抓医德医风建设，建立医生用药量和医疗机构诊疗费用排队制度，加大对过度医疗的处罚力度，通过纠风治乱培育良好职业道德，全省三级医院人均门诊和住院费用下降20%。

*三是探索构建机会防线。*我们坚持从宏观着眼、中观着手、微观着力，紧紧抓住制度评估、制度设计和制度执行三个关键环节，积极推进制度体系的改革创新。针对一些重点领域和关键环节存在的制度漏洞以及制度之间相互衔接配套不够等问题，在全省开展了“反腐倡廉制度建设推进年”活动，制定出台全省反腐倡廉制度建设规划，积极推进反腐倡廉制度体系建设，全省共废止相关制度78项、修订完善141项、新建247项。同时，加强对《廉政准则》等重要法规制度执行情况的全面自查和重点抽查，并把制度执行情况作为落实党风廉政建设责任制和惩防体系建设检查的重要内容，进行严格检查考核，解决了制度执行不力、落实不到位等突出问题。

三、落实重点任务，逐步深入推进

根据中央纪委和国家预防腐败局的部署，按照试点先行、积累经验，分步实施、逐步推进的原则，积极稳妥开展防止利益冲突、廉政风险防控管理、社会领域防治腐败和建立廉政评价指标体系等工作。

一是积极开展防止利益冲突试点工作。我们把防止利益冲突作为有效预防腐败的核心问题，紧紧围绕党员领导干部“从业限制”及“离职后行为限制”两项课题，成立了由省委常委、省纪委书记蒋文兰任组长的试点工作领导小组，制定了具体工作方案，明确了开展试点工作的总体要求、工作目标和方法步骤。目前，我们已经完成前期清理摸底、对现有法规制度进行系统梳理评估等工作，并起草了《甘肃省党员领导干部在职和离职后从业限制暂行办法》初稿，正在征求有关方面的意见，力争尽早出台。

二是扎实推进廉政风险防控管理工作。我们充分吸收借鉴外省的有效做法和成功经验，先后在3个市州、10个省直重点部门开展试点探索，紧紧抓住行政权力运行的重点部位和关键环节，积极探索建立以人为点、以流程为线、以岗位为面、以制度为支撑的廉政风险防控机制。今年全国廉政风险防控现场会后，我们对近年来全省开展廉政风险防控试点工作进行了系统梳理，在总结经验、把握规律的基础上，正在抓紧研究制定具体实施方案，明年将在省内全面推开。

三是深入开展社会领域防治腐败工作。我们以清理整顿中介组织为重点，采取点面结合的办法，一方面，通过行业主管部门，对全省社会中介组织进行全面清查，基本摸清了底数。另一方面，确定在酒泉市开展了规范市场中介组织从业行为试点工作，推动行业协会和市场中介组织与政府部门彻底脱钩，建立健全政府监管、资质审查、市场准入、违规违法行为查处等制度，完善扶持行业协会、市场中介组织发展的配套措施，为全省社会领域防治工作积累了经验、提供借鉴。

四是探索建立廉政评价指标体系工作。与中国社科院合作，在学习借鉴国内外经验的基础上，经反复研究论证，设计完成廉政评价指标体系，其中：一级指标6个（含5个指数一个背景指标），二级指标19个，三级指标84个，确定了“5+1”复合式指标体系，在建立综合评价模型，对反腐败工作成效进行定量分析方面进行了初步尝试。

今年以来，我省预防腐败工作虽然做了一些探索，取得了一些初步成效，但与中央纪委、国家预防腐败局的要求和兄弟省市相比，还存在理论研究成果转化不够、预防腐败系统性不强和技术预防手段相对滞后等问题。下一步，我们将以这次会议为契机，按照中央纪委、国家预防腐败局的安排部署，积极探索，大胆创新，不断提高预防腐败的工作水平。一是进一步加强预防腐败理论研究，突出抓好权力制约监督机制、防止利益冲突、廉政评价指标体系和社会廉洁文化建设等重点难点问题的研究，增强理论研究的针对性、实效性和指导性。二是把全面推进廉政风险防控机制建设作为预防腐败的重要抓手，认真落实中央纪委《关于加强廉政风险防控的指导意见》，着力构建“风险明确、监控有力、预警及时、处置得当”的廉政风险防控机制。三是深入推进重点领域改革和制度创新，加快建立社会诚信体系及腐败预警机制，完善“三公”领域的市场运行机制，积极推进公共资源交易统一规范管理。四是在总结推广试点成果的基础上，扎实开展县委权力公开透明运行、防止利益冲突、社会领域防治腐败、深化县级政府政务公开等试点工作，深化试点内容，注重总结提高，以试点项目成效推动整体预防工作。五是进一步完善外部协调沟通机制和内部协作配合机制，理顺工作关系，明确职能定位，强化综合协调和宏观指导职能，不断提高预防腐败工作水平。

同时，结合我省近年来的工作实践，建议国家预防腐败局从以下几方面进一步强化宏观指导：一是及时总结一些省市的实践做法，对预防腐败机构的设置模式、领导体制、工作机制等问题提出明确要求，指导地方各级整合工作力量，稳步推进预防腐败机构建设。二是加强对预防腐败工作的系统谋划和顶层设计，指导地方各级完善工作思路，明确职能定位，理顺工作关系，更好地发挥预防综合效能。三是加大监督体制改革力度，突破重点难点，深入解决“一把手”监督难、同级监督难等问题，从宏观层面推动监督体制机制改革取得实质性进展。

宁夏回族自治区预防腐败工作汇报

宁夏回族自治区预防腐败局

今年以来，我们坚持把预防腐败作为推进反腐倡廉建设的重要内容，以制约和监督权力运行为核心，以教育、监督、改革、制度为重点，强化措施，狠抓落实，预防腐败各项工作扎实推进，取得阶段性成效。

一、2011 年工作情况

（一）坚持不懈地抓好廉政教育

坚持把反腐倡廉教育作为推进预防腐败工作的重要举措，深入开展形式多样、丰富多彩的教育活动，筑牢党员领导干部的思想道德防线。在去年开展“学习《廉政准则》、促进廉洁从政”主题教育活动的基础上，今年结合学习贯彻胡锦涛总书记在十七届中央纪委第六次全会上的重要讲话，开展了“以人为本、执政为民”主题教育活动，增强各级领导干部勤政为民和廉洁自律的意识。大力宣传勤廉典型，弘扬新风正气，领导干部带头做党风廉政辅导报告，组织干部参观监狱等警示教育基地，增强党员干部拒腐防变意识。加强廉政教育基地建设，继固原六盘山红军长征纪念馆被中纪委确定为全国廉政教育基地后，自治区又命名了7个廉政教育基地。深入推进廉政文化“六进”活动，深入开展“塞上清风”全区廉政文艺“大篷车”巡回演出活动。在区内和五市主流新闻媒体开办反腐倡廉专栏，在各县（区）广播电台、电视台开办反腐倡廉专题节目，不断增强廉政文化的感染力和渗透力，进一步营造出浓厚的“以廉为荣、以贪为耻”的社会氛围。

（二）注重治本强化制度建设

坚持把制度建设作为预防腐败工作的重要保障，以强化人、财、事监督管理为重点，切实加强反腐倡廉制度建设，以制度科学界定权力、优化权力流程、强化重点防控、保证权力公开，构建预防腐败的长效机制，最大限度减少体制障碍和制度漏洞。我们今年在全区开展了“反腐倡廉制度执行年”活动，各地各部门在健全完善反腐倡廉各项制度、构建制度框架体系的同时，以认真落实《廉政准则》、《关于领导干部报告个人有关事项的规定》和《关于对配偶子女均已移居国（境）外的国家工作人员加强管理的暂行规定》等法规制度为契机，加大制度执行力度，健全制度执行监督检查和问责机制，努力形成用制度管权、按制度办事、靠制度管人的有效机制。

（三）突出重点切实加强监督

坚持把廉政风险防范管理作为加强预防腐败工作的重要抓手，在全区各级党政机关、事业单位全面推行廉政风险防范管理，对各市、县（区）和区直部门开展廉政风险防范管理工作情况进行督促指导并进行了通报，在重点领域和关键环节建立起预防腐败的“防火墙”。下发了《关于在全区推行廉政风险防范管理的意见》，突出重点领域、关键环节和重要岗位排查廉政风险点，按照风险发生机率和危害程度研究确定防控措施，完善内控监督机制，最大限度地化解风险，使预防腐败工作更加扎实有效。加强巡视工作，完成了对中卫市和青铜峡、红寺堡等5个县（市、区）的巡视，正在对兴庆区、灵武市等6个县（区）进行巡视，对自治区教育厅进行巡视回访。发挥派驻机构监督作用，加强对派驻纪检监察机构的统一管理。坚持领导干部述职述廉、经济责任审计、领导干部诫勉谈话等制度，认真做好2011年度区管领导干部有关事项集中申报工作，913名区管领导干部报告了个人有关事项。全区2308个行政村中已有1214个行政村建立了村民监督委员会，组建率达52.6%。

（四）攻坚克难推进改革创新

坚持把改革创新作为预防腐败的强大动力，加快重点领域和关键环节的改革，切实解决反腐倡廉中的体制机制障碍。注重创新工作思路和方法，在突出宁夏特色、呈现工作亮点上下功夫，全力推进反腐倡廉体制机制制度创新。深化区、市、县、乡四级政务服务体系建设，督促落实为民服务各项措施。不断加快财政管理制度、投资体制改革步伐，稳步推进干部人事制度改革，不断深化司法体制和工作机制改革。深入开展基层党务公开工作，深化政务、厂务、村务和校务公开，不断拓展公共企事业单位办事公开工作领域。协调建设了全区土地矿产交易中心，正在稳步推进全区统一的工程建设招投标、产权交易、土地和矿产出让、政府采购等公共资源交易平台建设。

（五）开展防止利益冲突的理论研究和实践探索

就防止利益冲突课题进行深入调研，积极开展防止利益冲突试点工作。在借鉴兄弟省区有效做法和理念的基础上，起草了《党员领导干部防止利益冲突暂行办法》，明确规定国家工作人员必须回避的对象、形式及违反规定的处理措施，力求通过制度安排铲除发生利益冲突的土壤和条件，限制利益冲突发生的可能性，为开展防止利益冲突工作提供法规依据。建立利益冲突信息登记制度，要求领导干部向组织报告有可能产生利益冲突的重要事项，督促干部自觉自愿进行利益冲突回避。加强对制度执行情况的监督检查，充分发挥制度的惩戒、教育功能，前移预防腐败关口，筑牢防止利益冲突的制度防线。

（六）积极申请和成立自治区预防腐败机构

在中央纪委、监察部的正确领导和大力支持下，宁夏在预防腐败工作方面取得了一定成绩，具备了成立预防腐败局的条件，经过积极申请和筹备，今年8月24日，中央编办正式批准宁夏成立预防腐败局。9月16日，我们举行了成立宁夏预防腐败局揭牌仪式，中央纪委副书记、监察部部长、国家预防腐败局局长马驭同志和宁夏回族自治区主席王正伟共同揭牌。宁夏预防腐败局的成立运行，必将进一步促进我区预防腐败工作迈上新台阶，推动党风廉政建设和反腐败斗争取得新成效。

在总结工作成绩的同时，我们也清醒地认识到工作中的不足和薄弱环节。主要有：反腐倡廉教育的针对性和实效性还不强，制度创新特别是体制机制创新和制度执行还不够有力，监督工作还有待于加强，等等，预防腐败工作面临不少新情况新问题，任务艰巨，我们决不懈怠。

二、2012年工作打算

2012年，是中央《惩治和预防腐败体系建设2008—2012年工作规划》实施的最后一年，也是宁夏预防腐败局成立后第一年开展工作，我们将全面贯彻党的十七届六中全会精神、十七届中央纪委七次全会精神和贺国强同志视察宁夏时的重要讲话精神，加快推进惩治和预防腐败体系建设，加强预防腐败工作，为推动经济社会又好又快发展提供坚强保证。工作思路和打算是：

一是明确职能职责，配齐配强人员，加快推进预防腐败局组建和运行工作。积极向自治区编制部门争取落实宁夏预防腐败局机构编制和领导职数，明确工作职能。通过在自治区纪委监察厅内部调整，面向基层公开招考、遴选等方式，配齐配强预防腐败局工作人员，迅速开展工作。制定相关工作制度，明确工作职能职责，加强对工作人员的教育培训，不断提高工作人员的能力和水平。拟将自治区检察院职务犯罪职能和审计厅领导干部任期审计职能，列入预防腐败局工作协调范围，统筹考虑安排，进一步拓展预防腐败工作领域。

二是加大监督检查工作力度。坚持围绕中心、服务大局，把开展对加快转变经济发展方式和生态移民工程的监督检查，作为工作重点，不断加大力度，纠正各种违规违纪行为，确保中央和自治区重大决策部署的贯彻落实。

三是切实发挥组织协调作用，大力开展进一步营造风清气正的发展环境活动。全力会同有关部门，协助党委、政府抓好进一步优化发展环境活动。加大督查力度，着力破除束缚发展的思想观念，着力解决群众反映强烈的公职人员和窗口单位作风方面的突出问题，着力创新和建立推进科学发展的体制机制，大力营造勤廉高效、服务优良的政务环境，公平正义、执法为民的法制环境，诚实守信、尊重规则的人文环境，规范有序、公平竞争的市场环境，灵活便捷、服务发展的金融环境，公正民主、风清气正的用人环境，优化中小企业发展环境。

四是加大源头治腐力度，大力推进全区统一的公共资源交易平台建设。进一步提高预防腐败的科学化水平，综合运用“制度＋科技”手段，健全完善公共资产交易相关制度，加大公共资源交易平台建设力度，积极探索建立全区统一的工程建设招投标、产权交易、土地和矿产权出让、政府采购等公共资源交易中心，力求通过制度机制上铲除腐败发生的土壤和条件，从源头上预防腐败，最大限度减少或避免权力寻租的机会。

五是深入推进权力公开透明运行工作。深入推进党务公开、政务公开、司法公开、村务公开，创新公开方法，深化公开内容，丰富公开形式，进一步提高权力运行的公开透明度。建立健全并认真落实群众和媒体监督举报机制和制度，保障群众和媒体监督权利不受侵害，形成人人愿监督、敢监督、能监督的预防腐败大格局，使各级官员不愿为、不敢为、不能为。

六是积极探索社会领域预防腐败措施。深入中介机构、中小企业等新经济体，积极开展调查研究，拓展预防腐败的广度，不断探索社会领域预防腐败的有效措施。

三、工作建议

对做好预防腐败全局性工作，我们有以下四点建议：

一是加强对省级预防腐败工作的指导检查。督促全国各省、自治区、直辖市建立健全预防腐败工作机构，落实机构编制，明确内设室职能，推动各地预防腐败工作全面展开。

二是制定全国预防腐败工作规划。在中央建立健全惩治和预防腐败体系工作规划的大框架下，加强调查研究，积极借鉴国外有益经验，制定预防腐败工作五年规划，明确预防腐败工作远期任务和近期目标，增强工作的针对性、可操作性。

三是出台有关预防腐败法律法规。积极开展防止利益冲突、规范权力运行等预防腐败理论研究和实践探索，在条件成熟的地区、领域先行试点，在总结提炼工作经验的基础上，制定有关预防腐败的法律法规和政策规定，从制度层面为预防腐败工作提供法律依据。

四是加大预防腐败教育培训力度。通过开设预防腐败培训班、出国考察学习等方式，强化对预防腐败工作人员的教育培训，提升各级预防腐败机构工作人员的能力素质。

我们将认真贯彻落实这次会议精神，学习兄弟省区的经验做法，进一步加强预防腐败工作，深入推进惩防体系建设，努力取得反腐倡廉建设新成效。

附录三：社会领域防治腐败有关材料

关于开展行业协会、市场中介组织违规违法问题专项整治试点工作方案及说明

（2011 年 4 月 6 日）

按照党中央关于加强和创新社会管理的精神，国务院关于分阶段开展政府与行业协会、市场中介组织分开的要求和十七届中央纪委第六次全会的工作部署，我们对如何开展行业协会、市场中介组织违规违法问题专项整治试点工作进行了认真研究。现就有关情况说明如下：

一、开展试点工作的主要背景

改革开放以来，我国行业协会、市场中介组织发展迅速，在促进经济社会发展和完善公共服务等方面发挥了重要作用。但在发展过程中，还存在政会不分、政企不分和一些比较突出的违规违法问题，社会反映强烈。特别是一些行业协会行政化倾向严重，利用主管单位的行政管理职能和垄断地位，搞强制入会和摊派会费，强制购买指定产品和服务，私设小金库，乱收乱支，侵害会员利益，严重影响政府形象。一些市场中介组织自律机制缺失，与国家工作人员勾结，在国企改制、土地出让、矿产储量评估、建设项目招投标等过程中，搞假审计、假评估、假鉴证、假招标，指定业务、商业贿赂等情况严重，导致国有资产大量流失，扰乱市场经济秩序。整治行业协会、市场中介组织违规违法问题，切断政府部门与行业协会、市场中介组织的利益联系，是建立和完善市场经济体制的一项基础工作，对于进一步推动政府转变职能，加强和创新社会管理，从源头上防治腐败，具有重要意义。

中央和中央领导对加快推进政府与行业协会、市场中介组织分开，解决人民群众反映强烈的行业协会、市场中介组织违规违法问题，要求十分明确。2000 年 7 月，国务院办公厅印发《关于经济鉴证类社会中介机构与政府部门实行脱钩改制的意见》。2007 年 5 月，国务院办公厅印发《关于加快推进行业协会商会改革和发展的若干意见》，要求加快推进政会分开。2009 年 2 月，贺国强同志针对市场中介组织的监管和反腐倡廉建设问题批示："先组织开展调查研究，然后制定出工作意见"。2010 年 1 月，胡锦涛同志在中央纪委第五次全会上指出，要"研究制定规范行业协会、市场中介组织等社会领域预防腐败制度"。2010 年 3 月，温家宝、李克强、张德江、马凯等国

务院领导同志批准了国务院办公厅的报告，责成由监察部、国家预防腐败局牵头，分阶段开展政府与行业协会、市场中介组织分开专项工作。2011 年 1 月，中央纪委第六次全会作出工作部署，要求整治行业协会、市场中介组织违规违法问题。

二、试点工作准备情况

按照中央精神和委部领导指示，我们先后到 20 多个省（区、市）和有关中央国家机关，对行业协会、市场中介组织的防治腐败问题进行了认真调研，形成了专题报告。与加拿大国际发展署合作开展项目研究，对加拿大市场中介组织监管和防治腐败经验进行了两次专题考察。2009 年 6 月，召开了全国市场中介组织防治腐败座谈会。2009 年 7 月，就行业协会规范发展与防治腐败的重要政策问题，提请预防腐败工作联席会议第三次会议进行专题研究。2010 年 3 月，根据国务院领导指示，监察部部长办公会议专题研究了政府与行业协会、市场中介组织分开工作。2010 年 6 月，预防腐败工作联席会议第四次会议研究讨论了政府与行业协会、市场中介组织分开试点工作方案。2011 年 1 月以来，我们按照中央纪委第六次全会作出的整治行业协会、市场中介组织违规违法问题的部署，再次认真研究了这项工作，对工作方案做了进一步修改和完善，并书面征求了中央组织部、国家发改委、民政部等 17 个主管部委和北京、上海、广东等 10 个省（区、市）纪委、预防腐败局的意见。

目前，广东、上海、天津、河北、浙江、重庆等 6 省（市）已完成行业协会与主管部门的脱钩工作，辽宁、黑龙江、江苏等 10 个省（区、市）的脱钩工作正在进行当中。广东省在大力推进行业协会与政府部门脱钩的同时，改革原有双重管理体制，将业务主管单位转变为业务指导单位，强化登记管理机关的监督管理职责，推动政府向行业协会转移职能，增强了行业协会的民间化和自主性，促进了行业协会发展。福建、湖北近年来开展市场中介组织专项清理整顿，已基本完成脱钩工作。吉林、广东、青海已于 2010 年下发文件，在全省范围作了市场中介组织清理整顿和脱钩工作部署。福建省在专项整顿中推进市场中介组织在工作、组织、经济、场所四个方面与政府部门彻底分开，全面清理“官中介”，依法取缔“假中介”，严厉打击“黑中介”，加强法律规范、政府监管和行业自律，促进市场中介组织的健康发展。

三、下一步工作建议

总体看，各省（区、市）对开展行业协会、市场中介组织专项整治工作积极性比较高，准备比较充分，实践基础好。但在中央国家机关推行这项工作的思想认识还不完全统一，情况比较复杂。据民政部最近统计，目前现职中央国家机关干部兼任负责人的行业协会有 170 家，离退休干部担任负责人的行业协会有 392 家，涉及 43 名现职和 134 名离退休省部级以上干部。此外，还有 121 名现职或离退休省部级以上干部兼任学会（研究会）、基金会负责人。

我们建议，先集中两年时间在各省（区、市）开展行业协会、市场中介组织违规违法问题专项整治试点工作，积累经验，完善制度，为下一阶段在中央国家机关开展这项工作创造条件。

我们考虑，搞好试点工作，一是要明确工作对象。应本着分类处理的原则，积极稳妥地抓好四类组织的整治工作：1. 在民政部门以自律管理社团形式登记的由同业企业和其他经济组织组成的行业协会（暂不包括学会、研究会）；2. 在工商部门以公司或企业形式登记的各类市场中介组织；3. 在机构编制部门登记的具有中介服务性质的事业单位；4. 在司法行政机关登记的各类法律服务机构。

二是要突出工作重点。1. 集中对各省（区、市）行业协会、市场中介组织违规违法问题进行整治，并查处一批涉及国家机关、国家工作人员的腐败问题。2. 推进各省（区、市）行业协会、市场中介组织在组织人员、工作职能、财务资产、办公场所等方面脱钩，重点解决明脱暗不脱和官中介、假中介、黑中介问题。3. 推动中央相关部委和省一级政府建章立制，强化法律和行政监管，健全行业协会、市场中介组织法人治理结构，建立信用管理制度机制。4. 会同中央组织部等部门制订和修订党政干部兼任社团职务的规定，完善有关纪律处分细则和行政问责规定。

三是要加强组织领导。考虑到这项工作任务繁重，建议由中央纪委、中央组织部、中央编办、国家发改委、公安部、监察部、民政部、司法部、工商总局、国家预防腐败局等单位组成专项整治试点工作协调小组，协调小组办公室设在国家预防腐败局办公室。

特此说明。

社会领域防治腐败征文启事

（2011 年 5 月 13 日）

为贯彻落实十七届中央纪委第六次全会关于研究制定社会领域防治腐败工作指导意见的部署，定于 2011 年 5 月—6 月开展社会领域防治腐败征文活动。

一、组织领导

征文活动由国家预防腐败局办公室和中国纪检监察报社联合主办，中国纪检监察报社具体承办。各省、自治区、直辖市纪委、监察厅（局），各相关省（市）预防腐败局，中央和国家机关各部委纪检组（纪委）、监察局，中央纪委各派驻纪检组，监察部各派驻监察局、监察专员办公室要认真组织、积极参与。

二、征文内容

来稿可选择社会领域某个具体行业或领域，就其发展现状和存在的主要问题，该领域腐败表现形式和成因，防治腐败的关键环节和具体对策等，自定题目和角度成文，理论类、实证经验类稿件皆可。社会领域的范围主要包括企业（国有企业、非公经济组织）、事业单位（教、科、文、卫、体等）、社会组织（社团、基金会、民办非企业单位）、市场中介组织、基层群众自治组织（村委会、社区居委会）等。

三、征文对象

征文对象为党政机关及其工作人员，各行业领域有关单位及其从业人员，专家学者及普通社会公众等。

四、征文时间

截至 2011 年 6 月 30 日（以当地邮戳为准）。

五、征文要求

1. 理论类稿件要求观点明确、主题集中、有一定深度，对社会领域防治腐败工作有指导意义；实证经验类稿件应具有实证性、可操作性和借鉴性，并需加盖本单位公章。

2. 来稿以单位或个人名义署名均可，并需附注来稿人详细联系方式（通讯地址、联系电话、电子邮箱等）。

3. 来稿人应保证所投稿件为原创，并对所投稿件的著作权和名誉权等相关法律责任负责。

4. 来稿一般不超过3000字。格式参照《国家行政机关公文格式》国家标准，用纸采用A4型（210mm×297mm），结构层次序数第一层为“一”、第二层为“（一）”、第三层为“1.”、第四层为“（1）”。

5. 来稿需同时递交内容一致的纸介质文本和Word电子文本。

纸介质文本寄至：北京市西城区广安门南街甲2号（邮编100053），中国纪检监察报社理论评论部收（请在信封正面注明“征文”字样）

电子文本发至：nbcpzw@nbcp.gov.cn

六、有关事宜

1. 国家预防腐败局办公室、中国纪检监察报社将邀请有关部门领导和专家学者组成征文评审小组，负责评审工作。

2. 本次征文活动，设一等奖、二等奖、三等奖、优秀奖和组织奖若干。

3. 征文中的优秀稿件，将在《中国纪检监察报》等媒体陆续编审刊发。

国家预防腐败局办公室
中国纪检监察报社
2011年5月13日

社会领域防治腐败征文评选结果公告

（2011年12月19日）

为贯彻落实十七届中央纪委第六次全会关于研究制定社会领域防治腐败指导意见的工作部署，征集社会各界对推进社会领域防治腐败的意见建议，2011年5月以来，国家预防腐败局办公室会同中国纪检监察报社组织开展了全国社会领域防治腐败征文活动，共收到专题论文近2000篇。经纪检监察机关、有关主管部门和社科研究机构的领导和专家联合评审，评选出一等奖10篇、二等奖20篇、三等奖30篇、优秀奖40篇，优秀组织奖12个。获奖作者名单如下：

一等奖：

驻财政部纪检组监察局，驻民政部纪检组监察局，国务院国资委纪委，驻中国社会科学院纪检组监察局，上海市纪委监察局预防腐败局，浙江省纪委监察厅预防腐败局，福建省纪委监察厅预防腐败局，四川省纪委监察厅预防腐败局，郭祖全、王卫东，王荣军

二等奖：

驻司法部纪检组监察局，驻住建部纪检组监察局、住建部城市建设司，驻农业部纪检组监察局，驻广电总局纪检组监察局，辽宁省纪委监察厅，上海市工商局监察室，江苏省人民检察院，江苏省常州市溧阳市纪委监察局，湖北省纪委监察厅预防腐败局，湖南省纪委监察厅预防腐败局，广东省深圳市监察局，广西自治区纪委监察厅预防腐败局，重庆市纪委监察局，曹作义，胡乃民，蒋宇庆，卜万红，宋兰刚，王建国，解毅

三等奖：

驻科技部纪检组监察局，驻交通运输部纪检组监察局，驻文化部纪检组监察局，驻新闻出版总署纪检组监察局，驻国家体育总

局纪检组监察局，驻北京市国土资源局纪检组监察处，河北省纪委监察厅预防腐败局，山西省纪委监察厅预防腐败室，吉林省纪委监察厅、吉林省国资委纪委，黑龙江省纪委监察厅监察综合室，上海市社会纪工委，安徽省电力公司纪检组监察部，河南省纪委监察厅预防腐败局，湖北省枣阳市纪委监察局，广东省深圳市纪委预防研究室，云南省纪委监察厅预防腐败局，甘肃省纪委监察厅预防腐败局，陈平，董强，董小兵，华欢军，匡毅、周勇，李华，李睿，李域，谭本仲，谢铁华，余娆，翟峰，张仁东

优秀奖：

驻中国科学院纪检组，黑龙江省纪委监察厅纠风室，黑龙江省广播电影电视局，上海市虹口区国资委，中国银行上海市分行监察部，江苏省大丰市纪委，安徽省纪委研究室，安徽省淮北市纪委监察局，江西省赣州市信丰县第二纪工委，湖南省证监局，驻广东省国土资源厅纪检组，广东省广州市纪委监察局研究室，广西自治区钦州市纪委监察局，海南省纪委监察厅纠风室，四川省绵阳市纪委监察局，云南省大理州纪委研究室，中国建筑工程总公司纪检组，谷孟宾，顾群，何长青，黄庆辉，匡忠元、江锦河，卢安法，马有清，彭幸国，祁国良、邵志华，钱学敏，邱小凡，王学理、陈慧蓉，王彦君，肖祥立，谢永良、刘国贤，熊德和、陈勇、朱盐东，杨火林，余华建，张咏梅、熊雄，张泽好、汤文举，张振县，赵国明，赵静

优秀组织奖：

驻司法部纪检组监察局，驻国家人口计生委纪检组监察局，驻广电总局纪检组监察局，江苏省纪委监察厅，北京市纪委监察局预防腐败局，吉林省纪委监察厅，河南省纪委监察厅预防腐败局，广东省纪委监察厅，重庆市纪委监察局，四川省纪委监察厅预防腐败局，云南省纪委监察厅预防腐败局，陕西省纪委监察厅

国家预防腐败局办公室
中国纪检监察报社
二〇一一年十二月十九日

全国廉政公益广告创意征集活动启事

（2011 年 5 月）

廉以养德，文以化人。为弘扬廉洁价值理念，建设廉政文化，中央纪委宣教室和国家预防腐败局办公室现面向全社会开展廉政公益广告创意征集活动。

一、活动目的

充分发挥廉政公益广告形象生动、覆盖面广、群众喜闻乐见的特点，依据其制作和传播规律，本着主题鲜明、内涵深刻、形式新颖的原则，征集优秀廉政公益广告创意，为制作高质量廉政公益广告打下基础。

二、活动内容

本次活动征集影视类廉政公益广告创意。内容主要包括两个方面：一是宣传崇尚廉洁、鄙弃贪腐的价值理念，弘扬清正廉洁、勤政为民的良好风气，倡导秉公用权、廉洁从政的行为规范；二是结合纪念中国共

产党成立90周年，热情讴歌党和政府高度重视反腐倡廉工作，充分展示反腐倡廉在促进改革发展稳定中发挥的重要作用。

三、活动安排

本次活动征集对象为组织或个人。截稿日期为2011年7月30日（以寄递时间为准），8月上旬开始对征集的作品进行初评和复评。获奖情况在有关媒体刊登。

活动共评选一等奖10名、二等奖20名、三等奖30名，并颁发奖金和证书。部分获奖作品将由中央纪委、监察部、国家预防腐败局或地方纪检监察机关制作成廉政公益广告，在中央和地方媒体进行播出。

四、作品要求

1. 坚持社会主义核心价值体系，把握正确导向，主题鲜明突出，有较强的吸引力和感染力。

2. 参选作品及资料的任何部分均不得侵犯第三方的著作权、商标权、其他知识产权或专有权利，且2010年1月1日以来未公开发表或被拍摄制作。

3. 提供PPT格式创意文案（电子版1份和纸质版10份），创意文案中请勿体现制作者信息。

参选作品请填写《参选作品登记表》及由著作权人签署的《授权确认书》（登记表和授权书请在国家预防腐败局网站下载。网址：http：//www. nbcp. gov. cn），因此带来的著作权或其他权利纠纷由参加活动的单位或个人负责。

欢迎社会各界朋友踊跃参加。来稿请寄：北京市平安里西大街41号中央纪委宣教室，邮政编码：100813，联系电话：010－59595548。

中央纪委宣教室

国家预防腐败局办公室

2011年5月

附件：全国廉政公益广告创意参评作品登记表及授权确认书

附件：

全国廉政公益广告创意参选作品登记表

序号	作品名称	作者	单位	备注

联系人：　　　　电话：　　　　邮箱：

全国廉政公益广告创意使用授权确认书

本人是廉政公益广告创意《　　　　　　》的创作者，对该创意享有著作权。本人对包括但不限于以下注明的方式使用本广告创意的行为予以确认。

本人授权中共中央纪委宣传教育室和国家预防腐败局办公室拍摄该广告创意，和对拍摄的广告作品有制作、复制、发行的权利，并同意该广告无偿在包括但不限于电视台、网络媒体、户外媒体和移动传媒上进行展播。

授权人：＿＿＿＿＿＿＿＿（手写）

电　话：＿＿＿＿＿＿＿＿

日　期：　　年　　月　　日

关于全国廉政公益广告创意征集活动获奖情况的通报

（中纪宣〔2011〕39号　2011年12月13日）

各省、自治区、直辖市纪委、监察厅（局）宣教室，新疆生产建设兵团纪委、监察局宣教室，中央和国家机关各部委纪检组（纪委）、监察局办公室，中央纪委各派驻纪检组，监察部各派驻监察局办公室，中央直属机关纪工委、中央国家机关纪工委办公室，国务院国资委纪委宣教室：

为贯彻落实第十七届中央纪委六次全会和全国廉政文化建设推进会精神，加大廉政文化传播力度，自2011年4月起，中央纪委宣教室、国家预防腐败局办公室联合组织开展了全国廉政公益广告创意征集活动。此次活动共征集廉政公益广告创意642件，其中各省（区、市）和新疆建设兵团纪委、国务院国资委纪委、文化部纪检组等单位共上报429件，社会各界自由投稿213件。经过初评、复评、终评，并报中央纪委监察部领导同意，共评出获奖作品60件。其中，一等奖10件，二等奖20件，三等奖30件。现对获奖作品予以通报表彰。

各地区各部门要深入学习贯彻党的十七届六中全会精神，认真落实中央纪委等六部委印发的《关于加强廉政文化建设的意见》，精心选择有关优秀廉政公益广告创意进行摄制，广泛开展廉政公益广告展播活动，不断提升廉政文化的影响力、渗透力，努力营造廉荣贪耻的社会环境。

附：全国廉政公益广告创意征集活动获奖作品名单

中央纪委宣传教育室

国家预防腐败局办公室

2011年12月13日

附件

全国廉政公益广告创意征集活动获奖作品名单

一、一等奖（10 件）

报送单位	作品名称
广东省纪委	“扯线公仔”
广西区纪委	“朋友篇”
云南省纪委	“拔河篇”
江苏省纪委	“进去就出不来了”
浙江省纪委	“门”
上海市纪委	“自制篇”
人民银行纪委	“与家人乐在其中”
山东省纪委	“脸谱篇”
中直纪工委	“纯净篇”
湖南・广电台	“守护承诺篇”

二、二等奖（20 件）

报送单位	作品名称
北京市纪委	“礼物篇”
天津市纪委	“不倒翁篇”
重庆市纪委	“缺与不缺”
内蒙古区纪委	“不能让廉洁成为从政的短板”
河北省纪委	“雕刻篇”
黑龙江省纪委	“诗歌篇”
江苏省纪委	“另一半的力量”

安徽省纪委	“水文化”
山东省纪委	“党员篇”
湖南省纪委	“走好人生路”
河南省纪委	“一点点腐败就导致生活坍塌”
广东省纪委	“手影篇”
广西区纪委	“规矩方圆篇”
云南省纪委	“视力篇”
陕西省纪委	“传承廉洁理念，弘扬新风正气”
新疆区纪委	“茶道篇”
驻国家广电总局纪检组	“假如时光倒流”
湖南·张家界广电局	“标尺”
河北·唐山市纪委	“期待的眼神”
山西省纪委	“功成不必在我任期”

三、三等奖（30 件）

报送单位	作品名称
内蒙古区纪委	“廉政在于心”
北京市纪委	“廉洁让生活更美好”
黑龙江省纪委	“家有贤妻”、“廉洁篇”
吉林省纪委	“规矩篇”
辽宁省纪委	“在奉献中享受幸福”
江西省纪委	“坚持从严治党，促进廉洁执政”
福建省纪委	“鸟为辟谷落网”
广西区纪委	“低碳廉政篇”

海南省纪委	“惊醒篇”
四川省纪委	“一心为民，方可成为群众榜样”
贵州省纪委	“骨牌人生”
云南省纪委	“杀毒篇”
甘肃省纪委	“黑白博弈”
宁夏区纪委	“廉洁是一种生活方式”
青海省纪委	“廉洁自律，清正为民”
公安部纪委	“清白处事，廉洁从政”
国资委纪委	“贪婪的双手”
驻海关总署纪检组	“把关篇”
驻国家广电总局纪检组	“清与浊”
驻民航局监察局	“廉政与安全”
驻新华社纪检组	“漏水的鱼缸”
湖北省纪委	“为官洗好三盆水”、“李娜篇”
河北省纪委	“老公明天去上任”
辽宁·沈阳大学 杨雪	“廉洁教育篇”
辽宁·沈阳地铁集团	“廉政是什么”
湖南·广电台	“和谐天秤”
广西·玉林广电局	“羽毛球篇”
深圳·吴新南	“翟志刚你很重要篇”

国家预防腐败局网站获评 2010 年度“中国互联网最具影响力政府网站”和“中国政府网站领先奖”

2010 年 12 月 26 日，国务院新闻办网站、新华网等公布了 2010 年度中国优秀政府网站推荐及综合影响力评估结果通报。国家预防腐败局网站继 2009 年获奖之后，今年再次被评为“中国互联网最具影响力政府网站”和“中国政府网站领先奖”。此外，网站的“网友互动”栏目被评为“2010 年度中央国家机关网站特色栏目”。

本次评估由中国信息化研究与促进网联合工业和信息化部电子科技情报研究所信息化研究与促进中心等单位组织举办，系主办单位自 2002 年起连续 9 年以独立第三方名义开展的政府网站评估活动。评估以工业和信息化部印发的《政府网站发展评估核心指标体系（试行）》为指导，对 2010 年全国各级政府网站互联网综合影响力、管理服务、创新发展和工作绩效等各个环节进行了全面的测评。评估范围由去年的 1000 多家政府网站扩展到全国近 5 万家政府及政务服务型网站，共推荐评选出 39 家中国互联网综合影响力政府网站、18 个中央国家机关网站特色栏目，授予 14 个部委网站“中国政府网站领先奖”。

国家预防腐败局等网站获得“中国互联网最具影响力政府网站”奖项的理由是：2010 年是中国面临国际形势急剧变化的一年，也是中国经济最复杂、自然灾害发生最频繁的一年，上述政府网站为保证人民生活安康、社会和谐稳定发挥了重要作用，是中国互联网站发展的标杆。

2010 年，国家预防腐败局网站得到了进一步发展，影响更加广泛。人民网、新华网和香港廉政公署网站等境内外媒体多次转载网站的信息，一些国家和地区防治腐败机构、反腐败国际组织通过网站来了解中国的反腐倡廉建设情况。据统计，截至 12 月 26 日，2010 年网站总点击数达到 4620 万次，日均 12.8 万次，同比增长 44.5%。其中，来自境外的点击数稳中有升，达到 247 万次。与网友的互动性进一步增强，网友留言 23000 多条，发来电子邮件 33000 多封。

国家预防腐败局网站获评2011年度“中国互联网最具影响力政府网站”、“中国政府网站领先奖”和“管理创新型政府网站”

2011年12月25日，《2011年中国优秀政府网站推荐及综合影响力评估结果通报》公布。国家预防腐败局网站连续第三年被评为“中国互联网最具影响力政府网站”和“中国政府网站领先奖”，并因为创新网站管理模式被评为“2011年度管理创新型政府网站”。

本次评估由中国信息化研究与促进网联合工业和信息化部电子科技情报研究所信息化研究与促进中心等单位组织举办，系主办单位自2002年起连续10年以独立第三方名义开展的政府网站评估活动。评估以《政府信息公开条例》为指导，以中办国办《关于深化政务公开加强政务服务的意见》、国办《关于进一步加强政府网站管理工作的通知》和《政府网站发展评估核心指标体系（试行）》等文件为参考，对全国近7万家政府及政务服务型网站、上万家政务微博的互联网综合影响力、管理服务、行政效能、创新发展等进行了全面的分析和研究，授予18个部委网站“中国互联网最具影响力政府网站”、16个部委网站“中国政府网站领先奖”，国家预防腐败局网站均排名第8；评选出6个创新型政府网站，国家预防腐败局网站排名第3。

2011年，国家预防腐败局网站得到进一步发展。人民网、新华网、凤凰网等境内外媒体多次转载网站信息，一些国家和地区防治腐败机构、反腐败国际组织通过网站了解中国的反腐倡廉建设情况。截至12月26日，2011年网站总点击数达到5580万次，日均15.5万次，同比增长21.1%。其中，来自境外的点击数大幅上升，达到407万次，同比增长64.8%。加强与网友互动和对网上舆论的引导，收到网友留言近万条、电子邮件36万封，均作出回应或处理。

附录四：政务公开有关材料

全国政务公开领导小组2009年工作总结

2009年，在党中央、国务院的坚强领导下，全国政务公开领导小组全面贯彻党的十七大和十七届四中全会精神，紧紧围绕中央关于“保增长、保民生、保稳定”政策措施的落实，着力发挥政务公开综合效应，不断提高服务人民群众的实效，推动政务公开工作深入开展，为经济社会平稳较快发展提供了有力保障。

一、坚持公开透明原则，促进了中央重大决策部署的落实

全国政务公开领导小组坚持以公开促进中央关于“保增长、保民生、保稳定”政策措施的落实，统筹谋划、精心部署，何勇、马凯同志多次提出明确要求。国务院办公厅组织中国政府网第一时间发布扩大内需、调整振兴产业、加强科技支撑、强化社会保障等方面的政策文件，对政策进行深入解读。各地区各部门把公开透明原则贯穿于扩内需、保增长政策措施实施全过程，适时公开扩大内需工程项目实施和资金管理使用情况、地震灾区恢复重建项目资金管理使用情况等，保障了促进增长项目的顺利实施。

中央纪委以新闻发布会等方式公开扩内需促增长情况的监督检查结果，促进了相关项目的整改。国务院办公厅组织中国政府网认真做好温家宝总理访谈和专访有关活动，邀请有关部门负责同志到中国政府网与公众交流，全年共组织在线访谈34场。人力资源社会保障部门及时公开就业创业扶持政策、岗位需求、技能培训等方面的信息，扩大就业规模，保持了就业局势稳定。北京市建立了政府投资项目公示制度，对首都建设规划等重要事项，通过多种方式向社会公开。广东、广西、上海、青岛等地依托电子政务平台，加强对财政专项资金的监管，提高了投资项目实施和资金管理使用的透明度。

二、抓住重点领域和关键环节，稳步推进行政权力公开透明运行工作

各地区各部门按照全国深化政务公开经验交流会、中央国家机关政务公开工作座谈会的要求，结合实际，积极推进行政权力公开透明运行工作，加强对行政权力的监督制约。

一是清权确权工作更加深入。河北、江苏、北京、天津、黑龙江、内蒙古、海南等省份，逐项编制职权目录，绘制权力运行流程图，并向社会公开；财政部、农业部、卫生部、工商总局等部门对行政权力进行了梳理规范。江苏省省级部门和省辖市共审核确认行政权力72454项，削减7898项，编制职权流程图50357个。海南省共公开各类行政权力公开透明运行图6425项，省、县政务服务中心印刷行政权力公开透明运行图3

万余册。河北省颁布实施《行政权力公开透明运行规定》，黑龙江省哈尔滨市出台《规范行政权力规定》，推进行政权力运行的程序化和公开透明。

二是规范行政自由裁量权取得重要进展。河南省出台《规范行政处罚自由裁量权的若干意见》，对行政处罚裁量标准、监督制约等作出规定。湖南省出台《规范行政裁量权办法》，重点对行政审批、行政处罚等八类行政行为的裁量权进行全面、系统规范。福建省重点抓好“清权、确权、亮权、督权”等关键环节，建立并公开行政裁量基准制度，目前省级行政执法机关明确了行政职权7489项，9个设区市行政执法机关明确了行政职权41273项，形成了较为完整的权力清单和职责体系。黑龙江省大庆市制定了《规范行政处罚自由裁量权工作实施方案》，对64个具有行政处罚权的部门，4643个处罚项目进行细化，共编制20759个标准。

三、加大工作力度，推动《政府信息公开条例》的落实

各地区各部门认真贯彻落实《政府信息公开条例》，建立健全相关配套制度，进一步改进工作，便于人民群众更好地了解政府、监督政府。

一是主动公开工作扎实有效。国务院办公厅通过中国政府网及时公布国务院、国办文件83件，通过《国务院公报》刊发国务院、国办文件以及部门文件435件。各地区各部门认真编制、修订政府信息公开目录，及时回应群众高度关注的物价、环保、征地以及公共资金管理使用、重大生产安全事故、公共卫生安全事件等问题，主动公开大量政府信息，方便了群众的生产生活，促进了社会和谐稳定。据不完全统计，截至2009年11月底，北京、天津、河北、内蒙古、吉林、黑龙江、安徽、江西、海南、贵州、陕西、甘肃等12省（区、市）主动公开政府信息449万余条。

二是依申请公开工作稳步推进。国务院办公厅研究制定了《关于做好政府信息依申请公开工作的意见》，指导依申请公开工作有序开展。各地区各部门高度重视依申请公开工作，进一步拓宽了依申请公开的渠道，完善了工作程序，明确了收费标准。截至2009年11月，广东省各级行政机关共受理政府信息公开申请149万多宗，予以公开147万多宗。天津市对2009年受理的1020件公开申请逐案进行分析，编辑《政府信息公开依申请案例选》，印发各单位学习参考。

四、围绕群众关心的热点难点问题，进一步扩大政务公开工作领域

各地区各部门以涉及群众切身利益的事项为重点，不断加大公开力度，努力保障群众的知情权、参与权、表达权和监督权。

一是中央国家机关政务公开逐步深入。各部门各单位认真落实中央国家机关政务公开工作座谈会精神，按照“谁主管、谁负责”的原则，加强对本系统本行业的指导。卫生部门创新公开措施，全国各级各类近27万家医疗机构均实行院务公开，方便了群众就医。教育部门加大校务公开力度，规范了教育收费。社保资金管理部门主动将资金征缴、收入、支出和结余等信息加以公开，促进了资金的社会监督。民政、扶贫等部门及时把救灾救助扶贫资金管理使用情况向社会公开，保障了救灾救济资金发挥出良好社会效益。公安部门以加强刑事执法监督制约为重点，建立刑事案件办案公开制度、刑事案件统计信息公布制度，满足群众对刑事司法信息的知情需求。供水、供电、供气、电信、交通等公共企事业单位积极推进办事公开，组织群众参与公共服务产品价格调整。

二是热点问题的公开有所突破。国家发展改革委适时在门户网站增加“应对金融危机，加大投资力度”专栏，将中央“四万亿投资”情况及时主动向社会公开。上海市在政府门户网站主动公开1994年至

2008年底新增机动车额度拍卖收支情况，包括年度收支金额、结余、资金用途等明细情况。湖北、上海、广州、焦作等地认真推进财政预算、专项资金公开，湖北省级财政已上网公开财政资金482.19亿元，涉及全省1.25亿人（户）次，55.42万个具体项目；累计公开11180个单位的部门预算，涉及预算安排392亿元。成都市实施阳光拆迁工程，详细制定了32个工作环节的操作要求，构建了拆迁流程、拆迁政策、监督渠道等全方位的透明体系，涉及拆迁上访量与去年同期相比下降了20%。

三是与公共服务的结合更加紧密。各地把政务公开与公共服务相结合，把政务公开与解决群众实际问题相结合，推动了公共服务水平的提高。2009年以来，辽宁省民心网共受理4953件政策咨询，对其中的3412件进行了重点解答，群众满意率达99.75%。重庆市在主城区公交客运票制和水价改革听证过程中，实行网络报名，随机选取听证会人员和旁听人员，事前公开定价听证方案，事后公开听证会意见采纳情况，受到群众好评。济南市将38条服务热线整合成12345市民服务热线，2009年共受理市民来电（来信）近100万件，日均受理2700余件，办结率超过94%。江苏、安徽、江西、湖北4省平均93%的乡（镇）建立了便民服务中心（大厅），79%的行政村建立了便民服务代办点。

五、拓展政府门户网站功能，创新政务公开形式和载体

各地区各部门大力加强政务公开载体建设，群众获取政府信息的渠道更加畅通。据初步统计，31个省（区、市）、国务院70多个部门和单位建立了新闻发布和新闻发言人制度。全国政府域名（gov.cn）下的网站已经发展到30000多个，100%的省级政府和国务院组成部门、98.5%以上的地市级政府和85%以上的县区级政府已经建立了政府网站。网上办事、服务热线发展迅速。商务部实现了22项行政许可事项和44项上报事项的在线办理，83位商务参赞和40位地方商务厅（局）长与网友进行了在线交流。各地绝大多数行政审批项目和公共服务事项纳入政务（行政）服务中心或便民服务中心集中办理，实行办事公开、电子监察和“一站式”服务。目前全国已设立政务（行政）服务中心2842个，2009年共受理行政审批、公共服务事项1.66亿余件，按时办结率达95.2%。广西在区、市、县三级121个政务服务中心统一使用“政务服务及监察通用软件”，建成了政务服务三级联动和电子监察系统三级联网的政务服务体系。内蒙古呼和浩特市大力改革行政管理体制和权力运行机制，推进政务服务体系建设，实现了三级公共服务机构信息网络平台对接和共享。

六、加强组织协调，推动政务公开工作全面发展

全国政务公开领导小组进一步加强组织协调和工作指导，推动政务公开工作持续深入发展。2009年3月，召开全国政务公开领导小组第九次会议，对全年工作任务进行部署；10月，召开中央国家机关政务公开工作座谈会，研究和推进新形势下中央国家机关政务公开工作；11月，与工业和信息化部联合召开依托电子政务平台推进基层政务公开与公共服务经验交流会，促进电子政务和基层公共服务协调发展。政务公开领导小组各成员单位认真履行职责。国务院办公厅加强对政府信息公开工作的指导，印发《信息公开目录系统实施指引》，对《政府信息公开条例》落实情况进行了督查调研。中央组织部积极推进党务公开工作，着力探索加强干部监督管理的途径和方法，进一步促进了政务公开工作。全国总工会把厂务公开与公共企事业单位办事公开结合起来，努力保障职工行使民主权利。民政部以治理“难点村”为重点，与乡镇政务公开有机衔接，不断深化村务公开工作。财政部印发

《关于进一步做好预算信息公开工作的指导意见》，积极推进财政预算公开透明。各地区各部门把政务公开工作摆在重要位置，加强领导，完善机构，充实队伍，保障经费，公开意识增强，工作合力加大，以公开透明保障政策落实的能力明显提高。

总的来看，经过各地区各部门的共同努力，2009年政务公开工作取得了明显成效：中央重大决策部署的实施更加公开透明，行政权力公开透明运行工作取得重要进展，《政府信息公开条例》全面施行，政务（行政）服务中心建设深入推进，政务公开工作领域进一步拓展、载体进一步丰富、制度进一步完善，在我国经济社会发展中发挥了重要作用。同时也要看到，有的部门和单位对政务公开的重要性认识不足，主动性不强；有的制度不完善，工作无章可依；有的虽有制度，但可操作性不强；有的工作不扎实不规范，重形式轻内容，重部署轻落实；有的对人民群众反映强烈的问题没有及时回应。对于这些问题，要高度重视，在今后的工作中切实加以解决。

2010年全国政务公开工作总结

2010年，党中央、国务院高度重视政务公开工作。十一届全国人大常委会第十五次会议表决通过了《行政监察法》修正案，以国家立法形式确立了政务公开工作的地位。国务院出台的《关于加强法治政府建设的意见》，对推进政务公开作出了专门部署。各地区各部门认真贯彻中央的决策部署，创新方法，完善制度，狠抓落实，努力提高政务公开社会效益，顺利完成《2010年全国政务公开工作要点》安排的各项任务，取得了新的明显成效。

一、服务大局，促进了中央重大决策部署的落实

紧紧围绕党和国家中心工作，把公开透明原则贯穿于落实中央关于宏观调控、结构调整、“三农”工作、保障和改善民生、节能减排、环境保护、规范和节约用地等政策措施全过程，政务公开服务大局的作用进一步发挥。中央治理工程建设领域突出问题工作领导小组在广东、安徽等10省（区、市）和国家发展改革委等4部门开展工程建设领域信息公开和诚信体系建设试点工作。河北省公开全省11721个新增中央投资计划项目、334.9亿元投资资金使用情况，提高了政府投资项目实施透明度。天津市及时发布就业创业扶持政策、岗位需求、技能培训、社会服务等信息，公开廉租房、经济租赁房、经济适用房和限价商品房建设和分配情况。民政部及时向社会公开应对青海玉树地震、甘肃舟曲特大山洪泥石流等重特大自然灾害受灾群众安置、生活救助、救灾资金物资下拨、捐赠款物接收等情况。环境保护部每季度在门户网站上公布对全国8000多家国家重点监控企业排污费征收情况，实现了排污费“阳光征收”。人民银行通过召开新闻通气会和在线访谈等形式，公开货币政策和金融政策执行情况。

二、推广经验，积极推进政务服务建设

全国政务公开领导小组组织召开全国深化政务公开推进政务服务建设经验交流会，总结推广了呼和浩特市等地的政务服务建设先进经验。各地区认真贯彻会议精神，以政务（行政）服务中心为主要载体，整合资源，拓宽渠道，大力提升政务服务质量，初步形成了省、市、县、乡、村五级联动的政务服务体系。据统计，天津、四川、安徽、吉林、广西、宁夏、甘肃、海南、西藏等9个省级政务（行政）服务中心2009年、2010年办件量总数分别为236万余件、249万余件，按时办结率分别达到97%、95%。副省级城市政务（行政）服务中心2009年、2010年办件量总数分别为574万余件、620万余件，按时办结率达到95%、98%以上。

政务服务行为逐步规范。各地区和有关部门加强制度建设，着力创新政务服务方式，规范政务服务行为，努力为群众提供高效便捷优质服务。四川、福建、安徽、河北、江西、海南、江苏、湖南等省印发了规范政务服务建设的意见，加强服务中心建设和管理。浙江省将省级部门937项可公开审批事项全部纳入网上办事大厅，其中803个事项已实现网上申报和网上审批，网上办结的审批业务累计达86万余件。工商总局大力加强12315中心建设，建立省、市、县工商部门及基层工商所四级申诉举报网络，进一步畅通消费者申诉举报及咨询通道。商务部制定实施《政务大厅派驻人员管理办法》，健全了大厅管理部门与相关司局的联系机制。

三、充实内容，保障了人民群众的知情权

全面贯彻《政府信息公开条例》，以涉及群众切身利益事项为重点，进一步细化和充实公开内容，主动公开信息量逐年上升，依申请公开不断规范，提高了社会满意度。在主动公开方面，充分发挥政府网站功能，加强对网站的改版升级，扩充网站容量，集中发布大量政府信息。据不完全统计，上海、黑龙江等8省（区、市）主动公开政府信息290多万条，工业和信息化部、公安部等13部门主动公开政府信息77462条，发挥了政府信息对人民群众生产生活的服务作用。在依申请公开方面，认真贯彻国务院办公厅《关于做好政府信息依申请公开工作的意见》，加强对难点工作的研究，规范工作程序，完善依申请公开制度，提高了答复质量。据不完全统计，广东、四川等9省（区、市）依申请公开48048件，卫生部、国务院国资委、民政部等14部委依申请公开9916件，大多数得到有效回复，维护了人民群众依法获取政府信息的权利。财政预算公开力度进一步加大。中央财政月度收支情况定期公开机制不断健全，预算公开范围逐步扩大，预算公开内容逐步细化，向社会公开的中央财政预算表从2009年的4张增加到2010年的12张，中央本级支出预算表以及中央对地方税收返还和转移支付预算表细化到款级科目。国土资源部、住房城乡建设部等75个中央部门公开了部门预算。18个省（区、市）向社会公开公共财政预算表和政府性基金预算表，云南、重庆等12个省（区、市）按月或季度公开预算执行情况。监察部、国家预防腐败局与香港廉政公署、澳门廉政公署联合召开“财政预算公开与防治腐败”三地研讨会，促进了财政预算公开深入开展。

四、规范程序，提高了行政权力运行透明度

决策公开稳步推进。各地区各部门结合工作实际，进一步完善公众参与、专家论证和政府决策相结合的工作机制，决策过程更加科学、公开、规范。河北省按照《行政权力公开透明运行规定》要求，全省召开“处务会”、“科务会”、“会审会”合计17738次，议定事项合计38529件。广东省出台《广东省重大行政决策专家咨询论证办法（试行）》，对行政决策专家咨询论证的范围、内容、程序、方式等予以明确。青岛市政府56个部门开展“网络在线问政”和“向市民报告、听市民意见、请市民评议”活动，群众反应热烈。

行政权力公开透明运行工作取得新进展。各地区各部门进一步清理审核行政权力，编制职权目录，公开行政权力运行流程，积极推进廉政风险防控管理，加强对权力的监督制约。福建省9个设区市依法确认行政权力50923项，绘制行政权力运行流程图16702项；县级依法确认行政权力201742项，绘制行政权力运行流程图42505项。江苏省52个省级机关部门、13个省辖市及所辖106个县（市、区）全部实现行政权力网上公开透明运行，网上办件数达到721万件。云南省各级行政机关共确定关键岗位17987个、重点环节27395个，查找风险主要表现形式42257种，制定监督防范措施55854条。青海省政府印发了《关于开展行政权力公开透明运行工作的意见》。郑州市完善行政处罚裁量制度，对45个行政执法部门的10280项处罚项目划分处罚阶次41280个。

五、强化考核，政务公开监督保障机制进一步完善

健全并落实首问负责、限时办结、考核评议、追究问责等制度，完善管理、监督、评价和责任追究机制，保障了人民群众的民主权利。湖北省从公开覆盖面、公开规范化、公开效果等方面提出明确标准，制定《政府信息公开考评细则》、《政府门户网站绩效评估细则》，连续3年对全省政务公开进行量化考评。安徽省开展“政府信息公开制度执行年”活动，完善政务公开和政务服务中心年度考评办法，健全考评指标，引入社会评价机制，通过网民、新闻媒体打分，着力解决政府信息公开“自说自话”的问题。湖南省将政务公开纳入政府绩效评估指标体系，实施全方位监督。宁夏回族自治区细化政务公开效能目标考核标准，按机构人员、制度建设、场所设施建设、主动公开情况、依申请公开情况5大项36小项逐项设定分值。海南省出台《政府信息公开工作考核办法》等5项制度，逐步完善了考评体系。

六、加强领导，工作合力进一步形成

全国政务公开领导小组各成员单位认真履行职责，密切协作配合，多次召开会议，研究解决问题。中央纪委、中央组织部印发《关于开展县委权力公开透明运行试点工作的意见》，稳步推进党务公开。国务院办公厅印发《关于做好政府信息依申请公开工作的意见》、《关于进一步做好政府信息公开保密审查工作的通知》等文件，加强对政府信息公开工作的指导。中央编办积极开展政务服务调研活动，在地方政府机构改革中不断改进政务（行政）服务中心等窗口机构的服务和管理。全国村务公开协调小组召开全国深化村务公开和民主管理“难点村”治理工作会议，继续推进“难点村”治理转化工作。财政部印发《关于进一步做好预算信息公开工作的指导意见》，推进预算公开工作。全国政务公开领导小组办公室组织开展全国政务服务建设问卷调查，起草《关于深化政务公开加强政务服务的意见》，举办首期政务公开业务培训班，对政务公开制度落实情况加强调研检查。

全国深化政务公开推进政务服务经验交流会发言材料

（2010 年 6 月 29 日）

深化行政审批制度改革　全面提升政务服务水平

天津市政务公开工作领导小组

近年来，随着党中央、国务院将滨海新区开发开放纳入国家发展战略，天津呈现了大建设、大发展、大提升的良好态势。经济社会的快速发展对政务服务建设提出了新的更高要求。市委、市政府坚持以改革创新促发展，紧紧抓住深化行政审批制度改革、提升政务服务水平这一关键，加快形成统一、协调、精简、高效、廉洁的行政管理体制，大力优化发展环境，逐步走出了一条符合中央要求、顺应改革大势、具有天津特色的政务服务建设路子，取得了实实在在的效果。

一、建立市、区（县）两级行政审批管理机构，推进政府职能转变和管理创新

2004 年，市委、市政府决定设立天津市政府行政审批管理办公室，作为市政府的派出机构，正厅级行政部门。主要职责是：负责全市行政审批制度改革；统一管理各部门的行政审批实施工作；负责行政许可服务中心的运行管理和业务指导等。各区县政府也都相继成立了行政审批管理办公室，作为同级政府的派出机构，正处级行政单位。同时，市和区（县）都建立了行政许可服务中心，作为政务服务的统一载体。市和区（县）两级纪检监察部门都向同级“中心”派驻监察室。审批管理部门和行政监察部门密切配合，齐抓共管，一体化运行。这种创新的管理体制，为有计划有步骤地深化行政审批制度改革，加强对行政审批的统一管理，有效监督行政审批权力运行，奠定了重要的组织基础。

在健全组织机构的基础上，我们下力量抓了三项基础性工作：一是健全规章制度。制定了《天津市行政审批管理规定》、《天津市设定与实施行政许可规定》、《天津市行政许可监督检查规定》等一系列规章制度，为行政审批的管理与监督提供了依法行政的有力支撑。二是清理简化审批事项。通过取消、调整和下放等方式，将市本级行政审批事项由 1033 项减少到 495 项，减少比例达 52.1%；申请材料数量由 8325 件减少到 3945 件，减少比例达 52.6%，并向区县下放了 71 项审批事项及权限。三是建立行政审批电子网络系统。2005 年即建立了全市统一的行政审批管理与效能监察电子网络系统，按照“统一网络集成、统一应用软件、统一数据交换”的思路，以市行政许可服务中心为中枢，连接了 21 个区县级中心、30 个部门业务专网，实现了政务公开、单项审批、联合审批、网上办理、效能监控、综合考评、社会服务等 13 项功能，获得 6 项国家专利和著作权，荣获“中国信息化管理创新奖”。

二、打造“四个平台”，强化政务服务职能

一是建立行政审批平台，实行“一站式”集中审批服务。66 个市级审批主体部门全部进驻“中心”，应进必进率达 100%；402 项市级审批事项进入“中心”，集中审批率达 95.3%。同时，有 6 个中央驻津部门的 32 个审批事项、13 个配套服务单位的 68 个服务事项也进入“中心”，实行“一站式”审批服务。这从根本上解决了群众和企业办事进出多门、审批权运行分散、效率低和不便于监督的问题。

二是建立要素配置平台，实行公共资源交易统一监督。依托市行政许可服务中心，建立了统一的公共资源交易平台和电子网络监督系统，将有形建筑、政府采购、药品采购三个市场整建制纳入“中心”，对产权交易、土地交易市场实行联网监督，从而使五大交易市场“管理上一个主体，运行上一个载体”，推动了公开、公平、公正交易，有效防止了对公共资源配置的违规干预和幕后交易。

三是建立社会服务平台，实行全天候便民便企公共服务。建立了“8890 家庭服务网络中心”，设有 50 个热线服务座席，服务内容达 26 个门类、350 个项目，加盟企业单位近 3 万家。开通 5 年来，累计为群众办理求助事项 690 多万件，将政府的公共服务职能体现在促进企业发展和为群众日常生活服务之中，让企业和广大群众切实感受到党和政府的支持和关心。

四是建立效能监察平台，实行审批权力运行全过程监督。市纪委监察局派驻“中心”的监察室，与“天津市行政效能投诉中心”合署办公，会同市审批办建立了“电子评议系统”和“电话回访中心”，对审批事项进行“一事一评议”、“一件一回访”，通过电子网络系统对审批办理全过程实时监控和预警纠错，实现了对行政审批权力的及时监督、跟踪监督和有效监督。

三、健全“六项机制”，着力提高行政效能，建设廉洁、透明、高效政府

一是建立政务公开机制，实现行政审批公开透明。按照“十公开”制度要求，全市所有审批服务事项都在天津市行政审批服务网上统一公开。在两级“中心”设立了政府信息公开查阅中心，申请人通过 24 小时服务热线、刷卡查询、内网触摸屏、大厅屏幕等多种方式，随时了解办理情况。2007 年，天津市行政许可服务中心被评为“全国政务公开先进单位”。

二是建立现场审批机制，实现审批程序科学规范。在两级“中心”全面推行了“一审一核、现场审批”，规范了审批程序。进驻部门主要负责人向派驻“中心”的首席代表签发行政审批授权委托书，并向社会公布。各部门首席代表和审批人员在“中心”现场完成审批，接受监督。市“中心”现场审批率达 95% 以上，有效避免了“传达室”、“收发室”现象。

三是建立限期办理机制，实现行政审批服务提速。在过去四年审批服务两次提速的基础上，2009 年审批效率整体再提速 35%，平均办结时限由 10.6 天缩减到 4.6 天。同时，推出了 155 项“立等可取”的审批事项，做到当场受理、当场审批、当场办结，占行政审批事项总数的 38.6%。

四是建立网上办理机制，实现行政审批方便快捷。在天津市行政审批服务网上开发了电子信息交换平台，利用互联网实现了网上申报、网上一次性告知、网上补正、网上审核、网上通知申请人办理结果等功能。市“中心”网上申报办理事项达231项，占行政审批事项总数的57.5%，年均办件量达4.6万件。

五是建立联合审批机制，实现审批部门协调联动。从2008年起，我市开始实施投资项目、企业设立和行业管理三类联合审批机制。投资项目联合审批，实行一窗接件、审批时间与自然时间双限时，使项目审批从立项到开工，累计审批工作日缩减到31天以内。一个新设立企业的全程办理时间，由90天缩减到5个工作日以内。

六是建立行政问责机制，实现对行政审批的有效监督。制定了《天津市行政许可违法责任追究暂行办法》，审批管理和行政监察两部门形成合力，通过电子网络、视频监控、现场巡查、投诉举报等多种方式，实行动态监督。联合开展了规范化建设和标准化服务工作，分别制定了18项具体规范标准，实行了行政效能综合考评，考评成绩在年终评比中占50%的权重。

几年来，通过推进行政审批制度改革，提升政务服务水平，实现了审批权力运行的程序化和公开透明，提高了行政效能，有力地促进了全市经济社会快速发展。2009年，在全球金融危机的严峻形势下，全市生产总值比上年增长16.5%；财政收入增长21.19%；全社会固定资产投资5006亿元，增长47.19%。

着力构建政务服务体系
不断推进政务服务标准化

四川省人民政府

近年来，我省紧紧围绕加快建设西部经济发展高地和加快建设灾后美好新家园，以机关行政效能建设为抓手，以深化政务公开促进政务服务，以标准化为方向提升政务服务，大力构建全省政务服务体系，全省政务服务逐步走上了制度化、规范化的轨道，有力促进了全省经济社会发展和灾区恢复重建。

一、深化行政审批制度改革，促进行政权力运行透明化

加强政务服务建设，关键在于改革行政审批制度，真正变审批为服务，让审批权力在阳光下规范运行。按照省委、省政府要求，我们着重抓了三个方面的工作。一是精简审批事项。对省政府出台的规范性文件进行集中清理，废止失效“红头文件”10.5万多件，并依法界定行政审批权力依据。省本级行政审批事项由1122项减少为486项，市（州）保留行政审批事项233项。二是优化审批流程。对必须保留的行政审批项目，实施流程再造，推进并联审批，全面推行审批依据、程序、条件、材料、时限、收费依据、收费标准及投诉联系方式等“八公开”。在全省统一推广使用行政审批通用软件，推行网上咨询、预审及审批。成都市武侯区成立全国首家行政审批局，实行审管分离，既方便了群众办事，又提高了审批效率。三是加强电子监察。认真落实首问负责、限时办结、责任追究“三项制度”。在全省建立并启动行政审批电子监察系统，审批各环节、各岗位确定责任人和办理时限，实现在网上直接生成问责。2009年全省受理行政审批事项及公共服务事项1588.3万件，办结1587.7万件，按时办结率达99.99%，现场办结率达到99.5%，群众评议满意率99.95%。

二、办好政务服务中心，推进公共服务标准化

省委、省政府高度重视政务服务中心建设，2001年我省即在全国率先建成省级政府政务服务中心。近两年，我们把政务服务中心作为政务公开的重要窗口，制发了《四川省政务服务中心标准化建设实施方案》，以政务服务中心的标准化建设、规范化服务，推动行政管理和公共服务标准化、规范化。一是抓硬件规范。在总结全国政务服务中心经验并借鉴国外管理办法的基础上，构建我省政务服务中心标准化体系，着力实现省市县三级政务服务中心在审批项目、审批流程、办事制度、服务类型和模式、服务设施等五个方面的标准化。目前，全省各级政务服务中心的名称、机构性质和职能职责已全部实现统一，各级政务服务中心、便民服务中心的标识、标牌和政务大厅内部柜台设置等已基本统一。此外，我们还编发了市（州）、县（市、区）行政审批通用目录，开通了“96196”政务服务热线。二是抓功能强化。除涉密及经省政府批准不进入的事项外，省级466项、市级233项行政审批事项和省级120项公共服务事项已经入驻政务服务中心办理。通过制发《四川省行政审批授权书》，行政部门向政务服务中心窗口充分授权到位，以窗口为主导的行政审批运行新机制基本形成。依托政务服务中心推进投资项目并联审批，办理提速达83.68%。2009年全省政务服务中心投资项目并联审批窗口共办理9301个投资项目的相关事项，涉及投资金额7314亿元。同时，市场准入并联审批也正在稳步推进。三是抓体系完善。全省53.3%的乡镇（街道）建立便民服务中心2524个，42.7%的村（社区）建成便民服务代办点2.2万多个。便民服务中心和便民服务代办点积极开展全程代办、绿色通道、上门办理和送政务服务下乡等各项服务，推进了政务服务向基层延伸，极大地方便了群众办事。

三、满足社会公众需求，推进政府信息公开规范化

在政务服务建设中，我们深入贯彻执行《政府信息公开条例》，先后制定《四川省政务公开规定》、《四川省贯彻〈中华人民共和国政府信息公开条例〉实施办法（试行）》等制度规范，编制《四川省政府信息公开分类规范表》，开发全省通用的“四川省政府信息公开网上填报系统”，依法、主动、及时、标准化地公开各类政府信息，受理依申请公开。一是主动增加公开数量。围绕公开重点，及时发布了大量社会保障、房屋拆迁、土地征用、移民安置、重大民生工程等方面信息，仅2009年全省各级政府就针对灾后恢复重建、扩内需保增长、民生工程等重点、热点、难点事项发布信息276多万条，提高了政府工作透明度。二是不断丰富公开载体。我们通过拓展政府网站功能、组织新闻发布会、用好政务服务中心平台、办好“阳光政务”热线和《政府公报》等，进一步拓展了政务公开的广度和深度。2009年，全省各级政府共召开各类新闻发布会1393次，其中省政府召开70次；各级政府网站政府信息公开栏公开政府信息55.2万条；向社会免费赠阅省政府公报55.6万份。去年省政府网站在全国政府网站绩效综合评估中排名第五，在政府信息公开和工程建设领域两个专项评估中全国排名第一。三是引导带动办事公开。我们积极拓展办事公开领域，出台了《四川省公共企事业单位办事公开实施办法（试行）》，并不断将教育、医疗、供水、供电、供气、电信、公交、出租车等公共行业的服务指南、管理标准、办事程序和收费清单等纳入公开范围。

四、试行部门绩效公众评价办法，促进政府绩效管理科学化

政务服务要让社会满意、公众满意，必须接受社会公众评价。去年以来，根据党中央、国务院《关于深化行政管理体制改革的意见》的精神，我省借鉴和引入国内外政府绩效管理的先进理念，改革优化原有目标管理制度，制定《四川省人民政府部门绩效管理办法（试行）》，在省政府部门率先试行绩效管理。一是科学设定考评指标。我们充分考虑省级政府部门的层级特点，将提高行政效能、转变机关作风、控制行政成本和服务基层、服务群众的意识、能力及接受监督等纳入考评，设置了职能职责、行政效能、服务质量和自身建设等4个一级指标和职责任务、依法行政、政令畅通、效能建设、成本效益、应急管理、服务群众等12个二级指标，并在一、二级指标的基础上，结合部门实际和年度任务量身定制年度绩效管理三级指标，真正体现了政府部门对人民、对社会的责任导向，实现了政府部门管理考核方式的重大突破。二是积极引入社会公众评价。我们按照部门工作职责，将被评价部门分为经济建设、社会事业、管理服务3类，在人大代表、政协委员、专家学者和被评价单位全部服务对象中，每类选取不低于300人的服务对象，采取信函和计算机辅助电话调查系统等方式对部门的服务意识、服务能力、服务效率和服务成效进行评价。此外，我们还组织对重要专项工作、民生工程等完成情况进行满意度测评。去年对省政府56个部门开展绩效考评，取得了良好的社会效果。

整合资源　深化改革
构筑高效便民的政务服务体系

江西省推行政务公开工作领导小组

近年来，我省按照党中央、国务院关于深化行政管理体制改革、建设服务型政府的要求，把推动政务服务体系建设作为加强政府机关自身建设、提高公共服务水平、创建最优发展环境的一项重要举措来抓，注重整合资源，不断深化改革，初步构筑起高效便民的政务服务体系。

一、政务服务体系的主要内容

政务服务体系主要涵盖五大政务服务平台。一是行政审批综合服务平台。全省所有市、县、乡都建立了行政服务中心，省直部门都设立了审批大厅或窗口，85%的行政村设立了便民服务代办点，在省、市、县、乡、村五级实现了政务服务便民网络的全覆盖。二是公共资源阳光交易平台。全省所有市、县都建立了公共资源交易中心，省属公共资源交易项目全部进入江西省南昌公共资源交易中心或项目所在地的公共资源交易中心进行交易，98%的乡镇建立了公共资源交易站。三是政府信息统一公开平台。建设了省、市两级政府信息统一公开平台，各级政府及其部门在统一公开平台上及时发布信息，为群众提供“一站式”、全方位的政府信息公开服务。四是电子政务统一监察平台。去年，我们成立了江西省人民政府电子政务监察中心，依托江西政务信息网对全省各级行政服务中心工作人员工作作风、服务态度、在岗在位和办事效率等进行实时视频监察，对各级政府组成部门的网上行政行为进行实时、同步、全程的电子监察。五是效能投诉统一受理平台。省市县都成立了行政效能投诉中心，通过进驻行政服务中心、设立环境监测点等形式，统一受理企业、群众对政务服务行为的投诉。

二、建立健全政务服务体系的主要做法

（一）*以整合资源为基础，避免政务服务建设资源浪费*。一是整合政务服务场所和场地。省公共资源交易中心没有单独建设，而是充分利用各地现有的行政服务中心场所。在乡镇便民服务中心的建设过程中，注重合理调配现有办公设施和便民服务设施，对确需新建的，按照经济适用、满足基本功能的原则进行建设。二是整合全省信息网络资源。省政府成立以省长为组长的整合全省信息网络资源、建设统一高效电子政务和电子监察系统领导小组，拟用 2 至 3 年时间，建立一个横向集成、纵向延伸、统一高效的电子政务平台，实现政务网络互联互通、应用信息交换共享、部门业务联合协同、运行过程全程监察。三是整合建设资金。按照资金下达渠道不变、政府统一规划的模式，将全省电子政务建设资金统筹安排，用于整合全省信息网络资源、建设统一高效电子政务和电子监察系统；将中央和省下达的各类乡镇事业站所建设资金集中用于乡镇便民服务中心建设。

（二）*以深化改革为动力，严格规范政务服务行为*。一是深化行政审批制度改革。目前，省级行政许可项目仅保留 330 项，211 项行政许可项目下放、委托给市县人民政府实施，市县也将一些审批项目下放到乡镇。二是深化公共资源交易体制改革。以搭建省市县乡四级公共资源交易中心为切入点，将全省各级公共资源交易项目全部纳入中心统一交易，包括将探矿权、采矿权、采砂权以及村委会投资 2000 元以上的小工程项目都纳入中心交易，较好解决了以往公共资源交易过程中存在的“暗箱操作”、逃避监管等问题。三是全面规范行政执法行为。逐项细化了行政处罚自由裁量权，全面规范行政执法项目、程序、收费等，并向社会公开。为从根本上解决行政乱收乱罚问题，我省今年在所有县市区执收执罚部门全面实施收支完全脱钩改革。

（三）*以“五个统一”为手段，构建网上政务服务平台*。“统一规划”。本世纪初，根据国家电子政务建设总体要求，结合江西实际，高起点编制了全省电子政务发展战略规划，明确了电子政务纵向广域网络的统一建设目标。“统一网络”。2004 年建立了纵向覆盖省、市、县三级、横向覆盖党、政、军、人大、政协、群团的江西政务信息网。依托这一网络平台，全省开发部署了各类应用系统 852 个。“统一软件”。应用软件均由省直部门统一开发部署，供省、市、县三级人民政府及其部门使用，实现了上下纵向业务沟通、左右横向业务协同。“统一监察”。通过全省统一的电子监察平台和电子监察软件，对政务服务行为进行集中统一的监督。“统一运维”。依托各级政府信息中心对电子政务网络和应用系统进行运行维护，解决了软件公司人员流动性大、系统运行维护难的问题。

（四）*以制度建设为重点，大力提升政务服务水平*。一是规范管理。先后制定了《江西省行政服务中心暂行管理办法》、《江西省政府信息公开平台管理办法》、《关于进一步加强公共资源交易中心建设的意见》、《江西省行政投诉中心管理暂行办法》等规范性文件，全面推行了首问负责、限时办结、责任追究、岗位责任、一次性告知、超时默认等制度。二是强化考核。省委、省政府连续几年将行政服务中心、公共资源交易中心建设等纳入全省“机关效能年”重点考评内容，并建立了一套考核办法，予以推动。全省纪检监察机关将政务服务体系建设纳入“廉政阳光工程”大力推进。三是推进标准化建设。全面推行“有事请找我，我为你服务”的标准化服务理念，将联系卡广泛发放到服务对象手中，群众一个电话就能预约办事；同时实行办事程序标准化，规范了申请、受理、审查、决定等各环节流程。

三、政务服务体系建设取得的主要成效

一是节省了大量投资。2004 年建设的江西政务信息网只投入 1.5 亿元，如果分散建设，将高达 20 多亿元。目前正在建设部署的全省网上审批和电子监察系统，软件开发费仅 700 万元。过去乡镇基层站所独立建办公楼的现象比较普遍，每新建一个站所，乡镇要投入 20 至 50 万元，而且建设用地全部由乡镇无偿提供，不仅增加乡镇负担，而且造成了资源浪费。将这些资金统筹使用，统一建设乡镇便民服务中心，集中为群众提供服务，大大节约了投资。

二是深化了政务公开。《政府信息公开条例》颁布以来，截至目前，全省各级政府部门通过政府信息统一公开平台累计主动公开信息 145 万多条，依申请公开信息全部按要求及时进行了答复。

三是推进了服务型政府的建设。五大政务服务平台，改变了传统行政管理方式，改革了政府工作程序，提高了机关效能，优化了政务环境。如全省重大产业项目绿色通道的建设，使项目审批从咨询认定到施工许可的时间，从 170 个工作日缩减到了 38 个工作日。

四是方便了群众的生产生活。老百姓把行政服务中心亲切地称作“政务超市”，办起事来就像在超市购物一样方便。如，过去农民群众办婚姻证和生育证必须到县级民政部门才能办理，去年省民政厅将婚姻登记业务直接下放至乡镇办理，办证费用只需 10 多元，且半小时内即可办结。

大力推进政务服务体系建设
全面提升首府公共服务水平

中共呼和浩特市委员会　呼和浩特市人民政府

近年来，我市按照建设服务型政府的要求，大力推进政务服务体系建设，取得初步成效。2009 年 8 月，中共中央政治局常委、国家副主席习近平在内蒙古考察期间，到我市政务服务中心和社区服务站视察，对政务服务体系建设给予充分肯定。

一、主要做法

（一）以“不管、少管、严管”为基本思路，大胆改革行政管理体制。“不管”，就是大幅度精简审批事项，切实解决政府管得过多、管得不好的问题。按照可批可不批的事项坚决不批、没有依据的审批坚决取消的原则，将市级部门审批事项由过去的 708 项减少到 235 项，减幅达 66.8%。同时取消和停止征收 108 项行政事业性收费项目。“少管”，就是大力简政放权，推进政府公共服务职能下沉。凡是能在区级办的事就不在市级办，能在社区办的事就不在区级办，尽可能方便群众就近办事。市区两级共下放审批服务事项 107 项。“严管”，就是将保留的审批事项100%集中到市政务服务中心办理，严格加以管理。按照“集中审批职能、集中审批事项、集中审批人员”的要求，在具有审批职能的市级部门设立“审批办”，将过去由不同领导分管、不同科室承担的审批职能，统一调整到“审批办”集中办理。目前全市45个职能部门审批办、233名审批工作人员整建制进驻市政务服务中心开展审批业务。同时，对公共资源交易实施严格管理。在全市成立了由市长牵头的公共资源交易管理委员会，在市政务服务中心建立统一的公共资源交易平台，对交易活动集中进行监管，实现了承办、管理、监督相互分开，促进了公共资源交易规范运行。

（二）以“公开、统一、监督”为具体措施，科学规范权力运行机制。“公开”，就是全面加大对政府信息特别是政府决策、财政预算、民生资金、专项资金、非税收入、政府投资项目和重大建设项目等群众关注信息的公开力度，通过政府门户网站、政务服务中心网站等渠道全面及时公开。政府和每个部门都定期举行新闻发布会，发布群众关注的信息。在市档案馆和市政务服务中心设立市级政府信息公开查阅室，在市级部门设立政府信息依申请公开查询室，在社区公共服务站设立便民查询点，为群众查询政府信息提供方便。每个政务服务大厅都配备触摸查询机和服务指南手册，方便群众了解各类审批事项的设立依据、办理流程、所需要件、办结时间和收费标准。“统一”，就是在政务服务中心实行统一审批流程、统一审批公章、统一人员管理的“三统一”管理模式。为最大限度简化办事程序，缩短办事时限，将原来上百种办事程序简化为7种规范流程，明确每个流程的时限、责任，并固化到行政审批平台，审批时限平均缩短64.2%。规定各部门办理审批统一使用“审批专用章”，并在审批系统中使用统一的电子审批专用章，保证审批工作按固化的流程规范运行。对进驻市政务服务中心的各部门审批工作人员统一进行培训、统一日常管理、统一着装上岗、统一实施考评。“监督”，就是对所有审批服务活动实施全覆盖、全过程监督。市纪委监察局每周安排一名班子成员在市政务服务中心值班，市政府行政效能投诉中心整建制进驻，通过行政效能电子监察系统和效能视频监控系统，对行政审批实施全程监督。市政务服务中心与市属审批部门的网络实现100%联网，对5个专业服务大厅、各区市民服务中心和193个社区服务站实现100%视频监控。

（三）以“市级、区级、社区”平台为重要支撑，协调推进政务服务体系建设。在市级，按照“依法、公开、便民、高效”的理念，加强政务服务中心建设。以推行集中审批服务为核心，重点办理涉及企业和社会法人的企业设立、固定资产投资、城市建设、社会事业发展等行政许可、非行政许可审批和行政服务事项。同时办理需市级统管的涉及个人的诸如出入境管理、车辆和驾驶员管理、房地产管理等有关审批服务业务。在区级，按照“政务公开、政社合作、政民互动”的理念，加强市民服务中心建设。市民服务中心除集中办理区级政府权限内审批服务事项外，主要是为市民提供社保、低保、计生、户籍、婚姻登记、劳动仲裁等行政服务；引进各类社会组织、群众团体、经济组织，根据市民需求提供就业培训、创业指导、文化交流等社会化服务；设立政府与市民沟通互动的服务热线，受理和协调解决市民投诉和反映。在社区，按照“政府推动、逐步自治”和“功能整合、职能下沉”的理念，加强社区建设。以3000户为标准，将市区内416个居委会整合为193个社区，并且全部设立“一站式”服务大厅。通过全面整合各部门在社区自建的工作平台，把政府的社会管理和便民服务职能直接下沉到社区，将民政、计生、劳动、社保、公安等部门的89个事项统一纳入社区公共服务站集中实行一站式服务，同时为辖区居民提供政府信息查询、图书阅览、健身娱乐、残疾康复、治安防范、卫生管理等便民服务。

二、保障措施

（一）领导保障。市委、市政府对改革行政管理体制、建立政务服务体系高度重视，建立专门领导体制和工作机制，强力推进。市纪检监察机关将推进政务服务体系建设作为从源头上预防和治理腐败的重点工作，全程参与监督；组织部门将各职能部门集中审批服务工作开展情况纳入领导班子年度实绩考核；宣传部门组织各级新闻媒体予以大力宣传；人大和政协组织代表、委员对政务服务工作进行考察，形成了推动工作的浓厚氛围和强大合力。

（二）理念保障。一是坚定“审批环境是发展环境”的理念，强调首府资源就是最大的发展资源，政务环境就是发展的“第一环境”，大胆改革政务服务管理体制和运行机制，提升首府公共服务的领先水平。二是坚定“以人为本、市民是城市主人”的理念，在市四区打造现代化的市民服务中心，充分调动市民和社会组织参与城市建设管理的积极性。三是坚定“加强基层建设就是维护政权稳定”的理念，采取政府推动、逐步自治的方式，强化社区居委会和村委会建设，保持党在基层的影响力和权威性。

（三）体制保障。我们从调整部门内设机构职能入手，改革审批管理体制，推行集中审批服务，建立和完善“一个窗口受理、一个科室审核、一个机构审批、一个公章办结”的运行管理机制，改变了过去服务大厅仅是“收发室”的状况。同时，将政务服务中心确定为政府工作部门，所需经费全部列入财政预算予以保障。

（四）人才保障。为确保政务服务体系建设顺利推进，我们充实了政务服务中心领导班子，增加机构、编制和职数。同时，专门给市四区市民服务中心增加编制，并决定招考1000名全日制本科以上大学生充实到社区，在内蒙古大学建立“社区工作者培训基地”，定期培训社区干部。

（五）技术保障。为实现三级政务服务体系信息网络平台对接和信息共享，我们将政务服务体系建设与电子政务建设有机结合，在市区两级建立了行政审批办公管理系统、行政效能电子监察系统、视频监控系统、信息考核反馈系统，完善了网上申报、网上流转、远程审批功能。同时，通过加强社区“一网”（“和谐呼和浩特网”）、“两库”（人口数据库、社保低保数据库）、“两中心”（便民服务呼叫中心、数据存储交换中心）建设，实现了三级政务服务体系的全部联网，形成了“协同审批、三级联动、立体服务、全程监督”的运行和管理模式。

三、初步成效

一是促进了经济发展。实践证明，政府“不管”、“少管”以后，市场不仅没有乱，反而在经济社会发展方面取得了较好成就。去年我市地区生产总值增速达到15.9%，地方财政收入增长26.8%。二是提高了群众满意度。群众到政府部门办事由过去“办一事进百门”变为“办百事进一门”，群众享受到了便捷高效的服务。2009年，市政务服务中心受理审批服务事项540611件，办结537300件，办结率99.39%。三是推动了政府职能转变。实行集中审批服务，把部门科室职能转变为加强业务指导、市场监督、政策研究和协调服务，改善了过去重权力、轻服务，重审批、轻监管的状况，有效解决了职能交叉、办事推诿扯皮等问题。四是从源头上预防了腐败。全面推行政务公开和集中审批，实现了审批服务公开透明、阳光运行，从源头上预防了腐败。五是促进了民族地区和谐稳定。建设三级服务体系，使不同层面的需求在相应层级的公共服务中得到解决。特别是通过加强社区建设，群众的利益诉求在基层得到表达，服务需求在基层得到满足，矛盾纠纷在基层得到化解，有效促进了民族地区的和谐稳定。

创新思路　创优载体
努力打造便民服务新平台

江苏省苏州市

近年来，作为全国政务公开的联系点和示范点，我市不断创新思路、创优载体，深入推进政务服务建设工作，使政务服务更加便捷高效，群众满意度不断增加，政府公信力不断提高，营造了公开透明、和谐高效的政务环境，促进了全市经济社会又好又快的发展。2009 年，全市实现地区生产总值 7740 亿元，同比增长 11.5%；地方一般预算收入 745.2 亿元，同比增长 11.4%；城镇居民人均可支配收入 26320 元，农村居民人均纯收入 12987 元，均增长 10% 以上。

一、创新思路，建设“24 小时不下班的政府”

多年来，围绕深化政务公开，推进政务服务，我市做了许多探索，取得了较好的成效。一是更新理念，推进政务服务建设。我市充分利用现代信息技术，在中国苏州政府门户网站上开设政务服务专栏，公开政务事务信息；建立行政审批中心、现行文件网上查阅中心及基层便民服务网络，方便市民获取政务服务；建设全市行政权力网上公开透明运行系统和电子监察系统等政务服务新载体，使政务服务更加规范高效。二是开通便民服务热线，打造政务服务新品牌。自 2005 年 4 月起，我市将“市长热线 12345”打造成“便民服务热线”，整合全市公共服务资源，构建了集政策咨询、服务指南、信息查询、业务办理、投诉建议等为一体的综合性服务平台。“12345”为市民提供 365 天 24 小时不间断的公共服务，得到社会各界的广泛认可，被人民群众誉为政府和市民之间的“连心线”。三是建设政务信息库，推出“听得见”的政务服务。按照“寓公开于服务之中”的工作思路，我市以“12345”热线为载体，配套建设了政务信息库。信息范围涵盖住建、规划、市容市政、环保、民政等政府职能部门，以及与群众生活密切相关的水、电、气、邮政、通信、广电等公共服务单位，信息内容主要包括部门职能、政策依据、政务咨询、办事程序、服务承诺、常见问题、便民信息等七大类。群众只要拨打“12345”，就可以轻松及时地了解政务信息，获得政务服务，老百姓亲切地称之为“听得见”的政府服务。

二、创优载体，高标准构建电子政务服务新平台

我市依托先进的信息技术手段和有效的运行方式，把便民服务热线建设成为开放性、集成性、系统性的电子政务服务综合平台，使政务服务更加优质，群众办事更加便捷。

一是多渠道选择、三级平台联网。为了最大限度地方便群众，“12345”热线提供了多种交互方式，市民可以根据自己的喜好，任意选择语音、传真、网站、电子信箱等多种接入方式，实现信息的及时沟通和反馈。从“12345”热线开通起，我市各主要职能部门、公共服务单位，以及各市

(县)、区就逐步与“12345”热线实行了电脑联网，通过互联网实现网上办公、信息共享、内部联动，形成了横向贯穿城市管理与公共服务各职能部门，纵向延伸至各街道乡镇的服务网络。通过这个网络，苏州实现了政务服务沟通无障碍，收到了受理好、交办快、处办优、效率高的良好效果。

二是集中受理、分散处理。“12345”热线作为统一的对外服务平台，由经过专业训练、业务素质高的坐席人员集中受理市民群众的各类诉求，并按“谁主管谁负责”的原则，将群众反映的问题通过电子网络平台即时、直接转交给各级相关职能部门，限期办理答复，使市民群众反映的问题都能快速得到处理。市民只要拨打“12345”，剩下的事就由便民热线牵头完成，有效地解决了以往人们不知道向哪个部门求助的问题。

三是分类办理、限时反馈。“12345”热线将市民需求分为咨询、服务求助、报抢修、投诉、举报、建议等类型，对于不同的受理类型，通过计算机设置了相应的处理流程，确保服务规范。对于咨询类的需求，一般由热线直接答复；对于其他类型的需求，由热线接入受理，交部门处办；部门将处办过程和结果及时反馈，再由热线回复回访市民，真正做到“件件有落实、事事有回音”。此外，还根据不同部门的不同受理类型，分别设定要求反馈时间。对于抢修、咨询类需求，一般要求 24 小时内给予答复；对于报修、服务求助类需求，一般要求 2 ~ 4 天回复；对于投诉、举报、建议类需求，一般要求 3 ~ 7 天给予答复，以确保处办及时、高效。

四是全网运行、全程监察。“12345”热线的运作始终坚持透明公开。从受理开始录音，到处办过程中记录，电脑自动详细地记下每一环节，全程跟踪服务情况，监控服务质量。2008 年开始，我市将便民服务工作情况纳入到监察部与联合国开发计划署研发的“苏州市行政权力电子综合监察系统”中，接受监察机关的实时监督。为及时发现办事程序、办事效率中的异常和违规事项，我们在“12345”工作的各环节设置了 3 大类 11 个监察点进行全程监控，所有产生的监察信息，都实时传输给市级监察平台，一旦发现违规、异常，马上作出相应处置，切实做到“可查可控、预警纠错”。“阳光透明”的运行模式让“便民服务”驶上了“快车道”，不仅超时办结情况大大减少，而且推诿扯皮现象也基本杜绝，服务质量和服务效能得到显著提升。

三、注重实效，把群众满意作为最高追求

便民服务平台的建设运行，成为服务型政府建设的有效抓手，提高了效能，赢得了民心，取得了阶段性成效。

一是“政府就是服务”的理念深入人心。便民服务中心以信息技术为支撑，基本实现“一个号码对外，一条热线全管”，使“政府就是服务，公务员就是服务员”的理念深入人心。这种模式告别了过去分散被动、各自为政的局面，强化了政府公共服务的职能，初步建立了符合苏州实际的“维护群众权益机制”，提升了政府的形象和公信力。

二是政府公共服务的整体优势得以发挥。通过“12345”这一根“线”，我市将面广量大、散落于各处的政府公共服务工作“串”在了一起，形成一个有机整体。经过几年来的运行，“12345”不但成为政府与百姓间的“连心线”，还逐渐具有协调、监督、考核、预警、非紧急救助等功能，有效增强了政务服务的系统性和整体性。

三是惠民利民成效充分显现。通过“12345”热线，市民的困难和问题能得到及时解决，意见和想法能得到及时回应，不满和焦虑也能得到及时舒解；百姓寻求帮助也好，提意见建议也好，既不受时间、地域、身份、地位的约束，也不用直接与部

门打交道，来回奔波，可以轻松享受到政务服务带来的便利和实惠。“12345”热线自开通以来，已累计接处市民电话108万件次，办结率和满意率均达99%以上，被市民亲切地称为“为人民服务最动听的音符”。

深度整合行政服务资源 全力打造职能“五合一”的综合服务平台

大连市人民政府

近年来，振兴东北老工业基地和辽宁沿海经济带开发建设等国家战略对大连市的政府服务提出了新的更高的要求。为有效发挥政府管理与服务职能，大连市委、市政府始终抓住体制机制创新这个关键环节，按照国家和省的工作部署，在实践探索中“向整合要效能”，打造了职能“五合一”的综合政务服务平台，推进了政务服务水平全面提升。

一、深度整合行政服务资源，四年实现“五合一”

我市行政服务资源整合的路径是：系统规划、全域推进，并把党和国家的最新要求始终贯穿于职能整合之中。探索实践起步于我市2007年开展的“行政效能建设年”活动，恰逢2008年11月南京政务公开会议上何勇书记要求：“要通过拓展服务领域、优化工作流程、改善软硬件环境，将行政服务中心（大厅）建设成为集政务公开、行政审批、电子政务、信息发布、行政投诉受理为一体的综合服务平台，进一步提高行政服务水平。”我市的整合思路与国家要求高度契合，进一步增强了市政府的信心和决心，加速了职能“五合一”的进程。

2007年，整合6个市级行政投诉机构，成立市政府行政投诉中心，与市政府行政服务中心合署办公。2008年，将行政审批、政务公开及政府信息公开、软环境建设、行政投诉办理各职能整合于市政府行政服务中心，并在中心办事大厅新建了市政府采购服务中心、政府信息查阅中心。2009年，将全市政府系统电子政务建设和网站管理职能整合到行政服务中心。2010年，将涉及软环境建设、政务公开、行政审批制度改革、电子政务工作的四个市级议事协调机构整合，成立市政府服务型政府建设工作领导小组，办公室设在市政府行政服务中心。目前，市政府行政服务中心在体制上为市政府派出机构、由市政府办公厅代管，副局级建制，下设6个政务处室和1个处级事业单位，中心已建设成为集政务公开、行政审批、电子政务、信息发布、行政投诉办理和政府采购服务于一体的综合服务平台，并在全市服务型政府建设中发挥主导作用。

在市本级全面整合政务服务职能的同时，我市全域推进职能“五合一”模式。截至目前，全市14个区市县、先导区行政服务中心已有1/2实施了行政服务资源整合，均搭建了与市政府行政服务中心模式、功能相统一的综合服务平台；全市42个政府部门中已有1/2实现了相关政务服务工作由一个领导分管、相关职能捆绑开展工作。

二、系统设计职能运行机制，优势互补增合力

我市对职能“五合一”模式的内在机理和运行机制进行了系统设计，使五项职能优势互补，实现服务潜能充分释放，“1+1>2”的综合服务效应逐步放大。

首先，建立“五合一”模式内部协调及全面考核机制。政务公开是“五合一”模式的统领，在五项职能中起牵头、抓总和主导作用；行政审批是“五合一”模式的关键环节，成为推进行政权力公开运行的重要载体和应用电子政务技术的“责任田”，是行政投诉工作监督的主要对象之一；电子政务是“五合一”模式的技术保障，是服务型政府建设各项工作的“加速器”，为政务服务方式和手段创新提供强有力的技术支持；信息发布是“五合一”模式的推动力，成为政府工作的“显示器”，为群众监督政府提供了方便；行政投诉办理是“五合一”模式的监督保障，全方位、不间断的投诉受理办理机制，搭建了政民互动的桥梁。市政府对五项工作统一部署、统一指导、统一督查、统一考核，每一项工作的考核都可以在全市服务型政府建设工作评优评先中行使“一票否决”权，为政务服务综合效应的发挥提供了机制保障。

其次，在“五合一”模式中全面导入ISO 9000质量管理体系。职能“五合一”过程中，恰逢市政府在全市42个政府部门全面导入ISO9000质量管理体系，为各级行政服务中心创新管理机制、规范政务服务营造了有利环境。服务中心通过导入ISO9000质量管理体系，使得五项职能形成了质量目标一致、职责分工合理、运转协调顺畅的有机系统。全市四级行政服务体系的各项管理与服务工作都纳入了流程控制中，相关资源得到了科学合理的分配和利用，提升了政务服务队伍的素质和能力，助推了政务服务的科学化、规范化、制度化。例如，我们在推进网上审批过程中，全面系统优化审批流程并向社会公开，充分体现了政务公开和政府信息公开的要求；在具体审批流程的关键环节中都嵌入了电子监察系统，充分体现出行政审批与电子政务、行政监督的有机结合。

三、充分发挥整合集聚效应，政务服务上台阶

基于“五合一”模式的相关工作职能相互借力发力，政务服务效能与整合前相比有明显提升。

政务公开的电子技术手段越来越多，大连市政府信息公开网实现了政府信息“一网式”公开，较早受到了国办政府信息公开工作主管部门的关注和肯定。行政审批的速度越来越快，如2009年，全市有80多个重大项目通过“审批绿色通道”加快了落户进程，仅用1个工作日就为渣打银行办完所有落户审批手续，创造了审批服务新纪录；100%的市本级行政审批事项网上审批和全程电子监察将于今年年底完成。电子政务工作的便企利民项目越来越全，门户网站、政务内网和外网建设走在全国前列，网上办事和服务项目已达7000余项，且呈现逐年快速递增态势。信息发布的载体不断丰富，实效性越来越高，切实维护了人民群众的权益；行政投诉办理体制机制越来越顺，群众对行政投诉工作的满意率始终保持在96%以上。

2009年，群众对政府部门和公务员的投诉同比下降13%；设在各类企业的100个行政效能监测点对政务服务的满意率达95%以上；经社会公开评议，群众对政务服务的满意率达到96.2%。

职能“五合一”模式得到国家和省里的充分肯定。2008年，中央电视台新闻联播专题推广了大连“一站式”服务工作。2009年，大连市电子政务外网统一平台示范工程被国家发展改革委列入高技术产业发展项目计划并给予资金支持。2010年，市政府行政服务中心被评为全省文明单位，获得“辽宁五一奖状”。

务实创新　便民利民
努力打造廉洁高效的政务超市

河南省登封市

近年来，我市在河南省委、省政府和郑州市委、市政府的领导下，紧紧围绕打造“资金流向洼地、产业聚集高地、社会消费热地”的目标，牢固树立“人人都是发展环境、事事关系发展环境、处处改善发展环境”的理念，坚持以行政服务中心为平台，以政务公开为抓手，提高服务效能，打造出了具有登封特色的“政务超市”，为全市经济社会又好又快发展营造了良好的政务环境。2009 年，全市生产总值完成 264.2 亿元，同比增长 12%；地方财政收入完成 17.8 亿元，连续五年位居全省第 2 位；在第九届全国县域经济基本竞争力评价中位居第 65 位。

我市行政服务中心成立于 2004 年 5 月，集行政审批、便民服务、行政收费、政务公开、效能监察于一体，进驻职能委局 36 家（其中 7 个单位为综合窗口单位），进驻的行政审批服务事项 294 项。运行至今，累计受理 72.3 万件，办结 72 万件，办结率 99.6%。中心优质高效的服务赢得了基层群众和中外客商的广泛好评，先后获得“全国政务公开示范点”、“全国政务公开先进单位”、“河南省优化经济发展环境先进单位”等荣誉称号。

一、“凡批必进”抓进驻，推行政务服务“阳光作业”

以“减少审批环节，提高办事效率，优化发展环境，源头防止腐败”为原则，以“凡批必进，应进必进”为总目标，以“人员到位，授权到位，办公设备到位，业务移交到位，办事程序规范到位”为总要求，狠抓事项的进驻工作，推行一站式阳光作业。首批进驻委局 33 个，进驻事项 384 项，启用行政审批专用章 34 枚。同时，市国库支付和会计核算中心、政府采购办、国税局、地税局办税服务大厅及商务中心、工商银行等机构也一并进入行政服务中心办公。中心的建成投入使用，简化了办事程序，提高了办事效率，提升了服务质量，促使政府各职能部门依法行政、社会管理和公共服务水平迈上新的台阶。

二、充分授权求实效，创新政务服务运作模式

2005 年，我市在全省率先推行市直职能委局内设机构改革，设立行政服务科，将原来分散在不同科室、由多名领导分管的行政审批服务事项集中到行政服务科，整建制移入中心办公，并出具授权委托书，使其真正有职、有权、有责，直接为群众办事。同时，设立了综合服务窗口，严格实行“六制办理、六件管理、六项公开”运作模式，努力营造“窗口围着百姓转、部门围着窗口转”的工作格局，实现了“一个窗口”对外，“一站式”办公，“一条龙”服务。良好的发展环境创造了良好的发展机遇，几年来，我们先后引进了一批国内外 500 强和知名企业入驻登封，为全市的经济发展注入了强大活力。

三、依法清理促规范，精简政务服务审批事项

每年年初，我们严格按照审批依据、审批程序、申报材料、承诺时限、收费标准、收费依据“六公开”原则，组织进驻中心的所有单位和部门，根据最新的法律、法规，上报本单位保留、新增、取消和变更的行政审批事项，经行政服务中心汇总审核，并报市法制办审核把关后，采取多种形式向社会进行公示，接受群众和客商监督。通过月统计、季清理、年规范，确保了行政审批服务事项的逐年减少，目前我市审批服务事项已压缩到 294 项，累计减少 90 项。2009 年，我们又在学习借鉴兄弟县市先进做法的基础上，对行政审批事项进行再压缩、再精简，实现了同一审批事项的办理时间最短、收费标准最低、办事流程最简的服务承诺。

四、完善服务建机制，提升政务服务工作效能

实施投资项目全程代办服务制，在中心设立代办科，对于符合产业政策、具备投资条件且各种申报材料如实提供的投资项目，由代办科于 20 日内全程代办登封市本级所有审批内容；实施行政审批首席代表制，常驻中心办公的 28 个职能委局均出具了书面授权委托书，做到真放权、真授权，各委局的首席代表绝大多数由行政服务科科长担任；实施“一把手”现场办公制，各职能委局“一把手”每季度至少到中心现场办公一天，了解窗口工作动态，现场解决疑难问题，加强对窗口人员的双向管理；实施政府联审联批制，将每月 16 日定为市政府联审联批工作日，每月 17 日定为市政府重点项目企业集中办公日，政府市长和职能委局负责人共同研究听取全市联审联批项目进展情况，对推进中存在的问题当天答复、三天办结、一周提交。

五、便民服务织网络，扩大政务服务广度深度

为拓宽服务领域，我们高标准建设了三级便民服务网络。2007 年，对各乡级便民服务中心建设提出了“五个一”的建设标准，即：设立一个大厅，组建一支队伍，进驻一批事项，规范一套程序，制定一套制度。做到有场地、有人员、有事干、有程序、有制度。在事项进驻上提出“五加X”，“五”是五个必须进驻的窗口单位，“X”是各乡镇结合当地实际需要进驻的事项。2008 年 10 月，全市 17 个乡级便民服务中心的软、硬件建设全部到位，并通过郑州市验收。全市 256 个行政村设立了便民服务室，并由大学生村官兼任主任，目前已全部投入运行。同时，实行网上审批，高起点推行电子政务；立足防腐治腐，高强度推行电子监察。2009 年初，集电子政务、网上审批、电子监察等功能于一体的行政服务中心办公自动化系统正式开通运行，既提高了办事效率，又通过事项的网上办理、网上示警提醒、超时默许、网上评议、电子评议、在线投诉和视频监控等多项现代高科技监督措施的运用，进一步增强了事项办理的透明度。目前，我市行政服务中心日均接待办事群众千余人次，已成为政务公开、优质服务的窗口，廉洁高效、便民利民的“超市”。

"财政预算公开与防治腐败"三地专题研讨会会议材料

（2010年8月26日—27日）

在"财政预算公开与防治腐败"三地专题研讨会上的致辞

香港特别行政区廉政公署专员　汤显明

尊敬的马驭部长
尊敬的屈万祥副部长
尊敬的崔海容副局长
尊敬的冯文庄专员
尊敬的李延芝书记
各位嘉宾，各位朋友

引言

今天我非常荣幸参加第四届三地专题研讨会。过去三年内地、香港、澳门的反贪专家和学者定期共聚一堂，针对不同专题交流反贪经验，包括工程建设、金融、私营领域等方面，所选专题都是时下最关注的专案，交流的效果非常理想。香港廉署认为，对反腐倡廉工作的能量颇有提升。我们感谢马驭部长亲自莅临出席今年大会，这亦充分显示出马驭部长对三地研讨会的支持和重视，我们特别荣幸。

财政预算公开的意义

财政预算公开，是一个负责任的政府应有的措施，意义重大，反映政府尊重人民三个重要的权利。

第一，知情权——政府的财产是公产，普罗大众当然有权知道公产的运用和盈亏情况。由于政府财政的运用直接影响到民生，更应当向社会公开其运用公产的原则、理念和计划。

第二，参与权——财政预算公开，也是服务型政府应做的工作。政府在制定预算案之前和公布后都会向社会各界咨询，市民大众有权参与发表意见，必要时预算可修订，确保公共资源得以投放在社会最需要的地方。

第三，监察权——财政预算公开，是维护廉洁政府的有力武器。政府应该透过财政预算公开，引入社会全民监督。有效的监督产生极大的作用，包括可以让贪污腐败成为很高风险的罪行。

财政预算公开和防治腐败

财政预算的公开也分三部分：制定过程要公开咨询，内容要公开让人查询，和制定后要公开让人监督。请让我按照香港特别行政区的经验，谈谈监督财政预算公开的防治腐败工作。

完善的规则

政府财政公开，再加上完善的规则，使

部门内部规管和外在监督都切实可行。在香港，特区政府通盘的财政预算和各部门的财政运用都是公开的，各部门运用公帑时，亦必须遵守政府的财务规则，不但涵盖政府的重大工程、采购等，也包括政府日常运作，例如公家车辆使用、公费款待、公干的津贴等等。

香港财政预算的监督体系，包括了政府中央的整体监督、政府部门内部的自我监督，以及民间的社会监督，廉政公署有参与这各方面的工作。

廉政公署的参与

在政府的层面，廉署的防止贪污处会透过改善各部门的行政规则和工作程式，加强其监控和自查自纠能力。防贪处有责任对所有政府部门及公共机构的工作程式进行审查研究。过去三十多年来，我们完成了数以千计的审查报告。

防贪处也会因应牵涉庞大资金的工程或工作，向政府部门提出建议，确保资金用得其所。例如是与内地有关的四川灾后重建工作，鉴于部分援建专案涉及庞大的香港公帑及市民的捐款，廉署十分关注重建工程的监督工作。廉署已向有关当局提供防贪意见，完善系统防贪。我们也有去过汶川访问，了解到监察部曾多次亲访，令我们知道，监察部的工作方针与香港廉署的观点都是一致的。防贪处的欧阳处长将在下午详细向各位介绍这方面的工作。

社会监管事实上产生很大的作用。若然政府部门内有大规模的贪污舞弊事件，香港市民绝不会容忍。这方面香港在近年发生的事故不多，但在很高透明度之下，即使个别公职人员的不法行为，也受到市民的严厉监管。在这方面，廉署既接受市民举报，也会主动出击，调查以权谋私及滥用公共资源等的刑事罪行，发现犯罪手法包括：将政府工作或采购外判给自己或亲戚开设的公司承包，透过亲戚名义虚假申领工作的利益等。曾经有一个案，涉及一个高级公职人员外访期间，住在海外的自置物业中，却申领几千块钱的海外住宿津贴，结果被检控公职人员行为失当罪，判处徒刑。这件看似很小的事情，但市民反应很大，因为涉及有关公职人员的基本诚信，这正反映市民对于骗取公帑的行为绝不容忍。

在社会监督的层面，由廉署穆斐文处长领导的社区关系处，致力提高市民的反贪意识，很多香港市民愿意把揭发贪污腐败的工作视为己任，与廉署共同打击腐败行为。我的同事罗国忠先生将会向各位详细介绍。

从一个较宏观的防贪角度来看，廉署每年都会根据政府财政预算，配合其施政重点和牵涉庞大公共资金的工作，制定防贪策略。例如由于泛珠三角的发展被提升为国家经济的战略层次，我们即时配合，加强和广东省、澳门反贪机构的合作，共同为泛珠地区创造廉洁的营商环境。

结语

香港特首曾荫权先生对财政预算很有心得，在他出任财政司时曾经说过："我们的工作纲领，以确立完善有效的规管为依归。这样才会创造适当条件，让市民可致力各种各样的发展，为本港的共同利益作出贡献。"我们认为一个稳健、经得起考验的经济体系，必须以规管为基础。

最后，我代表香港廉政公署，感谢我们的合办机构监察部、澳门廉政公署，此外，也要感谢黑龙江省委、黑龙江省政府、黑龙江省纪委监察厅以及哈尔滨市政府，感谢在你们的大力支持下，使研讨会顺利举行。我也预祝研讨会圆满成功，谢谢各位。

在“财政预算公开与防治腐败”三地专题研讨会上的致辞

澳门特别行政区廉政公署专员　冯文庄

尊敬的国家监察部兼国家预防腐败局局长马驭部长阁下

尊敬的国家监察部屈万祥副部长

尊敬的黑龙江省纪委李延芝书记

尊敬的国家预防腐败局崔海容副局长

尊敬的香港廉政公署汤显明专员

各部委的领导、各位代表

各位女士、各位先生

一、前言

继往开来，三地研讨会已进入第四届，今天我们聚首一堂，在这个素有“东方巴黎”美誉之称的哈尔滨市，就大家共同关心的议题畅所欲言、各抒已见，为“财政预算公开与防治腐败”这个重大课题共谋献策。

二、公共预算的重要性

俗语云：“财务为庶政之母”，政府机关的运作，若无财政的支持，必将陷入困窘混乱之中。但若财政支持无规无矩，或任由管理人随意调动与运用，也使国家及政事纷扰不已，更不用谈国家计划、施政大纲或施政绩效。

正如任何一个家庭的开门七件事：柴、米、油、盐、酱、醋、茶，凡事皆与财政（钱）挂钩。对一个政府而言，“钱”从何处来？如何支出？如何管理？这一系列疑问的答案就构成公共财政制度内的一个核心内容。“量入为出”、“控制赤字”、“消除赤字”、“刺激公共消费”……这些术语，对于现代人而言，并不陌生，而这些术语的背后，正好反映了在不同时间及空间，不同的政府用不同的手段制定及落实不同的公共财政计划。

公共财政的其中一个特点，就是透过预算去支配未来的“管钱”及“用钱”行为。预算就是以有限的资源去满足人们的偏好及需求的一门学问。但由于国家的预算是指公家的钱（公帑），政策与执行由少数行政官员负责，为此，法律的监管就至为重要，以免出现浪费、舞弊及无效率的现象。

在人类的发展史上，因应社会发展的需要、客观条件的考虑及政府的形态等因素，在不同的历史时期，会运用不同的理念及方式去管理政府的预算，我们可以举一些例子：

（1）1920年奉行“项目预算”（Line-item Budgeting）；

（2）1940年实行“功能预算”（functional Budgeting）；

（3）1950年讲求“绩效预算”（Performance Budgeting）；

（4）1960年推出“设计计划预算”（Planning Programming Budgeting System）；

（5）1970年主张“零基预算”（Zero-base Budgeting）；

（6）1980年强调“自动控制预算”（Automatic Control Budgeting）（ZBB）；

（7）1990年转向追求“企业化预算”（Entrepreneurial Budgeting）。

随着社会发展步伐的加快，人民生活水平的提高，物质生活富庶，人民的要求也越来越多，如果说“财为民用”，则关键在于

“财如何使用”，如何能用“财”去谋求人民的福祉。

为此，财政预算的拟定、审定、通过及执行皆与市民的生活息息相关，因为预算本身已是一项极为庞大而复杂的社会选择过程，具有经济性，也有政治性包含其中，在非常时期预算甚至可作为政党协商的一种手段。

无论如何，预算毕竟是一个计划，在执行过程中会受各种外因影响而导致执行与原计划不一致，是否完成收支任务、收支是否平衡、“钱”是否用得其所及合法，这都成为人民关心的议题，也是人民对政府监督的一种方法。“公共财务透明原则”已成为今日法治社会的一个结构性内容，预算的编制及执行应受市民的监督，因为政府正在运用纳税人的资金提供公共财货及劳务，故市民享有知情权，而财政预算的公开就成为关键的一环。

三、公共预算的公开

关于公共预算的公开，离不开回答下述几个问题：

1. 哪些内容应公开？
2. 应用何种方式公开？
3. 为何公开这些内容？
4. 不公开产生何种后果？
5. 公开有何作用？

预算的公开符合法治制度的“公示原则”，一方面落实公众的知情权及监督权，另一方面透过公共机关的财政透明度，使专门监督机关（例如审计署或审计法院）可以掌握全面的财政资讯及依法作出监督。不难发现，“财务公示原则”有助于消除财政管理上的失误、甚至贪渎弊端，例如：

- 乱拨款项；
- 超额开支；
- 超前开支；
- 开支失衡；
- 胡乱花费；
- 纵容或包庇各种财政违法行为（例如：围标、绑标、泄露底价、浮报单价、验收不实等）。

由此可知，“财务公示原则”的实际效益还取决于整个财政制度的完善，倘我们将预算的产生以至完成分成四个阶段：筹编、审议、执行及考核，则每个环节都需有一个清晰及透明的规管制度，因为政府运作目标就是谋求公共利益，所用的“钱”乃公家的“钱”，接受监督乃合情合理。

四、结语

今天，在这里汇集各方专才，就“财政预算公开与防治腐败”这个题目共同探讨，本人相信，借着今日这个平台，各方精英必能交流互进，集思广益，令是次研讨会取得丰硕的成果。

谢谢。

第一专题：财政预算公开的法律依据和现实意义

香港在“财政预算公开”方面的经验

香港大学经济金融学院名誉高级研究员　郭国全

一、财政，与其他公权力一样，需要受到约束与监察

1. 政府的功能与角色——有限政府的概念

近代西方的政治理论及体制，其中的一个主要的观念是“有限政府”。就是说政府的存在，目的是为人民提供公共产品与公共服务；政府的权力，来自人民的授权，而这个授权的目的，是为了让政府可以有效地执行公共服务的职能，而政府也必须在这个授权范围内行使它的职能。政府征税，不单是为了养活自己，更不能违背人民的意愿与超越人民授权的范围。在实际执行方面，主要的做法，就是政府要依法执政。政府财政的种种措施，与其他公权力一样，必须通过有关的法律，并依据这些法律来执行。政府若偏离这些法律，则需要像其他公民一样，承担法律后果。

香港特别行政区因为历史的原因，采用了这一套政治理念与体制已经有很长的时间，在法律框架、会计制度、政府征税与各类公共支出的管理、审计与问责的做法、财政预算的制定与执行等等方面，都已经有一套行之有效的制度。近年来，由于政治在逐步民主化，无论在预算的咨询，或者是在问责与审计方面，更加强了与民间和立法会的沟通。

此外，香港长期以来，奉行“市场主导、政府促进”的经济理念，政府的功能与角色跟内地的政府很不一样，一般不会直接管经济、管投资、管行业、管菜篮子等等。除了提供一个安居乐业及方便营商的环境外，大部分政府的支出用在教育、医疗、社会福利、保安、公共房屋等社会基础软硬环境上，上列五类功能的支出占政府总体开支约六成，其中不包括通过提供免费/廉价土地补贴的公共房屋。香港的公共支出与本地生产总值的比例大概在百分之二十左右，与大部分发达国家与地区比较均属于较低水平，因此税率也可以比较低；而政府财政管理也没有内地政府的一些比较复杂的考虑，比如无须通过国营企业或者银行贷款来达到政策目的。

但是，香港也有不少例如像房屋委员会和医院管理局等的非政府的公营单位。这些单位的成立，主要是考虑到通过这些有一定独立性的机构来提供服务，会比直接由政府提供更有效率。但是这些非政府的公营单位，也有需要在财政管理上有适当的监察，这课题在本文下面第（三）部分将进一步

讨论。

2. 私有产权及各种人权的保障

香港也沿用了近代西方政治概念中关于对私有产权及各种人权的保障。政府有责任保护法人的产权与个人的人权，而且在没有法律的授权以前，不可以随便通过行政命令征税或收费。司法制度也会保障这些权利。因此，政府的财政及预算，也必须在这样的法律框架底下来执行。

二、财政预算是贯彻执政理念及目标的手段

1. 财政预算的政策目标与政府开支及收入的原则

每年的财政预算案，其实是为了配合行政长官的施政报告，作出资源调拨，以实施政府各项有益于社会的政策和措施。各政府单位的资源与责任必须对称，否则会出现达不到政策目的，又或者出现种种的违规、虚报的行为。获资源分配太多，也会出现浪费公帑，导致公共资源未能发挥最大功效。

预算案一般不会提出新政策，因为那是个别政策局的工作，各局长会对不同的新政策进行分析、研究、咨询，以至写成法例，争取获得分配资源，才找适当的时候推出来。

政府财政和每年预算案的制定，主要是希望通过征税或调拨公共资源，

• 贯彻政府的执政理念及施政目标，推动各项公共政策

• 因应社会和经济的变化，以财政政策微调经济表现，推动经济发展，并按需要在已有的政策以外，直接协助有需要的群体

• 达到“第二次分配”的目的，改善收入分配

• 调整政府收入及支出的结构，维持公共财政长期的持续性及合理性

虽然预算案通常不会宣布新政策，但在目前的“财政封套”制度下，各政策局按其现有资源作出优次，但若涉及“封套”以外，由中央控制的额外资源，各政策局需要作出详细解释，与其他政策局“竞逐”这些稀有的资源。

每年财政预算案需取得立法机关批准，在下一年度拨用所需款项支付政府开支。收入预算是对预算年度收入的最佳估计，供立法会参考。个别预算的收入措施需立法程序通过。

自采用中期预测以来公共开支累积增长与本地生产总值累积增长的比较

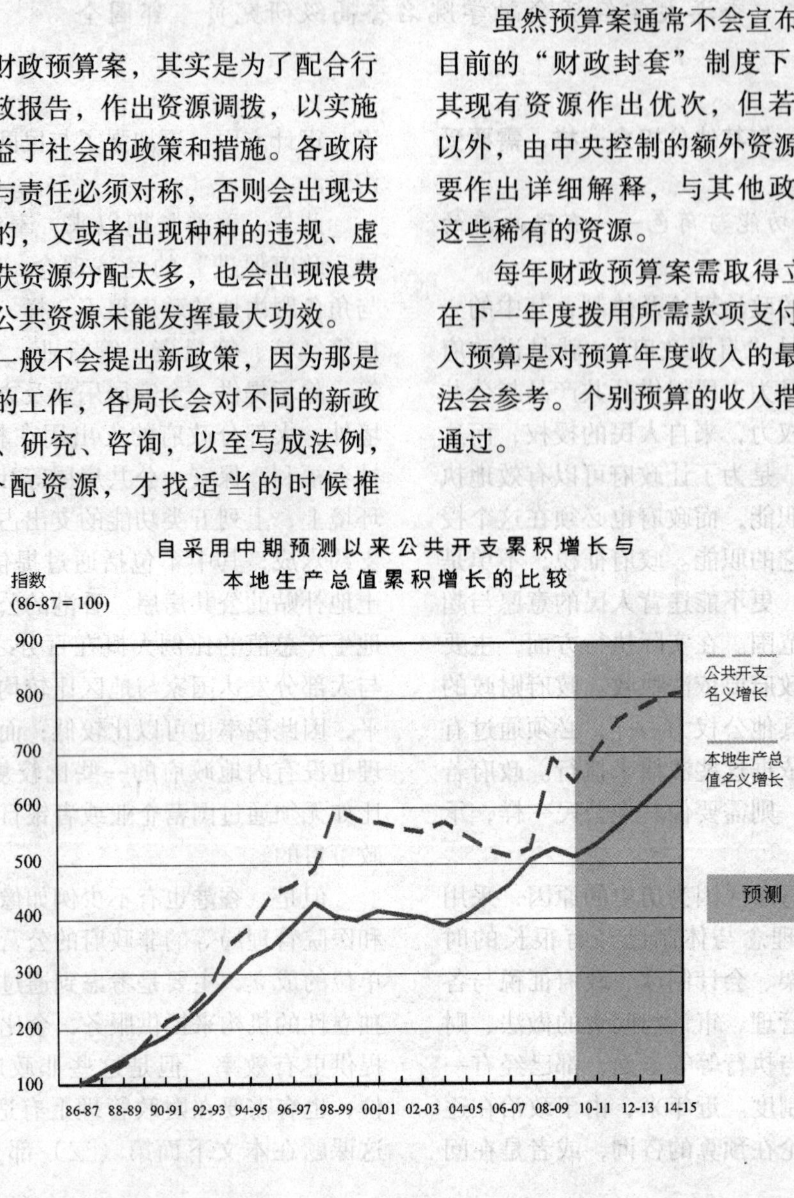

香港政府进行财政预算案草议时，除了要满足政策需要外，还要坚守一些开支与征集收入的基本原则。

（甲）财政预算的开支原则

• 政府/公共开支的增长，在一段期间内不会超越经济趋势增长率

• 供政府运用的资源，是用于最能造福社会的范畴

• 政府部门以最符合成本效益的方式运用资源，为市民提供优质和物有所值的服务

（乙）征集收入原则

• 使政府有足够收入，以应付已知的开支承担

• 确保财政储备充足，未雨绸缪

• 维持一个低税率、简单而明确的税制

• 严格地以“用者自付”的原则厘定各项服务收费，以保持低税率

• 打击避税及逃税行为

• 根据财政状况，在最需要的地方提供税项宽减

• 尽可能避免刺激通胀

按政策组别列出的开支百分比
公共开支总额：二〇一〇／一一年度预算

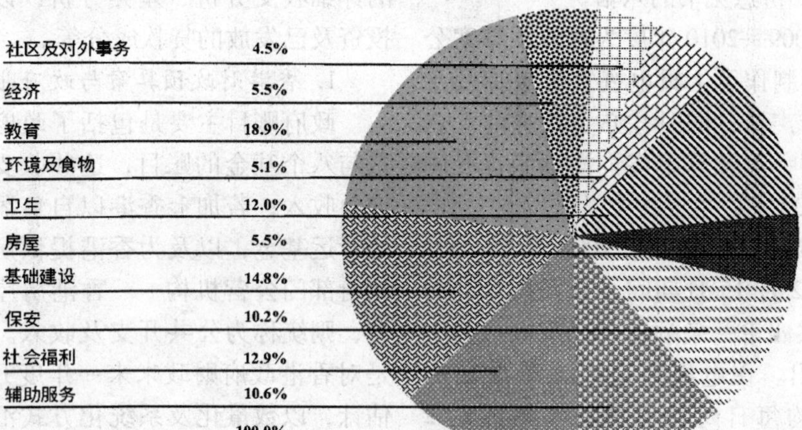

（丙）中期预测

为评估政府计划中的开支在对比财政预算指引（budgetary guideline）下所造成的影响，以及考虑税项措施的影响，有需要展望超越下一年度的情况，并作为期五年的收支中期预测。这五年是指现行年度、下一预算年度以及其后的三年。现行年度是实际的数字，而预算年度和其后三年是预数字（2010—2011 财政预算的中期预测，即 2010—2011 年至 2014—2015 年度；修订预算为 2009—2010 年度。）

中期预测基于若干预测和假设制订，包括：

• 政府经济顾问所预测在计划期间内的经济趋势增长率（trend GDP growth rate）

• 政府经济顾问所预测同一期间内的趋势通胀率（trend inflation rate）

• 在开支指引内，经常开支和非经常开支的增长概况

• 由资本投资基金和贷款基金作出的投资及贷款的水平和时间安排

• 来自不同收入来源的收益趋势储备结余的盈利预测

2. 财政预算要经过充分的咨询、讨论与论证

“当我加入政府的时候，制订财政预算案可说是一件闭门进行的事情，以往的财政司可以把自己关在办公室房门内，草拟预算

案。为隆重其事，门外更有警员驻守，外人不可越雷池半步。”

现任财政司司长曾俊华

时代已不同，现在预算案收集各团体及市民的意见及建议，已是重要的工作。每年财政司司长制订预算案之前，都会进行公众咨询。财政预算案的宣传计划是由财政司司长办公室策划及执行，政府新闻处提供协助。政府同时会展开宣传，以加深市民对政府各样政策、财政资源的调配，以及财政预算案制订过程的了解和鼓励他们提出意见。在2009—2010年度预算案咨询期结束时，政府共接获约6750份意见书，是2008—2009年度所收到1005份意见书的六倍。

政府在2009—2010年度为财政预算案公众咨询时，共制作了十辑电视宣传短片及十二辑电台宣传声带；同时，亦委托香港著名漫画家制作了一本预算案咨询漫画版，漫画版共印制30000本，主要在中学派发。

这些宣传短片及声带于2008年12月1日至2009年2月15日期间，分别在本港的五家电视台共四十一条频道及三个电台共十二条频道播出。在电视频道播出总次数为6371次，平均每日每条电视频道播放约2次；而在电台频道的播出的总次数为1760次，平均每日每条电台频道播放约2次。

此外，财政预算的制订过程中，也听取了多方面的意见，包括各政党、社团、商会、专业组织、不同领域的专家学者等。其中，不少意见，无论最终被采纳与否，均会被系统整理以便将来参考。同时，政府也会用恰当方法向有关人士解释其意见获采纳或不获采纳的原因。

三、政府财政资讯要向全社会公开、透明、易理解、全面、严谨

香港特区政府一向根据国际货币基金组织的《发布数据特别准则》，每月公布政府的财务状况的撮要。报告月内和该年截至该月份为止的政府综合收入、开支、盈余/亏绌，以及财政储备结余。每季政府也在《政府宪报》刊登综合资产负债表和综合收支表，汇报季内和该年截至该季度为止的政府财务状况。

根据法律规定，现时香港特区政府的周年账目包括政府一般收入账目的资产负债表和收支表，以及各个基金各自的资产负债表和收支表。此外，周年账目还包括一套综合账目，该套账目显示政府一般收入账目及各个基金的整体情况，更清楚全面地显示政府财政资源的整体情况。周年账目列载资产负债表及收支表，而实际收入/开支与预算有重大差异（超过10%）的项目均会解释说明。这些附表提供政府一般收入账目及有关基金的详细收支分析、差异分析，以及所购入的投资及已发放的贷款成分等。

1. 香港财政预算案与政府账目

政府账目主要是包括了政府一般收入账目与八个基金的账目，这些收支称为政府开支及收入；若加上香港以自负盈亏方式运作的营运基金，以及为香港提供房屋福利的非政府部门公营机构——香港房屋委员会的收支，则统称为公共开支及收入。财政预算案是对香港政府财政未来一年度开支与收入的估计，以数量化及系统化方式汇报香港施政与资源方配的状况。这些法定汇报规定的目的是反映政府在期间收支情况，以便各部门、立法会及公众了解政府财政的最新及未来数年可能的变化。

香港特区政府透过多个不同的账目和基金，处理财政管理的工作和为各项事务提供资源。政府的一般收入账目是提供资源的主要机制，除了支付一般的政府开支外，亦按需要把资金从该账目转拨到多个为资助特定事务而成立的基金。

根据《公共财政条例》，立法会可通过决议设立基金，为某些特定事务提供资金。政府每年提交立法会的预算案，除包括政府一般收入账目外，也包括这些基金。故此，这些基金每年因应预期现金开支所需要的拨款，均经立法会批核。基于不同的政策需要，成立了八个基金，包括：

（1）基本工程储备基金：为工务计划、征用土地、非经常资助金及主要系统设备提供资金。

（2）资本投资基金：为在政府架构以外的公营部门机构和财务委员会指定的其他机构所作的投资和贷款提供资金。

（3）公务员退休金储备基金：为当万一政府未能自政府一般收入支付公务员退休金时，用以支付有关款项。

（4）赈灾基金：提供一个现成机制，以便香港能够对国际间的人道援助要求作出迅速的回应，对在香港以外发生的灾难提供赈济。

（5）创新及科技基金：为有助本港制造业和服务业创新及提升科技水平的各项计划提供资金。

（6）土地基金：旨在把香港特别行政区政府土地基金前受托人所持的投资项目，正式转拨入政府账目内。

（7）贷款基金：为财务委员会核准的计划提供款项，包括为本港的发展计划提供贷款及垫款，以选定人士提供贷款（例如：为学生、学校和受训教师提供贷款和为公务员提供房屋贷款）。

（8）奖券基金：以补助金、贷款及垫款形式，为社会福利服务提供资助。

2. 非政府部门的公营机构财政的管理与监察

（甲）营运基金

营运基金是由立法会根据《营运基金条例》设立的财务及会计单位。目前正在运作的营运基金，计有土地注册处、公司注册处、电讯管理局、邮政署和机电工程营运基金。

营运基金以半商业形式运作，提供特定或一组的政府服务，并且自负盈亏。因此，营运基金并不包括在政府周年预算内，其运作并非依赖拨款，而须通过提供与政府部门及公众人士的服务所产生的收益，获取本身所需的资金。营运基金的财务报表须由审计署署长审计，然后提交立法会审议。

（乙）政府公用事业

现时，香港政府公用事业包括政府收费隧道、青屿干线、客运码头、污水处理服务和水务监督。法例虽无规定，但政府每年都会编制政府公用事业经营账目，交代各项公用事业该年度的整体财务表现和状况，以便与过往表现及既定目标作出比较，并作为决定日后规划的基础。

经营账目是未经审计的。有关的财务报表是由库务局局长担任主席的有关经营账目委员会审议。委员会成立的目的，主要是审议经营账目、分析表现、按照整体规划政策而厘定收费政策，以及就投入的资金厘定目标回报率。

（丙）政府以外的财政事务

除由政府（即各政府部门及决策局）进行的财政事务外，政府亦以下述方式在财务上参与提供其他形式的公共服务——

（1）投资于公营公司：持有公营公司的股权，如香港贸易发展局及机场管理局等，这些公司均以商业原则运作，并独立管理；

（2）其他基金：为达到特定政府目的而成立及在运用上最终须由政府承担责任的基金（例如：优质教育基金）；

（3）为达到特定目的和执行特定职能而成立的法定机构（例如：为推行公共房屋计划和为达到货币政策目标而分别成立的房屋委员会和香港金融管理局）。有关法规订明政府拥有这些机构的净资产/剩余资金的所有权；

（4）提供经常及非经常资助金予受资助机构（例如：教育及社会福利机构）及非政府部门的公共机构（例如：医院管理局及职业训练局）。

就上述政府以外的财政事务，有关机构均会各自编制财务报表，并公开接受立法会与公众人士的监察。在每年的财政预算案中，营运基金、政府公用事业包括在政府开支及收入内，而政府以外的财政，则只有香港房屋委员会的收入与开支包含在每年的财政预算案中，统称为公共开支与收入。

四、制定财政预算程序

编制财政预算案的程序：在每年的最后一季，当局会草拟下一个财政年度的政府开支及收入预算。该预算草案惯常于2月至3月呈交立法会审议。《拨款条例》一经制定，预算开支即获批准，而有关的开支预算亦当做获得批准，开支预算以条例所规定的拨款额为限。财政司司长向立法会提交《拨款法案》时，或会同时宣布收入方面的新建议。不过，财政司司长亦可于其他时候提出收入方面的建议。

如下图所示，编制财政预算案的程序可分成三个阶段：（1）资源分配工作（每年5月至8月）；（2）周年预算编制工作（每年9月至次年2月）；（3）审核、正式通过预算（次年3月至4月）。

制定财政预算程序

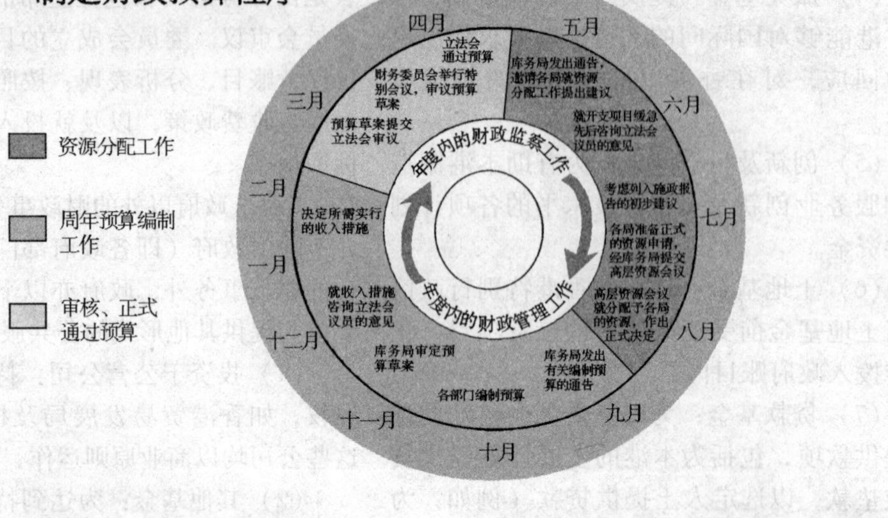

资料来源：香港特别行政区库务署

（1）资源分配工作

• 库务局发出通告，邀请各局就资源分配工作提出建议；

• 就开支项目缓急先后咨询立法会议员的意见；

• 考虑列入施政报告的初步建议；

• 各局准备正式的资源申请，经库务局提交高层资源会议；

• 高层资源会议就分配予各局的资源，作出正式决定。

（2）周年预算编制

• 库务局发出有关编制预算的通告；

• 各部门编制预算；

• 库务局审定预算草案，库务局审定预算草案；

• 库务局审定预算草案；

• 就收入措施咨询立法会议员的意见。

（3）审核、正式通过预算

• 预算草案提交立法会审议；

• 财务委员会举行特别会议，审议预算草案；

• 立法会通过预算。

五、问责及审计

香港特别行政区在财政上高度自主，而立法机关则拥有财政的最后审批权。香港在财政上向来自给自足。1997年7月1日开始实施的《基本法》保障了控制及管理公共财政的架构及连续性。

• 《基本法》第一百零七条：香港特别行政区的财政预算以量入为出为原则，力求收支平衡，避免赤字，并与本地生产总值的增长率相适应。

• 第一百零八条：香港特别行政区实行

独立的税收制度。香港特别行政区参照原在香港实行的低税政策，自行立法规定税种、税率、税收宽免和其他税务事项。

•第七十三条（节录）：香港特别行政区立法会行使下列职权：……（二）根据政府的提案，审核、通过财政预算；（三）批准税收和公共开支；……

《公共财政条例》香港法例第二章，为香港公共财政的控制及管理事宜制订法律架构。根据这条例，财政司司长负责对与政府财政事务有关的一切事宜进行管理、监管、控制及指示制衡措施。《公共财政条例》的主要条文包括：（1）所有为政府收受的款项均为政府一般收入的一部分；（2）除非根据法定权力的规定，否则不得将任何开支记在政府一般收入上；（3）财政司司长会将每年的政府收支预算提交立法机关省览；（4）拨款条例制定后，有关的开支预算才当做为已获核准。（5）开支须按经核准的开支预算所示总目及分目执行；（6）所有对开支预算的修改，其中包括追加备付款项，必须经立法会财务委员会核准；（7）财务委员会可将核准修改的权力转授财政司司长，如财务委员会作出的权力转授中有所规定，财政司司长可进一步转授此项权力；（8）只有财务委员会才可为指明用途设立基金。

制衡措施

•根据《公共财政条例》：所有开支须获得法定授权才可由政府一般收入账户支付。

•立法会辖下财务委员会批准对开支预算作出修改

•核数条例和审计署署长：审核政府账目是否妥善、执行衡工量值工作，由审计署署长根据立法会和政府议定的一套指引执行

•政府账目委员会：审议审计署署长报告并向政府提出建议

•香港为世界贸易组织政府采购协定的成员，在政府采购方面，必须为外地及本地供应商提供公开公平竞争的机会

1. 立法会的角色

《基本法》第七十三条订明，香港特别行政区政府的立法会获授权根据政府的提案，审核、通过财政预算。有关政府收支的周年预算必须提交立法会核准的安排，载于《公共财政条例》（第2章），该条例旨在就香港公共财政的控制及管理订定条文。财政司司长可就核准的开支预算提出修改建议，并提交财务委员会核准。

（甲）财政预算案：开支预算

财政司司长每年向立法会提交政府的收支预算。他每年会在立法会的会议席上发表财政预算案演辞，概述政府的财政建议，并动议就拨款法案进行二读，使每年财政预算案中各项开支建议在法律上生效。

拨款法案二读议案的待议议题在立法会提出后，有关该法案的辩论即告中止待续。立法会主席在全体委员会考虑拨款法案之前，可先将财政预算案内已并入开支预算的开支建议，交由财务委员会详细审核。

财务委员会会举行特别会议审核开支预算，目的是确保所要求的拨款，不会超过执行核准政策所需的款项。特别会议通常会公开举行，并按照《财务委员会会议程序》第49至53段的规定进行。在特别会议后，财务委员会主席会向立法会提交一份报告。

在拨款法案恢复二读辩论时，议员可就香港的财政及经济状况，以及拨款法案及预算内所显示政府政策和行政的一般原则作出评论。为使全体议员均有机会就法案发表意见，立法会会一连两日举行会议。政府会在下一个立法会会议上就议员的致辞作出回复，议员届时将会就法案的二读进行表决。法案倘须作出任何修正，应符合《议事规则》第69条的规定，并在法案进行二读辩论后，由全体委员会处理。法案经三读便获得通过。

（乙）收入建议

财政司司长在其财政预算案演辞中提出的收入建议会以条例草案或附属法例的形式提交，供立法会审议。为保障公共收入，行政长官在《公共收入保障条例》（第120章）下获赋权作出公共收入保障命令，使该等条例草案或附属法例可即时生效。

（丙）其他财务建议

在财政年度内，财政司司长可就核准开支预算向财务委员会提出修改建议。这些建议在财务委员会的例会上审核，倘该等建议关乎工务或人事编制的事宜，则首先交由财务委员会辖下有关的小组委员会审核，然后才提交财务委员会核准。

（丁）结算账目

因修改核准开支预算而导致的开支，会由有关的开支总目支付。在财政年度结束时，倘任何总目所支付的开支超出《拨款条例》为该总目所拨出的款额，超出的数额须列入一项《追加拨款条例草案》，并在该财政年度结束后尽快提交立法会。

每年4月当财政司司长宣读完预算案后，立法会便会举行财政预算案辩论。以2010/2011年财政预算案为例，财政司宣布完当年的财政预算案后，一连两天的立法会的财政预算案辩论展开。在接近13小时的辩论里，53位议员先后发言，他们关注的事项可谓包罗万象，由长远经济发展、房屋、交通、教育、就业，以至动物福利和市容等问题，都有触及，变成了一次政府施政大检阅。在听取议员意见后，财政司司长立刻开始准备回应，在辩论后的一星期作出最后努力，争取议员支持。财政司司长会对预算案作修订，力争各党派支持通过拨款。在辩论期间，议员共提出的九项修正案，但全部修正案均被立法会否决。立法会最终以35票赞成、16票反对及无人弃权，三读通过财政司司长曾俊华上任以来第三份财政预算案。

立法会的议员的发言无论是肯定预算案、或者是就一些范围提出建议、抑或是批评的意见，都显示出议员对不同议题的兴趣和取向。议员的背景不同，立场各异，他们之间的观点各有所依，亦是自然不过的事。若立法会是社会的缩影，预算案的目标之一，就是争取在立场不同的议员之间取得平衡，从而推动香港进步。

事实上，每年的预算案都不可能完全满足所有议员的诉求，在预算案期间收集到的意见，特别是一些较为长远的意见和建议，都会转交有关的政策局作出详尽的研究和分析，无论结果如何，都尽量做到开诚布公。令政策及财政预算的辩论成为香港社会进步的动力之一，并使政府能因应社会及民意的变化不断调整政策。

2. 审计署的功能

香港在相当早期已意识到需设有审计机关。具有166年历史的审计署（1997年7月1日前称为核数署），是香港历史最悠久的政府部门之一。首任审计署署长（当时称为核数总长）早在1844年已经委出。《核数条例》在1971年12月制定，是公共审计在香港发展的重要里程碑。《核数条例》规定审计署署长的委任、任期、职责及权力，并就政府账目的审计和报告订定条文。

审计署署长及其属下人员负责审核所有政府账目。此外，审计署署长也负责审核房屋委员会、五个营运基金、六十多个法定与非法定基金，以及其他公共机构的账目。审计署的工作包括衡工量值式审计，即查核那些由审计署审核的机构在履行职务时是否符合经济原则、效率良好及取得成效。《核数条例》就审计署署长的职责和权力作出规定。该条例又订明，署长不受任何个人或机关指示或控制。审计署署长每年10月须向立法会主席提交他就政府上个财政年度的财政报告所作的审计报告，以及他在3月至9月间完成的衡工量值式审计结果报告书。另外，他亦须于每年4月提交在上一年10月至翌年2月间完成的衡工量值式审计结果报告书。

3. 立法会的政府账目委员会及衡工量值式审计工作

政府账目委员会在1978年成立，是立法会的常设委员会，负责研究审计署署长就各项账目及事宜（包括政府的账目，以及委员会认为须提交立法会省览的其他账目及与审计署署长履行职责有关的事宜）提交的报告书。政府账目委员会的成立是公众问责在香港发展的重要里程碑。

1971 年 12 月制订《核数条例》前，账目审计的审核工作主要属于“合规性”类型的审计，旨在提供保证，账目准确无误。当时，衡工量值式审计工作甚少进行。七十年代中期，衡工量值式审计所涵盖的范围已扩展至接受政府资助的机构。

1978 年，政府账目委员会成立，成为立法会的常设委员会，负责研究审计署署长就各项账目及事宜（包括政府的账目，委员会认为需提交立法会省览的其他账目，以及委员会认为与审计署署长履行职责或行使职权有关的事宜）提交的报告书。政府账目委员会亦负责研究由审计署署长提交立法会省览的衡工量值式审计报告书。在认为有需要时，委员会可邀请政府官员及公共机构的高级人员出席公开聆讯，提供解释、证据或资料；委员会亦可就该等解释、证据或资料，邀请任何其他人士出席公开聆讯提供协助。

1984 年 11 月 13 日，政府账目委员会首次对审计署署长报告书举行公开聆讯。自此之后，新闻界及公众人士均获准进入会场，旁听政府账目委员会的会议。政府账目委员会公开进行聆讯，是香港公众问责制发展的另一个重要里程碑。

1986 年 1 月，政府账目委员会注意到，审计署署长的职权包括审核和报告政策的施行情况，但是这项职权的范围并未清楚界定，尤以衡工量值式审计研究为然。政府账目委员会遂与审计署署长双方议定了一套衡工量值式审计工作准则，这套准则亦已为政府接纳。1986 年 11 月，政府账目委员会主席向立法会提交《香港政府账目审核工作的范围——“衡工量值”的研究》的文件。文件涵盖衡工量值式审计的工作范围和准则。衡工量值式审计工作准则开列审计署署长进行衡工量值式审计的权限及范围。这项准则的公布，为香港衡工量值式审计及公众问责制的发展奠下重要的里程碑。

1998 年 2 月，政府账目委员会主席向临时立法会提交《香港特别行政区政府账目审计工作的范围——“衡工量值式审计”》的文件，该文件涵盖衡工量值式审计的工作范围、准则及程序。这套新的衡工量值式审计工作准则由政府账目委员会与审计署署长双方议定，并已为香港特区政府接纳，这套衡工量值式审计沿用至今。

六、结语

政府的资源来自社会，而且数额庞大。财政预算公开，归根到底是要规范政府财政收支与管理，保证公共资源的收集管理和使用，能最有效地发挥政府应有功能，合理地分配税负，并通过调配公共支出，有效地满足社会需要，调节经济表现并支持经济发展。政府的工作，不单是要做好本分，以合法、合理、合情的方法达到公平、合理、有效的结果，而且还要被公众清晰看到政府在这样做事。

财政预算公开可让公众更明白政府各项施政的理据、采取各类政策措施的原因，让民众更理解政府的工作重点与方向，以及相关的背景因素。让市民有更多机会发表意见，参与讨论，并在这个过程中建立起社会共识，也让政府能集思广益，把工作做得更好、更细致。这样对一个开放、公平、和谐社会的发展有很大的帮助。“阳光财政”，再加上开放的传媒、行政体制内的监察以及对立法机关及公众透明与公开的问责制度，也能更有效地减少政府机构内部浪费、改善施政效率，以及防止贪腐行为。

香港的财政预算公开已经实行了多年，在很多细致的地方上还在不断改进。随着“公民社会”的发展、政制逐步民主化、公众对政府的要求不断提高，继续加强财政预算公开，方便更广泛和深入的公众参与，提高政策辩论的质素，对问责政府的总体发展，构建和谐社会，均有十分积极的意义。

预算公开的法律基础和现实意义

澳门特别行政区廉政公署 关冠雄

关键词：预算（budget）透明度（transparency）审计（auditing）《基本法》（Basic Law）

四川试行社保基金预算 预决算信息将逐步公开（2010—07—21 成都晚报）、中央预算重点支出争取明年按项公开（2010—06—24 北京日报）、政府预算公开，最低要求是不做假账（2010—06—22 长江日报）、高强：预算要反映民意 接受本报专访，称推动政府预算公开条件已成熟（2010—06—17 新京报）、叶平：预算公开只怕“欲盖弥彰”（2010—06—07 东湖评论）、预算公开审议就是“阳光”防腐（2010—06—03 新民晚报）、深圳市财政委通报市财政预算情况各部门预算“两会”后公开（2010—05—27 南方日报）、政府部门明年全部晒预算，涉密单位除外；5 月底前须公开预算的 45 个部门大多数已公示，市公安局等部门尚未公布（2010—06—01 新京报）、四部委首次公开部门预算住房保障支出“花钱”多（2010—04—06 每周文摘）……

财局复议员预算执行质询（2010—07—24 澳门日报）、审计署依法审计政府账目 监察部门编制预算但无修改权（2010—07—28 澳门日报）、澳门馆预算够神秘开幕之时才肯讲（2010—01—20 正报）、审议明年工作大纲及预算草案民署咨委倡完善小区设施（2010—08—10 澳门日报）民署咨委会特别会议审议明年工作大纲及预算（2010—08—03 濠江日报）、立会通过 2008 年预算执行报告（2010—07—21 市民日报）、明年财案获一般性通过预算收入 524 亿料赌税增一成八（2009—11—27 澳门日报）……

香港今日公布预算外界预计将行赤字财政（第一财经日报 2009—02—25 日的报道）陈家强表示香港今年面临预算考验（中国证券报 2009—02—02 日的报道）、香港特区新预算案获批全年公共开支预算达 3200 亿港元（据中国证券报 2009—04—24 日的报道）、陈鉴林：推广预算公开香港经验可借鉴全国政协委员、香港立法会议员陈鉴林表示，预算的监督和审核有利于政府的透明（2010—03—14 新京报的报道）……

从三地的不同报章媒体的标题，可以见到我们对预算公开的背景都不尽相同。从一个公务员、领导、主管及人员的角度来看，尤其大陆法系的国家，预算及财务的相关规定似乎是大大小小的限制，甚至以为是官僚的产物。但从程序合法性原则来看，可以肯定是有需要的。在港澳，公款的运用，确实有着大大小小的法律规限。而规限和保障，也只是角度不同而已。预算公开审议，也是“阳光政府”的体现，同时亦可防止腐败的发生。

对一个市民来说，政府预算又好像是很遥远的事。但其实，自我们呱呱落地，一开眼所见到的即有可能是政府医院，即使是在私家医院，又或出生登记，以至稍后入学，我们也享有免费教育；以至工作时需纳税等等，无不涉及公共资源的正确及有效运用！

一、绪论

政府（国家）预算，从不同的角度来看，它会有不同的内涵。必须承认，无论是民主国家抑或社会主义国家，预算都是政治的产物，是施政的重要机制。从社会学的角度来看，它又是一种社会分配和调整的机制。从经济学角度来说，它又代表着国家对资源的配置，是国家从社会经济中吸收、转移一部分的资源，来解决公共品的供给、矫正外部预性等问题。而从广义的财政学来说，政府预算又与政府的公共选择理论（public choice theory）、公共支出理论（public expenditure theory）、宏观经济及财税政策等功能息息相关。涉及国家的采购政策、财政政策、多级及多层次政府的分权和分工、甚至国际支出的协调等。幸然，从澳门这个小城经济来说，过往这些因素都不太突出。可以简单地说，政府（国家）预算就是反映政府施政计划的主要文件，一方面它说了政府究竟做了多少工作及哪些事情，另一方面它又显示政府如何及究竟耗用了多少的资源。而澳门的预算，在模式上属欧洲型，但它又不同于荷兰的依赖“预算商业原则”（commercial principles of budgeting）的模式及西班牙的拉丁美洲型（Latin American Type），在监督上过往较依赖一个司法化的机制：审计及行政法院。回归后，基于绩效的考虑及《基本法》的规定成立审计署，澳门的预算模式于是进入了一个较新及弹性的形式。

从宏观角度看，可以总结预算法律制度是公共管理制度的一部分。在法律技术上，公共的财政管理制度又包括采购管理、财产管理、各部门的组织运作与编制的管理、账目管理等等范畴。而上述各管理范畴，都受着一连串不同的法律规定约束，由上到下、纵横错落，由一般到具体的不同位阶法律所组成。同时，这些行政的规章及行为，都一般性地受到《行政程序法典》的约束，如在预算的透明度方面1999年修订的《行政程序法典》，就一般性地确立了开放行政原则（第六十七条）。当然，另一方面《法典》亦提供了弹性的法律依据，如非官僚化原则及效率原则（第十二条）。类似的制度，亦可见于各国不同的行政信息公开法律制度中。

预算公开，相对于澳门特区总账目的审查来说，是行政当局财政活动的事前监督机制之一，同样系实现财政透明度和建立良好政府治理所必须，所谓财政透明度就是要求政府财政预算过程的透明公开，依法及时、充分及有系统地揭露财政信息。公开性的基础，是制度化和法规化，使各级政府的财政关系以制度或法规形式加以规定，并公之于众，强调向社会大众公开政府的结构与职能、财政政策的目的、公共部门财务与财政预测等。在国外，这些规定都会体现在不同的法规中，如《美国的权力下放法案》、《行政会议法》、德国的《税收分配法》等等。而在澳门，除上《行政程序法典》外，预算的透明度都体现在我们大大小小不同的行政组织及编制的法律、行政行为的法律，以及行政授权及运作等多个及多层次的法律中。

而上述的不同法律，根据核准法规的公布与格式第3/1999号法律规定，任何法律、行政法规、立法会决议、行政命令及行政长官对外规范性批示、澳门特别行政区主要官员对外规范性批示、以“中国澳门”名义签订的有关国际协议、行政长官施政报告、各级行政立法司法官员的任免，以及其他对外发生效力及依法应公布的其他任免事项，都必须公布于《政府公报》第一组的法规，否则不产生法律效力（第三条及第四条）。即使适用于澳门特别行政区的国际协议、而不同的政府的公告及声明，亦须公布于《公报》第二组。这无疑亦增加了政府预算及财政相关法律的透明度。

在国际法方面，澳门并没有参与直接相关的组织。但根据国际货币基金组织（the

International Monetary Fund）于1998年订定的《健全财政透明度施行守则》（the Code of Good Practices on Fiscal Transparency），要做到财政透明有四个重要的工作和指标，（一）角色与责任的澄清（Clarity of Roles and Responsibilities），即界定政府的结构与功能，政府的职责，以及政府与其他经济部门的关系；（二）公开信息的取得（Public Availability of Information），强调完整财政信息的定期公开。（三）预算编制、执行与报告的公开（Open Budget Preparation，Execution and Reporting）包含在预算过程中所需要的各类信息；以及（四）对完整性的保证（Assurances of Integrity）关于财政信息的质量与对财政信息的独立审查。

由于本场研讨会主题及时间所限，以下本人仅能就预算的法律如何作出规范的部分作出简要的介绍。在内容上，预算制度主要包括编制、执行、管理及监督等范畴。大概这里大家比较关心的，是法律及法制中对预算的监督。在澳门，预算的公开及透明度相对较高，各部门的预算及政府的总预算，都能适时地公布于《政府公报》（市民及传媒可于相关网站内轻易取阅）内，以供公众监督。而其他的信息，如界定政府的结构与功能，说明政府的职责的组织法律，各部门的组织法规及人员编制，预算及修改等法律及信息，以及各公务员从考入公职、晋升及委任等相关数据，都可以轻易及免费从第一类及第二类的政府公报及政府的网页中查阅，这是法律所强制规定的做法。这对清晰政府及其人员的角色与责任，以及信息的透明度，有着重要的作用。

在财政信息完整性的保证方面，除内部的监督机制（各部门的资源管理单位）外，不同的机制如中央的备案机制，行政长官及经济财政司司长的政策协调及监督，立法会不同的、连续的监督方式，财政局的编制、执行及监督职能，不同位阶的法律的规限，都起着积极的作用。两个独立行政机关当局（廉政公署及审计署）的外部监察，例如廉政公署在行政申诉及刑事调查中所担当的职能、审计署就《2008年度政府账目审计报告》，以及立法会就各年《财政年度预算案》和《年度预算执行情况的报告》的政治、法律技术及财务角度的分析和公开讨论。这监察制度的详情及内容，本人留待第二及第三场研讨同事详述。

可以说，尽管预算公开原则没有通过明确的法律确立，但从各项的法律制度中均已充分显示。以下，我们将对预算法律的具体内容作较深入的介绍。

二、预算公开的基础法律制度及监督

澳门法律体制为一个源自欧洲的大陆法传统，所有政府对外的行政行为，都必须以法律为依据，并遵守相关的立法规定，接受多方面的监督。在预算范畴方面，主要的法律有《基本法》、第41/83/M号法令所规范的《预算纲要法》（分别经第49/84/M号法令、第61/86/M号法令、第22/87/M号法令及第6/2006号行政法规修改）、规范公共财政管理制度的第6/2006号行政法规、每年的《年度的预算法律》及其他不同位阶的单行法规，如强制使用澳门币作支付信用卡及类似工具之付款的第16/95/M号法令、修改本地区总预算第七章名称及在开支分类增加一项目的第55/90/M号法令、将本地区总预算之结算及收入有关款项之小数凑成整数的第57/87/M号法令、订定采用支票作为一般缴付政府收入规则（经第58/98/M号法令修改）的第3/82/M号法令、关于准备2010年度政府施政方针、澳门特别行政区预算和行政当局投资与发展开支计划的日程表的第191/2010号行政长官批示、订定公共行政范畴的部门及机构支付公共开支以及透过出纳活动提取款项时所使用的工具的第388/2006号行政长官批示（支付开支的工具）、订定澳门特别行政区公共行政部门的预算修改及补充预算的相关步骤的第347/2006号行政长官批示、订定“确定及必要开支的负担”的各项开支的第325/2006号行政长官批示、订定登录在《行政当局投资与发展开支计划》的活动间的拨款转移程序的第40/2007号经济财政司司长批示、核准关于处理取得财产和劳务开支、常设基金账目内开支及公款退回和返还的指引的第1/2007号经济财政司司长批示、核准公共收入及开支经济分类的指示，以及公共开支职能分类的指示的第66/2006号经济财政司司长批示，等等。从这些法规的名称及技术用语，不难看到都是一些很细致及操作性强的规范。

除《绪论》中的各监督机制外，在监督的规范中要一提的，是第6/2006号行政法规第八十条所规定的预算的内部监控机制。除部门及机构应实施有效的内部监控机制外，财政局按其组织法及在该法所定的职权范围内，对部门及机构作出内部审计及开支结算的监督。内部审计报告书须送交经济财政司司长及审计所针对的部门或机构的监督实体（第八十一条）。违反预算编制及执行的规定，以及违反有关公共开支的许可或支付的规定者，如不能因特别情节而免责，则因应缺失的严重性，课最高$10，000（澳门币壹万元）的罚款。如发生亏空、挪用公款或其他有价物，又或不当支付，则强制责任人退回违法行为所涉及的款项，而实施违法行为的行为人亦需承担连带责任。构成刑事犯罪的，亦会追究刑事责任。

除此之外，审计署亦具监察权限。根据第11/1999号法律第三条（职责）规定：审计署对澳门特别行政区政府预算执行情况进行审计监督，对澳门特别行政区总账目撰写审计报告；除此之外，审计署对审计对象的预算执行情况和决算，预算外资金的管理和使用情况如资产、负债、损益及其账目，财政收支和财务收支，以及有关公帑是否均按照恰当权限发放及支付，作出审计监督。审计署还可对审计对象进行“衡工量值式”的审计监督，即对其在履行职务时所达到的节省程度、效率和效益进行审查。除其经费全由公帑支付的实体外，审计署的审计对象还包括每年过半数收入来自政府者和每年不足半数收入来自政府但书面同意成为审计对象者。同时，澳门特别行政区行政长官为公众利益得以书面授权审计长向任何被特许人进行审计监督。

在权限方面（上述法律第五条），审计署可以接收由财政局送交的澳门特别行政区的总账目及各项周年账表，对其进行审核；要求审计对象的部门负责人或任何人员作出解释，或提供执行职务所需的数据，以便审计署履行其职责；要求审计对象按照规定报送预算或财务收支计划、预算执行情况、决算、财务报告，社会审计机构出具的审计报告，以及其他与财政收支或财务收支有关的数据；翻查审计对象的任何簿册、文件或记录，并取其摘录，而无须缴付任何费用；取得审计对象的人员所管辖的所有记录、簿册、凭单、文件、现金、收据、印花、证券、物料及任何其他政府财产；并得向检察院通告其认为适当的任何事宜。

三、澳门特别行政区财政预算的审核、通过、执行及效力

每年年初，澳门特区政府都会透过行政长官批示，正式定出准备翌年度政府施政方针、预算和行政当局投资与发展开支计划的日程表，并着手编制财政预算、决算（《基本法》第六十四条第四款）。

以今年为例，根据今年的行政长官的批示，预算的准备日程为：至2010年6月28日——财政局将用作编制2011年财政年度特区总预算提案的格式，包括有关“行政当局投资与发展开支计划”之资料，连同有关的填写指引一并寄予各部门；至2010年7月16日——经有权限实体审核后，各个部门填写2011年财政年度开展的“行政当局投资与发展开支计划”之资料送交财政局；至7月30日——各个部门连同上述已填妥的格式（不包括“行政当局投资与发展开支计划”之格式），向财政局递交获监督实体一般性批准的预算提案；至7月30日——财政局向土地工务运输局送交由各机关提供的提案数据，该数据关乎由土地工务运输局施行和/或跟进的工程、研究、计划或方案；至8月16日——土地工务运输局分析各机关交来的各项提案，以便确定评估成本、施工期及参与方式，并送交财政局一份总提案，该提案包括实施条件，特别是预估之施工阶段；至9月6日——财政局呈交为订定2011年度澳门特别行政区预算提案的开支和收入总值、按经济分类编号分列每章的总负担之建议；至9月17日——财政局告知关于载于2011年澳门特别行政区预算各部门及各自治机构所能得到的“公营部门——转移”金额的最后决定；至10月8日——各部门及自治机构的权限机关核准预算草案并呈具监督权限的实体根据行政长官既定指引审议该预算案，以及送财政局听取意见；至10月29日——向行政长官呈交2011年财政年度预算案、政府施政方针计划、行政当局投资与发展开支计划（PIDDA/2011）及澳门特别行政区综合预算（OR/2011）。

在11月前，行政长官会批准向立法会提出有关财政收入或支出的动议（《基本法》第五十条第十四款），正式向立法会提交财政预算、决算（《基本法》第六十四条第四款），以便由立法会作出审议，并根据《基本法》第七十一条第二款审核、通过政府提出的财政预算案；审议政府提出的预算执行情况报告。倘若预算法律得到通过，行政长官得签署立法会通过的财政预算案，将财政预算、决算报中央人民政府备案（《基本法》第五十条第三款）。根据第41/83/M号法令（《预算纲要法》）第十一条第一款规定，澳门特别行政区财政预算须透过立法会的法律予以执行，且须于预算所指之经济年度开始时执行。

但倘若立法会拒绝通过政府提出的财政预算案或行政长官认为关系到澳门特区整体利益的法案，经协商仍不能取得一致意见时，行政长官经征询行政会的意见，可解散立法会。但必须向公众说明理由，而且行政长官在其一任任期内只能解散立法会一次（《基本法》第五十二条）。这时候，为了应付实际的需要，澳门特区行政长官在立法会未通过政府提出的财政预算案时，可按上一财政年度的开支标准批准临时短期拨款（《基本法》第五十三条）。从这简短的分析，熟识宪法的人都不难理解当中的公开性、政治监督和作用。

另一方面，根据《基本法》，澳门特区可保持财政独立，澳门特区财政收入全部由澳门特区自行支配，不上缴中央人民政府。中央人民政府不在澳门特区征税（第一百零四条）。但澳门特区的财政预算必须以量入为出为原则，力求收支平衡、避免赤字，并与本地生产总值的增长率相适应（《基本法》第一百零五条）。政府的财政自治，相对于立法会来说，又体现于澳门特区立法会议员只可以提出不涉及公共收支、政治体制或政府运作的议案，凡涉及政府政策的，在提出前必须得到行政长官的书面同意的议案（《基本法》第七十一条）。

在预算范畴的主要法律中，还包括规范（包括享有行政或财政自治权的部门及机构的财政活动的管理、监察及责任）公共财政管理制度的第6/2006号行政法规。在第41/83/M号法令及第6/2006号行政法规中，订定了有关本地区总预算及公共会计之编制及执行、管理及业务账目之编制，以及公共行政方面财政业务之稽查规则。这两部法律都适用于一般机构、行政自治机构及自治机构。

有关这三类机构的定义及特点，以下有必要作一简单解说。所谓的一般机构，又称为非自治部门，在一般情况下，此类部门及机构不具备行政或财政自治权，例如：行政暨公职局、新闻局、经济局等等。非自治部门的特点主要包括：没有本身收入预算、本身开支预算包括在特区总预算内、没有本身资产、对于部门开支之结算权限属于财政局、可设立常设基金，作出支付紧急或小额开支、无须独立编制年度《管理账目》提交审计署等（第6/2006号行政法规第四十五条）。非自治部门开支之结算，部门领导可在管理权限范围内许可开支，将许可的开支，填写指定的申请表（格式M/6），并附同具合法及依据的建议书，最迟于开支发生翌月最后一日前送交财政局，财政局须在十五天对申请作出核对，尤其有关的法律依据及符合财政规则。如申请符合规定，会发出相关的支付许可；倘不符合条例，会退回相关部门，并列明须剔除的开支；而有关开支的处理者须对延误支付开支承担责任（第6/2006号行政法规第四十六条）。

而所谓的行政自治机构，则是指具备本身财务行政部门，有权独立处理财政及行政事务，唯其接受的收入未能承担部门大部分（或全部）的开支。例如：海关、体育发展局、文化局等等（第6/2006号行政法规第四十八条）。享有行政自治权机构的特点主要包括：没有本身收入预算、本身开支预算包括在特区总预算内、没有本身资产、部门拥有对开支之许可及结算权限（需监督实体授予）、根据部门开支需要每月向财政局申请拨款、每年之管理结余必须退回特区政府库房、须独立编制年度《管理账目》，并提交审计署、行政自治部门拨款之取得（第6/2006号行政法规第四十九条及第五十条），享有行政自治权的部门及机构在一定的情况下及根据相关的规定，可要求财政局发放金额不高于有关预算拨款尚未到期的十二分之一的拨款。这十二分之一的预留款项是十分重要的，因为在开支的许可及结算中，享有行政自治权的部门及机构应向财政局提交有关已作出支付的文件，明确指出已完成的手续及其法律依据。如在一个月的附加期内仍未遵守上点规定，则随后的发放拨款申请将予退回。如证实欠缺有关十二分之一的预留款项，除例外情况外，可全部或部分拒绝给予发放拨款的许可。如证实已作出的开支严重违反第6/2006号行政法规第十八条所规定的要件，则可拒绝随后一次的发放拨款申请，而其后的开支亦须预先取得财政局的许可，直至有关情况符合规范为止（第6/2006号行政法规第五十条及第五十一条）。这时候，财政局亦须立即将上款所指拒绝发放拨款的情况通知主管的监督实体，由该监督实体命令纠正导致拒绝发放拨款的缺失。这里，亦可瞥见财政局作为中央内部监督机制的。

行政及财政自治机构，是指具体独立的行政及财政权，能够在部门的权限范围内，对开支作出核准、结算及支付。例如：廉政公署、民政总署、房屋局等等（第6/2006号行政法规第五十三条及第五十七条）。其特点主要包括：拥有本身收入预算、拥有独立之财政预算、部门拥有对开支之结算及支付权限、每年之管理结余无须退回特区政府库房、须独立编制年度《管理账目》，并提交审计署、可因应部门的性质，设立专属的会计格式等。但如何才可以成为自治机构，根据相关的法律规定，仅在证明行政自治制度适合部门及机构的管理的情况下，部门及机构方可享有行政自治权。部门的本身收入、指定收入及共享收入的总额不少于部门总开支30%。明显的例子如《澳门特别行政区基本法》规定享有财政自治权的部门及机构。自治机构的其中一个特点，就是具有多类的收入如本身的收入、指定收入、共享收入、预算拨款、信贷收入及管理结余（第6/2006号行政法规第五十八条）。本身的收入包括本身特定活动的收入、本身财产的收益，以及将该等财产转让及对之设定权利的所得、所获得的赠与、遗产及遗赠得、根据法律或合同应属其所有的任何其他收益等，例如：民政总署（第6/2006号行政法规第五十九条）。指定收入是指征收金额均给予自治机构的收入，例如澳门基金会。其特点是以指定收入名义征收之款项超出去年度澳门特别行政区财政预算之最初预计时，则超出最初预计的部分被视为默示追加，并对相应之开支项目作同等调整（第10/2006号法律第十一条第三款）。如出现上款规定之情况，则新增之金额须每月在由财政局局长签署并公布于《澳门特别行政区公报》之声明书内列明（第10/2006号法律第十一条第四款）、（第6/2006号行政法规第六十条）。而共享收入则是指在任一项或一组收入的征收所得中，由多个自治机构分享，又或由一个或多个自治机构与澳门特别行政区分享的收入，例如澳门的社会保障基金（第6/2006号行政法规第六十一条）。

一般以为，限制支出是财政管理的重要手段。事实上，收入的限制及公开也是对行政活动监察的重要机制。试想，容许各部门非公开及随意开征费用，往往就会引起不少不当的行为及不必要的争执。所以，第41/83/M号法令（《预算纲要法》）第十七条及第十八条规定，一切收入均须在财政预算中登录才能予以结算及征收。

另一个重要的预算执行原则，根据《预算纲要法》第十六条规定，就是应以最低成本取得最大社会收益及效用。在预算执行方面，如属自治机关、自治基金组织及具有行政自治权之机关，由负责预算资源管理之实体进行监察；其他机关或机构，由财政局根据其组织法规进行监察。在预算的执行上，立法者还规定了严格会计系统（第6/2006号行政法规第六十九条）及记账方式（第41/83/M号法令第二十五条），只有个别的自治机构（如澳门金融管理局、邮政储金局、邮政局、退休基金会、汽车及航海保障基金及澳门基金会），基于本身职能的特性，须受权责发生制会计制度约束。

事实上，在执行上给予开支许可前，法律规定须审查下列要件：（一）具法律依据；（二）符合财政规则；（三）符合效率、效力及经济原则。具法律依据是指已具备许可有关开支的法律，而符合财政规则是指有关开支已作预算登录、已备有预留款项及已作适当的开支分类。同时，给予开支许可时，应考虑开支的效益及优先次序，以及开支所带来的生产率增长，以便以最少支出获取最大收益（第6/2006号行政法规第十八条）。许可开支属行政长官的权限，一般可予授权，但不影响赋予享有财政自治权的部门及机构的行政管理委员会的本身职权。部门及机构的机关及领导人如未预先审查所承担的负担是否符合上条所规定的要件，须对有关负担负责（第6/2006号行政法规第十九条）。而任何开支必须在财政预算内登录才能作出承担、许可及支付。这是预算执行中的一个重要的规定。而随着中央计算机化的记录，开支的许可手续一般都不可以“事后”补做。当开支是用于处理取得财产和劳务开支的指引时，还应遵守第1/2007号经济财政司司长批示。

值得一提的是，在出纳及支付形式上，原则上应以特区获准执行活动之信用机构兑付的支票或非现金的支付方式办理（经由第58/98/M号法令修改之第3/82/M号法令第一条），对现金的控制，以避免现金的交付中可能出现的许多不当情况。而且，原则上特区公共行政之机关及机构（包括具法律人格者）、具行政及财政自治权之基金、市政厅（民政总署）、公营企业及其他公法人、公共服务之特许企业或由本地区公共行政当局监督或控制之企业，均不得以非本地货币负债或结算债务，或从第三人处收取非本地货币（第16/95/M号法令第三条）。这就是日常中先行代支支付有关费用的困难所在。更重要的，是第16/95/M号法令第七条还规定，违反收取非本地区法定货币的，如归责于自然人者，课以澳门币最低五百元及最高五千元之罚款；如违法行为归责于法人者，课以澳门币最低五千元及最高十万元之罚款。对本地区公共行政之部门、机构、机关（包括具法律人格者），具行政及财政自治权之基金、市政厅（民政总署）及其他公法人之公务员、服务人员或工作人员所实施之违法行为，根据有关通则进行纪律程序。而且，课处该法令规定之处罚，不影响倘有之刑事程序！

为克服上述规定在实践中的欠灵活性，非自治机构及自治机构可设立常设基金，为作出紧急或小额开支，而除非经适当说明理由，否则一般金额不超过有关拨款的十二分之一的常设基金（第6/2006号行政法规第二十六条）。而取得财产及劳务且金额不超过澳门特别行政区财政预算案每年所定限额开支，亦可由常设基金账目支付。而处理常设基金账目开支的指引，则载于第1/2007号经济财政司司长批示附件二。

在预算执行中，最值得关注的规定之一，就是在取得工程及增添财货与劳务的开支制度的法律依据，与此相关的规定如上述的第6/2006号行政法规《公共财政管理制度》、第122/84/M号法令《有关工程、取得财货及劳务之开支制度》、第63/85/M号法令（规范提供财货或劳务合同的法律制度）、第30/89/M号法令（修改《有关工程、取得财货及劳务之开支制度》）、第74/99/M号法令（规范公共工程承揽合同的法律制度）、第325/2006号行政长官批示（订定属“确定及必要开支的负担”的各项开支）、行政长官订定各主要官员权限内的财政及财产资源管理的开支许可限额批示，以及各主要官员及各级官员将权限转授予的批示等。

在这些规定中，都必然会明确地规定了许可开标权限（例如第215/2000号行政长官批示第一款第一项规定廉政专员许可开标的权限不超过澳门币1000万元）、判给权限（例如第215/2000号行政长官批示第一款第二项廉政专员许可判给权限不超过澳门币600万元等）、豁免开标权限、签立书面合同的权限，以及豁免公开竞投的情况。原则上，在任何开支上都应咨询多家公司的报价，以示公允。在跨财政年度开支方面，除法定的情况都强制由行政长官批示核准。公共工程开标金额超过1000万的，都应有检察官列席开标等。只有在例外的情况，开支才可作追认及追溯。这些都是澳门预算在执行上的重要性。

四、澳门特别行政区财政预算的原则、编制及修改

在原则性的规定中，与上述预算公开及透明度原则相关的，还有《基本法》第105条的“量入为出”为原则外，《预算纲要法》中还规定了以下的原则：年度性原则（第41/83/M号法令第3条）、单一性及整体性原则（第41/83/M号法令第4条）、平衡原则（第41/83/M号法令第5条）、不指定用途原则（第41/83/M号法令第7条）及总预算原则（第41/83/M号法令第6条）。

各原则在监督及管理方面都有着重要的作用，例如平衡原则，是《基本法》第105条的“量入为出”为原则的落实和体现，即本地区总预算应预测负担一切开支所需之资源，普通收入不得少于普通开支。而不指定用途原则，则是指在本地区总预算内，不得分配任何收入负担某些特定开支。然而，如因财政自治或其他特别理由，法律明确规定分配某些收入负担某些特定开支时，则不受该规定约束。而这些原则，在各国（地）一般的预算法中都存在，大同小异，在此略述。跟公开原则相关的，有总预算原则，又称为毛预算原则或不补偿原则，它要求须在不扣除征收之负担或任何其他性质之负担之情况下，将各项经评估之收入总额登录于本地区总预算内。而各项开支之总额须在不作任何扣除之情况下，登录于本地区总预算内，采用单式会计，使总预算能真实、公开及透明地反映各部门及各职能的支出及收入状况，供公众监督。

在预算的组织及编制方面，按照整体性

原则的要求，澳门特别行政区财政预算包括了特区的所有预计收入和预计开支，亦即是说，特区所有公共部门的一切收入和开支的预计，均应反映在财政预算内。在内容上，还包括立法会通过特区年度预算的法律、总预算（反映澳门特别行政区的整体预计收入及支出的预算表）、政府一般综合预算、特定机构综合预算、中央预算以及自治机构本身预算。

此外，预算公开原则还体现于各公共机构的预算修改及补充预算均需在《澳门特别行政区公报》内刊登（第6/2006号行政法规第四十三条），而一般只有在刊登后才产生效力。而且在核准范围及权限（第22/87/M号法令第二十一条规定）只可以用作支付未预测或拨款不足之不得拖延之开支，而总预算之总开支增加，则透过法令修正预算。即使能以开支项目内剩余之拨款抵消追加或登录之款项，仍得根据行政长官的批示作出修改、程序（由第6/2006号行政法规第四十二条及第347/2006号行政长官批示定出）等，都有严格的规定。根据第347/2006号行政长官批示（附件二）规定，在每一预算年度，各自治机构最多可提交三份补充预算。

五、对当前澳门预算公开的思考及展望

可以总结，澳门的预算法律自1983年起生效，虽经过多次的修改但仍维持旧有的模式。一些旧的法规仍继续生效，有待修改及废止，例如第16/95/M号法令第七条规定，违反收取非本地区法定货币的，如归责于自然人者，课以澳门币最低五百元及最高五千元之罚款；如违法行为归责于法人者，课以澳门币最低五千元及最高十万元之罚款。对本地区公共行政之部门、机构、机关（包括具法律人格者），具行政及财政自治权之基金、市政厅（民政总署）及其他公法人之公务员、服务人员或工作人员所实施之违法行为，根据有关通则进行纪律程序。而且，科处该法令规定之处罚，不影响倘有之刑事程序！而类似的、于六七十年代作出仍生效的批示，在财政范畴中仍为数不少！又如将本地区总预算之结算及收入有关款项之小数凑成整数的第57/87/M号法令。事实上，在预算的编制上鲜有国家是会把金额预算到一元的计算单位的！又如有关工程、取得财货及劳务之开支制度，则仍源用第122/84/M号法令中所规定的制度，当中存有不少强化、矛盾或难以实行的规定，如财产或服务的增添金额超过澳门币五十万元或交收或进行期限超过六个月将须签署书面合约等等。见微知著，这样的例子，不胜枚举。

虽然回归以后，在财政透明度方面曾提出不少建议，如立法会的质询法，议事规章及第25/2005号法律、第6/2006号行政法规相继出台，公共财政法律制度的改革仍然缓慢。好一部分的原因，是原有相关的业务人员仍因循守旧，但也有欠总体预算及财政立法规划、明确的政策取向、理解和执行的问题。举个例子，究竟政府会计制度中，技术上我们各部门应采取现金收付制，抑或权责发生制？如何才能反映预算的真实及透明度，以便作出监督？这从立法会《关于2008年度预算执行情况报告》以及前年审计署报告和保留意见中可见一斑。

不过相对亚洲的许多国家和地区而言，可以说澳门的财政预算制度的公开性及透明度亦算甚高之列，而且能符合国际的标准。然而，正如其所渊源及参考很多欧洲大陆法国家的“专家法”、“法典化法”法律体制的问题一样，澳门的预算法律仍是一般人甚或专家（例如涉及审计及会计的制度）所能清楚易明的，所以澳门预算法律的修订，应朝详细易懂的方向发展。

除大家都关心的支出外，当然，在收入及分配方面的透明度也是值得我们关注的。尽管绝大部分的数据我们都可以在政府公布的数据中及时找到，而这亦是法律所强制规定的。不过，一个高透明度的政府，还应逐步全面开放一些财政开支、收入及分配的资料及说明。笔者个人比较欣赏香港财政预算公开的方式及深度。除跟我们一样把每个部门的开支总纲、目、录都会很详细地写在预算上，政府还制作了专门的网页，“普法推广”式地介绍了相关的内容，而且各项目在用语上亦较为容易被人接受。同时，就每年预算及执行的情况，公开数据都能作甚详细的解释，当然传媒的作用及监督亦十分重要。

诚然，基于其地域面积的限制，澳门将维持一个小城经济。然而，随着城市的发展和国际化、税收的增长，以及居民的福利要求的增加，对预算的公开深度亦越渐明显。事实上，传统财政管理体制已使行政机构规模和公共预算总额不断扩大，所以近年各西方国家都纷纷掀起了“新公共管理”（new public managment）的运动。与此相适应的，就是政府管理模式的转变和理念的创新，这也是政府预算改革的先决条件。而澳门，仿佛亦已步入了韦伯的官僚体制理论所指的局面：法规繁多、职能广泛、程序复杂、官员照章办事、行为标准化及非人本化。所以，有必要先从行政的伦理着手，把现管治由规制转变为激励，把集权变为分权，引入新的预算及会计技术，确立绩效导向，鼓励管理者提高资源的使用效率，加强政策目标与预算编制的联系。同时，亦应注重预算管理制度与其他制度改革的协调配合。徒法不能自行，财政及法律的改革当然也需要注重相关方面人才的培训及留置，以提高现时的立法质量及执法水平。而这些都是一些长期性的工作！

提出以上的问题，是希望为政府提供改善方向的若干个人意见。仅一家之言，希望各位专家批评指正。

推进预算公开　增强预算透明

中央纪委驻财政部纪检组组长　刘建华

预算反映国家的政策，规定政府活动的范围和方向。预算公开，就是要求政府向社会公众公开政府预算政策、预算制度、预算管理程序、预算资金分配过程和结果、预算收支等信息，让公众看得见、看得清、看得懂，在阳光下运行，接受人民群众的监督。预算资金取之于民，用之于民，推进预算公开，增强公众监督，是公共财政的本质所在。预算的公开透明，有利于保障公民的知情权、参与权和监督权，促进社会和谐与公平正义，是推进社会主义民主、建设法治政府的重要举措；有利于从源头上预防和治理腐败，提高政府执政能力和办事效率，是建立公正透明、廉洁高效的责任政府的重要保障；有利于加强财政管理和监督，提高预算绩效，提高公共产品和公共服务的质量，促进依法理财、民主理财，是实现财政管理科学化、精细化的重要手段。

一、预算公开的基本做法及进展情况

近年来，财政部一直高度重视预算公开工作，通过门户网站、财政文告、新闻媒介等多种方式，公开预算制度、预算政策、预算报告以及全国财政收支决算表等信息，选择部分中央部门进行预算内部公开试点。特别是推动我国预算公开法制建设的标志性文件——《中华人民共和国政府信息条例》（以下简称《条例》）于2008年5月1日正式颁布实施后，预算公开更是进入一个新的历史阶段。预算公开范围不断扩大，内容逐年细化，政府预算和部门预算都取得了突破性进展。

政府预算是预算公开的关键。2009年3月，财政部第一次向社会公开了中央财政收入表、中央财政支出表、中央对地方税收返还和转移支付表等4张预算表。2010年，财政部又进一步推进政府预算公开工作。一是内容更加全面，体系更加完整。报送全国人大审议通过的中央本级支出预算表、中央财政国债余额情况表、中央政府性基金收支预算表、中央国有资本经营收支预算表等12张中央政府预算表格全部向社会公开，比2009年增加了8张，涵盖了公共预算、政府性基金预算和国有资本经营预算。二是科目更加细化，支出更加透明。2010年公开的中央本级支出预算细化为23“类”123“款”，比2009年公开的21“类”41“款”增加2“类”82“款”。三是信息更加详细，解说通俗易懂。除预算表之外，预算编制说明通俗易懂，并首次向社会公开，以方便社会各界更好地了解国家的方针政策、支持重点和支持方向。

为推进中央部门预算公开，财政部在原要求部门进行内部公开试点基础上，2010年又下发指导文件，明确各部门为本部门预算公开的主体，具体负责本部门预算的公开；设定部门预算公开的“下限”，除涉密部门外，各部门原则上应将报送全国人大审议通过的部门预算中的收支预算总表和财政拨款支出预算表，作为部门预算公开的最基本格式和内容先行公开。从公开部门看，截至2010年8月中旬，国土资源部、财政部等74个中央部门陆续公开了本部门预算，占全部171家中央部门总数的43%。其中，88家行政单位中，已公开部门预算的48家，占行政单位的55%。从公开的内容看，74家中央部门基本上都按照财政部的要求公开了收支预算总表和财政拨款支出预算表，其中有48家部门还公开了报表的文字说明及部门基本情况等。个别部门还进一步扩大了预算公开的内容。

为规范地方财政预算公开，财政部印发了《关于进一步做好预算信息公开工作的指导意见》等多个文件，明确地方财政预算公开的指导思想、原则和基本要求。截至目前，36个省（区、市）财政部门均已按照要求，通过政府网站、新闻媒体等形式向社会公开了财政体制、预算政策、预算制度、2010年财政预算报告等信息，其中，18个省向社会公开了一般预算和政府性基金预算报表。个别地方还对预算公开进行了一些新的尝试，如浙江省温岭市在预算公开中引进“参与式预算”，人大代表和普通民众以民主恳谈为主要形式参与政府年度预算的审查。

二、预算公开存在的问题及原因

总体上看，近几年的预算公开工作成效明显，社会反响较好。公开财政预算，接受人民群众监督，增进了社会公众和政府之间的理解，化解了社会矛盾，提升了政府形象和公信力，促进了党风廉政建设。但同时，我们也看到，预算公开也存在一些突出的问题，制约着预算公开的进程，影响了预算公开的社会效果。

（一）存在的主要问题

一是预算公开主动性不强。预算公开工作不积极、不主动，主动公开预算的少，依申请公开预算的多，犹豫观望的多。

二是预算公开内容不细。预算公开内容还不够细化，实质和深层次问题尚未涉及。如2010年公开的部门预算，虽然设定了公开的“下限”，但绝大多数部门只公开到“类”、“款”级科目，只有总数规模，具体的项目支出以及公众普遍关心的出国经费等支出尚未公开。

三是预算公开进度偏慢。预算公开进度参差不齐，地方财政预算公开进程普遍滞后于中央财政和中央部门；部门预算公开普遍慢于政府预算公开，已公开部门预算的74家中央部门，时间也先后不一。

四是预算公开运作不够规范。不同部门、不同地区对同类预算公开的处理标准不一，有的部门全部公开预算，有的部门按照最低标准公开，还有的部门认为本部门预算是国家秘密不予公开。不同地区之间也存在类似的情况，预算公开随意性大，影响了预算公开的效果和政府的公信力。

（二）原因

一是预算公开法制建设不完备。现行《预算法》对预算公开没有作出规定。《条例》虽然对预算公开提出了原则要求，但由于规定太笼统，不够细致，可操作性不强。《保密法》及有关保密规定与《条例》推进预算公开的要求还存在一些相互冲突的地方。

二是预算公开相关配套改革不到位。政府预算体系不完整，会计核算体系不健全，预算管理与资产管理缺乏有机衔接等，影响预算公开的完整性，制约着预算公开的进程。

三是预算公开监督制约机制不健全。为避免成为社会关注的"焦点"，一些地区和部门在预算公开上往往采取能不公开就不公开的做法，由于缺乏相应的预算公开考核机制和责任追究制度，对地区和部门预算公开有效约束还显不足。

三、进一步推进预算公开的几点想法

"阳光是最好的防腐剂，路灯是最好的警察，消除腐败的最好做法是将政府置于透明环境下"。预算的公开透明，是国家繁荣富强的制度基础，比任何监督都有效。财政部门作为政府重要的宏观管理部门，要充分发挥职能作用，切实加强组织领导，提高思想认识，转变思想观念，继续坚持把预算公开纳入惩防腐败体系，积极加以推进。

（一）提高思想认识，增强预算公开的主动性

要加强组织领导和组织保障，明确公开责任和党政"一把手"负责制；要加强舆论宣传，营造预算公开的良好氛围；要加强《条例》的培训，切实转变思想观念，使每个国家公职人员真正理解推进预算公开的深刻内涵和现实意义，以增强预算公开的主动性和自觉性，提高执政能力和为人民服务的意识。

（二）健全法律法规，加强预算公开的法制建设

法律和制度是预算公开的基础。要进一步健全法律法规体系建设，在修订的《预算法》中明确预算公开原则和公开主体，增强预算公开的权威性；推进《条例》的进一步细化，出台实施细则，增强可操作性；配合相关部门做好保密规定的修订，对保密规定与预算公开方面不一致的地方进行清理和界定，减少预算公开的法律障碍。

（三）深化预算改革，扩大预算公开的范围和内容

提高预算透明度、保障公众的知情权，是建立透明、廉洁、高效政府的内在要求。要建立形成覆盖政府所有收支的预算体系，提高预算公开的完整性；进一步细化预算编制，加强预算支出标准体系的建设，推进预算管理与资产管理的有机结合，增强公开预算的公信力；大力推进预算支出绩效考评，不断提高公共产品和公共服务的质量，建立预算支出绩效考评结果与预算安排有机结合的机制；进一步扩大公开范围，细化公开内容，将教育、科学、三农等重点支出公开到"项"级科目，让老百姓知道政府花了多少钱、办了什么事，并积极研究公开基本建设支出、行政经费支出预算和执行情况等。

（四）完善监督体系，切实强化预算公开机制

"天下之事，不难于立法，而难于法之必行"。各级政府要切实加强预算公开工作的管理和监察，确保《条例》的贯彻落实。

一是建立预算公开反馈机制，及时收集、整理和反馈预算公开后社会各方面的意见和建议，仔细分析，完善方案，增强服务意识；二是完善预算公开考核机制，明确预算公开目标，建立公开考评体系；三是建立预算公开行政问责制度，完善监督体系，强化监督手段，充分发挥监察部门的监督职责，特别是对于没有及时主动公开预算的部门和地区，要按照《条例》的规定，由监察机关和上级行政机关进行责任追究，增强预算公开的责任意识。

毛泽东同志曾经讲过："只有让人民来监督政府，政府才不敢松懈。"我们一定要以这次专题研讨会为契机，认真贯彻落实马驭部长重要讲话精神，学习借鉴香港、澳门等地在增强预算透明、预防和惩治腐败方面的先进经验和成功做法，加强和完善我国预算公开制度，建立健全公开机制，进一步大力推进我国预算公开工作，自觉接受人民群众的监督，为建设高效、廉洁、透明的责任政府而不断努力。

谢谢！

预算公开的制度基础及现实意义

国家预防腐败局办公室副主任　于贤成

尊敬的马驭部长、汤显明专员、冯文庄专员，女士们、先生们：

大家好！根据会议安排，我围绕第一个讨论专题，就预算公开的制度基础及现实意义谈点看法。

一、预算公开随着政务公开的发展而逐步深化，其制度基础经历了一个不断完善的过程

新中国成立后的很长一段时间里，财政预算等信息一直属于需要保守的国家秘密。1951 年颁布的《保守国家机密暂行条例》规定，"国家财政计划，国家概算、预算决策"等事项属于保密内容，在此种情况下自然谈不上预算公开。1991 年通过的《国家预算管理条例》和 1995 年实施的《中华人民共和国预算法》，规定预算报告要经人大代表审议，但没有明确要求预算向社会公开。1997 年，国家保密局和财政部制定的《经济工作中国家秘密及其密级具体范围的规定》要求，财政年度预、决算草案及其收支款项的年度执行情况，历年财政明细统计资料等属于国家秘密，不得向社会公开。由此可见，受到当时历史条件的制约，预算公开在上个世纪一直没有纳入各级政府的工作范畴。

近年来，随着社会主义民主进程的推进和依法治国方略的实施，在党中央、国务院的坚强领导下，各地区各部门采取有力措施，政务公开工作取得明显成效，公开的范围不断扩大，层级不断延伸，内容不断拓展，政务公开已经成为各级政府施政的一项基本制度，预算公开也随之逐步深入。

——2000 年，中共中央办公厅、国务院办公厅印发《关于在全国乡镇政权机关全面推行政务公开制度的通知》，要求公开乡镇政府行政管理、经济管理活动的事项，具体包括：乡镇年度财政预算及执行情况；上级政府或政府部门下拨的专项经费及使用情况；乡镇的债权债务情况；乡镇集体企业及其他经济实体承发包、租赁、拍卖等情况等。至此，预算公开的大幕在基层徐徐拉开。

——2005 年，中共中央办公厅、国务院办公厅印发《关于进一步推行政务公开的意见》，进一步要求对各类行政管理和公共服务事项，除涉及国家秘密和依法受到保护的商业秘密、个人隐私之外，都要如实公开。其中特别提出：各级政府及其工作部门要重点公开本地区本部门财政预决算报告。预算公开从基层乡镇扩大到各个层级的行政机关。

——2008 年，《中华人民共和国政府信息公开条例》施行，将“财政预算、决算报告”和“财政收支、各类专项资金的管理和使用情况”列为重点公开的政府信息。预算公开成为各级政府的法定义务。为贯彻落实《条例》，财政部于 2008 年、2010 年印发了两个文件，加强对预算公开的指导。目前正在修订的《预算法》经过多年的论证，也将预算公开的原则写进了修订草案，预算公开正在逐步走上法制化、制度化轨道。

至此，我们可以大体勾勒出新中国成立以来预算公开的发展路线图：从不公开——到向人大代表公开——到有限度地向社会公开——到全部向社会公开。在这一过程中，预算公开的要求越来越明确，其法律依据也越来越充分。可以预见，随着财政管理体制改革的不断深化，随着推进预算公开的努力不断加强，预算公开的制度会越来越完善，社会认知度也会越来越高。

二、预算公开是有效防治腐败的重要举措，它在反腐倡廉建设中发挥着重要作用

预算公开是公共财政的本质要求，也是反腐倡廉建设的重要内容。其对防治腐败的重要作用，可以从四个方面来看：

（一）预算公开是保障人民群众民主权利的客观需要。人民享有知情权是民主社会的基石。预算知情权则是人民群众了解政府预算信息和活动程序的基本权利。将完整的预算信息公开，可以使人大代表充分履行审议职能，也可以使人民群众更好地了解情况，提出诉求，督促政府及时回应，切实管好、用好财政资金。这本身就是一个民主互动的过程，有利于实现人民群众依法有序参与民主决策、民主管理和民主监督的权利。

（二）预算公开是深入推进反腐倡廉建设的内在要求。随着反腐倡廉建设的逐步深入，我们对其规律性的认识也不断提高，其中一个很重要的方面，就是要抓住人、财、物等重要领域和关键环节，坚持标本兼治、综合治理、惩防并举、注重预防，取得重点突破。推进预算公开，让群众知道财政资金如何取、怎么用，确保财政资金管理使用公开透明、安全高效，就紧紧抓住了反腐倡廉建设的重要领域和关键环节，成为有效防治腐败的治本之策之一。

（三）预算公开是对行政权力进行监督的有效途径。随着我国经济社会发展，财政预算的数额日益庞大，项目更加多样，客观上增加了个别政府官员利用预算管理漏洞进行铺张浪费甚至贪污腐败的可能性。财政收入取之于民，需要对人民有个交代，让老百姓清楚知道政府花了多少钱、办了什么事。预算公开有利于拓宽人民群众的监督渠道，逐步形成有效的监督机制，增强预算的透明度和刚性约束，进而从源头上有效防止腐败行为的发生。

（四）预算公开是加强预防腐败制度建设的有力措施。预算公开是财政领域一项重要的制度创新，也是预防腐败制度建设的一项重要内容。不断加强预算公开的建章立制工作，有利于完善财政管理制度中存在的薄弱环节，促进用制度管事、管人、管财，切实提高预算执行和财务管理水平，从根本上杜绝预算执行中的违规违纪问题，为预防财政领域腐败现象提供有力的制度保障。

总的来看，内地预算公开工作还刚刚起步，仍有很大改进和提高的空间。下一步，我们将认真借鉴港澳以及国外的有益做法，密切配合财政部、审计署等部门，进一步完善规章制度，增强预算公开的可操作性；进一步扩大公开范围，充实和细化预算公开的内容；进一步拓宽公开渠道，方便群众对预算情况进行了解和监督；进一步强化监督检查，把预算公开的各项要求落到实处。

预算公开与阳光政府

湖南省纪委常委、监察厅副厅长、预防腐败局副局长 周农

财政预算公开，是实现阳光政府和法治政府的首要之义。虽然我国内地的预算公开工作才开始起步，也面临着重重阻力，但各级政府已经开始十分重视，新闻媒体高度关注，人民群众呼声很高。公开财政预算，打造阳光政府已是大势所趋。

一、财政预算公开的法律依据、现实意义

了解公共预算信息，既是纳税人和人民群众天然的权利，也是宪法赋予公民的基本权利。政府要使用纳税人的钱，必须让包括纳税人在内的社会公众知悉，并自觉接受其监督。所以，政府预算公开在法理上是没有任何障碍的。我国1951年出台的《保守国家机密暂行条例》曾将政府预算作为“国家秘密”，但那是特定历史条件和计划经济时代的产物，1989年颁行的《国家保密法》已将其废止。2008年5月1日，国务院《政府信息公开条例》施行，第一次明确将“财政预算、决算报告”规定为政府应主动公开的“重点信息”，拉开了政府向民众公开财政预算的序幕。

随着社会主义民主政治进程的推进，社会各界对预算公开的期望和呼声越来越高，各级政府也逐步认识到预算公开是公共财政的本质要求和打造“阳光政府”的必由之路。做好预算公开工作，既有助于保障公众的知情权、监督权，推动社会主义政治文明与和谐社会建设；又有助于促进政府自身建设，提高政府依法理财、民主理财的水平，打造和巩固透明、高效、廉洁的政府。所以，预算公开对政府和民众均具有双赢的意义。

二、当前我省预算公开工作中存在的主要问题及原因

实事求是地说，湖南过去在财政预算公开方面做得不够理想，这既有体制机制方面的原因，也有认识上的差距：一是“不必”公开。多年来在预算方面的法律法规建设滞后，《预算法》对预算公开没有明确规定，已有的规章制度缺乏强制力。既然没有刚性的要求，地方政府自然多一事不如少一事，能不公开就不公开。二是“不便”公开。作为一个中部欠发达省份，湖南的财政比较困难，主要靠中央的转移支付维持基本运转（个别地区转移支付比例达到财政支出的50%以上），是典型的“吃饭”财政；而且我省各地财政实行“零基预算”，担心公开后各单位互相攀比，争抢财政资源，所以不便于公开。三是“不易”公开。长期以来各级政府的财政工作还处于粗放型管理阶段，管理的水平、干部队伍的素质等均达不到预算公开的要求，因此很难公开。四是“不愿”公开。有的地方担心公开会影响政

府的决策并导致经济建设和政府权威受影响；有的官员担心公开会导致一些“难言之隐”被曝光；个别官员担心公开会削弱自己“批条子”的权力，所以不愿意公开。

针对上述问题，近年来湖南各级政府积极顺应形势，通过建立健全管理制度、细化公开内容、拓宽公开渠道等措施，不断加大预算公开力度，取得了一定进展。例如，在向社会及时公布经人大审批的预、决算报告的基础上，还将省本级月度财政收支情况、部分非涉密财政专项资金安排情况及时在内、外网进行公布。下一步，我省将努力在提高政府依法理财、科学理财水平的基础上，加强预算公开宣传，进一步改进技术手段，取得公众的理解和支持，力争在预算公开领域取得更大的突破。

三、预算公开的监督保障

要真正实现“阳光财政”，使整个预算机制变得良性、透明而有效率，仅靠权力自觉是远远不够的，要靠制度体系支撑，要靠监督机制的同步跟进和保障。

一要强化法律保障。当前，内地明确规定预算公开内容的最高层次的法律规范是国务院颁布的《政府信息公开条例》，属于行政法规范畴，法律位阶较低，效力有限。建议抓住当前国家正在修订《预算法》的时机，将预算公开有关内容写入新修订的《预算法》中，以进一步提高法律监督保障。

二要强化人大监督。人大是法定的预算审查机构，具有天然的监督优势。一方面，人大要建立一个防止不合理预算通过的机制，以及一个整治和制约不合理预算的机制。另一方面，由于预算公开审查是一项专业性、技术性、政策性很强的工作，在实践中受到管理体制、技术手段、专业人员配备等因素的影响，建议各级人大增加财经委员会专职委员的比例或聘请相关专家提供专业咨询意见，以增强监督的有效性。同时，在人大会议期间，要给人大代表以更多的研读报告的时间，并责成财政部门随时针对代表的质询和提问作出解答。

三要强化舆论监督。从近两年的实践来看，新闻媒体、社会舆论的关注是推动预算公开的最直接原因之一。我们要充分保障宪法赋予公民监督政府的权力，为媒体、公众监督创造良好的舆论氛围，提高普通公众参与预算监督的积极性和主动性，为预算公开提供不竭的外部动力。

财政预算公开的法律依据和现实意义

河南省纪委副书记、监察厅厅长、预防腐败局局长　王流章

一、财政预算公开的法律依据

（一）宪法及相关法律法规。《中华人民共和国宪法》第二条规定：“中华人民共和国的一切权力属于人民。……人民依照法律规定，通过各种途径和形式，管理国家事务，管理经济和文化事业，管理社会事务”；第六十二条规定，全国人民代表大会“审查和批准国家的预算和预算执行情况的报告”；第九十九条规定，地方各级人民代表大会审查和批准本行政区域内的预算以及执行情况的报告。《中华人民共和国预算法》明确规定，地方各级人民代表大会具

有审查、批准以及废除政府财政预算的权力。以上条文是人民群众享有预算监督权的根本依据，也是财政预算公开的根本依据。《中华人民共和国政府信息公开条例》（国务院令第492号）第十条规定，县级以上各级人民政府及其部门应当依照本条例第九条的规定重点公开财政预算、决算报告；第十二条规定，乡（镇）人民政府应当依照在其职责范围内确定主动公开的政府信息的具体内容，并重点公开财政收支、各类专项资金的管理和使用情况等政府信息。这是目前为止最主要的法规依据。

（二）国务院有关规章和文件。一是《中共中央办公厅、国务院办公厅关于进一步推行政务公开的意见》（中办发〔2005〕12号）。二是《国务院办公厅关于施行中华人民共和国政府信息公开条例若干问题的意见》（国办发〔2008〕36号）。三是《国务院办公厅关于做好政府信息依申请公开工作的意见》（国办发〔2010〕5号）。

（三）财政部有关文件。一是《财政部关于进一步推进地方财政部门政务公开工作的意见》（财预〔2006〕7号）。二是《财政部关于做好部门预算信息公开工作的通知》（财预〔2008〕387号）。三是《财政部关于进一步推进财政预算信息公开的指导意见》（财预〔2008〕390号）。四是《财政部关于进一步做好预算信息公开工作的指导意见》（财预〔2010〕31号）。

二、财政预算公开的现实意义

（一）有利于预算管理机制创新，促进社会主义市场经济体制的完善和发展。通过预算改革，建立了全新的预算管理机制，使预算管理迅速转为与市场经济相适应的模式，实现了质的飞跃。预算管理是财政管理的核心，其整体框架和操作程序与市场经济体制的逐步接轨，将有力地促进计划制度、投资制度、决策制度等一系列改革的推进，从而有力地促进市场经济管理体制的建构与发展。

（二）有利于保障人民群众的知情权、参与权、表达权、监督权，提高财政决策的公众参与度。公开财政政策、法律法规、收支数据、管理体制等各种信息，有利于人民群众了解和掌握财政资金使用的来龙去脉，更好地行使知情权、参与权和监督权，有利于在财政部门和社会公众之间构建一个规范、系统、稳定的信息沟通渠道，提高财政决策的科学化和公众参与度，维护和保障人民群众合理的利益诉求，推动社会政治文明与和谐社会建设。

（三）有利于规范政府的管财行为、财政的理财行为和部门的用财行为，增强政府宏观调控能力。在新的预算管理模式下，财政资金的分配行为、管理权限及操作程序在政府、财政和部门的每一环节都有严格的制度规定，预算的法制性、约束性都得到了增强；早编细编预算，将预算编制到部门、到项目，大大增强了预算的透明度、公开性和约束力；财政资金一次规范地分清，各有关方面都必须严格按预算执行，财政管理的随意性大大减少，实现了向更高层次理财的迈进。

（四）有利于促进党风廉政建设，为从制度上和管理上铲除腐败创造条件。在传统的财政管理制度下，“小金库”滋生、部门不合理支出等财政违规违纪问题，很多都源于预算制度上的漏洞和缺陷。实行预算管理改革，统筹预算内外资金，细化预算编制，制定部门支出标准和定额，统一账户管理，一次性公开、透明、公正分配所有财政资金，而且经过部门建议、财政审核、省委和省政府研究、人大审查等多个关口，较好地保证了资金分配的科学合理，努力打造“阳光财政”，防止“暗箱操作”，为从源头、机制上铲除腐败创造了条件，促进了廉政建设。

第二专题：财政预算公开的内容和形式

财政预算公开——防腐问责的体现

香港廉政公署防止贪污处处长　欧阳吕妙群

引言

香港政府的财政预算涉及庞大的公帑运用，受到广大市民关注。财政预算公开不单可以增加政府的透明度，取得市民的信心，并且可以加强公帑运用的监察，是一个问责政府不可或缺的管治方法。以下，我们尝试从防贪的角度介绍香港财政预算公开的情况。

香港公共财政管理的法定基础

香港公共财政管理及预算公开是具有法定基础的。每年财政司司长按照香港法例第二章《公共财政条例》的规定，草拟及向立法会呈交《财政预算案》，详述过去一年的财政状况及未来一年的各项计划开支（例如：大型基建工程、创造职位或福利经费等）。《财政预算案》一经立法会审议通过后，便正式生效。亦即是说有关香港的公共财政管理，立法机关拥有最终的财政审批权。

为了有效管理香港的公共财政，财政司司长根据《公共财政条例》第十一条制订了一系列行政规例及指示，包括《财务及会计规例》和《物料供应及采购规例》等，对政府的财政预算及开支管制向负责官员作出了详细规定。如果有关官员不服从、疏忽或未能遵守有关规例，政府可对该官员采取纪律处分，并有权就所引致的损失向该官员索取赔偿，而款额则由财政司司长决定。若当中涉及欺诈或盗窃等刑事罪行，有关官员需就事件负上刑事责任。

香港财政预算管理概述

财政预算向以行政长官的施政方针及回应社会经济状况为基础。而有关财政预算的管理，主要包括草拟预算、通过预算、落实执行和监督制衡四个环节。要落实预算公开不单是指公开预算内容，而是从草拟到执行监督等每个环节都能做到公开透明和有效监控。

草拟预算

每年的最后一季，各部门首长向财政司司长呈交“管制人员报告”（Controlling Officer's Report），详述部门收支预算，以及来年工作重点和目标。以廉政公署为例，虽然它是独立于公务员体系直接向行政长官负责，但廉政专员也要每年向财政司司长呈交廉政公署的财政预算及重点工作计划。[例如：防贪处在2010—2011财政年度的其中一项重点工作就是与各大专院校合作编制防贪课程，以纳入各专业课程内（譬如工程师课程），并协助教授有关课程。]

财政司司长会根据行政长官的施政报告及政策方针、社会的经济状况、各部门的收支预算及工作计划，并且透过公众咨询收集民众意见，汇总平衡以后，编制《财政预算案》，详细报告政府在未来一年的整体收支预算及重点工作。

通过预算

财政司司长草拟的《财政预算案》须由立法机关审议和表决通过。在审议的过程中，各部门首长有责任回答立法会议员就有关部门的收支预算、来年工作重点和目标所作出的提问。整个过程是公开透明的，广大市民可以透过互联网和电视直播了解有关的讨论内容。

落实执行

《财政预算案》一经通过，各部门首长必须根据既定内容切实执行。同时，部门首长必须遵守《财务及会计规例》及《物料供应及采购规例》等有关规定制订适当监控措施（包括规定采购和付款的批核权限、详细记录收支账目等），以确保拨款用得其所，以及在预算范围内。每年财政年度终结时，各部门均须向财政司司长及立法会汇报各项工作的落实情况。

监督制衡

政府每年的收支预算和财务状况均受到立法会、监管部门及广大市民的监督。库务署负责监管政府账目，确保各部门在执行公共财政管理时遵从有关的会计财务规例。而且，库务署署长须编制政府周年账目报告，透过政府宪报和互联网公开政府账目，接受立法会和市民的监督。此外，审计署署长根据《核数条例》审核所有政府账目，包括衡工量值式的审计，并须向立法会主席提交审计报告。

香港公共财政管理——基建工程

在香港政府的开支预算中，以基建工程、教育、卫生、社会福利等为主要支出项目，其中每年投放在公共基建工程项目的开支数以百亿。以2010—2011财政年度为例，基建工程开支占整体预算百分之十六。行政长官在2008年提出的十大基建工程（包括广深港高速铁路、港珠澳大桥、连接香港机场及深圳机场的铁路、港铁南港岛线以及由新界东直接到中环的沙中线等）耗资2500多亿元。可见公共基建工程项目的财政管理非常重要。以下以公共基建工程为例子，从防贪监控的角度，阐释香港在财政预算公开的做法。

在香港的公共基建工程领域中，由于财政管理不当而造成严重超支或者非法挪用公款的例子并不常见。以下是一个发生在20年前的个案。

这个案是有关一个由香港政府和一间公共机构（以下简称为“机构”）合作发展的工程项目。在1988年，香港政府与“机构”达成协议，以当时工程项目预算19.3亿元计算，“机构”定额拨款15亿元资助兴建该项工程，并全权负责管理有关的工程合约。而香港政府则负责余额4.3亿元。根据协议，若工程超支，香港政府需要支付所有超支款项。

随着工程项目的展开，工程开支预算急速上升。从1988年的19.3亿元大幅提升到1990年的35.5亿元，增幅达到84个百分点。由于协议规定香港政府要为工程开支包底，香港政府负责支付的费用从1988年的4.3亿元大幅攀升到1990年的16.2亿元，增幅接近3倍。随后“机构”亦同意增加拨款4.3亿元。

由于这项公共工程项目严重超支，引起社会各界高度关注。当时的核数署（即现时的审计署）就有关政府对兴建该项工程的规划和财政管制进行审查，并向立法会呈交审查报告。立法会的政府账目委员会也进行聆讯，并探讨日后应如何更有效地运用公帑，以确保有关方面不会再度犯错。从审计报告和政府账目委员会的调查发现，导致这项公共工程项目严重超支的主要原因有三方面：

第一方面是工程预算失误。“机构”在

提出首次成本预算19.3亿元时，并没有征询有关项目使用人的意见，以至后来项目使用人要求修改或增加设施，导致成本预算大幅度提高。

第二方面是政府对工程项目的财政监控不足。根据政府与“机构”所达成的协议，政府须要为这项工程项目包底。这样的安排给政府带来巨大的财务风险。其次，有关协议并没有赋予政府权力查阅及审核该项工程项目的有关财务记录，严重削弱政府在该项工程项目的财政监管能力。

第三方面是有关工程项目计划并没有依据政府工程的标准和规格建造，导致工程项目的开支大幅度上升。

与工程财政管理有关的贪污舞弊问题

虽然在以上个案中并没有发现贪污受贿、非法挪用资金等不法行为，可是，工程项目严重超支，导致政府的支出增加，引起广大市民的疑问，甚至指责，损害了政府的形象及管治。事实上，公共工程的财政预算及管理失误，往往会被不法分子利用，进行贪污舞弊的勾当，例如受贿官员与承包商串谋，利用财政管理的疏忽，把工程款项转到贪官及承包商的手。例如：

• 与承包商串通，夸大工程项目的款项；

• 作出不必要的工程改动，从而增加工程项目的费用，特别是一些涉及昂贵建筑物料的工程更改；

• 虚报工程进度，不当地向承包商提前发放工程款项；

• 批核不合规格的建筑物料，包庇承包商不合格的工程，从而让承包商获取丰厚的利润。

工程建设领域的贪污腐败行为不但会造成严重的经济损失，甚至危害公众安全，因此对公共工程项目的财政进行有效预算及管制非常重要。

“阳光财政”——防贪监控三要素

要有效监管公共财政，必须要落实预算公开，“阳光财政”是基础。而要达到真正的公开透明，其中一个难点，亦可说是关键，就是必须完善制度，包括程序规范及会计制度等，否则即使公开预算也不能奏效。同时，项目预算必须让立法机关、监管部门及广大市民进行有效的监督问责。

公开透明

香港所有超过2.100万元的公共工程，从申请拨款、施工到竣工都需要公开，接受立法会及广大市民的监察。工程项目拨款须由立法会的财务委员会审批。所以即使兴建一所小学，一般而言都需向财务委员会申请拨款。财务委员会在审批过程中会审议工程项目的范围及预算。预算一经批核，若有关工程需要作出重大修改或预算款项需要大幅度增加，则必须再次呈交立法会财务委员会审批。此外，所有大型的公共工程项目都须采用公开招标的方式，这也是符合世界贸易组织有关政府采购的规定。

在工程项目施工过程中，负责的工务部门及政策局必须每年向立法会报告实际支出情况，并在工程竣工时向立法会提交工程项目的财务报告。上述的会议记录和报告都是公开记录，市民可透过互联网查阅及监察。

完善制度

完善的制度是确保工程项目财政公开透明及管理得宜的重要一环。过往防贪处在基建工程的监管制度方面，不时作出审查，完善有关制度，以防止贪污舞弊的行为，并确保公帑得到适当保障。以下是一些基建工程的重要监控措施：

• 须为每项工程设立独立项目账户，并统一管理工程费用的支出，防止非法挪用工程资金；

• 订定各项批核权限，包括发出工程改动指令及批核工程付款的权限，从而有效监控工程拨款的运用；

• 订定工程验收标准、物料测试及付款程序，防止偷工减料、使用不合规格的建筑物料以及不当提前向承包商付款等不当行为；

● 必须根据库务署发出的行政及会计规例，详细记录各项工程账目，有关记录可作为日后审查之用；

● 设立诚信管理制度及向监管人员发出纪律守则，包括：

◆ 严禁监管人员接受承包商提供利益及奢华款待；

◆ 禁止滥用部门资源（包括车辆、器材、服务等）；

◆ 遵守有关利益冲突申报的规定；

◆ 为监管人员制定纪律守则；

◆ 定期安排防贪研讨会等。

透过落实诚信管理制度，提升员工的防贪意识，并对贪污舞弊、挪用公款等不当行为加以警惕。

监督问责

在监督问责方面，各部门首长必须对每项工程项目的财政预算及管理负责。事实上，根据《财务及会计规例》，不单是基建工程，部门每年的开支预算是否准确完备，部门首长也要负上个人责任。部门首长有责任采取必要的措施，确保工程项目的款项用得其所并在预算范围内。对所有关于工程项目的财政预算及管理失当，部门首长负有最终责任。

此外，财经事务及库务局对工程项目开支设定行政管制，若投标价格远低于工程预算，财经事务及库务局会根据投标价格设定有关工程的开支上限，亦即是工程支出不能超越所设定的上限，以防止公帑被滥用或被挪用到其他甚至不当的用途上。

同时，审计署及部门内部审计单位会对工程作出质量审计、财务审计以及衡工量值式的审计，确保部门在履行职务时遵守有关规例，并符合经济原则。审计署也须向立法会呈交审计报告，并上载到互联网供市民查阅。对于广受社会关注并涉及严重违规的工程项目，立法会的政府账目委员会会进行聆讯，并探讨改善方法。

另外，在工程领域防止贪污腐败、挪用公款方面，防止贪污处的审查工作亦是十分重要。防止贪污处透过检讨工务部门的规章制度，协助部门加强内部管理及监督，改善工作程序从而减低贪污舞弊的风险。防止贪污处的审查工作涵盖公共工程资金管理的不同环节，例如批核工程付款、发出工程改动指示等程序。

总结

财政管理不单是政府财政的问题。财政管理失误，不单影响民生，也会失信于民，减弱政府管治，会带来严重后果。

香港廉政公署打击贪污采取了三管齐下的策略，成效有目共睹。我们也可以考虑三管齐下的策略，透过公开透明、设立制度和监督问责去达到“管好钱、用好钱”的目标。

创新财政管理　夯实制度防腐基石

国家行政学院教授、博士生导师　许正中

财政管理体制创新是从源头上预防和治理腐败的关键。当前，涉财涉税腐败在各类腐败案件中居多数，财政管理体制的疏漏是腐败发生的制度性根源，加之财政预算透明度不高，导致财政资金脱离公众监督，成为被挤占挪用甚至贪污腐败的温床。因此，利用财政预算制度内在的防治腐败机制，建立财政预算专业化制衡机制，消除财政管理上的机制缺失，才能斩断和堵塞腐败之源。

一、当前涉财涉税腐败是腐败的主体

腐败是拥有公共权力的机关或个人利用公权力谋私利的行为，世界银行将腐败定义为“滥用公职谋取个人利益”。从财政的视角看，腐败可作四种类型划分：财政收入流失性腐败、财政支出贪污腐败、寻租性腐败以及财政资金跑冒滴漏。

（一）财政收入流失性腐败

财政收入流失性腐败是指发生在财政收入征收过程中的造成国家财政收入流失的腐败行为，主要表现为受贿者违规减免税收和其他非税收收入造成的流失。财税管理制度疏漏是财政收入流失性腐败行为发生的重要原因。在我国独有的税务管理体制下，地方的国税系统往往由于中央税务与审计部门鞭长莫及，出现监督漏洞，为少数腐败分子滥用职权提供了土壤。

（二）财政支出中贪污腐败

财政支出中贪污腐败是指贪污财政资金，把预算资金据为已有的腐败行为。当前，财政预算编制及执行过程中的存在漏洞使贪污腐败者有机可乘，例如少数腐败分子利用不纳入预算管理、虚报预算、长期挂账、不按收支两条线管理等造成财政支出损失。由于财政支出透明度不高及财政管理制度的缺失，导致财政资金拨给部门后，脱离了公众的监督，成为财政资金被挤占挪用，甚至贪污腐败的温床。

（三）寻租性腐败

寻租是利用资源通过政治过程获得特权从而使租金获得者收益的行为。寻租性腐败包括：政府价格管制所产生的寻租性腐败、政府特许权所产生的寻租性腐败、贸易限制、高关税和进口配额所产生的寻租性腐败、公共投资与公共支出活动产生的寻租性腐败。寻租性腐败问题在中国改革进程中表现为行政性资源配置中的权力市场化问题。如同20世纪80年代中期利用双轨价差牟利和90年代要素市场化中的寻租一样，近年来土地批租转让、资金信贷以及资本市场中的圈钱等寻租性腐败现象凸显。

（四）财政资金跑冒滴漏

综观财政资金中存在的跑冒滴漏现象，使用虚假发票是财政资金跑冒滴漏腐败的重要表现。使用虚假发票包括以下情形：一是使用虚假发票套取资金，用于发放职工福利补贴；二是接受虚假发票进行报销变现，将财政资金化为已有；三是有合理的开支，但不知道发票提供者拿来的是假发票。2009年度审计报告指出，中央一些部门接受和使用虚假发票列支问题比较普遍，抽查56个部门已报销的29363张可疑发票中，有5170张为虚假发票，列支金额为1.42亿元。

二、涉财涉税腐败问题产生的制度原因分析

从制度上入手剖析涉财涉税腐败问题产生的根源是建立预防和治理腐败治本之策的前提。财政是直接联系政府与经济的纽带，通过财政管理制度改革，利用财政监督机制创新从源头上防治腐败，需要深入剖析涉财涉税腐败问题产生的制度根源。

（一）预算编制、执行环节缺乏约束机制

我国预算编制精细化程度不够，由于没有建立相应制衡机制，出现了大量的预算计划之外的临时动议性拨款，增加了财政拨款审批权中的腐败风险。预算透明度低，民众参与财政预算监督困难，导致有关部门和人员在资金分配和使用上的自由裁量权过大。由于缺乏预算执行的监督制约机制，预算支出容易被挪用，擅自提高开支标准，扩大开支范围等预算执行中走形变样现象严重。

（二）财政管理缺乏科学的绩效评估机制

由于没有形成标准的财政绩效考核制

度，财政绩效评估基本处于自发、半自发状态，再加之缺乏统一的绩效评估标准，使得评估工作难以持续的开展。目前各个地方政府的绩效评估工作均缺乏一个有权威性的机构，财政支出绩效评估工作分散在各个管理部门，而各个部门又主要从技术性能、项目管理等方面进行财政支出绩效评估，指标、方法和组织程序差异往往较大，难以形成统一的、全面的预算资金使用绩效评估，最终使得评估结果差异过大，缺乏可比性。

（三）财政监督机制不完备

当前，财政监督制度不完备，是腐败现象在财政领域产生的源头之一。准设立行政事业性收费、政府性基金等预算外收入项目未纳入财政监督范围，预算外资金游离于监管体系之外，容易成为个别部门或领导自由支配的"小金库"，成为腐败滋生的土壤。财政透明度较低，作为纳税主体的公众缺乏参与财政监督的机制。监督内容和方式仍以直接检查为主，针对事后的财务会计结果进行处理，缺乏事前事中监督，尚未建立事前、事中和事后全过程的机制。

（四）财政管理过程不封闭运行，财政透明度低

财政管理过程中监督及绩效反馈机制尚未建立，导致财政管理过程不封闭运行。目前还没有建立对部门预算编制质量和项目绩效的评定考核机制，由此使得部门预算从编制到执行都缺乏有力的监督。2010 年 4 月，中央部门公开了部门预算，但公开内容过于粗略，公开的内容大都局限在类级，个别项目细化到款级，并均未涉及项级，公众监督仍然困难。

三、建立预算专业化制衡机制，科学预算管理

财政预算制度蕴藏着防治腐败的基因。预算的编制、执行、决算、监督环节专业化制衡是防治腐败、实现财政预算硬约束的内在循环，预算收入与预算支出实行分开管理，双向制约，构成防治腐败的财政预算双向专业化制衡机制。

（一）财政预算约束机制是防治腐败制度体系建设的关键节点

财政预算约束是防治腐败制度体系中的关键节点，它可以最大限度地监督政府活动行为及过程。政府的每一项职能活动都离不开收支，收支均来自于社会，如果能将政府的每一项收支都纳入预算，同时附上与之相对应的政府活动的理由和信息，那么只要公开政府预算，让公众监督政府预算的编制和执行，就能监督政府行为和公权力的运用。市场经济条件下的公共预算制度构成政府行为规范化的硬约束，不仅让决策者自己承担决策的后果，而且还是夯实制度防腐的重要途径。

（二）利用财政预算专业化制衡，构建防治腐败的内部监督机制

在财政预算过程中，建立基于决策权、执行权和监督权制约的财政预算专业化制衡机制。在此架构下，预算编制是预算基本决策形成过程，编制后的预算执行受预算决策制约，预算决策与执行的情况最终由决算监督，构建起以预算行政过程相互制约的微观财政预算结构。如图 1 所示，预算编制、执行、决算、评估专业化制衡结构有效防治了在预算执行中随意变动预算，避免大量或者大额的预算计划之外的临时动议性拨款，消除了个人利用拨款审批权寻租的便利空间。

（三）实施绩效预算，严防资金"跑冒滴漏"

绩效预算管理是一种以结果为导向、将预算拨款与行政绩效挂钩的财政预算管理模式，其对产出实际效果的考量，并通过评价反馈给预算拨款机构，以动态的影响下一年度的预算拨款额度，可以有效地通过奖惩机制引导职能部门完成政府的政策目标，消除财政支出中贪污腐败行为。如图 2 所示，在绩效预算中，将绩效目标完成情况和下年度绩效目标计划形成反馈机制设计，将各公共

部门要求达到的绩效目标和奖惩机制写进绩效合同，同时将使用公共资金的绩效目标和奖惩机制写进激励合同，最终使得资金的拨付与资金使用的责任同时予以下达，有效地避免了机会主义行为对政府政策执行的扭曲。

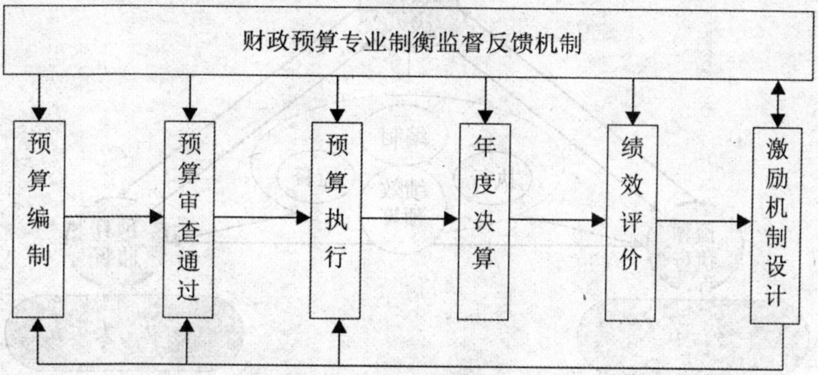

图 1　财政预算专业制衡模式框架图

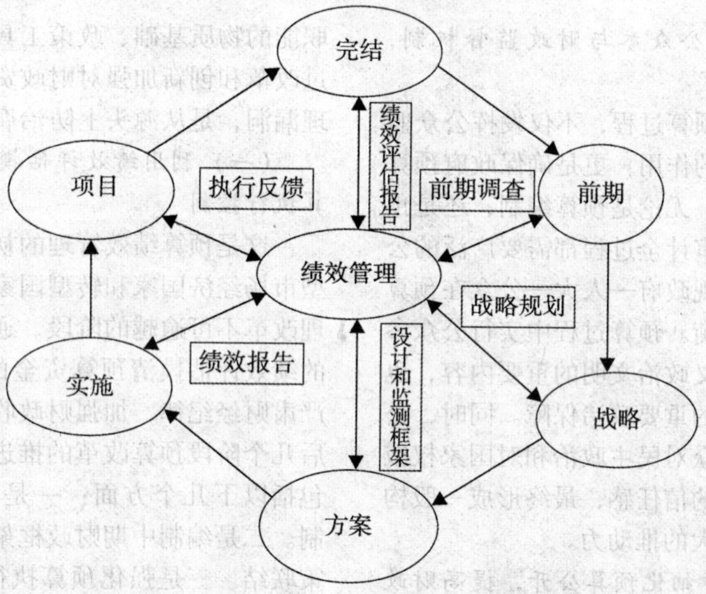

图 2　绩效预算管理运行模式图

四、构筑公开透明的绩效预算，创新社会治理模式

公共预算是现代政府管理的枢纽和基石，建立政府—人大—公众相互制衡的财政预算外部专业化制衡机制，是推进预算法治化进程，建立公众参与财政监督机制，创新社会治理模式的必由之路。

（一）构建政府—人大—公众相互制衡的财政预算外部专业化制衡机制

公众参与预算过程，构建政府—人大—公众相互制衡的财政预算外部专业化制衡外部循环，与专业化内部制衡相互融合，共同形成防治腐败的有效闭环监督机制，如图 3。浙江温岭 2005 年 4 月采用民主恳谈的参与式预算实践是实现政府—人大—公众在预算过程有效互动的有益尝试，将政府预算中属于政府投资的项目先拿出来，经过 200 多名由抽样挑选出来的民意代表进行反复的细致讨论经过“民主恳谈”而后挑选的项目交由人大投票同意后，成为政府的最终预算。

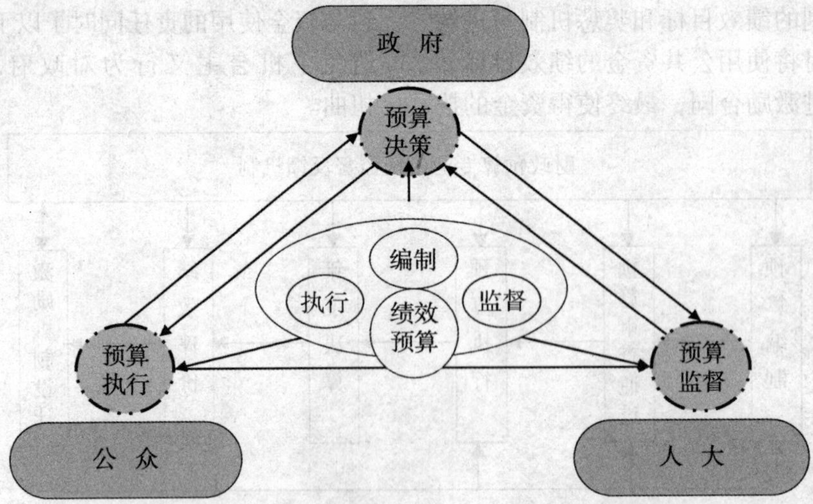

图 3 财政预算内外双重制衡机制与原理

（二）建立公众参与财政监督机制，创新社会治理模式

让公众参与预算过程，不仅发挥公众监督在防治腐败中的作用，更是确保政府预算的民主性的要求。无论是预算编制，还是预算执行、决算及审计全过程都需要广泛的公众参与，有效实现政府—人大—公众在预算过程中的外部制衡。预算过程中实行公众参与是我国社会主义政治文明的重要内容，也是构建和谐社会的重要政治保障。同时，公众参与提升了公众对民主政治和对国家权威的认同及对社会的信任感，最终形成一股构建和谐社会的巨大的推动力。

（三）进一步细化预算公开，提高财政透明度

财政公开透明是进行财政监督的基础。建立透明的公共预算制度，必须加强预算信息公开。预算公开是建立公众参与机制、实行参与式预算的重要内容。因此，要提高预算透明度，细化、规范预算公开项目，建立制度化的公众参与预算机制，让公众监督预算制定、执行过程，发挥财政预算和公众在防治腐败中的重要作用。

五、不断制度创新，逐步深化改革

财政是国家直接掌握、管理和分配公共资金与资源最重要的手段，是党和国家履行职能的物质基础、政策工具和监管手段。通过改革和创新加强对财政资金监管，堵塞管理漏洞，是从源头上防治腐败的必然要求。

（一）利用绩效评估摸清家底，强化预算执行控制

这是预算绩效管理的初步阶段，也是新型市场经济国家和转型国家实施预算绩效管理改革不可逾越的阶段。通过预算资金支出的绩效评估摸清预算资金的实际使用情况，严肃财经纪律，加强财政收支总控制，为以后几个阶段预算改革的推进夯实基础。主要包括以下几个方面：一是加强财政收支控制。二是编制中期财政框架，实施预算和政策联结。三是强化预算执行中的外部控制，特别是继续发挥财政部门在外部控制中的作用。四是建立完善部门各项内控制度。五是完善收付实现制，逐步建立财政报告制度。

（二）进行动态性绩效评估，实现公共项目绩效管理

预算编制在达到财政资源的有效控制后，应进入项目预算阶段。预算支出项目必须反映政府战略政策和部门核心政策，改革的重点在于设计有效政策，并建立确保政策与预算之间有效联系的机制。预算执行必须强调内部控制为主，外部控制为辅，为产出预算的管理责任要求的管理分权打好基础。

为对项目预算的执行绩效进行评价，这个阶段的绩效评价应以节约和效率为目标，同时构筑修正收付实现制的会计基础。继续推行项目绩效评估，然后涵盖基本支出，在全面推进绩效评价的基础上，注重项目支出的经济效率和有效性。

（三）以项目预算绩效管理为基础，推动部门预算行政问责

在推行预算问责这个阶段，改革的重点将从外部控制过渡到管理责任阶段，从政策过程控制转变到产出和结果控制，从封闭式管理转变为透明式管理，利用绩效报告进行预算问责。逐步把财政部门提供的预算绩效信息纳入财政资金分配的决策过程，通过部门预算的调整与行政问责制紧密地结合起来，逐步向决策型预算绩效管理转变，把部门绩效信息的优劣作为部门政策调整和部门人事变动的客观依据，加强预算问责。

（四）以财政管理信息化建设为重点，加强财政监督工具创新

预算专业化制衡机制的实施需要财政管理信息化建设提供支撑。要加强财政管理一体化信息系统建设，在“金财工程”的基础上，搭建政府财政管理综合信息系统，实现预算专业化职能部门业务协同。财政业务的信息化不仅涉及财政内部的业务部门，同时将各延伸机构、预算单位、代理银行也全部纳入平台应用范围，所有主体都在这个统一的管理平台，形成“以预算为源头，以预算执行为重点，以监督为依托，以决算和绩效评估为反馈回路”的闭环财政管理体1系。

推进财政预算公开应注意把握的几个问题

河北省纪委常务副书记、监察厅厅长、预防腐败局局长　王雪峰

按照会议要求，结合河北实际，围绕推进财政预算公开应注意把握的几个问题，谈几点体会和认识，不妥之处，请指正。

对政府财政预算实施监督，不仅是国家权力机关依法管理的重要内容，也是全社会公共财政意识不断增强的必然要求。特别是随着市场经济体制不断完善、行政管理体制改革不断深化、反腐倡廉建设不断推进、民主法制意识不断增长，政府财政预算公开已逐渐受到全社会关注，并成为转变政府职能、建立服务型政府的重要体现。推进这项工作，应注意把握好以下几个问题：

一、要与转变政府职能同步推进

转变政府职能既是建立市场经济体制的客观需要，也是行政管理体制改革的必然要求。从财政角度看，转变政府职能的一个要求，就是尽可能少地干预经济运行，而将财政作用限定于市场失灵和公共性、外部性领域，履行“公共财政”职能。公开财政预算，一方面可以限制政府支出规模、优化支出结构、减少资源浪费，促进有限政府的建立；另一方面可以更好地实现政府和社会、公众的互动，从而使政府在编制预算时，能够更加准确地了解公众需求和公共需要，从而更加符合实际，取得更好的效果。

二、要与构建廉洁政府同步推进

政府财政预算是最重要的公共权力之一，应该加大监督制约力度，使其在“阳

光”下运行。一是将其纳入权力运行监控机制建设。通过在财政系统内部查找预算编制、执行、核算、决算等环节的廉政风险点、确定相应风险等级和防范措施，进行全过程监控，预防腐败问题发生。二是实行全口径预算管理。建立健全政府公共预算、政府性基金预算、国有资本经营预算和社会保险预算制度，形成覆盖政府所有收支的预算体系，逐步实现政府公共支出、基本建设支出、行政经费支出预算和执行情况的公开。三是将其纳入现代信息管理系统。借助现代信息网络优势，构建覆盖从财政部门到预算单位的监控网络。去年，河北启动了“省级财政财会信息管理平台”建设工作，通过省财政厅与省直各单位的协调联动，将预算编制、执行、会计核算、年终决算等各环节纳入监控系统，规范了操作流程、提升了监管水平。

三、要与深化监督制约同步推进

人大监督是法律赋予的职责、社会监督是强化制约的重要手段，两者结合起来可以更好地提升预算公开的实际效果。一是充分发挥人大预算监督职能。要进一步加强人大及其常委会预算审批、执行的监管职责。以部门预算为重点，完善审查监督制度；以代表监督为主体，改进预算初审方式；以跟踪督查为手段，深化项目预算监督。二是进一步优化预算编制目录，便于公众了解。既要按照支出功能设置预算科目，反映教育、文化、卫生、社会保障等方面的支出情况，也要按照经济分类，反映人员工资、设备购置、办公经费、事业发展、基本建设等方面的支出情况。支出情况应尽可能地细化，使公众对于政府用了多少钱、用在什么地方、怎么用的清清楚楚。三是对关系群众切身利益的预算和专项资金，要主动、及时公开。重点公开“三农”、教育、医疗卫生、社会保障和就业、保障性住房等涉及民生的预算和专项资金使用情况。我省秦皇岛市在2006年启动了财政专项资金项目监控系统，通过外网受理、内网运行的模式，对项目资金预算分配、资金拨付、管理使用、项目进展、验收结算等各环节进行全方位实时监控，实现了项目和对应资金的信息公开、监管联动、信访处理等六大功能，方便了群众查询，提高了监管水平。

四、要与建立完善法律法规同步推进

目前对于预算公开有明确规定的主要有《政府信息公开条例》、财政部下发的《关于进一步推进财政预算信息公开的指导意见》和《关于进一步做好预算信息公开工作的指导意见》。这些规定分别对县级以上政府部门的预决算公开和各级财政部门的政府预算、部门预算、预算执行、财政决算以及财政转移支付等内容的公开进行了规定。但是从实际情况看，主动的预算信息公开还有很长的路要走，这既是现阶段国情决定的，也与全社会的民主法治意识普遍不强有着直接关系。建议在《预算法》修订过程中，增加预算公开内容，同时要与其他的相关法律法规协调一致，逐步形成比较完善、比较成熟的法律法规和规章体系。

最后，我想以以下几句话作为结束：财政预算公开意义重大、影响深远，应该积极、主动、稳妥、有序地推进。既要建立健全规范有效的内部监督制约机制，又要建立开放透明的外部监督制约机制；既要在预算编制阶段加大监管力度，又要紧紧抓住预算执行和决算阶段的监管工作；既要有配套的法律法规及规章制度为保障，又要按照“机制+科技”的监管模式，充分发挥现代信息技术优势；既要遵循公开是原则、不公开是例外的总体原则，又要立足国情、循序渐进地稳步推进。

谢谢大家！

拓宽渠道　稳步推进财政预算信息公开工作

黑龙江省财政厅厅长　王庆江

财政预算信息公开是保障公民知情权、参与权、表达权、监督权的制度要求，也是提高政府部门工作透明度，提升财政预算管理水平的重要措施。按照国家有关要求，我省各级财政部门采取有效措施，扎实推进财政预算信息公开工作。

按照预算信息公开要求，每年省人代会和人大常委会审议通过预决算草案后，即向社会公开。从级次上看，包括全省、省本级和市县级；从内容上看，包括一般预算收支、基金预算收支和预算平衡情况；从层次上看，政府预算和预算执行的收入项目公开到款级，支出项目公开到类级。财政决算的收支项目公开到款级。部门预算的收支项目公开到项级；从主体上看，政府预算和决算、转移支付、预算执行、预算制度等由财政部门负责公开，部门预算和决算由各部门负责公开；从形式上看，主要通过报纸、简报、政府和财政门户网站以及电视广播等渠道公开。

借助多种载体，推进预决算公开。对人代会通过的预决算报告和按月分析的预算执行情况，及时通过《黑龙江日报》等主流媒体、省政府和省财政厅门户网站对外公开。对年度预算安排的重点支出使用情况，主动通过黑龙江电视台、《黑龙江日报》等主流媒体进行专题宣传报道。例如今年一季度，我们结合推进省委、省政府确定的“十大工程”发展战略，对省本级预算安排的相关专项资金逐项、逐条进行解读，并在黑龙江电视台《新闻联播》节目作了13期系列报道。

强化信息手段，推进部门预算公开。从2005年起，省本级所有预算单位的部门预算全部上报省人大审议。此外，每年年初省人代会期间，我们在会场和代表驻地还分别设置了部门预算查询系统，所有省直部门和单位的预算安排情况都可以公开查询，并安排专人接受咨询。

开展参与式预算，推进民生项目公开。从2006年起，我省在哈尔滨市开展了参与式预算改革试点工作，对庭院改造、文化健身广场建设、社区图书馆等与群众切身利益密切相关的公共建设项目，积极吸纳社会公众参与决策，使预算编制更加民主、透明，取得了较好的成效。

提高分配透明度，推进转移支付公开。按照省纪检委规范权力运行制度的要求，我们对171项专项转移支付审批和分配制度通过财政网站公开。对涉农专项资金特别是对农民个人的补贴资金分配实行公示制，如“一事一议”、粮食直补、农资综合直补、良种补贴、农机具购置补贴等列入村务公开范围，切实做到“一个到村、四个到户”（即：各项补贴资金数额张榜公布到村；补贴政策宣传到户，信息采集登记到户，补贴通知下达到户，银行存折发放到户），有效提高了资金分配的透明度。

通过近几年预算信息公开的实践，相关工作取得了实实在在的效果，简单地概括为“两规范、两方便”：即，规范了财政行为。通过预算信息公开，财政部门预算编制、资金分配、预算追加等制度办法和结果，通过媒体对社会公开，促使财政干部照章办事、秉公理财，有效规范了财政部门的行政行为，实现了阳光操作。规范了部门行为。部门作为预算公开的主体，强化了预算单位的法制意识，增强了部门预算执行的透明度，防止了暗箱操作、铺张浪费、挤占挪用等违规违纪行为。方便了社会监督。通过电视、报纸、网络等载体将预算信息广而告之，真正为社会监督开了窗口。特别是用于民生方面的政策和资金，家喻户晓，真正让惠农惠民政策落实到千家万户。方便了财政监管。由于财政规章制度的及时公开，促使部门领导和财务人员增强依法理财的自觉性，从而规范了财务管理行为，切实为财政监管工作顺畅运行创造了条件。

下一步，我们将继续按照国家有关要求，进一步拓宽渠道，稳步推进，扎实开展好财政预算信息公开工作。充分利用档案馆、图书馆等信息公开场所，及时发布预算信息。细化预算信息公开内容，将政府预算和预算执行的支出项目公开到款级，对教育、医疗卫生、社会保障和就业、“三农”、保障性住房等涉及民生的重大财政专项资金管理办法等，也积极主动向社会公开。督促省直部门按照有关规定，做好部门预算信息公开工作。及时更新财政部门政府信息依申请公开目录，并按规定及时受理申请、认真处理答复。

这次会议为我们提供了难得的交流和学习平台，今后我们将按照本次会议精神，进一步做好预算信息公开工作，努力打造透明财政。

着眼有效防治腐败　积极推进预算公开

甘肃省纪委副书记、预防腐败局局长　杨志宏

推进财政预算公开，是保障民主监督、有效防治腐败的重要措施。随着民主法制建设的不断推进和财政管理体制改革的逐步深入，甘肃省财政预算公开工作逐步规范，但与人民群众的要求还有较大差距，仍然需要从理论和实践上进行深入研究探索。

一、甘肃省财政预算公开的实践探索

改革开放特别是党的十六大以来，我省在推进财政预算公开方面进行了积极的实践探索。一是规范预算编制程序。不断深化部门预算改革，制定预算编制规程，明确编制时间、工作事项和职能权限，推进预算编制规范透明，编制范围已覆盖全省126个一级预算单位和所有省级政府部门。二是完善预算报告制度。每年初向人代会提交上年全省预算执行情况、当年全省和省级预算报告，将一般预算和基金预算列到款级科目，对教育、科学、农业、医疗、社保和就业等重点项目支出情况进行说明，对新增项目按照功能科目分类单独阐述。三是扩大预算公开范围。积极推进政府收支分类改革，将国有资本经营预算和社会保险基金收支纳入公开范围，预算收入按性质公开到财政拨款、预算外资金、事业收入、其他收入和政府性基金收入，支出按功能分类和经济分类公开到款级科目。每月汇总分析预算执行情况，报党委、政府、人大接受监督。四是建立预算公开制度。梳理预算流程，建立预算规程，制

定并公开预算审批监督条例、财政监督条例、省级财政支出预算执行程序和省级预算编制管理办法，全省各级预算安排、经费投向和所办实事，通过公报、网络、媒体逐步向社会公开。

二、存在的主要问题及原因分析

我省预算公开虽然做了一些工作，但与公共财政的本质要求和健全社会主义市场经济体制目标还不相适应。一是预算外透明度低于预算内透明度。预算外资金尚未全部纳入预算，存在变通执行的可能，预算外收支总体缺乏透明。原因是财政性资金来源层次不同，从预算内到预算外，法律依据效力逐步减弱，透明度逐步下降。二是内容透明度低于程序透明度。预算报告缺少预算收支和对比数据，没有公布预测财政收支的依据，缺乏具体的目标阐述和数量指标，预算支出信息不能反映财政资金使用全貌。原因是预算程序相对完备、便于监督，但预算内容细化不具体、规定不明确，难以有效监督。三是现实透明度落后于可能透明度。预算数据、报告和分析大多以内部文件向政府和人大公开，没有真正向社会公开。原因是财政制度不健全，预算法规有缺陷，部门规章刚性不强，影响了全面公开的推行。加之，经济欠发达地区受思想观念滞后的影响，创新意识不强。

三、推进财政预算公开的对策及建议

预算公开涉及利益关系调整，必须在建设社会主义民主政治和市场经济的背景下，紧跟财政管理改革发展需要，运用国内外先进成果，科学有效地稳步推进。一是健全法制保障。修订预算法，增加预算公开原则、内容和形式等条款，填补预算法存在的缺陷，明确预算公开的法律依据；修订保密法，重新界定预算保密范围，使政府信息公开条例与保密法之间协调一致。建立责任追究机制，对于故意隐瞒和阻碍公众正当获取信息或虚假公开信息的部门及人员，依法严肃追究责任。二是公开预算依据。对各类财政收支的依据，如宏观经济分析模型、财政收支预测模型和公共经费部门分类依据、分项定额测算依据、分类支出限额依据、转移支付测算公式等向社会公开，让公众能够看懂预算，便于实施监督。三是公开预算程序。从预算编制、审批、执行、变更、决算到政策、建议、审计、监督等程序和内容进行公布，人大对预算报告的辩论、听证、修改和批准过程向社会公开，确保预算全程公开透明，置于公众监督之下。四是公开预算信息。着眼解决信息不对称问题，对象上向人大、政府和公众披露，范围上覆盖政府一般性基金、社会保障基金和公共企业基金，内容上披露收支、负债、绩效和风险信息，程度上尽可能细化公开到具体支出项目，确保预算公开全面、客观、真实，打破部门的信息垄断。五是规范公开方式。按照便捷、详尽的原则，建立向人大报送信息长效机制，完善政府政策公布和部门磋商机制，畅通书面文件、广播电视、网络媒体等公开渠道，运用预算公告、听证会、新闻发布会、网上发布等方式及时向社会披露信息。六是强化技术支撑。依托“金财工程”加强财政信息系统建设，将所有财政资金及主要经济指标、会计总账、分类账等信息纳入系统，建成相对完整的信息库，便于立法、司法机构和纪检、监察、审计等部门查询、质疑和监督，保证资金和信息安全，提高预算透明度。

扎实推进预算公开　努力打造阳光财政

福建省纪委副书记、监察厅厅长　陈伦

近年来，我省以贯彻落实政府信息公开条例为契机，积极探索推进财政预算公开。2008年、2009年，我省连续两次在上海财经大学公共政策研究中心开展的“中国省级财政透明度状况调查”中名列全国第一。主要做法是：

一、加强领导，建立健全财政预算公开工作机制

福建省委、省政府高度重视财政预算公开工作，明确指出预算公开是加强反腐倡廉建设的现实需要、维护群众切身利益的重要保证、推进依法行政的有效途径，要确保预算公开内容让群众“看得见、看得全、看得懂、能监督”。省财政厅作为全省预算公开的牵头单位，始终坚持把预算公开工作摆上重要议事日程，着力建立健全预算公开工作机制。一是加强领导，落实责任。成立财政厅预算公开工作领导小组，并下设办公室，具体承担预算公开的规划和落实。领导小组每年召开两次以上专题会议，研究解决预算公开中出现的问题，并邀请专家举办预算公开辅导讲座。二是建章立制，形成机制。制定了《省财政厅政府信息公开实施暂行办法》和《省财政厅政府信息公开保密审查暂行办法》，明确预算公开的内容、形式、时间、程序，规范保密审查程序、落实审查责任；制定了《省财政厅门户网站管理暂行办法》，细化预算公开的责任主体、发布程序和监督管理职责，逐步完善预算公开运行机制。三是统一指导，逐步推进。根据财政部的要求，结合福建省实际，制定了《关于进一步推进财政预算信息公开的意见》，加强对省直部门和市、县财政部门预算公开的指导，规范预算统计口径和项目分类。

二、突出重点，推动财政预算公开向纵深开展

我省财政部门紧紧围绕财政职能和社会关注的热点，有层次、有重点地公开预算信息。一是突出政府预算公开。不断规范和完善报送省人大审批的政府预算体系，及时向社会公布一般预算收支、政府性基金预算收支等信息；对政府预算的重点支出按照款级科目列示，减少使用专业术语，使预算报告易读易懂。二是突出部门预算公开。进一步扩大向人大报送部门预算的范围和数量，部门预算基本涵盖所有政府组成部门及直属机构，并逐步扩大到一级预算单位。三是突出年度预算执行情况公开。将月度、季度预算执行情况分析材料的定密期由原来的1个月调整为7天，及时向社会公开半年度、全年度预算执行情况。四是突出重大民生支出公开。重点公开与群众生活密切相关的“三农”、教育、社会保障等方面重大专项转移支付的资金管理办法等政策，突出资金补助标准、分配结果、使用效率、审计情况等方面的公开，自觉接受社会监督。去年以来，我省率先开展对强农惠农资金的监管，重点要求就是“阳光运作，公开透明”。五是突出财政政策法规公开。积极发布财政政策法规解读信息，扩大政策法规知晓率。2009年编印了《财政支农政策问答》，将各项财政支农惠农政策和管理措施汇编成册，发放到广大农村干部和农民手中，受到基层同志的称赞。

三、丰富载体，扩大财政预算公开的覆盖面

为满足公众对预算信息的需求，我省建立健全预算信息披露制度，采取灵活多样的形式公开预算信息。一是纸质公开与网络公开相结合。一方面，通过省人大常委会公报、省政府公报、报纸等形式公开经省人代会批准通过的财政预算、决算报告，通过财政年鉴和统计年鉴详细公布年度决算的数据、文字和图表资料。另一方面，大力加强省财政厅门户网站建设，将原有分散的6个子网并入门户网，充实预算信息公开栏目。截至今年7月底，共发布预算信息314条。二是主动公开与依申请公开相结合。一方面，主动编制预算信息公开指南和公开目录，做好日常预算信息主动公开工作；每年2次以新闻发言人的形式，通过《福建日报》等省级媒体对半年度、全年度预算执行情况进行解读；向省档案馆、省图书馆的政府信息查阅场所定期提供预算信息，供公众查询。另一方面，严格按照“依法受理—认真研究—妥善处理”的步骤做好预算信息依申请公开工作，形成完整程序。截至目前，共受理依申请公开24例。

四、强化监督，务求财政预算公开抓到位、出实效

省人大机关和纪检监察机关就预算公开工作，积极加强监督检查，努力提升监督合力。一是人大机关强化预算审查。每年人代会，省财政厅都组织编写“两会”财政专项材料，对财政管理的最新动态、财政重点支出以及人大代表关心的财政热点问题等进行详细说明，供代表履职时参阅。今年6月，省人大财经委、省人大常委会财经工委和省财政厅联合召开预算公开座谈会，明确了下一阶段预算公开的思路和要求。二是纪检监察机关强化对预算公开的组织协调、监督检查。近年来，省纪委监察厅把预算公开作为拓展办事公开工作的新领域，积极组织协调财政部门和省直其他部门按照“提出、审核、审批、公开、反馈、归档”的基本程序开展预算公开；开展“办事公开海西行”调研督查活动，督查预算公开进展情况；驻省财政厅纪检组监察室牵头制定了《省财政厅2010年绩效评估方案》和《关于细化政务公开绩效考核指标的通知》，对预算公开的绩效评估和考核提出具体要求，增强职能处室推进预算公开的责任感和紧迫感。

关于预算信息公开内容与形式的思考

湖北省纪委副书记、监察厅厅长　陈绪国

预算信息公开是公共财政的本质要求，是政府信息公开的重要内容，也是预防腐败的重要举措。根据会议安排，结合我省实际，现就预算信息公开的内容和形式谈点粗浅思考。

一、关于财政预算信息公开的内容

（一）中央有关财政预算信息公开内容的要求

国家财政部《关于进一步做好预算信息公开工作的指导意见》（财预〔2010〕31

号）对预算信息公开的内容明确要求：一是做好主动公开工作，财政部门要主动公开预（决）算；各部门要主动公开部门预算；各级各部门大力推进重大民生支出公开。二是做好依申请公开工作。

（二）我省财政与编制政务公开工作进行的有益探索

2004年以来，我省以打造“阳光财政”和“透明编制”为目标，着力推进财政与编制政务公开，全面公开财政专项资金分配使用、行政事业单位人员机构编制等情况，接受社会监督，收到了较好效果。

公开的主要内容是：以财政专项资金分配使用和财政供养人员实名制为重点，凡政府财政、编制管理工作涉及权力运行的政策法律依据、办事程序、办事时限和办事结果；凡涉及群众切身利益的财政专项资金的分配管理、发放标准、每位受益人的领取情况；凡党政群机关、全额拨款事业单位和具有行政管理与行政执法职能的其他事业单位的机构设置、核编情况、在编人员及任职情况，都在互联网上公开。

经过五年的努力，我省公开内容不断扩大。2009年，全省各级网站累计公开了4326项财政资金、金额达358亿元，涉及5582万人（户）、82646个项目；公开了2321家行政事业单位部门预算，涉及预算资金122亿元。

（三）预算信息公开内容的建议

按照先易后难、逐步推进的原则，明确预算信息公开的内容。在宏观层面上：一是建议全国人大及时修订《预算法》等相关法律，将预算信息公开内容通过法律予以明确；二是建议国务院及时出台相关文件，明确预算信息公开内容，以便各级政府有章可循。

在具体操作上：一是在预（决）算方面，要与当地人大充分沟通，逐步改进和完善现行编报格式，并最终实现按照财政部统一规定进行公开；二是在部门预算方面，要明确部门作为公开主体，逐步公开社会各界关注的支出；三是在重大民生支出方面，要修改完善相关法律、规章、制度，处理好保密与公开的关系，逐步实行以公开为原则，让老百姓明白政府花了多少钱、办了多少事、受了多少益。

二、进一步丰富预算信息公开的形式

（一）中央有关财政预算信息公开形式的要求

2008年5月1日正式实施的中华人民共和国国务院令492号明确，行政机关应当主动公开的政府信息，采取政府公报、政府网站、新闻发布会以及报刊、广播、电视等便于公众知晓的方式公开。

（二）我省财政与编制政务公开工作的主要形式

我省各市州县现已设立了116个独立网站，建立了覆盖所有乡镇街办的免费查询点3008个和部分村、组免费查询点。深入乡镇村开展流动查询2457场次，群发手机短信515万条，播发电视滚动字幕6万多次，发放宣传品2150万余件，培训业务骨干和技术人员近2000人次。

此外，我省省直部分部门和市（州）、县、乡、村普遍设立了行政审批与服务大厅，建立了新闻发言人制度和重大事项听证会制度，还采取政务公开栏、宣传栏、新闻媒体等多种形式进行公开。

（三）预算信息公开形式的建议

按照因地制宜、简单便民的原则，丰富财政预算信息公开的形式。一是在省、市、县层面，主要通过互联网进行公开，辅之以其他因地制宜的有效公开形式。二是在镇、村、组和街、办层面，在通过互联网进行公开的同时，辅之以公告上墙等简便直观的形式进行公开。

三、财政预算信息公开与预防腐败的关系

阳光是最好的防腐剂。近几年，我省通过开展财政与编制政务公开，大力推进国库

集中收付全覆盖，将各类财政性资金纳入集中收付范围，并延伸到乡镇一级和绝大部分基层预算单位，实现“横向到边、纵向到底”，对加强财政资金管理、完善权力运行监督、预防腐败，发挥了较好作用。

2009年，我省各地利用网上公开的数据资料开展资金检查和查处投诉案件，纠正不应享受的专项资金9325人次、金额484万元；查处挪用截留资金等违纪问题68件、金额1235万元；清理出“吃空饷”人员609人、金额806万元。

关于财政预算信息公开的内容与形式，话题敏感、社会关注度高，操作层面也较为复杂。我们将以这次会议为契机，加强领导、落实责任、健全制度、完善机制，坚持统一指导、整合平台、拓宽渠道、逐步推进，正确回应公众要求，不断丰富财政预算公开的内容与形式，从源头上预防腐败，为经济社会持续健康发展提供有力保障。

中国地震局预算社会公开情况汇报

中国地震局发展与财务司副司长　徐铁鞠

预算公开是强化对政府权力的制约和监督、从源头上预防和治理腐败的重要举措。预算公开有利于落实公民的知情权、参与权、表达权和监督权。

一、预算公开的基本情况

我局预算公开始于2008年，当年将地震系统部门预算编制成书，在系统内部公开。2010年3月31日，我局按照有关要求在门户网站上公开了2010年预算收支及预算支出大表，并没有立即引起社会关注。4月14日青海玉树地震后，才成为网民关注的焦点并受到质疑。6月29日，在门户网站上公开发布了《中国地震局2010年部门预算书》，面向社会全景展示了中国地震局部门预算，起到了解疑释惑的作用，得到了社会和新闻媒体的普遍肯定，增进了公众对防震减灾工作的理解与支持。

二、预算公开的内容与形式

2010年3月底，我局在门户网站上公开了2010年预算收支及预算支出大表后，就开始研究详细公开部门预算的内容与形式问题，着手编制《中国地震局2010年部门预算书》。网民的质疑不仅对预算公开的内容和形式提出了要求，也指明了方向。我局决定，从社会公众的视角看待预算，以公众看得懂的方式编制预算。最终形成的预算书由概述、2010年预算、预算科目解释三部分内容组成。其中：

第一部分：概述。对我局系统机构、人员、预算收支总体情况进行简要介绍。

第二部分：2010年预算。用5个表格详细列示我局预算收支安排。为了便于社会公众的了解，我们在财政部批复预算的基础上，增加了按照支出内容列示的财政拨款预算表以及所属47个二级预算单位支出预算表，同时简化了例如科目编码、项目代码、单位代码等次要信息。

第三部分：预算科目解释。考虑到预算科目专业性较强，不易理解，为避免歧义，在公开预算书中特别增加了对预算科目的解释。

三、预算公开后的社会反应

2010年6月29日，《中国地震局2010年部门预算书》在我局门户网站发布后，立即引起新闻媒体的关注。在短短十几天时间里，国内媒体和网站对此进行了大量报道和转载。全国22个省（直辖市、自治区）的读者来信，索要纸制预算书。

一是内容翔实受到好评。中央电视台《新闻频道》评价：中国地震局是首个以预算书形式公开部门预算的中央部门，也是迄今为止公开内容最为详尽的一份部门预算。一份能看得懂的部门预算书背后体现的是对公众的尊重，其意义大于内容。中山大学教授郭巍青称此举为：并不微小的进步。

二是回应了相关质疑。中央电视台《东方时空》以“地震局再次公布预算，澄清公众质疑”为标题，对中国地震局公开部门详细预算做专门报道。此外，《证券时报》等平面媒体也给予了肯定，称“预算书回应了公众对地震预报预测270万元支出的质疑……这不但是对民意的回应，更是践行中央的承诺”。

三是树立了良好的形象。《证券时报》文章称：这份预算书特别声明是献给每一位支持国家公共事业的普通纳税人。这对于当了几十年纳税人的社会公众，是第一次有了被尊重的感觉。尽管网络上对这份预算书不乏批判，但这是一个好的开端。《青年时报》文章认为：这正是地震局改善自身形象，通过满足公众的知情权，化解公众质疑的一种努力。

四是防震减灾工作得到更多的理解与支持。《东方早报》文章称：地震预报确实是一个世界性难题，不是中国的地震局不行，而是人类的认知局限。即使目前不可预测，但为了将来可以预测并驯服地震，国家仍须投资对地震进行研究，甚至因为目前预测不了，更应投入更多的资金进行研究，提升预报水平，减少灾害损失——所以“目前不可预测”与“加大研究投入”并不矛盾，不能以“投入何以无产出”去苛求地震局。

四、预算公开的经验与启示

今年是中央部门预算公开的第一年，在被肯定其重大意义的同时，存在一些负面评议甚至质疑也在所难免，关键是如何解决这些问题。我局在预算公开的过程中有几点体会尤其深刻：

一是公众评议不是坏事。预算公开毕竟刚刚起步，并且公开的预算远未达到让社会公众满意的程度，存在负面评议或质疑几乎不可避免。公众评议本身反映了社会对预算的关注，而我们公开预算的目的就是要通过社会公众的监督不断改进预算管理工作。如果没有公众评议，预算公开的目标就无法实现。因此，无论是正面的还是负面的，公众评议都不是坏事。

二是政策公开和预算公开应相互促进。预算绝不仅是钱，其体现的是部门的各项工作和国家政策。就我局的公开情况看，负面评议基本上都来源于评议人对部门工作和国家政策的不了解。在不了解政策的情况下，往往会把预算数据的产生归为一些不合理的原因，产生误解，进而导致负面网评乃至质疑。而推进部门工作和政策公开，则有助于消除负面评议现象。

三是开启了与社会沟通的一扇新窗口。防震减灾事业是公益性事业，需要社会公众、各级政府的关注、支持和参与。预算书以其权威且定量化的数据反映中国地震局的工作方向和工作重点，说明各项支出的具体用途，在与社会公众沟通中有着其他政务信息难以比拟的独特优势。我们相信，随着预算公开的推进，预算必将成为我局与社会沟通的一个新的重要渠道和平台，成为收集民情、反映民意、集中民智的新窗口。

四是做好预算工作与预算公开要相互促进。做好预算工作是实施预算公开的前提。2010年预算书公开也为我们提出了进一步完善中国地震局预算科目体系、更好地反映中国地震局各项职能的新要求，提出了进一步加强预算管理，服务防震减灾事业发展的新要求，对促进中国地震局预算工作也有着十分重要的意义。

五是预算公开需要持续努力。预算公开的首要目的就是要让社会公众看得懂。虽然我们在这方面作了努力，但与欧美、香港等国家和地区相比，仍然比较粗放，与公众的要求相比，相差还很远，尚未实现让社会公众看得清、看得懂的目标。而要实现这个目标，需要从编制到审议执行、从预算内容到表述形式等各方面作出努力，需要一个逐步推进的过程。

六是应加大预算公开的舆论引导和支持。目前，各级政府和部门对预算公开的积极性、主动性不断增强，但也存在一些顾虑。建议加大正面舆论引导的同时，对社会上存在的一些负面评议由公开预算的部门自我调整应对并最终消除，相关部门应给予理解支持，在不存在重大问题的前提下，坚持在原则上不让预算公开的先行者在政策和资金上“吃亏”。

积极推进部门预算公开　努力构建和谐阳光交通

交通运输部财务司司长　杨省世

一、我部部门预算的主要特点

由我部负责管理的预算资金主要由六部分构成：一是由财政拨款安排的行政单位运行经费；二是车辆购置税交通专项资金；三是纳入政府性基金预算管理的港口建设费和船舶港务费；四是预算内基本建设拨款；五是纳入预算内管理的行政事业性收费收入；六是事业单位的其他收入。在管理模式上，实行条块结合的体制，既面向部直属单位，也面向地方行业部门。这些资金具有规模总量大、覆盖范围广、涉及项目多、社会关注度高的特点。2010 年，我部预算资金总量达到 1211 亿元，覆盖部本级、直属事业单位、地方行业管理部门等 410 家预算单位，涉及行政事业类项目、重点建设项目及其他一般项目 2647 个，全部按照财政部的要求，通过《交通运输部 2010 年收支预算总表》和《交通运输部 2010 年财政拨款支出预算表》按时公开了预算信息。

二、预算公开的主要做法与举措

我们结合交通行业预算项目“点多、线长、面广、社会影响大”的特点，遵循“态度要坚决，步子要稳妥，工作要扎实”的思路，创造性地开展工作，基本实现了“公开促廉洁、廉洁促和谐、和谐促发展”的预期目标。

一是认真统一思想。交通行业资金总量大，与群众的日常生活密切相关，是社会关心、媒体关注的热点行业，预算公开所面临的挑战更加严峻。部党组要求各司局从讲政治的高度认识公开的重要性，切实解放思想，克服畏难情绪，坚决推进改革。同志们充分认识到预算公开是建设服务型政府和阳光政府的本质要求，有助于推动和谐交通建设，提升依法行政能力；有助于建设廉洁阳光交通，提升交通行业公信力；有助于提升财政资金使用效益，是有利于行业和社会的重要举措。

二是强化组织领导。部党组高度重视预算公开工作，部领导在部务会和全国交通廉政工作会议上多次强调预算公开的重要性、必要性和紧迫性，要求行业增强适应改革的主动性、积极性和创造性。预算公开之前，部领导专门召开专题会议，研究部署公开的内容、范围和司局职责分工，认真细致地做好各项准备工作，为预算公开的顺利推进奠定了组织基础。

三是完善体制机制。按照“谁主管、谁负责”的原则，我们建立了部内协调机制，明确了各司局在预算公开各个环节的职责和分工，形成了财务司牵头、各司局密切合作，共同推进预算公开工作稳步有序开展的联动机制。在制定预算公开方案时，我们对于难以准确把握的保密数据处理、统一数据口径等问题积极与财政部进行沟通。预算公开后，密切关注舆情动态，编制了11期《预算公开工作简报》，报送部领导和各司局传阅。

四是创新工作模式。在公开内容上，除主动公开《收支预算总表》和《中央部门财政拨款支出预算表》，认真起草文字说明外，还对一些与群众利益密切相关的事项进行了专项说明。例如，对于已实行中央转移支付，未在我部部门预算中反映的车购税用于农村公路支出事项就作了专门解释。将部门预算信息纳入部政务信息主动公开范围，在部网站的“政务公开”频道新增“预算公开”专栏，做到信息动态更新，为预算公开提供了技术支撑。在制度建设上，制定印发了《交通运输部预算信息公开工作规程》，进一步明确了工作机制，使预算公开迈入了制度化、规范化、长效化轨道。

三、完善预算公开的工作思路

今后，我们将继续按照国家预防腐败局和财政部的要求，进一步深化预算管理制度改革，从内容和形式两方面入手，将预算公开工作引向深入。

一是提升精细化、科学化水平，为老百姓提供经得起考验的信息。进一步拓展预算公开的覆盖面，逐步把所有收支全部纳入预算公开范围，让老百姓清清楚楚地知道行业花了多少钱、办了什么事，从而有效监督政府。尽快建立健全有关预算资金分配原则、标准和使用办法的相关制度，制定完善预算支出定额标准体系，规范预算资金的使用管理，提高预算科学化水平，保障预算公开信息的质量。努力做到预算编制有依据、预算支出有标准、预算执行有计划、支出绩效有考评，为进一步深化预算公开和接受社会监督奠定更为扎实的工作基础。

二是提升大众化、通俗化水平，为老百姓提供看得懂的信息。国外发达国家在预算公开形式上，经常采用老百姓喜闻乐见的方式，运用形象生动的漫画图表、翔实准确的解释说明来展现各项信息，对于落实公民的知情权、参与权和监督权，推进民主和反腐发挥了积极作用。在这些方面，我们将积极探索，改进工作思路，健全披露制度。一要根据行业特点写好预算编制说明，对于大家难以理解的交通专业术语加注解释。二要“跨出行业看行业”，认真关注业外人士对我部预算公开的相关意见，积极加以改进。三要积极拓宽公开渠道，及时利用政府门户网站、新闻媒体发布解读性文章，使预算更加贴近百姓生活，方便群众监督。

积极推进预算公开　强化预算执行监管

国土资源部财务司司长　赖文生

一、预算公开及初步成效

（一）部门预算公开应是一种常态。今年3月30日，国土资源部在门户网站公开了2010年部门预算数据，对国土资源部职能、人员编制、机构、在职人员和离退休人员总数等基本情况，2010年收入和支出预算以及主要支出内容进行了公告，同时公开了国土资源部2010年收支预算总表和2010年财政拨款支出预算总表。预算公开今后应作为一种常态，纳入人大监督范畴。

（二）预算公开取得了良好的效果。国土资源部公开部门预算后，新华网、人民网、凤凰网等主流媒体纷纷报道，广大网民从不同方面进行了评说。凤凰网作了“国土资源部公开部门财政预算，开中央部委之先河”的报道。我们认为：①公开部门预算是落实《政府信息公开条例》的一项重要内容，有利于推进政务公开、增强政府的透明度；②部门公开其职能、机构和人员编制情况，有利于社会公众更加了解国务院组成部门的规模、资金的配比、政府部门职能的履行和资金的使用效果；③公开部门预算是落实惩防体系建设规划纲要的一项重要措施，有利于反腐倡廉建设，从源头上接受社会和公众的监督，有利于促进政府部门依法行政。

二、预算执行与财务监管

近年来，国土资源部采取措施，加强预算执行管理，强化财务监管，构建了“两个机制、一个平台”的监督体系。

（一）构建预算形成的决策机制。一是科学确定预算目标。按照“五个一致”的原则，即预算编制与国民经济和社会发展计划相一致，与履行政府职能及事业发展计划相一致，与财经法律法规及财政财务制度相一致，预算编制的总量需要与单位实际支出可能相一致，项目实施和工作进度与年度预算安排相一致，确定公共财政预算支持范围、规模和重点；二是科学编制部门预算。按照预算定额标准，优化财政支出结构，保证重点，控制一般，促进预算分配公平、公正，加强预算科学化、精细化管理，提升预算管理绩效，提高公共产品和公共服务质量；三是坚持预算形成民主决策制度。预算单位根据事业发展计划提出重点工作和预算需求，经集体研究后上报。主管部门组织专家进行立项论证与预算审查，审查结果在一定范围内进行公示，部长办公会议审定预算草案，报财政主管部门审批。

（二）构建预算执行的监督机制。一是建立健全预算执行内控制度，以制度约束预算执行的程序以及资金的使用。二是大力开展内部审计，建立每两年对所属单位轮审一遍的工作机制。三是全力支持配合外部监督，积极配合财政、审计等监督部门的监督工作。四是实行预算执行情况公开通报制度，按季度在部门预算单位范围内公开通报各单位的预算执行情况。五是实行预算执行情况报告制度，年度预算执行结果向预算单位职工代表大会报告。

（三）构建资金使用的监管平台。2008年，国土资源部开发建设了财务管理信息系统，实行所属单位财务信息分层次、集成化管理，构建了资金使用的监管平台。财务管理信息系统由项目预算、财务管理、会计核算和财务分析4个子系统构成。主要特点：一是“四个统一”，即统一财务管理软件，统一会计核算体系，统一业务规范，统一操作规程。二是实现了项目在线申报、在线审查及项目实施、预算执行等全程监管，实现了预算批复锁定、预算锁定及支出预算控制，强化对大额资金支付、对外投资等重点业务实施的在线实时监管。三是财务管理信息系统与审计部门、驻部纪检监察机构联网，便于对国土资源部所属70个行政机关、事业单位及社会团体的常态性监督。

三、建议与展望

从今年预算公开的情况来看，虽然社会公众给予积极的评价居多，但与社会公众的要求尚有一定差距。凤凰网在评论国土资源部预算公开时说：“乃第一个公开部门预算的中央部委，但由于公开信息有限，公众有效监督尚难。”因此，我们认为，要真正实现预算公开的目的，满足纳税人对财政预算支出的知情权，迫切需要解决三个方面的问题：一是制度条件，须有实施预算公开的具体制度措施，规范预算公开的主体、程序、内容、方式以及意见反馈、意见吸纳等内容；二是技术条件，要创造满足预算公开的技术业务支撑，使所有想要了解预算的人能够方便地获得信息并理解预算意图；三是知识普及，要对国家预算的概念、含义、性质等进行广泛深入的宣传，使社会不同群体都能够看明白，才能准确地反映其真实意见。

抓住关键环节　有序推进预算公开

农业部财务司巡视员　邓庆海

农业部财政预算公开工作伴随着国家公共财政体制改革而不断发展深入。特别是2000年以后，作为第一批公共财政建设改革试点单位，我们进一步加强了年度预算公开工作，在探索实践中不断取得新的进展和成绩。

一、预算编制改革进程

一是2000年至2002年归并整理内部财务体制，将分散于科教司、畜牧局、渔业局等各业务司局的财务机构合并到财务司，建立起符合公共财政体制要求的部门预算体系架构，将农业部各司局、各部属事业单位的年度预算编制在一本预算建议书中，首次实现农业部全系统的财政预算收支全面集中地反映到“大本”上。

二是2003年至2006年试行与公共财政部门预算相适应的新的预算科目，并通过统一运用新科目，使综合预算全面体现农业部职能和工作计划。2006年，农业部开始通过部网站，向社会公布部门预算内项目立项、申报、评审、资金下拨等过程和内容。

三是2007年至2010年严格实行政府收支分类科目编制中央部门预算，实现全口径编制部门预算，使农业部的各项资金从哪里来、到哪里去、干了什么事等情况逐步清晰起来。2010年4月，农业部部门预算收支总表通过部网站和《农业日报》向社会公布。

二、预算公开的主要实践

一是政策与支持重点公开。每年编制预算前，财务司都主动上门与各司局就如何做好部门预算编制工作进行深入沟通座谈，一方面宣讲财政支农政策动态，共同解读政策，一方面选择部分新增项目和扩大规模的项目开展实地调研与评估，明确支持重点。通过培训将政策与要求传递给每位具体编制人员。

二是工作程序公开。制定下发了《农业部部门预算编制规程》，不断深化预算内项目公开化管理。例如，科研项目逐步推行了立项评审程序，在强化顶层设计、注重统筹布局科技资源和力量的同时，需要履行如下6个程序：1. 征集需求。由科教司根据农业行业科技发展规划，会同相关行业司局、行业学会（协会）等，面向技术用户广泛征集农业生产技术需求，建立技术需求库。2. 确定备选项目。组织专家对征集的技术需求进行梳理、评估和排序，提出年度备选项目并提交审议。3. 组织项目申报。调整备选项目，制发项目申报指南，面向社会组织公开申报。4. 进行立项评审。遴选牵头单位、协作单位及首席专家，提出调整意见和立项建议。5. 提出项目建议。根据专家评审结果，组织牵头单位编写项目建议书，提交委员会审议后，报科技部审核。6. 编制审核预算。根据科技部审核意见对项目进行调整，会同财务司组织项目承担单位编制专项经费总预算和项目实施方案。组织财务专家审核项目预算，评审项目实施方案，确保预算编制与项目目标、研究任务、技术路线相匹配。

三是项目管理公开。2005 年我部开始实行网上申报项目工作。从 2006 年起，所有下达地方的财政专项申报文件、资金下达通知、管理规定等全部在农业部网站公开。对良种补贴、农机具购置补贴、阳光工程等专项转移支付项目，建立并推行公示制度、台账制度、月报制度和检查验收制度。

四是预算编制与执行信息公开。2008 年，在部机关公布了 2004 年至 2008 年预算。2009 年，以《财务工作简报》形式，在农业部全系统公布了部门预算情况，全年主动公开财务司主办的部发文（函）和办公厅发文（函）170 件。2009 年起，结合预算编制工作，以财务通报形式，每月定期公布各司局和各部属事业单位的预算执行进度。

三、问题与建议

农业部高度重视部门预算公开工作，部门领导明确要求，要严格执行国务院有关财政预算公开的要求和部署，并要结合我部承担的试点工作，积极推进农业部自身的部门预算公开，不断促进我部预算工作的科学化、民主化、精细化。但同时，由于我国开展公共财政体制改革的时间还比较短，当前我们还有许多基础性工作需要不断加强和完善。例如，《预算法》的修订尚待完成，政府收支分类科目细化程度不够，预算决算误差较大等等。为此，我们提出如下建议：一是充分认识国情，坚持不懈地推进预算公开。二是倡廉尚俭，自觉维护政府公正为民形象。三是深化财政预算改革，尽早解决影响预算全面公开的瓶颈问题。

广州市部门预算公开的实践与思考

广州市监察局副局长　蔡国强

随着广州市行政管理体制改革和政务公开的不断深化，2009年10月，广州市在"广州财政网"公开了114个市本级部门财政预算，引起了社会的广泛反响，并得到有关部门的充分肯定。

一、公开背景

2001年，为落实国家有关要求，深入推进公共财政管理体制改革，广州市选择市科技局等5个单位试编部门预算，并作为市本级预算草案报告的附件提交人大审议。从2002年开始，市本级所有预算单位都开始编制部门预算，其中提交人大审议的预算单位增加到10个，2003年这个数字增加到15个。2004—2007年，每年轮流提交30个。2008年起，110多个单位的部门预算全部提交人大审议。经过多年努力，市本级部门预算编制日益规范和完善，初步具备向公众公开的基础。

二、公开过程

广州市部门预算公开也经历了一个不断深化的过程。在部门预算试编阶段，广州市将各部门的预算作为内部资料提供给人大代表审阅，会后收回。2008年起，参照广东省有关做法，广州市人大会后不再收回部门预算资料。2009年10月8日，深圳君亮资产管理公司李德涛通过广州财政网"信息公开申请"栏目，向广州市财政局申请公开市本级2009年部门预算。10月9日，广州市财政局依据有关政府信息公开的规定，决定公开部门预算资料。10月16日，市财政局将市本级114个单位2009年的部门预算编制说明、《收支预算总表》、《收入预算总表》、《支出预算总表》挂上"广州财政"网向社会公布，并向申请人李德涛告知查看渠道。

三、社会反应

广州市部门预算上网激起了社会舆论的热烈反响。2009年10月22日《南方周末》以"广州政府网上晒账本"为题作了报道。随后《广州日报》、《羊城晚报》、《人民日报》、新华社内参《国内动态清样》、中央电视台等众多传媒也进行了报道或评论，对公开财政预算的做法普遍给予好评，但同时也对有关幼儿园的经费问题、"三公"消费问题等提出了质疑。此后，多个外地财政部门陆续到广州市财政局了解相关情况，英国大使馆也曾为此到访该局。

四、两点思考

1. 预算公开需要量力而行，稳步推进。从长期来看，随着我国行政体制改革特别是政府信息公开工作的深入发展，以及民众民主意识和监督意识的不断提高，将各级各部门的财政预算公之于众是必然的趋势。但预算公开作为政府改革的重要内容，必然触及一些部门和既得利益群体的利益，遭遇很多阻力。如何做到既积极推进民主监督，回应公众要求，又保持政治稳定，最大限度地降低负面影响，仍然有很多工作要做。从当前来看，预算公开工作还存在一些问题，比如公开的信息专业性较强，不从事财政工作的普通人较难看懂；公开的预算内容过少，或者公开的结算数字比较模糊，不够详细；财政预算不能全面反映政府财政收支情况；社会热切关注的"三公"消费还未能公开；部分领导干部对预算公开的思想认识仍有待提高等等。因此，未来的政府财政公开，必然是由政府财政、纪检监察、审计部门和各级人大、政协等多部门在充分论证、深入协商的基础上，由少到多、由浅入深、由表及里不断推进的过程。

2. 预算公开需要法律保障和制度配套。自2001年开始实行部门预算改革以来，国家的法律、法规对预算公开一直未有明确规定，即使有相关要求，操作性也不强。广州市公布部门预算是有法律依据的，但不公开的地区也可以找到不公开的依据。今年3月份，财政部出台了《关于进一步做好预算信息公开工作的指导意见》（财预〔2010〕31号），对预算公开主体、公开的预决算的完整性、真实性和细化程度都有具体规定。但这只是部门性的指导意见，只有上升到立法的层面，才具有更大的约束力。另外，预算公开的程度也受制于行政管理体制改革的进程。只有相应的体制、制度改革到位后，才具备更有利的公开条件。例如，目前社会舆论比较关注的公立幼儿园财政拨款问题就属于这种情况。在现有公立幼儿园的事业单位性质未作改变之前，财政部门不可能停止对其拨款；只有在幼儿园完全公办的前提下，这方面的预算公开才有意义。

附件：

广州市□□□（部门名称）2010年部门预算编制说明

一、部门基本情况

（一）所属单位

广州市□□□下设行政单位　　个；事业单位　　个，其中：财政核拨单位　　个，财政核补单位　　个，自收自支单位　　个。

（二）人员构成

1. 统发人员：行政编制　　人，事业编制　　人，工勤人员　　人，离休　　人，退休　　人，离岗退养　　人。

2. 非统发人员：行政编制　　人，事业编制　　人，工勤人员　　人，离休　　人，退休　　人，离岗退养　　人。

（三）商品和服务支出、交通费执行标准

商品和服务支出执行标准（在职人员）：行政单位　　万元/人·年，财政核拨事业单位　　万元/人·年，财政核补事业单位　　万元/人·年，经费自筹事业单位　　万元/人·年，工勤人员　　万元/人·年。

交通费执行标准：行政单位　　万元/辆·年，事业单位　　万元/辆·年。

二、预算收支基本情况

本年度收入预算　　万元，其中：1. 一般预算　　万元；2. 政府性基金　　万元；3. 预算外资金　　万元；4. 上年结转、结余　　万元（由于本年度尚未结束，此数为预计数，年终后以实际执行数为准批复各部门）；5. 其他各类资金　　万元。

本年度支出预算　　万元，其中：1. 基本支出　　万元，包括：工资福利支出　　万元，商品和服务支出　　万元，对个人和家庭的补助　　万元；

2. 项目支出　　万元。

三、项目支出基本情况

（一）经常性专项支出　　万元，主要项目如下：

1. ……………………………………；

2. ……………………………………；

3. ……………………………………。

（二）一次性专项支出　　万元，主要项目如下：

1. ……………………………………；

2. ……………………………………；

3. ……………………………………。

财政预算越公开　防治腐败越有效

——河南焦作财政预算公开的实践和效果

焦作市财政局局长　申相臣

近10年来，河南焦作改革创新，积极探索实践，走出了一条群众拥护、社会好评、上级肯定的财政改革发展之路。2000年，“焦作财政服务大厅”窗口第一次向社会公开了农业、教育、民政等单位的部门预算，在全国首开“中国预算公开”之先河。10年后，“焦作财政财经沙盘”信息在线联网，社会公众能够轻松查询到包括市级领导和普通公务人员工资信息在内的所有基本支出和项目支出预算公开信息，真正做到了“预算公开透明，社会公众监督”。

一、财政预算公开的主要内容

在财政预算公开的内容选择上，公开财政信息，让社会公众参与是焦作10年公共财政改革的重大突破。焦作在连续多年公开政府公共预算的基础上，由“粗”到“细”，实行复式预算管理，把包括社会保障预算、国有资本经营预算、政府采购预算、政府非税收入预算、政府债务预算、国有土地使用权出让收支预算、住房公积金预算和社会性别预算等8个复式预算与部门预算同步布置、同步编制、同步批复、同步执行，所有政府性资金的流向全部向社会公开。在此基础上，进一步对预算管理体制、预算分配政策、预决算等预算管理信息进行公开。

如何保证财政预算公开有效而不流于形式？如何发挥财政预算公开在反腐倡廉建设中的治本作用？这是一个重大而现实的问题。焦作财政坚持科学理论指导，坚持改革创新实践，在公共预算的各个阶段（制定、审批、执行和评估），采用有效的创新方法，加强公众对预算的参与，营造公众参与式预算环境，建立起一个适应社会主义市场经济体制要求、制度完备、直达民众、高效透明的财政信息公开体制，保障人民群众的知情权、参与权、表达权和监督权。

一是信息公开。政府财政部门通过政府网站和“财经沙盘”信息平台，公开预算编制基础信息、资源分布和定额标准。

二是部门申报。每年7月份，各预算单位按照政府财政预算编制要求，在规定时间内及时编制本单位部门预算，并经其主管部门审核后报财政部门。

三是财政汇审。财政部门统一汇总经主

管部门审核后的各预算单位部门预算，并登录财经沙盘广泛征求意见，多次召开会议进行研究讨论，通过“两上两下”公开程序，进行部门之间的磋商衔接和多方审视，达成初步意见。

四是民意测评。对市委市政府确定的重大支出项目和事关民生等公共支出项目梳理排队，提出项目公示意见，报政府同意后通过媒体、网络等形式进行项目公示，公开征集社会公众意见。

五是专家论证。从财政决策咨询委员会委员和专家库中选择专家，并合理确定论证范围，对市委市政府中心工作经费保障和涉及民生发展的重点支出项目和重大资金安排开展论证，并将每位专家的意见汇集成册，形成论证报告，作为领导决策和科学编制部门预算的重要参考和依据。

六是社会听证。从决策咨询委员会委员和专家库中选择专家，并邀请社会行风评议代表、财政监督员及愿意参加听证的社会人士，抽取部分预算单位的重点支出项目进行社会听证，形成听证报告，在政府网站等媒体上公开刊发，接受社会监督。

七是人大审查。人大常委会选择市直单位部门预算进行事前初审，组织人大代表就百姓关注的热点问题进行公开审查，各位委员和代表分别就关心的问题提出建设性的意见和建议，依法监督和民主监督得到充分体现。

八是审计监督。审计部门依法对财政预决算和部门预算执行情况实行监督。对审计监督检查提出的有关问题认真整改到位。

二、财政预算公开的主要形式

为了便于公众获取信息，焦作的具体做法是：建立面向社会公众、高效便捷、公开透明的服务大厅，将行政审批、财政预算、政府采购、产权交易、公物拍卖、会计委派等公共财政事务向社会公开，所有预算单位和社会公众都可以到行政服务中心、财政服务大厅、会计核算中心、产权交易市场等财政服务窗口，通过电子屏、触摸屏和文本资料查看部门预算等财政财务公开信息。同时，在焦作财政信息网、“财经沙盘”上公开有关预算资料和工资查询，在焦作电视台等新闻媒体设立专题栏目，在人民广场、火车站、行政服务窗口等人群集散的地方设立电子屏幕。开展“公共财政与百姓生活”动态报道，及时把事关民生的财政支出动态变化情况向社会公示，自觉接受人民群众和社会舆论的监督，更多的政府财政资金让人民群众共监共管，让宪法赋予人民群众当家做主的民主权利，在焦作公共财政改革发展领域找到抓手，受到社会公众的欢迎和中外游客的好评。

激发民主意识　创新理财思路

——无锡市参与式预算改革试点初探

无锡市纪委副书记、监察局局长　蒋宪平

参与式预算，就是政府将拟实施的公共服务建设项目建设方案和预算草案向群众公布，由群众代表投票决定项目的取舍和优先次序，并全程参与监督预算实施的一种新型民主理财方式。2006年，在中国发展研究基金会的指导下，无锡市在部分城区街道开展参与式预算改革试点。目前，无锡城区所有街道，下属市（县）区（江阴、宜兴、锡山、惠山）各有一个乡镇，共计36个街道（乡镇）试行了这一民主理财方式。4年来，由群众参与决策的公共建设项目122个，涉及财政资金1.58亿元。

参与式预算改革的主要做法是：围绕一个根本。坚持科学发展观“以人为本”的精神，在事关群众切身利益的公共项目建设上，让群众直接参与，会前请群众推荐项目，会上由群众票决项目，会后请群众跟踪监督，自始至终体现“让民做主”这个根本。坚持两条原则。一是坚持政府统一领导、群众广泛参与的原则；二是坚持民主决策、阳光操作的原则。形成三类项目。根据近年来民意调查，产生了三类参与式预算备选项目。一类是与居民生活密切相关的为市民和为农民办实事项目；二类是公众可参与性比较强、公众与政府之间比较容易达成共识的项目；三类是规模小、周期短，一般一年以内，短期能够产生社会效益的小型建设性项目。抓住四个步骤。一是动员宣传：通过市级媒体、小区广播、黑板报、群众座谈会等形式，向广大群众广泛宣传参与式预算工作的意义和参与方式。二是民主决策：街道（乡镇）专门工作机构在广泛收集群众意见的基础上，按照地区发展要求和财力可能，提出拟提交群众代表大会讨论票决的项目。三是项目实施：尊重群众票决的结果，作为项目立项依据，并细化项目工程预算，办理相关规定手续，依法公开对外发包并组织施工。四是跟踪监督：项目实施过程中，组织地区群众监督和质询，并向有关部门反馈意见。项目结束后，委托财务审计，并组织群众代表和有关专家对项目实施情况进行绩效评估，审计和评估结果作为试点是否成功和财政拨款的主要依据。

在参与式预算试行过程中，无锡市还注意该机制与政府各部门工作机制的有机结合，探索“为民服务”的长效机制。一是与“民心工程”相结合，确保参与式预算的项目符合民意；二是与部门预算相结合，试行地区将参与式预算纳入财政预算管理体系，保证参与式预算项目资金的可靠来源；三是与政府采购相结合，彻底杜绝“暗箱操作”，提高财政资金的使用效率；四是与信息化管理相结合，建立参与式预算项目库，实现统筹规划，提高工作效率；五是与绩效评估相结合，建立群众满意测评指标，提升“为民服务”质量。

参与式预算是无锡实施政府阳光工程的一部分，其实质就是要通过科学合理的机制建设，形成对权力合理的制约，最终让腐败失去生存的土壤。参与式预算虽然是财政改革的一小步，却是基层民主建设的一大步，是问政于民、问需于民、问计于民的实践活动。从社会层面来看，增加了政府工作的透明度；从经济层面来看，提高了政府资金使用效率；从法纪层面来看，预防和减少了违法违纪现象的发生。近5年来，有百万市民享受到了参与式预算带来的益处。政府的施政行为赢得了更为广泛的政治支持，提高了党和政府在人民群众中的威信，密切了党和政府与人民群众的血肉联系。无锡参与式预算改革工作，也得到了社会各界的关注和支持，《人民日报》、《中国财经报》、《瞭望东方周刊》等中央媒体均进行过专题报道，中央纪委、财政部、国家审计署和江苏省纪委、财政厅都分别给予了指导和肯定。

回顾无锡参与式预算改革的成功实践，我们获得这样的启示，一是领导重视是前提。市和各市（县）区及街道（乡镇）全部成立了工作机构，主要领导亲自挂帅，有关部门通力合作，并列入年度重点工作，建立奖惩激励机制。二是程序公开是关键。设计的四个步骤都向社会公开，并有纪检监察部门参与监督，由有关部门进行审计。三是群众参与是核心。实践表明，老百姓对自己身边的事最为了解、最为关注、最有发言权。

2010年初，无锡市出台了《关于深入推进2010年参与式预算的指导意见》，提出进一步扩展改革思路，拓宽项目渠道，坚持“扩面、巩固、完善、提高”，重点围绕“为民办实事”和“为农办实事”工程将参与式预算改革向纵深推进，在全市所有街道和乡镇全面实施参与式预算改革，并在有条件的市（县）区开展试点。相信在各级领导和社会各界的关心指导下，在全市人民的热情参与下，参与式预算改革一定会在无锡进一步深入开展，取得更大成效。

第三专题：财政预算公开的监督保障与展望

浅谈澳门财政预算的监督机制

澳门特别行政区法务局查核暨申诉厅厅长　林智龙

各位尊敬的嘉宾，女士们、先生们：

首先我深感荣幸被大会邀请在本次会议上作主题发言，在此请允许我表示由衷的谢意。由于本次研讨会与财政预算有关，因此笔者希望借着是次机会向各位简介澳门特别行政区的法律如何就制定和执行财政预算订定监督体制，以达到互相借监和交流的目的。

众所周知，政府部门在各个范畴执行既定的政策时往往需要投入大量的财政资源，而这些财政资源大部分都是由市民和企业按照法律的规定所缴付的税款和其他费用组成，政府实际上以“管理者”的身份来使用和消费公帑，藉此促进经济发展和改善居民生活，因此现代法治国家会以不同的形式要求政府就各个公共部门在每一财政年度的收入和支出制定预算，并且经民意代表机构一议会一审批后方可运用有关资金，将财政预算案公开和交给民意代表进行监督。而澳门特别行政区也采用相同制度来对财政预算进行监督，根据《澳门特别行政区基本法》和其他法律的规定，立法会的其中一个重要职责就是审核、通过澳门特区政府提交的财政预算案，而预算案会以法律草案的形式提交立法会审议。在审议的过程中，议员们会对预算案内的各项收入、开支和计算的方法提出询问，而立法会的顾问团会审视有关预算案是否依法制定，公众也可以就财政预算案向立法会表达意见，这样社会各界就能透过上述机制对财政预算的制定作出监督，借此确保民意代表和公众参与预算案的制定。由于法律规定特区政府除了公布综合总体预算外，亦必须公布各部门的具体预算，而且每个部门都须按照具体详细的项目来对预算收入和开支进行分类，因此人们能够从观察政府部门预算案的变化来监督部门的运作。

除了预算的制定外，预算的依法执行亦是构成“依法施政”这一目标的其中一个重要元素，因此澳门特别行政区也设有一定的机制来对部门执行预算进行监督。首先，按照《基本法》和其他规范性文件的规定，澳门特区立法会负责审议政府提出的预算执行情况报告，该报告主要描述政府实际收支与预期收支的差异，各公共行政部门的预算执行率，以及个中原因的分析，借此回顾预算执行的状况，掌握更确切的数据，为将来制定更科学及更准确的预算做好准备。在审议的过程中立法会以法律和财政的角度分析有关执行报告，除报告所载的内容外，立法会亦同时针对特区政府的财政储备、财务参与和其他财务资产状况作出分析，并且评定预算的执行有否依循《基本法》和其他法律规定的原则。此外，澳门特别行政区审计署亦会对特区的公共财政预算执行进行审计监督，撰写账目审计报告，并将有关报告呈送行政长官。在撰写报告的过程中，审计署按照既定的计划和范围实施审计工作，包括以抽查的方式查核财务报表和相应收支的凭据，评估各公共部门施行的会计政策是否符合法定公共会计制度，并对财政局提交的总账目和各类财务报表发表意见。

尽管按照上述的机制已对特区财政预算的编制和执行进行一定程度的监督，并且有关方面已透过互联网和其他适当途径向社会公开监察文件（例如财政局撰写的预算执行情况报告、立法会为审议该报告而撰写的意见书，以及审计署撰写的账目审计报告），但由于普罗大众缺乏分析账目报表的专业知识，难以理解预算执行报告和其他报表所反映的财务状况，而且对政府总账目的审查并未能够充分评定具体部门或项目的财务状况，因此法律亦规定审计署有权对公共部门的收支进行专项审计和“衡工量值”审计，以及撰写相应报告，审查各部门是否按照恰当权限和方式支付公帑，在履行职务时是否遵循“三 E”原则——即 Economy（节省程度），Efficiency（效率）和 Effectiveness（效益）——来使用公帑，并对不合规范或不合理的事宜提出意见或建议，务求使到部门的运作符合成本效益原则，每一分公帑都能用得其所。事实上，每当审计署发布有关报告时，都会受到社会各界和舆论的高度关注，而大多数被批评的部门都会尊重和依循审计署的意见，采取适当改善措施。

除了透过上述独立机构对政府部门的财务报表和具体个案的财政运作进行监督外，适当和有力的制裁措施亦是必不可少的。根据法律的规定，假如公务员或政府官员违反预算编制和执行的规定，或者违反与公共开支的许可及支付有关的规定（例如将专门用于购置办公用品的款项用于招待外宾），除非有免责理由，否则构成行政违法行为而被科处罚款，并且有可能因此承担相应的刑事及纪律责任。

虽然澳门特别行政区的法律已对财政预算的编制和执行订定一定的监督机制，但也有社会人士认为现时的监督机制并未能够满足特区的高速发展，与国际城市应有的制度仍然存有一定距离，比如有立法会议员和其他人士要求政府应尽快就如何使用财政储备订定规则，以及要求政府在起动金额超过一定限度的基础建设或其他性质的项目前，应将有关项目送交立法会作出审批，以便议员和公众在工程上马前进行监督，防止官员腐败和避免部门胡乱开支。正如俗话说，“没有最完美的，只有更完美的”，笔者相信透过互相交流和借鉴，找出不完善的地方，并在参考其他地方成功经验的基础上对之加以改善，定能更强地发挥预算监督制度的效用，而这亦是本次研讨会的其中一个目标。

谢谢各位！

财政预算公开的监督保障及展望

澳门廉政公署助理专员　杜慧芳

大家好！这次交流会对我们来说，实在是一个很好的机会了解内地多个不同地方，以及香港特区如何对政府的财政预算实施有效的监督，澳门方面，昨天和今天来自其他部门的同事和我们公署的同事，也先后跟大家介绍了一些情况，现在我就从预算公开的监督和展望方面再作一些补充，希望可以让大家对我们澳门整体在这方面的机制，以及澳门廉政公署在某种程度上所承担的监督角色有多一些了解。

关于财政预算的制定、运用、入账、修订等方面的法律规定，各政府部门在执行预算上须注意的事项，以及财政局所扮演的角色等，我们来自澳门的同事在昨天已经跟大家介绍了基本情况，在此不打算重复，只是想强调一点，就是从监督的层面来看，由于财政局是澳门行政架构内的一个部门，所以通过财政局来对财政预算实施的监督，是一种内部监督，而事实上，针对一些入账准则和其他实务操作事宜，财政局会透过发放指引来统一各部门的账目处理，例如就公务人员到外地公干有需要报销外币公务开支时以何汇率作准方面，现时各部门就是按照财政局的指引来处理。

诚然，政府内部对财政预算的制定和执行当然应该有适当的监督，可是在一个讲求施政透明和民主参与的社会，对于政府预算这一关乎国家或者地区“如何管理公共财政”的重大议题，就不仅需要有内部监督，还需要有外部监督，而且在外部监督的层面，更需要结合不同的监督方式来发挥作用，从而令政府的施政能真正顾及整体社会的需要、真正体现民众的参与以及获得最大程度的认同。

根据《澳门特别行政区基本法》第59条和第60条，澳门廉政公署和澳门审计署都是在政治上向行政长官负责，不属于行政机关的独立监督机构，肩负着监督政府运作的职能，其中在监督政府预算的执行方面正是审计署的主要职责和权限，刚才来自澳门法务局的同事也对此作了概括的介绍，其中包括了对政府预算的执行情况进行审计监督、就所有公帑是否均按照恰当权限发放及支付作审计监督、有权查阅被审计对象的相关财务、预算报告和所有收支账目数据、有权要求被审计对象的部门负责人或人员作出解释及提供一切为进行审计所需的数据，以及“衡工量值式”审计（就各审计对象在履行职务时所达到的节省程度、效率和效益进行审查）等等，在此也不重复累赘。

至于澳门廉政公署方面在政府预算的执行中有何监督作用，在这里可以向大家作一个简单的介绍：根据廉政公署的组织法（第10/2000号法律），公署的职责包括“确保公共行政的公正、合法性及效率”，公署具有“监督涉及财产利益行为的合规范性及行政正确性”的权限，所以公署可以对各政府部门和机构如何执行预算实施“依法行政”层面上的监督，通过对相关行政程序（较常见的是公务采购程序）的检视，判断有否行政违法或行政失当。诚然，由于廉政公署既不是任何行政部门的上级，亦不是司法机关，当然不能以一个“上级”的身份发出命令来要求“下级”纠正错误或完善运作，也不能如同法院般通过一个判决来撤销违法的行政行为，但是，根据廉政公署的组织法，公署有权“建议行政长官作出规范性行为，以改善公共行政的运作及对依法行政的遵守，尤其消除各种有利于贪污及实施不法或道德上应受责备的行为的因素”、有权“直接向有权限的机关提出劝喻，以纠正违法或不公正的行政行为或行政程序”、亦可“与有权限的机关及部门合作，谋求最适当的解决办法，以维护人的正当利益及改善行政工作”；因此，如果公署发现政府部门在执行预算的某一环节中有行政违法或失当，公署便可运用法律赋予的权限促使相关部门纠正错误或改善运作，从而发挥监督的作用。下面我们举一个去年发生的个案作为例子来跟大家说明：

澳门特别行政区政府决定于澳门境外举行一项以高新科技多媒体方式展示的展览活动，由部门甲负责筹备及进行相关采购程序；2009 年 8 月，部门甲于《特区公报》刊登公告，内容为行政当局决定豁免公开招标、直接将展览活动的设计及承揽工程合同判给乙公司，金额合共约澳门币 3000 万元；报章对此广泛报道，质疑展览活动耗资甚巨，又认为行政当局将巨额合同直接判给乙公司，存在利益输送之嫌。有立法会议员透过传媒，公开质疑行政当局此举有行政违法及失当，而廉政公署亦收到相关投诉。经过公署的调查，发现部门甲在 2008 年 10 月，即上述判给公告刊登之前的 10 个月，已根据从其他部门取得的资料，认定本澳只有乙公司具条件承办展览的设计及承揽工作，遂与乙公司商讨展览框架及工作进程；然而，部门甲未将如何认定乙公司为唯一一间具条件承办是次展览的公司，以及相关理据等关键数据，以书面方式加载该判给的行政卷宗内。有必要指出的是，在这次采购中，由于乙公司为本澳唯一具条件承办该项展览的公司，是形成判给决定的重要环节，按照《行政程序法典》关于行政程序及行政卷宗的规定，以至良政原则，部门甲应将其所作认定的理据，以书面方式加载相关行政卷宗内。基于程序上有不当，而官员公开响应时又不能清楚说明豁免公开招标的因由，于是有关公帑被滥用或甚至有利益输送的疑虑便难以消除。事实上，如果部门甲在 2008 年接获此项工作分派的时候，已掌握是次展览项目的特殊性（包括境外举办、使用高新科技），便可以根据采购法例，向行政长官报请进行“预审资格”程序，以确定本澳有哪些私人实体具条件承办；通过这个程序如认定乙公司系本地唯一具条件承办的公司，便可与其直接磋商，继而作出判给。这样，有关采购项目的行政卷宗不但可以充分反映当局形成决定的基础，且由于其认定的过程更具客观性和透明化，便可大大减低遭人质疑“黑箱作业”的机会。总的来说，虽然部门甲这次将展览判给乙公司承办，实质上确是基于该公司属本地“唯一”选择，且造价亦合理，但公务采购中程序上的失当、不透明，却会损害政府的公信力。为此，公署促请部门甲吸取经验，在进行采购程序时，注意遵守相关采购法规和《行政程序法典》的规定，避免日后再出现行政卷宗“未有如实反映当局如何形成决定的一连串有序之行为及手续”此失当情事，且尽可能加强决策形成的客观性和透明度。部门甲完全接受公署的建议。

简单介绍了澳门廉政公署就预算执行方面所发挥的监督作用后，接下来不能不提的是外部监督中的一个重要监督机关——澳门立法会，根据《澳门特别行政区基本法》第 71 条和第 76 条的规定，立法会的职权包括“审核、通过政府提出的财政预算案；审议政府提出的预算执行情况报告”，立法会议员“有权依照法定程序对政府工作提出质询”；又根据《澳门特别行政区立法会议事规则》第四编《程序》的第二章《监察程序》，立法会可以通过以下6项程序来监督政府的施政：1. 对政府工作的质询程序；2. 公共利益问题的辩论程序；3. 听证；4. 请愿的程序；5. 施政报告的辩论程序；6. 预算执行情况报告的审议程序。立法会的议员可以通过行使质询权、辩论施政报告和审议政府预算的执行情况等程序来直接或间接发挥监督政府如何理财的功能。

下面在我们引用实例介绍这些监督机制之前，有必要先就《基本法》上述“立法会议员有权‘依照法定程序’对政府工作提出质询”条文中所指的法定程序作简单介绍，根据立法会第2/2004号决议（经第2/2007号和第3/2009号决议修改）所定的《对政府工作的质询程序》的规定，议员既可以口头方式在全体会议上就与政府工作相关的事项提出质询，亦可以书面方式就与政府工作相关的事项向政府提出质询；至于什么是“与政府工作相关的事项”，该决议订明主要涉及“政府已采取或将采取的政策性、立法性或规范性措施，以及导致有必要采取政策性、立法性或规范性措施的事项”；另一方面，该决议亦明文定出质询的限制，凡涉及“侵犯私人生活和家庭生活隐私权、司法保密、职业保密、国家机密、特别行政区机密”的事宜，又或“针对司法裁判”，“索取通过其他渠道、机制已获得或将获得的信息”，“为法律上的抽象问题或假设性方案寻求回应”等均不可提出质询。

今年四月下旬，负责兴建轻轨的部门登报进行公开招标，以兴建一所具教育和推广性质的轻轨展览馆大楼，截标期为五月底；六月初，相关部门公开表示收到35份标书，造价由五千三百多万至八千万澳门元不等。与此同时，由于个别小区的居民就政府初步定出的轻轨路线走向坚决提出反对以致拖延了轻轨的兴建计划，于是社会上开始有人质疑为何政府“轻轨未建、展馆先行”，而这个先行的展馆便要起码花费公帑五六千万。七月上旬（政府尚未就展览馆正式作出判给以前），面对议员的批评、质询（口头），政府虽解释了兴建展览馆的良好动机，但最终亦接受了意见而决定将兴建轻轨展览馆的计划冻结。

从上述事例可以看到，立法会议员可以通过口头质询机制与政府官员对话，将议员本身或其从社会所收集的有关政府如何运用公帑的意见或批评直接提出，从而发挥监督政府施政（包括运用公帑）的作用。

另一方面，综合特区成立十年多以来的经验，有立法会议员关心如何更有效地监督政府的财政预算而提出书面质询，事实上，这是一个涉及立法会与政府之间如何“互相独立、互相制衡、互相配合”的议题，以下为该质询的主要内容：

“……为此，本人向行政当局提出如下质询：1. 特区政府以‘量入为出’作为财政管理原则，每年预算编制上采用平衡预算方式，立法会依职权审议由特区政府提交的《年度财政预算》和《年度预算执行情况报告》，然而对大型公共工程开展或预算之追加等及其执行情况监管有不足之处。请问当局，为使财政预算有效执行，特区政府会否将重大公共财政支出项目提交立法会说明和审议，以补足预算制度的缺失，使立法会充分发挥监督公共财政管理和使用的监察职能，更增加公帑使用的透明度，配合特区政府推行科学决策，打造阳光政府的政策？2. 本澳财政滚存加上储备基金总和接近1000亿元，但没有法律规范如何动用滚存，为完善本澳公共财政管理制度，行政长官2010年施政报告表示建立符合澳门实际情况的财政储备制度，但至今未见任何进展。请问当局，怎样落实2010年建立财政储备制度的政策？是否会就财政储备制度法案之草拟进程适时向立法会及社会公布？”

从上述书面质询的内容正好反映出，虽然审议特区政府提交的《年度财政预算》和《年度预算执行情况报告》，是立法会这个外部监督机关监督政府施政的一项重要工作，但是否有必要在财政预算又或整个公共财政管理制度上加强立法会的监督，仍是一个有待探讨的课题。

最后，从外部监督的层面，当然不能忽略公众和传媒的监督，根据《澳门特别行政区基本法》第27条，澳门居民享有言论自由、新闻自由和出版自由，又《基本法》第126条亦规定特区政府自行制定新闻、出版政策，而根据第7/90/M号法律《出版法》的规定，资讯权包括报导权、采访权和接收资讯权，至于出版自由的体现，则建基于“一、出版界思想表达自由的行使，不受任何形式的检查、许可、存放、担保或预先承认资格等限制；二、讨论和批评是自由的，尤其对政治、社会和宗教的学说、法律以及特区本身管理机关和公共行政当局的行为、其人员的行为而言；三、对出版自由的限制，只能援引本法律和一般法的规定，以保障人们身心完整性，其审议和适用只能由法院负责”。因此，澳门社会的广大民众，新闻界的传媒，均可就政府的财政预算、特别是有关公帑的运用方面发表意见和批评，正如刚才我们提到的、有关兴建轻轨展览馆的例子，有民众打电话到电台节目上发表意见、又或在网上的讨论区中提出批评，亦有市民（包括前立法会主席曹其真女士）在个人博客上发表评论，而报章传媒亦可自由地报道和评论这类议题。由此可见，这个受《澳门基本法》保护的外部监督机制，确保了澳门所有民众均可自由参与及取得当中的讯息，但这并不意味着这些言论自由和出版自由可以滥用，因为一旦证实有滥用或其他不法行使自由的情况，除会导致追究刑事责任外，还可追究民事责任。

以上由审计署、廉政公署、立法会、公众和传媒等结合而成的外部监督机制，虽然各自有本身的运作模式，既有按照法律规定来操作的，也有因应民众或大众传媒的言论而聚焦的，但无论任何形式的外部监督，不难发现的是，政府预算的公开、重大（超过特定金额）开支的公开，都是外部监督发挥作用的关键；另一方面，如果从何时发挥监督作用这角度来看，外部监督机制的有效发挥亦不能局限于“事后监督”的层面。事实上，特区政府一直以来，针对一些重大或与民生关系密切的施政举措，都会事先进行咨询，接受“事前监督”，既可加强市民的参与，亦能增加市民对政府施政的认受性，而经过多年来的实践经验，社会普遍认为有必要加强或完善咨询机制，特区政府亦在《二零一零年财政年度施政方针》中明言有必要完善咨询机制，“在公众咨询的广度及深度方面仍有改进的空间，因此我们将会增强与居民及社团的良性互动沟通，主动深入基层，优化咨询机制包括强化咨询组织的功能，设立条件，让市民、民间团体及学术研究机构等，更积极及踊跃地提出意见和建议，加强民主参与，扩大民意的表达渠道，建立更加畅顺的沟通机制。聆听市民的意见，从居民的角度，设身处地及深入研究意见的可行性，了解其真正需要，在掌握社情、汇聚民智及广泛民意的基础上，提出具科学性、前瞻性、认受性的政策措施。”目前，相关工作已陆续展开，其中涉及公共部门咨询工作的指引已初步拟成，当中包括咨询方式、应遵原则、咨询的规划、统筹和前期准备、公开推行方式和注意事项、收集问题后如何总结、回馈或向社会交代、如何保护当中涉及的个人数据等等内容，稍后将咨询各公共部门。我们相信，在涉及政府预算方面的施政，透过更有规划的事先公开的咨询，将必更有利于澳门社会各阶层的参与和对政府预算的监督。

总的来说，对于政府理财的有效监督，不论内部的或者是外部的、事前的还是事后的、由审计署或者由廉政公署进行的、又或由立法会实施的、以至来自广大的民众和传媒自发或引发的言论，这套监督机制的不同组成部分，彼此之间亦发挥着互动监督作用，通过持续的运作、经验的积累来逐渐完善整套监督制度。事实上，《联合国反腐败公约》第九条有关“公共采购和公共财政管理”规定中提到“各缔约国均应当根据本国法律制度的基本原则采取适当措施，促进公共财政管理的透明度和问责制”，当中的“适当措施”正是包括了“由会计和审计标准及有关监督构成的制度”，而刚才介绍的、澳门特区政府致力完善的监督制度，亦是以“促进公共财政管理的透明度和问责制”作为其中一项目标。

最后，我们非常高兴，通过这次三地的研讨交流会，让我们有这个机会分享和观摩不同的监督制度，从而在彼此的共同目标上得到新的启发，继续在我们不同的监督岗位上努力。

谢谢!

通过公共审计提升公营部门/机构的管治及问责性

香港审计署高级审计师　黄达昌

香港审计署的角色

1. 香港审计署（审计署）成立至今已有165年，是香港历史最悠久的政府部门之一。审计署的使命是向立法会及公营机构提供独立、专业及优质的审计服务，确保在运用公共资源方面具有效率及效益，以助政府提升香港公营部门的服务表现及问责性。简单而言，审计署的使命是帮助香港公营部门提升管治及问责性，为达成这使命，审计署进行两类审计工作，分别为审核账目是否妥善的工作及衡工量值式审计工作。

审核账目是否妥善的工作

2. 审核账目是否妥善的工作旨在向立法会提供总体保证，确保政府和公帑或半公帑性质基金的财政及会计账项，均属妥善，而且符合公认的会计标准。审核账目是否妥善的工作包括审计及核证政府账目，并向立法会主席呈交报告。

3. 审核账目是否妥善的工作与私营机构的财务审计类似。与私营机构的审计师相比，审计署更着重合规性和诚信这两方面。这是因为《核数条例》第8条规定，审计署署长须确定可否信纳多项事宜，其中包括有关方面已给予足够指示，以确保款项妥为征收；所有款项均按照恰当权限发放及支付；所有付款均为恰当地可予征收的款项，并有足够凭单作为佐证；款项的发放及支付的规则及程序已妥为遵守；以及任何经立法会拨款作指明用途的款项，已妥为运用于该用途。

4. 为执行审计署署长在《核数条例》第8条下更广泛的职责，我们以风险审计辅助一般的账目审计工作，以审核有关合规性、适当性和财务控制的风险。审计署在进行风险审计工作时，会定期检讨政府的工作，找出在财务控制方面有哪些地方存在违规、不当或欠妥的重大风险。风险审计的目的，是确保找出和审核所有重大的风险，以及在有需要时作出汇报。

衡工量值式审计

5. 衡工量值式审计对于提升公营部门的服务表现及问责性至为关键。衡工量值式审计旨在就任何受审核组织（包括政府决策局/部门、专责机构、其他公众团体、公共机构或账目须受审核的机构）在履行职务时所达到的节省程度、效率和效益，向立法会提供独立资料、意见及保证。节省程度（Economy）、效率（Efficiency）和效益（Effectiveness）一般称为衡工量值式审计的三个“E”，可作以下诠释：

（a）节省程度。这是关乎尽量减少某项工作所投入资源的成本，顾及工作质素应达致适当水平；

（b）效率。这是关乎提高生产力。效率是产量（按产品、服务或其他成果计算）与达致产量所投入的资源两者之间的关系；

（c）效益。这是关乎某项工作的达标程度。效益是某项工作的目标（原定产生的影响）与结果（实际产生的影响）两者之间的关系。

6. 衡工量值式审计是按照 1998 年提交临时立法会的衡工量值式审计工作准则进行。该准则亦就审计署署长向立法会主席呈交衡工量值式审计结果报告书，把这些报告书提交立法会，政府账目委员会研究报告书，以及向立法会提交政府复文等事项作出规定。除了不得质询政策目标的优劣外，审计署署长在决定审计范畴的事宜上，享有很大自由度。他可对达到政策目标所用方法的节省程度、效率和效益提出质询。审计署署长亦有权行使《核数条例》所授予的权力。

7. 衡工量值式审计采用有组织的方法进行，基本上分三个阶段：计划阶段、调查阶段及报告阶段。在审计工作末段，审计署把报告交付受审核机构，以便受审核机构就报告提出意见。这份报告经严格质量检查，以确保报告载述的资料准确详尽、持平及具建设性。

8. 审计署通过衡工量值式审计，向受审核机构作出提高绩效的建议，从而协助受审核机构改善管治，提高问责性及成本效益。

进行有效审计的必要条件

9. 要进行有效审计，审计师必须享有高度的独立性，在取用所需资料方面，不受限制，以及有责任向立法机关报告审计结果。这些条件确保审计师能不偏不倚地进行具公信力的审计，以达致向公众问责。审计署充分具备这些条件，详情如下：

（a）审计师的独立性。审计署享有高度的独立性，审计署的独立性是受《香港特别行政区基本法》和《核数条例》的保障。《香港特别行政区基本法》第五十八条订明，香港特别行政区设立审计署，独立工作，对香港特别行政区行政长官负责。《核数条例》赋予审计署署长广泛权力，在根据该条例执行职务和行使权力时，审计署署长无须听命于任何人或机构或受其控制；

（b）在取用所需资料方面不受限制。《核数条例》赋予审计署署长广泛权力，可查阅政府部门的记录，也可要求任何公职人员作出解释，以及提供他认为执行其职务所需的资料；

（c）有责任向立法机构报告审计结果。审计署署长须向立法会报告审计结果。《核数条例》订明，审计署署长须于每年 10 月，就其对政府账目的审核和审计拟备报告，并呈交立法会主席。根据 1998 年 2 月提交的衡工量值式审计工作准则，审计署署长须将其衡工量值式审计研究的结果每年向立法会报告两次（即 4 月及 10 月）。审计署署长的所有报告书均提交立法会省览，并为公开的文件。审计署的网页载有这些报告的全部内容，借此加强审计署工作的透明度，并提升政府的问责性。

公营机构的良好企业管治基本原则

10. 1992 年，坎特伯里报告（Cadbury Report）提出三项广被接受的良好企业管治基本原则，分别为公开、诚信和问责。虽然坎特伯里报告主要建基于私人机构的企业管治模式，此等原则对公营机构亦同样重要。

11. 由于公营机构在一个比私人机构更复杂的政治经济及社会环境中营运，并且向众多有异于私人公司的持份者问责，该三项原则须加以修订以反映公营机构的主要特性。2001年8月，国际会计师联会（International Federation of Accountants——其会员为各专业会计师公会）采纳了以下经修订专为公营机构而设的三项良好企业管治原则：

（a）公开。公营机构秉持公开的精神可确保持份者对公营机构的决策过程及行动，以及机构的业务管理以至机构内各人员具信心。借着与持份者进行有意义的咨询，并传达正确、全面及清晰的讯息，能达致有效及合时的行动，而且无惧面对质疑；

（b）诚信。诚信包含诚实行事与交代完整的意思，以诚实和客观为基础，要求在保管公帑与公共资源及机构事务管理方面，表现出高度的操守和正直的品格。诚信的管治，有赖一个有效的监控架构，以及机构每位成员的个人诚信标准与专业精神；

（c）问责。问责是公营机构与当中每位成员需要对他们的决策与行动负上责任的一个过程，包括他们在保管公帑及在各范畴的工作表现，须预备承受适当的外界监察等。当所有相关人士都清楚地了解他们的责任，并透过健全的架构，清晰地划定他们的角色，问责才能实现。实质上，问责是指对授予的责任有所交代。

良好企业管治对公营机构的重要性

12. 良好企业管治对公营机构十分重要，因为公营机构：

（a）提供重要的公共服务，对社会作出重大贡献。良好的企业管治有助公营机构提供有效率和高效益的服务；

（b）耗用公帑，须向公众问责，确保公帑及其他资产的运用均合规、妥当及符合成本效益。良好的企业管治有助提升机构的管治及问责性；

（c）可为私营企业树立良好企业管治的榜样，促使私营企业增加透明度，加强问责性，以及提升管治水平。

13. 对公营机构而言，良好的企业管治应能：

（a）协助及鼓励董事会、理事会和管理层专注于机构的表现、透明度与问责性；

（b）加强董事会成员对董事会主要功能的重要性的认识，例如拟定机构的策略方向，制订业务计划、表现指标、人力资源和薪酬政策、财务系统和行政事宜的规则、标准及指引，设定有关的监控措施，并制订风险管理政策及实务守则等。

公营部门的问责制

14. 如上文所述，问责是指对授予的责任有所交代，这是企业管治的一个重要理念，大部分政府的公营部门问责制都有以下特点：

（a）行政与立法功能独立，互不隶属；

（b）立法机关授权行政机关取得财政资源并加以使用，并负责监督有关当局；

（c）行政机关负责管理财政资源，并向立法机关问责；

（d）立法机关审计师借提供有关行政机关表现之客观资料，以协助立法机关进行监察工作。

15. 图一显示公营部门的问责过程，包括立法机关审计师在此过程中所担当的角色。（图略）

立法机关的责任

16. 立法机关负责审批公营部门的整体财政预算，以及授权行政机关制订有关开支、投资、借贷及施政的计划。鉴于财政上的授权从立法机关而来，立法机关有权及有责任要求政府及其从属机构交代其财政事务的管理，以及为受信托的资源的运用和所达致的成果问责。

17. 通过批核财政预算，立法机关监控行政机关使用公帑的情况。立法机关通常会审视公营部门的年报，并要求行政机关提供有关政府各项计划的表现资料。立法机关亦会要求其审计师就公营部门的财政状况及服务表现提供独立的审计报告。

行政机关的责任

18. 在立法机关批准的支出上限内，行政机关负责批核财政预算，以授权使用财政资源，并监督经核准的财政预算的运用及财政计划的推行。行政机关亦负责规划、指导及监控日常运作，并拟备报告，向立法机关解释有关当局的施政。行政机关的责任包括指导营运，而在这过程中，需注意经济效益及效率，保持足够的内部监控，确保遵守有关法例，选择并应用适当的会计准则，保护资产，衡量工作计划的效益，以及向其隶属的问责对象汇报工作表现。

立法机关审计师的责任

19. 立法机关审计师对行政机关的营运进行审计。一般而言，所进行的审计分两类，分别是账目（或财务）审计和衡工量值式（或绩效）审计。相关、可靠及经审核的财务报表是良好管治及问责的重要部分。公营部门及组织需要拟备其财务报表，立法机关审计师作为独立及客观的审计师，通过对这些报表的公正性发表审计意见，向使用者（及持份者）提供保证（即账目审计或财务审计）。立法机关审计师的审计须依循专业审计准则进行。立法机关审计师就行政机关在履行其职务时有否充分顾及节省程度、效率及效益进行审计（即衡工量值式审计或绩效审计），并汇报审计结果。

20. 审计过程通常涉及下列步骤：

(a) 立法机关审计师进行审计，并向立法机关汇报审计结果；

(b) 立法机关研究审计报告及因应需要而进行公开聆讯；

(c) 立法机关提出改善建议；

(d) 行政机关对立法机关的建议作出响应，立法机关审计师亦会就立法机关提出的建议，跟进行政机关的执行情况。

香港公营部门的问责制度

21. 2002年7月，香港政府推行主要官员问责制，推行问责制的目的是要使到香港特区政府的主要官员，能够为他们的施政承担起责任；使到施政的优先次序更明确，政策更加全面协调，为市民和社会提供更优质的公共服务。政府最高层的官员，包括政务司司长、财政司司长和律政司司长，以及所有政策局局长，全部列入问责制范围。主要官员各自负责由行政长官指定的政策范畴，统领所辖部门的工作，制定政策、解释政策，为政策作推介，争取立法会和市民大众的支持，并且为其政策的成败直接向行政长官负责，以及通过行政长官的领导，履行对市民的责任。

22. 为确保香港公营部门的问责性，有效的问责制须有下列的重要条件配合：

(a) 问责者有权运用资源。在每年的财政预算工作中，有关当局寻求立法会批准其年度预算，亦会寻求财务委员会批准其追加拨款或非事先计划项目的拨款，当局有权运用获批的资源；

(b) 衡量工作表现的可量化工作目标。在拟备年度预算时，管制人员须就工作计划订定工作表现目标及指针，并汇报其结果，以助立法会评核有关决策局/部门的工作表现，要求他们为其工作成果问责；

(c) 监察机制以评估进展。政府的工作表现是受到立法会的监察（通过向立法会提交报告及资料），也受到审计署、传媒及关注团体等的监察；

(d) 独立核证。审计署的运作，独立于政府当局，负责审查账目，评估政府部门的工作表现，并向立法会作出汇报；

(e) 透明度。为加强公营部门的管治及问责，透明度是至为重要的。社会各界（包括政府部门、立法会、公共团体、传媒及公众）对此应有全面的共识。

有关公营部门/机构的衡工量值式审计

23. 审计署近年进行的衡工量值式审计，主要为确保香港公营部门的问责性，有些是特意集中探讨有关受公帑资助法定机构的企业管治事宜。传媒和公众对这些报告都相当关注，部分审计报告更成为报章头条，获深入报道。现从过去3年的审计报告挑选其中4个，作撮要介绍。有关审计报告所作出的一些意见和建议如下。

第五十二号报告书（2009年3月）第3章：

平等机会委员会

24. 背景　平等机会委员会（平机会）是一个法定机构，负责监督香港反歧视条例的执行情况。平机会的管治组织（“管治委员会”）由平机会的主席及不多于16名其他成员组成。由2007年7月起，政制及内地事务局接替民政事务局，负责平机会的内务管理。平机会的经费主要来自政府的经常资助金。在2008—2009年度，平机会获政府的资助金为7650万元。截至2008年12月1日，平机会的编制共有86名职员。

25. 账目审查　这项账目审查集中于以下的范畴：企业管治；处理投诉的程序；离港职务访问；研讨会；货品采购和管理；其他行政事宜；及管制人员报告内的服务表现报告。平机会和有关当局接纳审计署的建议。现把审计署找出可予改善之处的两个例子载述如下：

（a）企业管治。平机会于1996年开始运作时，主席之下设有行政总裁一职，管理平机会的日常工作。2000年，平机会删除行政总裁职位，以精简运作程序。2004年至2006年，三方面不同人士进行的检讨均指出，需要分拆主席和行政总裁这两个职位，以及重新开设行政总裁一职，以提供有效的互相制衡机制。2006年1月，民政事务局征询立法会民政事务委员会的意见，部分立法会议员对建议有所保留。审计署注意到，自民政事务委员会会议后，此事至今没有任何进展。审计署建议政制及内地事务局局长应加快推动此事，令事件得到圆满解决；

（b）离港职务访问。有关2005年7月到北京访问的主要审计结果是：（ⅰ）访京代表团的规模（18人）及涉及的开支（161000元）容易引起市民质疑，因为市民很多时会根据“适度和保守”的原则来评价公共机构的敏感开支；（ⅱ）平机会需要就主席及管治委员会成员的酒店住宿订定开支限额，以便“适度和保守”的原则得以付诸实行；（ⅲ）一次有28人参与的款待晚宴，费用达15200元（即每人的消费为540元），但没有数据显示当晚有哪些人出席、款待的宾客人数及他们的身份；及（ⅳ）平机会需要就主席/管治委员会成员的款待开支订定个人限额。审计署向平机会提出了多项建议以加强对职务访问开支的管制。

第五十一号报告书（2008年10月）第5章：

政府的用电情况

26. 背景政府在提供各类服务方面耗用大量电力。机电工程署（机电署）统筹政府推广能源效益及节约的工作。在机电署辖下成立的机电工程营运基金，为政府部门和独立自主的公共机构提供电力、机械及屋宇装备装置的操作及维修服务。建筑署则负责设计和建造政府建筑物的有关装置。

27. 账目审查这项账目审查集中于以下的范畴：电力账户的管理；新建政府大楼的用电量；节约能源改装计划的推行；采购具能源效益的电器；及达致节约能源的目标。有关当局接纳审计署的建议。现把审计署找出可予改善之处的两个例子载述如下：

（a）需采用具成本效益的用电价目。审计署的审查发现，7个政府部门在2007年为216个高用电量电力账户选用普通用电价目，7个部门检讨有关账户。截至2008年9月，上述部门已发现到42个账户若选用大量用电价目，将更具成本效益。审计署的审查亦发现4个部门为29个电力账户选用了大量用电价目而非普通用电价目。不过，由于用电量较低或最高负荷收费高昂，以致这些账户在选用大量用电价目后的电费更高。审计署建议，有关政府部门的管制人员应连同机电工程署署长，继续对审计署指出的电力账户进行检讨，以确定选用大量用电价目还是普通用电价目较具成本效益，并采取所需的跟进行动；

（b）政府楼宇使用白炽灯的情况。紧凑型荧光灯（省电胆）较白炽灯更具能源效益。机电署已着手宣传省电胆的节能效用，并鼓励各决策局及部门以省电胆取代白炽灯。然而，审计署注意到在2006—2007年及2007—2008年度，机电工程营运基金曾提取13，521支白炽灯，为政府楼宇的照明设施进行保养。审计署建议机电工程署署长应继续应各决策局及部门的要求，就在政府楼宇内以省电胆取代白炽灯提供技术协助及意见。审计署亦建议建筑署署长应在日后设计政府楼宇的照明设施时，尽可能采用省电胆而非白炽灯。

第五十号报告书（2008年3月）第2章：

在政府物业进行商业项目和物业的使用

28. 背景　政府产业署于1990年4月成立，负责以具效率及符合成本效益的方式处理和管理所有政府拥有及租用的物业。根据《政府产业管理及有关事务规例》，政府产业署在政府物业的使用及进行商业项目方面的宗旨是：（a）确保以最具效率和符合成本效益的方式使所有政府地方得以物尽其用；及（b）在合适的政府地方引入适当的商业活动，以期政府的资本投资取得最高回报。

29. 账目审查　这项账目审查集中于以下的范畴：在政府物业进行商业项目的工作；已界定具商业价值的物业项目的管理和汇报；及空置和过剩政府物业的使用。有关当局大致上接纳审计署的建议。现把审计署找出可予改善之处的两个例子载述如下：

（a）在政府物业进行商业项目的工作。1990年，政府产业署首次把工业贸易署（工贸署）大楼地下的铺位出租，所得月租较差饷物业估价署就邻近发展项目地下铺位的相应租金估值为高。审计署分析了工贸署大楼内铺位在1990年至2007年这18年期间的商业价值变动，发现全年的租金收入整体上升38%。然而，有7个铺位在2007年每平方米的月租远较1990年的月租为低。该7个铺位在2007年的租金低于1990年的租金，似乎不合理。由于工贸署大楼位处黄金商业地段，审计署认为需要提高地下铺位的商业价值，以期政府的投资取得最高的回报。审计署建议政府产业署署长应采取措施（如举办市场推广宣传活动和改善购物环境），以提高工贸署大楼地下铺位的商业价值；

（b）已界定具商业价值的物业项目的管理和汇报。审计署发现政府产业署在处理一个已界定具商业价值的物业项目有所延误。审计署注意到，政府产业署在长达三年的时间内都没有跟进旺角大球场具商业价值的物业项目。审计署认为，招标承投这个具商业价值的物业项目可带来的财政收益已受到负面影响，同时也影响了政府的收入。审计署建议政府产业署署长应迅速处理所有已界定具商业价值的物业项目，以保障政府收入。

第四十九号报告书（2007年10月）第5章及第6章：

香港旅游发展局：企业管治及行政事宜

香港旅游发展局：市场推广活动的规划、推行及评估

30. 背景　为推广入境旅游业，当局于2001年4月1日根据《香港旅游发展局条例》（第302章）成立一个由政府资助的香港旅游发展局（旅发局）。根据旅发局2005—2006年度已审核的财务报表，该局的收入（即政府资助6.83亿元及其他收入4，200万元）为7.25亿元，而开支则为7.24亿元。

31. 账目审查　第5章集中于以下的范

畴：企业管治；衡量服务表现的准则及汇报工作；薪酬及招聘；采购事宜；以及其他行政事宜。第6章集中于以下的范畴：市场推广活动的规划；全球办事处及地区代办；推行及评估大型活动；推行及评估其他市场推广活动；以及优质旅游服务计划。有关当局及旅发局大致上接纳审计署在这两个章节中提出的建议。现把审计署找出可予改善之处的两个例子载述如下：

(a) 企业管治。根据《香港旅游发展局条例》，旅发局须在政府所指定的日期前，向政府提交业务计划和财政预算草案，以供批核。审计署注意到，政府在2002—2003年至2007—2008年度没有定下提交业务计划和财政预算的日期。除了2003—2004年度的业务计划和财政预算，其余5份业务计划和财政预算均在相关财政年度开始后才获得政府批核。审计署建议商务及经济发展局局长应定下旅发局向局长提交业务计划和财政预算以供批核的日期，以及订立安排，以便在相关财政年度开始前批核旅发局业务计划和财政预算；

(b) 推行及评估大型活动。在2006—2007年度，旅发局举办了6项大型活动，总开支约为7600万元。审计署曾研究2006—2007年度3项大型活动（即香港购物节、香港缤纷冬日节和新春国际汇演之夜）的推行和评估。举办该3项大型活动的总开支为5770万元。审计署注意到旅发局：（ⅰ）为2006年香港购物节订立了4项表现目标，其中一项未能达标；（ⅱ）为2006年香港缤纷冬日节订立了5项表现目标，其中4项未能达标；及（ⅲ）为2007年新春国际汇演之夜订立了5项表现目标，其中两项未能达标。审计署建议旅发局应查明未能达标的原因，并采取措施在日后举办同类大型活动时作出改善。

结语

32. 无论是公营部门或机构，现今都要向公众问责，为授予的责任作出交代。良好的企业管治对公营机构的公信力、绩效及可持续性至为重要。管理层和各阶层员工均须竭尽所能履行其职务，不断提升管治水平。

财政预算公开

——防治腐败的监管与教育

香港廉政公署社区关系处助理处长　罗国忠

引言

一直以来，香港特区政府有一套良好的财政管理系统，从制定财政预算政策、实施以及监督等，均有既定的程序，确保公帑用得其所。健全的财务监控系统是良好管治架构的基本要素，也是建设廉洁政府的重要因素。本文会以香港廉政公署的经验从三方面分享如何监督保障公职人员依法及按程序运用公帑。

法规制裁

廉署作为执法机关，主要负责处理违规行为的刑事责任事宜，执行的法例有《防止贿赂条例》。此条例是香港第一部全面罗列各项贿赂罪名及有关连的其他罪行、调查权力和有关举证事项的综合性法律；对政府部门、公营机构和私营企业的贪污贿赂行为作出规范。而“贿赂”一般被广泛定义为，提供/收受利益以获取/作出公事回报的行为。

而比较多被引用起诉公职人员违法处理公帑的行为有《防止贿赂条例》第九条第三款及《普通法》的“公职人员行为失当”条例。

《防止贿赂条例》第九条第三款

按条例的规定，任何代理人（例如雇员）以虚假不全的资料欺骗主事人（雇主），即属违法。这与香港警队主力执行的《盗窃罪条例》的欺诈罪定义类同。这两条法例监管的对象包括所有公职人员，不容许他们非法挪用资金、做假账，如提供虚假文件申领公款和诈骗公费津贴等。检控的范畴有：

公职人员诈骗房屋及膳宿津贴罪行——他们利用文件意图欺骗政府，不诚实地申领政府房屋或膳宿津贴，违反诚信、浪费公帑，亦影响了特区政府的声誉。

公职人员虚假申领业务开支费用罪行——他们在申领发还就其任职部门或公共机构的业务所招致的开支费用时，例如款待和交通费用，利用虚假文件夸大费用，欺骗其主事人。

公职人员行为失当

公职人员出现渎职行为而不牵涉收受利益，则受“公职人员行为失当”法规监管。例如曾经在某政府资助的公共机构中，有个别员工在采购和运用公款等过程中，把公共利益输送给自己的亲人，并因出现严重利益冲突而导致渎职和违法。

香港终审法院就这项罪行的举证列明以下五项要素：

犯事人是公职人员；

在执行公务时或办理与公务有关的事情时；

蓄意作出不当行为（或不依职务责任作出适当行为）；

没有合理辩解或正当理由；

考虑到有关公职或公职人员的责任，职能的重要性及失当行为的性质和程度，而有关的失当行为是严重而不是轻微的。

《防止贿赂条例》第四条

如果出现一些情况，公职人员为获取个人好处而滥用职权，如夸大开支预算，然后把合约判给行贿者，或者加快批核付款与行贿的承办商等，根据《防止贿赂条例》第四条即属违法。它的定义是：

公职人员（包括公务员和公共机构职员）

没有合法权限，或合理辩解

索取或接受利益

而作出或不作出一些与其公职有关的行为

属受贿罪

而提供利益者，不论是何身份，则为行贿罪

上述定义也即“钱权交易”的概念。此条例主要针对政府机构和公营机构内的贪污分子，例如那些意图贪污并收受利益以作出公事上回报的行为的公职人员。要补充的是，在《防止贿赂条例》中的所有贿赂罪行，第四条是唯一设有境外管辖权。换句话说，这些公职人员的贿赂行为，即使在香港以外的地方发生亦受到本条例约束。

多年以来，香港官员在制定财政预算的过程中被起诉《防止贿赂条例》第四条的例子并不常见。

纪律处分

在管理公共财政的过程中，任何公务员如果作出涉及刑事及非刑事的不当行为，则会按照公务员事务局制订的程序，作出纪律处分。例如曾有上司因下属虚报车资开支，上司也因没有做好监管工作而被问责惩处。同时，根据现有的财务规例，政府可以向违规的官员，就其失误而招致的损失索取赔偿。

内部监管

要有效监管公共财政，公务员事务局制定了清晰的政策规定、指引和程序，如相关的公务员事务规例、公务员事务局通告及《公务员守则》，列明公务员应有的品德标准，并具有惩戒功能，让所有公务员有所依循，以保持管理财务时的廉洁操守。这些内部监管措施与廉署执行的反贪条例相辅相成，订立了公务员的明确标准。例子有：

《公务员守则》阐述了公务员须恪守的基本信念及操守准则，其中诚实可信、廉洁守正、不偏不倚等基本信念，是廉洁财务管理的必备条件。

公务员事务局定时发出通告，载述政府坚持要求公务员须设法避免任何利益冲突，或当该冲突不能避免时，须申报出现的利益冲突。

另外，同时规定公务员申报其投资，以确保在“保障公务员的私人投资及私隐权”和“廉洁公正问责”两者之间取得平衡。

发出详细的财务管理规定和作业指引，如《财务及会计规例》、《物料供应及采购规则》、《常务会计指令》和《从业员指引——公共财政管理》等，让有关官员按章办事，廉洁理财。

同时，香港库务署负责监管政府账目，确保各部门在执行公共财政管理时遵从有关的会计财务规例。而且，库务署署长须编制政府周年账目报告，透过政府宪报和互联网公开政府账目，接受立法会和市民的监督。

防贪措施及廉洁教育

廉署一向采取“三管齐下”的反贪策略，从调查执法、系统防贪及廉洁教育三方面着手，致力维护香港社会廉洁公平。所以，要有效推动廉洁管理财务，除了执法问责外，防贪监控及廉洁教育也是不可缺少的。廉署防止贪污处透过检讨政府部门的规章制度，协助部门加强内部管理及监督，改善工作程序从而减低贪污舞弊的风险。

而廉署社区关系处其中一个主要工作目标是在政府和公营机构中建立起诚信的文化，并且维持公务员队伍的廉洁。一直以来，社区关系处与各政府部门合作为公务员提供培训讲座，透过案例的分享进行交流讨论，课题更推展至利益冲突、公职人员行为失当等内容，让公务员认识及秉持崇高的操守标准，并在执行公务时，包括管理政府财政的过程中，具体落实执行所有的监管规定，共同建设廉洁政府。

近年，社区关系处更与公务员事务局及政府部门建立伙伴关系，争取各部门领导阶层的支持和合作，在部门内推行诚信计划，除制订职员纪律守则外，还安排培训，向员工解释反贪法例的精神和要求，及加强他们处理贪污诱惑的能力。为持续地培育和巩固公务员的诚信文化，各部门亦委任了诚信事务主任，专责制订推动诚信文化的策略及统筹有关活动，并定期监察及检讨诚信计划下的各项工作。

为配合政府预算案中重大的规划项目和大笔公帑开支，廉署会特别制定方案，协助相关部门具体落实措施，使公帑用得其所。例如财政司司长在2009—2010年财政预算案中公布，政府会与香港房屋协会及市区重建局合作，以10亿元推行一项为期两年的“楼宇更新大行动”，提供津贴及一站式技术支援，协助约1000幢旧楼的业主进行楼宇维修，包括没有业主立案法团的旧楼，为建造业界在短期内创造更多就业机会，并达致改善楼宇安全和美化市容的双重目标。为使这笔庞大的公帑能用得其所，社区关系处加强宣传诚信优质楼宇维修及财务管理，并与香港会计师公会、民政事务署及香港房屋协会合编一套楼宇财务管理实务指南，协助楼宇管理相关组织有效地进行财务管理及监管，并透过专题网站介绍相关的贪污问题、防贪措施及廉署的服务等，市民亦可透过“咨询热线”获得更快捷方便的“一站式”服务。此外，亦会举办研讨会及倡廉讲座，协助楼宇管理组织强化廉洁有效的楼宇管理。

由于公共机构接受公帑资助及其服务与市民大众息息相关，公众尤其关注其诚信管治、雇员操守及公帑的运用。因此，廉署在2009年为受政府资助机构推出一项为期两年的诚信管治强化计划，协助这些机构制定推广诚信文化的策略，并加强机构雇员的防贪培训。是项计划的内容包括探访这些机构的管理层，协助他们全面检讨诚信管理机制及评估贪污风险。也会为这些机构负责不同职务的人员安排合适的防贪培训，以加强他们管理贪污风险的能力及鼓励他们在机构内建立诚信文化，并推介防止贪污处为政府资助公共机构编制的防贪锦囊。

其他监督

立法会监督

除了廉署外，香港特区立法会同时会就政府账目作审批和实施有效监管。其辖下的财务委员会负责审批政府提交的公共开支建议；审查财政司司长每年提交立法会的开支预算草案及拨款法案。财务委员会辖下设有两个小组委员会，分别是人事编制小组委员会及工务小组委员会。人事编制小组委员会负责审核政府人事编制和公务员各职系和职级架构的建议，并就该等事宜向财务委员会提出建议。工务小组委员会负责审核政府在基本工程储备基金下，用于工务计划工程及由受资助机构进行或代受资助机构进行的建造工程的开支建议，并就该等开支建议向财务委员会提出建议。

而另一委员会——政府账目委员会则负责研究审计署署长就审核政府及属于公开审计范围内的其他机构的账目及衡工量值审计结果所提交的报告书。在认为有需要时，委员会可邀请政府官员及公共机构的高级人员出席公开聆讯，提供解释、证据或资料；委员会亦可就该等解释、证据或资料，邀请任何其他人士出席公开聆讯提供协助。

审计署

审计署是香港特区政府账目的外部审计师，审计署署长根据《核数条例》提供独立及专业的审计服务，致力协助香港特区政府提升公营部门的效率和表现。其工作目标是：

进行审核账目的工作，向立法会提供总体保证，确保政府和公帑或半公帑性质基金的财政及会计账项，均属妥善，而且符合公认的会计标准；

进行衡工量值式审计工作，就任何决策局、政府部门、专责机构、其他公众团体、公共机构或账目须受审核的机构在履行职务时所达到的节省程度、效率和效益、向立法会提供独立资料、意见和保证。

总结

香港特区政府致力执行妥善财政预算管理的方针，为香港公共理财打下一个结实的基础。廉署除了会依法调查违法行为外，也会与政府部门及公营机构合作，推广诚信文化，达致公正问责、廉洁理财的目标。

政府财政信息公开与腐败防治

清华大学公共管理学院教授、清华大学廉政与治理研究中心主任、
中国监察学会常务理事　任建明

公共资金管理和使用中存在问题是发生腐败的主要原因。公权力之所以易于腐败，表面上是公权力在起作用，实质上是公权力所支配的各种资源。其中，政府财政或公共资金是最主要的资源。从近些年来我国内地腐败高发的领域来看，大部分都与公共资金的运用有关。例如公共建筑工程、政府采购、“三公”消费等。如果能够有效地防止公共资金使用上的问题，则围绕公权力的腐败就可在很大范围内得到治理。

财政信息公开是防止公共资金腐败的重要对策。西方有句谚语：阳光是最好的防腐剂，路灯是最好的警察。原意是说，透明公开是防止腐败和其他一些犯罪的法宝。腐败行为一定是一种秘密交易，怕见阳光是其基本特性。只要能够暴露在阳光之下，腐败交易就很难完成。即使有人敢于冒天下之大不韪，强大的舆论压力也会给腐败行为交易者以很大的威慑。此外，通过透明公开以获得腐败行为的信息，也是政府执法部门有效防控腐败的重要前提。透明公开对策用在防止公共资金腐败上也不例外。四川省巴中市巴州区白庙乡政府的案例就很能说明问题。今年年初，白庙乡政府率先在网上“晒账本”，被媒体称之为“全裸乡政府”。乡政府的所有财政支出都在网上公开，甚至包括平常招待上级的烟酒费。这个小小的举措就起到了很好的防止腐败的效果，甚至连老大难的公款招待、公款吃喝问题也得到了难得的治理。据说，白庙乡的阳光政策实施半年却遭到了冷遇——乡政府向有关部门争取项目和资金，少有回音，在网上招商一个多月也毫无反应。如果真是这样的话，一方面说明他们的阳光政策真的起到了效果；另一方面则说明，阳光政策仅在一个地方“单兵突进”是不行的。

透明公开以治理腐败的机理很简单，但要真正做到透明公开并起到防止腐败的效果却十分复杂。其复杂性主要表现在政治和技术两个方面。在政治上，正是由于阳光政策在治理腐败上的奇效，公权力就不会心甘情愿地实施之，而是会千方百计地规避、化解阳光政策。在技术上，由于财政体制和财政信息的复杂，使得实施财政信息的透明公开远比想像的要困难。

我国内地实施财政信息公开的法律法规体系已经达到了比较完备的程度。主要法律法规包括《预算法》（1995 年 1 月 1 日）、《政府信息公开条例》（2008 年 5 月 1 日）、《进一步推进财政预算信息公开指导意见》（财政部，2008 年 9 月 10 日）和《关于进一步做好预算信息公开工作的指导意见》（财政部，2010 年 1 月 22 日）等。《政府信息公开条例》明确要求把“财政预算、决算报告”列为“主动公开”和“重点公开”的“政府信息”（参见《条例》第十条）。《进一步推进财政预算信息公开指导意见》要求要“重点公开政府预算、部门预算、预算执行以及财政转移支付等内容”。

我国内地财政信息公开实践已经有了积

极的开端和发展。2009 年“两会”之后，财政部首次在其官方网站第一时间公布了经全国人大审议通过的预算报告和中央财政预算 4 张主要表格，迈出了中央财政预算公开历史性的一步。这 4 张表格分别是：中央财政收入预算表、中央财政支出预算表、中央本级支出预算表、中央对地方税收返还和转移支付预算表。2010 年 3 月 25 日，财政部通过其门户网站向社会公布了经全国人大审议通过的 2010 年中央财政预算数据。2010 年公开的范围增加到 12 张预算表。新增加的 8 张预算表是：中央财政国债余额情况表、中央政府性基金收入预算表、中央政府性基金支出预算表、中央本级政府性基金支出预算表、中央对地方政府性基金转移支付预算表、中央国有资本经营预算收入表、中央国有资本经营预算支出表、2010 年中央财政地震灾后恢复重建基金收支表。与 2009 年相比，除了公开范围更广，内容更全面，科目也有所细化。2010 年向社会公开的中央本级支出预算表和中央对地方税收返还和转移支付预算表，基本上做到了按款级科目进行细化。其中，2010 年中央本级支出预算进一步细化为 23 类 123 款科目，比 2009 年增加了 82 款内容。

然而，内地政府财政信息公开透明的效果离理想目标还有不小差距，至少需要在以下三个方面进行改进。

第一，公开的财政预决算表格还需要进一步细化，要做到让无论是人大代表还是社会大众都能够看得懂。一直以来，内地政府提请人大代表审议的财政预算都是加总的数据，甚至是总数。最近两年来公开的财政预算信息也还都是按照科目加总的信息。而只有细化到具体的预算项目，才能看得清楚，才能发挥较大的监督效应，才能真正实现以公开促监督的目的。反之，就成了为公开而公开，防止腐败的效果就要大打折扣。

第二，加快预算外资金管理体制改革，实现“两本账”合一。所谓预算外资金，是指“国家机关、事业单位和社会团体为履行或代行政府职能，依据国家法律、法规和具有法律效力的规章而收取、提取和安排使用的未纳入国家预算管理的各种财政性资金”。（参见国务院《关于加强预算外资金管理的决定》，国发〔1996〕29 号，1996 年 7 月 6 日）“未纳入国家预算管理”无异于监督的空白。改革的目标就是消灭预算外资金，统一纳入预算体制。只有这样，财政信息公开的效果才能彻底。

第三，要不断强化财政信息公开的监督问题。监督难是内地的普遍问题，在财政信息公开上也不例外。改革的方向是要不断深化权力监督体制的改革。一是人大的监督要不断强化；二是纪检、监察、预防和审计等专门机关的监督也亟待加强。只有监督难的问题得到了比较彻底的解决，政府机构才能认真地执行相关法律法规，财政信息公开才能真正实现公开透明，防止腐败的效果才能得到充分的体现。

财政预算公开的监督保障与展望

——上海市关于财政预算公开的几点思考

上海市纪委副书记、监察局局长、预防腐败局局长　顾国林

近年来，上海市政府严格按照中央要求，以财政性资金和社会公共资金为重点，按照“制度加科技”的思路，细化预算编制，强化预算执行，夯实公开基础，确保财政预算公开全面、真实、准确。

一、明确要求规范公开

财政预算公开的监督保障必须制度先行，通过制度的统一性和约束力，保证预算公开工作持续、深入开展。

上海市政府依据《政府信息公开条例》，制定了完善的工作制度，全面规范各单位的政府信息公开行为，并每年制发政府信息公开工作要点，明确年内重点任务和各单位责任分工。2007 年开始，市政府将财政预算公开列入年度重点工作，逐年提出新目标。《2010 年上海市政府信息公开工作要点》和市财政局《关于进一步做好本市财政信息公开工作的指导意见》明确，要以政府预算、部门预算、预算执行、财政转移支付为重点，根据“依法、完整、真实、逐步细化”的原则，有序推进预算公开；要主动公开经市人大及其常委会审议通过的市本级年度财政收支预决算情况，市本级财政收支预算执行情况，深化部门预算信息公开，让权力在阳光下运行。

二、运用科技落实公开

财政预算公开，最大的困难不是公开本身，而是如何从技术和管理上做好公开基础工作，保障公开信息的全面、真实、细化。上海市以“金财工程”为抓手，通过财政信息化建设，提高财政管理的科学化、精细化水平，加强权力制约和资金监控，为财政资金透明运行提供支撑。

以市食品药品监督管理局为例，该局对下属 54 家财务单位统一开户银行、统一支付方式、统一使用公务卡，并通过资金管理系统规范资金的预算和使用，集事前、事中和事后监管于一体，财政预算信息在一定范围内公开，为各级决策层、执行层提供完善的决策机制、执行平台和监控手段。通过制度规范、技术约束，有效提升了预算执行的刚性，保证了财务决算的完整、真实与可靠。

又如，浦东新区金桥镇以“决策过程看得见、资金运行看得到、上级监督管得住、公众声音听得见”为目标，初步建成了财政性资金监管运行体系。预算编制管理、预算拨款执行、账务处理等所有财政性资金活动情况，全部被纳入网上监管系统，并实行分级公开方案。所有资金信息均向纪检监察部门开放，综合经济、基本建设、社会事业、综合治理四大类 18 个细目的信息，均向社会公开，接受群众监督。目前，这一成熟经验已推广至全区各镇、街道。

此外，嘉定区搭建了支农惠农资金监管平台，市人力资源社会保障局建设了社保基金网上实时监管系统，“三农”、社保基金等涉及民生的专项资金和社会公共资金运行情况公开透明，财政信息公开力度不断加大。

上述做法其特点是：所有的财政预算制度都通过技术手段固化为计算机操作流程，

所有的预算单位均被纳入监管范围，所有的监管责任均明晰到相应的责任部门和责任人，所有财政资金的预算、执行、决算以及财务核算均被全过程实时监管。通过“制度加科技”，初步建立了一套规范、高效的监控机制，提高了财政资金使用的透明度和规范性，确保预算公开落到实处。

三、加强监督保证公开

我们主要通过三个途径对预算公开进行有效监督：

一是自觉接受人大监督。市财政局主动向市人大沟通汇报财政预算信息公开工作的推进情况，认真研究落实人大有关推进财政公开的建议。

二是加强政府专业部门监督。审计部门定期审计财政预算及预算执行情况，监察部门对预算公开工作进行监督检查，法制部门严格依法审理关于公开的行政复议案件，这些都对行政机关履行预算公开义务形成了有力的监督。

三是主动接受群众监督。通过宣传和互动，让群众了解本市财政公开的整体情况，以组织社会评议等方式将政府信息公开的评价权交给群众。

财政预算公开是财政性资金节俭、高效使用的基础。下一步，我们将继续按照“制度加科技”的思路，深化财政预算管理改革，推进“金财工程”建设，使资金在网络上监管，打造阳光财政。

我国财政信息公开的几个问题

上海财经大学、中国教育支出绩效评价中心

［内容简介］信息公开是建设廉洁高效政府的重要路径。政府和财政信息从保密到公开，不只是公布几个文件或报告，而是行政管理的机制创新。从西方经验看，信息公开集中在20世纪70—80年代，经历了“从廉政角度”到“从管理角度”的信息公开两个阶段。本文认为，财政是政府信息公开的重点和难点，具有渐进性。在财政信息公开上，应结合财政管理特点分步进行，先公开已有信息，逐步深入。同时，应当在财政管理机制上进行“四环节”改革并进行政府会计改革，使财政信息公开获得坚实的支撑。

一、人们为何总盯着财政信息公开

在政府信息公开上有一个有趣现象：无论中外，公众、媒体都会将目光集中于财政信息上，OECD（经济合作与发展组织）还将财政透明度作为衡量一国政府信息公开的指标。那么，人们为何总盯着财政信息公开呢？对此，我们归纳为三点理由：

一是这与财政具有涉及面广、综合性强、信息量大的特点有关。在政府信息中，大约50%～60%是财政或与财政相关的信息，决定了它在政府信息公开中的地位。

二是这也与财政信息的广泛性、有用性有关。财政信息可分为预算、税收和政策信息、财政工作信息和会计、财务信息等三大类，它们不仅覆盖了政府工作方方面面，而且事关利益上的再分配，例如，房地产税改革将涉及3亿市民的利益，而义务教育的免费政策涉及全国1.8亿学生和40%左右家庭的利益，因而不仅政府、部门关心，企业和市民也关心财政信息。

三是这也与财政信息公开程度的国际间可比性有关。虽然国情有差异，但各国的财政管理内容大体相同，其信息公开程度是可以用财政透明度衡量的，这点，其他政府部门却难以做到。2003 年 Alt and Lassen 对 OECD（19 国）的财政透明度进行了评价，评价依据为 12 项指标。他的评价结果为：新西兰（11 分）、美国（9 分）、英国（8 分）、澳大利亚（6 分），最低的有比利时、德国、意大利、瑞士、丹麦（均为 3 分）、挪威（2 分）、日本（1 分）。财政信息公开程度的地区、国际间可比较性，使它成了衡量各国政府信息公开程度的标志。这也是人们关注财政信息公开的理由。

这三点既表明了财政信息在政府信息公开中的地位，也表明了我国以财政信息公开为“突破点”，全面推进政府信息公开的战略是准确的。

二、西方政府信息公开历程的启示

通过对西方政府信息公开的历史资料整理，我们发现，虽然在西方国家，民主作为一种政治理念早就产生，但政府自信公开作为一种制度，除了瑞典、芬兰等少数国家外，大多是在上世纪 60 年代后才陆续出现的，大体经历了“从廉政角度的信息公开”和“从管理角度的信息公开”两个阶段。

我们知道，西方的行政制度是按保密原则建立的，采用以层级节制为特征的“宝塔式”结构。“保密原则”也就是“保密为一般，公开为特例”的原则。为了管理各种公共事务，政府必须设职能部门，而为了符合“保密”，即“知道的人越少越好”的要求，信息只有少数人知道，办事人员向领导负责，信息在政府内部各部门、科室之间相互封锁。于是，一些官员利用手中权力和信息垄断地位，以“公共利益”为名进行权钱交易。而政府行政也长期为官僚主义、浪费和腐败三大难题所困扰。

早期的西方政府信息公开是从建设廉洁政府角度提出的，1906 年，美国记者林肯·斯蒂芬斯在《为自治而斗争》（The Struggle for self-Government）中，先后调查了 16 个大城市、11 个州的政治黑幕，揭露了大量的腐败事件，指出：“一旦贪污腐败以同样一种形式在各地出现，那么这种普遍的罪恶一定是有自身原因的非个人的结果，而不是某些坏人道德败坏的偶然事件。”尤其是美国 70 年代的“水门事件”和“洛克希德公司行贿案”对西方的巨大冲击，在反思中，人们从不同角度对“保密原则”进行了分析和抨击：一是保密原则是出于政府“无谬误神话”，但有时政府工作失误是难免的，而要维持“神话”就会付出沉重代价；二是保密原则导致政府内部、政府与人民之间信息不对称，这是造成代理人机会主义行为（逆向选择、道德风险）的根源，而腐败是其外在形式；三是人民拥有知情权（知政权、社会知情权、个人信息知情权），为此，政府有告知相关信息责任。随着这些观点的传播，社会逐渐形成了“阳光是最好的消毒剂，路灯是最好的警察，信息公开是最好的防腐剂”的共识，促进了各国的立法进程。

这一阶段的信息公开主要集中于预防腐败问题上，由于未触动行政管理中保密原则这一根本，政府和财政只是公开了预算、规章等常规信息，因而虽然起到了一定的反腐、防腐作用，但效果有限。

到上世纪 80 年代，随着学者们对政府公开的研究深入，一些人提出了以信息公开来治理官僚主义、浪费和腐败三大难题的观点。S. R. Osmani（2002）提出，“隔离抑制了声音，保密冲淡了责任”。指出，政府的“三大难题”并非必然，而是长期囿于“保密原则”和“过程管理”（追求过程合法，而不论结果如何）的结果，通过政府改革，包括信息公开和建立基于结果的绩效评价制度等，这一状况是可以改变的，因而建设廉洁高效政府是可能的。

图：“政府再造”与信息公开

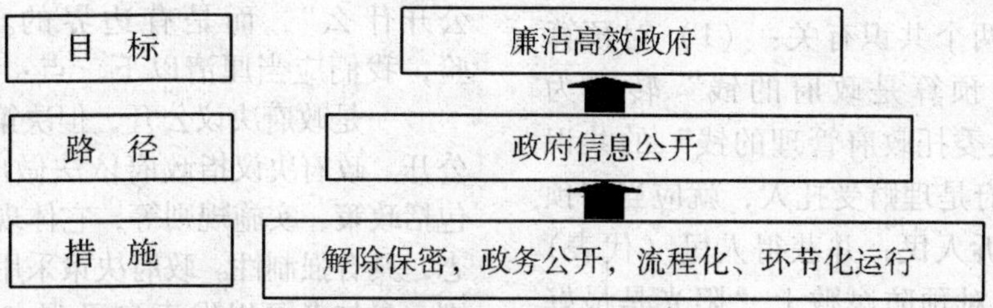

这些主张为80年代以来的“政府改革”提供了依据。在政府改革中，各国所采用的“三个再造”［职能再造：用委托代理原理重新界定政府职能，缩小直接管理范围，凡能用市场方式解决的就不再直接管理；管理流程再造：在政府内部管理上以信息公开替代保密原则，推行“行政管理四化”（信息化、扁平化、流程化、环节化管理）；预算再造：按效率原则建立基于有效公共服务的绩效预算］和“一项制度”，即公共支出绩效评价制度的做法，就是围绕建设廉洁高效政府目标设计的。改革推动了信息公开由“从廉政角度”向“从管理角度”深化。由于得到了行政管理的支撑，西方信息公开也由“形式上的公开”，进入“实质性公开”阶段。

信息公开的作用，我们可以举下两个例子：

一是20世纪90年代一项对乌干达公共支出的跟踪调查表明：在信息公开前，中央政府给学校的每一美元拨款中，学校只能得到20美分，其余为地方政府截留。为扭转这一局面，中央政府没有停留在加强财政管理上，而是发起了一场自上而下的信息运动，通过每月在报纸上公布政府对学校的资金转移情况，来增强学校和家长对地方官员的监督。效果为“政府捕获”从1995年的80%减少到2001年的不足20%。二是在相互封锁信息下，几乎所有国家都遇到了涉及人口管理的部门：公安、移民、社保、医疗、统计等都建有庞大的人口数据库，虽然政府投入了大量预算，但因管理、维护等原因，甚至说不清人口数，出现了“死人仍领社保金”等官僚主义现象。在信息公开中，政府实行了数据库共享制，预算减少了，而数据库因得到及时维护更新，减少了重复劳动，决策效率提高了。类似的还有土地信息数据库等。而最可笑的是，美国拥有中情局等18个情报机构，却因相互信息封锁而说不清情报的可靠性，做出了“伊拉克有大规模杀伤性武器”的误判，导致小布什政府在向伊拉克出兵上的决策失误。

从西方的这一历程中，我们至少可以获得如下启示：

第一，官僚主义、浪费和腐败是各国政府共同的难题，它并非必然，而是在行政管理上长期采用“保密原则”和“过程管理”，即追求过程的合规性，而非结果的有效性的结果。信息公开具有促进廉政建设和提高政府效率功能，它既是诚信政府建设的基础，又是建设廉洁高效政府的关键。因为“一个有勇气置于人民广泛监督下的政府，必是更有使命感，勇于承担责任政府”。因此，信息公开不仅有政治意义，而且有管理意义。

第二，政府行政从保密到公开是渐进过程，是公共管理机制创新的过程。我国在信息公开推进中，作为渐进策略，在一开始应将重点放在宣传其预防腐败功效上，但随着信息公开深入，我们应及时将其纳入行政管理改革框架，使之具有坚实基础。

第三，西方的政府和财政信息公开进程与社会形成的两个共识有关：（1）对预算资金性质由“预算是政府的钱”转变为“预算是纳税人委托政府管理的钱”的共识有关。既然政府是理财受托人，就应当将预算用途如实告诉人民，并获得人民（代表）批准；（2）与对预防腐败上“阳光是最好的消毒剂”的共识有关。公共委托代理是政府和财政信息公开的理论依据。

此外，国际组织也起到了重要推动作用。例如，马约不但要求欧共体各成员国预算赤字应限定在当年财政收入的5%内，还要求他们建立预算信息公开和可核查机制。在1997年“亚洲金融风暴”期间，韩国向国际金融组织（IMF）提出了贷款申请。而IMF的重要条件是政府必须作出信息公开的承诺。

三、我国财政信息公开应厘清的几个问题

1. 认清形势，坚定不移地推进财政信息公开工作

首先，政府和财政预算信息公开是一项承诺。由于在建设与市场经济体制的过程中，我们还缺少行政治理经验，在行政管理上存在着官僚主义、浪费和腐败等难题。既然中共十六大确立了建设廉洁高效政府的目标，而信息公开是应有之义，我们就应丢弃“该不该办”争论，将功夫下在“怎样做好”上；其次，财政信息公开是实现财政管理科学化、精细化的基础。我国在预算上，存在着中央转移资金“地方捕获”、“挤出效应”（中央投入越多、地方投入越少）、部门专项“拿钱不做事”，而将资金转入“小金库”等问题。有些地方的“民生预算”，人民得益不多，大多为官僚机构所消耗。经验证明，靠“头痛医头”是无法解决的，而一旦各级政府公布了预算，钱到哪里去了？做了什么？人们就会从收益角度监督政府，官员就不敢乱来。最后，那些以各种借口“顶着不办”的官员，说到底，他们所保护的并非公益，而是一己私利。总之，我们必须认清形势，既积极又稳妥地推进财政信息公开工作。

2. 明确信息公开的边界

信息公开并非“我想知道什么，就应公开什么”，而是有边界的。根据西方经验，我们应当厘清以下三点：

一是政府决议公开，但决策过程的信息不公开。政府决议指政府依法做出的行政决定，包括政策、实施规则等，它体现了政府整体意志，具有强制性。政府决策采用民主集中制原则，参与者可以发表自己观点，最终由“班长”做出决定。由于在决策过程中会涉及各种具体情况和不同意见的争论，而一旦公开过程会破坏民主氛围，造成一些人的压力，产生某些“副作用”。这点与人大代表审议时采用辩论和投票的民主程序不同。因此，西方国家在信息公开法的附加保密规定中，通常将决策过程信息列为机密，30年后解密。

二是事关国防、国家安全、个人隐私，妨碍市场公平竞争，妨碍公安部门正在追查案件的等五类信息不公开。

三是财政信息公开适用于所有公民，包括本地和非本地居民，但对非公民的适用问题，法律上通常设有某些限制条件。因此，有些地方以非本地居民为由，拒绝向一部分申请人提供财政信息是不对的。

3. 财政信息公开具有渐进性

一是政府行政从保密到公开有一个理念转变过程；二是信息公开的程度是与行政管理的信息化、扁平化、流程化、环节化进程相联系的，而垂直管理“四化”改革是逐渐推进的过程；三是信息公开有一个准备阶段。

财政信息公开可分以下阶段：①公开现有的政府和预算、税收等文件；②公开财政统计资料和工作报告；③开放包括历史资料在内的所有非机密财政资料。在办理申请公开手续后，读者可查阅各预算支出项目的单据等。

4. 财政信息公开应建立引导机制

由于财政信息中有大量专业性、技术性词汇和术语，局外人看不懂是正常的，根据谁公开、谁解释原则，财政部门负有对统计口径等解释的责任。但对预算案、决算案的解读，应当由媒体组织专家进行。从积极意

义上说，解读也是建立引导机制。我们应当重视这种机制，借以导向舆论，建立与纳税人、人大代表的互信关系。当然，专家解读是学理性的，应文责自负。

四、对我国财政信息公开的四点建议

1. 明确财政信息公开的形式和范围，建立委托受理制度

（1）财政信息公开的范围。由于财政信息公开的范围是按“使人民有充分信息以监督政府施政”和“管什么，公开什么”原则设定的，因而实际范宽于国务院规定。目前各国无统一标准。Kopits and Craig（1998）在财政透明度上提出了“制度透明度”、“会计透明度”和“指标与预测的透明度”等三类标准。

根据我国实际，我们大体可以将财政信息公开的范围归纳为：①制度信息：包括政府的结构及功能；预算、税收和财政制度信息；绩效评价和财务审计信息；公民的纳税程序信息；政府管制成本信息等；②预算信息：包括各级政府总预算和预算调整、决算信息（含一般基金预决算、社会保障基金预决算、国有资本金预算）；预算外资金信息；专项转移支付资金的分配、使用的信息；各级政府的或有负债和债务（含公债）信息等；③会计和财务信息：各预算部门的财务信息（含各部门明细报表、部门之间的资金往来等）；国有企业预决算信息；专项资金的拨支用信息；国有资产信息；政府采购信息等。此外，还应当公布预算执行情况等动态信息。

（2）财政信息公开形式。按国务院要求，财政信息公开可采用主动公开和申请公开并行的方式。主动公开指那些政府应当告知公民和组织的信息，包括财政税收法规、通知等行政规章信息；本级政府的预决算和财政执行情况信息等。在方式上，应当采用“先公开当前的，后公开历史的”思路。申请公开指凡是不属于信息公开例外的，又是财政可及的信息，组织或个人的申请经批准后，由财政部门向个人提供。申请公开是有条件的，申请者获得的数据资料应以原申请用途为限，不得拷贝给第三者，也不得作营利和不法之用。在内容上，建议预算、决算资料主动公开到“款”级科目，款以下的内容为申请公开。若申请者要求遭到拒绝，财政部门又不能提供正当理由的，申请人可以依行政程序，向当地政府信息公开监督机构提出申诉。

（3）建立申请公开的委托受理制度。为不影响正常工作，西方通常指定高校、公共图书馆等为受理代理点，在收取工本费后，由其提供服务。这点可以为我所用。

2. 确立目标，做好规划，建立行政问责制

既然财政信息公开是渐进过程，就应当设定最终目标。这就是：为申请人提供每笔预算专项，以及每项转移支付资金的落实，支用情况和每笔政府收入的征收、入库信息；为纳税人提供个人纳税有关信息。

比如说，国家有多少农业或民生专项，分到哪里？各级地方政府配套了多少？资金用于哪些项目？支出了多少？支出单据是否可以查到？这些都属于财政信息公开的范围。又如，在政府采购上应当公布有多少单位参与竞标、最低中标价格是多少、哪个单位中标等信息。若达到以上要求，则诚信政府就实现了。

要达到以上目标，就需要对我国现有的财政机构进行机制性变革，并建立依托网络的，上下信息通达的“金财工程”系统。为此，建议财政部围绕信息公开，做好规划和实施步骤，力争在5—8年内做到财政信息“应公开尽公开”。

在目标确定后，我们建议设立国家和财政部两级信息公开监督机构，并建立对各级财政信息透明度的评价机制。通过评价促进财政信息公开。在财政透明度评价上，上海财大已有良好开端，建议给予扶持并深化内容。

3. 加快财政内部机构改革，建设信息公开的支撑体系

信息公开指公共机关将他们在履行职务中形成或取得、管理的数据、资料等予以公布、提供阅览或交付文件副本、复印件等。财政信息公开需要财政内部流程化、环节化管理支撑。而在我国，财政内部机构是按部门对口设置的，这种机构设置方式造成了财政处室“为部门争资金、争项目、争预算”，而不利于财政信息流通和财政资金效

率提高，这就是要求加快内部机构改革，撤销业务处室，推行基于财政绩效的预算编制、预算执行、监督检查、绩效评价四环节模式。在税务机构上，应完善“征、管、查三分离，一公开”的办税模式。

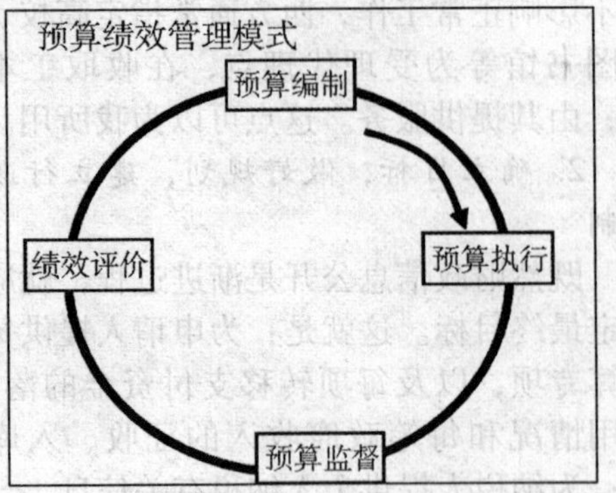

4. 加强财政信息化建设，形成基于网络的政府会计体系

会计是政府管理基础，也是基本的财政信息源。我国的预算会计存在着：①缺乏专项资金核算体系，与部门预算管理要求严重脱节；②“以拨代支”下总预算会计与单位会计脱节；③会计信息量小，透明度差，不适应财政信息公开和预算绩效管理需要。为此，改革势在必行。

图1 ××市级政府会计的网络体系

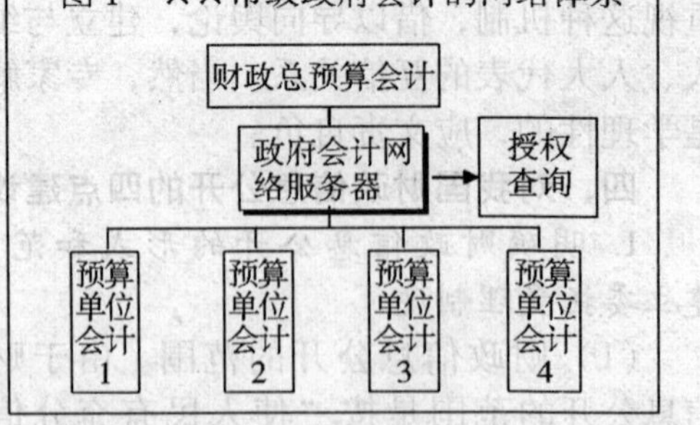

根据财政信息公开的要求，我们认为，我国预算会计改革路径，应当是以政府会计替代预算会计。一是依托政府会计数据库，建设基于网络的会计体系；二是建设一个统一的，满足专项资金管理需要的政府会计科目体系；三是取消“以拨代支”，恢复基于实际收付数的决算制度。

总之，财政信息公开是事关诚信政府建设、廉洁高效政府建设的大事，也是政府理财从观念到机制上的重大转变，是广大财政工作者所期盼的。既然上天将这一改革机会赋予了我们，我们就责无旁贷，唯有做好而已。

附件：

部分国家的《政府信息公开法》

国名	法律名	制定年份	施行年份
1. 瑞典	出版自由法（Freedom of the Press Act 1974）	1766 制定，1937 修订，1949 制定新法，1974，1983，1998 修订	1767
2. 芬兰	政府活动公开法（Act on the Openness of Government Activities）	1951 制定，1999 制定新法	1951

续表

国名	法律名	制定年份	施行年份
3. 美国	信息自由法（Freedom of Information Act）	1966 制定，1974，1976，1978，1986，1996 修订	1967
	总统第 12600 号关于遵守商业机密的事前通知手续（Executive Order 12600 Predisclosure Notification Procedures for Confidential Commercial Information）	1987 制定	1987
	总统第 12958 号关于区分国家安全保障法的命令（Executive Order 12958 Classified National Security Information）	1995 制定	1995
	修正电子信息自由法 1996（Electronic Freedom of Information Act Amendments of 1996）	1996 制定	
4. 丹麦	行政文件使用法（The Danish Access to Public Administration Files Act） Lov om offentlighed i forvaltningen（Offentlighedsloven）	1970 制定，1985，1991，1993，1994，1998，2000 修订	1971
5. 挪威	行政文件一般利用法（The Danish Access to Public Administration Files Act） Lov om offentlighed i forvaltningen（Offentlighedsloven）	1970 制定，1997，2003 修订	1971
6. 法国	行政文件利用法（Loi portant diverses mesures d'amélioration des relations entre l'administration et le public et diverses dispositions d'ordre administratif, social et fiscal）.（Law on Access to Administrative Document）	1978 制定，1979，2002 修订	1980
7. 荷兰	行政公开法（WET houdende reregelen betreffende de openbaarheid van bestuur）.（WET openbaarheid van bestuur）	1978 制定，1991，1997，1998 修订	1980
8. 澳大利亚	信息自由法（Freedom of Information Act）	1982 制定，1983，1986，1991，1994，1996，1999，2000，2001，2002，2003 修订	1982
9. 加拿大	信息利用法（Access to Information Act）	1982 制定，1992，1999，2001 修订	1983
10. 新西兰	行政信息法（Official Information Act）	1982 制定，1983，1987，1989，1992，1993，2000，2001 修订	1983
11. 哥伦比亚	公共行为及文件公开法（LEY 57 DE 1985（julio 5）por la cual se ordena la publicidad de los actos y documentos oficiales.）	1985 制定	1985

续表

国名	法律名	制定年份	施行年份
12. 希腊	第1599法国家－国民关系、新身份证、其他规定	1986制定，1991修订	1986
13. 奥地利	联邦宪法法（Federal Constitutional Law）	1930制定，2003修订	
	关于州及地方政府1987年5月15日联邦原则法	1987制定，1998修订	1988
	关于联邦行政政府信息公开义务（1987年5月15日联邦法及1986年联邦州法修订）（Bundesgesetz vom 15. Mai 1987 über die Auskunftspflict der Verwaltung des Bundes und eine Änderung des Bundesministeriengesetzes 1986）	1987制定，1990，1998修订	1988
14. 意大利	关于使用行政文件及手续的新规定（New rules on administrative procedures and right of access to administrative documents Law 241 of 7 August 1990）	1990制定	1990
15. 西班牙	行政及共通手续制度法（Ley de noviembre, de Régimin Jurídico de las Administraciones Públicas y del Procedimiento Administrativo Común）	1992制定，1993，1997，1998，1999，2001修订	
16. 匈牙利	个人数据保护和公益数据公开法（Protection of Personal Data and Disclosure of Data of Public Interest）	1992制定	1992
17. 比利时	行政公开法（Loi relative á la publicité de l' administration）	1994制定	1994
18. 韩国	公共机关政府信息公开法 (공공기관의정보공개에관한법률)	1996制定，2004修订	1997
19. 爱尔兰	信息自由法（The Freedom of Information Act）	1997制定，2003修订	1998
20. 泰国	公共信息法（Official Information Act）	1997制定	1997
21. 英国	2000年信息自由法（The Freedom of Information Act 2000）	2000制定	2000
22. 日本	行政信息公开标准（行政条例） 政府信息公开法草案	1972年 1999年	2001

注：英国2000年信息自由法的部分条文未实行。表中的资料截止到2004年3月。

预算公开的监督保障与展望

深圳市财政委员会党组成员、机关党委书记　刘友亮

一、深圳预算公开的基本情况

（一）预算公开的范围不断扩大

（二）预算公开的内容不断细化

（三）预算公开的主动性不断提高

（四）预算公开的方式不断丰富

二、深圳预算公开监督保障的主要做法

（一）完善制度，强化预算公开的刚性

1. 1995年深圳市人大常委会在全国率先设立了计划预算委员会，2000年改为专门委员会，成为人大实施预算监督的主力军，实现了预算监督的关口前移。

2. 2002年始，市本级所有行政事业单位的预算信息全部汇编在部门预算草案中提交市人大审议，主动接受人大代表监督，实现了“政府要花钱、人大说了算”的民主监督体制。

3. 2003年始，我市每年市本级部门中选取几个部门在市人大会期间进行重点审议，至2010年已有20个市级部门的部门预算接受了市人大的重点审议。

4. 2008年国家《政府信息公开条例》出台后，深圳市政府即出台了《深圳市政府信息公开办法》。2010年，为进一步推动和规范财政预算信息公开，我市又出台了《深圳市财政预算信息公开指导意见》，要求对财政总预算、部门预算等信息主动公开。

（二）深化改革，夯实预算公开的基础

1. 进一步完善部门预算改革。

2. 规范财政专项资金管理。2006年，我市进行了专项资金清理、整合工作，由87项减少到37项，遏制了专项资金的继续膨胀。目前，我市正在对保留的37项专项资金再作进一步的清理、整合，有23项予以撤销、归并或纳入预算管理，其余14项统筹归并为产业类、社会事业及社会保障类资金等两大类专项资金。

3. 创新财政资金存放商业银行方式。改革实施后，财政资金定期存款量占总量的比重由不足20%上升到90%以上，同时通过资金调度垫付政府统贷投资用款，减少政府利息支出。改革3年来，增加财政利息收入约30亿元，减少政府贷款利息支出11亿元。

4. 完善政府采购制度。从1999年到2009年，全市实行政府采购资金从12.7亿元增加到81.5亿元（不含政府基建经费），资金节约率从7.8%提高到9.5%。

5. 建立健全彻底解决“小金库”问题的长效机制。一是实行统一津补贴制度。二是深化收支两条线改革。三是完善国库集中支付改革，建立健全公务卡制度。四是强力推进部门预算改革，强化预算的刚性。五是强化政府部门行政首长财经责任意识，实行部门行政首长财经负责制。六是进行国库单一账户制度改革，加大对部门自有账户的清理力度。

（三）加强监督，提升预算公开的实效

1. 2005年至2009年，市审计局共审计和调查3319个单位，政府投资项目工程款核减率为9%，审计应上交财政金额3.46亿元。与此同时，“阳光审计”工作不断取得进展，增强了审计透明度，在促进审计整改、建立健全问责机制方面发挥了重要作用。市审计局自2008年7月在全国率先实行审计报告向社会公开以来，至2009年12

月已在互联网站公开审计报告139份。

2. 在强化审计这一内部监督机制的同时，我市积极引入社会舆论的有效监督，是增强预算公开实效的外部动力。在人大会议期间就代表审议情况加大向媒体公开力度，近年来反响较为强烈，一些问题引起社会热议。

3. 通过预算信息公开，增强了各部门的预算观念，预算刚性得到提升，为从源头上遏制腐败创造了条件，为建立现代法制政府和公共服务型政府打下了基础。同时，规范了财政资金分配的程序，提高了财政资金分配的透明度，杜绝专项资金利益部门化，实现了合理配置公共财政资源。预算公开也逐步降低了行政成本，财政支出结构进一步优化。

三、对预算公开的展望

（一）进一步健全预算公开的法制监督体系

1. 修订《预算法》。

2. 完善《政府信息公开条例》及相关配套法规。

（二）进一步强化预算公开的民主监督机制

1. 强化人大对预算的监督职能。

2. 深化行政管理体制改革。

3. 完善行政决策程序。

（三）进一步完善预算公开的财政内部监督机制

1. 构建完整的现代预算体系，保证预算公开的完整性。

2. 细化预算编制，完善预算支出标准体系。

3. 强化预算执行管理，实现预算与决算的有效衔接。

4. 加强对预算资金的绩效评价，提高财政资金使用效益。

（四）进一步发挥对预算公开的舆论监督作用

重视和支持新闻媒体对预算公开的监督。充分发挥社会舆论特别是网络舆论对预算公开的监督作用，不断拓宽群众监督预算公开的途径和渠道，保障群众的知情权、参与权和监督权。健全工作机制，完善媒体披露问题的整改、查处和公开反馈制度。

（五）进一步做好预算公开的各项基础性工作

1. 逐步推进预算决策过程公开。

2. 更加细化预算公开的内容。

3. 进一步增强预算的可读性，拓宽预算公开的途径。

4. 推动电子政务发展，提高预算公开效率。

财政预算公开的监督保障与展望

——审计署在财政预算公开进程中发挥的作用

审计署财政审计司副司长 马晓方

一、政府预算公开的进程不可逆转

政府预算公开是公共财政的本质要求，也是政务公开的重点内容。社会公众高度关注和热切呼唤政府预算公开。近年来，随着《政府信息公开条例》的实施，从中央到地方各级政府都在进行政府预算公开的试点和探索。

尤其是今年，财政部公布了2010年中央预算、政府基金预算和中央国有资本经营预算，近40个中央部门公开了各自的部门预算，力度大、范围广，社会各界给予了积极评价。这是我国预算管理改革的重大进步，标志我国预算管理进入了一个新的历史阶段。

谢旭人部长在2009年中央决算报告中表示，到2011年，中央本级支出中的部分重点支出要按“项”级科目公开，要推动基本建设支出、行政经费支出预算和执行情况的公开。

今年7月7日，温家宝总理主持召开国务院常务会议，在布置2009年度中央预算执行和其他财政收支审计查出问题整改工作时再次提到：阳光是最好的防腐剂，政府行为的公开透明，比任何监督都有效。要深化部门预算改革，加大预算编制和执行等方面的公开力度，切实提高预算的透明度。

二、推进预算公开需要进一步解决的一些问题

1. 关于预算公开的法律规定还不够完善。

2. 预算体系还不够完善。

财政资金还存在预算内外两种管理体制；

中央国有资本经营预算不健全，许多地方还未建立国有资本经营预算。

3. 政府预算与部门预算口径存在差异，部门决算的汇总与政府决算也存在差异。

4. 预算还不够科学。

年初公开的预算与预算执行结果存在较大差距；

部门支出标准还不够公平、合理、科学，存在苦乐不均。

5. 预算还不够细化。

代编预算比例还较大，没有完全细化到部门、项目；

转移支付预算还没有细化到地方和项目；

基金预算和国有资本经营预算还比较粗放。

6. 预算科目设计还不完善。

有的不能明确反映支出范围和方向。比如三农、教育等法定支出没有完整的科目反映，不能形成清晰明确的总体概念。

三、审计署在预算公开进程中的作用和展望

（一）审计署一直致力于推动政府预算公开

1. 揭示代编预算比例大、年初预算批复比例低的问题，促进部门项目支出数据库建设，推动细化中央本级预算；

2. 揭示各项财政性资金没有全部纳入部门预算、结余资金预算管理不合理问题，推动实行部门综合预算。

3. 揭示部门支出差异性问题，推动预算支出定员定额标准改革。

4. 揭示向国有企业违规退税问题和金融企业国有资本经营收益未纳入预算管理问题，推动建立中央国有资本经营预算，完善预算体系。

5. 2007 年以来，审计署连续在审计工作报告中提出提高预算透明度的建议。

（二）今后一个阶段工作重点

1. 更加注重揭示政府和部门预、决算管理中存在的不规范问题，解决真实性问题。

2. 进一步深入揭示中央政府本级预算和部门预算的差异性，理清政府性资金的范畴，取消预算外资金，完善国有资本经营预算，促进所有政府性资金全部纳入预算管理，解决预算完整性问题。

3. 深入揭示代编预算和打捆预算问题，促进完善项目库建设，推动部门预算进一步细化。

4. 推动财政部尽快完善、公布基本支出定员定额标准，提升部门预算的科学性。

5. 加大对社会关注的重点支出的审计和公告力度，以审计公开推动预算公开。特别是探索实施政府部门“三公支出”、重大改革支出、社保医疗等重大民生支出的公开工作。

6. 在部门决算审签的基础上，探索开展中央政府本级决算审签，推动消除部门预算决算和政府预算决算的差异性。

附录五：廉政风险防控有关材料

全面推行廉政风险防控　有效提升预防腐败效果

——2011 年全国加强廉政风险防控规范权力运行工作情况综述

2011 年，各地区各部门认真贯彻落实党中央、国务院关于加强廉政风险防控的部署和要求，紧紧围绕制约和监督权力运行，重点抓住腐败问题易发多发的环节和领域，开展清权确权，梳理工作流程，排查廉政风险，制定防控措施，着力推进党政机关和国有企事业单位的廉政风险防控机制，在科学构建惩治和预防腐败体系、深入推进党风廉政建设和反腐败工作中发挥了重要作用。

一、中央高度重视，地方加速推进

2007 年，北京市原崇文区把风险防范理论和质量管理方法应用于反腐倡廉实践，在全国率先提出廉政风险防范管理的设想，积极开展源头防治腐败的有益探索和研究。北京市委、市政府及时抓住这一新生事物，历经调研起步、试点总结、普遍推开、全面覆盖、深入推进 5 个阶段后，把廉政风险防控向农村、国有企业、高校、社区等基层重要岗位延伸，有力地推动了首都各项事业的廉洁发展。这项创新性工作受到了党中央、国务院的高度重视，也得到了各地区各部门的一致认可。胡锦涛总书记在十七届中央纪委第五次全会上强调，要推进廉政风险防控机制建设，形成有效预防腐败的长效机制。十七届中央纪委第四次、五次和六次全会，分别就加强廉政风险防控管理作出了具体部署。特别是今年 8 月 30 日，中央纪委、监察部、国家预防腐败局组织召开全国加强廉政风险防控规范权力运行现场会，贺国强、何勇、张惠新、马驭等委部领导出席会议，贺国强同志发表重要讲话，对这项工作进行了全面系统部署。为贯彻落实会议精神和推动工作部署，各地区各部门行动迅速，北京、浙江、河南、广东、甘肃和教育部、国家林业局、最高人民检察院、中国气象局等地区和部门的党政“一把手”作出重要指示；天津、上海、安徽、山东和发展改革委、住房和城乡建设部、税务总局、国资委、国管局等地区和部门的党政“一把手”作出书面批示；上海、浙江、安徽、湖南、黑龙江和司法部、农业部、卫生部、最高人民法院、外交部等地区和部门召开了现场会或工作推进会。据不完全统计，截至目前，31 个省（区、市）全部开展了这项工作；55 个中央纪委监察部派驻机构驻在部门中，有 48 个部门采取不同形式开展了这项工作；中央国家机关 93 个部门中，有 70 个已开展了这项工作。经过各地区各部门的共同努力，廉政风险防控工作呈现出内容不断深化、领域更加拓展、覆盖面逐步扩大、成效日益显现的良好发展态势，为从源头上防治腐败积累了经验、提供了借鉴。

二、防控内容明确，制度逐步完善

各地区各部门针对廉政风险防控的重点对象、重点领域和重点环节，通过建章立制，形成靠制度管权、管事、管人的有效机制，最大限度减少了因制度漏洞而出现的各种廉政风险。

*一是突出重点对象，加强党政领导干部特别是"一把手"廉政风险防控。*北京市制定下发《关于加强区县局级领导班子决策"三重一大"事项风险防控的意见》、《关于推进廉政风险防范管理工作向局级领导班子和领导干部延伸的意见》，强化对局级领导班子的监督。湖北省先后制定县委书记、乡镇党委书记、村党支部书记廉政风险防控办法，加强县、乡、村三级党组织"一把手"岗位风险防控。武汉市制定下发《区委书记、区长岗位风险预警防控试点工作方案》，编制《武汉市腐败预警防控工作示例（国有企业）》，强化对区县和国有企业主要负责人的风险防控。广州市深入查找分析市管领导干部权力运行风险，推进党风廉政信息系统建设，提高对领导干部权力运行的监督效能。安徽省芜湖市制订出台和修改完善36项干部选拔任用制度，全面规范干部选拔任用中初始提名、民主推荐、考察、酝酿、讨论、票决、任前公示、不胜任调整等工作。

*二是突出重点领域，加强腐败易发多发领域廉政风险防控。*交通运输部初步形成以《交通基础设施建设项目廉政风险防控手册》、《海事行政执法廉政风险防控机制工作指引》和《交通运输部机关廉政风险防控手册（试行）》为基础，覆盖工程建设、行政执法、行政管理三个重点领域的廉政风险防控体系。国家电网公司制定下发《电网公司廉政风险防控机制建设基本框架》、《实施意见》、《五类廉政风险防控模板》、《廉政风险防控手册》，针对防控重大决策、重要岗位、关键业务、行风形象、违纪违法五类廉政风险，扎实推进具有电网公司特色的"五防三控"廉政风险防控机制建设，实现廉政风险的可控、在控、能控。文化部对权力相对集中、涉及评奖评审的重点岗位和部门进行认真排查风险。黑龙江省选择林业和煤炭两个资源型行业作为重点领域，省委成立加强林业和煤炭系统廉政风险防控机制建设工作指导组，走出了一条具有黑龙江特色的廉政风险防控之路。天津市制定工程建设廉政风险防控实施意见，形成了《工程建设廉政风险防控手册》。湖北省在与群众生产生活关系密切、腐败发生可能性较高的工程建设、医疗卫生、政府采购等10个领域，以及发改、财政、交通等15个行业分别制定廉政风险防控意见，深入推进重点领域廉政风险防控工作。河南、四川、河北等10个地区分类指导教育、卫生、国土、民政、国企等行业系统认真开展廉政风险防控机制建设。

*三是突出重点环节，加强权力行使关键节点廉政风险防控。*国土资源部围绕土地和矿业权审批、出让，土地和矿产资源规划、计划，大额资金和项目管理等，着力完善国土资源市场配置、管理创新、行政权力监督制约、廉政风险预警、廉政风险教育、责任追究等六大防控管理工作机制。教育部围绕高校领导班子决策、财务管理、科研经费使用、校办企业经营、大宗物资采购、招生录取、干部管理等风险较高的部位和环节，研究制定廉政风险防控实施办法。农业部抓住大额资金分配使用、强农惠农政策落实等重点权力，找准腐败问题易发多发的薄弱环节，构建特色鲜明、符合农业系统实际的科学防控体系。国家烟草专卖局在全行业推广"烟草行业资金监管系统"，用信息化手段对行业资金进行实时监管，并正研究制定加强对权力制约和监督的具体措施。

三、防控措施得力，成效初步显现

各地区各部门着力规范权力行使的各个

环节，充分发挥现代信息技术的支撑作用，实现廉政风险和业务风险同步防范。

一是运用科技手段，规范权力运行。上海市运用“制度加科技”的思路，通过建立全市统一的建筑建材业信息监管平台、加快招投标电子化、实施合同备案制度、强化工地现场监管等，促进了建筑市场监管公开透明，有效减少了工程建设领域暗箱操作、虚假招标、违法分包等廉政风险。江苏省扬州市建设完成由“两库五平台”组成的扬州市行政权力网上公开透明运行内控系统，包括行政权力库、业务资源库、行政权力网上公开平台、行政权力网上运行平台、行政监察平台、法制监督平台、部门内部人财物管理平台等，对权力运行实施全过程实时监控。在权力运行网的基础上，河北省保定市创造性地将电子监察系统和预警监控系统并网运行，实施“三网并轨”运行，将廉政风险、风险分级和防范措施等嵌入业务运行流程，把权力行使与电子预警、技术监控、行政监察、社会监督融为一体，在权力运行过程中系统自动预警提示，全程自动监控并生成风险信息分析数据，自行记入考核系统，实现了对行政权力运行预警提示、过程防范和事后考核。卫生部在机关内网开设“权力监控”专栏，对各试点单位风险级别最高的权力运行情况实施网上监控。质检总局、广电总局注重运用科技手段，将排查出的廉政风险点纳入电子政务和电子监察，实现网上实时动态监控。海关总署充分运用信息化手段，全面推广应用廉政风险预警处置系统，建立健全岗位控制、授权批准控制等内控机制。

二是加强统筹协调，实现同步推进。北京市把廉政风险防控与政务公开相结合，涉及权力运行的关键环节都要求在一定范围内公开示权、示风险。比如，及时公布“三公”经费使用情况；在城市重大建设项目和基础设施建设，在规划、用地、拆迁、招标、收费、验收等环节推行“阳光工程”。国家人口计生委把廉政风险防控管理与深化“阳光计生行动”有机结合，在全系统深入推进人口计生权力公开、民主评议和社会监督，让权力在阳光下运行，严肃查处以权谋私和乱收费乱罚款等损害群众利益的问题，及时回应社会关切。

从一些开展较早的地方和部门的工作实践来看，廉政风险防控措施对预防腐败的效果是明显的，主要体现在：一是有效预防腐败的能力进一步增强；二是权力运行得到进一步规范；三是制度建设水平进一步提高；四是反腐倡廉建设的合力进一步增强。加强廉政风险防控、规范权力运行，虽然取得了一些成绩，但总体上仍然处于起步阶段，任重而道远。下一步，要深入开展调查研究，完善相关制度，加强工作指导，逐步建立健全权责清晰、流程规范、风险明确、措施有力、制度管用、预警及时的廉政风险防控机制，不断提高预防腐败工作科学化、制度化和规范化水平。

全国加强廉政风险防控规范权力运行现场会大会发言材料

（2011 年 8 月 30 日）

以监督制约权力为核心 推进廉政风险防控机制建设

北京市纪委、监察局、预防腐败局

2007 年以来，北京市委、市政府按照中央“在坚决惩治腐败的同时，更加注重治本、更加注重预防、更加注重制度建设”的要求，在全市开展廉政风险防控机制建设，为实现廉洁奥运、建设“人文北京、科技北京、绿色北京”和中国特色世界城市提供了有力保证。

一、坚持党委统一领导，全面推进廉政风险防控机制建设

市委、市政府把廉政风险防控作为惩治和预防腐败体系建设的重要载体和抓手，坚持党委统一领导、党政强力推进、纪委组织督促、单位创新驱动、全员积极参与的领导体制和工作机制，全面推进廉政风险防控机制建设。

一是统一领导，齐抓共管。市委常委会每年专题研究廉政风险防控机制建设，市委先后召开全市动员大会、经验交流会、工作情况汇报会，下发《关于在全市推进廉政风险防范管理工作的意见》等重要文件，部署加强廉政风险防控工作。刘淇书记多次深入调研、亲自动员部署，并指导检查工作。郭金龙市长将廉政风险防控作为政府廉政建设的重要任务。市领导分别带队检查各单位防控机制建设情况。全市各级党委、政府建立了党风廉政建设责任制、惩治和预防腐败体系建设和廉政风险防控三位一体的领导体制，党政主要领导负总责，逐级分解落实责任，推动廉政风险防控与业务工作一起部署、一起检查、一起考核，确保工作取得实效。

二是精心组织，督促检查。在市委领导下，市纪委坚持立足全局、科学谋划、系统推进、督促指导，提出全市廉政风险防控的主要内容、方法步骤和阶段性目标，选取市政府重点部门和重要行业进行试点，召开现场会、研讨会、培训会，统一思想认识，总结推广经验，加强分类指导。2010 年，市委提出，将廉政风险防控向局级领导班子和领导干部，向国企、高校、社区、农村等基层重要岗位延伸，目前全市200余个局级单位、5000多个处级单位、近4万个基层单位开展了这项工作，并建立和完善考核评估机制，推动工作落实。

三是结合业务，创新工作。各单位结合本行业、本系统、本单位的业务和重点工作，针对思想道德、制度机制、岗位职责、业务流程、外部环境等方面的风险，建立前期预防、中期监控、后期处置“三道防线”，开展计划、执行、考核、修正等“四个环节”的动态循环管理，构建了内容不同、特点各异、方法多样的廉政风险动态防控机制，提高了全市防控机制建设创新能力和科学化水平。

四是上下互动，全员参与。市委市政府领导和全市局级领导班子、领导干部坚持一手抓决策风险防控，一手抓管辖范围内的风险防控。广大党员干部积极参与，人人查找风险，人人公开风险，人人制定防控措施，形成了全体党员干部共同参与风险防控的良好局面。

二、坚持以监督制约权力为核心，不断提高廉政风险防控的有效性

一是实行重点领域专项防控。针对首都重大项目多、大额度资金使用多的特点，北京市在轨道交通、保障性住房等重大工程建设、重大投资项目等领域，运用廉政风险防控手段和项目化管理方法，认真查找部门和关键岗位权力运行的“关节点”、内部管理的薄弱点以及问题易发的“风险点”，从决策、执行、监督等重点环节入手，构建廉政风险防控机制，形成了全过程管理、全方位防控的工作格局。

二是规范限制自由裁量权。围绕规范行使自由裁量权，最大限度压缩自由裁量空间，铲除滋生腐败和执法不公的土壤。市城市管理综合执法局、公安交通管理局、工商局等部门针对处罚中自由裁量权过大的问题，细化裁量标准和幅度，严格规范裁量权，维护了执法标准的统一性。

三是严格规范权力运行流程。在广泛查找廉政风险的基础上，各单位先后制定了120多万条防控措施，梳理细化了42000多项业务流程，完善了44000多项制度。市委下发了加强风险防控完善区县局级领导班子“三重一大”决策制度的意见，界定和规范了“三重一大”事项的具体内容和决策程序。

四是推进权力阳光透明运行。按照公开透明的原则，各单位在一定范围公开了业务权力、廉政风险点、防控措施，并将其纳入党务公开、政务公开、司法公开、厂务公开和村务公开等。西城区还开展了区委权力公开透明运行试点，推进决策权运行的全程公开。

三、坚持以强化管理为手段，努力提高廉政风险防控的科学化水平

一是夯实基础，创新管理机制。各单位紧扣岗位职责查找风险，注重从体制机制、管理模式、运行架构等方面强化管理，实现了行政管理与廉政风险防控的有机统一。市工商局开展廉政与监管“两个风险”防范工作，探索加强廉政建设、提高工商行政管理水平的新途径；市人力社保局针对社保基金管理经办层次多、环节多的特点，将严格管理沿着风险点向社保所拓展，形成了上下衔接、环环相扣的无缝隙管理链条。

二是立足提醒，构建预警纠偏机制。针对可能发生腐败的重要领域、重要岗位以及重要环节，采取建立预警机制的办法，早发现，早化险，引导党员干部防患于未然。市纪委与市检察院联合建立了预警联防机制，针对典型职务犯罪案件，定期发布警报。同时，注意从巡视、政风行风评议、群众来信来访、执法监察、经济责任审计等方面收集风险信息，开展动态性预警，通过内部监督、组织处理、纪律处分等手段，及时纠正苗头性、倾向性问题。

三是坚持“人防”和“技防”相结合，建立科技控权机制。运用信息化技术加强监督管理，开发建设了行政审批在线服务平台，将市一级政府部门的行政审批事项全部纳入平台管理，通过信息管理系统固化审批流程，实施网上监察督办。市工商局、环保局、质监局等单位把廉政风险防控机制嵌入行政执法、预算管理等信息化监管平台，对行政权力运行实时监控，提升了风险防控的科技含量。

四、坚持“自防”和“他防”相结合，将教育、制度、监督融入廉政风险防控的全过程

一是更加注重廉政风险教育的针对性。运用海淀区原区长周良洛、市地税局原局长王纪平等典型案例，开展警示教育。通过《北京党建》数字电视频道“廉政北京”栏目强化正面宣传引导。同时，针对不同行业和岗位的廉政风险点，强化廉政风险教育。采取分层分类施教、因时因事施教等办法，开展有针对性的教育。在区县和国有企业举办了工程建设预防职务犯罪巡展。针对农村、国企违纪违法新特点，编辑出版了反腐倡廉知识读本，使教育更有针对性，更富有成效。

二是更加注重制度的科学性。加强风险防范分类管理，系统防控。市纪委先后下发了高校、农村、国企建立健全惩治和预防腐败体系基本制度的意见，逐步构建用制度管人、管事、管权的机制。坚持把改革作为推进防控机制建设的根本途径，继续精简行政审批事项，提高财政一般性转移支付规模和比例，全面推行重要干部选拔票决制。在全国率先下发《行政问责办法》，细化了党政领导干部问责规定，提高了制度执行力。

三是更加注重监督的有效性。发挥纪检监察机关的职能优势，加强对权力运行重点环节的监督。积极推进行政监察电子化建设，把廉政风险点设置为监察点，通过同步推进部门业务和纪检监察信息化建设，努力实现重点业务网上全程控制和实时监督。积极推广运用奥运监督经验，构建监督责任体系，派驻监督机构，引入社会中介强化监督，加强了对重大工程、重大事项和关键岗位风险的监督和防控。

四年来，北京市廉政风险防控机制建设历经调研起步、试点总结、普遍推开、全面覆盖、深入推进5个阶段，取得了初步成效：一是有效预防腐败的能力有所增强。我们把廉政风险防控机制引入北京奥运会、残奥会和国庆60周年等重大活动筹办和重大项目建设，保证了筹办活动和项目建设的廉洁高效。2007年以来，全市信访和案件数量呈下降趋势。二是反腐倡廉建设的合力有所增强。全市基本形成了横向到边、纵向到底的廉政风险防控网络，廉政风险防控与业务工作紧密结合，有效克服了廉政建设与业务建设“两张皮”的现象，促进了全市上下共同参与反腐倡廉建设的良好局面。三是以廉促勤的效能建设有所增强。将廉政风险防控融入优化环境、优化管理各个环节，促进了权力运行的规范化和标准化，提升了行政管理效能。四是纪检监察工作的活力有所增强。各级纪检监察机关协助党委政府积极开展廉政风险防控，不仅开阔了预防腐败的视野，创新了工作手段和方法，而且提高了工作主动性和创造性。

回顾四年来廉政风险防控的实践，我们有以下体会：一是领导重视是推进廉政风险防控机制建设的前提。中央纪委、监察部始终高度关心北京市廉政风险防控机制建设，贺国强、何勇、张惠新、马驭、李玉赋、崔海容等领导多次调研指导，作出重要批示。市委书记刘淇同志十分重视并亲自抓这项工作，各级领导身体力行，为防控机制的建立和运行打下坚实基础。二是规范和制约权力是推进廉政风险防控机制建设的关键。按照结构合理、配置科学、程序严密、制约有效的要求，我们积极探索把廉政风险防控的要求落实到权力结构和运行机制各个环节，为有效预防腐败作出了有益尝试。三是科学分类、专项治理是推进廉政风险防控机制建设的方法。我们重点围绕政府投资、"小金库"等专项治理、"三重一大"制度建设以及科技控权等内容，对不同类型的风险进行专项防控，使廉政风险防控更有针对性。四是强化监督检查是推进廉政风险防控机制建设的保证。把监督检查贯穿于廉政风险防控全过程，巩固前期预防、中期监控、后期处置"三道防线"，完善考核评估机制，确保工作实效。

我们将以此次会议为契机，认真学习借鉴兄弟省区市的先进经验，积极探索把廉政风险防控机制建设延伸到权力结构，建立健全有效防控廉政风险的长效机制，为把北京建设成为反腐倡廉建设的首善之区作出更大贡献。

运用"制度加科技"
加强工程建设领域廉政风险防控

上海市纪委、监察局、预防腐败局

近年来，上海按照中央要求深入开展工程建设领域突出问题专项治理，建筑市场不断规范，监管体制逐步完善，确保了世博会建设等重大工程项目安全优质。但是，2009年"6·27"倒楼事故，尤其是2010年"11·15"特大火灾事故给我们敲响了警钟。我们深刻认识到，从根本上解决工程建设领域的突出问题有其长期性和艰巨性，制度设计具体落实到每一个建设工程项目上还有大量艰苦的工作要做。为此，我们在原有工作基础上，坚持问题导向、需求导向、项目导向，力戒形式主义，进一步运用"制度加科技"在工程建设领域深入开展廉政风险防控工作，切实在解决实际问题上下真功夫。

一、加大工作力度，找准工程建设领域廉政风险点

全覆盖检查在建工程项目。专项治理开展以来，全市开展地毯式检查，摸清了在建项目底数和存在问题。"11·15"特大火灾事故发生后，中央政治局委员、上海市委书记俞正声，市委副书记、市长韩正，多次到建筑工地调研并强调，规范建筑市场的排查要切实做到不留死角、不打折扣。市纪委直接组织和参与监督检查30余次。全市共检查在建工程项目16273个，发现问题2320个，并对制度执行和监督管理中存在的各类问题进行了认真梳理。

全面分析建设领域典型案件。我们在加大查办案件力度的同时，对2008—2010年发生的177件案件进行了逐个解剖和归类分析。这些案件涉及工程建设的各个环节，主要发生在基层一些小型工程项目中，集中于招投标、承发包、施工监理等方面，其中50%以上案件背后存在各种腐败问题。

全力排查廉政风险点。结合实际，我们确定了项目决策、招标投标、土地出让、规划管理、工程建设、施工监理等六个重点，全面排查廉政风险，进行风险等级评估。其中，工程建设的项目报建等六个环节就排查出廉政风险点31个，评估确定报建审核等一级风险点7个，招标文件备案等二级风险点15个，竣工验收备案等三级风险点9个，对各风险点制订了具体防控措施。

二、坚持制度创新，加强廉政风险防控顶层设计

注重建立配套完备、有效管用的制度体系。针对工程建设领域法规制度不完善、管理标准和操作规程存在缺陷或缺失等问题，认真抓好建章立制工作。修订《上海市城乡规划条例》，制定市级建设财力项目管理暂行办法以及项目储备库、施工监理和财务监理、审计监督四个配套管理办法，出台22条措施进一步规范建筑市场加强建设工程质量安全。市级层面共制定修订规范性文件53件，各区（县）完善管理制度办法200个。通过建立配套完备、约束有力的制度体系，增强了廉政风险防控的前瞻性、系统性和科学性。

注重建立程序严密、公开透明的权力运行机制。为预防行政管理流程不规范、不严密，管理主体自由裁量权过大而滋生的腐败问题，我们结合行政审批制度改革，把建设工程从立项到竣工的审批流程整合归并为四个主要环节，即土地使用权取得、设计方案审核、设计文件审查、竣工验收，制订具体操作规程，进行网上联合审批。通过优化审批管理程序，规范工程项目各个环节的审批权，使权力运行“大小有界、公开透明、网上留痕、全程受控”，加强了对权力运行的监督制约，有效防止领导干部利用职权违规插手干预工程建设项目。

注重建立配置科学、协同联动的工程建设管理体制。针对监管部门之间存在管理盲区、现有监管程序难以覆盖各类工程的问题，进一步调整完善管理体制。建立各管理部门分工合作机制，明确建设项目属地化管理职责，消除管理空白点。加快电子政务建设步伐，进一步优化完善建设工程监管流程，形成分类、分级、分层的建设监管程序，实现各监管部门的管理协同和监管全覆盖，防止因“越位”、“缺位”、“错位”而诱发的腐败问题。

三、运用科技防控，建立监管平台确保制度落实

着力完善土地交易平台，规范土地使用权审批和出让行为。对土地交易市场在原来土地交易规则制定、业务办理、监督考核“三分离”的基础上，推进土地二级市场纳入全市统一规范的土地交易平台，防止土地二级市场以股权转让等形式隐性交易造成廉政风险，使土地入市交易机制发挥有效的风险防控作用。

着力建设覆盖地表、地下、地上的规划管理平台，加强规划控制。针对改变规划内容、擅自调整容积率等问题，在管理平台上建立三维立体规划控制模型，通过天上看、地上查、网上管，及时比对监测数据，纠正存在问题。利用平台实时监控功能，实现规划控制由平面管控转变为立体防控。

着力建立建设市场网络管理平台，实现工程建设信息化管理全覆盖。以建设工程程序和施工过程监管为主线，把科技手段融入到制度设计之中，建立以五大系统为主要内容的建设市场网络管理平台，实现建设工程信息化管理全覆盖。第一，针对审批效率不高、监管不力问题，建立建设程序审批系统，实现工程报建到竣工验收备案的全过程网上审批，立项、规划、土地、环保、建设等各管理环节无缝衔接、相互制约，确保权力在阳光下运行。第二，针对恶意低价竞标问题，建立工程价格信息系统，以9大类183个品种的基本建筑建材价格信息为基础，建立8类工程的工程价格信息库，在全市100多个联系点采集价格数据，每月一次网上动态更新，及时反映基本建筑市场的价格信息，使工程预估价格基数准、可参照。第三，针对转包和违法分包问题，建立分包合同备案系统，将分包合同按总分包关系全部实施网上备案，由监管部门对分包合同及其活动的实际行为开展检查，通过分包合同备案系统数据比对，实现对建设工程施工分包的电子化动态监管。第四，针对监理不到位问题，建立工地现场监管系统，实施监理电子日志网上报告制度，做到监理情况现场清、当日清，运用电子移动设备采集工地现场检测数据，及时与管理平台进行比对分析，实现对工地现场的全过程监管。第五，针对工程建设主体的不诚信问题，建立工程建设信用系统，建立企业不良信息电子档案，公开企业资质和信用信息、行政执法及市场稽查等内容，实现对从业单位和从业人员的动态管理，构建建设市场诚信体系。

我们体会，运用“制度加科技”在工程建设领域开展廉政风险防控，能够突破时空限制，实现人、技术、制度无缝对接，对工程建设领域进行全方位监督，对廉政风险点进行实时跟踪监控，延伸了监督的范围和领域，提高了制度的执行力和反腐倡廉建设的科技含量。下一步，我们将把这项工作进一步向基层延伸，加大对基层各类工程建设项目的监管力度，认真贯彻这次会议精神，着力建立起具有上海区域特点、领域特征、行业特色的廉政风险防控体系，不断提高反腐倡廉建设科学化水平。

夯实基础　积极探索　注重实效
不断提高廉政风险防控管理科学化水平

河北省纪委、监察厅、预防腐败局

近年来，我省以开展行政权力运行监控机制建设为抓手，全面推进廉政风险防控管理工作，把提高反腐倡廉建设科学化水平的要求贯穿始终，注重遵循科学规律、贯彻科学要求、运用科学方法，不断提高廉政风险防控管理科学化水平，取得了新的进展和成效。

一、夯实基础，科学排查廉政风险

运用科学方法和手段，不断深化完善清权确权、廉政风险查找、风险评估、风险管理等工作，努力在查实、找准上下功夫，进一步提高了廉政风险排查的科学化水平。

科学清权确权。在全面梳理行政权力、编制职权目录的基础上，对行政许可、非行政许可审批和行政监管事项进行了大幅度的削减下放工作；对职权交叉的项目进行确权调整。3年来，省本级共取消下放各类审批事项641项，对保留的行政权力加强科学管理。

科学查找廉政风险点。把各级各类行政机关行使的所有行政权力都纳入查找范围，由省直部门、市县政府本级及其职能部门进行全面查找。为提高查找质量，全省组织开展了“回头看”活动。针对查找不够全面和深入的问题，按照简便、实用、准确、科学的原则，扩大查找广度，提高查找深度，推动廉政风险查找由浅入深，由繁到简；同时加强对廉政风险的动态查找，根据新的形势和权力调整情况，对廉政风险点及时调整。目前各设区市政府本级共查找风险点2385个。

加强对廉政风险科学评估管理。在全面查找廉政风险、划分风险等级、编制等级目录的基础上，加强对廉政风险科学评估管理工作。按照少而精和突出重点的原则，突出高等级廉政风险，形成高、中、低宝塔形结构布局。根据权力削减下放、风险等级变化、领导干部职务调整等情况，及时修订等级目录，按要求向纪检监察机关备案。积极推动风险等级目录向社会公开，通过网上晒权，接受群众监督。强化廉政风险管理责任，真正把风险管理责任落实到领导、部门和具体责任人。

二、积极探索，科学制定防控措施

廉政风险查找后，关键是采取一系列防控办法和措施，真正把“风险点”变为“安全点”。几年来，我省遵循权力监控规律，坚持改革创新，紧紧抓住高等级廉政风险，积极研究科学有效的预警防控措施。

抓住一条主线。紧紧抓住行政权力运行监控机制建设这条主线。着眼于行政权力行使前、行使中、行使后三个关键环节，建立行政权力廉政风险评估防范机制、运行程序化和公开透明机制、绩效考核和责任追究机制，努力构建覆盖权力运行全过程的完整监控链条。加强理论研究，不断将监控机制建设上升到理论层面。注重制度建设，出台了《关于提高行政权力运行监控机制建设科学化水平的实施意见》等文件。

搭建两个平台。行政审批和公共资源交易不规范、不透明，是影响机关效能、滋生腐败的两大重点领域。为从源头上解决这些问题，我省搭建了两个平台。一是政务服务中心监控平台。目前全省11个设区市已有10个、172个县已有157个建成了政务服务中心，根据省政府常务会议研究意见，正在抓紧筹建省本级政务服务中心。二是公共资源交易中心监控平台。按照“统一进场、管办分离、规则主导、全程监控”的要求，整合分散交易平台，建设统一规范的交易中心，实现交易场所、交易发布、交易规则、运作程序、评标专家库“五统一”。

突出三个重点。为提高廉政风险防控管理实效，我省在全面推进的基础上，重点加强对三个方面的防控。一是强化对宏观调控、推进城镇化和“三农”工作、经济结构战略性调整、规范和节约用地、保障和改善民生等中央、省委重大决策部署落实情况的防控；二是强化对房地产开发、土地管理和矿产资源开发、财政管理和国有资产管理等腐败现象易发多发领域的防控；三是强化对住房公积金、社保基金、新农合资金、政府采购、政府投资重大项目等关系群众切身利益的重要权力行使的防控。

完善四项制度。为推动权力行使的动态公开，我省建立健全了四项民主决策制度。一是会审会制度，市、县政府部门在办理行政许可、非行政许可审批、行政处罚等重大事项时，通过召开中层以上干部会议进行审查或集体研究决策。二是处（科）务会议纪要制度，省、市政府部门处（科）室研究重要事项，实行集体讨论、民主决策，形成会议纪要，报部门党组（党委）和纪检监察机构备案。三是政府常务会议旁听制度，市、县级政府常务会议研究决定重大问题时，邀请有关代表旁听，听取意见。四是乡（镇）议事会制度，乡（镇）政府在重要事项决策前，邀请社会各界代表参政议政、听取民意。为保证贯彻落实我省分别出台了规范性文件，强化对执行情况的监督检查。

强化五方面管理。一是廉政风险谈话。按照干部管理权限，由纪检监察机关在任期前、任期中和特殊时期对领导干部进行谈话，及时提示廉政风险，提高风险防控意识。二是廉政风险报告。对查找出的廉政风险点，采取的防控措施，及时向上级管理部门和纪检监察机关报告。三是廉政风险预警。省纪委指导邯郸、秦皇岛、衡水等市，积极构建廉政风险预警防控系统，完善信息采集、分析、处理机制，及时发现廉政风险，进行预警防范。四是注重现代科技防控。积极推进网上服务中心、专项资金实时监控系统、投诉举报系统建设等，提高了风险防控的科技含量。五是开展制度廉评工作。以省两办名义印发实施方案，成立廉评指导小组，在实践中逐步形成了科学有效的工作机制。

三、注重实效，促进反腐倡廉科学化水平的提高

三年来，我省对廉政风险防控管理工作高度重视。省委、省政府以一号文件印发了推进意见，并召开会议进行动员部署。省纪委、监察厅积极推进，今年又出台了《河北省行政权力廉政风险防控管理暂行办法》，进行全面督导检查。我省廉政风险防控管理工作，取得了实实在在的成效。一是增强了预防腐败意识。通过查找廉政风险，加强防控管理，增强了广大干部廉政意识、风险意识、防范意识。二是优化了发展环境。通过对中央和省委重大政策措施落实情况的监控，强化考核和责任追究，提高了行政效能，促进了干部作风转变，为全省经济社会发展提供了有力保证。三是推动了惩防体系建设。通过搭建监控平台，强化对权力运行的动态公开，建立健全防治腐败长效机制，进一步提高了惩防体系建设的系统性、针对性和实效性。四是提高了全省反腐倡廉建设科学化水平。开展廉政风险防控管理，运用了现代管理理论和科学技术，遵循了权力运行规律，提高了监控实效，符合反腐倡廉建设发展方向，推动了反腐倡廉建设科学化水平进一步提高。

全员排查　全程防控
着力推进廉政风险防控机制建设全覆盖

浙江省纪委、监察厅、预防腐败局

建立健全廉政风险防控机制，是中央着眼于新形势新任务、扎实推进反腐倡廉建设的一项重大决策部署。浙江省委、省政府高度重视，把全面推进廉政风险防控机制建设作为完善具有浙江特色惩防体系的重要举措来抓，通过全员排查、全程防控，着力推进廉政风险防控机制建设全覆盖，不断提升预防腐败工作的科学化水平。

一、实践探索先行，全面深化推进

在中央纪委监察部的关心指导下，我省2008年就开始探索廉政风险防控机制建设。省委作出明确部署，省纪委专门成立“廉政风险防控机制建设”课题组，并在杭州、嘉兴、舟山、丽水等地先行试点。2011年，省委、省政府制定下发《关于全面推进廉政风险防控机制建设的意见》，专门召开省、市、县三级党政主要领导和直属单位主要负责人参加的全省推进会，省委赵洪祝书记亲自动员部署，要求全省各级党政机关、所有企事业单位和群团组织实现廉政风险防控机制建设全覆盖。全省各级党委、政府认真贯彻落实省委、省政府的部署，把廉政风险防控建设摆在重要位置，强化责任、齐抓共管、推动落实。省纪委加强组织协调，把廉政风险防控机制建设情况作为党委、政府和部门领导班子党风廉政建设责任制年度考核评价的重要依据，全程指导，全力推进。经过全省上下的共同努力，目前全省已有10681个单位开展了这项工作，覆盖率达到91%。

二、深入排查风险，明确防控重点

找准风险点，是廉政风险防控机制建设

的基础。我们突出党政领导班子、领导干部这个重点，围绕人、财、物、权、钱、事等六个环节，采取岗位自查、内部互查、集体排查、领导核查等方式，从权力运行、规章制度和思想道德等方面深入排查廉政风险点。全省组织50多万名党员干部参加风险排查，共排查风险点78.3万个。在此基础上，依据风险发生概率和危害损失程度，确定风险等级，加强风险点分类管理，初步形成了集排查、监控、管理于一体的风险防控机制。比如，针对我省民营经济发达、党员领导干部家庭从业行为多样化的实际，结合廉政风险排查时发现的利益冲突方面的普遍性问题，省委专门下发《浙江省党员领导干部防止利益冲突暂行办法》，明确规定了经商办企业、在经济实体兼职取酬、配偶子女从业行为等9个方面重点防控的廉政风险。目前，全省已有50多名党员领导干部因工程招投标、公务员录用、环保排污许可等方面存在可能发生的廉政风险进行利益回避。为防控廉政风险，省委又对市、县两级党委、政府等7个职位807名正职领导干部全部实行成长地任职回避，并对50多名违反利益冲突规定的党员干部进行责任追究，有效构筑了防控廉政风险的屏障。

三、推行阳光政务，强化监督制约

深入开展“清权、控权、示权”工作，实现对廉政风险的动态监管。针对单位（部门）和岗位权力事项，自下而上依法清理规范，逐项审核确定权力事项的类别、行使依据、责任主体，对权力清单、用权流程、职权目录进行固化。全省已核定权力清单5.5万多份，编制权力运行流程图5.7万多份。着眼于推进政务全公开、服务全覆盖，全力打造阳光政务平台。通过政府网站、公报、媒体等途径，全面公开办事流程、权力依据和办事结果；在建成省政府网上办事大厅和市、县、乡三级行政服务中心的基础上，全面建立村级（社区）便民服务中心，形成了覆盖城乡、上下联动的省、市、县、乡、村（社区）五级公共服务体系；在省、市、县、乡四级全面建立公共资源统一交易平台，将原来分散在各个部门的工程建设、土地出让、产权交易、政府采购等交易项目纳入统一平台公开运作、集中监管，实现公共资源配置的市场化、公开化；运用电子政务、电子监察等科技手段促进有效监管，有92%的县（市、区）完成内部行政许可职能整合和集中改革，省直所有具有行政审批职能的部门和全省所有市、县（市、区）实现联网监察，实时监控廉政风险，有效规范行政审批权和自由裁量权。

四、突出制度规范，健全防控措施

把制度建设贯穿于廉政风险防控机制建设全过程。围绕思想道德、规章制度、监督管理机制和外部环境四个方面，依据廉政要求、工作责任、工作权限等，有针对性地采取防控措施，有效降低廉政风险。在规范权力运行方面，全面实行单位主要领导不直接分管人、财、物和项目审批等“五不直接分管”制度，对重要部门负责人、重点岗位人员按规定实行定期轮岗交流；推行利益公开制度，全省有7万多名党员领导干部向组织报告个人重大事项。在加强风险防控制度建设方面，针对排查出来的廉政风险点，全省共制定廉政风险防控措施近40多万条。在强化廉政风险教育方面，省委制定实施加强党员领导干部教育管理监督的意见，提出要结合廉政风险防控工作开展警示教育、廉政讲座活动。省纪委专门下发开展岗位廉政风险防范教育的通知，全省共组织举办廉政风险教育2万多场次，切实增强党员干部廉洁从政的自觉性。

五、动态评估分析，强化风险预警

针对腐败现象易发多发的重点领域和关键环节，从信访举报、经济责任审计、案件分析、干部考察、述职述廉等方面收集廉政风险信息，定期进行分析、研判和评估，对可能引发腐败的苗头性、倾向性问题，分别作出岗位预警、单位预警、综合预警，切实做到早发现、早提醒、早纠正。截止目前，全省已发出风险预警2万多次。对不按照规定落实廉政风险防控措施的，区分不同情况，采取提醒警示、谈话诫勉、效能责任追究、问责、组织处理和纪律处分等措施，防止可能出现或正在演变的腐败问题的发生。重视风险防控成果的运用，对风险排查中反映出来的廉政风险信息，及时运用到干部选拔任用、巡视和年度考核考评等工作中，并采取信息监测、上级检查、社会评议等方式，对廉政风险防控效果进行监控。通过这些措施，初步实现了评估分析程序化、风险防控全程化。

总之，我省通过全面推进廉政风险防控机制建设，使预防腐败的要求进一步融入到党委、政府的工作的方方面面，渗透到各部门业务工作的各个环节，增强了党员领导干部风险防范意识，规范了重点领域和关键环节公共权力运行，有力促进了惩防体系建设，人民群众对反腐倡廉工作的认可度、满意度进一步提升。据2010年党风廉政建设民意调查结果显示，我省81.7%的群众对反腐倡廉成效表示认可，75.9%的群众认为消极腐败现象得到遏制。

运用信息化系统科学有效防控廉政风险

驻海关总署纪检组、监察局

海关是国家进出境监督管理机关，行使行政执法权和部分刑事执法权。海关总署、直属海关、基层海关分别履行决策指挥、运行管理、实际监管的职责。驻署组局按照中央纪委监察部、国家预防腐败局和海关总署党组的部署，利用海关执法标准化、流程规范化、作业信息化、系统网络化的优势，在深入排查重点领域、关键岗位风险点的基础上，组织研发了“海关执法廉政风险预警处置系统”（以下简称“系统”），于2008年4月开始在全国海关推广应用。全国海关应用该系统防控廉政风险，取得了一定成效。

一、系统特点

该系统设置了风险提示、风险监控、风险处置、组合查询、应用评估、廉政评估、综合报表，以及自选外挂、领导关注、我的关注、安全维护、信息服务等12个模块、240多项功能，有四个特点：

（一）着眼内控，由事及人。以关员、岗位和部门为对象，以流程衔接、岗位操作、岗位分离、公务回避、工作时效、执法期限、关员办理工作对象业务的集中度为防控切入点，事人并重，见事见人。

（二）功能实用，链条完整。风险提示模块监控82个风险点，风险监控模块监控78个风险点，加上风险处置、组合查询、应用评估、廉政评估和信息服务等模块，使监控环节紧扣，管理链条闭合，风险信息共享。

（三）领导主用，责任明确。目前授权用户10826人，约占全国海关人数五分之一。科长以上各级领导干部是系统应用主体。业务职能部门以此作为职能监控的主平台。专门监督部门借以开展日常监督，并对业务职能部门监控效能和基层单位自控情况实施再监督。

（四）预警实时，使用便利。风险参数事先预定，风险数据隔天提示，异常情况当天处置。自选外挂模块为基层监控特有业务执法活动提供接口，领导关注、我的关注模块分别满足厅、处级领导干部和现场科长重点监控的个性化需求。

二、应用成效

（一）内控监督效能有效提升。海关总署党组把该系统确定为海关系统内控风险的统一平台。各级领导干部和职能部门、基层单位用户应用该系统，及时准确地掌控基层单位、分管部门业务基础工作情况，掌控每位现场关员执法执纪状况，掌控在落实政策法规、把握执法尺度、执行操作规程、遵守执法时效等方面存在的风险，发布处置单予以处置，前移关口，纠偏堵漏，规范行为。同时，把该系统与各业务主管部门的职能评估信息平台综合应用、联防联控，使防控微观风险与防控宏观中观风险紧密结合，守住防控系统性、区域性风险的底线，防止执法问题演变为廉政问题、个别问题蔓延成普遍性问题、小问题积累成大问题，增强了内控监督的整体效能。内控中注重发挥系统四个方面的作用：一是“由小及大”，利用该系统微观风险监控结果，举一反三，延伸监控同类业务执法风险，形成“点面结合，一点监控，个案突破，全线核查，全面规范”的预警处置机制；二是“由大及小”，利用职能评估系统宏观中观风险监控成果，再运用该系统印证、排查和处置微观风险；三是“由外及内”，利用职能评估系统对企业、口岸、商品通关活动的监控分析成果，再运用该系统延伸监控关员执法行为；四是“由内及外”，利用该系统监控岗位、关员风险成果，再运用职能评估系统延伸监控企业、口岸、商品通关活动，促进监管、税收和打私工作。

三年多来，全国海关应用系统发现异常数据106.76万条，核查问题19.9万个；制发并办结风险处置单17.4万份；推动建立或完善制度规范913项；补征和追缴税款16.43亿元；发现并移交走私违规案件线索1364条，涉及货值27.81亿元。例如，黄埔海关建立该系统和外部风险管理系统“双轮驱动、双析双控”的运行机制，在通过外部风险管理系统发现走私违规等重大风险后，专门监督部门应用该系统跟进排查海关内部的管理风险和廉政风险。该关监察室针对2010年6月新港海关查获伪报笔记本电脑骗取出口退税的案件，应用“现场挂号与接单比对异常分析”、“删单操作分析”和“查验时效分析”等功能，调取、分析风险数据，查实了8名关员违规审单放行、布控率过低、布控后删单等行为，给予5人行政处分，追究了4名领导干部责任，并制发《监察建议书》，督促规范和加强管理。

（二）惩戒预防作用有效发挥。通过应用该系统，掌控关员廉政动向，厘清关员执法责任，查证违规违纪违法事实，核实信访举报线索，锁定高风险岗位和人员，从而教育和保护了干部，预防和震慑了违纪违法行为。一是对轻微违规行为，给予批评教育或者组织处理。三年多来，全国海关应用系统排查、处理作风效率、业务差错、违规操作等问题1.1万多个，对6070人次采取了谈话告诫、通报批评、责令整改、岗位调整等措施，纠正了一批违纪苗头和行风问题。二是对严重违纪违法行为，依纪依法追究责任。7个直属海关应用系统查发违纪案件11件，涉及33人，给予纪律处分28人，移送司法机关追究刑事责任5人。例如，2009年4月，上海海关监察室在配合检察机关查处关员曹某受贿案时，深入分析案情特点，主动扩大监控范围，应用系统“报关单通关时效分析”、“现场接单时效分析”和“进出口舱单核销分析”等功能，查清了5名关员绕开挂号系统接审“私单”并收受贿赂的违纪事实，给予当事人纪律处分，并移送司法机关追究责任。

（三）反腐倡廉合力有效增强。业务现场科长应用风险提示功能对关员执法守纪情况进行自控，隶属海关、直属海关职能部门和监控用户应用风险监控功能对基层自控情况进行监控并复核，各级领导干部应用“领导关注”等功能对所分管单位及业务系统监控处置风险的情况进行掌控和督查，驻署组局、直属海关纪检监察机构应用廉政评估、应用评估等功能对下一级单位应用系统的情况进行定期考评、通报，关注和监督高风险人员、岗位和部门。通过职能监控与基层自控上下联动、专门监督与职能监督相互促进、系统应用与绩效考评一起开展，使各个管理层级和各级领导干部责任意识、关员依法行政意识得到强化，各级职能部门履行廉政建设职责和领导干部履行“一岗双责”有抓手、可考评，提高了党风廉政建设责任制和行政执法责任制的执行力，形成了反腐倡廉工作合力。

三、实践体会

我们感到，运用“制度＋科技”的理念研发应用信息化系统，综合发挥反腐倡廉制度的保证作用和科技手段功能高效、定位准确的优势，使执法权力运行全过程监督更具刚性，廉政风险识别、监控和处置更加实时，廉政风险防控与执法风险防控更趋同步，领导干部落实党风廉政建设责任更有力度，纪检监察机构组织推动廉政风险防控有了抓手，促进了反腐倡廉建设与业务建设的深度融合，提高了反腐倡廉建设科学化水平。

深入推进廉政风险预警防控　着力打造干事创业安全区

湖北省鄂州市委、市政府

近年来，鄂州市按照“湖北省示范市”工作要求，围绕保证“项目建设安全、资金使用安全、权力行使安全、干部成长安全”的目标，着力构建职责明确、程序严密、运行科学、管理有效的廉政风险预警防控机制，取得了初步成效。

一、“六步法”全面防控廉政风险

鄂州市委、市政府按照省委、省政府及省纪委的统一部署和要求，把廉政风险预警防控工作作为事关全局的大事来抓，成立由市委书记任组长、市长任第一副组长的廉政风险预警防控工作领导小组，加强领导，精心组织，通过“一盘棋”系统谋划，“一把手”领衔推进，一个专班督导，一批试点示范，一套办法考评，探索了廉政风险预警防控“六步法”：

第一，宣传教育知风险。坚持教育在先，不断提高各级党员干部的风险意识和忧患意识，增强廉政风险防控的自觉性和主动性。全市上下组织“听说读写考”等学习培训，开展立体化的宣传教育活动，风险教育覆盖面达95%以上，使广大党员干部深刻认识到“不查风险就是最大的风险，不控风险就是最大的失职”。

第二，查险定级亮风险。采取自己找、相互查、领导点、群众评、组织审等方式，围绕流程控制、制度机制等排查单位风险，围绕思想道德、岗位职责、外部环境等排查个人风险，并将风险划分为三个等级实行动态管理，同时对一级风险进行公示，接受社会和群众监督。全市风险排查覆盖面达93%以上。

第三，职权梳理减风险。按照精简行政审批机构和项目、提升行政效能的原则，对行政职权进行全面清理，编制《行政职权目录》，规范行政审批行为，压缩权力寻租空间。通过精简审批机构、审减审批事项，有效解决职责不清、效率不高问题。

第四，流程再造控风险。在职权梳理的基础上，对各项工作流程进行优化再造，编制流程图2300多个，将重要业务流程予以公开，以流程控制压缩自由裁量权，既使工作人员按规定流程阳光操作，又方便了服务对象办事。

第五，预警处置化风险。对收集到的廉政风险信息进行分析评估，对苗头性、倾向性问题实施黄色、橙色、红色“三色”预警，各级各单位已实施预警500多次，推动问题整改、及时化解风险。完善“1＋8”预警处置制度体系，建立预警常态化工作机制。

第六，制度建设防风险。我们按照省纪委关于惩防体系“六个层次”的总体设计，以制度建设为着力点，以“做得到、管得住、行得通”为制度建设目标，全市共建立健全廉政风险预警防控教育、监督、预防和问责等四类制度3352个。与此同时，对制度执行情况开展监督检查，提高制度执行力，初步形成了“用制度管权、按制度办事、靠制度管人”的良好局面。

二、“三突出”不断深化预警防控

我们在扎实做好各项基础工作的同时，注重深化、拓展、创新，廉政风险防控呈现“三突出”特点：

一是全员防控中突出领导干部。从横向上看，全市所有党政群机关、企事业单位的在职干部都参与了廉政风险预警防控；从纵向上看，防控工作从市直单位向区、开发区、街道、乡镇延伸，并深入到了全市所有的行政村、社区和基层站所。在全员防控基础上，我们突出抓好党员领导干部、特别是“一把手”，着重查找领导干部用权风险，监督领导干部用权行为；对区委书记、乡镇党委书记和村支部书记实行岗位风险预警防控，收到了较好的防控效果。

二是全域覆盖中突出重点领域。我们采取点上深化、线上延伸、面上拓展的方式，大力推进廉政风险预警防控全覆盖。在全域覆盖中，我们突出工程建设、土地出让、产权交易等建设领域，突出征地拆迁、教育医疗、社会保障、扶贫救灾等民生领域，突出执法、审判、法律监督等司法领域；在重点领域深入开展清权、制权、亮权、控权和问权等工作，确保干部廉洁、工作高效。

三是全程监督中突出关键环节。我们在廉政风险预警防控中突出预警处置环节，按照信息收集、等级评定、预警处置、督查整改、结果回告、定期通报等流程严肃进行预警纠偏。同时，对干部选任、资金使用、项目建设等重点权力进行全程监督。在监督中突出重点环节，如针对项目建设的决策审批、设计预算、招标投标、施工管理、竣工验收、资金管理、决算审计等七个环节强化监控措施，防止腐败问题发生。

三、“三融入”切实增强防控实效

我们把廉政风险预警防控融入到部门业务建设、反腐倡廉整体部署和经济社会发展之中，大力促进防控与反腐互动、防控与发展相融。

一是融入部门业务工作，促进规范用权。通过开展职权梳理、流程再造、绩效评估、行政问责，各级各部门进一步健全了制度、加强了监管、规范了权力运行。如交通运输部门、住房和城乡规划建设部门，在工程建设和项目管理中，实行点位防控，打造“廉政阳光工程”；审计部门制定《规范审计处罚自由裁量权试行办法》等规定，促进廉洁审计；医保部门建立干部岗位风险、基金风险、网络及财务风险三大预警防控系统，有力推进了城乡医保一体化改革。

二是融入纪检监察工作，促进源头治腐。纪检监察机关把廉政风险预警防控作为省纪委部署的反腐倡廉建设“十个全覆盖”工作的龙头，深入推进纪检监察各项工作，促进各项改革，深化源头治腐。注重发挥办案治本功能，通过剖析典型案例、开展警示教育、揭示发案规律、明确预防重点、堵塞管理漏洞、健全制度机制，增强防控整体合力。

三是融入全市中心工作，促进跨越发展。围绕推动我市跨越发展这个中心工作，廉政风险防控工作紧紧跟进。如出台了《关于严明纪律加快鄂州城乡一体化建设的意见》、《鄂州城乡一体化建设资金管理办法》等文件制度，保障城乡一体化全省试点工作顺利推进；在全省综合改革示范市建设中，通过加强廉政风险防控，优化政治生态，使政治清廉与环境友好、资源节约相得益彰；组织开展优化经济发展环境主题活动和“作风建设年”活动，着力纠正损害企业和群众利益突出问题，集中整治“庸、懒、散、软”等作风问题，为经济社会发展营造良好环境。

排查重点领域廉政风险　加强权力内控机制建设

安徽省芜湖市委、市政府

近年来，在安徽省委、省政府的正确领导下，我市经济快速发展，各项事业全面进步。我们一手坚持不懈地抓经济社会发展、民生改善，一手持之以恒地推进预防腐败工作，围绕“用人、用钱、用地、用权”等重点领域和关键环节，深入排查廉政风险点，通过加强制度建设，构建前期预防、中期监控、后期处置的廉政风险防控机制，最大程度地规范权力运行，减少腐败现象发生，为经济建设创造了良好的市场环境、政策环境和社会环境。我们的主要做法是：

第一，防控“用人”领域风险。一是加强党政机关事业单位编制及进人管理。坚持党政机关和事业单位必须在编制内进人，必须面向社会公开招考，防止随意进人、违规进人。10多年来，我市财政供给人员一直负增长，队伍始终保持精干高效。二是健全干部选拔任用机制。制订出台和修改完善了36项干部选拔任用制度，全面规范干部选拔任用中初始提名、民主推荐、考察、酝酿、讨论、票决、任前公示、不胜任调整等工作。推行市直单位领导、科级干部及财务等重点岗位人员交流轮岗制度，防范领导干部履职风险。三是组织人事部门实行全员岗位风险防范管理。针对组织部门内部容易发生的选拔、用人等问题，对关键岗位和相关工作环节实行风险管理，确保组织人事工作公开公平公正。

第二，防控“用钱”领域风险。一是实施综合预算和国库集中支付制度。将各部门预算内和预算外资金捆在一起，年初一次预算到位，中途不再增加。建立单一的国库账户体系，实行国库集中支付制度。二是严格实行非税收入“收支两条线”管理。成立预算外资金管理机构，推行收缴分离、罚缴分离，行政和财政供给的事业单位所有收入全部纳入政府非税收入管理。三是加强政府资源的整合、监管。率先开展党政机关、事业单位资金资产“双清双集中”，所有党政机关资产资金、债权债务全部上缴，集中统一管理和运营。对事业单位资金实行财政专户存储，统筹调度。撤销党政机关、事业单位资金账户1141个，集中资金26.7亿元，集中党政机关资产14.5亿元，取消党政机关自行设立的各种津补贴项目，实行阳光津补贴。明确规定党政机关擅自开设账户，设立“小金库”的，主要负责人和相关当事人就地免职。成立了以常务副市长为组长的资金管理工作领导小组，以纪委书记为组长的资金监督工作领导小组，统筹调度市、区两级财政资金和建设资金，市区财政资金和建设资金银行存贷款情况，实行“一周一报告”制度，严格控制国有企事业单位盲目贷款。预算单位财政资金实行网上申请、审批、查询、监控。所有现金支出推行公务卡管理，全面推行部门预算编制、执行、决算、监督分离。这些措施堵塞了资金资产管理漏洞，降低了国有企事业单位财务费用，防范了债务风险，同时也剪断了部门利益的脐带，收到了从源头上预防腐败的效果。四是加强对政府性投资项目的监管。有所为有所不为，充分发挥市场在资源配置中的基础性作用，凡是市场能解决的，尽量用市场的办法解决。对政府必须干的项目，实行预算制定、概算审查、招投标、工程建设、资金筹措、竣工验收、决算、审计等“八分开”，建立“集体决策、统分结合、规范运行、全程监管”的权力制衡机制。

第三，防控“用地”领域风险。一是实行土地使用管理集体决策。市里成立经营性用地管理委员会，对全市年度经营性土地收储计划、出让计划的制定或调整，用地制度的修改和完善，因规划调整带来的土地出让金变动等重大问题，坚持集体研究决定，杜绝“一支笔”审批。二是实行土地出让集中管理。实行土地统一收储、统一征收、统一拆迁、统一出让。坚持净地挂牌、净地交付，杜绝毛地挂牌、毛地交付和毛地挂牌、净地交付等不规范行为。三是加强出让用地的监管。坚持在实践中发现问题，及时修改、完善、健全制度，堵塞漏洞。规范土地出让合同，明确出让商住用地的容积率、覆盖率、绿化率、建设工期、交款期限等。加大处罚力度，每月对土地开发进度、缴款进度、处罚情况进行网上通报，接受全社会监督。四是完善土地使用管理部门内控机制建设。重点对建设项目预审、土地开发征用、临时用地审批、土地开发整理项目管理、集体建设用地、农村宅基地审批、规划设计等业务流程，进行科学规范，制定防控措施。五是在全国率先出台国有划拨用地有偿使用费征收管理办法。加强对国有划拨土地资产的管理，强化节约和集约用地，维护社会的公平正义。六是出台第三方审计制度。招标委托中介机构对所有经营性用地开发情况、规划执行情况进行审计验收，市审计局再进行摇号抽查审计，防止权力集中导致腐败。

第四，防控“用权”领域风险。一是规范决策权，保证集体决策、民主决策。有效约束“一把手”的权力，原则上“一把手”不直接分管人事、财务、采购工作。在市级决策层面，市委、市政府在用人、用地、用钱等问题上，坚持集体研究、集体决策，充分发挥机构编制管理委员会、经营性用地管理委员会、投资决策委员会、规划委员会的作用，其他重大事项决策充分发挥决策专家咨询委员会的作用；在市直机关决策层面，充分发挥党委（党组）会议和局长（主任）办公会议作用，杜绝个人说了算。二是规范执行权，保证按流程办事、按规定办事。坚持公权公用，对行政职权进行清权确权，形成权力清单，编制行政职权简明业务工作流程和权力运行流程图，并向社会公开。以公开为前提，不公开为例外。公共权力管理部门普遍推行首问负责制、服务承诺制、限时办结制、AB 岗位工作制等。三是规范监督权，保证依法监督、公正监督。出台《监察机关执法监察办法》，对市级行政执法监察的形式、职责和内容以及执法监察的权限、程序、责任等作了具体明确的规定。积极探索“制度 + 科技”的监管方式，大力实施电子监察，努力提高行政效能。同时，对各级各部门的行政处罚权进行全面梳理，逐项提出行使条件、处罚种类、处罚幅度等，规范自由裁量权，防止监督过程中发生腐败问题。

虽然我们在排查廉政风险点，加强权力内控机制建设方面进行了一些探索，也取得了一定成效，但与上级的要求还有差距。下一步，我们将认真贯彻落实贺国强书记的重要讲话精神，把廉政风险防控管理工作摆在更加突出的位置，为全面推进惩治和预防腐败体系建设作出更大的努力。

附录六：防止利益冲突有关材料

“反腐败：防止利益冲突的理论与实践”专题研讨会征文通知

（监办函〔2011〕155号　2011年7月26日）

各省、自治区、直辖市纪委、监察厅（局），副省级市纪委、监察局：

为加强对防止利益冲突的理论研究，推动反腐倡廉理论创新，经中央纪委监察部领导同意，中央纪委预防腐败室、研究室、廉政理论研究中心拟于今年下半年在杭州举办“反腐败：防止利益冲突的理论与实践”专题研讨会暨第四届西湖廉政论坛。为确保研讨会质量，决定在全国纪检监察系统范围内征集论文，有关事项通知如下：

一、论文主题

认真贯彻党的十七大和十七届五中全会精神，以邓小平理论和“三个代表”重要思想为指导，深入贯彻落实科学发展观，围绕利益冲突这一当前反腐倡廉建设的热点难点问题，认真总结国内外的有益实践，交流近年来各地的创新经验，深入分析我国在防止利益冲突方面存在的现实困境及其根源，具体探讨下步思路和对策建议。

二、论文要求

1. 论文要求围绕主题、观点正确、论证充分、文风朴实，具有较高的思想性、理论性和较强的针对性和前瞻性，对深入推进防止利益冲突工作具有重要的借鉴和启发意义。

2. 可在研讨会专题范围（具体如下）内自拟题目和角度成文，理论类、实证类、经验类稿件皆可。

（1）国（境）外防止利益冲突的经验与启示；

（2）防止利益冲突的实践与探索；

（3）重点领域、重点岗位的防止利益冲突；

（4）防止利益冲突的制度建设；

（5）防止利益冲突与相关学科研究；

（6）防止利益冲突与反腐倡廉理论创新。

3. 每篇论文原则上不超过5000字。格式参照《国家行政机关公文格式》国家标准，用纸采用A4型（210mm × 297mm），结构层次序数第一层为“一”，第二层为“（一）”，第三层为“1.”、第四层为“（1）”。

4. 有意参加这次研讨会的单位，请于2011年9月15日前，以书面（一式三份）和电子文本两种方式寄送稿件。

纸介质文本统一寄至：北京市西城区广安门南街甲2号（邮编100053），中央纪委监察部廉政理论研究中心综合处收（请在信封正面注明“防止利益冲突征文”字样）

电子文本发至：

lzllyjzxzhc@zjw.net（内网）

1984wxl@163.com（外网）

三、论文评选

中央纪委监察部预防室、研究室和廉政理论研究中心将共同组织有关专家成立评审委员会，遴选优秀论文在研讨会上进行交流。届时，将邀请中央纪委监察部、国家预防腐败局领导同志出席研讨会，会后拟将入选论文结集出版。

联系人：

中央纪委监察部预防腐败室　曹春霞

010－59598839

中央纪委监察部研究室　姜振山

010－59595513

中央纪委监察部廉政理论研究中心

王晓亮　010－59598184

监察部办公厅

二〇一一年七月二十六日

防止利益冲突：预防腐败的新路径

——浙江省防止利益冲突的实践与思考

浙江省委常委、省纪委书记　任泽民

近年来，浙江省委、省纪委认真贯彻中央和中央纪委关于建立健全防止利益冲突制度的决策部署，结合实际，先行先试，在全国省一级率先出台《浙江省党员领导干部防止利益冲突暂行办法》，进一步规范党员领导干部从政行为，取得了阶段性成效。

一、浙江防止利益冲突的背景分析

（一）现实动因：防止利益冲突是有效解决反腐倡廉新情况新问题的客观需要。浙江市场经济先发，民营经济发达，一些党员领导干部配偶、子女、近亲属经商办企业或者从事其他经营活动，“一家两制”的现象并不鲜见。如不加以规范和限制，容易发生利益冲突，导致腐败行为发生。前几年浙江省党风廉政建设民意调查显示，有28%左右的群众认为“领导干部利用职权为配偶、子女经商提供便利”等利益冲突行为，是不正之风和腐败现象中最突出的问题。建立健全防止利益冲突制度，已刻不容缓。

（二）实践基础：先行先试，相继出台了一系列防止利益冲突的单项性制度规定。针对新情况、新问题，浙江省委、省纪委把防止利益冲突作为加强反腐倡廉建设的重要课题来抓，积极探索，逐步规范，相继出台了《关于各级党政机关中层以上领导干部实行回避问题的意见》等一系列单项性制度。同时，积极鼓励、支持各地各部门，在群众反映强烈、具备实践经验的重点领域和关键环节进行探索，积累经验。这些创新实践为建立健全防止利益冲突制度提供了制度基础和实践基础。

二、浙江防止利益冲突的实践与成效

建立健全防止利益冲突制度，是解决滋生腐败源头性问题的有效途径，也是深入推进党风廉政建设的重要突破口。《中国共产党党员领导干部廉洁从政若干准则》颁布后，浙江省委、省纪委更是把加强防止利益冲突制度建设摆上重要议事日程，予以全力推进。在深入调研的基础上，于2010年12月以省委文件的形式出台了《浙江省党员领导干部防止利益冲突暂行办法》，初步形成以《暂行办法》为主，其他单项性制度为辅的防止利益冲突制度体系。

（一）强化利益隔离，着力解决利益冲突“易发多发”的问题。一方面，实行行为限制，提前切断冲突可能。着力限制党员领导干部本人行为，禁止违反规定经商办企业，不准违反规定在经济实体、社会团体、事业单位、中介机构兼职等，防止发生直接利益冲突。着力规范党员领导干部配偶、子女等亲属的从业行为，不准在领导干部管辖的地区和业务范围内从事可能与公共利益发生冲突的经商、办企业、社会中介服务等，防止间接利益冲突。探索开展农村基层防止利益冲突工作，出台有关制度，着力解决农村公共工程建设等领域的利益冲突问题。另一方面，实行利益回避，提前处置冲突行为。要求党员领导干部对可能发生的财产性或非财产性的冲突事项进行回避。同时，规定了主动回避、依申请回避和强制回避三种方式。在具体适用时，党员领导干部既可主动申请调整分工、调换岗位或辞去相关职务，也可由本人或其利益关系人主动停止可能发生利益冲突的行为。截至目前，在规范干部任用方面，对市、县两级党政机关和司法机关807名正职领导干部全部实行成长地任职回避。在规范日常行政行为方面，已有近50名党员领导干部因职务行为涉及利益冲突而进行了回避。

（二）强化利益公开，着力解决利益冲突“信息不对称”的问题。一方面，积极探索党员领导干部个人利益的信息公开。规定领导干部应当报告本人婚姻变化，持有因私出国（境）证件，因私出国（境），配偶子女出国（境）定居、经商办企业等情况。2010年，全省共有70450多名党员领导干部按照规定向组织报告了家庭财产、投资、兼职、家属子女从业等事项。同时，根据国家预防腐败局的统一部署，以县（市、区）为试点单位，以乡科级领导干部为重点，积极稳妥地推进财产申报试点工作。另一方面，大力推进公共利益的信息公开。围绕公共资源配置、资产交易、服务提供，以及行政决策、审批和执法等利益冲突易发多发的重点领域和关键环节，加大信息公开力度，全面提升工作透明度。目前，全省已建立电子政务公开平台7000余个，建立健全政务公开制度8600多项。

（三）强化风险预警，着力解决利益冲突“预警滞后”的问题。一方面，全面排查利益冲突点，明确防控重点。突出党政领导班子、领导干部这个重点，人、财、物等关键环节，全面排查利益冲突点。全省共组织50多万名党员干部参加风险排查，明确了经商办企业、在经济实体兼职取酬、配偶子女从业等9个方面重点防控的利益冲突风险。另一方面，动态评析冲突信息，及时发出预警。从信访举报、经济责任审计、案件分析、述职述廉等方面收集利益冲突信息，及时进行分析、研判和预警，防止利益冲突于初起之时、未发之前。目前，全省已发出预警2万多次，初步实现评估程序化、防控全程化、纠正及时化。

（四）强化监督问责，着力解决利益冲突“追责不力”的问题。一方面，完善监督机制，构建监督网络。明确规定各级党委（党组）为防止利益冲突的责任主体，纪检机关为监督主体，并把防止利益冲突情况纳入党风廉政建设责任制检查，作为巡视的重要内容。坚持党内监督和党外监督、专门机关监督和社会监督相结合，形成监督合力。另一方面，完善问责机制，做到依纪依法、不枉不纵。坚持发现一起、纠正一起、规范一起，加大监管力度，切实增强制度的执行力和威慑力。比如，针对网络曝光的台州“房票门”事件涉及的利益冲突问题，督促有关部门认真处理，共追缴不正当收益503.3万元，对50多名人员进行了责任追究。又如，针对义乌市一些公务员将户口回迁农村，以期在征地补偿、村集体分红等方面与民争利的情况，集中开展专项清理，纠正了200多名公务员的户口迁移问题，得到了社会各界的好评。

三、防止利益冲突制度的优化设想

构建防止利益冲突制度是一项系统工程，不可能一蹴而就、一步到位，必须始终坚持改革创新精神，建立健全长效工作机制，最大限度地压缩腐败现象产生的空间，降低腐败发生率。

（一）加强公职人员行政伦理教育，树立明确的防止利益冲突导向。要把加强行政伦理教育、树立防止利益冲突观念作为基础性工作来抓，使公共利益优先的原则内化于心，成为党员干部自觉遵守的从政道德标准。同时，要加强对党员领导干部正确处理利益冲突的廉洁指导，探索建立利益冲突咨询机制，降低私人活动和私人利益影响公共权力运行的廉政风险。

（二）尽快制定有关防止利益冲突法律制度，建立健全法律保障机制。建议加强立法调研，抓紧制定防止利益冲突的法律法规，把现有一些散见于各类党内法规和行政法规中有关防止利益冲突的制度性要求，进行集中梳理、整合，形成统一的法律规范，提高防止利益冲突的法律化、规范化水平。

（三）探索建立党员领导干部个人重大事项信息库，为及时发现、处理利益冲突问题提供基础条件。依托现代信息技术，探索建立包括廉政档案，党员领导干部及其配偶子女的房产、投资、就业等信息在内的防止利益冲突“公共数据中心”，实现公众与政府、政府各部门之间信息资源共享，切实解决有关利益信息不透明的问题，为加强监督和处理利益冲突问题提供便利。

（四）探索完善利益冲突处理办法，逐步健全防止利益冲突的配套制度。进一步完善党员领导干部个人资产处理制度，丰富处置方式，规范具体程序，切实保障党员领导干部合法权利。进一步完善党员领导干部报告个人有关事项制度，规范申报事项、程序，拓宽公示范围，接受群众监督。探索建立党员领导干部个人征信制度，把利益冲突公开、申报、处理等情况纳入征信体系建设之中，弘扬诚实守信的良好风尚。

加强防止利益冲突工作
更加科学有效地预防腐败

——杭州市积极探索防止利益冲突的实践与思考

杭州市委副书记、市纪委书记　叶明

建立健全防止利益冲突制度，是党的十七届四中全会提出的从源头上推进反腐倡廉建设的一项重要部署。近年来，我市围绕完善惩防体系、打造“廉洁杭州”，更加科学有效地预防腐败，认真贯彻落实中央和上级纪委的部署，紧密结合杭州实际，以改革创新的精神和求真务实的作风，积极探索防止利益冲突工作，取得了初步成效。

一、坚持以《廉政准则》等重要法规制度为依据，着力提高制度执行力，切实加强对利益冲突问题的监管和防范

近年来，党中央、国务院陆续修订出台了一系列有关防止利益冲突的法规制度，为规范国家工作人员权力运行、防止利益冲突提供了重要制度保障。我们始终坚持以现有的这些法规制度为依据，切实加大制度执行力度，努力防止利益冲突。一是认真抓好《廉政准则》的贯彻落实。全市各级党委、政府把贯彻实施《廉政准则》作为一项重要任务，摆上重要日程。通过组织《廉政准则》宣讲报告、开展《廉政准则》知识测试、编印《廉政准则》情景教案等形式，抓好《廉政准则》的学习宣传，增强贯彻落实的自觉性。把落实《廉政准则》与实施《党内监督条例》和我市的“10＋1”监督制度结合起来，坚持领导干部参加双重组织生活会制度，完善谈心谈话、任前谈话、诫勉谈话和述职述廉“三谈一述”制度，认真落实领导干部报告个人有关事项和对配偶子女均已移居国（境）外的国家工作人员加强管理等两项制度，深入查找各地各部门党员干部廉洁从政方面存在的突出问题，扎实开展《廉政准则》贯彻落实情况专项检查，及时发现和纠正一些党员领导干部违反《廉政准则》、发生利益冲突的行为。二是认真抓好《国有企业领导人员廉洁从业若干规定》的贯彻落实。督促各主管部门加强对所属国有企业的监管，建立健全国有企业“三重一大”集体决策制度、职工民主评议制度、领导人员经济责任审计制度和领导人员个人兼职、投资入股等有关情况报告制度，建立健全企业法人治理结构，充分发挥国有企业监事会和内审机构的作用，深入开展《国有企业领导人员廉洁从业若干规定》落实情况专项检查和国有企业“小金库”专项清理，切实防范国有企业领导人员通过兼职取酬、同业经营、关联交易等形式发生利益冲突的行为。三是认真抓好《农村基层干部廉洁履行职责若干规定（试行）》的贯彻落实。制定出台进一步加强村级集体资金资产资源管理的意见、做好新形势下全市村务公开和民主管理工作的意见、规范村务监督委员会工作流程的意见，全面推行村级财务收支逐笔公开制度，建立健全村务监督委员会，并充分发挥其作用，加强对村务决策、村务公开、村级集体“三资”管理和农村工程建设项目的监督，切实防范农村基层干部各种利益冲突问题。积极推进城市社区基层党风廉政建设，开展党风廉政建设示范社区创建活动，探索建立居务监督委员会，加强对城市基层党员干部利益冲突的防范。

二、坚持以加强廉政风险防控为核心，着力规范权力运行，全面推进对诱发利益冲突的廉政风险的排查、预警和防控

廉政风险所系，往往即是利益冲突所在。为此，围绕廉政风险的排查、预警和防控，全力推进廉政风险防控工作“三个全覆盖”，有效防止利益冲突。一是坚持全员排查，实现廉政风险排查全覆盖。2008 年来，积极探索推进公职人员岗位廉政教育，全市各级党政机关、企事业单位和群团组织所有公职人员全面开展廉政风险排查工作。在划分岗位类别、清理岗位职权的基础上，采取自己找、相互查、群众评等多种形式，从岗位职责、工作流程、制度机制、思想道德和外部环境等五个方面，深入排查每个岗位的廉政风险。全市 13 万多名公职人员参加了风险排查，共查找到廉政风险点 18.6 万个。特别是我们在市管领导干部中普遍开展了一次带头查找廉政风险、制定落实防控措施活动，全市 1100 多名市管领导干部共查找廉政风险点 3500 多个，制定和落实防控措施 4600 多条，充分发挥市管领导干部在开展廉政风险防控机制建设中示范表率作用。针对这些岗位风险，逐一制订防控措施。在此基础上，还编辑出版了一系列岗位廉政教育教案，对全市公职人员防控廉政风险、防止利益冲突起到了很好的教育警示作用。二是坚持全域预警，实现廉政风险预警全覆盖。2003 年开始，我们就探索建立了廉情预警机制。经过几年的不断深化完善，逐步形成了廉政风险信息收集、等级评估、预警报告、风险防控"四位一体"的廉政风险预警机制。从市、区县（市）、乡镇（街道）到村（社区）建立了四级廉政风险预警工作网络，形成了 16 类廉政风险预警信息收集考察点，通过多种途径全方位收集预警信息，开展分析评估，实施预警防控，有效遏制了一些诱发利益冲突的苗头性、倾向性问题。今年还有针对性地确定了 30 个重点领域、行业和岗位的廉政风险专项报告选题，分解落实到各地各部门，共同查找这些重点领域、行业和岗位的廉政风险，实施重点预警，防止利益冲突。三是坚持全程防控，实现廉政风险防控全覆盖。进一步深化权力阳光运行机制建设，依法对各部门现有的行政权力进行全面清理核定，并将清理后的行政权力编制职权目录和权力运行流程图，通过建立"网上政务大厅"，将清理后的行政权力全部纳入电子政务系统，实行网上公开透明运行。截至今年 9 月，全市共清理规范权力事项 9338 项，编制职权目录 46300 多份，编制权力运行流程图 16500 多份。同时，建立政务实时监督系统和"数字监察"系统，与全市的"网上政务大厅"及各部门的电子政务系统实现无缝对接，使各级各类行政权力全部纳入"数字监察"范围，实现了对这些权力运行的全程实时监控。目前，已经开发实施了建设工程交易、政府采购、土地交易等 11 个"数字监察"子系统，50 家市直单位和 13 个区县（市）均已接入"数字监察"系统。去年来，还建立完善了市民之家和网上市民之家、行政服务中心和网上行政服务中心即"两家两中心"，打造成为一个综合性政府服务平台，实现监督与服务的有机结合。同时开发实施全市预防腐败信息系统、重大项目重点任务效能监测系统和纪检监察案件信息管理系统，充分利用现代科技手段，加强对各种利益冲突的全程防控。

三、坚持以"三公"领域为重点，紧紧围绕利益冲突易发多发的重点领域，建立健全防止利益冲突具体制度

从近年我市查办的违纪违法案件来看，公共资源交易、公共产品采购、公共资产管理是利益冲突易发多发的重点领域，"三公"领域案件占全市经济类案件的 70% 以上。去年来，围绕这三大重点领域，率先探索制订了防止国家工作人员在"三公"领域发生利益冲突的《若干规定》，作出了旨在防止"三公"领域利益冲突的 16 项禁止性规定，建立了利益公开、利益回避、主要领导不直接分管、离职后行为限制等六项制度，各地各部门针对各个领域各个环节进一步完善相关制度，制订具体细则，对"三公"领域利益冲突起到了有效防范作用。一是努力防范公共资源交易中的利益冲突。针对公共资源交易中容易发生的违反交易程序、弄虚作假、场外交易等行为，制定了公共资源交易行为监督管理暂行办法、公共资源交易信息发布暂行规定、公共资源交易统一监管实施细则等规范性文件，明确规定所有公共资源必须应招尽招、进场交易，制订了全市公共资源交易目录，扩大了公共资源交易范围，健全了开标程序、评标纪律等一系列配套管理制度，实施了资格后审、二次平均法、远程评标、拟中标人公示等一系列措施，进一步改进公共资源交易方式，规范了公共资源交易行为。有的县（市）还明确规定村两委干部不准参与本村建设工程项目招投标等利益回避制度，有效防止了一些公职人员包括农村基层干部违规插手干预公共资源交易的行为。二是努力防范公共产品采购中的利益冲突。针对公共产品采购中容易发生的指定品牌、恶意串通、违规采购等行为，积极推进政府采购电子化管理和“网上超市”建设，实现了通用类货物网上采购和采购流程电子化，出台电子化政府采购管理办法，细化政府采购内部监管程序，完善政府采购政务实时监督系统，实现对所有政府采购监督的全覆盖。同时组建省市联网的诚信供应商库、政府采购商品库和评审专家库，实施申请采购当事人、评审专家、政府采购监管人员回避制度和有关责任追究制度，严把政府采购立项评审、信息发布、资质审查、专家抽取、开标评标、项目验收、资金拨付等关口，切实规范了采购单位、供应商、评审专家和采购代理机构的行为。三是努力防范公共资产管理中的利益冲突。针对公共资产管理中容易发生的低估贱卖、虚报冒领、随意转让等行为，制定出台了市级事业单位国有资产管理暂行办法、行政事业单位房产出租管理暂行办法、企业国有资产评估管理暂行办法、财政专项资金管理暂行办法等一系列文件规定，进一步完善了对各类公共资产的管理制度。深入开展了国有产权转让进场交易专项检查、事业单位房屋租赁和房产转让专项清查、各类专项资金拨付使用情况的监督检查，同时建立完善产权交易中心和公共资产管理信息系统，对资产处置、产权交易、协议招租等审批流程全部实行网上办理、阳光操作，对国有资产全面实行统一登记、统一管理、统一招租、统一拍卖，有效防止了公共资产管理和使用中的利益冲突问题。今年还出台了政府投资工程项目建设单位内控管理办法，制定了中介机构比选委托、招标采购监督管理、工程变更监督管理等十项制度，切实加强了政府投资项目建设领域利益冲突的防范。去年来，市本级对30家政府投资项目建设单位进行重点抽查，发现并整改问题435个，收缴、罚没、补交各类款项7.05亿元。

四、坚持以深化市场化改革为动力，不断完善市场运行机制，努力从源头上推进防止利益冲突工作

近年来，我们始终坚持市场配置资源的改革思路，把深化市场化改革作为防止利益冲突的基本途径和内在动力，不断完善公共资源配置、公共资产交易、公共产品生产领域的市场运行机制，使权力的“有形之手”让位于市场的“无形之手”，从源头上防止利益冲突。一是大力推进行政审批制度改革。围绕加快服务型政府建设，努力减少行政权力对微观经济活动的干预，近年来，我市连续推进了四轮行政审批制度改革和行政许可项目的清理，政府行政许可事项和非行政许可审批事项已经从原来的1134项精简到现在的941项，总体压缩率达到20.5%。同时，结合权力阳光运行机制建设，加快推进行政服务中心建设，实施“两集中、两到位”行政审批职能归并改革，将所有行政审批事项全部纳入行政服务中心统一办理，进一步推进各部门并联审批，简化审批流程，建立完善投资项目审批“一条龙”服务体系，实施行政审批代办制，减少和防范了行政审批过程中的利益冲突。二是不断深化公共服务体系建设。全面推进杭州市产权交易所、市和区县（市）公共资源交易中心以及乡镇（街道）小额公共资源交易中心和村级便民服务中心建设，市产权交易所成功推行排污权交易试点以及非上市公司股份转让试点等工作，市本级和所有区县（市）的公共资源全部纳入公共资源交易中心统一进场交易，104个乡镇（街道）建立了小额公共资源交易中心，2969个行政村（社区）全部建成了便民服务中心，逐步形成市、县、乡镇、行政村四级公共服务体系，实现了公共服务体系建设全覆盖，搭建了各类主体平等参与竞争的市场交易平台。三是积极探索政府服务标准化建设。以规范政府职能、提高运行绩效、权力阳光运行为目标，在上城区率先探索政府管理与公共服务标准化建设，对政府管理及公共服务具体职能进行梳理，初步建立覆盖全区所有行政管理与公共服务事项的标准化体系。该体系涵盖300余项职能，现已制订“网上行政服务中心管理规范”等113项标准，使政府管理和公共服务权责更加明晰，内容更加标准，流程更加规范，有效减少了政府管理和公共服务中的利益冲突问题。四是进一步加强社会诚信体系建设。在持续开展商业贿赂专项治理的同时，加强对行业组织和中介机构的监管，深入推进企业和个人信用信息征信和公开工作，建立健全全市统一、互联互通的企业和个人征信系统，实现项目审批信息、招投标、合同履行等信用信息共建共享，完善对各类市场主体的量化考核、失信惩戒的动态管理机制，实行市场不诚信行为“黑名单”制，营造诚实守信的市场环境。

五、坚持以民主促廉为保障，不断推进人民群众的民主参与和民主监督，有效防止公共权力与私人利益的不正当联系

近年来，始终坚持以民主促清廉，把紧紧依靠人民群众的支持和参与作为推进反腐倡廉建设的根本保障，建立健全人民群众民主有序参与机制，实现对各种利益冲突行为的制约与监督。一是不断完善民主决策机制。积极推进党委、政府开放式决策，建立了党政、市民、媒体“三位一体”的民主决策机制，全面落实“两代表、一委员”对市委重大决策民主参与机制和“四问四权”民主决策机制，党委、政府重大决策事项实行事前公示听证，将党委政府公共事务中的重大事项决策全过程向市民和媒体开放，有效防止了决策中的利益冲突。从2007年11月至今年9月，我市的市委常委会和市政府常务会议已先后邀请313位人大代表、政协委员、市民代表和专家列席，参与了95项决策事项。二是不断完善民主管理制度。全面落实“四民主、两公开”等基层民主管理制度，进一步推进基层党组织党务公开、政务公开、厂务公开和村（居）务公开，推广村（社区）事务“五议两公开”工作法和村级重大事务“五票制”，进一步规范基层民主管理程序，通过依法保障基层群众的民主权利防止利益冲突。三是不断拓宽民主监督渠道。今年在深化作风建设、治庸治懒治散“效能亮剑”专项行动中，市本级组织开展了5个市直部门和5名处级干部的“公述民评”活动。各区、县（市）和市直各单位组织开展本地本单位“公述民评”1568次，参加评议的代表59000多人，收集意见建议8000多条。通过“公述民评”，一些群众反映强烈的利益冲突问题得到及时地解决。聘请社会各界人士成立了政风行风监督员、特邀监察员、舆论监督员等队伍，定期组织各类监督员开展明察暗访和监督检查。定期召开新闻通报会，向社会各界通报全市反腐倡廉情况。定期开展纪检监察工作网上在线访谈，引导群众通过网络反映意见、参与监督。进一步办好“民情热线”和“96666”党政机关效能投诉中心，通过各种民主监督形式，有效解决群众身边的利益冲突问题。

总之，近些年来，围绕着打造党政清廉、干部勤廉、社会崇廉、风清气正的“廉洁杭州”，我们积极探索了一些防止利益冲突的制度和措施，但是许多工作还只是初步的，需要进一步深化和完善。下一步，我们将总结吸收这次防止利益冲突理论研讨会暨第四届西湖廉政论坛的丰富成果，认真贯彻落实好马驭部长和各位领导的重要讲话精神，充分学习借鉴全国各地各单位的好经验、好做法以及各位专家学者的真知灼见，进一步抓好防止利益冲突工作的创新和落实，努力取得新的更大成效。

防止利益冲突与惩治和预防腐败体系的完善

最高人民检察院检察日报社总编辑　李雪慧

建立健全惩治和预防腐败体系，是中国反腐败和廉政建设的国家战略。防止利益冲突，是国际流行的反腐败理论和预防腐败办法。如何引入利益冲突概念，运用防止利益冲突理论完善惩防腐败体系，通过防止利益冲突预防和控制腐败，是一个重大而现实的课题。

一、防止利益冲突理论引入惩防腐败体系的必要性和可行性

利益冲突与腐败关系密切，两者的主体都是国家公职人员，都出现在国家公职人员行使公共权力、履行公共职责这个关节点上，核心问题都是利益问题。两者不同之处在于，腐败是已经发生以权谋私的行为，而利益冲突是一种可能发生以权谋私行为的情境或状态。如果对利益冲突处置不当，国家公职人员就可能背叛公共职责，滥用公共权力谋取私人利益。所以，利益冲突是腐败的根源，腐败是利益冲突的结果。预防腐败，前提是防止利益冲突。我们必须在公共利益和个人利益之间设置一个“防火墙”或“隔离带”，让利益冲突不能发生，从而起到预防腐败的作用。

将防止利益冲突理论运用到惩防腐败体系中，不仅是必要的，而且也是可行的。一是中国自古有官员任职地域回避和亲属回避等防止利益冲突的传统。二是一些国家和地区、国际组织在将防止利益冲突运用于防治腐败方面积累了有益经验。三是目前我国很多廉政规定已经体现了防止利益冲突思想。《中国共产党党员领导干部廉洁从政若干准则》、《中共中央纪委关于严格禁止利用职务上的便利谋取不正当利益的若干规定》，是近年来中国防止利益冲突廉政规定的集大成。我国的历史传统、国际有益经验、目前廉政法规中已有的相关规定，为通过设计防止利益冲突制度来完善惩治和预防腐败体系奠定了基础。

二、在反腐败的顶层设计中，应该将防止利益冲突的理念贯穿整个惩防腐败体系

当前，有关方面正按照十七届中央纪委六次全会的部署，研究起草惩治和预防腐败体系 2013—2017 年工作规划。我们认为，在反腐败的顶层设计中，应考虑建立健全中国特色的防止利益冲突制度。换言之，应以防止利益冲突为核心，进一步完善惩防腐败体系。

防止利益冲突和完善惩防腐败体系存在目标的一致性，即都注重预防——目的是从源头上预防腐败。2010 年 1 月 12 日，胡锦涛总书记在十七届中央纪委五次全会上指出，要进一步加强预防制度建设，推进廉政风险防控机制建设，建立健全预防腐败信息系统，建立健全防止利益冲突制度，形成有效预防腐败的长效机制。由此可见，在中国的反腐败制度安排中，建立健全防止利益冲突制度的目的，就是要形成有效预防腐败的长效机制。

在完善惩防腐败体系时，一方面，有必要把防止利益冲突作为预防腐败的一个核心概念，非常清晰地提出来。明确什么是利益冲突，利益冲突主要表现在哪些方面，发现国家公职人员存在利益冲突该如何处理，如何在国家层面、组织层面及个人层面防止利益冲突。另一方面，围绕防止利益冲突这个核心概念，完善惩防腐败体系顶层设计。对腐败的各种形态进行分析，寻找具体的利益冲突根源；设计预防腐败制度安排时，优先考虑如何防止利益冲突；对惩防腐败体系的框架结构、长远目标和阶段目标进行审视，围绕防止利益冲突，重构体系框架，科学确定目标。

三、在操作层面上，可以将防止利益冲突的手段运用到完善惩防腐败体系的六项工作格局中

教育、制度、监督、改革、纠风、惩治，既是惩防腐败体系的关键环节，也是支撑点。世界上通行的防止利益冲突做法，如职业操守教育、财产申报与公开、回避、资产处理、离职后就业限制，都可以借鉴运用到我们六项反腐败工作中来。

第一，在廉政教育中突出以防止利益冲突为核心的行为准则和道德规范教育。

针对领导干部的廉政教育，要力戒空洞说教，首先要让领导干部明白利益冲突的概念、利益冲突的具体情形、不能正确处理利益冲突的严重后果，清晰地知道自己什么必须做、什么不该做。

面向全党全社会的反腐倡廉宣传教育，要广泛开展以防止利益冲突为核心的行为准则和道德规范教育，在国家公职人员中倡导诚实守信、依法办事、公正无私、公开透明、认真负责的职业行为核心价值理念。

开展廉政文化建设时，要在全社会培养对利益冲突零容忍的意识。应鼓励新闻媒体、社会公众批评曝光、检举揭发国家公职人员存在的利益冲突问题。相关部门应通过及时处理对利益冲突的举报，回应社会关切，营造防止利益冲突的良好氛围。

第二，围绕防止利益冲突设计反腐倡廉法律法规制度体系。

我们建议有必要在宪法中增加防止利益冲突、反腐倡廉的内容。同时，以防止利益冲突为核心，将现有的防止利益冲突党内法规和行政法规规章进行整合，上升为国家法律，制定统一的“防止利益冲突与反腐败法”。从防止利益冲突入手，将防治腐败关口前移，改变疲于应付腐败新现象层出不穷的被动局面，走出治理腐败制度设计相对滞后的困境。如上述建议难以落实，可考虑以“利益冲突”为核心，对现有法律法规进行清理和梳理，制定一套便于操作的防止利益冲突基本制度规范。

第三，把监督是否存在利益冲突作为监督制约公共权力运行的关键。

在完善惩防腐败体系时，有必要把利益冲突情况作为监督的重点内容。对领导干部违反规定接受宴请、礼品，利用职权为配偶、子女个人从业提供便利等利益冲突情形，进行严格监督。

在监督主体上，我们建议，设立防止利益冲突专门委员会。如果条件不成熟，审核官员报告的财产情况，以及其他利益冲突情形的监督工作，不妨由国家预防腐败局（及地方预防腐败机构）来承担。一旦发现国家公职人员存在潜在的利益冲突，就及时给予提醒、警示；对已经构成明显的利益冲突的，作出禁止性指令、限止性指令或回避性指令。

第四，将防止利益冲突作为当前制度改革的重要一环。

在深化体制机制制度改革中，要把防止利益冲突纳入改革的总体思路和具体的制度设计。如干部人事制度改革，要建立公务员正常退出机制，防止公务员离职后再就业时利用以前的职务影响谋取私利；完善领导干部职务任期、回避和交流制度，防止其利用职权为配偶、子女从政、经商、办企业提供不当照顾。鉴于中国是人情社会，还应扩大利益冲突相关人员的范围，如老乡、同学、战友及其他关系密切的人。

在改革中，我们认为要重视在改革开放

中一些先富起来的人从政的问题。有关部门设计改革措施时，要考虑防止这部分人的利益冲突问题，对其经营的资产进行有效剥离。

第五，以防止利益冲突为基础纠正损害群众利益的不正之风。

很多不正之风的兴起，都可以从利益冲突中找到根源。要从根源上治理不正之风，必须从防止利益冲突入手，在部门利益、个人利益与公共利益之间，设置一道“隔离墙”，使其行使部门权力、履行管理职责时，不能谋私利。

第六，对违反利益冲突规定的行为依纪依法处理惩治。

利益冲突的情况比较复杂，表现有潜在和明显之别，情节也有轻重之分，所以在处理上，也要区别对待，分别采取提醒教育、组织处理、纪律处分和刑事处罚等措施。

如对于任职中应当回避而没有回避，或者应报告而不向组织报告，只是还处于潜在状态而没有形成事实上的以权谋私的利益冲突，对当事人进行提醒教育，促使其自觉纠正。政府工作人员，参与和私人利益有关的公务活动，要果断让其回避。对于已经进入政府部门担任公职的富人，不愿意剥离之前经营的资产的，要给予组织处理，让其辞去公职。

利益冲突发展到非常严重的程度，构成违纪甚至犯罪，就要依据党纪政纪和国法，追究纪律责任和法律责任。我国刑法新规定的“利用影响力受贿罪”，就是和利益冲突有直接关系的一种犯罪。对这种基于利益冲突的特定腐败犯罪，必须依法惩治。

除此之外，我们也可以利用防止利益冲突制度查办其他腐败犯罪，如巨额财产来源不明犯罪。如果国家对官员财产申报和公开进行立法，凡是没有正当理由不申报和公开财产的，在刑法中可以设立拒不申报公开财产罪，对当事官员进行刑事处罚。

国外防止利益冲突制度的借鉴与启示

邯郸市纪委、监察局

2007年，中央纪委启动了中国·加拿大“公共服务伦理规范与廉政建设”合作项目，项目研究的核心内容是防止利益冲突。邯郸作为6个试点市之一，积极开展理论研究和实践探索，形成了17篇约36万字的调研成果，得到了中纪委领导和有关部门的充分肯定。2010年6月，中加合作项目总结会议在邯郸召开。

今天，我们提交论坛交流的论文是《国外防止利益冲突制度的借鉴与启示》，敬请各位领导和同志们批评指正。

一、国外防止利益冲突制度的主要内容和特点

国外尤其是西方国家普遍认为，公务员不能正确处理自身利益和公共利益的关系，是导致一切腐败问题的根源。为此，很多国家都把防止利益冲突，作为预防腐败的重要内容。其中，加拿大等国的做法具有一定的代表性。

加拿大等国立法规定，“建立利益冲突

处理规则，将公务员的私人利益和公共利益冲突降到最低。”主要内容包括：（1）界定职权。规定公务员履行职责时，自觉安排好私人事务，不得利用公职之便，从事任何图谋私利的行为。（2）机密报告。要求公务员机密报告本人和家庭资产、接受礼物、款待和兼职等情况。（3）规避特权。不允许公务员对家庭成员、朋友或特定关系人实施优惠待遇或优先协助。（4）限制从业。公务员在职时，不得从事与行使职权有关的兼职；离职后一年内，不得从事与原业务范围有关的工作。对违反上述规定的，予以严厉惩戒，主要包括警告、记过、减薪、降职、劝退、免职及罚款、退还非法所得、取消退休金等。我们认为，国外防止利益冲突制度，主要有三方面特点：

（一）源于实践，具有较强的针对性。1976年，加拿大两名退休副部长合伙开设顾问公司，利用原关系网游说政府谋求私利，这一问题的发生和解决，直接促使了该国《公职人员利益冲突与离职后行为准则》出台。国外防止利益冲突制度，是在对客观形势、具体案例科学分析的基础上，深入研究问题发生原因和规律，提出的解决问题最佳办法和途径。

（二）配套完善，具有较强的系统性。国外除制定防止利益冲突专项法规外，还注意健全完善相配套的法律制度。如制定出台《公共服务价值与伦理规范》、《公共服务雇用法规》、《公共服务人员关系条例》等，它们互为补充、相互衔接，体系完整而统一。

（三）科学缜密，具有较强的操作性。以美国财产申报制度为例，该国《政府道德法》既详细列举了立法、行政、司法各个系统的公开义务人员和需要申报的资产、债务名录，又对申报程序、监督检查、惩罚措施等作出详细规定，设计严密，执行力强。

二、国外防止利益冲突制度的经验与启示

借鉴国外防止利益冲突做法，对于我们加快惩防体系建设，特别是提高预防腐败科学化水平，具有重要意义。

（一）推进惩防体系建设必须把防止利益冲突放在突出位置。国外实践证明，防止利益冲突是预防腐败的源头和“脉门”。十七届四中全会首次将防止利益冲突写进报告，《廉政准则》中也有很多内容涉及防止利益冲突，这充分体现了党和国家对反腐倡廉建设规律认识的进一步深化。为此，在推进惩防体系建设特别是预防腐败中，要坚持把防止利益冲突作为一项牵总、基础性的工作，摆上重要议事日程，切实做到思想上更加重视，程序上更加严格，推进上更加有力。

（二）防止利益冲突必须紧紧抓住制度建设这个根本。国外防止利益冲突的精髓是具有完善的制度和健全的法制。在我国推进这项工作，要按照胡锦涛总书记“内容科学、程序严密、配套完备、有效管用”要求，建立完善以《廉政准则》为核心的防止利益冲突制度体系。近年来，我市探索制定了《邯郸市公务员公共服务廉政勤政暂行规定》，重点对公务员兼职和从业限制、回避、收入申报等进行规范，在预防腐败方面发挥了积极作用。

（三）防止利益冲突必须不断深化公开强化监督。利益冲突制度在国外被誉为“阳光法案”。借鉴国外经验，有效防治腐败，必须在推进政务公开、强化监督制约上有新的作为。邯郸是全国政务公开示范单位，在全国率先开展了行政权力公开透明运行和监控机制建设。目前，正积极构建廉政风险全方位预警防控系统，通过资源统筹、系统控制、科技支撑、动态管理等举措，实现全方位发现风险、多侧面分析风险、动态化预警风险的预防腐败目标。

三、加强和完善我国防止利益冲突制度的思考和建议

一般来讲，防止利益冲突制度体系包括回避、财产申报、离职后行为限制、经商兼职及其它公务活动以外的限制等内容。完善我国防止利益冲突制度体系，既要借鉴国外的成功经验，又要结合实际，积极作为，尽快形成具有中国特色的预防腐败体制机制。

（一）关于利益冲突回避制度。当前，我国回避制度散见于《公务员法》、《党政干部选拔任用条例》等法律法规中，回避程序规定不尽完善，缺乏相应的处罚措施和配套制度。我们认为，完善回避制度，一要扩大回避范围。既针对人，又针对“事”，重点对公务员行使职权可能导致自身资产发生变化的行为予以回避。二要细化回避程序。明确自行回避、申请回避、命令回避的条件、实施机关、步骤、时限等基本内容。三要完善处罚措施。对应回避而未回避，或因此造成恶劣影响的，明确相应的处罚措施。

（二）关于财产申报制度。随着市场经济体制日趋完善，在我国建立和推行财产申报制度，已经具备了一定的制度基础和认知基础。一是推进财产申报立法化。财产申报制度以党内法规形式出现，其地位和效力与所承担的繁重任务和规范对象很不适应。我们认为财产申报立法宜早不宜晚，时间拖得越久，各种潜在矛盾和冲突会越多，反腐败成本就会越大。二是财产申报主体要全体化。公务员无论身居何位、官居何职，都存在利用职权谋取私利的可能。财产申报的主体应是全体公务员及其家庭成员。三是财产申报内容要详尽化。除现金收入外，还应申报动产、不动产、有形资产、无形资产、债权、债务等，申报时须注明财产名称、价值、位置、来源、估价方法等内容。四是财产申报资料要公开化。明确公务员隐私权、财产权与人民群众知情权的关系，人民群众有权查看公务员财产状况，并监督其是否存在以权谋私行为。五是财产申报程序要规范化。包括任前申报、初任申报、任内常规申报、离任前申报和离任后申报。要完善程序，明确主管机构、标准、纪律等，堵塞制度执行的漏洞。

（三）关于离职后行为限制。限制公务员离职后行为，可有效防止权力期权化。为此，中办、国办联合下发了《关于县以上党和国家机关退（离）休干部经商办企业问题的若干规定》，发挥了重要作用。但是，还存在对离职后行为限制较少、缺乏监督、程序不严密等问题。要注意建立隔离缓冲和淡化机制，根据离职人员级别、职位及管辖范围，一定时期内对其行为进行限制。健全和完善监督机制，在加强在岗人员监督的同时，加强对离职人员行为的监督，有效弥补监督的漏洞。完善离任审计制度，领导干部离任后，发现形迹可疑的，可随时复审，做到有疑必查、有责必究。探索建立廉政公积金制度，借鉴新加坡等国家和地区做法，提高腐败成本，遏制离职后的腐败问题发生。

（四）关于公务员经商、兼职及其他公务活动以外行为的限制。以往我国这方面的规定，多表现为“君子协定”，且缺乏系统性。虽然《廉政准则》作了进一步补充和完善，但在提高制度执行力方面，还有很多工作要做。要站在“经济人”的角度设计制度，把公务员预设为“利益冲突者”，通过细化程序性规定和处罚措施，切实增强制度的执行力。要加大执法力度，对公务员违反经商、兼职等规定的行为，予以严格制裁，确保各项制度规定落到实处。

资源型城市建设工程招投标领域防止利益冲突的探索与思考

——以鄂尔多斯创新公共资源交易模式为例

内蒙古自治区鄂尔多斯市纪委、监察局

自然资源富集的鄂尔多斯境内拥有各类矿藏50多种，特别是煤炭、天然气等资源极为丰富，全市煤炭探明储量1670亿吨，占全国的1/6左右，天然气探明储量8000多亿立方米，占全国的1/3左右。此外，芒硝、高岭土等矿产资源和风能、太阳能等新能源资源也极为丰富，是一座典型的以资源而生、因资源而兴的资源型城市。近年来，随着经济社会的快速发展，各类政府投资的工程建设项目越来越多，投资规模越来越大，工程建设领域防止利益冲突问题也愈为突出。2006年以来，鄂尔多斯市累计实施亿元以上重大项目472个，完成固定资产投资6033亿元，如何有效加强建设工程招投标领域防止利益冲突机制建设，确保"经济上去了，干部没有倒下"，是当前资源型城市推进反腐倡廉建设的一个重要课题。

一、防止利益冲突，创新公共资源交易模式的现实选择

本文所指的利益冲突，是指国家公职人员在行使公共权力过程中，由于受到私人利益因素的驱动，没有采取相应的防控举措，以致价值判断和政策取向偏离公共利益要求，出现私人利益与其公职所代表的公共责任相冲突的情境和行为。经过调研，我市建设工程招投标利益冲突表现形式主要有以下几个方面：

——体制型冲突。当前的招投标监管体制是一种以部门分散监管为主，综合监管为辅的体制，招投标行政管理与监督分散在发改、建设等行业主管部门。行业主管部门一身两用，自办自管，管办不分，存在多头管理、条块分割、职能交叉、同体监督现象。各主管部门既对本行业招投标活动进行管理，又实施具体监督，有的还是招标项目的实施人，或者是招标人的上级，这种复杂、交叉和层次不清的招投标监管体制，造成了工程项目招投标管理比较混乱无序的局面。

——主体型冲突。首先，部分招标主体行为不规范。有的招标人应招标的项目不招标，或将大项目肢解成多项工程，使肢解项目不具备招标条件来规避招标；有的招标人把应公开招标的工程变为邀请招标，仅邀请最低数量的企业参加，致使招标竞争性不强。其次，部分中介机构行为不规范。一些中介机构为了取得代理业务，弄虚作假，甚至帮助业主出谋划策钻法律空子；有的中介机构管理混乱，经常出现与投标单位相互串通，泄露标底等违规现象，破坏了招投标的公平性。

——制度型冲突。全市招投标各项配套规章制度不完善、不具体，与招投标活动的要求不相适应。如有关部门的规章制度缺乏具体的实施细则，一些配套制度对资格预审、评标和监管过程等关键环节的规定不详细，给招投标的监管增加了困难。

——客体型冲突。着重体现在评标专家库不完备。我市选用的评标专家多数情况和大部分还是市内的。全市工程建设领域专业人才又比较缺乏，专家库是按行业和行政区域分设，专业分类不细，专家库组成人员存在人数不足，业务水平不高的问题，致使专家面窄，容易发生相互串通等违规行为；个别行业的专家多为主管部门领导或干部，既是“运动员”，又是“裁判员”，很难做到客观和公正评标。

——程序型冲突。建设工程项目在评标过程中采用定性评标多，定量评标少，评分标准制定不合理，致使专家的自由裁量权过大；一些招投标项目在制定评标办法时，没有按照项目的实际特点制定相应的评标办法，评标方法不够科学严谨；专家在评标过程中打人情分等违规行为时有发生，未能充分体现公平、公正、择优的原则。

——监管型冲突。我市建设工程招投标没有统一的行政监管机构，招投标监管主要由各行业主管部门自主进行，存在同体监管、监管越位和缺位现象。各主管部门对招投标的监管力度不够，普遍存在重管理轻监督、重检查轻处理的问题，不少规避招标、虚假招标、串通招投标的行为没有得到及时遏制和严肃处理；普遍存在后续监管不到位的问题，一些本可以通过后续检查发现的问题不能得到及时查处和纠正。

二、以创新公共资源交易模式为突破，防止工程建设领域利益冲突的探索实践

我市公共资源交易市场的发展，经历了一个由点到面、由分散到集中、并逐步形成充分依托市场配置资源统一的公共资源交易平台的过程。2010 年，市委常委会决定建立全市统一的公共资源交易平台，从改革公共资源交易管理体制入手，从加强对公共资源交易活动的预防、管理和监督着眼，以加强对公共资源交易的事前、事中和事后监督为内容，以保证公共资源交易活动的公开、公正、公平运行为目标，全面推进政府公共资源的市场化配置。

——机构设置上，实行“一委、一办、一中心”的监督管理模式。成立市公共资源交易综合管理委员会（下称市公管委），下设公共资源交易综合管理办公室（下称市公管办）；市公管办下设市公共资源交易中心。市公管委主任由市人民政府市长兼任，成员由监察、发改、财政等 10 个部门主要负责人组成。在职能职责方面，市公管委负责研究决定全市公共资源交易活动的方针、政策等重大事项，审定交易管理办法等有关制度。市公管办负责市公管委日常工作，承担者贯彻落实市公管委决策事项、组织制定有关交易规则和管理制度等 8 大类职责。成立了市政府国有资产工程项目监督委员会，主任由市纪委书记兼任。负责组织协调有关职能部门对国有投资的重点工程建设项目进行监督，并对进入市公共资源交易中心的招投标活动实施全程监督。

——运行方式上，以“理顺管理体制、规范综合监管、实行集中交易”为目标。具体表现为“六个统一”：一是统一交易平台。撤销市政府采购中心、建设工程承发包管理中心、市国土资源局的土地交易中心，整建制划入市公共资源交易中心。市财政局、住房和城乡建设委员会、国土资源局与市公管办分别签订行政执法委托书，将隶属于本部门的涉及招投标工作的行政执法职能委托市公管办履行。市交通运输局、市水务局等部门涉及招投标工作的行政执法职能也委托市公管办履行。各行业主管部门招投标执法职能委托后，继续依法履行项目立项审批、预算审核、资金拨付、施工监督、履约验收等行业监管职责。通过强制性的“收权”，把原来分散在各个业务主管部门的公共资源交易有形市场集中到统一的公共资源交易中心，以统一市场代替分散市场，有效地限制和遏制了行业垄断和部门利益，直接阻断了原先分散市场存在的部分分割、资源浪费、易滋生腐败等利益冲突，提高了公共资源交易活动的市场化程度。二是统一进场交易。凡涉及全市国有资金、资产、公共利益、公共安全的建设、采购、资产出让、出租等具有竞争性的项目的交易必须在市公共资源交易中心进行，严禁场外交易。具体包括房屋建筑；市政基础设施等 13 大类项目。各类公共资源交易活动统一进场，对公共资源交易进行全程监督，直接阻断了权力寻租和权钱交等利益冲突发生的可能性。三是统一信息发布。市公共资源交易中心对全市各类公共资源交易信息在指定媒介和网站上发布的同时，确保投标人及时得到完整、真实、对称的招标信息。四是统一交易规则。结合我市实际，制定和完善交易中心招投标和政府采购活动规则、实施细则、交易流程和监督管理各项配套制度。统一交易规则，市场配置资源作用的不断强化，可以延伸和拓展反腐倡廉工作的覆盖面，直接阻断了各种腐败行为的发生。五是统一评标专家库。坚持资源共享，整合我市现有各部门评标专家库，按专业类别统一建立评标专家库，实现评标专家资源共享，并逐步实现评标专家库跨区域合作，做到动态管理，及时补充更换评标专家库信息，优化评标资源。在重大建设工程项目招标活动中，分别从异地抽取专家和本地专家组成联合评审委员会对项目进行评审，直接阻断了人为因素造成的利益冲突，确保了重大项目招标投标的公平、公正和资金的合理使用。六是统一市场监管。市公管办履行综合监管职责，加强制度建设，建立健全综合监管机构和交易中心的工作制度和具体管理制度，加强对交易中心工作人员和交易行为的监管。

——措施保障上，充分依托科技手段。一是建立交易中心业务监管系统和办公系统，规范操作程序。通过电子大屏幕、咨询机实现交易信息、中标公示、场所安排网上公布，实现交易全程透明。二是建立评标专家电脑随机抽取系统，运用计算机自动抽取评委及语音通知系统，评委抽取由招标人在计算机上随机点击，从评委选定到计算机自动拨号、语音通知等，均处于保密状态。三是建立现场音频视频监控系统，运用视（音）频监控系统，对开评标现场进行全程监控并录像存档，并与全市电子监察系统网络相连接，实行远程监督。四是建立独立的评标区，评标区和开标区相隔离，实行评标专家指纹门禁系统。五是建立和完善网上报名、电子辅助评标系统，最大限度地防止和杜绝招投标过程中人为干扰因素的影响。

2011 年 8 月 1 日，市公共资源交易中心进入试运行阶段，截至 9 月底，该中心共开标 87 次，其中工程建设招投标 40 次、政府采购 47 次。开标总金额 560454.07 亿元，中标总金额 550357.88 亿元。政府投资项目开标总金额 131869.03 亿元，政府投资项目中标总金额 12424.54 亿元，节约资金 7604.49 万元，节约率达 5.77%，其中，国有资金工程节约率达 4.4%，政府采购工程节约率达 20%。

三、几点启示

近年来，鄂尔多斯不断解放思想、改革开放，不断破除体制机制障碍，把激活内力与借助外力结合起来，以创新公共资源交易模式为突破口，强力推进资源型城市建设工程招投标领域防止利益冲突各项工作，给我们的启示是深刻的，也是多方面的，概括起来，有以下几点。

第一，要抓住“三公”领域这个重点，以科学严密的制度体系阻断国家公职人员以权谋私的通道。第二，要加快推进公共产品市场运行机制创新，着力提升防止利益冲突的规范性和科学性。第三，要把强化反腐倡廉教育同加强对权力的制约和监督有机结合起来，构建防止利益冲突的长效机制。要把加强反腐倡廉教育同强化对权力的制约和监督有机结合起来，并在此基础上进一步深化改革、加快推进制度创新、坚决惩治腐败，形成改革的推动力、教育的说服力、制度的约束力、监督的制衡力、惩治的威慑力共同发挥作用的长效机制，充分发挥惩防体系的整体效能。

以廉洁性评估为抓手　着力从制度源头防止和铲除利益冲突

海南省纪委政策法规调研室

从制度上管理和防范利益冲突，是惩治和预防腐败体系建设的重要内容。2008年以来，我们针对一些地方、部门制度由于违规扩权、监督缺失容易导致利益冲突等问题，探索开展制度廉洁性评估工作，要求全省各级国家机关严格按照中央和省委关于推进反腐倡廉建设的要求，对现行地方性法规、政府规章和其他规范性文件进行评估，着力查找和纠正制度中可能导致利益冲突的问题，探索出一条以廉洁性评估为抓手、从制度源头上防止和铲除利益冲突的新途径。

一、突出重点、把握关键，切实找准制度廉评的着力点

我们主要采取设置“三道关口”、突出“四个重点”、抓住“五个节点”等措施，始终把着力点放在防止和铲除利益冲突上。

（一）设置“三道关口”。我们报请省委把开展制度廉评纳入全省惩防体系建设规划之中，作为一项全局性的工作来部署。一是要求制度制定单位按照“谁制定、谁审查”的原则，主动查找和纠正本部门、本单位存在的可能引发利益冲突的制度问题，把好“自查关”；二是要求人大法规部门和政府法制部门发挥职能作用，着力从制度的“合法性”、“合理性”等方面进行审查，把好“审查关”；三是以纪检监察机关为主，着力从“廉洁性”的角度查找和纠正容易发生以权谋私、权力寻租等导致利益冲突的制度因素，切实把好“廉评关”。这“三道关口”的设立，既明确了各职能部门的职责任务，形成了齐抓共管的工作格局；又有利于加强立法部门的相互监督和相互制约，进一步改进立法工作，提高立法工作科学化水平。海南省法制办反映，开展制度廉评，不仅为防止利益冲突设置了一道“防火墙”，也为科学立法、廉洁立法注入了“催化剂”。

（二）突出“四个重点”。一是围绕党委和政府中心工作，重点加强对贯彻落实中央和省委关于经济社会发展重大决策部署等制度措施的评估，服务和保障科学发展、和谐发展。比如重点对《海南国际旅游岛建设发展条例》等56件涉及国际旅游岛建设的规范性文件进行了廉评，为国际旅游岛建设营造良好的制度环境。二是围绕腐败问题易发多发的重点领域，重点加强对工程建设、城市规划、政府采购、税收管理等方面制度的廉评，切实堵塞制度上的漏洞和缺陷，强化廉政风险防控。三是围绕贯彻以人为本、执政为民的要求，重点加强对涉及或影响人民群众切身利益的保障性住房建设和分配、食品和药品安全、教育和医疗收费、物价管理和调控等相关制度措施开展廉评，坚决纠正损害群众利益的不正之风。四是围绕社会关注、群众关切的热点问题，重点加强对领导干部出国（境）管理、公务接待、公车管理等制度措施的廉评，督促把党员领导干部廉洁自律各项要求融入到制度建设中。这“四个重点”，既把握了发展之重、凸显了民生之要，又体现了重点领域和关键环节的防腐要求、顺应了社会期待和群众关切，有利于促进政风行风建设，更好地保障人民群众的合法权益。

（三）抓住“五个节点”。从科学规范、严格制约、强化监督等环节入手，一是抓住权力设置的“关键点”，重点解决和纠正制度缺乏法律依据、权力配置不当导致部门利益保护、侵害公众利益等问题，使权力设置科学、有法可依。二是抓住利益之争的“冲突点”，重点解决和纠正一些部门之间职权不清、揽权争利和交叉执法、重复处罚等问题，使权力规范运行、正确行使。三是抓住权力运行的“风险点”，重点解决和纠正制度中自由裁量权过多过大等问题，使廉政风险得到有效防控。四是抓住权责之间的“衔接点”，重点解决和纠正一些制度中权责不一、义务缺失或有权无责等问题，使权利和义务相统一，做到有权必有责。五是抓住监督制约的“缺失点”，重点解决和纠正一些制度中廉政要求缺失、监督制约不力等问题，促使权力廉洁运行。抓住“五个节点”，实质上抓住了权力这一核心，把握了滋生腐败的关键部位，通过规范、约束和矫正，强化监督制约，减少和压缩“立法谋私”的机会和空间，有效构建防止权力“寻租”的“隔离网”。

二、认真清理、严格防范，着力铲除导致利益冲突的制度因素

我们坚持“两手抓、两手硬”，清理与防范并举，一方面积极抓好现行制度的清理规范，把问题解决在当下；另一方面重视抓好新出台制度的审核把关，做到防范于未然。

（一）全面清理、自查自纠，着力解决现行制度中可能导致利益冲突的漏洞缺陷。要求全省各市县、各部门集中时间、集中力量，按照反腐倡廉、防止利益冲突等要求，对照上位法，对已经制定实施的制度逐一清理、逐一评估、逐一审查、逐一把关，对违规扩权免责、可能导致利益冲突的制度，及时提出修改和废止的建议，并明确规定制度未经廉评不得重新“上岗运行”。全省共清理评估地方性法规、政府规章和其他规范性文件18956件，其中涉及到利益冲突的制度326件，决定废止13件、修订203件。不仅较好地解决了制度中存在的利益冲突问题，也有效强化了各级各部门的法制观念和廉政意识，为深入推进制度廉洁性评估工作奠定了扎实基础。

（二）前移关口、严格评估，切实防止新出台制度“带病上岗”。我们明确规定，制度草案在提交人大法规部门和政府法制部门审核审议前，必须先进行廉评；未通过廉评的，人大法规部门和政府法制部门不得进行备案审查、备案登记和公布实施。这一举措不仅保障了制度廉评工作的有序开展，也增强了制度廉评工作的权威性和强制性。至今，全省共对新制定的116件政府规章、规范性文件提出修改意见328条，其中涉及防止利益冲突的问题142条，各部门对意见的采纳率达到92.3%，较好地把夹带的“私货”和违规条款堵在“门外”。

（三）坚持原则、真抓实纠，切实把制度廉评要求落到实处。通过制度廉评防止利益冲突，实质上是要从制度源头剥除一些部门不合法的权力，严格限制一些部门不合理的既得利益，这种利益博弈必然会给制度廉评带来很大的压力和阻力，推进起来难度比较大。必须态度坚决，敢于坚持原则、深究不放、一抓到底，做到不打折扣、不搞变通、不随意放行。比如对《海南省消防条例》草案中存在的违规扩大主管范围、增设消防产品检测处罚权等问题，我们先后3次在审核会上据理力争，坚决要求删除有关条款。

三、着眼长远、强化措施，努力构建防止利益冲突的制度廉评长效机制

开展制度廉评，我们既立足当前、又着眼长远，在集中解决部门利益法制化问题的同时，努力探索构建从制度源头上防止和铲除利益冲突的长效机制。

（一）健全组织机构。建立党委统一领导、纪检监察机关牵头负责、人大法规部门和政府法制部门配合协作、各职能部门和社会积极参与的组织领导机制，协调各方齐抓共管。成立由人大法工委、省政府法制办、纪检监察机关负责人和有关专家组成的制度廉洁性评估指导小组，加强对制度廉评工作的督促指导，共同研究解决制度廉评工作中的疑难问题。

（二）完善廉评举措。一是加强预警防范。对掌管人、财、物权力比较集中部门起草的规范性文件，要求事先沟通协调，明确有关廉评要求，自觉把制度廉评纳入工作计划，把防止利益冲突要求落实到各项业务工作中，做到早提醒、早预警、早审核，切实把问题消除在萌芽状态。二是强化廉评指导。对制度廉评中遇到的争议较大、通过协商仍不能达成一致的问题，及时提请制度廉评指导小组集中进行商讨。同时，注意引导和发挥社会各方面的力量，群策群议，“开门廉评”，提高廉评质量。三是积极融入推进。把制度廉评与开展廉政风险排查防控有机结合起来，既注意通过制度廉评找问题、查风险，又注重通过健全和完善制度强化对廉政风险的防控。比如海南省工商管理局在开展廉政风险防控工作中，通过廉评查找制度建设中的薄弱环节，制定完善了《行政处罚量罚标准》等制度措施，逐步构建了以职能为中心、以岗位为重点、以程序为主线、以制度为支撑的廉政风险防控机制。

（三）强化责任追究。把开展制度廉评作为惩防体系建设的重要任务，纳入党风廉政建设责任制考核之中。要求每半年对各级各部门开展制度廉评情况进行一次全面检查，加大监督审核和责任追究力度，对不重视、不认真开展廉评的，或无正当理由拒不采纳廉评意见的，采取约谈、通报批评、责令整改等措施；整改不到位的不予备案登记、备案审查或暂停审核审议；情节严重或造成不良影响的，依照有关规定追究相关领导和工作人员的责任。

防止利益冲突的伦理建构

——兼论中国特色防止利益冲突的伦理工程建设

郑州大学副教授　胡杨

在理论上看，利益冲突的解释范式决定着防止利益冲突的策略选择。概括起来，利益冲突主要分为行为论、情境论和综合论三种不同的解释范式，防止利益冲突策略也大致分为伦理建构、制度预防和严刑惩治等不同进路。行为论强调利益冲突的现实性，防止利益冲突的策略主要侧重于事后惩戒，情境论强调利益冲突的内在可能性，防止利益冲突的策略主要侧重于公共伦理基础建设，综合论吸取了行为论和情境论两个方面的优势，提出了防止利益冲突的“一揽子”计划，既注重从伦理建设入手，建立防止利益冲突的文化约束机制，又注重制度体系完善，建立利益冲突防范的制度屏障，还注重不断加大利益冲突的惩治力度，遏制利益冲突性腐败的滋生蔓延。

然而，在实践上看，防止利益冲突策略选择受政治、经济、社会和文化许多现实性因素制约，防止利益冲突的策略选择也呈现较大的差异。其中，公共伦理建设是基础性工程，在社会文化转型过程中，公共伦理的建构具有基础性的作用，制度预防是防止利益冲突的重要保障，在制度体系不健全的条件下，制度体系建设的战略意义就显得尤为重要，在利益冲突腐败行为易发多发高发的形势下，严刑惩治就上升为防止利益冲突的主要战略。

就我国而言，虽然正式提出把防止利益冲突作为我国反腐败基本策略的时间并不长，但围绕防止各种利益冲突的实践探索却已经有了近30年的历史。在这一过程中，中国特色的防止利益冲突公共伦理建设不断拓展，防止利益冲突的制度体系逐渐完善，利益冲突的惩治力度也在不断加大，为中国特色防止利益冲突的伦理工程建设奠定了良好的基础。

然而，从当前形势来看，无论是制度预防还是严刑惩治，都难以遏制利益冲突性腐败的进一步滋生蔓延趋势。究其原因，主要在于在社会转型的大背景下，中国特色的防止利益冲突公共伦理基础依然薄弱，无法为防止利益冲突制度体系及其有效运行提供伦理支持。因此，在继续加大我国防止利益冲突制度体系建设、保持防止利益冲突的高压势头同时，必须更加注重防止利益冲突的公共伦理基础建设，为中国特色防止利益冲突策略提供社会文化支持。

第一，推动我国防止利益冲突的公共伦理工程建设，构建具有中国特色的防止利益冲突的核心伦理价值体系

公共伦理工程建设是防止利益冲突的基础性工程，而防止利益冲突的核心伦理价值是公共伦理工程建设的关键。在加强防止利益冲突制度建设的同时，必须启动我国防止利益冲突的伦理工程建设计划，构建具有中国特色的防止利益冲突核心伦理价值。

首先，要进一步凝练中国特色防止利益冲突核心伦理价值体系，在广泛借鉴国外防止利益冲突核心价值的基础上，结合中国实际，吸取中国传统公共伦理的内核和精髓，逐渐形成具有中国特色、适合我国实际的防止利益冲突核心伦理价值体系。

其次，要把防止利益冲突的公共伦理纳入到社会主义核心价值体系建设中来，围绕社会主义核心价值体系建设，构建具有中国特色的防止利益冲突公共伦理价值体系。另一方面，充分发挥防止利益冲突公共伦理价值的基础性作用，为社会主义核心价值体系建设提供支撑。

最后，要进一步推进公共组织文化伦理建设，强化公务人员的公共伦理精神。加大防止利益冲突伦理价值的宣传和教育，不断建立健全防止利益冲突的社会监督机制，营造“以廉为荣、以贪为耻”的社会风尚，为防止利益冲突营造良好的社会环境。

第二，加大公共伦理价值的教育培训，塑造公务人员防止利益冲突的伦理意识

在防止利益冲突中，观念性要素是有效发挥制度约束作用的内控基础。因此，加大公务员伦理价值体系的教育培训，是中国特色防止利益冲突伦理工程建设的重要内容。

首先，要树立理性的防止利益冲突观念。首先要承认利益冲突的现实和可能的双重属性，树立理性的、辩证的利益冲突观。与此同时，必须强化利益冲突可控性观念，塑造公共利益为先的伦理意识，正确处理好公共利益和私人利益的关系，破解利益冲突的伦理困境。

其次，要改变防止利益冲突的教育方式。在继续加强防止利益冲突警示教育的同时，要不断创新防止利益冲突的教育方式，采取案例研讨、互动教育、情景模拟等多种方式，充分发挥公务员自我伦理塑造的积极性和主动性，在自我培养、自我反思中涵养人性，修炼品格，提升防止利益冲突的伦理意识。

最后，要创新防止利益冲突的伦理教育的内容。要加强防止利益冲突的伦理价值观的教育，坚定立党为公、执政为民的公共伦理精神，加强防止利益冲突的法律法规教育，掌握防止利益冲突的制度规定，通过制定《防止利益冲突技术手册》，加强防止利益冲突的技能和方法的教育培训，帮助公职人员在利益冲突中进行伦理妥协，提高防止利益冲突的技术水平。

第三，推进廉政风险预警与防范机制建设，培育和提升防止利益冲突的能力

廉政风险预警与防止利益冲突是“一体两面”的辩证关系。廉政风险预警与评估是防止利益冲突的重要载体，防止利益冲突是廉政风险预警的核心和主线。因此，要把廉政风险预警与防范和防止利益冲突的公共伦理精神建设有机地结合起来，全面推进防止利益冲突的公共伦理工程建设。

首先，要把防止利益冲突的伦理意识培养贯穿于廉政风险预警与评估全过程之中。以防止利益冲突为主线，重点查找容易产生利益冲突的关键风险点，分析利益冲突风险产生的体制机制制度等方面原因，在廉政风险预警与防范过程中塑造公职人员防止利益冲突的伦理意识。

其次，要把防止利益冲突的制度建设贯穿于廉政风险预警与评估全过程之中。以防止利益冲突的制度建设为重点，通过查找产生利益冲突的制度因素，建立完善防止利益冲突的关键性制度，提高防止利益冲突制度执行性和有效性，为防止利益冲突的公共伦理建设提供制度保障。

最后，要把防止利益冲突的技术方法贯穿于廉政风险预警与评估全过程之中。通过廉政风险预警和评估，查找产生利益冲突外部环境、道德思想、组织制度和权力运行等方面的因素，找到有效防止利益冲突的针对性对策，提升防止利益冲突的技术方法。

第四，围绕防止利益冲突的核心伦理价值，不断建立和完善防止利益冲突的制度体系

制度体系建设是中国特色防止利益冲突伦理工程建设的重要内容，也是防止利益冲突公共伦理工程的重要支撑。因此，要突出重点，围绕防止利益冲突的核心伦理价值，逐步建立健全防止利益冲突的制度体系，提高防止利益冲突制度的执行性。

一是要研究和出台《防止利益冲突总体法》，用伦理立法的形式对利益冲突加以科学界定，明确防止利益冲突的伦理指导原则，对公共利益与私人利益的关系界限及其处理原则进行规定，为中国防止利益冲突的伦理工程建设提供基本的法律依据。

二是要逐步推进《财产申报法》。要从防止利益冲突的角度，逐步扩大领导干部财产申报的内容和对象，规范财产申报的程序和方法，建立健全财产申报的惩罚机制，防止利益冲突的发生。

三是整合利益冲突回避制度。在广泛借鉴国外防止利益冲突回避制度的基础上，进一步整合当前我国各种防止利益冲突的回避制度，特别是明确利益冲突回避制度的责任追究机制，加大对违反利益冲突回避制度的惩罚力度，提高利益冲突制度的执行力。

四是要建立健全“三公”领域的防治利益冲突制度建设。公共资源配置、公共资产交易、公共产品生产领域是利益冲突多发易发高发区域。要抓住重点，逐步建立健全防止“三公”领域的利益回避制度、利益公开制度和从业限制制度，推进“三公”领域体制机制改革，如财政管理体制改革、政府投资体制改革以及政府采购体制改革等，建立和完善“三公”领域市场运行机制，遏制“三公”领域利益冲突腐败的滋生蔓延。

“反腐败：防止利益冲突的理论与实践”专题研讨会暨第四届西湖·廉政论坛成果综述

（2011年10月）

2011年10月24日至25日，由浙江省纪委、监察厅主办，国家预防腐败局办公室、中央纪委研究室、监察部廉政理论研究中心协办，杭州市纪委监察局承办的“反腐败：防止利益冲突的理论与实践”专题研讨会暨第四届西湖·廉政论坛在杭州召开。中央纪委副书记、监察部部长、国家预防腐败局局长马驭出席开幕式并讲话，浙江省委书记、省人大常委会主任赵洪祝出席会议并致辞。省委常委、省纪委书记任泽民主持会议。省委常委、杭州市委书记黄坤明出席会议。中央纪委监察部、国家预防腐败局有关方面领导，已成立省级预防腐败局的13个省市和中央纪委监察部预防腐败室确定的防止利益冲突的试点单位以及长期关注支持反腐倡廉建设、对防止利益冲突理论研究深有造诣的20多名专家学者，一共110余名代表参加了研讨会。会议共征集到200多篇论文，其中67篇参加了会议研讨交流。

本次研讨会以“反腐败：防止利益冲突的理论与实践”为主题。第一天上午，8位同志进行大会发言；下午，与会代表围绕“防止利益冲突与反腐倡廉理论创新、防止利益冲突的实践与探索、国（境）外防止利益冲突的经验与启示、重点领域重点岗位的防止利益冲突、防止利益冲突的制度建设、防止利益冲突与相关学科研究”等6个分专题进行研讨，第二天上午，6个专题的嘉宾主持在大会上综述专题研讨成果。时间虽短，但内容丰富，研讨热烈，并在防止利益冲突一些重大问题上达成共识，形成了一批富有前瞻性、针对性、建设性的新思想、新观点、新举措。主要成果有：

一、进一步深化了对防止利益冲突若干理论问题的认识

与会代表紧紧围绕“防止利益冲突与反腐倡廉理论创新”专题，相互交流思想，共享研究成果。针对如何认识防止利益冲突与廉政风险防控的关系及构建其整合机制的问题，北京大学教授李成言、北京大学副研究员庄德水、郑州大学副教授胡杨、湖南大学教授龙太江、浙江财经学院教授茅铭晨等认为防止利益冲突与廉政风险防控具有内在的契合性，两者之间有着密切的联系。防止利益冲突是廉政风险防控的核心，推进廉政风险防控机制建设必须建立健全防止利益冲突制度。借助廉政风险防控来防止利益冲突具有可靠性和有效性，也具有综合性、操作性、针对性和科学化优势。一要根据反腐倡廉“顶层设计”要求，把防止利益冲突作为最基本的反腐倡廉建设原则，以是否能防止利益冲突作为衡量廉政风险防控成效的重要标准。二要建立并实施有效的组织文化管理制度和程序，引导公职人员确立心有所守、行有所拒的行为规范。三要把廉政教育和伦理培训作为公职人员实现职业发展的重要内容，牢固树立全心全意为公共利益服务的价值理念。四要注重防止利益冲突实施机

制建构，建立健全职权冻结机制、问责惩处机制、诚信管理机制以及廉政预警机制。针对如何认识和解决部门型利益冲突的问题，中国科技大学教授张增田、东北师范大学教授柏维春、宁夏自治区委党校李喆、深圳市纪委副书记孙大卫等代表认为，防止利益冲突应关注部门权力化、权力利益化和利益合法化问题，着力解决部门利益对公共利益的侵害问题。政府部门利益冲突突出表现为公共资源滥用，部门权力的对外扩张，不作为、推诿扯皮与责任规避，地方本位与保护主义等等。一要贯彻科学执政和依法行政理念，用法律明确中央政府与地方政府的权限划分，厘清政府部门的职能界限，科学处理政府部门与企业、社会组织、公民个人的关系，压缩政府自利性空间。二要完善利益表达机制，让更多利益相关者、社会组织、大众媒体等社会主体参与到社会政策制定的过程中来。三要加强集中立法与制度审查，防范部门利益法制化，从制度上和程序上保障立法草拟工作的相对独立和公正。四要防范公共资源被滥用，重点治理小金库、福利腐败、“三公”消费过大等问题，集中解决部门利益冲突。五要建议把利益冲突管理职能明确授予国家预防腐败局，将其作为利益冲突管理主管机关。

二、总结交流了一批防止利益冲突的实践经验

与会代表一致认为，全国各地各部门按照中央的部署和要求，以改革创新的精神积极推进防止利益冲突工作，已经取得初步成果，今后要进一步总结经验、探索创新。浙江省出台《党员领导干部防止利益冲突的暂行办法》，通过实行行为限制和利益回避，着力解决利益冲突易发突发的问题；通过探索党员领导干部个人利益的信息公开，推进公共利益的信息平台建设，着力解决利益冲突“信息不对称”的问题；通过全力排查利益冲突点，动态评析冲突信息和及时发出预警，着力解决利益冲突“预警滞后”的问题；通过完善监督网络和问责机制，着力解决利益冲突的“追责不力”的问题。杭州市围绕打造“廉洁杭州”的目标，坚持以现有的法规制度为依据，着力提高制度执行力，加强对各种利益冲突问题的监管和防范；坚持以加强廉政风险防控为核心，全面推进对诱发利益冲突的廉政风险的排查、预警和防控；坚持以重点部位和关键环节为突破口，制定出台“三公”领域防止利益冲突的具体制度规范；坚持以深化市场化改革为动力，不断完善市场运行机制，努力从源头上防止利益冲突；坚持以民主促清廉为保障，不断推进群众的民主参与和监督，努力防止公权与私利的不正当联系。海南省以制度廉洁性评估为抓手，以党委政府中心工作、群众反映强烈突出问题、腐败问题易发多发领域为重点，抓住权力设置的关键点、利益之争的冲突点、权力运行的风险点、权力责任的衔接点、制约监督的缺失点，着力从制度源头防止利益冲突。福建省围绕市场主体平等、市场竞争有序、市场配置资源、政府职能转变和司法维护公正五个方面，建立健全“三公”领域防止利益冲突的制度机制。甘肃省围绕领导干部从业限制和离职后行为限制两个方面，积极探索防止利益冲突工作，准备制定出台《甘肃省领导干部从业限制和离职后行为限制的暂行办法》。广东省率先出台关于领导干部子女移居国（境）外的监督管理意见，同时积极开展资产处置防止利益冲突工作，针对一些领导干部可能引发利益冲突的资金、资产、股权等，积极探索各类资产委托处理等具体办法。鄂尔多斯市从改革公共资源交易管理体制入手，建立健全全市统一的公共资源交易平台，加强事前、事中和事后监督，积极创新公共资源交易模式，全面推进政府公共资源的市场化配置。咸宁市着眼于在转变经济发展方式的过程中防止利益冲突，认真研究经济发展中容易出现问题的重点领域，并通过加强制度建设来防范经济发展中的利益冲突问题。温州市制定《国家工作人员利益冲突回避暂行办法》，明确规定了一系列需要回避的情形，科学设计回避程序，完善利益冲突回避审查纠错等制度。

三、研究借鉴了国（境）外防止利益冲突的先进经验和启示

与会代表认为，防止利益冲突是西方发达国家廉政立法的核心，世界许多国家和地区通过立法来防止利益冲突。研究借鉴国（境）外防止利益冲突的成功经验和做法，对我国更加科学有效地预防腐败具有非常重要的意义。中央纪委监察部外事局局长孔祥仁认为，国外防止利益冲突制度，主要有三方面特点：一是源于实践，具有较强的针对性；二是配套完善，具有较强的系统性；三是科学缜密，具有较强的操作性。推进惩防体系建设必须把防止利益冲突放在突出位置，要紧紧抓住制度建设这个根本，不断完善利益回避、财产申报、离职后行为限制等防止利益冲突制度，尽快形成具有中国特色的预防腐败体制机制。最高人民检察院检察日报总编辑李雪慧认为，防止利益冲突是国际流行的反腐败理论和预防腐败方法，利用防止利益冲突理论来完善惩防体系是一个重大而又现实的课题。在反腐败的顶层设计中，应该将防止利益冲突的理念贯穿整个惩防体系。在操作层面上，可以将防止利益冲突的手段运用到完善惩防体系的六项工作格局中。最高人民检察院助理检察员张杰、湖南大学教授聂资鲁认为，要借鉴国（境）外集中、简明地规定防止公职人员利益冲突制度的做法，通过统一的国家立法，系统全面地建构防止公职人员利益冲突制度。山西大学教授杜创国指出，日本制定了国家公务员法和地方公务员法，同时还有国家公务员的惩戒规则，对公务员的行为准则、权利和法律责任、从业兼职等都做了明确细致的限制性规定，能够起到有效规范公务人员行为的作用，值得学习借鉴。河北省预防腐败局副局长石文生认为，学习国（境）外防止利益冲突的经验，应进一步完善社会诚信体系，把防止利益冲突作为领导干部和公务人员的自觉行动。

四、进一步明确了重点领域、重点岗位防止利益冲突的思路对策

与会代表一致认为，当前腐败行为在一些权力集中、资金密集的领域、部门和岗位仍然易发多发。针对这些重点领域和岗位，要积极研究探索防止利益冲突的有效对策和措施，更加科学有效地预防腐败。重庆市高级人民法院黑星焕认为，人民法院在司法权行使中主要存在司法拍卖“利益关联”、司法评估“程序漏洞”以及法官与律师间的利益冲突。要从利益隔离入手建制度，通过改革司法拍卖制度，防止交易型利益冲突；建立任职限制制度，防止影响型利益冲突；通过完善离任从业规定，防止复合型利益冲突。西安交通大学教授李景平提出，要进一步完善医疗卫生领域资源配置机制、市场交易机制、招标采购制度，加强药品定价机制改革，实行医药分业管理，实现对医药卫生行业利益冲突的有效治理。广州大学教授卢汉桥认为，要紧紧抓住预防这个关键，完善并落实房地产领域利益冲突行为的监督机制、评价机制、奖惩机制，阻断房地产领域官员以权谋私的通道，并加大处理力度，促使房地产领域公职人员“不想、不敢、不能”腐败。台州市委常委、纪委书记陈章永指出，要以制定专门的防止利益冲突指导手册为重点，构建“一把手”防止利益冲突教育体系；以完善利益公开、利益回避、行为约束等制度为重点，构建“一把手”防止利益冲突配套制度；以建立“一把手”防止利益冲突预警机制、责任追究制度和加大惩处力度为重点，构建“一把手”防止利益冲突惩处机制。衢州市委常委、纪委书记杜康提出，针对“三公”领域利益冲突，衢州在全市范围内推进公共资源市场化配置改革，创建了“一办三中心”管理模式，建立了“统一进场、管办分离、规则主导、全程监管”的运作机制，保证公共资源、工作人员“双安全”。上海证券交易所纪委赵峰认为，要将资本市场的诚信观念、社会责任观念、利益共同体观念纳入廉政教育中，构建覆盖全行业的监管系统，发挥各类市场主体的监督作用防止利益冲突。

五、进一步理清了加强防止利益冲突制度建设的思路

与会代表一致认为，制度建设是防止利益冲突根本性的基础工作，建立健全科学完备管用有效的防止利益冲突制度体系至关重要。清华大学廉政与治理研究中心主任任建明提出，一项完整的利益冲突制度可以分解为规定、申报、公开、监督、问责五个基本要素。改革开放30多年来，我国制定了多项防止利益冲突制度。但最突出的问题是制度有效性不高、执行力不强，制度效果与制度数量反差巨大。纪检监察机关应继续发挥专门监督机关的作用，加大对制度执行的监督力度。中央纪委监察部预防腐败室、国家预防腐败局办公室副主任于柯超认为，当前最重要的是在确定利益冲突的内涵与外延的基础上，结合我国的国情，来认真研究如何建立健全防止利益冲突的制度。湖南省纪委常委、监察厅副厅长、预防腐败局副局长周农提出，必须注重加强一些保障性制度建设，比如，建立健全现金管理保障制度、信用卡消费制度、公民终身信用号制度、现代会计制度、手机卡实名制、网络实名制、财产申报制度等，实现法制、监督、诚信“三位一体”、互相配套。北京航空航天大学教授杜治洲、天津师范大学教授吴春华指出，制度建设要统筹兼顾，循序渐进，不能单兵作战，也不能散落在各种文件、制度、规则当中，要与其他的配套制度建设共同推进，形成系统化的制度体系。

六、进一步拓宽了防止利益冲突相关学科的研究领域

与会代表一致认为，为了有效地预防和惩治腐败，需要有多学科的方法，从管理学、公共政策学、伦理学、政治学、社会学、审计学等各个学科、不同视野来研究，会有更加丰富多样的收获和成果。中国人民大学教授毛昭晖指出，利益冲突是一个多层次概念，从不同的学科角度和工作职责，可以看出不同的利益冲突层次。特别要警惕利益冲突借助组织化的形式，通过集体决策，使腐败的个人消失在合乎程序的组织行为之中。国家行政学院教授王伟认为，要建立防止利益冲突的行政伦理，利益与道德不是必然冲突的，行政伦理要将利益追求和道德要求包容在一起，不要人为地将两者对立起来。防止利益冲突的伦理要求需要法制化，使之具有可操作性。道德自律需要法制他律作为支撑，双律结合，才能取得更好效果。浙江大学教授陈国权认为，防止利益冲突的基本方法是权力的阳光运行，要创造条件，扩大公众参与公共决策，特别是在确定公共政策需要优先解决的问题及其具体解决方案上，赋予公众以选择权，防止组织行为和制度程序掩盖下的利益冲突。上海大学教授顾骏认为，防止利益冲突需要制度，但不能迷信制度，在制度性约束之外，发挥社会生活其他机制的作用，可能收到事半功倍的成效。防止利益冲突需要突出利益概念，但要“跳出利益看利益”，引导公务员和干部树立正确的、多样的价值观，而不是将所有关注集中于单一的物质利益上，有助于缓冲或者减少利益冲突。湖南大学袁柏顺教授提出，利益冲突不但体现在公共机构中，还体现在企业和公益性组织中，不仅公共利益受损害，各类组织本身也会受损害。法制化是防止利益冲突的重要手段。但如果将过于基础性的要求列入防止利益冲突的规范，会导致公众对政府廉洁程度的怀疑，不利于公众对公权力机构的信心。丽水市市委常委、纪委书记朱晨认为，要特别关注利用程序合法来掩盖利益冲突的“亚腐败”现象，从行政伦理的角度来规制一些“亚腐败”行为，防止借制度设计和运作中的模糊性逃避查处。

附录七：规范商业预付卡管理有关材料

国家预防腐败局办公室负责同志就《国务院办公厅转发人民银行监察部等部门关于规范商业预付卡管理意见的通知》有关问题答记者问

近日，国务院办公厅转发了人民银行、监察部、财政部、商务部、税务总局、工商总局、预防腐败局《关于规范商业预付卡管理的意见》（以下简称《意见》）。为帮助公众更好地理解《意见》的重要意义和有关内容，日前国家预防腐败局办公室负责同志接受了本报记者的专访。

问：出台《意见》的必要性是什么？

答：近年来，随着非现金支付工具的迅速发展，以预付为特征的商业预付卡（也即通常所说的“购物卡”）发行规模不断扩大，在经济社会生活中得到广泛应用，在减少现金使用、便利公众、刺激消费方面发挥了积极作用。但由于制度不完善、管理不到位等原因，商业预付卡市场也存在一些突出问题，如对发卡机构缺乏有效监督管理，发卡机构根据购卡人需要随意开具发票，单位购卡支出摊入成本费用，公款消费和收受预付卡现象在一些地区和部门普遍存在并有愈演愈烈之势。这些问题产生潜在金融风险，扰乱税收和财务管理秩序，助长不正之风，严重影响党风廉政建设。社会对此反映强烈，亟需研究出台相应规定加以解决。

问：请您介绍一下《意见》对规范商业预付卡管理有哪些新的规定？

答：《意见》针对商业预付卡市场存在的主要问题，从防范金融风险、促进反腐倡廉、加强税收管理、维护持卡人权利等方面，全方位地提出了规范商业预付卡管理的措施。其中，新规定主要有以下内容。

一是防范金融风险方面。针对当前预付卡市场中发卡人掌握巨额客户预付资金，对其资金使用情况缺乏有效监管，隐含潜在金融风险的现象，《意见》在以往规定的基础上，进一步明确了主管部门职责，要求人民银行、商务部分别对多用途预付卡发卡人、单用途预付卡发卡人加强管理。同时规定，发卡人必须在商业银行开立专门账户存放备付金，并接受银行对备付金使用情况的监督。

二是促进反腐倡廉方面。针对当前公款购卡、收卡受贿等违纪违法行为易发多发的不正常现象，《意见》在商业预付卡的发行和购买环节新创了一系列制度，包括购卡实名登记制度、非现金购卡制度、预付卡限额发行制度等。《意见》还要求加大惩治收卡受贿等违纪违法行为力度，明确规定收受预付卡不上交的，以收受同等数额的现金论处。

三是加强税收管理方面。针对当前发卡人根据购卡人要求随意开具发票、通过税前列支购卡成本偷逃税款等破坏税收管理秩序行为，《意见》明确规定发卡人必须严格按照《中华人民共和国发票管理规定》开具发票，要求坚决查处在售卡环节开具虚假内容发票、购卡成本在税前列支等行为。

四是维护持卡人合法权益方面。针对持卡人意见较多的卡片到期后不退余额、预付卡有关合同存在“霸王条款”等现象，《意见》分别明确规定了记名、不记名预付卡的有效期和超期卡内尚有余额情况的处理办法，最大限度地防止发卡人无偿占有卡内残值，并要求工商部门多措并举，切实维护持卡人权益。

问： 我们注意到，《意见》新出台了购卡实名登记、非现金购卡、限额发行等一系列制度。请谈谈这些制度的设计初衷。

答： 通过调研，我们发现，商业预付卡市场的违法违规问题大多发生在发行和购买环节。如发行大额不记名预付卡，为利用预付卡行贿受贿提供了便利；允许使用现金不记名不限额购卡，为利用商业预付卡洗钱、套现提供了便利；根据购卡人需要随意开具发票，为利用购卡公款消费、偷逃税款提供了便利。社会对这些问题反映强烈，要求我们必须进一步完善制度，堵住相关漏洞，回应社会关切。因此，《意见》设计了购买记名预付卡和一定数额以上的不记名预付卡者实名登记制度、购买一定数额以上的单位和个人必须通过银行转账方式购买并逐笔登记有关账户信息制度、预付卡限额发行制度，并规定了严格发票和财务管理的具体措施。通过这些制度设计，可以大大增加公款购卡、收卡受贿等行为的难度和成本，达到源头治理的目的。

问： 应当如何认识利用购物卡送礼乃至行贿受贿屡禁不止的现象？《意见》对此提出了哪些解决措施？

答： 当前，在一些地区和部门，确实存在利用购物卡送礼行贿的不正常现象，有的还比较严重。必须指出，党中央、国务院对治理利用购物卡送礼行贿问题历来高度重视、态度鲜明，从上世纪九十年代初开始，就明确禁止违规收送礼金礼券购物卡，下发了一系列规范文件，也陆续开展了一些治理工作。但这一现象多年来屡禁不止，原因是多方面的：除了购物卡本身特点使其容易被用来送礼行贿等外部原因之外，一是思想认识存在误区，有的党员干部存在将在公务活动中收送购物卡简单地看作人情往来的错误观念，甚至不认为这是违反廉洁自律规定的行为；有的党员干部存在法不责众的从众心理，认为在工作往来中收送购物卡是普遍现象，不以为意。二是有关制度设计存在不足，只停留在对收送购物卡等行为简单禁止层面，只“治标”不“治本”，导致利用购物卡送礼行贿一再死灰复燃。三是工作中对有关纪律规定执行不力。对收受购物卡者的处理往往失之于宽、失之于软，缺少应有的威慑力，也是重要原因之一。

收卡受贿问题严重败坏党风政风，损害党和政府威信，迫切需要有效治理。对此，《意见》一方面从预付卡发行购买环节入手，采取建立购卡实名制、非现金购卡制度、限额发行制度等措施，增加利用购物卡行受贿的成本和难度，通过上述一系列相关制度设计从源头上有效预防腐败；另一方面，要求狠抓有关纪律规定的落实，加大查处收卡受贿工作力度，切实发挥查办案件的警示作用、治本作用。《意见》根据《中国共产党党员领导干部廉洁从政若干准则》（中发〔2010〕3 号）、《中共中央办公厅、国务院办公厅关于严禁党政机关及其工作人员在公务活动中接受和赠送礼金、有价证券的通知》（中办发〔1993〕5 号），以及最近出台的《〈中国共产党党员领导干部廉洁从政若干准则〉实施办法》（中纪发〔2011〕19 号）有关规定精神，再次强调严禁国家工作人员特别是党员领导干部在公务活动中收受任何形式的商业预付卡。收受商业预付卡又不按规定及时上交的，以收受同等数额的现金论处。同时，根据最高人民法院、最高人民检察院《关于办理商业贿赂刑事案件适用法律若干问题的意见》（法发〔2008〕33号）文件精神，规定收受购物卡涉嫌受贿的，有关部门要依法严肃查处。

问：下一步，国家预防腐败局在具体落实《意见》方面有哪些工作打算？

答：这次国务院办公厅转发人民银行、监察部等七部门《意见》，体现了党中央、国务院对规范商业预付卡管理工作的重视程度。国家预防腐败局将根据《意见》精神，结合职责全力配合有关部门开展工作。

一是充分发挥预防腐败组织协调作用，促进加强管理工作深入开展。违规收送预付卡是多年顽症，情况复杂，需要有关部门在各负其责的同时，齐抓共管、形成合力。国家预防腐败局将充分发挥自身组织协调预防腐败工作的职责，协助有关工作牵头部门研究解决治理工作中需要各部门相互配合的疑难问题，促进工作深入开展。

二是注意把制度廉洁性评估工作和规范商业预付卡管理工作结合起来，完善相关法规制度。建议商业预付卡相关主管监管部门根据制度廉洁性评估工作要求，对现有的规范商业预付卡发行流通的法规制度进行全面评估，论证查找存在的廉政风险点，并根据查找结果对现有法规制度按照法定程序进行修改或废止。同时，国家预防腐败局在制度廉洁性评估工作中，将以新制定的商业预付卡相关管理制度为评估重点之一，切实落实将预防腐败贯穿于制度建设之中的精神，力争新出台制度廉洁性风险最小化。

三是结合政务公开工作，从源头上制止利用公款购买预付卡。目前，公款购卡盛行，除发卡人可根据要求开具发票方便报销的原因外，深层次原因是财政资金使用信息不公开、不透明，给公款购卡留下了空间。纪检监察机关要把制止公款购卡和政务公开工作结合起来，大力推动各地区各部门公开财政预决算信息，尤其是详细公开有关行政经费使用信息，从源头上管好用好财政资金。国家预防腐败局作为政务公开工作牵头单位，将切实抓好有关工作。

四是将拒绝收送预付卡纳入社会领域廉洁文化建设内容，推动廉洁政府和廉洁社会建设。违规收送预付卡之所以屡禁不止的重要原因之一，是社会上存在将公务活动中收送预付卡简单地看作人情往来的错误观念。要从根本上制止违规收送预付卡，一方面要对党政机关工作人员加强有关党纪国法的宣传教育，明确公务活动中收受预付卡违反廉洁自律规定，并可能构成行贿受贿犯罪。另一方面，要结合社会领域防治腐败工作，在全社会，包括企业、学校、社区等开展拒绝收送预付卡的宣传教育。国家预防腐败局将根据今年工作要点，将有关内容纳入到推进社会领域廉洁文化建设工作中去，铲除不正之风赖以滋生的土壤。

五是配合人民银行做好《意见》落实情况的监督检查工作。通知下发后，各地区各部门要切实落实《意见》内容，对不符合《意见》要求的行为进行自查自纠。国家预防腐败局将积极配合人民银行、商务部牵头开展的对《意见》落实情况的专项检查，重点从完善制度方面，对各地区各部门自查自纠的情况进行检查指导。

马驭在贯彻落实规范商业预付卡管理工作座谈会上指出：加强领导　狠抓落实　确保规范商业预付卡管理工作取得实效

2011 年 7 月 7 日，中央纪委副书记、监察部部长兼国家预防腐败局局长马驭在贯彻落实规范商业预付卡管理工作座谈会上指出，要切实加强领导、精心组织、狠抓落实，确保规范商业预付卡管理工作取得实效。

马驭指出，要认真贯彻落实国务院第四次廉政工作会议精神，充分认识规范商业预付卡管理的重要意义。要充分认识到，规范商业预付卡管理是贯彻落实中央要求的实际行动。有关部门要尽快研究提出治理措施，进一步完善管理制度，从源头上有效防止利用商业预付卡行贿受贿。要充分认识到，规范商业预付卡管理是健全金融市场机制的重要内容。必须要加强金融监管，规范商业预付卡的发行、销售，完善金融账户实名制，有效防止和严厉惩处利用商业预付卡进行洗钱、套现、偷逃税款等问题。要充分认识到，规范商业预付卡管理是促进领导干部廉洁自律的重要举措。治理收卡受贿等违纪违法行为，是加强反腐倡廉工作的迫切要求和重要环节。要按照《中国共产党党员领导干部廉洁从政若干准则》等规定，严禁国家工作人员特别是领导干部在公务活动中收受任何形式的商业预付卡。凡收受商业预付卡又不按规定及时上交的，以收受同等数额的现金论处。对涉嫌受贿的，依法严肃查处。

马驭强调，下一步，要切实加强领导、精心组织、齐抓共管、狠抓落实，确保规范商业预付卡管理工作取得实效。各部门要在前一段工作的基础上，把《关于规范商业预付卡管理的意见》文件精神与本部门的职能紧密结合起来，制定本部门规范商业预付卡管理的工作方案和具体措施，内容要实在、重点要突出、措施要明确、要求要严格，以便于落实和监督检查。对不履行购卡实名登记、非现金购卡、预付卡限额发行、发票管理等制度规定的发卡机构要有处罚办法。要加大执纪执法力度，坚决查处发卡机构和商业企业违规发行商业预付卡的行为，坚决查处党员领导干部以各种名义收送商业预付卡的行为，提高制度的约束力和监管的威慑力，防止规范管理工作走过场，以实实在在的成果取信于民。

马驭要求，要健全机制，形成合力。人民银行要加强对多用途预付卡发卡机构的监管，完善业务规章，维护支付体系安全稳定运行；商务部门要加强对单用途预付卡市场的监管，防范违规行为和资金风险；财政部门要加强财务管理，严查挪用预算资金、利用购卡进行公款消费等行为；税务部门要加强发票管理和税收稽查，坚决依法查处发卡人在售卡环节出具虚假发票、购卡单位在税前扣除与生产经营无关支出等行为；工商部门要进一步加强监督检查，严厉打击侵犯消费者权益的不法行为，营造良好的消费环境；监察部、国家预防腐败局要发挥组织协调的工作职责，协助有关部门研究解决治理工作中需要各部门相互配合的难点问题，促进工作深入开展。

中国人民银行副行长刘士余、财政部副部长李勇、商务部部长助理房爱卿、中央纪委驻税务总局纪检组组长冯惠敏、国家预防腐败局副局长崔海容等参加了会议。

附录八：预防腐败国际合作与援助有关材料

接待国外防治腐败机构代表团有关材料

何勇会见尼日利亚独立防治腐败及其他相关犯罪委员会代表团

（2010 年 4 月 20 日）

中共中央书记处书记、中央纪委副书记何勇 4 月 20 日下午在人民大会堂会见了由尼日利亚独立防治腐败及其他相关犯罪委员会主席阿尤拉率领的代表团。

何勇首先对尼日利亚独立防治腐败及其他相关犯罪委员会代表团访华表示欢迎。他说，中国重视中尼关系，两国在各领域合作卓有成效。中尼同属发展中大国，面临相似的机遇和挑战，有着广泛的共同利益。中方愿与尼方一道，巩固传统友谊，深化各领域务实合作，促进各方面人员交往，将中尼战略伙伴关系推向更高水平。

何勇向客人介绍了中国当前的政治经济形势。他说，去年是新世纪以来中国经济发展最为困难的一年。面对国际金融危机，中国政府科学决策、从容应对，全面实施并不断完善应对国际金融危机冲击的一揽子计划和政策措施，有效遏止了经济增长明显下滑态势，在世界率先实现经济总体回升向好。今年，我们把经济增长的目标确定为 8% 左右，围绕这一目标，将继续实施积极的财政政策和适度宽松的货币政策，加快转变经济发展方式，调整优化经济结构，不断提高经济增长的质量和效益，努力实现经济平稳较快发展。

关于反腐败工作，何勇说，中国共产党和中国政府十分重视党风廉政建设和反腐败斗争，坚持一手抓改革开放和经济建设，一手抓惩治和预防腐败工作，采取了一系列重大政策措施。坚持“标本兼治、综合治理、惩防并举、注重预防”的反腐倡廉战略方针，制定了《建立健全惩治和预防腐败体系 2008—2012 年工作规划》，以完善惩治和预防腐败体系为重点，从教育、制度、监督、改革、惩处、纠风等方面开展反腐败工作，拓展从源头上防治腐败工作领域，切实提高反腐倡廉建设成效。通过多年努力，有效遏制了腐败现象蔓延的势头，预防腐败工作也取得了明显成效。反腐倡廉在促进经济社会发展、维护社会公平与正义等方面，发挥了重要作用，受到人民群众的好评。

何勇强调，中国重视反腐败国际合作，愿意在平等和互相尊重的基础上，加强同包括尼日利亚在内的各国和有关国际组织的交流与合作，借鉴有益经验，更有效地防治腐败。

阿尤拉对中国成功应对国际金融危机表示高度赞赏，对中国反腐倡廉工作所取得的成就给予高度评价。

会见后，中央纪委副书记、监察部部长、国家预防腐败局局长马驭与尼日利亚独立防治腐败及其他相关犯罪委员会代表团举行工作会谈。中央纪委常委、监察部副部长、国家预防腐败局副局长屈万祥，国家预防腐败局副局长崔海容参加了工作会谈。

马驭与尼日利亚独立防治腐败及其他相关犯罪委员会代表团举行工作会谈

（2010 年 4 月 20 日）

4 月 20 日下午，中央纪委副书记、监察部部长、国家预防腐败局局长马驭在钓鱼台国宾馆与尼日利亚独立防治腐败及其他相关犯罪委员会主席阿尤拉率领的代表团举行工作会谈。

马驭对阿尤拉一行表示欢迎。她说，中尼两国关系友好，在各领域交流密切。代表团此次访华拓展了双方在防治腐败领域的交流与合作，有助于双方相互学习、相互促进。

马驭向客人介绍了中国反腐倡廉总体情况，着重介绍了预防腐败工作。她说，中国坚持惩治和预防腐败两手抓，既坚决惩治腐败，又有效预防腐败。2008 年 5 月颁布了《建立健全惩治和预防腐败体系 2008—2012 年工作规划》，对中国的反腐倡廉工作进行了全面部署。国家预防腐败局成立两年多来，积极发挥组织协调作用，推动解决预防腐败工作中的重要改革和制度建设方面的问题；指导地方和部门开展预防腐败试点工作，在推行廉政风险防范管理、加强行政权力运行监控机制建设等方面积累了一批经验；深化政务公开工作，认真落实《政府信息公开条例》，加大群众关心热点问题的公开力度；不断拓展工作领域，探索行业协会、市场中介组织等社会领域防治腐败的新办法，推动建立预防腐败信息系统，开展对相关制度的廉政风险评估；重视预防腐败的国际交流与合作，积极履行《联合国反腐败公约》所规定的各项义务，开展预防腐败国际援助。

阿尤拉对中国在防治腐败领域取得的成效表示高度赞赏，表示中国防治腐败的许多做法值得尼方学习借鉴，希望今后进一步加强双边交流与合作。他还介绍了尼日利亚防治腐败工作情况。

中央纪委常委、监察部副部长、国家预防腐败局副局长屈万祥，国家预防腐败局副局长崔海容参加了会谈。

马驭与约旦防治腐败委员会代表团举行工作会谈

（2010 年 6 月 22 日）

6 月 22 日下午，中央纪委副书记、监察部部长、国家预防腐败局局长马驭在北京与约旦防治腐败委员会主席沙罕贝赫率领的代表团举行工作会谈。

马驭对沙罕贝赫一行表示欢迎。她说，中约两国关系友好，在各领域交流密切。代表团此次访华拓展了两国在预防腐败领域的交流与合作，有助于双方相互学习、相互促进。

马驭向客人介绍了中国反腐倡廉工作总体情况，并着重介绍了预防腐败工作。她说，中国共产党和中国政府十分重视党风廉政建设和反腐败斗争，坚持一手抓改革开放和经济建设，一手抓惩治和预防腐败工作。坚持“标本兼治、综合治理、惩防并举、注重预防”的反腐倡廉战略方针，以完善惩治和预防腐败体系为重点，从教育、制度、监督、改革、纠风、惩治等方面强化对权力的制约和监督，努力拓展从源头上防治腐败工作领域，切实提高反腐倡廉建设成效。国家预防腐败局成立两年多来，积极探索实践，工作领域不断拓展，工作方法不断改进，专业化水平不断提高，通过建立预防腐败工作协调机制、开展预防腐败试点、深入推进政务公开、探索社会领域防治腐败新办法等工作，预防腐败的综合效果逐步显现。

沙罕贝赫对中国在防治腐败领域取得的成效表示高度赞赏，认为中国防治腐败的许多做法值得约方学习借鉴，希望今后进一步加强双边交流与合作。他还介绍了约旦防治腐败工作情况。

中央纪委常委、监察部副部长兼国家预防腐败局副局长屈万祥，国家预防腐败局副局长崔海容参加了工作会谈。

马驭会见博茨瓦纳腐败和经济犯罪调查局代表团

（2010 年 7 月 26 日）

中央纪委副书记、监察部部长、国家预防腐败局局长马驭 7 月 26 日会见了由博茨瓦纳腐败和经济犯罪调查局助理局长恩派泰率领的代表团。

马驭首先对博茨瓦纳腐败和经济犯罪调查局代表团访华表示欢迎。她说，中博传统友谊深厚，建交35年来，双边交往密切，政治互信不断加深，两国在各领域合作成果显著。中方愿同博方一道，进一步加强两国在各领域的交流与合作，推动中博友好合作关系不断向前发展。

马驭向代表团介绍了中国当前的政治经济形势。她说，去年是新世纪以来中国经济发展最为困难的一年。面对国际金融危机冲击，中国政府全面实施并不断完善应对国际金融危机冲击的一揽子计划和政策措施，有效遏止了经济增长明显下滑态势，实现经济总体回升向好。今年以来，我们继续实施积极的财政政策和适度宽松的货币政策，加快转变经济发展方式，经济社会发展态势总体良好。

关于中国的反腐倡廉工作，马驭说，中国共产党和中国政府十分重视党风廉政建设和反腐败斗争，坚持一手抓改革开放和经济建设，一手抓惩治和预防腐败工作。近年来，确立了“标本兼治、综合治理、惩防并举、注重预防”的反腐倡廉方针，提出要建立健全惩治和预防腐败体系，颁布了《建立健全惩治和预防腐败体系2008—2012年工作规划》。目前，我们正积极落实《工作规划》：一是开展对领导干部的廉政教育，增强廉洁意识，筑牢思想道德防线。二是深化改革，创新制度，最大限度地减少腐败滋生的体制机制漏洞，实现用制度管权、管事、管人。三是严肃查处违纪违法案件，严惩腐败分子。四是切实纠正损害群众利益的不正之风，重点解决教育医疗、环境保护、安全生产等方面群众反映强烈的问题。五是开展对中央重大决策部署执行情况的监督检查，促进经济社会又好又快发展。

马驭强调，腐败是人类社会的公害，中国共产党和中国政府高度重视反腐败国际合作，愿意在平等和互相尊重的基础上，加强同包括博茨瓦纳在内的有关国家和国际组织的交流与合作，分享反腐败有益经验，更有效地防治腐败。

恩派泰感谢马驭的会见，对中国成功应对国际金融危机冲击表示高度赞赏，对中国反腐倡廉工作取得的成就给予高度评价。她表示，博茨瓦纳腐败和经济犯罪调查局十分重视发展与中国国家预防腐败局的合作关系，愿意通过开展各种形式的交流与合作，相互学习借鉴彼此在工作中的好经验好做法。

国家预防腐败局副局长崔海容参加会见并与代表团举行了工作会谈。

马驭会见肯尼亚防治腐败委员会代表团一行

（2010年11月1日）

中央纪委副书记、监察部部长兼国家预防腐败局局长马驭11月1日在北京会见了由肯尼亚防治腐败委员会助理主席普拉文·保瑞率领的肯尼亚防治腐败委员会代表团。

马驭对肯尼亚防治腐败委员会代表团访华表示欢迎。她说，中国和肯尼亚有着悠久的传统友谊。建交近半个世纪以来，双边交往密切，政治互信不断加深，两国在各领域合作成果显著。中方愿同肯方一道，进一步加强两国在各领域的交流与合作，推动中肯友好合作关系不断向前发展。

在谈到中国当前经济社会发展情况时，马驭指出，今年以来，中国人民在中国共产党的坚强领导下，坚定信心、迎难而上，继续从容应对国际金融危机深度冲击，着力保障和改善民生，采取一系列措施扩大内需，有力应对玉树强烈地震、舟曲特大山洪泥石流等严重自然灾害，改革开放和现代化建设取得新的重大成就。

关于中国的反腐倡廉工作，马驭说，中国共产党和中国政府始终高度重视防治腐败工作，坚持一手抓改革开放，一手抓反腐败，经过多年实践，走出了一条中国特色反腐倡廉道路。近年来，我们确立了“标本兼治、综合治理、惩防并举、注重预防”的反腐倡廉方针，提出了建立健全惩治和预防腐败体系，颁布了《建立健全惩治和预防腐败体系 2008—2012 年工作规划》。目前，我们正在全面落实这个《规划》，主要从以下几个方面开展工作：一是深入开展反腐倡廉教育，不断健全反腐倡廉法规制度。二是深化改革，创新制度，规范权力运行。三是切实纠正损害群众利益的不正之风。四是严肃查处违纪违法案件。

马驭强调，随着经济全球化深入发展，腐败犯罪日益呈现跨国的特点，迫切需要国际合作。中国共产党和中国政府高度重视反腐败国际合作，愿意继续在相互尊重、平等协商、注重实效的基础上，不断发展与包括肯尼亚在内的各国防治腐败机构的友好关系，为建设廉洁高效政府，促进国际社会经济政治秩序公平正义做出贡献。

普拉文·保瑞感谢马驭的会见，对中国反腐倡廉工作取得的成就给予高度评价。他表示，肯尼亚防治腐败委员会十分重视发展与中国国家预防腐败局的合作关系，愿意通过开展各种形式的交流与合作，相互学习借鉴彼此在工作中的好经验、好做法。

中央纪委常委、监察部副部长兼国家预防腐败局副局长屈万祥，国家预防腐败局副局长崔海容参加会见，崔海容与代表团进行工作会谈。

世界银行副行长里奥纳多·麦卡锡一行拜访监察部、国家预防腐败局

（2011 年 2 月 24 日）

2011 年 2 月 24 日上午，世界银行负责廉政事务的副行长里奥纳多·麦卡锡代表团一行 4 人到监察部、国家预防腐败局拜访。监察综合室、预防腐败室和中央治贿办等相关负责同志与代表团举行了工作会谈。

监察综合室关捷同志首先向客人介绍了监察部的机构职能和当前行政监察工作的主要情况。预防腐败室郭松江同志简要介绍国家预防腐败局的机构职能和 2011 年预防腐败的重点工作，以及中国开展预防腐败国际合作与国际援助的情况。中央治贿办史盛丰同志介绍了我国治理商业贿赂工作情况。

里奥纳多·麦卡锡副行长介绍了世界银

行反腐败和廉政建设工作的原则、重点和未来工作方向，并对监察部、国家预防腐败局所开展的大量工作和取得的成效表示高度赞赏，希望进一步加强双方的交流与合作。

世界银行中国局局长罗兰德、副局长刘晓云、财政部国际司相关人士参加了会谈。

马驭会见黑山反腐败促进局代表团

（2011 年 4 月 11 日）

中央纪委副书记、监察部部长兼国家预防腐败局局长马驭 4 月 11 日上午在北京会见了由黑山反腐败促进局局长维斯娜·拉特科维奇率领的黑山反腐败促进局代表团。

马驭对维斯娜·拉特科维奇一行来访表示欢迎。她说，中黑两国建交 4 年多来，关系发展顺利，经贸、文化、旅游等领域合作取得可喜成果，在国际多边事务中保持良好沟通与协作。中方愿与黑方加强友好交往，扩大务实合作，推动中黑关系不断取得更大发展。

马驭向客人们介绍说，今年 3 月份刚刚闭幕的全国“两会”，总结了过去五年国民经济和社会发展情况，通过了《国民经济和社会发展第十二个五年规划纲要》。她说，过去五年中国特色社会主义事业取得重大进展，综合国力增强，人民生活显著改善。同时我们也清醒地认识到中国仍然是一个发展中国家，经济的快速发展与资源、环境等不协调的问题还比较突出。在今年开始的“十二五”时期，中国将致力于深化改革、加快经济发展方式转变。

在谈到中国的反腐倡廉工作时，马驭指出，中国共产党和中国政府一贯高度重视防治腐败工作，坚持一手抓经济建设，一手抓反腐倡廉建设。通过改革开放 30 多年来的实践和理论发展，确立了标本兼治、综合治理、惩防并举、注重预防的方针，先后颁布了《建立健全教育、制度、监督并重的惩治和预防腐败体系实施纲要》和《建立健全惩治和预防腐败体系 2008—2012 年工作规划》。为此，中国主要从四个方面开展工作：一是强化教育和监督，促进领导干部廉洁从政。二是查办违纪违法案件，维护纪律的严肃性。三是开展专项治理，解决群众反映强烈的突出问题。四是推进改革深化，加大从源头上防治腐败的力度。

马驭强调，反对腐败是各国政府共同的任务。中国共产党和中国政府高度重视防治腐败国际交流与合作，愿意在相互尊重、平等协商、注重实效的基础上，不断发展与包括黑山政府在内的各国政府防治腐败机构的友好关系。

维斯娜·拉特科维奇感谢马驭的会见，对中国经济社会发生的巨大变化和中国反腐倡廉建设取得的明显成效表示赞赏。她说，黑山反腐败促进局与中国国家预防腐败局职能相似，黑方愿与中方一道，通过开展预防腐败领域的双边交流与合作，相互学习借鉴彼此在工作中的好经验、好做法，推动各自工作取得新的进展。

国家预防腐败局副局长崔海容参加会见，并与代表团进行工作会谈。黑山驻华大使莉尔雅娜·托什科维奇女士参加上述活动。

马驳会见印度中央防治腐败委员会代表团

（2011年10月10日）

中央纪委副书记、监察部部长兼国家预防腐败局局长马驳10月10日上午在北京会见了由印度中央防治腐败委员会常委加戈率领的印度中央防治腐败委员会代表团。

马驳对加戈一行来访表示欢迎。她说，中国和印度互为重要邻国，有着两千多年的传统友谊。进入新世纪以来，中印友好合作取得全面快速进展，建立和发展了面向和平与繁荣的战略合作伙伴关系。近年来，两国各领域合作不断深化，两国关系发展面临广阔前景。中方愿与印方共同努力，增进了解互信，扩大交流合作，推动双边关系再上新台阶。

马驳向客人介绍了我国当前经济社会发展的总体情况。她说，今年是中国实施"十二五"规划的开局之年，发展面临的国际国内形势仍然极其复杂，各项工作任务艰巨繁重。面对严峻复杂的国际经济形势，中国政府实施了积极的财政政策和稳健的货币政策，着力稳物价、调结构、促改革、惠民生，国民经济继续保持平稳较快发展，物价较快上涨势头得到控制，城镇就业进一步扩大，人民生活水平有了新的提高。

在谈到中国的反腐倡廉工作时，马驳指出，中国共产党和中国政府在致力于改革开放和发展经济的同时，始终高度重视防治腐败工作。通过改革开放30多年来的实践和理论发展，走出了一条符合中国实际的反腐倡廉之路。近年来，我国确立了反腐倡廉方针，即标本兼治、综合治理、惩防并举、注重预防，提出要建立健全惩治和预防腐败体系，颁布了《建立健全惩治和预防腐败体系实施纲要》和《建立健全惩治和预防腐败体系2008—2012年工作规划》。在推进惩防体系建设过程中，主要工作包括：一是加强国家公职人员的廉政教育和国有企业从业人员的廉洁从业教育，注重社会廉洁文化建设。二是健全反腐倡廉法规制度，建立贯彻落实制度的责任制和保障机制，确保制度执行。三是发挥党内监督、行政监督、法律监督、舆论监督等形式的综合作用，推进党务公开、政务公开、厂务公开、村务公开，促进权力运行的程序化和规范透明。四是推进行政审批制度等重点领域和关键环节改革，逐步完善公共资源配置、公共资产交易、公共产品生产领域市场运行机制，发挥市场的基础性配置作用。五是认真解决征地拆迁、食品药品安全等方面群众反映强烈的突出问题，维护人民群众合法权益。六是在注重预防的同时，保持惩治腐败的强劲势头，严肃查处贪污贿赂、失职渎职等案件。

马驳强调，在经济全球化的背景下，通过加强国际交流与合作来预防和打击腐败，已成为国际社会的共识。中国政府高度重视并积极推动反腐败国际合作，在反腐败全球、区域以及双边合作方面均取得重要进展。国家预防腐败局自2007年9月成立以来，积极开展《公约》框架下预防腐败的国际合作和国际援助工作，对其他发展中国家的预防腐败工作提供了力所能及的援助，受到广大发展中国家的赞赏。

加戈感谢马驭的会见，对中国改革开放以来经济社会发展取得的伟大成就和反腐倡廉建设取得的明显成效表示赞赏。他说，印度中央防治腐败委员会与中国国家预防腐败局职能相近，印方愿与中方一道，通过不断深化预防腐败领域交流与合作，分享和学习彼此的经验做法，推动各自工作取得新进展。

国家预防腐败局副局长崔海容参加会见，并与代表团进行工作会谈。印度驻华使馆副馆长查腊祜等使馆官员出席了上述活动。

赴国外考察培训有关材料

关于赴越南参加“建立防治腐败评估标准”国际研讨会的情况报告

（2010年6月23日）

应越南防治腐败中央指导委员会的邀请，经委部领导批准，预防腐败室副主任于贤成同志一行三人，于6月23日参加了在河内举行的“建立防治腐败评估标准”国际研讨会。现将有关情况报告如下。

一、会议的基本情况

这次研讨会是由越南防治腐败中央指导委员会主办，专题研讨建立防治腐败评估标准。来自中国国家预防腐败局、韩国反腐败和公民权利委员会的代表，以及透明国际、联合国开发计划署、世界银行等国际组织驻越南的代表参加了研讨会。越共中央委员、越南防治腐败中央指导委员会常委兼办公厅主任武进战致开幕词，越南防治腐败中央指导委员会常委兼办公厅副主任范英俊介绍了越南开展腐败评估标准的有关工作情况。于贤成同志代表中国国家预防腐败局全面介绍了国家预防腐败局近年来开展预防腐败工作的有关情况以及在建立防治腐败评估标准方面所做的探索。

二、有关国家和国际组织开展腐败评估标准研究的情况

（一）越南防治腐败评估工作的进展情况

越南防治腐败中央指导委员会负责开展防治腐败评估工作，提出从以下六个方面来评估腐败状况和反腐败的工作情况。

第一，通过对反腐败法制的完备情况进行评估。包括：1. 在政策导向及立法构建过程中对反腐败工作的关心和重视程度。2. 预防腐败的规章制度是否适用和可行？对腐败进行定义的条例是否涵盖了实际操作中出现的所有腐败行为？3. 调整、规范腐败易发领域（如土地使用管理、建筑、银行业、税收、关税、矿产开发等）的法律体系是否能够成为各部门防止、审查以及反对腐败的有效工具？4. 越南国内立法的补充和完成情况，及其对联合国反腐败公约的实施？5. 反腐败机构有无足够的权力和管辖权？等等。

第二，通过对预防腐败措施的实施效果和查办腐败案件的数量进行评估。对预防腐败措施进行评估：反腐败宣传和教育的执行情况；反腐败立法的构建和完成情况；机构、组织和单位标准规范的制定和实施；行为准则和道德标准的制定和实施；资产和收入的透明度；工作职位轮换；行政程序的改革，管理技术和支付方式的更新；社会组织在反腐败工作中的作用；成立并强化具有反腐败职能的机构，等等。

对于查办的腐败案件进行评估：对举报接待、处理的结果进行评估；对举报人的保护和奖励情况进行评估；对侦查、审计、起诉、审判以及监督腐败案件的结果进行评估。

第三，通过授权的反腐败组织进行评估，以及机构、组织和单位自己进行的评估。授权的反腐败组织有义务对它们管辖范围内的腐败现状以及反腐败工作进行评估，包括行政管理、审计、侦查、起诉、审判和监督的情况。另外，行业部委和地方单位要对本行业和部门的腐败现状和反腐败工作情况进行自我评估。根据行业部委和地方单位的这些报告，以及职能机构的反腐败报告，中央一级的咨询机构和综合性机构进行汇编并做出总体评估报告，对整个国家的反腐败现状和反腐败工作进行评估。

第四，通过对社会舆论的调查结果以及来源于媒体的信息的评估。社会舆论调查可用作帮助评估腐败现状（腐败的形式、表现、资产、程度、动态等等）和反腐败工作效果的工具。需要把经常性的调查、年度定期调查以及专门性调查结合起来。为了对腐败状况和反腐败工作进行综合评估，越来越重视媒体信息来源。

第五，通过社会经济发展和社会的政治及安全稳定的实施结果进行评估。社会经济发展的相关指标，可以作为评估腐败现状和在反腐败方面所做努力的重要标准。这些指标主要有：经济增长率、省份的竞争力指数、人均收入、贫困家庭所占百分比、收入差距，等等。社会和政治的稳定程度也能反映某个国家的腐败现状和反腐败工作。

第六，通过一些国际组织进行评估。国际组织对一个国家的腐败和反腐败工作的技术评估也是一项标准，为自我了解和自我评估提供参考。

（二）韩国的公共部门廉政诊断与反腐败机制评估

韩国反腐败和公民权益委员会负责开展腐败评估和测量工作。主要包括公共部门廉政评估和反腐败努力程度评估两个方面。

公共部门廉政评估是由行政相对人对政府中易发生腐败的部门的腐败程度进行评估。由反腐败和公民权益委员会负责每年组织实施，主要针对政府组织和腐败易发的行业部门，包括 39 个行政组织、246 个地方政府组织、102 个教育机构以及 73 个与公共服务相关的组织。委托专业民意调查机构通过对在过去一年中与上述公共部门亲身打过交道的公民进行电话调查的方式收集评估数据，从而形成综合性廉政指数。如图所示：

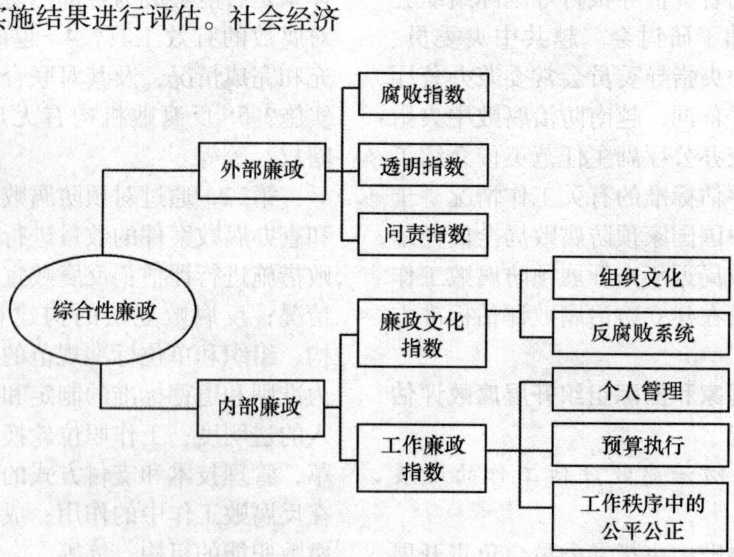

反腐败努力程度评估是将对腐败实际情况的调查结果与反腐败机制（例如机构改善与公共服务道德）有机地联系起来，鼓励每个公共部门自觉在有效预防腐败方面做出努力，推广行之有效的预防方法。反腐败和公民权益委员会通过向公共部门提供关于廉政评估和反腐机制评估的计划，促使它们增强防范腐败的自觉性。对于廉政评估分数较低的部门，反腐败和公民权利委员会将召开廉政咨询研讨会，诊断易发腐败的地方，并提供改进的措施和方法，使这些部门的廉政情况得到改善。反腐败和公民权益委员会通过指明反腐机制最佳做法，并通过反腐机制最佳做法竞赛向公共部门推广预防腐败方法，使得公共部门能够借鉴最佳做法预防自身的腐败问题。主要内容和过程如下：

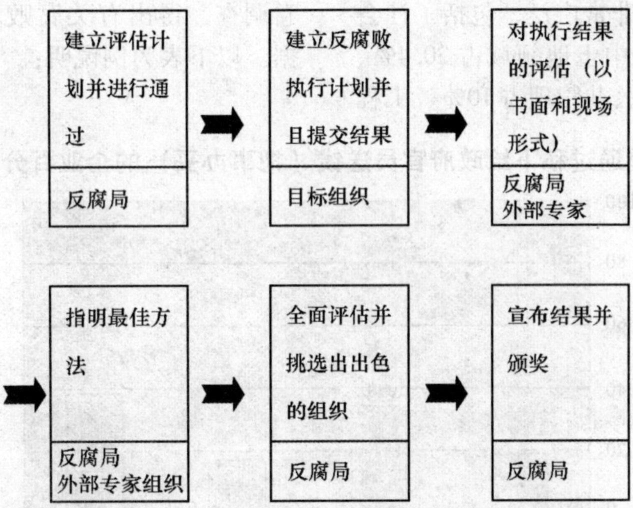

（三）有关国际组织的腐败评估测量工具

1. 透明国际的腐败印象指数和全球腐败晴雨表

腐败印象指数（CPI）——专家对腐败的印象和感知。腐败印象指数实质是基于对民意测验进行综合归纳得出的指数，重点关注于专家（例如国家分析师和商务人员）对腐败的印象与感知，不关注硬性统计材料和案件数量。评估数据来自 10 个机构的 13 项与腐败相关的测验结果。主要有：亚洲发展银行（ADB）的国家绩效评估等级、非洲发展银行（AFDB）的国家政策与工业评估、贝塔斯曼基金会（BF）的贝塔斯曼转型指数、《经济学家》信息部（EIU）的国家风险服务与国家预测、自由之家（FH）的转型国家、全球视野（之前被称为世界市场研究中心，GI）的风险评估等级、管理发展机构（IMD）的世界竞争力年会、世界经济论坛（WEF）的世界竞争力报告、世界银行（WB）的国家政策与机构评估。腐败印象指数是建立在专家对腐败感知和印象的基础上，它不是腐败的诊断工具，不能够提供对于腐败原因、动机和后果的分析。

全球腐败晴雨表（GCB）——普通民众对腐败的印象和感知。全球腐败晴雨表是透明国际近年开发的又一种腐败评估工具，它是衡量普通公民关于腐败体验的民意调查，着重考察腐败如何影响普通百姓的日常生活。以 2009 年为例，通过对全球 69 个国家中的 73132 名 16 周岁以上的普通公民进行抽样调查，得出 2009 年度的全球腐败晴雨表指数。其主要作用在于：提高民众参与评估腐败的积极性；对专家观点加以补充；使得腐败与收入、性别、年龄的分组比较分析成为可能；确定被大家公认最为腐败的部门和机构；尝试评估每个家庭每年的腐败成本。

2. 联合国开发计划署的通过媒体信息

评估腐败

联合国开发计划署驻越南办事处与越南有关专家团队合作，通过搜寻越南主要媒体（包括报刊、互联网）关于腐败报道方面的数据，开展对腐败状况的评估。据统计，2006年1月至2007年12月，越南媒体有关腐败的新闻报道有2320条，平均每天超过3条。通过对这些数据进行分析，发现媒体有关腐败的报道涉及面非常广泛，包括了社会生活的各个方面，其中土地领域占20.4%、交通运输占11.1%、公共管理占10%、工程建设占7%，医疗卫生占1.7%。其中以医疗卫生领域为例，媒体集中反映获得佣金、医疗保险、医院管理层滥用权力、政府失职、违法审批、滥用专利等方面的腐败问题。

3. 世界银行的年度企业调查

世界银行从事国家政策和政府机构评估的专家通过对30多个国家的公司、企业如何看待并经历各种各样的腐败的情况进行问卷调查，得出有关腐败频度的调查评估数据。以下表为例说明：

期望通过私下给政府官员送钱（把事办妥）的企业百分比

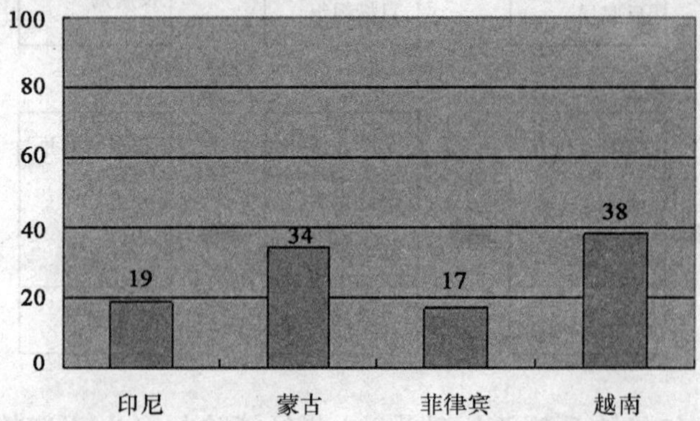

期望通过送礼获得政府合同的企业百分比

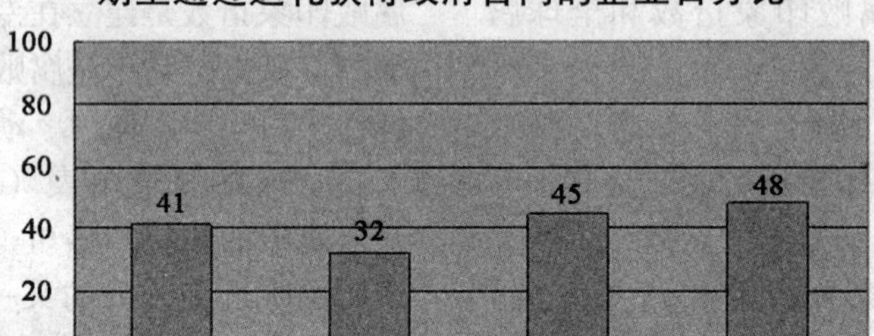

认为腐败是制约发展的主要因素之一的企业的百分比

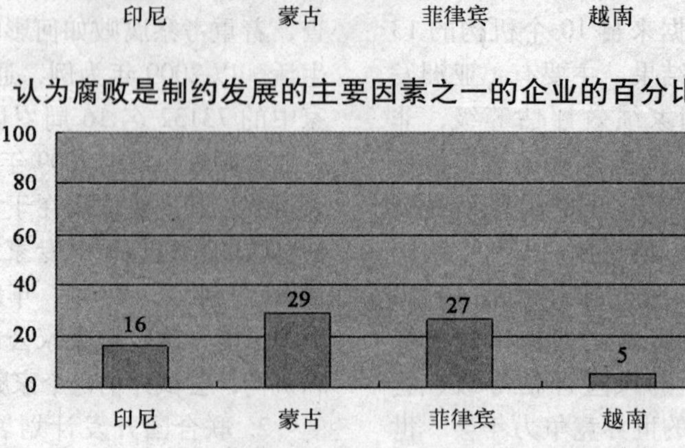

三、体会和建议

（一）两点体会

一是国际社会高度关注防治腐败评估工作，进行了广泛深入的探索。一方面，有关国家如这次参会的越南、韩国都在防治腐败评估工作方面取得了富有成效的成果。腐败评估工作已经进入常态化，成为防治腐败工作的重要组成部分；都建立了以防治腐败中央机关牵头负责的腐败评估工作模式和工作机制。其做法和思路值得我们学习借鉴。另一方面，透明国际、世界银行、联合国开发计划署等有关国际组织也十分重视对腐败评估标准的研究，开发了一系列的评估工具。其中的一些研究方法和技术手段值得我们认真研究。

二是要辩证地看待有关国际组织开发的腐败评估指数。在看到这些腐败指数具有一定合理性和影响力的同时，应该清醒地认识这些指数形成过程的局限性和政治偏见。具体表现在：一是指数的数据参数来源形式单一，内容简单，主要引用一些西方风险咨询公司所做的腐败调查结果。二是调查方法比较简单，根据特定人群对腐败的主观感知和印象进行评估，而且主要采取问卷调查或是采访有关企业高管的方式。三是被调查群体覆盖面较窄，主要集中在腐败咨询专家和私营领域的商务人士，不具有充分的代表性。

（二）我们的建议

第一，建议进一步加强对腐败评估的研究探索，以国家预防腐败局为主导，依托地方和廉政研究机构，深入开展腐败评估指标体系的研究工作。

第二，建议坚持将主观评价与客观测量两种方法有机结合起来，逐步建立符合我国反腐倡廉实际的腐败评估指标体系。既要重视社会公众对腐败的感受和认知程度，又要注重通过对腐败案件进行统计分析和实证研究揭示腐败的整体状况。在确定评估指标时，应增加客观性指标的比例和权重。

第三，建议加强在腐败评估工作领域的国际合作和双边交流。在国家预防腐败局对外开展预防腐败的国际合作和国际援助工作中，建议进一步加强与有关国际组织和国家在腐败评估标准方面的专题交流和合作，吸收借鉴国际上的有益经验和做法，取长补短，为我所用。

关于监察部、国家预防腐败局代表团访问日本、韩国、蒙古情况的报告

（2010年8月9日）

国务院：

应日本总务省、韩国防治腐败及公民权益委员会、蒙古国家防治腐败局邀请，经国务院批准，中央纪委常委、监察部副部长兼国家预防腐败局副局长屈万祥率监察部、国家预防腐败局代表团一行6人，于2010年6月28日至7月8日对上述三国进行了工作访问。代表团深入地考察了三个国家防治腐败的有关情况，同时向对方介绍了国家预防腐败局的职责、工作情况和我国当前防治腐败的新举措、新成效，并代表国家预防腐败局与蒙古国家防治腐败局签署了两局之间

的《合作谅解备忘录》，圆满地完成了出访任务。

一、访问日本情况

访问日本期间，代表团与总务省有关部门进行了工作会谈，重点听取了总务省在公务员管理、政府信息公开、行政评价（行政监察）等情况；考察了会计检察院，了解他们开展审计监督工作的情况；听取了人事院关于日本《国家公务员伦理法》的介绍。

总务省人事·恩给局负责制定公务员管理的基本方针政策和制度改革工作，通过建法立制从源头上预防腐败；行政管理局负责政务信息公开工作，以公开透明遏制腐败。2001年实施的《行政机关信息公开法》对内阁官房、内阁府等中央国家机关的信息公开作出了规定，2002年实施的《独立行政法人信息公开法》对于公立大学等社团的信息公开也作出了规定。地方行政机关的信息公开，则由地方法律法规规定。按规定，任何人都有权要求公开任何行政文书、行政命令、行政文件。除涉及个人信息、法人信息、国家安全、公共秩序、机关内部正在审议的信息、工程建设新扩建等6种信息外，原则上所有政务信息都必须公开。收到要求公开的申请后，须在30天内作出相关决定，特殊情况可延至60天。每件申请收费300日元，网上申请收费200日元。2008年行政机关受理的申请约77000件，独立行政法人受理的申请约3700件；96.3%的行政机关、84.9%的独立行政法人公开了全部或部分事项。其中，网上公开约占5%，邮寄公开约四分之三，其余为其他方式公开。

行政评价是日本颇具特色的一项工作。2002年日本出台了《政府政策评价法》，内阁和政府各个部门都要对其权限范围内的政策进行评价。评价内容主要是政策、制度、项目的正确性、恰当性和执行情况。总务省行政评价局是负责这项工作的职能部门：一是推进行政评价工作。先由评价局提出评价的程序和要求，各机关按要求进行自我评价，然后评价局再对各机关的评价结果进行审查。为保证评价的准确性、客观性，须请第三方参与和提高评价过程及结果的公开透明度。2009年中央机关的自我评价事项2650件。2001年以来，8年间通过自我评价停止或终止的政府投资项目共241个，总金额4.1万亿日元。二是调查政策实施情况。评价局对各机关的政策实施情况都可以调查，从确定调查对象到完成调查，一般需要半年到一年时间。浪费国家资金和事关群众生命财产的事项为调查重点。调查结果反馈给有关机关，并对整改的情况进行跟踪。三是听取意见和咨询。即倾听民众所提出的意见、建议和对于政策方面的咨询，并与有关部门协商解决。意见可通过面谈或电话、寄信、网络等方式提出，帮助评价局收集意见的志愿者每年达5000人，收集意见17万条，事关国民生活者居多。评价局将这些意见直接转有关单位办理。四是评价独立法人。2001年，为减轻政府负担，日本将一些执行公共管理或服务的团体和事业单位，如研究院、国立医院等独立出来成为法人单位，共104个。按有关规定，每个独立法人都有义务制定3至5年的中期目标，然后由评价局对其执行情况进行检查。评价局在中央本部有247人，另在全国设有负责地方评价工作的分支机构50个，1084人。行政评价局的前身为行政监察局：1957年日本行政管理厅（1984年改为总务厅，2004年改为总务省）设立行政监察局，2001年行政监察局被撤销并成立行政评价局。

强化公务员伦理（职业道德）制度，也是日本防治腐败的重要措施之一。1948年日本制定了《国家公务员法》，但因为上世纪90年代出现了不少公务员腐败问题，觉得仅此不够，2000年制定了《国家公务员伦理法》，对公务员接受金钱馈赠、交易股票、报告及公开各种所得以及相关的惩戒措施作了详细规定。2005年，日本内阁又制定了《国家公务员伦理规程》。按照这些规定，日本公务员伦理制度的框架由行为规范、报告制度和惩戒处分三个部分组成。伦理行为规范包括：禁止公务员利用公职从利益关系人处谋取私利。如：不得从利益关系人处收受礼品，获取未上市的股票；不得从利益关系人处贷款；不得接受利益关系人的招待或与其一同用餐；不得参加利益关系人组织的任何不适当游戏或高尔夫球运动；不得与利益关系人一同旅游等。伦理报告制度包括：公职人员资产报告和公开，日本国会议员（包括首相和大臣）、各地行政长官及议员须公开本人拥有所有权或使用权的土地、房产、存款、有价证券、车船飞机及工艺品、高尔夫会员证、债权债务等；公职人员接受利益相关人的邀请，参加有偿演讲、讨论、授课、写作、编辑以及电视或广播节目，必须事先征得伦理监督官员的同意等。伦理惩戒处分明确规定了对公务员违反职业伦理的九种行为进行处罚。

二、访问韩国情况

韩国具有防治腐败职能的部门有：监查院、防治腐败及公民权益委员会、检察厅、警察厅、行政安全部、国务总理室、各行政机关自体监察机构、大统领秘书室。其中，监查院是由宪法规定、只对总统负责，对国家的财政经济、金融基金、建设环境、公共机关、社会文化和行政安保等负有会计检查和职务监查职能的特殊机关。在韩国期间，代表团拜访了监查院院长，并听取他们介绍开展监查工作的情况。代表团还与防治腐败及公民权益委员会进行工作会谈，并就双方今后的交流与合作交换了意见；听取了韩国行政安全部介绍《韩国公职人员伦理法》的有关情况；了解浦项制铁公司开展伦理道德建设预防腐败的有效做法。

从上世纪60年代开始，韩国就不断推出各种预防腐败措施，在2001年制定了《防治腐败法》，2002年成立国家清廉委员会，2008年国家清廉委员会、信访委员会、行政审判委员会三家合并，成立了韩国防治腐败及公民权益委员会。委员会共有委员15人（正副委员长4人、常任委员3人，非常任委员8人），编制466人。委员会下设信访局、预防腐败局、行政审判局。预防腐败局的职能：一是清廉度的评定。通过问卷调查，对政府机关的清正廉洁度进行分析评定。二是评价反腐败政策。从2000年开始，委员会对各地方政府反腐败政策的实际效果和作用进行评价，通过评价发现和推广防治腐败的有效政策和做法。三是廉政建设咨询。为在清廉度评定中发现问题的有关部门提供解决方案咨询。四是法律法规的廉洁性评价。从2006年开始，对政府法律法规中有可能产生腐败的因素进行查找和分析，并提出解决方案。五是改善反腐败制度。对各部门的反腐败制度进行研究，发现有不足的，提出解决方案。有关部门要按照解决方案提出落实措施，对制度进行修订并反馈给委员会。六是处理对腐败问题的举报。委员会收到举报并认为需要立案调查时，转到检察机关等专门机关进行调查，调查结果反馈给委员会后，委员会再反馈给举报人。

清廉度评定和反腐败政策评价机制是具有韩国特色的经验做法。他们从2002年开始这项工作，目的是通过对腐败及相关情况的调查分析，推动政府机关自发地防止腐败。防治腐败及公民权益委员会每年组织一次对公共部门的清廉度评定和反腐败政策评价，主要对象是政府机关和腐败易发行业部门。评定的项目与内容，一般根据不同部门，选择5至7个核心业务，对有无腐败现象和诱发腐败的潜在因素等，进行调查和评定。评定的方法，主要是委托专业民意调查机构，通过对过去一年中与相关部门亲自打过交道的公民进行问卷和电话调查，收集数据，形成综合性清廉指数。评定的结果分门别类排名张榜公布，分数高的给予奖励，并推广行之有效的预防方法。分数低的，委员会召开廉政咨询研讨会，诊断问题原因，提出改进建议。据“2009年清廉度测定结果”对478个单位的评定，在16个地方政府排名中，清廉度排在最后的是庆尚南道，首尔市则从2008年第一名降到第九名。通过公布情况，促使有关单位以最佳方法来预防腐败，从而促进全社会廉政状况的改善。2008年印尼学习并实施了韩国的这一做法，今年蒙古和泰国也到韩国学习了他们的经验。

《韩国公职人员伦理法》颁布于1981年底，此后又进行了7次修订，约合1.5万个汉字。该法对公职人员的财产申报和公开、礼品的申报、公职退职人员的就业限制、惩戒和罚则等均作出了明确规定。为了保障法律的有效实施，《韩国公职人员伦理法》第九条规定：“在国会、大法院、宪法裁判所、中央选举管理委员会、政府、地方自治团体以及直辖市、道教育厅，分别设立公职人员伦理委员会”，负责对财产登记对象的登记事项进行审查，并对结果进行处理，等等。公职人员伦理委员会由9人组成，其中，委员长等5人在法官、教育工作者、学识渊博和德高望重的人士中选任。

三、访问蒙古情况

蒙古负责反腐败工作的最高领导人大呼拉尔（国家议会）副议长恩赫包勒德会见了代表团一行，并在座谈中对代表团的到访和两国防治腐败机构签署《合作谅解备忘录》给予了很高的评价。蒙古国家防治腐败局局长桑格拉克查在与代表团工作会谈中动情地说：他对中国发展经济和预防腐败的印象非常深刻，《联合国反腐败公约》是我们两国合作的最大背景和基础，重要的是我们能够相互学习、相互提供信息、相互帮助。目前中蒙之间的经济合作正在积极推进，两国防治腐败机构签署的《备忘录》对于保障和推动两国经济合作的正常进行具有重要作用，意义重大。

四、两点体会

1. 科学化、精细化是国际社会防治腐败的趋势。

上述三国都经历了因腐败高发多发而不断改革、不断推进防治腐败科学化、精细化的过程。如韩国，2001年后制定的《防治腐败法》对腐败作了明确的界定，颁布的“反腐败综合对策”研究提出了明确的反腐败措施，推行的清廉度评定和反腐败政策评价机制对腐败与反腐败有了比较科学、具体的评价标准，等等。这些基础性工作大大增强了防治腐败的科学性、针对性和实效性。

2. 诚信道德社会建设是防治腐败的重要举措。

韩国和日本都曾是腐败问题严重的国家，经过20多年的治理，韩国的社会清廉度明显提高，日本虽然政治家丑闻不断但业务类公务员队伍比较廉洁，这与两国诚信道德社会建设不无关系。韩国制定并多次修改《公职人员伦理法》，日本为遏制公务员腐败而制定《国家公务员伦理法》，按照这些规定实施的公职人员财产登记制度、公职人员物品申报制度和退休公职人员就业限制制度，对于防止公职人员腐败起到了不可低估的作用。

二〇一〇年八月九日

国家预防腐败局赴德国“防止利益冲突法律法规建设”培训团召开行前培训会

（2011年6月17日）

6月17日，国家预防腐败局赴德国“防止利益冲突法律法规建设培训团”召开行前培训会议。来自上海、湖南等8个地方预防腐败机构和北京、云南等6个纪检监察机关从事预防腐败工作的同志及中央纪委监察部国家预防腐败局有关同志参加了培训。国家预防腐败局副局长崔海容出席培训会并作了讲话。

他指出，国家预防腐败局成立以来，十分重视预防腐败干部队伍建设。中央纪委副书记、监察部部长兼国家预防腐败局局长马驭在去年11月份召开的全国部分省（区、市）预防腐败局工作座谈会上强调，要按照政治坚强、公正廉洁、纪律严明、业务精通、作风优良的要求，加强机构和干部队伍建设，为深入开展预防腐败工作提供坚强组织保证。此次组织从事预防腐败工作的同志赴德国培训，既是贯彻中央纪委监察部国家预防腐败局领导同志指示，加强预防腐败干部能力建设的重要举措，也是研究借鉴国外预防腐败成熟经验和有效做法，推进国内预防腐败工作的重要手段。希望培训团学员珍惜机会，认真学习；严格要求，严守纪律；相互帮助，共同提高。

会上，外交部欧洲司、国家预防腐败局办公室有关同志分别介绍了中德关系及德国政治经济情况和出国（境）培训的有关要求，并组织选举产生了临时党支部。

国家预防腐败局赴德国“防止利益冲突法律法规建设”培训团召开培训总结会

（2011年7月4日）

7月4日，国家预防腐败局赴德国“防止利益冲突法律法规建设”培训团在北京召开培训总结会。中央纪委常委、监察部副部长兼国家预防腐败局副局长屈万祥出席会议并讲话。

屈万祥同志指出，这次赴德国“防止利益冲突法律法规建设”培训组织认真，学员学习认真，总结交流认真，是一次成功的培训。在德学习期间，学员分别从德国防治腐败工作机制、防止利益冲突相关法规和实践等十个专题，听取了联邦政府内政部采购负责人、北威州刑事警察局有关负责人、大学老师、律师等专家学者及职业工作者授课，拜访了德国勃兰登堡州内政部、德国铁路集团，汉堡市防止企业腐败非政府监督组织等单位，开展了情况互动交流和探讨，达到了解放思想、开阔视野、启迪思路、学习借鉴的目的，圆满完成培训任务，取得了很好的培训效果，收获很大。既加深了对西方国家防治腐败工作的了解，又增强了对我国防治腐败工作的信心，还促进了对防止利益冲突的深入交流与探讨，为下一步如何将培训成果运用到实际工作中去，深入开展防治利益冲突试点工作统一了认识、增加了信心，明确了方向。

屈万祥同志强调，学员们要通过比较中德在历史、文化和社会等方面的差异，深入思考德国相关法律法规产生的背景，提炼出可供我们借鉴的经验和做法，用以指导实际工作。

国家预防腐败局副局长崔海容主持总结会。国家预防腐败局办公室副主任于柯超作了培训项目总结汇报。来自北京、河北、福建、湖北等地方纪检监察机关和预防腐败机构的学员代表作了发言。

国家预防腐败局赴德国“防止利益冲突法律法规建设”培训团学习考察报告

（2011 年 7 月 5 日）

2011 年 6 月 18 日至 7 月 2 日，以国家预防腐败局办公室副主任于柯超为团长，中央纪委监察部有关室和北京、上海等 14 个省区市纪委、监察厅、预防局的同志共 21 名，组成国家预防腐败局“防止利益冲突法律法规建设”培训团，赴德国培训考察。期间，以德国防治腐败工作机制、防止利益冲突相关法规和实践等十个专题，由联邦政府内政部采购负责人、北威州刑事警察局有关负责人、大学老师、律师等人授课。此外，我们还拜访了德国勃兰登堡州内政部、德国铁路集团，汉堡市防止企业腐败非政府监督组织等，听取情况介绍。

这次考察，我们按照马驭、万祥、海容等领导同志的要求精心组织、精心安排，全团同志认真学习、积极交流、严守纪律、团结互助、和谐共处，达到了解放思想、开阔视野、启迪思路、学习借鉴的目的，圆满完成任务，取得了很好的培训效果。

一、德国防治腐败的基本情况

（一）德国国家体制的主要特点

德国是典型的联邦制国家，由 16 个州组成。在联邦宪法之下，联邦政府和每个联邦州都有自己的法律体系和相应的政体组织。德国行使执法职能的政府机构分为三个层次：最高层次是联邦政府及其他联邦管理部门，第二层次是各州管理部门，第三层次是各地方政府的管理部门及下属机构，如各级检察院、警察机关、海关、审计署、财政局等等。2009 年，德国在公共领域的从业人员 450 万，包括公务员、雇员和工人，这些人都属于公共管理的监督对象。德国的公务员与国家是一种特别的法律关系，公务员有服从的义务、提出异议的义务和提供信息的义务等，他们待遇优厚并且是终身制，退休之后也享受这些待遇，同时也要遵守在职时的行为准则和各项要求。

（二）防治腐败的工作机制

德国各界对“腐败”并没有统一的概念和定义，德国也没有加入《联合国反腐败公约》。其防治腐败的核心和措施，主要是依据刑法和公务员管理的相关规定。他们认为，腐败的特点主要有：一是滥用公职或者在经济、政治领域滥用授权；二是有受人指使或自己的主动行为；三是给公共社会带来了直接或者间接的损害和不利；四是不透明（隐瞒和掩盖）。

德国的联邦机构中，并没有专门从事防治腐败的工作机构或部门，主要由各部门在职责范围内发挥反腐败的职能作用。联邦内政部及下属的联邦刑警总局、各州内政部和刑警局、各级检察院、审计署、政府公共管理机关的内部审查机构、税务局、海关和其他专业组织一起合作，共同打击腐败犯罪。其中，组织协调工作由内政部负责，腐败案件的查处主要由刑警总局、检察院、法院负责。审计署则在发现线索和揭露腐败问题方面发挥了重要作用。

此外，依照2004年德国《联邦政府关于在联邦行政机构防范腐败行为的条例》的要求，各级行政机关、企业单位都需要设立反腐败专员（准确地说应为预防腐败专员），负责提供防治腐败咨询，向上级报告腐败迹象，提出预防措施，参与培训和指导等，但没有独立调查权。该专员一般是由人事或者内审部门的人员担任，直接对部门行政首长负责。

各政府部门在处理涉及腐败的问题时，一般都能够务实、有效和全方位配合，除设立定期互访的制度之外，在研究个案时，也可以根据情况不定期召开部门联席会议。这些合作形成了反腐败的基础平台和立体、多维的反腐败网络。

（三）防治腐败的法律法规

目前，德国还没有制定全国统一的反腐败或预防腐败法，而是由《刑法》、《联邦公务员法》、《联邦公务员惩戒法》、《公务员兼职法》、《联邦政府关于在联邦行政机构防范腐败行为的条例》等组成法律体系，对反腐败的原则、方针和基础措施等作了规定。在此框架之下，由各州制定相应的实施细则。有的州，如勃兰登堡州自行制定了《反腐败法》。此外，德国作为欧盟主要成员，也针对落实《欧盟反贿赂法》制定了相应规定。

《刑法》是德国打击腐败行为最重要的法律，第331条和第333条分别规定了“收取好处”和“给予好处”的情形和处罚，第332条和第334条规定了“受贿”和“行贿”的情形和处罚，第335条对严重腐败犯罪的情形进行了规定。如果上述行为不是发生在公务员而发生在商务领域，则根据《刑法》第299条对有关情形关进行认定和处罚。

公务员腐败所面临的法律后果主要有：一是纪律处分（惩戒，罚款，削减工资，开除），二是刑事追究（受刑事处罚一年监禁以上，自动开除），三是经济责任（赔偿损失）。不是公务员的政府雇员，行政处罚措施主要有：一是警告，包括按合同规定的期限解聘或者立刻解聘，二是经济责任（赔偿损失）。

二、德国防治利益冲突的主要制度

（一）公务员的行政道德教育制度

在西方大多数国家，防治利益冲突制度是其公职人员行政伦理道德建设体系的一个重要组成部分，受到政府部门的高度重视。同样，德国也非常注重廉洁教育，鼓励职员们树立更高的道德标准和对职业的忠诚。公务员从入职之日起，就要接受岗位腐败风险教育，此后还需要在职接受定期教育、轮岗后再培训等，使之富有团队荣誉感和增加服从廉政规定的自觉性。

对于腐败的敏感性教育，是德国防治利益冲突的一项特色内容。他们建立了敏感时期提醒制度，为员工配发反腐败行为守则，明确了在情况不明时可提供咨询的专职人员，确保行政准则的要求能够贯穿到每个人的行为始终。这对员工行政道德感的树立，做到"警钟长鸣"起到了重要作用。

（二）公务员的回避制度

按照德国《基本法》规定，德国公务员的选聘需经过一个严格的程序，其中一个必经的环节是对应聘者作专门提示，明确告诫应聘者，使其切实意识到自己所将要从事的公职，是一个服务于公共利益的职业，应时刻提高警觉，回避公职与私人利益发生冲突的可能性。

此外，《联邦公务员法》对公务员有一个限制使用期的规定，要求由政治公职转向公务员岗位必须有三年考察等待期，即政治公职离职后的回避制度，以避免政党的派别倾向对履行公职造成的不良影响。

（三）限制兼职取酬的规定

德国并没有完全禁止公务员兼职，而是通过《联邦公务员兼职法》对公务员兼职作出相关规定。一个重要的原则是，兼职必须获得批准或者有上报的义务，且取得的收入必须缴税。一些州的法律对兼职收入的额度也有规定，超额的部分或者利用了公职便利的部分必须上缴。

《兼职法》明令禁止以下兼职行为：一是兼职的方式和程度妨碍了履行主职的义务，二是存在着与其履行主职义务构成冲突的潜在可能，三是兼职和主职属于同一业务领域之内，四是兼职影响到公务员的中立公正，五是兼职有损公共管理机构的形象。

（四）处理礼品、赞助和捐赠的规定

德国《刑法》对于公务员接受礼品馈赠的行为，有专门规定。虽然没有明确多少金额为犯罪界限，但一般认为，5欧元（各州司法实践中有不同标准，有的州规定价值最多不能超过25－30欧元）以上的礼品，就可以被认定是为了获取照顾而给予公职人员的好处，会导致接受者出现滥用公权力或者渎职的风险。因此，按照《联邦公务员法》的规定，公务员不允许为自己和第三者索要奖励、礼物或其他好处，违反规定所得必须上交，并有义务告知好处获得的方式、情节和钱物的存放地点。

除对公务员个体进行限制之外，德国还有专门规定对单位接受赞助和捐赠进行限制的法律。《联邦行政管理条例》规定，公共管理必须避免出现任何接受他人影响干预的现象，以保障国家的纯洁和中立，赞助必须有利于行政管理，且必须避免公共管理出现偏袒，并使之透明。

（五）设立预防腐败专员和反腐败仲裁人制度

设立预防腐败专员和反腐败仲裁人制度也是德国防止利益冲突的主要措施之一。这些制度的设置，类似于加拿大等国的"利益冲突专员办公室"，预防腐败专员扮演的重要角色之一是接待反映与腐败相关情况的"恳谈者"，当内部人员有陷入利益冲突情境的困惑，或者发现同事有此类情况时，都可以向预防腐败专员咨询或者举报。预防腐败专员负责向其提供专业意见，如果认为举报的问题涉及犯罪的，转检察院调查处理。

此外，各单位还设立了外部的反腐败仲裁人（信托人）制度，一般由单位出钱请一些律师担任，员工有涉及是否存在腐败或利益冲突问题时，可以向其咨询。主要从外部监督和防止受理举报中有利益冲突现象的情况出现。仲裁人负责从匿名举报或有关信息中提取重要信息，对认为可能涉及腐败的信息，转交给相关的政府部门或检察院处理。

（六）加强对重点领域和岗位的腐败风险防范

一是明确腐败风险较大的工作领域并进

行重点防范。在德国，涉及公共资源发放权的领域一般被认为是腐败高危领域，如发放订单、发放补贴、发放补助和其他奖励金，发放准许证、执照和特许，收取和制定税金、杂费和手续费等。为此，德国制定了《联邦发放法》，出台了一系列具体的针对措施，如规定在发放过程中与投标者有特别关联的人，不允许参与公共发标单位的发放决策程序，以及充当鉴定人，顾问等。

二是对重点领域中的部门人员进行岗位轮换。在重要岗位上的工作人员，不但在人职时要进行各种背景调查，还要定期进行岗位轮换和流动，以避免利益冲突。按规定，一般每五年进行一次部门结构性程序调整，定期替换人员、交换工作任务。

在学习德国经验的同时，我们也注意到，德国的防止利益冲突制度建设也存在一些问题。首先，德国目前尚无统一的防治利益冲突法典，相关规定散见在各类法规当中，不及加拿大、美国等国家，后者具有全面系统的防治利益冲突法规体系。其次，还缺乏一些西方国家认为十分重要的防止利益冲突相关制度。如，德国没有建立公职人员财产申报制度，社会上也没有相关的要求和声音；没有对公职人员离职后进入企业和非政府组织的行为限制，前总理施罗德在离职后担任了两个大公司的监事会成员，前黑森州州长科赫在离职后担任了一家建筑公司的董事长，年薪高达120万欧元，德国民众对此意见很大，但也无可奈何。

三、认识与收获

总的来看，德国的防治腐败工作机制、法规制度和一些具体措施与其国情、政情和社情是相适应的，并且各级政府部门都能够严格贯彻执行，综合效果比较明显。这次赴德国学习培训开阔了视野和思路，收获很大，主要有以下几点。

一是加深了对西方国家防治腐败工作的了解。德国在防治腐败方面取得良好效果，很大程度上得益于德国是一个高度诚信的社会，在立法中执行了对腐败的“零容忍”标准，并得到了社会的广泛认同，从而为防治腐败提供了良好的外部环境和社会氛围。这也使我们清醒地认识到，在中国在构建全社会共同参与的诚信体系建设，非常重要、非常必要，需要我们长期不懈，共同努力。

二是增强了对我国防治腐败工作的信心。从授课老师提供的数据看，2009年德国商务领域行贿受贿案件719个，涉案918人，公共管理领域行贿案件759个，涉案833人，这也证明了德国同样也受到腐败的困扰，腐败是一个全球性的问题。特别是我国正处于人均GDP4000美元的特定历史阶段，存在腐败现象难以避免，这与我国的国体、政体无关。因此，我们要坚定信心，一方面继续加大惩治腐败的力度，坚决查处违纪违法案件，拓宽从源头上预防腐败的领域，减少腐败风险发生的几率。另一方面要坚持围绕经济发展的中心，加大改革力度，减少社会矛盾，努力构建富强民主文明的和谐社会。

三是促进了对防止利益冲突的深入交流与探讨。团里每名成员都非常珍惜难得的学习机会，在课堂上认真听讲，与授课教师随时进行交流，听课之余还抓紧时间开展讨论，加深了对培训内容的认识。此次培训不仅学习了德国防治腐败的经验，也给予各地从事预防腐败工作的同志们一个难得的学习交流机会，大家在一起深入研究、各抒己见，既丰富了培训内容，也为下一步深入开展防治利益冲突试点工作统一了认识、增加了信心，明确了方向。

四、启示和建议

经研究德国的情况，结合我们的工作实践，对于在我国建立健全防治利益冲突制度，我们有以下认识和建议：

（一）完善社会诚信体系是根本

从实际看，德国反腐败工作有效开展的一个重要原因就是德国诚信体系建设比较完善，反腐败思想意识深入人心，公民比较自觉严格按照法律的规定办事。因此做好反腐败工作，不仅需要反腐败专门机构的努力，还需要全社会的共同参与，预防腐败才能收到理想效果。要注重在全社会深入开展反腐败的宣传教育，提高人民群众的遵纪守法的意识和自觉性，筑牢公民的思想道德防线，形成全社会自觉遵守法律、自觉维护法律、自觉按法律办事的良好氛围。

（二）规范权力运行机制是基础

利益冲突容易导致权力滥用。防止利益冲突，首先要规范权力运行。建议继续深化行政管理体制改革，明晰政府管理和市场调节的界限，进一步压缩和规范行政审批，减少政府对微观经济运行的干预。坚持围绕权力“配置科学、界限明确、行使依法、运行公开”的要求，按照清权、确权、示权、督权等程序加强制度建设，在各级政府及部门深入开展规范权力运行工作，特别注重规范行政自由裁量权，建立裁量基准，压缩自由裁量空间。

（三）重点领域的体制机制改革是关键

党的十七届四中全会《决定》明确提出，“建立健全防止利益冲突制度，完善公共资源配置、公共资产交易、公共产品生产领域市场运行机制”。“三公”领域的公共属性强，产生利益冲突的风险大，建议学习借鉴欧盟国家普遍施行《中标法则》、对标书进行中性化审查、以经济性为原则实施评标、未中标需说明理由等做法，完善工程建设项目招投标制度，规范土地征收和使用权出让制度、推进产权交易市场建设、深化政府采购制度改革等，大力推进现代市场体系建设及相关改革，从源头上减少和化解利益冲突问题。

（四）加强和完善预防制度建设是核心

建议学习德国制度建设中的务实精神，以加强制度的可操作性、适用性为重点完善预防制度建设。应借鉴德国风险防范的经验，着力推进廉政风险防控机制建设，明确重点领域，排查廉政风险，健全内控机制，构筑制度防线。借鉴德国重视商贸领域防治腐败的经验，加快研究规范行业协会、市场中介等社会领域预防腐败制度，把预防腐败的要求拓展到经济、政治、文化、社会等各个领域和党政机关、企事业单位、行业组织、中介机构等各个方面。

（五）强化执行和监督制约机制是保障

制度能否落到实处是衡量制度好坏的最重要标准，也是制度存在的价值和生命力。德国颁布的制度从数量、类别以及规定的精细程度方面并不及我国，但发挥的作用却非常大，其原因主要在于制度能够很好的落实。因此，我们要切实改变重制定、轻执行的现象，在提高执行力和可操作性上下功夫。同时要加强监督检查，严肃查处违反制度的行为，维护制度的严肃性和权威性。建议在强化党内监督、纪检监察机关监督的同时，学习借鉴德国“四眼睛原则”的经验，强化同级监督，所有决策过程必须两人以上签字，并存档备查。强化上级监督，强化各地各部门反腐倡廉的主体责任意识，凡是发生腐败问题的，单位主要领导要切实承担责任。

关于屈万祥同志率国家预防腐败局代表团访问尼泊尔、斯里兰卡情况的报告

（2011 年 8 月 23 日）

应尼泊尔滥用权力调查委员会和斯里兰卡贿赂腐败调查委员会邀请，经国务院批准，中央纪委常委、监察部副部长兼国家预防腐败局副局长屈万祥率国家预防腐败局代表团一行 6 人于 2011 年 7 月 5 日至 12 日对尼泊尔、斯里兰卡进行了工作访问。代表团深入考察了两国防治腐败工作情况，同时向对方介绍了我国当前反腐倡廉总体形势和开展预防腐败工作的有关经验做法。在我驻尼、斯使馆的大力协助下，访问取得圆满成功，进一步密切了国家预防腐败局与尼、斯防治腐败机构的友好关系。

一、访问的基本情况

尼泊尔、斯里兰卡政府对国家预防腐败局代表团来访高度重视，给予了较高礼遇和热情友好的接待。在尼泊尔期间，尼制宪会议主席内姆旺、尼副总理兼外交部长雅达乌分别会见了屈万祥同志一行，尼滥用权力调查委员会与代表团进行了工作会谈。访问斯里兰卡期间，屈万祥同志分别会见了斯公共行政与内政部部长塞内瓦拉特内、斯贿赂腐败调查委员会主席巴拉帕塔班迪，并分别与两机构官员就防治腐败有关问题进行深入探讨，交流了彼此的观点意见。

访问过程中，尼方、斯方均高度评价中国共产党和中国政府在防治腐败、促进经济社会发展方面采取的有力措施和取得的积极成果，表达了希望与中国在防治腐败领域进一步加强交流与合作的意愿。尼制宪会议主席内姆旺在会见时谈到，尼中关系长期友好，尼泊尔对中国近年来的快速发展感到由衷高兴，愿意学习借鉴中国经济社会发展的成功经验。尼泊尔的发展离不开中国的支持与帮助，希望继续加强与中国在政治、经济、文化等各领域的务实交流与合作。

二、尼泊尔、斯里兰卡预防腐败工作特点

通过这次访问，代表团对尼泊尔、斯里兰卡的防治腐败工作有了比较全面深入的了解，认为尼、斯防治腐败工作有以下几个显著特点：

（一）*建立健全法律法规，把防治腐败工作纳入制度化、规范化轨道。*尼、斯政府重视防治腐败法律制度建设，注重发挥法律制度在反腐倡廉工作中的重要作用。两国在防治腐败立法方面有三个特点：一是位阶高、数量多。首先，两国均在宪法中规定了防治腐败内容，《尼泊尔临时宪法》第 119 至 121 条明确了尼滥用权力调查委员会的组织机构和职责权力，《斯里兰卡宪法》第 153 条规定了国家必须设立总审计长，其主要职责是审查政府部门预算执行情况，确保政府廉洁高效运行。其次，两国均颁布了多部防治腐败法律法规，如尼泊尔《预防腐败法案》、《公共服务法案》，斯里兰卡《反贿赂法案》、《金融监管条例》和《国家采购指导原则》等，通过制定法律法规，不断完善防治腐败制度体系，有力促进了工作的开展；二是条文明确，便于执行。例如，尼泊尔《预防腐败法案》和斯里兰卡《反

贿赂法案》对各种腐败行为的定义、量刑以及防治腐败机构的工作程序等都作了规定，内容清楚详细，有利于执法人员在实践中援引适用；三是明确把违反财产申报规定的行为定为犯罪。尼、斯均规定，国家公职人员每年有申报个人财产的法律义务，并设立了专门机构负责此项工作。尼泊尔《预防腐败法案》第20条规定，如果国家公职人员申报的财产情况与本人收入不相称，且不能合理解释来源，超出其收入部分将被推定为非法收受财产，在这种情况下，该名公职人员将被判处2年以下有期徒刑并处以相应罚金。斯里兰卡《刑法》和《反贿赂法案》也有类似规定。

（二）引导公民参与防治腐败，重视保护公民权益。一是积极拓宽举报渠道，认真处理群众投诉。两国防治腐败机构均设立了接受公民举报的部门，规定公民可以通过电话、信件、网络、上门举报等多种方式投诉腐败行为。例如，斯里兰卡贿赂腐败调查委员会设立24小时服务的“1954”举报专线，并将有关案件调查结果及时在其网站公布。此外，根据斯《反贿赂法案》，该委员会只有在接到举报之后，才可以启动调查程序，而不允许主动展开案件调查，通过这一规定来提高对群众举报的重视；二是开展专项治理工作，及时回应社会关切。尼、斯两国在反腐败实践中注重明确阶段性工作重点，针对某一时期群众反映强烈的突出问题开展集中整治，切实维护公民权益，保持社会稳定。比如，尼泊尔滥用权力调查委员会近年来先后开展了惩治海关、税收部门腐败官员，打击警察系统腐败行为等专项工作，通过查处案件、完善制度有效遏制了有关行业领域的腐败现象；三是实施政府信息公开，提高行政服务质量。尼、斯政府十分重视信息公开工作，把信息公开纳入廉政建设总体考虑。尼泊尔在2007年制定了一个未来3年的反腐败战略规划，提出一系列具体措施以促进政府公开透明运行。斯里兰卡公共行政与内政部近年来通过设立政府信息公开网站、制定信息公开法规条例等措施，将与公民利益相关的行政服务事项，如出生登记、养老金发放、证照申请等放到网上办理，使行政服务更加透明、便捷。

（三）加大预防腐败力度，拓展从源头治理腐败工作领域。尼、斯预防腐败工作主要从制度、监管、宣教等方面入手开展，通过及时堵塞制度漏洞、强化公职人员管理、宣传廉洁意识实现有效预防腐败。主要有以下几个做法：

1. 在制度建设方面，重视开展腐败风险评估，对风险点实行动态监控。尼泊尔滥用权力调查委员会定期组织各部门联络人、有关专家学者对国家出台的政策和规章制度及政府各部门业务程序进行风险评估，找出容易滋生腐败的风险点，在此基础上提出相应的防范措施，并负责督促、指导有关部门落实措施。斯里兰卡公共行政与内政部近年来组织实施了一项行政改革计划，针对各部门工作程序中存在的腐败风险进行分析整改，有效防止利益冲突，提高了政府工作效率和透明度。

2. 在监督管理方面，加强对公职人员行为的规范，促进公共服务水平的提高。尼泊尔滥用权力调查委员会负责指导政府各部门及事业单位制定本机构的行为准则，行为准则普遍要求公职人员忠于宪法，遵守法律，在履行公务时要做到公平、公正，不得利用职权为亲戚和朋友谋利益，妥善处理各种公私关系，不得滥用公共资金等。斯里兰卡颁布了《公民宪章》，要求各部门制定并公布服务标准，维护公民享受公共服务的权利。此外，斯公共行政与内政部还在政府内部开展了“廉洁运动”，以提高公职人员廉洁意识和服务意识。

3. 在廉洁教育方面，强调分类施教，提高教育整体效果。针对政府官员、青年学生、私营机构三类，分别有针对性地开展廉政教育。对学生，斯里兰卡贿赂腐败调查委员会通过向学生发放反腐败漫画书，安排学生参加有关社会实践活动，传播反腐败信息，宣传廉洁意识；对政府官员，尼泊尔滥用权力调查委员会通过举办研讨会、培训班，制作广播电视专题节目，印发宣传材料等方式，使官员认识到腐败的危害性；对私营机构，尼泊尔政府重视加强与私营机构、非政府组织在预防腐败方面开展合作，通过论坛、集会、媒体等渠道对他们进行廉洁教育，鼓励他们举报腐败行为，此外，还定期派代表到私营机构中，宣传腐败的危害性，指导私营机构的预防腐败工作。

三、几点建议

（一）继续加大防治腐败立法工作力度，逐步建立完善我国防治腐败法律体系。此次访问中，代表团深切感受到了法律法规在尼、斯两国防治腐败工作中的重要性。无论是对腐败行为的定义、处罚，还是防治腐败机构的组织架构、职责权限、工作程序，均有明确的法律规定，为两国防治腐败工作的顺利开展提供了重要基础和保障。当前，加强我国国内防治腐败立法，不仅是依法治国的基本要求，也是建立健全惩防体系的重要内容。此外，我国已加入《联合国反腐败公约》，将《公约》要求转化为国内法也是履行《公约》义务的一项根本举措。因此，建议进一步加强防治腐败立法工作，特别是有关预防腐败的基础性法律法规，推动建立健全适合我国国情的防治腐败法律体系。

（二）进一步加强与发展中国家预防腐败机构的交流与合作，深入开展预防腐败技术援助与培训。在预防腐败领域加强交流合作、开展技术援助培训是我国与广大发展中国家合作关系的重要组成部分。此次访问中，代表团切身体会到尼、斯对与我开展预防腐败技术、人才交流培训的真诚期盼。国家预防腐败局自成立以来，与商务部等部门合作举办了四届发展中国家预防腐败研讨班，尼泊尔和斯里兰卡分别有3名和1名高级别官员参研，尼、斯防治腐败机构领导对此深表感谢，认为中国经验非常值得学习，希望中国今后继续举办预防腐败研讨班，为加强发展中国家反腐败能力建设提供持续援助。鉴于以上情况，为进一步加强预防腐败国际交流与合作，宣传我国预防腐败工作的经验和成效，深化与发展中国家人民的友谊，切实履行《联合国反腐败公约》义务，今后应继续办好发展中国家预防腐败研讨班。

（三）加强防止利益冲突研究，充分发挥制度建设在预防腐败中的作用。防止利益冲突是国际社会预防腐败的重要理念，也是预防腐败工作的重要内容。在访问中，尼方、斯方均表示，两国近年来正逐步加大预防腐败工作力度，其中一个重要方面就是从制度设计角度有效防止利益冲突，为此，尼、斯政府实施了一系列措施，包括建立官员财产申报制度，对公职人员收受礼品行为作出限制性规定等，取得了较好效果。我国近年来围绕防止权力滥用、规范权力运行和防止利益冲突，开展了大量调研工作，取得了一定成果。建议进一步加强研究，把防止利益冲突的基本原理与我国反腐倡廉实际相结合，将建立健全防止利益冲突工作纳入惩防体系建设整体考虑，适时推进完善相关制度，促进预防腐败工作不断取得新成效。

国家预防腐败局

二〇一一年八月二十三日

新加坡反贪机制和廉政制度建设考察报告

（2011 年 10 月 17 日）

根据中央组织部、外交部、国家外国专家局境外培训计划，中央纪委培训考察团一行 25 人，于 9 月 4 日至 17 日，赴新加坡就“反贪机制与廉政制度建设”进行了专题培训考察。新加坡外交部高度重视这次培训，给予高规格接待和周到细致的安排。培训团通过学习新加坡政治、经济、文化、司法制度、公务员管理、反贪机制和廉政制度建设等 11 个专题，拜访反贪污调查局、国会、高等法院、总检察署、警察部队、人民行动党总部等部门，比较全面地了解了新加坡反腐败和廉政建设取得成功的经验和做法。现将情况报告如下。

一、新加坡反贪机制和廉政制度建设的主要做法和经验

新加坡在上世纪六十年代建国之初，面临国土狭小、资源匮乏、经济落后、贪污猖獗等严峻问题带来的巨大生存压力。李光耀带领人民行动党强力推动招商引资和经济发展，与此同时，深刻认识到“廉政立国”的重要性，高度重视克服亲商型政府容易产生的官商勾结等腐败倾向，加大打击腐败力度，推行高效透明的行政措施，倡导诚信守法观念，并将反腐倡廉作为人民行动党重要执政理念一直坚持至今，使新加坡经济腾飞的同时，有效解决了贪腐问题，成为当今世界上最廉洁的国家之一。主要做法和经验有以下几个方面：

（一）制定完备严密的反腐败法律制度

新加坡政府高度重视依法反贪肃腐，把建立健全防治腐败法律制度作为廉政建设的主要内容。主要的反腐败立法有：《防止贪污法令》、《没收贪污、贩毒和其他严重罪行所得利益法》以及《刑法典》、《刑事诉讼法典》等。这些法律有两个突出特点：一是法网细密，违法必罚。腐败定义宽：金钱、财物、有价证券等任何形式的财产或财产性利益，职位、就业、契约、义务的放弃、责任的免除以及各种服务、恩惠、好处等非财产性利益的获取，以及任何对上述报酬的表示、着手和许诺，都被视为腐败行为。而且，腐败犯罪无最低数额要求，即使收一元钱也构成犯罪，在司法实践中就有收受 25 新元被定贪污罪的案例。腐败主体广：不仅包括公职人员，还包括私营机构中的人员。对行贿和受贿同等处罚，根据情节，对行贿甚至判处比受贿更重的刑罚。处罚严厉：对腐败犯罪实行“双罚制”，在判处刑罚的同时，追缴没收贪污贿赂所得，并处 10 万新元以下的罚款。对贪污贿赂导致的损失，还可以另行通过民事诉讼进行追讨。如果被告人拒不执行没收令，法院将在应判刑罚的基础上再增加判处适当的刑罚。二是建立特别诉讼程序和证据制度。针对腐败犯罪手段隐蔽、取证困难的特殊性，新加坡法律对腐败犯罪规定了不同于追究一般犯罪的特殊诉讼程序和证据规则，包括贿赂推定、财产来源不明的证据、贿赂人的证据效力等。如，受贿罪的构成不以实施谋利行为为要件，只要证明公务员接受、获取或同意接受或企图获取任何报酬，而无需证明受贿者是否有这种权力、机会以及有没有去实施行

贿人所委托的事项。又如，任何给予公职人员的利益将被推定为贿赂用途，除非被告有证据显示并非如此，明确规定来源不明的财产可以作为认定贪污贿赂犯罪的证据。再如，如果某人因贪污贿赂犯罪嫌疑而出逃，那么他将被视为犯罪。

此外，新加坡国会法、政治捐款法、选举法中都有防范政治活动中发生腐败行为的规定，把“黑金政治”降到最低程度。比如，严禁国会议员利用辩论谋取个人利益；对政治捐款用于竞选和相应申报进行了规定，任何政党和任何人都不能搞秘密政治捐款，每位候选人竞选中花在每个选民身上的钱不得超过3新元；对选举的时间做出严格规定，把选举中公开拉票的时间限定为10天，避免不必要的花费。

（二）建立一个运转顺畅打击有力的反贪机制

新加坡除专门反贪机构之外，国会、法院、总检察署、审计署、警察部队、商业事务局、中央投诉局、公共服务委员会等都被赋予相关的反贪污职权。政府各个部门都高度重视并自觉支持反腐败工作，主动加强对本部门的监督和防控，对腐败行为决不姑息。由于形成了一个权责清晰、运转顺畅、执行有力的反贪机制，新加坡对贪污贿赂犯罪一直保持高调查率、高起诉率和高定罪率，有力阻吓了腐败行为的发生。

反贪污调查局是新加坡反贪污腐败的专门机构，也是《防止贪污法令》的执行机关，直接向总理负责，首长由总统任命，独立行使反贪侦查权，对任何涉嫌贪污的人员，不论官职多高，都可以不需报经总理同意而自行立案调查。法律赋予贪污调查局特别侦查、无证搜查与强行搜查、对财产的查封扣押、检查复制银行账目、要求有关人员提供犯罪证据、要求嫌疑人申报财产、无证逮捕以及限制转移财产等广泛的调查权力和手段。此外，反贪污调查局还有权审查政府部门的工作程序，定期全面检查预防措施是否落实，从而有效防止腐败犯罪的发生。

（三）建立透明高效的行政管理体制

新加坡政府认为低效是产生腐败的温床，因此一直着力建立和完善现代行政管理体制，依法公开高效施政，有效监督制约权力。一是按照决策、执行、监督相分离的原则设置行政机构。二是制定和公开政府各部门的管理运作程序，力求使一切有关政府官员权力的工作条例简单明确，任何违反条例的行为都会引起怀疑或招来投诉。三是建立一套严格的监督机制，对行使权力的各个关键环节实施有效控制，最大限度地减少自由裁量权。例如，新加坡严格规范公共资金和罚没收入的管理，所有部门账户都在每个工作日结束前清零，转入财政部设立的专门账户统一管理，有效避免了公共资金的滥用。四是依靠科技防腐，大力推行电子政府行动计划，建立完善的网上商业执照申领系统和网上招投标系统。新加坡公共服务电子化程度比较完备，建立跨部门工作流程，并实现统一数据管理和共享，既提高了行政效率和服务水平，又有效预防腐败的发生。

（四）形成完善的公务员管理体系

新加坡廉政建设的一大亮点就是坚持对公务员的监督和养廉相结合，通过制定《公务员行为准则》、《公务员纪律条例》以及《国会议员涉足商场准则》、《人民行动党议员操行守则》等，建立了任前资格审查、初任宣誓、品德考核、行为跟踪、财产申报、中央公积金等一系列公务员管理制度。首先，严格公务员操守。《公务员指导手册》对政府各部门公务员不同的职务行为，从穿着、言行、奖励、津贴、休假、保密、退休到利益冲突等各方面都做出了明确而具体的规定，被奉为公务员的“圣经”，人手一册。其次，严格财产申报制度。明确规定公务员入职时，必须申报自己的财产；每年7月1日，每个政府部门的职员都要填写个人财产申报表。申报内容不仅包括自己所拥有的股票、房地产和其他方面所获得的收入，还包括其担保人和家庭成员所拥有的投资和利息情况。财产申报由各部门常任秘书负责审阅，不向社会公开，但贪污调查局有权进行审查核实。其三，注重以较高的待遇吸引人才和保持清廉。实行与私营机构挂钩的公务员薪酬体系，保持公务员比私营企业略高的薪酬标准。建立公积金制度，职务越高、工龄越长，公积金就越多，公务员只要在职时廉洁奉公，退休时就有一笔相当可观的储蓄用于养老和医疗。如果贪污受贿，就拿不到公积金，这使得公务员普遍珍惜自己的工作，认为没有必要去搞腐败。

（五）具备良好的廉洁文化氛围和社会管理基础

新加坡政府坚持不懈地塑造全民参与的廉政文化氛围，将反腐倡廉上升为国家意识，将廉洁纳入国民教育体系。注重西方法治文化与东方传统文化的兼容并包，通过西方法治文化教育，培育法治精神和守法意识，维持法律制度的正常运作；通过东方“忠孝仁爱礼义廉耻”等传统伦理教育陶冶品德，塑造国民的价值观和是非观，使“廉洁光荣、贪贿可耻”成为全社会的共识，对腐败“零容忍”在新加坡已深入人心。

通过完善社会管理机制，夯实有效防治腐败的基础。建立严格的金融实名制和公民身份证号码终身一号制。新加坡公民的一切经济活动，如设立企业、开立账户、交易股票、购房购车、领取公积金等，都必须以唯一的公民身份证号码为依据，而且实行终身一号制，使个人的资产状况、资金来往等一目了然。与此同时，建立社会信用信息与反贪机构共享机制。例如，银行及负责房屋、汽车注册的部门，每年都会将公民借贷、购房、购车等个人信用信息主动提供给贪污调查局和税务局，如有疑点就会进入调查程序，避免个人有不明资金资产往来。再如，政府成立禁止投标委员会，将一些违规违法企业列入投标政府工程的黑名单。通过这些措施，提高了政府反贪行动的主动性和实效性，让腐败分子无机可乘。

二、新加坡反贪机制和廉政制度建设给我们的启示

一是解决腐败问题必须要有坚定的政治决心。新加坡廉政建设成功的关键在于政治领导人和全体国民清除腐败的坚强决心。正如在查办新加坡前国家发展与建设部部长郑章远腐败案后，李光耀在接受记者采访时所说：“要采取行动对付一个十多年的密友和部长是很困难的事。但是，如果不采取行动，任他逍遥法外，那整个制度就会受到损害。新加坡过去30年所建立的廉洁制度就会很快削弱并且毁于一旦。”新加坡的反贪之路说明，无论一个国家腐败形势多么严峻，情况多么复杂，只要执政者秉承毫不动摇的政治决心和勇气，坚决与一切贪污腐败现象作斗争，并且能够以身作则，始终如一，就一定能够有效解决腐败问题。

二是有效防治腐败必须以法治作为前提和保障。新加坡实现和长期保持廉洁的一个重要因素是依法防贪、依法治腐。首先，不论公共部门、私营机构还是公民个人都要有很强的守法意识，形成依法办事的社会氛围；其次，法律规定要准确、细密，不留死角和自由裁量的空间，反贪法律制度必须具有很强的针对性和务实性，从而降低查处腐败犯罪的难度和成本；第三，法律执行要严格，制度要有执行力。新加坡惩治贪腐的最高刑为7年监禁，并不见得严厉，但新加坡法律在认定腐败行为时没有金额的限制，以有和无作为唯一标准，而且执法严厉没有例外，产生的震慑力足以打消国民的侥幸心理。可见有效惩戒腐败，不在于严刑峻法，而在于法之必行，真正做到伸手必被捉。

三是反腐败要建立综合性的防治体系。

反腐败是一个系统工程，必须创建一个内外结合、纵横协调的防贪治腐网络，形成综合性防治体系。一方面以专业反贪机构为依托，立法机关、司法机关、审计机构等相关部门各司其职，有力打击腐败。另一方面，各个部门要将防治腐败的要求贯穿于日常业务管理中，不断完善高效廉洁的现代公务员制度和行政管理体制，在制度建设和制度创新中编织有效预防腐败的网络。

四是反腐败需要营造廉洁诚信的社会文化氛围。新加坡始终认为贪污不仅仅是犯罪问题，同时也是社会和民风问题。廉洁文化建设是有效预防腐败不可或缺的一环，必须通过各种形式的廉政教育实现政府与社会的良性互动，在全社会形成以廉为荣，以贪为耻的良好氛围，使清正、守法、秩序成为人们自觉的生活习惯，让廉洁成为每个公民的生活方式。

五是执政党的作风建设事关反腐败斗争成败。新加坡人民行动党执政52年来，除了施行清廉政治以外，始终保持与社会大众尤其是广大基层民众的沟通联系，实现精英政治与草根社会的紧密结合。行动党总部建在很不起眼的场所，将党的基层支部设在社区，行动党议员每周接见所在地区的民众，帮助解决大到政治诉求小到生活琐事等困难，赢得了民众的拥护和支持。执政党作风建设对于保持政治清廉和社会和谐尤为重要。一个政党执政时间越长，越要保持清醒头脑，做到居安思危，不断创新，始终以人民公仆的身份来施政，以人民公仆的身份接受群众的监督批评，这样才能保持政治清廉，从而带动整个社会的清廉。

三、我们的建议

中新两国在政治体制、社会制度、法律制度、地理环境、经济发展水平等方面差异巨大。中国作为一个发展中的大国，廉政建设必然更具复杂性和特殊性，新加坡的经验做法不能简单复制和照搬照抄，我们必须探索一条具有中国特色的反腐倡廉之路。结合这次培训考察，提出如下建议：

1. 进一步强化和落实地方各级党委政府抓党风廉政建设的政治责任。建议地方各级党委政府严格按照《关于实行党风廉政建设责任制的规定》要求，始终保持对腐败的高压态势，将党中央、国务院反腐倡廉的坚强政治决心以及党风廉政建设和反腐败斗争的各项决策部署不折不扣落到实处。

2. 积极推进防治腐败法律制度建设。我国惩治和预防腐败方面的法律法规主要散见于《刑法》和大量的党内条规，但是直接应用于防止公职人员权力腐败的单行法规以及预防方面的基础性法规还很欠缺。建议抓紧研究制定统一的防治腐败法、防止利益冲突法、行政程序法等，将党的意志及时转化为法律规定，建立和完善反腐败法律制度体系。

3. 进一步完善我国关于贪污贿赂犯罪的法律规定。建议结合刑法修改进程，适时研究修改我国贪污贿赂犯罪的构成要件，尤其是修改行贿犯罪的犯罪构成，取消“谋取非法利益”的认定要件，真正做到行贿与受贿同罪处理，转变重打击受贿、轻打击行贿的立法执法误区。此外，建议对腐败犯罪实行双罚制，在刑罚处置的同时，增加罚金刑和资格刑的规定，不让腐败分子在经济上占到便宜，有效阻遏腐败的动机。

4. 加强社会领域防治腐败工作。社会领域的腐蚀拉拢与公职人员的贪腐行为互为因果，形成对偶。建议结合社会领域相关组织的特点，从完善法人治理结构、加强社会监督、诚信建设、廉洁文化教育等各方面开展私营机构、中介组织以及社团组织防治腐败工作，在全社会营造廉洁守法的环境和氛围。

5. 加强社会管理基础性建设。社会信用体系、金融实名制等社会管理建设对于从源头上防治腐败具有十分重要的作用和意义，是有效预防腐败的基础。建议进一步完善金融实名制，建立以社会信用代码为基础的失信惩戒机制，推动社会诚信体系建设，推动建立预防腐败信息共享和预警机制。

6. 采取切实举措加强和改进党的作风建设。建议逐步建立地级市及以下各级党委、政府领导和部门领导定期与基层群众联系和沟通制度，积极聆听人民呼声，切实解决民生问题，不断保持和加强党和人民群众的血肉联系，以实际行动取信于民。

中央纪委赴新加坡培训考察团

2011 年 10 月 17 日

关于国家预防腐败局副局长崔海容率团赴摩洛哥参加《联合国反腐败公约》第四届缔约国大会并访问法国情况的报告

（2011 年 11 月 15 日）

应《联合国反腐败公约》秘书处（联合国毒品和犯罪问题办公室）、法国司法部的邀请，经国务院批准，国家预防腐败局副局长崔海容率国家预防腐败局代表团一行 6 人于 2011 年 10 月 22 日至 31 日，赴摩洛哥马拉喀什参加《联合国反腐败公约》第四届缔约国大会并访问法国。在我驻摩、法使馆的大力支持下，参加会议和访问取得圆满成功。现将有关情况报告如下：

一、参加会议情况

（一）会议基本情况

国际社会非常重视《联合国反腐败公约》第四届缔约国大会。来自 116 个缔约国、11 个观察员、14 个政府间国际组织和 43 个非政府组织的代表约 1500 人参加了会议。开幕式上，会议东道国摩洛哥皇家顾问 Abdellatif Menouni 宣读了摩洛哥国王 Mohammed VI 阁下的致辞，随后联合国维也纳办事处主任兼联合国毒品和犯罪问题办公室执行主任 Yury Fedotov 致开幕辞。会议还选举摩洛哥公共部门现代化部部长 Mohammed Saad El Alami 为本届会议主席。会议采取大会与各议题磋商相结合的方式进行，重点就履约审议机制、预防腐败、资产返还和技术援助等问题进行了磋商，并最终通过了 12 项决议。

（二）会议的主要成果和特点

1. 联合国反腐败公约已经成为全球反腐败合作的主渠道和重要平台。在大会进行一般性辩论时，各区域组织代表和国家高级别代表在发言中普遍强调公约在预防和打击腐败方面日益成为全球标准，赞赏公约第三届缔约国大会以来在履约审议机制等方面取得的积极进展，建议公约建立的一整套机制和法律制度在今后反腐败全球行动中发挥更大的作用。从发言中还可以看出，代表们也越来越借助这个平台来宣传各自反腐败的立场和做法，指出在执行公约方面存在的困难和挑战。

2. 履约审议机制自 2010 年正式启动以来，公约实施已经进入实质性阶段。2009 年底召开的第三届缔约国大会决定设立履约审议机制。近两年来，尽管围绕公约第三章和第四章开展的国别审议工作存在因机制尚处于初期阶段而产生的数量有限、经验不足等问题，但是对各国实施公约情况的审议监督正在稳步推进之中。今后关于履约审议机制规则的细化、完善和国别审议的应对等工作将进一步加强。本届大会最重要、也是各方利益争夺和矛盾最集中的问题就是非政府组织参与履约审议机制问题。经过夜以继日的艰苦谈判，各方最终达成妥协，即：通过举办吹风会，向非政府组织介绍审议进程的成果，但在吹风会上不应提及或讨论任何具体的国别情况。

3. 预防腐败、技术援助和资产追回等议题的谈判和磋商向务实方向继续发展。在预防腐败方面，决定继续保留预防腐败政府间工作组，编写并呼吁采取更多实质性举措推动第二章的落实，为2015—2020年间第二章的审议做准备。在技术援助方面，强调切实提高各国特别是发展中国家履约能力，建议各缔约国查明实施公约的技术援助需求，排定优先顺序。在资产追回方面，大会决议要求资产追回政府间工作组继续开展工作，加强资产追回方面的国际合作，鼓励缔约国提高资产追回合作的政治意愿并消除法律障碍。

4. 会议决定的其他事项。会议决定举行国际合作问题不限成员名额政府间专家会议，就引渡和司法协助问题向缔约国会议提供建议和协助，并在第五届缔约国大会前至少举行一次会议。此外，会议决定第五届缔约国大会将于2013年在巴拿马举行。

（三）代表团主要工作

会上，国家预防腐败局副局长崔海容作为中国代表团副团长作了大会发言，重点从立法、行政、执法和司法等方面介绍了我国履行《联合国反腐败公约》的进展和成效，并简要介绍了国家预防腐败局今年以来围绕《公约》第二章“预防措施”所进行的工作情况，受到了会议秘书处和各方代表的重视和赞赏，纳米比亚、乌干达等国家代表还纷纷在随后的发言中积极响应我方意见。

会间，崔海容同志拜会了摩洛哥中央预防腐败局局长阿布德拉、黑山反腐败促进局局长拉特科维奇，就《联合国反腐败公约》履约审议机制、预防腐败双边交流与合作等问题与对方交换了意见。此外，崔海容同志还应约会见了香港廉政公署专员汤显明，并与约旦、肯尼亚、泰国等国家的参会代表及澳门廉政公署专员冯文庄就双方开展合作问题进行了交流。

代表团按照中央批准的与会方案积极参加各议题讨论和磋商。代表团成员分工合作，密切配合，形成对外工作的合力。在一些我持有重大关切的核心问题上，注意与俄罗斯、伊朗、古巴等观点相近国家协调配合，坚决维护我国利益。在全团共同努力下，我对会议进程施加了重要影响，圆满实现了预期目标。

二、访问法国情况

法国政府对国家预防腐败局代表团的访问高度重视。访问期间，崔海容与法国预防腐败中心有关负责人举行了工作会谈，相互交流了两国开展预防腐败工作的经验做法，就双方共同关心的社会领域防治腐败、制度审查、履行《联合国反腐败公约》等问题交换了意见，并就两个机构在预防腐败领域进一步加强交流与合作进行了探讨。代表团还应邀拜访了巴黎上诉法院、巴黎大审法院两机构，与两院检察官就惩治腐败的法规制度、案件调查、反腐败国际合作等交流了看法。

通过访问，代表团对法国反腐败工作有了比较全面、深入的了解，尤其是法国预防为主导、惩治为保障的反腐败法制和措施，印象深刻，启发很大。主要有以下几个特点：

（一）遵循以预防为主的反腐败指导思想。纵观法国预防腐败工作，预防主体之多元、预防机构之专业和预防措施之细致为世界各国少见。从预防的主体来看，包括司法机构、行政机构及行政机关内设机构、民间机构与个人，几乎涵盖了社会生活的各个层面，如行政机构的专门预防、行政机关的内部预防、审计法院和地方审计法庭的审计预防、民间机构和财务人员的一般预防；从预防腐败的专业化来看，程度都比较高，如预防腐败中心、打击非法金融活动行动和情报处理中心、司法部刑事案件与赦免局下属经济犯罪案件分局等各有专长；从预防腐败的措施来看，既深入具体又有针对性，主要是就问题提出办法，今天发现十个问题，就先解决这十个问题，明天再发现什么再解决，逐步完善。

（二）预防腐败工作细致深入。如，法国预防腐败中心在开展企业内部廉洁教育时，会详细告诉企业员工在国际贸易中本国关于腐败犯罪的规定是什么、其他国家法律关于腐败的规定是什么、如何遵守本国法律和他国法律，同时还帮助企业制定诸如道德准则等规章制度，告诉员工多少价值的礼品不能收、遇到上司腐败怎么办等。再如，法国预防腐败中心就反腐败相关问题向政府部门、司法系统提供咨询和建议时，可以应司法机关的要求，就某个案件的调查方式、如何定性、是否起诉等方面提供建议书，也可以应某个民间机构如足球俱乐部的要求，就哪些事情可以做、如何做、程序上怎么办，哪些事情不可以做、如何预防等提供咨询。

（三）惩治腐败机制健全严密。法国将腐败分为主动腐败和被动腐败两种，不论是否利用职务之便，只要受贿人有权力、拿好处、为人办事即为腐败。在处理腐败案件时，对于一些并不严重的腐败案件，为了快速处理，一般不进入司法程序，而由其主管部门给予纪律处分；对于进入司法程序的腐败案件，考虑到法院、检察院因实体调查难度大，故主要调查程序上的违法问题，追诉时效是3年；对于调查属实的案件，法国刑法规定腐败犯罪中仅有贿赂司法工作人员罪和司法人员收受贿赂罪为重罪，其余都是轻罪，对贪污受贿非法获利等腐败行为最严厉的制裁仅处以10年有期徒刑和15万欧元（法人75万欧元）罚款。法国有一个专门负责涉案财产处理的部门，对于腐败案件涉及的财产，案件调查时可以冻结并通过拍卖等方式变现，结案时以现金返还或没收，防止财物损失。

三、几点建议

（一）进一步深化预防腐败领域的务实交流与合作。通过这次参会和访问活动，我们既积极宣传了我国反腐败的经验做法和工作成效，也学习借鉴了其他缔约国关于推动公约实施方面的举措，加深了相互之间的了解和理解，为今后进一步扩大和深化合作奠定了基础。这种良性的互动和沟通有助于形成对我国反腐败工作有利的国际环境和舆论氛围。

（二）继续做好联合国反腐败公约履约审议事务相关工作。我国将于2013—2014年接受公约第三章和第四章两个章节实施情况的审议，根据“一国两制”和基本法规定，香港和澳门特区将随中央政府一起接受审议。2012—2015年间，我将被抽中审议其他缔约国。国内公约履约审议事务相关工作已经启动，建议国家预防腐败局会同外交部等部门密切跟踪机制运行情况，积极参与履约审议机制规则细化工作，在2013年前做好政府专家培训、自评清单填写等相关准备工作。

（三）法国在预防腐败方面的一些做法值得借鉴。中法两国经济发展水平不同、腐败发展阶段不同，遇到的腐败类型、形式不同，反腐败的措施和方法也有所不同，但法国有一些做法值得我们借鉴。一是借鉴法国专门预防腐败机构专业化分析的做法，建议由国家预防腐败局就全国性的预防腐败工作进行研究，各省区市预防腐败局每年对本省一些部门或系统的腐败问题进行分析，提出有针对性的预防措施。二是借鉴法国预防腐败中心提供咨询和帮助社会组织制定规范性准则的做法，建议由国家预防腐败局在履行社会领域防治腐败职责时，探索协助有关社会组织制定廉洁从业规定，对从业人员的行为进行规范，同时由专门部门为社会成员或组织提供咨询服务。

国家预防腐败局

二〇一一年十一月十五日

中加政策选择合作项目有关材料

关于中加市场中介组织监管机制的比较分析

——中加合作项目第二次赴加拿大考察报告

（2010 年 8 月）

2010 年 5 月 9 日至 19 日，根据中国和加拿大政府政策选择项目的安排，国家预防腐败局组团赴加拿大首都渥太华，就加强市场中介组织监管和防治腐败问题进行了第二次专题考察。

一、考察的总体情况

马驮、屈万祥、崔海容等国家预防腐败局领导同志对中加政策选择项目的执行工作十分重视，多次指示要认真研究赴加考察的题目和内容，将考察启示用于研究对国内市场中介组织的监管实践。根据领导指示，我们事先就考察题目、内容和要求与加方反复进行了沟通协商，行前进行了集中研讨培训。

考察期间，我们以注册会计师、资产评估、律师等市场中介行业为重点，详细了解了加拿大联邦政府（国会）制定监管法律法规，以及相关机构履行管理职能的做法和经验。听取了加拿大国会审计总长办公室、加拿大金融交易和报告分析中心、加拿大全国房地产估价师协会、加拿大摩尔公共政策咨询公司、不列颠哥伦比亚省特许会计师协会、不列颠哥伦比亚省托宾律师事务所关于开展行业监管与防治腐败的专题介绍，并就我们重点关注的问题进行了交流探讨，收获颇丰。

二、中加两国市场中介组织监管机制的比较分析

加拿大市场中介组织发育比较成熟，国际化和自治程度很高，执业中较少出现问题或腐败案件。这与加拿大经济社会发展整体处于较高水平直接相关，也与该国政治、经济、法律和社会管理制度方面的一些特点有密切联系。加拿大政治上实行的是联邦制，各省在经济文化和社会管理事务上具有较大的自主性；经济上奉行自由市场经济模式，政府一般情况下尽量不干预或少干预微观经济运行；法律上深受英国普通法系习惯法、判例法和衡平法思想的影响，较少制定全国统一的法典；社会管理上重视发挥各类社会组织的作用，强调授权和自治。中加两国国情不同，市场中介组织的发育程度不一样，政府对市场中介组织的监管模式也存在较大差异。

（一）关于政府与市场中介组织的关系

加拿大政府在经济发展中的主要职责是

制定相关法规，通过构建公平自由的竞争秩序来维护经济发展。政府一般只制定竞争规则，并不事事充当管理者或裁判者的角色。就政府与市场中介组织的关系而言，第一，市场中介组织是企业化运作的营利性机构，是市场经济发展的自然产物，它与政府之间遵循平等的权利义务关系。政府需要市场中介组织提供服务，一般通过购买服务的方式进行。例如，我们与加拿大政府开展的本次市场中介组织监管与防治腐败合作项目，加拿大政府即通过公开招标的方式，确定不列颠哥伦比亚省托宾律师事务所为加方承办机构。第二，国家公权力与市场中介活动的界限十分清楚。国家公权力一般不介入律师、公证、鉴证、审计等市场中介组织的执业活动。市场中介组织依法独立进行的执业行为，得到国家行政和司法机关的充分尊重和保护。

我国市场中介组织产生和发展的路径与加拿大有很大区别。大部分市场中介组织的职能是从政府部门逐步剥离出来的，政府部门与市场中介组织管办不分的情况一直存在。一些主管部门仍将行政管理职责范围内的事项交由脱钩后的市场中介组织办理；有的将特定市场中介组织的业务作为行政许可的前置条件进行指定。一些市场中介组织如公证、司法鉴定、价格认证、质量检测等行业，其执业机构仍作为行政机关或事业单位得以保留。

（二）关于市场中介组织的管理体制

加拿大一般没有设立直接管理企业或市场中介组织的行业主管部门，而且越是专业化强的市场中介组织，政府越不直接监管，而是由专业协会去管理。承担相关行业管理职责的机构有两类：一是得到政府授权或会员授权的行业协会，这是管理的主体。如特许会计师协会、律师协会、专业工程师和地质科学家协会的监管权力来自政府法令授权；房地产估价师协会的监管权力则来自会员授权，协会在章程中自行规定对会员的监管职责。行业协会承担行业准入审批、执业标准、教育培训、监督检查、违规调查、纪律惩戒等管理职责。二是根据议会或政府授权成立的各种管制机构，如不列颠哥伦比亚省政府的“超级委员会”。这些管制机构不管具体行业业务，主要根据有关法律法规调查处理行业投诉、指控或上诉，其工作程序类似法庭，相当于行业监督仲裁的“二法院”。企业或个人如对委员会的仲裁有异议，可上诉至联邦法院，由法院做出最终裁决。政府把管理市场中介组织的主要职责交给相应的行业协会或管制机构，并由法院来做最终裁判，既发挥了“行业专管”的优势，又尽可能避免形成部门利益，出现政出多门和权钱交易等腐败现象。

改革开放初期，我国市场中介组织大多由政府部门出资成立，行业主管部门代表国家对其实施直接管理。目前，一些领域的行业协会虽然具有一定自律管理功能，但政府依然承担重要管理职能。在这种管理体制之下，行业主管部门对市场中介组织直接干预太多，不利于它们走向市场，不利于它们发展壮大，也容易形成行业垄断、区域封锁和市场分割。部门之间、地区之间在资质认定、市场准入等方面对市场中介组织进行多头控制和交叉管理。我国资产评估行业资质林立的现状，就是一个典型的例子。

（三）关于市场中介组织的执业环境

在加拿大的经济生活中，商业欺诈、不当竞争等现象比较少见，企业和市场中介组织大多遵守市场规则。市场中介组织违规经营和腐败犯罪的案例较少，与成熟的市场环境和社会诚信体系有很大关系。第一，中介活动交易双方在法律上是平等的民事主体，对涉及切身利益的中介规则、程序和结果，双方会自发起来监督，达到相互制衡的效果。如果交易结果显失公平，受损一方自然会提出异议，通过仲裁或司法的渠道加以解决。第二，诚信理念的普及，使绝大多数市场中介组织及其从业人员自觉约束行为，不贪一时之利。从保障机制来说，加拿大全体公民都受到诚信“白卡”制度的约束，一旦有不良记录，将终身受到影响。行业协会对会员的诚信约束，一方面通过经常性的监督检查，确保会员遵守职业操守，维护行业声誉，另一方面要求会员必须购买行为缺失专业保险，由保险公司承担会员执业疏失造成的损失。某些市场中介组织搞不正当竞争，损害了同行业其他成员的利益，大家也会起来检举控告。从这层意义上来讲，诚信环境归根结底是靠大众的力量来维护的。

我国现阶段市场中介组织执业环境还不太理想。第一，由于市场要素发育不健全，中介活动买卖双方的平等关系得不到有效保护，市场中介组织很多时候处于被动和胁从地位，中介服务有时被用来掩盖非法交易。第二，诚信体系不完善。对不讲诚信的行为缺乏有力的约束机制。市场中介组织违规违法的成本比较低，在某一地区受到执业限制或被清出市场后，法人代表改头换面照样可以在其他地区执业。

（四）关于市场中介组织的监管法制

加拿大对市场中介组织的监管法制问题，有两个比较突出的特征。第一，强调行业自治。加拿大全国有统一的行业标准，但没有统一的监管法律。各省依据行业标准和法治理念自行制定法令，授权相应的省级行业协会实施监管。省级协会授予会员的执业资质在全国范围得到承认，各地监管信息做到互通共享。第二，注重分权制约。政府立法、协会执法、法院执法监督，是对市场中介组织实施法律监管的基本模式。政府法令的要求，原则上体现在协会制定的章程和行规当中。法院监督协会，主要看它是否依照全国统一的行业标准实施监管，是否在政府授权范围内开展工作，以及监管行为是否公平公正。对协会关于会员资质、能力和行为的专业判断，法院予以充分尊重。

改革开放以来，我国先后出台了十几部与市场中介组织监管相关的法律法规，也表现出两个突出的特点。第一，强调政府的监管职责。根据现行法律规定，多数中介行业的资质认定、准入审查、监督检查、违规惩戒等，都由行业主管部门直接负责。《律师法》、《注册会计师法》、《证券法》等法律，对行业自律管理问题虽有所涉及，但表述比较原则，操作性不够强。第二，提出相关法律议案和执行法律的主体都是行业主管部门，法律法规的部门化倾向比较明显。此外，在执法监督层面，由于法院一般都不太容易改变政府部门做出的行政决定，当事人的司法救济渠道还不是很通畅。

三、几点建议

由于两国政治、经济、社会和法律制度不同，中加市场中介组织监管模式并没有绝对的优劣之分。但加拿大的一些理念和做法，特别是政府在整个监管体系中的职能定位问题，值得我们思考和借鉴。

（一）理顺政府与市场中介组织的关系

政府与市场中介组织的关系长期理不清楚，主要是政府在市场经济和社会管理中的职能定位还不清晰。当前要落实两方面的任务：第一，加快推进政府与市场中介组织分开。按照减少政府对微观经济运行干预的要求，把分开工作与政府职能转变、加快行政管理体制改革结合起来。进一步清理和规范行政审批、行政许可事项，把政府不该管、管不了也管不好的事情交给企业和市场，交给社会组织和市场中介组织。第二，大力培育和扶持市场中介组织的发展。要切实规范政府权力，健全市场机制，给市场中介组织创造良好的执业和生存环境。促进一批有实力、信誉好的市场中介组织健康成长，使之更好地服务市场经济建设，参与国际竞争。

（二）对市场中介组织进行分类监管

在我国目前市场经济发展水平和行政管理体制现状之下，政府完全退出对市场中介组织的监管是不现实的，但政府也不能继续大包大揽。要针对各类市场中介组织的不同行业特点和地位作用，明确政府监管与行业自律管理的相应权重，进一步发挥行业协会的管理作用。第一，一般性的中介服务行业如介绍、咨询、培训、代理等，可以交给行业组织依章程自律管理，政府侧重搞好公共服务和执法监督。第二，社会公信力较强的公证、司法鉴定、质量检测以及专业性较强的注册会计师、资产评估师、建筑工程师等行业，专业行业协会应承担会员的资质审批、执业标准、教育培训和执业检查等主要职责，政府可以协助做好违规调查和处罚惩戒等监督保障工作。第三，涉及到经济安全和社会稳定的金融、证券、期货、投资托管等行业的中介组织，应明确由政府承担主要监管职责。

（三）加强市场中介组织监管的法制建设

加强法制建设，关键是转变立法理念，提高立法质量。第一，尽可能避免立法部门化，法律应明确政府部门、市场中介组织、行业自律组织、社会公众的权利义务关系。第二，法律过于强调政府的管制作用，不利于政府职能转变和行业发展。要跳出管得越多越好的传统思维，对尚在发展当中、一时还看不准的事，应留出探索的空间。第三，充分考虑各地经济社会发展的实际差异，国家可以统一行业标准和监管原则，执行层面应调动和鼓励地方立法的积极性。

（四）建立市场中介组织信用信息监管平台

建立市场中介组织信用信息监管平台，是统一开放的现代市场体系建设的必然要求。第一，建立对市场中介组织从业人员定期、持续、强制的教育培训机制，提高其诚信操守和专业素养。第二，加强重点行业市场中介组织的内部管理与外部审计监督，通过一定渠道公开其财务信息和资产管理使用状况，建立相应的公众举报和受理机制，接受社会的查询与监督。第三，积极推动建立信用等级评估、信用监管、失信惩戒和行业退出机制，鼓励各地区加大信用信息电子平台建设，国家适时整合资源统一规划，逐步建立全国统一的电子监管平台。

国家预防腐败局
2010 年 8 月

中加政策选择合作项目总结报告

（2010 年 11 月 24 日）

一、中加政策选择项目的背景

中加建交以来，两国政府一直重视通过项目交流拓宽双边合作领域，深化合作内容。1994 年，两国政府签署了“国别发展政策框架”，现在执行的是“2005—2010 年国别发展政策框架”，重点合作领域是平衡发展、环境的可持续性和政府管理三个方面。加拿大国际发展署是代表加政府具体负责中加项目合作事宜的部门。为支持中国政府的改革进程，设立了政策选择项目（POP），希望通过中加双方政府官员和专家交流工作经验，提高中方人员的工作能力和水平，为中国的可持续发展做出贡献。

为借鉴加拿大社会领域预防腐败的工作

机制和有益经验，经与中国商务部、加拿大驻华使馆、国际发展署多次协商，2008 年下半年，国家预防腐败局向加方提交了“制定预防腐败方针政策，促进市场中介组织健康发展”的申请项目，并于 2009 年 2 月获加拿大政府批准。2009 年 8 月，加拿大托宾律师事务所的代表专程来北京，与国家预防腐败局就项目执行计划进行了洽谈，共同起草了《中加政策选择项目执行计划》。双方按执行计划正式启动了中加政策选择项目。

二、中加政策选择项目执行情况

项目执行主要分为国内调研与赴加考察两个部分。

（一）*积极开展国内调研*。第一，国家预防腐败局办公室组织专门力量，先后到辽宁、河北、上海、浙江、四川、湖南、湖北、福建、广东、云南以及国家发改委、商务部、民政部、工商总局、国土资源部、建设部、国资委、财政部、卫生部、信息产业部、司法部、保监会、证监会、全国工商联、全国科协等 20 多个省市和部委，就市场中介组织的监管和防治腐败问题进行专门调研，听取各级监察机关、行业主管部门、业界代表人士和专家学者的意见建议，为下一步工作提供决策依据。

第二，国家预防腐败局会同国务院纠风办，在福建省厦门市召开了由 31 个省区市和 17 个中央部委参加的全国市场中介组织防治腐败座谈会，交流推进市场中介组织防治腐败的做法，分析工作中存在的问题，研究市场中介组织防治腐败的思路和措施。这次会议对全国市场中介组织的监管和防治腐败工作产生了很大的推动作用。

第三，在北京先后两次召开了部分省市和中央国家机关代表参加的市场中介组织防治腐败研讨会，具体探讨和研究了我国律师、注册会计师、资产评估、建设工程招投标代理等中介行业防治腐败工作的现状和治理措施。

（二）*认真组织赴加考察*。2009 年 11 月 15 至 25 日，国家预防腐败局率领由国务院纠风办、司法部、财政部、福建省、湖北省等单位组成的代表团，赴加拿大不列颠哥伦比亚省，就加强经济鉴证类市场中介组织的行业监管和防治腐败工作进行考察。考察期间，与加拿大全国房地产估价师协会、不列颠哥伦比亚省特许会计师协会、不列颠哥伦比亚省专业工程师和地球科学家协会、不列颠哥伦比亚省托宾律师事务所、不列颠哥伦比亚省西温哥华市政府以及美国资产评估协会进行了交流，听取了他们关于行业监管和防治腐败的情况介绍，并就彼此关心的问题进行了深入探讨。

2010 年 5 月 9 日至 19 日，国家预防腐败局率领由民政部、上海市、福建省、广东省等单位组成的代表团赴加拿大首都渥太华，重点就加拿大联邦政府制定相关法规及政府部门履行管理职能的做法和经验进行考察。考察期间，与加拿大国会审计总长办公室、加拿大金融交易和报告分析中心、加拿大全国房地产估价师协会、加拿大摩尔公共政策咨询公司、不列颠哥伦比亚省特许会计师协会、不列颠哥伦比亚省托宾律师事务所等单位进行了深入交流和研讨。

前后两次赴加考察，我们分别从加强市场中介组织行业自律和政府监管的不同角度，学习借鉴了加拿大的做法和经验，收获很大。我们撰写的考察报告，得到了国家预防腐败局领导的高度评价。

三、中加政策选择项目目标实现情况

2009 年 8 月，中国国家预防腐败局办公室与加拿大托宾律师事务所共同确立了政策选择项目的四项目标：①提高行政行为透明度，规范政府部门与市场中介组织之间关系；②减少政府部门对市场中介组织的不正当影响，促进市场中介组织自主经营；③加强市场中介组织行业自律和专业水平，推动完善市场机制；④促进中加两国在该领域的经验交流。通过中加双方的共同努力，我们比较圆满地完成了合作项目既定的目标。

（一）提高行政行为透明度，规范政府部门与社会公众的关系。加拿大是较早建立信息公开制度的国家之一，保障信息资源的公众获取权和公民知情权，已经成为加拿大的重要价值观念。在对市场中介组织的监管上，行业协会与管理权力运行有关的事项，都公开透明运行，特别是实行阳光财务制度，向社会公开其财务收支情况，便于公众和成员监督。在信息公开方面，我们这两年正努力推动中国各级政府提升施政行为的透明度，保障公众的知情权和监督权。2009年，国家预防腐败局组织召开了中央国家机关政务公开工作座谈会，推动国务院各部门加大政务公开力度。2010年，召开了政务公开领导小组第十次会议，制定政务公开工作要点，对推进中国各级政府的政务公开作了详细部署。2010年8月，国家预防腐败局、监察部与香港廉政公署、澳门廉政公署联合召开了“财政预算公开与防治腐败三地专题研讨会”，对推进预算公开进行了探索。

（二）减少政府部门对市场中介组织的不当影响，促进市场中介组织自主经营。加拿大政府主要是通过制定法规，构建公平自由的竞争规则，来维护经济社会发展，并不事事充当管理者或裁判者角色，国家公权力与市场中介活动的界限十分清楚。市场中介组织作为企业化运作的营利性机构，与政府同为平等的权力主体。市场中介组织依法独立进行执业，国家行政和司法机关予以充分尊重和保护。在监管方面，则采取政府立法、协会执法、法院监督的监督模式，政府监管法令的要求体现在协会的章程和行规当中。中国市场中介组织大多是在计划经济向市场经济转轨过程中，由政府职能部门剥离出来，与政府公权力有着密切联系，易受政府行为影响。随着政府职能转变，政府要逐步向市场中介组织下放权力，促进其独立自主发展。经过反复论证，国家预防腐败局已制定政府与行业协会、市场中介组织分开试点工作方案，计划从明年开始，通过一段时间的专项治理，实现政府与市场中介组织在组织机构、工作职能、财务资产、办公场所等方面彻底分开。

（三）加强市场中介组织行业自律和专业化水平，推动完善市场机制。加拿大各类市场中介组织都有自己的行业协会，注重行业自治，一般没有直接管理企业或市场中介组织的行政主管部门。专业性越强的市场中介组织，越是由专业协会去管理。承担此管理职责的机构有两类：一是得到政府授权或会员授权的行业协会，这是管理的主体。如特许会计师协会、律师协会、专业工程师和地质科学家协会的监管权力来自政府法令授权；房地产估价师协会的监管权力则来自会员授权，协会在章程中自行规定对会员的监管职责。二是根据议会或政府授权成立的各种管制机构，根据有关法律法规调查处理行业投诉、指控或上诉，相当于行业监督仲裁的“二法院”。相对而言，中国的行业协会发展总体上处于起步阶段，其对市场中介组织的行业管理能力相对不足，因此更多依赖政府职能部门的管理。我们已在针对行业协会、市场中介组织的工作方案中作出相关部署，力求调整优化行业协会组织结构，开展行业协会转为法定机构改革的试点，加强行业职业道德建设，推动守法经营和公平竞争，推进行业自律管理和行业诚信建设。

（四）进一步促进中加两国市场中介组织监管与防治腐败的经验交流。在政策选择项目执行期间，国家预防腐败局认真研究和梳理了国内市场中介组织存在的问题和需要向加方了解的主要内容，与加方合作伙伴反复沟通协商，使加方对中国的国情和相关领域的工作状况有比较客观深入的把握，为双边合作打下了坚实的基础。中国商务部、加拿大国际发展署、加拿大驻华大使馆和托宾律师事务所为项目具体执行作了大量艰苦细致的组织协调工作，为考察活动提供了良好的条件。特别是在国家预防腐败局代表团赴渥太华考察期间，托宾先生在突然生病住院的特殊情况下，仍然联系协调加拿大联邦政府有关部门，尽职尽责安排好代表团的相关考察日程，令我们十分感动。

总之，中加两国在此次政策选择项目的运营和执行当中，双方沟通顺畅，各项计划执行良好，活动圆满顺利，完全达到了既定目标。希望我们今后能有更多机会在彼此关切的重要问题上加强交流与合作。

发展中国家预防腐败研讨班有关材料

第三届发展中国家预防腐败研讨班举行开幕式

（2010 年 9 月 11 日）

9 月 11 日，第三届发展中国家预防腐败研讨班在北京举行开幕式。商务部副部长傅自应、国家预防腐败局副局长崔海容出席并致辞。

崔海容首先代表国家预防腐败局，对研讨班的开幕表示祝贺，向参加研讨班的各国代表表示热烈欢迎。他指出，本届研讨班是国家预防腐败局在《联合国反腐败公约》框架下，积极开展预防腐败国际交流与合作的又一重要举措。中国政府在发展经济和推进改革开放的同时，始终把反腐倡廉工作摆在十分重要的位置，走出了一条中国特色的反腐倡廉道路。近年来，中国政府确立了标本兼治、综合治理、惩防并举、注重预防的反腐倡廉战略方针，制定了《建立健全惩治和预防腐败体系 2008—2012 年工作规划》。我们一方面坚决惩治腐败，对腐败分子，无论职务多高都坚决予以查处；一方面有效预防腐败，从教育、制度、监督等方面强化权力制约，抓住重要领域和关键环节深化改革和创新体制，不断拓展从源头上防治腐败工作领域，消除滋生腐败的土壤和条件，以反腐倡廉的新成效取信于民，为全面建设小康社会提供有力政治保证。

开幕式上，巴基斯坦参研人员作为外方代表作了发言。来自埃塞俄比亚、博茨瓦纳等 13 个发展中国家的代表和中央纪委、监察部、国家预防腐败局有关部门的人员参加了开幕式。

本届研讨班将历时 7 天，与会代表将围绕预防腐败制度建设这一主题，从廉政风险防控机制建设、完善公共资源市场化配置机制、《联合国反腐败公约》与预防腐败三个方面进行深入研讨，并赴江苏省、上海市进行实地考察。

第三届发展中国家预防腐败研讨班综述

（2010年11月9日）

2010年9月11日至18日，国家预防腐败局与商务部、国家行政学院共同举办了第三届发展中国家预防腐败研讨班。来自埃塞俄比亚、博茨瓦纳、孟加拉国、尼泊尔、越南、蒙古、毛里求斯、巴基斯坦、尼日利亚、哈萨克斯坦、肯尼亚、乌干达等12个亚非国家的23名代表参加了本届研讨班，包括副部级代表5名、局级代表13名。各国代表围绕廉政风险防控机制建设等专题进行了广泛深入地研讨，并实地考察了江苏和上海等地的预防腐败工作。

此次研讨班活动主要通过集中研讨和实地考察相结合的基本模式进行，强调互动交流。在专题的设计上，坚持“点面结合”，既有反映我国基本国情、政治制度以及反腐倡廉总体工作的专题，如“中国的基本国情和政治制度”、“中国反腐倡廉的战略方针和政策措施”等，又有涉及当前国际反腐败领域广为关注的热点问题和我国防治腐败重点工作的专题，如廉政风险防控机制建设、完善公共资源市场化配置机制、运用现代科技手段防治腐败等，同时也兼顾到国际社会普遍关注的问题，如反腐败机构的地位与作用、《联合国反腐败公约》的实施等。通过研讨，各国代表就加强预防腐败工作达成了共识，为我国和其他发展中国家加强和改进预防腐败工作提供了有益参考。主要有以下方面：一是要切实加强廉政风险防控机制建设，从源头上铲除腐败滋生的土壤和条件。二是要扎实推进公共资源市场化配置，让权力在阳光下运行。三是要坚持深化《联合国反腐败公约》框架下的国际合作，形成共同打击和预防腐败的合力。四是要以现代信息技术的应用为重点，加强预防腐败技术创新。

此次研讨班受到领导同志的高度重视。中央纪委副书记、监察部部长兼国家预防腐败局局长马驭同志于9月13日会见并宴请了研讨班代表。中央纪委、监察部、商务部、国家预防腐败局、国家行政学院等有关部门和单位负责同志屈万祥、崔海容、何家成等分别参加了本届研讨班的开幕式和闭幕式。

举办发展中国家预防腐败研讨班是我国履行《联合国反腐败公约》缔约国义务的良好方式之一，是我国进行预防腐败技术援助，推动发展中国家预防腐败机构开展实质性交流与合作的重要举措，体现了我国认真兑现国际承诺的政治态度，树立了我国开放、务实的负责任大国的良好形象。

另，自2008年起，国家预防腐败局已连续三年与商务部、国家行政学院联合举办了三届发展中国家预防腐败研讨班，受到有关国家的高度重视。截至目前，共有来自23个发展中国家预防腐败机构的75名官员先后参加了研讨班。

中国国家预防腐败局开展预防腐败技术援助工作简况

（2010 年 12 月）

按：根据委部局领导指示，为进一步加强外宣工作力度，树立我认真履行《公约》的良好形象，12 月初我们起草了《中国国家预防腐败局开展预防腐败技术援助工作简况》（中英文），经与外交部沟通协调，并报请公约秘书处同意，该材料已作为《公约》预防腐败工作组首次会议的会场文件，由秘书处印发给各国和有关国际组织参会代表，极大地宣传了我国在预防腐败技术援助方面付出的巨大努力及取得的显著成效，为我局深入开展预防腐败国际交流与合作营造了良好的舆论氛围。

一、中国政府高度重视防治腐败工作，积极参与《联合国反腐败公约》框架下的国际合作和国际援助

中国政府参加了从 2002 年 2 月开始至 2003 年 10 月联合国举行的前后 7 轮谈判，完成了《联合国反腐败公约》（以下简称《公约》）的起草制定工作。2003 年 12 月 10 日，中国政府在墨西哥梅里达召开的高级别政治签署会议上正式签署了《公约》。2005 年 10 月 27 日，中国全国人大常委会审议批准了《公约》。2006 年 1 月 13 日，中国政府向联合国秘书长递交了批准书和政府声明，中国成为公约的缔约国。此后，作为《公约》缔约国，中国政府参加了公约的三届缔约国会议和政府间工作组的各项工作。

在积极参与《公约》框架下政府间工作组的各项工作的同时，中国政府在国内正在认真履行《公约》规定的各项义务。为有效实施《公约》，中国成立了由 24 个部门组成的部际协调机构。这个机构负责对中国实施《公约》的重要事项进行部署和协调。通过实施《公约》的部际协调机构，中国对履行《公约》规定需要完成的事项进行了部署，并采取有力措施保证上述工作完成。目前，一些工作已经完成，其他工作也取得明显成效。如，2006 年 10 月，中国第十届全国人大常委会审议通过了《中华人民共和国反洗钱法》，这部法律已于 2007 年 1 月 1 日起施行。再如，根据《公约》第二章第六条关于各缔约国应当设有负责预防腐败工作的专门机构的规定，中国政府于 2007 年 9 月成立了国家预防腐败局。国家预防腐败局是由中国政府指定，具体负责开展《公约》框架下协助其他缔约国制订和实施具体预防腐败措施的中央机关。它的一项主要职责是开展预防腐败的国际合作与国际援助，与其他国家分享中国开展预防腐败工作的良好实践，学习借鉴国际上预防腐败的成功经验和有效做法，推动中国预防腐败的各项工作。

二、中国预防腐败技术援助工作开局良好，为促进预防腐败的国际交流与合作发挥了积极作用

国家预防腐败局自成立以来，积极参与《公约》框架下预防腐败的国际交流与合

作，努力推进预防腐败领域的国际合作与国际援助，取得了一系列积极成果。

一是多边技术援助成效显著。在中国外交部、商务部的大力支持下，国家预防腐败局先后于 2008 年、2009 年和 2010 年连续举办了三届发展中国家预防腐败研讨班。共有 23 个亚非发展中国家的 75 名防治腐败官员来华参研。三届研讨班共设研讨专题 21 个，除集中研讨外，各国参研代表还赴北京市、上海市、江苏省、浙江省、福建省等 5 个地方进行实地考察，了解了当地反腐倡廉工作情况以及经济社会发展的成就。

二是双边交流合作稳步推进。国家预防腐败局自成立以来，努力推动与其他发展中国家在预防腐败领域开展双边交流与合作。先后接待了泰国、巴基斯坦、越南、蒙古、尼日利亚、约旦、博茨瓦纳、肯尼亚等 8 个国家防治腐败机构代表团来访，组团赴博茨瓦纳、日本、韩国和蒙古进行访问考察，并与蒙古国家防治腐败局签署了合作谅解备忘录。

通过上述活动，第一，全面介绍了中国反腐倡廉的方针政策、主要措施及明显成效，深入研讨了《公约》预防腐败的各项措施，分享了各国预防腐败的有益经验和做法。如，三届发展中国家预防腐败研讨班为各国防治腐败官员进行交流探讨提供了有效平台。各国代表就共同关心的预防腐败有关热点问题展开了深入讨论，提出了许多有价值的观点和建议，为改进各国防治腐败工作提供了有益的参考借鉴，有力推动了《公约》在各缔约国的有效实施。第二，与一些国家的防治腐败机构及有关国际组织建立了沟通和联系渠道，为深入开展务实合作奠定了坚实基础。中国政府在力所能及的情况下，真心实意帮助其他发展中国家加强预防腐败能力建设，提高预防腐败工作成效。中国提供的预防腐败技术援助不附带任何政治条件，赢得了广大发展中国家和国际社会的广泛认同和赞扬。

当前，全球金融危机影响仍未消除，各国防治腐败斗争仍面临严峻挑战。在这种形势下，各国更应加强合作，同舟共济，为促进全球实体经济复苏，创造一个廉洁透明、公平公正的良好环境。今后，中国国家预防腐败局将继续本着“相互尊重、平等协商、注重实效”的原则，与各国防治腐败机构和有关国际组织巩固发展友好关系，在力所能及的范围内向广大发展中国家提供真诚援助，不断拓宽交流领域，丰富合作内涵，为建设廉洁高效政府，维护社会公平正义，发展与世界各国人民的友谊做出新的贡献。

第四届发展中国家预防腐败研讨班简报

（第1期　2011年7月14日）

第四届发展中国家预防腐败研讨班准备就绪

经中央纪委、监察部领导批准，国家预防腐败局拟于7月15日至22日举办第四届发展中国家预防腐败研讨班。截至目前，研讨班的各项筹备工作已全部就绪。按照议程安排，研讨班将于明天上午举行开班典礼，与会代表以廉政教育和政府信息公开为主题进行深入研讨。

此次研讨班共邀请了亚洲、非洲、南美洲和欧洲的25个国家的48名代表，其中部级代表19人（正部级2人），智利、黑山也首次派代表参研。同时，还邀请了联合国开发计划署、联合国毒品和犯罪问题办公室、世界银行等3个政府间国际组织的4名专家参与研讨。

中央纪委、监察部、国家预防腐败局领导高度重视研讨班筹备工作。马驭同志多次听取研讨班筹备工作情况汇报，亲自策划研讨班工作，要求预防腐败室全力以赴办好研讨班。屈万祥同志因公出访刚回机场，便询问研讨班准备情况，要求精心准备，确保研讨班顺利举办。姚增科同志亲自协调公安部八局，要求做好安全保卫和交通勤务工作。崔海容同志召集预防腐败室室务会议，专题研究研讨班举办相关事宜，成立了研讨班工作领导小组，负责研讨班筹备及举办期间的统筹协调工作。研讨班筹备工作还得到了商务部、国家行政学院、民航局和北京、河南、陕西等省市纪委监察厅（局）的大力支持。

7月13日上午，崔海容同志召集研讨班工作人员进行集中培训并作了动员讲话；外事局主要负责同志作了外事礼仪专题讲座；预防腐败室有关负责同志对接待人员提出了明确要求，确保各项工作“无缝对接”。全体工作人员以强烈的敬业精神和良好的团队意识，全身心投入工作，加班加点，密切协作，保证研讨班的顺利开班。

第四届发展中国家预防腐败研讨班简报

（第2期　2011年7月15日）

第四届发展中国家预防腐败研讨班在京顺利开幕

7月15日上午，由商务部、国家预防腐败局和国家行政学院共同举办的第四届发展中国家预防腐败研讨班在北京开幕。中央纪委常委、监察部副部长兼国家预防腐败局副局长屈万祥，商务部副部长陈健和国家行政学院副院长何家成出席开班典礼并致辞，国家预防腐败局副局长崔海容主持了开班典礼。

中央纪委、监察部、商务部、国家预防腐败局、国家行政学院等有关部门70多名负责同志参加开班典礼。来自亚洲、非洲、南美洲和欧洲的25个国家的48名代表和联合国毒品和犯罪问题办公室、世界银行和联合国开发计划署等3个国际组织的4名专家应邀参加研讨班，约旦和菲律宾代表发言。

屈万祥同志首先代表国家预防腐败局对第四届发展中国家预防腐败研讨班在北京举办表示祝贺，向参加研讨的各位代表表示欢迎。他指出，第四届发展中国家预防腐败研讨班，是中国政府积极开展预防腐败领域国际交流与合作的又一有力举措，必将对世界范围内的预防和治理腐败产生重要的影响。陈健、何家成同志介绍了中国开展对外援助和对外培训的情况，中国不仅对外提供了大量物资援助和各类技术援助，承担了2000多个成套项目，而且先后邀请了170多个国家和地区的14万名官员和技术人员来华，参加中方举办的各类研讨、研修、考察、培训和交流活动。国家行政学院至今已培训外国公务员3000多人，涉及六大洲110多个国家和地区。

约旦国家防治腐败委员会主席萨密·比诺和菲律宾公共服务委员会主席弗朗西斯科·杜克感谢中国政府举办这次研讨班，希望其成为各国交流预防腐败工作经验的平台，表示将借此机会学习研究其他国家预防腐败的成功经验，实现国家的进步与发展。

第四届发展中国家预防腐败研讨班简报

（第3期 2011年7月15日）

何勇会见第四届发展中国家预防腐败研讨班代表及有关国家驻华使节

7月15日下午，中共中央书记处书记、中央纪委副书记何勇在人民大会堂会见了第四届发展中国家预防腐败研讨班全体代表和智利、黑山、坦桑尼亚等国家驻华使节，中央纪委副书记、监察部部长兼国家预防腐败局局长马驭主持了会见。

何勇同志指出，中国国家预防腐败局举办发展中国家预防腐败研讨班，是中国政府履行《联合国反腐败公约》、促进反腐败国际交流与合作的重要举措。中国自2008年以来已连续举办了三届发展中国家预防腐败研讨班，共有23个发展中国家的75名官员来中国参加研讨。今年有25个国家、3个国际组织共52名代表应邀参加第四届研讨班，这充分体现了中国与广大发展中国家和国际组织的良好合作。

何勇同志强调，中国坚定不移地实行改革开放政策，大力解放和发展社会生产力，经济社会发展取得了巨大成就。中国综合国力大幅增强，人民生活显著改善，国际地位和影响空前提高。但是，中国仍是世界上最大的发展中国家。从今年起，中国开始实施国民经济和社会发展第十二个五年规划。这个规划以科学发展为主题、以加快转变经济发展方式为主线，明确了今后五年中国经济社会发展的指导思想、总体思路、目标任务和重大举措。全面完成这些重大任务，必将为实现中国经济社会长远发展和全面建设小康社会奋斗目标打下坚实基础。

何勇同志指出，中国共产党刚刚召开了庆祝成立90周年大会。中共中央总书记胡锦涛同志发表重要讲话，全面总结了中国共产党在各个历史时期取得的伟大成就和宝贵经验，明确提出了继续以改革创新精神全面加强和改进党的建设、推进中国特色社会主义伟大事业的历史任务。加强和改进党的建设，很重要的一个方面就是加强反腐倡廉建设。中国共产党和中国政府旗帜鲜明、一以贯之反对腐败，坚持一手抓经济建设，一手抓惩治腐败，反腐倡廉建设不断取得新的明显进展。我们将继续坚持标本兼治、综合治理、惩防并举、注重预防的方针，加强以保持党同人民群众血肉联系为重点的作风建设，加强以完善惩治和预防腐败体系为重点的反腐倡廉建设，不断取得反腐败斗争的新成效。

何勇同志强调，中国高度重视反腐败国际交流与合作，始终主张在尊重主权、平等互利、尊重差异、注重实效的原则下，与世界各国、各地区和有关国际组织加强合作，互相借鉴，取长补短，共同防治腐败。许多发展中国家在防治腐败方面积累了宝贵的经验，对中国做好反腐败工作有着重要的借鉴意义。他表示，中国愿意继续加强与发展中国家防治腐败机构和有关国际组织的友好关系，加深了解、深化合作，为建设廉洁高效政府，维护社会公平正义，增进与各国人民的友谊做出新的贡献。

中央纪委、监察部、商务部、国家预防腐败局和国家行政学院有关负责人参加了会见。

第四届发展中国家预防腐败研讨班简报

（第4期　2011年7月16日）

国际组织代表出席第四届发展中国家预防腐败研讨班并发言

应中国国家预防腐败局邀请，联合国开发计划署、联合国毒品和犯罪问题办公室（《联合国反腐败公约》秘书处）和世界银行等3个政府间国际组织的4名代表出席了第四届发展中国家预防腐败研讨班。其中，联合国毒品和犯罪问题办公室和世界银行的专家还就相关议题作了发言。

7月15日上午，联合国毒品和犯罪问题办公室专家斯泽尔维亚·派特科夫女士向与会各国代表重点介绍了《公约》相关条款的内容及实施情况。发言中，派特科夫女士首先介绍了联合国毒品和犯罪问题办公室的职能和组织架构，通报了《公约》目前的签署和批准情况。她说，截至7月15日，已有154个国家批准了《公约》。派特科夫女士还逐条解读了《公约》第二章“预防措施”的具体要求，并简要介绍了《公约》秘书处为各国履行《公约》提供的技术指导文件。

7月16日上午，世界银行廉政局代表许茉莉女士和艾尔·希德·布土彦先生主要介绍了世界银行在协助有关国家建设廉洁政府方面的经验做法。其中，许茉莉女士重点介绍了世界银行廉政局的组织结构和职能。艾尔·希德·布土彦先生具体阐述了廉政局对世界银行资助项目中腐败行为的调查和制裁情况。两位代表都特别强调了有效的预防措施对于打击腐败的重要意义。

第四届发展中国家预防腐败研讨班简报

（第5期　2011年7月17日）

积极开展互动研讨共商预防腐败良策

——研讨班与会代表发言摘编（一）

为搭建防治腐败国际交流与合作的有效平台，第四届发展中国家预防腐败研讨班安排各国防治腐败机构代表和有关国际组织专家介绍各自开展防治腐败工作情况。与会代表均首先衷心感谢中国政府举办第四届发展中国家预防腐败研讨班，为与会各国代表和有关国际组织提供了一个交流和分享防治腐败工作经验的良好载体，纷纷介绍了各自国家或组织防治腐败机构、基本职责和主要工作经验。

纳米比亚防治腐败委员会主任保卢斯·诺阿纳米比亚防治腐败委员会是一个独立、公正的机构，向国会负责，每年提交年度工作报告。为有效预防和治理腐败，纳米比亚批准通过了一系列国家性和地区性的公约和法律，如《预防集体犯罪法》、《财政情报法》和《反腐败法》等。防治腐败委员会的主要职责是：受理腐败案件；决定是否提起调查或采取相应调查措施；开展廉政宣传和教育；反腐败法授权的其他事项。纳米比亚在预防腐败方面采取的措施主要有：建立了相应审查机制和程序，检查公共和私营机构工作制度中的漏洞，防止腐败。开展宣传教育的主要方式有：举办一些反腐败的研讨和学习班，通过宣传教育让公众深入了解腐败的危害性；着重加强对社会公共机构人员的教育；成立反腐败俱乐部；对广大青年进行廉洁教育；在每年12月9日国际反腐败日开展廉政特别教育。开展反腐败工作面临的困难和挑战主要有：一些反腐败机构是新成立的，工作人员较少、力量不足等。他认为，预防是反腐败的最好武器。

孟加拉国防治腐败委员会专员默罕默德·巴迪扎曼孟加拉国防治腐败委员会是依《防治腐败法》设立的机构，设一名主席和三名副主席，有独立、自治和中立的特点。孟加拉国1947年通过了《反腐败法案Ⅱ》。孟加拉国开展预防的措施主要是：进行廉政教育，增强公职人员的廉洁意识；提高社会福利，降低公职人员腐败的动机；建立廉政教育机构，经常开展沟通交流。近期，孟加拉国采取的反腐败战略措施主要有：开展反洗钱犯罪的专项治理；建立监察专员机构；建立信息公开机制，确保公民享有获取政府信息的权力。他认为，他们最具特色的做法是运用宗教信仰开展廉洁教育。

哈萨克斯坦反经济与腐败犯罪署局长沙蒂克·尤特耶哈萨克斯坦政府高度重视打击和预防腐败，在国家发展战略中对此多次加以强调。制订出台了一系列反腐败方面的法律法规，从而规范公职人员行为，严厉惩处腐败。哈萨克斯坦政府也非常重视防治腐败领域的国际合作，曾多次主办一系列反腐败国际会议，收到了很好的效果。哈萨克斯坦愿意继续加强与各国在防治腐败领域方面的合作和交流，共同打击和预防腐败。

黑山反腐败促进局副局长尼娜·卡罗维克黑山预防腐败的工作机构是黑山反腐败促进局、黑山防止利益冲突委员会。黑山制定了一系列反腐败法律，如《反腐败和有组织犯罪战略》及其行动计划，为开展反腐败工作提供法律依据。黑山一直高度重视反腐败的国际合作，愿意与各国加强这方面的交流。

第四届发展中国家预防腐败研讨班简报

（第6期　2011年7月18日）

积极开展互动研讨共商预防腐败良策

——研讨班与会代表发言摘编（二）

约旦防治腐败委员会主席萨密·比诺约旦2004年批准通过了《联合国反腐败公约》，2006年通过了《约旦反腐败法》。约旦防治腐败委员会的工作任务就是调查经济和行政腐败行为。开展工作的主要方式包括：接受举报人直接的举报、营造社会舆论和开展主动调查，案件调查的时限一般是三个月。工作的目标是：与其它机构一起起草、实施、提出有效预防腐败和反腐败的政策和建议；坚持平等、机会均等和公平的原则。约旦目前的反腐败战略就是要减少腐败发生的可能性，减少阻碍市场经济发展的腐败因素。同时，约旦防治腐败委员会还积极开展反腐败领域的教育、培训和国际合作等，目前已签订了反洗钱、资产追回等国际协议。

泰国防治腐败委员会委员长麦迪·克荣卡尤透明国际腐败印象指数表明，亚洲反腐败情况不容乐观。从理论上讲，腐败的定义是“公职人员对权力的滥用而获取私利”。泰国政府长期以来坚持遏制腐败的有效方法是，加强道德建设；提高公职人员的生活保障，使其有足够的工资收入，减少各领域人员之间收入的不均等。泰国反腐败的主要战略措施包括：加强与各方面相关机构的合作，提高公众的参与度；加强反腐败组织机构建设，提高工作人员的素质和能力；严惩腐败行为（这被视为最为有效的治理腐败的措施）；进行财产申报（取得的成效也十分显著）；与相关国际机构和组织开展合作；加强对重大工程建设项目的监管。近期，针对政府采购中腐败严重的问题，出台了一部对招投标中围标、串标行为加强监管的法律。

乌干达国务部长洛克多腐败对我们的影响已渗透到经济、政治、工作和生活各方面，影响巨大。当前，乌干达在建筑工程领域的腐败最为严重。产生腐败行为的主要原因是：政府公职人员缺乏责任意识、道德退化，监督制约行政行为的问责制度不健全；政府公共服务效率低下，公职人员工资收入不高；反腐败机构工作力度不足。

布隆迪良政部部长常务秘书吉拉德·尼亚姆泊萨克布隆迪总统在2010年8月26日的就职演讲中提出对腐败“零容忍”的口号，并承诺严惩腐败、挪用公款等违法行为。国家为有效预防和治理腐败成立了预防腐败特别小组，该机构设有一位总负责人，配备了来自不同职业的39名工作人员，全国设有9个地区办公室。该机构的主要任务是，强化公民道德和反腐败意识。国家预防腐败的主要战略措施是：在小学、中学和大学建立预防腐败俱乐部；在公共场所设立意见箱和举报信箱；不断填补反腐败的法律空白；加强对腐败行为惩治的执行力；促进政府信息公开。目前，布隆迪政府反腐败工作面临的主要挑战和困难是：腐败分子违法行为的手段日益智能化、科技化和隐蔽化，国家预防腐败特别小组在人员、资源设备、数据统计等方面还不能满足工作的需要。

坦桑尼亚预防腐败局调查司司长艾利克斯·姆方戈坦桑尼亚反腐败的进程主要分为两个阶段。第一个阶段是1967年至1995年。1967年坦桑尼亚第一任总统颁布了《阿鲁沙宣言》，禁止公职人员和党员挪用公款。1971年颁布了《预防腐败法》。1975年设立了反腐败领导小组办公室，约有100－200名雇员，只享有调查权。1990年该机构变更为预防腐败局，拥有全面调查和预防腐败的权力。第二个阶段是1996年至2010年。1996年新当选的总统任命了一个专门调查腐败问题的总统反腐败委员会，这个委员会在当年年底向总统提交的报告显示，当时的轻微腐败行为蔓延起来，较严重的腐败行为主要存在于政府官员中，尤以政府采购领域的腐败行为最为突出。为此，2003年颁布了《公共财政和公共采购法》，2007年颁布了《预防和反腐败法》，2010年颁布了《选举费用法案》。近年来，坦桑尼亚在反腐败工作方面取得的主要成就是，从2010年开始每年举办一次反腐败论坛；建立了廉政委员会和公民反腐败联合会；在学校建立了反腐败俱乐部。当前，反腐败工作面临的主要挑战是：公众的反腐意识不强，传统思想观念和相对落后意识的残留并存，公民对自身权利的忽视，司法体系效率低下，社会福利、保障水平不高等。

老挝党中央检查委员会副主席奔澎·桑松萨老挝1952年成立了党中央检查委员会。1999年政府颁布了《反腐败条例》。2005年国会通过了《反腐败法》；2006年政府颁布了《第269号节约和反对浪费条例》；2007年国会批准了《行政监察法》；2009年国会通过了《联合国反腐败公约》。老挝在反腐败方面采取的主要措施有，开展对公职人员的教育，组织研讨和新闻媒体的宣传引导；调整反腐败组织机构，促进国家良政的实施；改善和提高公职人员生活保障，增加收入，提高社保标准水平；积极开展反腐败领域的国际合作。未来反腐败的主要措施和计划有，促进和提高公众反腐败的意识；加强行政管理；制定《2011－2020年反腐败战略计划》和《公职人员财产申报法》；修改和完善反腐败相关法律；继续开展国际合作。

第四届发展中国家预防腐败研讨班简报

（第7期　2011年7月19日）

第四届发展中国家预防腐败研讨班代表赴河南参观考察

7月19日，第四届发展中国家预防腐败研讨班一行赴河南省郑州市实地考察。

代表们首先前往郑东新区，与新区管委会领导进行了座谈，观看了新区形象宣传片和规划沙盘，听取了郑州市住房保障和房地产管理局负责同志介绍本单位近年来在加强廉政风险防控方面的经验做法。随后，代表们实地参观考察了新区房管局政务服务大厅、CBD核心商务区、郑州国际会展中心、河南省艺术中心等标志性建筑。郑东新区先进的规划理念、宏伟的建筑群给代表们留下了深刻印象，他们对郑州经济社会发展和城市建设取得的成就表示赞叹，并为中国的快速发展感到震撼。泰国代表琴塔娜·坡劳艾帕塔拉皮尤说："郑州是一个非常美丽、漂亮的城市，郑东新区的建设让人惊叹，生活在这里的人民非常幸福！"纳米比亚代表保卢斯·诺阿说："郑东新区建设规模庞大，功能很完善，现代化程度也很高。而且我们了解到，在防治腐败方面他们也有着很好的经验和做法，非常值得我们学习。"

当晚，河南省省委常委、省纪委书记尹晋华为研讨班一行举办了欢迎晚宴，副省长秦玉海主持宴会。尹晋华同志在致辞中向代表们简要介绍了河南省省情，希望通过此次考察，进一步加深各位代表对河南的了解和认识，相互交流，相互学习，进一步拓展在廉政建设和反腐败方面的交流与合作，共同推动发展中国家预防腐败工作深入开展。外方代表赞比亚反腐败局总局长戈弗雷·卡尤夸代表全体外方参研人员致辞，他说，腐败是大多数发展中国家在国家治理领域遇到的普遍难题，对经济、社会危害巨大。此次研讨班不仅有利于发展中国家在反腐败领域的信息共享与合作，也为学习反腐败成功经验提供了平台。他呼吁，请中国政府将预防腐败研讨班继续举办下去，促进发展中国家在这一领域的交流与合作，帮助发展中国家不断完善预防腐败制度机制。另外，他还对中国政府自赞比亚独立以来为他们所提供的技术和经济援助表示感谢。

此外，代表们还赴河南省登封市参观了少林寺、塔林，并观看了武术表演，深刻感受了中国传统文化的博大精深。

第四届发展中国家预防腐败研讨班简报

（第8期 2011年7月21日）

研讨班代表赴陕西参观考察

7月20日至21日，第四届发展中国家预防腐败研讨班代表在陕西参观考察，主要了解陕西省政府借助信息网络技术推进政府采购工作方面好的做法和经验。

研讨班代表首先参观了陕西省政务大厅，听取了全省政府采购工作主要进程的介绍，详细了解了建立电子化政府采购系统的背景、系统的基本框架、操作流程和主要特点等，实地考察了电子化政府采购专家评标现场，进一步增强了对电子化政府采购系统科学设计理念、规范运作流程的认识。研讨班代表对这方面工作情况表现出浓厚的兴趣，对陕西在预防和治理政府采购腐败行为方面所付出的努力表示赞许。坦桑尼亚预防腐败局调查司司长艾利克斯·姆方戈，深有感触地说，电子化政府采购是一个很好的方法，借助网络技术手段，有效杜绝了人为操作因素，实现了政府采购的公开、公正和透明。他还表示回国后要向本国的同行们介绍这种先进的办法和有效的措施，有条件的时候希望引进和借鉴这套网络技术。

7月20日晚，陕西省省委常委、省纪委书记郭永平为第四届发展中国家预防腐败研讨班全体代表举办了欢迎晚宴。郭永平代表省委、省政府致辞，首先对研讨班成员表示欢迎，并简要介绍了陕西的概况和反腐倡廉工作的基本情况。他还欢迎各位国际友人多走走、多看看，对陕西省经济社会发展和反腐倡廉工作提出宝贵意见。宴会上加纳司法部副部长艾博·巴顿·欧德罗和喀麦隆国家最高检察事务局国务检察长考涅流斯·卡阿萨福发表致辞，对中国政府的盛情邀请和热情接待表示感谢。他们均在发言中强调，中国政府举办这个国际性的研讨班，架起了发展中国家之间通往友谊之路的坚固桥梁，搭建了交流与分享做法和经验的平台。我们要向中国政府致敬，向研讨班工作人员致敬，向为这个研讨班付出努力的所有人致敬。

在陕期间，代表们还参观了秦始皇兵马俑和陕西历史博物馆，深刻地感受了中国厚重的文化和历史底蕴。

第四届发展中国家预防腐败研讨班简报

（第 9 期　2011 年 7 月 21 日）

部分参研非洲代表盛赞中非关系

第四届发展中国家预防腐败研讨班开班以来，部分参研非洲国家代表在发言中不仅讨论预防腐败问题，更充满感情地提及中国与非洲国家的友好交往，对中国和中非关系予以极高评价。

参研代表埃塞俄比亚联邦道德和防治腐败委员会副主任阿迪苏·曼吉斯图·墨图在发言中表达了对中非友谊和合作的珍惜之情。他肯定地说，中非关系是全球范围内最成功的伙伴关系之一，中国对非洲大陆的积极影响正在改变着非洲很多地方的面貌。他高度评价中国在非洲开展的工程建设，认为高速公路等工程的建设显示了中国"在技术和知识方面无可置疑的优势"，并以中国正在亚的斯亚贝巴建设的非洲联盟新办公楼为例，指出："这座建筑拥有全城最优秀的设计和质量。它已经是，而且在一段时期内都将是中非之间坚强关系的象征。"他还特意提到，中国是非洲忠实的朋友，对达成的协议总是认真履行。他表示，作为拥有 13 亿人口的全球第二大经济体，中国正在快速崛起。非洲为中国的崛起鼓掌叫好，因为中国的崛起为非洲的发展提供了可供借鉴的良好基础。

参研代表喀麦隆国家最高检察事务局国务检察长考涅琉斯·卡阿萨福在发言中阐述了这次研讨班对他们的重要意义。他说，喀麦隆的经济发展需要清廉的政治环境，需要遏制腐败这颗毒瘤，但单凭一个国家的力量无法有效制止腐败。通过这次研讨班，从中国反腐败的战略、政策和经验中学到很多东西，受益匪浅。这次研讨班非常重要、及时、有益。他还着重强调了中非友谊问题。他说，中国是非洲的真心、患难与共的朋友，向非洲提供了众多的经济、技术援助。有很多人富起来之后，就看不起甚至抛弃原来的穷朋友，但中国不是这样。中国一直关心非洲的发展，给予非洲高规格的礼遇，请非洲国家到家里做客。近几年，世界经济陷入困境，但中国还保持了惊人的发展速度，同时还一如既往的拥抱穷朋友，帮助它们向经济繁荣、社会进步的阶梯攀登。中国为本次研讨班提供的组织和招待，都是最高标准和规格，这足以说明在反腐败领域，非洲和中国之间已经架起了一座坚固的友谊桥梁。

参研代表加纳司法部国务检察长戴维·卡利·霍达努深情回顾了中加两国源远流长的友谊，并带来了来自加纳总统、政府和人民的问候。他说，近年来中加两国关系有了进一步提升，中国在加纳援建公路、铁路、国家大剧院等，意义重大，中国在经济、社会发展等领域的治国理念在加纳影响深远，中国对促进非洲国家经济社会发展所作出的贡献，再强调也不为过。他指出，近年来中国一直勇于接受各种挑战，在反腐领域亦是如此。希望中国继续保持反腐势头，高举反腐火炬，引领非洲国家不仅在政府而且在社会、家庭层面预防和打击腐败，直到消灭腐败为止。戴维·卡利·霍达努号召，只有各国在反腐败方面积累成功经验，才能不辜负中国在该领域对他们的援助。

参研代表赞比亚防治腐败委员会总局长戈德弗雷·罗伯特·卡尤夸在发言中对中国国家预防腐败局、商务部、国家行政学院举办这次研讨班的热情接待、周到细致安排表示衷心感谢。他说，腐败是大多数国家在国家治理领域遇到的一个难题，腐败影响经济社会发展，使我们无法向公民提供优质服务，危害巨大。但重要的是，广大发展中国家已经意识到了防治腐败的重要性，已在以全面、可持续的方式采取措施，加大力度，以遏制腐败这一毒瘤。这次研讨班不仅提供了信息共享和合作交流的机会，还提供了学习借鉴包括东道主中国在内的各国在防治腐败领域成功经验的平台。希望中国继续举办这一研讨班，使发展中国家能够聚在一起，分享反腐败和治国理政方面的成功经验。借此机会，卡尤夸还感谢了中国政府自 1964 年赞比亚独立以来，中国在铁路、公路、学校、医院、体育设施等方面给予的技术和经济援助。对于这些援助，他们将“永远不会忘记”。

第四届发展中国家预防腐败研讨班简报

（第 10 期　2011 年 7 月 22 日）

第四届发展中国家预防腐败研讨班闭幕
马驭出席讲话　屈万祥主持会议

为期八天的第四届发展中国家预防腐败研讨班圆满完成各项预定议程，于 7 月 22 日下午举行闭幕式。中央纪委副书记、监察部部长兼国家预防腐败局局长马驭同志出席闭幕式并作总结讲话。中央纪委常委、监察部副部长兼国家预防腐败局副局长屈万祥同志主持了闭幕式。国家行政学院常务副院长魏礼群、商务部副部长傅自应、国家预防腐败局副局长崔海容、国家行政学院教务长杨克勤等出席闭幕式。摩洛哥中央预防腐败局局长艾伯戴斯拉姆·阿布德拉、联合国毒品和犯罪问题办公室专家斯泽尔维亚·派特科夫、泰国防治腐败委员会专员麦迪·克荣卡尤、黑山反腐败促进局副局长尼娜·卡格维克、智利监察审计总署副署长帕特西亚·阿里亚加达·维洛塔和喀麦隆国家最高检察事务局国务检察长考涅流斯·卡阿萨福先后在闭幕式上发言。

马驭同志在总结讲话中指出，中国政府对这次研讨班高度重视。研讨班开幕式当天，中共中央书记处书记、中央纪委副书记何勇同志会见了研讨班全体代表及有关国家驻华大使，向大家介绍了中国经济社会发展情况及中国开展反腐倡廉工作的方针政策、重要举措和明显成效。此外，为确保研讨班取得成功，中国国家预防腐败局、商务部、国家行政学院精心策划组织，紧密协调配合，尽心尽力做好各项工作，付出了辛苦的努力。

马驭同志对各位代表积极参与，对研讨班成功举办所作的贡献表示崇高的敬意，对各国驻华使节长期以来给予中国防治腐败工作的大力支持表示真诚的感谢。

马驭同志还总结了此次研讨班取得的成果，提出各国代表围绕国家公职人员廉政教育、政务服务建设等五个专题进行深入交流研讨，分享彼此的成功经验和做法，共商预防腐败的思路和对策，大家相互学习、相互借鉴，加深了友谊，促进了合作，并在以下方面达成了重要共识：第一，要切实加强反腐倡廉教育，不断增强公职人员廉洁从政意识。加强宣传教育，是有效预防腐败的重要措施和防治腐败的基础工作。重点加强对国家公职人员的教育，引导国家公职人员树立正确的价值观、权力观，自觉做到为民、务实、清廉。要不断创新教育的形式，扩大教育覆盖面，坚持因人施教，分层次分类别开展教育，增强教育的针对性和有效性。第二，要积极推进政务信息公开，加强社会各界对行政权力的监督。政务信息公开透明是预防腐败、建设廉洁政府的重要措施。深化政务公开，提高政府工作透明度，有利于加强人民群众对政府行政行为的监督，创造一个相对公平公正的公共服务环境。把公开透明要求融入权力运行的全过程，加强对重点领域、重点部门、关键环节行政权力的监控，积极探索完善政府部门权力监督制约的有效机制，有利于促进行政权力正确行使，维护社会公平正义，保障群众切身利益。第三，要加强政务服务体系建设，不断提高政府行政效能和管理水平。加强政务服务体系建设，建设服务型政府是推进政府行政管理创新的重要举措，是政府履行公共服务职能的重要载体。要发挥现代网络技术的优势，积极推进政务服务中心建设，不断规范行政许可行为，提高服务效能，方便企业和群众办事。要加强政务服务制度建设，建立完善管理、监督、评价和责任追究机制，确保政务服务工作规范有序、廉洁高效。

马驭强调，要坚持和深化反腐败国际合作，形成共同打击和预防腐败的整体合力。要不断拓展新的合作领域和空间，扩大和深化各方利益的汇合点，努力搭建发展中国家防治腐败机构相互交流借鉴、扩大合作关系的平台，与广大发展中国家和有关国际组织共同努力，构建清正廉洁、高效务实的政府机关和风清气正的社会环境，为促进各国经济繁荣和社会发展作出新的更大的贡献。

发言代表认为，此次研讨班主题鲜明、交流充分、组织严密、气氛热烈，达到了预期效果，是一次富有成效的研讨，是一次加深了解、增强互信、增进友谊的研讨。通过研讨和参观考察，对中国改革开放以来经济社会发展所取得的成就表示赞叹，对中国反腐倡廉和预防腐败的做法和经验表示赞赏。希望继续加强与中国及其他各经济体在反腐败领域的合作，共同促进世界经济繁荣、社会稳定。

来自孟加拉国、黑山、智利、加纳等25个国家的48名代表和联合国开发计划署、世界银行和联合国毒品和犯罪问题办公室等3个国际组织的4名专家参加了本届研讨班。代表们在围绕专题进行广泛深入研讨的同时，还实地考察了河南、陕西等地的政务公开、政府采购等预防腐败工作。代表们表示，希望中国政府今后能够继续举办此类研讨班，为广大发展中国家提供更广阔的交流平台，促进各国防治腐败工作的深入开展。

中央纪委监察部机关各厅室局和直属事业单位负责人，商务部和国家行政学院有关部门负责人出席闭幕式。

第四届发展中国家预防腐败研讨班简报

（第 11 期　2011 年 7 月 25 日）

第四届发展中国家预防腐败研讨班外国代表接受专访

2011 年 7 月 22 日上午，出席第四届发展中国家预防腐败研讨班的菲律宾和埃塞俄比亚部级代表在国家行政学院接受了会议主办方的专访。

菲律宾公共服务委员会主席弗朗西斯科·杜克先生（正部级）高度评价中国积极主动向发展中国家提供防治腐败技术援助的做法。他表示，此次研讨班给广大发展中国家提供了相互交流、相互学习的良好平台，展示了中国防治腐败的坚强决心。杜克先生在担任菲律宾卫生部部长时就曾多次来过中国。他说，每次来到中国，都感受到日新月异的变化。这次在河南省和陕西省参观考察，亲眼看到举世闻名的少林功夫和兵马俑，再次领略了中国人民的智慧和坚毅。

埃塞俄比亚联邦道德和防治腐败委员会副主席阿迪苏·曼吉斯图·默图先生（副部级）是第二次参加发展中国家预防腐败研讨班了。他表示，与第三届相比，第四届研讨班的参研人员数量更多，级别更高。同时，还第一次邀请了联合国开发计划署、联合国毒品和犯罪问题办公室、世界银行等政府间国际组织代表参研。这次研讨内容更加深入，效果更加明显，日程设置科学合理，组织严密细致，是一次十分成功的研讨班。中国在防治腐败教育和信息公开等方面的做法给各国代表留下了深刻的印象。回国后，他将向政府报告学到的经验，以期推动国内防治腐败工作的开展。

两位代表均表示，发展中国家预防腐败研讨班是中国加强预防腐败领域国际交流与合作的一项重要举措，期待研讨班能够继续办下去，取得更好的成效。

第四届发展中国家预防腐败研讨班简报

（第 12 期　2011 年 7 月 25 日）

总结新经验　承接新起点

——研讨班代表在闭幕式上的发言摘编

7 月 22 日下午，第四届发展中国家预防腐败研讨班顺利闭幕。与会代表均对中国政府举办发展中国家预防腐败研讨班，为彼此交流与分享实践做法提供平台表示高度赞赏和由衷感谢。

联合国毒品和犯罪问题办公室代表斯泽尔维亚·派特科夫作为防治腐败领域的重要法律文件，《联合国反腐败公约》为各缔约国全面打击和预防腐败提供了共同的工作基础。《公约》是一部法律文件，是一个工具。它掌握在各缔约国手中，而各缔约国受到《公约》条款的制约，负有履行《公约》各项规定的责任。从全球范围来看，预防腐败对有效打击腐败发挥着至关重要的作用。通过此次研讨班，我们相互交流经验和做法，建立了良好的联系，这必将对我们将来开展工作提供重要的帮助和启迪。人们常说，资源用在正确的地方，就会创造奇迹。正如我们所看到的那样，郑州市通过不懈的努力，在短短八年内建成了今天崭新的郑东新区。因此我们有理由相信，只要各国共同努力，反腐败事业的未来一定会更好。

黑山反腐败促进局副局长尼娜·卡格维克我们在反腐败问题上进行交流、分享的目的是实现最终目标——建立一个对腐败零容忍的社会。治理腐败时，预防与惩罚不同，惩罚是指在腐败已发生、危害已造成后才采取对策，而预防所涵盖的措施要宽泛得多。不少反腐败专业人士认为惩罚才是最好的办法，但是如果我们强调预防，那么我们就可以采用更多的方法和机制建立防火墙，“防患于未然”。此外，我们的政策若能以预防为重，我们就可以将政策的影响力推及社会上各个层次的所有人员和组织，而不只是影响腐败分子。因此，当一个国家开始实施和加强预防措施，表明该国已经意识到单单依靠惩罚不足以彻底治理腐败这一复杂的社会问题。一旦采取这样的政策，也表明这个国家在反腐败领域已经变得更加成熟，更加有经验。

喀麦隆国家最高检察事务局国务检察长考涅琉斯·卡阿萨福反腐败工作应夜以继日，不能让腐败这一毒瘤有丝毫喘息的机会和空间。反腐败工作是实现社会、经济持续发展，维护国家稳定的先决条件。因此，我们应继续强调反腐败工作的重要性，以使反腐败政策的制定更加合理、及时和有效。但是，反腐败工作需要全社会的参与，需要集思广益，这样才能使我们在反腐败斗争中获得更高的附加值和效益。中国有句俗话说得好：“三个臭皮匠，顶一个诸葛亮”，我们要充分利用社会力量。当然，我们必须明白，在我们打击腐败和欺诈这些“害鸟”的同时，它们也变得日益狡猾，甚至有时能躲过我们的反腐败子弹。

智利监察审计总署副署长帕特西亚·阿里亚加达·维洛塔在防治腐败的征程中，我们不能有丝毫松懈，因为腐败伴随着人类的发展历史一直存在。我们的任务是通过坚持不懈的努力，减少腐败危害，防止腐败发生，并惩治那些铤而走险的腐败分子。希望回国后，能充分借鉴研讨班上学到的经验，在我们制定反腐败政策时充分吸收这种经验，更加有效地遏制腐败。通过此次研讨班，我们认识到教育是有效预防腐败的关键，其中又以对青少年和公务人员的教育最为重要。当然，政府信息公开、健全的法律法规体系、简化的办事流程和社会的参与对防治腐败也发挥着至关重要的作用。

泰国防治腐败委员会专员麦迪·克荣卡尤去年，中国和泰国腐败印象指数均只有3.5分，分数不高。但我感到毫无疑问的是，在中国领导人和中国人民的努力下，中国社会将会更加透明，消除腐败工作将会取得卓越的进步。我确信，到中国成为发达国家的那一天，它也必将成为高度透明、根除腐败的国家。

摩洛哥中央预防腐败局局长艾伯戴斯拉姆·阿布德拉即将离开北京，我们的心中充满了对预防腐败工作的规划设想，满载着朋友离别的伤感之情。通过参加研讨班，我们更加坚信防治腐败工作的重要性和必要性，也更坚信我们会在未来开展富有成效的交流与合作。

共谋防腐败　携手筑清廉

——第四届发展中国家预防腐败研讨班侧记

（2011 年 9 月 8 日）

花繁树茂，芳草青青。仲夏时节，清幽典雅的国家行政学院校园内，来自 25 个发展中国家、3 个国际组织的 52 名代表齐聚一堂，分享彼此的经验，凝聚合作的共识，共商反腐的大计。

理论探讨，专家讲授，实地考察，互动交流——短短 8 天时间，由国家预防腐败局和商务部、国家行政学院联合举办的第四届发展中国家预防腐败研讨班，给中外代表留下的是难忘的记忆。

“今年是中国第四次举办发展中国家预防腐败研讨班。这为世界各国相关机构在预防腐败领域交流经验、分享做法提供了良好的平台。”联合国毒品和犯罪问题办公室代表斯泽尔维亚·派特科夫女士说，虽然研讨班已经连续举办了四年，但是 2011 年是一个新的开始。

反腐倡廉：中国经验备受瞩目

约旦防治腐败委员会常委法亚德·阿尔奎德先生是第一次来到中国，而约旦已是第三次派代表团参加发展中国家预防腐败研讨班。

“中国预防腐败的经验做法非常有效，特别是在电子政务、网上招投标方面建立了有效机制，维护了企业和公众的权益。”谈起研讨班期间的收获，法亚德·阿尔奎德感触颇深。

研讨班期间，中方向外方代表们发放了《中国的反腐败和廉政建设》白皮书以及《中国国家预防腐败局开展技术援助简况》、《中国开展防治腐败工作简况》、《中国开展廉洁宣传教育的做法》等经验材料。

中央纪委、监察部、国家预防腐败局和河南省预防腐败局、陕西省监察厅的有关负责人，介绍了中国反腐倡廉方针政策、主要措施和成效、政府信息公开、廉政教育和廉洁文化建设、政府采购以及实施《联合国反腐败公约》等情况。

“改革开放30多年来，反腐倡廉工作顺应时代潮流，在继承中发展、在改革中创新，逐步探索出了一条中国特色的反腐倡廉道路。”研讨班上，中央纪委常委、监察部副部长兼国家预防腐败局副局长屈万祥，介绍了中国反腐倡廉积累的七条宝贵经验。

外方与会代表纷纷表示，中国将惩治与预防相结合的反腐败基本战略，符合《联合国反腐败公约》中有关全球最佳实践的要求，中国协调统一的多层次治理腐败模式令人耳目一新。

研讨班期间，代表们实地考察了河南省郑州市郑东新区房管局、陕西省政务服务大厅和电子政府采购中心。政务服务、电子政府采购……一项项创新探索，让代表们亲身感受到了中国反腐倡廉建设的实际效果。

“中国防治腐败采取了综合治理的方法，把惩罚与预防结合起来。在郑州和西安，我们看到了中国在电子政务方面的先进做法，这与中国目前倡导的预防腐败的目标十分一致。”菲律宾公共服务委员会主席弗朗西斯科·杜克先生告诉记者说。

一手抓经济建设，一手抓惩治腐败，这是中国反腐倡廉工作的重要经验。研讨班期间，中国判处几名腐败分子死刑的消息，引起了与会代表的注意，大家纷纷表示这传递出一个信息：中国决不容忍腐败。

“我感到毫无疑问的是，在中国领导人和中国人民的坚定努力下，中国社会将会更加透明，消除腐败工作将会取得卓越的进步。”泰国国家防治腐败委员会常委麦迪·克荣卡尤先生说。

凝聚共识：防治腐败不能松懈

参加此次研讨班的学员来自五湖四海，看待事物的角度和方式也各不相同，甚至在说同一个词的时候，表达的却是不同的意思。但是，与会代表对腐败的认识和态度却是一致的。

“腐败是一个世界各国都存在的现象，对社会构成严重的威胁，在这一点上，世界各国无一例外。因此，不同地区、拥有不同法律制度的国家走到一起分享成功经验和做法就显得尤为重要。我们在反腐问题上进行交流、分享的目的是实现最终目标——建立一个对腐败零容忍的社会。”黑山反腐败促进局副局长尼娜·卡格维克女士说。

加纳司法部总检察长戴维·卡利·霍达努先生表示，腐败问题在发展中国家尤其比较普遍，加纳也不能幸免，同样受到腐败问题的困扰。比如签订合同过程中，在未付合同款之前就要拿出一部分给中间人，这种现象严重影响了经济的发展。

研讨班上，与会代表普遍认为，所有与治理腐败相关的国际协议或公约都规定了应从制度层面有效预防腐败。若能以预防为重，就可以采用更多的方法和机制建立防火墙，就可以将政策的影响力推及到社会上各个层次的所有人员和组织，而不只是影响腐败分子。

“从全球范围来看，预防腐败对有效打击腐败发挥着至关重要的作用。”斯泽尔维亚·派特科夫女士说，在制定防治腐败战略时，一定要遵守标本兼治的原则，不仅考虑腐败的表现形式，更关注腐败产生的深层次原因。

对于加强预防腐败工作，与会代表达成了新的共识：一是要切实加强反腐倡廉教育，不断增强公职人员廉洁从政意识。二是要积极推进政务信息公开，加强社会各界对行政权力的监督。三是要加强政务服务体系建设，不断提高政府行政效能和管理水平。

喀麦隆国家防治腐败委员会常委考涅琉斯·卡阿萨福先生指出，反腐败工作是实现社会、经济持续发展，维护国家稳定的先决条件。反腐败工作应夜以继日，不能让腐败这一毒瘤有丝毫喘息的机会和空间。

“在防治腐败的征程中，我们不能有丝毫松懈，因为腐败伴随着人类的发展历史一直存在。我们的任务是通过坚持不懈的努力，减少腐败危害，防止腐败发生，并惩治那些铤而走险的腐败分子。”智利监察审计总署副署长帕特西亚·阿里亚加达·维洛塔女士说。

深化合作：更加有效遏制腐败

“通过参加研讨班，我们更加坚信防治腐败工作的重要性和必要性，也更坚信我们会在未来开展富有成效的交流合作。”摩洛哥预防腐败局局长艾伯戴斯拉姆·阿布德拉先生说。

中国国家预防腐败局举办发展中国家预防腐败研讨班，是中国政府履行《联合国反腐败公约》、促进反腐败国际交流与合作的重要举措。自2008年以来，研讨班已连续举办了三届，受到亚非拉美和东欧很多国家的高度重视，许多受援国预防腐败机构踊跃派员来华研修培训。

据介绍，第四届发展中国家预防腐败研讨班参研人员数量多、级别高、地区广，而且首次邀请了国际组织代表参加，规模层次均超过前三届，充分体现了中国与广大发展中国家和国际组织良好的合作交流。

赞比亚防治腐败局局长戈德弗雷·卡尤夸先生认为，研讨班为今后在新的起点上进一步开展预防腐败领域的国际合作创造了条件，积累了经验。希望中国继续举办这一研讨班，使发展中国家能够聚在一起，分享反腐败和治国理政方面的成功经验。

“我们高兴地看到，中国越来越采取一个开放的姿态，加强与国际社会的交流，并向那些处于反腐败初级阶段的国家提供援助。”对于中国在反腐败国际合作方面的工作，弗朗西斯科·杜克先生给予了很高评价。

据了解，近年来，中国在反腐败领域的对外交往渠道稳步拓展，国际合作交流扎实推进。目前，中央纪委、监察部、国家预防腐败局已与五大洲90多个国家和地区反腐败机构开展了友好交往，与10个国家的相关机构签署了交流合作协议。

同时，中国先后加入了联合国反腐败公约、亚太经合组织反腐败组、亚太地区反腐败行动计划等合作机制，并承办了APEC反腐败研讨会等重要国际会议，开展了多个国际性项目合作，取得了丰硕成果。

“中国愿意继续加强与发展中国家防治腐败机构和有关国际组织的友好关系，加深了解、深化合作。”中共中央书记处书记、中央纪委副书记何勇在会见研讨班全体代表及有关国家驻华使节时表示。

“中国国家预防腐败局成立以来，与各发展中国家防治腐败机构的交流与合作不断深化。今后，我们将在《联合国反腐败公约》的倡导下，不断拓展新的合作领域和空间，扩大和深化各方利益的汇合点。”中央纪委副书记、监察部部长兼国家预防腐败局局长马驭在闭幕式上说。

交流凝聚友谊，合作共铸辉煌。“资源用在正确的地方，就会创造奇迹。”斯泽尔维亚·派特科夫女士说，希望在大家的共同努力下，能够找到防治腐败最有效的途径、策略和机制。

对外宣传材料

（2011 年 6 月）

中国开展防治腐败工作简况

一、改革开放以来中国防治腐败工作的发展历程

20 世纪 70 年代末，中国开始实行改革开放政策。中国坚持一手抓发展经济，一手抓惩治腐败，开展以打击走私、套汇、贪污受贿等严重经济犯罪活动为重点的专项斗争。20 世纪 90 年代，中国开始建立社会主义市场经济体制。中国加大了防治腐败力度，确立领导干部廉洁自律、查办违法违纪案件、纠正部门和行业不正之风的三项工作格局。防治腐败走上标本兼治、综合治理、逐步加大治本力度的轨道。

进入 21 世纪，中国把防治腐败放在更加突出的位置，确立标本兼治、综合治理、惩防并举、注重预防的方针，制定建立健全惩治和预防腐败体系这一反腐败国家战略，整体推进防治腐败工作。中国的防治腐败工作方向更加明确、思路更加清晰、措施更加有力，总体呈现良好发展的态势。

值得一提的是，在这一过程中，预防腐败工作不断开拓创新，逐步发展深化，其战略性地位和根本性作用日益显现。从总体上看，预防腐败呈现出由对个别腐败现象进行专门预防，到以行政审批、财政管理和干部人事等制度改革为主要内容的重点预防，再到以建立健全惩治和预防腐败体系为标志的全面预防的发展态势。当前，中国的预防腐败工作已进入全面部署、整体推进、协调发展的新阶段。中国政府为统筹各方面的预防腐败工作，切实履行《联合国反腐败公约》第六条“关于各缔约国确保设有一个或多个负责预防腐败工作机构”的规定，于 2007 年 9 月 13 日专门成立了国家预防腐败局。

二、中国防治腐败的领导体制、工作机制和职能机构

在防治腐败工作实践中，中国探索形成了党委统一领导、党政齐抓共管、纪委组织协调、部门各负其责、依靠群众支持和参与的领导体制和工作机制。

在中国，防治腐败的职能机构，主要有中国共产党纪律检查机关、国家司法机关、政府监察机关、审计机关和预防腐败工作专门机构。此外，公安、金融等其他有关部门和机构，也在自身职责范围内依法承担预防腐败的相关工作。上述具有不同职能的机构，他们共同承担着开展反腐败和廉政建设、维护社会公平正义的重大责任。在反腐倡廉各项工作中既相对独立、各司其职，又相互协调、密切配合。

国家预防腐败局，作为国家级预防腐败工作专门机构，主要负责全国预防腐败工作的组织协调、综合规划、政策制定、检查指导，协调指导企业、事业单位、社会团体、中介机构和其他社会组织的防治腐败工作，负责预防腐败的国际合作和技术援助等。部分省市也相应成立了预防腐败专门工作机构。

三、当前中国开展防治腐败的几项主要工作

近年来，中国先后颁布了《建立健全惩治和预防腐败体系实施纲要》和《建立健全惩治和预防腐败体系2008—2012年工作规划》。当前，中国在致力于改革开放和发展经济的同时，始终高度重视防治腐败工作。

一是重视发挥法律法规制度的规范和保障作用。以中国宪法为依据，制定了一系列反腐倡廉法律法规。为规范领导干部廉洁从政行为，制定了一系列党员领导干部廉洁从政的行为准则和道德规范，建立健全防止利益冲突制度。为确保公共权力的正确行使，制定了一系列法律法规制度，以加强对领导干部行使权力的制约和监督。此外还制定了一批与预防腐败密切相关的法律法规。

二是加强权力制约和监督体系建设。积极推进权力运行程序化和公开透明，加强对权力的制约和监督。目前，已形成了由中国共产党党内监督、人大监督、政府内部监督、政协民主监督、司法监督、公民监督和舆论监督组成的具有中国特色的监督体系。重视发挥舆论监督的作用，重视互联网在加强监督方面的积极作用。积极推行政务公开、厂务公开、村务公开和公共企事业单位办事公开等制度。

三是通过体制改革和制度创新防治腐败。针对容易滋生腐败的重点领域和关键环节，大力推进体制改革和制度创新，努力从源头上防治腐败。会同和督促有关部门深入推进行政审批制度、司法体制和工作机制等方面的改革，最大限度地减少腐败滋生的体制机制制度漏洞。如，2001年以来，国务院各部门共取消和调整行政审批项目2000多项，地方各级政府取消和调整77000多项，占原有项目总数的一半以上。对于保留的行政审批项目，全面推行政府信息公开，全国共设立2842个行政服务中心公开审批，建立24289个乡镇便民服务中心。

四是发挥查处腐败案件的惩治功能。严肃查处党员干部和国家工作人员中的腐败行为，保持惩治腐败的强劲势头，发挥其治本功能。近年来，重点查处工程建设、土地使用权和探矿采矿权出让、产权交易、医药购销、政府采购、资源开发和经销等6大领域以及银行信贷、证券期货、商业保险、出版发行、体育、电信、电力、质检和环保等方面的商业贿赂行为，依法依纪打击跨国（境）商业贿赂行为。如，自2005年集中开展治理商业贿赂工作以来至2009年，全国共查处商业贿赂案件69200多件，涉案金额165.9亿元。

五是大力推进廉洁教育和廉政文化建设。面向国家公职人员开展廉政教育，主要是帮助公职人员树立正确的观念，促使其自觉遵循法律法规，廉洁从政，从思想上筑牢拒腐防变的道德防线。面向大中小学生进行廉洁教育，大力培养廉洁、诚信、守法的道德意识和法治观念，不断增强广大学生的廉洁意识。面向全社会开展廉洁文化创建活动，弘扬以廉为荣、以贪为耻的社会风尚。积极开展廉洁文化创建活动，继承和发扬中华优秀传统中的廉洁文化精华，发挥各种媒体对社会风尚的引导作用。

六是深化防治腐败领域的国际交流与合作。截至2010年12月，已与57个国家和地区签订了110项各类司法协助和引渡条约。与美国建立了中美执法合作联合联络小组，并设立反腐败专家组；与加拿大建立了司法和执法合作磋商机制。同80多个国家和地区的反腐败机构开展了友好交往，与俄罗斯等国家的相关机构签署了合作协议；与联合国、欧盟、世界银行、亚洲开发银行、经合组织等国际组织开展了多领域的交流与合作，积极参与二十国集团、亚太经合组织等框架内的反腐败合作机制。积极参与《联合国反腐败公约》框架下的国际合作和技术援助。举办了三届发展中国家预防腐败研讨班，23个亚非国家的75名从事预防腐败工作的官员来中国参加了培训。

中国监督管理公务员的做法

改革开放特别是21世纪以来，中国积极推进公共管理改革，在借鉴吸收西方公务员制度有益做法和经验的基础上，建立了中国特色的公务员制度。主要做法有：

一、注重用法规制度规范公务员管理，促进依法履职和科学管理

中国公务员制度，从理论探讨到实际推行有一个发展过程。2006年1月1日施行的《中华人民共和国公务员法》（以下简称《公务员法》），标志着中国公务员制度进入新的法制化阶段。

一是明确公务员管理范围和依据。《公务员法》是依据宪法，结合干部人事制度改革的实践，以法律的形式明确了公务员管理的基本制度。《公务员法》规定的公务员，是指依法履行公职、纳入国家行政编制、由国家财政负担工资福利的工作人员。中国共产党的机关、人大机关、行政机关、政协机关、审判机关、检察机关、民主党派机关的工作人员都属公务员的范围。

二是明确公务员管理的原则和内容。《公务员法》规定，公务员管理坚持公开、平等、竞争、择优的原则，依照法定的权限、条件、标准和程序进行。坚持监督约束与激励保障并重的原则。《公务员法》的内容涵盖了公务员管理的“进、管、出”各个环节和录用、考核、职务任免、职务升降、奖励、政纪处分、培训、交流、回避、辞职辞退、工资福利保险、退休、申诉控告、职务聘任等具体制度。

三是明确公务员职位分类和职务级别制度。《公务员法》确立了公务员分类管理原则，完善了职务级别制度。公务员职位类别按照公务员职位的性质、特点和管理需要，划分为综合管理类、专业技术类和行政执法类等类别。国家根据公务员职位类别设置公务员职务序列，分为领导职务和非领导职务。

四是明确公务员基本要求和管理实质。公务员依法履行职务的行为，受法律保护。《公务员法》既规定了公务员管理的基本原则、基本制度和基本方法，又明确了公务员的权利和义务、公务员管理机构和有关法律责任，还明确了公务员管理的实质，对公务员队伍实行依法管理、科学管理。

二、注重用体制机制创新公务员管理，防止选人用人上的违规行为

《公务员法》在完善公务员管理体制和机制方面进行了许多改革和创新。

一是确立新陈代谢机制。《公务员法》从公务员队伍的“进口”到“出口”都作出了规定。比如，《公务员法》明确规定，广大公民可以公开平等地通过考试录用等方式进入公务员队伍，体现了宪法赋予公民的政治权利。坚持公务员录用“凡进必考”制度，扩大公务员的选拔录用视野，有效防止了进人上的不正之风。《公务员法》实施五年来，全国共有1177万人参加公务员考试，录用公务员62万名。

二是确立竞争择优机制。《公务员法》规定录用采取公开考试、严格考察、平等竞争、择优录用的办法；机关内设机构领导职务实行竞争上岗，部分职务可以在社会上公开选拔。引入竞争机制，实行竞争上岗，变“暗箱操作”为“阳光行动”，有效防止了用人上的不正之风。

三是确立权益保障机制。《公务员法》规定了公务员参加培训等8项权利以及申诉控告制度、聘用制公务员的人事争议仲裁制度和公务员的工资福利保险制度；明确了不得辞退公务员的4种情形，显现了公务员权益保障的重要性。

四是确立监督约束机制。《公务员法》规定了公务员模范遵守宪法和法律等9项义务及16条不得违反的纪律，规定了考核制度、惩戒制度、辞退制度、领导人员引咎辞职和责令辞职制度等，作为对公务员严格监督的制度保障。如责任追究、辞职辞退等制度的建立，大大加强了对公务员的管理和监督。

三、注重用监督手段约束公务员行为，促进权力公开透明运行和廉洁从政

近年来，中国不断改革和创新公务员监督机制，促进公务员廉洁从政。

一是建立权力制衡约束机制。按照结构合理、配置科学、程序严密、制约有效的原则，逐步建立健全决策权、执行权、监督权既相互制约又相互协调的权力结构和运行机制。目前，已形成了由中国共产党党内监督、人大监督、政府内部监督、政协民主监督、司法监督、公民监督和舆论监督组成的具有中国特色的监督体系。各监督主体既相对独立，又密切配合，形成了整体合力。

二是监督公共权力正确行使。2007年施行的《中华人民共和国各级人民代表大会常务委员会监督法》，以法律形式对各级人民代表大会常务委员会加强对同级人民政府、人民法院和人民检察院行政权、审判权、检察权的监督作出规定。制定了《行政监察法》、《审计法》、《行政复议法》、《行政诉讼法》等法律，建立了行政监察、审计监督、行政复议和行政诉讼制度，加强对行政机关及其工作人员的监督。

三是建立权力信息公开制度。从20世纪80年代开始，中国政府积极推行政务公开制度。颁布《政府信息公开条例》等法规文件，按照“公开是原则、不公开是例外”的要求，及时、准确地公开除涉及国家秘密、商业秘密和个人隐私以外的政府信息，依法保障公民的知情权、参与权、表达权和监督权。

四是监督公务员行为规范并严格执行。中国制定了一系列公务员廉洁从政的行为准则和道德规范。如《党员领导干部廉洁从政若干准则》和《关于领导干部报告个人有关事项的规定》等，明确规定严禁利用职权和职务上的影响谋取不正当利益等52项廉洁从政行为准则；领导干部如实报告本人收入，以及配偶子女从业等情况。通过贯彻落实《廉政准则》及《〈廉政准则〉实施办法》等规定，促进公务员行为规范和廉洁从政。

中国开展廉洁宣传教育的做法

开展廉洁宣传教育是中国预防腐败的一项基本举措。中国高度重视对国家公职人员的廉政教育，也注重对全社会的廉洁文化建设，将廉洁教育延伸至大中小学教育，并视之为预防腐败的基础性工作。主要做法有：

一、面向国家公职人员开展廉政教育，筑牢拒腐防变的思想道德防线

在中国，面向国家公职人员开展廉政教育，主要是帮助公职人员树立正确的观念，促使其自觉遵循法律法规，廉洁从政，从思想上筑牢拒腐防变的道德防线。主要采用以下措施：

一是开展经常性的干部培训教育。制定《干部教育培训工作条例》和干部教育培训规划，把廉洁从政教育作为干部教育培训的重要内容。各级党校、行政学院和其他干部培训机构，把廉洁从政教育纳入教学计划，作为各级领导干部的必修课程。2006年《公务员法》实施以来，全国共培训公职人员3000多万人次，公职人员初任培训达到100%。

二是开展岗位廉政教育。在中国，已建立50个全国廉政教育基地，编写廉洁从政教育系列读本，有针对性地开展岗位廉政教育和培训。岗位廉政教育主要是以岗位为单元、以廉政行为规范和岗位职责为基础、以预防和化解廉政风险为目的、以情景案例为主要形式的新型廉政教育模式。这种教育具有对象个性化、内容精细化、方式人性化、措施系统化等鲜明特点。

三是开展廉洁从政示范教育。主要通过新闻媒体报道、召开先进事迹报告会、拍摄影视作品等形式，宣传国家公职人员中的先进典型和事迹，树立廉洁从政的榜样。比如选择一些奉公守法、清正廉洁，工作卓有成效的优秀公务员，作为大家学习的榜样，告之大家如何保持清正廉洁开展工作。

四是开展各种形式的警示教育。主要通过编写典型案例教材、拍摄警示教育片、建设警示教育基地、举办警示教育展览以及涉案人员现身说法等灵活多样的形式，教育广大国家公职人员引以为戒，发挥典型案件的教育作用，达到惩处一个、教育一片的目的。

五是开展廉政培训和廉政谈话。主要是对新任领导干部和新录用国家公职人员进行廉政培训和廉政谈话。通过任职和上岗前的廉政培训，在任职前进行廉政谈话，建立廉政培训档案，做到防范在先、防范于未然。

六是讲授廉政党课和进行廉政法规考试。一些单位党政主要负责人定期讲授廉政党课，对所管理的公职人员廉政情况进行分析，指出存在的突出问题，并提出改进的方法和措施。一些地方在领导干部选拔前进行廉政法律法规考试，并将考试合格作为重要的任职条件之一。

二、面向大中小学生进行廉洁教育，培养廉洁、诚信、守法的道德意识和法治观念

目前，中国各级各类学校紧密结合校园文化建设、网络建设、课程建设和主题实践活动，大力开展廉洁教育，不断增强广大学生的廉洁意识。

一是加强廉洁教育主渠道、主阵地和主课堂建设。按照学生心理、生理发展的不同阶段，采用不同的教育方式和教学内容，分类开展廉洁教育。制定在高校思想政治理论课中开展大学生廉洁教育的教学计划，在中小学德育课程中开展中小学廉洁教育的计划，有力地推动了廉洁教育进教材、进课堂、进学生头脑。比如，对中小学生，多采用形象直观的方法和生动有趣的活动形式开展教育；对大学生，则以理性思考和辨析为主，通过说理、讨论等形式，使他们从感性认识提高到理性层面。

二是不断探索廉洁教育的方式、方法和途径。许多学校把廉洁教育同培养学生良好的行为习惯结合起来，不断拓展廉洁教育的方式、方法和途径，并将此渗透到学习生活中，既优化了育人环境，又培养学生习惯廉洁、崇尚廉洁的品德。有的抓住新生入学、学生入党、考核考试、毕业实习、就业择业等重大节点开展廉洁教育。有的专门编写《青少年廉洁文化教育简明读本》等相关教材，开设廉洁教育课程，配备专门师资力量。

三是不断丰富学校廉洁教育的课外活动载体。充分利用中小学生的夏令营、冬令营，以及大学生社会实践和校园文化建设等课外活动载体开展廉洁教育。许多学校通过举办专栏、文艺汇演、广播站营造氛围，推进廉政文化进校园活动，培养青少年廉洁、诚信、守法的良好道德意识和法治观念。

三、面向全社会开展廉洁文化创建活动，弘扬以廉为荣、以贪为耻的社会风尚

中国不仅重视针对国家公职人员的廉政教育，还重视对全社会的反腐倡廉教育。主要有以下一些措施：

一是注重开展廉洁文化创建活动。制定出台了《关于加强廉政文化建设的意见》，推动廉政文化进机关、社区、家庭、学校、企业和农村等活动。比如：在城市社区开展的廉政标语、广告、漫画等“廉洁文化进社区”活动。在农村开展“树新风、促清廉”等主题活动形式，通过廉洁文化建设促进基层民主政治建设，倡导乡村文明风尚。

二是注重继承和发扬中华优秀传统中的廉洁文化精华。采用文学艺术、影视作品、书画展览和公益广告等形式表现廉洁文化的丰富内涵，推出一批主题昂扬向上、时代特色鲜明、体现人文关怀的优秀廉洁作品。通过这些内容丰富、形式多样、喜闻乐见的廉洁文化活动，歌颂中华民族崇尚廉洁的优良传统，推进廉洁文化建设的深入开展。

三是注重发挥各种媒体对社会风尚的引导作用。充分利用报刊、电台、电视台、通讯社等媒体覆盖面广、传播速度快、透明度高的特点和优势，积极传播有利于反腐倡廉的言论和议论、法规和政策。积极运用互联网、手机等新兴媒体开放、即时、互动的特点，回答公民的问题，解决公众的疑惑。

（以上三篇是我局向《联合国反腐败公约》秘书处提交的宣传材料，被列入《公约》履约正式文件，并在联合国网站予以公布。）

附录九：制止公款出国（境）旅游专项工作有关材料

制止公款出国（境）旅游专项工作部际联席会议第三次会议纪要

（2010 年 3 月 19 日）

第三次制止公款出国旅游专项工作部际联席会议，于 2010 年 2 月 9 日在中央纪委监察部机关召开。外交部、中组部、中联部、中央外办、公安部、财政部、商务部、审计署、国家预防腐败局、国家旅游局、国家外专局等部门的负责同志及专项工作办公室全体成员参加了会议。会议由外交部副部长、制止公款出国旅游专项工作部际联席会议召集人吕国增主持。国家预防腐败局副局长崔海容出席会议并讲话。

会议回顾总结了 2009 年制止公款出国旅游专项工作。会议认为，过去的一年，在中央的统一领导下，中央纪委、监察部、国家预防腐败局和外交部共同牵头，各地区各部门的纪检、外事、财政等相关单位通力合作，认真贯彻落实中办发〔2009〕12 号文件，不断提高各级党员干部对制止公款出国旅游工作的认识，严格控制和压缩因公出国总量，完善规章制度，专项工作取得了明显成效，因公出国人数大幅下降，公款出国旅游不正之风得到遏制。全年全国党政干部因公出国（境）团组 33507 个、123553 人次，经费支出 27 亿元，团组数、人次数和经费数与近 3 年平均数相比分别下降了 49%、45.5% 和 37.6%，党政干部因公出国（境）经费比近 3 年平均支出节约 16.31 亿元。专项工作得到了中央领导同志的肯定，社会各界给予了积极评价。

会议审议通过了《2010 年制止公款出国旅游专项工作要点》。会议强调，2010 年，要根据第十七届中央纪委第五次全会关于继续开展制止公款出国旅游专项工作的部署，以贯彻执行中办发〔2008〕9 号和中办发〔2009〕12 号文件为主要内容，优化结构、确保重点、有保有压，继续严格控制和适度压缩因公出国人数和经费，创新和完善因公出国管理制度，进一步提高因公出国管理水平，巩固制止公款出国旅游专项工作成果，研究建立禁止公款出国旅游长效机制，保证因公出国工作健康有序进行，促进经济社会发展。要在实行分类指导、总量控制上见成效，继续严格控制因公出国经费和人数；要在狠抓因公出国管理制度的执行上见成效，严格审批把关，严格经费管理，严格外事纪律；要在查办案件上见成效，严肃查处顶风违纪案件，公开曝光典型案件，发挥案件的警示教育功能。

会议研究了《关于建立禁止公款出国旅游长效机制的意见》。会议指出，虽然在全国范围内开展制止公款出国旅游专项工作取得了明显成效，但公款出国旅游在一些地区和部门仍时有发生，现行因公出国管理办法还存在一些薄弱环节，主要表现在：一是不能有效防止派出单位以公务为名进行公款出国旅游；二是审核程序无法有效识别和阻止公款出国旅游团组；三是因公出国经费预算管理制度尚有漏洞；四是一些地方和部门将因公出国量化管理畸变成福利待遇；五是双跨团组管理漏洞较多；六是以考察为名集中前往热点国家和地区的公款出国旅游团组数量居高不下，等等。会议决定，由专项工作部际联席会议及其办公室牵头，会同外交部等有关部门，根据中办发〔2008〕9号文件的精神，研究制定建立综合治理公款出国旅游长效机制的若干意见，进一步完善制度，科学管理，提高执行力，进一步明确因公出国派出单位、出访团组、审核审批、经费管理、监督核查等部门的责任，切实建立起行之有效、综合治理公款出国旅游的长效机制。

会议要求，各地区各部门要认真贯彻贺国强同志的重要批示精神，充分认识制止公款出国旅游工作的重要性和紧迫性，继续把专项工作摆上重要位置，以更加坚决的态度、更加有力的措施、更加扎实的工作，把制止公款出国旅游专项工作推向深入。

同时会议还决定将商务部、公安部纳入制止公款出国旅游专项工作部际联席会议成员单位。

出席会议人员：

吕国增　外交部副部长、制止公款出国（境）旅游专项工作部际联席会议召集人

崔海容　国家预防腐败局副局长、制止公款出国（境）旅游专项工作部际联席会议成员

刘建华　财政部党组成员、纪检组长

董大胜　国家审计署副署长、制止公款出国（境）旅游专项工作部际联席会议成员

仇　鸿　商务部党组成员、部长助理

刘金平　国家旅游局党组成员、纪检组组长

孙照华　国家外国专家局副局长、制止公款出国（境）旅游专项工作部际联席会议成员

列席会议人员：

于贤成　中央纪委预防腐败室副主任、制止公款出国（境）旅游专项工作部际联席会议办公室主任

陈育明　外交部外管司司长

郭松江　中央纪委预防腐败室副局级纪律检查员、监察专员、制止公款出国（境）旅游专项工作部际联席会议办公室副主任

杨晓山　中央组织部干部三局副局长、制止公款出国（境）旅游专项工作部际联席会议办公室成员

朱孟明　中央纪委党风室副局级纪律检查员、监察专员

王赫明　中央对外联络部党群外事协调局副局长、制止公款出国（境）旅游专项工作部际联席会议办公室成员

卞建强　中央外办外管局副局长、制止公款出国（境）旅游专项工作部际联席会议办公室成员

朱际青　公安部出入境管理局副局长

汪长海　财政部行政政法司副巡视员

李柏军　商务部外事司副司长

程　光　国家审计署行政事业司副司长、制止公款出国（境）旅游专项工作部际联席会议办公室成员

胥立平　国家旅游局监察局局长、制止公款出国（境）旅游专项工作部际联席会议办公室成员

刘燕朝　国家外国专家局出国培训司副

司长、制止公款出国（境）旅游专项工作部际联席会议成员

蒋　旭　外交部外管司副处长

郭延航　外交部外管司二秘

曹桂芬　中央组织部干部三局副处长

汪　潞　中央对外联络部党群外事协调局三秘

孙旭东　财政部行政政法司涉外处处长

制止公款出国（境）旅游专项工作部际联席会议第四次会议召开

（2010 年 10 月 14 日）

10 月 14 日，制止公款出国（境）旅游专项工作部际联席会议第四次会议在中央纪委监察部机关召开。中央纪委常委、监察部副部长兼国家预防腐败局副局长、专项工作部际联席会议召集人屈万祥出席会议并讲话。国家预防腐败局副局长崔海容主持会议。外交部副部长、专项工作部际联席会议召集人吕国增，中央外办副主任叶大波，商务部党组成员、中央纪委驻商务部纪检组组长王和民，审计署副审计长侯凯，国家外国专家局副局长刘延国出席会议并发言。中组部、中联部、中央台办、国务院港澳办、财政部、公安部、国家旅游局等部门有关负责同志及专项工作办公室全体成员参加了会议。

会议传达了中央纪委领导同志关于继续抓好制止公款出国（境）旅游专项工作，严格控制因公出国（境）规模的批示精神，回顾了 2010 年以来制止公款出国（境）旅游专项工作进展情况，认真分析了当前党政干部因公出国（境）规模激增的严峻形势，通报了近期公款出国（境）旅游典型案件，研究了防止因公出国（境）规模反弹等问题，就今年第四季度制止公款出国（境）旅游专项工作作出部署。

会议指出，自 2008 年在全国范围内开展制止公款出国（境）旅游专项工作以来，经过各地区各部门的共同努力，取得了阶段性成果。但是也应看到，公款出国（境）旅游问题由来已久，在部分党政干部中已经形成了一股顽固的不正之风；因公出国（境）管理还存在一些薄弱环节，一些地区和部门对因公出国（境）管理各项制度执行不力；有的纪检监察机关对查处公款出国（境）旅游案件重视不够，处理失之于宽，失之于软。因此，公款出国（境）旅游出现反弹的动机和条件还存在，制止公款出国（境）旅游形势依然严峻。公款出国（境）旅游案件在一些地区和部门仍然时有发生。今年以来，中央纪委会同有关地区和部门纪检监察机关查处的典型案件有：安徽省安庆市外办通过中介机构购买邀请函，编制虚假日程骗取批准组织公款出国旅游；江苏省总工会违规组织劳模、先进工作者通过因私渠道出国（境）旅游；卫生部国际交流与合作中心利用出国培训之机组织公款旅游。今年上半年全国党政干部因公出国（境）团组 13842 个，51452 人次，虽然与 2006—2008 年同期平均数相比分别下降 52.9% 和 46.2%，但是与 2009 年同期相比分别增长

5.6%和15.1%。特别是今年第二季度全国党政干部因公出国（境）团组数和人次数分别比第一季度有较大增长。

会议要求，今年第四季度要重点抓好以下四项工作：一是加大工作力度，确保完成今年因公出国（境）的控制指标。各地区各部门制止公款出国（境）旅游专项工作机构和外事管理部门要切实负起责任，严格控制因公出国（境）规模，确保完成今年的因公出国（境）压缩任务。二是加强因公出国（境）管理，从严审核审批。从严审批新申报的因公出国（境）团组，重新审核已审批的拟于第四季度出国（境）的团组。从严控制非紧急公务团组任务审批，坚决禁止无实质任务团组。从严控制双跨团组，非特殊情况不批准。三是加强监督检查。对因公出国（境）团组数和人次数出现反弹的地区和部门进行督查，发现问题及时查处。对一些地方和部门的外事审核审批工作进行检查，发现履行审批责任不到位，滥用、乱用外事审批权或违规审批的要坚决予以查处和纠正，必要时暂停直至取消有关审批权限。四是继续严肃查处公款出国（境）旅游案件。重点查处违规使用企业、事业单位资金或其它公共资金出国（境）旅游的案件，查实后要从严处理。严肃查处虚报出国（境）任务，通过购买邀请函骗取批准的案件；以及擅自延长国（境）外停留时间，增加出访国家和地区的案件。

关于制止公款出国（境）旅游专项工作进展情况的报告

（2011年1月25日）

中共中央、国务院：

按照党中央、国务院的决策和部署，2008年以来，中央纪委、监察部、国家预防腐败局会同有关部门在全国组织开展了制止公款出国（境）旅游专项工作（以下简称专项工作），现将三年来专项工作进展情况报告如下。

一、专项工作主要成效

党中央、国务院对制止公款出国（境）旅游态度十分坚决，胡锦涛总书记、温家宝总理多次作出指示，要求采取有效措施制止此项人民群众反映强烈的突出问题；中央纪委将其作为反腐倡廉建设的一项重要任务，多次在全会上进行部署。在党中央、国务院的坚强领导下，经过各地区各部门共同努力，专项工作取得了重要的阶段性成果：因公出国（境）管理制度进一步完善，防范公款出国（境）旅游的观念深入人心，一批公款出国（境）旅游案件得到严肃查处，公款出国（境）旅游现象得到有效遏制，党政干部因公出国（境）规模大幅下降。主要体现在以下几个方面：

（一）坚持统筹兼顾，在服从服务于对外开放大局的同时节约了行政成本。按照统筹国内发展和对外开放的要求，在保证外交、商贸、国际合作等重点工作的同时，优化因公出国（境）结构，控制因公出国（境）团组、经费和人数，取得了较好效果。2008年，全国因公出国（境）人数首次出现大幅下降，较2007年下降了

12.2%。2009年，全国党政干部因公出国（境）33507个团组、123553人次，支出经费约27亿元，团组数、人次数、经费数与2006—2008年3年平均数相比，分别下降了49%、45.5%、37.6%，节约经费16亿元。2010年，全国党政干部因公出国（境）34762个团组、127050人次，支出经费约29亿元，团组数、人次数、经费数与2006—2008年3年平均数相比分别下降47.1%、43.9%、32.6%，节约经费14亿元。

（二）坚持标本兼治，在有效遏制公款出国（境）旅游的同时规范了管理制度。为纠正和减少一些党政干部巧立名目用公款出国（境）旅游的行为，我们实行量化管理，严格总量控制，适度压缩因公出国（境）规模。2009年提出全国因公出国（境）经费支出要在前三年平均数基础上压缩20%，并相应减少团组数和人数；2010年要求继续巩固压缩成果，两年都超额实现了预期目标。同时，着力建立和完善因公出国（境）管理制度，颁布实施《加强党政干部因公出国（境）经费管理暂行办法》，创建因公出国（境）经费先行审核制度，进一步严格经费审批管理，强化了预算约束；正起草国家工作人员因私出国（境）审批管理规定，坚持堵疏结合，在保障国家安全和利益的前提下畅通国家工作人员因私出国（境）渠道。

（三）坚持惩防并举，在严肃查处公款出国（境）旅游案件的同时提高了防范意识。制定《用公款出国（境）旅游及相关违纪行为适用〈中国共产党纪律处分条例〉若干问题的解释》和《用公款出国（境）旅游及相关违纪行为处分规定》，明确了惩处违纪行为的政策界限。严肃查处了吉林省原煤炭工业局长期大规模组织公款出国旅游等一大批案件，对一批重要线索进行转办督办，并在中央电视台《焦点访谈》栏目曝光典型案件，有力震慑了公款出国（境）旅游组织者和参与者。通过多种形式加强宣传教育，使各级党政干部的认识不断提高，抵制公款出国（境）旅游的自觉性进一步增强，绝大多数领导干部能够以身作则、严格自律，不组织、不参与各类公款出国（境）旅游活动。

（四）坚持齐抓共管，在发挥各部门职能优势的同时形成了工作合力。2008年4月，中央纪委、外交部牵头，会同中央组织部、中央联络部、中央外事办、监察部、财政部、审计署、国家预防腐败局、国家外国专家局等10个部门，建立了制止公款出国（境）旅游专项工作部际联席会议，办公室设在中央纪委预防腐败室。部际联席会议有机整合各成员单位的职能作用，积极组织协调，审议政策文件，部署工作任务，研究解决重大问题，在全国范围有力地推动了专项工作。部际联席会议办公室认真履行职责，首次建立数据统计制度，全面掌握全国党政干部因公出国（境）团组数、人次数、经费支出等第一手数据，为专项工作提供了重要决策依据；加强业务指导和监督检查，有效保证了专项工作各项任务的落实。

同时，目前因公出国（境）活动中还存在一些问题，主要有：少数单位通过虚报出国（境）任务、购买邀请函等手段用公款出国（境）旅游的现象仍然存在；审核审批制度不够完善，对因公出国（境）团组任务的必要性、报批材料的真实性、行程安排的合理性难以有效把关；因公出国（境）经费管理制度尚有漏洞，经费预算、核销等还过于粗放等。对这些问题，我们将继续会同有关部门加以认真解决。

二、下一步工作建议

三年来，专项工作取得了明显成绩，但公款出国（境）旅游问题由来已久，巩固成果、防止反弹的任务仍然较重，彻底禁止公款出国（境）旅游仍需付出艰苦努力。我们对下一步工作提出以下建议：

（一）专项工作于2011年3月底结束。

通过三年的集中治理和建章立制，专项工作任务已顺利完成，有效遏制和防范了用公款出国（境）旅游的现象。建议因公出国（境）工作于2011年3月底后转为常态化管理，由相关职能部门各司其职、互相配合，切实加强日常监管，共同做好这项工作。

（二）进一步完善因公出国（境）管理制度。外事管理部门在做好日常审核审批和监管的同时，细化审批内容，完善审批程序，抓紧建设全国因公出国（境）管理综合信息系统。财政部门加快制定相关规定，细化经费预算管理，改进经费核销程序。

（三）继续加大对公款出国（境）旅游行为的打击力度。纪检监察机关继续将其作为反腐倡廉建设的一项重要任务，认真履行监督检查职责，狠抓外事管理规定的执行；严肃查处违反规定组织和参与公款出国（境）旅游的案件；配合外事管理等相关部门完善制度机制，推行因公出国（境）信息公开，从源头上预防和治理公款出国（境）旅游问题。

特此报告。

中共中央纪委监察部
国家预防腐败局
2011年1月25日

制止公款出国（境）旅游专项工作部际联席会议第五次会议纪要

（2011年3月2日）

2011年3月2日，制止公款出国（境）旅游专项工作部际联席会议第五次会议在中央纪委监察部机关召开。中央纪委副书记、监察部部长兼国家预防腐败局局长马驭出席会议并讲话。外交部副部长、专项工作部际联席会议召集人吕国增主持会议。中央对外联络部部长助理贺钧、中央外办副主任叶大波、公安部副部长孟宏伟、中央纪委驻财政部纪检组组长刘建华、商务部部长助理仇鸿、审计署副审计长侯凯、国家预防腐败局副局长崔海容、中央纪委驻国家旅游局纪检组组长刘金平、国家外国专家局副局长孙照华出席会议并发言。中央组织部等部门有关负责同志及专项工作办公室全体成员参加了会议。

会议传达并学习了温家宝同志2011年2月12日在中央纪委、监察部、国家预防腐败局《关于制止公款出国（境）旅游专项工作进展情况的报告》上的重要批示，审议通过了《制止公款出国（境）旅游专项工作总结报告》，通报了近期查处的公款出国（境）旅游典型案件。会议还审议了《因公出国（境）团组活动情况核查评估暂行办法》、《因公出国（境）团组信息公开暂行办法》和《建立制止公款出国（境）旅游长效机制的意见》，提出了修改意见，拟修改后按程序报批。

会议指出，按照党中央、国务院的部署，2008年以来，中央纪委、外交部会同有关部门，在全国开展制止公款出国（境）

旅游专项工作。三年来，在部际联席会议各成员单位通力合作和各地区各部门共同努力下，专项工作取得了明显成效：因公出国（境）管理制度进一步完善，禁止公款出国（境）旅游的观念深入人心，一批公款出国（境）旅游案件得到严肃查处，公款出国（境）旅游现象得到有效遏制，党政干部因公出国（境）规模大幅下降。2008 年，全国因公出国（境）人数出现明显下降，较 2007 年减少 12.2%。2009 年，全国党政干部因公出国（境）团组数、人次数、经费数与 2006—2008 年 3 年平均数相比，分别下降 49%、45.5%、37.6%。2010 年，全国党政干部因公出国（境）团组数、人次数、经费数与 2006－2008 年 3 年平均数相比分别下降 47.1%、43.9%、32.6%。

会议指出，在充分肯定成绩的同时，也要清醒看到，目前因公出国（境）活动中还存在一些问题，主要有：少数单位通过虚报出国（境）任务、购买邀请函等手段用公款出国（境）旅游的现象仍然存在；审核审批制度不够完善，对因公出国（境）团组任务的必要性、报批材料的真实性、行程安排的合理性难以有效把关；因公出国（境）经费管理制度尚有漏洞，经费预算、核销等还过于粗放等。

会议强调，禁止公款出国（境）旅游的任务依然艰巨，要进一步增强政治意识和大局观念，从推动经济社会发展，实践以人为本、执政为民，加强党风廉政建设、增强党的凝聚力和战斗力的高度，充分认识禁止公款出国（境）旅游的重要意义，继续加大工作力度，务求彻底禁止公款出国（境）旅游。

会议决定，制止公款出国（境）旅游专项工作于 2011 年 3 月底结束，并转为由中央外办、外交部等职能部门进行常态化管理。

会议要求，坚持不懈地开展禁止公款出国（境）旅游工作，必须抓住重点环节。要从严审核审批和监督，继续狠抓因公出国（境）管理制度的执行。审核审批部门要本着“控制总量、突出重点、保压结合、服务发展”的原则严格把关，着力细化审批内容，完善审批程序。要进一步完善因公出国（境）管理制度，建立健全禁止公款出国（境）旅游长效机制。各级纪检监察机关要继续认真履行监督检查职责，增强工作主动性，严肃查处违反规定组织和参与公款出国（境）旅游的案件。除追究公款出国（境）旅游团组负责人的责任外，还要追究团组派出单位和审核审批部门的责任。对情节恶劣、影响较大的案件，除严肃追究相关责任人党政纪责任外，还要予以公开曝光。

2010 年

制止公款出国（境）旅游专项工作动态

第 11 期

制止公款出国（境）旅游专项工作部际联席会议办公室　　2010 年 1 月 12 日

国内因公出访肯尼亚问题突出
我驻肯尼亚使馆反映强烈

2009 年 11 月 15 日，中央纪委预防腐败室领导参加《联合国反腐败公约》大会后顺访博茨瓦纳，利用在肯尼亚转机的机会，向中国驻肯尼亚使馆的相关人员，了解了国内赴肯尼亚因公出国的情况。他们对国内巧立名目公款出国旅游泛滥的问题反映强烈，对由此带来的外交资源浪费问题表示忧虑。反映的主要问题如下：

一、因公团组数量过多过滥。肯尼亚是东非比较贫穷小国，但由于有举世闻名的野生动物保护区，因而成为世界著名的旅游胜地，也成为我国因公出国的热点国家。2007 年，我驻肯尼亚使馆接待国内因公出国团组 84 个。2008 年因四川地震等原因下降为 30 个。截至 2009 年 11 月份，已接待国内团组 50 多个。这些团组大多是省部级的，大量由旅行社接待的省部级以下团组和大量过境或转机团组无法统计。根据使馆判断，每年来这里的国内公费团组数量十分惊人，这些团组大都用几天的时间在这里游览观光。

二、浪费了国家外交资源。由于我们狠抓制止公款出国（境）旅游专项工作，所以出访肯尼亚的团组不得不千方百计地找一些所谓的公务活动借口。中央国家机关一般都有对口交流单位，找借口比较容易，但地方的省部级团组要找一些所谓的公务活动作为借口来肯相对较难，因此他们大多是通过旅行社来安排，比如通过人际关系或支付高额费用，让肯方有关人员出面象征性介绍本国有关情况。那些实在想不出办法拼凑公务活动的团组，就通过各种关系让使馆帮助安排。这让使馆很为难，因为肯尼亚没有那么多省可以对口接待。如果安排考察，肯尼亚又是一个比较落后的国家，可资考察的项目也很少。所以使馆一般都找肯尼亚的部门来接待。但由于肯尼亚部门较少、部级干部更少，接待我中央国家机关已经应接不暇，若再安排接待我地方省级代表团，有时只得靠私人关系疏通。这些团组来肯后，也往往是用大部分时间观光游览，仅安排一次或两次所谓的座谈来“装装门面”。这种把外交力量用在非正常的因公团组上，实际是一种严重的外交资源浪费。

三、在当地造成了一些不良影响。使馆的同志反映，一些地方省级代表团来肯尼亚召开所谓会议，其实是买通旅行社，然后由旅行社雇佣一些肯尼亚当地人员拼凑而成的。当地媒体披露：三年前国内一个部级事业单位领导曾率团来访问过，还签了一个协议，签完协议后再也没有下文了。前不久该团又突然来访问了。像这种只重来访不顾影响的国内团组比较普遍。特别是省级人大、政协以及党委等有关部门领导率团来访，虽然会谈时谈得非常热闹，但由于不分管具体工作，导致会谈内容没人跟踪执行。肯方对此十分不满，也对我国形象造成极坏影响。

制止公款出国（境）旅游专项工作动态

第12期

制止公款出国（境）旅游专项工作部际联席会议办公室　　2010年4月2日

吉林省原煤炭工业局组织干部公款出国旅游曝光后舆论反应摘报

3月21日，吉林省原煤炭工业局组织干部公款出国旅游问题在央视《焦点访谈》播出后，引起了国内媒体和网民的关注和热议。总的看，舆论的态度是积极的、所反映的内容是建设性的，对我们进一步抓好制止公款出国旅游专项工作很有启发。归纳起来主要有以下几个方面。

一、肯定制止公款出国旅游工作

（一）节约了大量财政开支。如网民尹卫国在大众网评论说：近年来从中央到地方采取严厉措施，控制干部出国考察，严格审批手续，节约了大量财政开支，有效遏制了由出国考察而滋生的公款旅游腐败。

（二）严肃了党纪国法。如珠江晚报发表评论文章认为：对这样全方位的违规公款出国处理是必须的。有令不行、有禁不止的做法必将受到党纪国法的惩处，这实在太好了！

网民盛大林在燕赵都市网评论说：关于禁止公款出国旅游等问题，中央确实是三令五申。2008年中央十部门还组成了部际联席会议，在全国部署开展制止公款出国旅游专项工作。尤其是汶川大地震后，国家对公款出国的控制更加严格了。

人民网强国论坛不少网民都纷纷跟帖“为这样的狠刹‘三公’消费之风叫好”；“早就应该这样处理了”；“反腐败都像这样曝光就好了”；“让腐败分子曝光在众目睽

睽之下，必定难逃党纪国法的惩治”。

二、分析发生公款出国旅游问题的原因

（一）因公出国管理漏洞较多。如人民网发表题为“亟待堵塞公款出国游的漏洞”的评论文章：从这里人们看到的是公款出国上的一个个漏洞。最主要是表现在出国前组织部门的审查，外事部门的审批，资金的管理，以及回国后“交差”的考察报告……正是这些管理上的漏洞，放纵了一些人的腐败行为，让人民群众的血汗钱白白地消耗在游山玩水、花天酒地之中。

中国青年报发表题为“公款出游泛滥，官员总能找到手段”的评论文章：“三公”支出屡遭诟病，不择手段、巧立名目的事情屡次发生，根源在于那些违法乱纪官员拥有太多裁量权却缺乏有效的公众监督。

京华时报网发表题为“公款出国游又出恶劣标本”的评论文章：吉林省原煤炭工业局组织干部公款出国游是一个恶劣的标本，相关监管部门应该好好解剖一下。在对当事人予以严惩的同时，还应该想办法斩断公款出国游的利益链条。从此事还可以看出，现有制度并未能很好地起到禁止的作用。

（二）因公出国信息不透明。如网民马建胜在荆楚网评论说：到底是什么让党政干部镇定自若、明目张胆地公费出国旅游？问题的根源还在于行政预算的不透明上。公款随便花，能不出国玩？

网民夏熊飞在红网评论说：信息封闭造就了权力疯狂，权力疯狂导致了公款滥用。一言以蔽之，“三公”消费的横行其实就是信息不透明、权力缺乏约束的衍生产物。

（三）公款出国旅游处分过轻。如东方网发表题为“出国一趟花百万，处分就像挠痒痒”的评论文章：雷声大，雨点小，鞭子高高举起，轻轻落下。这样的处理方式，吓唬吓唬小孩还可以，但对于那些久经官场的官油子们来说，只不过如同挠痒痒一般。你越挠，他越舒服。一些干部之所以敢于顶风作案，违纪违法，根本原因就在于违纪违法的成本太低、收益巨大，才让一些人不惜违纪违法，甚至是铤而走险，以身试法。也正因如此，禁止公款旅游之类的规定，才成了纸老虎。

外汇通网发表题为“惩治公款出国游不能高举轻放”的评论文章：既然中央制止公款出国旅游禁令高悬，既然事实确凿、案情严重，为什么就不能拿掉这些为官不正人的乌纱帽？这些官员糟蹋人民的血汗钱寻欢作乐，难道就不算贪污腐化吗？为什么不让他们作出赔偿，而只是用党纪政纪这样的“鸡毛掸子”随便掸掸屁股就算了事。这样大事化小，小事化了，高举轻放的处理方式，只能说是一种应付差事。能刹住公款出国旅游不正之风吗？

红网发表题为“公款出国游不止只因‘违纪不违法’”的评论文章：原吉林省煤炭工业局领导受到的最大处分就是党内严重警告、行政记大过；对公款出国旅游大开方便之门的外事办主任、审批处处长等，只是予以诫勉谈话、并责令写检查的处理。试问，如此“严厉惩处”，究竟是对公款出国旅游的问责呢，还是变相鼓励呢？

新华报业网发表题为“隔靴搔痒式治理能治住公款出国游吗”的评论文章：对公款出国游如此轻描淡写地处罚，与其说是杀鸡骇猴，毋宁说是惹人眼红，令人垂涎。难怪，公款出国游之所以屡禁不绝，反而效仿成风，倒也并不意外了。

珠江晚报网发表题为“如果公款出国游只是被警告”的评论文章：我们再一次看到了重复千百次的情景——板子高高地举起，又轻轻地放下。这哪里是处罚，分明是在鼓励嘛！

三、提出抓好制止公款出国旅游工作的建议

（一）堵塞因公出国管理漏洞。如大众网发表题为“靠什么堵住公款出国游漏洞”的评论文章：企业为政府公款出国游买单，既有主动迎合上级的一面，也有无奈的一面，因为这些政府主管部门是企业的顶头上司，得罪不起……堵住这个漏洞，必须严肃查处政府部门将公款出国游费用摊派到企业的行为。

新华报业网发表题为“不妨上升到法律层面整治公款出国旅游”的评论文章指出：为了有效地整治公款出国旅游，有关部门不妨从以下几方面着手：一是对公款出国实行公示制，从出国的线路、行程到出访的内容与费用支出都公之于众，接受社会监督。二是紧缩财政预算，扎紧公共“钱袋子”。三是健全问责机制，对不干实事的假考察，严肃问责，决不姑息。从长远来看，要堵住公款旅游黑洞，应该从制度层面上升到法律层面，像治理贪污受贿一样治理公款旅游，让公务人员付出高昂的违法成本，使他们在公款旅游时有所顾忌。

南方报业网发表题为“公款出国游何以屡禁不止”的评论文章：公款出国游其实就是一种集体腐败。集体腐败比个体腐败的性质更恶劣，更容易使政府失去公信力。根治这种乱象，不但要惩治腐败，还要用好权、管好权，建立一套对公款乱用的“零容忍”制度。

（二）推行信息公开。如网民夏熊飞在红网发表评论说：当前最迫切之举就是要信息公开，及时向民众公开政府部门的具体开支数额。唯有信息透明，才能药到病除。

网民马建胜在荆楚网发表评论说：扼住公款出国旅游的咽喉，关键的问题在于公布行政预算的明细清单。“三公”消费到底花了多少钱？公款出国花了多少钱？纳税人上交的每一分钱都应该有一个合理的去处，让老百姓明白。总之，行政预算无透明之时，公款出国旅游无销声匿迹之日。

（三）对公款出国旅游重拳出击。如宁夏新闻网发表题为“治理公款出国游要下重手”的评论文章：其实，治理公款出国游并不难，关键是要打在要害处、治在软肋上，使官员不敢轻举妄动。与其在政策上遮遮掩掩、修修补补，不如彻底废除官员公费游的福利待遇。换言之，凡有胆敢违反者，不但要严肃追究纪律责任，还应给予经济处罚，甚至以贪污公款论处。如此这样，看谁还敢“潇洒走一回”！

2010 年

制止公款出国（境）旅游专项工作简报

第 25 期

制止公款出国（境）旅游专项工作部际联席会议办公室　　2010 年 1 月 18 日

2009 年党政干部因公出国（境）统计情况

2009 年，各地区各部门认真贯彻落实《关于坚决制止公款出国（境）旅游的通知》（中办发〔2009〕12 号）文件精神，严格控制压缩因公出国（境）经费和人数总量，取得明显成效。

根据全国 102 个中央和国家机关、31 个省（区、市）和新疆生产建设兵团专项工作机构报送的数据统计，全国党政干部 2009 年因公出国（境）经费共 27 亿元、123553 人次和 33507 个团组。经费数、人次数和团组数与前三年平均数相比分别下降了 37.6%、45.5% 和 49%（图一）。2009 年全国党政干部因公出国（境）经费比前三年经费平均数节约 16.31 亿元。

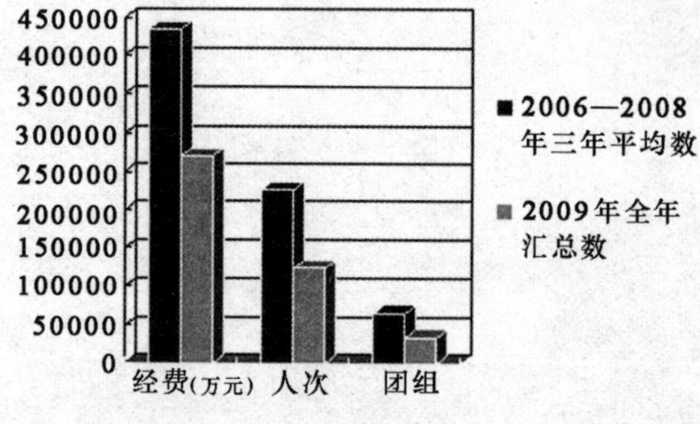

(图一)

其中，地方经费数、人次数和团组数同比分别下降了 40.8%、49.8% 和 55.3%（图二）；中央和国家机关经费数、人次数和团组数同比分别下降了 24.7%、28.4% 和 24.3%（图三）。

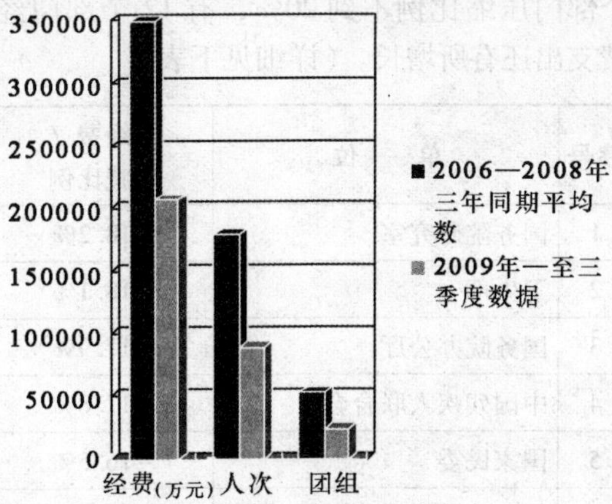

（图二）

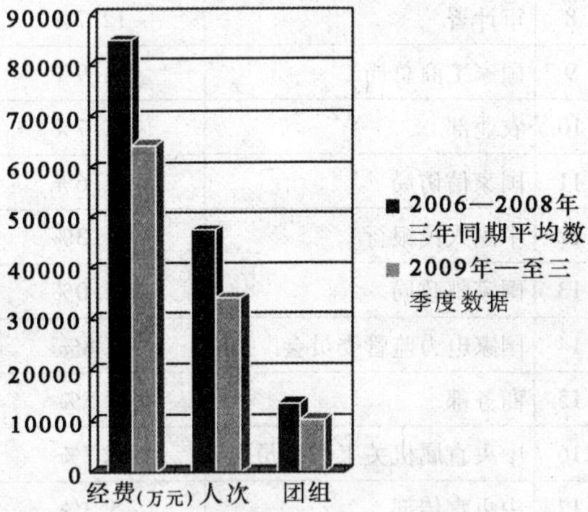

（图三）

2009年党政干部因公出国（境）经费与前三年平均数相比，在31个省（市、自治区）和新疆生产建设兵团中，降幅较大的5个省依次为：山西、甘肃、青海、陕西、广东；在102个中央和国家机关中，经费同比降幅较大的10个部门依次为：中央编译局、国务院机关事务管理局、《人民日报》社、国务院三峡办、中国银监会、国资委、中国科学技术协会、交通运输部、国家国防科技工业局、国家海洋局。

从党政干部因公出国（境）人次数来看，地方降幅较大的五个省依次为：山西、黑龙江、辽宁、福建、广东；中央和国家机关中降幅较大的10个部门依次为：中国社会科学院、国家广电总局、住房和城乡建设部、中央党校、文化部、中央组织部、环境保护部、中国法学会、人口和计划生育委员会、国家文物局。

2009年党政干部因公出国（境）总的人次数中，省部级干部占2%，省部级以下干部占98%。（图四）

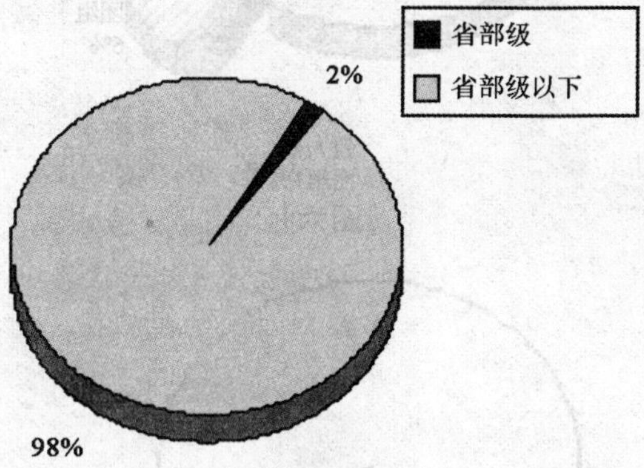

（图四）

2009年党政干部因公出国（境）数据，呈现以下四个特点：一是按任务划分，考察访问与招商展览团组所占比重较大，分别为30%和24%，占党政干部因公出国（境）团组一半以上。（图五）

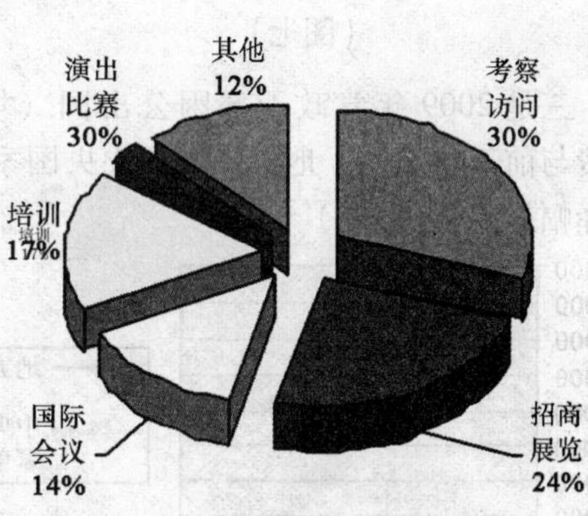

（图五）

二是双跨团组超时、超人数等违规现象所占比例较自组团组多。在自组团组中，超时团组占6%，超人数团组占1%（图六）；在双跨团组中，超时团组占7%，超人数团组占4%（图七）。

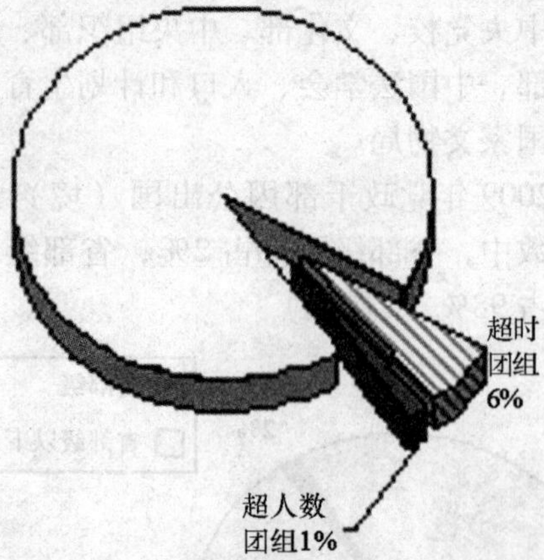

（图六）

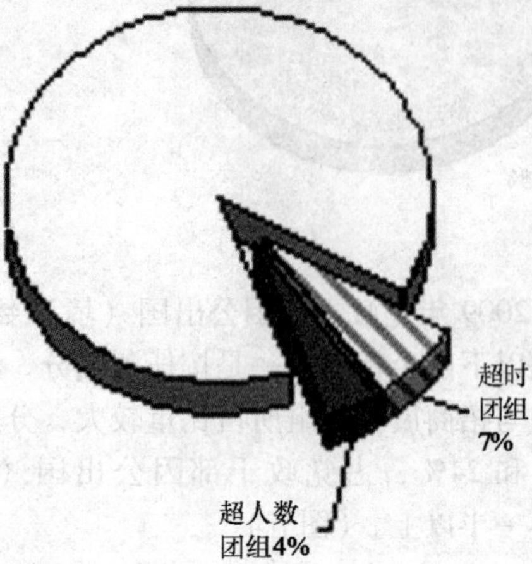

（图七）

三是2009年党政干部因公出国（境）经费与前三年相比，地方降幅比中央国家单位降幅显著。（图八）

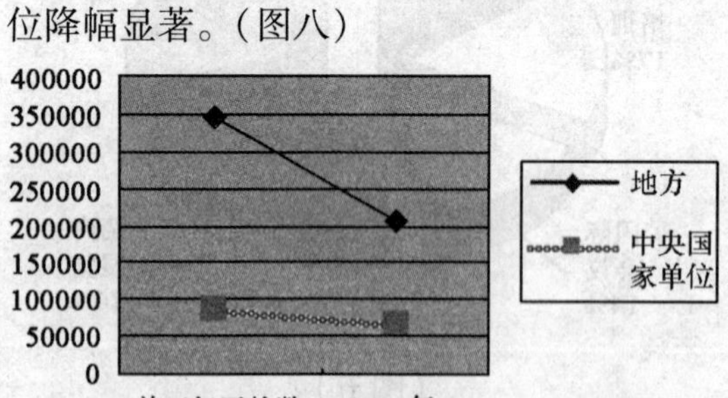

（图八）

四是部分地区和部门未达到中办发〔2009〕12号文件中提出的“2009年各地区各部门因公出国（境）经费支出要在近三年平均数基础上压缩20%”的要求。其中有26个部门压缩比例不到20%，有12个部门经费支出还有所增长。（详细见下表）

序号	单　　位	经费增减比例
1	国务院研究室	-18.2%
2	卫生部	-18.1%
3	国务院办公厅	-17.9%
4	中国残疾人联合会	-17.8%
5	国家民委	-16.5%
6	国务院法制办公室	-14.5%
7	教育部	-14.4%
8	审计署	-12.7%
9	国家工商总局	-11.9%
10	农业部	-11.7%
11	国家信访局	-11.6%
12	中国人民银行	-11.3%
13	国家邮政局	-11.0%
14	国家电力监管委员会	-8.8%
15	商务部	-8.5%
16	中央直属机关工作委员会	-6.7%
17	中央宣传部	-5.3%
18	全国人大办公厅	-4.9%
19	国家税务总局	-4.8%
20	国家粮食局	-4.3%
21	中央党校	-3.1%
22	国家安全生产监督管理局	-2.7%
23	中国文学艺术界联合会	-2.6%
24	国家林业局	-0.5%
25	国家发改委	-0.5%
26	中央文献研究室	0.0%
27	铁道部	0.05%
28	文化部	5.8%
29	国家知识产权局	10.5%
30	中央国家机关工作委员会	10.6%

续表

序号	单　位	经费增减比例
31	国家中医药管理局	11.5%
32	国务院发展研究中心	16.7%
33	中央台湾工作办公室	22.5%
34	中央政法委员会	28.6%
35	中国作家协会	30.0%

续表

序号	单　位	经费增减比例
36	中国宋庆龄基金会	51.5%
37	国家行政学院	55.0%
38	中央党史研究室	68.1%

（注：此表按照经费支出降幅由大到小排序）

制止公款出国（境）旅游专项工作简报

第26期

制止公款出国（境）旅游专项工作部际联席会议办公室　2010年1月14日

各地区各部门贯彻落实中办发〔2009〕12号文件情况（十三）

辽宁省省直机关因公出国（境）机票实行政府定点采购管理。根据《中华人民共和国政府采购法》，辽宁省纪委会同省财政厅、省外办等部门，联合制发了《辽宁省省直机关因公出国（境）机票定点管理暂行办法》，对省直行政机关和事业单位，使用财政性资金购买国际机票实行政府集中采购。此项工作由省财政厅牵头实施，通过公开招标采购方式确定10家因公出国（境）机票供应商。省直机关因公出国（境）团组在确定出国（境）日程后，须按文件规定至少在三家定点售票单位进行询价，从中选择最低价格购买。机票定点供应单位暂定期限为两年。文件还对因公出国（境）机票采购中的其他问题也作出明确规定。省纪委、省财政厅、省审计厅等单位负责对这项工作执行情况进行监督检查。采取此项措施，有效遏制了因公出国（境）机票购销中的不正之风，节约了政府开支。

天津市贯彻落实中办发〔2009〕12号文件措施有力，成效明显。该市把厉行节约工作作为保增长、渡难关、上水平的重要举措，纳入党风廉政建设责任制。市委多次召开常委会议，研究部署制止公款出国（境）旅游和治理“小金库”等工作，要求市委、市政府领导班子成员发挥带头作用，没有特殊情况不能出国（境）。各级领导干部切实担负起第一责任人的责任，细化措施，强化执行，实行谁审批谁负责，严格把好审签关口，2009年前10个月，共批驳无实质出访任务团组28个、117人次，压缩团组在外停留时间共48天，压缩出访人员31人次，节约财政经费500余万元。加强监督检查，严肃追究违规违纪单位和人员责任。对市教委公款出国（境）旅游案件中8名涉案人员进行了处理，对5个被举报的公款出国（境）团组逐一进行检查，起到了很好的警示作用。2009年前10个月，全市党政机关因公出国（境）团组压缩到2610批，比前三年平均减少27%，出国（境）人员压缩到6983人次，比前三年平均减少36%，公款出国（境）费用比2008年下降37.8%。

河南省召开规范因公出国（境）服务中介机构管理工作座谈会，研究如何规范因公出国（境）团组使用中介机构工作。会前，省外侨办对规范因公出国（境）团组使用中介机构工作进行了调研。会上，对如何规范因公出国（境）团组使用中介机构达成了四点意见：一是对因公出国（境）团组服务中介机构称谓的界定，大家认为对境外的因公出国（境）服务中介机构统一称“接待单位”较为合适。二是因公出国（境）服务中介机构的服务范围要予以明确，不能为因公出国（境）团组提供违反政策规定的服务项目。三是要和审核确定的服务中介机构商定统一规范的合同文本，把可能发生的各种情况尽量考虑周全，逐条明确双方的责任和义务。会后，省外侨办将对全省各地各单位推荐的服务中介机构进行严格的评估和审核，明确一批资质高、信誉强、服务好的中介机构。

黑龙江省印发《省级党政机关事业单位工作人员因公出国（境）经费审批手册》，加强对出国经费日常审批管理。此手册是省财政厅根据《黑龙江省党政机关事业单位工作人员因公出国（境）经费管理暂行办法》印制的，是省级预算管理的党政机关事业单位，用于工作人员因公出国（境）经费先行审核的审批手续。手册内容有三项：一是因公出国（境）经费审批表，内容包括年度申报序号、出国团组名称及任务、出国人数、出国计划，特别是出国经费年度预算、出国经费实际支出、本次出国经费计划数额、本次财政部门批准使用数额等。二是因公出国（境）任务批准执行情况，内容包括因公出国（境）任务审批部门意见、批准文号、出访日期等。三是因公出国（境）非贸易非经营性用汇情况，内容包括本年度非贸易非经营性用汇预算编报数额、单位外汇申请日期、单位外汇核销日期等。要求省级预算管理的党政机关事业单位工作人员因公出国（境）必须按照要求内容认真填写。一个单位一本手册，单位申请、核销因公出国（境）用汇时必须携带此手册。实行因公出国（境）经费审批手册管理，加强了因公出国（境）派出单位、财政部门、外事部门三方的关联度，将经费先行审批与外事任务审批双控结合起来，增强了因公出国（境）的管控力度。

制止公款出国（境）旅游专项工作简报

第 27 期

制止公款出国（境）旅游专项工作部际联席会议办公室 2010 年 3 月 30 日

2009 年制止公款出国（境）旅游工作情况

2009 年，制止公款出国（境）旅游专项工作部际联席会议及其办公室，积极组织协调，规范因公出国（境）管理，严控因公出国（境）规模，严查公款出国旅游案件，制止公款出国（境）旅游取得了明显成效。2009 年全国党政干部因公出国（境）团组 33507 个、123553 人次，支出经费 27 亿元，团组数、人次数和经费数与近 3 年平均数相比分别下降了 49%、45.5% 和 37.6%，党政干部因公出国（境）经费比近 3 年平均支出节约 16 亿元。主要工作情况如下：

一、加强组织协调，周密部署专项工作

2009 年 1 月 5 日，专项工作部际联席会议组织召开了全国电视电话会议，传达了贺国强同志对专项工作的重要批示，中央纪委副书记、监察部部长兼国家预防腐败局局长马驭对 2008 年专项工作作了总结，对 2009 年工作作了部署。1 月 13 日，专项工作部际联席会议召开第二次会议，研究安排 2009 年专项工作。随后，专项工作部际联席会议办公室代中央起草了《关于坚决制止公款出国（境）旅游的通知》，对各地区各部门提出了七条要求，以中办发〔2009〕12 号文件的形式下发。9 月 11 日，中央纪委监察部组织召开了贯彻落实中央厉行节约要求和制止公款出国（境）旅游情况汇报会，屈万祥同志汇报了全国制止公款出国（境）旅游专项工作情况，江苏省、外交部、广电总局汇报了本地区本部门专项工作情况。贺国强同志在会上作了重要讲话，对下一步专项工作提出了明确要求。10 月至 11 月，专项工作部际联席会议分别在杭州和长沙组织召开了全国专项工作汇报会，各省（区、市）纪检监察、外事、财政等部门的代表汇报了本地区专项工作情况，马驭、崔海容同志分别出席会议并讲话。

二、严格审核审批，大力压缩因公出国（境）规模

中办发〔2009〕12 号文件提出，各地区各部门 2009 年因公出国（境）经费、团组数、人数要在前三年平均数基础上压缩 20%。为落实压缩指标，外交部与中央外办联合下发了《关于进一步做好因公出国（境）管理的通知》，加强了对各地区各部门因公出访申请的审核力度，进一步完善了省部级出访人员出访报批制度。各地区各部门在调整压缩出访计划和预算安排的基础上，严格任务审核审批，取消了一批不必要的出访团组，保证了全年指标压缩任务的圆满完成。吉林省从严控制出国人数，对存在一般性考察、重复考察、出国任务不明确、邀请单位不符合要求、团组人数和人员构成与任务不相符等问题的申请坚决卡住。2009年全省因公出国（境）团组1183个，比上年减少277个；出国（境）人数4114人次，比上年减少739人次。黑龙江省对同一部门负责人短期内集中前往少数热点国家和地区的团组、相同或相似任务前往同一国家和地区的团组、同一部门主要领导同时出访同一国家或地区的团组不予审批。中办严审因公出国（境）派出人员职务的针对性、行程的合理性和任务的必要性，对不符合要求的一律不予批准。最高人民检察院对因公出国（境）任务实行外事工作领导小组集体审批把关制度，严控团组数量和规模，确保团组质量。国家烟草专卖局禁止机关人员参加行业外单位和省级直属单位组织的双跨出国（境）团组。

三、加强预算约束，实行经费先行审核制度

2009年，各地区各部门认真落实《加强党政干部因公出国（境）经费管理暂行办法》，地（厅）级以上党政机关大多数已实行出国（境）经费先行审核制度，将因公出国（境）经费纳入预算管理，因公出国（境）经费审核部门和任务审批部门实行了联动审批。财政部和审计署联合下发了《关于压缩2009年出国（境）经费等三项经费预算支出的通知》，对中央部门出国费等经费预算的压缩方式和测算方法等作了详细规定。教育部对未纳入部外事经费的计划外团组一律不予批准，杜绝了由部属事业单位和直属高校出资或补助的情况发生。湖南省将因公出国（境）经费单列，规范了因公出国（境）人员费用开支。北京市出台《党政机关干部因公出国（境）经费管理暂行办法》，对因公出国（境）经费的预算、使用、核销及监督检查作出了明确规定。江苏省出台《加强党政干部因公出国（境）经费使用情况审计监督的意见》，要求在预算执行和财政财务收支审计、党政领导干部经济责任审计时，对因公出国（境）经费管理和使用情况进行审计。长沙市从严控制出访费用，全市各级财政和各单位均将因公出国（境）经费纳入财政预算管理，在因公出访中实行经费先行审核，并严格控制预算规模，对于使用未被财政部门纳入专项预算经费的因公出国（境）申请，一律不予批准；对上年度公用经费超过年度预算30%以上的单位，原则上不安排出国（境）公务；严禁报销持因私护照出国（境）的费用，一经发现严肃查处。

四、创新工作思路，完善管理制度

为完善公款出国（境）旅游案件的具体查处依据，专项办起草了《关于违反因公出国（境）工作纪律适用〈中国共产党纪律处分条例〉若干问题的解释》、《关于违反因公出国（境）工作纪律处分暂行规定》，在广泛听取意见基础上，已报有关部门审定，近期拟下发执行。专项办还积极研究建立检查评估、群众监督机制并开展相关试点工作。各地区各部门结合工作实际，完善因公出国（境）管理制度。浙江省研究制定《关于进一步加强和改进跨地区跨部门因公出国（境）团组管理的通知》，从审批权限、计划量化管理、审批程序、经费管理、责任追究等方面对双跨团组作出具体要求。山西省制定出台《关于对国家工作人员中登记备案人员因私出国（境）证件进行集中保管的通知》，加强了对因私出国（境）证件的管理。贵州省将有价值的出访报告刊登在《贵州日报》“领导干部出国考察报告”专栏中，创新了出访成果评估共享机制。民政部制定了《民政部因公出国（境）审批联动机制职责分工》，使出国（境）审批联动机制运转更加有序。湖南省卫生厅实行因公出国（境）事务公开制度，将因公出国（境）的任务、日程安排、经费使用及考察成果等情况，及时在厅内部办公系统网上公示，主动接受群众监督。2009年以来，该厅机关因公出国（境）从上年的35人次减到了18人次，出国（境）人数下降了48%。

五、建立统计分析机制，准确掌握第一手数据

2009年，作为建立禁止公款出国（境）旅游长效机制、规范因公出国（境）管理的基础性工作，专项办建立了全国党政干部因公出国（境）数据统计报送机制，对102个中央和国家机关、31个省（区、市）和新疆生产建设兵团2009年以及前三年党政干部因公出国（境）数据，进行全面统计分析。首次准确掌握了全国党政干部因公出国（境）经费数、人次数和团组数等第一手数据，全面了解了全国因公出国（境）管理实际情况，发现了一些地区和部门存在的超过规定时间、超过规定人数、重复考察等突出问题。由于是首次建立数据统计分析机制，靠人工统计，存在效率低下等问题。为此，专项办按照中央纪委监察部领导的指示，对上海市、中石油等单位现有的出国管理信息系统进行调研，多次召开相关部门和专家会议，进行研讨论证，积极修改完善，整合了审核审批、查询监督和统计分析等功能，为建立全国统一的因公出国（境）管理综合信息系统奠定了基础。

六、加强监督检查，严肃查处公款出国旅游案件

专项办针对统计报表中发现的突出问题，要求有关地区和部门及时整改或查处，并对海关总署、广东省、辽宁省开展了重点督查。各地区各部门采取外事部门对口检查、纪检监察机关随机抽查、联席会议全面检查等方式进行监督检查。北京市建立了违规团组纠错工作机制，市纪委监察局根据市外办提供的季度因公出国（境）情况进行及时纠错。国家广电总局实行司局级及以下干部出国（境）向纪检监察机关备案制度，通过报备制度对干部出国（境）情况进行及时有效监督。

在专项工作取得明显成效的同时，我们也要看到，因公出国（境）管理和专项工作仍然存在一些突出问题，公款出国（境）旅游现象在一些地区和部门仍然严重，群众反映还很强烈。2009年，中央纪委和各地区各部门纪检监察机关查处公款出国（境）旅游案件165件，涉案人数634人，其中187人受到党纪政纪处理，追缴涉案金额988.39万元。吉林省纪委加大案件查处的力度，对原省煤炭局组织干部公款出国（境）旅游问题进行立案调查，给5名厅级干部、1名处级干部党纪政纪处分；向25名出国团组成员发出咨询函，要求对出国期间有关问题作出说明；对10个团组51人合计160万元的违规违纪资金予以收缴。有效遏制了公款出国（境）旅游问题的发生。

制止公款出国（境）旅游专项工作简报

第 28 期

制止公款出国（境）旅游专项工作部际联席会议办公室　　2010 年 4 月 13 日

各地区各部门认真部署落实 2010 年制止公款出国旅游专项工作任务

《2010 年制止公款出国旅游专项工作要点》（以下简称《要点》）下发后，各地区各部门专项工作机构及时召开联席会议，认真传达学习，精心组织谋划，加大协调力度，全面贯彻落实，确保本地区本部门 2010 年制止公款出国旅游专项工作顺利展开。

一、加强宣传教育，提高广大干部遵守法规的自觉性

各地区各部门采取多种形式，组织各级党政干部认真学习掌握党中央、国务院关于加强因公出国管理和制止公款出国旅游的一系列方针政策和制度规定，充分认识当前开展制止公款出国旅游工作的重要性，切实提高各级党政干部遵守和维护因公出国管理规定的自觉性。浙江省把制止公款出国旅游工作作为今年全省“深化作风建设年”的一项重要内容，省委书记赵洪祝在全省“深化作风建设年”电视电话会上进行强调和部署。北京市要求各区县各部门党委（党组），至少要安排一次专题会，学习政策法规，研究讨论本地区本部门因公出国管理工作情况和问题，并将此项工作纳入年度党风廉政建设责任制的考核内容。重庆市拟在全市范围内广泛开展因公出国政策宣讲培训活动，分区县、市级部门、国企和高校三个批次，对因公出国专管员进行集中培训教育。辽宁省及时组织全省各级专项工作人员收看央视《焦点访谈》播出的“吉林省原煤炭工业局组织干部公款出国旅游”节目；在全省 2010 年度专项工作联席会上，开展了以案说纪座谈讨论，对本省的工作形势进行深刻分析；要求全省各地区加强信息报送工作，及时编发专项工作《简报》，大力宣传和推广专项工作的好经验、好做法，营造遵规守纪的良好舆论氛围。

二、采取有效措施，严格控制因公出国人数和经费

各地区各部门自觉坚持制止公款出国旅游专项工作部际联席会议办公室提出的“分类指导、优化结构、确保重点、有保有压，继续严格控制和适度压缩因公出国人数和经费”的指导原则，结合本地区本部门实际，在确保外交、对外经贸、文体交流、国际合作、高层干部人才培训等重要出国活动的前提下，拟采取各种措施，将地（市）以下党政机关因公出国人数在 2009 年的基础上压缩 10%，并适当压缩支出经费。安徽省为坚决落实“2010 年地（市）以下党政机关出国人数在 2009 年基础上压缩

10%”这一指标，坚持抓源头，卡关键，严格把住计划审批关。省专项工作办公室于2月8日至10日召开专门会议，重新核定省直单位和各市上报的2010年度因公出国计划，大幅度压缩招商引资、文体交流等大型因公出国团组中的党政干部人数，审核后的省直单位团组数和人数较审核前分别压缩了36.2%和34.9%，各市团组数和人数较前次分别压缩了19.26%和29.23%。浙江省对2010年度计划管理的有关具体操作程序和要求进行了进一步修订，完善了计划管理的范围、程序、审批原则和量化标准，并在此基础上，审核并拟订了全省2010年度因公出国计划，计划人数比2009年度压缩了11.7%。北京市出台《北京市党政机关干部因公出国经费管理暂行办法》，将因公出国经费全部纳入预算管理，对出国经费的预算、使用、核销及监督检查进一步作出了明确规定。要求因公出国经费预算按照中央和市委、市政府的相关要求实行总额控制；党政机关严格控制经费预算规模，要在财政部门核定的年度经费预算规模内核定出国计划；财政部门按照经费总额控制的要求，核定下年度全市经费总规模和各预算单位的经费规模。单位调整其他经费用于出国的不得超出单位出国经费规模；不得超预算或无预算安排团组，不得接受或变相接受企事业单位资助，或向同级机关、下级机关和下属单位摊派、转嫁费用。海关总署坚持整个海关系统的出国经费应从中央财政下拨的因公出国专项经费中列支。要求总署财务司和各直属海关单位，制定落实出国经费先行审核制度的具体措施，建立出国经费信息共享和联动机制，加强对经费使用情况的监督。

三、巩固专项工作成果，建立长效机制

各地区各部门把建立健全禁止公款出国旅游长效机制作为今年专项工作的重中之重，认真总结开展专项工作的好经验、好做法，并以制度的形式固定下来，持之以恒地坚持下去。辽宁、四川、上海等省市大力加强管理信息系统建设，力争年内建立起本省市因公出国综合管理信息系统网络；结合因公电子护照项目的实施，完善本省市因公出国团组信息数据库，提高因公出国信息化管理水平。北京市在2009年信息公开试点的基础上，逐步扩大范围，进一步规范程序和形式，将因公出访任务、出访行程、邀请函、经费预算、费用核销、考察成果等内容向社会公开，自觉接受人民群众的监督。江苏、重庆等省市和水利部、国家广播电影电视总局等部门，也加快建立因公出国信息公示制度步伐。有的积极推动建立因公出国成果共享机制，有效利用考察成果，防止重复考察。有的积极推行因公出国选用中介服务机构进行公开招标制度，研究制定因公出国中介服务机构集中招标管理办法，堵塞漏洞，节约经费支出。

四、加强监督检查，确保今年专项工作得到落实

各地区各部门把监督检查作为推动专项工作落实的重要保证措施，坚持定期检查、随机抽查与注重信访举报相结合，及时发现和纠正违纪违规问题。安徽、四川、吉林、上海等省市专项工作机构作出安排，将适时开展专项工作检查活动，重点检查所属地区因公出国审核审批部门的审核审批程序是否正确、手续材料是否真实；出访团组在外活动路线、时间等是否违反规定；出访团组的出访报告是否掺假；出国经费报销是否合理；整个出访活动信息是否在一定范围内公开等等。海关总署拟对2010年因公出国团组进行专项检查和评估，重点掌握出国团组是否擅自更改、延长在外停留时间等变相旅游情况，同时还要重点解决海关系统所属的中心、协会、学会等团体违规组织双跨团组的问题。各地区各部门也都下定决心，拟将加大惩治力度，严肃查处一批公款出国旅游的典型案件，提高执行各项管理制度力度。重点查处虚报出访任务、通过旅行社等中介机构购买、出具邀请函骗取政府批文出国旅游案件；继续查处擅自改变出访行程、公务活动明显不足、延长境外停留时间、绕道增访进行旅游的案件；严肃查处党政干部组织、参与公款出国旅游案件；从重查处顶风违纪的案件。公开曝光典型案件，发挥案件的警示教育功能。

制止公款出国（境）旅游专项工作简报

第29期

制止公款出国（境）旅游专项工作部际联席会议办公室　2010年4月13日

贺国强同志对抓好2010年制止公款出国旅游专项工作提出明确要求

中共中央政治局常委、中央纪委书记贺国强高度重视制止公款出国旅游专项工作，今年以来，多次强调和作出重要批示。1月30日，贺国强同志在国家旅游局题为“因公出国（境）人数下降，因私出国（境）人数增加，全国旅游业平稳发展”的调研报告上批示：“国家旅游局的报告很有说服力，一方面说明制止公款出国（境）旅游专项治理工作取得了明显成效，另一方面全国旅游业（包括境外旅游业）仍然保持平稳较快发展。今年要把这项专项治理工作再扎实抓一年。”

2月20日，在中央纪委书记办公会上，贺国强同志在研究抓好坚持勤俭节约、反对铺张浪费、整治奢靡之风的有关工作时特别强调：“这项工作去年抓得很有成效，今年要再扎扎实实地抓一年。重点抓好5件事：一是控制公款出国（境），重点是要巩固去年成果，防止因经济形势转好而出现反弹，同时要研究建立禁止公款出国（境）旅游的长效机制。二是……”

2月27日，贺国强同志在制止公款出国（境）旅游专项工作简报第25期题为“2009年党政干部因公出国（境）统计情况”的报告上再次作出批示：“去年，制止公款出国（境）旅游专项治理工作取得明显成效，因公出国（境）经费数、人次数和团组数与前三年平均数相比分别下降37.6%、45.5%、49%。这项工作今年要再扎实抓一年，既巩固已有的成果，又在建立长效机制上下功夫。”

为落实贺国强同志有关讲话和批示精神，专项办专门召开会议，认真研究明确了今年将重点抓好的几项工作。

一是指导各地区各部门推行因公出国分类指导，继续实行总量控制。指导各地区各部门研究提出因公出国分类指导的具体方案，在确保外交、国际合作、对外经济贸易、文体交流、高层次干部人才培训等重要因公出国活动的同时，进一步加强对招商引资、文体交流等大型团组和前往国外友好省市考察访问活动的管理。继续严格控制因公出国经费和人数，力争将地（市）以下各级党政机关因公出国人数在去年的基础上压缩10%；严格控制省部级因公出国团组以及前往热点国家（地区）的团组数量；会同财政部门，严格控制因公出国经费，将其全部纳入预算管理。

二是完善管理制度，建立长效机制。根据中办发〔2008〕9号文件精神，组织制定《关于加强因公出国管理禁止公款出国旅游的意见》，进一步确立分类管理、总量控制、公示公开等原则，明确因公出国派出单位、审核审批部门的责任，建立因公出国团组评估机制和经费审核报销联动机制；在总结试点省市经验的基础上，全面推行因公出国团组信息公示公开制度；依托外交部“电子护照项目”，年底前在全国建立统一的因公出国（境）综合管理信息系统；坚持和完善全国党政干部因公出国数据统计报送机制，及时了解分类指导、总量控制各项要求的落实情况；出台《公款出国（境）旅游行为适用〈中国共产党纪律处分条例〉若干问题的解释》和《公款出国（境）旅游行为政纪处分规定》，为查处公款出国旅游案件提供法规依据；协调有关部门，对现行党政干部因私出国管理相关规定进行整合，起草一部全面、科学、合理的党政干部因私出国管理文件。

三是加大监督检查力度，严肃查处公款出国旅游案件。继续严肃查处顶风违纪案件。公开曝光典型案件，发挥警示教育功能。针对双跨团组存在问题较多的情况，组织力量对各地区各部门所属（含挂靠）的中心、协会、学会组织双跨团组的情况进行检查。

制止公款出国（境）旅游专项工作简报

第30期

制止公款出国（境）旅游专项工作部际联席会议办公室 2010年6月22日

2010年第一季度全国党政干部因公出国（境）数据情况

目前，制止公款出国（境）旅游专项工作办公室对31个省（区、市）、新疆生产建设兵团以及104个中央和国家机关2010年第一季度因公出国（境）情况进行了统计。今年第一季度，全国党政干部因公出国（境）19802人次，5322个团组，与2009年同期相比分别下降35.4%和42.8%.（图一）。

其中，31个省（区、市）和新疆生产建设兵团出国（境）13202人次、3327个团组，同比分别下降了37.1%和52.4%（图二）；中央和国家机关出国（境）6600

人次、1995 个团组，同比分别下降了 40% 和 27.5%（图三）。

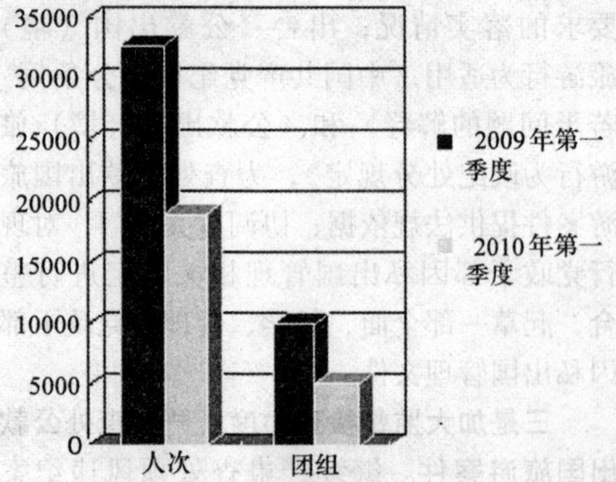

（图一）

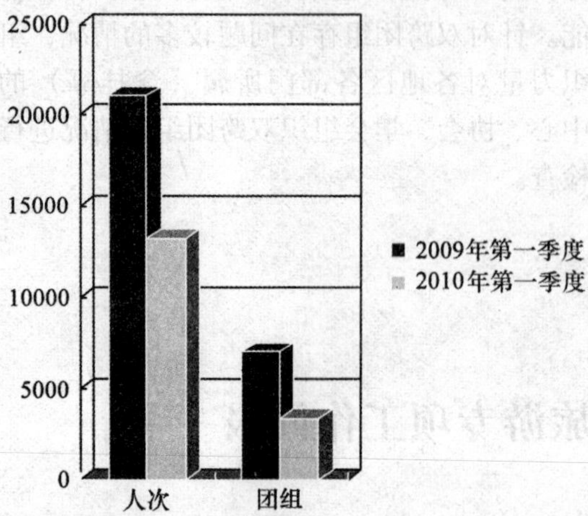

（图二）

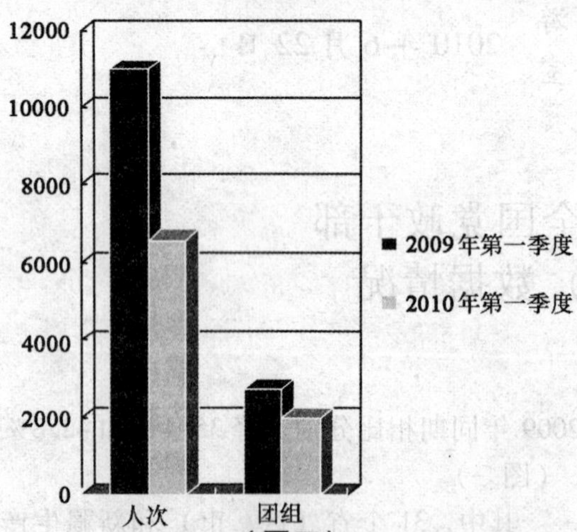

（图三）

2010 年第一季度党政干部因公出国（境）数据呈现以下两个特点：一是按任务划分，考察访问与招商展览团组所占比重仍然较大，分别为 30% 和 24%，占党政干部因公出国（境）团组的一半以上。（图四）

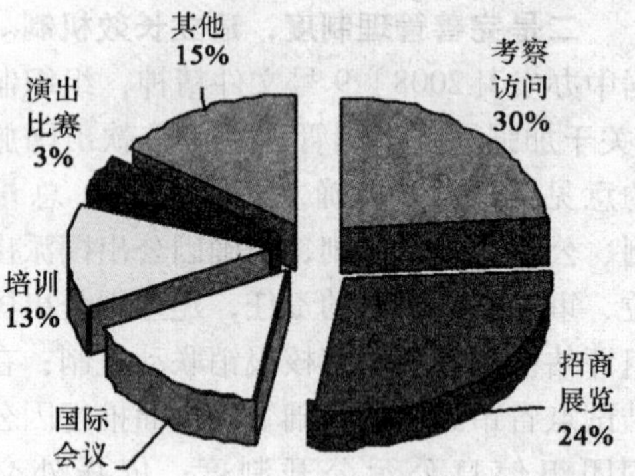

（图四）

二是双跨团组超时、超人数等违规现象所占比例较自组团组多。在自组团组中，超时团组占 6%，超人数团组占 1%（图五）；在双跨团组中，超时团组占 7%，超人数团组占 3%（图六）。

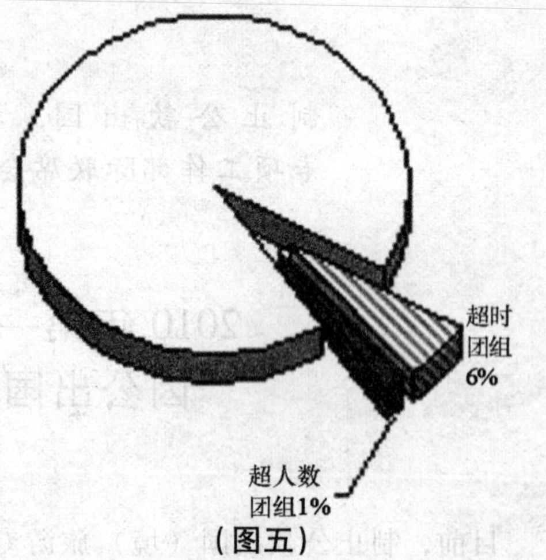

（图五）

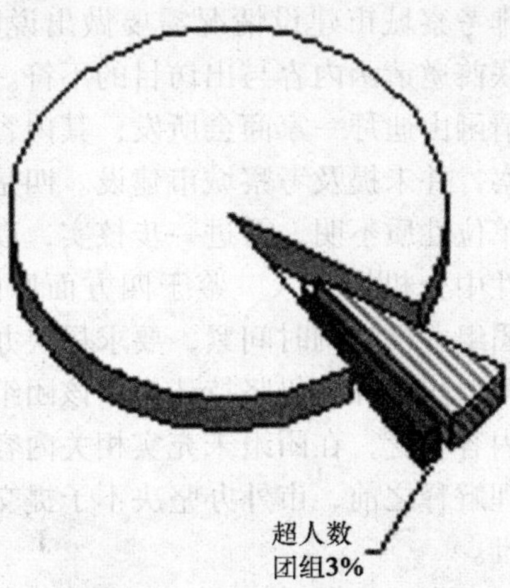

（图六）

今年第一季度因公出国（境）的经费尚未统计完整，有6个地区和部门因公出国（境）的经费仍在统计之中。从上报的经费情况推算，全国党政干部第一季度因公出国（境）经费约为3.65亿元。

从上述数据来看，各地区各部门在因公出国管理方面进一步加大了工作力度，成绩明显。在巩固工作成果的同时，要充分考虑第二、三季度是全年因公出国（境）高峰的实际情况，各地区各部门要深化因公出国管理工作，特别是要加强制止公款出国（境）旅游专项工作，标本兼治，为建立禁止公款出国旅游长效机制奠定基础，保证因公出国工作健康有序进行。

制止公款出国（境）旅游专项工作简报

第31期

制止公款出国（境）旅游
专项工作部际联席会议办公室

编者按：浙江省温州市外办严格执行党政干部因公出国审批规定，成功制止了该市瓯海区原区委书记谢再兴杀人后假借出国考察伺机外逃。中央纪委、监察部、国家预防腐败局领导对温州市外办的做法给予了充分肯定。现将此案例印发。

浙江省温州市外办成功制止该市瓯海区原区委书记谢再兴杀人后假借出国考察伺机外逃

谢再兴，男，现年48岁，浙江临海人，曾任浙江省台州市三门县县委副书记、代县长、县长，于2006年7月任温州市瓯海区区委书记。在任瓯海区区委书记之前，谢和曾任共青团三门县委书记的邵惠灵长期保持暧昧关系。谢在挂职浙江省委组织部组织处副处长期间，邵也曾同期挂职共青团省委青少年权益保护部部长助理，后又正式调入省委老干部局工作。谢调到瓯海区担任区委书记后有了新欢，引起了邵的怀疑和嫉妒，两人产生了矛盾。为摆脱邵的纠缠，谢于2009年11月15日在杭州将邵杀害。

为逃避法律制裁，谢再兴企图通过因公出国渠道伺机外逃。2010年2月初，谢以瓯海区正处于新型城市建设的关键时期，“需要到城市建设走在世界前列的国家学习一些超前的理念，借鉴一些先进经验”为由，要求瓯海区外侨办安排其赴埃及、南非和阿联酋进行因公出国考察。春节过后，瓯海区外侨办即着手安排相关事宜。这期间，谢几次通过秘书催促瓯海区外侨办尽快办妥出访手续。理由是5月份他将到省里学习，所以必须在4月底前完成出访工作。3月24日，瓯海区政府将谢等6人出国考察的请示件及相关材料报送温州市外办。其后，瓯海区外侨办有关人员又进行了催办。

温州市外办在审核该团组的报批材料时，认为该团组存在四个问题：一是考察目的与考察内容比较牵强。该团组以考察城市建设为出访内容，目的是借鉴国外城市建设的先进经验来指导本区的城区建设，但埃及和南非均非以城市建设见长，考察无实质性内容。二是南非邀请人职务与团组出访任务不符。南非邀请函由布莱德威利市政府财政大臣所发，发函人职责与城市建设不相关，如何安排考察城市建设情况需要做出说明。三是阿联酋邀请函内容与出访目的不符。阿联酋邀请函由迪拜一家商会所发，其内容是经贸考察，并未提及考察城市建设。四是埃及邀请单位性质不明，需进一步核实，以排除营利性中介机构介入。鉴于四方面原因，尽管该团组一再强调时间紧，要求尽快办理手续，但温州市外办仍坚持认为，该团组申请出访内容空泛，在团组未充实相关内容并做出合理解释之前，市外办坚决不予提交市政府审批。

邵被害失踪一段时间后，由于邵的家人早已知道谢与邵之间的暧昧关系，便向谢追问邵的下落，但是谢却称自己也不知情。邵的姐姐由此怀疑妹妹的失踪可能与谢有关，遂向浙江省纪委进行了举报。省纪委高度重视，及时会同公安机关采取措施，很快掌握了谢的部分犯罪事实。3月28日，谢在温州市瓯海区被浙江省纪委“双规”，随后很快交代了自己的杀人行为。温州市外办认真贯彻落实中央有关规定，严格执行党政干部因公出国审批标准，不但有效控制了没有实质内容的因公出国团组，还成功阻止了谢再兴利用因公出国畏罪潜逃的阴谋，应予以充分肯定。各地区各部门应严格执行因公出国（境）管理规定，有效堵塞各类违纪违法人员外逃的渠道。

制止公款出国（境）旅游专项工作简报

第 32 期

制止公款出国（境）旅游专项工作部际联席会议办公室　2010 年 7 月 23 日

辽宁省制止公款出国（境）旅游专项工作措施得力成效明显

辽宁省自 2008 年开展制止公款出国（境）旅游专项工作以来，按照中央的统一部署和要求，加强制度建设，严格规范因公出国（境）管理，全方位开展监督，狠抓专项工作落实，制止公款出国（境）旅游专项工作取得了明显的阶段性成效。2009 年，辽宁全省因公出国（境）团组 2035 批，5497 人次，与前三年同期平均数相比分别下降了 43% 和 54%，减少出国（境）经费 6192 万元。在开展专项工作的过程中，辽宁省注重提高因公出国（境）管理水平，实行分类指导，有保有压，做到了既坚决制止党政干部公款出国（境）旅游，又注意主动为有实质性任务的招商团组服务。2009 年，辽宁全省实际利用外资额 150 亿美元，同比增长 24.8%，位居全国第三位。在开展专项工作的过程中，辽宁省各地区各部门结合自身实际，积极探索，形成了一系列行之有效的经验和做法。

在政策把握上，辽宁省坚持原则性和灵活性相结合，加强统筹协调，科学合理安排，做到制止公款出国（境）旅游坚定不移，坚持因公出国（境）管理为辽宁老工业基地振兴和经济社会发展服务坚定不移。沈阳市坚持“三倾斜、三控制”的方针，即对于与本市经贸往来比较紧密的国家和地区的出国（境）安排给予倾斜，对于与本市经贸往来较少的地区严格控制；对涉及本市大力鼓励发展的重点建设区域的团组给予倾斜，对一般性的考察培训严格控制；对出访成效显著，认真提交出访报告的单位给予倾斜，对提交虚假出访报告或不按时提交出访报告的单位严格控制。

在审核审批上，沈阳市围绕加强任务管理制定了“六看、六不批”的审定标准：一是看出访任务是否有实质性内容，是否有具体项目，是否有任务指标，明确规定考察类出访必须是为解决本地区本部门经济社会发展和业务工作中的重大问题；培训类出访必须以专业技术培训为主，以优秀中青年干部为主。严格控制一般性的考察培训活动，对出访任务不明确特别是虚报出访任务的团组不予审批。二是看出访任务与出访人员的身份是否相符，与其工作职责是否密切相关，团组的人员结构是否合理，领导干部是否履行请销假程序，对照顾性的人员出访不予审批。三是看出访时间和任务安排是否合理，出访行程中任务安排内容是否充实，出访时间和行程安排不合理不予审批。四是看邀请函发出方与被邀请方是否对等，严格审查其真实性，对通过不法渠道获得邀请函的单位不予审批。五是看出访次数，认真执行领导干部出访量化管理的规定，对非分管商务经贸工作的领导干部超出规定次数和时间的安排不予审批。六是看资金来源是否符合经费管理规定，是否通过财政部门的先行审核，是否存在使用企业资金出访等违规违纪问题，对存在违规安排出国（境）的单位不予审批。大连市确立了“四从严”、“七不批”的审批原则。“四从严”，即领导干部出国（境）审批从严；一般性交流、考察、招商、培训团组审批从严；双跨团组审批从严；出访热点国家和地区审批从严。“七不批”，即把出国（境）或赴台执行公务当作一种待遇搞轮流、照顾派出的，不予审批；专业与出访任务不符的，不予审批；党政机关干部代替专业人员出访的，不予审批；同一地区或部门的主要领导干部同团出访，或短期内分别率团出访同一国家（地区）的，不予审批；出国（境）培训人员年龄在55岁以上的，不予审批；出访目的不明确的，不予审批；赴台申请未经市长签字批准的，不予审批。

在监督管理上，辽宁省省直部门、沈阳、抚顺、锦州、葫芦岛市对因公出国（境）机票实行定点采购制度。沈阳、大连、鞍山、锦州等市将党政干部落实因公出国（境）规定情况纳入年度党风廉政建设责任制检查考核之中。鞍山市由市人民政府市长对市直及县（市、区）因公出国（境）团组中的主要领导干部亲自把关，对每一个出国（境）团组的经费亲自审核。建立党政干部公开承诺制度，市纪委在全市领导干部廉洁自律公开承诺活动中，将“不公款出国（境）旅游”列入承诺内容。建立因公出国（境）备案制度，市纪委与市外办、市台办联合下发《关于对全市党政干部因公出国（境）管理实行备案制度的通知》，要求所有因公出国（境）团组在出境前必须到市纪委进行备案。

制止公款出国（境）旅游专项工作简报

第33期

制止公款出国（境）旅游专项工作部际联席会议办公室　2010年8月3日

部分省市制止公款出国（境）旅游专项工作情况

近日，中央纪委颁布《用公款出国（境）旅游及相关违纪行为适用〈中国共产党纪律处分条例〉若干问题解释》，为禁止公款出国（境）旅游提供了重要的制度保障。各地区以此为契机，积极开展活动，狠抓制度落实，加强监督检查，完善体制机制，有力推动了专项工作的深入开展。

北京市组织制止公款出国（境）旅游专项工作培训班。培训班邀请中央制止公款出国（境）旅游专项工作部际联席会议办公室负责同志就当前全国制止公款出国（境）旅游专项工作情况、如何理解制止公款出国（境）旅游与对外开放的关系、对规范因公出国（境）管理和禁止公款出国（境）旅游相关的中央文件精神的解读等问题进行了讲解，收到了很好的效果。培训班组织学习了《用公款出国（境）旅游及相关违纪行为适用〈中国共产党纪律处分条例〉若干问题解释》、《北京市党政机关因公出国（境）经费管理暂行办法》和因公出入境相关政策和要求。北京市纪委监察局的有关负责同志出席培训班会议并作了重要讲话，指出今后北京会集中精力严格控制党政机关因公出国（境）人数和经费，建立党政机关因公出国（境）团组信息的公示制度，检查出国（境）经费使用情况、境外实际活动情况等。

天津市着重从加快推进因公出国（境）综合管理信息系统的应用，整合党政干部因私出国（境）管理相关规定，制定中介机构选择、使用和规范管理办法等六个方面着力推进因公出国（境）管理机制创新。将专项工作联席会议长效机制向基层单位延伸，推动各区县各部门成立专项工作联席会议及办事机构。牢牢抓住中央纪委颁布《用公款出国（境）旅游及相关违纪行为适用〈中国共产党纪律处分条例〉若干问题解释》的有利时机，完善因公出国（境）监督检查和责任追究机制。

辽宁省召开全省制止公款出国（境）旅游专项工作会议。会议传达了中央专项办督查组对辽宁省制止公款出国（境）旅游专项工作开展督查的反馈意见和省领导关于做好整改的批示；沈阳、大连、鞍山、锦州四市分别介绍了开展专项工作的经验；中央制止公款出国（境）旅游专项工作部际联席会议办公室负责同志作了重要讲话；省纪委领导同志代表省专项工作联席会议对辽宁省开展专项工作的情况做了全面总结，对今后的工作作出全面部署。

湖南省部署开展制止公款出国（境）旅游专项工作制度执行情况监督检查。湖南省纪委、省监察厅、省预防腐败局召开省直有关部门会议，部署对全省制止公款出国（境）旅游专项工作制度执行情况进行检查。检查的内容主要包括：建立领导机制和工作制度情况；建立健全量化管理机制，执行因公出国（境）计划报批制度情况；规范因公出国（境）审批管理情况；加强经费预算管理情况；建立健全监督机制情况等。省纪委预防腐败室等部门分别组织力量，通过听取汇报、集体座谈、个别谈话、查阅资料等形式，对全省各地区各部门的制止公款出国（境）旅游专项工作进行全面检查。

陕西省召开全省因公出国（境）团组全程监管专题会议。会议对因公出访团组任务申报文件格式及内容、护照签证注意事项、行前教育内容、出访报告内容及格式、出访报告评估、护照收缴和报送出访有关信息做了详细的解读和要求。省外办强调，全程监管的目的是制止公款出国（境）旅游，对于有实质性内容的出访团组，省外办出国处将加大工作力度，给予全力支持和帮助，使团组能按期保质出访。

河南省强化违纪案件查处，将严肃责任追究作为今年制止公款出国（境）旅游专项工作的重点。畅通监督渠道，及时发现、收集和处理案件线索。对几个较为典型的厅局级出国违纪团组责任人进行立案调查，对上半年核查中发现的违规违纪问题严查快办，绝不姑息迁就。

制止公款出国（境）旅游专项工作简报

第34期

制止公款出国（境）旅游专项工作部际联席会议办公室 2010年10月19日

制止公款出国（境）旅游专项工作部际联席会议第四次会议召开

10月14日，制止公款出国（境）旅游专项工作部际联席会议第四次会议在中央纪委监察部机关召开。中央纪委常委、监察部副部长兼国家预防腐败局副局长、专项工作部际联席会议召集人屈万祥出席会议并讲话。国家预防腐败局副局长崔海容主持会议。外交部副部长、专项工作部际联席会议召集人吕国增，中央外办副主任叶大波，商务部党组成员、中央纪委驻商务部纪检组组长王和民，审计署副审计长侯凯，国家外国专家局副局长刘延国出席会议并发言。中组部、中联部、中央台办、国务院港澳办、财政部、公安部、国家旅游局等部门有关负责同志及专项工作办公室全体成员参加了会议。

会议传达了中央纪委领导同志关于继续抓好制止公款出国（境）旅游专项工作，严格控制因公出国（境）规模的批示精神，回顾了2010年以来制止公款出国（境）旅游专项工作进展情况，认真分析了当前党政干部因公出国（境）规模激增的严峻形势，通报了近期公款出国（境）旅游典型案件，研究了防止因公出国（境）规模反弹等问题，就今年第四季度制止公款出国（境）旅游专项工作作出部署。

会议指出，自2008年在全国范围内开展制止公款出国（境）旅游专项工作以来，经过各地区各部门的共同努力，取得了阶段性成果。但是也应看到，公款出国（境）旅游问题由来已久，在部分党政干部中已经形成了一股顽固的不正之风；因公出国（境）管理还存在一些薄弱环节，一些地区和部门对因公出国（境）管理各项制度执行不力；有的纪检监察机关对查处公款出国（境）旅游案件重视不够，处理失之于宽，失之于软。因此，公款出国（境）旅游出现反弹的动机和条件还存在，制止公款出国（境）旅游形势依然严峻。公款出国（境）旅游案件在一些地区和部门仍然时有发生。今年以来，中央纪委会同有关地区和部门纪检监察机关查处的典型案件有：安徽省安庆市外办通过中介机构购买邀请函，编制虚假日程骗取批准组织公款出国旅游；江苏省总工会违规组织劳模、先进工作者通过因私渠道出国（境）旅游；卫生部国际交流与合作中心利用出国培训之机组织公款旅游。今年上半年全国党政干部因公出国（境）团组13842个，51452人次，虽然与2006—2008年同期平均数相比分别下降52.9%和46.2%，但是与2009年同期相比分别增长

5.6%和15.1%。特别是今年第二季度全国党政干部因公出国（境）团组数和人次数分别比第一季度有较大增长。

会议要求，今年第四季度要重点抓好以下四项工作：一是加大工作力度，确保完成今年因公出国（境）的控制指标。各地区各部门制止公款出国（境）旅游专项工作机构和外事管理部门要切实负起责任，严格控制因公出国（境）规模，确保完成今年的因公出国（境）压缩任务。二是加强因公出国（境）管理，从严审核审批。从严审批新申报的因公出国（境）团组，重新审核已审批的拟于第四季度出国（境）的团组。从严控制非紧急公务团组任务审批，坚决禁止无实质任务团组。从严控制双跨团组，非特殊情况不批准。三是加强监督检查。对因公出国（境）团组数和人次数出现反弹的地区和部门进行督查，发现问题及时查处。对一些地方和部门的外事审核审批工作进行检查，发现履行审批责任不到位，滥用、乱用外事审批权或违规审批的要坚决予以查处和纠正，必要时暂停直至取消有关审批权限。四是继续严肃查处公款出国（境）旅游案件。重点查处违规使用企业、事业单位资金或其他公共资金出国（境）旅游的案件，查实后要从严处理。严肃查处虚报出国（境）任务，通过购买邀请函骗取批准的案件；以及擅自延长国（境）外停留时间，增加出访国家和地区的案件。

2011 年

制止公款出国（境）旅游专项工作简报

第 35 期

制止公款出国（境）旅游专项工作部际联席会议办公室　　2011 年 3 月 7 日

按： 2011 年 3 月 2 日，制止公款出国（境）旅游专项工作部际联席会议第五次会议在北京召开。会议审议通过了《制止公款出国（境）旅游专项工作总结报告》。现印发各地区各部门专项工作机构。

制止公款出国（境）旅游专项工作总结报告

按照党中央、国务院的决策和部署，2008 年以来，中央纪委、外交部会同有关部门，在全国开展制止公款出国（境）旅游专项工作（以下简称“专项工作”）。在党中央、国务院的坚强领导下，经过各地区各部门共同努力，专项工作取得了重要的阶段性成果：因公出国（境）管理制度进一步完善，禁止公款出国（境）旅游的观念深入人心，一批公款出国（境）旅游案件得到严肃查处，公款出国（境）旅游现象得到有效遏制，党政干部因公出国（境）规模大幅下降。2008 年，全国因公出国（境）人数出现明显下降，较 2007 年减少 12.2%。2009 年，全国党政干部因公出国（境）33507 个团组、123553 人次，支出经费约 27 亿元，团组数、人次数、经费数与 2006—2008 年 3 年平均数相比，分别下降 49%、45.5%、37.6%，节约经费 16 亿元。2010 年，全国党政干部因公出国（境）34762 个团组、127050 人次，支出经费约 29 亿元，团组数、人次数、经费数与 2006—2008 年 3 年平均数相比分别下降 47.1%、43.9%、32.6%，节约经费 14 亿元。

2011 年 2 月 12 日，温家宝同志在中央纪委、监察部、国家预防腐败局《关于制止公款出国（境）旅游专项工作进展情况的报告》上批示：制止公款出国（境）旅游集中整治和建章立制等专项工作任务已基本完成。这项工作转入常态后，要进一步完善管理制度，特别要细化经费预算管理，严格审批（核）和监督，坚决查处违规案件，实行信息公开。此件请马凯同志批转国务院有关部门研究贯彻。2月12日，马凯同志批示：请外交部、财政部、监察部等有关部门按照家宝同志批示的四个重点环节，细化、实化管理制度和办法，国务院各部门要带头认真贯彻执行。

一、主要工作情况

（一）充分发挥部际联席会议的作用，有力推进工作。2008年4月，中央纪委、外交部牵头，会同中央组织部、中央对外联络部、中央外办、监察部、财政部、审计署、国家预防腐败局、国家外国专家局等部门，建立了制止公款出国（境）旅游专项工作部际联席会议，办公室（下称“专项工作办公室”）设在中央纪委预防腐败室。部际联席会议有机整合各成员部委的职能作用，积极组织协调，审议相关政策文件，制定工作要点并作出工作部署，在全国范围有力地推动了专项工作。专项工作办公室根据部际联席会议的决定，对各地区各部门专项工作进行指导、监督和检查，为部际联席会议提供参考信息和调研情况。

（二）积极改革创新，进一步完善因公出国（境）管理制度。在部际联席会议的协调下，各成员部委密切配合，以改革创新精神，进一步加强制度建设，陆续制定了一批加强因公出国（境）管理的规章制度。2008年，财政部、外交部、监察部、审计署、国家预防腐败局联合印发了《加强党政干部因公出国（境）经费管理暂行办法》，创建了因公出国（境）经费先行审核制度，进一步严格了经费审批管理，强化了预算约束。外交部等部门联合印发了《关于进一步加强跨地区跨部门团组管理的通知》。外交部、中央外办联合印发了《关于因公出国（境）团组规范使用中介机构的通知》。2010年，中央纪委印发了《用公款出国（境）旅游及相关违纪行为适用<中国共产党纪律处分条例>若干问题的解释》，监察部、人力资源和社会保障部联合印发了《用公款出国（境）旅游及相关违纪行为处分规定》，明确了惩处公款出国（境）旅游及相关违纪行为的政策界限。财政部印发了《财政部关于进一步加强党政干部因公出国（境）经费管理的通知》。此外，为实现堵疏结合，在保障国家安全和利益的前提下畅通国家工作人员因私出国渠道，中央纪委、监察部、国家预防腐败局正在制订国家工作人员因私出国（境）审批管理规定。各地区各部门积极探索因公出国（境）管理的新措施，取得了明显实效。江苏省出台《加强党政干部因公出国（境）经费使用情况审计监督的意见》，要求在预算执行和财政财务收支审计、党政领导干部经济责任审计时，对因公出国（境）经费管理和使用情况进行审计或审计调查。贵州省将有价值的出访报告刊登在《贵州日报》“领导干部出国考察报告”专栏中，创新了出访成果评估共享机制。最高人民检察院对因公出国（境）任务实行外事工作领导小组集体审批把关制度。专项工作办公室梳理现行因公出国（境）管理文件，通过网络问卷调查等形式问计于民，探索制度加科技的管理模式，积极研究上海等地因公出国（境）管理信息系统，支持外交部研发推广全国因公出国（境）管理综合信息系统。

（三）严格实行量化管理，适度压缩因公出国（境）规模。专项工作开展以后，针对党政干部因公出国（境）规模底数不清的问题，专项工作办公室首次建立了全国党政干部因公出国（境）数据统计制度，比较全面地掌握了全国党政干部因公出国（境）团组数、人次数、经费支出等第一手数据，为部际联席会议决策提供了重要依据。在准确掌握数据的基础上，严格实行党政干部因公出国（境）总量控制。根据中央的要求，2009年提出全国因公出国（境）经费支出要在前三年平均数基础上压缩20%，并相应减少团组数和人数。2010年，要求各地区各部门巩固压缩成果，继续严格控制因公出国（境）经费和人数。按照“控制总量、突出重点、保压结合、服务发展”的原则，指导各地区各部门统筹协调因公出国（境）团组。通过量化管理，优化了因公出国（境）结构，在确保对外开放和经济社会发展需要的前提下，较短时间内大幅减少了公款出国（境）旅游团组及其他没有实质任务的因公出国（境）团组，在人民群众中引起较大反响，得到广大干部群众的支持和拥护。

（四）加大公款出国（境）旅游案件查处力度，坚决维护纪律的严肃性。中央纪委会同有关地区和部门纪检监察机关，狠抓制度执行，加大监督检查力度，增强查办公款出国（境）旅游案件的主动性，严肃查处顶风违纪案件。对吉林省原煤炭工业局长期大规模组织公款出国旅游等一大批公款出国（境）旅游案件进行了严肃查处，对一批重要线索进行转办督办。通过查办案件，有力震慑了公款出国（境）旅游组织者和参与者，有效遏制了公款出国（境）旅游的歪风。同时，通过对案件进行剖析，查找制度上的漏洞，提出相应的完善建议，发挥案件的治本功能。

（五）广泛开展宣传教育，使禁止公款出国（境）旅游的观念逐渐深入人心。借助中纪委通报、各种新闻媒体等，广泛宣传制止公款出国（境）旅游的重要意义和因公出国（境）管理规章制度的要求，通报公款出国（境）旅游案件。特别是在中央电视台《焦点访谈》栏目曝光了公款出国旅游典型案件，引起社会极大反响，收到很好的警示教育效果。通过多种形式的宣传教育，各级党政干部的认识不断提高，抵制公款出国（境）旅游的自觉性进一步增强，把因公出国（境）作为待遇相互攀比的错误观念正在得到扭转。绝大多数领导干部能够以身作则、严格自律，不组织、不参与各类公款出国（境）旅游活动。

同时，目前因公出国（境）活动中还存在一些问题，主要有：少数单位通过虚报出国（境）任务、购买邀请函等手段用公款出国（境）旅游的现象仍然存在；审核审批制度不够完善，对因公出国（境）团组任务的必要性、报批材料的真实性、行程安排的合理性难以有效把关；因公出国（境）经费管理制度尚有漏洞，经费预算、核销等还过于粗放，等等。

二、下一步工作建议

三年来，专项工作取得了明显成绩，但公款出国（境）旅游问题由来已久，巩固成果、防止反弹的任务仍然较重，彻底禁止公款出国（境）旅游仍需付出艰苦努力。为此，我们对下一步工作提出如下建议：

（一）建立健全禁止公款出国（境）旅游长效机制。通过三年的集中治理和建章立制，专项工作任务已顺利完成，有效遏制了公款出国（境）旅游的现象。专项工作于2011年3月底结束，并转为由中央外办、外交部等职能部门进行常态化管理。建议上述职能部门着力推进禁止公款出国（境）旅游长效机制建设，把中央关于开展专项治理工作的重要原则和重大举措机制化、常态化，贯穿于外事管理日常工作的全过程。继续坚持中央关于“总量控制、计划管理”的总体要求，严格实行因公出国（境）量化管理。完善和强化中办发〔2008〕9号文件提出的治理公款出国（境）旅游工作小组六部委部际联席会议机制，及时解决因公出国（境）管理中出现的重大问题。

（二）进一步完善因公出国（境）管理制度。外事管理部门在做好日常审核审批和监管的同时，细化审批内容，完善审批程序，加强动态管理和监督检查，抓紧建设全国因公出国（境）管理综合信息系统，加强和规范统计报送制度，实现因公出国

（境）管理网络化、规范化。财政部门加快制定相关规定，细化经费预算管理，改进经费核销程序。

（三）继续保持制止公款出国（境）旅游的高压态势。纪检监察机关继续将其作为反腐倡廉建设的一项重要任务，认真履行监督检查职责，狠抓外事管理规定的执行；严肃查处违反规定组织和参与公款出国（境）旅游的案件；配合外事管理等相关部门完善制度机制，推行因公出国（境）信息公开，从源头上预防和治理公款出国（境）旅游问题。

附录十：预防腐败信息简报相关材料

2010 年

预防腐败动态

2010 年第 1 期（总第 24 期）

预防腐败工作联席会议办公室
中央纪委预防腐败室　2010 年 1 月 20 日

澳门特区出台《对行政长官和政府主要官员离任的限制规定》

2009 年 12 月 14 日，澳门特区紧急通过了《对行政长官和政府主要官员离任的限制规定》。该规定对特区主要官员离任后的行为作了一定限制，是澳门特区推进廉政建设的一个重要举措。该规定有以下几个主要特点：

一、出台时机及时。近年来，澳门社会各界一直对司局级以上高官离职后可否立即从事私人业务的问题议论颇多。人们普遍担忧，高级官员离职后，容易利用其潜在的影响力参与企业事务，影响社会公正。为了消除这种腐败隐患，维护澳门廉政形象，澳门特区在第二届特区政府任期即将结束，一批高官面临离任之际，通过立法加强对离任行政高官的限制，规范他们从事私人业务的行为。

二、确定对象合理。该规定明确将行政长官、各司司长、廉政专员、审计长、警察总局局长及海关关长确定为限制对象。特区政府认为这些人员在位时身居要职，掌握主要权力，如离任后不想办法降低其因职务而产生的影响力，极易出现“权力寻租”，导致腐败现象发生。

三、限制规定明确。规定对高官离任后的有关限制做了明确要求：一是限制期限明确。行政长官和主要官员终止职务后一年内不得从事任何私人业务；若一年强制禁止期期满后，离任行政长官和主要官员拟从事私人业务，仍须度过一段时间的行政长官许可期，分别为两年和一年。二是许可程序明确。行政长官许可期内所有离任高官拟从事私人业务，均须请求行政长官许可。行政长官在作出决定前，须先征询为此而设立的委员会的意见，并须通过《澳门特别行政区公报》将有关事宜予以公布。为维护公共利益，行政长官可对有关请求予以拒绝，当事人也可对拒绝事项提出司法申诉。三是例外情况明确。对有关不适用于本法案限制的有关工作做了明确规定，指出由中央政府或特区政府委任或指派、由地区或国际组织委任的有关工作及返回原实职岗位任职的，不受上述规定的约束。四是附加规定明确。法案规定离任行政高官须对在职时获悉的机密或非公开的事实，予以严格保密。在刑事程序中，若担任鉴定人、证人或声明人，须预先取得行政长官的许可。

四、违规处罚严厉。规定对有关违规行为作了严厉的处罚规定：一是对离任后首年从事私人职务，及在“行政长官许可期”内未经许可从事私人业务者，处以最高一年徒刑或罚金，并于5年内禁止其担任公共职务；二是对提出请求但要求被拒后，仍违规从事私人业务者，将构成加重违令罪，并被处上述规定的附加刑；三是对违反离任行政官员保密规定者，将处以最高3年徒刑或科处罚金。

附：《对行政长官和政府主要官员离任的限制规定》（审议稿）

对行政长官和政府主要官员离任的限制规定

（审议稿）

立法会根据《澳门特别行政区基本法》第七十一条（一）项，制定本法律。

第一条　标的及范围

一、本法律旨在订定对离任澳门特别行政区行政长官及政府主要官员的限制制度。

二、本法中的主要官员是指：

（一）各司司长；

（二）廉政专员、审计长；

（三）警察总局局长及海关关长。

第二条　离职后的限制

一、离任行政长官及主要官员于终止职务之日起计一年内，不得从事任何私人业务。

二、离任行政长官如在上款期限终止后的随后的二年内，拟从事任何私人业务，应向行政长官取得许可。

三、离任主要官员如在第一款期限终止后的随后的一年内，拟从事任何私人业务，应向行政长官取得许可。

四、以上数款规定不适用于下列情况：

（一）从事中央人民政府或澳门特别行政区政府委任或指派的工作；

（二）从事由地区或国际组织委任的在慈善、学术或非牟利机构的工作；

（三）如离任主要官员属确定委任的公务员，其返回原职位。

第三条　许可

一、行政长官可在具体个案中，为维护澳门特别行政区的公共利益，拒绝请求或有条件许可有关请求。

二、就许可的请求所作的决定，须公布于《澳门特别行政区公报》，并须概述作出有关决定的情况及其依据，且在作出决定前，应先征询为此而以行政长官批示设立的委员会的意见。

三、针对拒绝请求的决定而提起的司法上诉不具中止效力。

第四条　保密义务

离任行政长官及主要官员对在职时获悉的机密或非公开的事实，如非属向外公开者，须予以保密，但获行政长官许可者除外。

第五条　刑事诉讼程序的参与人

离任行政长官及主要官员如须在与其在任时的职务有关的刑事程序中，担任鉴定人、证人或声明人，须预先取得行政长官的许可。

第六条　处罚

一、违反第二条第一款的规定从事私人业务或未取得许可而从事私人业务者，可被科处最高一年徒刑或最高一百二十日罚金，以及可被禁止担任公共职务，为期五年。

二、获正式通知从事私人业务的请求已被拒绝后仍从事该项私人业务的离任行政长官或主要官员，构成加重违令罪，及可被科处上款规定的附加刑。

三、违反第四条规定的义务，可被科处《刑法典》第三百四十八条规定的刑罚。

第七条　补充法规

为执行本法律所需的补充法规由行政长官制定

第八条　生效

本法律自公布翌日起生效。

预防腐败动态

2010年第2期（总第25期）

预防腐败工作联席会议办公室　　2010年1月28日
中央纪委预防腐败室

四川省开展制度审查工作

2007年以来，四川省把制度审查作为预防腐败试点工作的一项重要内容，省国土资源厅、住房和城乡建设厅在省人大法工委、省政府法制办的配合下，对相关制度进行清理审查、改革完善，着力推动反腐倡廉制度建设。

一是明确审查内容。主要审查现行制度是否适应经济社会发展和改革的需要；制度设计中是否包含了廉政规范的要求；是否对自由裁量权做到充分限制和合理监督；是否存在程序设计上的漏洞而可能导致腐败问题发生；有无以制度形式谋取小团体利益；等等。

二是明确审查重点。始终将审查工作重点放在权力相对集中的重点领域、关键环节。强化对行使人事权、财经权、决策权相关制度，自由裁量权幅度，行政许可、行政审批事项规定，以及制度相对人权利义务保障规定的审查。省国土资源厅将审查重点放在行政审批、土地矿产资源交易等8个方面。省住房与城乡建设厅将审查重点放在建设项目招投标、建设规划等5个方面。选择的审查重点都是腐败易发、多发的环节。

三是明确审查程序。严把制度出台关，凡是新出台制度性的规范性文件，均要通过自我审查、专门机构审查、社会审查等几道关口。审查质疑必须一一解决，文件方可出台。各试点单位对清理出的法规制度，首先由单位内相关处（室）自我审查，提出废止、修改、执行、完善的意见和政策法规依据。其次是专门机构审查。根据业务处（室）提出的意见建议，由部门制度审查领导小组组织监察室、法规室等相关处（室）进行集体会审。再次是社会审查。对经过集体会审的制度性文件，在部门门户网站公示审查结果及依据，公开征求意见。省政府规章及省政府规范性文件的审查，由草拟制度性文件的部门自审后，再经省政府法制办审查修改，最后交省政府常务会审定发布。

四是明确审查责任。起草制度性文件的处（室）负责审查制度设计的合法性和必要性，部门办公室负责审查制度的公开透明度和行政效能，部门纪检监察室负责审查制度的廉政风险。在制度制定和审查过程中，对不负责任、出现问题不及时纠正的将追究相关负责人的责任。

通过严格审查，省国土资源厅清理了涉及矿产、地质等6个方面的制度性文件586个，废止规范性文件327件，失效118件，修改完善5件，可以继续执行的136件。省住房与城乡建设厅清理了1985年以来的制度性文件210个，规范性文件718个，其中，废止规范性文件481件，修改完善113件。

2009年4月，四川省政府决定在全省范围内对2000年1月至2008年5月出台的所有规范性文件进行清理，把制度审查工作推向全省。目前，该项工作正在有序进行。

（据四川省纪委监察厅信息）

山东省扎实有序推进科技防腐工作

山东省委、省政府高度重视现代科技手段在预防腐败中的重要作用，成立了由省委常委、纪委书记杨传升任组长的山东省运用现代科技手段预防腐败领导小组，省委办公厅、省政府办公厅印发了《关于运用现代科技手段预防腐败的意见》，提出了科技防腐工作的基本原则、目标任务和工作重点。

2010年1月6日，山东省运用现代科技手段预防腐败领导小组会议在济南召开。省委常委、常务副省长王仁元出席会议并讲话。会议审议通过了《运用现代科技手段预防腐败工作实施方案》，明确了全省当前和今后一个时期科技防腐工作总的要求：按照构建惩治和预防腐败体系的要求，以增强对行政权力监督的有效性为重点，创新行政管理和行政监察方式，统一规划，分级建设，分步实施，经过3年左右的努力，建成电子政务服务、行政权力监察、公共资源交易监察、公共资金监察、廉政舆论监督、廉政教育六大平台，形成覆盖全省的科技防腐网络，实现对行政权力运行和政府信息公开情况的实时监察，建立科学公正的行政绩效评价体系，促进权力运行监督机制、反腐倡廉工作长效机制的建立，推动反腐倡廉建设深入开展。

（据山东省纪委监察厅信息）

湖南省出台《实施〈政府信息公开条例〉办法》

日前，《湖南省实施〈中华人民共和国政府信息公开条例〉办法》（以下简称《办法》）经省人民政府第40次常务会议通过并予公布，自2010年1月1日起施行。

《办法》规定，行政机关公开政府信息应当遵循公正、公平、便民的原则。行政机关公开的政府信息应当真实、准确。对流传的虚假或者不完整的政府信息，与该信息有关的行政机关应当及时通过新闻发布会、媒体等澄清。必要时，向本级人民政府或者上级主管部门报告有关情况。行政机关应当根据各自职责和条例规定，界定主动公开政府信息的具体范围，编制、公布并及时更新政府信息公开目录和指南。政府信息公开目录和指南的编排应当科学合理，便于查阅。

《办法》要求，与人民群众利益密切相关的公共企业事业单位应当按照本办法，主动公开收费、价格和其他涉及公众切身利益、社会普遍关心的信息。村（居）民委员会协助有关行政机关通过村务公开栏、会议、广播等形式公开下列政府信息：（一）涉农收费项目、标准及依据；（二）最低生活保障金、合作医疗补助费、农民种粮补贴、救灾救济资金等费用发放情况；（三）粮食最低收购保护价格；（四）公共卫生政策；（五）执行计划生育情况；（六）土地征收征用及补偿费分配、使用情况；（七）其他应当公开的政府信息。

（据湖南省纪委监察厅信息）

简讯

▲截至2010年1月25日，上海、湖南、甘肃、河南、湖北、河北等六省市设立省级预防腐败机构的请示已获中央编办批准，其中，甘肃省、湖北省预防腐败局已经挂牌，其他省市正在抓紧筹备。

▲近日，国家预防腐败局网站在工业和信息化部电子科学技术情报研究所、中国信息化研究与促进网主办的中国政府网站绩效评估活动中，被评为2009年度“中国互联网最具影响力政府网站”和“中国政府网站领先奖”。1月7日，贺国强同志在预防腐败室《网民留言和来信情况专报》（2010年第1期）上就此事作出重要批示：“祝贺国家预防腐败局网站开办以来所取得的成绩，希总结经验，开拓创新，进一步把网站办好。”同日，何勇同志也对网站获奖表示祝贺，并批示：“进一步把网站办好。”马驭、屈万祥、崔海容等委部（局）领导也相继作出批示，对国家预防腐败局网站工作表示肯定，并希望同志们再接再厉，把工作做得更好。

预防腐败动态

2010年第3期（总第26期）
预防腐败工作联席会议办公室
中央纪委预防腐败室　2010年3月16日

编者按： 近两年来，一些基层地方积极探索有效预防腐败的措施和方法，积累了一些有益经验。本期摘要刊发了浙江省海宁市、山东省即墨市开展岗位廉政风险管理的做法，以供交流参考。

浙江省海宁市着力加强岗位廉政风险防范机制建设

2008年以来，浙江省海宁市积极探索开展岗位廉政风险防控工作。在认真试点的基础上，以37个具有执法监督、行政管理、公共服务、工程管理等职能的部门作为重点单位，全面推行岗位廉政风险防范机制建设，取得了明显成效。

一、主要做法

（一）抓住"三个环节"，把握"四项要求"，编织防控网络

紧紧抓住"找、防、控"三个环节，即查找岗位廉政风险点，形成标准化、操作性强的防控模式和规范化的处置措施，达到有效控制和化解岗位廉政风险目的。

重点把握以下四项要求：一是加强领导，在市委构建惩治和预防腐败体系工作领导小组领导下，各级党组织和纪检监察机关进行周密部署安排，切实推进岗位廉政风险防范机制建设的实施；二是落实责任，各级党政领导班子及其成员按照党风廉政建设责任制的要求，切实履行"一岗双责"，带头"找、防、控"，确保预防腐败各项要求具体落实到每一个岗位和每一个人；三是突出重点，突出抓好土地管理、工程建设、政府采购及财政资金使用等重点领域和重要环节，以及拥有行政管理权、执纪执法权及人、财、物管理等关键岗位的防控建设；四是注重实效，坚持积极稳妥、循序渐进的原则，做到长远目标与阶段性目标相结合，整体推进与重点突破相结合，信息网络建设与风险防范管理相结合。

（二）突出"三个层次"，查找"四类风险"，晒出手中权力

全市各部门结合业务工作实际查找岗位廉政风险，突出领导岗位、中层岗位和其他重要岗位三个层次。领导岗位重点查找在重大事项决策、重要人事任免、重大项目安排和大额资金使用等方面容易产生腐败行为的廉政风险，中层岗位重点查找管理、执纪、执法等重要环节的廉政风险，其他重要岗位重点查找在履行岗位职责、执行制度、行使

自由裁量权等方面存在或潜在的廉政风险。

通过分析，海宁市把岗位廉政风险归纳为思想道德、岗位职责、制度机制、社会环境等四类风险。通过以下两条途径进行查找：一是自己找、家属帮、群众提、互相查、领导点、组织评等方法找出廉政风险点；二是利用举报投诉、财务审计、执法检查、行风评议、干部考察、问卷调查等六种专用监督渠道搜集廉政风险点。在查找风险点过程中，注意严格把关，提高查找准确率。通过反复查找，全市62个部门单位从2211个岗位中查找出廉政风险点3095个，并由各部门将查找到的岗位廉政风险点登记汇总，经组织严格审核把关后，分别通过局域网、内部刊物、学习墙报等形式进行公示，接受单位全体工作人员和广大群众的监督。

（三）实行“三个到岗”，建立“四项措施”，构筑防腐围墙

针对查找到的岗位廉政风险点，建立相应防控措施，锁定权力界限，规范操作程序，做到“三个到岗”，即“风险定到岗，制度建到岗，责任落到岗”，以实现权力的相互制衡，控制自由裁量权，防止个人说了算或暗箱操作。为有效阻断岗位廉政风险演变成违纪违法事实，海宁市建立了四项防控措施：

一是权力运行制约和风险防控机制。即建立决策制衡和风险防控机制，如“三重一大”议事规则，行政、财务等管理制度，规范操作程序，完善责任追究制度等；建立自由裁量权制约和风险防控机制，如市交通局等针对行政执法人员自由裁量权过大的情况，实行查审分离、罚缴分离、审批监管的科室分离、分管领导分离等四分离制度；建立针对某项具体权力运行的风险防控机制，对梳理出的行政、业务流程以及查找出的廉政风险，设计相应的岗位廉政风险防控模式。

二是廉政风险电子监察系统。利用已建或在建的行政电子监察系统，对梳理出来的业务工作流程以及查找出的岗位廉政风险实现实时监察和数据测量，以此分析判定廉政风险程度，并实时进行廉政风险预警，实现对岗位廉政风险的动态监控。如市规划建设局自行研发的GPS行政审批电子导航系统，减少了审批过程中的人为因素，提高了办理速度和效率，有效防范了廉政风险。

三是廉政风险预警机制。通过动态监控和信息分析，发现廉政风险时，及时向有关单位或岗位人员发出预警信号，运用督导、打招呼提醒、诫勉谈话等方式进行处置，纠正工作中的失误和偏差，堵塞漏洞，化解廉政风险，避免问题演变发展成违纪违法行为。如市工商局依托政务内网平台建立了廉政效能预警信息发布系统。

四是廉政风险防控责任追究机制。建立岗位廉政风险月查制，对岗位廉政风险防范承诺、防控措施落实情况进行监督检查，发现制度不落实、防控措施不到位的及时责成整改。同时，把岗位廉政风险防范机制建设工作纳入党风廉政建设责任制考核内容，开展专项督查，对不认真开展岗位廉政风险防范机制建设，发生违纪违法案件的，追究单位党政主要负责人和其他相关责任人的责任。

二、主要成效

（一）提高了惩防体系建设的针对性。岗位廉政风险防范机制建设，丰富了预防腐败工作的措施和方法，把惩防体系建到岗位，拓展了从源头上防治腐败的工作领域，提高了惩防体系建设的针对性。

（二）增强了制度建设的系统性。通过对原有制度进行规范，推行分权制约和扁平化管理，实现决策权、执行权、监督权的相互制约、相互协调。行政执法推行“执罚分离”等制度，有效杜绝执法过程中存在的不作为、乱作为和以权谋私等问题的发生。

（三）强化了纪检监察与业务工作的关联性。岗位廉政风险防范机制建设，使纪检

监察工作从旁边监督转变到共同参与防范监督，从事后监督转变到事前、事中监督，也促进了业务工作流程的优化简化。

（四）提升了反腐倡廉工作的科学性。岗位廉政风险防范机制建设，使岗位职责更加明确、岗位风险更加清晰、防范措施更加具体，让每个人都增强了风险防范意识，提高了防治腐败的综合效果。

（据浙江省海宁市纪委监察局信息）

山东省即墨市实施岗位廉政风险管理强化权力运行监控

2009年6月以来，山东省即墨市在全市29个单位探索实施了岗位廉政风险管理工作，以廉政风险的查、防、控为主线，以有效规范和监督制约权力运行为核心，着眼于创新，定位于预防，努力构建以岗位廉政风险管理为载体的惩防体系建设新机制。主要做法：

一、查准找深廉政风险，实现风险明示化

通过实施清权确权、风险查找和风险评估“三步法”，找准、找全、找深风险点，使廉政风险从幕后走向台前。在全面梳理职权和权力运行程序的基础上，从领导、科室负责人和一般工作人员三个层次，采取“自己找、同事帮、科长审、群众评、班子定”的办法，查找思想道德、岗位职责、工作流程、规章制度四类廉政风险。在内部查找的同时，组织各单位通过召开座谈会、下发征求意见函、民主评议等形式，广泛征求社会各界的意见建议。

坚持条块结合，严格审核把关。一般工作人员、科室负责人和领导岗位的廉政风险分别由科室负责人、分管领导和领导班子集体审定。三层岗位的廉政风险点经审定后，最后由各单位岗位廉政风险管理领导小组审查。风险点查找出来后，从风险发生机率、危害程度、形成原因等方面进行分析评估，划分为一、二、三级。全市29个试点单位共排查出廉政风险点5527个，其中一级769个、二级1286个、三级3472个。各单位对查找出的风险全部纳入廉政风险档案库，并形成防控图在各科室上墙公开。

二、积极预防廉政风险，实现防范严密化

（一）实施流程再造，让权力有制约。强化程序防控理念，针对工作流程衔接不紧密、监管不到位等导致的廉政风险，分类施治：对工作不透明的，在工作流程中增加公开环节，并明确公开的形式和时机；对权力比较集中的，进一步分解权力；对权力运行缺乏监督制约的，增加监督环节，有效限制权力；缩减自身权力，将运用市场机制能办好的事项交由市场办理。

（二）修订完善制度，让权力有边界。强化用制度管权、管事、管人的理念，积极开展重温制度、完善制度、创新制度活动，让制度覆盖每一处廉政风险，建立起预防廉政风险的制度防线。如市场建设服务中心改变以往20万元以下的工程项目随意发包的做法，制定《市场设施维护维修实施办法》，规定必须实行公开招标；市安监局针对行政处罚自由裁量权过大的问题，进一步细化相关法律条规，建立起108大项324小项具体操作规程。

（三）开展岗位廉政教育，让权力有提醒。以查找思想道德风险为着力点，有的放矢开展廉政风险教育、职业道德教育等，不断增强教育针对性和实效性，实现教育常态化，筑牢风险防范的思想道德防线。

（四）实行交流轮岗，让权力有活力。针对社会关注度高、群众反映多、负责人任职时间长、腐败问题易发多发的重要岗位，积极组织各单位进行轮岗交流，以减少因干部职工思想松懈或利益关系纠结而导致的廉政风险。协调市委组织部、市人事局制定了《关于进一步规范股级干部选拔任用管理工作的意见》，明确规定了任职五年以上的股级干部必须轮岗交流。

三、有效控制廉政风险，实现监控动态化

（一）运用现代信息技术等科技防腐手段，实行实时监控。积极运用现代信息技术等科技防腐手段，固化权力运行程序和工作流程，实时监控廉政风险，实现由制度管人、管事向计算机和信息技术辅助管理的发展和延伸，提升岗位廉政风险管理工作的科技含量。市级建立运行综合行政电子监察系统，对政府投资重点工程、涉农资金、新型农村合作医疗、公共资源交易等进行动态实时监控。各单位大力推进业务工作电子化、信息化，进一步固化工作程序，硬化约束标准。

（二）强化监督考核，实行问责监控。各试点单位强化监督考核，全面监控廉政风险，对出现的廉政风险及时进行整改纠错，并严格责任追究。通过强化内部监督、社会监督、专门机关监督和考核监督，根据不断发展变化的形势及时调整风险内容，建立动态、开放、系统的岗位廉政风险监督管理模式。

（据山东省纪委监察厅信息）

预防腐败动态

2010年第4期（总第27期）

预防腐败工作联席会议办公室
中央纪委预防腐败室　　2010年3月24日

编者按：2009年11月16日，贺国强同志在中共中央国家机关工作委员会信息交流第132期《国管局扎实推进党风廉政建设和反腐败工作》上批示：国管局业务范围广、管理资产多、工程项目多、财产资金量大，他们扎实推进党风廉政建设和反腐败工作，取得了明显成效，也积累了有益经验，应予总结推广。为落实好领导批示，中央纪委预防腐败室专门编发了一期预防腐败动态，供各地方各部门学习借鉴。

抓住重点 突破难点
国管局扎实推进党风廉政建设和反腐败工作

国务院机关事务管理局作为国务院的直属机构，担负着中央行政事业单位国有资产管理、中央国家机关房地产管理、政府集中采购和公共机构节能管理等方面的工作任务。国管局所承担的职能任务中，很多都是反腐倡廉的重点。国管局党组始终高度重视抓好党风廉政建设，按照党中央、国务院和中央纪委的部署和要求，把加强党风廉政建设作为加强机关党建工作的重要内容，着力建立健全惩治和预防腐败体系，严格落实党风廉政建设责任制，注重对权力运行的制约和监督，为机关事务工作的又好又快发展提供了有力保证。

一、突出工作重点，注重源头预防

（一）*着力推进惩防体系建设*。按照惩治和预防腐败体系《实施纲要》的要求，国管局党组制定了具体的实施意见，对全局惩防体系建设做了总体安排。在此基础上，每年根据中央纪委的分工意见和国务院廉政工作会议精神，研究制定国管局落实党风廉政建设和反腐败工作任务的具体措施，将有关任务进行细化分解，落实责任单位。

（二）*严格落实党风廉政建设责任制*。按照“一岗双责”，“按级负责、按职尽责、逐级落实”的工作责任体系，国管局领导班子成员与所分管部门的主要领导签订党风廉政建设责任书。局属有关单位主要领导与分管处室负责人签订了廉政责任书，进一步明确廉政责任。国管局每年都要对负责工程建设、资金管理、政府采购等重点工作的部门贯彻落实党风廉政建设责任制情况进行监督检查，并将检查情况在一定的范围内进行通报。对党风廉政建设工作不力而发生问题的单位，严格按照党风廉政建设责任制规定，追究领导干部的责任。

（三）*加强对重点领域的监督*。一是加强了对工程建设的监督。初步形成了项目审批、监管和建设相互分离、相互监督制约的管理模式，加强了内部的监督制约。2009年以来，国管局邀请检察机关参与工程建设项目，成立了由建设单位、施工单位、检察机关、纪检机关、审计部门共同参与的“阳光工程”领导小组，建立了相关管理制度，共同签订了《共建“阳光工程”廉政责任书》，涉及到工程建设的招标采购、资金支付、工程验收等关键环节，由领导小组集体研究决定。建立了定期检查、不定期抽查和责任追究制度。二是加强了对政府集中采购工作的监督。政府采购中心不断健全规章制度体系，强化内部控制机制，科学设置工作流程，合理安排人员分工，形成项目组织各环节之间既分工协作又相互制约的工作机制。积极推行电子化政府采购，增加采购工作透明度。对重大采购项目，机关纪委派人全程参与监督。近年来，社会对中央国家机关政府集中采购认可度明显提高。三是加强了对干部选拔任用的监督。国管局积极推进干部竞争上岗工作，进一步规范了民主推荐、民主测评、民主评议、组织考察、任前公示等干部选拔任用程序。在公务员招考录用、处级干部竞争上岗等工作中，纪检监察部门全程参与笔试、面试、民主测评及考核等环节，加强监督检查，做到公开透明。四是加强了对临时机构的监督。2007年以来，国管局先后成立了迎奥运环境整治办公室、房屋拆迁办公室等临时机构。机关纪委会同驻局监察办加强了对临时机构的监督，与临时机构领导班子成员进行廉政谈话，督促各临时机构进一步建立健全内部监督制约机制、规范重大事项的决策机制、严格落实廉政建设责任制等规章制度。局审计部门先后两次对临时机构进行经济责任审计。

二、抓住工作难点，解决突出问题

（一）深入开展治理“小金库”专项工作。研究制定了《国管局开展“小金库”专项治理工作实施方案》，成立了领导小组。局属各单位认真填写了《“小金库”自查自纠情况统计表》，报送了银行账户情况，深入开展了自查自纠工作。机关纪委会同有关单位对全局行政事业单位专项治理工作进行了检查。

（二）积极推进党政机关厉行节约工作。为确保实现中央国家机关2009年公务接待费支出比去年降低10%、车辆购置及运行费支出在近3年平均数基础上降低15%、电油水消耗指标比去年降低5%的目标，国管局向中央国家机关各部门、各单位印发了《中央国家机关贯彻落实中央办公厅国务院办公厅〈关于党政机关厉行节约若干问题的通知〉的措施》，并会同有关部门对中央国家机关有关部门厉行节约工作措施落实情况和目标完成情况进行了检查。同时，还提出了厉行节约的各项措施和具体要求。如规定接待用餐尽量安排在机关食堂，工作日午间不饮酒，不组织到营业性娱乐、健身场所活动，不安排旅游项目；严格出差管理，取消一般性考察调研、学习交流等外出活动；严格执行会议费开支标准，同城会议代表不住会，一般性工作会议不摆花，不安排“茶歇”等。近两年来，通过狠抓节能减排工作，中央国家机关实现了电油水消耗指标比上一年降低5%的目标，较好地发挥了表率和示范作用。

（三）严格控制办公楼等楼堂馆所建设。按照中央要求，2010年底前停止审批新建办公楼项目，办公用房大中修项目，重点解决办公区安全隐患问题。对已批准立项的项目，确保综合造价（不含土地费和市政配套建设费）不超过4000元/平方米。对在建项目，严格执行经批准的初步设计概算，除因物价上涨以及国家政策性调整和自然灾害等不可抗力因素外，一律不得扩大建设规模、提高建设标准、突破总投资。

（四）严格公务用车配备使用管理。制定了《中央国家机关公务用车编制和配备标准的规定》，重新核定中央国家机关公务用车编制，共核减1270辆，清理超编超标车辆721辆。通过公开招标确定社会中介机构对旧车进行价值评估，由汽车厂家集中回收，比各部门自行处置收入明显增加。2009年除新任和外地调京的部级干部配备工作用车及“黄标车”更新外，其他公务用车一般不予更新，并要求带头使用自主品牌和新能源汽车，新购车辆自主品牌率达到50%。

三、严肃查办案件，维护党纪政纪

（一）查处违法违纪行为态度坚决。2005年9月至今，国管局先后查处了两起案件。一起是资金中心聘任的原副处长受贿案，已移交司法机关处理。另一起是资金中心原副主任擅自将保险公司赞助费用于安排旅游休假，对主要责任人给予了党纪政纪处分。国管局党组对这两起案件的查处工作十分重视，焦焕成局长多次主持召开党组会议听取有关情况汇报，强调对严重违法违纪问题，无论涉及到什么人，都要认真查处，严格按照党纪政纪处理，决不姑息迁就。通过查处案件，违纪人员受到了处理，相关责任人受到了追究，挽回了经济损失。

（二）注重发挥查办案件的警示教育作用。针对发生的问题，国管局深刻剖析原因，认真总结教训，开展警示教育。焦焕成局长先后在局党组会、局廉政工作会、及其他会议上对全局开展警示教育提出了要求。机关纪委监察办主要领导两次参加了资金中心案件剖析专题民主生活会。资金中心多次召开领导班子会议和党员干部大会，通报有关情况，对党员干部进行警示教育。局属各单位也分别召开了领导班子会议和党员干部大会，以资金中心两起案件为反面教材，查找自身存在的问题，对党员干部进行警示教育。机关纪委还以此为契机，开展了系列警示教育活动。组织全局处以上党员干部参观全国预防职务犯罪展。局属有关单位还组织部分党员干部到监狱参观，开展警示教育。通过对本单位和其他典型案例剖析，启发党员干部自我教育，使党员干部能够触及灵魂，自觉规范行为。

（三）通过查办案件加强制度建设。在查办案件的过程中，国管局认真查找了体制机制制度上存在的问题，研究提出解决问题的对策措施。资金中心不断完善住房资金管理政策制度，健全住房资金管理体制和运行机制，强化内部制度建设，制定或修订业务方面规章制度近20多项，内部管理规章制度60多项。对贯彻执行民主集中制，实行集体领导与分工负责做出了具体规定，避免权力过于集中，重要决策和工作安排、人事问题、大额资金调拨等必须由中心主任办公会议或处以上人员会议集体讨论决定，并形成纪要印发全体人员；研究制定了审批责任追究暂行办法，强化审批监督制约。进一步划分了各部门和岗位的职权，组建了信息化技术保障小组、综合业务小组和风险管理小组，基本形成了部门之间、岗位之间相互监督制约的工作格局。制定和修订了资金监管办法、现金和银行存款管理办法、管理费用开支管理办法、财务收支核算管理办法、业务资金调拨监管办法、专项经费使用管理办法、法律事务管理办法（试行）等规章制度，建立了较为严格的内部工作流程和办事程序，加强了对各项资金的会计核算和财务监管。制定信息公开暂行办法，规范信息公开的工作要求、公开内容、程序和方式，增强了各项管理和服务工作的透明度、公信度。

省区市成立预防腐败机构进展情况

按照贺国强同志“推动条件成熟的省区市成立预防腐败机构”的指示，自去年2月以来，我们启动了地方预防腐败机构建设工作。截至目前，甘肃、上海、湖南、河南、湖北、河北、福建等7个省市成立了省级预防腐败机构。四川已向中央编办呈报了报告，正在等待批复。北京、广东、安徽、江苏、浙江、广西、江西、海南、内蒙古等省区市正在咨询设立预防腐败机构的有关政策，拟于近期启动相关工作程序。

综合已经成立的省市预防腐败局情况看，大致可分为两种模式：一是参照国家预防腐败局模式，在省市监察厅（局）加挂牌子，由厅（局）长兼任预防腐败局局长，下设办公室，同时又是省市纪委的内设预防腐败室。二是合署办公模式。立足于省市纪委职能重新调整，省预防腐败局与省纪委、监察厅（局）合署办公，将承担预防腐败职能的一些内设室同时作为预防腐败局的内设机构。

预防腐败动态

2010 年第 5 期（总第 28 期）

预防腐败工作联席会议办公室
中央纪委预防腐败室 2010 年 4 月 15 日

中国社科院部署实施预防腐败“三大行动”

2010 年 3 月 25 日，中国社科院召开 2010 年反腐倡廉建设工作会议，提出围绕“科研强院、人才强院和管理强院”三大战略，突出专家学者、领导干部、管理人员三个主体，部署实施预防腐败“三大行动”，努力实现社科院关键岗位预防工作的全覆盖。

一、实施优良学风建设行动，打造支撑科研人员成长成才的“学术生命线”

着力把学风作为社科院的行风来建设，把学风建设作为构建惩治和预防腐败体系和哲学社会科学创新体系的重要内容。通过制定《科研人员学术道德自律准则》和《期刊图书编辑人员行为自律规范》，完善科研资助、职称评审、成果质量评价、优秀成果奖励等制度，开展学风民主评议，选树优良学风典型，组织恳谈会、开设学部委员“谈治学”专栏、出版文集、实行科研助手制，形成老中青学者优良学风“传帮带”机制；组建学术道德委员会，运用包括科技手段检测在内的多种办法发现学术不端行为，严肃处理学术不端行为，建立不良学风记录，在职称评定、考核评优、提拔任用中实行“一票否决”，引导科研人员、编辑人员、研究生院教师将学术道德规范内化为科研工作者的行为准则。

二、实施领导干部廉洁自律示范行动，构筑促进领导干部廉洁自律的“人生幸福线”

着力把强化廉洁自律作为提高领导干部治院治所能力的重要途径。通过贯彻执行《党员领导干部廉洁从政若干准则》，查找领导岗位的不廉洁风险点，探索建立岗位廉政风险预警机制，预防不廉洁行为的发生；结合党风廉政建设责任制检查和述职述纪，开展廉洁自律情况民主评议，在全院处室以上干部中推荐勤廉先进人物，通过制作专题片、撰写事迹材料等多种形式，宣传一批勤廉兼优典型；将领导干部廉洁自律情况作为干部考核的重要内容，纳入领导干部廉洁情况信息库，惩戒不廉洁行为，引导领导干部在科研管理、资源配置、干部选任、制度执行等方面带头规范从政行为。

三、实施管理决策规范行动，形成推动管理干部规范做事的“职业安全线”

着力把强化制度严密性与执行力作为规范决策和管理行为的重要手段。通过完善并公开岗位管理制度，对重要领域和关键环节制度的执行进行责任分解，形成用制度管权、按制度办事、靠制度管人的有效机制；实行“三重一大”集体科学决策，健全重大决策事项征求群众意见制度，扩大议事民主化范围；推行院务公开和党务公开，公开决策和管理信息，拓宽民主监督和群众参与渠道；开展执行力效能监察，对院党组决策部署实行分工明确、分级负责的目标责任制，对执行不力的部门和人员发出限时办结通知书；完善管理岗位绩效考核和奖励机制，将考核结果作为评选“文明窗口”和“管理岗位先进工作者”的依据；健全对不作为、懒作为和乱作为者的问责程序，把制度执行情况纳入党风廉政建设责任制检查考核和领导干部述职述纪内容，对执行制度不力的追究责任，确保权力运行透明、有序、合规、高效，为实施“三大强院战略”夯实基础。

（据驻中国社会科学院纪检组信息）

黑龙江省齐齐哈尔市积极推行公务卡制度

在反腐败抓源头工作中，齐齐哈尔市积极实施行政管理制度改革，促进了源头治理工作的不断深化。2009 年 9 月，在市直 100 个财政预算部门和单位推行了公务卡制度改革，取得了积极成效。

一、以解决公务活动消费中违纪违规问题为目的，积极实行公务卡管理制度

随着收支两条线、部门预算、国库集中支付等财政管理制度的改革，以往部门和单位坐收坐支、挤占挪用经费和专项资金、擅自开立银行账户等违规违纪问题得到有效遏制，但公务活动消费违反财经纪律的问题凸显出来。在目前的公务活动消费中，大多使用现金结算，经手人单一，花钱没有透明度，大量现金结算缺少监管，“少花多报、没花也报”等违纪违规问题时有发生。2008—2009 年，齐齐哈尔市共查处违反财经纪律的案件 291 件，其中，公务活动消费 92 件，占 31.6%。这些问题反映出，公务活动消费大多事中缺少监督，事后很难发现，极易滋生腐败问题。为解决这一问题，该市从源头入手，改革财务结算制度，在市直 100 个财政预算部门和单位推行了公务卡管理制度。经过一段时间的运行，原来由现金结算的费用，近 50% 实现了公务卡结算，体现出公务卡制度在源头治理腐败上的优势。一是使多数公务活动消费不再使用现金，用公务卡在网络内结算，现金不经个人手，减少了滋生腐败问题的条件；二是用公务卡消费的公务活动都有据可查，透明度高，消费商户名称、消费日期、金额均真实全面地记录下来，解决了大部分公务消费缺少监管的问题；三是提高了财政结算效率；四是在途资金明显减少，加快了资金周转，强化了财政管理。

二、加强管理工作，确保公务卡制度稳步实施

（一）认真解决实行公务卡制度的技术问题。由于齐齐哈尔市纳入国库集中支付的市直预算单位零余额账户，大部分集中在市商业银行，市商业银行作为地方性银行，不具备发放贷记卡的资质，需要报中央相关部门审批。在市商业银行未获得贷记卡开卡资质的情况下，2009 年 9 月，齐齐哈尔市选择了工商银行和中国银行作为开卡行，并与开卡行多次协商沟通，升级了银行终端软件，解决了市商业银行与工商银行、中国银行之间的跨行结算问题。

（二）认真解决公务卡使用方便快捷问题。按照公务卡使用的功能、技术和服务标准，市政府同开卡银行签订了代理协议。各开卡银行按照要求，增加营业网点，拓展营业覆盖面，尽量使公务卡活动消费刷卡就近、方便、快捷。

（三）认真解决公务卡制度的监督管理问题。齐齐哈尔市提出，公务卡硬件建设要做到“三个对接，一个挂钩”。“三个对接’是系统运行与国库支付系统对接，与银行信用卡及银联交易平台对接，与现行预算单位财务和公务支出报销对接。预算单位审核报销的刷卡信息，均可由单位财务人员从银联或银行数据库下载到国库支付系统，生成支付凭证，监督管理部门可随时查询消费、报销、还款全过程的明细。“一个挂钩”是指公务卡同“个人银行信用卡”挂钩。公务卡以个人姓名、身份在银行登记注册，具有与其它银行信用卡同等的功能，特别是与个人信用直接挂钩，持卡人一旦出现欠款不还和其它不良记录，将直接影响个人信誉。

三、调整相关政策规定，为实行公务卡制度提供政策保障

（一）重新调整了财政结算原则。调整后的财政结算原则重新规范了结算程序，即预算单位在办理财政授权支付业务时，首先采用银行转账结算方式，其次是公务卡结算方式，只有在不具备银行转账结算或公务卡结算条件的情况下，才能采用现金结算方式，最大限度地缩小现金使用范围，结算原则向公务卡结算倾斜。

（二）确定了公务卡使用范围和金额。规定原使用现金结算的零星商品服务支出，包括差旅费、招待费、培训费等支出均用公务卡结算；原使用转账结算方式、单笔金额在1万元以下的小额商品服务支出，包括设备购置费、办公费、租赁费等多项公务性支出，原则上使用公务卡结算。这样既发挥了公务卡结算的优势，又保留了部分现金结算事项，避免了单一使用公务卡造成的不便。

（三）完善各项配套制度。市政府制发了《市级预算单位公务卡及现金结算暂行办法》，财政、审计、监察等部门共建立相关配套制度18个，就实行公务卡部门和单位的财务管理、现金使用、监督检查等工作，制定了办法，规范了公务卡制度的实施。市直实行公务卡的部门和单位结合本职工作，细化各项财务管理制约制度，适应了公务卡制度实施的需要。

（据黑龙江省齐齐哈尔市纪委监察局信息）

预防腐败动态

2010年第6期（总第29期）

预防腐败工作联席会议办公室
中央纪委预防腐败室　　2010年6月13日

预防腐败工作联席会议第四次会议召开

2010年6月8日，预防腐败工作联席会议第四次会议在监察部召开。联席会议召集人马驭主持会议并讲话。中央纪委、中央组织部、全国人大法工委、最高人民法院、最高人民检察院、国家发改委、监察部、财政部、中国人民银行、审计署、国务院国资委、国家预防腐败局、国务院法制办等联席会议成员单位以及中央编办、民政部、司法部、住房和城乡建设部、海关总署、国家工商总局等部门有关负责同志出席会议。

会议通报了第三次联席会议研究决定有关事项的落实情况及国家预防腐败局近期主要工作。会议认为，预防腐败工作联席会议制度建立两年来，初步摸索出一些有效的工作方法，研究决策了一批预防腐败重要问题，整体推进了预防腐败工作，联席会议的定位日渐清晰，作用日益显现。会议强调，各有关部门要按照中央纪委的统一部署，扎实做好预防腐败各项工作。要紧紧围绕贯彻落实中央关于推动科学发展重大决策部署，加强预防腐败工作。继续加强公共工程项目监管，加强民生和社会事业领域公共资金监管，将监督关口前移、全程跟进，确保中央各项政策措施的顺利实施。要着力加强预防腐败制度建设，积极探索有效预防腐败的措施和办法。加大政务公开力度，推进行政权力公开透明运行。

国家预防腐败局向会议提交了《政府与行业协会、市场中介组织分开试点工作方案》。《方案》指出，政府与行业协会、市场中介组织分开，是建立和完善市场经济体制的一项基础工作，有利于加快转变政府职能，从源头上预防和治理腐败，促进行业协会、市场中介组织健康发展。党的十七大和十七届二中、四中全会，明确要求“规范发展行业协会、市场中介组织”，“加快推进政企分开、政资分开、政事分开、政府与市场中介组织分开”。2009 年 2 月，贺国强同志批示，要求就市场中介组织的监管和反腐倡廉建设问题“先组织开展调查研究，然后制定出工作意见”。2010 年 1 月，胡锦涛同志在中央纪委第五次全会上指出，要“研究制定规范行业协会、市场中介组织等社会领域预防腐败制度”。2010 年 3 月，温家宝、李克强等国务院领导同志批准了国办督查室提交的关于分阶段开展政府与行业协会、市场中介组织分开专项工作的建议。按照中央和中央领导的要求，国家预防腐败局拟会同民政部、国家工商总局等部门，在内蒙古、辽宁、上海、江苏、浙江、福建、江西、湖北、湖南、广东、重庆、甘肃等省（区、市）和住房和城乡建设部、海关总署等中央国家机关，开展政府与行业协会、市场中介组织分开试点工作，推动政府与行业协会、市场中介组织在组织机构、工作职能、经济利益、办公场所等方面分开。从 2010 年 7 月开始，通过一年半左右的集中治理，在试点地区和部门实现政府与行业协会、市场中介组织分开的目标；制定和完善政府监管、资质审查、市场准入及违法查处等制度规范；研究制定扶持行业协会、市场中介组织发展的相关配套政策；加强引导行业自律，发挥行业协会的自律监督作用，使市场中介组织逐步做到自主经营、自我约束、公平竞争。

中国人民银行、国家预防腐败局向会议提交了《关于提请协调有关部门落实金融账户实名制、建立社会信用代码制度、推进社会信用体系建设的报告》。《报告》指出，落实金融账户实名制、建立统一的社会信用代码制度，对于深化金融体制改革，推动社会信用体系建设，维护正常的社会经济秩序，促进市场经济健康发展具有重要作用；对于阻止腐败分子将其违法犯罪所得合法化，增加腐败的成本和风险，有效打击和预防腐败犯罪，具有重要的现实意义。《建立健全惩治和预防腐败体系 2008—2012 年工作规划》明确要求，健全支付监管体系，完善账户管理系统，依法落实金融账户实名制，健全社会信用体系。从这些年的实践来看，我国落实金融账户实名制和征信系统建设取得了一定成效，但仍存在着假名匿名开户、多头开户、监管不严等现象，以及配套法律法规不完备、各类信用信息共享程度低等问题。中国人民银行和国家预防腐败局在充分调研的基础上，提出要加快推动建立以公民身份号码和组织机构代码为基础的社会信用代码制度，加强对金融账户实名制的监管，逐步健全社会信用体系。

经研究，会议决定以下事项：

一、同意《政府与行业协会、市场中介组织分开试点工作方案》，由国家预防腐败局根据会议讨论情况，尽快修改完善并进一步征求意见后，呈报中央纪委主要领导同志，提请中央纪委书记办公会议研究。

二、同意中国人民银行、国家预防腐败局关于落实金融账户实名制、建立社会信用代码制度、推进社会信用体系建设的几点建议。中国人民银行牵头，国家预防腐败局配合，会同国家发改委、公安部、税务总局、工商总局、质量监督检验检疫总局等行政主管部门共同研究，尽快建立以公民身份号码和组织机构代码为基础的社会信用代码制度；会同公安部、税务总局、工商总局、银监会、证监会、保监会等有关部门，加大对金融实名制的监管力度，提高金融机构识别证件真伪的能力，完善联网核查系统，建立黑名单制度；会同税务、工商、海关、质监等行政主管部门，研究建立以社会信用代码为基础的社会信用信息共享机制；会同国务院法制办等有关部门，加快推动《人民币银行结算账户管理条例》、《征信管理条例》等相关立法工作。国务院法制办、公安部、人民银行共同协商，明确以第二代身份证全面替代和停止使用第一代身份证的时间，加快以第二代身份证替代第一代身份证。

三、在预防腐败工作联席会议框架内，吸收有关单位参加，成立政府与行业协会、市场中介组织分开试点工作协调小组，以及落实金融账户实名制、建立社会信用代码制度工作协调小组，抓好两项工作的落实。

预防腐败动态

2010 年第 7 期（总第 30 期）

预防腐败工作联席会议办公室
中央纪委预防腐败室　　2010 年 7 月 15 日

创新监督机制　让群众得实惠

——全国农村部分计划生育家庭奖励扶助制度实行“四权分离”制约监督机制

2004 年，国家人口计生委、财政部在 5 个西部省份和其他部分省份的 10 个地（市）开展农村部分计划生育家庭奖励扶助制度（以下简称奖励扶助制度）试点工作，对农村只有一个子女或两个女孩的计划生育家庭，夫妇年满 60 周岁每人每年给予不低于600元的奖励扶助金，解决计划生育家庭的养老困难，引导群众自觉实行计划生育。2006年，奖励扶助制度在全国全面实施。由于实行“四权分离”制约监督机制，奖励扶助制度实施5年来，未发现一起贪污、挪用、挤占、截留奖励扶助资金问题，取得了巨大的社会效益。

一、“四权分离”制约监督机制的提出

为监管好、使用好、发放好奖励扶助资金，国家人口计生委、财政部组织有关方面专家、领导和人口计生实际工作者展开调研，走访有关部委和试点地区，征求干部、群众的意见。针对中央专项资金在个别地区曾出现挤占、挪用、截留的情况，国家人口计生委率先提出建立“四权分离”制约监督保障机制的设想，即由人口计生部门负责奖励扶助对象资格确认、财政部门负责资金管理、金融机构负责资金发放、纪检监察机关负责监督检查，形成各司其职、相互支持、相互制约、立体联动的格局，确保奖励扶助金安全、及时、便捷地发到群众手中。

二、“四权分离”制约监督机制的实施

（一）资格确认

为确保资格确认准确无误，该奖励的一个不少，不该奖励的一个不多，国家人口计生委、财政部制定《奖励扶助对象确认条件的政策性解释》，各省（区、市）人口计生委根据本地的生育政策和实际情况，制定相应的资格确认条件，统一政策口径，形成严密的工作流程和操作准则。

在资格确认过程中，人口计生系统发挥遍及乡村的网络优势，坚持“三个严格”，切实做好资格确认工作。一是严格政策界限。任何地方和个人不得超出国家和省（区、市）规定的政策范围，越权制定政策和解释政策。如遇问题，须报各省（区、市）人口计生委会议研究决定；把握不准的报国家人口计生委。二是严格确认程序。严格按照个人申报、邻里证明、村民评议、入户调查、逐级审核、三榜公示、群众举报、确认回访的资格确认程序实施。对目标人群做到“个个入户，人人见面”，对申报对象的婚育史、年龄、现存子女等情况做到逐人评议和审议。健全奖励扶助对象确认档案，备齐个人申请报告、全国统一的《奖励扶助对象申报表》、身份证复印件、户籍证明材料、村民代表大会和协会理事会评议表、群众座谈资料、乡镇计生办见面调查表、乡镇初审记录、县人口计生委审批记录等9种资料。三是严格监督管理。把奖励扶助对象资格确认、奖励扶助金发放列入政务和村务公开范围，将村（居）委会上报乡镇名单、乡镇初审上报县（市、区）名单、县（市、区）审批和变更名单分次在村（居）张榜公示，接受村民监督。大多数地区还实行人口计生违纪违法行为实名举报奖励制度，鼓励群众行使民主监督权利。

各地人口计生部门将奖励扶助制度的实施纳入人口计生目标管理责任制，严格责任追究，坚持“谁调查，谁签字；谁主管，谁负责”。2004年初，国家人口计生委、财政部在试点地区连续3次开展逐户摸底、登记、公示和审核的基础上，先后派出2个调查组分赴吉林四平、湖北宜昌和贵州遵义，采取不打招呼、直接进村入户的方式进行调查，核实基层上报人数。针对调查中发现的部分地区越级上报、审核不严、上报摸底人数不实的问题，国家人口计生委及时召开电视电话会议，对责任单位进行点名批评，责成其暂缓试点，重新核实奖励扶助对象名单，并将结果向社会公示。同时督促其他试点地区严格政策尺度和确认程序，进行第4次审核、公示。此举在全国引起强烈反响，杜绝了假报、漏报、错报现象发生，有效预防了虚报冒领奖励扶助资金的问题。

（二）资金管理

国家人口计生委、财政部制定《农村部分计划生育家庭奖励扶助制度专项资金管理办法》，各地也制定了相应的《专项资金管理办法》或《资金管理细则》，规范资金运行程序。

按照中央财政重点保障，地方财政适度配套的原则，财政部、国家人口计生委确定中央和各省（区、市）财政合理的分担比例，对经济不发达地区进行倾斜。财政部在年度预算中优先安排奖励扶助专项资金，同时要求各地将奖励扶助资金纳入当年财政预算，建立专门账户，由财政部门统一拨付，统一管理，封闭运行，减少中间环节，防止挤占、挪用和截留，保证奖励扶助资金运行安全。

（三）资金发放

国家人口计生委、财政部创新奖励扶助金发放方式，引入市场机制，采用招标、协议等方式，选择金融机构代理发放。为确保奖励扶助资金及时足额发放到位，各省（区、市）财政部门、人口计生部门与代理发放机构签订代理发放委托协议书，对代理发放的权利与义务及发放时间、程序等作出具体规定。各地（市）出台《资金代理发放操作规程》和《专项资金管理办法实施细则》，规范发放程序。代理发放机构按照人口计生部门提供的兑付名单，开设奖励扶助对象个人账户（存折、卡），并在资金到账后的规定时间内，将奖励扶助金足额划拨到奖励扶助对象个人账户。协议专门规定代理发放机构不得直接抵交奖励扶助对象的各类贷款、欠款、税费，保证了奖励扶助金直接到户到人。

（四）社会监督

“四权分离”制约监督机制把社会监督作为制度运行的重要组成部分，建立了较为完善的社会监督体系。

一是充分发挥纪检监察机关的职能作用。在实施奖励扶助制度的过程中，各地纪检监察机关积极参与，20个省（区、市）纪检监察机关联合人口计生、审计、财政等部门出台了奖励扶助制度《监督管理办法》，对资格确认、资金管理到资金发放整个运行过程进行全程监督，防止奖励扶助资金被贪污、截留和挪用。纪检监察机关每年会同审计部门对奖励扶助资金的管理和使用情况进行审计，组织相关机构对奖励扶助资金拨付、管理、发放情况进行专项检查。

二是注重发挥群众和媒体的监督作用。通过资格确认的三榜公示，奖励扶助资金社会化发放，以及设立举报箱、举报电话和网上举报系统，使奖励扶助制度始终置于群众和媒体的监督之下，公开、公正、公平地运行。

三是实行严格的责任追究。全国30个省（区、市）纪检监察机关、审计部门、财政部门、人口计生部门和代理发放机构联合出台《责任追究办法》，规定凡因弄虚作假、工作不力、放宽政策而造成调查数据不实的，实行一票否决。对工作中不认真履行职责、重视不够、组织协调不力、资金不落实、资金管理使用等出现重大问题、造成社会影响的，严肃追究有关责任人和直接责任人的责任，触犯刑律的依法追究刑事责任。

三、“四权分离”制约监督机制的成效

（一）保证了奖励扶助制度长期稳定健康发展。“四权分离”制约监督机制规范了奖励扶助制度各个环节的运作程序，有效避免了截留、挤占、挪用、抵扣、冒领、贪污等问题。特别是社会监督权的确立，强化公众参与、信息公开，为资金的安全运行加了一道保险。纪检、监察和审计部门全程介入，强化人口计生部门、财政部门、代理发放机构的内部监督，使各项规章制度落到实处。

（二）推动了部门改革和政府管理创新。“四权分离”、相互支持、相互制约、立体联动的架构，不仅深化了财政和人口计生部门的改革，而且可以作为政府加快形成行为规范、运转协调、公正透明、廉洁高效的政府管理体制的范例，同时也为随后实施的“少生快富”工程、计划生育家庭特别扶助制度等人口和计划生育利益导向政策，提供了很好的经验。

（三）树立了党和政府的良好形象。“四权分离”制约监督机制规范办事程序，提高办事效率，采取公开化标准、统一化管理、社会化发放、公众化监督的方式，使群众看到党和政府亲民务实、诚实守信的良好形象。

（四）推进了基层民主管理和民主监督。让群众参与对政府监督的过程，本身就是社会主义民主政治的基本要求和具体体现，不仅激发了群众参与民主管理和民主监督的热情，而且促进了奖励扶助制度运行的公平、公开、公正。

预防腐败动态

2010 年第 8 期（总第 31 期）

预防腐败工作联席会议办公室
中 央 纪 委 预 防 腐 败 室　　2010 年 9 月 6 日

编者按：2007 年以来，四川省南溪县大胆探索，采取在县纪委监察局组建“三中心一综合室”、设立乡镇片区纪委监察分局、实行村“两员两会”制度等措施，从县、乡、村三个层面整体推进纪检监察机构综合改革，整合与强化了纪检监察工作力量，提高了纪检监察工作的质量和水平。贺国强同志批示：“对基层纪检机关一些改革探索，要跟踪了解，研究总结。”新华社等 20 多家媒体先后对南溪县纪检监察机构改革进行了宣传报道。目前，此项改革已在宜宾市 10 个县（区）全面推广。

推进综合改革　破解监督难题

——四川省南溪县推进纪检监察机构综合改革的做法及成效

2007 年以来，四川省南溪县根据中央纪委和省、市纪委关于预防腐败试点工作的安排，按照“整合机构，优化职能，强化监督，服务发展”的原则，从县、乡、村三个层面整体推进纪检监察机构综合配套改革，解决了该县纪检监察机构工作职能交叉、力量分散、效率不高、组织协调作用发挥不好、对党员干部监督不力等实际问题，创新了农村基层党风廉政建设工作机制。

一、主要做法

（一）整合县纪委监察局内设科室，组建“三中心一综合室”

2007 年初，为更好地服务县域经济发展，南溪县重新制定县纪委监察局的“三定方案”，在保证人员编制总数和专职领导干部职数不减少的前提下，撤销委局机关原内设科室，整合资源，组建了“三中心一综合室”：预防腐败中心、软环境建设中心、违法违纪行为查处中心和综合办公室。

预防腐败中心承担全县党风建设、宣传教育、调查研究、惩防体系建设、廉政制度建设等职能；软环境建设中心承担全县行政效能建设、干部作风建设、纠风投诉、执法监察等源头治理和过程监督的职能；违法违纪行为查处中心承担信访举报、案件检查、治理商业贿赂、案件审理、案件管理等查处案件的职能；综合办公室承担干部管理、工作研究、政务服务、后勤保障等职能。

“三中心”为正科级内设机构（原委局机关各科室均为副科级），每个中心设主任1名、专职副主任2名，由县纪委监察局干部担任。另设兼职副主任5至8名，预防腐败中心兼职副主任由组织、宣传、财政、审计等部门的相关负责人担任；软环境建设中心兼职副主任由发改、招商等部门的相关负责人担任；违法违纪行为查处中心兼职副主任由公安、检察、法院等部门的相关负责人担任。

（二）撤销乡镇纪委，派出片区纪委、监察分局

2007年10月，为探索破解同体监督难题，进一步加强农村基层党风廉政建设，南溪县撤销了15个乡镇纪委，设立了4个派出片区纪委、监察分局，各片区纪委、监察分局分辖3至5个乡镇，同时在各乡镇党委增设1名纪检委员，由党务副书记兼任，接受片区纪委和乡镇党委的双重领导。

片区纪委为正科级，编制6人，财政预算单列。片区纪委由3名委员组成，其中书记1名，副书记1名，委员1名，均由县纪委常委会提名推荐，书记、副书记由县委行文任命，委员由县委组织部行文任命。监察分局局长由片区纪委副书记兼任，片区纪委、监察分局不隶属于乡镇党委政府，直接向县委、县纪委监察局负责并报告工作。

（三）构建村级纪检组织，实行“两员两会”制度

2007年9月，为了进一步规范村务行为，强化对村干部的监督，南溪县在全县214个行政村实行“两员两会”制度，构建了村级纪检监察组织。“两员”指乡镇党委从驻村干部中选派的驻村纪检监察员和由村党支部党员大会选举产生的村党支部纪检委员；“两会”指村情发布会和村务评议监督会，每季度的村情发布会主要向村民发布本村重要村情，村务评议监督会负责对村重大决策进行评议和监督，对不当决策有否决权。

二、主要成效

（一）整合力量，提高了纪检监察工作效率

组建“三中心一综合室”，加强了领导，深化了协作，沟通了信息，整合了力量，各中心实行板块运作，增强了工作合力，提高了工作效率。如违法违纪行为查处中心现有11人，可成立3个专案组同时查办案件，改变了原案件检查室只有3人、查案力量薄弱的状况。在办理大要案时，中心可在检察、公安等成员单位抽调专业办案人员组成专案组，提升突破案件的能力。三年来，该中心共查办违纪违法案件203件，其中大要案件61件，收缴违法违纪资金200多万元，为国家和个人挽回经济损失800多万元，每年查办案件的数量与改革前同比翻了一番。

（二）优化职能，充分发挥了纪检监察机关的组织协调作用

“三中心”的组建，突出了预防腐败、惩治腐败和服务发展三大工作职能。县纪委监察局以三个中心为工作平台，通过定期召开中心主任办公会，总结前期工作情况，分析当前工作形势，布置工作任务，协调工作配合，强化工作督查，在全县上下真正形成了党风廉政建设齐抓共管的工作格局。随着县纪委监察局组织协调职能的强势发挥，全

县党风廉政建设工作实现了新突破，县委党风廉政建设责任制考核、县干部队伍作风建设考核、县纪检监察业务综合目标考核均连续3年名列全市第1名，彻底改变了改革前在全市处于倒数一、二名的落后状况，基层党员干部和群众对全县反腐倡廉建设的满意度由三年前的75%提高到91%。

（三）创新体制，对解决乡镇同体监督难题进行了有益探索

片区纪委经费由财政单列预算，向县委、县纪委监察局负责并报告工作，人、财、物与乡镇党委政府脱钩，既克服了同体监督难的问题，又增强了工作力量。两年多来，4个派出片区纪委、监察分局强化对乡镇"三重一大"决策事项的监督，提出决策建议80余项，否决乡镇不当决策23项；办结回复信访举报447件，比原乡镇纪委同期多办结回复287件，全县农村群体访和越级上访量同比减少70%；查处案件80件85人，涉案金额达300余万元，超过原乡镇纪委撤销前5年所查案件总数，改变了原乡镇纪委不办案、惩治腐败流于形式的状况。

（四）填补空白，促进了村务运行更加规范

村"两员两会"制度的运行，填补了村级纪检组织的空白，创新了村务运行监督机制，解决了对村干部监督不力的问题，为规范村财务公开、政策公开、办事公开提供了平台。两年多来，全县村情发布会累计发布村情约10700项，现场接受群众咨询和质询近30000人次，保障了村民对村务运行的知情权和参与权；村务评议监督会共评议监督村务5500项，否决87项，村民的监督权得到充分发挥，有效遏制了村干部违纪违法行为的发生。

（五）提升待遇，激发了纪检监察干部的工作热情

改革后，全县纪检监察正科级实职岗位由原来的3个（纪委副书记、监察局局长）增加到现在的13个（县纪委常委、中心主任和片区纪委书记），正科级纪检监察员职数由1个增加为4个，副科级纪检监察员职数由3个增加为8个，县纪委监察局干部的政治经济待遇明显提高，纪检监察机关对全县优秀中青年干部的吸引力大大增强，在岗的纪检监察干部有了更多的奔头，极大地调动了全县纪检监察干部干事创业的激情。

（六）优化党风，促进了县域经济又好又快发展

随着纪检监察机构改革的深入推进，基层组织凝聚力、战斗力显著增强，优化了党风、促进了政风、带动了民风，基层群众支持和参与县域经济发展的热情空前高涨。三年多来，县财政筹资1.8亿元，群众筹资1.3亿元用于农村公路建设，提前三年实现了"村村通水泥路"的目标；筹资7亿多元，建设罗龙工业集中区，入驻企业已达56户，投产36户，完成总产值40.7亿元；融资近10亿元，推进滨江4.8平方公里新城建设。全县经济社会呈现又好又快发展的强劲势头，全县GDP、地方财政一般预算收入、固定资产投资、工业增加值等主要经济指标增速，连续两年进入全省丘陵区县和扩权强县试点县前10位，南溪县先后被评为全国科技进步先进县，全省县域经济发展先进县、"三农"工作先进县，县委、县政府综合目标考核连续三年荣获全市一等奖。

预防腐败动态

2010年第9期（总第32期）

预防腐败工作联席会议办公室
中央纪委预防腐败室　　2010年10月14日

福建省着力完善公共资源配置、公共资产交易、公共产品生产领域市场运行机制

党的十七届四中全会指出，要“完善公共资源配置、公共资产交易、公共产品生产领域市场运行机制”，“推进反腐倡廉制度创新”。福建省认真学习贯彻十七届四中全会精神，按照中央纪委的部署，理清工作思路，坚持制度、科技、监督并重，着力规范和完善公共资源配置、公共资产交易、公共产品生产领域市场运行机制，从源头上预防腐败。

一、健全制度体系，探索防止利益冲突内控机制

据不完全统计，近三年来，省、市两级制定出台了近40件涉及公共资源配置、公共资产交易、公共产品生产方面的制度规定，如《福建省招标拍卖挂牌出让海域使用权办法》、《福建省房屋建筑和市政基础设施工程施工预选承包商名录管理办法》、《厦门市政府投资项目后评价管理办法（试行）》等，努力为公共资源配置、公共资产交易和公共产品生产提供严密、完备、管用的制度体系。

重视对实践中暴露出来的制度漏洞进行堵塞，调整、修改和完善相关规定。如，针对工程建设领域串通投标违法行为专项整治中发现的问题，推行1500万元以下房建和市政项目随机抽取中标人、招标代理机构比选、招标投标违法公告等办法。在全国率先出台了《全面推行建设市场法人和自然人违法违规档案制度的意见》，目前7个省直部门公布档案97个，并实现集中公告、互联互通。同时，加快公共资源管理立法进程，2010年初，省人大常委会将公共资源市场化配置列入立法调研项目和五年立法规划，启动公共资源市场化配置立法程序。厦门市充分运用特区的立法权，将《厦门经济特区公共资源市场化配置监管条例》确立为人大法规正式项目，推动尽快出台。

二、运用科技手段，构建统一规范的电子交易市场

充分发挥现代信息技术在完善公共资源配置、公共资产交易、公共产品生产领域市场运行机制中的作用，建立健全统一、规范、开放、创新的交易市场。研发海西产权交易电子报价系统，制定《海西联合产权交易市场挂牌报价系统操作规程》，以互联网电子竞价为纽带，联合信息披露、组织竞价，形成联合产权交易市场电子化合作平台，并与国务院国资委监测系统对接，接受实时在线监控。2007年以来，由省产权交易中心牵头，组建了全省联网的海西联合产

权交易市场，并先后与江西、浙江、广州等省市产权交易所签订合作协议，初步形成了区域性产权交易平台。各合作方积极依托海西电子报价系统，开展产权项目远程连续竞价交易，广泛征集投资人，实现项目异地竞价交易，降低交易成本，增强交易效益和市场功能，减少欺行霸市和围标串标等问题的发生。福州市完善了建设工程电子招投标系统上传标书文件软件功能，确保建设施工类和市政施工类项目100%通过该平台完整运行，并作为全省首家试点单位，使用“福建省国有建设用地网上挂牌交易系统”，土地出让从公告、挂牌、报名、交纳保证金、出价等全程在互联网上完成。漳州、三明、莆田等地也建立了公共资源网上交易系统。

三、完善监督网络，加强对公共权力运行的监控

全省各级纪检监察机关积极发挥监督检查和组织协调作用，督促各地各部门依法履行职责，防止和纠正不作为、乱作为等现象。福州市进一步推进网上公共资源配置、公共资产交易、公共产品生产执法监察系统建设，探索通过网上执法监察系统和视频监控系统，对有关部门的项目市场化运作行为进行全程、实时监控；厦门市积极构建行政资源和社会公共资源配置市场化改革工作的“双层监管”模式，在由财政局牵头成立联席会议推进区级改革、加强考核监管的同时，市纪委、监察局将这项工作列入纠风专项治理工作范畴，加强监督推动，及时通报批评工作任务不落实的单位，或者下达《监察建议书》督促有关职能部门整改问题、建章立制。

认真受理有关公共资源配置、公共资产交易、公共产品生产市场化运作中违纪违法行为的举报，坚决查处发生在这些领域中的腐败案件和领导干部违规插手市场活动牟取私利的案件。2007年以来，福建省组织开展了工程建设领域串通投标违法行为专项整治行动，有关部门侦破串通投标案件81件，抓获犯罪嫌疑人273人，已有102人受到刑事追究；纪检监察机关对224名在招标投标中违纪的党员干部给予党纪、政纪处分。

四、强化项目管理，拓展市场化运作的领域

深入实施项目分类管理，突出抓重点项目，以点带面，以典型带动整体。编制自然性资源、公共性资源、资产性资源、服务性资源管理目录，共4个总分类科目，68个明细分类科目。在公共资源配置方面（主要是自然性资源），经营性土地使用权、工业用地使用权“招拍挂”制度得到全面执行。同时，许多新的项目陆续推开，如漳州市对海域使用权实行“招拍挂”，2007年以来已有60宗面积5.24万亩的海域使用权成功招拍挂，综合效益显著；泉州市实行水资源红黄蓝分区，探索建立晋江流域水权制度，完善水权交易平台，石狮二期引水工程申请超配额的水量，通过水权转让来获得。一些地方还探索对采砂权、森林资源流转等项目进行市场化运作。

在公共资产交易方面（主要是资产性资源和服务性资源），政府采购制度和国有产权交易制度得到全面执行，同时涌现出了一些新项目，如莆田市对司法裁定财产所有权进场交易，今年上半年共交易18宗，成交额6548.9万元，增值率34.33%，同时也规范了司法自由裁量权。三明、龙岩等市深化行政事业单位国有资产管理改革，三明市成立资产管理营运中心，整合252个单位资产，统一产权，统一营运；龙岩市国有资产管理中心对划入管理的国有资产建立统一的档案台账，建立管理信息数据库，提高资产管理水平。

在公共产品生产方面（主要是公共性资源），工程建设“招投标”制度得到全面执行，垃圾处理、污水处理BOT模式运作持续推进，一些与群众生产生活密切相关的公共事务也实行市场化运作，如管道燃气特许经营、出租车经营权、道路清扫、户外广告设施使用权、公共绿地养护、路灯及相关设施维护等。一些地方还对城市公厕管理、拆除工程、垃圾场废品分拣回收作业承包、市区建工险保险单位确定等项目实行了市场化运作。

（据福建省纪委监察厅信息）

预防腐败动态

2010 年第 10 期（总第 33 期）

预防腐败工作联席会议办公室
中央纪委预防腐败室　　2010 年 12 月 24 日

2010 年度预防腐败信息联络员报送信息及采用情况

2008 年 5 月，经中央纪委、监察部和国家预防腐败局领导批准，中央纪委办公厅发文（中纪办〔2008〕127 号），建立了预防腐败信息联络员制度。全国 31 个省（区、市）和新疆生产建设兵团纪委、监察厅（局），以及 63 个中央和国家机关纪检监察机构设有 95 名预防腐败信息联络员。预防腐败信息联络员制度建立两年多来，信息报送覆盖面不断扩大，信息质量逐步提高，为中央纪委预防腐败室工作简报、内网主页和国家预防腐败局门户网站提供了重要信息来源。据统计，截至 12 月 20 日，2010 年各地区、各部门预防腐败信息联络员共报送信息 4427 条，被采用 773 条。一些信息引起领导高度重视，一些信息被境内外媒体广泛转载，在服务领导决策、促进预防腐败工作经验交流、扩大预防腐败工作宣传等方面起到了很好的作用。

但是必须看到，预防腐败信息报送工作还存在不少问题。主要是：一些地方和部门认识不到位，没有把预防腐败信息报送工作摆上应有位置，个别省（区、市）和一些中央国家机关单位 2010 年没有报送信息；信息质量不高，针对性不强，反映一般工作情况多，缺乏对预防腐败重点问题的深度报道，缺乏对创新经验的挖掘总结，缺乏能够为领导决策提供重要参考的信息；信息采编工作不够规范，报送不够及时。

信息工作是纪检监察机关和预防腐败机构科学决策的重要依据，是沟通预防腐败工作情况、促进预防腐败工作发展的重要工具。各地区、各部门一定要充分认识信息工作的重要性，加强对预防腐败信息报送工作的组织领导，建立健全考核激励机制。预防腐败信息联络员要切实履行职责，紧紧围绕预防腐败重点工作采编和报送信息，进一步拓宽信息来源，提高信息质量，增强信息的适用性、针对性、时效性和规范性。

以下是 2010 年预防腐败信息联络员报送信息及采用情况（截至 12 月 20 日）：

单位	报送数量	采用数量
北京市	98	17
天津市	11	7
河北省	1346	232
山西省	53	22
内蒙古自治区	6	2
辽宁省	203	50
吉林省	2	1
黑龙江省	364	34
上海市	187	40
江苏省	7	4
浙江省	29	20
安徽省	37	12
福建省	33	23
江西省	8	6
山东省	124	24
河南省	466	12
湖北省	114	28
湖南省	13	10
广东省	4	3
广西壮族自治区	1	1
海南省	30	10
重庆市	14	13
四川省	181	38
贵州省	44	6
云南省	222	23
西藏自治区	65	12
陕西省	0	0
甘肃省	78	10
青海省	295	29
宁夏回族自治区	0	0
新疆维吾尔自治区	40	12
新疆生产建设兵团	0	0
最高人民检察院	5	1
外交部	2	2
国家发展和改革委员会	8	2
教育部	2	2
科学技术部	11	4
工业和信息化部	7	3
民政部	3	1

续表

单位	报送数量	采用数量
司法部	1	0
财政部	4	1
环境保护部	1	1
住房和城乡建设部	5	3
交通运输部	3	0
铁道部	43	11
水利部	26	1
农业部	9	3
商务部	1	1
文化部	2	1
卫生部	4	1
国家人口和计划生育委员会	7	2
国务院国有资产监督管理委员会	14	5
海关总署	41	5
国家税务总局	28	6
国家质量监督检验检疫总局	2	1
国家广播电影电视总局	5	1
国家新闻出版总署	1	1
国家安全生产监督管理总局	1	0
国家统计局	1	1
中国科学院	1	0
中国社会科学院	4	3
中国地震局	4	1
中国气象局	12	3
国家国防科技工业局	81	6
国家烟草专卖局	6	0
中国民用航空局	2	0
国家食品药品监督管理局	5	0

注：其他未列入统计的中央和国家机关预防腐败信息联络员未报送信息

2011 年

预防腐败动态

2011 年第 1 期（总第 34 期）

预防腐败工作联席会议办公室
中纪委预防腐败室　　2011 年 1 月 13 日

江苏省构建预防腐败工作机制

近年来，江苏省高度重视预防腐败工作，积极探索有效预防腐败的措施和方法。近日，江苏省委印发《关于构建预防腐败工作机制的意见》（以下简称《意见》），对预防腐败工作作出总体部署。

《意见》明确了构建预防腐败工作机制的总体要求：以邓小平理论和“三个代表”重要思想为指导，深入贯彻落实科学发展观，围绕中心，服务大局，深化改革，积极创新，在坚决惩治腐败的同时，更加注重治本，更加注重预防，更加注重制度建设，努力在规范权力运行、完善市场机制和健全社会信用体系等方面取得明显进展，全面构建预防腐败长效机制，促进全省党风廉政建设深入开展，为推动经济社会又好又快发展提供有力保障。构建预防腐败工作机制应把握的基本原则：坚持整体推进、协调发展，把预防腐败的要求落实到经济社会发展和党的建设各个领域；坚持系统谋划、分类实施，推动地区、部门、企业等方面预防腐败工作；坚持深化改革、完善制度，把制度建设贯穿到预防腐败各项工作之中；坚持把握关键、抓住难点，以点带面推动预防腐败工作取得突破。

《意见》提出了预防腐败的工作重点：一是规范领导干部用权行为，建立防止利益冲突机制。实行领导干部廉政承诺制度，建立领导干部廉洁从政各项规定的执行机制，认真落实领导干部任职回避、公务回避制度，推进党政主要负责人选人用人责任审查、机构编制责任审核和任期经济责任审计制度。二是规范企业廉洁经营行为，完善市场配置资源机制。建立健全企业廉洁承诺制度、企业违规信息档案和商业贿赂犯罪档案查询系统，建立全省统一的信息查询系统。完善公共资源市场化配置机制，推进公共资源、公共资产交易市场整合，加快推进网上招标投标，完善政府采购制度体系，健全土地使用权、探矿权、采矿权招标拍卖挂牌出让制度。三是规范社会组织活动，健全社会信用体系。建立预防腐败舆论引导机制，推进廉政文化建设。健全事业单位、行业协会和中介组织预防腐败制度，积极稳妥地深化事业单位改革，做好行业协会、中介组织与政府部门的脱钩改制工作，大力推进公共企事业单位办事公开。加强社会信用体系建设，建立区域和行业守信激励和失信惩戒机制，在两年内基本建立全省社会信用体系基本构架。

《意见》要求建立健全预防腐败工作推进机制：一是建立健全党委统一领导的预防腐败工作机制，建立健全预防腐败机构，建立预防腐败工作联席会议制度。把预防腐败工作作为党风廉政建设责任制的重要内容，纳入党政领导班子、领导干部目标管理。建立腐败分析预警机制，着力推进金融、证券、房产等领域的信息共享。深化重点领域和关键环节的改革，进一步完善行政审批设定听证、实施透明、结果公示制度，规范行政服务（审批）中心建设；健全促进科学发展的党政领导班子和领导干部考核评价机制；推进预算公开透明，建立财政资金绩效管理机制；实行政府投资项目公示制；强化金融监管和内控机制建设，加强反洗钱工作和对大额可疑资金的监控，健全内幕信息知情人管理制度；规范司法、行政执法自由裁量权行使，健全执法过错、违纪违法责任追究等制度。二是建立健全部门和单位开展预防腐败工作机制。建立预防腐败工作责任制，部门和单位主要负责人对职责范围内的预防腐败工作负总责。完善权力制约机制，合理配置权力，实行“交、办、批三分离”和关键岗位交流轮岗制。完善权力运行内控机制，定期查找岗位职责、业务流程中潜在的风险，把预防腐败制度融入到部门业务工作和权力运行的具体环节中。三是建立健全纪检监察机关推动预防腐败工作机制。各级纪检监察机关要认真履行职责，抓好预防腐败的综合规划、政策制定、工作协调和检查指导。建立检查考核制度和问责制度，把预防腐败工作纳入党政领导干部问责范围，对预防腐败工作不力、腐败问题多发的地方、部门、单位，追究相关领导的责任。

（据江苏省纪委监察厅信息）

预防腐败动态

2011 年第 2 期（总第 35 期）

预防腐败工作联席会议办公室
中央纪委预防腐败室　　2011 年 1 月 21 日

河北省全面推行行政裁量权基准制度

日前，河北省人民政府出台了《关于建立行政裁量基准制度的指导意见》（以下简称《意见》），坚持合法性、合理性、程序正当和行政效率的基本原则，细化、量化执法基准，完善执法流程，健全配套制度，规范行政执法行为。

《意见》明确了建立行政裁量权基准制度的方法：以法律、法规和规章为依据，综合考虑各地经济、社会、文化等客观情况的地域差异性，管理事项的事实、性质、情节和社会影响，以及其他可能影响行政裁量权基准制度的合理性因素。省政府各行政执法部门建立本系统的行政裁量权基准制度，经省政府法制机构审核同意后，在本系统范围内施行。上一级行政执法部门建立行政裁量权基准制度的，下一级行政执法部门应当直接适用，也可以结合本地区经济发展情况进行细化、量化，报上一级行政执法部门备案，并报本级政府法制机构备案后施行。上一级尚未建立的，下一级可以先行建立，报上一级部门批准和同级政府法制机构备案后施行。

《意见》指出，建立行政处罚裁量权基准制度应当遵循过罚相当、处罚与教育相结合的原则；建立行政许可裁量权基准制度应当遵循统一、规范、便民、高效、服务的原则；建立非行政许可审批裁量权基准制度应当遵循合法、便民原则；建立行政强制裁量权基准制度应当遵循依法强制、强制与教育相结合、效率与权利保障兼顾原则，做到客观、适度、符合理性；建立行政征收裁量权基准制度应当遵循行政征收法定、公平、公开并尊重行政相对人财产权的原则，重点对行政征收标准以及征、停、减、缓、免程序和权限进行细化、量化、具体化。

《意见》要求，建立行政裁量权基准制度应当根据具体情况合理划分裁量阶次，裁量阶次不得少于3个。要综合考评法定裁量和酌定裁量因素，运用数字考量模式等方式，将裁量因素与阶次划分有机结合。建立行政裁量权基准制度要严格按照规范性文件的程序办理，听取意见、进行合法性审查、集体审议决定、备案登记、向社会公布。

《意见》提出，要建立和完善相关配套制度，包括回避制度、说明理由制度、公开制度、重大裁量事项集体讨论制度、重大具体行政行为备案制度、执法责任制度和适时评估修订制度等。全省各地区各部门要结合实际，进一步建立健全行政裁量权基准配套制度，在2011年4月30日前，完成行政裁量权基准制度的建立，并报本级法制机构备案。

（据河北省纪委监察厅信息）

福建省出台办事公开暂行办法

近日，福建省委办公厅、省政府办公厅联合印发了《福建省办事公开暂行办法》（以下简称《办法》），努力提升全省办事公开的规范化、制度化水平，切实保障公民、法人和其他组织的知情权、参与权、表达权、监督权，确保权力在阳光下运行。

《办法》明确，办事公开包括政务公开、厂务公开、村务公开和公共企事业单位办事公开四类，应当坚持严格依法、全面真实、及时便民、注重实效、有利监督的原则。《办法》规定了办事公开组织机构与职责，要求办事公开单位成立公开工作领导小组、公开工作机构、监督小组等组织机构，并明确了各自的职责；同时，赋予各级推行办事公开制度领导小组及其办公室、各级专项公开工作小组及其办公室推进、指导、协调、监督办事公开的职责，确保办事公开工作职责到位、责任到人。

《办法》规定，办事公开坚持“公开是原则、不公开是例外”，除涉及国家秘密、商业秘密和个人隐私的信息外，必须予以公开。坚持主动公开和依申请公开相结合，政务公开单位、厂务公开单位、公共企事业单位对属于主动公开的信息应当自该信息形成或变更之日起20个工作日内予以公开，村务公开单位每月15日公开上月的村务管理信息；公民、法人或者其他组织还可以向政务公开单位和公共企事业单位申请获取信息。坚持传统形式与现代科技相结合，在保持纸质媒介、会议、公开栏等原有公开形式的同时，大力推进网络公开，明确要求省、市、县（区）政务公开单位和有条件的乡镇（街道）政务公开单位以及公共企事业单位建立网站向社会公开信息。

《办法》要求，办事公开单位按照“提出、初审、审核、公开、反馈、整改、建档”七项程序开展办事公开工作；各级党委、政府把办事公开工作纳入到有关检查、考评和评议中，纪检监察机关和各级公开办、专项公开办负责对办事公开实施情况进行监督检查。《办法》还规定了需要追究办事公开责任的12种不履行或者不正确履行办事公开职责的情形以及责任追究主体、责任追究种类。

（据福建省纪委监察厅信息）

预防腐败动态

2011年第3期（总第36期）

预防腐败工作联席会议办公室
中央纪委预防腐败室　　2011年4月25日

江苏省海安县切实加强新社会组织党的纪律监督工作

社会团体、市场中介组织、民办非企业单位等新社会组织的党组织是党的基层组织的重要组成部分，是党执政的重要组织基础。近年来，江苏省海安县紧紧围绕“党的组织设置到哪里，党的纪律监督工作就延伸到哪里”的目标，积极探索新社会组织党的纪律监督工作，不断提升新社会组织党的纪律监督工作的制度化、规范化、专业化水平。目前，该县各类新社会组织中建有党组织105个，其中，建立纪律监督组织78个，组建率达74%。各纪律监督组织充分发挥职能作用，积极参与新社会组织的经营、管理和发展，截至目前，共组织开展各类监督检查860次，发现并纠正问题108个，监督使用资金5600万元；组织办理各类信访460件，协助处理问题180个，先后向新社会组织提出建议和意见165条，有力保障和促进了新社会组织健康快速发展，取得明显成效。

一、明确基本原则，统一思想认识

县委制定下发了《关于加强新社会组织党的纪律监督工作的实施意见》，进一步明确了新社会组织党的纪律监督工作的指导思想、基本原则等，对加强新社会组织党的纪律监督工作提出明确的要求。一是坚持围绕中心，服务发展。紧紧围绕党的中心工作，结合新社会组织经营和管理的特点，积极开展党的纪律监督工作；积极寻找推动新社会组织发展和加强党风廉政建设的结合点，加强协调与监督，支持和配合工会等组织开展工作，努力化解新社会组织与社会及新社会组织内部的各种矛盾，推动新社会组织不断发展壮大，从业人员的合法权益得到维护保障。二是坚持党要管党、从严治党。加强对新社会组织党员的教育、管理和监督，保持党员队伍的纯洁性和先进性，督促党员遵守党章、模范履职、诚实守信，严守党纪国法，自觉履行党员义务，充分发挥其在构建和谐社会、促进新社会组织健康发展中的先锋模范作用。三是坚持典型示范，循序渐进。按照党组织领导班子好、党员队伍好、工作机制好、经营发展好、群众反映好的"五好"标准，培育一批新社会组织党的纪律监督组织组建工作示范点，从组织建设、制度建设、人员配备和工作流程等方面加强对示范点指导帮助，做到条件成熟一个，组建一个。通过积累经验，培育典型，形成示范，推进面上工作。四是坚持因行制宜，分类指导。针对各类新社会组织的实际情况和行业特点，实行一行一策，采取分类指导，积极稳妥地推进党的纪律监督组织组建工作。可以单独建立党的纪律监督组织，也可以通过区域联建、行业联建、挂靠组建或设立纪律监督指导员等方式，在新社会组织内开展党的纪律监督工作。

二、明确机构设置，强化组织建设

明确新社会组织党的纪律监督组织设置分三种模式。一是设有党委的新社会组织建立党的纪律监督委员会，一般由3至5人组成，设主任1名，原则上由单位党委副书记担任，成员由单位民主推荐、组织确定等形式选定，报上级纪检监察部门和单位党组织批准，纪律监督委员会每届任期3年；二是设有党总支的新社会组织建立纪律监督小组，根据工作实际，纪律监督小组可设立财务监督、服务监督等工作小组，每个小组1至2人，人员由政治素质高、业务能力强、自身要求严、原则把握准，群众基础好的党员担任，按照"党组织推荐，新社会组织认可，从业人员认同"的方式产生，各小组根据实际需要可合并，人员可交叉任职；三是设有党支部的新社会组织实行派出纪律监督工作指导员或明确纪律监督员，指导员从各镇、县级机关各部门中层正职干部中选调，纪律监督员从支部党员中明确一人兼任。新社会组织党的纪律监督组织接受同级党组织和上级纪检监察机关双重领导。

三、明确工作职能，促进任务落实

新社会组织党的纪律监督组织积极履行教育、监督、保护、惩处等职能。一是教育职能。组织党员干部学习党的理论和路线、方针、政策；以依法、诚信、廉洁从业为重点，开展社会主义核心价值观、职业道德、党风廉政、党纪国法、廉洁文化等教育活动，不断提升新社会组织的软实力。二是监督职能。监督新社会组织党组织及其成员执行党的路线、方针和政策的情况，新社会组织党员经营管理者遵守国家法律、法规情况，行业协会、社会团体经费收缴、管理、使用及公开情况；加强事前预防和事中、事后的监督检查，向新社会党组织提出建议和意见。三是保护职能。督促新社会组织合法经营、依法纳税、按章办事，保护国家、社会、群众的利益；配合有关部门查处新社会组织党员的违纪违规行为，保护新社会组织的合法权益；协助妇联、工会等职能部门，保护新社会组织职工群众、会员、从业人员的合法权益。四是惩处职能。按照《中国共产党纪律处分条例》等法律法规，按职权对新社会组织党员干部违纪违规行为进行查处；受理党员和群众党风党纪方面的检举、控告、申诉及提议、反映等。五是其它职能。协助党组织制定党风廉政建设规划，落实党风廉政建设责任制；探索、总结新社会组织纪律监督工作的经验和做法，提出加强和改进党风建设建议、意见；向党委和有关部门反映新社会组织在党风廉政建设中遇到的问题，做好与党委政府之间的联系和沟通。

四、明确制度规范，构建长效机制

在新社会组织党的纪律监督工作中建立健全六项制度。一是党组织生活制度。建立党内“三会一课”制度，新社会组织党组织需根据自身规模，每季度召开一次支部党员大会，支委会每月不少于一次，党小组会根据实际需要安排，党课每半年不少于一次；建立党员活动日制度，每月相对固定一天作为党员活动日；建立组织生活会制度，党组织班子和党员组织生活会每年不少于一次，组织思想交流，总结经验教训，进行批评与自我批评。二是集体议事决策制度。坚持民主集中制原则，健全议事制度，明确成员分工，坚持重要问题集体讨论决定。三是民主评议党员和党员目标管理制度。开展民主评议党员活动，制定党员目标管理和考核细则，将目标管理的内容分为政治纪律、组织观念、作用发挥、遵章守纪四个部分，每年对党员进行一次考核。四是党员上岗公示制度。要求新社会组织党员从业人员的照片、职务、电话等要在公开栏张贴，接受群众监督，实行党内监督和党外监督相结合，让党员从业人员在政治上“香”起来，在业务上“红”起来。五是培训教育制度。明确规定将职业道德、职业操守、廉洁教育、法律法规等内容纳入新社会组织从业人员教育和业务培训范畴，加大教育培训力度，增强新社会组织从业人员廉洁意识、法制观念和职业道德水平。六是建立内控机制。要求党的纪律监督工作融入新社会组织自身经营管理发展之中，从内部环境、风险评估、控制措施、信息沟通和内部监督等方面协助新社会组织建立完善内控机制，促进其规范健康发展。

（据江苏省纪委监察厅信息）

预防腐败动态

2011 年第 4 期（总第 37 期）

预防腐败工作联席会议办公室
中央纪委预防腐败室　　2011 年 6 月 30 日

编者按：“5·12”汶川特大地震发生后，抗震救灾和灾后重建监督检查工作及时、有序、有力地展开。四川省各级党委政府和纪检监察机关实施了一系列监督检查措施，这些做法对于预防腐败工作具有积极的借鉴意义。

汶川特大地震救灾和重建监督检查工作的成功做法对预防腐败工作的启示

启示一：重大决策、重大项目、重点工作甫一拉开，监督工作即应提前或者同步介入，全程跟进。“步步紧跟”是监督，更是预防和保障。

震后第一时间，四川省纪检监察机关就全身心地投入了抗震救灾中，除了积极参与抢险、救助危难，还不忘自身职责，坚守岗位，结合实际开展了便捷、高效、同步化的监督检查工作，基本做到了资金物资到哪里，监督就到哪里。救灾阶段，在受灾群众安置点设立现场投诉站，设置投诉信箱，在资金物资的接收点设置监督岗，在资金物资的分配、发放过程中，监督人员现场监督，并签字认可。恢复重建阶段，全程参与重建规划的制定、执行、建设、验收等工作，并重点围绕资金管理使用、项目招投标等重点环节加强监督检查。竣工验收阶段，或独立开展检查，或与建设、审计、财政等部门开展联合集中检查，发现问题及时指出并查究责任，督促整改。在救灾和重建的全过程中，各级纪检监察机关联动，各职能部门积极支持配合，确保了大事、大处、急时有监督，小事、小处、平时同样有监督。

整个救灾和灾后重建没有出现大的问题，“步步紧跟”式的监督无疑发挥了重要的预防作用。预防腐败工作应当始终坚持围绕中心、服务大局，紧贴中央重大决策部署的推进落实，强化督促检查，完善制度措施，切实保障各项政策的顺利实施，确保政令畅通。

启示二：情势再急再难，情况再特殊，也要注重制度规范和控制。及时进行有针对性、预见性的制度设计并有效实施，对于预防腐败的作用是巨大的。

一是明确纪律界限。针对在救灾和重建期间可能出现的各种违纪违规行为，在第一时间发出严肃纪律的紧急通知，明确相关纪律界线和工作要求。二是加强程序制度建设。在救灾阶段，及时制定物资收发、紧急采购、救灾资金管理等一系列程序性规定；在重建阶段，有针对性地出台重建资金物资、“特殊党费”、港澳援助资金的监管程序规定；在项目建设上，强调再急再难也不能减省程序。三是抓住关键环节建章立制。针对灾后重建中大量物资紧急采购、大量工程密集上马驳的实际，始终把规范招投标作为制度设计的重点，制发规范招标投标行为，加强招标投标监督的制度规范，完善采购代理机构、采购单位、定点供应商监管制度。四是以制度保障作风。以省政府名义出台《汶川地震灾后恢复重建效能问责规定》，健全落实首问责任制、限时办结制和责任追究制等。

救灾和重建的成功实践证明，任何时候都不能忽视制度的作用，即使是在那些最急难险重的时刻。制度设计必须及时、科学，相对成体系，富有预见性。在惩治和预防腐败体系建设中，应当始终发挥制度的基础性作用。

启示三：一切为了群众、一切面向群众、一切依靠群众，是监督检查工作对科学发展观的实践诠释，也是预防腐败工作必须坚持的原则和方向。

四川省创造性地引入了社会监督员参与

救灾和重建监督检查工作。2008 年 5 月下旬，余震还在持续中，省抗震救灾指挥部就发出聘任社会监督员的公告，选聘了社会责任感强、综合素质较高的 308 人担任省级社会监督员。进入灾后重建阶段，又及时聘请了建筑、造价、财会、招投标等方面的 35 名专家担任社会监督员。各受灾市县也聘请社会监督员参与到监督检查工作中。不少援建省市学习四川省的做法，公开聘请社会监督员参与对本省援建资金物资和项目的监督检查工作。这些社会监督员"自带干粮、独立调查"，分赴灾区一线，对款物的接收、管理和使用情况以及项目建设进展、质量安全等情况开展蹲点监督和现场监督。全省各级纪检监察机关建立了社会监督员建议意见接收采纳机制和反映问题核实查处制度，保证社会监督员反映的问题得到及时处理。

在灾后重建的民生政策制定中，通过座谈会、听证会、论证会等形式多方听取意见，保证有关政策符合大多数群众的利益；在住房和公用设施的重建规划中，广泛开展群众评议，对不符合群众意愿和要求的规划方案，督促修改完善；在项目建设中，不仅组织基层廉情监督员、特邀监察员、社会监督员，还引导普通群众参与项目质量等监督工作；在统建安居房分配中，采取电视全程直播、群众代表现场监督公开摇号等方式确保公开、公平、公正。

实践证明，救灾和重建工作中及时引入社会监督力量参与，增强了监督检查工作的力度，是充分发挥群众主体作用的有力举措。预防腐败工作也应当依靠群众、面向社会开展，吸纳社会力量积极有序参与。

启示四：阳光是最好的防腐剂，救灾和重建监督检查的成功实践再次证明了这一点。及时、全面、互动式的公开，是预防腐败工作的题中应有之义。

四川省各级党委、政府和纪检监察机关坚持"廉洁救灾、阳光重建"，积极探索公开公示的有效途径，切实增强救灾和重建政策规定、款物分配、项目建设等的透明度。在形式上，既有张榜公示等传统手段，又有网上公开和在线查询等现代方式，各个受灾县市的乡镇、街道、村组、社区、群众安置点的公示栏随处可见，各级政府网站的抗震救灾资金物资、灾后重建项目公示栏目突出醒目。在内容上，强调公开的信息必须真实全面、清楚明晰，不仅注重总量公开，而且注重明细公开，大到上亿元资金物资的使用，小到一斤粮、一瓶水的发放，都力求让群众清楚明白；不仅公开资金物资从哪里来，而且公开资金物资到哪里去；不仅公开政策内容，而且公开执行情况。在时效上，既注重及时快捷，又强调动态更新，灾后重建项目规划立项、招标投标、建设单位等基础信息第一时间公开，项目施工进度、竣工验收等阶段性情况滚动公开。

在公开过程中，注意及时回应，与公众形成良性互动。建立网上舆情及时收集和快速反馈机制，对涉及救灾和重建方面的网络热点问题，在深入核查、督促整改的基础上，通过跟帖回复、在线问答等多种形式及时给予反馈；对社会上流传的不实言论，第一时间公布权威信息，实事求是地作出解释和澄清；对公众关注的款物发放、案件查处、问题整改等情况，通过新闻发布会、媒体专访等形式及时回应，争取了舆论主导权，得到了群众的支持和认可。

救灾和重建监督检查工作中创新公开方式方法，以公开求公平、求公正，以互动得共鸣、得信任，满足了群众的知情权、参与权和监督权，有效提升了党和政府的公信力。公开透明是最佳的预防腐败措施。当前，应进一步加大党务、政务、厂务、村务公开工作力度，切实发挥公开在监督中的作用。

（据四川省预防腐败局信息）

预防腐败动态

2011 年第 5 期（总第 38 期）

预防腐败工作联席会议办公室
中央纪委预防腐败室 2011 年 7 月 12 日

浙江省海宁市构建防止利益冲突机制

2011 年初，浙江省海宁市出台了《国家公职人员防止利益冲突暂行规定》（以下简称《规定》），明确了四个方面的主要内容，建立了五大保障措施，构建起了防止利益冲突机制，取得了阶段性的成效。

一、明确防止利益冲突机制的主要内容

（一）利益冲突的内涵。《规定》对涉及的三个概念作了明确界定：一是界定了利益冲突的概念，即指公职人员执行职务时，因其作为或不作为，直接或间接使本人或其特定关系人获取利益的情形。二是界定了利益冲突的适用主体，提出“国家公职人员”和“特定关系人”是利益冲突的适用主体。国家公职人员指党和国家机关、国有公司、企业、事业单位、人民团体中从事公务的人员，或受上述单位委派或者聘用从事公务以及其他依照法律、法规从事公务的人员；特定关系人指国家公职人员的近亲属、拟制血亲、近姻亲和其他共同利益关系人。三是界定了利益的范围，包括财产性利益及非财产性利益，财产性利益指动产、不动产、现金、存款、有价证券等财物或期权、债权、物品等具有经济价值的利益，非财产性利益是指利用职权和职务上的影响在政策制定、行政审批、人事任免、奖惩、执法裁量等方面谋取的有形或无形的利益。

（二）利益冲突的情形。通过剖析涉及利益冲突的典型案例，《规定》列举了 6 种利益冲突情形：一是国家公职人员在其管辖的业务范围内为本人或其特定关系人从事营利性活动提供职务上的便利，或者采用向其他国家公职人员游说、请托等不当方式施加影响，为本人或其特定关系人谋取利益。二是国家公职人员或其特定关系人，与其本人服务或受其管理的对象，发生买卖、租赁、承包等交易行为。三是国家公职人员与其特定关系人在同一单位内任职，或者在一方担任领导职务有直接隶属关系的单位内从事组织人事、纪检监察、审计财务等重要工作。四是国家公职人员参与涉及与本人或其特定关系人的录用、调动、任免、奖惩等事项有关的考察、调查、讨论、审核和决定等环节的工作。五是国家公职人员参与涉及与本人或其特定关系人的行政审批、行政监管、行政处罚、行政复议、行政协调等事项有关的调查、审理、讨论、审核、决定等环节的工作。六是国家公职人员在从事公共资源配置、公共资产交易、公共产品生产领域工作中，参与涉及本人或其特定关系人相关事项的讨论、研究、决策等环节的工作，或者利用知晓的工作秘密，或者采用指令、暗示等方式插手干预相关工作，为本人或其特定关系人获取利益提供方便。

（三）利益冲突的防范。通过个人申报、组织发现和群众举报等多种途径来迅速掌握已经存在或可能存在的利益冲突，并采取多种措施加以防范：一是实行利益公开，凡涉及干部任用、行政事项、公共资源配置、公共资产交易、公共产品生产领域的相关信息全部进行公开。二是实行利益回避，利益冲突回避形式分自行回避、依申请回避和强制回避。国家公职人员对知道或应当知道存在利益冲突的，自行回避或自行停止可能造成利益冲突的行为；利益冲突相对人对存在或可能存在利益冲突的国家公职人员须向有关单位提出回避申请，有关单位在5日内作出是否回避的决定；对国家公职人员应回避而未回避或者组织认为需要回避的，由所在单位或上级主管部门采取措施强制回避。三是实行离职后行为限制，国家公职人员离职或者退休后，原担任科局级领导干部的三年内（其他公职人员二年内）不得从事与原任职务管辖业务相关的营利性活动，或接受原任职务管辖的业务范围内的民营企业、外商投资企业和中介机构等营利性组织的聘任。

（四）利益冲突的处置。按照干部管理权限，对利益冲突责任主体进行分级管理，由各单位组织实施，建立配套的管理监督制约机制，各单位主要领导为本单位实施《规定》的主要责任人。各级纪检监察组织负责对《规定》落实情况开展监督检查，并和组织人事部门协调配合，及时处置违规行为。国家公职人员发生利益冲突，造成不良影响和后果的，视情节轻重，给予批评教育、诫勉谈话、通报批评、调离岗位、停职待岗、免职、责令辞职或辞退等组织处理；构成违纪的，依照相关规定追究党纪、政纪责任；涉嫌违法犯罪的，移送司法机关依法追究刑事责任。

二、落实防止利益冲突机制的保障措施

（一）利益冲突信息档案。《规定》实施后，在全市公职人员中进行了利益冲突情形的普查，对2000多名公职人员的职务、工作履历、家庭成员、主要社会关系、是否存在利益冲突情形等内容进行了采集核实，共梳理出10000多条综合信息，基本摸清了公职人员的基本情况。利用搜集到的各类综合信息，建立公职人员基本信息数据库，一般公职人员由所在单位进行管理，科局级以上领导干部由市纪委建立信息数据库，结合领导干部廉政档案，进行统一管理。

（二）利益冲突预警制度。针对梳理出来的综合信息进行分析和归类，对涉及干部亲属的利益冲突信息，全部建立了相应的利益冲突回避预警机制，对可能发生或即将发生的利益冲突及时发出预警信号，化解冲突风险。为有效掌握利益冲突信息，通过个人申报、组织考察、党风廉政巡察、执法监察、效能监督、群众举报等途径，扩大了信息来源，实现对利益冲突的及时预警。

（三）任职信息公开制度。对公职人员进行任职情况信息公开，接受群众监督。实行分层次信息公开制度，对科局级干部的任职信息，在当地媒体、居住地和本单位公开，公开内容包括工作履历、拟提拔任用的职务等，待分工明确后，通过网上公开的形式，再次公开其分管职责和分管工作内容；对中层干部的任职信息在居住地和单位内部公开。通过信息公开，及时向社会公众征集被公示干部可能存在的利益冲突情形，加强对干部的监督。

（四）利益冲突查究制度。对梳理出来的利益冲突问题进行了分类纠正处理，对存在利益冲突情节较轻的人员，建议组织部门对其进行调任或责成所属单位及时轮岗；对存在利益冲突情节较重的人员，由纪检监察部门对其作深入调查，以确定是否存在违纪违法问题。对新提任干部运用任前廉政审核机制，把利益冲突作为干部任前的重要审核内容，通过比对干部亲属的利益冲突信息，第一时间评估可能存在的利益冲突风险，为

组织部门任用干部提供重要的参考依据，做到在任职前就实现利益冲突的有效防范。

（五）动态长效监管机制。将贯彻落实《规定》的有关情况，作为本单位落实党风廉政建设责任制和领导干部述职述廉的重要内容，接受监督和民主评议。明确由市纪委党风廉政廉政建设室负责《规定》的推进落实，每年开展专项检查，每季抽取一定比例单位进行抽查，确保工作落实到位。

（据浙江省海宁市纪委监察局信息）

预防腐败动态

2011 年第 6 期（总第 39 期）

预防腐败工作联席会议办公室
中央纪委预防腐败室　2011 年 9 月 26 日

浙江省委组织部实施全员岗位风险防范管理

2010 年下半年，浙江省委组织部在试点的基础上，在部机关全面实行岗位风险防范管理，建立健全组工干部风险防控机制。省委常委、组织部长蔡奇同志高度重视，明确提出要把岗位风险管理作为加强自身建设的重要举措，努力提高组织部门战斗力免疫力。今年 2 月，全省组织人事部门推行了这一做法。

一、坚持从岗位实际出发找准风险点，划出组工干部履行职责“警戒线”

组织工作政治性、政策性都很强，不管哪个岗位，都有潜在的风险。只有让干部清楚哪些能做、哪些不能做，才能正确行使职权不越规。省委组织部立足组工干部不同岗位特点，坚持部领导带头，对照《廉政准则》“52 个不准”、《四项监督制度》“5 大类 39 种情形”、《从严管理干部的意见》“23 条要求”等有关规定，通过自查、互评、集中讨论等形式，从思想政治、公道正派、作风建设、勤政廉政等方面入手，深入查找不作为、不合规、不道德、不廉洁的潜在风险点。部机关 151 个岗位共查找出风险点近 3000 个。比如，不如实报告提名、推荐、测评、考察情况；在讨论干部时不讲真话；向外泄露干部酝酿提名、推荐考察、交流调配情况；接受工作对象礼品、礼金、有价证券等财物；评选评优中搞特殊照顾，等等。一些同志深有感触地说：“以前总感觉到工作风险不大，现在一查找，风险还真不少。一个‘风险点’就是一条‘警戒线’，我们决不能掉以轻心。”

二、研究制定有针对性的防范措施，拧紧组工干部拒腐防变“安全阀”

只有针对潜在风险，关口前移，强化预防，才能防患未然，防微杜渐。按照岗位社会关注程度、权力影响程度，我们对每个工作岗位风险的发生概率、危害程度进行深入分析，将风险等级划分为 A +、A、B、C 四个等级，实行风险等级管理。省委组织部确定部领导岗位为 A +，处长岗位为 A。职务越高，责任越重，风险也越大，部长比处长的风险大，干部处室比非干部处室大。针对查找出来的风险点，研究制定相应防范措施。着眼加强外部监督，完善“万人评组工”民意调查制度，健全落实组织工作监督员制度，邀请党代表列席组织部重要会议。着眼加强内部约束，要求组工干部严格执行“十严禁”、“十必须”纪律要求，切实做到“五个不”，即干部工作不打招呼，对外不摆架子，下乡不收土特产，相互不吃请，不收礼金礼卡。着眼提高自律意识，深化开展“讲党性、重品行、作表率”活动，切实加强组工干部的党性教育。

三、抓住重要时间节点实施风险报告，常打组工干部自警自律“预防针”

重要节假日、领导班子换届等重要时间节点，往往最容易出现风险，也最需要及时提醒帮助。为此，省委组织部专门制定实施风险报告制度，除要求处级以上干部认真执行领导干部报告有关事项的规定，及时报告个人重大事项外，当出现风险点时，所有组工干部都要及时填写《岗位风险预警报告单》，实行分级报告。尤其是出国、出差、生病住院、年休假和节假日、家庭遇有重大事项（包括婚事、丧事、购房等）和干部集中考察等六个时期，必须进行风险报告。在一些重要时机和关键节点，按照分级原则，实行谈话提醒，做到“六必谈”：即职务变动、岗位调整必谈，年度考核基本称职以下必谈，有信访反映必谈，遇到重大挫折必谈，工作中出现重大差错必谈，参加干部考察前必谈。春节过后一周内，部机关全体干部对节日期间社交活动、参加工作对象安排的宴请、收受礼金礼卡等情况进行专项报告。大家普遍感到，一次风险报告就是一次严肃的廉政教育，提醒自己时刻绷紧严格自律这根弦，是对干部真正的爱护。

四、建立健全风险防范落实机制，引导组工干部争做勤政廉政“排头兵”

开展岗位风险防范管理，关键是在落实上下功夫、见成效，坚决防止制度成为“稻草人”。省委组织部把风险防范作为创先争优承诺的重要内容，每位同志都作出郑重承诺，自觉接受群众监督。主要结合年度考核、党员民主评议，开展岗位风险防范评议，要求每位干部认真对照检查，支部会议集体评议，处室领导逐人点评，评议情况作为党员评先、干部晋职的重要依据。探索实施分类绩效考核，突出民意和实绩导向，改进年度考核方式，科学设置指标权重，让实干的人、干得好的人当先进，充分调动机关干部工作积极性、创造性。积极打造阳光组工，大力推进组织部门党务公开，提倡组工干部开微博，省市两级组织部门相继开通官方微博，引导组工干部学会在“玻璃房”里工作，切实加强与党员群众互动交流，扩大组织工作公开性、透明度。

实施全员岗位风险防范管理是组织部门惩防体系建设的有力抓手，有利于提高组工干部整体素质，有利于增强组织工作原则性，有利于提高组织部门战斗力。

（据浙江省纪委、浙江省委组织部信息）

关于加强预防腐败信息报送工作的函

（国预办函〔2011〕64号 2011年11月29日）

北京市、河北省、上海市、浙江省、安徽省、福建省、河南省、湖北省、湖南省、广西壮族自治区、四川省、云南省、甘肃省、宁夏回族自治区预防腐败局：

为了便于上级领导及时掌握预防腐败重要工作部署及进展情况，便于地方及时了解上级精神和工作要求，推动预防腐败工作深入开展，经领导同志批示同意，国家预防腐败局将创办《预防腐败工作简报》，报国务院领导，中央纪委、监察部、国家预防腐败局领导，预防腐败工作联席会议成员以及中共中央办公厅、全国人大常委会办公厅、国务院办公厅、全国政协办公厅等单位。

各省（区、市）预防腐败局要高度重视预防腐败信息工作，加强对信息工作的领导；紧紧围绕预防腐败重点工作，明确信息工作要点，提高信息报送的针对性；进一步增强主动意识，提高信息报送的时效性；牢固树立精品意识，切实提高信息质量。为建立健全信息报送机制，请你们明确一名信息联络员，于12月12日前将其姓名、职务和联系方式（电话、手机、内网邮箱）报我室。

联系人：马建

联系电话：010－59598825

传真：010－59598830

内网邮箱：yffbszhc@ zjw. net

国家预防腐败局办公室

2011年11月29日

2011年

预防腐败工作简报

第1期（总第1期）

国家预防腐败局　2011年11月28日

各地区各部门认真学习贯彻全国加强廉政风险防控规范权力运行会议精神

8月30日，中央纪委、监察部、国家预防腐败局组织召开全国加强廉政风险防控规范权力运行现场会，中共中央政治局常委、中央纪委书记贺国强出席会议并作重要讲话。各地区各部门对学习贯彻会议精神高度重视，采取一系列措施，认真抓好传达和贯彻落实工作。

一、迅速传达学习，深刻领会会议精神

各级纪检监察机关认真学习贯彻会议精神，专题研究贯彻落实意见，并以书面形式向党政主要领导作了汇报。中共中央政治局委员、北京市委书记刘淇，中共中央政治局委员、广东省委书记汪洋，中共中央政治局委员、天津市委书记张高丽，中共中央政治局委员、上海市委书记俞正声，以及山东、浙江、安徽、最高人民检察院、国家发展和改革委、住房和城乡建设部、农业部、国资委等29个地区和部门党政主要领导作出指示或批示，要求认真学习贯彻全国现场会议特别是贺国强同志的重要讲话精神，加大廉政风险防控规范权力运行工作力度，建立健全长效机制，从源头上铲除不廉洁现象滋生蔓延的土壤。上海、湖南、最高人民法院、外交部等18个地区和部门召开现场会或工作推进会议部署和推动此项工作。此外，各地区各部门还通过业务研讨、座谈、培训等多种形式学习领会会议精神，借鉴发言单位典型做法。

二、突出重点领域，加强腐败易发多发领域廉政风险防控

交通运输部初步形成以《交通基础设施建设项目廉政风险防控手册》、《海事行政执法廉政风险防控机制工作指引》和《交通运输部机关廉政风险防控手册（试行）》为基础，覆盖工程建设、行政执法、行政管理三个重点领域的廉政风险防控体系。天津市制定出台《天津市工程建设廉政风险防控实施意见（试行）》，对工程建设领域可能产生的廉政风险进行梳理排查，并提出相应的防控措施，形成《工程建设廉政风险防控手册》。湖北省在与群众生产生活关系密切、腐败发生可能性较高的工程建设、医疗卫生、政府采购等10个领域，以及发改、财政、交通等15个行业分别制定廉政风险防控意见，深入推进重点领域廉政风险防控工作。河北、河南、四川等10余个地区分类指导教育、卫生、国土、民政、国企等行业系统认真开展廉政风险防控机制建设。

三、突出重点对象，加强党政领导干部特别是“一把手”廉政风险防控

北京市制定下发《关于加强区县局级领导班子决策“三重一大”事项风险防控的意见》、《关于推进廉政风险防范管理工作向局级领导班子和领导干部延伸的意见》，强化对局级领导班子的监督。湖北省先后制定县委书记、乡镇党委书记、村党支部书记廉政风险防控办法，加强县、乡、村三级党组织“一把手”岗位风险防控。武汉市制定下发《区委书记、区长岗位风险预警防控试点工作方案》，编制《武汉市腐败预警防控工作示例（国有企业）》，强化对区县和国有企业主要负责人的风险防控。广州市深入查找分析市管领导干部权力运行风险，深化党风廉政信息系统建设，提高对领导干部权力运行的监督效能。

四、突出重点环节，加强权力行使关键节点廉政风险防控

国土资源部围绕土地和矿业权审批、出让，土地和矿产资源规划、计划，大额资金和项目管理等，着力完善国土资源市场配置、管理创新、行政权力监督制约、廉政风险预警、廉政风险教育、责任追究等六大防控管理工作机制。教育部正在围绕高校领导班子决策、财务管理、科研经费使用、校办企业经营、大宗物资采购、招生录取、干部管理等风险较高的部位和环节，研究制定廉政风险防控实施办法。国家烟草专卖局在全行业推广“烟草行业资金监管系统”，用信息化手段对行业资金进行实时监管，正着手制定《关于加强对权力制约和监督的若干规定》，就合理分权、防控管理、监督检查、责任追究等作出规定。

目前，全国31个省（区、市）和70个中央国家机关开展了廉政风险防控工作，吉林、浙江、河南等10余个省（市）和铁道部、文化部、卫生部、环保部等20多个部门制定了工作意见和实施办法。廉政风险防控的内容不断深化、领域不断拓展、覆盖面逐步扩大、成效逐步显现。但是，也存在一些急需解决的问题，如有的单位结合中心业务不够，没有很好地分析出本行业、本系统存在的共性问题，查找风险点不够准确，制定的防控措施不够具体，风险防控成效还不太明显等。下一步，国家预防腐败局将抓紧出台《关于加强廉政风险防控管理的指导意见》，进一步规范和深化这项工作。

预防腐败工作简报

第2期（总第2期）

国家预防腐败局　2011年12月12日

应对《联合国反腐败公约》履约审议工作取得积极进展

2009年11月，《联合国反腐败公约》第三届缔约国会议决定建立《公约》履约审议机制，规定所有缔约国都有义务接受审议和审议其他缔约国。履约审议机制已于2010年启动，开始进行各为期5年的两轮审议周期，我国将于2013—2014年接受第一轮审议。按照2010年12月研究实施《公约》工作协调小组第五次全体会议决议，国家预防腐败局牵头开展应对《公约》履约审议工作，取得积极进展。

一、及时制定工作方案，对我国应对履约审议工作作出总体安排

今年6月，国家预防腐败局会同外交部研究起草了《关于开展应对〈联合国反腐败公约〉履约审议工作的方案》，由中央纪委办公厅、国家预防腐败局办公室、研究实施《联合国反腐败公约》工作协调小组办公室联合印发，明确了开展应对履约审议的指导思想、工作原则、工作机制、工作任务和保障措施等，为全面启动应对履约审议工作提供了总体规划和行动指南。

二、深度参与《公约》规则制定工作，坚决维护国家利益

会同外交部等组团参加《公约》第四届缔约国会议和履约审议、预防腐败和资产追回等工作组会议，充分行使缔约国权利，对会议进程和《公约》规则细化施加了有效影响，将我国关切与主张写入《公约》有关文件，圆满实现了预期目标。特别是在各方利益争夺最激烈和矛盾最集中的非政府组织参与履约审议问题上，经过夜以继日的艰苦谈判，各方最终同意仅通过举办吹风会向非政府组织介绍审议进程的成果，且在吹风会上不应提及任何具体的国家情况，最大程度减少了该机制对我国可能产生的负面影响，切实维护了国家利益。

三、扎实开展对外宣传，为应对履约审议营造良好国际氛围

积极响应《公约》秘书处倡议，提交了中国防治腐败、监督管理公务员、廉洁宣传教育以及中国国家预防腐败局开展预防腐败技术援助等方面的材料，在联合国网站全文发布。秘书处对此给予高度赞赏，将我国公务员廉政教育、制度廉洁性审查等经验做法收入《公约》相关会议文件。在《公约》第四届缔约国会议上，国家预防腐败局副局长崔海容作了大会发言，重点从立法、行政、执法和司法等方面介绍了我国履约的进展和成效，得到秘书处及缔约国的充分肯定，纳米比亚、乌干达等国家代表纷纷在发言中响应我方意见。

四、加强与香港、澳门特区政府沟通联络，为香港、澳门特区随我国参与审议做好准备

做好香港、澳门特区随我国接受审议、参与审议他国工作，是应对履约审议的重要环节。今年10月，会同外交部召开了香港、澳门特区《公约》履约审议事务协调会，向香港、澳门特区政府通报履约审议相关工作，与香港、澳门特区政府建立了履约审议事务协调机制。

五、广泛了解国际履约审议动态，熟悉和掌握审议机制运作程序和总体情况

注重利用双边和多边交流场合，向秘书处和其他国家了解有关情况。在接待黑山反腐败促进局、印度中央防治腐败委员会来访和组团访问斯里兰卡、法国等国期间，利用工作会谈机会，请对方介绍审议他国或接受审议的经验做法。在举办第四届发展中国家预防腐败研讨班期间，向参会的《公约》秘书处代表进一步了解审议机制的总体运行情况及发展趋势。

预防腐败工作简报

第3期（总第3期）

国家预防腐败局 2011年12月22日

财政部制定中央预算单位公务卡强制结算目录

公务卡制度改革自2007年推行以来，覆盖面不断扩大，发卡量快速增长，在减少现金支付、规范公务支出、有效预防腐败等方面的政策效应逐步显现。目前，绝大多数中央部门及所属几千个中央基层预算单位，绝大多数地方的省本级预算单位，部分市县级预算单位实施了改革，公务卡发卡数量达750多万张，但同时也存在市场受理环境不完善、公务卡使用范围偏窄、使用率不高等问题，“有卡不用”现象较为普遍。

为贯彻落实温家宝总理在国务院第四次廉政工作会议上的重要讲话精神，实现两年内将公务卡制度改革覆盖到各级政府及所属预算单位的目标，11月16日预防腐败工作联席会议第五次会议专题研究了加快推进公务卡制度改革问题，要求财政部商相关部门研究制定公务卡强制结算目录，扩大公务卡使用范围。

近日，财政部制定发布了《财政部关于实施中央预算单位公务卡强制结算目录的通知》（财库〔2011〕160号），主要规定了以下三方面内容：

一、制定了中央预算单位公务卡强制结算目录

2012年1月1日起，中央预算单位办公费、印刷费、咨询费、手续费、水电费、邮电费、物业管理费、差旅费、维修（护）费、租赁费、会议费、培训费、公务接待费、专用材料费、公务用车运行维护费和其他交通费用等16项公务支出项目，都应使用公务卡结算，原则上不再使用现金。

二、结合实际规定了四种可暂不使用公务卡结算的情况

鉴于目前部分地区和部分消费场所还不具备刷卡条件，《通知》规定在县级以下（不包括县级）地区发生的公务支出，在县级及县级以上不具备刷卡条件的场所发生的单笔消费在200元以下的公务支出，按规定支付给个人的支出，签证费、快递费、过桥过路费、出租车费用等目前只能使用现金的支出可不使用公务卡结算。除上述四种情况外，如有确实不能使用公务卡结算的特殊情形，须报经单位财务部门批准。

三、对中央预算单位提出工作要求

要求各部门各单位尽快制定实施公务卡强制结算目录的具体细则，严格规定不能使用公务卡结算情况下的财务审批程序和报销手续，并于2012年年底前将公务卡制度改革推进到中央所有基层预算单位。

下一步，财政部将按照国务院第四次廉政工作会议和预防腐败工作联席会议的部署和要求，重点从以下几个方面加快推进公务卡制度改革：一是督促尚未实施改革的中央和地方预算单位加快改革步伐，2012年年底前实现公务卡制度的全覆盖。二是协调有关部门加大中西部和市县地区的POS机具布设力度，提高商户受理意愿，改善公务卡受理环境。三是督促中央部门严格执行中央预算单位公务卡强制结算目录，指导地方各级财政部门研究制定适用于本地区的公务卡强制结算目录。四是指导代理银行不断改进公务卡支持系统，完善跨行发卡业务，进一步提高公务卡业务服务水平。

2010 年

网民留言和来信情况专报

2010 年第 1 期（总第 37 期）

预防腐败室　2010 年 1 月 4 日

国家预防腐败局网站被评为 2009 年度“中国互联网最具影响力政府网站”和“中国政府网站领先奖”

近日，国务院新闻办网站、中国信息化研究与促进网公布了关于 2009 年度中国优秀政府网站推荐绩效评估及中国互联网最具影响力政府网站评估结果通报。国家预防腐败局网站被评为 2009 年度“中国互联网最具影响力政府网站”和“中国政府网站领先奖”。

本次评估是工业和信息化部在连续 7 年举办中国政府网站绩效评估的基础上，委托第三方（工业和信息化部电子科学技术情报研究所、中国信息化研究与促进网）组织举办的，是目前国内对政府网站建设最权威的评估活动。评估以《政府网站发展评估核心指标体系（试行）》为依据，以网民关注指数、网站信息传播指数、网民体验指数和老百姓评价指数为最核心的分析指标，全面考察政府网站的建设与发展情况。评估范围包括国家与中央级部分政府网站以及部委、省、市、县等 1000 多家政府门户网站。推荐评选出“互联网综合影响力”和“绩效评估”两大系列奖项，同时获得两大系列奖项的部委只有商务部、国家预防腐败局等 15 个单位。

国家预防腐败局等网站获得“中国互联网最具影响力政府网站”奖项的理由是：引领了 2009 年中国政府网站发展潮流，在金融危机中为保持我国政治稳定、经济发展发挥了重要作用，是国家、行业及地区互联网站的典范。

网民留言和来信情况专报

2010年第2期（总第38期）

预防腐败室　2010年1月5日

编者按：近日，人民网《人民论坛》栏目发起主题为“盛世危言：未来10年10个最严峻挑战”问卷调查活动，得到专家学者、干部群众和网民的广泛关注与参与。此次问卷调查的结果于2009年12月24日在人民网公布，“腐败问题突破民众承受底线”位居十大挑战之首，另外，“分配不公激化社会矛盾”，“基层干群冲突”，“诚信危机，道德失范”也居前列。《人民论坛》组织相关领域专家就十大问题撰写了一组分析文章。现将中央党校党史教研部王海光教授所写的关于“基层干群冲突”的分析文章摘编如下，供参阅。

据人民网调查结果显示，有5140名受访者认为“基层干群冲突”是未来10年的严峻挑战，占受访人数的63.2%。

而2008年中国社科院发布的《中国社会和谐稳定研究报告》里提到，在社会群体之间的利益关系出现的问题中，干群关系冲突最大。事实证明，干群关系的好坏、干群矛盾的积聚与解决直接关系着社会稳定和党的执政地位的巩固。

对此，王海光认为，巩固执政基础需要注意两大问题。一是必须构建科学的利益协调机制，建立科学、规范、透明的税收机制和财政转移支付机制；二是必须在法制和民主的制度框架下重新构建党的执政方式。

一、如何构建科学的社会利益协调机制的问题

在执政前后，政党的政治代表性是不同的。执政前，政党争取国家权力的活动，是作为特定阶级和社会阶层利益的代表来进行的。在成为执政党后，代表的是全体民众的利益和社会公共利益。所以，执政党应拥有比革命党时代更为广泛的社会基础。既要体现大多数人的意志，也要重视保护少数人的权利；既要发挥社会精英的栋梁作用，也要调动普通民众创造社会物质财富和精神财富的积极性；既要讲工人阶级的先进性，也要讲国家利益的公共性。这是国家权力的公共性质所决定的。

因此，执政的马克思主义政党要善于从全社会的共同利益出发，协调社会各方面的不同利益冲突，特别要关注弱势群体的生活状况。因为工人阶级利益的实现，具有社会大多数成员普遍受惠的意义，执政党代表工人阶级的利益，更多地是体现在全体人民共同富裕方面。

当前，我国社会结构发生了深刻的变化，阶级、阶层、集团和群体越来越复杂化了。工人阶级的队伍在扩大，其内部的结构也发生了变化。管理阶层、知识分子阶层、产业工人阶层的工作方式、收入水平、生活方式等方面都存在着很大的差异。特别是社会上出现了少数高收入的富裕群体和大量的失业、下岗、低收入的弱势群体，这些问题导致了社会的矛盾和冲突层出不断，甚至引发不安定的因素，需要引起高度的警惕。

如何转移农村剩余劳动力，也是目前中国现代化的一个极其重大而迫切的战略问题。农民的不稳定性最大，收入增长过慢，生活水平很低，大量的农民长期进城务工，还有3000万贫困的农民。所以，执政党如何代表农民阶级的利益和要求，解决好“三农”问题，已成为巩固执政基础的重大课题。

另外，我国现已出现了一些新的社会阶层，特别是个体和私营企业主阶层。他们是中国特色社会主义的建设者，已成为推动我国生产力发展的重要力量。但他们的工作方式、收入水平、生活方式等方面与其他阶级、阶层存在着很大的差异，这就决定了他们的利益和要求具有特殊性，我们党如何代表他们的利益和要求，是执政基础巩固和扩大的新问题。

总之，我们已进入全面建设小康社会的新阶段，也是我国社会经济发展的关键阶段，特别是GDP人均已超过3000美元后，各种利益冲突加剧，主要表现为地区之间、行业之间、城乡之间、阶级、阶层、集团和群体之间的矛盾和冲突加剧，人民群众经济、政治、文化利益的要求满足程度的不平衡加剧，在这种复杂的利益格局面前，传统的利益协调机制失灵了，新的利益协调机制正在建设中，极容易引发社会危机。所以，巩固和扩大党的执政基础，必须构建科学的利益协调机制，建立科学、规范、透明的税收机制和财政转移支付机制，以国家的力量维护社会成员平等发展的权利，抑制住社会差距继续扩大的趋势。构建和谐社会的基本要求，就是建立起一个维护起点公平的社会机制。

二、如何在法治和民主的制度框架下重新构建党的执政方式问题

当前，体制性弊端造成的一些问题，已经严重损害了人民群众的现实利益，是影响我们党执政合法性的根本性因素。人民群众要求当家作主、参与国家管理的呼声越来越强烈。如果我们党不能顺乎人民的意愿，加快民主建设的步伐，加快建设社会主义法治国家进程，就不能代表和反映最广大人民群众的根本利益。

所以，我们党要加快政治体制改革步伐，使人民群众能够享受政治文明的成果，自觉拥护和支持共产党的领导。加大决策制度的改革力度，实现决策的科学化、民主化，使党的决策真正反映、体现人民群众的利益和要求；扩大干部人事选拔工作中的民主权利，让我们党组织推荐的人选，真正得到人民群众的认可。让我们的干部通过民主程序，得到群众的认可非常重要。这是巩固执政基础的一个重要途径。在不断推进民主的同时，还需要大力进行精兵简政，调整党组织的领导职能和国家政权机关的职能，减少国家机器运作和党执政的成本；另外，还要加强权力制衡的制度建设，加强党和政府政务活动的透明度，使人民能够对领导机关和领导干部进行有效的监督制约，这是防止和减少腐败现象的不二法门。可以说，党能够做到公共权力真正为民所用，以廉洁公正的形象取信于民，是党巩固执政基础的一项根本措施。

网民留言和来信情况专报

2010 年第 3 期（总第 39 期）
预防腐败室　2010 年 1 月 7 日

民意调查显示：腐败最损害国家形象

1 月 6 日，人民网英文版转载了《中国日报》一篇文章《民意调查显示：腐败最损国家形象》。文章表示，据国内一项民意调查显示，近六成受访者认为官员贪污腐败是 2009 年最有损国家形象的行为，腐败问题已连续 3 年位居损害国家形象行为的榜首。

这项民意调查自 2006 年开始，由北京《环球时报》每年开展一次。今年委托零点研究咨询集团进行，于 12 中旬在北京、上海、广州、武汉、重庆 5 个内地大城市随机抽取了 1350 人进行电话访问。调查结果显示，有 59.2% 受访者认为官员贪污腐败最损害国家形象，位居损害国家形象行为的榜首；第 2 位是劣质假冒产品，占 44.1%；其次是环境污染，占 31.4%。而国民不文明行为及恶性工业安全事故则位列第 4 及第 5 位。

中国人民大学国际关系学院教授石应红称，调查显示普通民众越来越关注国家形象。但他并不认为腐败是最损害国家形象的因素，人们选择腐败作为最主要的问题是因为对腐败现象感到非常痛恨。他认为，提升国家形象的最主要途径还是处理好国内事务，如惩治腐败、消除贫富差距、平衡经济增长、保护环境等。

中央党校教授叶笃初称，调查显示出民众对腐败现状的日益不满。同时他也指出，应当看到中国共产党正在采取积极有效的措施惩治腐败。在 2009 年中国的反腐败斗争中，因腐败落马的内地省部级官员多达 15 人。他表示，民众越来越意识到要对政府和官员进行监督，这也使他们越来越关注腐败问题。

网民留言和来信情况专报

2010年第4期（总第40期）

预防腐败室 2010年1月14日

编者按：近日，人民网《人民论坛》栏目发起主题为“盛世危言：未来10年10个最严峻挑战”问卷调查活动，得到专家学者、干部群众和网民的广泛关注与参与。此次问卷调查的结果于2009年12月24日在人民网公布，“腐败问题突破民众承受底线”位居十大挑战之首，另外，“分配不公激化社会矛盾”，“基层干群冲突”，“诚信危机，道德失范”也居前列。《人民论坛》组织相关领域专家就十大问题撰写了一组分析文章。现将中国社会科学院社会学研究所研究员杨宜音的《契约社会还有多远》一文摘编如下，供参阅。

据人民网调查结果显示，有5012名受访者认为“诚信危机，道德失范”是未来10年的严峻挑战，占受访人数的61.7%

在当今中国社会，人与人之间，人与商业机构之间，企业与企业之间，个人和企业与政府之间，都处于一种相互之间缺乏信任和信用的危险局面。加强人与人之间的信任，解决诚信、信任危机，是当务之急。

中国传统社会是以亲属关系或邻里关系为纽带的“熟人社会”，而当代社会是不同于传统的“生人社会”，是在社会流动中形成的。随着社会分工加大，每个人离开本乡本土，离开了“自己人”推断的土壤，来到陌生人中间。每一个人都是匿名的，不被别人了解底细的，并且可能迅速离开而在茫茫人海中消失得无影无踪的。因此，一些人恰恰利用了社会转型，看到了所谓的“商机”，大行欺骗之道。

杨宜音提出，生人社会并不可怕，在生人社会中，依然可以通过制度和交往两个方面来对信任提供保证。当然，这里的制度，不是亲属制度或拟亲属制度，而是信用制度和法律制度。这里的交往，不是长期交往，而是短期交往。信用制度在人类社会中一直在发展完善。在我们身边就可以看到信用制度起作用的例子。例如，使用纸币，房屋交易中的银行担保，考试作弊的惩罚，企业的诚信记录等。当所有人都通过契约而非人情，在规定权利义务的合约中信守承诺，在大家认可的制度面前，平等地接受契约的制约，这样就会得到制度为所有人的利益不受侵犯提供的保障。当生人社会同时也是契约社会时，人们在生人社会中依然可以得到安全感和自由。此外，生人社会的人际交往，要求人们对他人的知觉、判断、归因更为准确和正确。因而，对他人人格特征的知觉能力、交往中的分寸把握、自我保护意识、对他人所言的求证意识等都有了新要求。信任与盲从是不同的两个概念。也就是说，信任将是有条件的，有根据的，而盲从是无条件的、根据不足的。

生人社会一方面要求人信任信用制度，另一方面，也会通过良性的互动，形成人际“普遍信任”。这种普遍信任，是一种对社会的基本信念，即“大多数人都是值得信任的”。这种信念来自人们对世界是公平的、人类社会的制度设计也是成功的信任。所以，这是一种“自我实现的预言”，只不过，这是全人类依靠共同合作来实现的“预言”。

对于受到传统文化浸润的人，契约的意义往往抵不过人情。契约的拟定和遵守包含着大量的人情和关系。所以，一方面，我们的契约里面可能会考虑到人情，另一方面，我们的契约在执行中，也会因“合情合理”的价值判断所左右。而受利益驱动，并且无视社会规则的人，可能根本不打算信守契约和社会规范，如果监管不力、制度不健全，就会从中牟取不义之财。

生人社会是一个人人更加相互依赖的社会。每一个人是一个独立的个体，应该受到平等、公平的待遇，这样，社会的各项制度才会被遵守、被信任、被依赖，同时，也被建设。否则，不信任制度，认为制度仅仅服务于某些人，进而认为制度是束缚自己便利他人的，就会把制度看成是不值得遵守的，或者，看到有些人因不执行制度而得到好处，认为制度是可以不遵守的，或通过关系疏通而打折扣的，那么，新的“自我实现的预言”也会出现。接下来的情况就会越来越糟，越来越没有诚信：菜要自己种才没有超标的农药，房子要自己盖才不会变成豆腐渣工程，医生要给红包才能保证手术成功，上大学要托关系才能进……直到自己做的事情也可以敷衍……这样的后果，将证明这个社会是不值得信任的社会，大概就会走到尽头了。

生人社会要变成契约社会，还必须是一个人人参与建构的公民社会。如果每个人有权参与社会的制度建设，将社会变为自己所属的社会，互信的建立才有保证。

网民留言和来信情况专报

2010 年第 5 期（总第 51 期）

预防腐败室 2010 年 4 月 30 日

《人民论坛》开展“官场十大高危岗位调查”

近日，人民网、《人民论坛》杂志就当官的风险问题开展了一项调查，44%的受调查者认同“做官也是一种高风险职业”，并认为官场十大高风险岗位分别为：国土局长、交通厅长、县委书记、公安局长、组织部长、建委主任、安监局长、市委书记、国企老总、房管局长。消息经各大网站转载发布后，引起网民热议。

一些网民认为，所谓“高危岗位”都是实权岗位，也是腐败现象易发多发的重要岗位。“前四个高危岗位得票超过了50%，说明这几个岗位是最危险的岗位——权力岗位，也是产生腐败官员最多、最厉害的岗位。”“这些岗位都是肥缺，索贿受贿、买官卖官机会多，是来钱最快的十大官场位置。”从实际情况看，已被纪检监察和司法部门查处、并经媒体广泛曝光的贪腐案件中，这些岗位出现的几率都很高。这些岗位都属于公共资源密集的行业或部门，因此，一些市场主体为了在激烈的竞争中获得资源优势，便把收买公共权力作为主要的经营手段之一。在激烈的糖弹攻击下，意志不坚定者很容易被拖下水。

许多网民对调查结果表示异议，甚至质疑开展这项调查的目的。有网民认为，这个调查结果不一定能代表现实，“仅仅有6810人参加调查，他们能代表13亿民众的心声吗?”还有网民提出，调查选项不合理，哪个岗位都有坏人，任何职业都有风险，其他一些岗位也是高风险岗位。高危行业还有除公检法以外的其他执法部门，尤其是经济执法部门和有一定行政审批权的行业，教育局长、海关关长、规划局长、环保局长等也是高危岗位。也有网民对调查本身提出疑问，认为调查毫无意义。“既然这些岗位那么高危，为何那么多人乐此不疲，争着去当？越是高危岗位，我们的官员就越喜欢冒险，挤破脑袋往里钻。”

部分网民对岗位风险问题提出了自己的意见和建议。网民们认为，岗位是否危险关键在自己，“正正当当做人，清清白白为官，何来‘高危’?”“只要为大众服务，就没什么风险！有风险的是贪得无厌、以强凌弱的地方恶霸。”“只要你清正廉洁，这些岗位是上升的通道，而不是危险岗位。”有网民表示，这些岗位高危的原因除了诱惑巨大之外，关键在于权力太集中，缺乏制约监督，现有制度执行不到位。“国家应该采取大的、行之有效的监督措施来遏制这些岗位权力产生的腐败现象。不要总结只归总结，当作一个笑话不了了之。”“研究高危，更应探索其原因，从而变高危为平安，也让决策少失误。”“真正破解之道就是对这些岗位进行社会监督，要有一个绝对的人民权力机构来监督这群人。”“没有实时监督制约，贪不止，杀不尽。”

网民留言和来信情况专报

2010年第6期（总第52期）

预防腐败室 2010年6月25日

网民高度关注制止公款出国（境）旅游问卷调查

国家预防腐败局网站于6月22日开展了“制止公款出国（境）问卷调查”活动，向网民调查对公款出国（境）现状的看法。网民对此高度关注，截至24日下午，参与投票的共39945人次，征集到意见建议共15445条。《人民日报》、《南方都市报》、《新京报》、人民网、新华网、新浪网、腾讯网等都在第一时间对此事进行了报道，称这是国家预防腐败局首次以网络问卷的形式向网友“问计”调查国家干部公款出国的现状。网民纷纷发表看法，仅新浪网截至23日晚的网民评论就已达到10457条。

一、网民对这次问卷调查的看法

不少网民对此次问卷调查表示肯定，认为这是纪检监察机关在听取民意方面的一大进步。有网友赞扬国家预防腐败局就公款出国这一问题向网友所做的问卷调查，姿态可嘉，做法可取，是一种集思广益的办法。清华大学廉政与社会治理研究中心副主任任建明表示，纪检监察机关就反腐问题调查网友意见，这还是首次。网民在国家预防腐败局网站的论坛中留言道："这是一个好的开始，是进步的表现！网民的重要性终于被发现了！""问卷调查这个栏目非常好，国家预防腐败局网站的网友不少是政府各部门工作人员，对一些工作程序上的漏洞或需要整改的地方有比较切合实际的看法，通过调查，能够搜集到一些有用的建设性的意见和建议，而不是整个版面都是批判性的埋怨牢骚。"还有网民期望提交的建议能够得到反馈。"关键是调查以后的处理，不能只问卷，无结果，浪费政府公信力。""很有必要作一下民意调查，不过，网民的意见是否被采纳还要拭目以待。"

部分网民对问卷调查提出质疑。有的认为，问卷问题设置过于简单，难以起到实际效果；调查结果不能立即查看，存在后台人为操作的空间。还有的认为，这次问卷调查只是形式主义，摆个样子，"干部出国旅游早已是公开的秘密，不去查账本，反向网友调查，岂非本末倒置？""老百姓怎么知道因公出国现状，有人跟我们汇报过，公开过吗？""大家不要太当真，一次民意测验而已，不要寄予太高期望。"

二、网民对制止公款出国（境）旅游工作的意见和建议

网民踊跃发表对制止公款出国（境）旅游工作的看法。不少网民认为，"通过网站介绍及中央电视台焦点访谈曝光可以看出，制止公款出国（境）旅游工作取得了一定的成绩，望再接再厉。""制止公款出国（境）旅游工作大快人心，一定要坚持下去。"网民的建议主要可以归纳为以下几个方面：

1. 必须加大对公款出国（境）旅游的惩戒力度。"这种以出国考察为由，拿纳税人的血汗钱出国游山玩水的蛀虫实在可恨，应该严厉惩处，发现一个开除一个是最好的办法。"有网民建议，纪检监察部门应加强监督，并联合有关部门形成监督合力，畅通群众举报机制，加大案件查处力度，发现一起严惩一起，决不姑息养奸。对公款出国旅游者要进行查处，对负责审核审批的人员也要依法追究其责任。

2. 建立公款出国（境）公开公示制度。"学习国外的做法，公务员的出国费用支出完全公示，在网上列示出所有花费明细清单，人员、地点、发生的费用都要公开，接受公众的监督！""治理公费出国旅游问题，关键还在于政务公开制度、财政预算和经费管理公开制度。""出国经费的使用要透明化，引入第三方的偿付手段，加大透明化力度。"不少网民建议应当对干部公款出国（境）考察培训的成果进行公示，以保证出国者学到"真经"，带回经验，纳税人的钱真正被用到点子上。

3. 规范完善公款出国（境）审批流程。"政策要严格、细化，不能牛栏关猫。要严格制定差旅费、会议费、培训费等支出标准及控制手段，加强专项审计。"还有网民建议，"各种出国考察须将纪检监察部门审批列为必经手续。""公款出国（境）应根据工作需要，先立项，报审批，公布后交当地群众和有关的业务部门听证，把最后的决定权交给人民群众。"

4. 应区别对待有实质内容的公款出国（境）和公款出国（境）旅游行为。"干部如果真心为民办事，就是去火星考察我也没意见，问题是不少无良官员出去是为了解决个人私欲。""出国境考察培训也很有必要，干部长期在一地工作，对外面的世界、社会不了解，眼界不宽，思想狭隘，不利于当地经济社会发展。”“业务方面的出国进修可以理解，必要的出国学习及其产生的费用人民群众还是能够理解、接受的。”

网民留言和来信情况专报

2010年第7期（总第53期）

预防腐败室　2010年9月9日

国家预防腐败局网站近期网民留言和来信情况汇总

2010年7至8月份，国家预防腐败局网站共收到网民留言5818条，电子邮件5307封。现将有关情况汇总如下：

一、近期网民留言和来信呈现的主要特点

1. 网民留言和来信数量稳中有升。7至8月份，日均留言和来信数量约180条，与今年上半年相比，增长了20%。其中，电子邮件数量基本稳定，而网民留言数量增长较快。这从一个侧面反映出，网民越来越倾向于使用互动性更强、便捷性更高的留言形式来表达自己的意见。

2. 网民发来的电子邮件中，举报比例居高不下。目前，虽然举报在网民来信中的比例有所下降，但仍占到70%左右。这一方面表现了网民对国家预防腐败局的高度信任，另一方面也说明部分网民对国家预防腐败局的职责不是很清楚。

3. 网民意见和建议质量有所提高。在网民留言中，有许多来自基层纪检监察工作人员和防治腐败研究机构专家学者的声音，其中有不少建设性意见。还有一些网民将他们的意见建议或研究成果通过电子邮件发过来，期望领导决策时参考。

二、网民举报反映的主要问题

1. 领导干部以权谋私，贪污受贿。部分领导干部，特别是单位一把手，利用手中掌握的权力，在人事调整、政府采购、工程建设招投标等方面打招呼、定调子，收受当事人的贿赂；或在单位内部私设小金库，逢年过节收受礼金，家庭收入与财产明显不符。一些国有企业领导人员安插亲属、独断专行，在物资采购、原料供应等经营活动和公司改制过程中内外勾结、暗箱操作、损公肥私，侵吞国有资产。

2. 村干部滥用职权，贪污挪用公款。一些村干部擅自出租出让土地，违规处置集体资产，贪污挪用村里的征地拆迁补偿款等集体资金，财务不公开，群众无法监督，有的甚至利用家族势力或与黑社会势力相互勾结，欺上瞒下，威逼利诱，问题长期得不到处理。举报涉及多个省份，其中广东、江苏、福建等经济发达地区和河南、四川等人口大省居多。

3. 涉法涉诉信访举报。部分司法机关工作人员失职渎职、刑讯逼供、徇私枉法，造成冤假错案，致使一些犯罪分子长期逍遥法外，一些生效判决得不到执行，相关案件当事人合法权益受到损害。其中，部分信访举报涉及的案件时间比较长，或经过法院二审终审，当事人不满判决结果而信访。

4. 其他问题。部分网民来信反映的经济社会领域民生问题，大多含有自身利益的诉求，涉及工资津补贴发放、职务职称晋升、房产权属确认、土地承包权变更、支农惠农补贴资金发放、工商年检收费、养老保险缴费与领取、企业破产职工安置等多个方面。

三、网民意见和建议的主要内容

1. 关于反腐倡廉机构。借鉴其他国家和地区的成功经验，提高反腐败机构的独立性，使其能够不受干扰地受理群众投诉、查办腐败案件。在中央统一领导下，对纪检监察系统实行垂直管理，同时建立与之相应的监督和制约机制。

2. 关于查办腐败案件。实行举报奖励制度，对于腐败案件查实的，按一定比例从涉案金额中提取奖金给予举报人。坚持法律面前人人平等，对于涉嫌犯罪的要及时移送司法机关，不能用内部的党政纪处分代替刑事处罚。加大对行贿行为的处罚力度，在对行贿犯罪人员依法判处刑罚的同时，提高罚金的金额。

3. 关于立法和制度建设。尽快出台反腐败专门法律，使反腐败工作走上法制化轨道。制定公职人员道德法案，加强全民道德建设。建立健全严格的报税制度，加强现金管理和收入核查。加快建立官员家庭财产申报公示制度，从新录用公务员或新提任领导干部开始试点。切实加强对制度执行情况的监督检查，保证制度的严肃性、权威性和执行力。

4. 关于决策与监督。建立健全科学合理的决策制度，促进决策管理系统化、专业化、流程化，实行决策公示和决策责任考核。加强对干部选拔任用工作的监督，推进异地交流任职、群众投票评议、公务员统一招考。强化人大监督，依法实行财政预算申请、审批、执行，相关信息要网上公开。加强对村干部和村级财务的监督，确保各类涉农资金特别是征地拆迁补偿款、新农村建设资金依法合理分配使用。

5. 关于国家预防腐败局工作及其网站建设。国家预防腐败局要加大宣传力度，使广大干部群众了解、支持预防腐败工作。着力推进权力公开透明运行，加强对“一把手”的权力瘦身和监督，让权力在阳光下运行。扩大预防腐败的社会基础，在各地聘任若干资深新闻工作者担任廉政观察员，赋予这些兼职观察员以采集信息、整理上报的监督权力。加大国家预防腐败局自身信息公开力度，在网站上及时公开有关信息，如局徽评选结果、制止公款出国（境）旅游网上调查结果等。

网民留言和来信情况专报

2010 年第 8 期（总第 54 期）

预防腐败室　2010 年 11 月 30 日

国家预防腐败局联合有关部门发文依法打击和防控资本市场内幕交易引网民关注

国务院办公厅日前转发了由证监会、公安部、监察部、国务院国资委、国家预防腐败局联合出台的《关于依法打击和防控资本市场内幕交易的意见》（以下简称《意见》）。有媒体评论，这是针对当前日益猖獗的资本市场内幕交易，国家有关部门发出的最高级别的“严打令”。媒体和网民对此高度关注。该消息受到各大网站广泛转载，并名列国家预防腐败局网站当日点击排行之首。截至今天，在周点击排行榜上也名列前茅。

大多数网民认为这一政策的出台显示了中央打击和防控内幕交易的决心，有利于维持市场的公平秩序，净化市场环境。“这回要动真格的了，那些造假上市圈钱都要小心了。”“严防内幕交易，这些年证监会一直在提。但联合其他部委一起发通知，这还是头一次，具有一定的震慑力。”“打击内幕交易乃民心所向。对于股市的长远、健康发展而言，是一大利好消息。”许多网民表示，此举对于维持市场公平秩序、净化市场环境具有积极影响，有利于创造一个公平公开的市场环境，使市场操作模式更加规范、有序，投资者投资理念会更加完善，信息披露也将更真实规范。总体而言，对股民是一大好事。

一些网民还对打击和防控内幕交易提出了自己的意见和建议：

一是防控内幕交易关键要看“执行力”。目前资本市场出现的包括内幕交易在内的各种问题，原因除了法规制度滞后外，最大的问题还在于不敢动真格，不敢对存在的问题进行严厉查处。“国家要下大力气抓，不能让投机者占便宜，一定要追查到底。”网民认为，目前的当务之急是根据现有法规文件，从严从重处理内幕交易行为，尤其要及时查办国家工作人员泄露内幕信息、进行内幕交易的行为。加重对内幕交易的处罚力度，针对内幕交易犯罪的刑期也有必要提高。

二是严打内幕交易首先要盯住公权力。“进行内幕交易的不就是那些手里握有权力的利益集团和那些权贵资本们吗?”“大家不能把眼光只盯在上市公司高管身上，内幕交易的背后往往都和权力腐败相关。”网民认为，由于我国资本市场发展还不成熟，公权力对资本市场的掌控和渗透程度很高，诸如新股发行、公司重组等仍需要通过权力部门的审核。而现在政府官员腐败路径越来越隐秘，以股市内幕交易作为官商交易的情况也日趋严重。公权力参与内幕交易，其影响力和对市场公正性的破坏程度，远远超过了上市公司高管所从事的内幕交易。所以，严打内幕交易，首先要盯住公权力的掌控者。

三是对内幕交易的犯罪认定，应实行举证倒置。针对目前公检法在调查内幕交易上存在举证难的问题，有网民建议实施举证倒置，让涉嫌内幕交易的对象证明自己的清白，这样更有助于实现对内幕交易的认定。

四是在严控内幕交易过程中，增加民事赔偿的力度。网民指出，“让涉案人员在监狱里关几个月根本没用，但让他赔得倾家荡产下次肯定就不敢了。”有网民指出，内幕交易在民事赔偿方面目前缺少依据，难以操作，使得防控效果客观上打了折扣，因此需要在制度设计中予以突破。对涉及内幕交易的企业和人员，应该强调民事赔偿力度，提高罚款额度，从而真正形成震慑力，也给普通投资者以司法救济渠道。

五是要探索内幕交易举报奖励制度，动员全社会参与。《意见》提出，要积极探索内幕交易举报奖励制度。网民对这一条予以大力支持和肯定。“只有投资者维权最坚决、最彻底！这才是真正可行的措施！”“此法甚好！奖励比例要大一点，重赏之下必有勇夫。”也有网民提出，如何保护举报人利益是需要关注的问题。

网民留言和来信情况专报

2010年第9期（总第55期）

国家预防腐败局办公室　2010年12月28日

国家预防腐败局网站获评 2010年度“中国互联网最具影响力政府网站”和“中国政府网站领先奖”

12月26日，国务院新闻办网站、新华网等公布了2010年度中国优秀政府网站推荐及综合影响力评估结果通报。国家预防腐败局网站再次被评为“中国互联网最具影响力政府网站”和“中国政府网站领先奖”。此外，网站的“网友互动”栏目被评为“2010年度中央国家机关网站特色栏目”。

本次评估由中国信息化研究与促进网联合工业和信息化部电子科技情报研究所信息化研究与促进中心等单位组织举办，系主办单位自2002年起连续9年以独立第三方名义开展的政府网站评估活动。评估以工业和信息化部印发的《政府网站发展评估核心指标体系（试行）》为指导，对2010年全国各级政府网站互联网综合影响力、管理服务、创新发展和工作绩效等各个环节进行了全面的测评。评估范围由去年的1000多家政府网站扩展到全国近5万家政府及政务服务型网站，共推荐评选出39家中国互联网综合影响力政府网站、18 个中央国家机关网站特色栏目，授予 14 个部委网站“中国政府网站领先奖”。

国家预防腐败局等网站获得“中国互联网最具影响力政府网站”奖项的理由是：2010 年是中国面临国际形势急剧变化的一年，也是中国经济最复杂、自然灾害发生最频繁的一年，上述政府网站为保证人民生活安康、社会和谐稳定发挥了重要作用，是中国互联网站发展的标杆。

2010 年，国家预防腐败局网站得到了进一步发展，影响更加广泛。人民网、新华网和香港廉政公署网站等境内外媒体多次转载网站的信息，一些国家和地区防治腐败机构、反腐败国际组织通过网站来了解中国的反腐倡廉建设情况。据统计，截至 12 月 26 日，2010 年网站总点击数达到 4620 万，日均 12.8 万，同比增长 44.5%。其中，来自境外的点击数稳中有升，达到 247 万。与网友的互动性进一步增强，网友留言 23000 多条，发来电子邮件 33000 多封。

2011 年

网民留言和来信情况专报

2011 年第 1 期（总第 55 期）

预防腐败室　2011 年 1 月 30 日

媒体及网民解读国家预防腐败局 2011 年工作要点

2011 年 1 月 28 日，国家预防腐败局网站发布国家预防腐败局 2011 年工作要点消息稿。随即，多家新闻媒体及网站对此进行了转载，并组织专家学者进行了解读。如南方都市报以《国家预防腐败局首次提出社会力量参与防腐》为题进行了深入解读，新华网、人民网以《国家预防腐败局印发 2011 年工作要点力推制度反腐》为题进行了报道，其他如中新网、新浪网、搜狐网、星岛环球网等网站也纷纷予以转发。专家学者和网民对国家预防腐败局 2011 年工作要点也给予了高度关注和积极评价。

一、网民认为，国家预防腐败局高度重视预防腐败制度建设

分析普遍认为，在国家预防腐败局 2011 年工作要点中，制度建设是重中之重。网民指出，预防腐败是一个世界性课题，而制度建设是从源头上防治腐败的根本之道。国家预防腐败局着力推进预防腐败制度建设，是加大源头防腐力度的重要表现。

有网民说，制度廉洁性评估工作今年首次被写入国家预防腐败局工作重点，意味着去年在 11 个省（区、市）开展的制度廉洁性评估试点工作进入了全国推广层面。制度廉洁性评估工作的目的是规范权力、预防腐败，重点应当是那些权力相对集中的制度，如涉及行政审批权、行政执法权、行政处罚权、人事权、司法权的制度。

二、网民提出，引导社会力量参与预防腐败，重在公开参与渠道

国家预防腐败局 2011 年工作要点中首次提出要“引导社会力量有序参与预防腐败”，引起了各方的热烈探讨。中央党校教授林喆分析，国家预防腐败局这一提法是落实党的十七大报告关于“从各个层次、各个领域扩大公民有序政治参与”要求的体现。她认为，引导社会力量参与预防腐败，最重要的是公开各类参与渠道，保证社会力量的顺利参与，参与之后还应及时予以反馈，而不能只是一句话。

有网民说，网络监督是人民群众参与防治腐败工作的重要途径，具有反应快、影响大、参与面广的特点，在反腐监督体系中的作用日益突出。近年来，不少腐败案件是通过网络监督被举报和发现的。国家预防腐败局应当充分运用这一新兴的舆论监督方式。

三、网民呼吁，积极做好官员财产申报及公示制度的相关配套工作

国家预防腐败局2011年工作要点提出：要加强社会现金流通和商业预付卡管理，推进公共资源交易统一规范管理，推动建立社会信用代码制度和社会信用信息共享机制。不少专家和网民都指出，这一要求很明显是旨在为我国官员财产申报及公示制度的出台做先期准备，建立配套措施。目前，我国建立官员财产申报及公示制度的条件尚不成熟，其表现之一就是我国的社会信用体系建设和信息化体系建设都不完善。因此，网民呼吁，希望国家预防腐败局积极做好相关配套工作，推动官员财产申报及公示制度尽快出台。

网民留言和来信情况专报

2011年第2期（总第66期）

预防腐败室　2011年3月23日

小学生“想当贪官”引网民忧虑

两会期间，在全国政协小组讨论会上，全国政协常务委员、卫生部原部长张文康举例说，现在有的小孩在被问及长大后的理想时，竟表示“想当贪官”，因为贪官挣钱多，这种现实是很可怕的。而日前，《武汉晨报》报道一则消息，新学期开学，湖北黄陂某小学一个班级63名学生中就诞生了32个“小头头”：1名班长、10名值日班长、4名学习委员、1名文体委员和16名小组长，被认为是“官本位”思想对早期教育的侵蚀，是成人世界在未成年人世界中的反映和缩影。

对此，媒体和网民纷纷表示震惊和忧虑。有网民表示，小孩子最该是天真无邪的年龄，可长大后的理想却是当“祸国殃民”的贪官，想想都觉得可怕。“我们都习惯于孩子将理想定为科学家、医生，现在居然有孩子想当贪官，是孩子堕落了还是这个社会堕落了？”“这些不谙世事的小学生，从小被灌输一种争相做官的概念，培养当官的技巧和意识，这是福还是祸？对人格的塑造和养成却不知退步到哪里去了？”

网民认为，之所以孩子们会有这样的言论和行为，一方面，目前部分政府官员利用权力，大搞权钱交易、以权谋私，但却未及时受到党纪国法制裁的情况还屡见不鲜。正如记者问孩子“想当贪官”的理由是什么，孩子回答说“因为贪官能有很多东西”。网民也指出："确切地说，孩子'想当贪官'的根源在于贪官过得太滋润了，手中有权有钱，要风得风，要雨得雨，而且一人得道，鸡犬升天，家里的亲戚朋友也都能跟着沾光。贪官当得如此滋润，怎能怪孩子把理想定为贪官?"另一方面，网民认为这折射出时下社会价值观的扭曲和社会风向标的偏移。因为，孩子的"贪官"理想不是天上掉下来的，而是从大人那里学来的，大人的言传身教也起到了"榜样"、"示范"的作用。网民说："现在，有权有势的父母能为孩子提供各种好处，无权无势的父母就经常抱怨自己不得志、不富有、不能呼风唤雨，时间长了，孩子怎么可能不想当官?""一些成人毫不掩饰自己'羡腐'、'趋腐'的心态，诱导和污染了孩子纯净的世界。"

对此，网民建议：

1. 要加强对未成年人的思想道德教育。廉洁教育必须"从娃娃抓起"，这样才能使青少年能够自觉抵制社会不良风气和落后文化的影响，成长为具有良好公德和高尚情操的人。

2. 要加强全社会的廉洁文化建设。有网民提出，"不光要教育干部，还要教育全体公民。要告诉公民，什么是腐败、腐败的危害，以及发现腐败可以找谁汇报。"网民指出，现在社会核心价值观受拜金主义、功利主义等不良风气的侵蚀非常严重，应当大力推进廉洁文化建设，促进廉洁自律的人生理念深入人心，在全社会营造"以廉为荣、以贪为耻"的良好氛围，为反腐倡廉工作的深入开展创造良好的社会环境。

3. 要对腐败现象予以坚决打击。一些网民认为，出现这种"羡慕贪官"的思想，主要还是因为贪官没有受到应有的惩处，其所获得的收益远高于承担的风险，人们只看到他们风光的一面，而没有看到贪官被法律制裁成为"阶下囚"的一面。因此，相比教育而言，惩治更为重要。或者说，惩治是一种更好的教育方式。如有网友指出，"教育固然好，但我以为最重要的还是要依法治腐，从严治腐"。"最好的教育方式是加大案件查处力度，最直接、最现实、最有说服力的就是以身边案件教育身边人"。

网民留言和来信情况专报

2011年第3期（总第67期）

预防腐败室　2011年5月30日

网民积极评价商业预付卡管理新规

近日，国务院办公厅以国办〔2011〕25号文件转发了人民银行、监察部、财政部、商务部、税务总局、工商总局、预防腐败局《规范商业预付卡管理的意见》（以下简称《意见》）。日前，国家预防腐败局办公室负责同志也就此事接受了记者专访。媒体和网民对此予以热情关注，人民网、新华网、中青网、新浪网、腾讯网等网络媒体纷纷转载，仅新浪网26日留言数就超过了1900条，很多专家学者也对《意见》进行了解读和评论。总的来看，网民对《意见》出台评价很高，也对落实《意见》提出了一些期望和建议。现择要综述如下：

一、网民高度评价《意见》，认为将起积极作用

1. 网民赞赏《意见》出台体现的以人为本精神。有的网民说："老百姓对某些官员通过收购物卡大量受贿意见一直很大。今年温总理在国务院的会上就专门讲了这个问题，现在又发了这个文件，证明政府听到了百姓的声音"、"终于开始治理购物卡了，符合民心所向，好！"很多专家也指出，《意见》的出台说明有关部门从当前反腐倡廉等工作中存在的比较突出、社会关注度较高的问题入手，切实采取措施回应社会关切，是以人为本精神在具体工作中的体现。

2. 网民对预付卡管理新制度寄予很高期望。对购卡实名登记制度、非现金购卡制度、限额发行制度等《意见》新制定的规范预付卡发行和购买的有关制度，网民认为出发点很好，同时对新制度有效遏制"购物卡腐败"寄予殷切期望。有网民认为："牺牲一些购买力杜绝变相行贿受贿，符合法律也行之有效，支持"、"以前只是喊喊不能收购物卡，现在想办法从发卡开始治理，是一大进步"、"看得出来这次有关部门动了脑筋。这些规定如果能有效执行，至少能在一定程度上治住用卡行贿受贿"。中央党校教授林喆也指出："在腐败源头设置的关卡越多，权钱交易的阻碍就越大。实名登记等制度增加了腐败的难度和风险性，能起到制约作用。"

3. 网民高度支持加大打击收卡受贿力度有关规定。《意见》强调，要加大查处收卡受贿等违纪违法行为力度，凡收受商业预付卡又不按规定及时上交的，按收受同等数额现金论处。网民对此予以高度肯定："早就应该这么干了。现在用购物卡跟用现金一样方便，收卡当然要跟收现金同等对待"、"以前收购物卡不算受贿，很多贪官逢年过节就放心的大收购物卡再卖掉换钱。这次堵住这个漏洞，强烈支持"、"建议这次搞几个典型，看他们以后还敢不敢乱收购物卡"。

4. 网民肯定维护持卡人权益有关规定。部分网民注意到《意见》中关于维护持卡人权益的有关规定，也对其予以肯定："有效期的确是个问题。我有几张购物卡没用完就过期了，里面的钱也不退给我，就被他们昧下了。这个规定早点出来就好了"。有专家认为，目前预付卡市场在维护持卡人权益方面还缺乏规范，"霸王条款"、预付资金安全得不到保障等问题较多。《意见》的出台，是解决相关问题的良好契机。

二、网民的期望和建议

1. 期望有关部门切实采取措施，确保《意见》真正落实和取得实际效果。很多网民提出："我们很多工作都是喊喊口号就过去了，希望这一次能够有改善，不要停留在纸面上"、"文件的内容都很好，希望执行起来更给力"。有专家指出，之前有关部门曾多次开展过治理购物卡工作。这次七部门联合进行治理，要注意总结之前相关工作经验，落实文件规定，建立长效机制，以实效取信于民。

2. 建议在购卡实名制的基础上，消费和转让等环节也要采用实名制。部分网民建议，要根除购物卡腐败，不仅要在购卡环节实行实名制，还要在此基础上，进一步在消费、转让等环节也要实行实名制。购买、消费时要留下真实的身份信息，转让后也要留下新的使用者的身份信息，这样才能全面堵塞漏洞，更加有效遏制涉及预付卡的腐败问题。

网民留言和来信情况专报

2011 年第 4 期（总第 68 期）
预防腐败室　2011 年 6 月 20 日

央行报告揭示贪官外逃路径引网民热议

日前，中国人民银行反洗钱监测中心公布了一份名为《我国腐败分子向境外转移资产的途径及监测方法研究》的报告，对腐败分子向境外转移资产的途径、重点地区、敏感行业、监测方法等进行了研究。报告一经公开，便引起了媒体和网民的极大关注，人民网、新华网、腾讯网、新浪网、网易等网络媒体纷纷转载，网民也积极进行评论。

一、主要内容

报告完成时间为 2008 年 6 月。报告研究指出腐败分子通常利用八种途径向境外转移资产，包括用现金走私，替代性汇款体系（在中国主要表现为以非法买卖外汇、跨境汇兑为主要业务的地下钱庄），利用经常项目下的交易形式，利用境外投资形式，利用信用卡工具，利用离岸金融中心，海外直接收受，通过在境外的特定关系人转移资金等。报告提到，“近年破获的贪腐大案显示，通过在海外的特定关系人转移资金成为贪污腐败分子转移资金的新趋势。”

报告还指出，贪官外逃目的地存在以下规律：案值大、身份高的腐败分子大多逃往西方发达国家，如美国、加拿大、澳大利亚、荷兰等；涉案金额相对小、身份级别相对低的，大多就近逃到周边国家，如泰国、缅甸、马来西亚、蒙古、俄罗斯等；一些无法得到直接去西方国家证件的，先龟缩在非洲、拉美、东欧的小国，伺机过渡；还有相当外逃者通过香港中转。其逃跑手段也是五花八门，一般是先将资金转移出去，或让所收受的贿赂由境内外行贿公司直接存入海外为贪官专设的账户，然后相机以旅游、考察名义出逃。

报告称，对外逃腐败分子及其转移资金数额，至今仍没有公认的权威统计数据。但报告援引社科院的一份调研资料披露，上世纪 90 年代中期以来，外逃党政干部，公安、司法干部和国家事业单位、国有企业高层管理人员，以及驻外中资机构外逃、失踪人员数目高达 16000 至 18000 人，携带款项达 8000 亿元人民币。

报告建议加强对敏感行业和特定人群的监测。其中敏感行业包括金融业，垄断性国有企业，交通、土地管理、建筑等行业，税收、贸易、投资部门。特定人群包括列入纪委、公安、检察院等部门协查名单的人，各级党政机关的领导干部及其近亲属，敏感行业领导人、部门经理、财务人员及其近亲属，国有企业、事业单位的高级管理人员及其近亲属等。

二、网民评价

很多网民对央行公布此报告给予积极评价。网民认为，央行的这个报告极具解剖意义，也给人不少总结性思考。文章中公开了外逃贪官的资产转移方式、出逃途径、敏感行业、重点地区等，对贪官外逃这一社会高度关注问题的情况进行了研究和梳理，将真实情况摆在了桌面上，能够增强民众对党和政府的信任度，对提高反腐败斗争的针对性以及发挥群众监督作用都将起到积极作用。

部分网民认为，报告中引用的数字触目惊心，显示出我国反腐倡廉工作形势仍十分严峻。有专家指出，贪官之所以能成功外逃，说明制度上还存在漏洞。中国社会科学院研究员尹韵公分析，“贪官外逃与国内反腐高压态势有关，但贪官之所以能在敛财后卷款外逃，直接原因是监管部门并未掌握其家庭财产及家庭成员情况。”此外，他还认为，目前我国在司法引渡方面与国际水平并未完全对接，给外逃贪官增加了侥幸心理。

三、网民的意见建议

1. 建立和完善官员财产申报、个人重大事项报告、配偶子女均已移居国（境）外的公职人员管理等制度。网民认为，官员财产申报制度的缺失，为贪官外逃留下了巨大的漏洞和隐患，使其有机会从容做好各项外逃准备，然后待“条件成熟”时逃往国外。因此，要防止贪官外逃，需要建立健全财产申报制度，从制度上堵塞贪官得以外逃的条件空间，从源头上遏制贪官外逃现象的发生。此外，还要不断完善官员个人重大事项报告及对配偶子女均已移居国（境）外的公职人员加强管理的制度。

2. 充分发挥金融机构监管作用。网民指出，应充分发挥金融机构在反腐败工作中的作用，依托并充分利用大额交易和可疑交易报告数据库，强化对资产或资本跨境转移的监测与控制，切实防范资产向境外转移。建立健全反洗钱法律制度，加强反洗钱国际合作。建立金融实名制度，使腐败行为在透明的金融交易中难以遁形。

3. 充分发挥人民群众监督作用。网民提出，要充分发挥群众监督、媒体监督和社会监督的作用，保障群众的知情权、参与权和监督权。“对于那些群众意见大、举报多的官员，如果在某一段时间内表现出对出国特别的热心，应引起有关组织的警觉。在尚未摸清他的情况之前，不宜安排其出国。”

4. 注重加强引渡领域的国际合作。目前，我国虽已与数十个国家签署了引渡协议，但大多数发达国家并不在其中。因此，网民建议，应当加大对外逃贪官全球追逃、劝返工作的力度，不断加强国际协作，压缩外逃贪官的生存空间。

5. 清理整顿出国中介服务市场。网民表示，在贪官外逃的过程中，已形成一个巨大的隐形利益链。有些国际服务机构专门通过为贪官子女留学和配偶定居提供服务，为官员转移财产，从中获利。因此，政府应注意清理整顿出国中介服务市场，严处为贪官海外安家、转移资产、出逃提供一系列服务的非法组织。

网民留言和来信情况专报

2011 年第 5 期（总第 69 期）
预防腐败室　2011 年 8 月 29 日

人社部统一身份证号与社保卡号引网民关注

近日，人力资源和社会保障部发布消息称计划今年内发行 6 亿张新社保卡，取代各地自制的社保卡，居民身份证号将作为社保卡号，终身不变。新社保卡将全国通行，并且具有充值功能，可随时随地交纳费用，卡号的统一将有利于参保者在全国跨地区就业、社保接续转移。作为我国社会保障一项重大改革，这项措施的出台引起了媒体和网民的高度关注和热议。

一、网民表示高度支持

1. 该政策惠及民生，有利于改变社会保障碎片化的格局。目前，各省（区、市）采取自制社保卡，卡的颜色、号数均不相同。持卡人如跨省工作，原社保卡基本上等于作废，极不便利，特别是在人口流动十分频繁的长三角和珠三角地区，无奈退保的现象十分普遍。因此，统一社保卡的消息一出，绝大部分网友都表示高度支持，认为把社保卡与居民身份证号捆绑，是一次期待已久的社保改革的大胆尝试，也是一大惠民之举。

2. 该政策有利于将社保信息纳入征信系统，进一步完善社会信用体系。网民指出，身份证号与社保卡号统一后，有利于社保信息纳入征信系统，社保卡中记录的工作稳定性情况和基本收入情况有助于进一步健全征信体系，使银行在贷审时获取更多资料。同时，将社保信息纳入征信系统，对于个人信用报告的完善具有明显的积极意义，符合现代社会个人就业渠道多样、变动频繁的特点，是对长期以来单位包揽一切的更正，同时也有助于填补虚假单位证明所带来的风控漏洞。

3. 该政策有利于统一福利身份，是社会管理的重要革新。有网民指出，在美国等发达国家，社会保障号码是一个非常重要的凭证，不仅用于证明个人的合法身份，也用于各种基本经济活动，如找工作、纳税或申请银行卡，同时也是申请各种社会福利项目如医疗、生育补贴等的重要依据。通过社会保障号码这种基础结构，美国国家能够将个人的各种身份特征、经济特征、社会特征整合在一起，在为人们生活提供便利的同时，也加强了国家对公民身份的认证，建立起非常有效的社会管理和福利认证体系，改善了国家的再分配能力。因此，人社部出台此项措施，在目前人才区域流动频繁的今天，具有非常强大的溢出效应，对构建和完善全民基本社保体系有着重要意义，是社会管理方式的一个重要革新。

二、网民呼吁尽快落实

在支持的同时，一些网民也指出社保卡和身份证号绑定的后续工作更为重要，希望相关部门不是空喊口号，而要将这一惠民政策落到实处。有专家表示，目前社会保障跨统筹地区转移的最大障碍并不是社保卡的统一问题，主要是制度设计、责任分担等深层原因。有网民担忧："技术上，实现社保卡全国联网，卡内信息全国共享并不难，难就难在让持卡人办理社保转移手续时能像在银行刷卡那样方便，如果办理相关手续仍然困难重重，一张卡的改变就意义不大了。"评论作者盛翔表示，尽快实现社会保障的全国统筹，结束"地方割据"的现状，调节地区之间悬殊的社保待遇差距，是当下最为紧迫的任务。

还有不少网友呼吁各地相关部门能尽快出台社保卡统一的日期，希望能尽快拿上新社保卡。

网民留言和来信情况专报

2011 年第 6 期（总第 70 期）

预防腐败室　2011 年 9 月 21 日

国内外媒体聚焦中国反腐败举措 高度关注地方政府政务大厅建设

9 月 5 日至 9 日，在中纪委、中联部、外交部组织下，来自 26 家中外媒体的 30 多名记者赴江苏、浙江两省，对两地近年来反腐败工作情况进行实地采访，来自美国、荷兰、埃及、日本等 10 多个国家的 20 名外国记者成为第一批外国采访者，这是中央部门首次组织外媒实地采访地方政府反腐倡廉建设。媒体和网民对此十分关注，相关新闻被多次转载，并连续多日在新浪和搜狐新闻排行榜上名列前茅。

一、外国记者对政务大厅建设等预防腐败措施高度关注

采访中，记者们对当地最具特色的预防腐败措施进行了参观考察，如政务大厅、公共资源交易中心等，并与地方纪检干部进行座谈。埃及记者安亚曼·卡迪说，"通过实地采访，我得知纪委的工作不仅仅是抓贪官那么简单，原来他们也参与政务大厅、便民服务中心这样与普通人息息相关的工作。"在听取南京市"e 路阳光"网上电子招投标系统的介绍后，记者们纷纷表示"这个系统很好"、"比过去的招投标方式有了很大进步，增加了透明度，提高了效率，预防腐败效果明显"。来自日本的五十川伦义说："在与地方纪检监察干部的交流过程中，我看到了很多反腐败的卓有成效的实践、做法，这些对我们都有启发意义。"新加坡《海峡时报》记者欧积鸿坦言，外国媒体以往更关注中国惩治腐败，却很少提及中国用何种方式来预防腐败，因此这次采访很有意义。

二、网民认为活动展示了中国反腐败的信心和决心

网民表示，打铁还需自身硬，中纪委敢

于组织外媒实地采访，既表明了中央坚决反腐败的决心，同时也体现了向世界各国“亮家底”的自信和勇气。媒体评论道，此次采访展示了中国开放自信的心态，揭开了中国反腐倡廉工作的神秘面纱，有助于消除对反腐败工作的猜疑，推动反腐败工作的进步。意大利《信使报》主编露琪亚·博齐评价：“一路走来，我们看到了中国政府的透明度和打击腐败的决心”。

三、媒体评价此次采访促进了世界反腐败工作共同进步

有外媒评论，此次采访充分说明中国愿意参与国际反腐败的共同战斗，并发挥积极作用。同时，中国在反腐败尤其是预防腐败方面的探索和经验，也将极大地提振世界各国反腐的信心和力量。巴基斯坦通讯社记者马苏德在采访时感慨，反腐败是世界难题，任何进步措施都有正面意义，我们要学会积极看待中国反腐取得的进展，让更多人看到中国在这方面的努力。

同时，境内外媒体记者采访中也提出了一些意见建议：

1. 中国积极运用现代信息技术，创新科技预防腐败的措施值得肯定。但反腐败紧靠技术手段肯定不够，更重要的是建立完善的反腐败体系。而且，不同的地方情况不同，应该探索适合本地的更行之有效的打击腐败的措施。

2. 公开是预防腐败的最有效手段。对于中国正在进行的“三公”经费公开，其公开的内容可以更详细、具体些，让公众一目了然。

3. 应高度重视网络举报对反腐败的积极作用。但同时要看到网络信息的不确定性，注重对虚假信息进行核查。日本的五十川伦义认为“举报人可以不透露自己的名字，但有责任提供正确的信息，否则动用有限的公共资源去调查，浪费时间和人力、物力、财力。”

4. 希望中国政府能够进一步加大与外国媒体的沟通力度，外国记者表示希望将来能了解到更高层的打击腐败、预防腐败的具体举措。

网民留言和来信情况专报

2011 年第 7 期（总第 71 期）
预防腐败室　2011 年 9 月 23 日

网民对行贿犯罪档案查询全国联网表示肯定

近日，最高人民检察院公布《“十二五”时期检察工作发展规划纲要》，首次明确今年底将实现行贿犯罪档案查询全国联网，以“更好地发挥其在招投标、政府采购等方面强化市场廉洁准入效力的作用”。行贿犯罪档案查询是检察机关对经人民法院依法判决犯有行贿罪的个人和单位建立犯罪档案，以便有关单位和个人查询，旨在预防行贿犯罪的工作方式。最高检于2006年1月1日建立该系统。经过预防腐败工作联席会议第三次会议的推动，2009年9月录入和查询范围由教育、建设、政府采购等5个领域扩大到所有领域。2010年1月1日，华东六省一市行贿犯罪档案查询实现互联互通，同年，最高检设立行贿犯罪档案查询管理中心。此次《纲要》明确要实现查询系统的全国联网，将进一步提升行贿犯罪档案查询的实效，此举引发舆论广泛好评。媒体和网民对此十分关注，新浪网有1690余名网友对该新闻发表了评论。

一、网民普遍认为这是值得称赞的进步

1. 加大了对行贿者的处罚力度。中山大学政治与公共事务管理学院教授倪星表示，行贿和受贿同样是犯罪，但判罚却不同，受贿的官员坐穿牢底，行贿者在外面吃香喝辣，这种不公已引起越来越多人的不满。行贿犯罪档案加大了对行贿人惩治的力度，对行贿者能够起到一定的警示和震慑作用。

2. 有利于从源头减少行贿犯罪机会。网民认为，通过行贿犯罪档案查询，可将那些有行贿记录的单位和个人排除在投标、采购等经济活动之外，完善市场准入和退出机制，有利于减少行贿犯罪的机会，预防行贿以及受贿犯罪的发生。

3. 能够促进社会信用体系建设。最高人民检察院职务犯罪预防厅副厅长陈正云接受专访时说："没有行贿犯罪记录已经成为招标方对投标方的一项基本要求，现在很多企业要求'自证清白'，请求检察院出具经查询其没有行贿犯罪记录的证明。"网民表示，这种转变说明信用、品行证明正在成为企业的自觉意识，行贿犯罪档案查询将对市场良性循环、改善商务环境起到积极的推动、引导作用。

4. 全国联网有效避免了有行贿记录者异地行贿的现象。行贿犯罪档案以往只能查询本省、区、市的行贿记录，使得一些行贿者或者行贿单位采用"打一枪换一个地方"的办法，跑到其他地方继续通过行贿方式竞标，获得项目或工程。实现全国联网后，各级检察机关可在本地完成对全国范围内行贿犯罪档案的查询，避免有关单位和个人到异地行贿而得不到处置的现象发生。

二、网民就如何进一步发挥查询系统作用提出意见建议

1. 系统录入范围应进一步扩大。网民提出，行贿人在司法实践中被判处刑罚的比率远低于受贿人。目前，行贿犯罪档案仅限于法院生效判决的范围，导致大量行贿人游离于系统之外，一定程度上影响了行贿犯罪档案的完整性与准确性。网民建议，应将系统予以合理扩容，具体技术处理上可以考虑分类录入，根据行贿情节、程度的差异予以不同的处置。

2. 查询后执行需配套机制保障。网民指出，有了行贿犯罪档案，不去查等于没有，查了束之高阁同样无用，因此更重要的是"抓落实"。行贿犯罪档案只是一个查询系统，本身并不是刑罚，能否发挥预期效果，还需相应职能部门和机构对该制度的运用。要发挥其功能，必须加强与各行政机关的联动，完善相应配套机制，整合力量，提升威慑效果。

3. 应合理设置制度救济。目前行贿犯罪档案对行贿记录的处理是一经录入就不会删除。对此，网民提出"行贿者并非都是自愿的，也有不得已为之，这样处罚会不会太重?"中国政法大学教授丁英华表示，当前社会体系中，体制机制不健全与各种潜规则的存在，使得行贿行为种类庞杂，如有的是挂靠单位行贿而企业担责，有的是员工为业绩而采取的个人行为。鉴此，作为合理的制度设计，应该赋予规制对象一定的救济权，允许其申诉与改正。如其今后确为社会作出了重大贡献，并切实整顿和纠正了违法经营方式，可考虑给予适当的减免处理，赋予制度合理的退出机制。

4. 注意避免行贿者“洗白”犯罪记录。网民指出，为逃避刑罚，行贿者有可能采取重新注册的方式来掩盖自己的行贿历史，或者以别人的名字注册一家公司，自己躲在幕后，要特别注意这种“洗白”自己犯罪记录的行为。网民建议，一方面要加大对行贿者的监督和跟踪管理力度，关注其申请注册公司、公司名称变更、法人代表变更等情况，防止其借机规避查询；另一方面应加大行贿犯罪档案的公开透明度，充分发挥全社会的监督力量。

5. 查询系统应及时更新动态管理。网民指出，现在各种各样新型的、更隐蔽的行贿手段花样百出，不仅仅是现金行贿，吃喝玩乐各种手段都可以用来行贿。因此，一方面，对于新型行贿行为，需要及时予以全面适当的司法界定；另一方面，行贿档案系统需要及时更新而不能停留于目前的静态管理中。

网民留言和来信情况专报

2011年第8期（总第72期）

预防腐败室　2011年9月29日

网民争论“道德滑坡说”

9月27日上午，中央文明办专职副主任王世明在评选表彰和学习宣传道德模范新闻发布会上围绕公民道德建设问题回答了记者的提问。在谈及“老人倒地无人搀扶”现象时，他表示，这绝不是中国人的道德观，扶老携幼、扶危济困是中国人不容置疑的价值判断。他否认中国人“道德滑坡”一说，认为“从主流上看，中国人呈现了良好道德风貌”，主要依据有三点：一是从经济发展的过程看，这是一个最大的事实。中国的改革开放和现代化建设蓬勃发展，它展示的是中国人自强不息、艰苦创业、与时俱进的美德，这是中国人的道德基本状态，是中国人道德的总体状态。二是从近年所举办的一系列重大活动来看，中国人展示了讲文明、讲礼仪的公共道德，受到了国际社会的广泛好评。三是在应对重大自然灾害的过程中，中国人总是万众一心、共克时艰。这一发言引起媒体和网民的高度关注，各大媒体纷纷转载该新闻，网民也纷纷就此事发表评论，新浪网共有近5万名网民参与了该话题的讨论。

网民普遍认为，经济发展并不能证明社会道德良好

网民表示，纵观古今中外，社会道德的高下与经济发展不能划等号的，两者之间没有必然的联系。不能说经济不发展公民的道德水准就低下，经济发展了公民道德就一定高尚。一个国家的经济发展受到多方面因素的影响，如经济体制、政府决策、国际环境等，其中起主导作用的并非道德水平。西方资本主义经济发展迅速，但并不能证明资本主义社会的道德就优越于社会主义中国。因此，对于中央文明办副主任的这一说法，很

多网民表示比较牵强，没能够很好的说明问题。

调查显示，网民认为道德滑坡现象确实存在

凤凰网9月27日推出网络调查“你认为中国现在是否主流呈现出良好道德风貌?”，目前共有29205人参与投票。结果显示，有87.2%的人认为“中国人受到逐利主义思想引导，道德滑坡状况确实存在”。

网民指出，当前中国经济发展是事实，但不可否认为了发展经济我们也牺牲很多东西，比如生态、资源、环境、道德等。从当前的社会现实来看，经济发展的同时存在着不少突出的负面社会问题，其背后实质也是道德问题，比如社会诚信问题、贪污腐败问题、食品安全问题、假冒伪劣产品等等。新浪网友评论：“社会道德水准下降，是有目共睹的事实，我们不能再自欺欺人了”。“连温总理都痛心疾首地说，道德滑坡现象已经到了非常严重的地步。现在人与人之间的关系还像以前那样淳朴、真诚吗？老人倒地无人敢扶，有人落水大家观望，恰恰证明社会道德准则发生了异化!”

不过，也有网民表示，当前道德领域出现了问题不假，但不要因此夸大当下的道德危机。总体而言，中华民族是一个有道德、讲道德的民族。若因此就简单指责国人道德沦丧，是不负责任的说法。但若故意忽略在某些方面的“滑坡”，也不客观。

网民指出，道德水平的提升需要国家政治的完善。

网民表示，道德滑坡很多时候并不完全是道德本身的问题。比如老人摔倒无人搀扶，不是不想扶，而是不敢扶，因为频繁发生的搀扶老人反被诬告的案件让大家心生畏惧。对此，专家表示，不能就道德谈道德，必须从政治、经济及社会的大环境中看道德。官德的失范、特权的横行、法治的脆弱、媒体的炒作以及社会建设的“跛腿”等因素，都会导致诚信的缺失、道德的滑坡。比如，当下腐败形势依然严峻，“裸官”数量惊人，对社会道德肯定会有一定的冲击；再如，“老人倒地无人搀扶”现象不仅是因为道德，更重要的是，公权力机构在此过程中没有明辨是非，伸张公正，社会缺乏维护正义的机制。在彭宇案等事件中，一些司法机关的判决传递出的信息是，做好事不但惹麻烦而且要受惩罚，打击了人们的善心、善念。因此，面对道德领域存在的问题，需要将其放在大的社会背景下，综合考虑。

有一名网民引用哲学家斯宾诺莎的论述来说明道德滑坡的受国家政治因素的影响：“如果某一国家比别的国家邪风更猖獗，犯罪更普遍，那一定是由于这个国家谋求和睦不足，法制不够昌明，而且未能建立起完全的国家权利之故。”因此，网民呼吁，提升国人道德水平尽管千头万绪，但根本之点应是逐步改革和完善国家的政治、经济体制和法治建设。

网民留言和来信情况专报

2011 年第 9 期（总第 73 期）

预防腐败室　2011 年 10 月 12 日

网民关注多省市成立预防腐败局
专家呼吁尽快出台反腐败法

近日，《南方日报》刊发《多省成立预防腐败局预防腐败立法已成当务之急》一文，指出，目前全国已有北京、上海、四川、福建等 13 个省市成立了预防腐败局，其余各省预防腐败机构建设也在积极推进中。人民网、新华网、中新网、凤凰网、新浪、搜狐等各大主流媒体纷纷转载此文，网民和专家也对预防腐败机构的发展表示了高度关注。

一、省级预防腐败机构的成立凸显源头防腐的决心

网民指出，事后惩治是为了让官员不敢腐败，而事前防范是要让其不能腐败，设立预防腐败局就是要达到让官员不能腐败的目的。北京理工大学教授胡星斗表示，省级预防腐败局的纷纷成立体现了我国从源头上防治腐败的决心，有利于进一步完善预防腐败的体制机制，加强对预防腐败工作的组织协调和综合规划，一定程度上为惩治和预防腐败体系建设提供了组织保障。

二、预防腐败机构应着重政策研究

网民提出，预防腐败局应该更像是一个研究机构，研究在权力运行中哪个环节容易出问题，总结腐败的规律，从而进行预防腐败的研究，制定出相关预防政策，用制度来反腐。一些反腐败领域专家如中央党校教授林喆、北京大学法学院教授王锡梓等也指出，预防腐败机构的职能应主要着眼于预防腐败政策制定上。同时，网民表示，对预防腐败局的工作，需要有一个科学、合理、客观的评价机制。因为预防不同于惩治，很多工作都是着眼于长远，短期内可能见不到明显的效益。因此，预防腐败部门在工作上，一定要克服浮躁情绪。

三、预防腐败机构并未实现全权独立

胡星斗教授接受采访时说，“目前预防腐败局还是沿用了传统的体制，并不独立。因此省级地区设立预防腐败局是可行的，但地市级则有受到更高级行政命令干预的风险，是否设立要经过周密考量和商榷，如果效果不好，还会分流一部分财政反腐经费。”对此，很多网民建议，内地的反腐败机构应学习香港廉政公署，其在机构、人员、执法等方面都具有高度的独立性，廉署专员直接向香港特别行政区行政长官负责，不受其他政府部门干涉，从而保证有效发挥反腐败职能。

四、专家呼吁尽快出台《反腐败法》

部分网民指出，预防腐败局的纷纷设立可能是《反腐败法》酝酿出台的前奏。专家表示，现代反腐败制度，重视的是事前、平时和过程的监督，而不只是事后追究和惩罚。中国反腐机制缺的是公开行政、透明决策、问责弹劾、新闻独立监督、司法独立审判、独立审计、权力制约等一系列的制度支持。“最近几年我国加大了预防腐败的力度，但是腐败行为并没有减少减轻。不是说有了预防腐败局就能完全从源头上解决腐败问题，因为其反腐研究和教育的职能决定很大程度上是‘软指标’，是否有立法层面的保障才是关键所在。”同时，网民也提出，反腐败立法中应以预防为主，关键在于规范政府官员的行为和加强对权力运行的监督。

网民留言和来信情况专报

2011 年第 10 期（总第 74 期）

国家预防腐败局办公室　2011 年 12 月 26 日

国家预防腐败局网站连续三年获评“中国互联网最具影响力政府网站”和“中国政府网站领先奖”

12 月 25 日，《2011 年中国优秀政府网站推荐及综合影响力评估结果通报》公布。国家预防腐败局网站连续三年被评为“中国互联网最具影响力政府网站”和“中国政府网站领先奖”，并因为创新网站管理模式被评为“2011 年度管理创新型政府网站”。

本次评估由中国信息化研究与促进网联合工业和信息化部电子科技情报研究所信息化研究与促进中心等单位组织举办，系主办单位自 2002 年起连续 10 年以独立第三方名义开展的政府网站评估活动。评估以《政府信息公开条例》为指导，以中办国办《关于深化政务公开加强政务服务的意见》、国办《关于进一步加强政府网站管理工作的通知》和《政府网站发展评估核心指标体系（试行）》等文件为参考，对全国近 7 万家政府及政务服务型网站、上万家政务微博的互联网综合影响力、管理服务、行政效能、创新发展等进行了全面的分析和研究，授予 18 个部委网站“中国互联网最具影响力政府网站”、16 个部委网站“中国政府网站领先奖”，国家预防腐败局网站均排名第 8；评选出 6 个创新型政府网站，国家预防腐败局网站排名第 3。

2011 年，是国家预防腐败局网站在困境中奋力前进的一年。9 月至 10 月，网站聘用人员因待遇过低先后离职，在缺乏专门人员、人手严重不足的情况下，经过预防室全体同志的艰辛努力，网站得到了进一步发展。人民网、新华网、凤凰网等境内外媒体多次转载网站信息，一些国家和地区防治腐败机构、反腐败国际组织通过网站了解中国的反腐倡廉建设情况。截至 12 月 26 日，2011 年网站总点击量达到 5580 万次，日均 15.5 万次，同比增长 21.1%。其中，来自境外的点击数大幅上升，达到 407 万次，同比增长 64.8%。加强与网友互动和对网上舆论的引导，收到网友留言近万条、电子邮件 36 万封，均作出回应或处理。

2010 年

网民留言和来信情况专报（“两会”专刊）

第 1 期（总第 41 期）

预防腐败室　2010 年 3 月 2 日

近期网民对监察部和国家预防腐败局的意见建议

“两会”在即，网民对监察部和国家预防腐败局提出了许多意见建议，经综合汇总，主要有以下几个方面：

一、下大力气解决基层腐败问题

人民网调查显示，70% 网民认为，县处级干部的腐败问题最严重。有网民留言说，目前反腐败的盲区在基层，基层作风太差。国家许多好的制度在基层根本没有得到落实，群众应得的利益都被基层官员贪污。

网民认为，高层腐败，基层群众不知道，影响还不大。基层腐败就在群众身边，影响太坏，会动摇党执政的根基。解决好基层腐败问题，才能够让群众切身感受到反腐败的成效，赢得民心。

网民建议从以下几个方面解决基层腐败问题：

1. 要落实村务公开制度。对村务公开落实情况进行监督检查，严肃处理“不公开”、“少公开”、“假公开”行为。为了保证监督检查取得实效，可以采取交叉检查的方式，甲县检查乙县，乙县检查丙县等。

2. 加强基层纪检监察机关建设。基层纪检监察机关是解决基层腐败问题的根本力量，应该保障他们的人员、经费、办公设备等，重视对基层纪检监察干部的培训，提高他们执法执纪水平，使他们有能力维护基层群众利益。

3. 省以下纪检监察机构垂直管理。这种做法，减少地方对纪检监察机关的制约，保持其相对独立性；有利于反腐倡廉规定的正确执行，减少基层腐败；有利于防止纪检监察机关成为地方政治斗争的工具。

4. 推行异地办案制度，严厉查处基层腐败行为。市县级的纪检监察干部应该异地办案。本地人在本地执法，一般人难过人际关系这道“网”。纪检监察实行异地监督，交换执法，对于严查腐败分子、保护纪检干部都有好处。

二、继续从严治理“三公问题”

网民认为，公车问题、公款旅游、公款吃喝严重浪费国家资财，一直是百姓痛恨的腐败问题，政府花了很多气力，取得了一些成绩，但还没有达到群众的要求。

“三公问题”之所以久治不绝，原因主要有：一是有些官员将其作为福利和特权，不愿意彻底解决这些问题；二是制度执行不力，治理整顿时紧时松；三是公开力度不够；四是财政管理制度不完善。

网民建议从以下几个方面治理“三公问题”：

1. 加强对财政经费的管理。“三公问题”说到底就是钱的问题。加强对公款的管理，就抓住了解决“三公问题”的关键。要细化财政预算，强化预算执行。推行公务卡消费制度，严格财务核销。

2. 加大公开力度，接受群众监督。温家宝总理日前与网友在线交流时指出，要从根本上管住“三公消费”，一要公开透明，二要民主监督。网民建议，把公务接待、公务考察、公车消费的账单，公务接待对象信息、公务考察团组信息等向社会公开，接受群众监督；把所有公车均在显眼处喷有“公车”字样，或者将公车车牌与私车车牌在颜色上进行区别，以便公众监督。

3. 要完善法律法规，明确规定“三公问题”的违法违规形式和处罚措施，加大对“三公问题”的处罚力度。

三、加强和改进信访举报工作

“两会”召开在即，很多地方政府出台政策保障“两会”期间信访稳定。对此，网民指出，以这种方式处理信访问题阻断了信访举报工作联系群众的纽带作用，会带来很大的负面影响。部分网民对现行的信访举报制度还存在不满，认为现在各级信访工作队伍庞大，但真正能够解决问题的却不多。

网友分析，造成这种现象的原因主要有：一是现行信访制度存在薄弱环节，不能及时高效地处理信访案件；二是部分信访干部缺乏责任心和工作热情，有些基层部门领导对信访工作重视不够；三是部分上访群众对检举、控告、申诉的事实不负责任，有一些是为了达到个人目的而上访。

因此，网友建议：

1. 各级信访部门对群众的信访举报应及时受理、及时办结。畅通信访举报的渠道，以认真负责的态度对待上访群众，及时受理、及时答复，确保群众反映的问题得到妥善解决。认真执行首长接待日制度。

2. 加强信访举报干部队伍建设，不断提高基层信访工作人员的综合素质和接访能力。

3. 加大直查力度，减少层层转办的情况。

4. 对实名举报件的办理结果予以公开，让群众了解信访工作的成效。

5. 加强对举报人的保护，严惩打击报复行为。人民网调查显示，有63%的网友因为“怕受到打击报复”不敢举报。对此，网友表示，只有保证举报人的安全，才能充分发挥信访举报的作用。要严厉打击那些泄漏举报者信息的工作人员，从重打击报复举报人的行为。

四、充分发挥网络监督的作用

新华网调查显示，网民认为要解决当前领导干部廉洁从政问题，最需要采取的措施是“充分发挥舆论监督和群众监督作用”。而在人大监督、政协监督、舆论监督、信访举报等多种民主监督形式中，有74%的网民看好网络监督。网民提出，目前中国有3.84亿网民，网络监督无时不在，无处不在。网络在畅通民意、表达诉求、舆论监督、参政议政中的作用越来越突出。网民建议：

1. 政府应重视对网络舆情的收集和研判，进一步加强和改进网络举报工作，为网络监督建立通畅、高效的渠道。

2. 政府信息应当更加公开化、透明化，为网民知晓并监督政府提供条件，使网络反腐机制更加畅通。

3. 政府应该将网上“面对面”的交流方式制度化，事前预告，交流时坦诚相待，事后信守承诺，避免成为官员偶然为之的亲民秀。

4. 网络监督具有随机性和不确定性，反腐败始终还是要靠日臻完善的制度。据人民网调查显示，对2010年民主监督的期待，59%网友期望从制度上监督而不是仅仅靠网络力量。

5. 要对网络监督本身进行制度规范，使网络监督在法制化的轨道上健康发展，避免出现“网络暴力”和“网络黑社会”操纵舆论的现象。

五、逐步建立财产申报制度

网民对于财产申报问题的认识趋于理性。一方面，他们认为公示官员财产是建立阳光政府、防止贪污受贿、遏制社会腐败的有效机制，应该建立该制度；另一方面，网民认为财产申报制度应该试点先行，逐步建立，并与其他配套制度相结合才能发挥作用。

人民网调查显示，43%的调查对象认为财产申报公示必须和完善机制结合；只有16%认为它是预防腐败最佳方法，应全国推广。网民指出，要发挥财产申报制度作用，主要需要完善金融实名制、财产登记制度、现金交易管理制度、社会诚信体系、防范贪官资产转移机制、群众监督和舆论监督机制等配套制度。

网民建议先行试点，探索出一定经验后完善制度设计，在全国推广。对试点的方式网民有不同的看法，有的认为应该在某个省试行，有的认为可以先在某些特定人群中试行，如拟提拔的公职人员等。

六、提高制度执行力

有网民指出，我国近年出台了很多反腐败相关的制度文件，但反腐败形势依然很严峻，高级领导干部腐败比例在扩大，仅2009年就有16名省部级高官落马。这说明并不是缺少与反腐败相关的法规制度，关键在于制度执行不力。

网友建议从以下几个方面提高制度的执行力：

1. 在制度制定上要具有可行性和可操作性，明确该做什么、怎么做和不该做什么，将制度中的弹性降至最低，人为操作的空间压至最小，最大限度减少权力寻租空间。

2. 实行问责制，使领导干部在制度执行方面切实负起责任，在日常管理、监督过程中敢于“出手”，这样制度才能成为有约束力、有执行力的刚性制度。

3. 加大对制度执行的监督力度，切实查处违反制度的行为。

4. 加强对领导干部的教育和引导。领导干部要带头学习制度、严格执行制度、自觉维护制度，树立法律面前人人平等、制度面前没有特权、制度约束没有例外的意识。

七、对腐败问题“零容忍”，做到“伸手必被捉”

人民网调查显示，网民认为腐败滋生蔓延最主要原因是惩处力度不够，有许多漏网之鱼。查办腐败案件，要既打老虎又打苍蝇，这样才能净化环境。对腐败问题“零容忍”，既可以严厉打击腐败，对腐败分子造成威慑，更能促使官员防微杜渐，是对干部的保护。

网民建议在以下几个方面体现“零容忍”理念：

1. 在法律法规的制定和执行中体现“零容忍”。在法律法规制定中，要将所有可能出现的腐败问题全部列入其中，不留盲区；在制度执行中要不讲条件、不折不扣、不搞特殊化。

2. 不能放纵“小人物”的腐败。“小人物”就是级别不高，但有一定权力，群众平时接触较多的官员。他们的腐败是群众看得见、感受得到的，这些人的问题得不到查处，很难提高群众对政府廉洁状况的满意度。

3. 不能放纵“小问题”。大贪小贪都是贪，放过小贪等于纵容大贪，继而纵容贪得无厌，那时，调查的成本会增加几十倍，上百倍。如果贪污一块钱也不放过，从长远的角度来看，调查的成本反而会大大降低。

八、要加大对行贿的打击力度

网民认为，行贿与受贿是相伴而生的，很多官员就是因为经受不住行贿者一次又一次的公关，才走向腐败。而行贿者不仅获得了巨额利益，还因为各种原因逃脱了惩罚。这不仅损害了法律的权威，而且使行贿者行贿起来更加肆无忌惮。不打击行贿犯罪，就不能有效防止受贿发生，同时也是有法不依、执法不严的表现。

行贿没有得到有效打击的原因主要有：一是法律对于行贿罪的量刑明显较轻且规定模糊；二是执法中，为严厉打击受贿罪，往往以免予行贿人处罚的方式鼓励行贿人主动交代行贿事实；三是社会上对行贿比较宽容。

网民建议从以下几个方面加大对行贿的打击力度：

1. 修改刑法的相关规定，提高行贿的刑罚标准。行贿罪不应以“谋取不正当利益”为必要条件；行贿罪的标的不应只限定为财物，还应包括“非物质利益”；加大对行贿者罚金刑的使用力度；提高行贿的法定刑罚，有的网民甚至建议，行贿与受贿应该同罪同罚。

2. 发挥行贿犯罪档案查询系统、行贿“黑名单”等机制的作用。行贿者不仅要受到刑法处罚，而且在经营、信贷等多方面都应受到严格限制，在生活中寸步难行，让人们不敢行贿。

3. 提高执纪执法机关侦破贿赂案件的能力和水平，不能以牺牲对行贿者的处罚为代价，换取对贿赂案件的侦破。

4. 加强宣传教育，使群众了解行贿的危害，鼓励大家举报行贿行为，形成对行贿犯罪人人喊打的社会氛围。

网民留言和来信情况专报（“两会”专刊）

第2期（总第42期）

预防腐败室　2010年3月4日

2010年“两会”热点话题调查显示：民生问题备受关注　反腐倡廉仍是热点

“两会”召开前夕，人民网、新华网、新浪网等国内知名网站纷纷就网民所关注的“两会”热点话题开展民意调查，网民纷纷通过投票、跟帖和留言等形式参与调查。我们对网络调查中涉及反腐倡廉的问题进行了梳理，截至目前结果如下：

一、民生问题备受关注，反腐倡廉仍是热点

人民网调查显示，网民关注的“两会”热点问题排名前五的依次是养老保险（18.1%），依法拆迁（13.8%），反腐倡廉（11.8%），调控房价（8.6%），贫富差距（7.1%）。新华网的调查结果则分别为收入分配（13.7%）、住房问题（12.2%）、反腐倡廉（10.8%）、医疗改革（9.7%）、养老保险（7.9%）。而新浪网的调查显示排名前五的热点问题分别为计生政策（12.2%）、住房问题（10.8%）、反腐倡廉（7.7%）、医疗改革（7.4%）和收入分配（6.6%）。凤凰网调查显示，除了反腐倡廉和社会公平外，住房、物价、医疗改革、教育、就业、养老、食品安全等最受关注。

与2009年“两会”前夕调查数据相比，网民对住房、教育、医疗、收入分配、养老保险等民生问题的关注度明显提高，而“反腐倡廉”关注度的位次较去年有所降低，“反腐倡廉”在新华网、人民网、新浪网的调查中关注度均排第三。在去年“两会”热点调查中，对“反腐倡廉”的关注度在人民网、新华网相关调查中均列榜首。

综合相关分析，出现这种现象的原因主要有：

1. 党和政府反腐败决心和实践已取得一定公信力。2009年我国在反腐倡廉制度建设、严厉查处高级领导干部腐败案件、开展腐败高发领域专项治理等方面，开展了卓有成效的工作，取得了明显成绩。东北师范大学廉政研究中心副主任柏维春教授认为“这是民众对反腐倡廉问题关注度的位次较去年有所降低的重要原因。”

2. 民生问题是我国社会现存诸多问题中的基本问题。2009年在党中央坚强领导下，我国经济呈现明显的复苏势头，与此同时，保增长与保民生之间的矛盾仍然十分突出，如收入分配差距继续扩大、房价居高不下、看病难等民生问题一直未得到解决，社会矛盾积累到了一定程度。

3. 民生问题与每个普通百姓的切身利益有关。“两会”前夕，温家宝总理与网民在线交流讨论教育、医疗等民生问题，也将社会对此的关注度再次推高。

此外，也有网民指出，民生话题备受关注，是因为目前这一问题比较突出，并不表示老百姓认同全国范围内的腐败现象已经得到有效的遏制，反腐倡廉工作不重要了。我国的反腐败形势依然很严峻。

二、贪污受贿是最突出的腐败问题

人民网调查显示，60%的网民认为当前消极腐败现象最突出的问题是“贪污受贿”，48%的网民认为是“党员干部生活作风腐化堕落”和“用公款互相宴请大吃大喝”，选择“跑官要官”的则有47%。

对此，网民建议，对贪污受贿者量刑不能只从收受现金多少来认定，不能弃小选大，要算总账，不论是钱财物还是非物质形式的受贿，不论是小数还是大数都应记录在案，要加大对贪官的经济和刑罚的处罚力度。建立官员财产申报制度，让官员的消费处于阳光之下，处于监督之中，唯有如此，才能有效防止腐败现象的发生。要加大对干部私生活的监督管理力度，对8小时之外的行为也要予以规范。网民提出，中国是世界上公车最多、公款吃喝最多、公费出国旅游最多的国家，这三股歪风一定要得到整治。要建立选拔任用干部监督机制，严禁买官卖官不正之风，把真正为民办实事，正直善良，政治修养好，业务素质高，亲民爱民，以民为本的干部提拔到领导岗位。

三、公检法领域不正之风和腐败最突出

在人民网调查中，55%的网民认为当前“公检法”领域的不正之风和腐败现象最为突出，“工程建设”、“国土资源”、“组织人事”列2至4位，分别占48%、45%和44%。

网民表示，出现这种现象，可能是由于2009年中央纪委查处的省部级高官中不少都有公检法系统的背景，如黄松有、郑少东等。另外，重庆打黑风暴中也有不少公检法系统的官员落马。调查显示，37%的网民认为“打黑风暴能有效揭露腐败问题”，24%的网民认为“可以对官员腐败、官黑勾结起到警示作用”，只有6%的网民认为“打黑与反腐败无关。”

网民指出，公检法应当是公平正义的化身，是社会正义的最后一道防线，如果连这道防线都失去了，社会正义和公众利益将会受到严重损害。因此，要不惜一切代价，坚决清除公检法队伍中的腐败分子。

四、惩处和监督不力、制度缺失是腐败产生的主要原因

人民网调查显示，53%的网民认为当前腐败现象滋生蔓延最根本的原因是“惩处力度不够”，“体制、机制、制度不健全”和“监督不力”，45%的网民认为是由于“领导干部不带头廉洁自律”，28%的网民认为是“用人不当”造成的，而只有6%的网民认为是“公务员收入过低”。

网民表示，当前惩治腐败存在着“下手不够狠”、贪污腐败成本偏低的问题。对腐败分子往往是判处死缓，甚至贪污上千万元也就判上十几年，难以形成有效的震慑。也有网民提出，有必要加大对贪污腐败分子的惩治力度，但这却不是消除腐败的根本所在。腐败现象的存在，无非是权力没有受到有效的制约。世界上最廉洁的国家如瑞典，挪威，新西兰，基本都没有死刑，人家做到了把权力关进笼子里。治理腐败关键不在刑罚的轻重，而在于权力是否受到监督和约束。只有给权力套上缰绳，把权力限定在合理的范围内，合理地分权、限权，解决一把手权力过大的问题，才能从根本上消除腐败。网民提出，腐败问题的另一个重要原因是监督机制形同虚设。要解决腐败问题，极需要建立有效的监督体制。重点要建立官员权力运行公开机制、官员财产公开机制，真正把官员放进玻璃房子，接受公众监督。

五、反腐败应发挥舆论监督和群众监督的力量

人民网调查显示，53%的网民认为推进廉洁从政最应采取的措施是“发挥舆论监督和群众监督的力量”，45%的网民选择了“加大经济处罚和组织处理力度”，接下来依次是“查处违反廉洁从政规定的案件”、“完善廉洁从政各项规定”、“组织开展专项清理”和“加强思想政治教育”。

新华网调查显示，网民认为反腐败最需要采取的措施依次为“充分发挥舆论监督和群众监督作用”、“推行财产申报公示制度”、“组织开展专项整治行动，加大对问题官员的惩处力度”和“完善廉洁从政各项规定，建立健全有关体制、机制、制度”。

新浪网的网民则认为，要构筑制度反腐的“铁壁”，最重要的两点是加强对“一把手的人、财、物三权的监督、防止他们大权独揽”，以及“发挥舆论监督和群众监督力量”。

网民留言和来信情况专报（“两会”专刊）

第3期（总第43期）

预防腐败室　2010年3月5日

《政府工作报告》关于反腐倡廉的论述引网民热议

3月5日，第十一届全国人大第三次会议开幕，听取国务院总理温家宝作《政府工作报告》。广大网民对今年的《报告》反应积极热烈，认为《报告》内容贴近民生，平实亲切，“是一份说实话的报告”、“问题都找到点子上了”、“说了老百姓想说的话”。网民指出，今年《报告》中涉及反腐倡廉的内容多于以往，也更为具体，针对性很强。

一、网民盛赞“创造条件让人民批评政府、监督政府”

总理在《报告》中明确提出：“要深入推进政务公开，完善各类公开办事制度和行政复议制度，创造条件让人民批评、监督政府。同时还要充分发挥新闻舆论的监督作用，让权力在阳光下运行。”对此，网民纷纷给予高度肯定，表示《报告》正式作出“创造条件让人民批评政府、监督政府”的表述，令人振奋、耳目一新，有的网民甚至认为“这是报告中的最大亮点”。

第一，表明当人民对政府的工作不满意时，有权提出批评。“这是让人民满意政府的第一条件，批评都不能批评，还怎么谈满意呢”、“一个接受国民批评的政府才是成熟的政府”。

第二，体现了政府有义务创造条件让人民畅所欲言，并在批评中不断改进自己的工作。这就最大程度地保障了人民群众对政府工作的知情权、参与权、表达权和监督权，体现了中央尊重人民意见、建设人民满意的服务型政府的诚意和决心。

第三，专家提出，社会批评力量是一种正面的力量，在社会转型、变革的情况下，可以帮助政府和社会少走弯路，少付出代价。有利于推进民主政治的发展，有利于在经济发展中，吸纳好各方声音，整合各方力量，促进经济发展。

有人大代表表示，“政府在欢迎民众监督的态度上这一显见的变化，具体显示了深化政治体制改革，打造透明、责任、法治型政府的勇气和行动。”国家行政学院副研究员宋功德认为，这表明政府已决心在更广泛的领域，采取更为普遍配套的措施，创造更充分的条件，接受群众监督。

同时，有的网民也提出了担忧，表示“从目前情况看，我对此很不乐观”。如有网民指出，现在一些地方政府对公民或媒体的批评建议视为“别有用心”、“影响稳定的因素”，甚至对一些批评建议者施以刑罚；有的地方政府对公民的批评监督根本置若罔闻，或者将批评监督途径搞成了形象工程，只是做秀而已。对此，网民表示，“创造条件让人民批评政府、监督政府对政府的工作态度和工作能力都提出了更高的要求”，“希望能切实建立起人民对政府的监督体制，并保证这种体制不伤害到检举人”。还有网民希望早日看到行动：“很想知道怎么‘创造条件’，我对各级政府的所作所为拭目以待”。

针对如何“创造条件”，也有网民作了认真思考，建议从以下几个方面切实做到让人民批评政府、监督政府：

一是要推进政治体制改革，发展社会主义民主，切实保障人民当家作主的民主权利，特别是选举权、知情权、参与权、表达权和监督权。

二是要进一步扩大基层民主。健全基层自治组织和民主管理制度，让广大群众更好地参与管理基层公共事务。

三是要坚持依法治国、依法行政。进一步健全法制，扩大立法工作的公众参与，特别是那些规范和监督权力运行的法律制度建设。

四是要进一步落实现有的监督制度，将人民批评、监督政府的权利真正落到实处。如进一步强化人民代表大会对政府工作与权力行使的监督力度，深入推进政务公开等。

五是要创新民众监督政府与制约权力的途径与渠道，如进一步发挥网络舆论监督对于遏制腐败发生、促进社会公平正义的作用。

六是要加强公民意识教育，培养公民的民主法治素养。

七是要注意在保证人民批评监督政府的权利的同时，把握好保持政治社会稳定与保证人民监督权中间的度。

二、网民关注领导干部报告个人经济和财产

《报告》中指出：“各级领导干部特别是高级干部要坚决执行中央关于报告个人经济和财产，包括收入、住房、投资，以及配偶子女从业等重大事项的规定，并自觉接受纪检部门的监督。”

《报告》对领导干部执行中央关于报告个人经济和财产的规定提出了明确要求，引起了网民的极大关注。新浪网上关于这条新闻的评论高达数千条。网民对此表示了高度一致的支持，认为“非常有必要”、是“得人心的做法”，同时网民建议领导干部财产报告的信息不能局限在体制内部，应向全社会公开，“向全民公开报告”、“放到网上由群众监督”。

目前，全国人大代表韩德云第五次递交了建议制定公务员财产申报法、推动官员财产申报制度化的议案。在接受媒体采访时，他肯定了中央纪委为此项工作作出的努力，认为“准备工作还是比较积极的”。同时他也指出，目前公众对官员财产申报存在曲解，认为把官员“扒光”就可以立即解决腐败问题。官员财产申报制度最有意义的效用，在于它把官员置于“阳光”之下，预防贪腐之病。但现在公众更多注重其“治病”的功能，可能使这项制度变成了官员财产清收核查制度，而不是监督管理的公器。

鉴此，在涉及有关官员财产申报问题时，一方面要考虑到民心所向，积极稳妥地做好相关准备工作；另一方面仍需要加强对公众的正面引导，使他们对官员财产申报既有信心，又保持切合实际的期望。

三、应切实采取措施解决公车使用中的浪费问题

《报告》提出要加快公务接待、公车使用等制度改革。不少网民对“三公”消费尤其是公车使用造成的浪费表示深恶痛绝，认为“现在大部分都是公车私用”、“纳税人的钱被极大浪费”，并援引温家宝总理“两会”前接受中国政府网、新华网联合专访时对“三公”“应该管得住、必须管得住”的坚定表态，表示“年年提，年年都一样。总理都说了必须管得住，希望今年能好好治治公车浪费”。

网民提出，造成公车浪费现象积重难返的原因很多，如一些官员品德低下，损公肥私；公车改革牵涉到各级官员的个人利益等。但最根本的原因还是各级人大没有管好预算，使得一些官员得以实现自己的贪婪。因此，公车改革不需要什么复杂的方案，只要人大真正尽到自己的责任，严格制定每年的政府预算，公务车数量就能够被严格控制、减少。网民建议，各级人大代表应充分行使权力和履行职责，要求将公车消费项目在预算中单列，对这一类经费进行严格审议，控制政府公务车数量与日常维护开支。但也有网民指出，"各级人大机关本身也存在公车私用的现象，在目前的规则下，人大监督估计也不会有效"。

民革中央在今年"两会"提案中建议，建立刚性财政预算约束下的公车管理体系，以预算管理来实现总量控制，将公车管理纳入公共财政体系。并建议取消厅局级以下干部的专车，改为公务用车。

网民也建议，可以借鉴一些地方的经验，如用发放车补的方法来减少配置公车；出台公车限用制度，一旦发现领导干部有公车私用现象，一律先没收车辆，再视情节予以处罚。

网民留言和来信情况专报（"两会"专刊）

第4期（总第44期）

预防腐败室　2010年3月8日

网民积极为反腐倡廉制度建设建言献策

"两会"期间，网民积极为反腐倡廉建设建言献策。许多网民认为，现在中央关于反腐倡廉建设的决心很大、思路清晰，关键是要形成法律和制度，并严格执行。

一、科学设计制度，保证制度行得通、管得住

网民指出，现在反腐倡廉制度建设主要有两个问题：一是制度设计不细，有些制度内容空洞、要求笼统，原则性、口号性的东西太多；二是制度执行不力，不执行、乱执行、利用制度漏洞寻租等情况严重。这两个问题有一定的联系，制度设计不细是执行不力的一个重要原因，内容空洞、操作性不强，导致了制度不易执行、利用制度寻租空间较大等问题。所以，加强反腐倡廉制度建设，首先要解决制度设计不细的问题。

网民认为，完整详尽的制度应该包括内容、主体、程序、监督、评估等实质性要求，建议从以下几个方面加强反腐倡廉制度设计：

1. 在制度设计中坚持"无赖假设"的理念。"无赖假设"是指在制度设计时，把每个人都视为除了谋求一己私利外、别无其他目的的无赖。网民建议，一要假设制度的规范对象是无赖，制定的制度应做到内容科学、程序严密，尽可能减少漏洞，并明确规定不遵守制度将受到的处罚；二要假设制度的执行者是无赖，应尽量减少权力的自由裁量空间，并明确规定执行不力的责任。

2. 在制度设计过程中广泛听取意见。

一是听取专家学者意见，请他们从专业的角度就制度的内容是否科学提出意见。

二是听取制度执行者的意见，请他们从提高制度可操作性的角度提出意见。

三是听取制度规范对象的意见。这一方面有利于提高制度的科学化水平，增强制度的可行性；另一方面有利于提高规范对象遵守制度的自觉性。

四是听取人民群众的意见。有网民指出，认为只有与群众利益密切相关的制度才需要征求群众意见的观点是错误的。因为群众的智慧是无穷的，听取群众意见有利于减少制度漏洞，更有利于调动群众的积极性、充分发挥他们在监督制度执行方面的作用。

3. 加强对制度的评估和清理，及时修订不合时宜的条款，废止过时的制度。

网民指出，对制度进行评估是弥补制度漏洞、提高制度质量、促进制度落实的有效手段。有些制度已经制定多年，其中的一些条款早已不适应新形势的需要，应该及时梳理、评估，并修改完善。

有网民建议对过时的“红头文件”进行清理。有些“红头文件”没有规定失效时间，多年以后，已经与现实情况明显不符，有的甚至与新下发的文件相冲突。但是因为没有明文废止，所以这些有“问题”的文件仍然有效，给制度的执行带来很多问题。

4. 要提高地方各级纪检监察机关的制度建设水平。

网民指出，我国地域广阔、各地情况不一，中央的反腐倡廉制度不可能制定得非常详细、具体，有些只能作原则规定。要想这些制度在基层发挥作用，就必须与各地的具体实际相结合，进行进一步细化。但是，目前地方纪检监察机关在细化反腐倡廉制度方面的作用没有得到有效发挥，对中央文件不加细化层层转发的现象十分普遍。

网民建议：一要加强地方纪检监察法规队伍建设。招录法律方面的专门人才，并对现有人员进行业务培训，提高他们的制度建设水平；二要把细化制度作为一项硬性任务和业务考核指标，使地方纪检监察机关重视这项工作。

二、严格执行制度，保证制度用得好

有网民指出，我国现行的反腐倡廉制度已经很多，有的制度比发达国家还要完备，但腐败仍然易发多发、大案要案仍然层出不穷，一个重要原因就是制度执行不力。这不仅放纵了腐败分子，也使党和国家的公信力和权威受到严重影响。

网民认为，制度执行不力的原因主要有：一是制度本身操作性不强；二是有的地方存在人言大于法的情况，制度比不上“一把手”的“指示”；三是有些干部想方设法规避制度，有的领导干部甚至带头违反制度；四是制度执行者责任意识不强，有的甚至利用制度漏洞谋取利益；五是违反制度的行为没有得到有力打击。

网民建议从以下几个方面提高制度的执行力：

1. 加强宣传教育。一方面要强化党员干部的制度意识，增强遵守和执行制度的自觉性；另一方面要加强对具体制度的宣传，使广大干部了解制度设立的原因、目的，以及制度的具体内容和要求，保证制度被熟知，并得到有效遵守和执行。

2. 发挥党委、政府在制度执行中的作用。有网民指出，落实反腐倡廉制度是党委和政府的一项重要职责，应建立问责制，对因制度执行不力导致发生重大问题的领导进行问责。

3. 加强监督检查，重点督促领导干部带头遵守制度。一是采取政务公开、接受举报等办法，发挥人民群众在制度执行中的监督作用。二是组织专项检查，及时纠正和解决检查中发现的问题。三是重点督促领导干部遵守制度，发挥他们的带头作用，带动其他干部形成遵守制度的良好氛围。

4. 严肃处理违反制度的行为。坚持制度面前人人平等和“零容忍”原则，无论是谁违反制度、无论情节轻重都要受到处罚。

三、网民建议建立健全几项预防腐败制度

1. 建立廉政状况评估制度。网民指出，建立廉政状况评估制度对于提高反腐倡廉工作的科学性、主动性、前瞻性，意义十分重大。对整体廉政状况的准确评估，有利于预防腐败工作的整体规划和科学决策；对各个领域廉政状况的准确评估，有利于明确预防腐败工作重点。目前，我国尚未建立科学评估廉政状况的制度，直接影响了预防腐败工作的科学规划、突出重点、有的放矢。

2. 建立防止利益冲突制度。网民指出，利益冲突是产生腐败的重要根源。任何人都有自己的个人利益，公职人员也不例外。当个人利益与公共利益产生矛盾时，就有可能为了个人利益而使公共利益受损。目前，我国已有一些相关要求，但散见于多项制度之中，需要建立一套完整的防止利益冲突制度。

3. 建立健全财产申报制度。网民表示，党的十七届四中全会提出，把住房、投资、配偶子女从业等情况列入领导干部报告的个人事项。温家宝总理在政府工作报告中要求，领导干部要坚决执行报告个人收入、住房、投资，以及配偶子女从业等情况的规定。这是财产申报制度建设的巨大进步，希望能落实中央要求，建立健全财产申报制度。

4. 完善公开制度。网民认为，阳光是最好的防腐剂。公开是让人民批评、监督政府的最好方式。我国虽然已经出台了《政府信息公开条例》，但执行的不好。应该进一步增加公开内容，扩大公开范围，增加公开载体，督促各项公开制度的执行，保障群众的知情权、表达权和监督权。

网民留言和来信情况专报（“两会”专刊）

第5期（总第45期）

预防腐败室　2010年3月9日

“两会”代表和网民积极关注反腐倡廉话题

“两会”开幕以来，反腐倡廉方面的问题一直是两会代表和媒体、网民关注的热点。代表、委员和网民纷纷对反腐倡廉问题发表看法，并提出自己的意见建议。

一、政协常委抨击官场歪风获网民好评

全国政协常委、人口资源环境委员会主任张维庆5日在政协小组讨论会上痛批目前中国官场存在的不正之风，主要观点有：

“权钱交易、公权私化”，“明规则潜规则双轨运行”，“任人唯亲、买官卖官严重”，“领导考察下基层，难听到真实情况”，“地方接待迎来送往成经济政治负担”，“会议太多、大家都不敢讲心里话”，“秘书写稿、文风八股”，“指导工作，全凭讲话”，更表示“从副省长起，做高官已经20多年，但是觉得讲真话越来越难”。此言一出，网民反响热烈，仅新浪网的评论跟帖已经超过1万条。

1. 几乎所有网民都对张维庆的发言给予高度评价，称“敢言”的态度体现了真正的两会精神。张维庆的这一番发言，被媒体评论为“最犀利言论”。网民认为，张维庆委员道出了严峻的现实，体现出了言者的风范。毫无疑问，这才是讨论、审议政府工作报告的应有感觉，也是当代表委员的应有感觉。开两会是为了推动进步、解决问题的，而谀词衮衮，显然无助于达到这一目的。从这个角度说，“敢言”是一名代议者所应具备的起码素质。

2. 部分网民认为这从一个侧面显示出某些代表委员离公众的期待还有些远。网民指出，张维庆的“尖锐”发言成为轰动新闻的现实，本身也说明这样“讲真话”的代表、委员并不多见。与张维庆相比，一些代表委员的“雷人”议案提案却频遭质疑，说明某些代表委员履职还缺乏足够的压力和动力，既没有感受过选举时充分竞争的“残酷”，又因缺乏向被代议者述职等制度设计而体会不到被监督、罢免的“无情”。于是，他们便顺理成章地选择了沉默或无所作为，不在乎公众的感受，表达公众的心声。

3. 网民表示，只有进一步深化政治体制改革，形成公众敢言、代表委员敢作为的制度，才能使代议变得更高效、表达能够更充分、监督能够更有力。《政府工作报告》提出要“创造条件让人民批评政府、监督政府”，而“两会”就是最好的时机、条件和环境。网友表示，期待每年的全国两会，都能成为讲真话的重要时刻；期待每一位代表委员，都能不负众望，大胆讲出真话、讲好真话，真正反映人民心声。

4. 网民期待代表委员“炮声”之后政府能有所行动。网民说：“讲到点子上了，可是如何改变这种现象呢?”“病症查到了！静待医好病。”“官场这些陋习是应该好好整治一下了！”更有网民提出，每年敢于“放炮”“讲真话”的代表委员也不少，但被采纳的意见建议有多少？被他们“炮轰”过的歪风积弊，大多仍会顽固生长，这都让我们不敢盲目乐观。

二、“裸体官员”问题再度引起关注

全国人大代表、重庆大学法学院院长陈忠林接受媒体采访时表示，“裸体官员”不一定都是贪官，但有两种类型的“裸官”，应立即对其展开调查。一是子女配偶投资移民的，应查他的财产来源。二是配偶子女移民后不是去工作的，不是在那边靠自己的能力挣钱养家糊口的，而是靠“裸官”提供资金生活的。

网民对“裸体官员”现象提出以下意见建议：

1. 网民认为，要管住“裸官”，就要建立官员个人财产申报、报告个人重大事项等措施。同时，要对裸官加强监管，如要求定期报告自己的动向，对出国考察学习等，从严审批，防止“裸官”外逃。

2. 纪检部门要在调查方面下工夫，加大主动出击的力度，查明官员配偶、子女的真实情况，而不能光坐等官员自己报告。

3. 要向公众公开披露官员个人信息，使公众掌握在任“裸官”者的现状，发挥群众监督的作用。

4. 也有网民提出，深圳目前实行的“裸官原则上不得担任党政一把手”的做法值得参考。

三、网民认为管住官员“八小时外”根本在于“八小时内”

一位高级法院院长在接受媒体采访时，

描画某些官员为“八小时内，受人尊敬，八小时外，醉生梦死”，又一次激起网络舆论对于官员生活作风的热议。网友纷纷留言，“现在的干部是天天觥筹交错，夜夜莺歌燕舞，终日沉溺在酒席饭桌”、“去当地的大酒店、按摩城看看，停了多少公车?”对此，网民建议：

1. 应加大对官员“八小时外”的监督力度。健全完善八小时之外监督的相关制度，对领导干部“生活圈”、“社交圈”等进行全方位监督。

2. 网民指出，官员“八小时外”的“醉生梦死”，根本在于“八小时内”的权力滥用。应该看到，“八小时外”的监督只是治标，不及其本。完善官员权力运行的监督机制远比监督官员们八小时外的私生活重要。如果要将官员的私生活情况纳入考核体系，那也应该是建立在“八小时之内监督”和“官员责任追究”体系足够完善的基础上。

四、代表和网民建议清晰界定“灰色收入”的概念

《政府工作报告》在阐述规范收入分配秩序的举措时，写明要“规范灰色收入”。引起了代表、委员和网民们的热议。“怎么来界定灰色收入”、“不知要如何规范”。

1. 部分代表和网民认为，灰色收入应当规范。一些代表和委员指出，所谓灰色收入，就是介于白色收入和黑色收入之间的收入。它并不是不合法的，如一些教授、官员讲课或写作的收入，没有纳税，但付出了劳动，收入有合理性，这是灰色收入。“规范”是要把不明朗的状态明晰化，找出界线，合法的归入合法，非法的予以杜绝。某些行业灰色收入比重较大，会引起社会分配不公。《报告》中强调要调整收入分配体制，“规范灰色收入”是缩小分配差距的一个措施。

2. 也有代表和网民担心这一表述会为不法收入合法化创造空间。网民提出，在普通人理解中，“灰色收入”一般指回扣、红包等半贿赂性质的收入，应算做不合法收入。“政府工作报告这么写，让人感觉今后可以送礼收礼了。”网友“毕文章”指出，“灰色收入”往往暴露出一些社会问题和体制性痼疾，“灰色收入”背后隐藏的是贫富不均、社会风气不正等重大问题。也有代表指出，普通劳动者很难有机会获得灰色收入，而那些握有权力或资源的人，往往比较容易产生灰色收入。

对此，一些代表和网民建议：1. 政府相关部门应对灰色收入有一个明确的界定，如什么情况下取得的收入叫灰色收入，分哪几种情况等等。2. 要建立公务人员财产申报公示制度，将收入来源一一列明，这样才能避免将手中的权力化为不见阳光的“灰色收入”。

网民留言和来信情况专报（“两会”专刊）

第6期（总第46期）

预防腐败室 2010年3月9日

境外媒体聚焦中国反腐新举措

今年“两会”期间，各大境外媒体也一如既往地对中国反腐倡廉工作保持高度关注，特别是中共中央近期印发的《中国共产党党员领导干部廉洁从政若干准则》（简称《廉政准则》），以及《国家预防腐败局2010年工作要点》中关于加强对“裸官”的监管，被看作是2010年中国重要的反腐举措。相关报道摘编如下：

一、关于《中国共产党党员领导干部廉洁从政若干准则》

境外媒体主要评论如下：

1.《廉政准则》是中国“公务员道德法典”。俄罗斯消息网报道认为，《廉政准则》将焦点集中在了对公务员的道德要求上。它认为，《廉政准则》开列出人民公务员不应从事活动的名单。官员不应接受珍贵礼品，出席豪华酒宴，不得铺张浪费；规定不允许官员巨款装修办公室、超标购买公务用车、借婚礼或葬礼之机敛财。这说明现阶段中国公务员的豪华生活已引发人民的不满。

2.《廉政准则》为官员划定了高压线。《澳门日报》2月26日刊登社论报道：多年来，尽管中央在反腐败方面花了很大的气力，取得一定的成效，但腐败问题远未解决。不少位高权重官员的落马，传递出一个讯息，反腐高压将长时间成为执政党的重要工作。与此相配合的是，廉政工作也须进一步加强。新的《廉政准则》的出台，正是其中重要一环。

《廉政准则》为干部设立了为官的戒律，作用和有效性主要通过干部自觉执行体现，也要与党内外监督机制相结合，才能充分发挥其效用。和平建设时期，危险主要来自腐败。执政党只有坚决反对腐败、有效地预防腐败，才能维护国家的稳定和发展。新的《廉政准则》的颁行，正是为了这个目的。

3. 不少媒体认为，《廉政准则》效力有待观察。新加坡《联合早报》援引北京有关学者的观点：建国以来，官方颁布各类反腐禁令早已够多、够细，但这些禁令对多数贪官仍不具约束力。其中最根本的原因是，包括监督权在内的各种公权力运行一直处于封闭状态，公众无从参与也无从监督。这一点不改变，再多的“廉政准则”都难免沦为空谈。从这个角度看，这次出台的八大“禁止”和52个“不准”，对贪官的约束力肯定不如扎扎实实地推进舆论一直呼吁的官员财产申报公示制度。

二、关于加强对“裸体官员”的监管

法新社报道称，中国监察部和国家预防腐败局将对“裸官”（指配偶和子女均移居海外的公职人员）进一步加强监管。有数据显示，1978年至2003年期间，有大约4000名腐败干部逃离中国，带走了约500

亿美元。他们一开始都是先将配偶或子女送至国外。而台湾《联合报》重点关注采取加强官员护照管理等办法治理“裸官”问题。

“裸财”、“裸权”是治理“裸官”问题的根本措施。新加坡《联合早报》引述国内部分媒体报道称：要想真正从源头上堵住“裸官”的去路，根本性的措施有两条，一是“裸财”，二是“裸权”。所谓“裸财”，就是要从法律层面出台“官员财产申报公示制度”。所谓“裸权”，就是要让权力在阳光下运作，接受真正有效的监督。如果有严密的制度、相互制衡的机制保证政府官员在有效监督下使用权力，那么即便有些人想做“裸官”，他的“财路”也会被掐断。

在“裸财”和“裸权”无法实现之前，深圳提出“裸官”不得担任党政机关正职，不得成为重要部门的领导班子成员，还是具有积极意义的。舆论应该鼓励各地先从让公众了解哪些官员已经“全裸”或“半裸”做起，通过整治“裸官”，推动官方走向“裸财”和“裸权”。

“裸官”外逃归根结底，还是现行法制的缺失和无力，还是信息不对称造成的监督缺失，以及暗箱操作下的权力腐败。解决这个问题，最关键的还是要建立财产公示制度和官员家属出国定居申报制度。

网民留言和来信情况专报（“两会”专刊）

第 7 期（总第 47 期）

预防腐败室 2010 年 3 月 10 日

媒体及网民期望政府财政预算早日全面有效公开

一、媒体及网民关于政府财政预算公开的评论

据媒体报道，今年“两会”期间，中央政府向全国人大提交的预算草案报告，在继去年附 12 张预算表的基础上增加了 3 张。草案承诺，将积极推进预算公开，建立健全规范的预算公开机制，自觉接受社会监督。3 月 7 日，财政部新闻发言人接受中国政府网专访时表示，报告经全国人大审议通过之后会尽快向社会公布，进一步加大预算公开的力度，便于社会了解和监督预算执行。与此同时，媒体也关注到，全国人民代表大会审议关于 2009 年中央和地方预算执行情况与 2010 年中央和地方预算草案的报告时遭遇冷场，在个别代表团的全体会议和小组分组审议中，甚至没有一个人谈到预算报告。

对此，媒体及网民认为：这一方面体现了政府财政预算更加公开和透明，是对舆论多年来呼吁财政预算公开的一个回应，是一种进步，值得肯定；另一方面，说明当前的财政预算科目设计及公开的内容离群众的期望还有很大差距，一些人大代表和政协委员

批评预算看不懂就是例证。

二、政府财政预算公开力度不够的原因

网民认为，当前，政府财政预算，特别是许多地方政府财政预算执行不力、刚性不足的一个重要原因在于没有实行预算全面有效公开，而这也是导致一些消极腐败行为（如“三公”问题）屡禁不止的一个重要因素，因为群众无法在缺乏全面公开的财政预算情况下对政府及官员的花钱行为进行有效的监督。网民分析认为，政府财政预算公开力度不够的主要原因在于：

1. 长期以来把政府财政预算作为“保密资料”。全国政协委员、全国人大常委会预算工作委员会原副主任王大成的话从一个侧面反映了这个问题：“过去开完会就收回预算本子，现在参会人员已经可以带走预算本子了，这也是进步。”

2. 一些政府官员不愿接受群众监督和舆论监督。一些领导干部主动接受监督的意识不够，特别是在人、财、物的管理使用问题上，“不希望受外界干扰”。还有一些人更是“为政绩编假数、作假账，隐瞒实情，误国害民”，根本不想公开包括财政预算在内的任何事项，生怕束缚了自己的手脚。

3. 当前的财政预算科目设计不够具体、不够完善。由于科目不够细化，预算即使公开了，老百姓也看不明白。比如，社会广泛关注的“三公”消费支出看不出来，原因就在于现在的预算是按功能来分类的，如教育、卫生等，而每一类中都包括了概括的行政支出，混在其中。

三、对政府财政预算公开的意见建议

许多媒体及网民呼吁，政府应该采取有效措施，建立健全财政预算公开机制，自觉接受社会监督。

1. 加强教育引导和监督检查，督促各级领导干部牢固树立自觉接受人大代表、新闻媒体和人民群众监督的意识。网民认为，“信息公开几乎不存在什么技术上的困难，关键是政府愿不愿意公开”，而政府及官员手中的权力是人民赋予的，“花的每一分钱都是我们纳税人的钱”，应该用来为人民服务并接受各方面的监督。

2. 改革预算编制，完善科目设计，让老百姓能看得懂、监督得到。全国人大常委会预算工委应该与财政部沟通协商，进一步细化预算科目，进一步提高预算科目设计的科学性。有专家表示，“预算公开最关键的是账本要让大家看懂，政府要做一本大家能看明白的账”，网民纷纷表示支持，并要求“其中应该有详细的公务支出”，以从源头上治理“三公”问题。

3. 修订完善相关法律，保障财政预算公开在法制化的轨道上运行。《政府信息公开条例》中将预算、决算报告列为政府部门应重点公开的信息，但《预算法》、《保密法》中缺乏相关规定。应在新修订的《预算法》中加入公开的内容，同时修订《保密法》，对“国家秘密”的范围作出清晰界定。

4. 进一步改进部门预算的编制和公开方式，便于内部监督和社会公众查询。当前，在推进各级政府财政预算公开的同时，应注重改进、细化部门预算，采取适当方式在一定范围内公开，例如在该部门范围内公开，以强化内部监督的作用。对于群众申请公开的事项，应按照法规规定及时答复，提供相关信息。

5. 应保障公众对预算编制过程的知情权和参与权，使预算编制更加公开、透明。网民提出，应学习国外经验，提高预算编制的公开性和透明度，如美国政府在预算编制过程中，总统预算草案要在全国公布于众，而且任何党派、团体或部门都可以提出自己的意见。目前我国财政预算都是在“经人大审议通过后”才能公开，编制过程缺乏公众参与。应在草案编制过程中就充分吸收公众意见和建议，发挥公众参与社会事务管理的积极性，从而使预算编制更加公开、民主、透明。

网民留言和来信情况专报（“两会”专刊）

第 8 期（总第 48 期）

预防腐败室　2010 年 3 月 12 日

新角度、新思路、新期待

——从近期网民留言和来信看网民参与“两会”的变化

“两会”开幕以来，广大网民热切关注，对反腐倡廉工作纷纷发表见解，积极参与互动讨论，提出了许多意见和建议。从留言和来信的总体情况看，今年网民参与“两会”呈现出新意，具体表现在角度、思路、期待三个方面的变化。

一、新的变化

（一）新角度：从批评对立走向建议帮助

在网友留言中，绝大多数言辞恳切，诸如建议、希望、请、最好、但愿、需要、应该等积极或中性的词语较大程度上代替了以往批评、指责甚至宣泄为主的用词。在人民网、新华网等知名网站的互动板块，许多网民积极参与讨论和调查，既分析有关问题的背景原因，又提出建设性意见。特别是在体制机制建设、加强民主监督、预防和惩治腐败等方面，提出了很多意见建议，具有较强的针对性、系统性、可行性，对于各地区、各部门全面深入了解情况，更好地开展下一步工作，具有重要的参考意义。

（二）新思路：从具体举措扩展到制度架构

网民留言和来信同时也表现出思路上的变化，主要表现在：

更加注重制度建设。新华网调查显示，多数网民认为应完善廉洁从政各项规定，建立健全有关体制、机制、制度。新浪网在对“如何加强制度建设，构筑制度反腐的铁壁”方面，31.14%的网民认为要对“一把手”的人、财、物“三权”采取切实监督，防止大权独揽；26.60%的网民认为应发挥舆论监督和群众监督的力量；21.17%的网民认为应建立反腐败教育、监督、预防、惩治四个方面的制度；16.64%的网民认为应加大经济处罚和组织处理力度。许多网民呼吁，要尽量从体制入手解决当前存在的问题，真正做到立法、司法、执法、监督各部门相对独立，相互制约，相互督促，努力形成用制度规范从政行为、按制度办事、靠制度管人的有效机制，切实解决好导致腐败滋生的深层次问题。

更加强调执行落实。许多网友提出，反腐败斗争最关键的就是要提高执行力，“规定”再多，不如一个“落实”。要通过落实，达到“有效管用”的目标，切莫出现重制定、轻执行的现象，这也是当前加强反腐倡廉建设最为紧迫的任务。

更加贴近形势发展。许多网民谈到，2009年中央工作的重心在“保”，今年的关键字则是“变”。从经济发展、产业结构看要强调“变”，反腐倡廉工作也要求“变”求“新”。在哪些方面变、怎样变、变多少，都需要主管部门认真研究，拿出切实可行的措施。留言还提出，民生问题已经是全社会关注的重点，反腐倡廉工作也要顺应这一形势，加强对住房、医疗、教育、劳动报酬等方面的监督，不断加大惩处和预防力度。

更加倡导综合建设。网民认为，应该调动全党全社会的力量，形成反腐倡廉的强大态势，以转变领导干部作风为切入点，加强反腐倡廉教育和对权力运行的监督，建立适应经济社会发展形势的预防机制。各级党委要切实履行抓党风廉政建设的第一责任，把网络监督纳入反腐体系，使网络反腐成为制度反腐的又一利器。

（三）新期待：从超前急切转变为理性客观

从人民网等各大网站的总体情况看，网民的成熟度进一步提高，较少表现出激进和极端，对反腐倡廉工作的期望也更趋理性和客观。许多网民的言语中，透露出对纪检监察部门的理解和支持，希望有关方面能够保持目前的工作状态，从当前一些关键领域和重点环节入手，长期扎实推进各项工作，力争在制度安排和体制完善上取得新突破，在查处大案要案上取得新进展，以社会各界认可、人民群众满意的工作成绩回应广大网民的新期待。另一方面，网民普遍认为下一步监督的重点，应放在高官人群、公检法领域、基层官员以及财产申报、“三公”行为、工程建设、资金使用等方面。

二、原因分析

出现上述变化的原因主要有：一是2009年反腐倡廉工作成效显著。多名省部级高官涉嫌违法违纪被查处，重庆“打黑”使出组合拳，足坛“打假”上升到反腐层面，反腐专项治理亮点频现，老百姓看到了廉政建设的实在效果，政府的公信度和人民的满意度不断上升。二是当前反腐倡廉建设力度不断加大。新年伊始，中央纪委召开第十七届五次全会，提出了“五个严肃查办”，对腐败行为和涉案人员进一步形成高压态势。2月23日，中共中央印发了《中国共产党党员领导干部廉洁从政若干准则》，表明了高层从源头上治理腐败问题的坚强决心。三是民众的意见建议被广泛采纳。近年来国家有关部门通过各种形式积极听取和采纳公众的意见，例如，2008年全国人大会议共收到建议6279件，71.5%已经解决或计划解决，其中许多建议是代表们通过网络征集得来的。网民的心声得到及时表达，意见得到有效采纳，促使大家逐步转变观念，更加理解和支持包括反腐倡廉在内的各项工作。四是网民的整体素质有所提高，表达见解和发表建议更加理性和客观。许多专家、学者、相关工作人员逐渐加入到网民行列，他们积极发表看法，提出建议，提升了网民的整体素质。反腐倡廉网络舆情机制的不断发展完善，使更多网民对反腐倡廉工作有了更全面的了解和更深刻的认识。

网民留言和来信情况专报（“两会”专刊）

第9期（总第49期）

预防腐败室　2010年3月12日

网民继续关注反腐倡廉相关话题

全国“两会”已近尾声，两会代表和网民对反腐倡廉工作继续提出许多意见建议，归纳摘编如下：

一、关注领导干部问责制

温家宝总理在《政府工作报告》中指出：“强化行政问责，对失职渎职、不作为和乱作为的，要严肃追究责任”。近日，全国政协委员潘复生接受新华网的采访时表示，“目前我们还没有真正实现由‘权力问责’为主向以‘制度问责’为主的转变，问责的法律体系亟待完善”。这一观点引起网民的兴趣。

网民指出，目前官员问责的力度较以前有很大的加强，但还存在不少问题，归纳起来主要有以下几点：

1. 问责的主体和客体，即谁问责和问责谁界定不明确。目前来看，问责大多还局限于行政部门上下级之间的内部问责，具体问责方式也多是“行政问责”。网民认为，官员的权力是人民授予的，问责的主体应该是人民群众，人大应该在问责上发挥更大作用。问责的客体不明确，尤其是一些多部门“齐抓共管”、“集体决策”的事情，往往出现“集体负责”就是无人负责的情况。

2. 问责的内容和范围界定不清晰。官员在问责中具体承担什么责任，是直接责任还是间接责任，是行政责任还是法律责任，现在还不是很明确。还有网民指出，现在的官员被问责大多是因为在重大事故或灾难中失职，那些盲目决策造成巨大损失、在选人用人方面失误失察的官员还很少被问责，但后者的失职造成的损失并不比前者小。“如果仅仅为了‘平民愤’、‘避风头’而去问责，终归难以令被问责者和民众心服口服。表面上可能问出了一个大快民心的‘责任’，最终仍然‘问’得一头雾水。”

3. 对问责的监督不到位。由于尚未形成制度性的官员问责，在问责中谁来监督、监督什么、如何监督就成了问题；问责后，受问责的官员的处理和具体安排等也呈现“真空”状态，导致有的问责落实不到位，甚至被问责下台者迅速“复出”。网民对这种现象意见激烈，认为这种“高高举起、轻轻落下”的问责是在“搪塞民意”，让问责的效果大打折扣，最终会严重损害党和政府的公信力。部分网民提出，被问责的官员并非不能复出，但这种复出必须置于人民群众的监督视野之内。

4. 缺乏被问责官员的权益保障机制。官员问责涉及不少“高官”，从某些方面来说他们也对国家的事业做出了不少贡献，很难保证每次问责都是公正的。对这些官员的合法权益如何维护，在不公正问责中遭受的损失如何弥补等问题，需要相关的制度保障，以维护问责实施的相对公正性。

网民建议，针对以上问题，一是必须以立法形式，对现有零散的规定加以整合，形成一部全国统一的“国家行政问责法”，科学规定问责的范围、对象、事项、处理程序、惩罚措施。二是必须严格依法执行问责，确保问责发挥应有的作用，避免出现“伪问责”。

二、呼吁重大工程建设项目要加强阳光监督

日前，全国政协委员、民进中央常委、重庆市政协副主席陈景秋在接受媒体采访时，指出政府的重大工程建设项目需要大力加强阳光监督，不少网民对此深表赞同并提出了建议。

网民认为，目前工程建设领域还是腐败的重灾区。尤其去年以来，巨额资金投入基础设施建设，这些利用公共资金、对公众利益影响深远的工程必须受到重点监督。多年来在重大建设项目领域开展的监督，仅仅限于权力的自我监管，即“体内监管”，这样“集运动员和裁判员于一身”的情况下，难免出现监管不到位。而梳理我国重大项目建设及其管理中的违法违纪问题，可以发现腐败问题大多出现在决策、审批、预算、征地拆迁、工程发包、招标投标、物资采购、质量监管、竣工验收和结算等环节，许多案件显示出跨行业、跨省市的广涉性和犯罪手段反侦查性、隐蔽性强的特点，即使在十分严格的体内监督下，也难免疏漏。而工程建设领域的法律法规制度尚不健全、行业管理不够规范也是造成腐败现象多发的重要原因。

对此，网民建议，一是要健全工程建设领域的法律法规，堵住制度上的漏洞，让腐败分子无机可乘；二是除涉及国家秘密的项目之外，重大工程项目的建设过程，从立项、审批、预算，到发包、招投标、物资采购的各个环节，都要进行公开公示，让社会广泛知晓，把重大工程建设项目放到阳光之下监管，发挥公众和舆论的监督作用。因为行贿人用钱可以买通一些人，但是不可能买通舆论、买通公众。二是重大工程项目还要有行业监督。项目的全过程要在业内公布，让同行知晓，并请业内专家出任兼职的监督员。因为同行间有利益的竞争，业内的监督也会是相当有效的途径之一。

三、充分发挥人民群众在反腐倡廉中的作用

“两会”期间，网民就如何发挥人民群众在反腐倡廉中的作用进行了热烈讨论。网民普遍认为，应进一步发展民主，保障群众的知情权、参与权、表达权和监督权，更好地发挥人民群众在反腐倡廉中的作用。

1. 要加强反腐倡廉宣传教育。网民指出，现在许多群众参与反腐倡廉的意识比较淡薄，有的对不涉及自身利益的事情，不愿参与；有的存在畏难情绪，怕得罪人，不想参与；有的怕打击报复，不敢参与；有的甚至在遭遇不公正对待时，仍逆来顺受“忍了”。因此，必须对群众加强宣传教育，增强人民群众参与反腐倡廉的意识。

2. 拓宽监督渠道，丰富监督方式。网民建议，要进一步改进信访举报工作，充分发挥网络监督的作用，拓宽群众参与反腐倡廉的渠道。还有网民提出，要通过建立政府各部门主要负责人与网民在线交流制度、完善行政复议和行政诉讼制度、加强重大事项征询群众意见工作等，保障群众的参与权和表达权。

3. 完善社会监督员、特邀监察员等群众监督制度。网民表示，政府在推进群众监督的过程中，探索出了特邀监察员、行风评议员、社会监督员等多种群众监督形式，发挥了一定的作用。但是，由于在权利义务等方面缺少明确规定，其监督作用并没有得到充分发挥。网民建议，进一步完善相关制度，明确授权主体、监督员（评议员、监察员）的资格条件、权利义务、监督范围、监督程序、经费保障等，并充分保障其相对独立性，以便更好地开展监督工作。

4. 充分发挥人大和政协的监督作用。有网民建议人大和政协设立反应社情民意的“咨询委员会”和监督政府运作的“廉政委员会”，负责对“一府二院”的领导干部进行常态化监督，对一些群众反映强烈的、社会影响大的问题进行巡视调查。这两个机构接受舆论和公众的监督，充分发挥人大和政协的监督作用。

网民留言和来信情况专报（“两会”专刊）

第10期（总第50期）

预防腐败室 2010年3月12日

网民热议两高工作报告 司法公正成期盼亮点

司法公正在历年“两会”中都受到极大关注。今年“两会”前夕，新浪网调查显示，司法公正位列网民关心话题之首。3月11日，十一届全国人大三次会议召开第四次全会，听取最高人民法院和最高人民检察院工作报告。不少网民对两高工作报告反映热烈，认为两高报告“引人注目”，“诚恳、务实”，“讲成绩实事求是，客观实在，谈不足直面问题，不虚招应付”，感到“非常满意”。网民也对司法机关提出了自己的意见建议：

一、整顿司法队伍，加强自身建设

高法报告指出，去年各级法院共查处违纪违法人员795人；高检报告指出，去年立案侦查涉嫌贪赃枉法、徇私舞弊等犯罪的司法工作人员2761人。网民表示，当前司法系统内部问题层出不穷，黄松有等高级领导腐败案件影响恶劣，严重破坏了司法公信力，清理整顿司法队伍是保证司法公正的关键。

王胜俊在高法报告中强调，要始终把队伍建设作为人民法院工作的关键来抓，把加强廉政建设作为重中之重，不断提高人民法院队伍整体素质。对此，网民高度认可，纷纷表示，法官是社会最后的裁判员，只有清正廉洁才能守住法律的底线。

对此，网民建议，一要在司法系统开展廉洁文化建设，不断提高司法工作人员的职业素养和廉政意识；二要实行严格的冤案、错案责任追究制度，对个别司法人员玩弄法律，肆意侵害当事人权益的问题坚决予以纠正；三要严肃查办司法人员违纪违法案件，加大惩处力度。

二、增加司法公开透明度，保障公众司法监督权

网民提出，今年“两会”上，温总理将“让权力在阳光下运行”写入政府工作报告，而“创造条件让人民批评政府、监督政府”的提法更是得到广大人民群众的盛赞。法院和检察院都是人民的“公器”，掌握着国家司法大权，工作理应尽可能地向社会公开，接受人民监督。只有提高司法工作的透明度，才能防止出现腐败现象。

第一，要公开立案程序。包括各类案件

的立案条件、立案流程、法律文书样式、诉讼费用标准等，“让老百姓明明白白打官司”。

第二，要公开审判过程。健全和完善旁听制度，合议庭要认真听取旁听庭审的公民的意见建议。有序推进陪审团制度试点工作，让陪审员更多参与审判活动。建立有序开放的媒体报道制度，消除公众和媒体知情监督的障碍。将审判过程在不泄密的情况下放到网上公开。

第三，要公开审判结果。除有特殊规定外，裁判文书可通过网络或公报形式向民众公开，接受群众的监督和评议。

网民呼吁，司法腐败对于司法系统公信力的影响是致命的，司法机关不能充当腐败分子的保护伞，司法工作要公开，避免暗箱操作，接受百姓的监督，同时形成制度，像政府信息公开条例那样有规可循、有章可查。

三、切实解决执行难问题，杜绝执行领域腐败现象

网民对法院判决执行难的问题深恶痛绝。许多网民认为，现在司法领域最大的问题是执行难，法院判决生效，但却迟迟不能执行，这种现象有损我国法律的威严。执行机制和审判机制一样重要，因为审判的正义需要靠执行来体现。有网民反问，老百姓打赢一场官司很不容易，打赢了却得不到应有的赔偿，会是什么心情？

也有网民直指执行中的腐败问题：“听说执行是法院的肥缺，对于涉案金额比较大的案子，执行的时候有一些‘潜规则’”；“执行领域存在的腐败现象在司法不廉中占很大比例，一些执行人员把执行权当作谋取私利的工具，搞权钱交易，简直罪不可赦”。

网民表示，司法公正是社会和谐之本，司法公正体现一个国家的文明度，没有公正的司法，就没有诚信的政府。希望“两会”积极促进有关部门深化司法体制和工作机制改革，加强司法监督，规范司法行为，实现司法民主，确保群众的知情权和参与权，体现司法为民的理念，满足人民对司法公正的期待。

2011 年

网民留言和来信情况专报（“两会”专刊）

第 1 期（总第 56 期）

预防腐败室　2011 年 3 月 1 日

“两会”前网民关注的反腐倡廉热点问题

“两会”前夕，各大网站先后推出“两会”网络调查，反腐倡廉仍然受到网民高度关注。人民网调查显示，今年网民最关注的两会热点话题中，“反腐倡廉”位列第三，居“社会保障”、“司法公正”之后。人民网“部委领导留言板块”中，给国家预防腐败局局长马驭同志的留言，截至 3 月 1 日共有 17882 条。国家预防腐败局网站“网友互动”栏目留言数量也有所上升。网民留言主要涉及以下几方面：

一、着重解决权力过度集中、缺乏有效监督问题

网民认为，腐败现象的存在，无非是权力没有受到有效的制约。目前，权力过度集中，对“一把手”缺少监督的问题仍十分严重。日前，温家宝总理在接受中国政府网和新华网专访时也谈到，“之所以出现一把手滥用职权、渎职侵权这类问题，主要还是因为我们政府和主要领导人权力过大、权力过于集中而又得不到约束。”网民对此表示强烈认同。

网民认为，“绝对的权力导致绝对的腐败”，治理腐败关键在于权力是否受到监督和约束。只有当权力受到监督，行政公开透明，群众公平参与，才有可能解决腐败问题。而要想解决这个问题，必须从制度着手，也只能从制度着手，例如实行权力运行公开机制、党政领导干部财产公示制度等。要把从制度上制约腐败，作为反腐倡廉的一项经常性的有效措施。

二、加大对腐败现象的惩治力度

网民认为，目前对腐败现象和腐败分子的查处力度还不够。表现在：一些腐败案件线索没有得到深挖细究，部分腐败分子成为漏网之鱼，导致贪污腐败成本偏低、一些腐败分子心存侥幸；对一些群体性腐败案件，因涉案人员多、案情复杂，一些领导干部怕影响社会稳定，或怕“家丑”外扬，就竭力缩小涉案人员范围和级别，使案件没有得到彻底查处；对腐败分子的处理往往“失之于软”，贪污几十万、几百万的往往也就判上几年，难以形成有效震慑。网民建议：

1. 要提高查处腐败的概率。网民提出，“很多腐败者都有侥幸心理，认为那么多人腐败怎么会就抓到我呢?”在这种心理下，腐败的可能性就增加了。因此，在打击腐败的问题上，不能只打击“点”，只有真正做到打击“面”、打击“片”，才能起到遏制腐败的作用，让漏网之鱼越来越少，使腐败者始终心有余悸，惶惶不可终日。

2. 要加大对腐败分子的处理力度。必须依照法律和党政纪规定从严从重从快给腐败分子以严厉制裁，不能出现大事化小、小事化了的现象。

3. 要加大腐败分子违纪违法的经济成本。现实中一些腐败分子往往“难受一阵子，舒服一辈子”，或者“牺牲我一个，幸福几代人”。对此，网民提议不仅要没收腐败分子违纪违法占有的他人财产，还要坚决没收其不能说明来源的财产，加大追缴力度，使腐败分子“辛辛苦苦几十年、一夜回到解放前”，彻底清缴其不义之财，使腐败变得无利可图。

三、下大力气解决群众身边的腐败问题

网民表示，虽然近年来中央在反腐败上投入巨大，查处了不少大案要案，但民众对反腐败工作的满意度并不高，原因在于他们对身边的腐败更敏感。“大腐败分子，对国家社会危害严重，然而对人民的危害是间接的，基层百姓感觉不出来的。而发生在群众身边的腐败与每个人的生存密切相关，是人民生活中最敏感的神经。”“乱罚款、乱摊派、吃拿卡要这些不正之风，看似金额不大、性质轻微，但是对老百姓利益的损害是实实在在的，严重影响民众对反腐败工作成效的认识。”

而国家预防腐败局网站上，网民举报反映的信访对象也集中在科处级领导干部和村干部。其中，反映村干部滥用职权、贪污挪用公款的留言数量一直居高不下。问题主要包括村干部违规处置集体资产、擅自出租转让土地、贪污挪用征地拆迁补偿款、村财务不公开，部分村干部甚至利用家族势力或与黑社会势力相互勾结，仗势欺人，作威作福，问题长期得不到处理。网民建议：

1. 依靠群众监督，完善举报保密制度。“对这些发生在自己身边的腐败，而且和自身利益关系密切，群众的眼睛是最亮的。”因此，应当充分发挥群众监督的作用。此外，应当进一步完善举报保密制度，防止出现举报人信息泄露现象。

2. 加大基层办案力度。应当加大对基层的巡视和案件线索排查，严肃查处基层腐败现象。为避免出现“人情关”难过的现象，应实行交叉办案、异地检查等举措。

3. 加强基层纪检监察机关建设。网民建议实行纪检监察机关垂直管理。保障基层纪检监察机关的人员、经费、办公设备等，加大基层纪检监察干部培训力度，提高其执法执纪水平，使他们有能力维护基层群众利益。

4. 加强基层尤其是农村干部选拔任用工作改革力度。通过民主选举、公开考试、公推公选等方式选拔干部。同时，对基层干部的考核结果进行公示，实行末位淘汰制。

四、积极推动官员财产公示制度

近日，中国社科院公布《2011 年度法治蓝皮书》提到，有 81.4% 的公众和 70% 的公职人员赞同官员财产公示，并认为应将私车、股票等财产也包括在内。这表明，官员财产公示制度在公众以及公职人员中都得到了普遍的认同。网民建议：

1. 加紧完善金融实名制、不动产登记制、现金交易管理制度、社会诚信体系、境外或居住地外财产核实制等配套制度，为官员财产申报公示制度尽快走上前台扫清障碍。

2. 应当由上而下推行这一“阳光法案”。调查表明，公职人员中，级别较高的被调查者对财产公示制度的认同度更高，省部级和司局级公职人员中有超过80%认为应当进行财产公示，而科级以下只有64.4%的人认可。网友指出，应当顺应这个潮流，自上而下的推行财产申报公示制度。而且，领导者率先垂范，做出表率，“阳光法案”的推行才能更顺畅无阻，实至名归。

3. 可先行试点，逐步完善制度设计。一是可以在新考录、拟提职的公职人员中进行试点，逐步扩大至所有官员；二是选取一些腐败易发多发的领域试点，如工程建设、政法等领域，再逐步推行到其他领域。

五、加大“三公消费”治理力度

今年网民对“三公消费”问题仍然高度关注。网民提出，“三公消费”之所以屡禁不止，其实质还是特权问题，是公众对公共财政和政府的监督长期不能到位造成的。

也有网民指出，有些“公款消费”其实是心照不宣的潜规则。事实上，许多基层干部对整天在饭局中生活、泛滥的公务接待也已不胜其烦。“请吃、请喝，陪吃、陪喝已经是必不可少的程序，否则资金、资源、项目、政策优惠甚至升迁都不会得到安排，于是公款接待的规格越来越高，财政开支和行政成本越来越大。”网民建议：

1. 加大公开力度，接受群众监督。网民建议，应当向社会公开详尽的预算、开支明细、公车数量、公务考察行程、公务接待对象等信息，以便公众监督。

2. 对三公消费项目进行“瘦身”。对名目繁多的招待费、会议费、考察费等进行削减。不得超标准核销公务接待、公车购买、差旅费报销等“三公”费用。

3. 加强对财政经费的管理。细化财政预算，强化预算执行，完善财务预算、结算、审计制度。推行公务卡消费制度，严格财务核销。

4. 进一步完善法律法规，明确规定“三公问题”的违法违规形式和处罚措施，加大对“三公问题”的处罚力度。

六、加大政府信息公开力度

网民反映，目前我国政府信息公开现状仍然不尽如人意。存在问题主要包括：部分政府网站更新及运行缓慢、不稳定，公众获取信息的成本较高，申请公开的程序复杂，信息公开充斥官话套话等。网民建议，进一步增加公开内容，扩大公开范围，增加公开载体，督促各项公开制度的执行，保障群众的知情权、表达权和监督权。

七、反腐败立法及制度建设

网友呼吁，尽快出台一部具有纲领性的反腐败法，协调各反腐败机构的关系，指导反腐败立法，解决反腐败机构职能交叉重叠、反腐败法律互不统属、同一案件参照法律自由度较大等问题，使反腐败工作走上法制化轨道。制定公职人员道德法案，加强全社会范围的诚信体系建设。加强制度设计的科学性和制度执行的刚性，切实做到有法可依、有法必依、执法必严、违法必究。

八、加强和改进信访工作

部分网民对现行信访举报制度表示不满，认为存在失职渎职、滥用私刑、枉法包庇等现象，致使问题长期得不到解决，群众利益受损。网民建议，应畅通信访举报渠道，做到及时受理、及时办结、及时反馈。加强信访举报干部队伍建设，不断提高基层信访工作人员的综合素质和接访能力。加大对举报人保护力度，维护举报人人身安全，严惩打击报复行为。

网民留言和来信情况专报（“两会”专刊）

第2期（总第57期）

预防腐败室 2011年3月4日

县政府网站咨询投诉回复率100%得到网民好评

3月1日，有网民在“天涯论坛”发帖称，陕西省合阳县政府网站对民众咨询投诉问题的回复率高达100%，而且该网站对一些言语偏激甚至不知所云的提问人员，也都耐心给予专业答复，非常值得赞赏。该贴一经发出，立刻引起广大网民兴趣。合阳县政府网站也受到网民热捧，被誉为“史上最敬业的县政府网站”，甚至由于网民前往“围观”人数过多而一度导致瘫痪。新华网、中新网、凤凰网、新浪网、腾讯网等媒体也对此事高度关注，纷纷转载该新闻并发表评论。

据报道，该网站县长信箱、信访信箱、咨询投诉三个栏目中有不少投诉问题，办理状态全部显示“已回复”。最让网民称道的是，该网站每条回复都是有针对性的，先调查反映情况是否属实，再给出具体解决办法，基本不存在两条相同的回复。如针对网民反映某村干部为亲属违规占用低保扶贫指标一事，该县信访局一个礼拜后即回复：“经调查，你反映的问题基本属实”，并作出责令相关村干部向镇党委写书面检查、取消低保资格并通报批评等处理；对一个咨询某小区电费标准的问题，该县物价局的答复意见多达数千字；对其中一条内容全为乱码的帖子，网站也回复：“由于你反映的问题不详，并属匿名信，无法进行转办，根据《信访条例》的有关规定，不予受理，特此告知。”

一、网民对该网站给予高度评价和赞赏

很多网友对该政府网站的严肃认真的办事态度给予高度评价，认为体现出当地政府以人为本的执政理念。即使是对于乱码的留言也给予回复，虽没有实质意义，但反映出政府对百姓的态度和工作的效率。“非常不错，政府就应该这样，政府本身的目的就是为人民服务，不管大事小事、琐事繁事，都应该为人民解答。”“这么一个贫困县，网上咨询投诉回复率居然达100%。相比好多城市甚至国家部委的咨询投诉板块整页无人问津，可真是让人眼前一亮！”“只要是干了好事，真心诚意地为人民服务了，老百姓们还是不会吝啬赞美之词的！”

二、网民认为该事件折射出众多政府网站不作为的现状

也有网民指出，合阳县政府网站其实只是做好了本职工作，但其脱颖而出获得“最敬业”头衔，反衬出众多政府网站的不作为、不敬业，以及不少政府网站和个别政府人员对民生问题的漠视。“正是有过太多门难进，脸难看，事难办的经历，大家才会对合阳县政府网站这么追捧，不是合阳县政府的网站做得特别好，而是有些网站做得特别糟。”

中国人民大学政治系教授、博士生导师张鸣指出，正是因为多数政府网站对群众意见回复的不及时，反衬了合阳政府与民沟通的务实、有效以及态度上的重视，这其实是各级政府都应该做到的，从一个侧面说明了群众希望得到回复的强烈愿望。

三、网民的意见建议

1. 网民认为，通过网络对百姓的咨询投诉及时处理和恢复，能够及时化解社会矛盾，减少上访次数，维护社会稳定，应当予以推广。很多网民指出，合阳县的这种做法体现了社会管理方式的创新。网络作为一种低成本、快捷、高效、透明的沟通渠道，为政府与公众良性互动提供了很好的平台。如果群众反映的问题能够得到公平公正的处理，又何必劳时费力地去上访呢？只要政府有诚意、与群众心连心，就能够通过网络随时听取百姓心声。

2. 网民提出，应充分发挥政府网站的作用，真正做到便民高效。不少网民提到，现在政府网站的状况不容乐观，一些政府网站形同虚设，信息公开不及时，没有留言功能，或对百姓投诉要么置之不理，要么动辄删帖，巨资建设的网站成为了形象工程、花瓶工程，没有起到应有的政务信息公开、推动政府与公众良性互动的作用，无法保障公众的知情权和监督权。网民建议尽快出台政府网站建设标准，通过法规倒逼服务型政府网站的大量涌现。

3. 网民提出，应借鉴合阳县政府网站的经验，加强网站信息员队伍建设。据介绍，合阳县政府网站的回复之所以能落到实处，是因为网站有专门信息员负责网民互动，该县各单位也都设有信息员，每年都进行培训。网民所提问题涉及的相关部门要在5日内作出回复，回复不合格的还要及时返工。网民建议对这一经验在全国进行推广，使政府网站真正实现沟通民意的作用。

网民留言和来信情况专报（“两会”专刊）

第3期（总第58期）

预防腐败室　2011年3月7日

媒体和网民对公车改革充满期待

一、媒体和网民关于公车改革的评论

温家宝总理在《政府工作报告》中强调：2011年（公务）车辆购置及运行费等支出原则上零增长，规范公务用车配备管理并积极推进公务用车制度改革。马驭同志3月5日接受采访时表示，今年将清理公车，规范公车的编制和使用范围，推进公车改革。此前，财政部印发了《党政机关公务用车预算决算管理办法》，对公务用车购置费用和运行费用实施预算编制、预算执行、决算编制等，进一步强化对公车的管理。

政府有关公车改革的决心和措施获得了网民一片好评。媒体和网民普遍认为，多年来公车问题一直是群众反映强烈和诟病最多的问题之一，公车改革能够减少官员的特权思想，增强群众意识，改善政府与群众之间的关系，社会效果比省点钱更重要。政府工作报告明确了治理公务车的具体目标，加大公车整治力度放在国家政策的层面，希望各级政府能认真落实，使公车改革取得预期的效果。

二、媒体和网民期待公车改革能解决以下问题

媒体和网民指出，据国家财政部、发改委和统计局调研数据显示，党政机关及行政事业单位公务用车总量为200多万辆，每年公务用车消费支出1500亿元—2000亿元（不包括医院、学校、国企、军队以及超编配车）。购买、使用和保养维修等环节，公车都在吞噬着公众的利益。

1. 购买环节超编制、超标准配备公车问题严重。国家明确规定了配备专车的干部级别、配备标准及编制数量，但直面现实，这些规定早已名存实亡。现在许多地方就连科级干部都早已配有专车，更别说地市和县处级干部，美其名曰是“工作需要”，其中很多都是超标准配备。超编配车问题更为严重，媒体推测，全国公车超编率达50%以上。此外，公车淘汰很快，换车的频率非常高，浪费了大量公共资金。

2. 使用环节公车私用问题突出。全国人大代表叶青“两会”前在博客中透露，调查显示，公车使用存在三个“三分之一”，即办公事占三分之一，领导干部及亲属私用占三分之一，司机私用占三分之一。此外，公车的使用效率仅为社会运营车辆的1/5至1/6，除了接送领导上下班、参加必要的公务活动或出差外，大部分时间闲置。

3. 保养维修环节存在费用过高等问题。媒体报道，据统计社会轿车每万公里运输成本是0.82万元，而公务轿车则高达3万元以上。全国人大代表叶青称，有调研结果显示，某些单位一辆公车一年维修费用达10万元以上，甚至有的公车一年竟更换了40多个轮胎。此外，有些维修厂和加油站，烟酒等各种日常用品一应俱全，有的部门和人员采取虚开加油、维修发票等手段，造成国有资产流失严重，滋生腐败。

三、媒体和网民的意见建议

近年来，各地在公车改革方面进行了不少探索，但多数都遭到质疑。媒体及网民认为，公车改革的目的一是减少支出，二是让公车真正“公”用，核心问题是“改”掉特权。但现有的许多“车改”模式不仅没有触碰特权，相反，在“车改”中用制度和政策的形式将公车使用中的特权合法化。媒体和网民在点评各地车改措施的同时，提出了一些意见建议。

1. 尽快出台全国统一的公务用车改革指导性文件。对车改范围、车改对象、交通费补贴、社会监督、惩治措施等方面进行原则性规范，并且列出一个时间表。做好车改的综合配套推进工作，如政府向社会租用汽车、鼓励私车公用并给以补贴等，避免公车改革后公车数量再度膨胀、运行费用居高不下的现象发生。

2. 改革过程要坚持公开透明原则。一方面要推进信息公开，特别是公车数量及配置、保养费用预决算公开，保障群众和社会舆论对政府机关公务用车的知情权、监督权；另一方面要广泛听取群众意见，采用合理化建议，打开门来推进改革。网民提出，北京市将于今年公开公车数量，此种做法应该全国提倡。

3. 控制公车总量和配备。公车改革要真正见效，关键在于有效减少公车数量。应严格执行现有规定，厅局级以下官员全部取消专车，纠正超编超标配车问题。有网民提倡昆明车改模式，封存所有公车，拍卖2/3，留下1/3为必备公车，同时被拍卖公车的单位不许再购新的公车，公务员每月发放400元车改补贴。

4. 加强财务管理和审计。网民认为，公车纳入预算管理是公车改革的一项重要措施，期待在2012年的两会上，看到公车支出的明细。同时，应加强对公务用车购置费和燃料、维修等运行费用的监管与审计，防止发生腐败问题。对发现的腐败问题，要坚决惩治。

5. 加强对公车使用的监督。公车改革的难点之一是如何对公车使用实施有效监督。有网民赞同广州通过GPS电子监控所有公车的做法，也有网民认为广州做法投资大，而且仍然没有摆脱内部监督，建议把公车贴有独特的标志或安装特殊颜色车牌，公布监督举报渠道，发挥社会监督作用。

网民留言和来信情况专报（“两会”专刊）

第4期（总第59期）

预防腐败室　2011年3月8日

网民关注马驭同志专访

马驭同志在列席十一届全国人大四次会议，就社会高度关注的加强“裸官”管理和官员财产申报等问题接受采访时指出，今年将按照有关规定第一次对“裸官”进行登记管理，对“裸官”因私、因公出国会特别注意，和配偶子女居住地联系等方面将有特殊管理；2011年要为财产申报和更大范围的社会管理建立制度，推出公民信用信息管理，如以身份证为基础的公民信用管理，实现信用信息的录入和共享，为官员财产申报打下制度基础。网民对此十分关心，踊跃发言“顶帖”，现归纳总结如下：

一、对“裸官”管理的意见和建议

关于“裸官”的意见，大多数是对“裸官”的负面评价，体现了网民对配偶子女移居国（境）外的国家工作人员持极端不信任态度。很多网民认为：“裸官已不具备为人民服务的思想基础了。试想一个把老婆孩子送到资本主义去的人还能为共产主义奋斗终生么”、“他们把老婆、子女都转移到国外，把财产都偷偷转到国外，还能指望他们为我们人民谋幸福吗”、“一个连自己老婆孩子都不愿意在国内呆的官员，可见其政治意识和爱国热情有多高，有何资格做人民的官员”。也有网民指出：“问问他们为什么要裸，这才是根本！”

对加强“裸官”管理有关措施，网民给予高度肯定，认为“这是伟大的了不起的进步”、“这个制度早应制定执行”、“亡羊补牢犹未晚”。有的网民则表达了对管理措施实效的期待：“政策非常好，希望能真的执行”、“我们要看实际行动！越快越好”。很多网民呼吁，“裸官”登记的结果不能只在内部掌握，要向社会公开，接受公众和媒体的监督：“把裸官名单向全国人民公布出来”、“公示裸官的财产、家庭状况，既形成威慑，又能及时发现问题。群众的目光是雪亮的，要主动向民间打开监督的大门，创造条件让人民监督裸官”。值得注意的是，为数不少的网民倾向采取“一刀切”的办法，要求“裸官一律撤职查办”、“命令所有裸官的海外直系亲属必须出售海外资产并携款回国”、“对于一定级别的官员，特别是主管一方的官员，应该严格禁止出现裸官，如果想要裸，就罢免官职，或者不任用这样的人员”。

二、对财产申报基础制度建设的意见和建议

网民对建立公民信用信息管理制度等财产申报基础制度予以赞扬，认为“这是为百姓做实事”、“我们举双手赞成”。但也有不少意见质疑相关工作进度太慢：“一直都在打雷，就是不见下雨”、“一百年太久，只争朝夕。这个事真这么难，一百年都建立不起来吗”。有媒体评论：“我们相信有关部门一直在努力，在为官员财产申报打着一定的制度基础。但是，到底已经做了哪些工作，还有哪些工作正在做，民众还希望看到更详细的东西。”

网民也为财产申报基础制度建设支招：“身份证为基础的公民信用信息管理是一项科学的社会管理举措，希望早日实现。”“所有官员都应以身份证号码为基础进行实名制存折、家产、住房等的登记。有关审计部门应随时随机审查，凡有疑问的一律追查到底。凡隐匿的，一律充公归国库”。“以二代身份证号码为基础，每人设立唯一的银行账户、社会保险号，在二代身份证号码前或后面加上前缀后缀表示哪家银行而已，没什么难度，关键是敢不敢、干不干”。全国政协委员王永正认为，中国目前有财力和条件，去建立个人信息系统，将个人所有信息都包含在某一号码或证件中。全国政协委员陈晓颖认为，央行的征信系统应该和全国其它部门、行业联动，诚信的数据对一个发展中国家是非常必要的。

网民留言和来信情况专报（“两会”专刊）

第5期（总第60期）

预防腐败室 2011年3月9日

网民热议财政预算公开和监督

温家宝总理3月5日向十一届全国人大四次会议作政府工作报告时指出，要加快实行财政预算公开，让人民知道政府花了多少钱，办了什么事。两会前夕，财政部要求基层财政部门加快晒出其专项支出“账单”，一些地方政府也开始陆续公布“账单”。网民在积极评价此举的同时，也指出了政府预算公开和监督存在的问题，提出了不少意见和建议。

一、存在的问题

网民认为，近年来，财政预算公开及监督取得了较大进展，但问题仍然不少。

1. 预算内容比较粗泛，存在“监督不便”的问题。目前，财政预算草案基本上延续过去计划经济体制下形成的预算草案模式，是按功能和类别预算进行编制的，仅有几张简表把预算数字汇总，过于简单和笼统，常常“只报大账不报小账”，收入和支出都只列大类，只有少数列到款，导致“外行看不懂，内行搞不清”，一些人大代表和政协委员也表示看不懂预算。

2. 预算编制不够完整，存在“监督不全”的问题。预算外收入在预算编制时没有完全纳入收入预算，使收入的统一性受到影响，既弱化了财政集中分配收入的职能，又因部分非税收入体外循环，破坏了预算收入的完整性和统一性，甚至为重复建设、挤占挪用、腐败浪费等行为提供了可能。同时，预算超收收入使用情况也没有及时、详细地报告，没有全面纳入财政统筹范围，很难确保财政支出用于公共领域。

3. 预算执行比较随意，存在“监督不严”的问题。在现行分税制财政体制下，上级转移支付占地方可用财力比重越来越高以及年初不能确定的现实，导致地方财政收入变化很大，预算不得不调整；公共财政取向的转变，上级频频出台需配套增支的政策，导致预算不得不调整；捉襟见肘的地方财力与不断扩大的支出间的矛盾越发突出，财政部门只得无奈地对科目间的资金进行频繁划转调剂。这使得无论是地方财政年初编制的预算，还是地方人大通过的预算，实质上是一个“缺口预算”，使得预算执行比较随意，预算监督比较虚化，预算约束力大打折扣。

4. 预算公开避重就轻，存在“监督不透”的问题。预算信息公开中普遍存在避重就轻的问题，信息公开内容简单、时效性不强，特别是真正重要或公众关心的信息往往语焉不详或无从获知。“三公消费”始终撩动舆论神经，也是民众评判政府时最易采用的论据，但迄今为止，无论中央还是地方，都没有给出这三部分支出的准确数据。3 月 8 日，财政部新闻发言人戴柏华接受采访时表示，2011 年将公开中央预算部门出国经费、车辆购置及运行费、公务接待费的经费预算情况。网民对这一做法纷纷表示支持和赞赏，认为这是财政预算公开的一大进步。

二、对策建议

网民认为，推进财政预算监督与公开，是一项复杂的系统工程，既不能一蹴而就，更不能徘徊不前。

1. 从完善法律法规入手，增强预算改革的严密性。一是着力完善《预算法》。应抓住预算编制这个“龙头”，完善公共财政预算，实现全口径政府预算管理，强化预算的完整性；应对财政部门和预算单位报送预算、人大代表审议预算等方面的法律责任作出详尽规定，以增强法律约束力。二是着力完善国民收入分配法规。一方面，要通过修改预算法、税法等相关法律法规，制定规范分配国民收入的专门法律法规，确定中央与地方各级政府之间的支出责任范围和收入权利范围，解决事权和财政不统一的矛盾。另一方面，应借鉴目前世界通行做法，加快完善财产税法规体系，为地方政府建立稳定的收入来源，促进地方政府拥有独立自主的预算权。三是着力完善相关部门法律法规。应修改相关部门法律法规，删除其对预算安排和执行作出的硬性规定，避免单行法与《预算法》在执行过程中发生“碰撞”。

2. 从完善工作制度入手，增强预算改革的操作性。一是完善预算初审制度。地方各级人大可在预算初审时，将预算草案交给公众讨论，集中意见后形成修改意见，提交全体代表参考。二是完善预算信息共享制度。加快建立和完善人大、政府之间有效的预算信息共享制度，让人大能够实时取得预算执行的第一手资料，从而有效解决人大与预算部门信息不对称的问题，提高预算的透明度和公开性。

3. 从稳步推进预算透明入手，增强预算改革的持续性。一是积极推进向人大公开细化预算。一方面先研究在各级人大会议上逐次公开审议到“款、项、目”，让人大代表真正依法履行自己的职权与职责。另一方面积极稳妥地逐步从基层政府预算公开向高一级政府预算公开推进，逐层向社会公开。二是积极向公众公开财政信息。公民是申请推动预算公开的重要力量，各级财政部门应认真落实《政府信息公开条例》要求，除主动公开财政信息外，应积极回应公民依申请公开的财政信息事项。三是实施政府信息公开责任追究。应明确和严格落实相应的法律责任，提高对不公开以及公开不到位的官员和部门的约束力、惩戒力，促进预算信息公开工作扎实开展。

网民留言和来信情况专报（“两会”专刊）

第6期（总第61期）

预防腐败室　2011年3月10日

建立公民信息库和预付卡实名制预防腐败获得网民积极回应

2011年3月7日，崔海容同志在列席全国政协体育界别讨论会后表示，将建以二代身份证为基础的公民信用代码制度，聚齐公民的众多信息，并准备对大额预付卡实行实名制，加强对社会现金流通和商业预付卡的管理，以预防官员腐败。媒体和网民对此给予关注。《新京报》3月8日以《中国将建公民信息库防腐败收集身份财产等信息》为题进行了报道，人民网、新华网、凤凰网、新浪网等20多家主流媒体纷纷转载。网民也纷纷跟帖留言，截至3月9日晚，仅网易一家网站就有864条跟帖，16439人参与了讨论。

绝大多数网民对这两项制度建设表示肯定和支持，认为有益于预防腐败。多数网民表示，建立公民信息库对预防腐败是非常有效的制度设计，值得支持。“建立全民信息库，已经完全具备技术条件，越早落实对我们国家发展越有好处。”“国家完全有能力建立起公民档案和企业档案，只要在系统输入身份证号、企业工商登记代码或者纳税代码就可以查阅个人或者企业的一切信息，这样就不会有骗贷、贪污、腐败问题，有利于社会公平正义。”“便于了解官员的财产状况，只要查出有不明的收入，就要严惩不贷。”

网民指出，建立公民信用信息系统，也是现代社会管理的一项基础性工程，这已是国际上对公民进行管理的一种通行做法。以全国性的信用数据库为基础，通过关键号码的设立，建立完善的社会信用体系。这种统一的信用数据库，有着强大的社会管理功能。一方面，能激励公民遵纪守法、诚实守信，防止自己的信息中涂上“污点”；另一方面，面对腐败等犯罪活动，也能成为发现线索的重要渠道。同时，还能填补相关的管理漏洞，提高政府机构工作效率。

网民认为，实名制有益于解决预付卡管理难题。中国人民大学法学院教授徐孟洲认为，目前购物卡的使用已经越来越普遍，产生的问题也越来越多。例如，一些单位、企业利用公款购卡，并以“办公用品”、“生产原材料”等名目开具发票报销。这些买来的卡不是用于员工福利，就是拿来送给“关系户”，这无疑是腐败的一个重要诱因。网民评论，商业预付卡实名制能够有效防止利用预付卡进行腐败的问题，有益于规范商业预付卡管理，对反腐败工作大有裨益。

也有部分网民对这两项制度能否解决反腐败工作中的根本问题表示担心。“国家预防腐败局的出发点是好的，但在目前的条件下，很怀疑这两项制度能否真的取得效果。”“这些年出台了这么多制度，腐败仍然是个大问题。关键在于人的思想，因为任何制度都有漏洞。”

网民提出了一些意见建议：

1. 学习国外先进经验。发达国家在建立公民信用信息制度方面比我们走在前，应该多学习他们的先进经验。如美国 1935 年建立的社会保障号码（简称 SSN），一旦公民出现违规行为，就会被记录于其号码中，使其求职、经营、消费、贷款变得相当困难，从而起到激励公民遵纪守法、诚实守信、防范减少违法犯罪等方面的作用。

2. 做好公民个人信息保密工作。中央人民广播电台中国之声栏目特约观察员曹景行点评道，我国建立全国联网的公民信息库已经到了时候，这也是我国社会发展的需要。现在技术已经不成问题，但是如何使老百姓放心才是关键。政协委员王康建议，建立公民个人信息库之后，公民本人可以查阅，有关信息必须对外严加保密，需要调询查看的一定要经过合法的手续。再有从技术上要防止黑客的侵入，以免相关的信息外流或者被篡改。

3. 完善相关法律体系。建立公民信用代码制度，需要相关法律体系的完善。这样的信息系统，在中国还可谓“新生事物”。一个完备的信息管理法律体系，将是重要的基础和保障。从公民信息的收集、整理、分类到信息的管理、索取、使用、协调、共享，以及信息的保密，莫不需要法律的支持。如何科学、合法地推动类似基础性制度的建设，是执政者需要悉心思索的问题。

对于商业预付卡规范管理，网民认为这背后牵涉税收法律、金融秩序等许多复杂问题，政府应当加快立法步伐，将这种涉及支付业务的经济行为纳入法制轨道。但是，对购物储值卡的治理绝不是金融管理部门仅凭一家之力可以完成的事，需要金融、财税、商务、工商等多个部门形成合力。

网民留言和来信情况专报（“两会”专刊）

第7期（总第62期）

预防腐败室　2011年3月11日

中央财政拟公开“三公支出”获网民肯定

“三公支出”近年来一直是两会期间舆论热议的焦点话题之一。今年两会，这一话题有了“里程碑式的进展”。3月8日，财政部新闻发言人戴柏华接受采访时说，财政部今年将重点从六方面加大财政信息公开力度，其中一项便是公开2011年中央预算部门出国经费、车辆购置及运行费、公务接待费的经费预算总体情况，中央预算部门相应公开本部门出国经费、车辆购置及运行费、公务接待费的经费预算。此消息经媒体报道后立即引发了舆论高度关注。

一、网民强烈支持中央政府公开“三公支出”

绝大多数网民对中央财政公开“三公支出”寄予热切期盼和厚望，赞赏“这次全国两会真给力！”“敢于公开就是一个历史的进步”。网民认为，财政信息公开是政治文明进步的表现，对防止腐败有益。网民认为：“政府是人民的管家，职责是为人民服务，政府花的每一分钱都是纳税人给的。政府怎么花钱，人民应该心中有数。因此，人民定期审查一下管家的开支账目，对管家进行监督是天经地义的事。”“让‘三公支出’明明白白，政府花钱就变成了一种‘鱼缸行为’，会受到公众无数双眼睛的打量。即使公开的只是一个整体数据，也会不可避免地对各地各部门起到警示作用。”

二、网民期盼地方“三公支出”早日公开

同时，网民指出地方政府更应该晒账本。网民认为，中央财政毕竟离百姓相对较远，也比较宏观，普通百姓看了也不是太明白。但老百姓感触最深刻的“三公消费”，实际上还在地方，盼望地方“三公消费”早日公开！“既然中央能够有这样的明确的财政信息公开的态度，那么，各个地方、各个领域、各个单位的财政信息难道不能公开么？公开透明对官民双方都有好处，对于国家民族前途更是大有裨益！”“希望各地政府也能够主动把账本拿出来‘晒晒太阳’，千万别再把‘没有先例、数据敏感、不便公开、难度极大’当作拒绝公开账本的挡箭牌。”

三、部分网民怀疑该政策的落实效果

一些网民对公开的数据能否真实表示怀疑。“三公支出公开，百姓更看重的是真实性，而不是简简单单的数字。即使政府公开了，问题的关键还在于你怎样让我相信。”“如果群众只看到了一部分处理过的数字，那公开就没任何意义。”

还有网民指出，2010年的财政预算支出只公布到“款”这一层次。具体的“项”、“目”还没有公开，而老百姓最需要看到的是细账和小账。此外，有关部门对于

"三公消费"不公开常做的解释也是因为目前财务制度的问题，现行财务报表中没有设"三公支出"的项目，都被包括在"公务经费"里。此次单独强调"三公支出"预算公开，是否能解决这一"大而化之"的财务制度，使百姓看到"三公支出"的每一笔费用具体使用情况呢？

四、公开需要监管、审计等配套制度

网民提出，从完善预算法治的高度看，要避免"政府乱花钱"的现象，除了预算的充分公开外，还需要许多进一步的制度配套。如政府全部收入的预算化（禁止预算外收支的存在）、预算编制的立法化（让立法机关主导预算编制）、预算审查的专业化（增强立法机关预算审查的专业能力）、加大针对预算的违法成本等。网民建议，公开"三公"预算的同时，也要公开其执行结果，同时，还要纳入具有公信力的第三方监管、审查等，否则，即使公开了也是一本糊涂账。

五、网民期盼更多财政公开，把"账本"晒透

网民提出，公开的预算要做到让百姓既"看得见"，又"看得懂"，对公开内容要进一步细化，各项支出应一目了然，把"账本"彻底晒透，才能真正达到群众监督的效果。"细化公开内容是整个财务公开工作最关键的一环，只有这个工作做好了，铺张浪费、滥用公款消费等现象才能得到有效遏制，财政预算才能真正做到公开透明。"

还有网民提出，"中央财务带头透明，这是一件功德无量的事情。若中央和地方都能做到财务透明，无疑是民主政治的一大进步。""期望三公消费的公开，能带动政务公开向前迈进，进而给纳税人一份政府开支的明细账。"

网民留言和来信情况专报（"两会"专刊）

第 8 期（总第 63 期）

预防腐败室 2011 年 3 月 11 日

境外媒体聚焦中国政府工作报告关于反腐倡廉的论述

3 月 5 日，温家宝总理在向十一届全国人大四次会议作政府工作报告时，对我国反腐败现状和努力目标作了重要论述。温家宝总理指出，我国发展中不平衡、不协调、不可持续的问题依然突出，一些群众反映强烈的问题没有根本解决，其中之一就是一些领域腐败现象严重。"十二五"时期，我们要不断加强政府自身改革建设，从制度上改变权力过分集中而又得不到制约的情况，坚决惩治和预防腐败。各大境外媒体对此表示高度关注，国外网友也对中国反腐情况展开热议。相关报道和评论摘编如下：

一、多数境外媒体表示政府工作报告折射中国反腐败坚定决心

法新社、加拿大《环球邮报》、西班牙《阿贝赛报》、西班牙《国家报》、西班牙《世界报》、日本《经济新闻》、新加坡《海峡时报》、《澳门日报》等境外媒体均部分或全文引述温家宝总理在政府报告中关于反腐败和廉政建设的论述。境外媒体纷纷表示，政府报告的相关论述，折射出中国坚决防治腐败、维护社会公平正义的决心。

法新社报道称，温家宝总理在报告中承认中国民众对腐败等问题有很大不满，并誓言政府将更加努力地工作以满足公众的需求。日本《经济新闻》网站报道称。中国改革开放政策已持续30余年，中国在成为经济大国的同时，贫富差距也在拉大，官员腐败、环境恶化等弊端也越来越明显。这次政府工作报告等于宣布，中国的经济增长路线将从高速增长向可持续发展的稳定增长大幅度转舵。《澳门日报》在“要闻”栏发表题为《反腐倡廉加快财政公开》的文章，对我国政府报告中有关廉政建设和反腐败工作的目标和具体做法作了详细论述。

二、部分境外媒体认为政府工作报告体现中国反腐败现实要求

加拿大发行量最大的报纸《环球邮报》发表题为《中国总理说：当前首要任务——打击腐败和通胀》的文章。文中指出：随着中国国际地位不断上升，人们看到的是一个既雄心勃勃又忧虑重重的中国。要改变13亿中国人民的不满情绪，中国共产党必须转变工作作风。就像温家宝先生说的，中国共产党尚未“从根本上”解决一些公众反应强烈的问题，因此，需要改变权力过度集中的状况，“坚定地”处理腐败这种“痼疾”。

西班牙《阿贝赛报》网站报道称：虽然中国经济迅猛发展带来了社会进步和生活水平的提高，但是社会差距的日益增大、腐败和通胀仍令政府神经紧张。温家宝先生也承认，当局未能适当解决一些群众关心的问题。作为稳定面临的一大威胁，腐败现象仍非常严重。这也迫使政府制订了一系列规章制度，包括规范公车使用，以及承诺更好地接待“上访”人员等。

三、境外网友热议中国反腐败话题

截至3月10日晚，在《环球邮报》发表的《中国总理说：当前首要任务——打击腐败和通胀》文章之后，有近200条外国网友留言。

1. 部分网友认为：对于反腐败的论述体现了中国政府直面现实、以人为本的执政理念。网友威尔·皮特斯表示：这是中国政府以人为本的又一表现。中国在关心自己的人民方面，做得真棒！网友斯科尔·巴尼斯表示：中国的领导人努力解决国内的腐败、收入差距、污染等问题，是十分负责任的做法。相比而言，美国总想方设法让世界为自己的挥霍买单，不是负责任的大国作风。

2. 部分网友提出了自身对中国反腐败的见解

网友巴拿曼表示：治理腐败和应对通胀确实很重要，但是法治和公正的司法系统似乎更重要。如果确保了法治和司法公正，腐败问题也就迎刃而解了。还有网友表示：中国似乎应该在应对这两方面问题的技术手段上多下功夫。

网民留言和来信情况专报（“两会”专刊）

第9期（总第64期）

预防腐败室　2011年3月14日

两高报告出炉　网民聚焦司法公正

近年来，网民对司法公正一直高度关注，人民网发起的两会“公众最关心事件”调查显示，司法公正在2009、2010年分列第九、第八位，今年跃居第二。两高报告出炉后，再度引发了网民对司法公正问题的热烈讨论。

一、网民关于司法公正的评论

网民普遍认为，司法公正意义重大。司法公正是社会公平和正义的重要屏障，也是司法制度设计和运作过程中最基本的价值目标。在社会转型时期，把各种社会冲突通过诉讼和市场机制予以吸收和中和，把尖锐的矛盾转化为技术问题，通过一定程序得到公正解决，正是司法所需要发挥的独特功能。如果司法丧失公正这一灵魂，那么也就失去了自身存在的价值。

二、网民关于司法不公的原因剖析

人民网舆情监测室对“司法公正”这一舆情话题的分析显示，47%的网民认为“司法腐败，权钱交易”是导致司法不公的主要原因。司法人员受到利益的诱惑，徇私舞弊甚至贪赃枉法，把黑说成白，把5年变3年，3年变缓刑。尽管腐败者是少数，但其直接导致司法不公，对司法机关形象和国家司法事业的危害很大。

25%的网民认为“特权思维，领导干涉”造成司法不公。司法独立是司法公正的前提条件。但是现实生活中，市长、书记指示办案、干扰判决的情况时有发生，行政机关抗拒执行法院判决的报道也不时见诸报端。有网民质疑，“个别法院已经成为地方政府部门的附庸！法院的裁决没有改，但是在地方政府的协调会上，法院竟把自己的裁决完全否了。司法的权威何在？司法公正何在？”

19%的网民认为“制度缺失，监督不力”导致司法不公。司法机关掌握着国家稀缺资源，权力集中，自由裁量权大，如果得不到有效监督，必然导致司法不公。当前司法公正一定程度上遭到破坏，监督机关脱不了干系。

9%的网民认为司法不公是由于司法人员素养有限和诉讼费用过高。法律逐步完善了，但司法人员的水平滞后，同样的情节，不同法官作出的判决差别很大。此外，诉讼费、律师费用太高，打不起官司只能忍气吞声，何谈法律面前人人平等。

也有网民认为法律规定不细是导致司法不公的原因。重庆市高检院检察长余敏和高法院院长钱锋的话说出了许多网民的心声，刑法规定贪污受贿十万元以上的，处十年以上有期徒刑或者无期徒刑，实践中“只要你到了10万，绝对不会判你九年，但10万以上伸缩性就大了，差不多每100万增加一年，甚至100万有可能就增加半年。”网民认为，这个“伸缩性”是导致司法腐败和司法不公的重要原因。

三、网民的意见建议

1. 解决司法不公，防止司法腐败，必须积极稳妥地推进司法体制改革。从制度上保证审判机关和检察机关依法独立公正地行使审判权和检察权。进一步完善对司法机关的监督机制，在体制上强化对审判权和检察权的监督和制约。

2. 大力推行司法公开，促进社会对司法权的监督。司法公开是保证司法公正的最有效方法，只有把司法权的行使尽可能地置于“阳光”下，才能最大限度地遏制背离公正司法的潜规则的生存空间。同时司法公开还能提升司法公信力，让人们更加相信司法的公正与权威，“变信访为信法”。

3. 杜绝行政干预，确保司法机关独立行使司法权。依法行政是对行政机关及其工作人员的基本要求，行政干预司法、拒不执行判决不仅损害了司法的独立与权威，更是对中国特色社会主义法治的粗暴践踏。国家不仅要对干扰司法独立和司法公正的党政官员从严、从重处理，对拒不执行法院判罚的行政机关负责人坚决撤换，而且应该从政治的高度对防止行政干预司法做出安排，使之成为法治国家、法治政府的一个政治禁忌。

4. 坚持量刑规范化改革，解决“同罪不同罚”问题。2010 年 10 月，全国法院全面推行量刑规范化改革，试行《关于规范量刑程序若干问题的意见（试行）》、《人民法院量刑指导意见（试行）》。网民认为，这是司法改革中又一令人欣喜的重大举措，对于规范量刑活动，减少量刑自由裁量空间，促进量刑公开公正，必将发挥重要作用。部分网民还建议修改刑法，进一步明确 10 万元以上贪污受贿的量刑幅度，从制度上防止受贿一百万与一千万判罚相同，甚至受贿一千万比一百万判罚更轻的情况。

5. 对司法人员腐败“零容忍”，发现问题严惩不贷。最高检工作报告中指出，2011 年将以“零容忍”的态度严肃查处检察人员违纪违法案件，对此网民给予高度评价。

6. 提高司法人员专业素质，强化其对法律的敬畏和荣誉感。

网民留言和来信情况专报（“两会”专刊）

第 10 期（总第 65 期）

预防腐败室　2011 年 3 月 14 日

公众建言“公权力”监督：立法和外部监督是关键

3 月 5 日，温家宝总理在政府工作报告中强调，“坚决惩治和预防腐败，必须从制度上改变权力过分集中而又得不到制约的状况，加大对行政机关领导干部和国有企业、事业单位负责人的监督力度。”3月7日，马驭部长接受《中国新闻周刊》专访时指出，下一步将按照结构合理、配置科学、程序严密、制约有效的原则，积极采取各种措施，切实做好对“一把手”的限权和监督。对此，专家学者、媒体网民给予积极评价，纷纷献言献策。

一、以推动法律制度建设为着力点，强化对公权力行使的监督制约

全国人大法律委员会委员、中国人民大学副校长王利明在接受《21世纪经济报道》专访时谈到，强化对公权力的制约和监督，主要应该从立法上入手，应当加强在立法上的制约，制定行政程序法、行政强制法等法律，进一步按照依法行政的纲要，将行政权纳入到法治的轨道，实现依法行政、建设法治政府，强化人大的监督和司法的监督。重庆索通律师事务所律师韩德云代表认为，反腐败最重要的任务之一，就是要加强对领导干部正确行使权力的监督，保障权力的安全运行。建立完善规章制度规范“一把手”权力，将是今后一个时期内我国廉政建设的重点，也是推进惩治和预防腐败体系建设的重点。

二、稳步推进政治体制改革，有序扩大公共参与和外部监督

北京大学廉政建设研究中心吴丕教授在接受《检察日报》采访时指出，要根本上解决腐败问题，除了政治体制改革别无他途。目前，中国监督官员主要是上级监督下级，这种监督难以避免长官意志。中国应充分发挥民众的监督作用，国家监督与社会监督并存，相辅相成。

清华大学廉政与治理研究中心主任任建明教授表示，目前《廉政准则》等一系列规章制度的针对性和可操作性都非常强，涉及的都是腐败的深层次问题，但都还不属于外部监督。对于百姓而言，这样的制度容易“只听楼梯响，不见人下来”，会影响百姓对于这些制度的认可度，甚至会影响到对反腐败工作的认同。因此，在加强对领导干部的监督制约制度建设方面，要出台一些公开透明的制度，能够让百姓直接参与监督。

在新华网时政频道“向部委建言”栏目中，也有网友给国家预防腐败局提建议，“历史的经验证明，预防腐败仅仅靠内部机制监督、教育是杯水车薪、无济于事的！要想尽办法将官员的廉政问题置于大庭广众及互联网的监控之下，遏制腐败才有希望！”

三、重视科学技术应用，丰富对公权力监督的途径手段

3月8日，《人民日报》海外版一篇《“两会”反腐话题引热议，学者建言破解官员监督难》的文章报道，北京某报资深编辑叶建国认为，自下而上的网民监督，或是一种有效的社会监督。“中国4.5亿网民的力量不可小觑，10个甚至100个网民盯1个官员，总能起到监督作用。”中央党校党建教研部副主任戴焰军指出，信息技术尤其是网络技术，为反腐倡廉工作提供了一种先进的技术手段。近年来，通过“人肉搜索”、“专拍公务车”等形式，网民通过论坛、博客、微博等，揪出了一批贪腐官员。官方网络举报渠道也大量出现，如最高人民检察院建立了网络举报平台。这些都极大丰富了群众监督公权力的途径和手段。

第六部分

组织机构

组织机构

国家预防腐败局的主要职责

一、负责全国预防腐败工作的组织协调、综合规划、政策制定和检查指导。

二、协调指导企业、事业单位、社会团体、中介机构和其他社会组织的防治腐败工作。

三、负责预防腐败的国际合作和国际援助。

国家预防腐败局办公室职责

承担组织实施《建立健全教育、制度、监督并重的惩治和预防腐败体系实施纲要》的有关工作；组织协调政务公开和政府信息公开工作，协调指导厂务公开、村务公开等；承担组织对国家有关改革措施进行廉政风险评估的有关工作；检查地方和部门预防腐败工作的情况，组织指导地方和部门开展防治腐败措施的试点工作；组织对金融、土地、建设、医药、电信等领域中与腐败有关的各种信息的采集、分析，与检察院、法院、公安、银行等部门建立预防腐败信息共享机制；研究推动腐败预警机制的建立，分析识别腐败高风险的领域和部位，研究建立反映腐败现状的指标体系；研究提出指导企业、事业单位、社会团体、中介机构、大中小学、其他组织和全社会开展预防腐败工作的有关政策规定；在《联合国反腐败公约》框架下承办协调预防腐败国际合作和国际援助的有关事务，负责协调预防腐败工作对外情报信息交流；承办国家预防腐败局日常事务和中央纪委、监察部交办的其他事项。

国家预防腐败局机构设置

国家预防腐败局设局长1名，由中央纪委副书记、监察部部长兼任，副局长2名，其中1名由监察部副部长兼任，专职副局长1名（副部长级），主持国家预防腐败局的日常工作。

中央纪委、监察部内设局级预防腐败室，对外称国家预防腐败局办公室，承担国家预防腐败局的日常工作。

国家预防腐败局办公室行政编制30名。设主任1名（由国家预防腐败局专职副局长兼任），副主任3名；局级专员3名；处长5名，副处长5名；处级员8名。内设综合处、一处、二处、三处、四处。

国家预防腐败局领导名录

局　长

马　驭　2007年9月3日—

副局长

屈万祥　2007年9月3日—

崔海容　2009年9月15日—

国家预防腐败局办公室领导名录

主　任

崔海容（兼）　2009年7月22日—

副主任

于贤成　2007年9月14日—2011年4月6日

古越仁　2011年11月15日—

于柯超　2008年1月18日—

李　洋　2008年9月27日—

副局级专员

郭松江　2007年9月14日—

韩平满　2007年9月14日—

梅智超　2008年5月5日—

国家预防腐败局办公室各处负责人名录

综合处

处　长

王忠国　2007 年 9 月 14 日—

副处长

徐景锋　2010 年 9 月 1 日—

一处

处　长

欧阳柏青　2010 年 11 月 8 日—

副处长

马　崭　2011 年 10 月 18 日—

二处

处　长

魏岱余　2010 年 9 月 1 日—

副处长

李美玉　2011 年 9 月 20 日—

三处

处　长

张　越　2007 年 9 月 14 日—

副处长

曹春霞　2011 年 10 月 18 日—

四处

处　长

贾　鸾　2010 年 9 月 1 日—

副处长

高德道　2010 年 9 月 1 日—

省级预防腐败机构

北京市

（一）机构、编制

北京市预防腐败局在市监察局加挂牌子。行政编制 26 名，设局长 1 名，由市监察局局长兼任，副局长 2 名。内设预防腐败一室、预防腐败二室、预防腐败三室，各室同时作为市纪委、市监察局的内设机构。

（二）职责

1. 市预防腐败局主要职责：全市预防腐败工作的组织协调、综合规划、政策制定、检查指导；组织协调全市惩治和预防腐败体系建设工作；组织推进全市廉政风险防范管理工作；协调指导企业、事业单位、社会团体、中介机构和其他社会组织防治腐败工作。

2. 预防腐败一室主要职责：研究起草预防腐败工作的有关计划、方案、总结，汇总、分析工作情况；预防腐败工作重要会议的组织筹备；重要文件和会议决定事项的督办工作；预防腐败局公文处理、印章保管使用、档案、议案、建议、提案、信息综合处理、安全、保密、网页维护和信息发布以及行政后勤等工作；组织协调政务公开和政府信息公开工作，协调指导厂务公开、村务公开、校务公开等公共企事业单位信息公开和办事公开；对预防腐败政策措施开展调查研究；承办领导交办的其他事项。

3. 预防腐败二室主要职责：组织推进全市廉政风险防控机制建设，研究建立腐败预警机制和反映腐败现状的指标体系；组织对我市有关改革措施的廉政风险进行研究、评估；组织对全市预防腐败工作情况进行检查；承办领导交办的其他事项。

4. 预防腐败三室主要职责：协调指导企业、事业单位、社会团体、中介机构、大中小学和其他社会组织开展预防腐败工作，研究提出指导意见，组织制定有关政策规定，督促推进工作；组织指导开展防治腐败措施的试点工作；组织、协调、指导社会诚信体系建设，组织开展与腐败有关的各种信息的采集、分析，协调建立与检察院、法院、公安、银行等系统共享预防腐败信息的机制；承办领导交办的其他事项。

河北省

（一）机构、编制

河北省预防腐败局列入河北省政府直属机构序列，在省监察厅加挂牌子。设局长1名，由省监察厅厅长兼任；副局长1名，由省监察厅副厅级干部兼任，主持省预防腐败局的日常工作。核定行政编制10名。

省纪委、监察厅设处级预防腐败室，对外称省预防腐败局办公室，承担省预防腐败局日常工作，设主任1名，副主任1名。

（二）职责

1. 省预防腐败局的主要职责是：负责全省预防腐败工作的组织协调、综合规划、检查指导；协调指导企业、事业单位、社会团体、中介机构和其他社会组织防治腐败工作。

2. 预防腐败室（预防腐败局办公室）的职责：

（1）承担河北省预防腐败协调联席会议办公室日常工作，组织开展国家预防腐败局确定的预防腐败试点工作；

（2）承担省纪委推进惩治和预防腐败体系建设领导小组办公室日常工作，组织协调推进惩治和预防腐败体系建设；

（3）承担省纪委贯彻落实《建立健全教育、制度、监督并重的惩治和预防腐败体系实施纲要》的有关工作；

（4）组织指导和检查市、县和省直部门开展预防腐败工作。组织对有关部门和重点领域中与预防腐败有关的信息采集和分析，与有关部门建立预防腐败信息共享机制；

（5）组织协调政务公开工作和政府信息公开工作；协调指导厂务公开、村务公开等；

（6）开展权力运行监控机制建设工作，承担组织对省有关改革措施进行廉政风险评估管理的有关工作；

（7）研究提出指导企业、事业单位、社会团体、中介机构、大中小学、其他组织和全社会开展预防腐败工作的有关政策规定，组织开展预防腐败工作；

（8）根据预防腐败工作需要和国家预防腐败局要求，开展相关领域防治腐败专项治理工作；

（9）研究推动腐败预警机制的建立，分析识别腐败高风险的领域和部位，配合国家预防腐败局研究建立反映腐败现状的指标体系；

（10）按照国家预防腐败局的统一部署，承担我省预防腐败工作的国际交流与合作有关工作；

（11）承办河北省预防腐败局日常事务和省纪委、监察厅交办的其他事项。

上海市

（一）机构、编制

上海市预防腐败局在市监察局加挂牌子。设局长1名，由市监察局局长兼任；副局长2名，其中1名由市监察局副局长兼任，另1名同时兼任预防腐败室主任。下设预防腐败室，人员编制纳入上海市纪委、市监察局、市预防腐败局总体编制之中。

（二）职责

1. 市预防腐败局主要职责：负责全市预防腐败工作的组织协调、综合规划、政策制定、检查指导；协调指导有关部门开展防治腐败工作。

2. 预防腐败室主要职责：承担市预防腐败局办公室的工作职责，具体负责研究起草预防腐败工作的有关计划、方案，汇总、分析工作情况；参与组织落实《建立健全教育、制度、监督并重的惩治和预防腐败体系实施纲要》的有关工作；组织、指导有关部门开展防治腐败措施的试点工作。

浙江省

（一）机构、编制

省预防腐败局设局长1名，由省监察厅厅长兼任；副局长2名，其中1名由省监察厅副厅长兼任。省编办核增省纪委（省监察厅）行政编制5名。

（二）职责

省预防腐败局主要职责：负责全省预防腐败工作的组织协调、综合规划、政策制定、检查指导；协调指导有关部门和单位开展防治腐败工作。

安徽省

机构、编制：在省监察厅加挂省预防腐败局牌子，下设省预防腐败局办公室，作为省纪委、省监察厅内设机构，对内称省纪委、省监察厅预防腐败室。

省预防腐败局局长由省监察厅厅长兼任，一名副局长由监察厅副厅长兼任；增加省预防腐败局专职副局长领导职数1名（副厅级，兼任局办公室主任）、局办公室副主任领导职数1名（正处级）；核增该局行政编制10名。

福建省

（一）机构、编制

福建省预防腐败局在省监察厅加挂牌子，增加1名副厅级领导职数，用于配备省预防腐败局专职副局长。省纪委、监察厅内设预防腐败室，设主任1名，副主任1名。所需行政编制在省纪委、省监察厅机关现有行政编制内调剂解决。目前省纪委监察厅已从机关现有编制中调剂了5名行政编制作为预防腐败室编制。

（二）职责

1. 省预防腐败局主要职责：负责全省预防腐败工作的组织协调、综合规划、政策制定、检查指导。

2. 预防腐败室主要职责：研究起草全省预防腐败工作的计划与方案，汇总、分析有关情况；拟定预防腐败工作的有关政策规定；研究推动腐败预警机制的建立，分析确定腐败高风险的领域和部位，探索建立反映腐败现状的指标体系；承担组织对省有关改革措施进行廉政风险评估的有关工作；检查市、县（区）和部门预防腐败工作情况，组织、指导企业、事业单位、社会团体、中介组织和其他社会组织开展防治腐败工作；承担组织落实建立健全惩治和预防腐败体系的有关工作；承办省预防腐败局日常事务和国家预防腐败局、省纪委、监察厅交办的其他事项。

河南省

（一）机构、编制

河南省预防腐败局是省政府直属机构，机构规格为正厅级，与省纪委、监察厅合署办公。局长1名，由省监察厅厅长兼任，副局长2名。内设4个工作机构，各配1名室主任、1名副主任。核定行政编制25名，其中增加行政编制10名，其余15名由省纪委、省监察厅内部调剂解决。

（二）职责

1. 省预防腐败局主要职责：负责全省预防腐败工作的政策制定、综合规划、组织协调、检查指导等工作；协调指导机关、企事业单位、社会团体、中介机构和其他社会组织的预防腐败工作。

2. 内设机构职责分工基本情况：预防腐败一室主要承担省预防腐败局办公室职能；预防腐败二室（原惩防办）主要承担省惩治和预防腐败体系建设工作领导小组办公室及省反腐败抓源头工作领导小组办公室职能；预防腐败三室（原政务公开室）主要承担省党务公开领导小组办公室和省政府政务公开领导小组办公室职能，协调指导厂务公开、村务公开、办事公开等工作；预防腐败四室主要负责组织落实国家预防腐败局部署的有关专项工作和社会领域预防腐败工作。

湖北省

（一）机构、编制

湖北省预防腐败局为省政府直属机构，在省纪委、监察厅加挂牌子。设局长1名，由省监察厅厅长兼任；副局长2名，1名由省监察厅副厅长兼任，1名专职副局长。在省纪委增设预防腐败室，内含综合处、监督检查处，设主任1名，由省预防腐败局专职副局长兼任；副主任2名，分别兼任综合处、监督检查处处长。省预防腐败局行政编制为12名。

（二）职责

1. 预防腐败室主要职责：承担省预防腐败局日常事务以及省纪委、监察厅交办的有关事项。

2. 综合处：负责拟订全省预防腐败工作的综合规划和政策制定；组织对有关改革措施的廉政风险进行研究、评估，采集、分析重要领域中与腐败有关的各种信息，负责与公检法、银行等部门建立预防腐败信息共享机制，研究建立腐败预警机制、腐败高风险分析识别机制和反映腐败现状的指标体系；承担预防腐败的国际交流合作，协调预防腐败工作对外宣传和情报信息交流等外联工作。承担省惩治和预防腐败体系建设工作领导小组办公室的日常工作等。

3. 监督检查处：负责全省预防腐败工作的组织协调、检查指导、考核评价等具体工作，组织实施源头治腐工作；协调指导企业、事业单位、社会团体、中介机构和其他社会组织的防治腐败工作，承担省源头治理腐败工作领导小组办公室的日常工作等。

湖南省

（一）机构、编制

湖南省预防腐败局在省监察厅加挂牌子。设局长1名，由监察厅厅长兼任，副局长2名，其中1名由监察厅副厅长兼任，专职副局长1名（副厅长级），主持省预防腐败局的日常工作。省纪委、省监察厅内设预防腐败室，对外称省预防腐败局办公室。设主任1名，由省预防腐败局专职副局长兼任，副主任2名（正处级），核定行政编制8名。

（二）职责

1. 省预防腐败局主要职责：负责全省预防腐败工作的组织协调、综合规划、政策制定、检查指导；协调指导全省企业、事业单位、社会团体、中介机构和其他社会组织防治腐败工作；负责全省预防腐败工作的对外合作与交流。

2. 预防腐败室主要职责：承担组织实施《关于推进体制机制制度改革和建设加强预防腐败工作的意见》（湘发［2009］6号）的有关工作；组织开展全省预防腐败工作，检查市州和部门预防腐败工作情况，组织、指导市州和部门开展防治腐败措施的试点工作；组织对预防腐败有关的重点领域各种信息的采集、分析，建立预防腐败信息共享机制；负责全省预防腐败工作的对外合作与交流；承办省预防腐败工作领导小组办公室和省监督工作联席会议办公室的日常工作；承办省预防腐败局的日常事务和省纪委、省监察厅交办的其他事项。

广西壮族自治区

（一）机构、编制

广西壮族自治区预防腐败局在自治区监察厅加挂牌子。设局长1人，由监察厅厅长兼任；设副局长2人，其中1人由监察厅副厅长兼任，专职副局长1人（副厅长级）。在自治区纪委、监察厅增设预防腐败室，增挂自治区惩治和预防腐败体系建设工作领导小组办公室牌子，对外称预防腐败局办公室。核增行政编制6名，其中：正处级领导职数1名，副处级领导职数2名。

（二）职责

自治区预防腐败局主要职责：一是贯彻落实中央、中央纪委和自治区党委关于惩治和预防腐败体系建设的决策部署；负责全区预防腐败工作的组织协调、综合规划、政策制定和检查指导，指导协调有关部门开展反腐败治本抓源头工作；组织协调全区惩治和预防腐败体系建设工作；承担预防腐败重要问题对策研究，推动重点领域和关键环节的改革和制度创新；完成自治区惩治和预防腐败体系建设领导小组交办的任务；承办国家预防腐败局交办的国际合作等工作。

四川省

（一）机构、编制

四川省预防腐败局属省政府正厅级直属机构，在省监察厅加挂牌子。设局长1人，由省纪委副书记、省监察厅厅长兼任；设副局长2人，其中1人由省纪委常委兼任，专职副局长1人。在省纪委、省监察厅增设预防腐败室，同时作为预防腐败局办公室。省预防腐败局行政编制16名，其中，新增行政编制10名，省纪委、省监察厅内部调剂6名。经省纪委常委会研究决定，预防腐败室实际核定行政编制8人，设室主任1名，副主任2名。

（二）职责

1. 省预防腐败局主要职责：一是负责全省预防腐败工作的组织协调、综合规划、政策制定、检查指导。二是协调指导有关部门及企业、事业单位，社会团体、中介机构和其他社会组织等有关部门的防治腐败工作。三是负责组织协调全省惩治和预防腐败体系建设工作。

2. 预防腐败室除具体承担省预防腐败局的职责以外，还承担着以下工作：一是全省廉政风险防控机制建设工作，二是协调指导政务公开、厂务公开、村务公开和其他形式的办事公开工作，三是参与预防腐败方面的规范性制度建设工作，四是预防腐败方面的国内外交流工作。

云南省

（一）机构、编制

云南省监察厅加挂“云南省预防腐败局”牌子。局长由省监察厅厅长兼任，核定正厅级专职副局长领导职数1名、副厅级副局长领导职数1名。设综合处、监督检查处2个处。核定行政编制12名，正处级领导职数2名，副处级领导职数2名，计入省纪委、省监察厅机关机构编制总数内统一管理。

（二）职责

负责全省预防腐败工作的组织协调、综合规划、政策制定和预防腐败体系建设；协调指导有关部门开展防治腐败工作；研究分析腐败高风险的领域和部位，探索建立反映腐败现状的指标体系；组织对省有关改革措施进行廉政风险评估等工作。

甘肃省

（一）机构、编制

甘肃省预防腐败局在省监察厅加挂牌子，与省纪委、省监察厅合署办公。省预防腐败局增设预防综合室，省纪委监察厅政策法规研究室、监察综合室、宣传教育室、党风廉政建设室、纠正部门和行业不正之风室、执法监察室、干部室同时是省预防腐败局内设机构。

设局长1名（正厅级）由省纪委副书记兼任；专职副局长1名（副厅级），为省纪委、省监察厅领导班子成员；预防综合室主任1名（副厅级）。

省预防腐败局所需行政编制在中央核定的甘肃省行政编制总额内调剂解决。各内设机构所需行政编制和处级领导职数在省纪委、监察厅内部调剂解决。

（二）职责

1. 省预防腐败局主要职责：负责全省预防腐败工作的组织协调、综合规划、政策制定、检查指导等工作。

2. 预防综合室职责：综合全省预防腐败工作情况；组织全省性的预防腐败工作检查考核和调研活动；组织全省预防腐败试点工作；协调抓好预防腐败制度建设；编发预防腐败工作动态和工作信息；做好省预防腐败局局长办公会、省预防腐败局内部协调会等有关会议的会务工作；处理、督办上级和委厅局领导交办的有关事项；协调委厅局机关各厅室做好职能范围内的预防腐败工作；起草预防腐败工作规划、年度计划、工作总结、工作报告和领导讲话；承担省预防腐败局机关文印、档案、保密等工作；有关接待工作。

宁夏回族自治区

（一）机构、编制

宁夏回族自治区预防腐败局在宁夏回族

自治区监察厅加挂牌子。行政编制 8 名（增加行政编制 4 名、内部调剂 4 名），其中：局长 1 名，由自治区监察厅厅长兼任；副局长 3 名，其中自治区检察院、审计厅相关领导各 1 名（兼任），专职副局长 1 名，兼任预防腐败室主任；预防腐败室正处级副主任 2 名。

（二）职责

自治区预防腐败局的职责：一是负责全区预防腐败的组织协调、综合规划、政策制定、检查指导；二是协调预防职务犯罪、领导干部经济责任审计有关工作；三是协调指导企业、事业单位、社会团体、中介机构和其他社会组织防治腐败工作；四是负责预防腐败工作对外交流和合作；五是推动惩治和预防腐败惩防体系建设工作规划的落实，承担自治区惩治和预防腐败体系领导小组办公室的日常工作。

预防腐败室主要承担自治区预防腐败局职责落实、日常事务以及自治区纪委、监察厅交办的有关事项。

第七部分

大事记

大　事　记

（2010—2011 年）

2010 年

2010 年 1 月 7 日　贺国强在预防腐败室《网民留言和来信情况专报》（2010 年第 1 期）上就国家预防腐败局网站被评为 2009 年度“中国互联网最具影响力政府网站”和“中国政府网站领先奖”一事作出重要批示：“祝贺国家预防腐败局网站开办以来所取得的成绩，希总结经验，开拓创新，进一步把网站办好。”同日，何勇也对网站获奖表示祝贺，并批示：“进一步把网站办好。”马驭、屈万祥、崔海容等委部（局）领导也相继作出批示，对国家预防腐败局网站工作表示肯定，并希望同志们再接再厉，把工作做得更好。

2010 年 1 月 12 日至 13 日　国家预防腐败局在浙江省杭州市召开了预防腐败信息系统设计方案研讨会。会议紧紧围绕贯彻落实第十七届中央纪委第三次、第四次和第五次全会精神，研究讨论了关于进一步推进建立预防腐败信息系统和信息共享机制，提高预防腐败的科学化水平，增强预防腐败工作前瞻性、针对性和实效性的有关问题。国家预防腐败局办公室有关负责同志和这项工作的三个试点省市上海、湖南、杭州的有关负责同志，以及中央纪委监察部信息中心的同志参加了会议。会上，上海、湖南、杭州三地的同志分别介绍了各自的预防腐败信息系统设计方案：系统建设目标、业务需求分析、总体方案、应用方案，所遇到的困难和问题，下一步的工作安排，等等。与会同志对这三个设计方案进行了认真讨论，对于一些较为重要的相关问题进行了比较深入的研究、探讨。会后，与会同志还专题学习考察了海关总署、北京市、深圳市、南京市的有关做法和经验。

2010 年 1 月 14 日　丹麦驻华使馆一等秘书孔思到国家预防腐败局拜访。副局级专员郭松江会见了孔思一行。首先，郭松江介绍了中国反腐倡廉方针政策及预防腐败工作情况，并回答了对方有关提问。孔思先生对此表示感谢，并对中国党和政府采取的一系列惩治和预防腐败措施表示赞赏。随后，他介绍了丹麦在预防腐败方面的一些做法，如：实行官员财产申报制度，对出国工作的公职人员进行廉政培训等。双方还就中丹两国在预防腐败领域开展交流与合作等事宜进行了磋商。

2010 年 1 月 14 日　卫生部召开专门会议，部署权力运行监控机制建设试点工作。卫生部党组书记、副部长张茅同志做动员讲话，中央纪委驻卫生部纪检组长李熙宣读试点工作方案。崔海容出席会议并讲话。

崔海容强调，要正确认识当前预防腐败形势，把预防腐败工作摆在更加突出的位置。要加强预防腐败制度建设，坚持权力配置科学、界限明确、行使依法、运行公开，把预防腐败的要求落实到权力结构和运行机制各个环节；推进廉政风险防控机制建设，形成以积极防范为核心、以强化管理为手段的科学防控机制；建立健全防止利益冲突制度；研究制定社会领域预防腐败制度；建立健全预防腐败信息系统，逐步形成信息共享机制和预防腐败预警机制。

崔海容指出，卫生部开展权力运行监控机制建设试点工作，准确抓住了防止权力滥用的关键环节，是新形势下医药卫生系统有效预防腐败的新举措。要切实加强组织领导，扎实推进，务求实效。

2010 年 1 月 18 日 崔海容到北京市纪委、监察局就北京市全面推进廉政风险防范管理工作情况进行调研。

崔海容对北京市廉政风险防范工作给予了充分肯定。他指出，北京市充分发挥了首都引领作用，立足监督，开展廉政风险防范管理工作富有前瞻性。北京市党政领导高度重视，指导思想明确，定位准确。防控措施和方法切实可行。分类试点、科学指导，多方联动、上下协同，整体推进、重点突破，继承创新、统筹发展，这些做法很好，值得肯定和推广。

崔海容强调，北京市廉政风险防范工作要进一步加强公开程度。对查找出的风险，不仅要在内部公开，还可以适时向社会公开，发挥各方面的监督作用。要进一步形成以积极防范为核心，以强化管理为手段的科学防控机制，运用现代信息技术提高科技防控水平。要进一步推进廉政风险防范制度化建设，建立长效机制。

崔海容要求，下一步工作，一是要积极探索廉政风险防范工作，使工作思路更加清晰。二是要把北京、河北、上海等几个省市比较成熟的经验做法结合起来，整体总结和推广。

北京市纪委副书记、监察局局长张厚崑，北京市纪委副书记隋秀梅，预防腐败室副主任于柯超、副局级专员梅智超等同志参加了调研活动。

2010 年 1 月 22 日 经中央编办批准，湖北省预防腐败局正式挂牌成立。马驭、省纪委书记黄先耀、省人民政府副省长赵斌和湖北省纪委副书记、省监察厅厅长陈绪国共同出席揭牌仪式。

马驭代表中央纪委监察部和国家预防腐败局对湖北省预防腐败局的成立表示热烈祝贺。马驭同志强调，坚决惩治腐败是我们党执政能力的重要体现，有效预防腐败更是我们党执政能力的重要标志。希望湖北省纪委、监察厅认真贯彻落实党的十七届四中全会和十七届中央纪委第五次全会精神，以省预防腐败局的成立为契机，充分发挥职能作用，协调各方，整合资源，形成合力，实现有效预防腐败的工作目标。马驭同志指出，湖北省预防腐败局要加强预防腐败的组织协调、政策研究，继续先行先试，积极探索，不断取得新的工作成效。

湖北省委常委、省纪委书记黄先耀主持揭牌仪式。省委常委、省纪委书记黄先耀和省人民政府副省长赵斌代表省委、省政府对省预防腐败局的成立表示祝贺。省纪委、监察厅领导班子成员参加了揭牌仪式。

2010 年 1 月 22 日 为进一步加强境外企业管理和行为规范工作，国务院办公厅召开研究企业境外经营行为规范会议。会议由国务院副秘书长毕井泉主持，屈万祥及郭松江出席会议。会议研究讨论了《商务部、外交部、国家预防腐败局、国资委、全国工商联关于请国务院印发〈企业境外经营行为规范〉的请示》，并就下一步工作进行了部署。外交部、发展改革委、商务部、国资委、法制办、全国工商联等单位有关负责人出席了会议。

2010 年 2 月 3 日 国家预防腐败局召开部分专家学者座谈会，听取他们对做好下一步预防腐败工作的意见和建议。崔海容出席会议并讲话，于贤成主持座谈会。应邀到会的专家学者有：中央编译局当代马克思主义研究所所长何增科、工业和信息化部信息化推进司副司长秦海、北京大学法学院宪法与行政法研究中心主任姜明安、清华大学公共管理学院廉政与治理研究中心副主任过勇、中国政法大学副校长马怀德、中国人民大学公共管理学院教授毛昭辉、中国社科院社会学研究所研究员邵道生、中国社科院社会学研究所博士范雷、中国社科院监察局博士蒋来用。

与会专家学者结合各自研究领域，分别就当前预防腐败工作的形势、下一步如何做好预防腐败工作和近期预防腐败工作需要采取的措施等作了发言，重点针对防止利益冲突、完善反腐败体制和机制、政务公开和信息公开制度建设、加强程序法制建设、加大民主监督和舆论监督力度、健全权力运行监督制约机制、对腐败和治理状况进行测评、加大对行贿者处罚力度、加强对国企特别是垄断性国企的监督、"三公"消费、问卷调查、网络反腐和官员财产申报制度等具体问题提出了许多很好的意见和建议。

崔海容认真听取了与会人员的发言，感谢各位专家对预防腐败工作的高度关注和大力支持。他表示，对大家提出的宝贵意见和建议，国家预防腐败局办公室将认真研究、积极采纳。他强调，今后要继续采取多种形式与专家学者广泛交流，也希望各位专家学者继续关注国家预防腐败局的工作，为预防腐败工作提供智力支持。

2010年2月9日　第三次制止公款出国（境）旅游专项工作部际联席会议在中央纪委监察部机关召开。会议总结了2009年制止公款出国（境）旅游专项工作，审议通过了2010年制止公款出国（境）旅游专项工作要点，讨论了关于建立禁止公款出国（境）旅游长效机制问题。崔海容出席会议并讲话。会议由外交部副部长、制止公款出国（境）旅游专项工作部际联席会议召集人吕国增主持。中组部、中联部、中央外办、外交部、财政部、公安部、商务部、审计署、国家外专局、国家旅游局等部门的负责同志及专项工作办公室全体成员参加了会议。

会议认为，2009年，各地区各部门认真贯彻落实中办发〔2009〕12号文件，不断提高各级党员干部对制止公款出国（境）旅游工作的认识，严格控制和压缩因公出国（境）总量，完善规章制度，专项工作取得了明显成效，因公出国（境）人数和经费大幅下降，公款出国（境）旅游不正之风得到有效遏制。2009年全年全国党政干部因公出国（境）团组33507个、123553人次，团组数、人次数和经费数与近3年平均数相比分别下降了49%、45.5%和37.6%，经费比近3年平均支出节约16.31亿元。专项工作得到了中央领导同志的肯定，社会各界给予了积极评价。

会议强调，2010年要根据第十七届中央纪委第五次全会关于继续开展制止公款出国（境）旅游专项工作部署，以贯彻执行中办发〔2008〕9号和中办发〔2009〕12号文件为主要内容，优化结构、确保重点、有保有压，继续严格控制和适度压缩因公出国（境）人数和经费，继续完善因公出国（境）管理制度，进一步提高因公出国（境）管理水平，巩固制止公款出国（境）旅游专项工作成果，研究建立禁止公款出国（境）旅游长效机制，保证因公出国（境）工作健康有序进行，促进经济社会发展。一是要在实行分类指导、总量控制上见成效。要在确保外交、国际合作、商贸、文体交流、高层次干部人才培训等因公出国（境）活动的前提下，继续严格控制因公出国（境）经费和人数。二是要在狠抓因公出国（境）管理制度的执行上见成效。严格审批制度，将出访任务是否明确、必要，出访行程是否合理，邀请函是否真实，出访人员职务是否与出访任务一致等要素作为任务审核审批重点，切实提高审批质量。严格经费管理，坚决执行《加强党政干部因公出国（境）经费管理暂行办法》，将因公出国（境）经费全部纳入预算管理，督促各地区各部门根据本地区本部门实际情况，制定落实经费先行审核制度的具体措施。三是要在严肃查处公款出国（境）旅游案件上见成效。要增强查办公款出国（境）旅游案件的主动性，严肃查处顶风违纪案件，克服失之于软、失之于宽的问题。公开曝光典型案件，发挥案件的警示教育功能。

会议要求，各地区各部门要认真学习贯彻贺国强同志的重要批示精神，充分认识制止公款出国（境）旅游专项工作的重要性，以更加饱满的热情、更加有力的措施、更加扎实的工作，推动制止公款出国（境）旅游专项工作取得更大的成效。

2010 年 2 月 10 日 《国家预防腐败局 2010 年工作要点》（监发〔2010〕2 号）印发各省、自治区、直辖市监察厅（局），有关省、直辖市预防腐败局，新疆生产建设兵团监察局，监察部各派驻监察局、监察专员办公室。

2010 年 2 月 21 日至 24 日 应澳门廉政公署邀请，预防腐败室副主任于贤成率监察部代表团赴澳门参加《"私营领域防治腐败的现状与前瞻"三地专题研讨会文集》发行仪式及私营领域防贪讲座，并对澳门廉政公署进行了访问。澳门特别行政区行政长官崔世安出席《"私营领域防治腐败的现状与前瞻"三地专题研讨会文集》发行仪式并发表讲话，约 500 名来自港澳的专家学者及政商界代表参加了发行仪式。发行仪式由崔世安、于贤成、立法会主席刘焯华、检察长何超明、廉政专员冯文庄、澳门廉政公署人员纪律监察委员会委员林笑云、香港廉政公署社区关系处处长穆斐文等人担任主礼嘉宾。发行仪式后，进行了"私营领域防贪讲座"。于贤成同志在发言中介绍了国家预防腐败局成立以来开展的工作以及在协调指导内地私营领域预防腐败工作方面的情况；香港廉政公署社区关系处处长穆斐文介绍了香港廉政公署打击私营机构贪污的历史和经验，重申与业界建立互信的伙伴关系对推动私营领域防贪的重要性；香港中华厂商联合会会长黄友嘉从商界的角度谈诚信营商对提升企业竞争力及社会发展的重要意义，并就私营领域防治腐败提出建议；澳门大学副校长何顺文探讨了全球金融危机后，如何重建现代自由经济和企业管治的核心价值。

2010 年 2 月 26 日至 28 日 郭松江随监察部代表团赴日本出席 APEC 反腐败工作组 2010 年第一次会议。

2010 年 2 月 28 日 在蒙古国家防治腐败局局长桑嘎拉格查参加国际会议途经北京期间，预防腐败室副主任于贤成会见了桑嘎拉格查一行，并就国家预防腐败局与蒙古国家预治腐败局开展交往及签署合作备忘录事宜进行了磋商。

2010 年 3 月 1 日 监察部部长办公会专题研究《政府与行业协会、市场中介组织分开试点工作方案》。

2010 年 3 月 5 日 全国政务公开领导小组办公室召开成员和联络员会议，研究讨论了《全国政务公开领导小组 2009 年工作总结》和《2010 年全国政务公开工作要点》，为即将召开的全国政务公开领导小组第十次会议作准备。

2010 年 3 月 15 日 国务院办公厅采纳了国家预防腐败局提出分阶段开展政府与行业协会、市场中介组织分开的政策建议。3 月 16 日，李克强、张德江、马凯同志批示同意；3 月 18 日，温家宝同志批示同意。

2010 年 3 月 16 日至 23 日 国家预防腐败局办公室联合人民网、新华网开展国家预防腐败局局徽投票评选活动，邀请广大网民对局徽设计作品进行客观公正的投票，投票结果作为正式评选的参考依据之一。

2010 年 3 月 17 日 中央政治局常委、中央纪委书记贺国强听取预防腐败室工作汇报，崔海容、于贤成、于柯超、李洋同志参加。

2010 年 3 月 22 日下午　中央书记处书记、中央纪委副书记何勇听取预防腐败室关于推广廉政风险防范、权力运行监控机制建设问题专项汇报，马驭、崔海容出席，韩平满、梅智超等参加。

2010 年 3 月 24 日下午　于贤成会见了到访的香港廉政公署社区关系处处长穆斐文一行。双方就今年国家预防腐败局与香港廉政公署开展交流与合作事宜交换了意见。

2010 年 3 月 26 日　全国政务公开领导小组第十次会议在北京召开。中共中央书记处书记、中央纪委副书记、全国政务公开领导小组组长何勇出席并讲话，他强调，要认真贯彻党的十七届四中全会和全国“两会”精神，按照十七届中央纪委第五次全会和国务院第三次廉政工作会议的部署，以促进阳光施政、有效预防腐败为目标，以监督行政权力、服务人民群众为主线，以推进行政权力运行程序化、公开透明为重点，加强制度建设，狠抓工作落实，切实提高政务公开的社会效益，为推动经济社会又好又快发展服务。中央纪委副书记、监察部部长兼国家预防腐败局局长马驭主持会议。中央组织部副部长、中央党史研究室主任、全国政务公开领导小组成员欧阳淞宣读《全国政务公开领导小组 2009 年工作总结》。中央纪委常委、监察部副部长、全国政务公开领导小组副组长屈万祥宣读《2010 年全国政务公开工作要点》。国家预防腐败局副局长兼中央纪委预防腐败室主任崔海容汇报了全国政务服务中心建设情况。全国政务公开领导小组成员审议了《全国政务公开领导小组 2009 年工作总结》和《2010 年全国政务公开工作要点》。中央机构编制委员会办公室副主任吴知论、全国总工会书记处书记喻红秋、工业和信息化部副部长杨学山、民政部副部长姜力、人力资源和社会保障部副部长孙宝树、中央纪委驻财政部纪检组组长刘建华出席会议。全国政务公开领导小组办公室成员，中央纪委办公厅、预防腐败室有关同志参加会议。

2010 年 3 月 21 日晚　中央电视台《焦点访谈》栏目播出“不择手段的公款出国游”节目，曝光了吉林省原煤炭工业局组织多起公款出国旅游案件。于贤成、郭松江同志接受采访，通报了案件的主要事实及处理情况。

2010 年 4 月 1 日　国家预防腐败局网站发布了“部分公款出国旅游案件查处情况通报”，人民网、新华网、中国政府网等网站予以转载。

2010 年 4 月 7 日　崔海容一行到国家税务总局就加强党风廉政建设和预防腐败工作等进行调研。国家税务总局党组书记、局长肖捷介绍了税务系统的基本概况以及开展党风廉政建设和反腐败工作的总体部署和取得的成效。国家税务总局党组成员、驻总局纪检组组长冯惠敏汇报了税务系统反腐倡廉建设工作的主要做法，驻总局监察局有关领导重点汇报了税务系统开展内控机制建设具体情况。崔海容同志充分肯定了税务系统预防腐败工作，他指出，税务系统党风廉政建设和反腐败工作定位准确、思路清晰，对有效制约和规范权力运行进行了大胆的探索，把内控机制建设上升到理论层面研究，并结合实际抓落实，工作非常扎实，成效明显。同时，他要求税务系统继续总结经验，深入抓好内控机制建设，进一步细化工作流程，推进权力公开运行，压缩权力行使的空间，确保预防工作管用有效。

2010 年 4 月 9 日　湖南省预防腐败局正式揭牌成立，崔海容出席揭牌仪式并讲话。崔海容受中央纪委监察部领导委托，代表国家预防腐败局对湖南省预防腐败局的成立表示热烈祝贺。崔海容指出，近年来，湖南省各级纪检监察机关，从湖南实际出发，积极探索从源头上防治腐败的方法，大力推进体制机制制度改革和建设，在诸多领域取得了可喜的成绩，受到中央纪委监察部的充分肯定，国家预防腐败局将湖南确定为全国预防腐败试点省份之一。在省委、省政府的重视下，湖南省预防腐败局成为全国第 4 家正式挂牌的省级预防腐败机构。相信湖南省纪委、省监察厅必将以省预防腐败局的成立为契机，全面履行预防腐败职能，协调各方，整合资源，形成合力，充分利用丰富的人文资源，发挥理论研究与制度建设优势，着力在有效预防腐败方面发挥更大作用，做出卓越的贡献！

会后，崔海容在湖南对政务公开和社会领域参与预防腐败工作等问题进行调研。崔海容一行先后考察了湖南省人力资源和社会保障厅办事大厅和长沙市政务大厅，在湖南大学廉政研究中心（湖南省廉政研究基地）与中南大学、湖南大学、湖南商学院和中华廉洁文化研究会二十余名专家、学者就社会领域参与预防腐败工作进行了专题座谈，对岳阳市政务公开、规范行政处罚自由裁量权等工作进行了调研。

2010 年 4 月 9 日 预防腐败室在监察部机关举办了中央和国家机关预防腐败信息联络员培训班，来自中央和国家机关的 60 名预防腐败信息联络员参加了培训学习。培训班邀请人民网要闻部和新华网廉政频道的两位专家，对信息联络员进行了信息采编和网络评论方面的业务培训。中央纪委预防腐败室有关负责人出席并讲话，并对进一步做好信息报送工作提出了要求。

2010 年 4 月 20 日 中共中央书记处书记、中央纪委副书记何勇在人民大会堂会见了由尼日利亚独立防治腐败及其他相关犯罪委员会主席阿尤拉率领的代表团。何勇首先对尼日利亚独立防治腐败及其他相关犯罪委员会代表团访华表示欢迎，并向客人介绍了中国当前的政治经济形势和反腐败工作。何勇强调，中国重视反腐败国际合作，愿意在平等和互相尊重的基础上，加强同包括尼日利亚在内的各国和有关国际组织的交流与合作，借鉴有益经验，更有效地防治腐败。阿尤拉对中国成功应对国际金融危机表示高度赞赏，对中国反腐倡廉工作所取得的成就给予高度评价。会见后，马驭与尼日利亚独立防治腐败及其他相关犯罪委员会代表团举行工作会谈。中央纪委常委、秘书长吴玉良，中央纪委常委、监察部副部长兼国家预防腐败局副局长屈万祥，国家预防腐败局副局长崔海容参加了工作会谈。

2010 年 5 月 9 日至 19 日 为执行中加政策选择项目，国家预防腐败局第二次组团赴加拿大，就市场中介组织监管与防治腐败进行专题考察。

2010 年 5 月 11 日 崔海容就律师行业预防腐败工作到司法部进行专题调研，司法部部长吴爱英介绍了近几年司法工作的总体情况，对下一步抓好律师行业预防腐败工作提出了明确要求。赵大程副部长介绍了当前律师行业存在的突出问题，并针对问题提出了治理措施。崔海容同志指出，司法部的律师行业党建工作富有成效，抓住了问题的核心，对促进律师行业队伍建设和行风建设很有意义，希望在今后工作中，要进一步围绕律师如何维护法律公平正义、增强社会公信力进行深入研究。他强调，抓好律师队伍建设，要坚持齐抓共管。一是行业行政管理部门要严格按照《律师法》有关规定，进一步建立健全惩戒办法，提高制度的执行力。二是行业协会要切实加强自律，扎实做好律师教育、培训、考核和管理等工作，加大监管力度，保障律师行业健康发展。三是监察机构要针对律师行业存在的问题，加强研究，找准监督的“切入口”。四是借鉴国外行业管理经验，积极推进制度创新。中央纪委驻司法部纪检组组长韩亨林，司法部办公厅、律师公证工作指导司、驻部纪检组监察局和全国律师协会等有关部门负责同志参加了座谈。

2010 年 5 月 17 日 马驭会见由香港特区廉政专员汤显明率领的香港特区廉政公署代表团。马驭对汤显明一行来访表示欢迎，并向客人介绍了内地经济社会发展情况和反腐倡廉工作。会见结束后，屈万祥与代表团举行了工作会谈。中央政府驻香港联络办公室副主任黄兰发参加了上述活动。

2010 年 5 月 17 日至 19 日 马驭、屈万祥、崔海容等参加在江苏南京召开的全国反腐倡廉建设创新经验交流会。

2010 年 5 月 26 日至 6 月 2 日 谭彦随共青团中央友好交流团赴日本考察学习。

2010 年 6 月 7 日 澳门廉政专员冯文庄率澳门廉政专员公署代表团一行 6 人到国家预防腐败局拜访。于贤成与代表团进行了工作会谈。韩平满、梅智超参加了会谈。

2010 年 6 月 8 日 预防腐败工作联席会议第四次会议在北京召开。会议研究了开展政府与行业协会、市场中介组织分开试点工作和落实金融账户实名制、建立社会信用代码制度、推进社会信用体系建设等有关问题。会议认为，推进政府与行业协会、市场中介组织分开，落实金融账户实名制、建立社会信用代码制度，对于完善社会主义市场经济体制和防治腐败工作都具有非常重要的意义。政府与行业协会、市场中介组织分开，是建立和完善市场经济体制的一项基础工作，有利于加快转变政府职能，从源头上预防和治理腐败，促进行业协会、市场中介组织自身健康发展。落实金融账户实名制、建立统一的社会信用代码制度，对于深化金融体制改革，推动社会信用体系建设，促进市场经济健康发展具有重要作用，有利于采集和共享真实的信用信息，维护正常的社会经济秩序。同时，对于阻止腐败分子将其违法犯罪所得合法化，增加腐败的成本和风险，有效打击和预防腐败犯罪，具有重要的现实意义。会议要求有关部门和单位加强协调配合，形成工作合力，积极稳妥地推动这两项工作。会议强调，各有关部门要按照中央纪委的统一部署，扎实做好下半年预防腐败各项工作。要紧紧围绕贯彻落实中央关于推动科学发展重大决策部署，加强预防腐败工作。继续加强公共工程项目监管，加强民生和社会事业领域公共资金监管，将监督关口前移、全程跟进，有效防范项目审批实施和资金分配使用中的索贿受贿、贪污私分、截留克扣、挪用挤占等行为，确保中央各项政策措施的顺利实施。要着力加强预防腐败制度建设，积极探索有效预防腐败的措施和办法。要加大政务公开力度，推进行政权力公开透明运行。马驭主持会议并讲话。屈万祥通报了国家预防腐败局近期主要工作及第三次联席会议研究决定有关事项的落实情况。崔海容宣读了政府与行业协会、市场中介组织分开试点工作方案。中国人民银行副行长杜金富就落实金融账户实名制、建立社会信用代码制度、推进社会信用体系建设有关问题作了说明。中央组织部、全国人大常委会法工委、最高人民法院、最高人民检察院、国家发改委、财政部、中国人民银行、审计署、国务院国资委、国务院法制办等预防腐败工作联席会议成员单位有关负责同志出席会议，中央编办、公安部、民政部、司法部、人力资源和社会保障部、住房和城乡建设部、海关总署、国家工商总局有关负责同志应邀出席会议。

2010 年 6 月 21 日至 27 日 约旦防治腐败委员会代表团来访。6 月 22 日下午，马驭在北京与约旦防治腐败委员会主席沙罕贝赫率领的代表团举行工作会谈。马驭对沙罕贝赫一行表示欢迎。她说，中约两国关系友好，在各领域交流密切。代表团此次访华拓展了两国在预防腐败领域的交流与合作，有助于双方相互学习、相互促进。马驭向客人介绍了中国反腐倡廉工作总体情况，并着重介绍了预防腐败工作。她说，中国共产党和中国政府十分重视党风廉政建设和反腐败斗争，坚持一手抓改革开放和经济建设，一手抓惩治和预防腐败工作。坚持“标本兼治、综合治理、惩防并举、注重预防”的反腐倡廉战略方针，以完善惩治和预防腐败体系为重点，从教育、制度、监督、改革、纠风、惩治等方面强化对权力的制约和监督，努力拓展从源头上防治腐败工作领域，切实提高反腐倡廉建设成效。国家预防腐败局成立两年多来，积极探索实践，工作领域不断拓展，工作方法不断改进，专业化水平不断提高，通过建立预防腐败工作协调机制、开展预防腐败试点、深入推进政务公开、探索社会领域防治腐败新办法等工作，预防腐败的综合效果逐步显现。沙罕贝赫对中国在防治腐败领域取得的成效表示高度赞赏，认为中国防治腐败的许多做法值得约方学习借鉴，希望今后进一步加强双边交流与合作。他还介绍了约旦防治腐败工作情况。屈万祥、崔海容参加了工作会谈。

2010 年 6 月 23 日 由越南防治腐败中央指导委员会办公厅主办的“建立防治腐败评估标准”国际研讨会在越南河内举行。经领导批准，于贤成等一行三人代表国家预防腐败局应邀与会，并在会上作了主旨发言。于贤成同志在发言中简要介绍了国家预防腐败局近来的主要工作以及在建立防治腐败评估标准方面所作的探索。会议期间，于贤成同志还与联合国开发计划署、世界银行、透明国际、韩国防治腐败及公民权益委员会、越南防治腐败中央指导委员会等机构的与会代表进行了交流。共有来自相关国际组织、非政府组织、有关国家防治腐败机构以及越南国内各地各部门的 80 多名代表参加了本次国际研讨会。与会代表围绕建立防治腐败评估标准的意义、作用、方法和途径等进行了交流探讨。

2010 年 6 月 23 日至 26 日 梅智超率国家预防腐败局代表团赴哈萨克斯坦参加“国际反腐败机制与措施”国际会议。

2010 年 6 月 26 日至 7 月 5 日 郭松江率中国政府代表团赴维也纳出席《联合国反腐败公约》履约审议工作组第一次会议。

2010 年 6 月 28 日至 7 月 8 日 应日本总务省、韩国防治腐败及公民权益委员会、蒙古国家防治腐败局邀请，经国务院批准，屈万祥率监察部、国家预防腐败局代表团一行 6 人，对上述三国进行了工作访问。代表团深入考察了这三个国家防治腐败的有关情况，同时向对方介绍了国家预防腐败局的职责、工作情况和我国当前防治腐败的新举措、新成效，并代表国家预防腐败局与蒙古国家防治腐败局签署了两局之间的《合作谅解备忘录》。于柯超等同志参加。

2010 年 6 月 29 日 全国深化政务公开推进政务服务经验交流会在内蒙古呼和浩特召开。中共中央书记处书记、中央纪委副书记何勇出席会议并讲话。他强调，要以深化行政管理体制改革、建设服务型政府为目标，以推进政务公开和行政审批制度改革为切入点，大力加强以政务（行政）服务中心为主要载体的政务服务体系建设。中央纪委副书记、监察部部长兼国家预防腐败局局长马驭，内蒙古自治区党委书记、人大常委会主任胡春华，内蒙古自治区党委副书记、自治区主席巴特尔，全国政务公开领导小组成员单位领导及有关单位负责同志出席会议。各省、自治区、直辖市和新疆生产建设兵团政务公开领导小组组长及办公室主任，相关省、直辖市预防腐败局局长，副省级城市政务公开领导小组组长，部分中央国家机关政务公开领导小组办公室主任，相关省、自治区、直辖市及各副省级城市政务（行政）服务中心主任参加会议。会议期间，何勇就经济社会发展和反腐倡廉建设工作在内蒙古自治区进行了调研，并看望了当地的纪检监察干部。马驭和内蒙古自治区领导陪同调研。

2010 年 7 月 10 日 河北省预防腐败局揭牌。省委常委、常务副省长付志方，省委常委、省纪委书记臧胜业，预防腐败室副主任李洋出席揭牌仪式。

2010 年 7 月 26 日 马驭会见由博茨瓦纳腐败和经济犯罪调查局助理局长恩派泰率领的代表团。马驭对博茨瓦纳腐败和经济犯罪调查局代表团访华表示欢迎，并向代表团介绍了中国当前的政治经济形势。关于中国的反腐倡廉工作，马驭说，中国共产党和中国政府十分重视党风廉政建设和反腐败斗争，坚持一手抓改革开放和经济建设，一手抓惩治和预防腐败工作。近年来，确立了“标本兼治、综合治理、惩防并举、注重预防”的反腐倡廉方针，提出要建立健全惩治和预防腐败体系，颁布了《建立健全惩治和预防腐败体系 2008—2012 年工作规划》。目前，我们正积极落实《工作规划》：一是开展对领导干部的廉政教育，增强廉洁意识，筑牢思想道德防线。二是深化改革，创新制度，最大限度地减少腐败滋生的体制机制漏洞，实现用制度管权、管事、管人。三是严肃查处违纪违法案件，严惩腐败分子。四是切实纠正损害群众利益的不正之风，重点解决教育医疗、环境保护、安全生产等方面群众反映强烈的问题。五是开展对中央重大决策部署执行情况的监督检查，促进经济社会又好又快发展。马驭强调，腐败是人类社会的公害，中国共产党和中国政府高度重视反腐败国际合作，愿意在平等和互相尊重的基础上，加强同包括博茨瓦纳在内的有关国家和国际组织的交流与合作，分享反腐败有益经验，更有效地防治腐败。恩派泰感谢马驭的会见，对中国成功应对国际金融危机冲击表示高度赞赏，对中国反腐倡廉工作取得的成就给予高度评价。她表示，博茨瓦纳腐败和经济犯罪调查局十分重视发展与中国国家预防腐败局的合作关系，愿意通过开展各种形式的交流与合作，相互学习借鉴彼此在工作中的好经验好做法。崔海容参加会见并与代表团举行了工作会谈。

2010 年 8 月 7 日　全国政务公开业务培训班圆满完成各项课程，在中央纪委监察部北戴河培训中心举行结业式。屈万祥出席结业式并讲话。屈万祥指出，政务公开是新形势下坚持和发展社会主义民主政治的一项基础性工作，对于加快行政管理体制改革、建设服务型政府，强化对权力的制约和监督、从源头上预防和治理腐败，都具有重要意义。各地区、各部门要切实增强责任感和紧迫感，认真贯彻落实党中央、国务院关于政务公开工作的部署，按照深化行政管理体制改革的要求，推进行政权力运行程序化和公开透明，从源头上有效预防腐败；按照公开是原则、不公开是例外的要求，及时、真实、全面公开人民群众普遍关心、涉及群众切身利益的各类政府信息，保障人民群众的知情权、参与权、表达权和监督权；按照便民利民的要求，加强政务（行政）服务中心的建设和管理，进一步提高行政效能，改进机关作风，推进政务服务建设，为人民群众提供便捷优质高效服务。中央纪委预防腐败室和北戴河培训中心的有关负责人出席了结业式。各省（区、市）政务公开领导小组办公室负责人和省级政务（行政）服务中心负责人参加了培训。

2010 年 8 月 13 日　中国海洋石油总公司和中海石油（中国）有限公司天津分公司在天津召开了中国海油预防腐败试点工作动员大会。屈万祥出席大会并讲话。屈万祥指出，中国海油领导班子高度重视预防腐败工作，在建设国际一流能源公司的进程中，注重将预防腐败理念向企业经营管理流程中灌输和渗透，积极探索建立企业管理科学化和反腐倡廉科学化有机融合的工作机制，有力地保障了企业的健康快速发展，体现了海油特色。屈万祥强调，国有企业预防腐败试点工作要着力在四个方面加强实践探索：一是领导人员要切实履行“一岗双责”，带头廉洁从业；二是进一步完善公司法人治理结构，科学配置企业决策权、执行权和监督权；三是完善“三重一大”集体决策制度，规范企业领导人员用权行为；四是完善企业监督制约机制，充分发挥纪检监察机构的职能作用。中国海洋石油总公司和中海石油（中国）有限公司天津分公司要充分认识开展预防腐败试点工作的重要意义，加强组织领导，采取有力措施，确保试点工作真正取得实效。国务院国资委党委委员、纪委书记贾福兴，国家预防腐败局副局长崔海容，中国海油党组书记、总经理傅成玉，中国海油党组成员、纪检组组长武广齐等参加了会议。

2010年8月26日至27日 “财政预算公开与防治腐败”三地研讨会在黑龙江省哈尔滨市召开，马驭出席会议并讲话。她强调，要深刻认识预算公开对于推动政府职能转变、促进经济社会发展的重要意义，充分利用各方面有利条件，积极采取有力措施，坚定不移地推进预算公开。中央纪委常委、监察部副部长兼国家预防腐败局副局长屈万祥，国家预防腐败局副局长崔海容，香港特别行政区廉政公署汤显明专员，澳门特别行政区廉政公署冯文庄专员出席会议。国务院有关部门和部分省市代表、有关专家学者及香港、澳门代表近80人参加了会议。

2010年9月1日至6日 韩平满随监察部代表团赴维也纳参加国际反腐败学院成立大会。

2010年9月6日至17日 张越随监察部代表团赴美国参加中美JLG反腐败专家组第五次会议。

2010年9月8日上午 河南省预防腐败局正式揭牌成立。国家预防腐败局副局长崔海容，河南省委常委、省纪委书记叶青纯，河南省政府副省长秦玉海，以及省委组织部、省编办负责同志出席揭牌仪式。崔海容受中央纪委监察部领导委托，代表国家预防腐败局对河南省预防腐败局的成立表示热烈祝贺。崔海容指出，改革开放以来，特别是党的十六大以来，中央在坚决惩治腐败的同时，实施注重治本的战略布局，逐步走出一条具有中国特色的防治腐败之路。河南省预防腐败局的成立，是河南省党风廉政建设和反腐败斗争的一件大事。近年来，河南省各级党委、政府和纪检监察机关认真贯彻中央精神，坚持标本兼治、综合治理、惩防并举、注重预防的方针，在保持惩治腐败高压态势的同时，按照“三个更加”的要求，积极探索从源头上防治腐败的方法，推进体制机制改革和法规制度建设，把预防腐败的要求落实到权力结构和运行机制各个环节，取得了可喜的成绩。在省委、省政府的正确领导和有关部门的大力支持配合下，河南省纪委监察厅整合各方资源，探索建立大预防、大惩治的工作路子，这标志着河南省党风廉政建设和反腐败斗争向注重治本的战略性转移，必将对有效预防腐败产生积极推动作用。希望河南省以省预防腐败局的成立为契机，发挥机构和人才优势，加强组织协调，深化理论研究，推进制度创新，以更加积极的态度、更加有力的措施做好预防腐败工作，进一步开创反腐倡廉建设的新局面。揭牌仪式由河南省纪委副书记李建社主持，省纪委、省监察厅领导班子成员出席。崔海容、叶青纯、秦玉海、王流章为河南省预防腐败局揭牌。新成立的河南省预防腐败局，是省政府正厅级直属机构，与省纪委、省监察厅合署办公，内设预防腐败一室、二室、三室、四室。主要职责是负责全省预防腐败工作的政策制定、综合规划、组织协调、检查指导，协调指导机关、企事业单位、社会团体、中介机构和其他社会组织的预防腐败工作。

2010年9月11日至17日 第三届发展中国家预防腐败研讨班在北京举行。9月11日，举行研讨班开幕式，崔海容及商务部、国家行政学院有关领导出席并致辞。开幕式上，博茨瓦纳参研人员作为外方代表作了发言。来自埃塞俄比亚、巴基斯坦等12个发展中国家的23名代表和中央纪委、监察部、国家预防腐败局有关部门的人员参加了开幕式。9月13日下午，马驭在钓鱼台国宾馆会见了出席第三届发展中国家预防腐败研讨班的外方代表。屈万祥、崔海容参加了会见。9月17日，第三届发展中国家预防腐败研讨班圆满完成各项议程，在上海市举行结业典礼。屈万祥出席并作总结讲话，崔海容主持结业典礼，上海市委常委、市纪委书记董君舒出席。本届研讨班历时共7天，与会代表围绕预防腐败制度建设这一主题，就廉政风险防控机制建设、完善公共资源市场化配置机制、《联合国反腐败公约》与预防腐败三个专题进行了深入研讨，并赴上海市、江苏省进行了实地考察。

2010 年 9 月 20 日上午 马驭参观了最高人民检察院举办的“法治与责任——全国检察机关惩治和预防渎职侵权犯罪展览”。中央纪委常委、最高人民检察院副检察长邱学强，国家预防腐败局副局长崔海容，中央纪委驻最高人民检察院纪检组组长莫文秀及预防腐败室全体工作人员陪同参观。

2010 年 9 月 20 日 预防腐败室召开茶话会，欢送通过竞争上岗担任中国纪检监察学院培训部主任的张爱民。崔海容出席会议并讲话，于贤成主持了会议，预防腐败室全体同志参加。

2010 年 9 月 25 日至 29 日 李洋率监察部代表团赴日本出席 APEC 中小企业商业道德研讨会。

2010 年 10 月 5 日至 6 日 由韩国防治腐败与公民权益委员会主办的“加强反腐败领导与合作”国际研讨会在韩国首尔、平昌举行。经委部领导批准，于贤成等一行四人代表监察部、国家预防腐败局应邀与会，并作主旨发言。于贤成在发言中简要介绍了中国反腐倡廉的政策措施，近年来在防治腐败方面取得的主要成效，以及中国开展反腐败国际合作与国际援助的情况。会议期间，代表团还与联合国毒品和犯罪问题办公室、世界银行、法国预防腐败中心、韩国防治腐败及公民权益委员会等机构的代表进行了交流。来自联合国、世界银行等国际组织和美国、法国、印度尼西亚等国的代表 200 余人参加了本次研讨会。与会代表围绕反腐败机构的发展、国家的反腐败政策、反腐败经验的传播和借鉴等进行了广泛、深入的研讨。

2010 年 10 月 10 日 欧阳柏青出席民政部在广州召开的全国行业协会改革发展经验交流会。

2010 年 10 月 14 日 制止公款出国（境）旅游专项工作部际联席会议第四次会议在中央纪委监察部机关召开。会议传达了中央纪委领导批示精神，回顾了 2010 年以来制止公款出国（境）旅游专项工作开展情况，认真分析了当前制止公款出国（境）旅游专项工作的形势，通报了近期公款出国（境）旅游典型案件，讨论了严禁公款出国（境）旅游、防止因公出国（境）规模反弹问题，就今年四季度制止公款出国（境）旅游专项工作作出部署。屈万祥出席会议并讲话。崔海容主持会议。中组部、中联部、中央外办、中央台办、国务院港澳办、外交部、财政部、公安部、商务部、审计署、国家外专局、国家旅游局等部门的负责同志及专项工作办公室全体成员参加了会议。

2010 年 10 月 20 日 为防止当年党政干部因公出国（境）规模出现反弹，确保制止公款出国（境）旅游专项工作任务圆满完成，第二次全国制止公款出国（境）旅游专项工作电视电话会议召开。中央纪委常委、监察部副部长、国家预防腐败局副局长、制止公款出国（境）旅游专项工作部际联席会议召集人屈万祥，外交部副部长、制止公款出国（境）旅游专项工作部际联席会议召集人吕国增出席会议并讲话。会议由国家预防腐败局副局长崔海容主持。审计署副审计长侯凯、中联部部长助理贺钧、国家外国专家局副局长李兵出席。

2010 年 10 月 20 日 国家预防腐败局代表出席经合组织反贿赂技术座谈会，就我国政府对市场中介组织的监管与防治腐败工作作专题发言。

2010 年 10 月 20 日至 11 月 9 日 王忠国随中央纪委监察部培训团赴澳大利亚参加“廉政制度建设”专题培训。

2010 年 10 月 21 日至 22 日 海关总署在上海海关召开“海关执法廉政风险预警处置系

统”推广应用现场交流会，崔海容出席会议并讲话。崔海容同志充分肯定了海关总署研发廉政风险预警处置系统的意义和全面推广应用系统一年来取得的成效，指出海关执法廉政风险预警处置系统设计科学、效果明显，是加强预防腐败工作的有益探索。他强调，要按照第十七届中央纪委第五次全会要求，进一步加大运用现代信息技术规范行政权力运行工作力度，着力构建廉政风险防控机制和权力运行监控机制。要在开展清权确权的基础上，对梳理出的权力事项查找廉政风险点，进行流程优化和再造，运用信息技术推进权力网上运行，并通过电子监察系统对权力运行过程进行实时监控，逐步形成配置科学、结构合理、程序严密、制约有效的权力结构和运行机制。希望海关系统一方面按照海关总署完善内控机制、建设大监管体系的要求，抓好系统的升级改造，不断拓展系统功能，另一方面在实践中深化系统应用，提高防控效果，为海关反腐倡廉建设提供更好的支撑，为海关事业健康发展提供更有力的保证，也为其他行政执法部门提供更多更好的新鲜经验。海关总署党组成员、驻署纪检组组长胡玉敏同志出席会议并讲话。中央纪委监察部和上海市纪委、预防腐败局的有关同志参加会议。来自海关总署机关各个司局和全国46个直属海关单位的负责同志以及各单位系统推广办的有关同志参加会议。

2010年10月22日　欧阳柏青出席广东省佛山市深化纪检监察机构改革研讨会。

2010年10月25日　崔海容出席湖南省“预防腐败制度之路”理论与实践成果交流会并讲话。

2010年11月1日　马驭在北京会见了由肯尼亚防治腐败委员会助理主席普拉文·保瑞率领的肯尼亚防治腐败委员会代表团。马驭对肯尼亚防治腐败委员会代表团访华表示欢迎，并介绍了中国当前经济社会发展情况。关于中国的反腐倡廉工作，马驭说，中国共产党和中国政府始终高度重视防治腐败工作，坚持一手抓改革开放，一手抓反腐败，经过多年实践，走出了一条中国特色反腐倡廉道路。近年来，我们确立了“标本兼治、综合治理、惩防并举、注重预防”的反腐倡廉方针，提出了建立健全惩治和预防腐败体系，颁布了《建立健全惩治和预防腐败体系2008—2012年工作规划》。目前，我们正在全面落实这个《规划》，主要从以下几个方面开展工作：一是深入开展反腐倡廉教育，不断健全反腐倡廉法规制度。二是深化改革，创新制度，规范权力运行。三是切实纠正损害群众利益的不正之风。四是严肃查处违纪违法案件。马驭强调，随着经济全球化深入发展，腐败犯罪日益呈现跨国的特点，迫切需要国际合作。中国共产党和中国政府高度重视反腐败国际合作，愿意继续在相互尊重、平等协商、注重实效的基础上，不断发展与包括肯尼亚在内的各国防治腐败机构的友好关系，为建设廉洁高效政府，促进国际社会经济政治秩序公平正义做出贡献。普拉文·保瑞感谢马驭的会见，对中国反腐倡廉工作取得的成就给予高度评价。他表示，肯尼亚防治腐败委员会十分重视发展与中国国家预防腐败局的合作关系，愿意通过开展各种形式的交流与合作，相互学习借鉴彼此在工作中的好经验、好做法。屈万祥、崔海容参加会见，崔海容与代表团进行工作会谈。

2010年11月4日　全国厂务公开民主管理工作经验交流暨先进单位表彰电视电话会议在北京召开，中共中央书记处书记、中央纪委副书记何勇出席会议并讲话。他强调，要认真学习贯彻党的十七大和十七届五中全会精神，突出重点、开拓创新，深入推进厂务公开民主管理工作，切实保障职工的民主权利，为促进劳动关系和谐与社会大局稳定、保持经济平稳较快发展提供有力保证。全国厂务公开协调小组组长、中华全国总工会副主席、书记处第一书记王玉普主持会议。全国厂务公开协调小组副组长、监察部副部长郝明金宣读《关于表彰全国厂务公开民主管理工作先进单位的决定》。中央纪委常委、秘书长吴玉良，中组部部务委员兼组织二局局长、基层办主任陈向群，国务院国有资产监督管理委员会副主任、中华全国总工会副主席黄丹华，中华全国总工会副主席、书记处书记陈荣书，中华全国工商业联合会副主席谢经荣，国家预防腐败局副局长崔海容出席会议。会议为全国厂务公开民主管理先进单位和全国推动厂务公开民主管理工作先进单位代表颁奖。江苏、天津南开区、郑州铁路局等6家地区和单位的有关负责同志在会议上发言。

2010年11月9日　全国深化村务公开和民主管理"难点村"治理工作会议在陕西西安召开。中共中央书记处书记、中央纪委副书记何勇出席会议并讲话。他强调，要全面贯彻党的十七大和十七届三中、四中、五中全会精神，以邓小平理论和"三个代表"重要思想为指导，深入贯彻落实科学发展观，以促进"难点村"经济社会事业全面进步为目标，以巩固和扩大治理成果为重点，加大力度、强化措施、扎实工作，推动"难点村"治理工作取得新成效，为推动农村经济社会又好又快发展作出新的更大的贡献。民政部部长李立国主持会议。陕西省委书记、省人大常委会主任赵乐际，陕西省委副书记、代省长赵正永，中央纪委常委、监察部副部长兼国家预防腐败局副局长屈万祥，全国村务公开协调小组领导成员出席会议。各省、自治区、直辖市、计划单列市和新疆生产建设兵团村务公开领导（协调）机构主要负责同志参加会议。会议期间，何勇就陕西经济社会发展和反腐倡廉工作进行了调研，并看望了当地纪检监察干部。

2010年11月15日　崔海容出席中央统战部召开的"学习贯彻《中共中央国务院关于加强和改进新形势下工商联工作的意见》（中发〔2010〕16号）全国电视电话会议"。

2010年11月16日　国务院办公厅转发了证监会、公安部、监察部、国资委、预防腐败局《关于依法打击和防控资本市场内幕交易的意见》。

2010年11月24日　国家预防腐败局在北京举行"制定预防腐败方针政策，促进市场中介组织健康发展"—中加政策选择项目总结会。加拿大驻华使馆、加拿大国际发展署、加拿大项目合作伙伴、商务部国际司有关代表参加了会议。崔海容出席会议并讲话。本次总结会旨在总结项目执行情况，交流中加两国加强市场中介组织监管的做法与经验，探讨构建市场中介组织防治腐败长效机制的思路和措施。国家预防腐败局办公室通报了项目总体实施情况及主要成果。加拿大驻华使馆和商务部国际司代表分别发言，均对国家预防腐败局与加拿大开展的这个项目给予高度评价，认为项目实施顺利，成果丰硕。崔海容在讲话中指出，中加两国建交40年来，双边关系发展顺利，在政治、经贸、人文等领域的合作取得了丰硕成果。此次中加市场中介组织监管与防治腐败政策选择项目的执行，是推动双方在政府管理、市场监管领域交流合作的重要行动，对于中加双方深入了解各自国家市场中介组织监管与防治腐败的体制机制，相互交流有效防治腐败的经验和做法，具有重要的意义。崔海容强调，国家预防腐败局高度重视预防腐败的国际合作和国际援助，希望以这次中加政策选择项目的成功实施为契机，继续在相互尊重、平等协商、注重实效的基础上，不断深化与加拿大在预防腐败领域的务实合作，为建设廉洁高效政府，维护社会公平正义作出积极贡献。

2010年11月25日　部分省（区、市）预防腐败局局长工作座谈会在北京召开。马驭出席会议并讲话。屈万祥主持会议。中央编办副主任吴知论，国家预防腐败局副局长崔海容出席会议。部分省（区、市）预防腐败机构主要负责同志参加了会议。

马驭指出，两年来，在中央的坚强领导和有关省（区、市）党委、政府的积极支持下，省级预防腐败机构建设稳步推进，工作开局良好。各地创新预防腐败领导体制和工作机制，广泛开展廉政风险防控和权力运行监控机制建设，推动公共资源、公共资产、公共产品的市场化配置，深化政务公开、厂务公开、村务公开，开展法规制度廉洁性评估，推进社会领域防治腐败，探索建立预防腐败信息系统，取得明显成效。实践表明，在省一级设立预防腐败机构，有利于全面贯彻落实中央提出的反腐倡廉建设“更加注重治本、更加注重预防、更加注重制度建设”的要求，有利于各省（区、市）对预防腐败工作进行统筹规划、组织协调，有利于提高预防腐败工作的专业化水平。

马驭强调，省级预防腐败机构成立时间还不长，要在现有工作的基础上，准确把握职能定位，坚持实事求是、开拓创新，不断深化对预防腐败工作规律的认识，探索有效预防腐败的思路和办法。一要牢固树立政治意识、大局意识和责任意识，紧紧围绕贯彻落实中央重大决策开展工作，把确保加快转变经济发展方式，保障和改善民生各项政策措施的顺利实施作为首要任务，有效防范违纪违法行为和腐败现象的发生。二要积极争取党委和政府的工作支持，充分发挥各职能部门作用，把防止权力滥用、防止利益冲突的要求有机融入到各部门的业务当中。三要加强组织协调，建立健全外部协调机制和内部协调机制，推动研究解决一些需要多个部门协调配合的重要改革和制度建设方面的问题。四要抓住预防腐败的重点领域和关键环节，对今后一个时期本地区如何开展预防腐败工作进行整体谋划，切实把各项工作部署落到实处。五要坚持把理论研究作为开展预防腐败工作的智力支持和理论支撑，加强对预防腐败全局性、战略性问题的研究。

马驭要求，要按照政治坚强、公正廉洁、纪律严明、业务精通、作风优良的要求，加强机构和干部队伍建设，为深入开展预防腐败工作提供坚强组织保证。一要加强思想政治建设，使预防腐败工作更好地服务科学发展、保障科学发展、推动科学发展。二要按照第十七届中央纪委五次全会的精神，继续积极稳妥地推动条件成熟的省（区、市）成立预防腐败机构，着重抓好领导班子建设。三要加强能力建设，增强干部队伍的调查研究能力、组织协调能力和开拓创新能力，提高打开工作局面的水平。四要加强作风建设，求真务实，艰苦奋斗，努力创造经得起历史、实践和人民检验的工作业绩。

2010 年 11 月 27 日至 12 月 4 日 贾鸾、钱杨静随中国政府代表团赴维也纳出席《联合国反腐败公约》履约审议工作组第一次会议续会。

2010 年 11 月 30 日 欧阳柏青出席广东省开展市场中介组织防治腐败工作电视电话会议。

2010 年 12 月初 由国家预防腐败局办公室组织编写的《工程建设领域典型案件剖析与预防腐败指引》一书由中国方正出版社出版发行。

2010 年 12 月 11 日至 12 月 20 日 郭松江率中国政府代表团赴维也纳出席《联合国反腐败公约》预防腐败工作组第一次会议、资产追回工作组第四次会议。

2010 年 12 月 13、14 日 国家预防腐败局召开务虚会，研究如何贯彻落实十七届五中全会精神，进一步明确工作思路，谋划部署 2011 年国家预防腐败局工作。马驭、屈万祥出席并讲话，崔海容主持会议。

2010 年 12 月 15 日 国家预防腐败局印发《关于印发马驭同志在部分省（区、市）预防腐败局局长工作座谈会上的讲话的通知》（国预发〔2010〕1 号）。

2010 年 12 月 26 日 国务院新闻办网站、新华网等公布了 2010 年度中国优秀政府网站推荐及综合影响力评估结果通报。国家预防腐败局网站继 2009 年获奖之后，再次被评为

"中国互联网最具影响力政府网站"和"中国政府网站领先奖"。此外，网站的"网友互动"栏目被评为"2010 年度中央国家机关网站特色栏目"。本次评估由中国信息化研究与促进网联合工业和信息化部电子科技情报研究所信息化研究与促进中心等单位组织举办，系主办单位自 2002 年起连续 9 年以独立第三方名义开展的政府网站评估活动。国家预防腐败局等网站获得"中国互联网最具影响力政府网站"奖项的理由是：2010 年是中国面临国际形势急剧变化的一年，也是中国经济最复杂、自然灾害发生最频繁的一年，上述政府网站为保证人民生活安康、社会和谐稳定发挥了重要作用，是中国互联网站发展的标杆。

2010 年 12 月 28 日　预防腐败室举办《公约》专题讲座，邀请外交部条约法律司三处处长田立晓为全室同志介绍《公约》及履约审议机制有关情况。崔海容出席讲座并讲话。

2010 年 12 月 29 日上午　按照机关党委部署和要求，预防腐败室召开局级领导班子民主生活会。屈万祥、崔海容出席会议并讲话，室副主任、党支部书记于贤成主持会议。机关党委宣传处副处长康贵民到会指导。预防腐败室全体局级干部出席会议，各处处长、党支部委员和党员代表列席了会议。

2010 年 12 月 31 日　贵州省委、贵州省人民政府给国家预防腐败局发来新年贺电。

2011 年

2011 年 1 月 6 日　预防腐败室召开全室党员大会，通报预防腐败室领导班子分析报告，并对在创先争优活动中表现突出的党小组及个人进行表彰。崔海容出席会议并讲话，于贤成主持会议。

2011 年 1 月 7 日　国家预防腐败局向国务院呈报《关于国家预防腐败局 2010 年工作情况的报告》（国预呈字〔2011〕1 号）。

2011 年 1 月 12 日　预防腐败室召开全室大会，传达学习十七届中央纪委第六次全会精神。崔海容主持会议，于贤成传达了胡锦涛总书记在六次全会上重要讲话精神，韩平满传达了贺国强同志所作工作报告。

2011 年 1 月 19 日　国家预防腐败局印发《国家预防腐败局 2011 年工作要点》（国预发〔2011〕1 号）。

2011 年 2 月 24 日　世界银行负责廉政事务的副行长里奥纳多·麦卡锡代表团一行 4 人到监察部、国家预防腐败局拜访。监察综合室、预防腐败室和中央治贿办等相关负责同志与代表团举行了工作会谈。监察综合室关捷首先向客人介绍了监察部的机构职能和当前行政监察工作的主要情况。预防腐败室郭松江简要介绍国家预防腐败局的机构职能和 2011 年预防腐败的重点工作，以及中国开展预防腐败国际合作与国际援助的情况。中央治贿办史盛丰介绍了我国治理商业贿赂工作情况。里奥纳多·麦卡锡副行长介绍了世界银行反腐败和廉政建设工作的原则、重点和未来工作方向，并对监察部、国家预防腐败局所开展的大量工作和取得的成效表示高度赞赏，希望进一步加强双方的交流与合作。世界银行中国局局长罗兰德、副局长刘晓云、财政部国际司相关人士参加了会谈。

2011 年 3 月 2 日　制止公款出国（境）旅游专项工作部际联席会议第五次会议在北京召开。会议审议通过了《制止公款出国（境）旅游专项工作总结报告》、《因公出国（境）团组活动情况核查评估暂行办法》、《因公出国（境）团组信息公开暂行办法》和《建立制止公款出国（境）旅游长效机制的意见》，通报了近期查处的公款出国（境）旅游典型案件。马驭出席会议并讲话。外交部副部长、专项工作部际联席会议召集人吕国增主持会议。国家预防腐败局副局长崔海容宣读制止公款出国（境）旅游专项工作总结报告。专项工作部际联席会议成员出席会议。

2011 年 3 月 15 日 全国政务公开领导小组办公室召开会议，研究讨论了全国政务公开领导小组 2010 年工作总结、2011 年全国政务公开工作要点和依托电子政务平台加强县级政府政务公开和政务服务试点工作方案。崔海容讲话，全国政务公开领导小组办公室成员参加会议。崔海容指出，全国政务公开领导小组各成员单位及办公室分工负责，密切协作，做了大量具体工作，对推动政务公开各项任务的落实发挥了重要作用。他强调，社会各方面对政务公开工作的期望逐步加大，要求公开的呼声不断升高，政务公开工作面临的任务更加繁重，希望各成员单位认真履行职责，协力把办公室的工作做好。

2011 年 3 月 29 日至 30 日 国家外专局在江苏省苏州工业园区召开了 2011 年度出国（境）培训项目对接会，对进一步贯彻落实中央关于加强因公出国（境）管理精神、如何做好出国（境）培训工作提出了具体措施和要求。郭松江参加会议，并在分组座谈会上作了发言。

2011 年 3 月 30 日下午 预防腐败工作联席会议联络员会议召开，来自中组部、全国人大法工委、最高人民法院等十部门的联络员参加会议，崔海容出席并讲话。会上，各位联络员分别就 2011 年拟提交预防腐败工作联席会议讨论的议题以及如何进一步发挥联席会议作用进行了交流和讨论。崔海容简要通报了国家预防腐败局当前开展的重点工作。他指出，预防腐败工作联席会议制度建立三年来，较好地发挥了作用，推动了预防腐败工作的深入开展。下一步，要全面履行联席会议职责，建立健全联络员沟通联系机制。他强调，国家预防腐败局办公室要做好统筹协调和综合服务工作，与各部门共同协商、相互配合，尽快研究确定议题，筹备开好今年的联席会议，把联席会议的议决事项落实到位。

2011 年 3 月 31 日 《国家预防腐败局 2010 年政府信息公开工作年度报告》在国家预防腐败局政府门户网站发布。

2011 年 3 月 31 日 全国政务公开领导小组第十一次会议在北京召开。中共中央书记处书记、中央纪委副书记何勇出席会议并讲话。他强调，要认真贯彻十七届中央纪委第六次全会和国务院第四次廉政工作会议的部署，着力深化政务公开，保证权力在阳光下运行，为推动经济社会又好又快发展服务。何勇指出，2010 年，在党中央、国务院的正确领导下，各地区各部门紧紧围绕中央重大决策部署、重要工作、重大活动开展政务公开工作，《政府信息公开条例》得到较好贯彻，行政权力公开透明运行不断深化，以政务（行政）服务中心为主体的政务服务体系建设稳步推进，政务公开制度化、规范化水平进一步提高，各项工作取得了新的明显成效，对于保障人民群众民主权利、加强权力行使监督、推动经济社会又好又快发展起到了重要作用。何勇强调，2011 年，要认真贯彻十七届中央纪委第六次全会和国务院第四次廉政工作会议的部署，坚持围绕中心、服务大局，以人为本、执政为民，突出重点、务求实效，着力保障人民群众知情权，着力推进行政权力公开透明运行，着力加强政务服务建设，切实提高政务公开和政务服务水平，为推动经济社会又好又快发展服务。要着力推进决策公开，增强决策透明度和公众参与度，建立健全公众参与、专家咨询、风险评估、合法性审查和集体讨论决定的决策程序，实行科学决策、民主决策和依法决策。要着力公开群众关心关注的问题，重点抓好中央关于加强和改善宏观调控、做好“三农”工作、市场价格调控、房地产市场调控、规范和节约用地、保障和改善民生等重大决策部署执行情况的公开。要着力推进政府预算决算公开，向社会公开各级政府财政总预算和总决算、部门预算和决算，以及政府性基金、国有资本经营等预算和决算，对行政经费，包括出国出境、出差、公务接待、公务用车、会议等支出，要详细公开。要着力推进基层政务公开，发挥群众参与社会管理的基础作用，加大农业和农村公共事业投入、集体资产资源处置以及征地补偿、涉农补贴、扶贫救灾资金管理使用情况的公开力度，全面推进教育、医疗、供水、供电、供气、电信等公共企业事业单位办事公开制度。要着力推进政务服务体系建设，规范和发展各级各类政务（行政）服务中心，改善服务质量，提高服务效率，降低行政成本。要继续依法清理审核行政权力，编制职权目录，绘制行政职权流程图，并向社会公布，确保权力的行使于法有据、程序正当。要继续抓好《政府信息公开条例》的贯彻落实，加强电子政务建设，完善政务公开制度，让人民群众更方便地了解和监督政府工作。马驭主持会议，国务院副秘书长汪永清作2010年工作总结，中央纪委常委、监察部副部长兼国家预防腐败局副局长屈万祥宣读2011年工作要点，工业和信息化部副部长杨学山宣读《关于开展依托电子政务平台加强县级政府政务公开和政务服务试点工作的通知》。中央组织部部务委员兼组织二局局长陈向群、中央机构编制委员会办公室副主任吴知论、民政部副部长姜力、财政部副部长李勇、国家预防腐败局副局长崔海容、国务院法制办党组成员胡可明出席会议。中央纪委有关单位负责同志和全国政务公开领导小组办公室成员参加会议。

2011年4月6日 中央纪委书记办公会研究讨论《行业协会、市场中介组织违规违法问题专项整治试点工作方案》。会议指出，这项工作涉及面广，应稳妥有序开展，可先对行业协会、市场中介组织中存在的严重问题进行整治，突出工作重点，明确政策界限，完善相关制度。同时，可就推进政府部门与行业协会、市场中介组织分开等问题继续深入调研，适时向中央提出工作建议。

2011年4月8日 17个中央国家机关和21个省（区、市）受国家预防腐败局办公室委托分别就国有企业、非公经济、事业单位、社会组织、市场中介组织、基层自治组织防治腐败问题开展专题政策研究工作。

2011年4月11日 马驭在北京会见了由黑山反腐败促进局局长维斯娜·拉特科维奇率领的黑山反腐败促进局代表团。马驭对维斯娜·拉特科维奇一行来访表示欢迎。她说，中黑两国建交4年多来，关系发展顺利，经贸、文化、旅游等领域合作取得可喜成果，在国际多边事务中保持良好沟通与协作。中方愿与黑方加强友好交往，扩大务实合作，推动中黑关系不断取得更大发展。在谈到中国的反腐倡廉工作时，马驭指出，中国共产党和中国政府一贯高度重视防治腐败工作，坚持一手抓经济建设，一手抓反腐倡廉建设。通过改革开放30多年来的实践和理论发展，确立了标本兼治、综合治理、惩防并举、注重预防的方针，先后颁布了《建立健全教育、制度、监督并重的惩治和预防腐败体系实施纲要》和《建立健全惩治和预防腐败体系2008—2012年工作规划》。为此，中国主要从四个方面开展工作：一是强化教育和监督，促进领导干部廉洁从政。二是查办违纪违法案件，维护纪律的严肃性。三是开展专项治理，解决群众反映强烈的突出问题。四是推进改革深化，加大从源头上防治腐败的力度。马驭强调，反对腐败是各国政府共同的任务。中国共产党和中国政府高度重视防治腐败国际交流与合作，愿意在相互尊重、平等协商、注重实效的基础上，不断发展与包括黑山政府在内的各国政府防治腐败机构的友好关系。维斯娜·拉特科维奇感谢马驭的会见，对中国经济社会发生的巨大变化和中国反腐倡廉建设取得的明显成效表示赞赏。她说，黑山反腐败促进局与中国国家预防腐败局职能相似，黑方愿与中方一道，通过开展预防腐败领域的双边交流与合作，相互学习借鉴彼此在工作中的好经验、好做法，推动各自工作取得新的进展。国家预防腐败局副局长崔海容参加会见，并与代表团进行工作会谈。黑山驻华大使莉尔雅娜·托什科维奇女士参加上述活动。

2011年4月14日 为研究制定社会领域防治腐败工作指导意见，国家预防腐败局组织召开了非公经济领域防治腐败工作座谈会。崔海容出席会议并讲话。中央统战部、公安部、工商总局、全国工商联有关司局参加会议。参会人员根据部门职责分工，围绕非公经济的发展现状、存在的主要问题，以及非公经济领域腐败的表现形式、原因和防治对策等内容，进行了充分的交流和探讨。崔海容同志介绍了国家预防腐败局当前开展的主要工作。他指出，社会领域防治腐败是中央赋予国家预防腐败局的基本职责之一，非公经济是社会领域防治腐败的重要组成部分，也存在一些亟待解决的问题。他强调，非公经济如何加强自身防治腐败，有序参与政府和社会防治腐败，积极推进廉洁社会的建立，是一项系统工程，需要统筹规划和部署，需要各职能部门的密切合作。他要求，围绕研究起草社会领域防治腐败工作指导意见，要深入开展调查研究进一步理清思路，各主管部门要根据各自优势拿出切实可行的工作方案，并协同开展非公经济防治腐败试点工作。

2011年4月21日 为贯彻落实十七届中央纪委第六次全会关于研究制定社会领域防治腐败工作指导意见的部署，国家预防腐败局组织召开了事业单位防治腐败专题调研座谈会。崔海容出席会议并讲话。教育部、科技部、住房和城乡建设部、文化部、卫生部、广电总局、新闻出版总署、体育总局等部门有关司局负责同志参加了会议。与会同志结合各部门职责分工，围绕本部门、本系统事业单位的发展现状，发展中存在的主要问题，事业单位腐败问题的表现形式和原因，事业单位防治腐败的关键环节和主要做法，下一步工作打算等，作了充分探讨和交流。崔海容向与会同志通报了国家预防腐败局当前的主要工作。他指出，事业单位是经济社会发展中提供公益服务的主要载体，是我国社会主义现代化建设的重要力量。做好事业单位防治腐败工作，对于贯彻落实中央关于事业单位分类改革的决策部署，保证事业单位自身健康规范发展，推进从源头上防范和治理腐败，具有十分重要的意义。国家预防腐败局要与各主管部门密切协作，继续深入调查研究，进一步明确事业单位防治腐败的工作思路和对策，完善制度规范，加大执行力度，确保公益事业健康发展。

2011年5月5日至11日 预防腐败室派员参加民政部基层群众自治组织防治腐败专题调研组，赴江苏省对农村和社区防治腐败基础制度、方法创新和存在问题等进行调研。

2011年5月13日至6月30日 国家预防腐败局办公室会同中国纪检监察报社组织开展全国社会领域防治腐败征文活动，共收到专题论文近2000篇。经纪检监察机关、有关主管部门和社科研究机构的领导和专家联合评审，评选出一等奖10篇、二等奖20篇、三等奖30篇、优秀奖40篇，优秀组织奖12个。

2011年5月19日 预防腐败室召开茶话会，欢送原室副主任、党支部书记于贤成同志赴任驻国家食品药品监督管理局纪检组组长。会议由崔海容主持，屈万祥出席并作重要讲话，预防腐败室全体同志参加了会议。

2011年5月23日 国务院办公厅转发了人民银行、监察部、财政部、商务部、税务总局、工商总局、预防腐败局《关于规范商业预付卡管理的意见》。

2011年5月26日 国家预防腐败局办公室负责同志就《国务院办公厅转发人民银行监察部等部门关于规范商业预付卡管理意见的通知》有关问题答记者问。

2011年5月30日至6月3日《联合国反腐败公约》履约审议工作组第二次会议在维

也纳举行。外交部、最高人民检察院、监察部、国家预防腐败局和驻维也纳代表团组团与会。郭松江参加会议。会议回顾总结了第一年审议工作的成功经验及存在困难，抽签选定了参与第二年审议工作的审议国；综合分析了各国在履约方面的技术援助需求；审议了工作组2010—2011年预算的执行情况；就观察员参与工作组会议等问题进行了磋商。

2011年5月31日　全国廉政公益广告创意征集活动启动仪式在京举行。活动由中央纪委宣传教育室、国家预防腐败局办公室联合举办，旨在贯彻第十七届中央纪委第六次全会精神，落实中央纪委等六部委《关于加强廉政文化建设的意见》，充分发挥廉政公益广告形象生动、覆盖面广、群众喜闻乐见的特点，依据其制作和传播规律，本着主题鲜明、思想深刻、形式新颖的原则，征集优秀廉政公益广告创意，为制作播出高质量廉政公益广告打下良好基础。同日，国家预防腐败局网站刊登了活动启事。

2011年5月31日至6月3日　崔海容赴福建省厦门市、泉州市、福州市等地调研。

2011年6月8日至16日　崔海容赴安徽省合肥市、蚌埠市、芜湖市和湖北省武汉市、鄂州市、襄阳市等地调研。

2011年6月8日至17日　预防腐败室调研组赴海南、广东等省，对政府采购、制度廉洁性评估和社会组织防治腐败等工作进行调研。

2011年6月17日　由崔海容负责的课题《权力运行廉政风险防控制度研究》作为重点项目获准国家社科基金立项资助。

2011年6月17日　国家预防腐败局赴德国"防止利益冲突法律法规建设培训团"召开行前培训会议。来自上海、湖南等8个地方预防腐败机构和北京、云南等6个纪检监察机关从事预防腐败工作的同志及中央纪委监察部国家预防腐败局有关同志参加了培训。崔海容出席培训会并作了讲话。他指出，国家预防腐败局成立以来，十分重视预防腐败干部队伍建设。中央纪委副书记、监察部部长兼国家预防腐败局局长马驭在去年11月份召开的全国部分省（区、市）预防腐败局工作座谈会上强调，要按照政治坚强、公正廉洁、纪律严明、业务精通、作风优良的要求，加强机构和干部队伍建设，为深入开展预防腐败工作提供坚强组织保证。此次组织从事预防腐败工作的同志赴德国培训，既是贯彻中央纪委监察部国家预防腐败局领导同志指示，加强预防腐败干部能力建设的重要举措，也是研究借鉴国外预防腐败成熟经验和有效做法，推进国内预防腐败工作的重要手段。希望培训团学员珍惜机会，认真学习；严格要求，严守纪律；相互帮助，共同提高。会上，外交部欧洲司、国家预防腐败局办公室有关同志分别介绍了中德关系及德国政治经济情况和出国（境）培训的有关要求，并组织选举产生了临时党支部。

2011年6月18日至7月3日　国家预防腐败局"防止利益冲突法律法规建设培训团"在德国接受培训。

2011年6月24日至25日　全国纪检监察外事工作座谈会在北京会议中心召开。马驭看望与会代表并讲话。监察部副部长姚增科作工作报告。崔海容主持会议并作总结讲话。

2011年6月25日　人民网、新浪网等多家媒体转载国家预防腐败局网站前日发布的理论文章《当前我国腐败现象的新特点与反腐败的对策》（作者为中国社会科学院与马克思主义研究院研究员、中国马克思主义研究二部副主任辛向阳）。

2011年6月28日上午　崔海容出席农业部廉政风险防控管理汇报交流会并讲话。他指出，近年来，农业部紧紧围绕党的"三农"工作决策和中央强农惠农政策的部署，认真贯彻中央反腐倡廉决策有关工作要求，以落实《建立健全惩治和预防腐败体系2008—2012年工作规划》为重点，积极采取有效措施，认真抓好各项任务落实，惩防体系建设取得明显成效。特别是在推进廉政风险防控、加强预防腐败工作等方面，认识高、行动快，措施实、效果好。他强调，党中央、国务院高度重视廉政风险防控工作，提出了明确要求。中央纪委把廉政风险防控作为推进惩防体系建设的重要抓手，多次作出部署。希望大家充分认识这项工作的重要性，把思想和认识统一到中央的决策部署上来，以坚定的态度、得力的措施、务实的作风，扎扎实实地推进廉政风险防控工作。希望农业部在廉政风险防控方面，抓住对权力运行的监督，加强对权力运行的制约，防止权力滥用；在防止利益冲突方面，抓住制度建设这个重点，全面梳理现有规定，查缺补漏，进一步修改完善；在制度廉洁性评估方面，抓住廉洁性、合法性、利益冲突和科学性进行评估，努力形成一套有效预防腐败的制度。农业部党组成员、副部长陈晓华主持了会议，农业部党组成员、驻部纪检组组长朱保成讲话，部机关各司局、直属单位的负责同志参加了会议。

2011 年 6 月 28 日　为迎接建党 90 周年，深入推进创先争优活动，预防腐败室党支部邀请两届全国纪检监察系统先进工作者标兵、河南省周口市市委常委、纪委书记杨正超与全室党员进行座谈。崔海容会见了杨正超。

2011 年 7 月 4 日　国家预防腐败局赴德国“防止利益冲突法律法规建设”培训团在北京召开培训总结会。屈万祥出席会议并讲话。屈万祥同志指出，这次赴德国“防止利益冲突法律法规建设”培训组织认真，学员学习认真，总结交流认真，是一次成功的培训。在德学习期间，学员分别从德国防治腐败工作机制、防止利益冲突相关法规和实践等十个专题，听取了联邦政府内政部采购负责人、北威州刑事警察局有关负责人、大学老师、律师等专家学者及职业工作者授课，拜访了德国勃兰登堡州内政部、德国铁路集团，汉堡市防止企业腐败非政府监督组织等单位，开展了情况互动交流和探讨，达到了解放思想、开阔视野、启迪思路、学习借鉴的目的，圆满完成培训任务，取得了很好的培训效果，收获很大。既加深了对西方国家防治腐败工作的了解，又增强了对我国防治腐败工作的信心，还促进了对防止利益冲突的深入交流与探讨，为下一步如何将培训成果运用到实际工作中去，深入开展防治利益冲突试点工作统一了认识、增加了信心，明确了方向。屈万祥同志强调，学员们要通过比较中德在历史、文化和社会等方面的差异，深入思考德国相关法律法规产生的背景，提炼出可供我们借鉴的经验和做法，用以指导实际工作。崔海容主持总结会。室副主任于柯超作了培训项目总结汇报。来自北京、河北、福建、湖北等地方纪检监察机关和预防腐败机构的学员代表作了发言。

2011 年 7 月 7 日　马驭在贯彻落实规范商业预付卡管理工作座谈会上指出，要切实加强领导、精心组织、狠抓落实，确保规范商业预付卡管理工作取得实效。马驭指出，要认真贯彻落实国务院第四次廉政工作会议精神，充分认识规范商业预付卡管理的重要意义。要充分认识到，规范商业预付卡管理是贯彻落实中央要求的实际行动。有关部门要尽快研究提出治理措施，进一步完善管理制度，从源头上有效防止利用商业预付卡行贿受贿。要充分认识到，规范商业预付卡管理是健全金融市场机制的重要内容。必须要加强金融监管，规范商业预付卡的发行、销售，完善金融账户实名制，有效防止和严厉惩处利用商业预付卡进行洗钱、套现、偷逃税款等问题。要充分认识到，规范商业预付卡管理是促进领导干部廉洁自律的重要举措。治理收卡受贿等违纪违法行为，是加强反腐倡廉工作的迫切要求和重要环节。要按照《中国共产党党员领导干部廉洁从政若干准则》等项规定，严禁国家工作人员特别是领导干部在公务活动中收受任何形式的商业预付卡。凡收受商业预付卡又不按规定及时上交的，以收受同等数额的现金论处。对涉嫌受贿的，依法严肃查处。马驭强调，下一步，要切实加强领导、精心组织、齐抓共管、狠抓落实，确保规范商业预付卡管理工作取得实效。各部门要在前一段工作的基础上，把《关于规范商业预付卡管理的意见》文件精神与本部门的职能紧密结合起来，制定本部门规范商业预付卡管理的工作方案和具体措施，内容要实在、重点要突出、措施要明确、要求要严格，以便于落实和监督检查。对不履行购卡实名登记、非现金购卡、预付卡限额发行、发票管理等制度规定的发卡机构要有处罚办法。要加大执纪执法力度，坚决查处发卡机构和商业企业违规发行商业预付卡的行为，坚决查处党员领导干部以各种名义收送商业预付卡的行为，提高制度的约束力和监管的威慑力，防止规范管理工作走过场，以实实在在的成果取信于民。马驭要求，要健全机制，形成合力。人民银行要加强对多用途预付卡发卡机构的监管，完善业务规章，维护支付体系安全稳定运行；商务部门要加强对单用途预付卡市场的监管，防范违规行为和资金风险；财政部门要加强财务管理，严查挪用预算资金、利用购卡进行公款消费等行为；税务部门要加强发票管理和税收稽查，坚决依法查处发卡人在售卡环节出具虚假发票、购卡单位在税前扣除与生产经营无关支出等行为；工商部门要进一步加强监督检查，严厉打击侵犯消费者权益的不法行为，营造良好的消费环境；监察部、国家预防腐败局要发挥组织协调的工作职责，协助有关部门研究解决治理工作中需要各部门相互配合的难点问题，促进工作深入开展。中国人民银行副行长刘士余、财政部副部长李勇、商务部部长助理房爱卿、中央纪委驻税务总局纪检组组长冯惠敏、国家预防腐败局副局长崔海容等参加了会议。

2011 年 7 月 15 日上午 第四届发展中国家预防腐败研讨班开班典礼在北京举行。屈万祥出席开幕式并致辞。商务部副部长陈健、国家行政学院副院长何家成出席开幕式并致辞。国家预防腐败局副局长崔海容主持开班典礼。屈万祥首先对研讨班的举办表示衷心的祝贺，向参加研讨班的各位代表表示热烈的欢迎。他说，第四届发展中国家预防腐败研讨班的举办，是中国政府积极开展预防腐败国际交流与合作的又一有力举措，必将对全球范围内的预防和治理腐败产生重要意义。屈万祥强调，中国政府在积极发展经济和扩大改革开放的同时，始终把反腐倡廉工作摆在十分重要的位置。今年是中国共产党成立 90 周年，也是中国《国民经济和社会发展第十二个五年规划纲要》的开局之年。面对复杂多变的国内外环境，面对艰巨繁重的改革发展稳定任务，加强反腐倡廉工作意义尤为重大。改革开放 30 多年来，反腐倡廉工作顺应时代潮流，在继承中发展、在改革中创新，逐步探索出了一条中国特色的反腐倡廉道路。屈万祥回顾了中国反腐败领域国际交流与合作的情况。他表示，中国国家预防腐败局愿意与各国防治腐败机构不断加强合作，不断拓展新的合作领域和空间，共同打击和预防腐败犯罪，携手创造廉洁公正的社会环境。菲律宾公共服务委员会主席弗朗西斯科·杜克和约旦国家防治腐败委员会主席萨密·摩萨·尤尼·比诺发表了致辞，代表参加研讨的各国代表，对中国政府的盛情邀请和热情接待表示衷心感谢。来自孟加拉、博茨瓦纳、智利、黑山等 25 个国家及《联合国反腐败公约》秘书处等 3 个政府间国际组织的 52 名代表，有关国家驻华使节，中央纪委、监察部各厅室局和直属事业单位负责人，商务部、国家行政学院相关司局负责人参加了开班典礼。

2011 年 7 月 15 日 中共中央书记处书记、中央纪委副书记何勇在人民大会堂会见了第四届发展中国家预防腐败研讨班全体代表和有关国家驻华使节。何勇对参加研讨班的各位代表和有关国家驻华使节表示热烈欢迎。他指出，中国国家预防腐败局举办发展中国家预防腐败研讨班，是中国政府履行《联合国反腐败公约》、促进反腐败国际交流与合作的重要举措。中国自2008年以来已连续举办了三届发展中国家预防腐败研讨班。今年25个国家、3个国际组织共52名代表应邀参加第四届研讨班，这充分体现了中国与广大发展中国家和国际组织的良好合作。何勇介绍了中国经济社会发展情况和反腐倡廉建设的基本情况。他指出，中国坚定不移地实行改革开放政策，大力解放和发展社会生产力，经济社会发展取得了巨大成就。中国综合国力大幅增强，人民生活显著改善，国际地位和影响空前提高。但是，中国仍是世界上最大的发展中国家。从今年起，中国开始实施国民经济和社会发展第十二个五年规划。这个规划以科学发展为主题、以加快转变经济发展方式为主线，明确了今后五年中国经济社会发展的指导思想、总体思路、目标任务和重大举措。全面完成这些重大任务，必将为实现中国经济社会长远发展和全面建设小康社会奋斗目标打下坚实基础。何勇强调，中国刚刚召开了庆祝中国共产党成立90周年庆祝大会。中共中央总书记胡锦涛同志发表重要讲话，深刻总结了中国共产党在各个历史时期取得的伟大成就和宝贵经验，明确提出了继续以改革创新精神全面加强和改进党的建设、推进中国特色社会主义伟大事业的历史任务。加强和改进党的建设，很重要的一个方面就是加强反腐倡廉建设。中国共产党和中国政府旗帜鲜明、一以贯之反对腐败，坚持一手抓经济建设，一手抓惩治腐败，反腐倡廉建设不断取得新的明显进展。我们将继续坚持标本兼治、综合治理、惩防并举、注重预防的方针，加强以保持党同人民群众血肉联系为重点的作风建设，加强以完善惩治和预防腐败体系为重点的反腐倡廉建设，不断取得反腐败斗争的新成效。何勇指出，中国高度重视反腐败国际交流与合作，始终主张在尊重主权、平等互利、尊重差异、注重实效的原则下，与世界各国、各地区和有关国际组织加强合作，互相借鉴，取长补短，共同防治腐败。许多发展中国家在防治腐败方面积累了宝贵的经验，对中国做好反腐败工作有着重要的借鉴意义。他表示，中国愿意继续加强与发展中国家防治腐败机构和有关国际组织的友好关系，加深了解、深化合作，为建设廉洁高效政府，维护社会公平正义，增进与各国人民的友谊做出新的贡献。中央纪委副书记、监察部部长兼国家预防腐败局局长马驭，国家行政学院常务副院长魏礼群，商务部副部长陈健，中央纪委常委、监察部副部长兼国家预防腐败局副局长屈万祥，国家预防腐败局副局长崔海容，中央纪委秘书长崔少鹏等陪同参加了会见。

2011年7月22日 第四届发展中国家预防腐败研讨班圆满完成各项议程，在国家行政学院举行闭幕式。马驭出席并作总结讲话，屈万祥主持闭幕式。摩洛哥中央预防腐败局局长艾伯戴斯拉姆·阿布德拉、联合国毒品和犯罪问题办公室专家斯泽尔维亚·派特科夫、泰国防治腐败委员会专员麦迪·克荣卡尤、黑山反腐败促进局副局长尼娜·卡格维克、智利监察审计总署副署长帕特西亚·阿里亚加达·维洛塔和喀麦隆国家最高检察事务局国务检察长考涅流斯·卡阿萨福先后在闭幕式上发言。国家行政学院常务副院长魏礼群、商务部副部长傅自应、国家预防腐败局副局长崔海容、国家行政学院教务长杨克勤等出席闭幕式。马驭指出，第四届发展中国家预防腐败研讨班以廉洁教育和信息公开为主题，围绕国家公职人员廉政教育、青少年廉洁教育、政府信息公开法规制度建设、电子政务与政府信息公开和政务服务建设等五个专题进行了深入的交流研讨，分享彼此的成功经验和做法，共商预防腐败的思路和对策，并就深入开展预防腐败工作达成了重要共识：第一，要切实加强反腐倡廉教育，不断增强公职人员廉洁从政意识。加强宣传教育，是有效预防腐败的重要措施和防治腐败的基础工作。重点加强对国家公职人员的教育，引导国家公职人员树立正确的价值观、权力观，自觉做到为民、务实、清廉。要不断创新教育的形式，扩大教育覆盖面，坚持因人施教，分层次分类别开展，增强教育的针对性和有效性。第二，要积极推进政务信息公开，加强社会各界对行政权力的监督。政务信息公开透明是预防腐败、建设廉洁政府的重要措施。深化政务公开，提高政府工作透明度，有利于加强人民群众对政府行政行为的监督，创造一个相对公平公正的公共服务环境。把公开透明要求融入权力运行的全过程，加强对重点领域、重点部门、关键环节行政权力的监控，积极探索完善政府部门权力监督制约的有效机制，有利于促进行政权力正确行使，维护社会公平正义，保障群众切身利益。第三，要加强政务服务体系建设，不断提高政府行政效能和管理水平。加强政务服务体系建设，建设服务型政府是推进政府行政管理创新的重要举措，是政府履行公共服务职能的重要载体。要发挥现代网络技术的优势，积极推进政务服务中心建设，不断规范行政许可行为，提高服务效能，方便企业和群众办事。要加强政务服务制度建设，建立完善管理、监督、评价和责任追究机制，确保政务服务工作规范有序、廉洁高效。马驭强调，要坚持和深化反腐败国际合作，形成共同打击和预防腐败的整体合力。要不断拓展新的合作领域和空间，扩大和深化各方利益的汇合点，努力搭建发展中国家防治腐败机构相互交流借鉴、扩大合作关系的平台，与广大发展中国家和有关国际组织共同努力，构建清正廉洁、高效务实的政府机关和风清气正的社会环境，为促进各国经济繁荣和社会发展作出新的更大的贡献。来自亚洲、非洲、拉丁美洲、欧洲25个国家的代表和1个国际组织专家全程参加研讨并实地考察了河南、陕西等地的政务公开、政府采购等预防腐败工作。通过研讨和考察，各国代表踊跃发言，对中国改革开放以来经济社会发展所取得的成就表示赞叹，对中国反腐倡廉和预防腐败的做法和经验表示赞赏，对中国举办发展中国家预防腐败研讨班、提供交流平台表示感谢。中央纪委监察部机关各厅室局和直属事业单位负责人，商务部和国家行政学院有关部门负责人出席闭幕式。

2011年7月25日至10月10日　驻社科院纪检组监察局受国家预防腐败局办公室委托开展事业单位防治腐败课题研究，并提交《事业单位防治腐败问题研究》系列报告。

2011年7月28日　首届全国预防腐败工作培训班在中央纪委监察部北戴河培训中心开班，各级纪检监察机关和预防腐败机构的248名干部参加培训。

2011年7月29日　崔海容专程看望培训班学员，并作题为《有效预防腐败的对策与思考》的专题报告。报告开始前，崔海容介绍了本次培训班的有关情况，并对参训学员提出了明确要求。他指出，国家预防腐败局举办这次培训班是为了适应预防腐败形势任务发展的需要和回应各地区各部门预防腐败工作人员的强烈要求。培训班紧紧围绕提升预防腐败能力水平这一主题，将采取专题讲座、理论研讨等方式，集中学习预防腐败业务知识和国际形势、经济发展、信息科技等内容。他强调，参训学员要着眼实践、学用结合，做到学以致用、学用相长；要拓宽视野、创新方法，努力提高运用经济、科技等手段预防腐败的能力；要加强交流、互通经验，深入研讨有效预防腐败的措施和办法；要严格要求、遵守纪律，以优良的学风确保此次学习培训取得实效。随后，崔海容同志从当前腐败形势与预防任务、预防公权腐败的实践、社会领域防治腐败的探索、预防腐败国际合作与履行《联合国反腐败公约》等方面系统阐述了有效预防腐败的探索、实践与思考。培训班学员普遍反映，崔海容同志的报告既有政策理论的深入阐释，又有案例数据的科学分析，具有很强的思想性、指导性和实践性。通过听课开阔了视野、理清了思路、掌握了方法，受益匪浅。

2011年8月8日　首届全国预防腐败工作培训班结业式在中央纪委监察部北戴河培训中心举行。屈万祥出席结业式并讲话。他强调，要认真总结经验，突出工作重点，不断提高能力水平，扎实推进预防腐败工作。屈万祥指出，在党中央、国务院坚强领导下，各地区各部门按照三个“更加注重”的要求，认真落实惩防体系《工作规划》，努力探索有效预防腐败的措施和办法，取得了明显成效，积累了一些经验。多年实践证明，只有坚持围绕中心、服务大局，预防腐败才能找准突破口和切入点，更好地为深化改革、促进发展、维护稳定服务；只有坚持以人为本、执政为民，才能使预防腐败赢得最全面、最广泛、最可靠、最有力的群众支持；只有坚持整体推进、突出重点，才能不断积小胜为大胜，最终实现有效预防腐败的目标；只有坚持深化改革、创新制度，才能铲除滋生腐败的土壤和条件，从源头上解决腐败问题；只有坚持统筹协调、齐抓共管，才能形成工作合力，为有效预防腐败提供有力的组织和领导保障。屈万祥强调，当前正值“十二五”规划的开局阶段和落实《工作规划》的关键时期，预防腐败面临难得的机遇和严峻的挑战，各级纪检监察机关和预防腐败机构要准确把握形势发展提出的新要求，看到预防腐败工作新的实践基础和有利条件，突出抓好几项重点工作：一是严明党的政治纪律，加强对中央重大决策部署贯彻落实情况的监督检查；二是深入推进制度建设，构筑有效预防腐败的制度防线；三是深化政务公开，提高政府工作的透明度和公信力；四是强化权力运行监控，积极推进廉政风险防控管理；五是拓展工作领域，深入开展社会领域防治腐败工作；六是加强国际交流合作，积极应对《联合国反腐败公约》履约审议。屈万祥要求，要不断加强预防腐败能力建设，增强调查研究能力，提高科学决策的水平；增强组织协调能力，提高整合资源的水平；增强检查指导能力，提高落实工作的水平；增强开拓创新能力，提高应对新情况新问题的水平，为深入推进预防腐败工作提供坚强的组织保证。各省、自治区、直辖市和新疆生产建设兵团纪委、监察厅（局），有关省、直辖市预防腐败局，各副省级城市纪委、监察局，中直机关纪工委、中央国家机关纪工委、中央纪委监察部各派驻机构相关负责同志等248名培训班学员参加结业式。

2011年8月16日 监察部办公厅发出“反腐败：防止利益冲突的理论与实践”专题研讨会征文通知。为加强对防止利益冲突的理论研究，推动反腐倡廉理论创新，经中央纪委监察部领导同意，中央纪委预防腐败室、研究室、廉政理论研究中心拟于当年下半年在杭州举办“反腐败：防止利益冲突的理论与实践”专题研讨会暨第四届西湖廉政论坛。为确保研讨会质量，决定在全国纪检监察系统范围内征集论文。

2011年8月30日 中共中央政治局常委、中央纪委书记贺国强在北京市观摩一些单位开展廉政风险防控工作情况，出席全国加强廉政风险防控规范权力运行现场会并讲话。他强调，要深入贯彻落实中央精神，总结实践经验，坚持改革创新，扎实推进加强廉政风险防控、规范权力运行工作，不断取得从源头上预防和治理腐败新成效。

在参观北京市及东城区廉政风险防范展览、北京市住建委行政审批大厅时，贺国强指出，加强廉政风险防控作为推进权力公开透明运行、健全权力运行制约和监督机制的一项重要实践和探索，是由北京市原崇文区较早提出和实施的，后来得到中央纪委监察部、国家预防腐败局和北京市的高度重视和大力推广，全国许多地区、部门和单位陆续开展了这项工作，呈现出内容不断深化、领域不断拓展、覆盖面逐步扩大、成效逐步显现的良好发展态势，为从源头上防治腐败积累了经验、提供了借鉴。

现场会上，在认真听取北京市、上海市、河北省、浙江省、海关总署、湖北省鄂州市、安徽省芜湖市等7个单位的发言后，贺国强指出，加强廉政风险防控、规范权力运行，是完善制约和监督机制、促进社会主义民主政治建设的必然要求，是完善惩治和预防腐败体系、从源头上防治腐败的重大举措，是加强领导班子和干部队伍作风建设、推动经济社会又好又快发展的重要保证。我们要进一步提高对加强廉政风险防控、规范权力运行重要意义的认识，切实增强推进这项工作的责任感和紧迫感。

贺国强强调，加强廉政风险防控、规范权力运行既是一项重要而紧迫的机制建设，也是一项长期而艰巨的工作任务。各地区各部门各单位要在总结实践经验的基础上，周密部署、精心组织，确保这项工作有力有序向前推进。一是要把握工作原则。要坚持以中国特色社会主义理论体系为指导、以规范权力运行为核心、以加强制度建设为重点、以现代信息技术为支撑，把长远目标与阶段性任务结合起来，围绕中心、系统治理、改革创新、因地制宜，着力构建前期预防、中期监控、后期处置的廉政风险防控机制，不断提高预防腐败工作科学化、制度化和规范化水平。二是要抓住关键环节。要摸清权力底数，科学编制职权目录和权力运行流程图；找准权力运行风险点，实行风险等级管理；有针对性地分类制定风险防控措施，确保权力正确行使；推进权力公开透明运行，自觉接受社会监督。三是要突出防控重点。要突出重点对象，着力规范领导干部特别是掌握人事权、执法权、司法权、审批权、监管权等权力的领导干部的用权行为；要突出重点领域，着力抓好工程建设、土地出让、产权交易等腐败现象易发多发领域以及征地拆迁、教育医疗、社会保障、食品药品安全、环境保护、安全生产等涉及民生领域的廉政风险防控工作；要突出重点环节，着力科学分解和配置权力，加强权力运行的制约和监督；要突出重点任务，着力抓好权力行使前、权力行使中、权力行使后的各项监督任务，增强工作针对性和实效性。四是要运用科技手段。要大力推进电子政务建设，建立完善权力网上公开运行和电子监察系统；积极推进科技平台和资源整合，构建权力运行综合监控网络平台；加快预防腐败信息分析和预警系统研发，准确判断和妥善处置廉政风险。五是要健全长效机制。要继续深化重点领域和关键环节改革，努力消除导致腐败行为发生的体制机制因素；要加快完善规范权力运行的制度体系，切实做到用制度管权管事管人；要加快完善廉政风险防控工作机制，确保廉政风险防控措施落到实处。六是要加强组织领导。各级党委、政府和纪检监察机关要切实把加强廉政风险防控工作作为一项重要任务，强化领导责任、加强统筹协调、搞好宣传教育、深入调查研究、精心制定方案、认真组织实施，确保取得应有实效。

中共中央政治局委员、北京市委书记刘淇陪同观摩、出席会议并讲话。中共中央书记处书记、中央纪委副书记何勇参加观摩并主持会议。他强调要认真学习领会这次会议精神特别是贺国强同志重要讲话精神，进一步统一思想认识，以高度的政治责任感，下大力气抓好加强廉政风险防控、规范权力运行工作。要认真学习借鉴各地区各部门加强廉政风险防控、规范权力运行工作的实践经验，坚持围绕中心、系统治理、改革创新、因地制宜，紧紧抓住清权确权、风险查找、防控措施等重点环节，加大从源头上防治腐败力度。各级纪检监察机关要把廉政风险防控作为推进惩治和预防腐败体系建设的重要内容，积极协助党委、政府建立健全领导体制和工作机制，抓好任务分解、落实工作责任、加强组织协调、强化监督检查，确保各项工作取得实效。

2011年9月5日至27日 预防腐败室调研组先后赴国务院国资委、教育部、科技部、卫生部、民政部、广电总局、新闻出版总署、体育总局等单位，进行社会领域防治腐败专题调研，并就《关于推进社会领域防治腐败指导意见》起草工作征求以上单位意见。

2011年9月16日 宁夏回族自治区预防腐败局举行揭牌仪式，中央纪委副书记、监察部部长兼国家预防腐败局局长马驭，自治区主席王正伟，自治区党委常委、自治区副主席齐同生，自治区党委常委、纪委书记陈绪国出席揭牌仪式，马驭、王正伟共同为“宁夏回族自治区预防腐败局”揭牌。马驭在揭牌仪式上讲话指出，近年来，在自治区党委、政府的正确领导下，在区纪委监察厅的努力下，宁夏反腐倡廉工作取得了积极成效。她强调，坚决惩治腐败是我们党执政能力的重要体现，有效预防腐败更是我们党执政能力的重要标志。希望宁夏以自治区预防腐败局的成立为契机，把预防腐败工作摆在更加突出的位置，更加注重治本、更加注重预防、更加注重制度建设，努力从源头上解决腐败问题，防患于未然。在预防腐败工作中，一定要以加强对权力的监督制约为重点，以人民群众的满意度为标准，充分发挥预防腐败局的职能作用，加强宏观规划、政策研究、组织协调和指导服务。要整合各方面的力量，发挥职能优势，形成工作合力。要不断创新体制机制，提出有效预防腐败的新举措，为自治区经济快速发展提供坚强保证。同时，也要更好地维护人民群众的利益，促进干部队伍的风清气正。最后，希望宁夏回族自治区预防腐败局进一步发挥示范引导作用，推动全区预防腐败工作取得新的成效。宁夏回族自治区党委组织部、宣传部，自治区政府办公厅、自治区编制委员会负责同志及自治区纪委监察厅领导班子成员也出席了揭牌仪式。

同日 预防腐败室发布副处级领导职位竞争上岗工作方案，拿出两名副处长职位面向委部机关各厅室局进行竞争选拔。

2011年9月14日至16日 为贯彻落实《国务院办公厅转发人民银行监察部等部门关于规范商业预付卡管理意见的通知》（国办发〔2011〕25号，以下简称《通知》）要求，中国人民银行、监察部、财政部、商务部、税务总局、工商总局、国家预防腐败局等七部委组成联合检查组，分别赴北京、上海两地开展多用途预付卡检查工作。正值中秋、国庆商业预付卡发行和使用高峰期，七部委针对北京、上海两个预付卡发卡规模较大的地区开展多用途预付卡检查工作，旨在了解多用途预付卡发行机构对《通知》有关要求的执行情况，进一步掌握多用途预付卡市场存在的问题，规范多用途预付卡发展。检查组采用抽签方式确定了两地四家被检查机构，对被检查机构的支付业务、发票管理、财务管理进行了现场检查。根据检查情况，北京、上海市多用途预付卡业务发展基本平稳、规范，在减少现钞使用、便利公众支付、刺激消费等方面发挥了一定的积极作用。各被检查机构管理制度基本健全，内控管理基本到位，对《通知》发布也高度重视，能从业务流程梳理、制度制定和系统支持等多方面落实《通知》规定，规范业务开展。但也存在对有关要求未完全落实到位的问题，具体表现为：在执行购卡实名制方面，多数机构未按规定登记和留存单位购卡信息；在执行限额发行制度方面，系统设置虽然按规定进行了金额限制，但人工售卡登记簿中尚存在超面额发行记录；在执行非现金购卡制度方面，存在单位一次性购卡5000元以上仍然使用现金的情况；在执行有效期制度方面，对记名预付卡和不记名预付卡未做区分，对于不符合规定的存量卡片未在系统内按新的有效期进行设置，或者虽然在系统中进行了设置但未通过合理方式告知持卡人；在持卡人权益保护方面，相关预付卡章程存在发卡收费和有效期超过后激活收费过高等问题；在发票管理方面，虽然按照税务机关的相关规定安装使用了税控收款机，并按相关规定开具发票，但部分发票的项目明细与其实际经营活动不符。针对上述问题，检查组对被检查机构进行了严肃批评，提出了整改意见。对于检查中发现的需进一步了解的情况，检查组要求被检查机构补充报告有关资料，如进一步审查发现相关机构存在违反财务纪律、缺乏风险防范机制，尤其是为公款消费、收卡受贿、开具虚假发票大开方便之门等突出问题的，七部委将根据职责分工进行严肃处理。据了解，此次抽取的被检查机构是人民银行按照《非金融机构支付服务管理办法》（中国人民银行行长令〔2010〕第2号）已受理的、业务申请范围中包含“预付卡发行与受理”的非金融支付服务机构。2010 年 9 月，人民银行发布《非金融机构支付服务管理办法》，建立了对多用途预付卡业务许可制度。经过审核，人民银行已对 13 家机构核发了“预付卡发行和受理”业务许可证。为贯彻落实《通知》要求，人民银行已下发《关于开展多用途预付卡专项检查的通知》（银办发〔2011〕171 号文），在全国开展为期 2 个月的多用途预付卡专项检查工作。下一步，人民银行将按照规范为主、严格管理的原则，加强对多用途预付卡业务的严格审批和监管工作；尽快发布预付卡业务、备付金存管等相关配套管理制度，细化《通知》规定，规范预付卡经营行为；加强与地方政府和相关部委的监管协作，形成部门联动，共同规范商业预付卡市场发展。

2011 年 9 月 7 日至 9 日 郭松江赴奥地利维也纳参加《公约》履约审议工作组第二次会议续会。

2011 年 9 月 29 日 《联合国反腐败公约》履约审议事务办公室第一次会议在京召开，中央纪委常委、监察部副部长兼国家预防腐败局副局长，研究实施《公约》工作协调小组办公室主任屈万祥出席会议并讲话。国家预防腐败局副局长、《公约》履约审议事务办公室主任崔海容主持会议并通报了协调小组第五次全体会议以来开展应对《公约》履约审议工作情况及下一步工作计划。外交部部长助理刘振民出席会议并介绍了《公约》履约审议机制背景及最新进展情况。屈万祥指出，2009 年 11 月《公约》第三届缔约国会议决定建立《公约》履约审议机制，标志着《公约》实施进入机制约束和制度监督的新阶段。在审议机制正式建立的前后一段时期内，在协调小组的统一领导下，有关部门紧密结合我国反腐倡廉建设实际和开展反腐败国际合作需要，积极参与制定审议机制规则，认真谋划国内工作方案，深入研究审议机制有关重要问题，做了大量艰苦细致的工作，取得了明显成效，为做好应对《公约》履约审议工作打下了较好基础。屈万祥强调，应对《公约》履约审议工作是一项全新工作，任务艰巨，使命光荣。要从政治和全局的高度来认识这项工作的重要意义，科学谋划，周密部署，团结协作，狠抓落实，努力做好这项工作，要在协调小组的统一领导下，积极发挥国家预防腐败局的牵头作用，加强各成员单位的协调配合，形成应对履约审议工作的整体合力。要把应对履约审议工作与研究实施《公约》第二阶段有关任务和贯彻落实《建立健全惩治和预防腐败体系 2008—2012 年工作规划》有机结合起来。屈万祥要求，要从深入推进反腐倡廉建设和开展反腐败国际合作的实际需要出发，努力做好各项具体工作。第一，充分认识应对履约审议工作的重要性，提高完成好有关任务分工的自觉性和主动性。第二，深入研究机制规则，把握工作规律。第三，周密部署，做好审议机制各环节的工作安排。第四，密切关注审议进程，在规则细化过程中继续发挥作用，维护国家利益。研究实施《公约》工作协调小组成员及有关单位代表，委部机关有关厅室局负责同志参加会议。

2011 年 10 月 10 日 马驭在北京会见了由印度中央防治腐败委员会常委加戈率领的印度中央防治腐败委员会代表团。马驭对加戈一行来访表示欢迎。她说，中国和印度互为重要邻国，有着两千多年的传统友谊。进入新世纪以来，中印友好合作取得全面快速进展，建立和发展了面向和平与繁荣的战略合作伙伴关系。近年来，两国各领域合作不断深化，两国关系发展面临广阔前景。中方愿与印方共同努力，增进了解互信，扩大交流合作，推动双边关系再上新台阶。马驭向客人介绍了我国当前经济社会发展的总体情况。她说，今年是中国实施“十二五”规划的开局之年，发展面临的国际国内形势仍然极其复杂，各项工作任务艰巨繁重。面对严峻复杂的国际经济形势，中国政府实施了积极的财政政策和稳健的货币政策，着力稳物价、调结构、促改革、惠民生，国民经济继续保持平稳较快发展，物价较快上涨势头得到控制，城镇就业进一步扩大，人民生活水平有了新的提高。在谈到中国的反腐倡廉工作时，马驭指出，中国共产党和中国政府在致力于改革开放和发展经济的同时，始终高度重视防治腐败工作。通过改革开放30多年来的实践和理论发展，走出了一条符合中国实际的反腐倡廉之路。近年来，我国确立了反腐倡廉方针，即标本兼治、综合治理、惩防并举、注重预防，提出要建立健全惩治和预防腐败体系，颁布了《建立健全惩治和预防腐败体系实施纲要》和《建立健全惩治和预防腐败体系2008—2012年工作规划》。在推进惩防体系建设过程中，主要工作包括：一是加强国家公职人员的廉政教育和国有企业从业人员的廉洁从业教育，注重社会廉洁文化建设。二是健全反腐倡廉法规制度，建立贯彻落实制度的责任制和保障机制，确保制度执行。三是发挥党内监督、行政监督、法律监督、舆论监督等形式的综合作用，推进党务公开、政务公开、厂务公开、村务公开，促进权力运行的程序化和规范透明。四是推进行政审批制度等重点领域和关键环节改革，逐步完善公共资源配置、公共资产交易、公共产品生产领域市场运行机制，发挥市场的基础性配置作用。五是认真解决征地拆迁、食品药品安全等方面群众反映强烈的突出问题，维护人民群众合法权益。六是在注重预防的同时，保持惩治腐败的强劲势头，严肃查处贪污贿赂、失职渎职等案件。马驭强调，在经济全球化的背景下，通过加强国际交流与合作来预防和打击腐败，已成为国际社会的共识。中国政府高度重视并积极推动反腐败国际合作，在反腐败全球、区域以及双边合作方面均取得重要进展。国家预防腐败局自2007年9月成立以来，积极开展《公约》框架下预防腐败的国际合作和国际援助工作，对其他发展中国家的预防腐败工作提供了力所能及的援助，受到广大发展中国家的赞赏。加戈感谢马驭的会见，对中国改革开放以来经济社会发展取得的伟大成就和反腐倡廉建设取得的明显成效表示赞赏。他说，印度中央防治腐败委员会与中国国家预防腐败局职能相近，印方愿与中方一道，通过不断深化预防腐败领域交流与合作，分享和学习彼此的经验做法，推动各自工作取得新进展。崔海容参加会见，并与代表团进行工作会谈。印度驻华使馆副馆长查腊祜等使馆官员出席了上述活动。

2011年10月20日 预防腐败室召开全室大会，传达学习了中国共产党第十七届中央委员会第六次全体会议公报和中共中央关于深化文化体制改革、推动社会主义文化大发展大繁荣若干重大问题的决定。崔海容主持会议。崔海容传达了贺国强同志在中央纪委监察部机关理论学习中心组学习会议上的讲话精神，强调要把学习贯彻党的十七届六中全会精神作为当前和今后一个时期的一项重要政治任务来抓，切实把思想和行动统一到中央的部署和要求上来。要紧密结合实际，围绕征信体系建设、社会领域廉洁文化宣传教育、预防腐败制度建设等文化建设基础性工作，切实把全会精神落到实处，扎实有效做好预防腐败工作，特别是研究部署好明年工作。崔海容要求，室党支部要在今天传达学习的基础上，制定学习方案，创新学习方法，进一步推动学习深入开展。全体同志要认真研究思考，吃透全会精神，真正做到入脑入心，学有所用。

2011年10月22日至26日 应《联合国反腐败公约》秘书处（联合国毒品和犯罪问题办公室）邀请，经国务院批准，崔海容率国家预防腐败局代表团一行6人，赴摩洛哥马拉喀什参加《联合国反腐败公约》第四届缔约国大会。在我驻摩洛哥使馆的大力支持下，参会工作取得圆满成功。会上，崔海容做了大会发言，重点从立法、行政、执法和司法等方面介绍了我国履行《联合国反腐败公约》的进展和成效，并简要介绍了国家预防腐败局今年以来围绕《公约》第二章“预防措施”所进行的工作情况，受到了专家组各方代表的重视和赞赏。会间，崔海容拜会了摩洛哥中央预防腐败局局长阿布德拉、黑山反腐败促进局局长拉特科维奇，就《联合国反腐败公约》履约审议机制、预防腐败双边交流与合作等问题与对方交换了意见。此外，崔海容还应约会见了香港廉政公署专员汤显明，并与约旦、纳米比亚等国家的参会代表进行了交谈。

2011 年 10 月 24 日　“反腐败：防止利益冲突的理论与实践”专题研讨会暨第四届西湖·廉政论坛在杭州举行。马驭出席会议并讲话。省委书记、省人大常委会主任赵洪祝出席会议并致辞。省委常委、省纪委书记任泽民主持会议。省委常委、杭州市委书记黄坤明出席会议。马驭指出，要充分认识建立健全防止利益冲突制度，是促进社会主义市场经济健康发展、维护社会公平正义、推进反腐倡廉建设、加强反腐败国际交流与合作的客观要求，切实增强推进这项工作的责任感和紧迫感；要在认真总结防止利益冲突的理论与实践成果的基础上，不断深化对防止利益冲突的认识，建立一批防止利益冲突法规制度，继续开展有益的理论和实践探索，努力形成一批有价值的学术成果，为建立健全防止利益冲突制度提供必要的理论基础。马驭强调，要把建立健全防止利益冲突制度放在惩治和预防腐败体系建设全局中来谋划和部署，与推动公职人员从政道德建设、促进领导干部廉洁自律，与纠正损害群众利益不正之风、解决群众反映强烈的突出问题，与推进惩治和预防腐败体系建设、提高预防腐败工作的能力和水平相结合，切实提高惩治和预防腐败体系建设的科学性。要突出建立健全防止利益冲突制度的工作重点，进一步完善市场机制，重点解决公共资源配置、公共资产交易、公共产品生产等领域中利益冲突的问题；进一步完善民主决策和信息公开制度，重点解决行政决策、行政审批、行政执法等关键环节中存在的问题；进一步完善利益冲突回避制度，明确有关制度的具体政策界限；进一步完善公职人员行为限制制度，重点解决公职人员违反规定参股投资、兼职取酬等问题，切实预防腐败行为的发生。要坚持制度制定和执行并重，切实抓好现有制度的完善和落实，为进一步建立健全防止利益冲突制度奠定良好的实践基础。要加大改革创新力度，加强防止利益冲突理论研究，及时总结实践成果，积极借鉴国际经验，努力把握防止利益冲突的特点和规律。赵洪祝在致辞中介绍了浙江省经济社会发展和反腐倡廉建设基本情况后指出，浙江经济社会发展，离不开反腐倡廉工作的强有力保障。近年来，在中央纪委监察部和省委领导下，全省各级党委、政府和纪检监察机关高度重视党风廉政建设和反腐败工作，坚持标本兼治、综合治理、惩防并举、注重预防的方针，坚持以人为本、执政为民，全面加强作风建设和反腐倡廉建设，着力完善具有浙江特色的惩防体系，认真解决反腐倡廉建设中人民群众反映强烈的突出问题，各项工作不断取得新成效，为浙江经济社会又好又快发展提供了有力保障。赵洪祝指出，深入推进党风廉政建设和反腐败工作，要以廉政风险防控机制建设为突破口，加快完善具有浙江特色的惩防体系；以提能增效、服务群众为目标，持续深化作风建设；以依纪依法安全文明办案为保障，始终保持查办案件工作力度；以五级政务服务体系建设为抓手，大力推进体制机制创新；以村务监督委员会建设为重点，着力打造“农村基层廉洁工程”。赵洪祝强调，全省各级党委和纪检监察机关要深入贯彻党的十七届五中、六中全会和十七届中央纪委六次全会精神，按照中央纪委监察部的工作部署，以完善具有浙江特色的惩防体系为重点，以建立健全防止利益冲突机制为有力抓手，推进浙江省党风廉政建设和反腐败工作迈上新台阶。研讨会上，来自北京大学等高校和研究机构的专家学者，围绕利益冲突这一当前反腐倡廉建设的热点难点问题进行了深入研讨。中央纪委监察部有关部门负责人，全国已成立省级预防腐败局的 13 个省区市，中央纪委监察部预防腐败室确定的防止利益冲突试点单位的领导同志参加了会议。

2011年10月25日　浙江省举行预防腐败局成立揭牌仪式。中央纪委副书记、监察部部长兼国家预防腐败局局长马驭，浙江省委书记、省人大常委会主任赵洪祝为省预防腐败局揭牌。浙江省委常委、省纪委书记任泽民主持揭牌仪式，省委常委、常务副省长陈敏尔宣读机构批文。马驭代表中央纪委、监察部、国家预防腐败局对浙江省预防腐败局成立表示祝贺。马驭指出，改革开放以来，伴随着党和国家事业的发展，我们党不断推进党风廉政建设和反腐败斗争，不断深化对反腐倡廉工作规律的认识，逐步走出了一条中国特色反腐倡廉道路。近年来，浙江省纪委、监察厅在中央纪委、监察部和浙江省委、省政府的领导下，认真履行职责，全面推进反腐倡廉各项工作，取得新的明显成效。特别是在预防腐败工作方面，着眼于从规范日常行为上预防腐败，率先建立党员领导干部防止利益冲突制度，大力推进廉政风险防控机制“全覆盖”，加强全省电子监察系统建设，加快推进全省公共资源市场化配置工作，建立省市县三级统一规范的公共资源市场交易平台，努力铲除滋生腐败的土壤和条件，取得了可喜成绩。马驭指出，浙江省预防腐败局的成立，是浙江党风廉政建设和反腐败工作的一件大事。希望浙江以成立省预防腐败局为契机，加强组织协调，深化理论研究，大胆探索实践。一要深化反腐倡廉教育，发挥浙江人文荟萃优势，推进廉政文化建设，筑牢拒腐防变思想道德防线。二要加强反腐倡廉制度建设，把防止利益冲突各方面制度抓实抓细，抓出成效，从根本上解决不能腐败的问题。三要发挥监督检查作用，创新监督方式，整合监督力量，以更加积极的态度、更加有力的措施做好预防腐败工作，全面推进预防腐败工作向纵深发展，不断开创反腐倡廉建设的新局面。赵洪祝在致辞中代表浙江省委、省政府对省预防腐败局的成立表示热烈祝贺。赵洪祝指出，近年来，在中央纪委、监察部、国家预防腐败局和省委的正确领导下，全省各级党委、政府和纪检监察机关从浙江实际出发，坚持反腐倡廉战略方针，以改革创新精神扎实推进具有浙江特色的惩治和预防腐败体系建设，努力拓展从源头上防治腐败工作领域，反腐倡廉建设不断取得新进展新成效。赵洪祝强调，省预防腐败局的成立，对于建立完善具有浙江特色的惩治和预防腐败体系、深入推进反腐倡廉建设具有重大意义。新成立的省预防腐败局将负责全省预防腐败工作的组织协调、综合规划、政策研究、检查指导等工作，要坚持以科学发展观为指导，牢固树立以人为本、执政为民理念，全面贯彻落实反腐倡廉战略方针，按照中央纪委、监察部、国家预防腐败局和省委、省政府的工作部署和要求，认真履行职责，努力做好工作，切实加大预防腐败工作力度，为全面建成惠及全省人民的小康社会提供有力保证。

2011年10月26日　梅智超应邀出席全国工商总局组织的推进非公有制经济组织防治腐败加强诚信建设工作座谈会，并就非公经济组织防治腐败工作做主题发言。

2011年10月27日至31日　应法国司法部邀请，经国务院批准，崔海容率国家预防腐败局代表团一行6人在赴摩洛哥参加《联合国反腐败公约》第四届缔约国大会后，途经法国，对法国进行工作访问。访问期间，代表团与法国预防腐败中心举行了工作会谈，相互交流了两国开展预防腐败工作的经验做法，就双方共同关心的社会领域防治腐败、制度审查、履行《联合国反腐败公约》等问题深入交换了意见，并就两机构在预防腐败领域进一步加强交流与合作进行了探讨。代表团还应邀拜访了巴黎上诉法院、巴黎大审法院两机构，与两院检察官就防治腐败的法规设定、查处执行和在《联合国反腐败公约》框架下加强预防腐败的合作等进行了深入的交流和探讨，加强了对彼此工作的了解，增强了彼此在《公约》框架下进一步交流合作的愿望。

2011年11月3日　北京市预防腐败局举行成立揭牌仪式。中央纪委副书记、监察部部长兼国家预防腐败局局长马驭，北京市委副书记、市政协主席王安顺为市预防腐败局揭牌。国家预防腐败局副局长崔海容，北京市副市长丁向阳出席揭牌仪式，北京市委常委、市纪委书记叶青纯主持揭牌仪式。马驭代表中央纪委、监察部和国家预防腐败局，对北京市预防腐败局的成立表示热烈祝贺。她说，改革开放30多年来，在党中央、国务院的坚强领导下，在推进党和国家事业的进程中，我们走出了一条有中国特色的反腐倡廉道路。在推进惩防体系建设中，我们按照标本兼治、综合治理、惩防并举、重在预防的方针，对预防腐败的重要性和紧迫性达成了共识，即在坚决惩治腐败的同时，要更加注重治本，更加注重预防，更加注重制度建设。国家预防腐败局成立四年来，按照中央有关精神，认真履行国家赋予的职责，对反腐倡廉建设特别是预防腐败工作进行组织协调、综合规划、政策制定、检查指导，积极开展社会领域防治腐败工作，负责预防腐败的国际合作和国际援助，做好应对《联合国反腐败公约》履约审议的各项工作，在国际上产生良好影响。马驭强调，党的十七大以来，在市委市政府的领导下，北京市反腐倡廉工作成效明显，特别是预防腐败工作亮点很多，权力公开透明运行、廉政风险防范管理、政务服务、工程治理运用电子监察等许多工作走在全国前列。她要求，要认真贯彻落实党的十七届六中全会精神，以成立市预防腐败局为契机，依法履行职责，全力推进预防腐败工作；要按照“爱国、创新、包容、厚德”北京精神的要求，提高党员领导干部的廉洁从政意识，加强公务人员的职业道德教育，作社会主义核心价值观的引领者；要继续推进廉政风险防控机制建设，加强对权力的规范、制约和监督；要在预防腐败的诸多方面开拓思路，创新实践，完善制度，不断创造出更多好经验，在全国发挥更好的作用，为北京实现科学发展、建设首善之区发挥保驾护航作用。王安顺在讲话中说，成立预防腐败局是党中央、国务院在新的形势下加大反腐败斗争的重大战略举措。近年来，在中央纪委、监察部、国家预防腐败局和市委、市政府的坚强领导下，全市各级党委、政府和纪检监察机关认真落实中央关于加强反腐倡廉建设的各项部署，围绕中心、服务大局，加快推进惩治和预防腐败体系建设，着力解决反腐倡廉建设中人民群众反映强烈的突出问题，党风廉政建设和反腐败斗争取得了新成效，为推动首都科学发展发挥了重要保障和促进作用。王安顺强调，当前，首都已经进入了一个新的发展阶段，推动科学发展，加快转变经济发展方式，落实“人文北京、科技北京、绿色北京”战略，建设中国特色世界城市，特别是落实党的十七届六中全会精神，迎接党的十八大胜利召开，经济社会发展的任务十分繁重，加强党风廉政建设和反腐败斗争的任务也十分繁重。组建市预防腐败局，有利于更好地加强工作协调，拓展工作领域，形成工作合力，提高预防腐败工作的专业化水平，提高预防腐败能力。王安顺要求，市预防腐败局全体同志要牢固树立首都意识、大局意识、政治意识和责任意识，切实推动我市的反腐败斗争。一是认真学习胡锦涛总书记“七一”重要讲话和十七届六中全会精神，以及中央关于加强反腐败斗争的重要指示精神，认真总结首都反腐败斗争的各项工作，特别是基层创造的行之有效的好经验、好做法。二是认真履责，切实承担起全市预防腐败工作的组织协调、综合规划、政策研究、检查指导等工作，切实加大预防腐败工作力度，形成通力合作、齐抓共管、全社会参与的良好工作局面。三是加强对我市反腐败斗争的研究，把握新的形势下预防腐败工作的特点和规律，抓住产生腐败易发多发问题的重点领域、关键环节和源头，不断完善各项政策、法规，牢牢把握我市反腐败工作的主动权。四是切实加强自身建设，特别是不断加强中国特色社会主义理论体系的学习，加强党性和宗旨教育，牢固树立正确的世界观、人生观、价值观，努力成为执政为民、清正廉洁、忘我工作、竭诚奉献的表率，以奋发有为的精神和求真务实的作风，努力使首都的反腐败工作走在全国的前列。

2011年11月7日至9日 应纳米比亚反腐败委员会邀请，监察部外事局和国家预防腐败局办公室派员赴纳米比亚首都温得和克参加“南部非洲反腐败论坛”第9届年会并作专题报告，介绍了中国的反腐败和廉政建设情况。徐景锋参加会议。

2011年11月16日 预防腐败工作联席会议第五次会议在北京召开。会议听取了关于商业预付卡管理工作进展情况的汇报，研究了加快推进公务卡制度改革的有关问题，讨论了《关于推进社会领域防治腐败的指导意见（征求意见稿）》。会议认为，推进公务卡制度改革和开展社会领域防治腐败工作，对于加强政府自身建设，转变政府职能，促进社会管理，拓展从源头上防治腐败领域具有重要的意义。公务卡制度是财政管理体制改革的一项重要制度设计。推行公务卡制度，有利于减少现金流通、促进金融发展，有利于加强行政经费管理、规范公务消费，有利于提高政府支出透明度、有效预防腐败，对于加强公共财政管理、提高财务管理水平、推进惩防体系建设具有重要作用。社会领域防治腐败是预防腐败的一个重大课题。推进社会领域防治腐败既是加强和创新社会管理的重要组成部分，又是创建廉洁社会、巩固反腐败斗争成效的必然要求，也是履行《联合国反腐败公约》应尽的责任和义务。会议要求，有关部门和单位要加强协调配合，形成工作合力，加快推进公务卡制度改革；要高度重视社会领域防治腐败工作，加强组织领导，加大体制机制改革力度，在坚决惩治社会领域违规违法行为的同时，努力创造有利于社会领域健康发展的制度环境，营造风清气正的良好社会环境。会议强调，各有关部门要认真学习贯彻党的十七届六中全会精神，按照中央纪委的统一部署，扎实有效做好预防腐败各项工作。要紧紧围绕中央重大决策部署的贯彻落实，加强预防腐败工作，有效防范经济社会发展中存在的各种风险。要紧紧围绕惩防体系建设《工作规划》的贯彻落实，系统推进预防腐败工作。深入开展反腐倡廉教育，推进廉政文化建设。不断强化对权力运行的制约和监督，全面推行廉政风险防控机制建设，进一步深化政务公开，有效规范权力运行。继续深化行政体制、干部人事制度、司法体制和工作机制改革，加快推进社会体制和财税、金融体制等改革，深化要素市场改革，最大限度地减少滋生腐败的体制障碍和制度漏洞。要加强基础制度建设，搞好预防腐败的顶层设计，着力探索建立一整套有效的预防腐败制度，重点开展防止利益冲突试点，推行制度廉洁性审查，推动社会信用管理体系建设，探索建立预防腐败信息共享和腐败预警机制。马驭出席会议并讲话。屈万祥通报了第四次联席会议研究决定事项的落实情况及国家预防腐败局近期主要工作。驻商务部纪检组组长王和民和中国人民银行副行长杜金富分别代表商务部和人民银行向联席会议汇报了商业预付卡管理工作进展情况。驻财政部纪检组组长刘建华代表财政部宣读了《关于提请协调加快推进公务卡制度改革问题的报告》。崔海容就《关于推进社会领域防治腐败的指导意见（征求意见稿）》作了说明。中央组织部、全国人大常委会法工委、最高人民法院、最高人民检察院、国家发展和改革委、财政部、中国人民银行、审计署、国务院国资委、国务院法制办等预防腐败工作联席会议成员单位有关负责同志出席会议，民政部、铁道部、商务部、银监会有关负责同志应邀出席会议。

2011年11月22日至25日 中央纪委监察部机关组织开展了第二届羽毛球团体赛。预防腐败室分工会积极响应号召，选拔室内10名同志参加比赛，由室副主任于柯超担任领队。经过紧张激烈的循环赛、淘汰赛，预防室羽毛球队以五战全胜的成绩顺利挺进决赛。面对实力强劲的决赛对手，全体队员顽强拼搏、团结协作，展现了良好的竞技水平和精神风貌，最终夺得本次比赛亚军。

2011 年 11 月 28 日　广西壮族自治区预防腐败局揭牌仪式在南宁举行。中央纪委副书记、监察部部长兼国家预防腐败局局长马驭，中央纪委常委、监察部副部长兼国家预防腐败局副局长屈万祥，自治区党委书记、自治区人大常委会主任郭声琨，自治区党委副书记、自治区主席马飚，自治区党委常委、自治区纪委书记石生龙，自治区检察院检察长张少康出席揭牌仪式。马驭代表中央纪委、监察部、国家预防腐败局对自治区预防腐败局的成立表示祝贺。马驭指出，近年来，广西纪检监察工作在自治区党委、政府的坚强领导下，在广大党员干部的支持下，取得了卓有成效的成绩，特别是在行政监察和预防腐败工作方面，有很多的创新和亮点，为自治区的经济发展、民族团结、社会稳定、边疆安宁发挥了重要作用。马驭强调，成立自治区预防腐败局是一个重要的起点，是广西反腐倡廉工作中的一件大事。希望广西以此为契机，发挥好预防腐败局的作用，加强对自治区预防腐败工作的组织协调、综合规划、政策制定和检查指导，更好地整合力量，突出工作重点，完善体制机制，特别要加强制度的执行力，把预防腐败的各项措施落到实处，为推动广西更好更快的发展发挥更加积极主动的作用。揭牌仪式由石生龙主持，马飚宣读了中央编办关于同意广西设立预防腐败局的批文，马驭、屈万祥、郭声琨、马飚共同为自治区预防腐败局揭牌。自治区纪委、监察厅，自治区党委巡视机构、自治区绩效办全体干部参加了揭牌仪式。

2011 年 11 月 28 日　马驭来到广西壮族自治区政务服务中心、自治区公共资源招标投标服务中心，围绕加强政务公开、提升政务服务水平以及推进公共资源交易监管体制改革等进行考察调研。自治区主席马飚陪同考察调研。中央纪委常委、监察部副部长廉国家预防腐败局副局长屈万祥，自治区领导石生龙、黄道伟，自治区政府秘书长王跃飞等参加考察调研。

同日　崔海容主持召开全室大会，欢迎预防腐败室正局级副主任古越仁到任。

2011 年 12 月 15 日　部分省（区、市）预防腐败工作座谈会在北京召开。屈万祥出席会议并讲话。屈万祥指出，在中央的坚强领导和有关省（区、市）党委、政府的积极支持下，目前省级预防腐败机构建设工作进展顺利，成效明显。今年以来，已成立的省级预防腐败机构按照中央的部署和要求，建立健全预防腐败工作领导体制和工作机制，认真落实惩治和预防腐败体系建设的各项任务，不断推进预防腐败制度建设，积极推行廉政风险防控工作，进一步深化政务公开、加强政务服务，探索开展社会领域防治腐败工作，取得明显成效。预防腐败工作领域不断拓展，内容不断深化，方式不断改进，能力不断提高。屈万祥强调，2012 年是迎接、筹备和召开党的十八大的重要一年，是深入贯彻落实党的第十七届五中、六中全会精神、全面实施“十二五”规划的重要一年，也是贯彻落实《工作规划》、推进惩治和预防腐败体系建设的关键一年，党和国家各方面工作任务十分繁重。预防腐败工作要坚持围绕中心，服务大局，牢固树立政治意识、大局意识和服务意识，找准工作突破口和切入点，确保中央重大决策部署的贯彻落实。要坚持系统的思维、统筹的观念、科学的方法，将预防腐败工作纳入惩防体系建设总体格局整体推进，抓好《工作规划》各项预防腐败任务的贯彻落实，争取在重点领域和关键环节实现突破。要强化权力监督制约，推动行政权力规范、公开、透明运行；切实加强制度建设，深化重点领域和关键环节改革，加大源头上防治腐败工作力度；围绕廉洁社会建设，积极开展社会领域防治腐败工作；积极回应社会关切，着力解决群众反映强烈的突出问题；做好应对《联合国反腐败公约》履约审议工作。屈万祥要求，各省（区、市）预防腐败机构要采取有效措施确保工作落实。一是要加强组织协调，发挥宏观指导作用，形成工作合力。二是要推进理念思路、工作内容、方式方法的创新，更加科学有效地开展工作。三是要加强自身建设，提升队伍素质，尽快提高履行职责的能力。国家预防腐败局副局长崔海容主持会议并通报了国家预防腐败局2011年工作情况及2012年工作打算。部分省（区、市）预防腐败机构负责人参加了会议。

2011年12月23日 预防腐败室召开务虚会，研究如何贯彻落实党的十七届六中全会精神，进一步明确工作思路，谋划部署2012年国家预防腐败局工作。马驭、屈万祥出席并讲话，崔海容主持会议，全室同志参加。马驭同志在听取各位局级干部和处长的发言后，对务虚会给予了充分肯定，认为达到了研究问题、沟通情况、交流思想、推动工作的目的。她指出，国家预防腐败局成立近五年来，不断创新工作机制制度，拓展工作领域，深化工作内容，狠抓工作落实，预防腐败工作成效明显。国家预防腐败局一定要按照中央赋予的职责，进一步发挥职能作用。要以权力的制约监督为核心，做好预防腐败工作顶层设计和总体规划，不断提高工作的科学化水平。要继续利用好现有的工作机制和平台，建立健全内外部协调机制，充分发挥对预防腐败的综合协调、宏观指导职能，形成齐抓共管的工作合力。要善于总结和运用基层的工作经验，做好对预防腐败试点工作的总结评估和试点成果的推广运用。要进一步提高学习思考和调查研究的能力，开拓视野、观察世界，深入基层、吃透下情，认真分析问题，深入研究论证，保证所提意见能行得通、立得住、用得好。马驭强调，国家预防腐败局下一步工作要稳中求进，突出特点，抓出成效。要根据务虚会形成的基本思路，尽快研究提出明年的工作要点，将2012年的预防腐败工作谋划好、开展好。

2011年12月25日 《2011年中国优秀政府网站推荐及综合影响力评估结果通报》公布。国家预防腐败局网站连续第三年被评为“中国互联网最具影响力政府网站”和“中国政府网站领先奖”，并因为创新网站管理模式被评为“2011年度管理创新型政府网站”。本次评估由中国信息化研究与促进网联合工业和信息化部电子科技情报研究所信息化研究与促进中心等单位组织举办，系主办单位自2002年起连续10年以独立第三方名义开展的政府网站评估活动。评估以《政府信息公开条例》为指导，以中办国办《关于深化政务公开加强政务服务的意见》、国办《关于进一步加强政府网站管理工作的通知》和《政府网站发展评估核心指标体系（试行）》等文件为参考，对全国近7万家政府及政务服务型网站、上万家政务微博的互联网综合影响力、管理服务、行政效能、创新发展等进行了全面的分析和研究，授予18个部委网站“中国互联网最具影响力政府网站”、16个部委网站“中国政府网站领先奖”，国家预防腐败局网站均排名第8；评选出6个创新型政府网站，国家预防腐败局网站排名第3。2011年，国家预防腐败局网站得到进一步发展。人民网、新华网、凤凰网等境内外媒体多次转载网站信息，一些国家和地区防治腐败机构、反腐败国际组织通过网站了解中国的反腐倡廉建设情况。截至12月26日，2011年网站总点击数达到5580万，日均15.5万，同比增长21.1%。其中，来自境外的点击数大幅上升，达到407万，同比增长64.8%。加强与网友互动和对网上舆论的引导，收到网友留言近万条、电子邮件36万封，均作出回应或处理。

2011年12月27日 预防腐败室召开部分专家学者座谈会，就明年如何深入推进预防腐败工作听取意见和建议。崔海容出席会议并讲话，古越仁主持会议并通报了国家预防腐败局近期工作，预防腐败室局级干部和各处处长参加会议。应邀与会的王名、谢鹏程、孙壮志、周汉华、王锡锌、庄德水、王伟等专家学者，分别就社会领域防治腐败、廉政文化建设、廉政指标体系建设、预防腐败机构职能定位、信息公开与公众参与、制度与技术预防、行政伦理建设等发表了各自的见解和建议。崔海容对各位专家学者长期以来对国家预防腐败局工作的关心和支持表示衷心感谢，对大家的发言给予了高度评价，表示一定会充分吸收运用到国家预防腐败局2012年工作要点中去，体现到今后的工作中去。崔海容强调，2012年是迎接、筹备和召开党的十八大的重要一年，是深入贯彻落实党的十七届五中、六中全会精神、全面实施“十二五”规划的重要一年，也是贯彻落实《工作规划》、推进惩治和预防腐败体系建设的关键一年，党和国家各方面工作任务十分繁重，预防腐败工作责任重大。明年的预防腐败工作要重点抓好以下几个方面：强化权力监督制约，推动权力规范、透明运行；注重顶层设计和源头治理，深入推进预防腐败制度建设和改革创新；围绕廉洁社会建设，积极开展社会领域防治腐败工作；积极应对《联合国反腐败公约》履约审议；夯实组织基础，加强预防腐败组织机构和队伍建设；回应社会关切，着力解决群众反映强烈的突出问题。崔海容指出，预防腐败工作涉及面广，政策性、专业性强，推进难度大，必须广泛调动社会各界的力量，形成整体合力。希望各位专家学者充分发挥预防腐败思想库和智囊团的重要作用，深入研究相关重大理论和现实问题，不断推出有分量的研究成果，积极建言献策，贡献聪明才智。

2011年12月29日 安徽省举行省预防腐败局揭牌仪式。国家预防腐败局副局长崔海容，安徽省委常委、省纪委书记王宾宜，安徽省委常委、常务副省长詹夏来出席了揭牌仪式。崔海容受中央纪委监察部领导委托，代表国家预防腐败局对安徽省预防腐败局的成立表示热烈祝贺。崔海容指出，改革开放三十多年来，在推进党和国家事业的进程中，我们党走出了一条中国特色的反腐倡廉道路，其中一条重要经验就是：在坚决惩处腐败的同时，要更加注重治本、更加注重预防、更加注重制度建设。安徽省预防腐败局的成立，是安徽反腐倡廉工作中的一件大事。近年来，在省委、省政府的领导下，安徽的反腐倡廉工作取得了积极成效，特别是在预防腐败工作方面，做了很多卓有成效的工作，在反腐倡廉宣传教育、制度建设、“阳光村务工程”建设、廉政风险防控管理、工程建设领域突出问题专项治理以及对经济运行关键领域的监管等方面亮点纷呈，有的还走在全国前列，对减少和防止腐败问题的发生、促进广大党员干部勤政廉政、保证安徽经济社会又好又快发展起到了积极作用。希望安徽以成立省预防腐败局为契机，全力推进预防腐败工作。要进一步提高党员领导干部的廉洁从政意识，加强公务人员的职业道德教育；要继续深入推进政务公开和廉政风险防控机制建设，加强对权力的规范、制约和监督；要积极探索社会领域防治腐败工作，实施对社会领域腐败的防控；要整合预防腐败工作资源，形成工作合力，创新体制机制，争取在预防腐败方面有更大作为。新成立的安徽省预防腐败局，是省政府正厅级直属机构，其主要职责是：负责全省预防腐败工作组织协调、综合规划、政策制定、检查指导；负责组织协调全省惩治和预防腐败体系建设工作；负责组织推进全省廉政风险防控管理工作；协调指导企业、事业单位、社会团体、中介机构和其他社会组织防治腐败工作；负责全省预防腐败工作的对外协作与交流。

2011年12月31日 马驭到预防腐败室亲切看望了全室同志，对大家一年来的辛勤工作表示慰问。马驭指出，预防腐败室工作任务重、难度大，经过全室同志几年来的共同努力，打开了路子，取得了重要进展，对此感到非常满意。马驭强调，值此年终岁尾之际，要认真研究谋划明年工作，集思广益，制订好2012年工作要点。要找准工作切入点和突破点，积极推进社会领域防治腐败工作，引导社会有序参与预防腐败，以廉政公益广告等行之有效的形式，开展廉洁文化建设；认真抓好廉政风险防控工作，在决策、执行环节找准、确定风险点，制定防控措施，充分利用科技信息技术加强防控；深化政务公开和村务公开、厂务公开，推进行政权力公开透明运行；加强制度建设，抓好预防腐败各项政策法规的贯彻落实；统筹国内国际两个大局，积极应对《联合国反腐败公约》履约审议工作，使我国反腐败工作获得国际社会公正评价和认可；建立健全制止公款出国（境）旅游长效机制，巩固专项工作成果。要认真搞好预防腐败各项试点工作，及时总结有关地方和部门的实践经验，加强工作评估，不断完善工作方式方法。马驭还对国家预防腐败局网站连续三年获奖表示祝贺。崔海容陪同看望，并要求全室同志认真学习贯彻马驭同志重要指示，以更加坚定的信心、更加坚决的态度、更加扎实的作风推进明年工作，以预防腐败工作的新成效迎接党的十八大胜利召开。

图书在版编目（CIP）数据

国家预防腐败局年鉴．2010—2011卷/国家预防腐败局办公室编．—北京：中国方正出版社，2012.5

ISBN 978-7-80216-856-5

Ⅰ.①国… Ⅱ.①国… Ⅲ.①廉政建设—中国—2010～2011—年鉴 Ⅳ.①D630.9—54

中国版本图书馆CIP数据核字（2012）第099385号

国家预防腐败局年鉴（2010—2011）卷

国家预防腐败局办公室 编

责任编辑：康 弘 王文君
责任印制：李 华

出版发行：中国方正出版社
（北京市西城区平安里西大街41号 邮编：100813）
编辑部：（010）59596607 发行部：（010）66560933
出版部：（010）66510958 门市部：（010）66562755
网址：www.FZpress.com.cn
责编E-mail：xihouxiaohe@126.com

经 销：新华书店
印 刷：北京盛兰兄弟印刷装订有限公司

开 本：787毫米×1092毫米 1/16
印 张：56
字 数：1398千字
版 次：2012年5月第1版 2012年5月北京第1次印刷

ISBN 978-7-80216-856-5 定价：135.00元